脈動新趨勢法律工具書系列

解說式 *Interpretative Criminal Substantive Code*

刑事實體法典

（2020年8月最新版）

掌握修法及草案之脈動

洞悉實務與學說新趨勢

張麗卿 監修

林朝雲 編著

五南圖書出版公司 印行

八版序

本書今年爲第八版，非如本書另一本姊妹作《解說式—刑事程序法典》出到第九版。距上次七版已睽違三年，非本人對刑事實體法較無興趣，而是刑法的修正不若刑訴法那般頻繁，也因此市場的需求量較小，沒有必要每年改版。去年本欲改版，已進行至二校，適逢本人博士論文口試，又遇今年初再次修法，故延宕至今。我原來打算延至明年初再改版，因爲一來假釋、公然聚眾妨害公務罪、賭博罪、妨害婚姻家庭罪章可能再作修正；二者，本書非單純附法條的小六法，每次改版尚須穿插修正條文及其立法理由、更新學者評釋及增補實務見解，因此本書雖表面看起來雖不足一千頁，但那是縮小編排剪輯的結果，實際上我所看的字數，遠超過一千頁，所以每次改版都是一個相當耗時的大工程。

然而，本書畢竟已三年未改版，2019、2020 年皆有重要條文修正，已有讀者詢問五南何時再版，加以編輯們已幫我把新修正條文穿插完成，本書實無不於今年再版的理由。

這三年來，除法條的修正外，實務見解也有所遞嬗，如釋字第 792 號推翻過往實務販賣毒品既遂案、釋字第 791 號變更釋字第 554 號結論、非因駕駛人的故意或過失所發生者，不能算肇事，這點林東茂教授早已大聲疾呼、釋字第 777 號解釋可謂從善如流、現行實務已不採過去共同正犯之犯罪所得必須連帶沒收的見解。而對於賄賂罪的職務範圍，近來實務認爲，不限於法律所明定，擴張至行政慣例，包含事實上所掌管之職務，以及其附隨之準備工作與輔助事務均屬之（這樣的見解也與國外的學說與實務相符，值得肯定）。另外，在新興議題方面，隨著人工智慧（AI）的發展逐漸成熟，自駕車的發明，現行法的「駕駛」概念是否足資因應，本書亦介紹張麗卿教授的文章與讀者們分享。當然，本版更新的內容絕不僅止於此，非短篇的序文所能交待清楚，我就不先在這裡劇透，留給有興趣的讀者細細品味。

本書至今能出到第八版，皆有賴讀者的支持，如果你（妳）曾經購買過本書，就是對作者的用心給予鼓勵及支持，我都由衷感謝。因此本次改版爲回饋讀者，我特別花時間增加新的格式，將本版這次新蒐錄的大法庭裁定、最高法院具參考價值裁判特別標註（裁定標示△、判決標示○），

讀者也可以從索引中查找，因為我相信這些都是讀者欲優先閱讀的實務見解，可以節省大家的時間。至於撤銷假釋、聚眾妨害公務罪、賭博罪、妨害婚姻家庭罪章的修正草案亦一併附於書末，俾使讀者掌握修法的脈動。

作者由衷企盼本版所蒐集的刑事法學新資訊，能儘量滿足讀者的需求，尚祈各界舊雨新知持續給予支持及愛護。

作者謹識
2020 年 8 月

序

本書宗旨

「法典」實乃法律人的第二生命。凡與法律結緣者，無論是學習進修，或以從事法律實務或研究工作為職志，法典都成為生活中不可或缺的重要工具。

當前坊間的法典樣式各異，但卻幾乎難見一部得以貫穿法律人學習進修，直至從事實務或研究工作皆能運用得宜的法典。眾所周知，工具書的功能與書籍迥異。書籍會因讀者身處的階段不同，而需求有異，譬如初學者之於教科書，準備考試者之於考試用書，實務工作者之於實務彙編，學術研究者之於專書論著；但是，好的工具書應該可以伴隨使用者成長，例如編纂優良的字典，不會因為使用者用於語言學習、檢定考試或工作需求而產生更換的必要。法典作為一種輔助性的工具書，自不應侷限某一特定功能，而是應該在任何階段皆能運用自如。

本此初衷，編者不奢盼此書能成為各式法典的楷模，也自知不可能取代學者所著教科書所建立的法律體系；但亦不願意將本書侷限於考試用書。編者的理念是，一本適合法律人的工具書，不僅在於幫助讀者能夠有效率地掌握修法的「脈動」，更應使讀者在短時間內瞭解法學與實務發展的「新趨勢」。蓋不論是學習進修、準備各種相關考試，或從事實務、乃至研究工作者所使用的法典，如果以高標準檢驗，提供最新法條只是基本，如能進一步提供實務趨向與學說發展，方才適格。

或有認為，從事實務工作者只要洞悉實務判解即可，不必理會學說。惟據編者瞭解，近年實務頗重視學者意見，除各級法院不定期邀學者巡迴講座外，司法院亦在近年積極建置司法智識庫，邀集各校教授選輯、解析符合學理且富參考價值的判決。學理與實務絕非二條毫無交集的平行線，舉例言之，在刑法方面，2005 年第 10 條公務員定義的修正，即採甘添貴教授見解；第 19 條修正，即參酌張麗卿教授的意見；2011 年修正第 321 條第 1 款不論白天或夜間侵入他人住宅竊盜均應加重處罰的規定，林東茂教授早在其教科書提及。又如刑事訴訟法方面，第 159 條之 2 所謂證人「先前的陳述」與審判中「不符」，王兆鵬教授認為包括證人於審判中答稱「不記得」，此見解為最高法院 101 年度台上字第 1561 號判決所接納；

而 2012 年引起學界熱烈討論的最高法院 101 度第 2 次刑事庭會議決議，雖有不少學者持不同意見，但其實並非無的放矢，其決議㈡指出若檢察官未盡其舉證責任，法院仍得曉諭檢察官為證據調查之聲請，即酌採陳運財教授之見解。凡此足見，學說見解在我國近年立法或司法實務已有舉足輕重的地位，值得法界先進參考。

　　本書對於重要法學概念雖有介紹，但礙於篇幅，學界對於法條或實務見解的評釋，本書僅擇要選輯摘錄，如遇較複雜的爭議問題，才以專題討論方式討論；本書並非逐條釋義，尚不足以與所謂的「註釋書」（Kommentar）相比，而是恪守工具書的本分。誠如前文，工具書無法全面取代教科書及期刊論文的功能，只在節省讀者做筆記抄寫的時間，若欲探究法學堂奧，仍請讀者翻閱原著，故本書引述學說意見部分，皆比照學術引註的規範（惟考量法典編排的特殊性，故不採前揭註模式），以供讀者查詢。

　　本書能順利出版，有賴五南圖書出版股份有限公司劉副總編輯靜芬小姐的大力引薦並支持。編者過去雖曾有數次編輯法典的經驗，然囿於商業利潤的計算，編輯理念及改作權不免有掣肘，所學專長無法全然發揮。此次，幸承楊董事長榮川先生不計成本考量，以出版好書為宗旨，版面行距不過分壓縮，俾使讀者閱讀舒適，實質內容亦尊重編者的理念與專業。此外，僑光科技大學財法系專任講師王紀軒博士、東海大學法律學院博士生韓政道同學提供不少寶貴之修正意見並嚴謹地校正，使本書更臻完善，這樣的陣容在法典出版界縱非獨有，亦屬罕見。最後，若您認同編者理念，亦相信五南編輯排版的品質，請不吝惜推薦給需要利用本書的親朋好友，蓋讀者的支持是編者堅持信念的原動力；若您使用本書，發現誤謬或有其他建議，亦請告知，感謝您讓編者有繼續進步的機會。

林朝雲
謹識於台北文山
2013 年 3 月

凡　例

一、現行條文與修正草案

　　爲兼顧學術研究與裁判時新舊法的比較，本書除了蒐錄最新的法條，以及修正説明理由之外，亦附上修法前的條文，以利參考。

　　爲幫助各位讀者掌握修法脈動，本書蒐錄最新官方版本的法規草案，惟因其未曾施行，加以在立法過程中可能遭立委修改或通過民間版本，編者認爲其重要性自不可與現行或曾施行過之條文等同視之，故不以穿插於現行條文的方式，而以附錄於書末的方式呈現。

二、學理説明

　　本書就重要的法學概念概略介紹，有助於初習者及法律門外漢認識法律；對於進修者或從事法律相關工作者，能夠快速復習重要學理。同時，針對學界就現行條文或立法草案的檢討與建議，編者認爲具有重要參考的價值者，亦一併收入。

三、實務見解

　　本書依序蒐錄司法院解釋、最高法院決議、判例、判決及裁定，考量後三者讀者較不易區分，本書於字號後加以註明。

四、學理與實務的交會—爭議問題

　　對於學説爭議，或學説與新舊實務見解不同之處，本書進行簡要整理：例如刑法第 185 條之 4 所稱之「肇事致人死傷」所指爲何前後出現不一致的實務見解，這當中很可能是受到有力學説的影響所致，故本書以開闢專題的方式探討，讓讀者瞭解學説發展與實務的新趨勢，而不侷限於一家之言。

　　另外，針對學者就某一實務見解發表之學術評論，編者認爲尚不適於歸類爲肯定説或否定説，爲使讀者閱讀便利，直接在該實務見解下整理摘要。這樣的編輯構想，是源於司法院司法智識庫裁判整編的模式；惟差別在於，司法院司法智識庫所選輯的判決，主要目的是供

法官參考，但本書則是為兼顧實務或學術參考價值，以及學習或考試需要，所以本書整理與學說意見不同的判決，意不在批判，而是提供讀者更充足的資訊。

解說式—刑事實體法典　目錄

壹、刑法暨其相關法規

貳、法律倫理相關法規

參、刑法最新修正草案

肆、索　引

壹、刑法暨其相關法規

中華民國刑法

第一編 總 則

第一章 法 例

第 1 條（罪刑法定原則）

行為之處罰，以行為時之法律有明文規定者為限。拘束人身自由之保安處分，亦同。

□ **修正前條文**

行為之處罰，以行為時之法律有明文規定者，為限。

■ **修正說明**（94.02.02）

一、本條前段之作修正。

二、拘束人身自由之保安處分（如強制工作），係以剝奪受處分人之人身自由為其內容，在性質上，帶有濃厚自由刑之色彩，亦應有罪刑法定主義衍生之不溯及既往原則之適用，爰於後段增列拘束人身自由之保安處分，亦以行為時之法律有明文規定者為限，以求允當。

❖ **法學概念**

罪刑法定原則之內涵

一、罪刑之安定性。

二、罪刑之明確性。

三、禁止溯及既往。

四、禁止類推適用。

【張麗卿，《刑法總則理論與運用》，五南，七版，2018.09，38頁。】

□ **實務見解**

▶ **釋字第 680 號**（99.07.30）

懲治走私條例第二條第一項規定：「私運管制物品進口、出口逾公告數額者，處七年以下有期徒刑，得併科新臺幣三百萬元以下罰金。」第三項規定：「第一項所稱管制物品及其數額，由行政院公告之。」其所為授權之目的、內容及範圍尚欠明確，**有違授權明確性及刑罰明確性原則**，應自本解釋公布之日起，至遲於屆滿二年時，失其效力。

▶ **69 台上 413**（判例）

懲治走私條例於六十七年一月二十三日修正公布，新增第二條之一，對運送銷售或藏匿逾公告數額之走私物品者及其常業犯，為科罰之規定，並罰其未遂犯，在此項修正以前法律並無類似規定，上訴人犯罪在六十四年十月間，依法律不溯既往之原則，自不能適用該新增條文予以科罰。原判決竟引用該條文科處上訴人罪刑，自屬適用法則不當。

第 2 條（從舊從輕主義）

I 行為後法律有變更者，適用行為時之法律。但行為後之法律有利於行為人者，適用最有利於行為人之法律。

II 沒收、非拘束人身自由之保安處分適用裁判時之法律。

III 處罰或保安處分之裁判確定後，未執行或執行未完畢，而法律有變更，不處罰其行為或不施以保安處分者，免其刑或保安處分之執行。

□ **修正前條文**

I 行為後法律有變更者，適用行為時之法律。但行為後之法律有利於行為人者，適用最有利於行為人之法律。

II 非拘束人身自由之保安處分適用裁判時之法律。

III 處罰或保安處分之裁判確定後，未執行或執行未完畢，而法律有變更，不處罰其行為或不施以保安處分者，免其刑或保安處分之執行。

■ **修正說明**（104.12.30）

照協商條文通過。

□ **實務見解**

▶ **釋字第 792 號**（109.06.19）

最高法院二十五年非字第一二三號刑事判例稱：「……販賣鴉片罪，……以營利為目的將鴉片購入……其犯罪即經完成……」及六十七年台上字第二五○○號刑事判例稱：「所謂販賣行為，……祇要以營利為目的，將禁藥購入……，其犯罪即完成……屬犯罪既遂。」部分，與毒品危害防制條例第四條第一項至第四項所定販賣毒品既遂罪，僅限於「銷售賣出」之行為已完成始足該當之意旨不符，於此範圍內，均有違憲法罪刑法定原則，牴觸憲法第八條及第十五條保障人民人身自由、生命權及財產權之意旨。

編按：

按刑罰法規涉及人民生命、人身自由及財產權之限制或剝奪，國家刑罰權之行使，應嚴格遵守憲法罪刑法定原則，行為之處罰，以行為時之法律有明文規定者為限，且法律所定之犯罪構成要件，須使一般受規範者得以理解，並具預見之可能性。法院解釋適用刑事法律時，就犯罪構成要件不得擴張或增加法律規定所無之內容，而擴增可罰行為範圍。法院組織法 108 年 1 月 4 日修正公布，同年 7 月 4 日施行前，於違憲審查上，視同命令予以審查之刑事判例，尤應如此，否則即有悖於憲法罪刑法定原則。

查聲請人等行為時適用之 92 年及 98 年毒品

條例第4條第1項至第4項，分別規定：「（第1項）……販賣第一級毒品者，處死刑或無期徒刑……。（第2項）……販賣第二級毒品者，處無期徒刑或7年以上有期徒刑……。（第3項）……販賣第三級毒品者，處5年以上有期徒刑……。（第4項）……販賣第四級毒品者，處3年以上10年以下有期徒刑……。」（本條文嗣後分別於104年2月4日、109年1月15日兩度修正，惟僅加重處罰之刑度，構成要件均未修正。）

前開條文構成要件中所稱之「販賣」一詞，根據當前各版本辭典所載，或解為出售物品，或解為購入物品再轉售，無論何者，所謂販賣之核心意義均在「出售」，均非單指購入物品之行為。

再就毒品危害防制條例（下稱毒品條例）第4條本身之體系著眼，該條第1項至第4項將販賣毒品與製造、運輸毒品之構成要件併列，並對該三種犯罪態樣，科以相同之法定刑。由此推論，本條所指之「販賣」毒品行為嚴重程度，應與製造及運輸毒品相當。所謂製造毒品係將毒品從無至有，予以生產，進而得危害他人；而運輸毒品係從一地運至他地，使毒品流通於他地，產生危害。基於同一法理，販賣毒品罪，應在處罰「賣出」毒品，因而產生毒品危害之行為，蓋販賣須如此解釋，其嚴重程度始與上述製造及運輸毒品之危害相當。

次就毒品條例整體體系觀之，本條例第5條及第14條第1項及第2項分別定有「『意圖販賣而持有』毒品罪」、「『意圖販賣而持有』罌粟種子、古柯種子或大麻種子罪」，如該二條文所稱販賣一詞之理解得單指購入，勢必出現僅意圖購入即持有毒品之不合理解釋結果。基於同條例散見不同條文之同一用詞，應有同一內涵之體系解釋，益見毒品條例第4條所稱之「販賣」，非得單指購入之行為。

另本條例第1項第6項及第5條，分別定有「販賣毒品未遂罪」及「意圖販賣而持有毒品罪」；而就「單純購入而持有」毒品之犯罪態樣，本條例於第11條亦定有「持有毒品罪」之相應規範。亦即，立法者於衡量不同態樣之毒品犯罪行為，及所欲維護法益之重要性、防止侵害之可能性及事後矯正行為人之必要性後，於本條例第4條第1項至第4項、第6項、第5條及第11條，將販賣毒品、持有毒品之行為，建構出「販賣毒品既遂」、「販賣毒品未遂」、「意圖販賣而持有毒品」及「持有毒品」四種不同犯罪態樣之體系，並依行為人對該等犯罪所應負責任之程度，定其處罰。是依據前開規定所建構之體系，毒品條例第4條第1項至第4項所定之「販賣毒品既遂」，解釋上，應指銷售賣出之行為已完成者而言，不包含單純「購入」毒品之情形。

又由歷史解釋之觀點而言，從44年之後，立法者有意將販賣毒品及持有毒品之犯罪，予以細緻化區分，自始至終，均無意將單純「購入」毒品之行為，以「販賣毒品既遂」論斷。

由是可知，不論依文義解釋、體系解釋及立法者之原意，毒品條例第4條第1項至第4項所定販賣毒品既遂罪，僅限於「銷售賣出」之行為已完成，始足該當。如有悖於上開意旨，擴張或增加法律規定所無之內容，而擴增可罰行為範圍，即與憲法罪刑法定原則有違。

系爭判例一稱：「禁菸法上之販賣鴉片罪，並不以販之後復行賣出為構成要件，但使以營利為目的將鴉片購入或將鴉片賣出，有一於此，其犯罪即經完成，均不得視為未遂。」系爭判例二亦稱：「所謂販賣行為，並不以販入之後復行賣出為要件，祇要以營利為目的，將禁藥購入或賣出，有一於此，其犯罪即成完成……屬犯罪既遂。」均認所謂販賣，祇要以營利為目的，而有購入之行為，即足構成。

惟毒品條例第4條第1項至第4項所定販賣毒品既遂罪，僅限於「銷售賣出」之行為已完成，始足該當，業如前述。系爭判例一及二，其中關於以營利為目的而一有「購入」毒品之行為，即該當販賣毒品既遂罪部分，與上開販賣意旨不符，於此範圍內，均有違憲法罪刑法定原則，牴觸憲法第8條及第15條保障人民人身自由、生命權及財產權之意旨。

▶ 釋字第471號（87.12.18）
人民身體之自由應予保障，憲法第八條設有明文。限制人身自由之法律，其內容須符合憲法第二十三條所定要件。保安處分係對受處分人將來之危險性所為拘束其身體、自由等之處置，以達教化與治療之目的，為刑罰之補充制度。本諸法治國家保障人權之原理及刑法之保護作用，其法律規定之內容，應受比例原則之規範，使保安處分之宣告，與行為人所為行為之嚴重性、行為人所表現之危險性，及對於行為人未來行為之期待性相當。槍砲彈藥刀械管制條例第十九條第一項規定：「犯第七條、第八條、第十條、第十一條、第十二條第一項至第三項、第十三條第一項至第三項之罪，經判處有期徒刑者，應於刑之執行完畢或赦免後，令入勞動場所，強制工作，其期間為三年。」此項規定不問對行為人有無預防矯治其社會危險性之必要，一律宣付強制工作三年，限制其中不具社會危險性之受處分人之身體、自由部分，其所採措施與所欲達成預防矯治之目的及所需程度，不合憲法第二十三條所定之比例原則。犯上開條例第十九條所定之罪，不問對行為

人有無預防矯治其社會危險性之必要，一律宣付強制工作三年之部分，與本解釋意旨不符，應自本解釋公布之日起不予適用。犯該條例第十九條第一項所列舉之罪，依個案情節符合比例原則部分，固應適用該條例宣告保安處分；至不符合部分而應宣告保安處分者，則仍由法院斟酌刑法第九十條第一項規定之要件，依職權爲之，於此，自無刑法第二條第二項之適用，亦即仍有從新從輕原則之適用。

▶ **釋字第 103 號**（52.10.23）

行政院依懲治走私條例第二條第二項專案指定管制物品及其數額之公告，**其內容之變更，對於變更前走私行爲之處罰，不能認爲有刑法第二條之適用。**

▶ **釋字第 68 號**（45.11.26）

凡曾參加叛亂組織者，在未經自首或有其他事實證明其確已脫離組織以前，自應認爲係繼續參加。如其於民國三十八年六月二十一日懲治叛亂條例施行後仍在繼續狀態中，則因法律之變更並不在行爲之後，自無刑法第二條之適用。至罪犯赦免減刑令原以民國三十五年十二月三十一日以前之犯罪爲限，在以後仍在繼續犯罪中即不能援用。

▶ **97 年度第 2 次刑事庭會議決議**
（97.04.22）

依最高法院九十五年度第八次及九十五年度第二十一次刑事庭會議決議意旨，甲受有期徒刑之執行完畢，於五年內之九十五年一月故意再犯有期徒刑以上之罪，無論依修正前刑法第四十七條或修正後第四十七條第一項之規定均構成累犯，即無有利或不利之情形，於刑法修正施行後法院爲裁判時，無庸爲新、舊法之比較。個案如有其他應依刑法第二條第一項之規定爲新、舊法之比較情形時，依綜其全部罪刑之結果而爲比較後，整體適用法律。

▶ **96 年度第 9 次刑事庭會議決議**
（96.08.21）

採丁說。

依刑法第五十六條修正理由之說明，謂「對繼續犯同一罪名之罪者，均適用連續犯之規定論處，不無鼓勵犯罪之嫌，亦使國家刑罰權之行使發生不合理之現象。」「基於連續犯原爲數罪之本質及刑罰公平原則之考量，爰刪除有關連續犯之規定」等語，即係將本應各自獨立評價之數罪，回歸本來就應賦予複數法律效果之原貌。因此，就刑法修正施行後多次施用毒品之犯行，採一罪一罰，始符合立法本旨。**本則法律問題，某甲於刑法修正施行前連續施用毒品部分，應依刑法第二條第一項之規定，適用修正前連續犯之規定論以一罪；刑法修正施行後之多次施用犯行，除符合接續犯例外之要件外，則應一罪一罰原則，再就刑法修正施行後之數罪，與修正前依連續犯規定所論之一罪，數罪併罰，合併定其應執行之刑。**

▶ **96 年度第 3 次刑事庭會議決議**
（96.02.06）

壹、採乙說。

民國九十五年七月一日起施行之刑法第九十一條之一有關強制治療規定，雖將刑前治療改爲刑後治療，但治療期間未予限制，且治療處分之日數，復不能折抵有期徒刑、拘役或同法第四十二條第六項裁判所定之罰金額數，較修正前規定不利於被告。

貳、採甲說。

被告於施用第一級毒品或第二級毒品經觀察、勒戒釋放後，五年內再犯第十條之罪，依現行毒品危害防制條例第二十三條第二項之規定，應由檢察官依法追訴處罰。乃原審不察，依檢察官之聲請裁定令被告勒戒處所施以觀察、勒戒，顯有適用法則之不當之違背法令。案經確定，且不利於被告，非常上訴旨執以指摘，洵有理由，應由本院將原裁定撤銷，並自爲判決駁回第一審檢察官之聲請，以資救濟。

決議：採乙說。

文字修正如下：民國九十五年七月一日起施行之刑法第九十一條之一有關強制治療規定，**雖將刑前治療改爲刑後治療，但治療期間未予限制，且治療處分之日數，復不能折抵有期徒刑、拘役或同法第四十二條第六項裁判所定之罰金額數，較修正前規定不利於被告。**

▶ **95 年度第 21 次刑事庭會議決議**
（95.11.07）

法律問題：行爲後刑法條文經修正，惟無有利、不利情形（如刑法第十五條、第三十條之文字修正，第五十五條但書、第五十九條實務見解之明文化、第二十六條未遂犯得減輕其刑之規定移列第二十五條等），究應適用行爲時法抑或裁判時法？有甲、乙二說：

甲說：應適用裁判時法。

本院九十五年五月二十三日刑事庭第八次會議就「刑法九十四年修正施行後之法律比較適用決議」一、之 1.即明載新法第二條第一項之規定，係規範行爲後「法律變更」所生新舊法比較適用之準據法……故如新舊法處罰之輕重相同，即無比較適用之問題，非此條所指之法律有變更，即無本條之適用，應依一般法律適用原則，適用裁判時法。本院同決議五、之 2.想像競合犯認新法第五十五條但書係科刑之限制，爲法理之明文化，非屬法律之變更；六、之 1.謂新法第五十九條之規定，**爲法院就酌減審認標準見解之**

刑法
壹|七

明文化，非屬法律之變更，均同此見解。其為純文字修正者，更應同此。

如逕行適用行為時法，因結果並無不同，對判決不生影響，上訴審毋庸撤銷改判。

乙說：應適用行為時法。

刑法第二條第一項前段，就法律變更時之適用，已由舊法之從新主義，改為新法之從舊主義，此大原則之改變，所有法律之變動均應適用。本院二十三年非字第五十五號判例即謂「犯罪時法律之刑輕於裁判時法律之刑者，依（舊）刑法第二條但書，固應適用較輕之刑，但新舊法律之刑輕重相等，……即不適用該但書之規定，仍應依裁判時之法律處斷（即回歸適用第二條前段）。」似認本問題情形仍在第二條適用之列，茲新法已改採從舊主義，自應回歸原則，適用行為時法，學者間見解亦同。以上二說，究以何說何當，提請公決。

決議：採甲說。

▶ **95 年度第 8 次刑事庭會議決議**
（95.05.23）

討論事項：中華民國刑法九十四年修正施行後之法律比較適用決議案刑法於九十四年二月二日修正公布，九十五年七月一日施行（下稱新法；修正前刑法下稱舊法）後，有關新舊法之適用原則如下：

一、法律變更之比較適用原則

(一)新法第二條第一項之規定，係規範行為後法律變更所生新舊法律比較適用之準據法，於新法施行後，應適用新法第二條第一項之規定，為「從舊從輕」之比較。

(二)基於罪刑法定原則及法律不溯及既往原則，行為之處罰，以行為時之法律有明文規定者為限，必行為時與行為後之法律均有處罰之規定，始有新法第二條第一項之適用。

(三)拘束人身自由之保安處分，亦有罪刑法定原則及法律不溯及既往原則之適用，其因法律變更而發生新舊法律之規定不同者，依新法第一條、第二條第一項規定，定其應適用之法律。至非拘束人身自由之保安處分，仍適用裁判時之法律。

(四)比較時應就罪刑有關之共犯、未遂犯、想像競合犯、牽連犯、連續犯、結合犯，以及累犯加重、自首減輕暨其他法定加減原因（如身分加減）與加減例等一切情形，**綜其全部罪刑之結果而為比較。**

(五)從刑附屬於主刑，除法律有特別規定者外，依主刑所適用之法律。

二、刑法用語之立法定義

新法第十條第二項所稱公務員，包括同項第一款之職務公務員及第二款之受託公務員，因舊法之規定已有變更，新法施行後，涉及公務員定義之變更者，應依新法第二條第一項之規定，適用最有利於行為人之法律。

三、刑

(一)主刑

1. 罰金刑

新法第三十三條第五款規定罰金刑為新台幣一千元以上，以百元計算之，新法施行後，**應依新法第二條第一項之規定，適用最有利於行為人之法律。**

2. 刑之重輕

刑之重輕標準，**依裁判時之規定。**

(二)易刑處分

易科罰金之折算標準、易服勞役之折算標準及期限，新法施行後，應依新法第二條第一項之規定，適用最有利於行為人之法律。

四、累犯

新法施行前，**過失再犯有期徒刑以上之罪**，新法施行後，應依新法第二條第一項之規定，**適用最有利於行為人之法律。**

五、數罪併罰

(一)定應執行刑

新法第五十一條第二款增訂罰金與死刑併予執行；第五款提高多數有期徒刑合併應執行之刑不得逾三十年，**新法施行後，應依新法第二條第一項之規定，適用最有利於行為人之法律。**裁判確定前犯數罪，其中一罪在新法施行前者，亦同。

(二)想像競合犯

新法第五十五條但書係科刑之限制，為法理之明文化，非屬法律之變更。

(三)牽連犯

犯一罪而其方法或結果之行為，均在新法施行前者，新法施行後，應依新法第二條第一項之規定，適用最有利於行為人之法律。若其中部分之行為在新法施行後者，該部分不能論以牽連犯。

(四)連續犯

1. 連續數行為而犯同一之罪名，均在新法施行前者，新法施行後，應依新法第二條第一項之規定，**適用最有利於行為人之法律。**部分之數行為，發生於新法施行前者，新法施行後，該部分適用最有利於行為人之法律。若其中部分之一行為或數行為，發生在新法施行後者，該部分不能論以連續犯。

2. 常業犯之規定刪除後之法律比較適用，同前。

六、刑之酌科及加減

(一)新法第五十七條、第五十九條之規定，為法

院就刑之裁量及酌減審認標準見解之明文化，非屬法律之變更。

(二)新法施行前，犯新法第六十一條第二款至第六款增訂之罪名者，新法施行後，應依新法第二條第一項之規定，適用最有利於行為人之法律。

(三)1.犯罪及自首均在新法施行前者，新法施行後，應依新法第二條第一項之規定，適用最有利於行為人之法律。

2.犯罪在新法施行前，自首在新法施行後者，應適用新法第六十二條之規定。

(四)未滿十八歲之人在新法施行前，犯刑法第二百七十二條之罪者，新法施行後，應依新法第二條第一項之規定，適用最有利於行為人之法律。

(五)新法施行前，犯法定本刑為死刑、無期徒刑之罪，有減輕其刑之原因者，新法施行後，應依新法第二條第一項之規定，適用最有利於行為人之法律。

(六)新法施行前，法定罰金刑有加減之原因者，新法施行後，應依新法第二條第一項之規定，適用最有利於行為人之法律。

七、緩刑

犯罪在新法施行前，新法施行後，緩刑之宣告，應適用新法第七十四條之規定。

八、保安處分

(一)監護處分或酌酒禁戒處分之事由，發生在新法施行前者，新法施行後，應依新法第二條第一項之規定，視其具體情形，適用最有利於行為人之法律。

(二)強制工作或強制治療之事由，發生在新法施行前者，新法施行後，應依新法第二條第一項之規定，適用最有利於行為人之法律。

(三)拘束人身自由保安處分之事由，發生在新法施行前者，新法施行後，其許可執行，應依新法第二條第一項之規定，適用最有利於行為人之法律。

九、告訴或請求乃論之罪

刑罰法律就犯罪是否規定須告訴（或請求）乃論，其內容及範圍，暨其告訴或請求權之行使、撤回與否，事涉國家刑罰權，非僅屬單純之程序問題，如有變更，亦係刑罰法律之變更，而有新法第二條第一項之適用。

▶**89年度第5次刑事庭會議決議**
（89.05.09）

刑法第二條第一項但書所稱之法律，**係指實體法而言，程序法不在其內**（院字第一八五四號解釋）。因此，行為後因法律有變更，裁判時之法律與裁判前之法律與其得上訴於第三審法院之限制規定不同時，**無論是否依刑法第二條第一項但**

書而適用最有利於行為人之法律，均以裁判時之法律定其得否上訴於第三審法院。本條例係取代舊條例而修正之法律，已刪除舊條例第十六、十七條關於初審、終審與覆判程序之規定，回歸刑事訴訟法關於審級之規定。本則販賣毒品（指第一級毒品─下同）之犯罪時間及案件之繫屬雖均在本條例施行前，而販賣毒品罪依刑法第二條第一項但書比較新舊法之結果，亦以適用舊條例為有利於行為人，然既在本條例施行後，始經第二審法院（舊條例第十六條規定之終審法院）判決無罪，依程序從新之原則，檢察官自得依刑事訴訟法之規定，為被告之不利益提起第三審上訴。

▶**91台上64**（判例）

懲治走私條例第二條第一項規定處罰私運逾行政院公告數額之管制物品進出口之行為，**其成罪與否乃在該運送之管制物品有無逾公告數額**。如所運送進出口之物品已逾行政院公告之數額者，未報運時，固為本法所處罰之對象，即已報運而有所不實，應仍有該條項之適用，不因其形式上有無報關進出口而異。

▶**51台非76**（判例）

刑法第二條所謂有變更之法律，乃指刑罰法律而言，並以依中央法規制定標準法第二條（前）之規定制定公布者為限，此觀憲法第一百七十條、第八條第一項，刑法第一條之規定甚明。行政法令縱可認為具有法律同等之效力，但因其並無刑罰之規定，究難解為刑罰法律，**故由事實變更及刑罰法律外之法令變更，均不屬本條所謂法律變更範圍之內**，自無本條之適用

▶**51台上159**（判例）

犯罪構成事實與犯罪構成要件不同，**前者係事實問題，後者係法律問題**，行政院關於公告管制物品之種類及數額雖時有變更，而新舊懲治走私條例之以私運管制物品進口為犯罪構成要件則同，原判決誤以事實變更為法律變更，其見解自有未洽。

▶**28上733**（判例）

略誘罪為繼續犯，當被誘人未回復自由以前，仍在其犯罪行為繼續實施之中其間法律縱有變更，**但其行為既繼續實施至新法施行以後，自無行為後法律變更之可言**。

▶**108台上397**○（判決）

行為後因法律有變更，致裁判時之法律與裁判前之法律涉及其得否上訴於第三審法院之限制規定不同時，應以裁判時應適用之法律，依刑法第二條第一項規定，就最有利於行為人之法律規定以定。如依舊法之規定得上訴於第三審，新法之規定不得上訴，而依刑法第二條第一項規定為比較之適用，應適用新法之規定處罰者；或如依舊

法之規定不得上訴於第三審，新法之規定得上訴，而依刑法第二條第一項規定爲比較之適用，應適用舊法之規定處罰者，自均不得上訴於第三審法院。

▶ 107 台上 4319（判決）

刑法於九十四年二月二日修正時，於第十條第四項關於重傷之規定，增列「嚴重減損」視能、聽能、語能、味能、嗅能、一肢以上與生殖機能之情形，使嚴重減損機能與完全喪失效用之毀敗機能並列，均屬重傷態樣。所謂「嚴重減損」，乃對於身體、健康法益侵害之程度，與傷害項第六款之重大不治或難治，應肖其解釋；減損機能程度應達若干，始能認爲係「嚴重減損」，法無明文，自應依醫師之專業意見，參酌被害人治療回復狀況及一般社會觀念認定之。

▶ 101 台抗 82（裁定）

修正前刑法第五十一條第五款規定：「宣告多數有期徒刑者，於各刑中之最長期以上，各刑合併之刑期以下，定其刑期。但不得逾二十年」，**修正後刑法第五十一條第五款規定：「宣告多數有期徒刑者，於各刑中之最長期以上，各刑合併之刑期以下，定其刑期。但不得逾三十年」，乃屬法律之變更。**苟被告人所犯如附表所示之罪，其犯罪行爲之終了期間均於院更爲適當之裁定。

▶ 100 台上 6976（判決）

刑法第二百二十二條第一項第二款之罪，既僅係法定本刑之變更，揆諸上揭說明，其行爲之評價自應依其固有之法則爲之，而毋須強令與刑罰之比較爲同一之結論，庶能兼顧刑法之理論及最有利於行爲人之原則。故應依刑法第二條第一項之規定，先爲「從重、從輕」之比較，並就與行爲性質有關之一切情形（包含型態、既未遂、罪數等）綜合觀察後，適用最有利於行爲人之法律。至其行爲本身之構成要件因前後均未變更，故仍應與刑罰部分爲同一法律之適用，始合法理。從而，本件即應適用修正後刑法第二百二十二條第一項第二款之連續犯，對行爲人較爲有利等由。

▶ 100 台上 6875（判決）

被告所犯之罪，法律規定是否須告訴乃論，其內容及範圍之劃定，暨其告訴權之行使、撤回與否，事涉國家刑罰權，非僅單純之程序問題，如有變更，應認係刑罰法律之變更，即有刑法第二條第一項但書之適用。又依行爲時之法律規定，**係屬非告訴乃論之罪，而裁判時之法律規定爲告訴乃論，如該案件欠缺合法告訴之訴追條件時，依形式判決優先實體判決之原則，應認有利於被告**，依刑事訴訟法第三百零三條第三款之規定諭知不受理之判決；是爲新舊法比較時，不能僅就犯罪構成要件、刑度之輕重為比較何者有利於被告，而置是否告訴乃論之罪有無合法告訴之訴追

條件於不論。

▶ 100 台上 1022（判決）

上訴人僅有販賣偽藥之認識，並無販賣第四級毒品之認識，既不知所販售偽藥內含第四級毒品，**即係對空白刑法之錯誤，非法律錯誤而係事實錯誤，應阻卻故意。**縱認此空白刑法爲構成要件之內容，應屬禁止錯誤，應適用刑法第十六條之規定而爲責任問題，原判決亦未就是否按其情節得減輕其刑而爲審酌，而認定上訴人有販賣第四級毒品之不確定故意，自屬違反證據法則

第 3 條（屬地主義）

本法於中華民國領域內犯罪者，適用之。在中華民國領域外之中華民國船艦或航空器內犯罪者，以在中華民國領域內犯罪論。

□ 修正前條文

本法於在中華民國領域內犯罪者，適用之。在中華民國領域外之中華民國船艦或航空機內犯罪者，以在中華民國領域內犯罪論。

■ 修正說明（94.02.02）

按「航空機」之含義，較之包含飛機、飛艇、氣球及其他任何藉空氣之反作用力，得以飛航於大氣中物之「航空器」（參見民用航空法第二條第一款）範圍爲狹。航空器雖未必盡可供人乘坐航行，但「犯罪地」一詞如採廣義解釋，當包括中間地，則此種航空器亦有成爲犯罪地之可能。爲期從廣涵蓋，乃將「航空機」一詞，修改爲「航空器」。

□ 實務見解

▶ 58 年度第 1 次民刑庭總會會議決議(二)（58.08.25）

決議：採丙說。

刑法第三條所稱中華民國之領域，依國際法上之觀念，固有眞實的領域與想像的（即擬制的）領域之分，前者如我國之領土、領海、領空等是，後者如在我國領域外之我國船艦及航空機與夫我國駐外外交使節之辦公處所等是，但同條後段規定在我國領域外船艦及航空機內犯罪者，以在我國領域內犯罪論，對於我國駐外使領館內犯罪者，是否亦屬以在我國領域內犯罪論，則無規定。按國際法上對於任何國家行使的管轄權，並無嚴格之限制，在慣例上本國對於本國駐外使領館內之犯罪者，能否實施其刑事管轄權，常以駐在國是否同意放棄其管轄權爲斷。是以對於在我國駐外使領館內犯罪者，若有明顯之事證，足認該駐在國已同意放棄其管轄權，自得以在我國領域內犯罪論。

▶ 100 台上 2902（判決）

刑法第三條前段規定：本法於中華民國領域內犯罪者，適用之，即所謂刑法之屬地主義。換言之，

凡在本國領域內發生之犯罪，不論行爲人或被害人係本國人或外國人，均應適用我國刑法處斷。

▶ 100 台上 703（判決）

「本法於中華民國領域內犯罪者，適用之。」刑法第三條前段定有明文，即所謂刑法之屬地主義，而此所謂之「刑法」，泛指一切以犯罪與刑罰爲規範內容之刑事實體法而言。

第 4 條（隔地犯）
犯罪之行爲或結果，有一在中華民國領域內者，爲在中華民國領域內犯罪。

□ 實務見解

▶ 70 台上 5753（判例）

上訴人辯稱其犯罪地點在美國，依刑法第六條、第七條規定，不適用刑法第二百四十一條第三項第一項規定處罰，經查上訴人違反監護權人即自訴人之意思，擅將陳某帶回臺灣定居，所犯和誘罪爲繼續犯，其侵害自訴人監護權之犯罪行爲至提起自訴時仍在繼續中，依刑法第四條規定犯罪之行爲或結果有一在中華民國領域內者，爲在中華民國領域內犯罪，上訴人犯罪行爲既在我國領域內，自得依刑法規定追訴處罰。

▶ 108 台上 334 ○（判決）

臺灣地區與大陸地區人民關係條例第二條第二款指明：「大陸地區：指臺灣地區以外之中華民國領土。」仍揭示大陸地區係爲我中華民國之固有領土；同條例第七十五條又規定：「在大陸地區或在大陸船艦、航空器內犯罪，雖在大陸地區曾受處罰，仍得依法處斷。但得免其刑之全部或一部之執行。」據此，大陸地區現在雖因事實上之障礙，爲我國主權（統治權）所不及，但在大陸地區犯罪，仍應受我國法律之處罰，揭明大陸地區猶屬我國之領域，且未放棄對此地區之主權。**基此，苟「行爲地」與「結果地」有其一在大陸地區者，自應受我國法律之處罰，向爲本院之見解。**原判決本諸前旨，於理由欄壹─二內，就我國法院何以對本案有（審判）管轄權之理由，詳爲剖析，並載敘：上訴人等所參與之詐騙集團，其成員係在印尼境內，以電腦操作網路，發送詐騙語音封包，**對大陸地區被害人實施電話詐騙，但其受詐騙地點及匯款的帳戶，均在大陸地區，則其等犯罪地即在我國固有疆域內，爲我國刑法適用所及，**第一審及原審法院於本案，當然有管轄權。經核於法並無不合。

第 5 條（保護、世界主義─國外犯罪之適用）
本法於凡在中華民國領域外犯下列各罪者，適用之：
一　內亂罪。
二　外患罪。

三　第一百三十五條、第一百三十六條及第一百三十八條之妨害公務罪。
四　第一百八十五條之一及第一百八十五條之二之公共危險罪。
五　僞造貨幣罪。
六　第二百零一條至第二百零二條之僞造有價證券罪。
七　第二百十一條、第二百十四條、第二百十八條及第二百十六條行使第二百十一條、第二百十三條、第二百十四條文書之僞造文書罪。
八　毒品罪。但施用毒品及持有毒品、種子、施用毒品器具者，不在此限。
九　第二百九十六條及第二百九十六條之一之妨害自由罪。
十　第三百三十三條及第三百三十四條之海盜罪。
十一　第三百三十九條之四之加重詐欺罪。

□ 修正前條文
本法於凡在中華民國領域外犯下列各罪者，適用之：
一　內亂罪。
二　外患罪。
三　第一百三十五條、第一百三十六條及第一百三十八條之妨害公務罪。
四　第一百八十五條之一及第一百八十五條之二之公共危險罪。
五　僞造貨幣罪。
六　第二百零一條至第二百零二條之僞造有價證券罪。
七　第二百十一條、第二百十四條、第二百十八條及第二百十六條行使第二百十一條、第二百十三條、第二百十四條文書之僞造文書罪。
八　毒品罪。但施用毒品及持有毒品、種子、施用毒品器具者，不在此限。
九　第二百九十六條及第二百九十六條之一之妨害自由罪。
十　第三百三十三條及第三百三十四條之海盜罪。

■ 修正說明（105.11.30）
跨境電信詐騙案件的新興犯罪造成民眾財產鉅大損害與危害國家形象等情形，爲維護本國之國際形象，並對於該類跨境加重詐欺案件，賦予我國司法機關有優先之刑事管轄權，以符合民眾對司法之期待，暨提升司法形象，爰將第三百三十九條之四之加重詐欺罪納入中華民國刑法第五條國外犯罪之適用。

□ 實務見解

▶ 釋字第 176 號（71.08.13）

刑法第五條第五款所列第二百十六條之罪，不包括行使第二百十條、第二百十二條及第二百十五條之文書，但包括行使第二百十三條之文書。

▶ 95 年度第 21 次刑事庭會議決議（95.11.07）

決議：採甲說，應適用裁判時法。

一、本院九十五年五月二十三日刑事庭第八次會議就「刑法九十四年修正施行後之法律比較適用決議」一、之 1. 即明載新法第二條第一項之規定，係規範行為後「法律變更」所生新舊法比較適用之準據法……。故如新舊法處罰之輕重相同，即無比較適用之問題，非此條所指之法律有變更，即無本條之適用，應依一般法律適用原則，適用裁判時法。本院同決議五、之 2. 想像競合犯認新法第五十五條但書係科刑之限制，為法理之明文化，非屬法律之變更；六、之 1. 謂新法第五十九條之規定，為法院酌減審認標準見解之明文化，非屬法律之變更，均同此見解。其為純文字修正者，更應同此。

二、如逕行適用行為時法，因結果並無不同，對判決不生影響，上訴審毋庸撤銷改判。

▶ 72 台上 5872（判例）

刑法為國內法，採屬地主義；刑法第五條第一款至第五款之規定，雖兼採保護主義，但以我國國家、社會、人民之法益為保護之對象；故刑法第五條第四款所稱有價證券，不包括在外國發行流通之有價證券在內。

▶ 69 台上 2685（判例）

刑法第五條第五款所指犯刑法第二百十四條、第二百十六條之罪，其所謂公務員職務上所掌之公文書，係指我國公務員（如駐外使、領館人員）職務上所掌管之我國公文書而言。至於在我國境外使外國公務員在其職務上所掌之外國公文書為不實之登載，自不在我刑法保護範圍之內。

第 6 條（屬人主義—公務員國外犯罪之適用）

本法於中華民國公務員在中華民國領域外犯左列各罪者，適用之：

一　第一百二十一條至第一百二十三條、第一百二十五條、第一百二十六條、第一百二十九條、第一百三十一條、第一百三十二條及第一百三十四條之瀆職罪。

二　第一百六十三條之脫逃罪。

三　第二百十三條之偽造文書罪。

四　第三百三十六條第一項之侵占罪。

□ 實務見解

▶ 100 簡 1944（判決）

外國人所持護照倘為冒領之情形（即使用他人身分證件申請之真實護照），因需調閱護照申請資料及本人身分證件始能查核，而不易由承辦人員於國境查驗證照短時間內查覺，是承辦之公務人員於旅客入境通關時審查護照、簽證形式上之正確性後，即將其入境資料登載於公文書上，行為人持貼有本人照片之他人名義之護照及我國駐印尼臺北經濟文化辦事處核發他人之簽證等其上有不實資訊文件向機場內之入出國及移民署公務人員提出，並經該管人員形式審查後，登載在職務上所執掌上外籍人士入出境資料電腦檔案、旅客入、出境紀錄上之行為，應構成使公務員登載不實罪。

第 7 條（屬人主義—國民國外犯罪之適用）

本法於中華民國人民在中華民國領域外犯前二條以外之罪，而其最輕本刑為三年以上有期徒刑者，適用之。但依犯罪地之法律不罰者，不在此限。

□ 實務見解

▶ 69 台上 156（判例）

被告所犯殺人罪犯罪地在英、法兩國共管屬地「三托」島，依刑法第七條前段規定，應適用刑法處罰。

▶ 104 台上 406（判決）

我國刑法第七條前段規定：本法於中華民國人民在中華民國領域外犯前二條以外之罪，而其最輕本刑為三年以上有期徒刑者適用之。依其反面解釋，我國人民在我國領域外犯同法第五、六條以外之罪，且其最輕本刑非為三年以上有期徒刑者，其行為應屬不罰，而非我國法院對之無審判權。

第 8 條（國外對國人犯罪之適用）

前條之規定，於在中華民國領域外對於中華民國人民犯罪之外國人，準用之。

□ 實務見解

▶ 95 毒抗 349（裁定）

刑法在中華民國領域外犯罪之適用，於被告行為後，新法將刑法「鴉片罪」之規定，已修正改列為同條第八款「毒品罪」。但施用毒品及持有毒品、種子、施用毒器具罪，不在此限」，**修正後之刑法將在中華民國領域外施用毒品之行為予以排除，不適用刑法之規定，是比較新舊法之結果，以修正後之法律對被告較有利。準此，依修正後刑法第五條第六款之規定，被告於出境後，在中華民國領域外施用第一級毒品海洛因之行為，則無刑法之適用。**

第9條（外國裁判服刑之效力）

同一行為雖經外國確定裁判，仍得依本法處斷。但在外國已受刑之全部或一部執行者，得免其刑之全部或一部之執行。

□ 實務見解

▶ **94 台上 6074（判決）**

維護司法權之完整，不受外國政府干涉，係國家對外主權獨立之重要表徵，對內實現憲法第八十條所揭櫫之法官依法獨立審判精神，則為司法獨立之核心事項，就刑事審判而言，乃審斷有無以刑罰制裁之必要，特重實體之真實發現與直接審理，要與民事訴訟屬私法上解決私權爭議，而採絕對當事人進行及證據處分主義，二者性質有別，亦與國與國間之平等互惠原則無關，故外國法院之裁判，不能拘束我國刑事法官之獨立審判。我國人民就同一行為，經外國確定裁判後，我國刑事法院依刑法第九條前段規定，適用我國刑法及相關之法律予以審判、處斷時，該外國法院之裁判書，**因係外國法官依據外國法律裁判、製作，既非我國公務員所作成，亦非一般業務人員基於業務過程所製作之紀錄或證明文書，是就其作成之情況以觀，祇用於證明被告已經外國法院裁判確定之待證事實時，固得認其證據適格；但就證明被告犯罪構成事實之存否時，既係外國法官依外國法律審判、製作，應不具證據能力。**從而，上揭刑事被告自白以外之補強證據，倘未經蒐集存在於我國案卷，無從顯出於我國審理事實法院之審判庭，**我國法院自不得逕以外國法院之裁判書，資為被告在我國自白犯罪之補強證據**，否則無異受外國裁判所拘束，與我國法權自主及法官審判獨立之精神顯相違背。

第10條（名詞定義）

I 稱以上、以下、以內者，俱連本數或本刑計算。

II 稱公務員者，謂下列人員：

一　依法令服務於國家、地方自治團體所屬機關而具有法定職務權限，以及其他依法令從事於公共事務，而具有法定職務權限者。

二　受國家、地方自治團體所屬機關依法委託，從事與委託機關權限有關之公共事務者。

III 稱公文書者，謂公務員職務上製作之文書。

IV 稱重傷者，謂下列傷害：

一　毀敗或嚴重減損一目或二目之視能。

二　毀敗或嚴重減損一耳或二耳之聽能。

三　毀敗或嚴重減損語能、味能或嗅能。

四　毀敗或嚴重減損一肢以上之機能。

五　毀敗或嚴重減損生殖之機能。

六　其他於身體或健康，有重大不治或難治之傷害。

V 稱性交者，謂非基於正當目的所為之下列性侵入行為：

一　以性器進入他人之性器、肛門或口腔，或使之接合之行為。

二　以性器以外之其他身體部位或器物進入他人之性器、肛門，或使之接合之行為。

VI 稱電磁紀錄者，謂以電子、磁性、光學或其他相類之方式所製成，而供電腦處理之紀錄。

VII 稱凌虐者，謂以強暴、脅迫或其他違反人道之方法，對他人施以凌辱虐待行為。

□修正前條文

I 稱以上、以下、以內者，俱連本數或本刑計算。

II 稱公務員者，謂下列人員：

一　依法令服務於國家、地方自治團體所屬機關而具有法定職務權限，以及其他依法令從事於公共事務，而具有法定職務權限者。

二　受國家、地方自治團體所屬機關依法委託，從事與委託機關權限有關之公共事務者。

III 稱公文書者，謂公務員職務上製作之文書。

IV 稱重傷者，謂下列傷害：

一　毀敗或嚴重減損一目或二目之視能。

二　毀敗或嚴重減損一耳或二耳之聽能。

三　毀敗或嚴重減損語能、味能或嗅能。

四　毀敗或嚴重減損一肢以上之機能。

五　毀敗或嚴重減損生殖之機能。

六　其他於身體或健康，有重大不治或難治之傷害。

V 稱性交者，謂非基於正當目的所為之下列性侵入行為：

一　以性器進入他人之性器、肛門或口腔，或使之接合之行為。

二　以性器以外之其他身體部位或器物進入他人之性器、肛門，或使之接合之行為。

VI 稱電磁紀錄者，謂以電子、磁性、光學或其他相類之方式所製成，而供電腦處理之紀錄。

■修正說明（108.05.29）

一、刑法第一百二十六條第一項、第二百二十二條第一項第五款及第二百八十六條均有以凌虐作構成要件之規範，依社會通念，凌虐係指凌辱虐待等非人道待遇，不論積極性之行為，如時予毆打，食不使飽；或

消極性之行為，如病不使醫、傷不使療等行為均包括在內。

二、參酌德國刑法有關凌虐之相類立法例第二百二十五條凌虐受照顧之人罪、第三百四十三條強脅取供罪、第一百七十七條之加重強制性交，有關凌虐之文字包括有：quälen 即長期持續或重複地施加身體上或精神上苦痛，以及 mißhandeln 即不計時間長短或持續，對他人施以身體或精神上之虐待。

三、是以，倘行為人對被害人施以強暴、脅迫，或以強暴、脅迫以外，其他違反人道之積極作為或消極不作為，不論採肢體或語言等方式、次數、頻率，不計時間之長短或持續，對他人施加身體或精神上之凌辱虐待行為，造成被害人身體上或精神上苦痛之程度，即屬凌虐行為。前述所謂其他違反人道之方法，係獨立之行為態樣。爰增訂第七項。

❖ 2005 年修法簡評

針對 2005 年刑法公務員之修正，有不少學者提出以下的不同意見：

一、陳子平教授

修正前條文之規定已能充分表述刑法上公務員之定義，並無修法之必要，僅須對「公務」為合理的限縮解釋，以符合做為刑法對象之「公務員」即可。而今修法後，其重點依然在於如何合理解釋「依法令」、「法定職務權限」及「公共事務」等概念而已。

【陳子平，《刑法總論》，元照，三版，2015.09，77 頁。】

二、柯耀程教授

應揚棄單純身分關係的認定方式，回歸到職務導向的「功能性」界定標準。即所指之公務員概念者，並非單純僅以公務員身分關係，作為界定之準據，而係以「功能性」之職務判斷；以「公務員作為行為客體者」其所以侵害者，亦非公務員本身，而是源自於職務執行的關係所生的保護必要性。

【柯耀程，《刑法總論釋義——修正法篇〈上〉》，元照，初版，2005.01，157 頁以下。】

三、黃榮堅教授

決定公務員身分的標準應該是「處理事物的性質」，而不是固定的人事定位。不管是對於舊法所說的「從事於公務」或是新法所說的「從事於公共事務」關鍵問題都是在於其國家任務行為的基本性質。公務員存在基本目的之概念，如果不是涉及執行國家任務行為，立法上並無理由針對公務員而設定犯罪類型或設定加重規定，因此公務員定義應採取的依然是嚴格的公務員定義。因此。立法理由稱，「依政府採購法

規定之公立學校、公營事業之承辦、監辦採購等人員」，均屬於法條所稱「其他依法令從事於公共事務而具有法定職務權限之人員」。然而若如此解釋，「公共事務」之意思難以理解，且修正目的恐也將落空，蓋國家機關的採購事務本身，是國家機關如何達成其統治目的之內部技術問題，而非對人民之統治行為或給付行為，事實上並不符合國家任務行為概念。是以黃教授認為刑法對於公務員的定義應採「個別化公務員的概念」，即對於不同犯罪類型的公務員概念可以有不同的理解。

【黃榮堅，《基礎刑法學〈上〉》，元照，四版，2012.03，133 頁以下。】

若要將負責政府採購行為納入刑法瀆罪的規範，合理的詮釋，應係國家採購行為現實已經是透過國家資源的運用形成財產利益（商機）的分配，國家機關的採購事務可納入執行國家任務之行為，是以執行採購事務之人員也因此屬於圖利罪所謂的公務員。

【黃榮堅，〈刑法上個別化公務員概念〉，《國立臺灣大學法學論叢》，第 38 卷第 4 期，2009.12，273 頁以下。】

四、林鈺雄教授

刑法上的公務員概念，本有其自主的規範目的，進而要處理的問題之一是：是否、如何或為何以及在何等範圍內，援引或藉助行政法上的公務員概念。若答案傾向肯定，則未來尚須兩個學科更大規模的結合，兼顧刑法處罰之目的，始能處理千變萬化的實務類型，同時避免過猶不及的評價。

【林鈺雄，《新刑法總則》，元照，五版，2016.09，56 頁。】

五、吳耀宗教授

所謂職務權限其實是一種以職務性質確定公務身分的要件，修法之目的應該是為了強調機關要件的功能性。但參照日本的法制改革經驗，此要件的規定可能由於國家權力運作因難以具體規制，而流於空洞。通常權力機關本身也無法完全具體描述和預測，而往往以概括規則籠統涵蓋。如此一來，增加「法定職務權限」這個要件，實質作用並不大。

【吳耀宗，〈評析刑法新修正公務員的概念〉，收錄於《刑法公務員概念的比較研究》，台灣刑事法學會，2010.09，122 頁。】

❖ 法學概念

刑法上之公務員

依新修正刑法第 10 條之規定，學說上將本法公務員之定義區分為以下三種類型：

一、身分公務員

此類公務員係指依法令服務於國家或地方自治團體所屬機關而具有法定職務權限之人員（刑法第 10 條第 2 項第 1 款前段）。就國家或

地方自治團體組織成員而論，國家或地方自治團體所屬機關組織內，具有法定職務權限且有法令上任用資格之人，因係代表或代理國家或地方機關處理公共事務，自當負有特別服從之義務，認其為刑法上之公務員，應無疑義。此類型的公務員，在觀念上與行政法上的公務員概念相近，且與實務上大多數的解釋或判例通說均以出身公務機關或由政府任命或委派即認其為公務員的見解相仿，政府所屬機關服務之人員大都屬於此一類型。例如：中央、地方行政機關或各級議會，所有經由考試、選舉、聘任或特任而來的公務員，都是身分公務員。總統、五院院長、各部會首長、縣市長、縣市議員、立法委員、以及法官、檢察官、警察等等都是身分公務員。所謂國家或地方自治團體所屬機關，須稍作限縮解釋，宜限於使行使國家統治權作用的機關。然而，公立學校性質上雖為國家或地方自治團體所屬機關，而有組織法之依據，其中校長及其他行政職員，因有編制依據，且均有職系，應屬本類型之刑法公務員；若公立學校之教師，未兼任行政職務，因其任務在於教學、研究、輔導，並無法定之職掌權限，應不屬之。再如，公立醫療院所，性質上亦為國家或地方自治團體所屬機關，而有組織法之依據；其中院長及其他行政職員，如有編制依據，且有職系，即應屬本類型之刑法公務員；至於公立醫療院所之醫師，倘未兼任行政職務，則非屬之。

茲有疑義的是：**法定職務權限的認定**。依學說意見可知：所謂法定職務權限，係指在國家或地方自治團體所屬機關服務之人員從事之事務，須有法令規定權限。**故若約聘人員如未具備「法定職務權限」，則不屬於刑法上之公務員。**

所謂「法定」，不以法律明文規定為限，其他如具有法規性質之命令、職權命令或職務命令及機關內部之行政規章等亦包括在內。詳言之，這裡的「法定」，應指各機關組織法所定之職權、編制及職等，至少應在法規上訂有編制名目，以及其表格化後之「公務員職務列等表」，包含雇員、書記、立法助理等。若不在職務列等表範圍內者，如工友、司機等則不屬之。學理上亦有將「身分公務員」稱作「機關公務員」的論者，氏主張刑法第 10 條第 2 項第 1 款前段，具體判斷標準在於「是否服務於機關」。本書認為此一標準對於一般民眾及法院而言，較簡易區辨，蓋只要服務於「機關」，不管是否為民選公職人員、政務官、機要秘書常任文官乃至於約聘雇人員皆屬「機關公務員」。

身分公務員職務權限，或簡稱職權，或逕稱職務，依實務向來見解，均認係指公務員在其職權範圍內所應為或得為之事務。凡公務員於其

職務範圍內所應為或得為之事務，不以涉及「公權力」行使之事項為限，即無關權力之公行政作用行為及其他私經濟行為，均包括在內。蓋此類型公務員著重服務於國家或地方自治團體所屬機關之身分，縱未涉及公權力行使之事項，法秩序亦有高度要求其特別服從之義務。倘無法定之職務權限，縱服務於國家或地方自治團體所屬機關，而僅單純從事「機械性、肉體性」之工作者，如：工友、清潔人員，則不包括在內。

【甘添貴，〈與談意見㈠刑法上公務員身分規定之檢討〉，《檢察新論》，第 17 期，2015.01，27 頁以下；林書楷，《刑法總則》，五南，四版，2018.09，32 頁；林東茂，《刑法總則》，一品，初版，2018.04，19 頁；靳宗立，《刑法總論Ⅰ——刑法基礎理論暨犯罪論》，集義閣，初版，2010.09，63 頁；鄭善印，〈兩岸刑法有關公務員概念的比較〉，收錄於台灣刑事法學會主編，《刑法新修正之公務員概念》，元照，初版，2010.09，455 頁以下。】

二、授權公務員

係指依法令授權而從事於公共事務且具有法定職務權限之人員。雖非服務於國家或地方自治團體所屬機關之人員，惟「法令」上特別規定將公共事務處理之權力，直接交由特定團體之成員為之，而使其「享有法定之職務權限」者，既依法令負有一定公共事務之處理權限，自應負有特別服從之義務，亦應認其為刑法上之公務員。此類公務員，係來自法令擬制或司法解釋所為之行為具公權力性質，亦有學者稱為「事務公務員」。所稱「公共事務」，指已涉及公權力行使者為限（私經濟作用之私法行為以外，均宜認為屬於公權力之範圍）包括給付行政，非權力作用之公益目的在內。例如公法社團法人（農田水利會）、公法財團法人（工研院）。**此種類型的公務員，係採「職務」公務員的概念**，以其所執行的職務為準，視其具體的職務行為是否屬於行使國家統治權作用的行為，而決定其是否刑法上的公務員。原則上，公務機關所涉之採購事項，只要必須根據《政府採購法》規定辦理採購者，不管該單位性質是否為國家或地方自治團體所屬機關，亦不管採購人員是否具有公務身分或僅是約聘人員或臨時工，包含涉及私權或私經濟行為事項，均屬之。依立法理由所舉之例：依水利法及農田水利會組織通則相關規定而設置之農田水利會會長及其專任職員屬之。農田水利會被司法院定位為「公法人」的組織（釋字第 467、518、628 解釋參照）。不過，有鑑於農田水利會公權力不足，以致在業務執行時常遭遇困難，如灌溉水質受污染僅能通知地方環保機關處理。2018 年 1 月 17 日，立法院三讀通過《農田水利會組織通則》修正草案，基於辦理農田水利事務具有高度公共事務性質，會長及各級專任職

員參與政治活動及推動會務應以公務人員行政中立法規範，因此新增農田水利會組織通則第23條第2項明定會長及各級專任職員準用公務人員行政中立相關規定，第40條第3項規定將農田水利會由現行公法人改制為公務機關，停止辦理會長及會務委員選舉。雖然在立法過程中各界疑慮四起，爭議不斷，本書暫且不論其政治效應為何，站在刑法上之觀點，既然在法制面已行政機關化，本文認為應改定位為刑法第10條第2項第1款前段之「身分公務員」（機關公務員）。

依新進的實務見解，自來水公司之內部組織規程、自來水法規定之立法目的等證據資料，認定自來水公司所從事者為公共事務，其員工亦屬刑法之授權公務員。

此外，2018年台灣地區九合一地方公職人員大選的選務工作，因同時合併十項公投，致使各地選務機關必須招募大量的民間人士參與，因此辦理選舉工作之人員係何種公務員，則須分別情形以觀，例如：民政局及戶政事務所公務員奉派擔任者，因係基於其公務員職務內容擔任本屬業務範圍之一的選務工作，應為身分公務員；反之，如為教師或民間人士受推薦而參與者，係現行刑法第10條第2項第1款後段所稱之「其他依法令（投開票所工作人員遴派注意事項）從事於公共事務，而具有法定職務權限者」，亦為授權公務員（事務公務員）。

【鄭善印，〈兩岸刑法有關公務員概念的比較〉，收錄於台灣刑事法學會主編，《刑法新修正之公務員概念》，元照，初版，2010.09，458頁；甘添貴，〈與談意見(一)刑法上公務員身分規定之檢討〉，《檢察新論》，第17期，2015.01，29頁；王皇玉，《刑法總則》，新學林，四版，2018.09，102頁；最高法院107年度台上字第703號判決。】

三、委託公務員

係指受國家或地方自治團體所屬機關依法委託，從事與委託機關權限有關公共事務之人員。此等法令受委託行使行政機關之權限或公權力之人，法秩序亦有高度要求其服從之特別義務，故應視為刑法上之公務員（行程法第16條第1項、國賠法第4條第1項參照，即符合行政法上「行政委託」之情形）。此處的「公共事務」，係指例如釋字第382、462號的情形、海基會職務上製作之文書是；至於檢察之採尿人員、民間拖吊業者，皆不屬於刑法第10條第2項第2款之委託公務員類型。

【甘添貴，〈刑法新修正之公務員概念〉，收錄於《刑法總則修正重點之理論與實務》，台灣刑事法學會主編，元照，初版，2005.09，138頁以下。】

簡言之，公務機關的「行政輔助人」或「行政助手」，乃在行政機關指示下，協助該機關處理或執行行政事務，其本身並無獨立行使公權力之權限，故不屬於本款之委託公務員，除民間拖吊車

業者外，代收各項政府機關稅收的便利商店人員亦非屬之。至於航行中的船長或飛行中航空器之機長，根據船法或民用航空法之規定，雖擁有緊急處分權，惟此乃法定阻卻違法之事由，不必然與公共事務有關，故船長或機長仍非委託公務員。

【王皇玉，《刑法總則》，新學林，四版，2018.09，102頁以下。】

針對前揭否定民間拖吊業者為刑法上之公務員之論述，學者有不同看法，認為拖吊、保管違規車輛等業務，原屬警察依法應執行之職務，只不過由拖吊業者代為執行，假設行為人攻擊拖吊、保管違規車輛者，其目的本在妨礙公務之執行，故應認有刑法第135條妨害公務罪之適用。因為本罪保護客體為國家公權力之行使作用，與作為客體自有所不同，故行為人施強暴脅迫之對象即使不是公務員本身，非謂無法成立妨害公務罪。

【曾淑瑜，〈妨害公務罪之保護客體是「公務員」？還是「公務」？〉，《台灣本土法學》，第91期，2007.02，91頁以下。】

至於，依刑法第74條第2項第5款之規定，命其於緩刑期間內向指定之政府機關、政府機構、行政法人、社區或其他符合公益目的之機構或團體提供四十小時之義務勞務，被告究應向何政府機關、政府機構、行政法人、社區或其他符合公益目的之機構或團體提供義務勞務，屬執行之問題，應由執行檢察官斟酌全案情節及各公益團體、地方自治團體或社區之需求，妥為指定。若檢察官將核實被告社區勞動服務之權限委由里長辦理時，則里長此際屬何種公務員不無疑問？實務上都是由里長向地檢署先提出申請後，檢察官考量該地區是否有需要被告協助勞動服務後，方才允准。而被告至社區勞動服務之時數，係依打卡認定。此外，地檢署並不定時派佐理員監督被告勤勞狀況。本文認為，里長此際並非依法令直接被賦予「職務權限」，因為里長的勞動時數核實權，是來自檢察官經過裁量後將其權限一部分委託而來，並非里長本身的職務範圍，所以里長係以私人身分在受託範圍內獨立行使公權力，應為「委託公務員」。

【臺灣臺北地方法院107年度簡字第922號判決、臺灣臺中地方法院105年度審訴字第474號判決。】

❖ 法學概念

法定職務權限

有學者質疑，事實上，以具有法定職務權限限縮公務員處罰範圍，固能避免刑罰不正擴張，但一概排除不具法定職務權限者成立犯罪，卻反而有可能產生刑罰不當限縮之副作用。舉例而言，由於只有警察人員具有法定職

務權限開罰單，倘若有副市長向違規設攤者索取金錢利益，並稱此舉得免除業者於一定期限內被警察開單，但事實上其並未與警察單位達成此種默契。由於副市長並不具有開罰單之「法定」職務權限，就此事而言，無法以貪污治罪條例處罰，由於不具特定法定職務權限者亦可能因其職務或地位令人民財產權並違反廉潔義務，故以是否具法定職務權限限縮刑罰權之範圍，將因過度限縮處罰而造成法益保護不足的現象。

【張明偉，《學習刑法——總則編》，五南，三版，2013.09，83頁以下。】

本書認為，公務員的職務權限不僅限於本身職務上所職掌的「具體職務權限」（職務分派之內容），尚應包含依照相關法令具有一般抽象的職務權限即為已足。例如：員警在管轄區外收賄，雖然不符合本身職務上所職掌的「具體職務權限」，但是依警察法第9條，警察有如下之一般職務權限：「一、發佈警察命令。二、違警處分。三、協助偵查犯罪。四、執行搜索、扣押、拘提及逮捕。五、行政執行。六、使用警械。七、有關警察業務之保安、正俗、交通、衛生、消防、救災、營業建築、市容整理、戶口查察、外事處理等事項。八、其他應執行法令事項。」換言之，只要員警係因警察這個特殊地位而受賄，即可成立受賄罪，至於其職務內容分派（具體職務權限）為何，並不重要。本書認為，是否為刑法上「公務員」，關鍵仍在於個案中有無具備以權力主體之「地位」運用職務權限。

因此，總則中所謂的「法定職務權限」與分則中的「職務行為」之範圍不能「全然」劃上等號，而應該脫鉤處理個別認定，最後在累積適用。因為所謂職務行為並非單純取決於法定的管轄權與內部的事務分配，尚且包含主管長官臨時交辦本不屬其法定職務權限內的工作、機關外的職務權限；甚至一些高階主管、政治人物等其職務權限更是模糊不具體，如果認為兩者範圍一致，將產生個案適用上的爭議。

【林朝雲，〈論「法定」職務權限與賄賂罪中「職務行為」的關聯性〉，《警大法學論集》，第29期，2015.10，178頁以下。】

❖ **法學概念**
毀敗或嚴重減損

所謂「毀敗」係指視覺、聽覺、發聲、味覺、嗅覺、生殖等器官或身軀之肢體受到重大傷害，完全而且永遠喪失機能而言，故機能若僅減衰，或僅一時喪失者，即非毀敗（100年台上字第4495號判決）。因此，刑法上所謂毀敗機能及於身體健康有重大不治之傷害，乃傷害之結果確係機能毀敗或身體健康確有終身不治之傷害

者而言，若僅一時不能動作，不過受傷後之狀態，能否認為已達重傷程度，自非專門學識之人詳予鑑定，不足以資核斷（20年上字第547號判例）。

所謂「嚴重減損」，觀其2005年之修法理由，係基於刑法保護人體機能之考量，並兼顧刑罰體系之平衡，自宜將嚴重減損機能納入重傷範圍等語。是舉凡對各項機能有重大影響，且不能治療或難於治療之情形，應認均構成重傷，以與各該機能以外關於身體或健康之普通傷害與重傷區分標準之寬嚴一致，並使傷害行為得各依其損害之輕重，罪當其罰，俾實現刑罰應報犯罪惡性之倫理性目的而發揮其維護社稷安全之功能。從而，傷害雖屬不治或難治，如於上開機能無重大影響，仍非重傷。而減損視能之程度應達若干，始能認為係「嚴重減損」，法無明文，自應依醫師之專業意見，參酌被害人治療回復狀況及一般社會觀念認定之（101年台上字第6044號判決）。

❖ **法學概念**
重大不治或難治

所謂「重大不治」，是指終身無法治癒恢復。至於「難治」，係指難以治療，一時之間無法痊癒，與重大不治相同，均為重傷。刑法第10條第4項關於重傷之定義，除其第1款至第5款所定，毀敗或嚴重減損視能、聽能、嗅能、一肢以上機能或生殖之機能外，尚包括第6款之「其他於身體或健康，有重大不治或難治之傷害」。例如人之五官外形，均與容貌有關，容貌上顯有缺陷，而又不能回復原狀，自與上開「其他於身體或健康，有重大不治或難治之傷害」之規定相符（103年台上字第568號判決）。又如被害人之鼻準被人以刀削去一截，後雖治癒，然已成缺形，不能回復原狀，實務上也認為係刑法第10條第4項第6款所稱「重大不治」之傷害（25.02.22決議）。

❖ **法學概念**
性交

性交之定義，是於1999年因妨害性自主罪章之修正而加以增訂。2005年修法又將性交定義增列「正當目的」與「或使之接合」。現行刑法第10條第5項性交定義為：「謂非基於正當目的所為之下列性侵入行為：一、以性器進入他人之性器、肛門或口腔，或使之接合之行為。二、以性器以外之其他身體部位或器物進入他人之性器、肛門，或使之接合之行為。」性交定義增訂後，刑法妨害性自主罪章及妨害風化罪章多將原條文中「姦淫」修正為「性交」。惟按通姦罪之用語並未修正，實務一貫見解認為刑法第239條所謂之相姦，係指與有配偶之人互相合意，而

爲姦淫行爲。而所謂姦淫，則係指男女之交媾行爲，即男子之性器陰莖進入女子之性器陰道之行爲，此與修正後刑法將某些條文修正爲內涵較爲廣泛之性交之情形尚有差異。是檢察官就此類型案件，其所舉出之直接證據或間接證據，即須達通常一般人均不致懷疑行爲人間確有交媾之姦淫行爲，而得確信其爲眞實之程度者，始得據爲有罪之認定，倘其證明尚未達到此一程度，而有合理之懷疑存在時，即難遽採爲不利被告之認定（102年上易字第1088號、101年上易字第2847號、101年上易字第2643號、100年上易字第2844號、99年上易字第175號判決）。但有學者認爲，性交定義增訂後，應做體系性解釋，通姦行爲也應包含「性交」行爲。

近來高雄高分院有判決認爲「口交」也可成立通姦罪，媒體報導此推翻「台灣高等法院91年度一、二審法院法律座談會」結論，即通姦以性器接合爲前提，而「口交」算是姦淫以外，足以興奮或滿足性慾的色情行爲，不構成通姦罪。

但本書持保留態度，蓋法學方法當以「文義解釋」爲優先，對照歷次修法，立法者將妨害性自主罪章及妨害性風化罪章之條文由「姦淫」改成「性交」，但通姦罪卻從未修正，若認爲刑法第10條之修正，即代表通姦罪之構成要件也擴大，則之前立者又何必將妨害性自主罪章及妨害性風化罪章由「姦淫」改成『性交』？顯見，立法者認爲「姦淫」與「性交」爲不同概念，除非修法，將通姦改成「與有配偶之人合意性交」，否則法官若刻意變更立法條文文義，乃違反權力分立原則，而有違憲之虞。

實務見解

▶ 釋字第73號（46.03.13）
依公司法組織之公營事業，縱於移轉民營時已確定其盈虧及一切權利義務之移轉日期，**仍應俟移轉後之民股超過百分之五十以上時始事業方得視爲民營**。惟在尚未實行交接之前，其原有依法令服務之人員仍係刑法上之公務員。

▶ 釋字第8號（41.10.27）
原呈所稱之股份有限公司，**政府股份既在百分之五十以上**，縱依公司法組織，亦係公營事業機關，其依法令從事於該公司職務之人員，自應認爲刑法上所稱之公務員。

▶ 釋字第7號（41.09.29）
行憲後各政黨、各級黨部之書記長，不得認爲公務員。

▶ 釋字第5號（41.08.18）
行憲後各政黨辦理黨務人員，不能認爲刑法上所稱之公務員。

▶ **108年度第5次刑事庭會議決議**
（108.04.09）
院長提議：甲公營事業機構依政府採購法規定，辦理某項與民生有關之公共工程採購案，乙爲該機構員工，負責該採購案之監工及驗收事務，乙是否爲刑法上公務員，有下列二說：

一、肯定說

公營事業依政府採購法辦理採購，就階段區分，可分爲招標、審標、決標、履約及收受等行爲。此各階段之事務，均屬完成採購作業之各階段行爲，具有連貫性，悉與公共利益攸關。雖該法現行規定就有關採購爭議之救濟，依其性質係採取所謂之雙階理論，即就招標、審標、決標等訂約前之作爲，以異議、申訴程序救濟；申訴審議判斷視同訴願決定。訂約後之履約、驗收等爭議，則以調解或仲裁程序解決（民國九十一年二月六日修正政府採購法第七十四條、第七十五條第一項第一款、第七十六條、第八十三條、第八十五條之一至四等規定參照）。關於招標、審標、決標等階段爭議之申訴審議判斷視同訴願決定，固確認均係執行公權力之行爲；然衡諸九十一年該法就採購爭議救濟而爲之修正，僅在於使救濟制度單純化，並避免原規定履約或驗收之爭議，得由得標廠商自由選擇適用申訴程序或仲裁、起訴，將造成救濟體系積極衝突，實有不宜，爰予刪除之旨（見第七十四條修正理由）；則此之修正，乃立法者基於晚近行政事務態樣日益複雜，對於某類行政事項處理結果，應如何定其爭訟途徑，而單純從簡化救濟程序上之考量所爲之技術性規定而已。又參諸刑法修正說明，依政府採購法規定之公營事業之承辦、監辦採購等人員，既均屬刑法第十條第二項第一款後段之「授權公務員」，亦無僅因上開處理爭議之救濟程序上之便宜規定，即進而強行區分其承辦、監辦前階段之招標、審標、決標等人員，始屬刑法上之公務員，而後階段之履約、驗收等承辦、監辦人員，則否定其爲刑法上之公務員，而將原本同以依法令從事公共利益爲前提之群體事務（即公共事務）定其主體屬性之體系，因此割裂而異其適用之理。題旨情形，乙負責系爭公共工程採購案之監工及驗收事務，自屬刑法上之公務員。

二、否定說

公立學校及公營事業之員工，如依政府採購法之規定承辦、監辦採購之行爲，其採購內容，縱僅涉及私權或私經濟行爲之事項，惟因公權力介入甚深，仍宜解爲有關公權力之公共事務。其所謂公共事務，係指公權力事務，其具體及形式化之表徵，就是行政程序法第九十二條所規定之「行政處分」。換言之，其所爲之意思表示足以成爲訴願及行政訴訟審判之標的者，即爲從事於公共

事務。進一步言之，政府機關依政府採購法規定進行採購之行為，究為政府機關執行公權力之行為，抑或立於私法地位所為之私經濟行為，未可一概而論。依該法第七十四條、第七十五條、第七十六條、第八十三條、第八十五條之一至四規定，僅於政府機關採購招標、審標、決標等訂約前之作為，得以異議、申訴程序救濟，申訴審議判斷視同訴願決定。訂約後之履約、驗收等爭議，則以調解或仲裁程序解決。則關於招標、審標、決標爭議之審議判斷既視同訴願決定，自應認政府機關之招標、審標、決標行為始為執行公權力之行為，亦即就公法上具體事件所為之決定或其他公權力措施而對外直接發生法律效果之單方行政行為，始屬行政處分，而許其依行政訴訟法規定救濟。是刑法第十條第二項第一款後段所稱之公共事務，乃指與國家公權力作用有關而具有國家公權力性質之事項為限，即所授權者須為該機關權力範圍內的事務，受授權人因而享有公務上之職權及權力主體的身分，於其受授權範圍內行使公權力主體的權力，若僅受公務機關私經濟行為之民事上委任或其他民事契約所發生私法上之權益關係，所授權者並非法定職務權限範圍內之公務，受授權人並未因而享有公權力，不能認為是授權公務員。題旨情形，乙負責係爭公共工程採購案之監工及驗收事務，並非從事於公共事務而具有公權力之行為，當非屬刑法上之公務員。

決議：採肯定說。

▶ **103 年度第 13 次刑事庭會議決議㈠（103.08.12）**

決議：採乙說（否定說）。

一、現行刑法已採限縮舊法公務員之定義，刻意將公立醫院、公立學校、公營事業機構人員，排除在身分公務員之外。

二、雖然立法理由中，又將依政府採購法規定之各公立學校、公營事業之承辦、監辦採購等人員，列為刑法第十條第二項第一款後段之「其他依法令從事於公共事務，而具有法定職務權限者」（授權公務員），然則較諸身分公務員，其性質上既屬次要、補充之規範，解釋上自應從嚴限縮。此觀諸政府採購法第九十五條規定，是類採購人員，宜以專業人員為之，並特別設有一定之資格、考試、訓練、發證及管理，作為配套規範甚明，益見所謂承辦、監辦採購等人員，係以上揭醫院、學校、事業機構之總務、會計等專業人員為主；至於非專業之人員，仍須以採購行為所繫本身之事務，攸關國計民生之事項者為限。

三、再由修法理由對非身分公務員之職能性公務

員（授權公務員、委託公務員），所指「從事法定之公共事務」、「公務上之權力」等字詞，並參照國家賠償法有關行政委託之界定，本於刑法謙抑思想，作為最後手段性之刑法，其涵攝自應較諸行政法愈為嚴格。易言之，所稱公共事務或公務權力，除所從事者為公權力行政（高權行政）外，雖有包括部分之給付行政在內，惟應以學說上之通說，亦即以攸關國計民生等民眾依賴者為限，此從刑法學界對公共事務之看法，認為必須兼備對內性與對外性二種要件，亦可印證。

四、題示從事科學研究計畫之公立大學教授（下稱主持教授），既非總務、會計人員，採購物品，並非其法定職務權限，實際上，其任務主要係在於提出學術研究之成果，政府或公立研究機關（構）對於主持教授，並無上下從屬或監督之對內性關係，人民對於主持教授學術研究之成果，亦毫無直接、實質的依賴性及順從性，遑論照料義務。是主持教授雖有辦理採購，仍不符合公務員有關公共事務、法定職務權限等要件，自非刑法上之公務員。具體而言，請購物品（非採購）固勿論；縱令直接辦理採購事務，依政府採購法規定意旨及法律解釋之原則，因非專業之人員，且所涉亦非攸關國計民生之事項，同非在授權公務員之列。況其後修正通過之科學技術基本法，為杜爭議，已經直接在第六條第四項明文規定，上揭各情形，不適用政府採購法之規定，排除授權公務員之適用；至於科學技術基本法雖有子法即科學技術研究發展採購監督管理辦法之設，僅為內部管理之便，不能超越該母法及政府採購法規定意旨，採取更為寬鬆之解釋，不應因此被視成委託公務員。

五、倘主持教授有詐領或溢領補助經費等情形，則視具體案件情，依刑事法相關之規定論處，自不待言。

▶ **103 年度第 13 次刑事庭會議決議㈡（103.08.12）**

決議：採乙說（否定說）。

公立大學教授受民間委託或補助，負責執行科學技術研究發展計畫，由學校與委託或提供補助者簽約，受託或補助之研究經費撥入學校帳戶，該教授為執行此項科學技術研究發展計畫而參與相關採購事務，因經費既係來自民間，即不涉及國家資源之分配使用，而與公共事務無涉，非屬授權或委託公務員，自不能認為具有刑法上之公務員身分。

▶ **103 年度第 10 次刑事庭會議決議**
　　（103.06.24）

公立大學教授並非刑法第十條第二項第一款前段所稱「依法令服務於國家、地方自治團體所屬機關而具有法定職務權限之人」，非「身分公務員」。公立大學教授受政府或公立研究機關（構）委託，負責科學技術研究發展計畫（下稱科研計畫），性質上仍屬學術研究，並未經由法令授權而取得任何法定職務權限。其為完成該項科研計畫而參與相關之採購事務，僅係執行該項科研計畫之附隨事項，無涉公權力行使，亦非攸關國計民生之事項，非屬公共事務，核與刑法第十條第二項第一款後段規定「依法令從事於公共事務而具有法定職務權限」之要件不符，並非「授權公務員」。縱該項採購係所屬公立大學依政府採購法之規定辦理，因該教授並非公立大學之「承辦或監辦採購人員」而具有辦理採購事務之法定職務權限，亦非立法理由例示之授權公務員。因此教授為執行科研計畫所參與之相關採購事務，既非行使公權力或從事公共事務，復與受委託或補助之政府或公立研究機關（構）之權限無關，與刑法第十條第二項第二款所規定「受國家、地方自治團體所屬機關依法委託，從事與委託機關權限有關之公共事務」之要件不合，亦非「委託公務員」。總結，公立大學教授受政府或公立研究機關（構）委託，負責執行科研計畫，於辦理相關採購事務，並不具有刑法公務員身分。若有違背相關監督、管理之規定而徇私或舞弊情事者，應回歸普通刑法予以評價或處罰，無貪污治罪條例之適用。

▶ **25 年度決議（25.02.22）**

被害人之鼻準被人以刀削去一截，後雖治癒，然已成缺形，不能回復原狀，應為刑法第十條第四項第六款重大不治之傷害。

▶ **62 台上 3454（判例）**

被害人左膝蓋關節組織主要之伸出迴轉機能，既經完全喪失，不能回復而殘廢，無法上下樓梯，且該關節屈時受阻，伸時呈無力並發抖，自難自由行走並保持身體重心之平衡，殊不能謂非達於毀敗一肢機能之程度。上訴人既因其傷害行為，發生重傷之結果，自應構成傷害致人重傷罪。

▶ **105 台上 1244（判決）**

服務於隸屬行政院國防部以下各軍營之現役軍人中之「士兵」，究竟是否刑法上之公務員，司法院字第一○六三號解釋雖曰「士兵不能離軍隊獨立執行職務。故現役士兵，不得視為刑法上之公務員」，然同院字第二三四號已補充解釋「本院二十三年五月二十五日院字第一○六三號復軍政部公函。係就不能離軍隊獨立執行職務之一般士兵而為解釋。若別有法令依據而從事於一定公務之士兵。自當別論。如憲兵依法執行司法警察之職務時。當然係刑法上之公務員。至於押運兵及汽車駕駛兵等。倘係依法令派充執行公務者。亦同上開解釋。與此並無牴觸。毋庸予以變更。」據此，服務於國防部所屬各軍營之士兵，並非於任何情況下皆不可能成為刑法上公務員，倘該士兵係依據法令執行公務，於符合刑法第十條第二項各款規定之要件時，自仍可能為刑法上之公務員。

▶ **102 台上 1448（判決）**

按政府機關依「政府採購法」規定進行採購之事務，原則上係屬私法行為，本與公權力行使無關，惟我國政府採購法關於招標、審標、決標等爭議之審議判斷，特別規定性質上相當於訴願決定（詳下述），故關於招標、審標、決標之行為，亦有公權力行使之概念。準此以觀，採購行為是否適用政府採購法，與公權力行使有絕對的關聯，自屬於判定是否屬於刑法上公務員之重要依據。依政府採購法第十八至六十二條規定，其招標、審標、決標之程序甚為繁複，廢日曠時，而科技研究發展在本質上係追求知識探索與智慧創新，具變動性、進步性、時效性與不可預測性，先進國家多不以一般採購方式來規範，以利科技研究發展，故我國於八十八年一月二十日制定公布「科學技術基本法」，以求因應。茲將該法歷次修正情形敘述如下：(1)該法於制定之初，尚未於條文中明文規範排除政府採購之適用，而於九十二年五月二十三日修法時，始增訂第六條第三項：「法人或團體接受第一項政府補助辦理採購，其補助金額占採購金額半數以上，並達公告金額以上者，不適用政府採購法之規定。」(2)次於九十三年十二月二十四日該法第六條第三項進一步修正（九十四年一月十九日公布）：「公立學校、公立研究機關（構）、法人或團體接受第一項政府補助辦理採購，除我國締結之條約或協定另有規定者外，不適用政府採購法之規定。」增訂公立學校、公立研究機關（構）亦適用科學技術基本法之規定，並進一步刪除原先「補助金額占採購金額半數以上，並達公告金額以上者」之限制。(3)復於一○○年十二月十四日修正公布，將該法第六條第三項之條文移列至第四項修訂：「公立學校、公立研究機關（構）、法人或團體接受第一項政府補助、委託或公立研究機關（構）依法編列之科學技術研究發展預算辦理採購，除我國締結之條約或協定另有規定者外，不適用政府採購法之規定。」新增「接受第一項政府委託」及「公立研究機關（構）依法編列之科學技術研究發展預算」項目，亦排除依政府採購法之適用。考其修法目的乃為提升科技創新，鼓勵研究機構之積極作為，特別於受政

府補助或委託進行科研採購之情況下，不論採購金額與補助比例為何，明示排除政府採購法之適用，以追求科學研究之彈性與便利。(4)據上開多次修法經過，基於特別法優於普通法及程序從新原則，可知公立學校接受國科會等委託機構補助專題研究計畫經費所辦理之科學技術研究發展採購，不論其金額大小，均排除政府採購法之適用。而國科會補助之專題研究計畫，係屬科學技術基本法第六條第一項前段規定之「政府補助、委託之科學研究技術發展」，則依同條第四項規定，中正大學接受國科會補助專題研究計畫經費，辦理科學技術研究發展採購時，並不適用政府採購法，自屬當然。且依林○任所簽署之「專題研究計畫執行同意書」，亦無明文約定關於國科會補助之專題研究計畫經費應依政府採購法辦理。同理，中正大學接受工研院委託建教合作研究計畫經費所辦理之科研採購，依科學技術基本法之修法意旨及前開新修正規定，亦應排除政府採購法之適用。從而，林○任執行上開研究計畫辦理科研採購程序時，自無政府採購法之適用，僅係依國科會與中正大學專題研究計畫補助合約辦理科研採購之人員而已，自非修正後刑法第十條第二項第一款後段之「授權公務員」，洵屬當然。

編按：

本判決指出：「政府機關依『政府採購法』規定進行採購之事務，原則上係屬私法行為，……，故關於招標、審標、決標之行為，亦有公權力行使之概念。準此以觀，採購行為是否適用政府採購法，與公權力行使有絕對的關聯，自屬於判定是否屬於刑法上公務員之重要依據。」依此邏輯，大學教師只有在招標、審標、決標的階段為採購行為的「主體」時，方有視為刑法上公務員之可能。

例如，大學教師兼任公立學校的行政職務並本此職務而為採辦、監辦的行為；或依政府採購法之最有利標決標原則擔任評選委員。而「所謂最有利標決標原則」，係指機關於先報經上級機關核准後，於招標文件中將採購標的放技術、品質、功能、商業條款或價格等項目列為綜合評選之項目，並詳細規定評選項目評比方式之標準，經依招標文件所規定之評比方式評比後決定最有利標，並以最有利標為決標原則。蓋政府採購行為雖多以最低底價為決標原則，但由於以最低底價決標，在某些特別的採購案中會有困難，且無法兼顧採購機關對於工程、財物或勞務品質、內容的要求。因此，政府採購法第52條第1項第3款與同條第2項規定，在異質之工程、財物或勞務之採購，其採購性質不宜以最低標方式決標之情形下，機關可以最有利標方式決

標。反之，若是同質之採購或異質採購而宜以最低價決標者，就不可採行最有利標。若機關辦理最有利標之評選時，應依採購法第94條之規定，成立5人至17人之評選委員會，由評選委員依招標文件規定評選出最有利標。此時大學教師若以「專家學者」的身分在招標、審標、決標的階段擔任評選委員時，因具有「決定」得標廠商的公權力，應認係其他依法令從事於公共事務而具有法定職務權限之「授權公務員」，如本書以下所蒐錄的最高法院101年度台上字第489號判決所指情形。

然而，大多數的情形是，大學教師在政府採購行為中扮演的只是「客體」角色，也就是說，其招標、審標、決標之階段只是被採購的對象，並無執行公權力之可能，亦就沒有被授予公權力之必要。至於，在締約、履約階段，因係「私法行為」，大學教師在此階段為執行研究計畫所為之採買行為，就如同承攬契約的承包商採買材料物品一樣，並無任何公權力性質，與政府採購法中的採辦迥不相關，不可混為一談。

回到本案判決，其判決理由認為，大學教師僅係依國科會與大學專題研究計畫補助合約辦理科研採購之人員而已，自非修正後刑法第10條第2項第1款後段之「授權公務員」，結論固屬正確。但論證上卻係以科學技術基本法第6條排除政府採購法之適用。這不免啟人疑竇，假使若無科學技術基本法第6條此一特別規定或個案中不適用該規定，則大學教師在本案中豈不仍視為公務員？依照前述，筆者以為，法院只須判斷大學教師在招標、審標、決標的階段究竟採購行為的「主體」抑或是「客體」即可，蓋科學技術基本法第6條只是便宜規定，這可由其立法說明：「政府為落實提升科技研發創新、補助研究機構進行科技研究發展之政策目的，鼓勵研究機構積極作為，應予其辦理採購之彈性」得出，它並非判斷大學教師是否刑法上公務員之依據。換言之，大學教師是否為刑法上公務員仍應以其在個案中是否有執行公權力之可能為斷。

▶101 台上 489（判決）

刑法部分條文於九十四年二月二日修正公布，並自九十五年七月一日施行，其中第十條第二項有關公務員之定義經修正為：「稱公務員者，謂下列人員：一、依法令服務於國家、地方自治團體所屬機關而具有法定職務權限，以及其他依法令從事於公共事務，而具有法定職務權限者。二、受國家、地方自治團體所屬機關依法委託，從事與委託機關權限有關之公共事務者。」本條項所定公務員，學理上將第一款前段規定稱為「身分公務員」，後段部分稱為「授權公務員」，第二款規定則稱為「委託公務員」，其要件均有不同。

而依該條項立法理由二、（四）說明：「如非服務於國家或地方自治團體所屬機關，而具有依『其他依法令從事於公共事務而具有法定權限者』，因其從事法定之公共事項，應視為刑法上的公務員，故於第一款後段併規定之。此類之公務員，例如依水利法及農田水利會組織通則相關規定而設置之農田水利會會長及其專任職員屬之。其他尚有依政府採購法規定之各公立學校、公營事業之承辦、監辦採購等人員，均屬本款後段之其他依法令從事於公共事務而具有法定職務權限之人員。」又參照政府採購法第一條、第三條及第九十四條分別明定：「為建立政府採購制度，依公平、公開之採購程序，提升採購效率與功能，確保採購品質，爰制定本法。」「政府機關、公立學校、公營事業（下稱機關）辦理採購，依本法之規定；本法未規定者，適用其他法律之規定。」「機關辦理評選，應成立五人至十七人評選委員會，專家學者人數不得少於三分之一，其名單由主管機關會同教育部、考選部及其他相關機關建議之。評選委員會組織準則及審議規則，由主管機關定之。」另依政府採購法第九十四條第二項所訂定之採購評選委員會組織準則第四條第一項、第三條第一項且規定「本委員會置委員五人至十七人，就具有與採購相關專門知識之人員派兼或聘兼之，其中外聘專家、學者人數不得少於三分之一。」「其任務如下：一、訂定或審定招標文件之評選項目、評審標準及評定方式。二、辦理廠商評選。三、協助機關解釋與評審標準、評選過程或評選結果有關之事項。」是機關採購案倘應適用政府採購法時，已屬具有法定職務權限之公共事務。則負責機關採購事務之承辦、監辦人員，如係「依法令服務於國家、自治團體所屬機關，而具有採購職務權限」，固有「身分公務員」之適用。惟倘非依法令服務於上述機關而具有採購職務之人，因政府採購法賦予從事政府採購業務之法定職務權限時，依政府採購法第九十四條及採購評選委員會組織準則第四條、第三條規定，應認係其他依法令從事於公共事務而具有法定職務權限之「授權公務員」。此與國家、地方自治團體所屬機關將其法定職務權限依法委託之「委託公務員」尚屬有別。

▶ 100 台上 459（判決）

上訴人為本研究計畫之主持人，並負責研究計畫中相關所需器材之採購、報銷，參諸修正刑法第十條第二項立法意旨（「公營事業之員工，如依政府採購法之規定承辦、『監辦採購之行為』，其採購內容，縱僅涉及私權或私經濟行為之事項，惟因『公權力介入甚深』，仍宜解為『有關公權力之公共事務』」）及立法說明（「依政府

採購法規定之『各公立學校』、公營事業之『承辦、監辦採購等人員』，均屬本款後段之其他依法令從事於公共事務而具有法定職務權限之人員」），其以屬「公款」之研究經費執行採購之行為，係屬有關公權力之公共事務，自屬刑法第十條第二項第一款後段規定之「授權公務員」之認定理由。並就上訴人辯稱綠益康公司提供之研究經費，係由計畫主持人「專款專用」，有別於「一般行政公款」，為屬「代收代付」，並非公款，又依科學技術基本法第六條第三項規定，本件研究計畫之採購不適用政府採購法規定等語，認非可採，逐一加以指駁；經核原判決並無適用法則不當之違法（原判決正本第十四頁至第二十三頁）。又本件並非係受政府補助之科學技術研究發展，已與科學技術基本法第六條第一項規定有別，況公立學校及國營事業關於承辦或監辦採購之人員，係因以公款從事採購行為，公權力介入甚深，所執行之採購行為，為屬從事公共事務而具有法定職務權限，而認屬刑法第十條第二項第一款後段之「授權公務員」，是公立學校、公立研究機關受政府補助、委託、或出資之科學技術研究發展，如符合科學技術基本法第六條第三項規定，僅係其辦理採購不適用政府採購法之規定（依該條但書規定，仍應依政府補助科學技術研究發展採購監督管理辦法為之），但其承辦或監辦採購人員，就其從事採購行為，乃屬「授權公務員」，倘其辦理採購行為貪污、舞弊情事，自仍有貪污治罪條例之適用。另原判決綜合卷內證據資料而認定本件係綠益康公司與嘉義大學簽訂研究計畫合約，而由嘉義大學指定上訴人為本件研究計畫之主持人，並授權上訴人負責相關器材之採購、報銷等事宜，並於理由內說明上訴人係受嘉義大學委託而為本件研究計畫之採購；經核並無不合。至原判決於理由內引用刑法第十條「第二項第二款」，為屬「第二項第一款後段」之誤植，尚不能以此即認原判決有適用法則不當之違誤。

❖ 學者評釋

此一判決公布後，學界譁然，引發學者熱烈討論，諸如：

一、甘添貴教授

針對此項判決理由，令人滋生疑義者，乃公立學校、國營事業或公立醫院承辦或監辦採購之人員是否均屬於「授權公務員」？

甘教授認為在界定「授權公務員」之範疇時，須有法令特別規定將公共事務處理之權限，授權特定團體成員為之，且其所處理之公共事務與國家統治權之作用有關者，如涉及國家公權力之行使，始得視其為刑法上之「授權公務員」。

大學教師之任務，主要為教學、研究與服務，其工作性質並非行使國家公權力性質之公共事務。大學教師接受國科會補助，或接受其他政府機關或私人企業之委託，並未適用政府採購法之規定，且於採購過程，亦無招標、審標、決標等行為，縱係根據校內自訂之採購辦法直接辦理採購，亦僅屬其個人或代表學校執行採購之私經濟行為，並非執行有關國家公權力性質之公共事務，自非刑法第10條第2項第1款後段所謂依法令從事於公共事務而具有法定職務權限之人，不得視為刑法上之「授權公務員」。

【甘添貴，〈公立大學教師是否為刑法上之授權公務員？〉，《台灣法學雜誌》，第204期，2012.07，116頁以下。】

二、林東茂教授

依最高法院以往的判決，多認為所謂的公共事務必須與公權力的執行有關，顯然注意到各個犯罪類型的規範目的。然而本號判決，卻下了完全不同的結論，實在令人不解。

執行研究案的公立大學教師請領自己獲得贊助的經費，**與任何其他人都無關連**。這個舉止，像是冬日養藏的人，若伏若匿，不驚擾任何人，只是安靜的請款，當作沈思、觀測或實驗的資源。這個舉止，嗅不出一絲公權力行使的味道，沒有公權力介入甚深的問題。把一個以不實發票請領研究經費的教授當成公務員詐取財物，然後令其監服刑，愧對天道與法理。

教師提出研究案的申請，審核通過，即給予贊助的經費。這筆經費幾乎確定給了申請人。只不過，基於核銷的規定，申請人必須依照繁瑣的要求，如實的提出單據請款。對於這些繁瑣的請款事務，幾乎所有執行研究案的教授都交給助理來做。這個情況，贊助機關、申請人的服務機關或學校，都相當清楚。除非顯然的離譜，否則查核並不特別嚴格。這意味著研究經費既然撥出，就等著申請人取用，只是要有一定的請款手續。手續不要離譜，大致給個交待即可。由於財產損失的客體不存在，因此即使以不實據請款，也因為客體不能與行為無危險，而成為不罰的未遂。

【林東茂，〈不實的研究經費核銷，成立什麼罪？〉，《台灣法學雜誌》，第204期，2012.07，116頁以下。】

三、張麗卿教授

此判決之所以認為，承辦與監辦人員屬於授權公務員，應該是出自雙階理論的概念。在該理論下，招標、決標與審標，因「公權力介入甚深」而被認定為公共事務。惟此認定無法解決所有類似「公權力介入甚深」的態樣，可能涵蓋過廣。就研究案的採購行為而言，恐與人民公共事務無關，又未涉及公權力的行使，人民對採購行為不具備依賴性或順從性，因此不符合對外性。是故，公立學校教師為研究計畫所進行的採購，不應因該採購項納入學校的基金成為公款後，即因花費款項而成為公務員。

【張麗卿，〈刑法上公務員受賄犯罪之研究〉，《輔仁法學》，第44期，2012.12，17～18頁。】

四、黃榮堅教授

大學教授執行研究計畫而有虛報帳目的情形，雖然依具體情形可能有詐欺取財的（侵害財產法益）問題，但是就侵害國家法益的瀆職或所謂貪污犯罪而言，**由於其行為與破壞依法行政原則與否無關，所以不受貪污治罪條例所規範**。換言之，**本案被告即使有所謂採購行為，但是並未涉及國家採購程序上的公平，不能僅以其辦理採購行為即遽認為其屬於刑法上公務員**。

【黃榮堅，〈侵害財產法益的貪污罪？──評最高法院99年度台上字第3號及100年度台上字第459號刑事判決〉，《法令月刊》，第63卷第9期，2012.09，8頁以下。】

五、蕭宏宜教授

行政機關對於履行行政任務的行為手段，有行為形式的選擇自由，因此，即便在公法的勤務關係下，對外仍可執行公法或「私法」上的職務，並且也不會因其所選擇的行為形式，而影響其行為是在履行公共任務、實現行政目的之特性。**然就法益保護的必要性與刑罰合理性的角度觀察，宜將「公共事務」的概念限縮，解為僅限於公權力的行使行為，而刑法第10條第2項的修法理由基於所謂「公權力介入甚深」，若遲將適用政府採購法的採購行為「目的性擴張」解釋為一律屬於「授權公務員」的做法，顯然已違反罪刑法定原則**。

【蕭宏宜，〈不實請領國科會補助並非貪污犯罪──評最高法院100年度台上字第459號刑事判決〉，《台灣法學雜誌》，第204期，2012.07，129頁以下。】

六、許澤天教授

在本判決所涉之案例事實中，該名教授，係接受私人企業委託執行研究計畫，既無從事招標、審標、決標之行為，也非政府採購法中所指的承辦、監辦採購人員，**按理也與公共行政無關，自不應該因為所使用之經費是否匯入國立大學納入校務基金，就質變轉成從事與公務有關之事務**。而最高法院在本判決中，「以屬『公款』之研究經費執行採購之行為，係屬有關公權力之的公共事務，自屬刑法第10條第2項第1款後段規定『授權公務員』之認定理由」，並未說明「公款」與「有關公權力之公共事務」之間的認定邏輯，論理有嚴重瑕疵，自不足採。

【許澤天，〈執行計畫A報B是否成立貪污詐欺──再論最高法院100年度台上字第459號判決〉，《台灣法學雜誌》，第218期，2013.02，217頁。】

七、馬躍中教授

大學教授並非組織法上的一員，在2005年

修法時，已將其排除身分公務員之可能。其次，大學教授在從事教學、研究事務所衍生之經費運用與核銷，屬性也非委託公務員之性質。而判決之所以為，承辦與監辦人員屬於授權公務員，應該是出自「雙階理論」之概念，在該理論下，招標、決標與審標，因「公權力介入甚深」而被認定為公共事務。惟此認定無法解決所有類似「公權力介入甚深」的態樣，可能會過度擴大授權公務員的範圍，忽略授權公務員判斷的本質。就研究案的採購行為而言，恐與人民公共事務無關，又未涉及公權力的行使，並不符合對外性。公立學校教師為研究計畫所進行的採購，不因花費款項而成為公務員，最高法院以「以公款從事採購行為，公權力介入甚深」認定為公務員，而非檢視公務員的實質內涵，並不妥當。

【馬躍中，〈國科會報帳──國立及私立學校不同？〉，《月旦法學雜誌》，第217期，2013.06，38頁以下。】

編按：

筆者認為，大學教師為行政機關執行研究計畫，在行政實務上應係屬於一種「專家參與」，在行政法上被歸類為行政機關的「手足延伸」，只有「部分事務執行權」而無「個案意思決定權」，不能以自身的名義對外做成處分，以避免行政機關山售公權力的疑慮。

蓋大學教師只是提供其所研究的數據或報告供行政機關「參考」，因此並無所謂「公權力介入甚深」的問題（因為根本就無執行公權力的可能）。按諸政府採購法第74條立法說明：「政府採購行為一向被認定為『私經濟行為』，故已有契約關係之履約或驗收爭議應循民事爭訟途徑解決」及最高行政法院97年5月份第1次庭長法官聯席會議（二）認為，即前階段招標、審標的行為是「公法行為」；後階段的簽約、履約、驗收是「私法行為」，可以得出。大學教師透過政府採購法招標後的締約行為，性質應定性為「私法契約」。

又，大學教師在政府採購法被定位為勞務採購中的「廠商」，既稱「廠商」即有其實質意義，代表著大學教師並非國家機關的內部構成員，縱然締約係為「公共目的」，其仍屬「外部人民」，而非刑法上公務員。

這就如同建商為政府興建辦公大樓，並不因為「公共目的」，即將建商視為公務員。至於建商要使用多少鋼筋、水泥及多少人事費，其細部帳目並非行政機關關注重點，只要總價符合契約內容即可，即使建材、人事費虛報或品質有瑕疵，行政機關可拒絕驗收或依民事程序處理，相信不會有人說建商「貪污」了公款。在此類案例中，行政機關關注的是研究案的「總

價」，蓋公務員亦不清楚大學教師執行研究計畫需要多少書籍費、影印費、器材費及人事費，只能做粗淺的預算科目，因此教師執行研究計畫過程中挪東補西，在預算科目中為游移調整，只要未超過總價上限，在多數情形應不構成詐欺，因為行政機關並沒有陷於錯誤。

假設，大學教師在執行研究計畫過程中，真有詐欺情事，導致請領款項超過總價上限，因屬履約、驗收的爭議，自應循民事途徑解決，或在契約中訂立懲罰性違約金應足以防止此類情事發生，實無必要為了制裁此等不當行為，因而將刑法上公務員之概念無限上綱。

▶ 100 上訴 1481（判決）

參照刑法第十條第二項之修正理由，其目的顯在將從事私經濟行為為主要業務之公立醫院、公營事業機關人員，排除在刑法公務員之範圍外，使其法律地位與私立醫院、民營機構人員相同，以趨合理。是以，公立醫院雖亦為國家或地方自治團體所屬機關，惟非依法行使公權力之中央或地方機關，任職於公立醫院單純從事醫療業務之醫師，除兼有依法令負有一定公共事務處理權限之行政工作者外，已不具有貪污治罪條例或現行刑法所定之公務員身分。

▶ 99 台上 7846（判決）

刑法第十條第五項明文規定：稱性交者，謂非基於正當目的所為之下列侵入行為：一、以性器進入他人之性器、肛門或口腔，或使之接合之行為。二、以性器以外之其他身體部位或器物進入他人之性器、肛門，或使之接合之行為。依該條文於民國九十四年二月二日修正（九十五年七月一日施行）之立法理由說明：為避免基於醫療或其他正當目的所為之進入性器行為，被解為係本法之「性交」行為，爰於序文增列「非基於正當目的所為之」文字，以避免適用上之疑義。另為顧及女對男之「性交」及其他難以涵括於「性侵入」之概念，併修正第五項第一款、第二款，增訂「或使之接合」之行為，以資涵括。條文規定性交之性侵入行為態樣為「進入」或「使之接合」，係為涵蓋女對男之性交及其他難以涵括於「性侵入」之概念，僅擴大性交涵蓋範圍，包括進入之對面「使之接合」，增加處罰妨害性自主罪之性交行為態樣，以加強保護性自主權，對性交係侵入他人性器、肛門或口腔之本質並無變更。而所謂兩性生殖器接合構成姦淫既遂一節，係以兩性生殖器官已否接合為準，不以滿足性慾為必要。申言之，即男性陰莖一部已插入女陰，縱未全部插入，或未射精，亦應成立姦淫既遂。否則，雙方生殖器官僅接觸而未插入，即未達於接合程度，應為未遂犯（本院六十二年台上字第二〇九〇號判例參照）。反之，女性以其性器

使之與男性陰莖接合者，自亦應爲相同之解釋，以男性陰莖之一部是否已進入女陰爲既遂與否之標準。至男女之性器僅發生接觸而未插入者，即未達於接合程度，應爲未遂犯。

▶ 99 台上 6219（判決）

私經濟行爲，原則上固非屬行使公權力之公共事務，然政府採購法第一條及第三條明定：爲建立政府採購制度，依公平、公開之採購程序，提升採購效率與功能，確保採購品質，爰制定政府採購法，政府機關、公立學校、公營事業（下稱機關）辦理採購，依本法之規定；本法未規定者，適用其他法律之規定。是機關採購案倘應適用政府採購法時，已非純粹之私法關係，仍屬具有法定職務權限之公共事務。又修正後刑法第十條第二項所定公務員，學理上將第一款前段規定稱爲「**身分公務員**」，後段部分稱爲「授權公務員」，第二款規定則稱爲「**委託公務員**」，其要件均有不同。負責機關採購事務之承辦、監辦人員，如係「依法令服務於國家、自治團體所屬機關，而具有採購職務權限」，固有「身分公務員」之適用。倘非依法令服務於上述機關而具有採購職務之人，因政府採購法賦予從事採購業務之法定職務權限時，應認係依其他法令從事公共事務而具有法定職務權限之「**授權公務員**」。此與國家、地方自治團體所屬機關將其法定職務權限依法委託之「委託公務員」仍屬有別，此觀修正刑法第十條第二項之立法理由自明。原判決理由業經敘明：上訴人所擔任系爭工程採購案評選委員會之評選委員，非屬修正後刑法第十條第二項第一款前段之身分公務員，而係依政府採購法第九十四條、採購評選委員會審議規則、採購評選委員會組織準則等相關法令規定，於本案工程採購案之評選、審標部分授予公權力之行使，從事屬於公共事務之評選、審標，且具有法定職務權限，當屬修正後刑法第十條第二項第一款後段之授權公務員。

▶ 99 台上 5990（判決）

刑法第十條第二項第一款規定，依法令服務於國家、地方自治團體所屬機關而具有法定職務權限者，於學理上稱作身分公務員；同條項第二款規定，受國家、地方自治團體所屬機關依法委託，從事與委託機關權限有關之公共事務者，於學理上稱作授權公務員。**任職於公務機構之醫師，就其日常提供之醫療服務並非公權力之行使，**而非屬身分公務員，然若醫師依法令從事公共事務，而其法定職務權限時，仍應認其屬於授權公務員。

▶ 97 台上 4813（判決）

本件被告乙○○爲國立成功大學（下稱成功大學）航空太空工程研究所教授，其工作內容爲教學研究，並非公共事務，固非刑法第十條第二項第一款之公務員。然乙○○就本件成功大學採購「眞空濺鍍機」一組之採購案，既負責該眞空濺鍍機規格之設計、價格之查訪、機具設備規格明細表之製作、開標時廠商資格標之審查等工作，並指示不知情之航空太空系（下稱航太系）秘書鄭芳珍於「驗收記錄表」上「使用人對於物品測試結果」及「單位使用人」欄內蓋章確認「良好」。則乙○○是否已參與系爭採購案？是否受成功大學之依法委託，從事與該校有關採購公用器材之公共事務？亦即是否屬刑法第十條第二項第二款之公務員，原審未詳查究明，即遽認乙○○非公務員，並以乙○○非公務員，遽認乙○○、丙○○無成立公務員購辦公用器材舞弊罪之餘地，自有可議。

❖ 學者評釋

黃榮堅教授認爲刑法上公務員概念應回歸個別犯罪類型規範目的來分別做解釋，才能與個別罪名的保護法益切合，刑法上公務員的問題，在不同罪名之間應有不同的認定。

當行爲人基於某種行政法上的法律關係，得以行使一部或全部的國家採購職權（準公共事務），即屬於廣義功能意義的公務員。至於行爲人相對於人民是否具備獨立執行任務之權限，或是否爲國家採購行爲最終的名義機關，均不改變行爲人對於採購公平性、程序合法性具有支配可能的事實，因此不應是解釋刑法上公務員身分的重點所在。

如果說公務員瀆職罪的犯罪類型其保護法益在於依法行政的維護，那麼照理這樣說來，不論是公權力行政或私經濟行爲，只要是可能侵害依法行政之行爲都是立法者制定公務員瀆職犯罪所欲非難的行爲。

舞弊罪既屬貪污罪之性質，因此其公務員概念應限縮於「嚴格組織意義的公務員」，依此，行爲人自不具備構成本罪之主體要件。然而行爲人就部分採購權限之行使，實質上造成依法行政原則之違反，因此按照「**廣義功能意義的公務員**」**（判斷標準應在於行爲人之行爲是否即爲特定行政職權之行使而構成整體行政行爲之一部或全部）**，若行爲人之行爲已構成整體行政行爲之一部或全部，則不論行爲人係因組織編制或法令明文而負此權責，或是透過某種行政法上的法律關係而參與國家資源分配權限之行使，行爲人皆屬廣義功能意義的公務員概念。

【黃榮堅，〈從個別化公務員概念看政府採購中的公務員身分——評最高法院九十七年度台上字第四八一三號等判決〉，《月旦法學雜誌》，第172期，2009.09，287頁以下。】

第 11 條（本總則對於其他刑罰法規之適用）
本法總則於其他法律有刑罰、保安處分或沒收之規定者，亦適用之。但其他法律有特別規定者，不在此限。

□ 修正前條文
本法總則於其他法律有刑罰或保安處分之規定者，亦適用之。但其他法令有特別規定者，不在此限。

■ 修正說明（104.12.30）
照協商條文通過。

第二章　刑事責任

第 12 條（犯罪之責任要件—故意、過失）
I 行為非出於故意或過失者，不罰。
II 過失行為之處罰，以有特別規定者，為限。

□ 實務見解
▶ 74 台上 4225（判例）
行為雖適合於犯罪構成要件之規定，但如無實質之違法性時，仍難成立犯罪。本件上訴人擅用他人之空白信紙一張，雖其行為適合刑法第三百三十五條第一項之侵占罪構成要件，但該信紙一張所值無幾，其侵害之法益及行為均極輕微，在一般社會倫理觀念上向難認有科以刑罰之必要。且此項行為，不予追訴處罰，亦不違反社會共同生活之法律秩序，自得視為無實質之違法性，而不應繩之以法。

▶ 29 上 2857（判例）
上訴人係蘇俄人民，依其本國法律，夫妻之一方已向僑寓地之領事館聲請離婚登記者，既有離婚效力，則其主觀上以為前之婚姻關係已因聲請離婚登記而消滅，係屬無配偶之人，遂與另一俄女舉行結婚，即為犯罪構成事實之認識錯誤，不能謂有犯罪之故意，無論其後之婚姻在法律上效力如何，均不負重婚罪責。

第 13 條（直接故意與間接故意）
I 行為人對於構成犯罪之事實，明知並有意使其發生者，為故意。
II 行為人對於構成犯罪之事實，預見其發生而其發生並不違背其本意者，以故意論。

□ 實務見解
▶ 50 台上 1690（判例）
刑法上所謂過失，指無犯罪故意因欠缺注意致生犯罪事實者而言。故是否過失，應以對於其行為之結果有無認識為標準，若明知有此結果而悍然為之，自不得謂係過失。

▶ 28 上 1008（判例）
㈠打擊錯誤，係指行為人對於特定之人或物加以打擊，誤中他人等之情形而言。若對於並非為匪之人，誤認為匪而開槍射擊，自屬認識錯誤，而非打擊錯誤。
㈡殺人罪之客體為人，苟認識其為人而實施殺害，則其人之為甲為乙，並不因之而有歧異。

▶ 20 非 94（判例）
被告因聽聞村犬亂吠，疑有匪警，並於隱約中見有三人，遂取手槍開放，意圖嚇退，以致某甲中槍殞命。是該被告雖原無殺死某甲之認識，但當時既誤認為匪，開槍射擊，其足以發生死亡之結果，究為本人所預見，而此種結果之發生，亦與其開槍之本意初無違背，按照上開規定，即仍不得謂非故意殺人。

▶ 107 台上 847 ○（判決）
行為與結果間，是否有相當因果關係，不僅須具備「若無該行為，則無該結果」之條件關係，更須具有依據一般日常生活經驗，有該行為，通常皆足以造成該結果之相當性，始足當之。若行為經評價為結果發生之相當原因，則不論有無他事實介入，對該因果關係皆不生影響；結果之發生如出於偶然，固不能將結果歸咎於危險行為，但行為與結果間如未產生重大因果偏離，結果之發生與最初行為人之行為仍具「常態關連性」時，最初行為人自應負既遂之責。原判決認定上訴人在留置被害人於棄屍處離去時，主觀上應係認被害人已經死亡，而以被害人發生死亡結果（死因）雖非直接遭上訴人等以刀砍背部、石頭砸頭所致，而係之前於德惠街處遭上訴人等傷害後，被害人腿部受傷已行不良於行、身體虛弱，上訴人等不將之送醫，反基於殺人犯意將之載往偏僻山區，以刀砍致滾落山谷，再以石砸頭，認被害人已死亡，再以樹枝、樹葉等物覆蓋後離去，被害人縱非因此當場死亡，衡情亦難期待其可自行爬出山谷或得到他人適時救援，上訴人等難諉為不知，嗣導致被害人橫紋肌溶解症、急性腎衰竭，終因代謝性休克、循環衰竭而死亡，縱與上訴人等主觀上所認識的因果流程未盡一致，因其偏離仍未超出一般生活經驗所能預見之範圍，應屬殺人既遂。

▶ 101 台上 289（判決）
刑法上殺人罪與傷害致死罪之區別，端視加害人有無殺意為斷，被害人所受之傷害程度，固不能據為認定有無殺意之唯一標準，但加害人之下手情形如何，於審究犯意方面，仍不失為重要參考資料。又刑法關於犯罪之故意，係採希望主義，不但直接故意，須犯人對於構成犯罪之事實具備明知及有意使其發生之兩個要件。

▶ 100 台上 3890（判決）

刑法第十三條第二項之不確定故意（學理上亦稱間接故意、未必故意），與第十四條第二項之有認識過失，及第十七條之加重結果犯，法文之中，皆有「預見」二字，乃指基於經驗法則、論理法則，可以預料得見如何之行為，將會有一定結果發生之可能，而其區別，端在前者之行為人，對於構成犯罪之事實（包含行為與結果，即被害之人、物和發生之事），預見其發生，而此發生不違背本意，存有「認識」及容任發生之「意欲」要素；中者，係行為人對於構成犯罪之事實，雖然預見可能發生，卻具有確定其不會發生之信念，亦即祇有「認識」，但欠缺希望或容任發生之「意欲」要素；後者，則就構成犯罪的基本行為具有故意，但對於該行為所惹起之加重結果，主觀上沒有預見，然而按諸客觀情形，當能預見，始就此前行為之故意外加後結果之過失，合併評價、加重其刑，斯亦承續同法第十二條所定「行為非出於故意或過失者，不罰」、「過失行為之處罰，以有特別規定者，為限」之法理而為規範。易言之，前二者（不確定故意及有認識過失）行為人均有認識，並預見行為所可能引發之結果，祇是一為容任其發生，一為確信不致發生；後二者（有認識之過失犯與加重結果犯）行為人主觀上，皆缺少發生結果之「意欲」，但一為並確信結果不會發生，一為超出預期、發生結果，符合客觀因果。就此後二者而言，特重犯罪之結果，列之為構成犯罪之要素，無結果，即無犯罪（例如傷害而未致重傷或死亡），甚至不犯罪（例如過失而未致傷），故意說（含確定與不確定故意）則兼顧行為和結果，乃另有既、未遂犯之區別，有犯罪結果，當然構成犯罪，未發生犯罪結果，仍然成立犯罪，僅屬未遂而已。是判斷犯罪究竟屬於不確定故意或過失或加重結果犯，該犯罪之結果，固係重要之依據，然非以此為限，其復參酌行為之前與行為之際各外在情狀，當較能精確把握。從而，在行為人係複數之情況下，倘事前參與合謀，或事中預見其結果，猶出於明、默示之犯意聯絡，分工合作，終致結果發生，即應就犯罪之全部結果，共負責，不能割裂，僅就參與之部分作為予以評價。

▶ 100 台上 831（判決）

主觀違法要素之「意圖」，亦即犯罪之目的，為犯罪之特別構成要件，乃違法評價之對象。而侵害公法益中之目的犯，原則上基於特定目的從事特定之行為者，即可成立特定之罪，並不以其意圖之實現為完成犯罪之必要條件。台灣地區與大陸地區人民關係條例第七十九條第二項之罪，以意圖營利，違反同條例第十五條第一款規定，使大陸地區人民非法進入台灣地區為成立要件。故行為人主觀上有營利之意圖，客觀上有使大陸地區人民非法進入台灣地區之行為，即足構成，至於實際上是否已經獲利，則非所問。

▶ 99 台上 6428（判決）

刑法第十三條第一項及第二項所規範之犯意，學理上稱前者為確定故意或直接故意，後者稱不確定故意或間接故意，二者之區隔為前者乃行為者明知並有意使其發生，故對於行為之客體及結果之發生，皆有確定之認識，並促使其發生；後者為行為者對於行為之客體或結果之發生，並無確定之認識，但若其發生，亦與其本意不相違背。是確定故意（直接故意）與不確定故意（間接故意）之態樣不盡相同，不惟在概念上不能混淆，於量刑上之審酌亦有所區別，共同正犯間既有犯意聯絡，則其故意之態樣應屬相同，無從分別基於確定故意（直接故意）與不確定故意（間接故意）為之。

▶ 97 台上 2207（判決）

刑法上之客體錯誤，因法律上非難價值相同，行為人對犯罪客體之認識縱有錯誤，亦無法阻卻故意。丙○○上訴意旨爭執其因認錯人，乃屬客體錯誤，無從認識被害人有傷害之故意等語，尚有誤會。而甲○○、丙○○、丁○○等三人其餘上訴意旨對原判決究竟如何違背法令，未依卷內訴訟資料為具體之指摘，徒憑己意，就屬原審採證認事職權之適法行使，及原判決已經調查說明事項，任意指摘為違法，或重為單純事實上之爭辯，自不足據以辨認原判決具備違背法令之形式要件。綜上所述，應認甲○○、丙○○、丁○○等三人上訴部分違背法律上之程式，予以駁回。

❖ 學者評釋

客體錯誤與打擊錯誤皆屬行為人對構成要件事實的認識錯誤。不同的是，客體錯誤是針對行為客體本身的事實誤認，法律效果也會分為等價客體錯誤以及不等價客體錯誤來區別處理。而打擊錯誤則是一種從目的客體偏離至其他客體的因果歷程錯誤，指行為人在實踐其犯罪流程時，不慎發生手段失誤的情形，而此種手段實行上的失誤，造成了行為人預期的因果歷程錯誤地實現於其他客體。

本判決將等價客體錯誤與不等價客體錯誤依「非難價值」的程度，作為判準。相較於歷次審判對於被告的抗辯，一概推諉狡辯之詞，更能清楚解釋等價客體錯誤的法律效果。職是，本判決論理清晰，是一值得供參考之判決。

【張麗卿，〈等價客體錯誤的意義與法律效果——最高法院九十七年度台上字第二二○七號刑事判決評析〉，《月旦裁判時報》，第 18 期，2012.12，73～77 頁。】

▶ **92 台上 4507（判決）**

行爲人對於構成犯罪之事實具備明知及有意使其發生二要件，爲刑法第十三條第一項之直接故意，至於行爲人對於構成犯罪之事實，預見其發生，且其發生不違背其本意者，則係同法條第二項之間接故意。又行爲人雖能預見構成犯罪事實之發生，惟確信其不發生者，乃同法第十四條第二項之有認識過失，三者要件不同，發生之法效果，亦有差異，不可不辨。

❖ **學者評釋**

本判決指摘原審未清楚將客觀事證與論理結合，無法藉此釐清被告主觀的犯意究竟是直接或間接故意，抑或是有認識的過失。直接故意是行爲人對於犯罪事實有認識，也樂於見到事實或結果的實現。間接故意則是行爲人認識到犯罪事實，對於事實或結果的實現容認其發生，抱持無所謂的態度。

而判斷上比較困難的，是間接故意與有認識過失的區別。有認識過失是行爲人對於犯罪事實有認識，但卻不希望事實或結果實現。間接故意與有認識過失僅是一線之隔，這一線之隔藏於行爲人的心態中。行爲人的心態無法從外表查知，必須從細微的客觀事證去判斷。

本判決指出，原審判決僅說明被告具有不確定故意，並未清楚論證客觀事證與論理間的結合，欠缺在發回更審的理由上，說明直接故意、間接故意與有認識過失等概念的區辯，由於論述清楚，值得成爲日後判決的重要參考，本判決也因而具有指標意義。

【張麗卿，〈故意或過失的指標判決──最高法院九十二年台上字第四五○七號刑事判決評析〉，《月旦裁判時報》，第 2 期，2010.04，124 頁以下。】

第 14 條（有認識過失與無認識過失）
Ⅰ 行爲人雖非故意。但按其情節應注意，並能注意，而不注意者，爲過失。
Ⅱ 行爲人對於構成犯罪之事實，雖預見其能發生而確信其不發生者，以過失論。

❖ **法學概念**

過失犯因果關係之判斷

對於過失犯因果關係的判斷，實務向採相當因果關係理論（最高法院 76 年台上字第 192 號判例），但這並無法完整過濾犯罪的功能，只能配合背後的條件因果關係思考做循環論證。

依照相當因果關係說，一般經驗確定引起何種結果的條件是結果發生的原因，然而所提供的標準和價值判斷依據仍然模糊不清，並不嚴謹，甚至有將產生降低風險的行爲也是結果發生的條件的盲點。詳言之，因果關係的評價上，若純採條件說，將會使得因果關係的認定

過於浮濫；若僅依相當因果關係說，要解決複雜的因果歷程時，仍然無法得到全面的解決。有鑑於此，德國慕尼黑大學教授 Claus Roxin 在 1970 年提出「客觀歸責（責）理論」（objektive Zurechnunglehre）後，由於說理上比較清晰，檢驗的過程比較詳盡，成爲評價結果犯的客觀構成要件不可或缺的要素。時至今日，德國大多數學者已採納區別因果與歸責的基本看法，只不過採納的程度有些區別而已。在台灣，有越來越多的學者學說主張以「客觀歸責（責）理論」來檢討評價上的因果關係，大陸和日本亦有學者對此理論做介紹，就連國內留日的學者亦不乏肯定「客觀歸責（責）理論」的論者。在日本雖未成爲通說，但亦對原來的相當因果關係說產生影響，算是有力說。依據「客觀歸責（責）理論」，雖然因果關係不能被中斷（Abbruchs der Kausalkette），但客觀歸責（責）卻是可以被阻斷或排除。這個理論的操作原則，首先須依照條件說檢驗，行爲人的行爲是否真引起結果的條件，必須依「如果無前者（行爲）即無後者（結果）的觀念判斷。如果是不作爲犯，學說上把條件說稍作修改，即爲「假設的因果關係」，亦即若法所期待的行爲不被忽視，構成要件結果就不至於發生。

【張麗卿，〈客觀歸責理論對實務判斷因果關係的影響──兼評最高法院九十六年度台上字第五九二號判決〉，《法學新論》，第 13 期，2009.08，7 頁；林鈺雄，〈第三人行爲介入之因果關係及客觀歸責（上）──從北城醫院打錯針及蘆洲大火事件出發〉，《台灣本土法學》，第 79 期，2006.02，22 頁；林東茂，《刑法總則》，一品，二版，2019.11，100 頁以下；林山田，《刑法各罪論》，自刊，五版二修，2006.11，228 頁；張麗卿，〈廢弛職務致釀災害的客觀歸責〉，收於氏著《新刑法探索》，元照，六版，2018.01，12 頁；林鈺雄，《新刑法總則》，元照，七版，2019 年 9 月，164 頁以下；最高法院 103 年度台上字第 4543 號判決；周光權，《刑法總論》，中國人民大學出版社，三版六刷，2019.03，131 頁以下；小林憲太郎，《因果關係と客觀的歸屬》，弘文堂，初版，2003 年 12 月，150 頁以下；陳子平，《刑法總論》，元照，四版，2017 年 9 月，177 頁；蔡蕙芳，〈因果關係之條件理論與客觀歸責理論〉，《台灣本土法學》，第 70 期，2005 年 5 月，165 頁；張麗卿，《刑法總則理論與運用》，五南，六版，2018.09，154 頁。】

換言之，法所期待的行爲如被實施，構成要件結果就不至於發生，那麼不作爲與結果有評價上的關係。接著再分以下三個層次檢驗：

(一)「**行爲是否製造不被容許的危險**」，此是指行爲人藉由侵害行爲，其製造不被容許的風險。縱有因果關係，但是該行爲仍在法所容許的界限，行爲人並未製造出法律上具有重要性之風險，即便是發生結果，亦不可歸責於行爲人。例如：誘勸某人到危險地去觀光，結果真的遇害。

這部分主要思考的重點是信賴原則與降低風險。

信賴原則主要適用於交通領域上，也適用於其他需要分工合作的職業活動上。最普遍的意義是指「在交通上，合乎規定行車的人，可以信賴其他人也會同樣的合乎規定。行為人製造法律所不容許的風險，也可以反面推論，行為人所製造的危險是社會所允許的，就是「容許風險」（erlaubtes Risiko）。信賴原則就是容許風險概念的運用。例如：醫療行為上的手術分工，亦是此原則的展現。就「容許風險」的概念來說，在任何情況下都不可能禁止任何可輕微但可識別的危險行為，否則經濟和社會生活將完全癱瘓。此外，「降低風險」（Risikoverringerung）也不是製造法律所不容許危險的行為。例如：救援人員將小孩從火中拋出窗外，是保護他免於火災的安全死亡，並跌倒而受傷，這是修正既存的風險，降低危險的行為。反面來說，風險升高就是製造法不容許的風險。不過，風險升高理論可能違反罪疑唯輕原則，無異將過失實害犯轉化為過失危險犯之弊。

【林東茂，〈不純正不作為犯〉，收錄於《甘添貴教授七秩華誕祝壽論文集下冊》，承法，初版，2012.04，116 頁以下；林東茂，〈從客觀歸責理論判斷交通事故的刑法責任〉，收錄於《危險犯與經濟刑法》，五南，初版三刷，2002.11，310 頁以下；Fischer, StGB, 66. Aufl., 2019, § 222 Rn. 10; Erb, MüKoStGB, 3. Aufl., 2016, § 34 Rn. 132; Eisele, in: Schönke /Schröde, StGB, 30. Aufl., 2019, § 13 Rn. 94；許恆達，〈合法替代行為與過失犯的結果歸責：假設容許風險實現理論的提出與運用〉，《臺大法學論叢》，第 40 卷第 2 期，2011.06，740 頁。】

(二)「危險行為是否導致結果發生」，也就是如果行為人使風險實現或升高不被容許的風險，則結果之發生即可歸咎於行為人；若實現法所不容許的風險，即不可歸咎之，此為第二個層次。首先，因果流程如果不是常態，而是反常，那麼結果的發生即是偶然或是反常，是一種意外。不能歸咎於製造危險的行為人。但是如果明顯升高危險，幾乎可以肯定行為與結果的因果流程屬於常態。這裡還要思考的重點之一是，「保護目的關聯性」（Schutzzweckzusammenhang）之審查。保護目的關聯性之審查目標，主要判斷結果之出現是否屬於注意義務的規範保護範圍內之風險實現。只有結果是該注意義務保護規範目的而應避免者，始具有「保護目的關聯性」，其結果始可歸責於行為人。再來還要審查「義務違反關聯性」（Pflichtwidrigkeitszusammenhang）的問題。如果犯罪行為人當時已斷然採取了合乎義務的行為，而犯罪結果是否仍然發生？例如在後的汽車駕駛人即使在及時煞車停止的情況下，是否也會以同樣的方式發生致命的事故？如果否定，就

不具客觀歸責，因為結果之發生不具迴避可能性。亦即，行為人就算製造了法所不容許的風險，但實際上所發生的結果，既然本屬不可避免，仍應認其並未實現該不法風險，客觀上不能加以歸責，無以過失犯罪責，相繩餘地。接下來還要檢討所謂的「異常之因果關係」（atypische Kausalverläufe），乃指如果根據事情之正常發展或一般人之生活經驗來看，結果並不會發生。結果之所以發生，乃是根據一個不尋常之因果歷程而來，此時，即可排除客觀歸責。這個「異常之因果關係」，也稱為「偏離常軌之因果歷程」。然而，如果是微不足道的因果歷程偏離並不影響行為人故意，因為這仍然在一般生活經驗所能預見的限度範圍內，客觀上仍可歸責於行為人。

【林東茂，《刑法總則》，一品，二版，2019.12，106 頁以下；王皇玉，《刑法總則》，新學林，五版，2019.08，202 頁以下；Duttge, MüKoStGB, 3. Aufl., 2017, § 15 Rn. 165；最高法院 105 年度台上字第 182 號判決；Kühl, in: Lackner/Kühl, StGB, 29. Aufl., 2018, § 15 Rn. 11.】

(三)「因果歷程是否在構成要件的效力範疇內」。在這個層次要思考「自我負責原則」及「屬於專業人員負責的範疇」的問題。

所謂的「自我負責原則」（Prinzip der Eigenverantwortlichkeit），係指依據刑法的法秩序每一個人原則上只為自己的行為負責，此同時代表任何人均無須為其他人自我負責之行為負責，在這樣的思考基礎上，如果是屬於他人應負責任的範疇，則歸責關聯性就會中斷。也就是說，當他人行為介入整個事件發生的歷程時，該構成要件結果是否仍可視為是最初行為人之行為成果而歸由其負責，還是屬於被害人或第三人應自我負責的範疇。例如：對於知道火災情況卻仍進入該建築物的者，即屬「自我負責原則」的範疇。在任何情況下，死亡是有意識，自由選擇和實現的自我危害的後果的案件，均不屬放火行為人的責任範圍。可以再細分「被害人自我負責」與「第三人行為介入」來討論。

在「被害人自我負責」方面，例如：藥房賣安眠藥給顧客，而顧客吞藥自殺，藥房無須負責，因為被害人是出於自己的自由意志，所做的危險行為；再如，乘客要求司機超速肇事，結果造成意外，造成乘客受傷。乘客受傷不可歸責於司機，因屬同意他人的危害的風險行為。

而「第三人行為介入」，則係思考行為人於完成行為後，若有第三人行為介入，則行為結果要如何歸咎的問題。若第三人行為的介入已經足以排除最初行為人與結果間的因果關係時，即無庸再討論是否阻斷歸責關聯性的問題。若行為實施後，中間有第三人故意犯罪行為的介入而直接

導致構成要件結果的發生時，由於第三人的故意犯罪行為已創造了一個全新、足以導致結果發生的獨立危險，原則上足以阻斷先前行為與結果發生的歸責關聯性。

接下來探討是否屬於「專業人員負責的範疇」。也就是當風險行為被實行之後，負責處理這些行為的專業人員，如果在處理時發生不幸，是否可以把這些不幸，也歸咎到風險製造者？例如：2019 年 10 月 3 日台中市大雅區一間從事烘焙原料、南北雜貨、清潔用品及免洗餐具的物流中心工廠凌晨發生大火，因廠內存放大量紙類原料，造成火勢猛烈全面燒燃，操作熱顯像儀的消防員進入火場搜尋火點不幸罹難，那麼失火罪的行為人對於罹難的消防隊員，應否負過失致死罪？由於人員於其執行任務範圍內，有監督危險源，並且加以排除的責任，這些人是基於自由的意思決定，去從事危險行業（且危險行業多有危險津貼）；如果製造危險的人（如失火者或發生山難者），考慮到救難者萬一發生意外，而此意外要歸責到自己的危險行為，那麼他可能會寧用己力排除危難，這應該不是法秩序所期許的，因此「專業人員負責的範疇」，亦排除客觀歸責。

【Kargl, in: Kindhäuser/Neumann/Paeffgen(Hrsg.), StGB, 5. Aufl., 2017, § 306c Rn. 4；林書楷，《刑法總則》，五南，四版，2018.09，94 頁以下；張麗卿，《刑法總則理論與運用》，五南，八版，2018.09，150 頁；蔡聖偉，〈因果關係之條件理論與客觀歸責理論〉，《台灣本土法學》，第 70 期，2005.05，162 頁；林書楷〈因果關係中斷與客觀歸責——論醫療過誤行為介入對結果歸責關聯性之影響〉，收錄於《甘添貴教授七秩華誕祝壽論文集上冊》，承法，初版，2012.04，280 頁以下；林東茂，《客觀歸責理論判斷交通事故的刑法責任》，收錄於《危險犯與經濟刑法》，五南，初版三刷，2002.11，323 頁以下。】

依照客觀歸責（咎）的檢驗結果，如果在客觀構成要件上可以歸責者，至少應該成立過失犯罪。依客觀歸責（咎）的判斷步驟，在通常的情況下，判到第二個步驟，就可以回答有無過失。只有針對很少部分的案例，才會進入第三個步驟的判斷。

【林東茂，〈刑事醫療過失探微——從一個案例說起〉，《月旦法學雜誌》，第 176 期，2009.12，268 頁。】

因此，所謂「注意義務的違反」、「預見可能性」以及「可避免性」的判斷，都可被包含在之中，已經能夠處理過失犯罪的所有問題。台灣近幾年實務判決受學說的影響，如 96 年度台上字第 5992 號判決謂：「被害人因車禍出院時意識清楚，其後跌倒二次、發燒數次，並非被告製造並實現了危及生命之風險，自非其負責之領域，無客觀歸責可言。」已開始援用採納「客觀歸責（咎）理論」。

而之後的最高法院 102 年度台上字第 310 號判決認為：「實務上於因果關係之判斷，雖多採『相當因果關係說』，但因因果關係之『相當』與否，概念含糊，在判斷上不免流於主觀，而有因人而異之疑慮，乃有引進『客觀歸責理論』之學說。至於因果關係是否因第三人行為之介入而中斷，就採『相當因果關係說』者而言，其行為既經評價為結果發生之相當原因，則不論有無他事實介入，對該因果關係皆不生影響；而就『主客觀歸責理論』者以觀，必也該第三人創造並單獨實現一個足以導致結果發生之獨立危險，始足以中斷最初行為人與結果間之因果關係。」；最高法院 106 年度台上字第 3118 號判決更指出：「在現實上已發生的結果與行為人之行為間進行因果關係或客觀歸責判斷時，發現有第三人行為介入在行為人已完成的前行為與最終結果其中。倘結果之發生因第三人行為之介入，因而創造並單獨實現一個足以導致結果發生之獨立危險，始足以中斷最初行為人與結果間之因果關係，如該第三人行為之介入，未使最初行為人之行為與結果間產生重大因果偏離，結果之發生與最初行為人之行為仍具常態關聯性時，最初行為人自仍負既遂之責。」又最高法院 107 年度台上字第 1094 號判決謂：「行為人對其幫助之行為與被幫助犯罪侵害法益之結果間有因果關係之認知，仍屬意為之，即得認有幫助犯罪之故意，要不因其所為非以助益犯罪之實行為唯一或主要目的而異其結果，且其所為之幫助行為，基於行為與侵害法益結果間之連帶關聯乃刑事客觀歸責之基本要件，固須與犯罪結果間有因果關聯，但不以具備直接因果關係為必要。」（此號判決被最高法院列為具參考價值之判決）；新近的最高法院 108 年度台上字第 1808 號判決認為：「客觀歸責理論認為除應具備條件上之因果關係外，尚須審酌該結果發生是否可歸責於行為人之『客觀可歸責性』，只有在行為人之行為對行為客體製造法所不容許之風險，而該風險在具體結果中實現（即結果與行為之間具有常態關聯性，且結果之發生在規範之保護目的範圍內並且具有可避免性），且結果存在於構成要件效力範圍內，該結果始歸由行為人負責。之之，為使法律解釋能與時俱進，提升因果關係判斷之可預測性，乃藉由『客觀歸責理論』之運用，彌補往昔實務所採『相當因果關係說』之缺失。」

其中最高法院 102 年度台上字第 310 號判決與最高法院 108 年度台上字第 1808 號判決均言明「客觀歸責理論」，較往昔實務所採「相當因果關係說」，「對於因果關係之判斷更趨細緻精確」等語。可以想見不久的未來，客觀歸責理論必成為實務判斷因果關係之主流，而廢職釀災罪的因果關係以此判斷也必更精確而完備。

客觀歸責（咎）理論檢驗流程簡表

（一）行為是否製造不被容許的危險

本層次要思考重點：

- 1. 次降低風險的行為
- 2. 假想因果關係
- 3. 法律所容許的風險
  - (1)容許信賴
  - (2)行為得到被害人同意或承諾
  - (3)行為合乎禮俗或屬於正常的經濟活動

（二）危險行為是否導致結果發生

本層次要思考重點：

- 1. 因果流程是否合乎常態（反常因果歷程與風險升高的問題）
- 2. 規範目的是否相應
- 3. 風（危）險升高原則

（三）因果歷程是否在構成要件的效力範疇內

本層次要思考重點：

- 1. 參與他人故意的危險行為
- 2. 屬於專業人員的負責範疇

【林東茂，《刑法總則》，一品，初版，2018.04，87頁以下；併參照張麗卿，〈醫療糾紛鑑定與刑事責任認定——以戒毒致死案為例〉，《月旦法學雜誌》，第157期，2008.06，71頁以下。】

❖ 法學概念

「偏離常軌」與「中斷（超越）」的因果關係

若根據事情之正常發展或一般人之生活經驗來看，結果之所以發生，乃是根據一個不尋常之因果歷程而來，此即所謂「異常之因果關係」，也稱為「偏離常軌之因果流程」。例如：甲毒乙，乙肚痛難忍上吊死亡；甲傷乙，送醫途中發生車禍死亡；甲傷乙，乙亂服藥而亡。

而「中斷（超越）」的因果關係，係指行為因其他原因之介入，使結果迅速發生。其他條件先於前行為而獨立地造成結果之發生，後行為超越先前條件而造成結果。先前的條件因後來條件之介入而中斷了持續其作用。

例如：甲下毒和乙死亡無因果關係，因為因果關係被丙中斷，故具體結果未發生，甲負殺人未遂之責。

【王皇玉，《刑法總則》，新學林，三版，2017.09，202頁；張麗卿，《刑法總則理論與運用》，五南，七版，2018.09，163頁。】

我國學說與實務認為，如果因果流程是屬於不重要（大）的偏離時，仍認為行為人不但製造了危險，而且危險與結果之間的關聯，並未超出事物本質的正常發展，就有實現不被容許的風險。亦即，結果之發生如出於偶然，固不能將結果歸咎於危險行為，但行為與結果間如未產生重大因果偏離，結果之發生與行為人之行為仍具常態關連性時，行為人自應負責。偶被害人所受傷

害，原不足引起死亡之結果，嗣因另有與傷害無關之其他疾病或其他偶然獨立原因之介入，始發生死亡之結果時，方能謂無因果關係。

【林山田，《刑法通論（下）》，元照，十版，2008.01，228頁；張麗卿，〈廢弛職務致釀災害的客觀歸責〉，收於氏著《新刑法探索》，元照，六版，2018.01，26頁；林鈺雄，《新刑法總則》，元照，五版，2016.09，167頁以下；最高法院103年度台上字第4543號判決。】

❖ 法學概念

醫療過失刑責之認定

學界多不贊成將醫療行為視為刑法上的業務概念，進而做為加重醫事人員刑責的事由，蓋不但在理論上有爭議，且無助於改善醫病關係及醫療事件的紛爭解決，學者紛紛提出以下看法：

一、柯耀程教授

醫生為醫療行為時，依不同的規範，對於其有義務的要求，例如醫療法第81條中有醫師為告知的義務，或者為特定之醫療行為時，必須先得到受醫療人本人或特定家屬的同意（如醫療法第63至65條），而當此種義務有違反時，乃僅是告知或同意義務的違反。然而，若因此造成具體醫療行為的危險並進而有侵害發生時，即認定違反具有民事法或是刑事法上的注意義務，這樣的推論，恐怕太過於跳躍。

易言之，違背醫療法所定的義務，尚「無法直接」推定醫療行為在民事法或刑事法上，具有過失的責任關係，欲判斷刑事法或民事上的責任關係，僅能從具體的醫療行為本身來觀察。反過來說，即使遵守醫療法所定的前提義務，但在具體的醫療行為本身卻有注意義務的違反時，此時所形成的侵害關係，仍舊無法以遵守前提義務來作為免責的藉口。

具體而言，醫生為病人手術之前，即使已善盡詳細告知的義務，同時也得到病人或其家屬的同意，並簽署同意書，但卻在手術的醫療過程中，出現手術行為的失誤，造成病人產生超出控制範圍的侵害時，醫療行為仍舊屬於有瑕疵，而必須承擔一定的法律責任。對於，在醫學所既已存在的醫療交雜觀念下，對於醫療行為的過失認定，必須更為謹慎，或許應將醫療過失行為的認定，除輕率的重大過失之外，如屬於違反醫療的注意義務情形，必須審慎且更為嚴謹地限縮刑罰權發動的範圍，否則將使得醫師動輒得咎。

蓋在醫學的專業領域，確實有太多未知的事項，如遽然以單純處理一般類型的過失概念加以涵蓋，恐怕對於醫療行為的判斷上，會出現嚴重於事實的弊端。

【柯耀程，〈過失醫療行為與刑事責任關係之學理探討〉，收錄於《過失醫療與刑事責任》，台灣刑事法學會，2009.06，204頁以下。】

二、盧映潔教授

在醫學領域中所形成的醫療準則，可說是一種具有職業特殊性的客觀類型化注意義務標準，其具有一種憑徵作用。吾人可以說醫療準則係為容許風險作出了說明，醫師們就是為了阻止存在於醫療行為射程之內的危險而採取醫療防護措施，因而吾人原則上可以相信，醫師遵照醫療準則所從事的醫療行為將不會為病患帶來具體的危害。

但若是違反醫療準則本身並不立即代表就有醫療疏失，這只是顯現出一種憑徵而已，至於是不是成立醫療疏失，則還需要有個案的醫學上說明。因此，在醫療領域中，醫師所進行的醫療行為是否具有過失要件中的注意義務違反性，原則上應採取個人的主觀基準為認定標準，倘若醫師有個人能力的特殊狀況，也就是當醫師個人的能力超過相同條件之人的平均能力，應以個人的高度基準為判斷標準，雖然這是對高能力之醫師較嚴苛的要求，但是若以維護病患生命法益的角度視之，則無可厚非。惟，如果醫師個人的能力劣於相同條件之人的平均能力，仍然必須以平均能力之專業醫師的基準為過失判斷標準，此乃為維護醫療品質以及病患權益所必要。

【盧映潔等，〈由刑事過失責任概念論醫療行為之注意義務〉，收錄於《醫療行為與刑事過失責任》，新學林，初版，2013.05，10頁以下。】

三、王皇玉教授

近年來，臺灣醫療糾紛或醫療事故的處理模式，已經向「刑罰化」或「刑事化」方向傾斜。當然，這對病人或家屬而言，選擇以刑事訴訟程序來解決醫療糾紛，病人除了可以減免舉證上的困難，而且從訴訟費用來看，以刑事案件方式追究醫療糾紛問題，顯然較提起民事訴訟來得便宜。但這使得醫師視外科手術如畏途也是間接造成醫療環境惡化的原因之一。因此晚近，醫師團體不斷倡議「醫師刑事責任合理化」，**亦即醫師應僅限「重大過失」（亦有稱為「嚴重偏離醫療常規或嚴重違反注意義務」）或「故意」時，始能處以刑罰。**但反對者認為，刑法與民法體系不同，「重大過失」是一種破壞刑法責任結構的立法方式，是不瞭解刑法理論的錯誤看法。

在德國一樣會用刑法對付醫師，但醫療糾紛刑罰化的趨勢也沒有臺灣如此嚴重。因為德國法院認定醫療過失十分嚴謹，在臺灣會被起訴的醫療事故，若在德國幾乎不會被起訴。足見，雖然德國與臺灣的刑法法制相同，但是對於醫療過失的認定嚴謹程度，我國與德國司法者的見解差別很大。氏主張在我國醫療糾紛刑事化嚴重的今日，以及我國與德國雖然都是大陸法系國家，但對於醫療過失犯解釋的嚴謹程度差別如此之大的

情況下，採取「重大過失」責任之立法，或許是一個可以避免濫訴的途徑，也是一個可以解除醫師心理負擔的方法。

【王皇玉，〈論醫療刑責合理化〉，《月旦法學雜誌》，第213期，2013.02，73頁以下。】

四、張明偉教授

在醫療爭議事件中，有將近70%的病人或家屬感覺沒有被給予充分告知說明病情，無法充分瞭解醫療行為的發展，以致於當有損害發生時，無可避免地無法接受醫療結果而有爭議。長久以來，我國學說與實務有關刑事過失之判斷，均以一般輕過失為標準，因此只要行為人之行為違反了相關的注意義務，不論注意義務違反的情節輕重，一概認為其行為該當刑事過失之評價。氏認為，輕微的注意義務違反，在過失侵權行為法具有填補損害的功能與刑法謙抑性的要求下，尚無必要將之認定為犯罪行為。是以，僅在注意義務違反已明顯或重大的程度時，才有必要動用具最後手段性質的刑事制裁，予以處罰，並實現刑法一般預防與特別預防之目的。當然，如何判斷是否為輕微的偏離注意義務或重大的偏離注意義務，需視事件的類型而定，在特別需專門知識經驗的領域中（例如複雜的醫療行為），仍有待專家進一步進行專業的評估判斷。

【張明偉，〈美國對於過失醫療行為與刑事責任關係之探討〉，收錄於《過失醫療與刑事責任》，台灣刑事法學會，2009.06，110頁以下。】

□ 實務見解

▶ **93台非94（判例）**

「屋外供電線路裝置規則」係經濟部依電業法第三十四條訂定發布，其有關架空電線與地面垂直間隔之規定，已有安全上之專業考量，在一般正常情況下，符合該規則設置之電線，應足確保安全無虞。本件架空屋外高壓供電導線之高度，符合該規則所定之基本垂直間隔，為原判決確認之事實，則設置機關或負有安全監督責任之被告，於不違反其客觀上防止危險結果發生之注意義務下，在通常情形一般人俱應予以容認，而作適切之相應行為，不致高舉導電物品行經電線下方，期能共維安全，自有正當之信賴；故被害人垂直持魚竿行經上開高壓供電導線下方，要屬其自身之危險行為，不能令被告負過失責任。

▶ **84台上5360（判例）**

汽車駕駛人對於防止危險發生之相關交通法令之規定，**業已遵守，並盡相當之注意義務，以防止危險發生，始可信賴他人亦能遵守交通規則並盡同等注意義務**。若因此而發生交通事故，方得以信賴原則為由免除過失責任。

▶ **76台上192（判例）**

刑法上之過失，其過失行為與結果間，在客觀上

有相當因果關係始得成立。所謂相當因果關係，係指依經驗法則，綜合行為當時所存在之一切事實，為客觀之事後審查，認為在一般情形下，有此環境、有此行為之同一條件，均可發生同一之結果者，則該條件即為發生結果之相當條件，行為與結果即有相當之因果關係。反之，若在一般情形下，有此同一條件存在，而依客觀之審查，認為不必皆發生此結果者，則該條件與結果不相當，不過為偶然之事實而已，其行為與結果間即無相當因果關係。

▶ 74 台上 4219（判例）

汽車駕駛人雖可信賴其他參與交通之對方亦能遵守交通規則，同時為必要之注意，謹慎採取適當之行動，而對於不可知之對方違規行為並無預防之義務，然因對於違規行為所導致之危險，若屬已可預見，且依法律、契約、習慣、法理及日常生活經驗等，在不超越社會相當性之範圍應有注意之義務者，自仍有一定之行為避免結果發生之義務。因此，關於他人之違規事實已極明顯，同時有充足之時間可採取適當之措施以避免發生交通事故之結果時，即不得以信賴他方定能遵守交通規則為由，以免除自己之責任。

▶ 65 台上 3696（判例）

夜間在照明不清之道路，將車輛停放於路邊，應顯示停車燈光，或其他標識，為道路交通安全規則第一百十二條第一項第十二款所明定，上訴人執業司機，對此不能諉稱不知，且按諸當時情形，又非不能注意，乃竟怠於注意，遽將大貨車停於右側慢車道上，既不顯示停車燈光，亦未作其他之標識，即在車內睡覺，以致被害人駕駛機車，途經該處，不能及時發現大貨車之存在，而自後撞上，不治死亡，則其過失行為與被害人之死亡，顯有相當之因果關係。

▶ 107 台上 4587 ○（判決）

為確保醫師執行業務順遂，導正緊繃的醫病關係，一○七年一月二十四日公布施行之醫療法第八十二條新增第三、四項，分別規定：「醫事人員執行醫療業務因過失致病人死傷，以違反醫療上必要之注意義務且逾越合理臨床專業裁量所者為限，負刑事責任。」、「前二項注意義務之違反及臨床專業裁量之範圍，應以該醫療領域當時當地之醫療常規、醫療水準、醫療設施、工作條件及緊急迫切等客觀情況為斷。」其目的在於限縮醫師過失責任範圍，減少其因執行業務而受刑事訴追風險，並朝向醫師過失責任判斷要件的精緻與明確化。所謂「違反醫療上必要之注意義務」係以醫療行為是否符合「醫療常規」為判斷，是一種平均醫師的注意義務程度。即凡任何一個具有良知與理智而小心謹慎的醫師，在相同條件下，均會採取和保持之注意程度，其他醫師立於

相同情況，皆會為同樣判斷與處置。具體而言，所謂「醫療常規」係臨床醫療上由醫療習慣、條理或經驗等形成的常規，是作為正當業務行為之治療適法性要件。通常違反醫療常規，雖可初步判斷醫療行為具有疏失，惟尚須進一步確認此疏失是否為病人非預期死傷的關鍵因素。換言之，醫療行為縱使違反醫療常規，惟此疏失行為與結果間仍須具有相當的因果關係，始能認定為醫療過失行為。至所稱「合理臨床專業裁量」即允許醫師對於臨床醫療行為，保有一定的「治療自由」、「臨床的專業裁量權限」，以決定治療方針。尤其對於罕見疾病、遇首例或對於末期病人充滿不確定性的治療，在無具體常規可遵循時，即須仰賴醫師合理的臨床裁量。其裁量判斷，除前述「醫療常規」外，另須考量醫療法第八十二條第四項所列之「醫療水準」、「醫療設施」、「工作條件」及「緊急迫切」等合理臨床的重要基準。

因人、事、時、地、物之不同，醫療水準、設施及工作條件並非一成不變。在醫學中心、區域醫院、地區醫院或一般診所，因醫療設備、醫護人員等差異乃具浮動性，且寬、嚴亦有別。從而，對於不同等級的醫療機構，所要求於醫護人員的注意義務或裁量標準，應有所差別，對次級的醫療院所，自不能同以高級醫療院所的醫療水準、設施或工作條件，作為判斷依據。又因醫療具有不確定性，病徵顯示亦相當多元，處置上也有輕重緩急，尤其在緊急情況下，更難期醫師運用常規處理問題，關於「緊急迫切」基準，務須立於醫師立場加以判斷，若確實情況緊急，縱醫師處置不符醫療常規，於合理「臨床的專業裁量權限」上，應朝是否並無疏失方向予以斟酌。是修正後醫療法第八十二條第三項對於過失責任的認定標準既界定為「違反醫療上必要之注意義務且逾越合理臨床專業裁量」，並於同條第四項揭櫫多元判斷標準，顯係為降低醫師過失責任，有利於醫療行為人，爾後無論修法前後關於醫療刑事過失責任的認定，自應以此作為判斷準據。

關於醫療紛爭事件，由於醫療行為介入前病人已罹患疾病，疾病的自然因果歷程已進行中，病人在既有疾病影響下，原本就有相當機率造成死傷，對於最後死傷結果是否可歸責之後介入的醫療行為，在於如何判斷最後死傷結果與後行的醫療行為具有主要並相當關連，而非病人先前的疾病原因所致。此又可分為二個層次判斷，首先為醫療行為介入時，病人已存在疾病種類與該疾病發展狀況，及使病人演變成死傷結果的可能性程度如何；其次則為正確醫療行為介入時間點對疾病的影響如何，亦即改變疾病發展以及阻止疾病而導致病人演變成傷亡的可能性有多少。

換言之，以醫學實證上經驗累積所形成的「醫療常規」爲依據，在考量疾病對傷亡的危險增加比例以及正確醫療行爲對傷亡的危險減少比例之相互作用下，倘醫療行爲可以將該疾病的死傷危險機率降低至具有顯著性的效果，則未採取正確醫療行爲可認定與病人的傷亡間有相當因果關係存在。

反之，即使進行正確的醫療行爲，病人發生死傷的機率仍然過高，即表示不論有無醫療行爲介入，均不致使醫療行爲成爲病人死傷與否的主要因素，則病人死傷與否其實係其原本疾病所主導，此時醫療行爲與病人的傷亡間即無相當因果關係存在。再因醫療行爲介入病人病程的時期（潛伏期、疾病初期、高峰期、最後則爲「痊癒或不可逆」期）不同，可以治療或攔截的效果亦有差異，故尚須考慮疾病的進程是否已進入不可逆期，或雖然處於可逆期，但是否可以有效攔截結果發生，及治療與否或不同時期的治療對於疾病傷亡機率降低是否沒有顯著差異等因素，如上述因素皆屬肯定，則可認沒有相當的因果關係。

▶ 103 台上 4543（判決）

因果關係是否因第三人行爲之介入而中斷，就相當因果關係理論而言，其行爲既經評價爲結果發生之相當原因，則不論有無他事實介入，對該因果關係皆不生影響。易言之，結果之發生如出於偶然，固不能將結果歸咎於危險行爲，但行爲與結果間如未產生重大因果偏離，結果之發生與行爲人之行爲仍具常態關連性時，行爲人自應負責。倘被害人所受傷害，原不足引起死亡之結果，嗣因另有與傷害無關之其他疾病或其他偶然獨立原因之介入，始發生死亡之結果時，方能謂無因果關係。

編按：102 台上 310（判決）同旨。

▶ 102 台上 993（判決）

汽車駕駛人對於防止危險發生之相關交通法令，業已遵守，並盡相當之注意義務，以防止危險發生，始可信賴他人亦能遵守交通規則並盡同等注意義務。若因此而發生交通事故，方得以信賴原則爲由免除過失責任。上訴人駕駛大客車，疏未注意車前狀況及兩車併行間隔，隨時採取必要之安全措施，致與被害人所騎機車擦撞，造成被害人死亡，而有過失責任，尚難本於信賴原則，主張免除過失責任。上訴意旨漫指原判決未適用信賴原則免除其過失責任爲違法云云，不無誤解。

▶ 101 台上 2637（判決）

被告行爲時之醫療法第五十八條規定：醫療機構診治病人時，應向病人或其家屬告知其病情、治療方針及預後情形。九十一年一月十六日修正施行之醫療法第十二條之一亦有相同之明文。另依行政院衛生署藥政處之藥物許可資料及 Tegretol 仿單所示，該藥物之適應症，僅限「癲癇大發作、精神運動發作、混合型發作、癲癇性格及附隨癲癇之精神障礙、三叉神經痛、及腎原性尿崩症」；被告將此藥物用於許可適應症以外之周邊神經病變，未踐行告知說明義務，亦未依醫療常規於徵得病患或家屬之同意，擅開立 Tegretol 藥物；事後又未善盡危險發生之防止義務，終致被害人死亡，行政院衛生署醫事審議委員會鑑定見書亦認被告涉有疏失，原判決認本件無「告知同意」法則之適用，其採證顯與證據資料不符。

(三)證人蔡○○爲上開醫院之跟診護士，每日面臨諸多病患，何能就事隔多年後清楚記憶各醫師與病患談話之細節，是以證人蔡○○所證：被告於問診時已盡告知之義務云云，有違經驗法則而難以採信。又被告身爲醫師，應注意就衛生單位所提示之相關醫療訊息，並隨時充實醫療專業知識，以維病患之權益；卻辯稱：伊未收受行政院衛生署藥政處提醒 Tegretol 已有藥害之案例等訊息卸責，顯無視於病患之安危，應就其過失行爲負責等語。按過失責任之成立，應以不注意於可預知之事實，或於防止危險之義務有所懈怠，且以危害之發生與怠於注意，或懈怠防果行爲間有因果之關聯爲要件。如行爲人行爲時已盡其注意之義務，或結果之發生無預防之可能者，即無涉過失。本件原審已綜合卷證資料認被告開立 Tegretol 藥物爲治療，爲可能引發被害人史蒂文強森症候群之原因之一。但參酌行政院衛生署醫事審議委員會之鑑定意見謂：九十一年間，醫界已多有使用 Tegretol 治療周邊神經痛之前例；及史蒂文強森森症候群之發生率（約萬分之一點四），其症候之發生應與特殊體質有關，故無法預防，亦無法藉由檢查而預測等情。國外文獻亦肯認此項用藥之妥適性。並審度被害人於九十年十二月十二日經被告診斷爲神經根有病變，先投以三環抗憂鬱藥物治療。按醫療因屬高度專業，診治病人向來倚賴醫師之專斷，惟醫療所生之危險，均由患者最終承受，是以侵入性之檢查或治療，不可無視於病患自律性之判斷，而有「告知同意」法則之立法，以維護病人之醫療自主權。而我國醫師法第十二條之一固規定醫師診治病人時，應向病人或其家屬告知其病情、治療方針、處置、用藥、預後情形及可能之不良反應。醫療法第八十一條亦有醫療機構診治病人時，應爲告知之類似規定。上開醫事審議委員會依被告自承於診療過程未向上開告知，認有未善盡告知之疏失等語。被告未依規定爲告知，固然侵害病人之醫療自主權，但醫療自主權之侵害，非屬醫師過失責任之必然。蓋以醫療過失繫於診斷與治療過程有無遵循醫療準則爲斷。醫師於診療過程中，如未遵循醫療準則致生死傷之結果，事先縱已踐

行告知同意程序，亦無以阻卻違法。反之，如醫師事先未踐行告知同意法則，但對於醫療行為已善盡其注意之義務，仍難謂與病人之死傷結果，有必然之因果關係。觀乎醫事審議委員會意見迭次陳稱：史蒂文強森症候群，其症候之發生應與特殊體質有關，無法預防，亦無法藉由檢查而預測；告知並無法避免史蒂文強森症候群之發生等語。史蒂文強森症候群既無法預防、預測，自無從苛責被告善盡告知之責。告知既無助於危害之防止，或影響危害之發生，自與被害人所患史蒂文強森症候群間，無必然之因果關係，難責被告負過失責任。以上已據原判決於理由欄敘述明確，檢察官認被告未踐行告知義務而有疏失，自屬誤會。又被告行為時醫療法第四十六條（即現行醫療法第六十三條）定：醫院實施「手術」時，始有「告知同意」法則之適用，但如情況緊急，不在此限。被告行為後於九十三年四月二十八日修正公布同法第六十四條只在於規範「侵入性檢查或治療」始有該法則之適用。本件被告只在開立藥方，並無進行「手術」或其他侵入性之檢查、治療，無上開法則之適用，不得以法律未規定之事由，規範被告之行為。

▶ 101 台上 244（判決）

按刑法上過失犯之成立，應以不注意於可以預知之事實為要件，若對於構成犯罪之事實，已預見其能發生，又無確信其不能發生之情形，係故意而非過失。故是否過失，應以對於其行為之結果有無認識為標準，若明知有此結果而悍然為之，自不得謂係過失。

▶ 99 台上 585（判決）

關於病患接受醫療資訊說明與告知之權利，醫療法及醫師法分別設有醫療機構及醫師之告知說明義務，七十五年十一月二十四日訂定之醫療法第五十八條規定：「醫療機構診治病人時，應向病人或其家屬告知其病情、治療方針及預後情形」；九十一年一月十六日修正公布施行之醫師法第十二條之一規定：「醫師診治病人時，應向病人或其家屬告知其病情、治療方針、處置、用藥、預後情形及可能之不良反應」。是醫療機構或醫師診察病人後，除有「免除告知」情形（例如法律所定之強制醫療；在緊急情況下就多重療法之選擇；根據醫學上知識與經驗，為防止病患面臨死亡危險或身體健康上重大危害者；完全說明，對病患精神造成重大負擔，而得以預測治療結果將蒙受鉅大損傷者；病患對於治療內容有充分識者；病患表示不須說明或對醫師之診斷、治療、在醫療過程中於一定侵襲程度內，依社會一般人通常認識、經驗已可預見者；輕微侵襲之傷害等），而得不需告知外，即有向病人或其家

屬告知其病情、治療方針、處置、用藥、預後情形及可能之不良反應。此即醫療機構與醫師之告知說明義務（**Informed Consent**）。上開所謂告知說明義務內容包括患者病症之輕重、痊癒之可能性、所決定醫療行為之性質、理由、內容、預期治療效果、醫療方式、難易度、對病患身體侵襲範圍及危險程度等項，並應以醫療上通用方式加以說明，俾病患充分了解該醫療行為對身體可能產生之侵害，加以斟酌，用以決定是否同意接受該項醫療之實施。然就醫師之告知說明義務而言，醫師於執行處置或治療前，如就可能嚴重引發副作用之藥物，未注意使用該藥物之必要性，並將其利、弊得失及可能引致風險先行告知病患，使評估有無其他選擇之可能性，並因而致病患發生死亡之結果者，能否謂其已盡注意義務而無任何疏懈怠忽之責，非無研求之餘地。原判決就上開鑑定結果，如何不足以證明被告犯罪，未詳述其理由，就醫師告知說明義務與防免措施二者混淆觀察，而將前揭鑑定意見內容予以割裂判斷，認被告並無任何過失可言，亦嫌速斷。

❖ 學者評釋

最高法院撤銷原判決的理由中，較為重要的論點則是駁斥前面的用藥無須得病人同意的說法，以及認為使用非核准適應症藥物前，應依醫療常規特別注意該藥物使用之必要性，並應充分向病患說明使用藥物之好處與壞處，且在徵得病患之同意後才可使用。

本案中，醫師應對病人具有說明義務，亦即對藥物 Tegretol 具有嚴重過敏可能一事，歷審判決均加以肯認。此外，最高法院意見甚至認為，藥物許可適應症以外之使用方式，雖無法令規定禁止，但在使用藥物前需特別注意藥物使用的必要性，並應充分向病患說明使用藥物之好處與壞處，且在徵得病患之同意後才可使用，已屬「一般醫療常規」。換言之，乃屬在相同條件下，一個理性、謹慎的醫師，均應遵守與保持的注意程度，學者贊同此一看法。

至於醫療過失中醫師對於結果之發生具有預見可能性的論證，在許多案例中，醫師常主張，過敏機率極低，病人體質各不相同，誰會服用藥物而過敏死亡，根本難以預料。其實，所謂預見可能性，並非要求醫師就病人個人會不會有過敏或不良反應加以預測，而是要求醫師將該藥物可能發生的嚴重風險後果告知病人。當然前提是醫師知曉某該藥物有可能帶來此等嚴重不良反應，才有可能加以說明。然而，如果某些藥物風險在醫療實證研究中極為罕見，例如為病人施打維生素，有可能致病人過敏而死亡。對於此類風險，就屬平均醫師所不能預見者，當然無從說

明，因此原則上亦不能以醫師就此風險未盡説明義務而論以有過失。

【王皇玉，〈論醫師對藥物副作用之説明——從 99 年台上字第 558 號判決談起〉，收錄於《甘添貴教授七秩華誕祝壽論文集上冊》，承法，初版，2012.04，153 頁以下。】

編按：

此號判決傾向被告違反「告知後同意」法則，而發回更審。但在 101 年度台上字第 2637 號判決推翻其見解而以無罪判決確定。相關判決評析詳參：陳子平，〈醫療過失刑事裁判的問題思考——一件經過七次審級的裁判事件〉，《月旦法學雜誌》，第 218 期，2013.07，168 頁以下。

▶ 96 台上 5992（判決）

被害人系爭病症是否車禍抑跌倒所致，已非無疑，如爲後者，即與本件車禍無涉。嗣被害人於九十四年七月十七日、二十日因二次發燒到醫院治療，七月二十二日因肺炎等症第五次至桃總急診住院，接受電腦斷層檢查，仍發現上述大腦症及缺血性腦中風，經手術治療，於同年八月十八日出院，同月二十四日、九月九日因電解質不平衡及發燒又就醫，迨至九十四年十一月二十九日始因跌倒造成外傷性硬腦膜下腔出血，因中樞神經休克，於同年十二月一日死亡。由上以觀，被害人因車禍出院時意識清楚，其後跌倒二次、發燒數次，並非被告製造並實現了危及生命之風險，自非其負責之領域，無客觀歸責可言。

❖ 學者評釋

台灣實務判決對於客觀歸責理論的運用大約是近十年的事，從各級法院的第一審開始。過去司法實務長期受相當因果關係影響，最高法院 96 年度台上字第 5992 號判決終於突破最高法院 76 台上字第 192 號判例的藩籬，大膽採用客觀歸責理論，填補了相當因果關係理論相當模糊的缺點，張麗卿教授認爲頗值讚賞。

依本判決之見解，其直接切入「被告沒有製造及實現死亡風險」的觀點，的確令人佩服。不過張教授認爲，意識清楚與完全康復，並非全然相同。亦即被害人確因車禍之後遺症，導致行動不便，而容易跌倒，故是被告所製造不被容許的風險，再跌倒兩次與發燒，才是導致死亡的結果。

因此美中不足的是，最高法院並沒有在判決中，清楚交代其運用客觀歸責理論爲判決理由的過程，其論理上稍嫌薄弱，要是能更具體地依序檢驗「經驗上的因果」及「歸責上的因果」，將更具説服力。

【張麗卿，〈客觀歸責理論對實務判斷因果關係的影響——兼評最高法院九十六年度台上字第五九九二號判決〉，《法學新論》，第 13 期，2009.08，22 頁以下。】

第 15 條（不作爲犯）

Ⅰ 對於犯罪結果之發生，法律上有防止之義務，能防止而不防止者，與因積極行爲發生結果者同。

Ⅱ 因自己爲致有發生犯罪結果之危險者，負防止其發生之義務。

□ 修正前條文

Ⅰ 對於一定結果之發生，法律上有防止之義務，能防止而不防止者，與因積極行爲發生結果者同。

Ⅱ 因自己行爲致有發生一定結果之危險者，負防止其發生之義務。

■ 修正説明（94.02.02）

第二項所謂「一定結果」，實務及學者通説均認爲係指「犯罪結果」，雖然在解釋與適用上並無爭議，惟「一定結果」用語，語意模糊，爰修正爲「犯罪結果」，以資明確。

❖ 法學概念

「純正不作爲犯」與「不純正不作爲犯」之比較

	純正不作爲犯	不純正不作爲犯
定義	指行爲人不符法律期待之行爲規範的要求，實現構成要件內容者，不問是否導致一定結果發生，即成立犯罪	指以不作爲方式實現通常得以作爲的手段所規定的犯罪行爲。該不作爲得以成立刑法評價的客體，與純正不作爲犯完全相同。所不同者，在於不純正不作爲犯必須具有保證人地位
規範違反	違反命令規範	違反禁止規範
舉例説明	戰時不履行軍需罪（§108）、「滯留」要塞（§112）、廢弛職務釀成災害罪中應爲預防或阻止之作爲義務（§130）、「不解散」（§149）、「有義務」的遺棄罪之「不爲」生存所必要之扶助、養育或保護（§294Ⅰ）、「留滯」而不退去（§306Ⅱ）	肇事逃逸罪之「逃逸」（§185-4）、生母殺嬰罪之「不哺乳」（§274Ⅰ）、「有義務」的遺棄罪之「消極之置放」行爲（§294Ⅰ）

【陳宏毅、林朝雲，《刑法總則新理論與實務》，五南，初版，2015.09，322 頁。】

❖ 爭議問題

保證人地位應如何認定？

一、通説

不純正不作爲犯的成立關鍵是保證人地

位，刑法第 15 條有簡略的規定。其第 2 項清楚規定，製造危險前行為的人有保證人地位。但是，危險前行為並不是保證人地位的唯一根據。否則，第 15 條第 1 項就成為多餘。立法者不可能做出這種明顯而又多餘的規定。

依照通說的看法，保證人地位有下列幾種情形：

(一)基於法令。

(二)基於自願承擔保護義務。

(三)基於密切的生活關係。

(四)基於危險共同體。

(五)基於危險源的監控義務。

(六)基於危險前行為。

【林東茂，〈不純正不作為犯〉，收錄於《甘添貴教授七秩華誕祝壽論文集上冊》，承法，初版，2012.04，120 頁以下。】

二、限於危險前行為說

通說所包含廣泛的保證人地位說法，其最後建構保證人地位的基本理由何在並未見說明。採此說的學者認為，不作為的生活態度是基本人權，因此所有不以作為為前提的保證人地位事由，都是對於基本權利的侵害。

由於通說違背不作為之基本人權理念，通說所列的保證人地位事由，本身往往在適用上出現不見理由的自我限縮。其中最明顯的例子是在所謂法令規定作為義務的情形；既然通說以法令規定的作為義務當成是保證人地位的事由，那麼在理論上，當行為人有作為可能性的情況下卻不作為，就應該成立不作為犯，然而依通說之看法基於法令即得取保證人地位，但若以醫師法第 21 條之規定為例，醫師對於危急之病人，應即依其專業能力予以救治或採取必要措施，不得無故拖延。然而如有醫師對於危急病人之招請無故不理，致病人不治死亡，卻不曾有實務認為這是構成不作為犯，足見通說欠缺論理上一貫性。

基於上述，只有製造風險之「危險前行為」應是構成不作為犯之保證人地位的唯一理由。

【黃榮堅，《基礎刑法學（下）》，元照，四版，2012.03，721 頁以下。】

□ 實務見解

▶ 105 台上 88 ○（判決）

以消極之不作為方法，實現犯罪構成要件之不作為犯，有純正不作為犯（如刑法第一四九條聚眾不解散罪、第二九四條第一項消極遺棄罪等）及不純正不作為犯之分，應予區別。不純正不作為犯，依刑法第十五條第一項規定：「對於犯罪結果之發生，法律上有防止之義務，能防止而不防止者，與因積極行為發生結果者同。」係以人之行為發生一定之結果，有因積極行為引起，有因消極之不作引起，無論作為或不作為，法律上之效果相同，但犯罪之成立，除在客觀上，應有

積極作為或消極不作為之犯罪行為外，並應在主觀上有故意過失，始足當之，故該條項乃意指消極行為之犯罪與積極行為之犯罪，在法律上有同一之效果，並非對於犯罪行為之意思要件，特設例外規定（本院 29 年上字第 2776 號判例意旨參照），**是被告之行為縱令客觀上係違反法律上之防止義務，仍應視其主觀上犯意之有無及其內容為何，定其應負之刑責。**

▶ 100 台上 2643（判決）

刑法第十五條規定之不作為犯，則僅止於消極行為之犯罪與積極行為之犯罪，在法律上有同一之效果，並非對於犯罪行為之意思要件，特設例外規定，故被告之行為縱令客觀上係違反法律上之防止義務，仍應視其主觀上之犯罪意圖，定其應負之刑責，非謂一有被害人死亡之結果，即必負消極殺人之責。至同條第二項所指之危險前行為，如係出於行為人故意之情事，防止其結果之發生並不具備保證人地位，於事實上亦無期待可能性，縱因自己之前行為在客觀上有發生一定結果之危險，仍無從課以防止危險結果發生之義務。

第 16 條（法律之不知與減刑）
除有正當理由而無法避免者外，不得因不知法律而免除刑事責任。但按其情節，得減輕其刑。

□ 修正前條文

不得因不知法律而免除刑事責任。但按其情節，得減輕其刑；如自信其行為為法律所許可而有正當理由者，得免除其刑。

■ 修正說明（94.02.02）

一、原條文所謂「不知法律」，其樣態包含消極之不認識自己行為為法律所不許，以及積極之誤認自己行為為法律所許二者，此二者情形，即為學理上所謂「違法性錯誤」，又稱「法律錯誤」，本條之立法，係就違法性錯誤之效果所設之規定。

二、關於違法性認識在犯罪論之體系，通說係採責任說立場。惟關於違法性錯誤之效果，不論暫行新刑律、舊刑法及現行刑法，均未以一定條件下得阻卻犯罪之成立，而僅就減輕或免除其刑之要件，予以規定，本條此種立法例，實與當前刑法理論有違。按對於違法性之錯誤，如行為人不具認識之可能時，依當前刑法理論，應阻卻其罪責；惟依原規定，至多僅得免除其刑，且限於行為人積極誤信自己行為為法律所許之情形，而不包含消極不知自己行為為法律所不許之情形，過於嚴苛，故有修正必要。

三、按法律頒布，人民即有知法守法義務，惟

如行為人具有上揭違法性錯誤之情形，進而影響法律效力，宜就違法性錯誤之情節，區分不同法律效果。其中(一)行為人對於違法性錯誤，有正當理由而屬無法避免者，應免除其刑事責任，而阻卻其犯罪之成立。(二)如行為人對於違法性錯誤，非屬無法避免，而不能阻卻犯罪之成立，然得視具體情節，減輕其刑，爰修正原條文，以配合違法性錯誤及責任理論。

❖ 修法簡評

新法將可否避免作為判定禁止錯誤之法律效果的基準。據此，行為人對於違法性錯誤，有正當理由而屬無法避免者，應免除其刑事責任，而阻卻其犯罪之成立。如行為人對於違法性錯誤，非屬無法避免，而不能阻卻犯罪之成立，然得視具體情節，減輕其刑。修法後，罪責理論在我國實定法上取得了明文之依據，故意理論已成歷史。

【林鈺雄，《新刑法總則》，元照，三版，2011.09，344頁。】

不過有論者指出，新條文在適用上的最大問題，就是立法者對禁止錯誤的法律要件，依然保留舊條文裡的部分不當敘述。首先，所謂「不知法律」並無法精確掌握欠缺不法意識的內涵；再者，所謂的「正當理由」，也是畫蛇添足的贅文，而且可能混淆阻卻違法與阻卻罪責的概念。為今之計，除再修法調整文字之外，就是把「不知法律」等同欠缺不法意識，而「正當理由」等同無意義的贅文來理解。

【林山田，《刑法通論(上)》，自版，十版，2008.01，437頁以下。】

編按：

針對此一質疑，請讀者參看本條法學概念的部分。

❖ 法學概念

正當理由之內涵

學者認為，構成本條所稱「正當理由」的原因，可能有以下幾種情形：

一、不知法律

原則上得認為具有違法性認識的可能性；例如大地震發生後的居民對外聯絡困難，否定其具有違法性認識的可能性。

二、對法規的信賴

原則上得否定其具有違法性認識的可能性。

三、對判決的信賴

原則上得否定其具有違法性認識的可能性。不過，同一事例的法院判決，前後不同，或各法院態度不一時，則仍有肯定其具有違法性認識可能性的餘地。

四、對公家機關見解的信賴

原則上得否定其具有違法性認識的可能性。

五、對專家見解的信賴

原則上不能否定其具有違法性認識的可能性，例如私人專家團體具有準公家機關的性質時。

【甘添貴、謝庭晃，《捷徑刑法總論》，瑞興，修訂版，2006.09，216頁以下。】

❖ 法學概念

本條所稱「無法避免」應如何詮釋？

一、黃榮堅教授

本條判斷之重點應在於是否「無法避免」，至於所謂「正當理由」其實與「無法避免」是同義詞。大致上如果行為人對於其行為是否合法有所疑問時，卻怠於查詢而不知其不法，即非無法避免。事實上，當行為人已經對於他的行為的合法性有所存疑的時候，就是行為人有法禁止的或然認知，即具有不法意識。

【黃榮堅，《基礎刑法學(下)》，元照，四版，2012.03，660頁以下。】

二、張麗卿教授

應依具體個案的個別情形來判斷能否避免錯誤，其標準如下：

(一)依行為人個人的社會地位及能力在可以期待的範圍內，判斷其是否能意識到行為的違法。

(二)當行為人對於自己的行為是否有涉及不法有疑慮時，負有查詢的義務，即應努力尋求答案。亦即，查詢相關資訊澄清誤解，不能恣意的以不確定的猜測，擅自主張自己的行為屬無法避免的禁止錯誤，嘗試阻卻罪責。必要之時，必須向專業的人士(例如：律師)或是機關(例如：主管機關)加以查詢，行為人若信賴此專業查詢，雖然法院不予接受，仍可主張不可避免之禁止錯誤。

最高法院103年度台上字第1452號判決，亦同此見解。

【張麗卿，〈新修正刑法之要點與評析〉，收錄於氏著，《新刑法探索》，元照，六版，2018.01，409頁。】

❖ 法學概念

包攝錯誤

所謂行為人對於屬於構成要件要素之構成犯罪事實並未錯誤，只是因為對於法律規定在刑法解釋上之錯誤。換言之，即行為人對於構成要件要素的理解錯誤，誤認構成要件的效力範疇，或誤認規範的效力，例如，行為人不認為在他人的名畫塗鴉也算是毀損行為。其處理方式，應視「一般人是否可能也會有這種錯誤之發生」來判斷。如果一般人也可能有此種錯誤時，就比照禁止錯誤的法理來解決，而非以能否阻卻故意的構成要件錯誤法理來解決。

【張麗卿，《刑法總則理論與運用》，五南，七版，2018.09，298 頁以下。】

□ **實務見解**

▶ 108 台上 673 ○（判決）

違法性認識（即學說所稱之不法意識）固不要求行為人確切認識處罰規定，僅知其行為乃法所不許即可。然於犯罪競合時，不法意識即具可分性，對於不同構成要件存在的個別不法內涵均需具備，始得非難各該部分罪責。法令頒布，國民有知法且負諮詢義務，是否可避免，行為人固有類如民法上善良管理人之注意義務。而違反社會性之自然犯，其違法性普遍皆知，雖非無法避免，惟毒品危害防制條例第二條第三項所規定「前項毒品之分級及品項，由法務部會同行政院衛生署組成審議委員會，每三個月定期檢討，報由行政院公告調整、增減之，並送請立法院查照。」係以法律授權由行政機關以行政規章或命令，變更可罰性範圍，固非屬法律變更。然此類行政規章或命令之公告，究非如法律具備須經立法院通過，總統公布，而除有規定施行日期者外，自公布或發布之日起算至第三日起發生效力（參照中央法規標準法第四、十二、十三條）等程序，而得由媒體宣導，使國民得以預見及有相當之準備期間。是填補空白刑法之行政規章或命令，苟無一定之公聽程序或宣導期，尤以變更毒品處罰範圍公告之品項，多係化學類專有名詞，實難期待國民於公告後即知悉。從而，有關毒品分級及品項之行政規章或命令之公告，既已影響違法性認識範圍，苟行為人於公告後之相當接近時間內違反，即須有相當之理由，始得認具違法性認識。

▶ 107 台上 1289 ○（判決）

依「法律秩序不可破壞性」原則，刑法規範乃以「不知法律亦不能免除責任」為原則。只有在行為人於規範層面未認識其行為係刑法禁止，且其錯誤係無法避免而期待不可能之情形，始可謂其不具罪責之可非難性，而構成排除罪責事由。**從而除綜合行為人社會地位、個人能力、才智等項，在可期待之範圍內，運用其認識能力及價值判斷，於客觀上足認有刑法第十六條所定無法避免之正當理由外，仍不能以不知法律免除罪責。**是從事特定職業之人，對於該職業應遵守之法規或準則，只要透過進修或職業管道就可知悉，其錯誤即屬可避免，不能謂有無法避免之正當理由，尤為當然。

▶ 103 台上 1452（判決）

刑法第十六條之規定，行為人得否減免其刑責，在於行為人對於其行為是否涉及不法有所懷疑時，應負有查詢義務，不可恣意判斷主張。藥事

法係經立法院通過並經總統公布，上訴人並非無知識或資力不足，無從知悉相關規定，且其自民國八十年間起即長期濫用藥物（毒品），此有台灣高等法院前案紀錄表在卷可按，自難謂上訴人有欠缺甲基安非他命係禁藥之違法性認識之可能。

▶ 100 台上 4538（判決）

依違法性錯誤及規範責任之理論，故意之成立，以犯罪構成事實之認識及實行之意願為已足，不法意識並非故意之構成要素，縱違法性認識有錯誤，亦應循違法性錯誤之法理解決，並不生阻卻故意成立之效果。

▶ 100 台上 156（判決）

刑法第十六條所規定之違法性錯誤之情形，採責任理論，亦即依違法性錯誤之情節，區分為有正當理由而無法避免者，應免除其刑事責任，而阻卻犯罪之成立，至非屬無法避免者，則不能阻卻犯罪成立，僅得按其情節減輕其刑之不同法律效果。然法律頒布，人民即有知法守法義務；是否可以避免，行為人有類如民法上之善良管理人之注意義務，不可擅自判斷，任作主張。而具反社會性之自然犯，其違反性普遍皆知，自非無法避免。

第 17 條（加重結果犯）
因犯罪致發生一定之結果，而有加重其刑之規定者，如行為人不能預見其發生時，不適用之。

❖ **法學概念**

結果加重犯（erfolgsqualifizierte Delikte）

一、定義

　　所謂結果加重犯，亦有稱加重結果犯，乃基本犯罪（故意）與重結果（過失）所組合的特別犯罪類型，乃指行為人出於基本構成要件故意，而實行基本構成要件該當之行為，竟生超出基本構成要件之加重結果，致該當加重構成要件成立之犯罪。如傷害致死罪（§277）、遺棄致死罪（§293）等，行為人以違犯基本構成要件之故意，卻過失導致加重結果之實現，故結果加重犯之本質，係綜合故意與過失構成要件的特別犯罪類型。

二、要件（§17）

㈠以犯罪之故意，卻導致發生重罪之結果

　　刑法上之加重結果犯，係對實施基本犯罪後，另發生加重結果者，加重其處罰之規定。

㈡須行為與加重結果之發生，有因果關係

　　行為人之所以須對該項加重結果負其加重處罰責任者，乃因該項加重結果之發生，係行為人所實施之犯罪行為所導致。有學者參考德國學說認為，此因果關係係指「直接關係」，亦即加重結果必是直接由基礎犯罪行為所造成，如有被害

人或第三人行為之介入，則不具有直接關係。我國實務也有類似之概念，認為「倘行為人所實行之傷害行為本身與被害人發生死亡結果之間，並無『相當因果關係』存在，而係中途介入他人臨時起意之殺害行為而導致死亡結果者，實行傷害犯行之行為人對於他人臨時起意之殺害行為，事先既無共同之犯意存在，亦無防止其發生加重結果之義務，自難令行為人對此項加重結果負責。」

【王皇玉，《刑法總則》，新學林，三版，2017.09，158頁；林鈺雄，《新刑法總則》，元照，六版，2018.09，98頁；最高法院101年度台上字第865號判決。】

(三)須行為人對於加重結果之發生能夠「預見」。

(四)須法律有加重結果之明文

若無結合犯或加重結果犯之規定，兩個以上的犯罪行為，必須分別宣告刑罰，再合併執行（§51）惡化行為人法律地位之目的，是為了嚇阻潛在的犯罪人，此乃基於一般預防的考量。如傷害致死或致重傷（§277Ⅱ）；如無明文，如放火供人使用之住宅因而致人於死，因無加重結果之明文，且由於侵害法益不同（分別是社會法益及個人法益）應以放火罪（§173Ⅰ）與過失致死罪（§276）之想像競合犯。

【林東茂，《刑法總則》，一品，初版，2018.04，62頁以下。】

❖ **爭議問題**

加重結果發生之「預見可能性」應如何解讀？

一、客觀說

實務認為，加重結果犯，以行為人能預見其結果之發生為要件，所謂能預見乃指客觀情形而言，與主觀上有無預見之情形不同，若主觀上有預見，而結果之發生又不違背其本意時，則屬「故意」範圍。在共同正犯的情形亦同；是以，加重結果犯對於加重結果之發生，並無主觀上之犯意可言。從而共同正犯中之一人所引起之加重結果，其他之人應否同負加重結果之全部刑責，端視其就此加重結果之發生，於客觀情形能否預見；而非以各共同正犯之間，主觀上對於加重結果之發生，有無犯意之聯絡為斷（最高法院47年台上字第920號判例、91年台上字第50號判例）。

至於所稱「客觀不能預見」，係指一般人於事後，以客觀第三人之立場，觀察行為人當時對於加重結果之發生不可能預見而言，惟既在法律上判斷行為人對加重結果之發生應否加重之刑責，而非行為人主觀上有無預見之問題，自不限於行為人當時自己之預見。易言之，應以事後客觀立場，觀察行為人前後客觀存在之一般情形（如傷害行為造成之傷勢及被害人之行為、身體狀況、他人之行為、當時環境及其他事故等外在

條件），基於法律規範保障法益，課以行為人加重刑責之宗旨，綜合判斷之。又共同正犯之成立，祇須具有犯意之聯絡，行為之分擔，既不問犯罪動機起於何人，亦不必每一階段犯行，均經參與，且非僅就其自己實行之行為負其責任，在犯意聯絡之範圍內，對於他共同正犯所實行之行為，亦應共同負責（最高法院104年度台上字第657號判決）。

二、主觀說

實務對於結果加重犯所採的一貫立場，即所謂「能預見」係指「客觀的預見可能性」而言，即便共同正犯中之所有共同者主觀上皆無主觀的預見可能性，但一般人卻有客觀的預見可能性。實則，結果加重犯之要求，除基本故意犯之成立外，主觀上並非以行為人之過失為必要，而係以行為人之「主觀預見可能性」為必要。依此邏輯，不可能發生基本犯罪之共同正犯之共同者中一部人成立結果加重犯，其他人卻不成立之情況。然而此見解嚴重違反責任原則之要求，就加重結果部分，既然是過失犯，應各自判斷各個行為人是否符合加重結果犯之成立要件。

【陳子平，《刑法總論》，元照，二版，2008.09，528頁；類似質疑：可參閱王效文，〈加重結果犯性質與構造──評最高法院九十八年台上字第五三一〇號刑事判決〉，《月旦裁判時報》，第5期，2010.10，104頁以下。】

況且，刑法第17條既已明定以行為人個人能否預見以為斷。若行為人與常人無異，固無待論。若行為人個人之預見能力，低於一般常人，則仍須以行為人個人能力為標準。前開實務見解似乎混淆有關加重結果犯之過失概念，蓋所謂「能預見」乃係行為人是否應對其所未預見之加重結果的發生，擔負刑事責任之責任要素問題，不能將加重結果之不法要素與責任要素混為一談。

【黃常仁，《刑法總論──邏輯分析與體系論證》，新學林，二版，2009.01，137頁。】

三、輕率過失說

對於所謂實務過失罪犯，此說認為加重結果犯之所以有較嚴格處罰，應該在於行為人的「輕率」態度，或是基本犯罪行為對於加重結果的特別高風險。「所謂行為人的輕率，則是從主觀面思考，意指對於一定結果的發生，行為人有高度的預見可能性，然而卻未預見。」故以輕率過失作為加重結果犯的要件，應該是一個可以被接受的說法。

【黃榮堅，《基礎刑法學（上）》，元照，四版，2012.09，402頁以下。】

□ **實務見解**

▶ **91台上50（判例）**

共同正犯在犯意聯絡範圍內之行為，應同負全部責任。惟加重結果犯，以行為人能預見其結果之

發生為要件，所謂能預見乃指客觀情形而言，與主觀上有無預見之情形不同，若主觀上有預見，而結果之發生又不違背其本意時，則屬故意範圍；是以，加重結果犯對於加重結果之發生，並無主觀上之犯意可言。從而共同正犯中之一人所引起之加重結果，其他之人應否同負加重結果之全部刑責，端視其就此加重結果之發生，**於客觀情形能否預見**；而非以各共同正犯之間，主觀上對於加重結果之發生，**有無犯意之聯絡為斷**。

❖ 學者評釋

由上開判例可知，實務對於結果加重犯所採的一貫立場，即所謂「能預見」係指「客觀的預見可能性」而言，則即使共同正犯中之所有共同者主觀上皆無預見之可能（主觀的預見可能性），但一般人卻有預見之可能（客觀的預見可能性），依實務見解，基本犯罪之共同正犯之所有者仍皆應成立結果加重犯之共同正犯，依此邏輯，不可能發生基本犯罪之共同正犯之共同者中有人成立結果加重犯、其他者不成立之情況。然而此見解不僅嚴重違反刑法第 17 條所要求「主觀的預見可能性」之規定，**亦嚴重違反責任原則之要求**。

蓋結果加重犯之主觀要件所要求的乃「過失」而非客觀預見可能性。因此該主觀要件應指主觀預見可能性而非「過失」，因為主觀預見可能性不等於過失，更不等於「客觀預見可能性」。

【陳子平，《刑法總論》，元照，增修版，2008.09，528 頁；陳子平，〈結果加重犯與共同正犯〉，《月旦法學教室》，第 147 期，2015.01，22 頁。】

▶61 台上 289（判例）
刑法上之加重結果犯，**以行為人對於加重結果之發生有預見之可能為已足**。如傷害他人，而有使其受重傷之故意，即應成立刑法第二百七十八條第一項使人受重傷罪，無論以同法第二百七十七條第二項，傷害人之身體因而致重傷罪之餘地。

▶48 台上 860（判例）
被害人顱部破瓶毆傷，割斷動脈，流血過多，乃至逃入山間，因休克跌落崖下溪中身死，不得謂非與上訴人等之行毆，有因果關係，其結果亦非不能預見之事，至被害人所受致命之傷雖僅一處，為上訴人以外之其他共犯所為，然其傷害既在犯罪共同意思範圍，自應同負正犯責任。

▶47 台上 920（判例）
加重結果犯，以行為人能預見其結果之發生為要件，所謂能預見乃指客觀情形而言，與主觀上有無預見之情形不同，若主觀上有預見，而結果之發生又不違背其本意時，則屬故意範圍。

▶107 台上 1836 ◯（判決）
刑法第十七條之加重結果犯，係指行為人就其

故意實行之基本犯罪行為，於一般客觀情況下，可能預見將發生一定之結果，但行為人因過失而主觀上未預見該結果之發生，乃就行為人主觀上意欲實行之基本犯罪行為，及客觀上可能預見其結果之發生，二者間因有相當因果關係存在，予以加重其刑之法律評價。同法第二百七十七條第二項之傷害致人於死罪及第二百九十三條或第二百九十四條第二項之遺棄致人於死罪，均以行為人之傷害行為或遺棄行為是否與被害人之死亡結果有相當因果關係為斷。傷害行為後，因果關係進行中，如因其後之遺棄行為獨立發生死亡之結果者，前之傷害行為與死亡結果，其因果關係已中斷，僅能分別論以傷害罪與遺棄致人於死罪；倘被害人之傷勢嚴重縱及時醫治，仍無法救活者，縱有遺棄行為，被害人之死亡即與遺棄行為無相當因果關係可言，自難就此遺棄致人於死罪，應論以傷害致人於死罪並與遺棄罪併合處罰；惟若行為人之傷害行為及遺棄行為結合而與被害人之死亡結果，並具因果關係，即應視其實際情形如何，分別論以各該罪加重結果犯之想像競合犯或為其他處斷。

▶101 台上 865（判決）
刑法上之加重結果犯，係實行基本犯罪後，另發生加重結果者，加重其處罰之規定，而行為人之所以須對該項加重結果負其加重處罰責任者，乃因該項加重結果之發生，係行為人所實行之犯罪行為所導致。雖行為人並未有使此項加重結果發生之犯意，然因行為人所實行之基本犯罪行為在客觀上有發生加重結果之危險性存在，亦即此項加重結果之發生在客觀上係屬可得預見之範圍，行為人於實行基本犯罪行為時本應負防止其發生之義務，乃行為人竟疏未加以注意防範，以致發生加重之結果，與因積極行為發生結果同其評價，因此乃具有其可罰性。從而，傷害致人於死罪之成立，除須行為人對於加重死亡結果之發生，在客觀上有預見之可能性存在外，並須行為人所實行之傷害行為本身與被害人死亡結果之間具有相當因果關係，始足當之。倘**行為人所實行之傷害行為本身與被害人發生死亡結果之間，並無相當因果關係存在，而係中途介入他人臨時起意之殺害行為而導致死亡結果者，實行傷害犯行之行為人對於他人臨時起意之殺害行為，事先既無共同之犯意存在，亦無防止其發生加重結果之義務，自難令行為人對此項加重結果負責。**所謂相當因果關係，係以事後之立場，客觀的審察行為當時之具體事實，認某行為確為發生結果之相當條件者，則該行為即有原因力；至若某行為與行為後所生之條件相結合，而始發生結果者，則亦應就行為時所存在之事實，客觀的加以觀察，如認為有結合之必然性者，則行為與行為後所生

壹─四〇

之條件，已有相當因果聯絡，該行爲仍不失爲發生結果之原因，反之，如認爲行爲後所生之條件，在一般情形下，不必皆可與行爲相結合者，則僅係偶然之事實，其行爲即非發生結果之原因。據此，行爲所生之條件，就行爲時所存在之事實客觀的觀察，與行爲有必然結合而發生結果之可能者，該行爲仍爲發生結果之相當條件，例如某甲毆乙致重傷，乙因貧困無力醫治，致傷口化膿，不數日而死，此種傷口化膿之條件，依行爲當時所存在之事實觀之，與行爲有必然之結合關係，故某甲之傷害行爲，與某乙之死亡有相當因果關係。惟若行爲後所生之有原因力的條件，與行爲非必然有結合之可能者，行爲與結果即無因果關係，例如某甲毆乙，乙受輕傷，其後乙因受傷住院醫治，適醫院火災，因負傷未能逃出，因而焚斃，某甲之傷害行爲，對死亡結果並無原因力，雖與入住醫院及醫院火警，在論理上相因而發生結果，然自行爲當時所存在之一切事實觀之，不能認爲某甲之傷害行爲與火災之條件有必然結合之可能，故其行爲非發生死亡結果之原因。簡言之，同一被害人之死亡結果，殊無令殺人行爲者負殺人罪責，又使其他傷害行爲人，另成立傷害致人於死罪之餘地。

▶ **101 台上 289（判決）**
共同正犯，在犯意聯絡範圍內，就合同行爲，均負全部責任。是在多數行爲人共同爲強盜之情形，被害人死亡之加重結果，如與共同正犯中之一人或數人所爲加害行爲有相當因果關係，且該加重結果之發生，**亦爲其他共同正犯在客觀上可能預見**，各共同正犯主觀上有注意之義務，能見而未預見，亦即對加重結果之發生有過失（**如主觀上有預見，即構成殺人罪**），即應共負其責。若其他共同正犯所實行之行爲，超越原計畫之範圍，而爲其客觀上所難以預見者，則僅應就其所知之程度，令負責任，未可概以共同正犯論擬。至能否預見之事實，既爲行爲之評價要素，自仍應依證據予以認定。

▶ **101 台上 122（判決）**
加重結果犯，以行爲人能預見其結果之發生爲要件，所謂能預見係指客觀情形而言，與主觀上有無預見不同，蓋主觀上若有預見，而結果之發生又不違背行爲人之本意時，則屬故意範圍。是以，加重結果犯對於加重結果之發生，並無主觀上之犯意。從而，共同正犯所引起之加重結果，應否負加重結果之全部刑責，端視其就此加重結果之發生，於客觀情形能否預見；而非以各共同正犯之間，主觀上對加重結果之發生有無犯意聯絡爲斷。

▶ **98 台上 5310（判決）**
傷害致人於死罪係加重結果犯，**學理上稱爲「故意與過失之競合」**，以行爲人對於基本（傷害）行爲有故意，**對於加重結果（致死）部分有過失，始令負該加重結果之責**，並於實體法上給予實質上一罪之評價。

編按：
　　過去實務（如61年台上字第289號判例）認爲，加重結果之要件以行爲人對於加重結果之發生有「預見之可能」爲已足，而本號判決認爲尚須具有「過失」。

❖ **學者評釋**
　　我國過去實務見解，向來認爲加重結果之部分須具「相當因果關係」、「客觀預見可能性」爲要件，縱無「過失」亦必須承擔罪責。是以，文獻上有認爲，此恐違反無罪責不得處罰原則。惟，近來實務已有所鬆動，採納學者多數之見解，如98年台上字第5310號判決即是一例。**依學者之意見，由於加重結果犯本質上爲「故意與過失之結合」，具備「故意犯」之性質。因此如未遂犯、共同正犯及參與犯均有成立之可能。**
【王效文，〈加重結果犯性質與構造──評最高法院九十八年台上字第五三一○號刑事判決〉，《月旦裁判時報》，第5期，2010.10，104頁以下。】

> 第18條（未成年人及滿八十歲人之責任能力）
> I 未滿十四歲人之行爲，不罰。
> II 十四歲以上未滿十八歲人之行爲，得減輕其刑。
> III 滿八十歲人之行爲，得減輕其刑。

🔲 **實務見解**
▶ **釋字第 129 號（59.10.30）**
未滿十四歲人參加叛亂組織，於滿十四歲時，尚未經自首，亦無其他事實證明其確已脫離者，自應負刑事責任。本院釋字第六十八號解釋並應有其適用。

▶ **66 台非 139（判例）**
少年事件處理法第二條明定：「本法稱少年者，謂十二歲以上未滿十八歲之人」，乃規定少年之範圍，刑法第十八條第一項，則係規定刑事責任之年齡，是以涉及刑事責任之年齡，仍應依刑法之規定，而不得適用少年事件處理法第二條之最低年齡，此揆乎同法第二十七條第三項所載：「前二項情形，於少年犯罪時未滿十四歲者不適用之」之規定甚明。原判決對於犯罪時未滿十四歲之被告未依刑法第十八條第一項之規定不予處罰，顯屬判決不適用法則。

▶ **49 台上 1052（判例）**
刑法第十八條所規定之年齡，係用周年法計算，而非用歷年法計算，換言之，即以其出生之日起經過一年，始爲滿一歲之方法計之。

▶100 訴 2200（判決）

依照刑法第十八條之規定，未滿十四歲人之行為，不罰；十四歲以上未滿十八歲之人之行為，得減輕其刑；滿八十歲人之行為，得減輕其刑；而如以此和行為人之重度失智、中度智能不足之範圍之心智狀況相比較，如其僅依懷疑偷拿存摺即為縱火者，客觀上應可認非可比未滿十四歲之人具備有更佳之違法辨識性和自制能力。

▶99 台上 5641（判決）

刑法第十八條第二項規定：十四歲以上未滿十八歲人之行為，得減輕其刑；**此為實體法上賦予事實審法院得為自由裁量之事項，倘審行使此項職權，在客觀上並無違背比例原則、平等原則而有顯然濫權失當者**，即不得任意指為違法。本件原判決以被告係民國七十九年十一月三日出生，有卷存資料可稽，而本件案發日為九十六年九月六日，被告於行為時，為未滿十八歲之人，因而依上開規定予以減輕其刑；經核此係原審自由裁量權之適法行使，上訴意旨並未依據卷內訴訟資料，具體指摘原判決此項職權之行使有違背上開得減刑規定之目的及濫權失當之違法，徒指原判決未說明如何得適用上開規定，核與法律規定得為第三審上訴理由之違法情形不相適合。

第 19 條（責任能力及─精神狀態）

I 行為時因精神障礙或其他心智缺陷，致不能辨識其行為違法或欠缺依其辨識而行為之能力者，不罰。

II 行為時因前項之原因，致其辨識行為違法或依其辨識而行為之能力，顯著減低者，得減輕其刑。

III 前二項規定，於因故意或過失自行招致者，不適用之。

□修正前條文

I 心神喪失人之行為，不罰。

II 精神耗弱人之行為，得減輕其刑。

■修正說明（94.02.02）

一、原法第一項「心神喪失」與第二項「精神耗弱」之用語，學說及實務見解，均認其等同於「無責任能力」與「限制責任能力」之概念。惟：

㈠「心神喪失」與「精神耗弱」之語意極不明確，其判斷標準更難有共識。實務上，欲判斷行為人於行為時之精神狀態，常須藉助醫學專家之鑑定意見；惟心神喪失與精神耗弱概念，並非醫學上之用語，醫學專家鑑之結果，實務上往往不知如何採用，造成不同法官間認定不一致之情形。

㈡學理上，責任能力之概念，已因犯罪理

論之演變，而使其範圍限縮。在傳統犯罪理論上，犯罪之構成要件該當性與違法性所判斷之對象，係客觀之外在犯罪事實，至行為人之主觀能力或心理狀態事實，則屬有責性判斷之對象；惟當今通說之犯罪理論，則認犯罪之構成要件該當性、違法性及有責性，所判斷之對象，均有客觀及主觀事實，尤其故意犯之構成要件該當性，對於客觀之構成犯罪事實，需行為人主觀上須具備認識及意欲，始足當之，學理上，亦有行為能力之概念。因此，現今責任能力之範圍，已較傳統理論為狹。應如何將其具體標準予以明文，更屬必要。

二、關於責任能力之內涵，依當前刑法理論，咸認包含行為人辨識其行為違法之能力，以及依其辨識而行為之能力。至責任能力有無之判斷標準，多認以生理學及心理學之混合立法體例為優。易言之，區分其生理原因與心理結果二者，則就生理原因部分，實務即可依醫學專家之鑑定結果為據，而由法官就心理結果部分，判斷行為人於行為時，究屬無責任能力或限制責任能力與否。在生理原因部分，以有無精神障礙或其他心智缺陷為準；在心理結果部分，則以行為人之辨識其行為違法，或依其辨識而行為之能力，是否屬不能、欠缺或顯著減低為斷。行為人不能辨識其行為違法之能力或辨識之能力顯著減低之情形，例如，重度智障者，對於殺人行為完全無法明瞭或難以明瞭其係法所禁止；行為人依其辨識違法而行為之能力欠缺或顯著減低之情形，例如，患有被害妄想症之行為人，雖知殺人為法所不許，但因被害妄想，而無法控制或難以控制而殺害被害人。爰仿德國立法例，將原第一項、第二項之規定，予以修正。

三、按犯罪之成立，當前刑法理論咸認行為應具備犯罪之構成要件該當性、違法性與有責性後，始足當之。責任能力之有無及其高低，為犯罪有責性判斷之一要件。關於責任能力之判斷，依通說之規範責任論，應就行為人所實施具備構成要件該當且屬違法之行為，判斷行為人辨識其行為違法之能力，以及依其辨識而行為之能力，倘行為人之欠缺或顯著減低前述能力，係由於行為人因故意或過失自行招致者，而行為人仍能實施具備犯罪構成要件該當性及違法性之行為，依規範責任論，即難謂其屬無責任能力或限制責任能力；爰參酌的暫

行新刑律第十二條第二項酗酒不適用不爲罪之規定及瑞士現行刑法第十二條、奧地利現行刑法第三十五條之立法例，於第三項予以明定。

❖ 修法簡評

一、肯認修正之意見

修法前原因自由行爲是學理上創造的概念，向來缺乏實證法上的依據，適用上難免引發質疑，因爲無論習慣法上的看法或構成要件的理論，都很難符合刑法定原則的要求，所以，原因自由行爲的明文化，應有助於罪刑法定原則的實現。

【張麗卿，〈刑事責任相關之立法修正評估〉，收錄於氏著《新刑法探索》，元照，六版，2018.01，88頁。】

二、質疑新法之意見

㈠陳子平教授

原因自由行爲之增訂，似乎將該第3項視爲前二項規定之例外，即是將原因自由行爲理解爲屬於無責任能力下所爲之行爲，並例外地肯定其犯罪性，亦即通常犯罪之成立，皆須具備有責性要素之責任能力，惟於原因自由行爲之情況，不須具備責任能力亦得成立。氏以爲，此種理解勢必破壞整體犯罪論之體系架構，形成犯罪論階層構造之漏洞。

【陳子平，《刑法總論》，元照，增修版，2008.09，327頁。】

㈡柯耀程教授

由於本次修法，係採取例外模式的規範，其所解決的問題，僅在於責任能力是否存在的認定而已，尚且不能因責任能力未被排除，即直接推定應承擔刑事責任。因此，適用例外關係時，應當特別謹慎，刑法第19條第3項之規定，並不若瑞士刑法 Art. 12 規定之嚴格，雖然條文內容最爲相似，但瑞士刑法 Art. 12 限定在爲自陷行爲時，即須具有侵害的意圖存在，進而所爲之不法行爲得以與自陷行爲發生串連的效應，如此方得以認定自陷責任缺陷之行爲，不影響後續所爲不法行爲的刑事責任。惟我國刑法第 19 條的規定，僅直接以不適用責任能力缺陷之規定，亦即只要有自陷行爲存在，則對其後續所爲者，在刑事責任的認定上，幾乎必須一概承擔。這樣的規定所存在誤用的危險性，顯然難以控制。

【柯耀程，《刑法總論釋義——修正法篇（上）》，元照，初版，2005.10，213頁以下。】

㈢林鈺雄教授

本條第 3 項之立法理由僅「形式」仿效瑞士立法，但仍有爭議。首先，就最具有共識的故意之原因自由行爲而言，除了行爲人故意導致罪責缺陷的狀態以外，更重要的關鍵是原因行爲時之故意必須已經指向特定的犯行，此乃幾近一致的見解，這種雙重罪責關係內在連結性正是原因自由行爲處罰的基礎，也是瑞士刑法所特別強調者，否則，令行爲人負完全刑事責任的規定將會過苛，然新法卻有所漏列，而致生疑義。

【林鈺雄，《新刑法總則》，元照，六版，2018.09，320頁以下。】

❖ 法學概念

麻醉狀態下之違法行爲

2005 年修正之刑法第 19 條已算是相當程度進步的立法，可惜仍有缺漏之處，即立法者將原因自由行爲明文化於同條第 3 項，但此一規定並不能完全掌握「麻醉狀態之違法行爲」。例如，甲在餐館盡情飲酒，直至迷醉的時候，服務生前來收帳，甲突以酒瓶襲擊服務生頭部，服務生因傷致死。此一情況，某甲在飲酒前並無蓄意傷人之故意，也未預見竟會傷人，因此無法依原因自由行爲的法理加以處罰。但是某甲傷害致人於死的行爲竟可不罰，與社會大眾的法情感實難相合。德國立法者於是在刑法第 323 條 a 創設了處罰麻醉犯罪行爲的規定（Vollrausch）。依德國刑法第 323 條 a 的規定，前述甲的行爲，仍可科處五年以下有期徒刑，因此學者建議，我國可參酌德國立法例增列於刑法公共危險罪章。

【張麗卿，《司法精神醫學——刑事法學與精神醫學之整合》，元照，三版，2011.04，355頁以下。】

⚖ 實務見解

▶ 26 渝上 237（判例）

刑法上之心神喪失與精神耗弱，應依行爲時精神障礙程度之強弱而定，如行爲時之精神，對於外界事務全然缺乏知覺理會及判斷作用，而無自由決定意思之能力者，爲心神喪失，如此項能力並非全然喪失，僅較普通人之平均程度顯然減退者，則爲精神耗弱。

▶ 101 台上 6499（判決）

依刑法第十九條規定，刑事責任能力，係指行爲人犯罪當時，理解法規範，辨識行爲違法之意識能力，與依其辨識而爲行爲之控制能力，縱行爲人曾有精神上病狀或爲間歇發作的精神病態者，其犯罪之意識能力與控制能力是否因而欠缺或顯著減低，仍應以行爲時之狀態爲判斷標準，不能因其犯罪前曾罹患或犯罪後有精神病症，即遽認其行爲時之意識能力與控制能力欠缺或顯著減低。而行爲人犯罪時是否有足以影響意識能力與控制能力之精神障礙或其他心理缺陷等生理原因，事涉醫療專業，固應委諸於醫學專家之鑑定；然該等生理原因之存在，是否致使行爲人意識能力與控制能力欠缺或顯著減低之心理結果，則應由法院依調查結果，就其犯罪行爲時狀態，加以判斷。

▶ 101 台上 423（判決）

殺人與傷害致人於死之區別，應以加害人有無殺意為斷，不以兇器種類及傷痕之多少為絕對標準。又下手之情形如何，於審究犯意方面，為重要參考資料，故認定被告是否有殺人犯意，自應審酌當時情況，視其下手之輕重、加害之部位等，以為判斷之準據。是以，法院以行為人於行為時，雖其精神狀況，辨識行為違法之能力較常人有顯著降低之情形，惟與其妄想無關之事，仍可正常反應，依其智識程度及生活經驗，對於以具有銳利刀鋒之物品刺擊人之腹部客觀上足以致人於死應有認識，而認定行為人主觀上確有殺人之不確定故意，已於理由中詳加說明，並無理由不備或證據調查未盡之違法。

▶ 99 台上 6035（判決）

原因自由行為，係指行為人在精神、心智正常，具備完全責任能力時，本即有犯罪故意，並為利用心之犯罪，故意使自己陷入精神障礙或心智缺陷狀態，而於辨識行為違法之能力與欲辨識而行為之自我控制能力欠缺或顯著降低時，已不具備完全責任能力之際，實行該犯罪行為；或已有犯罪故意後，偶因過失陷入精神障礙或心智缺陷狀態時，果為該犯罪；甚或無犯罪故意，但對客觀上應注意並能注意或可能預見之犯罪，主觀上卻疏未注意或確信其不發生，嗣於故意或因有認識、無認識之過失，自陷於精神障礙或心智缺陷狀態之際，發生該犯罪行為者，俱屬。故原因自由行為之行為人，**在具有完全刑事責任能力之原因行為時，既對構成犯罪之事實，具有故意或能預見其發生，即有不自陷於精神障礙、心智缺陷狀態及不為犯罪之期待可能性，竟仍基於犯罪之故意，或對應注意並能注意，或能預見之犯罪事實，於故意或因過失等可歸責於行為人之原因，自陷於精神障礙或心智缺陷狀態，致發生犯罪行為者，自應與精神、心智正常狀態下之犯罪行為同其處罰。是原因自由行為之行為人，於精神、心智狀態正常之原因行為階段，即須對犯罪事實具有故意或應注意並能注意或可得預見，始符合犯罪行為人須於行為時具有責任能力方加以處罰之原則。**

▶ 99 台上 5043（判決）

原因自由行為，除其精神障礙等心智缺陷之狀態係行為人以故意或過失行為所導致外，並須行為人陷入精神障礙前，於精神狀態正常時，對其陷入精神障礙中之侵害法益行為有故意或有預見可能性，始足當之。從而行為人雖因己身之飲酒、用藥等，致於法益侵害行為時有精神障礙之情形，然苟無證據足資證明其於飲酒、用藥之初，尚未陷入精神障礙狀態前，即對嗣後精神障礙狀態中之侵害法益行為有故意或預見可能，其嗣後

侵害法益之行為即非原因自由行為，自仍有刑法第十九條第一項、第二項之減免其刑規定適用。

▶ 99 台上 2311（判決）

刑法第十九條第一項、第二項分別依生理學與心理學混合之立法方式，明確界定其精神障礙或其他心智缺陷之判斷標準。而關於責任能力之內涵，依當前刑法理論，咸認包含行為人辨識其行為違法之能力，以及依其辨識而行為之能力。至責任能力有無之判斷標準，多認以生理學及心理學之混合立法體例為優。易言之，區分其生理原因與心理結果二者，則就生理原因部分，實務即可依醫學專家之鑑定結果為據，而由法官就心理結果部分，判斷行為人於行為時，究屬無責任能力或限制責任能力與否。在生理原因部分，以**有無精神障礙或其他心智缺陷為準；在心理結果部分，則以行為人之辨識其行為違法，或依其辨識而行為之能力，是否屬不能、欠缺或顯著減低為斷**，是依刑法第十九條關於行為人在精神狀況下責任能力之判斷標準，在於行為人有無不能辨識其行為違法之能力，或其辨識之能力有無顯著減低之情形。申言之，上訴人於行為之際是否確有不能辨識其行為違法之能力或辨識能力顯著降低，**應由法院依據行為當時所有之客觀狀態及行為之每一細節（例如：行為前、中及後之反應狀態）等綜合判斷之。**

▶ 109 台抗 91 △（裁定）

按為受判決人之利益聲請再審者，固僅限於有罪確定判決，始得為之。惟如因有刑法第十九條第一項所定因精神障礙或其他心智缺陷，致不能辨識行為違法，或欠缺依其辨識而行為之能力而不罰，而應諭知無罪之判決，並依刑法第八十七條規定令入相當處所，施以監護者，因該監護處分，乃出於防衛社會與預防再犯之目的，對受處分人施加治療之措施，以期回歸社會，具有替代刑罰之作用，並有拘束身體、自由等處置，屬於對被告不利之處分。是以，此類保安處分與其前提之無罪諭知，具有不可分離關係，必須整體觀察。倘被告因欠缺責任能力之行為不罰而受無罪諭知，同時附加施以保安處分之判決，形式上雖為無罪確定判決，實質上仍具備犯罪行為之構成要件該當與違法性，此部分與受有罪確定判決無異，受判決人為除去監護處分，主張此無罪確定判決肯認之犯罪事實有錯誤，與有刑事訴訟法第四二〇條、第四二一條規定之再審事由，為其利益而聲請再審，自非法所不許。

▶ 108 台上 1292 ○（判決）

所謂「原因自由行為」，係指行為人因為故意或過失使自己陷於無責任或限制責任能力之狀態，並在此一狀態下實行該當構成要件之違法行為。刑法第十九條第三項並將原因自由行為予以明文

化，其類型可分為「故意之原因自由行為」與「過失之原因自由行為」兩大類，再細分為本具有犯罪故意，因故意或過失使自己陷於精神障礙之狀態，而實行犯罪之情形，及原不具犯罪故意，因故意或過失使自己陷於精神障礙之狀態後，於主觀上有預見法益遭侵害之可能，卻違反客觀注意義務，致發生犯罪結果等。是原因自由行為之行為人，於精神、心智狀態正常之原因行為階段，對犯罪事實具有故意或應注意並能注意或可得預見，即符合犯罪行為人於行為時具有責任能力而須加以處罰；而行為人雖因己身之飲酒、用藥等，致於為法益侵害行為時有精神障礙之情形，苟無證據足資證明其於飲酒、用藥之初，尚未陷入精神障礙狀態前，即對嗣後精神障礙狀態中之侵害法益行為有故意或預見可能，其嗣後侵害法益之行為即非原因自由行為，仍有刑法第十九條第一項、第二項之減免其刑規定適用。又雖無論何種類型之原因自由行為，均不適用同條第一、二項減免其刑之規定，但不同類型對於行為人責任非難及刑罰評價上仍有程度上之差異，仍可於量刑時予以審酌，而有區分之實益。尤其是情節最重大之罪（死刑），於卷內資料已顯現行為人有服用過量酒類之證據時，縱當事人並未聲請調查，法院基於公平正義之維護或對被告有此重大關係利益事項之發現，亦應依職權調查行為人有無上開刑法第十九條第一項、第二項之適用，如屬同條第二項之情形，亦應調查究係何類型之原因自由行為，並將之列為量刑因子之一。

第 20 條（責任能力—身理狀態）
瘖啞人之行為，得減輕其刑。

□ 實務見解
▶101 簡 45（判決）
依照刑法第二十條規定，瘖啞人之行為，得減輕其刑，而其中所指之瘖啞人，應以出生或是自幼時即瘖啞為限，如瘖（聾）而不啞，或為啞而不瘖者，應無可適用該項可減刑之規定。

第 21 條（依法令之行為）
Ⅰ 依法令之行為，不罰。
Ⅱ 依所屬上級公務員命令之職務上行為，不罰。但明知命令違法者，不在此限。

❖ 法學概念
依法令之行為

依刑法第 21 條第 1 項規定，依法令之行為，不罰。所謂「法令」不以刑法為限，不論行政法規以及民法均包括在內，不問中央或地方，也不問規定為實體或程序事項，凡對於一定行為之實施，予以命令或容許者均是。此命令是指法規性命令，不包括單純的行政命令，如為單純行政

命令是屬本法第 21 條第 2 項「依所屬上級公務員命令」的規範範圍。其他法律所允許的妨害他人權利之行為甚多，分述如後：

一、民事自力救濟的行為

在急迫或特殊情形下，請求公權力保護緩不濟急，人民得以自力救濟的方式來捍衛自身的權利。這些規定有民法第 151 條、第 445 條（不動產出租人之留置權）、第 612 條（旅館主人之留置權）：「主人就住宿、飲食或墊款所生之債權，於未受清償前，對於客人所攜帶之行李及其他物品，有留置權。」、第 797 條第 2 項（土地所有人之留置權）及第 960 條（占有人之自力救濟權）。

二、父母對子女之懲戒行為

民法第 1085 條：「父母得於必要範圍內懲戒其子女。」父母基於親權、監護權的立場，且對於子女有保護、養育的權利義務，故出於此意思，且在此必要的限度內，懲戒其子女的行為，自係依法令的行為，而阻卻違法。反之，如父母非出於此意思而行使親權或監護權，或雖出於保護、養育的意思，懲戒其子女，但逾越必要程度行使，自非依法令的懲戒行為，而不能阻卻違法，有可能構成「家庭暴力罪」（指家庭成員間故意實施家庭暴力行為而成立其他法律所規定之犯罪）。若父母意圖營利與他人共同使其未成年子女為猥褻或性交，則父母與他人共犯刑法第 241 條第 2 項之略誘罪，此為父母濫用親權之行為，已經於逾越行使權利之範圍，而構成違法。

【余振華，《刑法總論》，三民，二版，2013.10，241 頁。】

三、現行犯之逮捕

刑事訴訟法第 88 條第 1 項規定：「現行犯，不問任何人得逕行逮捕之。」所謂現行犯，指犯罪在實施中或實施後及時被發現，被追呼為犯人者；因持有凶器、贓物或其他物件或於身體、衣服等處露有犯罪痕跡，顯可疑為犯罪人者，以現行犯論（準現行犯）。依法逮捕使用強制力時，必然發生傷害或妨害自由等情形，但皆不違法。故任何人逕行逮捕現行犯或準現行犯的行為，自係依法令的行為，得阻卻違法。但須注意者，依刑事訴訟法第 92 條第 1 項：「無偵查犯罪權限之人逮捕現行犯者，應即送交檢察官、司法警察官或司法警察。」是以，若依刑事訴訟法第 88 條第 1 項所規定逮捕現行犯後，未依同法第 92 條第 1 項「隨即」送交檢察官、司法警察官或司法警察，可能構成本法第 302 條之私行拘禁罪（最高法院 28 年上字第 2974 號判例、30 年上字第 2393 號判例。）。

四、公務員依法執行職務之行為

所稱「依法」執行職務行為，是指依法律或行政命令規定，屬於公務員職務權限範圍內所應

爲或得爲的行爲。這裡所謂的行政命令係指「抽象的法規範」。

【甘添貴、謝庭晃，《捷徑刑法總論》，瑞興，修訂版，2006.06，141頁。】

五、安寧緩和醫療之行爲

所謂「安寧緩和醫療」，指爲減輕或免除末期病人之生理、心理及靈性痛苦，施予緩解性、支持性之醫療照護，以增進其生活品質。學理上稱爲「消極的安樂死」（自然死）或「尊嚴死」。須注意者，安寧緩和醫療不能與「放棄急救」畫上等號，而只是增加末期醫療選擇的多元彈性。換言之，安寧緩和醫療與維生醫療之抉擇是可以被末期病人分開選擇的多元選項。

【邱忠義，〈新修正「安寧緩和醫療條例」之安樂死與尊嚴死評析〉，《軍法專刊》，第57卷第2期，2011.04，103頁；甘添貴、謝庭晃，《捷徑刑法總論》，瑞興，修訂版，2006.06，146頁。】

❖ 法學概念

上級公務員命令之職務上行爲

依刑法第21條第2項：「依所屬上級公務員命令之職務上行爲，不罰。但明知命令違法者，不在此限。」這裡所稱的「命令」是專指長官對屬官所下達的「具體指示」，即學理所稱的「職務命令」（Amtsordnung）。又依照公務員服務法第2條規定，下級公務員對於上級公務員的命令，依法本有服從的義務。上級所命令者既屬職務上之行爲，下級公務員應確切執行。依法執行職務，原爲公務員之職權，有時且爲義務，自應阻卻違法。惟如下級公務員明知其命令違法，而仍予以遵行，同惡相濟，擴大實害，不得藉口遵守上令，脫卸罪責。足見上級公務員的職務命令，並非一概無條件遵守得以阻卻違法。

一、發布命令者須爲上級公務員、執行命令者須具備公務員身分，且發布或接受命令之上下級公務員須有直接隸屬關係。

二、公務員對於兩級長官同時所發命令，以上級長官之命令爲準

主管長官與兼管長官同時所發命令，以主管長官命令爲準。發令者須爲受令者之直接上級，否則不適用本條。

三、命令內容須爲上下級公務員之職權事項

即長官須就其監督範圍內之事項發布命令，其內容且爲受命之下級公務員職權內之事項。職權乃指公務員在其所居之地位上所得實施之行爲，不以法律有明文規定者爲限，凡基於有關法令精神所得爲者均屬之。

四、採相對服從說

依公務員服務法第2條：「長官就其監督範圍以內所發命令，屬官有服從之義務。但屬官對於長官所發命令，如有意見，得隨時陳述。」

又公務人員保障法第17條規定：「公務人員對於長官監督範圍內所發之命令有服從義務，如認爲該命令違法，應負報告之義務；該管長官如認其命令並未違法，而以書面下達時，公務人員即應服從；其因此所生之責任，由該長官負之。但其命令有違反刑事法律者，公務人員無服從之義務。前項情形，該管長官非以書面下達命令者，公務人員得請求其以書面爲之，該管長官拒絕時，視爲撤回其命令。」可見下級屬官對於上級長官之形式合法性之命令有絕對服從之義務，但下級屬官對於級的實質違法命令有提出質疑並陳述意見，但上級長官仍以書面下達命令者，事後刑事責任的訴究，下級屬官得主張阻卻違法。

五、執行命令者須非明知命令爲違法

上級公務員之違法命令，下級公務員即無須服從。然所謂違法，有形式違法與實質違法之義。前者謂命令之發布，有違法定之方式與程序，後者謂命令之內容違背法律或其他命令之規定，或逾越上下級公務員職務之範圍。公務員服從長官職務上之命令，而爲特定行爲，雖爲法律所課予之義務；然如對命令有意見時，仍得隨時向長官陳述，尚難謂爲不可抗力。基於上級公務員命令之職務上行爲之所以阻卻違法，其實理由在於不悖法律秩序之全體精神，而非徒賴法律之形式規定也。以苟明知上級命令之爲違法，而仍予奉行者，則同惡共濟，自不能其阻卻違法性。

若下級公務員誤認長官違法的命令爲合法，乃「誤認阻卻違法事由的客觀情狀」，應認爲係容許構成要件錯誤，而依過失犯處理。

【林東茂，《刑法總則》，一品，初版，2018.04，132頁。】

六、執行命令者不得逾越命令範圍

下級公務員必須在命令的範圍內，執行命令，才能阻卻違法。否則，假如下級公務員逾越上級公務員命令的範圍而爲執行，自不能以執行上級公務員的命令而阻卻違法。

❑ 實務見解

▶ 30上1070（判例）

依法逮捕犯罪嫌疑人之公務員，遇有抵抗時，雖得以武力排除之，但其程度以能達逮捕之目的爲止，如超過其程度，即非法之所許，不得認爲依法令之行爲。

▶ 29上721（判例）

依上級公務員命令之行爲，限於爲其職務上行爲，且非明知命令違法者，始在不罰之列，刑法第二十一條第二項規定甚明。上訴人等將捕獲之匪犯某甲，立即槍決，固係奉有聯保主任之命令，但聯保主任對於捕獲之匪犯，並無槍決之

權，既非上訴人所不知，此項槍殺之命令，亦顯非屬於上訴人職務上之行為，乃明知命令違法，任意槍殺，自不能援據刑法第二十一條第二項之規定，而主張免責。

▶ 29 上 348（判例）

上訴人充任聯保主任，挾嫌將某甲捕送區署，其妨害自由之罪名即已成立，無論厥後繼續羈押至十餘日之久，是否參入區長之命令，要不能阻卻犯罪之成立。

▶ 98 台上 6806（判決）

依據刑法第二十一條第二項本文雖規定，依所屬上級公務員命令之職務上行為不罰，然參照該條項但書意旨，須行為人非明知所屬上級公務員命令係屬違法者，方得不罰。又參酌學理通說，行為受不法之強暴、脅迫而實行犯罪行為，倘係無期待可能性，固應阻卻責任，惟所謂無期待可能性，仍應限於所受之強暴、脅迫，已致其生命身體受有危險，而臻於不可抵抗，復不能以其他方法避免之情形，始足當之。

> **第 22 條**（業務上正當行為）
> 業務上之正當行為，不罰。

❖ 法學概念
業務上之正當行為

刑法第 22 條規定，業務上之正當行為，不罰。乃指從事特定業務之人，基於業務所為之行為而言，此種行為雖非直接依據法令，但依其職業範圍內所採取之必要行為，即屬被容許之行為，可阻卻其違法性。例如醫生之治療行為、新聞記者的採訪行為等。其法理的根據乃基於「優越利益原則」，亦即某些業務行為會造成法益侵害或危險，但經由利益衡量取捨，有利於社會活動具有正當性，在刑法評價上是被容許的風險，自阻卻其違法性。

業務上之正當行為，得阻卻違法，須具下列要件：

一、合法化（正當化）要件

(一)客觀要件

1. 業務性質為法律所容許者

所謂業務，指合法之業務而言。無論何種業務，只須為法律所容許者，均為合法之業務。有關業務之涵義，可分二說：(1)事實業務說，謂持續的從事特定之業務，而不違背公序良俗者即是，不以主管機關核准為限。(2)許可業務說，謂從事之業務，須經主管機關許可執業者，始屬合法業務。業務行為在法令上或社會風俗習慣上所容許。但如走私槍械、毒品本身是刑法所禁止之業務，其運輸，則不得謂為正當業務。我國「業務」兩字採事實業務

說，以事實上執行業務為標準，不以曾經官廳許可之業務為限（最高法院 24 年度總會決議(九)）。

2. 行為須在業務範圍內

凡屬業務，必有其一定範圍，若逾此範圍，則非屬其業務上之行為。所謂業務之正當範圍，必須依照客觀事實及一般社會通念，並參酌專門執業知識、技術與經驗，以及參考相關法令之規定綜合判斷。

3. 須為正當、必要之業務行為

本條之業務正當行為，其正當性之判斷，應以比例原則及社會相當性加以衡量。

4. 從事之人須有持續性及固定性

業務雖係合法，若從事之人僅偶而為之，即非其業務。必其從事業務，有持續性及固定性，始有阻卻違法之可言。

(二)主觀要件

行為主體不問有無執照，主觀上須具有執行業務之認識。

❖ 法學概念
專斷醫療

所謂「專斷醫療行為」，係指醫師在未善盡說明義務，並取得病患之同意下，即對患者施以侵襲性醫療行為。在醫療刑法上，主要在探討醫師未善盡說明義務，並取得病患之同意時，「專斷醫療行為」能否阻卻傷害罪之成立。對此，日本通說雖有持肯定之立場，惟實務上似未見有相關起訴之事例。日本學者對於專斷性醫療行為，亦有持否定侵襲性醫療之傷害類型性，並基於嚴格故意說之立場，將不甚明確的病患自己決定之界限與醫師說明義務基準，整合民事過失予以處理，而反對將違反說明義務者即予以犯罪化。

> 【新宗立，〈日本醫療過誤行為與刑事責任關係之探討〉，收錄於《過失醫療與刑事責任》，台灣刑事法學會，2009.06，50 頁以下。】

而國內學者對於醫師未盡「告知後同意」法則，得否阻卻違法意見亦頗為分歧。

有認為，「告知後同意」表示醫師已經善盡醫療倫理上的責任，足以支撐「業務上正當行為」的合理性。換言之，告知後同意，不是獨立的阻卻違法事由，而是業務上正當行為的重要內容。但是若沒有告知後同意的情形，醫師並不一定成立犯罪。蓋一切降低危險的行為，都是被容許的，等於沒有製造危險。不可將結果的發生，歸結於沒有製造危險的行為。假設，醫師的摘除卵巢手術，是為避免病人的急迫生命難，而且別無選擇，基於利益的衡量，犧牲比較輕微的身體利益，方得保全更重要的生命。所以摘除卵巢的手術是緊急避難，醫師不違法。再

者，醫師基於治療的目的，依照專業醫療的判斷，摘除卵巢才能保住病人生命，乃是提供病人最大利益的處置，醫師的手術屬於業務上正當行為，並不違法。而在通常的情況下，病人若知道摘除卵巢可以挽救生命，會答應摘除的手術。醫師推測病人很可能承諾，所以逕自摘除卵巢，符合法理上的「推測承諾」，從這點看來，亦不違法。

【林東茂，〈專斷醫療的刑法問題〉，《2011年月旦法學教室別冊——刑事法學篇》，2011.05，27頁以下。】

此外，有文獻主張，如果持續允許以「業務上之正當行為」作為醫療行為之阻卻違法事由，則醫療行為之「業務上正當行為」，其內涵應該隨著目前醫療倫理的趨勢，含納病人同意的要素。換言之，其內涵應至少包含四個要件，亦即：(一)出於醫療目的；(二)需得病人的同意；(三)需以醫學上一般所承認之方法進行；(四)需具有醫學上的適應性。其並肯認實務見解，將「告知後同意」視為業務上正當行為的重要內涵。假如，對於死亡結果之產生，醫師本有以透過告知病人風險的方式，迴避損害結果發生之可能，但醫師卻沒有盡到迴避結果發生之義務，因此，醫師的行為可論以未盡注意義務而有過失。

【王皇玉，〈論醫療行為與業務上之正當行為〉，收錄於《刑法上的生命、死亡與醫療》，承法，初版，2011.12，182頁；同氏著，〈醫師的說明與親自診察義務——從最高法院94年度台上字第2676號判決談起〉，278頁。】

但有論者謂，若認為：「將醫師之說明告知定位為刑事過失責任中的注意義務，並且主張醫師對醫療行為的風險有預見可能性，所以要透過說明告知來迴避此一風險，若沒有說明告知，醫師應負刑事過失責任。」的說法並不妥當。蓋所謂醫師迴避病患死亡或重傷結果的義務內容，是指醫師應該採取能夠改變疾病引致病患走向死亡或重傷結果的醫療措施，而倘若某醫療措施可以改變疾病的影響，但同時也伴隨其風險，凡進行該醫療行為，風險即無從避免。所以，其實醫師的說明告知並不能改變疾病對病人的影響，也不能改變醫療行為本來就存在的風險。因此，其並不是刑事過失責任中為了反映結果預見可能以及結果可避免性而來的注意義務。

【盧映潔等，〈醫療紛爭事件中民事、刑事過失責任適用之區別比較〉，收錄於《醫療行為與刑事過失責任》，新學林，初版，2013.05，238頁以下。】

本書較贊同肯定說的看法，理由除了前述雖無法主張業務上正當行為但仍得主張超法規阻卻違法事由的「推測承諾」外，事實上即使說明告知並不能改變疾病對病人的影響，也不能改變醫療行為本來就存在的風險。因此，「告知義務之違反」不代表刑法上注意義務違反，其與「不幸

的結果」間，若無相當因果關係，醫師應不成立過失犯，換言之，醫師的「專斷醫療行為」在個案中仍有阻卻違法之可能。

【張麗卿，〈刑事醫療判決關於告知義務變遷之研究〉，《東海大學法學研究》，第39期，2013.04，145頁。】

□ **實務見解**

▶ **104 台上 1277（判決）**

本條之業務正當行為，其正當性之判斷，應以比例原則及社會相當性加以衡量。例如：新聞自由係為「公共的」領域服務，隱私權則在保障「私人的」事務，兩者在概念上可清楚區分。因之，新聞自由之目的，並非以新聞媒體或從業人員不受干預為其終極目的，媒體或從業人員的自由，在於服務社會資訊之流通、不受控制與扭曲。透過資訊之公開，人民在參與公共決策和監督政府時，能依最正確和最充分之資訊做決定（或稱「第四權理論」）。因此，知的權利之對象，應與「公共決策或政府運作」有關，亦即人民要求知悉者應屬於「公共領域之事務」，倘為「私人之事務」，如本案被竊錄之私密活動，並非公共決策之範圍，政府和公眾皆無任意要求知悉及介入之權利（除非被害人自願放棄隱私權保護），故知的權利，自不當然有於個人私領域內之事物。是以，私密活動即應受尊重，其上開私生活領域屬其隱私及自主範疇，應有免受公眾監視或干擾之權利，此時新聞自由即應退讓，否則難謂具正當性基礎。

第 23 條（正當防衛）

對於現在不法之侵害，而出於防衛自己或他人權利之行為，不罰。但防衛行為過當者，得減輕或免除其刑。

正當防衛之要件 ┬ 客觀要件 ┬ 正當防衛之情狀：現在不法之侵害
　　　　　　　　│　　　　　└ 正當防衛之行為：必要性與相當性
　　　　　　　　└ 主觀要件 ── 防衛意思：出於防衛自己或他人的權利

【陳宏毅、林朝雲，《刑法總則新理論與實務》，五南，初版，2015.09，161頁。】

❖ **法學概念**

偶然防衛（假象防衛）

　　是指倘行為人主觀上未認識有現在不法侵害狀存在，惟客觀上所為行為碰巧發揮防衛行為。此種情形，雖造成防衛的外觀，但是實際上並不構成正當防衛，這是假象的防衛，亦即「反面的容許構成要件錯誤」。

【張麗卿，《刑法總則理論與運用》，五南，七版，2018.09，298頁以下；新宗立，《刑法總則Ⅰ——刑法基礎理論犯罪論》，集義閣，初版，2010.09，285頁。】

❖ 法學概念

誤想防衛

「誤想防衛」是行為人誤認正當防衛的事實要件（客觀情狀）。即行為人誤以為，出現了不法的侵害，出於防衛的意思而反擊。

我國實務見解曾有前後不一致立場，如最高法院 20 年非字第 94 號判例，認為誤想防衛的行為人具有未必故意，所以是故意殺人。但最高法院 29 年上字第 509 號判例則主張，誤想防衛係由於行為人違反注意義務，應成立過失致死罪。

至於學說上看待此一問題亦立場不一，有故意理論、嚴格責任理論、一般限制罪責理論、負面構成要件要素理論（二階理論）、法律效果之限制罪責理論及獨立的錯誤理論等諸說。

其中以法律效果之限制罪責理論為多數說。因採此說，可以有效掌握惡意的共犯（幫助犯或教唆犯）。至於採取其他理論，則有可能會有處罰上之漏洞，因為其他理論都在「行為不法」的層面認為成立過失，而對於過失的不法行為，是不能幫助或教唆的。

依照國內通說的看法，對於故意、過失的判斷，在構成要件該當性的層次，作第一次的評價；在罪責的層次，作第二次的評價。絕大多數的案例類型，構成要件故意（故意行為），罪責亦為故意；構成要件過失（過失行為），罪責亦為過失，唯有在「容許構成要件錯誤」的情形，才抹『法律效果的限制責任論』的前提下，故意、過失才出現雙重評價的功能，簡言之，**構成要件判斷為故意（行為故意），罪責判斷為過失**。

【林東茂，《刑法總則》，一品，初版，2018.04，305 頁；林山田，《刑法通論（下）》，元照，十版，2008.01，442 頁；林鈺雄，《新刑法總則》，元照，六版，2018.09，351 頁；張麗卿，《刑法總則理論與運用》，五南，七版，2018.09，294 頁；陳子平，〈正當防衛、誤想防衛與緊急避難〉，《月旦法學教室》，第 104 期，2011.06，102 頁。】

❖ 爭議問題

「互毆」雙方得否主張正當防衛？

一、否定說

互毆往往只是雙方皆有傷害他人之意，根本無從分辨何方為違法侵害之行為，因為雙方相互間均欠缺防衛意思，縱使可證明何方先行攻擊，被攻擊而還手之一方也未必具有防衛意思。

【林山田，《刑法通論（上）》，元照，十版，2008.01，333 頁以下；林東茂，《刑法綜覽》，一品，八版，2015.08，1-112 頁。】

二、區分說

可分兩種情形來討論：

㈠約定互毆

「約定互毆」，係指行為人雙方互相約定於定時定點互相毆打。通常之情形不能主張正當防衛，乃因其具有「不正對不正」之關係，自不得主張。

㈡偶然互毆

倘互毆行為之間具有「不正對不正」之關係，不得主張正當防衛。惟如互毆之一方具有防衛意思，且互毆之間具有「正對不正」關係，仍得主張正當防衛。亦即，在主觀上具有防衛的意思且在客觀上下手在後者，有可能得主張正當防衛。

我國實務的態度，較傾向於區分說，早期判例稱：「彼此互毆，又必以一方初無傷害之行為，因排除對方不法之侵害而加以還擊，始得以正當防衛論。」故若侵害已過去後之報復行為，與無從分別何方為不法侵害之互毆行為，均不得主張防衛權。近期實務又謂：「正當防衛必須對於現在不法之侵害始得為之，而互毆係屬多數動作構成單純一罪而互為攻擊之傷害行為，縱令一方先行出手，而還擊之一方，『苟非』單純對於現在不法之侵害有必要排除之反擊行為，因其本即有傷害之犯意存在，則對其為攻擊之還擊行為，自無防衛權可言。」可知，實務並不採完全否定說，應視個案上還擊之一方，有無防衛的意思。

【甘添貴、謝庭晃，《捷徑刑法總論》，瑞興，修訂版，2006.06，156 頁；張麗卿，《刑法總則理論與運用》，五南，七版，2018.09，210 頁；最高法院 102 年度台上字 2052 號判決、99 年度台上字 3093 號判決。】

❖ 爭議問題

挑撥後的防衛行為得否阻卻違法？

應依下列情形而論：

一、防衛者之挑撥別無不當之意圖

侵害行為之發生雖由防衛者之挑撥而引起，但防衛者之挑撥別無不當之意圖，且此項挑撥亦未導致法益受損害之結果，則受挑撥者不應為侵害行為之實施，否則法律亦不可禁止法益受侵害之挑撥者行使其防衛權。

二、防衛者之挑撥有不當之意圖

此即「意圖式挑唆防衛」，是指行為人先以言詞或行動挑撥、激怒被挑撥者，使其發動不法之侵害，挑撥者再對被挑撥者為防衛行為。如果挑撥行為是不法行為，任何人都沒有忍受不法挑撥之義務，倘被挑撥者因挑撥而得主張正當防衛者，亦即假設可以對不法挑撥為正當防衛，挑撥者自無對正當防衛為「再防衛」之權利。

此際尚應區分：挑撥行為是否終了了。如挑撥行為「未終了」，挑撥行為對於被挑撥者言，是現在不法之侵害，挑撥者自可主張正當防衛；但如挑撥行為「已經終了」，挑撥行為已不符合正當防衛中「現在不法侵害」之構成要件，則挑撥者已無行使正當防衛的餘地。

【張麗卿，《刑法總則理論與運用》，五南，七版，2018.09，211頁以下。】

□ 實務見解

▶ 63 台上 2104（判例）

刑法上之防衛行為，祇以基於排除現在不法之侵害為足，防衛過當，指防衛行為超越必要之程度而言，防衛行為是否超越必要之程度，須就實施之情節而為判斷，即應就不法侵害者之攻擊方法與其緩急情勢，由客觀上審察防衛權利者之反擊行為，是否出於必要以定之。

▶ 29 上 509（判例）

防衛是否過當，應以防衛權存在為前提，若其行為與正當防衛之要件不合，僅係錯覺防衛，當然不生是否過當之問題。被告充當聯保處壯丁，奉命緝捕盜匪，正向被人誣指為匪之某甲盤問，因見其伸手撈衣，疑為取搶抗拒，遂向之開槍射擊，當時某甲既未對被告加以如何不法之侵害，則被告之防衛權，根本無從成立，自無防衛行為過當之可言。至被告因見某甲伸手撈衣，疑其取槍抗拒，誤為具有正當防衛權，向其槍擊，固係出於錯覺防衛，而難認為有犯罪之故意，惟被告目睹某甲伸手撈衣，究竟是否取槍抗拒，自應加以注意，又非不能注意之事，乃竟貿然開槍，致某甲受傷身死，核其所為，仍與過失致人於死之情形相當，原審竟認為防衛過當之傷人致死，於法殊有違誤。

▶ 20 非 94（判例）

被告因聽聞村犬亂吠，疑有匪警，並於隱約中見有三人，遂取手槍開放，意圖禦盜，以致某甲中槍殞命，是該被告雖原無殺死某甲之認識，但當時既誤認為匪，開槍射擊，其足以發生死亡之結果，究為本人所預見，而此種結果之發生，亦與其開槍之本意初無違背，按照上開規定，即仍不得謂非故意殺人。

▶ 107 台上 2968 ○（判決）

正當防衛係遭受他人現在不法侵害時所得主張之權利行為，此等權利之行使亦受到「權利不得濫用」之一般法律原則所限制。若行為人所遭受之現在不法侵害係因可歸咎於行為人自身之行為所導致，且行為人本即能預見自身行為可能導致侵害之發生時，為免濫用正當防衛權，暨基於所防衛的法秩序必要性較低之考量，其防衛權自應受到相當程度之限制。亦即此時行為人應優先選擇迴避所面臨之侵害，僅在侵害無迴避可能性時始得對之主張正當防衛。

▶ 103 台上 1495（判決）

正當防衛，係以對於現在不法之侵害，而出於防衛自己或他人權利之行為為要件。因之正當防衛，必對現在之不法侵害，始能成立，所謂現

在，乃別於過去與將來而言，此為正當防衛行為之「時間性」要件。過去與現在，以侵害行為已否終了為準，將來與現在，則以侵害行為已否著手為斷，故若侵害已成過去，或預料有侵害而侵害行為尚屬未來，則其加害行為，自無成立正當防衛之可言。

▶ 102 台上 2052（判決）

互毆係屬多數動作構成單純一罪而互為攻擊之傷害行為，縱令一方先行出手，而還擊一方在客觀上苟非單純僅止於現在不法之侵害為必要排除之反擊行為，因其本即有傷害之犯意存在，則對其互為攻擊之還手反擊行為，自無主張防衛權之餘地。

第24條（緊急避難）
I 因避免自己或他人生命、身體、自由、財產之緊急危難而出於不得已之行為，不罰。但避難行為過當者，得減輕或免除其刑。
II 前項關於避免自己危難之規定，於公務上或業務上有特別義務者，不適用之。

❖ 法學概念
緊急避難

早期學理曾將緊急避難，當成阻卻責任事由，但近期因受到德國刑法學的影響，漸漸將緊急避難與正當防衛的概念，視為等同阻卻違法之正當事由。「緊急避難」之所以得阻卻違法的理由，跟正當防衛一樣，乃是基於「優越利益原則」（Das Prinzip des überwiegenden Interesses）而來。亦即，在刑法的評價上，當「避難行為所維護之利益」大於「避難行為所造成之損害」時，緊急避難行為乃得以被法秩序所容許而阻卻違法。故與正當防衛不同是，檢驗原則上必須考慮到利益衡量的問題。

【柯耀程，《刑法總則》，三民，初版，2014.08，185頁；林書楷，《刑法總則》，五南，四版，2018.09，147頁。】

❖ 法學概念
「正當防衛」與「緊急避難」之比較

	正當防衛（§23）	緊急避難（§24）
保護客體存在情狀	「現時」且「不法」之侵害	緊急危難之狀況
侵害來源	限於「自然人」	「自然人」、動物或自然力
得否對合法行為主張	1. 以「正」對「不正」，故不得對抗合法行為 2. 不得對第三人主張	1. 以「正」對「正」，故得對抗合法行為 2. 得對抗第三人主張

	正當防衛（§23）	緊急避難（§24）
保護客體	本人或第三人之一切法益	本人或第三人生命、身體、自由及財產四種法益，因為是列舉規定
法益權衡	無此問題	須兼顧權衡法則與補充性原則
除外事由	1. 無責任者之攻擊 2. 最近親屬 3. 挑撥行為 4. 互毆 5. 因反制所侵害的法益顯然不成比例的侵害	1. 於公務上或業務上負有特別義務者 2. 自招危難

【陳宏毅、林朝雲，《刑法總則新理論與實務》，五南，初版，2015.09，177頁。】

❖ **法學概念**

無期待可能性

十九世紀末，德國的帝國法院在劣馬脫韁案中認為，馬車伕實現了過失傷害的構成要件，沒有任何正當的事由，所以是不法傷害。馬車伕無法主張緊急避難。但是任何人處在車伕的立場，即使預見可能有傷害路人的結局，在別無謀生能力與謀生的情況下，恐怕都會如同車伕屈從雇主。這是**法律不能強人所難的基本思想，也是｜無期待可能性」的濫觴**。

除避難過當與防衛過當的規定之外，學界尚認為，刑法第165條「湮滅刑事證據罪」及第167條「藏匿犯人罪及湮滅證事據罪之親屬間之特例」，若行為主體為犯人或被告之親屬，則因期待可能性較低，故減輕或免除其刑；又如第196條第2項「收受後方知偽幣仍行使罪」，僅處以五百元以下罰金，皆是無期待可能性的概念運用。

另須注意者，**期待可能性之適用並不限於法律明文的規定**，若具體情形中不見可期待性的明文，亦可適用期待可能性法理來阻卻或減免責任。

【張麗卿，〈無期待可能性〉，《月旦法學教室》，第68期，2008.06，18頁以下。】

□ **實務見解**

▶ 33 非 17（判例）

(一)被告雖係依法拘禁之人，於敵軍侵入城內情勢緊急之際，為避免自己之生命危難，而將看守所之械具毀壞，自由行動，核與緊急避難之行為並無不合，其毀壞械具，亦難認為過當，自不應成立刑法第一百六十一條第二項之脫逃罪。

(二)刑法第一百六十一條之脫逃罪，以不法脫離

公之拘禁力為構成要件，若公之拘禁力已不存在，縱使自由行動而脫離拘禁處所，亦不應立本罪。

▶ 105 台上 383（判決）

刑法上之緊急避難行為，須以災難之發生非出於行為人之故意或過失所致為前提，若災難之發生係由於行為人之故意或過失所致，**則其故意或過失之行為自應依法處制，殊無主張緊急避難之餘地**。即所謂「自招危難行為」不得主張緊急避難。原判決已說明，上訴人等躲藏在「牛頭」住處庭院，被劉○○發覺，上訴人等非但未選擇逃離現場，反而持槍朝前並示意劉○○下車，劉○○因正當防衛而駕車衝撞等情如前。按諸前開說明，上訴人等自不得主張緊急避難，更遑論上訴人等持槍朝自小客車駕駛人位置開槍射擊，射擊之部位均集中駕駛人位置，且高達七槍，顯然係基於殺人犯意而為，其非出於救助或避難意思，甚為明確，所辯開槍行為係緊急避難云云，亦無可採。

第三章　未遂犯

> 第 25 條（普通未遂犯）
> I 已著手於犯罪行為之實行而不遂者，為未遂犯。
> II 未遂犯之處罰，以有特別規定者為限，並得按既遂犯之刑減輕之。

□ **修正前條文**

I 已著手於犯罪行為之實行而不遂者，為未遂犯。

II 未遂犯之處罰，以有特別規定者，為限。

■ **修正說明（94.02.02）**

一、第一項及第二項前段未修正。

二、原條文第一項係就一般未遂犯之成立要件所設之規定；至一般未遂犯之處罰要件與處罰效果，則於本條第二項及第二十六條前段分設規定；另原條文第二十六條後段係就不能未遂之成立要件與處罰效果所設之規定，就該條而言，兼含一般未遂與不能未遂，在立法體例上，實屬不妥，爰將第二十六條前段關於一般未遂犯處罰效果之規定，改列於本條第二項後段，而使本條規範一般未遂犯之規定趨於完整，第二十六條則專為規範不能未遂，以利體例之清晰。

❖ **法學概念**

既未遂認定時點

我國早期實務界對於「著手」（預備與著手之區別）之認定，係採「形式客觀說」，其後認

為「於行為人以行竊之意思接近財物，並進而物色財物，即可認為竊盜行為著手」，足見已開始採實質客觀說見解。但近來亦有開始接受主客刑法理論之見解稱：「對於未遂犯之認定，係從原本之客觀理論，演變到主客觀混合理論，即以行為人主觀上在心中所盤算擬具的犯罪階段計畫為基礎，再具體觀察行為人在客觀上是否已經依其犯罪階段計畫直接啟動與該當犯罪構成要件行為直接密接的行為而定。而所謂直接密接行為的判斷則包含行為人對行為客體的空間密接性、對於行為結果的時間密接性以及行為對於法益侵害結果的危害可能性等等。」又有謂：「所稱著手，指犯人對於犯罪構成事實主觀上有此認識，客觀上並有開始實行此一構成事實之行為，而所實行者乃犯罪行為之開端，且與犯罪行為之實行已達到相當密接之程度。」

【最高法院27年滬上字第54號判例、28年滬上字第8號判例、42年台上字第40號判例、48年台上字第1006號判例；最高法院101年度台上字第771號判決、100年度台上字第7208號判決、100年度台上字第3909號判決。】

❖ **法學概念**

正犯與共犯的既未遂認定時點

一、共同正犯之既未遂認定

共同正犯中的各個行為人在共同行為「決意」下所參與共同實施的行為，並非必須全部既遂或全部未遂，全體行為人始負擔既遂或未遂的刑事責任。只要共同正犯中的任何一個行為人所實行的行為業已使共同的犯罪既遂或未遂者，雖其他行為人的行為尚未完成或仍屬未遂階段，甚或仍未達著手實行的行為階段，但全體共同正犯仍均成立既遂犯或未遂犯。

【林山田，《刑法通論（下）》，自刊，增訂十版，2008.01，95頁。】

二、間接正犯之既未遂認定

關於此一問題，有兩種看法：

（一）以「被利用者之行為」為準

此說有一個前提是，必須和利用行為有較密切之關連。例如行為人把毒藥交給不知情的人，謊稱是有益健康的天然食品，讓不知情的人交給仇家食用。並非交出毒藥的那一刻，行為人即已著手殺人，應該是被利用的人將毒藥交給仇家，行為人才算是著手殺人。因為只有在這一刻（不知情的人已展開攻擊），被害人的生命才出現立即而顯然的危險。但是，例如個案中，對於法益的侵害已經進入直接的危險，即利用者已經放任犯罪的進行時，應可視為著手。

【林東茂，《刑法總則》，初版，2018.04，257頁；張麗卿，《刑法總則理論與運用》，五南，七版，2018.09，368頁。】

（二）以「利用者之行為」做判斷

本說認為前說將間接正犯的犯罪行為，視為幕後利用者與被利用者相互結合的整體犯罪行

為，有違間接正犯的利用他人為工具的本質，由於間接正犯的著手實行有可能先於行為工具的開始實行，而且認定間接正犯的著手實行時點，應就操縱支配犯罪全局的利用者的行為為準。因此，判斷間接正犯的著手實行的時點，應以幕後利用者本身的利用行為做判斷標準，而非取決於被利用的行為工具。

【林山田，《刑法通論（下）》，自刊，增訂十版，2008.01，67頁。】

三、教唆犯之既未遂認定

犯罪行為有不同的階段。在教唆犯情形，由於分開教唆行為與本罪實行行為兩個部分，因此，犯罪階段的認定及其處罰較為複雜。所教唆的本罪正犯已著手既遂者，此時最無疑問，教唆人成立本罪既遂的教唆犯。

若教唆者產生實行犯罪的決意，而且已經著手實行犯罪行為，但未達到既遂狀態，此即狹義的教唆未遂，以刑法第29條第2項來處罰。由於新法已經將第29條第3項刪除，只留下狹義的教唆未遂，因此在這裡就不討論舊法時期狹義的教唆未遂。

【林鈺雄，《新刑法總則》，元照，六版，2018.09，467頁；余振華，《刑法總論》，三民，修訂二版，2013.10，422頁。】

四、幫助犯之既未遂認定

幫助行為與教唆行為不同的是，未必有明確的前後階段可言。此外，依照限制的從屬性說，幫助犯的處罰是從屬於正犯的「構成要件該當性與違法性」。據此，若正犯所犯乃本罪既遂之違法行，即應論以本罪既遂之幫助犯，亦有稱「幫助既遂犯」。至於事後的幫助行為，能否成立幫助犯？例如：竊盜（既遂）後，被害人追趕之際，甲伸腳絆倒被害人，小偷因而逃脫。學說上認為，基於罪刑法定原則，甲無法成立竊盜的幫助犯。

但若本罪未遂亦可罰，且正犯所犯乃本罪未遂之違法行，則應論以本罪未遂之幫助犯，亦有稱「幫助未遂犯」。反之，若正犯未至著手階段，無論原因為何，因無可罰的正犯，故無可罰的幫助犯可言，此種情形可謂幫助行為本身未完成的未遂，屬於「不罰的未遂幫助犯」（versuchte Beihilfe）。

【林東茂，《刑法總則》，一品，初版，2018.04，279頁；林鈺雄，《新刑法總則》，元照，六版，2018.09，482頁。】

五、結合犯之既未遂認定

由於結合犯，僅須結合之二罪係相互利用其時機，在時間上有銜接性，在地點上有關連性，亦即二行為間具有密切之關連，事實之認識，即可與結合犯之意義相當；至行為人究係先犯基本罪，抑或先犯結合罪，並非所問，亦不以行為之初具有相結合各罪之包括犯意為必要，是

他罪之意思究係出於實行基本行為之初，而為預定之計畫或具有概括之犯意，抑或出於實行基本行為之際，而新生之犯意，均不生影響。如刑法第332條第1項規定，犯強盜罪而有故意殺人之行為者，處死刑或無期徒刑。顯係認為行為人利用強劫之犯罪時機，而故意殺人者，因該兩個行為互有關連，對社會之危害極大，故將該兩個犯罪行為，結合成一個獨立之強盜故意殺人罪，處以重刑。至於行為人於實施兩個行為時，其前後行為之間是否有犯意聯絡關係，法律條文既未有所規定，自難認係該罪之構成要件。又如準強盜罪之基本罪雖屬未遂，但結合罪已成立既遂，客觀上已符合結合犯成立之要件。是以，學說及實務見解，即使基礎犯罪未遂，但只要相結合之罪為既遂，即應成立結合犯之既遂。

但於結合犯未處罰未遂罪者，即無法依結合犯未遂犯處罰，此時只能依基礎之罪與相結合之罪，分別加以論處，數罪併罰。

【最高法院99年度台上字第5941號判決；最高法院85年度第2次刑事庭會議決議；高金桂，〈實質結合犯之未遂問題——兼評最高法院101台上3380號判決〉，《軍法專刊》，第58卷第6期，2012.12，159頁以下。】

□ 實務見解

▶ 52 台上 1436（判例）
上訴人既有殺人之犯意，又有放置含有毒素之陸角牌乳劑於食物內之行為，雖因其放置毒品俟即被發現，尚未發生有人死亡之結果，亦係已著手於犯罪行為之實行而不遂，應構成殺人未遂罪，而非預備殺人。

▶ 39 台上 315（判例）
刑法上之預備犯與未遂犯，應以已否著手於犯罪行為之實行為區別，被告某甲因挾警員某乙勸告帶所補領自行車牌照之恨，於途中等候，俟某乙行抵其前，自懷中取刀著手刺殺，經某乙呼喊，某丙奔到，始他去，是被告既已著手實施殺害行為，縱因意外障礙未達到目的，亦應依殺人未遂犯處斷，不能論以預備殺人。

▶ 30 上 2671（判例）
犯罪之故意，祇須對於犯罪事實有所認識而仍實施為已足，不以犯人主觀之認識與客觀事實不生齟齬為必要。上訴人率人向被害人屋內開槍射擊，雖因被害人事先走避而未遭殺害，然上訴人既認其向屋內而開槍，不能謂無殺人事實之認識及發生死亡結果之希望，而其犯罪結果之不能發生，既係由於被害人事先走避之意外障礙，則上訴人對此應負故意殺人未遂之責，自屬毫無疑義。

▶ 30 上 684（判例）
刑法第二十五條所謂已著手於犯罪行為之實行，

係指對於構成犯罪要件之行為，已開始實行者而言，若於著手此項要件行為以前之準備動作，係屬預備行為，除法文有處罰預備犯之明文，應依法處罰外，不能遽以未遂犯罪論擬。

▶ 109 台上 1041 ○（判決）
出於故意之不法行為，或歷經決意、計畫（陰謀）、準備（預備）、著手（實行）、既遂及終了等過程，或僅處於上開歷程之特定階段，而犯罪之既遂，以犯罪構成要件要素全部實現為必要，倘行為人尚未實現犯罪全部構成要件要素，又無處罰陰謀犯、預備犯或未遂犯之特別規定者，則不為罪。是處罰犯罪既遂前之陰謀、預備或未遂等階段，係刑罰擴張規定，以法律有特別規定者為限。而刑法第二十五條第一項「已著手於犯罪行為之實行而不遂者，為未遂犯」之定義性規定，揭明犯罪行為之著手（實行），乃犯罪預備與犯罪未遂之分界，著手於犯罪行為實行之後，不待結果發生或行為終了，即成立未遂犯。**又犯罪之著手，係指行為人基於犯罪之決意而開始實行密接或合於該罪構成要件之行為而言。**毒品危害防制條例明文處罰販賣第二級毒品未遂犯，無非係因行為人已著手於販賣第二級毒品行為之實行，縱未能（排除不能犯）或向未滿足販賣第二級毒品犯罪全部構成要件行為之實行，或其犯罪結果之實現，然客觀上已足對該罪所保護之法益造成現實危險之故，其可罰性立基於行為不法（行為非價）。衹不過因欠缺結果不法（結果非價），故得減輕其刑而已。為遏抑販毒營利意圖驅使下，為害尤烈之毒害蔓延，販賣毒品之罪，更擴及處罰其未遂罪，以為前置性之法益保護，此乃「販賣（毒品）未遂」之釋義指引與依據。故而，**販賣毒品之著手，或為意圖營利而販入；或基於販入以外之其他原因持有，嗣另行起意營利販賣，而初有向外兜售或推銷之行為即足當之；**舉凡所販毒品交付與買受人而既遂之前，包括供買方看貨、議價、買賣要項意思合致、履行方式之磋商或其他實行犯意冀以遂行犯罪之行為，概皆屬之；而具體個案之實際著手時點，則不盡相同，非必起始於上揭最初步驟。（二）原判決既認被告已有向辜○○兜售推銷甲基安非他命之行為，則不論辜○○是否回應或回應之內容為何，更不問雙方就買賣甲基安非他命之數（重）量暨品質或價格已否達成共識，被告所為似已著手實行販賣第二級毒品之行為，乃原判決認為必須至販毒者與購毒者就重要交易內容意思合致時，始係該罪之著手實行，依前揭說明，其見解無可議。

▶ 101 台上 6296（判決）
就刑事法之販賣罪而言，亦唯有出賣人將販賣物之所有權交付移轉於買受人，始具備販賣罪構成

要件之所有要素，而爲犯罪既遂。如行爲人僅實行犯意，而購入標的物，尚未將之移轉交付於買受人，應祇是犯罪行爲之著手，難認已達於犯罪既遂之程度，此亦爲人民所認知之法律感情，而爲一般社會通念所接受。亦即販賣行爲之既、未遂，端賴標的物之是否交付而定。以販賣毒品而言，購入毒品，未必表示行爲人能完成交易，讓買受人取得毒品進行施用。若不論行爲人將毒品販入或將之賣出，皆依販賣既遂論處，不惟違反行爲階段理論，抑且恣意未爲合理之差別待遇，其法律評價顯已違反平等原則，亦與人民之法律感情相違背。

▶ **100 台上 7208（判決）**

刑法上之未遂犯，係謂已著手於犯罪行爲之實行而不遂者而言，此觀諸刑法第二十五條第一項之規定自明；所稱「著手」，指犯人對於犯罪構成事實主觀上有此認識，客觀上並有開始實行此一構成事實之行爲者，始屬相當。

▶ **100 台上 6535（判決）**

刑法第二十七條第一項前段所定「已著手於犯罪行爲之實行，而因己意中止者」，係指「未了未遂」之情形；所定「已著手於犯罪行爲之實行，而防止其結果之發生者」，則指「既了未遂」之情形。倘行爲人已著手於犯罪行爲之實行，並有發生犯罪結果之危險，而於結果尚未發生前，僅因己意消極停止犯罪行爲，然未採取防止結果發生之積極行爲，而係另有第三人之行爲，致未發生犯罪結果，仍屬因外力介入而致犯罪未遂之普通未遂即障礙未遂，而非中止未遂。

▶ **100 台上 2880（判決）**

本件上訴人與綽號「阿成」之泰國籍成年男子，係利用不知情之中華郵政股份有限公司（以下簡稱郵局）郵務士，將藏有海洛因之包裹郵寄至台灣台中市○○區○○街一號之雲泰小館之不知情收件人楊金妹處，再由上訴人利用不知情之泰國籍 YULUEATHE 前往領取等情，業據原判決於事實欄認定明確，並於理由內說明上訴人爲間接正犯等旨。該不知情之郵局郵務士將該裝有海洛因之包裹搬運轉送，即已著手於運輸行爲。惟因該郵包內之海洛因於台灣桃園國際機場遭海關人員查獲取出扣押，亦即自桃園送往台中之郵包內已無海洛因毒品，致實際上不能發生運送海洛因毒品之犯罪結果，然其係因被查扣之偶發因素，致未竟其功，並非無侵害法益之危險。原判決應認其爲障礙未遂，而非不能犯。

第 26 條（不能犯）

行爲不能發生犯罪之結果，又無危險者，不罰。

□修正前條文

未遂犯之處罰，得按既遂犯之刑減輕之。但其

行爲不能發生犯罪之結果，又無危險者，減輕或免除其刑。

■修正說明（94.02.02）

一、原法本條前段，係就一般未遂犯之處罰效果所設之規定；後段，則係就不能未遂之成立要件與處罰效果所設之規定。不能未遂犯，既屬未遂犯之一種型態，在立法體例上，應與一般未遂犯有所區別爲當，遂就本條前段關於一般未遂犯處罰效果之規定，改列於第二十五條第二項後段，以使本條成爲規範不能未遂犯之專條。

二、關於未遂犯之規定，學理中有採客觀未遂論、主觀未遂論、或折衷之「印象理論」。參諸不能犯之前提以法益未受侵害或未有受侵害之危險，如仍對於不能發生法益侵害或危險之行爲課處刑罰，無異對於行爲人表露其主觀心態對法律敵對性之制裁，在現代刑法思潮下，似欠合理性。因此，基於刑法謙抑原則、法益保護之功能及未遂犯之整體理論，宜改採客觀未遂論，亦即行爲如不能發生犯罪之結果，又無危險者，不構成刑事犯罪。

❖ 修法簡評

本條之修正並未解決行爲不能發生犯罪之結果又無危險者，兩句定義並列的關係問題，而客觀地在實踐上將會過度擴張構成不能未遂的不罰範圍，這成因主要在於，縱使是障礙、失敗未遂，從事後角度來看，往往也具備了客觀上並無危險的要件。

【林鈺雄，《新刑法總則》，元照，六版，2018.09，376頁。】

❖ 法學概念

不能未遂

行爲人若出於一犯罪決意而著手犯罪行爲實行時，若未完全實現客觀的不法構成要件（包括所有客觀不法構成要件要素），即需進入未遂之檢討。造成未遂的原因：可能因犯罪行爲之本質、外界原因使行爲人之嘗試根本無法達成其犯罪目的，所以，不能未遂犯又稱「無用的嘗試」。

【張麗卿，《刑法總則理論與運用》，五南，七版，2018.09，328 頁。】

❖ 爭議問題

本條所謂「無危險」應如何認定？

一、具體危險說（偏重客觀面）

判斷危險時，應以一般人之認識能力爲標準，或者以科學方法之判斷爲基準。換言之，將未遂犯的處罰根據求諸法益侵害的危險性，以「行爲時一般人所能認識」以及「行爲人特別認識」的事實作判斷基礎，從一般人的觀點，如

果有發生結果的可能性時，屬於未遂犯，若沒有發生結果的可能性時，則屬不能犯。

【甘添貴、謝庭晃，《捷徑刑法總論》，自版，修訂版，2006.09，237頁以下；陳子平，《刑法總論》，元照，三版，2015.09，417頁；余振華著，《刑法總論》，三民，二版，2013.10，347頁。】

二、重大無知說（採主客觀混合理論）

此說認為，必須嚴格認定不能犯。似乎唯一的解釋就是將不能未遂解釋為「行為人嚴重無知下的未遂」，偶然的不能，絕不可視為不能未遂，否則會造成不能未遂的氾濫。危險的判斷上，應依行為當時所存在的具體情狀作基礎，並且依據「一般人所認知」者，來判斷有無危險。亦即以一般人主觀上認為絕對不可能發生犯罪結果為無危險。

【張麗卿，〈新修正刑法之要點與評析〉，收錄於氏著《新刑法探索》，元照，六版，2018.01，418頁；黃榮堅，《基礎刑法學（下）》，元照，四版，2012.03，513頁；蔡聖偉，〈刑法第26條之「無危險」要素──最高法院99台上6867判決〉，《台灣法學雜誌》，第180期，2011.07，189頁。】

對此一問題，實務見解亦不一，例如97年台上字第351號判決採採「具體危險說」之立場。而最高法院95年台上字第1544號判決所主張之「依一般人之認識或其所具之特別認識，予以客觀評價」，似乎偏具體危險說之立場，惟又認「亦非最嚴重無知下所為」，似又同時採「重大無知」立場。

【陳子平，《刑法總論》，元照，四版，2018.09，469頁。】

❑ 實務見解

▶ 59台上2861（判例）

上訴人既有殺人之犯意，又有放置含有毒素之陸角牌乳劑於食物內之行為，雖因其放置毒品後即被發現，尚未發生有人死亡之結果，亦係已著手於犯罪行為之實行而不遂，應構成殺人未遂罪，而非預備殺人。

▶ 48台上1348（判例）

刑法第二十六條前段僅為未遂犯之處罰得按既遂犯之刑減輕之原則規定，至於應否減輕，尚有待於審判上之衡情斟酌，並非必須減輕，縱予減輕，仍應依刑法第五十七條審酌一切情狀以為科刑輕重之標準，並應依刑事訴訟法第三百零二條第二款之規定，於判決理由內記明其審酌之情形，並非一經減輕即須處以最低度之刑。

▶ 101台上1570（判決）

刑法第二十六條規定，行為不能發生犯罪之結果，又無危險者，不罰。故不能未遂，係指已著手於犯罪之實行，但其行為未至侵害法益，且又無危險者而言；其雖與一般障礙未遂同未對法益造成侵害，然須並無侵害法益之危險，始足當之。而有無侵害法益之危險，應綜合行為時客觀上通常一般人所認識及行為人主觀上特別認識之事實為基礎，再本諸客觀上一般人依其知識、經驗及觀念所公認之因果法則而為判斷，既非單純以行為人主觀上所認知或以客觀上真正存在之事實情狀為基礎，更非依循行為人主觀上所想像之因果法則判斷認定之。若有侵害法益之危險，而僅因一時、偶然之原因，致未對法益造成侵害，則為障礙未遂，非不能未遂。

▶ 101台上1248（判決）

學理上所謂之「不能犯」，乃指行為人已著手於犯罪之實行或已實行完畢，而其行為不可能發生預期結果之謂。「不能犯」除應具未遂犯之一般要件外，尚須具備「行為不能發生犯罪之結果」及「無危險」二要件；且不能發生結果與未遂結果不同，前者絕無發生之可能，為「不能犯」，後者雖有發生之可能而未發生，為一般未遂犯；至「無危險」則係指行為而言，危險之有無，應以客觀具體事實認定之。

▶ 99台上6867（判決）

我國於民國九十五年七月一日刑法修正施行後，有關不能未遂犯，規定「行為不能發生犯罪之結果，又無危險者，不罰」。具體規定不罰標準為「不能發生犯罪之結果，又無危險」。本件上訴人所持有之槍枝，因一時不察，裝填底火敏感度不足之子彈，無法擊發，只要當時裝填適當之子彈即可能造成被害人死傷之結果，自未屬上開刑法規定之不能犯。其法則之適用，洵於法無違。

❖ 學者評釋

文獻上有贊同本判決結論者。氏認為，本判決最後否定刑法第26條的適用，結論值得贊同。從判決理由可間接推知，在危險要素的認定上，最高法院八庭似乎是先將偶然事實（被告選用了不適當的子彈）剔除，然後再看犯行是否有既遂的可能（槍枝本身是否具有殺傷力）。這樣的想法實質上就是早年區分「絕對不能」與「相對不能」的主張。

然而此種看法，只有行為本身完全不可能導致既遂的情形才是不罰的絕對不能，若只是「偶然地」未發生結果，則屬可罰的相對不能。這個標準無法清楚說明哪些因素算是「偶然」條件，以致於最後會取決於法官的恣意，故而在刑法理論史上很早就被判出局。從「重大無知」的判準來看，本案被告不應得到刑法第26條阻卻刑罰的寬典。若採「重大無知」的標準，則法院於本案中也可省下先後兩次將扣案槍枝送交鑑定的勞費。

換句話說，除非是在確認有無構成槍砲彈藥刀械管制條例中非法持有具殺傷力之槍械彈藥等罪名，否則在審查被告是否應依殺人未遂受到處罰時，並沒有必要去確認扣案槍枝是否具殺

傷力。套用法條的結構用語來說，其所使用之槍枝不具殺傷力這個事實，只是不能發生犯罪，即「行為不能發生犯罪之結果」。至於是否適用該條不罰，則還要進一步取決於下一個關鍵性要素：「無危險」。而在有無危險的判斷上，無論是採取重大無知或是事前危險的標準，都不需要透過鑑定機關來確認。

【蔡聖偉，〈刑法第26條之「無危險」要素——最高院99台上6867〉，《台灣法學雜誌》，第180期，2011.07，185頁以下。】

▶ 97 台上 351（判決）

刑法第二十六條規定行為不能發生犯罪之結果，又無危險者，不罰。故不能未遂，係指已著手於犯罪之實行，但其行為未至侵害法益，且又無危險者；其雖與一般障礙未遂同未對法益造成侵害，然須並無侵害法益之危險，始足當之。**而有無侵害法益之危險，應綜合行為時客觀上通常一般人所認識及行為人主觀上特別認識之事實（例如：行為人自信有超能力，持其明知無殺傷力，但外觀完好，足使一般人均誤認有殺傷力之手槍殺人）為基礎**，再本諸客觀上一般人依其知識、經驗及觀念所公認之因果法則而為判斷，既非單純以行為人主觀上所認知或以客觀上真正存在之事實情狀為基礎，更非依循行為人主觀上所想像之因果法則（例如：誤認以砂糖食於人可發生死亡結果）判斷認定之。若有侵害法益之危險，而僅因一時、偶然之原因，致未對益造成侵害，則為障礙未遂，非不能未遂。

▶ 95 台上 1544（判決）

按刑法上之不能未遂，在行為人方面，其惡性之表現雖與普通未遂初無異致，但在客觀上有不能與可能發生結果（即有無危險）之分。如其行為在客觀事實上，以行為當時所存在之情況，一般人所得認識之事實，及行為人特別之認識，予以客觀評價，如有發生結果之可能性，則顯非出於行為人之嚴重無知下所為，當具危險性，係普通未遂而非不能未遂。

第 27 條（中止犯）

Ⅰ 已著手於犯罪行為之實行，而因己意中止或防止其結果之發生者，減輕或免除其刑。結果之不發生，非防止行為所致，而行為人已盡力為防止行為者，亦同。

Ⅱ 前項規定，於正犯或共犯中之一人或數人，因己意防止犯罪結果之發生，或結果之不發生，非防止行為所致，而行為人已盡力為防止行為者，亦適用之。

□ 修正前條文

已著手於犯罪行為之實行，而因己意中止或防止其結果之發生者，減輕或免除其刑。

■ 修正說明（94.02.02）

一、按行為人已著手於犯罪行為之實行終了後，而於結果發生前，已盡防止結果發生之誠摯努力，惟其結果之不發生，事實上係由於其他原因所致者，因其防止行為與結果不發生之間並無因果關係存在，固與以自己之行為防止結果發生之中止犯不同，惟就行為人衷心悔悟，對結果之發生已盡其防止能事之觀點而言，並無二致。為鼓勵犯人於結果發生之先儘早改過遷善，中止犯之條件允宜放寬，爰參考德國現行刑法第二十四條⑴之立法例，將現行規定改列為第一項，並增列「結果之不發生，非防止行為所致，而行為人已盡力為防止行為者，亦同。」等字樣，使準中止犯亦能適用減免其刑之規定。

二、又我國自暫行新刑律、舊刑法以迄於現行刑法，對於從犯及共犯中止未遂，雖無明文規定，惟實例及解釋則予承認。如大理院六年非字第六七號判例「共謀行劫，同行上盜，經抵事主門首，心生畏懼，即行逃回，事後亦未分得贓物者，既已於著手強盜之際，以己意而中止，則對夥犯入室後拒傷事主，自不負責。」及司法院院字第七八五號解釋「共同正犯、教唆犯、從犯須防止結果發生，始能依中止犯之例處斷」。關於從犯及共犯亦成立中止犯，固已為各國立法例、實例所一致承認，惟僅因己意中止其犯行為即足成立中止犯，抑須進而防止結果之發生，始成立中止犯，則實例態度並不一致。德國刑法第二十四條⑵規定「因己意而防止犯罪之完成」，即從後說。日本實例（日本大審院昭和九年二月十日第二刑事部判決）亦採後說。我國實務上見解初認僅「以己意而中止」即可依中止犯之例處斷，嗣後則進而認為「須防止結果發生之效果發生」，始可依中止犯之例處斷。**按中止犯既為未遂犯之一種，必須犯罪之結果尚未發生，始有成立之可言。從犯及共犯中止之情形亦同此理，即僅共同正犯之一人或數人或教唆犯、從犯自己任意中止犯罪，尚未足生中止之利益，必須經其中止行為，與其他從犯以實行之障礙或有效防止其犯罪行為結果之發生或勸導正犯全體中止。**此項見解既已為實務界所採，殊有納入刑法，予以明文化之必要。再者，犯罪之未完成，雖非由於中止者之所為，祇須行為人因己意中止而盡防止犯罪完成之誠摯努力者，仍足認定其成立中止犯，乃參照上開德國

刑法條文，增訂第二項規定，以杜疑義。

❖ 法學概念

中止犯

中止犯之成立，須已著手於犯罪之實行而因己意中止，預備（或陰謀）行為因僅係著手以前之階段行為，尚未達至著手階段，與中止犯之法定要件不合，自無從成立中止犯。然而預備（或陰謀）行為，對於犯罪之完成，不僅較未遂更為遙遠，其危險性亦較低；且中間仍可能存有許多障礙，使其無法著手實現犯罪。倘行為人以己意中止著手實行，但因礙於法定要件，致無法適用中止犯之規定減免其刑，在刑罰之權衡上，實有失公平。

【靳宗立，《刑法總論 I ——刑法基礎理論暨犯罪論》，集義閣，初版，2010.09，389 頁。】

❖ 法學概念

準中止犯

2005 年刑法修正後，於本法第 27 條第 1 項增設新增「準中止犯」之規定。即行為人著手後，為避免結果發生就須採取積極的手段防止，惟基於某些客觀因素，造成「結果未發生與行為人防果行為間欠缺因果關係」，這些客觀因素大致是：被害人或第三人行為介入之準中止犯，或結果自始不發生之準中止犯以及自然事實介入之準中止犯。只是防止行為雖然無效，立法政策上為鼓勵行為人已盡真摯努力來防免結果發生，仍賦予減輕或免除其刑的恩典。

所稱「盡力防果行為」，是指行為人真摯努力實踐的積極作為，須依具體個案情狀判斷，是一種有效並足以防止結果發生的適當行為。亦即，行為人必須「積極地」實行足以防止結果發生的作為；且客觀的積極作為，須表現出行為人防止結果發生的「真摯性」。尤其，行為人採取的中止行為，依社會普遍理性的角度觀察，是一個適當有效的防果行為；因為即使如無「偶然外力因素的介入來切斷防果行為與未遂的因果關係」，仍然可以阻止既遂結果發生，就是一種適當有效的盡力防果行為。

例如行為人乙裝置炸彈欲炸死甲，但由於未裝妥，所以自始就無法引爆。不過由於行為人主觀上並非出於重大無知且裝置炸彈的危險性是眾所皆知的，自無不能犯成立的空間；不過若事後乙的防果行為已達均衡未遂的不法非價，自仍可成立準中止犯，適用中止犯法律效果的寬典。

【張麗卿，〈不能犯或自始不能發生結果之準中止犯〉，《台灣法學雜誌》，第 180 期，2011.07，110 頁以下。】

❖ 爭議問題

陰謀犯與預備犯可否成立中止犯？

一、否定說

中止犯之成立，以已著手於犯罪之實行因己意中止者為要件。所謂著手，必須從客觀方面可以認其實行行為已經開始者而言，若實行行為未曾開始，而其所為尚係著手以前之準備行為，只能謂之預備，除刑法上有處罰預備罪之規定，得依預備罪論科外，實無中止犯之可言。又如殺人之幫助犯，欲為有效之中止行為，非使以前之幫助全然失效或為防止犯罪完成之積極行為不可，如屬預備犯，則其行為之階段，尚在著手以前，縱因己意中止進行，仍與刑法第 27 條所定已著手之條件不合，自應仍以殺人預備罪論科。因為既然中止犯罪計畫，法律在危險階段以鼓勵中止，那麼在預備階段，應不構成犯罪。

【林山田，《刑法通論（上）》，自刊，增訂十版，2008.01，497 頁以下；黃常仁，《刑法總論——邏輯分析與體系論證》，新學林，二版，2009.01，203 頁。】

二、肯定說

此說以為，預備犯屬於未遂以前之階段，若預備之中止不能準用減免其刑之規定，在行為人進入著手實行至未遂階段後而中止之情形，反而得適用減免其刑之規定，則明顯發生刑罰不均衡之現象，且若預備犯不能適用中止犯的規定，應以「類推適用」填補法律漏洞。由於行為人的法律地位因而有利，並不違反悖逆「禁止類推適用」的基本原則。

【陳子平，《刑法總論》，元照，二版，2008.09，428 頁；林東茂，《刑法總則》，一品，二版，2019.12，274 頁。】

三、區分說

㈠在無處罰預備規定之犯罪

因該預備行為本刑法所不處罰的行為，自無得否適用的問題。

㈡在設有處罰預備規定之犯罪

行為人於著手後為中止行為既得成立止犯而減免其刑；但陰謀、預備為著手的反不能準用中止犯的規定而減免其刑，在刑罰的權衡上，顯失輕重，宜在立法上訂定準用之明文。

㈢獨立規定之預備罪

此類預備行為既已構成要件化，性質尚已屬獨立之犯罪，得論本罪的中止犯。

【甘添貴、謝庭晃，《捷徑刑法總論》，瑞興，修訂版，2006.06，245 頁；甘添貴，《刑法之重要理念》，瑞興，2006.06，158 頁。】

▢ 實務見解

▶73 年度第 5 次刑事庭會議決定㈠（73.05.15）

殺害（或傷害）特定人之殺人）或傷害）罪行，已著手於殺人（或傷害）行為之實行，於未達可生結果之程度時，因發見對象之人有所錯誤而停止者，其停止之行為，經驗上乃可預期之結果，為通常之現象，就主觀之行為人立場論，仍屬意外之障礙，非中止未遂。

▶ 66 台上 662（判例）

依原判決所記載之事實，認定上訴人著手實施殺人行為後，乃中止殺意，並囑案外人某甲將被害人送醫急救，防止死亡結果之發生，依此情形，自屬中止未遂，第一審誤認為障礙未遂，適用刑法第二十六條前段，顯係用法錯誤。

▶ 32 上 2180（判例）

殺人之幫助犯，欲為有效之中止行為，非使以前之幫助全然失效或為防止犯罪完成之積極行為不可，如屬預備罪，則其行為之階段，尚在著手以前，縱因己意中止進行，仍與刑法第二十七條所定已著手之條件不合，自應仍以殺人預備罪論科。

▶ 108 台上 2649 ○（判決）

按所謂中止犯，依刑法第二十七條第一項前段之規定，係指「已著手於犯罪行為之實行，而因己意中止或防止其結果之發生者」而言；亦即，除了具備一般未遂犯的成立要件之外，必須行為人主觀上出於自願之意思，客觀上因而中止實行犯罪（未了未遂之中止）或防止其結果之發生（既了未遂之中止），結果之不發生，乃出於自願之中止行為，而非因外在非預期之障礙事由；主觀自願性之要件，是指「縱使我能，我也不要」，此乃與障礙未遂之區別。否則，著手犯罪後，因非預期之外界因素影響，**依一般社會通念，可預期犯罪之結果無法逐行，或行為人認知，當時可資運用或替代之實行手段，無法或難以達到犯罪結果（包括行為人繼續實行將會招致過大風險，例如事跡敗露之風險）**，因而消極放棄犯罪實行之情形，即非因己意而中止未遂，應屬障礙未遂之範疇。

▶ 100 台上 6535（判決）

犯罪之未遂，有「未了未遂」與「既了未遂」之區別。「未了未遂」，係指行為人著手於犯罪行為之實行，而未完成實行行為；「既了未遂」，係指行為人著手於犯罪行為之實行後，雖已完成實行行為，但尚未發生結果。兩者於中止犯之適用，在「未了未遂」之情況，行為人只須消極放棄犯罪行為，即可成立中止犯；而在「既了未遂」之情形，行為人除中止外，尚須積極的防止結果發生，始能成立中止犯。刑法第二十七條第一項前段所定「已著手於犯罪行為之實行，而因己意中止者」，係指「未了未遂」之情形；所定「已著手於犯罪行為之實行，而防止其結果之發生者」，則指「既了未遂」之情形。倘行為人已著手於犯罪行為之實行，並有發生犯罪結果之危險，而於結果尚未發生前，僅因己意消極停止犯罪行為，**然未採取防止結果發生之積極行為，而係另有第三人之行為，致未發生犯罪結果，仍**屬因外力介入而致犯罪未遂之普通未遂即障礙未遂，而非中止未遂。

▶ 100 台上 4643（判決）

共同正犯係以完成特定之犯罪為其共同目的，彼此間就該犯罪之實行有共同犯意聯絡，而各自本於共同之犯意，分擔犯罪行為之一部，並相互利用其他正犯之行為，以完成犯罪。故共同正犯，其各自分擔實行之行為應視為一整體合一觀察，予以同一非難評價，對於因此所發生之全部結果，自應同負其責。則犯罪進行中，部分共同正犯因誤認犯罪已既遂而停止續行甚或離開現場後，由其餘共同正犯基於遂行該特定犯罪之共同目的，承續原有之同一犯意賡續所為之一切既、未遂行為，並未逸出共同犯意聯絡之範圍，是停止前、後，各共同正犯本於共同犯意所為之全部行為，均應合而為一，予以評價，由全體共同正犯共同負責。此觀刑法第二十七條第二項規定之意旨，共同正犯中之一人或數人因己意放棄犯罪之實行者，如已有發生結果之危險時，尚須防止其結果之發生，或已盡力為防止行為，始得減輕或免除其刑。舉輕以明重，非基於放棄犯罪之意而純因誤認犯罪既遂始停止犯罪之進行者，尤無因防止或已盡力防止而得減免刑責可言自明。

▶ 100 台上 4615（判決）

犯罪之未遂，分為未了未遂與既了未遂，前者係指行為人著手於犯罪行為之實行，而未完成實行行為；後者則係指行為人著手於犯罪行為之實行之後，雖已完成實行行為，但尚未發生結果的未遂。兩者於中止犯之適用，在未了未遂的情況，行為人均須消極放棄實行犯罪行為，即可成立中止犯；而在既了未遂的情形，則行為人除中止外，尚須積極的防止結果發生，始能成立中止犯。

▶ 99 台上 4934（判決）

上訴人已動手脫除甲女上衣、內褲至大腿處，並撫摸甲女之胸部，其於得知甲女正值生理期，始停止以其性器官進入甲女之性器官，已難認上訴人有自己中止加重強制性交行為之意思。又不以男性之性器官進入正值生理期女性之性器官而為性交行為，係一般男性之通常觀念及作法。上訴人得知甲女正值生理期，因此僅對甲女為撫摸胸部之猥褻行為，而停止對甲女為加重強制性交行為，為通常之現象，自屬意外之障礙，而非中止未遂。

▶ 98 台上 2391（判決）

中止未遂，係指已著手於犯罪行為之實行，而因己意中止或防止其結果之發生而言。至於中止未遂與障礙未遂之區別，**在於行為人實行犯罪行為後之中止行為是否出於自由意志**，為決定中止未遂與障礙未遂之區分標準，若行為人非因受外界

事務之影響而出於自由意志，自動終止犯罪行爲或防止其結果之發生，**無論其中止係出於眞心悔悟、他人勸說或自己感覺恐被發覺、時機尚未成熟，祇須非因外界事務之障礙而使行爲人不得不中止者，均爲中止未遂**；反之，倘係由於外界之障礙事實，行爲人受此心理壓力而不得不中止者，即非出於自由意志而中止，則屬障礙未遂。

❖ 學者評釋

實務見解認爲，刑法第 27 條中止未遂犯必須係出於行爲人己意而中止或防止其結果之發生者，始得謂爲中止未遂犯。如因外界情狀之改變，致行爲人認爲已被發覺，或相信必定會被發覺，主觀上認爲必須停止犯罪之實行，屬於障礙未遂。後者即係學說上所謂的「主觀失敗未遂」，其係依行爲人主觀認知，犯罪在客觀上不再可能實現、或繼續犯罪已喪失意義，因而決定放棄。

判斷放棄繼續犯罪是否爲失敗未遂，對「己意」的認定顯得格外重要，在學界主要從「自主動機」與「規範目的」予以判斷，前者有如實務見解所稱，係從心理學的觀點判斷行爲人的放棄是出於自主或他主，若行爲人心理上非因外部障礙而影響其繼續犯罪者，則是己意；後者則係基於中止犯係未遂犯的回溯概念，中止犯的減免刑罰應由未遂犯的處罰理由逆向考量，判斷未遂犯是否享有刑罰優待，必須透過其中止或防止行爲讓已著手實行犯罪所帶來的震撼印象凶而消滅。以上二種見解的出發點或核心觀點雖相異，但於大部分情形都可得出相同的結論。

【黃惠婷，〈強盜未遂之中止犯——最高法院九八年度台上字第二三九一號判決〉，《台灣法學雜誌》，第 144 期，2010.01，206 頁以下。】

不過另有學者認爲，應該要緊縮中止犯的概念。緊縮的方法是，解釋上，自願中止犯行，不但必須出於「自律」（必要條件），而且應當出於「倫理上的自我要求」（充分條件）。例如：由於憐憫、由於行爲此刻或行爲結束後的突然悔悟、由於正義的召喚、由於刹那間宗教情懷的萌生。這點與前開 98 年度台上字第 2391 號判決認爲，「無論其中止係出於眞心悔悟、他人勸說或自己感覺恐被發覺、時機尚未成熟，祇須非因外界事務之障礙而使行爲人不得不中止者，均爲中止未遂」迥異，因此氏主張若係因行爲人理性的、功利的計算，儘管行爲當時自律的放棄行動，或行爲後自律的防止結果發生，但都不成立中止犯。例如：殺人後，在逃離現場時遇上熟人，深知法網難逃，於是電召救護車將傷者送醫，皆非中止犯。

【林東茂，《刑法總則》，初版，2018.04，252 頁。】

第四章　正犯與共犯

■ 修正說明（94.02.02）

由於我國與德國、日本同採二元犯罪參與體系，而非單一正犯體系，且目前學說見解皆認正犯與共犯有本質之不同，即正犯被評價爲直接之實行行爲者（如直接正犯、間接正犯、共同正犯），共犯則被評價爲間接參與實行行爲者（如教唆犯、幫助犯），爰將舊行法之「共犯」章名，修正爲「正犯與共犯」，以符實際。

> **第 28 條（共同正犯）**
> 二人以上共同實行犯罪之行爲者，皆爲正犯。

□ 修正前條文

二人以上共同實施犯罪之行爲者，皆爲正犯。

■ 修正說明（94.02.02）

一、原條文「實施」一語，實務多持三十一年院字第二四〇四號解釋之意旨，認其係涵蓋陰謀、預備、著手、實行概念在內（即承認陰謀共同正犯、預備共同正犯），非僅侷限於直接從事構成犯罪事實之行爲，故解釋上包括「共謀共同正犯」。而實務之所以採取此種見解，即在爲共謀共同正犯尋求法源之依據。**但對於本條之解釋，如採三十一年院字第二四〇四號解釋之見解，其所產生之最大爭議，即在於應否承認「陰謀共同正犯」與「預備共同正犯」，基於近代刑法之個人責任原則及法治國人權保障之思想，應以否定見解爲當，蓋：**

(一)預備犯、陰謀犯因欠缺行爲之定型性，參之現行法對於犯罪行爲之處罰，係以處罰既遂犯爲原則，處罰未遂犯爲例外，處罰預備、陰謀更爲例外中之例外，學說對於預備共同正犯多持反對之立場，尤其對於陰謀共同正犯處罰，更有淪於爲處罰意思、思想之虞，更難獲贊成之意見。

(二)近代刑法之基本原理，強調「個人責任」，並強調犯罪係處罰行爲，而非處罰行爲人之思想或惡性，即重視客觀之犯罪行爲。陰謀犯、預備犯之行爲，既欠缺如正犯之定型性，就陰謀犯而言，行爲人客觀上僅有互爲謀議之行爲，主觀上具有一定犯罪之意思，即得成立。倘承認預備、陰謀共同正犯之概念，則數人雖於陰謀階段互有謀議之行爲，惟其中一人或數人於預備或著手階段前，即已脫離，並對於犯罪之結果未提供助力者，即便只有陰謀行爲，即須對於最終之犯罪行爲，負共同正犯之刑責，如

刑法

又無中止未遂之適用，實有悖於平等原則，且與一般國民感情有違。故有修正共同正犯之參與類型，確定在「實行」概念下之共同參與行為，始成立共同正犯，為杜爭議，爰將「實施」一語，修正為「實行」。

二、將「實施」修改為「實行」，基於下列之理由，並無礙於現行實務處罰「共謀共同正犯」之立場。

(一)所謂「共同實行」犯罪行為，無論「實質客觀說」或「行為（犯罪）支配理論」，均肯定共謀共同正犯之處罰。僅在極少數採取「形式客觀說」立場者，對於無分擔構成要件行為者，不得論以共同正犯外，多數學說主張之見解仍肯定對共謀共同正犯之處罰。

(二)至於各國立法例，對於共同正犯之成立要件，規定為共同「實行」之日本立法例，亦承認共謀共同正犯之概念；而德國通說對於共同正犯，採取「行為（犯罪）支配理論」，亦肯定共謀共同正犯之存在。

(三)另依現行實務對於共同正犯與從犯之區別標準，其採「以自己共同犯罪之意思，實施構成要件之行為者，為正犯；以自己共同犯罪之意思，實施構成要件以外之行為者，亦為正犯；以幫助他人犯罪之意思，實施構成要件之行為者，亦為正犯；以幫助他人犯罪之意思，實施構成要件以外之行為者，始為從犯」之立場（主觀客觀擇一標準說），更肯定共謀共同正犯之存在。

❖ 修法簡評

2005年第十六次刑法修正，立法文字從「實施」修正為「實行」，其用意在於，一方面要肯定共謀共同正犯概念類型的存在，另一方面同時要否定對於陰謀共同正犯與預備共同正犯類型的刑罰。學者認為，從犯罪行為支配理論，肯定共謀共同正犯概念類型的存在，其立場是正確的，而立法理由否定對於陰謀共同正犯與預備共同正犯類型的刑罰，其立場也是正確的。問題在於按照實務對於「實行」與「實施」的語意理解來看，把共同正犯嚴格定義為「共同實行」犯罪行為者，則共謀共同正犯就無法評價為共同正犯。蓋無論刑法理論通說如何承認共謀共同正犯，是一個問題，而刑法文字本身的規定，又是另外一個問題。其最可能出現的解套方式，應係順著修法意旨處罰共謀共同正犯，但是不處罰預備共同正犯或陰謀共同正犯。至於罪刑法定主義

的問題，僅能以修法理由來詮釋立法文字的真意。

【黃榮堅，《基礎刑法學（下）》，元照，四版，2012.03，804頁以下。】

不過值得注意的是，學界亦有認為，若承認「共謀共同正犯」，不但係對共同正犯之種類極端擴張且對於教唆、幫助犯之區別亦有實際上的困擾。

【張麗卿，《刑法總則理論與運用》，五南，七版，2018.09，358頁。】

此外，亦有主張單純的「事前同謀者」（或「事後得贓」）並未臻於犯罪支配的程度，亦非決定性人物，因此，僅能論以教唆或幫助犯。

【林鈺雄，《新刑法總則》，元照，六版，2018.09，440頁。】

❖ 法學概念

犯罪參與

由於我國繼受德國、日本同採「二元犯罪參與體系」，而非「單一正犯概念」，且目前學說見解皆認正犯與共犯有本質之不同，即正犯被評價為直接之實行行為者（如直接正犯、間接正犯、共同正犯），共犯則被評價為間接參與實行行為者（如教唆犯、幫助犯），2005年將現行法之「共犯」章名，修正為「正犯與共犯」，以符實際。

事實上，刑法對「多數行為人之介入型態」，德語原文為Beteiligungsform，且此為一涉及介入某一犯罪行為而有多數人時之上位概念；其中對於故意行為人之區分，則有「主要行為人」，亦即所謂的「正犯性」（Täterschaft）與「參與犯」（Teilnahme）。其中「Teilnahme」這個字應專指「部分的行為介入、非正犯性、參與犯」，不應譯為「共犯性」，因為有「共犯性」可能是「共同正犯」（Mittäterschaft），或是「共同參與犯」（Mitteilnahme），在概念上、用語上，可謂均全屬有別，不容混為一談。我國學者不乏持此概念者，認為「正犯」（Täterschaft）是指犯罪活動中居於重要「犯罪支配」地位者，其可掌握犯罪是否發動及如何進行，即被評價為直接實行行為之人，如直接正犯、間接正犯、單獨正犯，共同正犯。共犯是指透過正犯侵害法益，而被評價為間接參與實行行為之人，廣義共犯（Beteiligung）包括共同正犯、教唆犯、幫助犯。然而，我國刑法用語所稱之共犯，指的是狹義的共犯也就是「參與犯」（Teilnahme），即專指教唆犯與幫助犯。但其實，「共犯」這兩個字，在條文用語上，並非就是等同於德國立法上所說的Teilnahme，反而近於Beteiligung，亦即多數人參與犯罪的意思。並且「共犯」這兩個字，在一般中文的語意理解

上，大致上也的確會被理解成大家一起犯罪的意思，而最典型的共同犯罪應該就是共同正犯的類型，非常容易造成語意上的誤會，林山田教授特別指出，「廣義共犯」及「狹義共犯」之區分，實有未妥，反以混淆區分正犯與共犯的意義與目的。蓋正犯在整個犯罪過程中居於犯罪支配的地位，而共犯則否，故在邏輯上不宜將有屬正犯與有屬共犯的兩種不同的行為人，合稱為「廣義之共犯」因此，共犯僅指教唆犯與幫助犯，而無廣義共犯與狹義共犯之分。因此，國內部分留德學者稱教唆犯與幫助犯為「參與犯」（Teilnahme）取代「共犯」的用語其來有自，亦非無的放矢。

【陳志龍，〈正犯與參犯的區分標準──評最高法院九十八年台上字第八七七號判決〉，《月旦裁判時報》，第6期，2010.12，88頁；柯耀程，《刑法總則》，三民，初版，2014.08，254頁以下；黃榮堅，《基礎刑法學（下）》，元照，四版，2012.09，749頁；林山田，《刑法通論（下）》，元照，十版，2008.01，29頁。】

❖ 法學概念
正犯與共犯（參與犯）的區分標準

關於正犯與共犯（參與犯）的區分，一般分為「客觀說」、「主觀說」與「犯罪支配說」。客觀說，係以行為外觀為判準。主觀說，則以行為人的想法為判準。而犯罪支配說係指犯罪過程中，居於主控支配地位的人，才是正犯。犯罪支配說（Tatherrschaftslehre）為目前國內學說主流，又衍生出「行為支配論」（Handlungsherrschaft），用以定義「直接單獨正犯」；「意志支配論」（Willensherrschaft），用以界定間接正犯；「功能支配論」（funktionelle Tatherrschaft），用以區分共同正犯與共犯（參與犯）。本書亦採犯罪支配說作為正犯與共犯（參與犯）的區分標準。

【林東茂，《刑法總則》，一品，初版，2018.04，281頁。】

❖ 法學概念
不適用於犯罪支配說做為正犯與共犯（參與犯）區分的犯罪類型
一、己手犯（eigenhändige Delikt）

亦稱為親手犯，乃指行為人必須親自犯罪，也才具有本罪特殊的行為不能成為此等犯罪之正犯，例如通姦罪、重婚罪、血親性交罪、偽證罪、醉態駕駛罪。

【王皇玉，《刑法總則》，新學林，三版，2017.11，420頁。】

二、純正身分犯（echte Sonderdelikt）

由於法定構成要件中已限定行為人資格，因此只有該符合法定資格者始能成立犯罪。例如：唯具有公務員身分者始能成立公務員收受賄賂罪（本法§121 I、§122 I）。

【張麗卿，《刑法總則理論與運用》，五南，七版，

2018.09，356頁。】

三、義務犯（Pfichtdelikt）

是指具備構成要件所設之特別義務者始能成立之犯罪，因此，成立此罪正犯的前提在於，行為人負有構成要件所要求的特別義務。

【林鈺雄，《新刑法總則》，元照，六版，2018.09，421頁。】

❖ 法學概念
間接正犯（Mittelbare Täterschaft）

間接正犯係以他人為工具來完成自己犯罪目的之人，乃利用他人行為實現構成要件，利用者對於整個犯罪過程，具有優越性認知的意思支配，而處於掌握全局的上位角色，被利用者基於事實上原因或法律上原因，在犯罪過程中居於受支配的下位角色地位，此為晚近通說所採 Roxin 之犯罪支配論的見解，以間接正犯而言，係指行為人對於被利用人具有「意思」支配力（直接正犯、同時正犯均屬於「行為」支配、幫派組織的主持者，是「功能」支配）。被利用人就犯罪的實現欠缺意思決定的自由。

【林山田，《刑法通論（下）》，元照，十版，2008.01，43頁以下；張麗卿，《刑法總則理論與運用》，五南，七版，2018.09，352頁；黃常仁，《刑法總論──邏輯分析與體系論證》，新學林，二版，2009.01，210頁；林鈺雄，《新刑法總則》，元照，六版，2018.09，416頁；王皇玉，《刑法總則》，新學林，三版，2017.09，424頁以下；林書楷，《刑法總則》，五南，四版，2018.09，394頁。】

間接正犯的方式實施犯罪，可能的情況包括：㈠以他人為工具，由此一工具實施構成要件；㈡利用他人的合法行為實施侵害；㈢利用他人的非構成要件行為；㈣利用無罪責能力人實施不法行為；㈤以強制力逼使他人實施構成要件行為，但不包括己手犯的情形。

【林東茂，《刑法總則》，一品，二版，2019.12，292頁。】

❖ 法學概念
正犯後正犯
一、定義

典型間接正犯，大多以其所被利用的道具欠缺自主性，不具有故意犯罪之可罰性，甚至有些被利用者還會成為間接正犯所支配犯罪的被害人。不過，在少數例外的情形，被利用者卻可能具有構成犯罪的故意，仍然具有犯罪意思的自主性，而不是單純幕後利用者的行為工具而已。此時幕後利用者，只要具有「意思支配」關係，仍有成立間接正犯的可能，以填補「利用他人以達自己犯罪目的」之漏洞。亦即，被利用者基本上就是一個構成此犯罪類型者，此為學說上稱之為「正犯後之正犯」（Der Täter hinter dem Täter），該「直接正犯」（被利用者）為直接正犯，仍有其意思自主性；利用者該當於間接正犯，以防止實際幕後操控的利用人不受刑事制

裁。

【林山田，《刑法通論（下）》，元照，十版，2008.01，62頁。】

二、類型

(一)「組織支配」（Organisationshenschaft）型

是指幕後具有命令指揮權者，藉由組織上的權力結構，下令執行某項犯罪行為，而執行者仍有其自主性意思自由，非受強制或錯誤情況下，完成其組織成員之工作任務。實際上其只不過是國家機關操作工具，故得評價為間接正犯。

【王皇玉，《刑法總則》，新學林，三版，2018.09，430頁。】

(二)「錯誤支配」（Irrtumsherrschaft）型

是指行為工具就其犯行相關的重要事項，遭到幕後利用者的刻意欺瞞，並藉此讓被利用人在不知情的情況下為其實行犯罪計畫的情形。

【林書楷，《刑法總則》，五南，四版，2018.09，322頁以下。】

❖ 法學概念
共謀共同正犯
一、理論基礎
(一)共同意思主體說

二個以上的行為人，本來是屬於「異心別體」的個人，為了實現一定犯罪的共同目的，互相謀議，形成「同心一體」，而成立一個共同意思的主體。其中任何一個人基於共同目的而實行犯罪時，其所實行的行為即為共同意思主體全體的活動，實行犯罪者的行為亦視為其他共謀議者的行為。

(二)目的行為支配說

在共謀共同正犯的情形，因為共謀者對於實際實行犯罪的行為人，在功能上亦得加以目的行為支配，自得肯定共謀共同正犯的概念。

(三)間接正犯類似說

此說認為在共謀者間，於成立實現犯罪的合意時，已蘊含互相利用而實現結果的意義，實與間接正犯的利用行為，本質上並無差別。

以上諸說，甘教授傾向支持「共同意思主體說」。蓋間接正犯類似說，雖有其一面的道理，但是間接正犯是利用他人作為道具而實現一定的犯罪，被利用人或無故意或欠缺責任能力等而不成立犯罪。共謀共同正犯的共謀者，僅係參與謀議，雖不無利用的意思存在，但實際實行犯罪的行為人，不但故意實行犯罪，且具有責任能力等，共謀者與實際實行犯罪者間，並無利用道具的關係存在。至於，目的行為支配理論，雖為目前德國學界的通說，在我國亦獲得不少的支持。惟，犯罪支配是一個開放性概念，因各人價值觀念的差異，何者有犯罪支配？何者無犯罪支配？在作規範評價時，即可能發生見仁見智的不同結果。

由於共同正犯的犯罪結構，是二個以上的行為人整體地形成一個犯罪共同體，各共同行為人間在主觀上因具有意思的聯絡，彼此相互提供、強化促進行為的動機，形成一個同心一體的利益主體，對於法益的侵害或危險，具有直接的心理因果性；在客觀上，各共同行為人各別分擔犯罪行為的一部分或其中某一階段的行為，彼此將他人的行為視為自己的行為，並相互利用與補充，以致造成法益侵害或危險，亦具有直接的物理因果性。所以得將其共謀者亦視為共同正犯，其理論基礎與實行共同正犯，並無任何不同，故氏主張此說較可採。

二、與共犯之區別

依向來之實務見解，教唆犯僅止於引起他人的犯意；幫助犯亦純在於協助他人犯罪的實現。倘行為人於教唆或幫助行為外，如於他人實施犯罪行為之際，當場有所指揮，且就其犯罪實施的方法，以及實施的順序，有所計畫，以促犯罪的實現，亦即曾參與謀議犯罪的實現者，即視其為共謀共同正犯，不能再論以教唆犯或幫助犯。

【甘添貴，〈共謀共同正犯與共犯的區別——最高法院98年度台上字第877號刑事判決評釋〉，《法令月刊》，第61卷第2期，2010.02，55頁以下。】

❖ 爭議問題
「過失共同正犯」（fahrlässige Mittäterschaft）的存在可能性
一、肯定說

有學者認為，在具有「共同義務之共同違反」之要件前提下，可有條件成立。首先，必須共同正犯被課以共通之注意義務。至於，如何始具共通之注意義務，則應視具體事件，依是否存在「相互利用、補充之關係」為斷。其次，必須共同違反注意義務。各個人不僅違反各自之注意義務，對於其他共同者之違反亦有懈怠，而形成「整體的一個不注意」且該不注意與結果發生之間存有因果關係。

【陳子平，《刑法總論》，元照，三版，2015.09，538頁。】

二、否定說

德國與日本的法院曾有承認過失犯的共同正犯的案例，惟我國學說與實務（44年台上字第242號判例），多認為行為人必須要有「共同行為的決意」（gemeinsamer Tatentschluss），由於過失犯本身因無意識其行為的發生，彼此間欠缺意思聯絡，並無法成立過失犯的共同正犯之餘地，是以，二人以上共同造成的過失犯罪，僅成立「同時犯」，不能援引第28條作為令負共同責任的處罰依據。

【林山田，《刑法通論（下）》，元照，十版，2008.01，43頁；林東茂，《刑法總則》，初版，2018.04，271頁；余振華，《刑法總論》，三民，二版，2013.08，397頁以下；林鈺雄，

《新刑法總則》，元照，六版，2018.09，440頁以下。】

❖ 爭議問題
於相續（承繼）共同正犯（sukzessive Mittäerschaft）之情形，其中後加入者對其加入前已發生之行為應否負責？

一、肯定說
此說乃源自於「犯罪共同」說的立場，由於犯罪共同說係主張「數人一罪」，依此邏輯，後行為人對於參與前先行為人所為的既定犯罪部分亦須負責。

最高法院98年度台上字第4230號判決採此說。

二、否定說
採否定見解的立場主要是基於「行為共同」說，由於此說主張的是「數人數罪」的邏輯，故無必要侷限於成立共同正犯的各種罪名。

以上兩說，學者認為犯罪共同說論者僅以認識利用既存狀態的意思作為實質的處罰理由，恐有使刑法淪為意思刑法之虞；後行為人無法左右犯罪參與前的既存事實，而不具因果的影響力；因此基本上否定說較妥當。惟先行行為的效果倘若持續至後行為人參與犯罪之際，且後行為人積極涉入、維持此既存事態而為其犯罪的手段時，先行行為人所惹起的既存事實，在規範上的評價等同於後行為人自己所惹起者，在此限度內，例外肯認成立承繼共同正犯，採部分肯定說。

【余振華，《刑法總論》，三民，二版，2013.10，395頁以下。】

❖ 爭議問題
在著手實行前的階段，中止共同犯罪的決意而脫離共同正犯關係者，應負擔如何的刑事責任？

一、甲說
此說乃基於「一部行為全部責任」之法理。就犯罪行為階段言，共同正犯之間一人既遂即全部既遂（全部論以本罪既遂之共同正犯）；一人著手即全部要著手。

【林鈺雄，《新刑法總則》，元照，四版，2014.09，395頁。】

若共同正犯有中止者，必須積極有效的阻斷其他人的行動，才可以享有法律的寬免。簡單的理由是，共同正犯的彼此參與，激勵犯罪意志，升高了被害人的風險，中止者若不積極的阻斷其他人，被害人的風險不因一人的放棄而降低共犯的脫離，也是八的處理。

【林東茂，《刑法總則》，二版，2019.12，270頁；余振華，《刑法總論》，三民，二版，2013.10，338頁以下。】

二、乙說
此說乃參酌最近成為日本通說的「因果關係切斷說」（因果性切斷論）為理論基礎，因刑法

最重要的功能之一乃法益保護功能，即無論是正犯或共犯，其處罰根據（理由）皆在於惹起法益的侵害或侵害的危險。

若依此說之主張，共同正犯者之間諸如凶器的提供等「物理性的因果力」以及犯罪遂行意思的維持或強化等「心理性的因果力」，若具備二者之一者，則可成立共同正犯。換言之，若脫離者未能切斷「物理性的因果力」以及「心理性的因果力」二者，則否定共同正犯關係脫離而仍以成立共同正犯；反之，脫離者若能切斷「物理性的因果力」與「心理性的因果力」，則依然得承認共同正犯關係的脫離，而對於其他共同正犯者所實現的結果不負擔責任，即得成立陰謀犯、預備犯或未遂犯。

【陳子平，〈著手實行前共同正犯關係之脫離——九十四年度台上字第三五一五號與九十五年度台上字第三二五一號刑事判決之評析〉，《月旦法學雜誌》，第203期，2012.04，172頁以下。】

⬜ 實務見解
▶ 釋字第109號（54.11.03）
以自己共同犯罪之意思，參與實施犯罪構成要件以外之行為，或以自己共同犯罪之意思，事先同謀，而由其中一部分人實施犯罪之行為者，均為共同正犯。本院院字第一九〇五號、第二〇三〇號之一、第二二〇號前段等解釋，其旨趣尚屬一致。

▶102年度第14次刑事庭會議決議㈠（102.10.01）
決議：採丙說。
文字修正如下：事中共同正犯，即學說所謂之「相續的共同正犯」或「承繼的共同正犯」，乃指前行為人已著手於犯罪之實行後，後行為人中途與前行為人取得意思聯絡而參與實行行為而言。事中共同正犯是否亦須對於參與前之他共同正犯之行為負擔責任，學理上固有犯罪共同說（肯定）、行為共同說（否定）之爭議，但共同正犯之所以適用「一部行為全部責任」，即在於共同正犯間之「相互利用、補充關係」，若他共同正犯之前行為，對加入之事中共同正犯於構成要件之實現上，具有重要影響力，即他共同正犯與事中共同正犯於構成要件之實現上，具有重要影響力，即他共同正犯與事中共同正犯對於前行為與後行為皆存在相互利用、補充關係，自應對他共同正犯之前行為負責；否則，事中共同正犯對他共同正犯之前行為，既未參與，亦無形成共同行為之決意，即難謂有行為共同之存在，自無須對其參與前之犯罪行為負責。準此，行為人於參與共同非法經營銀行業務前，對先前他共同正犯已實現構成要件之犯罪行為，因不在其合同意思範圍之內，且此部分之法益侵害已經結束，其無能再參與該先前之全部或一部犯罪行為，此部分違法吸金所取得之財物或利

益等，既非其犯罪所得，即不應計入。**惟在他共同正犯犯罪既遂後而行爲尚未終了之前加入，且前行爲之效果仍在持續中，如事中共同正犯利用該尚持續存在之前行爲之效果，則其對前行爲所生之結果亦具有因果性，即須負責。**故行爲人加入時，其他共同正犯先前之違法吸金行爲雖已完成，但如被害人僅繳交原約定之部分存款或投資款項，其餘部分係在行爲人加入後始給付或由行爲人收取完畢。因行爲人係利用其他共同正犯之行爲，使非銀行經營收受存款等業務罪之不法構成要件完全實現，此時即應該當非銀行經營收受存款等業務罪構成要件之不法行爲，就犯罪所得自應合併計算。

▶ 101 年度第 11 次刑事庭會議決議（101.11.27）

共同正犯在主觀上須有共同犯罪之意思，客觀上須爲共同犯罪行爲之實行。**所謂共同犯罪之意思，係指基於共同犯罪之認識，互相利用他方之行爲以逐行犯罪目的之意思；共同正犯因有此意思之聯絡，其行爲在法律上應予合一之觀察而爲責任之共擔。**至於共同正犯之意思聯絡，不以彼此間犯罪故意之態樣相同爲必要，蓋刑法第十三條第一項、第二項雖分別規定行爲人對於構成犯罪之事實，明知並有意使其發生者，爲故意；行爲人對於構成犯罪之事實，預見其發生而其發生不違背其本意者，以故意論。前者爲直接故意，後者爲間接故意，惟不論「明知」或「預見」，僅認識程度之差別，間接故意應具備構成犯罪事實之認識，與直接故意並無不同。除犯罪構成事實以「明知」爲要件，行爲人須具有直接故意外，**共同正犯對於構成犯罪事實既已「明知」或「預見」，其認識完全無缺，進而基此共同之認識「使其發生」或「容認其發生（不違背其本意）」，彼此間在意上自得合而爲一，形成犯罪意思之聯絡。故行爲人分別基於直接故意與間接故意實行犯罪行爲，自可成立共同正犯。**

▶ 76 年度第 7 次刑事庭會議決定（76.04.07）

刑法分則或刑法特別法中規定之結夥二人或三人以上犯罪，應以在場共同實施或在場參與分擔實施犯罪之人爲限。不包括同謀共同正犯在內。司法院大法官會議釋字第一〇九號解釋「以自己共同犯罪之意思，事先同謀，而由其中一部分之人實施犯罪之行爲者，均爲共同犯」之意旨，雖明示將「同謀共同正犯」與「實施共同正犯」併包括於刑法總則第二十八條之「正犯」之中，但此與規定於刑法分則或刑法特別法中之結夥犯罪，其態樣並非一致。

▶ 67 年度第 10 次刑庭庭推總會議決議㈠（67.09.19）

結婚爲男女當事人二人之行爲，不容第三人分擔實施。父母同意其子女重婚，並爲主婚，既非分擔實施重婚行爲，亦非以自己共同重婚之意思而參與（重婚行爲除當事人外非第三人所能參與犯罪），祇是對其子女之重婚行爲，事前事中予以精神上之助力，僅能構成重婚罪之幫助犯，如子女原無婚之意思，則父母之造意可構成重婚之教唆犯，而不成立共同正犯。

▶ 77 台上 2135（判例）

共同正犯之意思聯絡，原不以數人間直接發生者爲限，即有間接之聯絡者，亦包括在內。如甲分別邀約乙、丙犯罪，雖乙、丙間彼此並無直接之聯絡，亦無礙於其爲共同正犯之成立。

▶ 106 台上 3352 ○（判決）

複數行爲人以共同正犯型態實施特定犯罪時，除自己行爲外，亦同時利用他人之行爲，以逐行自己之犯罪，共同正犯行爲階段如已推進至「著手實施犯行之後」，脫離者爲解消共同正犯關係，不僅需停止放棄自己之行爲，向未脫離者表明脫離意思，使其瞭解認知該情外，更由於脫離前以共同正犯型態所實施之行爲，係立於未脫離者得延續利用之以逐行自己犯罪之關係，存在著未脫離者得基於先前行爲，以延續逐行自己犯罪之危險性，脫離者自須排除該危險，或阻止未脫離者利用該危險以續行犯罪行爲時，始得解消共同正犯關係，不負共同正犯責任。易言之，複數行爲人逐行犯罪時，較諸於單獨型態，由於複數行爲人相互協力，心理上較容易受到鼓舞，在物理上實行行爲亦更易於強化堅實，對於結果之發生具有較高危險性，脫離者個人如僅單獨表示撤回加功或參與，一般多認爲難以除去該危險性，準此，立於共同正犯關係之行爲，複數行爲人間之各別行爲既然具有相互補充、利用關係，於脫離之後仍殘存有物理因果關係時固毋待贅言，甚於殘存心理因果關係時，單憑脫離共同正犯關係之表示，應尚難足以迴避共同正犯責任，基於因果關係遮斷觀點，脫離除須表明脫離共同正犯關係之意思，並使未脫離者認知明瞭該情外，更須除去自己先前所爲對於犯罪實現之影響力，切斷自己先前所創造之因果關係（即需消滅犯行危險性，解消脫離者先前所創造出朝向犯罪實現之危險性或物理、心理因果關係效果，如進行充分說服，於心理面向上，解消未脫離共犯之攻擊意思，或撤去犯罪工具等，除去物理的因果性等），**以解消共同正犯關係本身，始毋庸就犯罪最終結果（既遂）負責。**

▶105 台上 88 ○（判決）

刑法上之幫助犯，固以幫助他人犯罪之意思而參與犯罪構成要件以外之行為而成立，惟其所謂以幫助他人犯罪之意思而參與者，指其參與之原因，僅在助成他人犯罪之實現者而言，倘以合同之意思而參加犯罪，即係以自己犯罪之意思而參與，縱其所參與者為犯罪構成要件以外之行為，仍屬共同正犯，又所謂參與犯罪構成要件以外之行為者，指其所參與者非直接構成某種犯罪事實之內容，而僅係助成其犯罪事實實現之行為而言，苟已參與構成某種犯罪事實之一部，即屬分擔實行犯罪之行為，雖僅以幫助他人犯罪之意思而參與，亦仍屬共同正犯。此為現行實務上一致之見解。是就共同正犯與從犯之區別，係採主觀（是否以合同之意思即以自己共同犯罪之意思而參與）、客觀（是否參與構成要件行為）擇一標準說（參見民國九十四年二月二日修正公布之刑法第二十八條之修正立法理由）。而就他人故意積極作為之犯罪所侵害法益具體結果之發生，負有法律上防止義務之人（即立於保證人地位者，下以此稱之），若對該他人之犯罪有所參與，其究竟應負共同正犯或從犯之責，原則上仍應依上開共同正犯、從犯之區別標準決定。其中立於保證人地位者，縱僅消極不為阻止或防止行為，惟其與故意作為之正犯間，若於事前或事中已有以自己犯罪意思之共同正犯之犯意聯絡，其即係利用作為止犯之行為以達成其等共同犯罪之目的，即便其參與之方式，在形式上係以消極不阻止或防止之不作為使故意作為犯之構成要件行為（作為）易於實現，而未參與作為之構成要件行為，亦係共同正犯。若於保證人地位者，對他人故意積極作為之犯罪，與該他人間並無共同正犯之犯意聯絡，而僅能認有幫助之犯意，且其僅有上述使故意作為犯之構成要件行為（作為）易於實現之消極不阻止或防止之不作為時，應成立該故意作為犯之幫助犯；若其主觀上亦難認有幫助之犯意（如對故意作為犯之作為無認識等），則在有過失犯處罰明文規定情形下，視其對故意作為犯之犯罪所造成之結果，是否符合應注意、能注意而不注意之過失要件，論以過失犯。

▶102 台上 954（判決）

刑法學理上有「任意共犯」與「必要共犯」，前者指在犯罪性質上本得由一人單獨實行，而事實上偶以數人共同實行之情形；後者在性質上非有二人以上之共同實行不能成立，並依其性質又分為犯罪之成立非有相同目的之多數人加入不可之「聚合犯」，如刑法分則之公然聚眾施強暴、脅迫罪、參與犯罪結社罪、輪姦罪等，是數人之間有犯意聯絡與行為分擔，仍屬共同正犯之範疇；與犯罪之成立非有相對立意思者之合致不可之「對立犯」，如賄賂、賭博、重婚等罪屬之，因行為者各有其目的，各就其行為負責，彼此之間無所謂犯意之聯絡或行為之分擔，本質上並非共同正犯。

▶101 台上 289（判決）

共同正犯，在犯意聯絡範圍內，就合同行為，均負全部責任。是在多數行為人共同為強盜之情形，被害人死亡之加重結果，如與共同正犯中之一人或數人所為加害行為有相當因果關係，且該加重結果之發生，亦為其他共同正犯在客觀上可能預見，各共同正犯主觀上有注意之義務，能預見而未預見，亦即對加重結果之發生有過失（如主觀上有預見，即構成殺人罪），即應共負其責。若其他共同正犯所實行之行為，超越原計畫之範圍，而為其客觀上所難以預見者，則僅應就其所知之程度，令負責任，未可概以共同正犯論擬。至能否預見之事實，既為行為之評價要素，自仍應依證據予以認定。

▶100 台上 6096（判決）

多數人出於共同犯罪之意思，彼此分工協力共同實現犯罪行為，彼此互為補充而完成犯罪，即多數行為人基於犯意聯絡與行為分擔者，為共同正犯，學說上稱之為「功能性的犯罪支配」；在功能性犯罪支配概念下，多數人依其角色分配共同協力參與構成要件之實現，其中部分行為人雖未參與構成要件行為之實行，但其構成要件以外行為對於犯罪目的之實現具有不可或缺之地位，仍可成立共同正犯。

▶100 台上 5773（判決）

共同正犯間，在合同意思範圍內，各自分擔犯罪行為之一部，相互利用他人之行為，以達其犯罪之目的者，原不必每一階段均參與，祇須分擔犯罪行為之一部，即應對於全部所發生之結果共同負責。是共同正犯之行為，應整體觀察，就合同犯意內所造成之結果同負罪責，而非僅就自己實行之行為負責。原判決已敘明古○○、何○○等多人基於意圖勒贖而擄人之犯意，強擄張○○後，施以毆打、恐嚇等強暴手段使其簽發本票，並強押四處籌款及前往提款交付，主觀上乃假借「賭債」之名，以勒取不法所得之犯意聯絡等情之理由綦詳，古○○、何○○等既已參與擄人勒贖構成要件之行為，縱分工不同，亦僅需其等間之行為分擔，無礙須就全部犯罪事實共同負責之認定。

▶100 台上 5664（判決）

以自己共同犯罪之意思參與謀議，而由其中一部分人實行犯罪行為者，亦為共同正犯，此即學理及實務上所稱之「同謀共同正犯」。同謀共同正犯本身並未實際參與犯罪構成要件行為之實行，僅係基於自己犯罪之意思參與犯罪之謀議，而成

立共同正犯，自須以嚴格之證據證明其參與謀議之事實，此與一般親自參與分擔犯罪構成要件行為之實行共同正犯，對其有無參與犯罪之謀議，無須嚴格證明者不同。從而同謀共同正犯如何參與謀議及參與共同謀議之範圍如何，自應於判決之事實欄明白認定，並於理由欄內說明其所憑之證據及認定之理由，否則即難謂無判決理由不備之違法。

▶ 100 上訴 2089（判決）

共同正犯之所以應對其他共同正犯所實施之行為負其全部責任者，以就其行為有犯意聯絡為限，縱係於犯罪繼續進行中參與犯行，而認應為犯罪行為負全部責任（即承繼共同正犯），亦以嗣後參與者能知悉全部犯罪計畫，即與實施前階段犯罪行為人形成共同行為決意，始能令其為其他共犯前階段犯行負責。按走私罪之既遂、未遂，係以私運之管制物品是否進入國境為準，如走私之物品已運抵國境，走私行為即屬既遂，其後始行參與之人，乃屬學理上所謂事後共犯，自無論以走私罪共同正犯之餘地。

▶ 99 台上 7625（判決）

間接正犯係指行為人利用他人之行為，實現犯罪構成要件，以遂其犯意之正犯，行為人強制他人為構成要件該當行為，他人因恐嚇威勢，意思失其自由而實行者，在實行之人因無犯罪故意，既不構成犯罪，行為人則應成立間接正犯。

▶ 99 台上 7195（判決）

刑法上所稱「共謀共同正犯」係指以自己共同犯罪之意思，事先同謀，而推由一部分人實行犯罪行為之謂。若係以自己共同犯罪之意思參與實行犯罪構成要件以外之行為者，應屬「實行正犯」之範疇，尚難以共謀共同正犯論擬。而所謂參與構成要件以外之行為係指其所參與者，非直接構成犯罪事實之內容，但足以助成其所欲實現之犯罪事實發生之行為而言。而「共謀共同正犯」應對其他「實行正犯」所為之犯罪行為負全部責任，因其並未實行犯罪行為，僅係以其參與犯罪之謀議，為其犯罪構成要件之要素，從而其如何參與犯罪之謀議及共同謀議犯罪之範圍如何，自應於事實欄明白認定，並於理由內說明其所憑之依據，方足以就「共謀共同正犯」論罪科刑，否則「實行正犯」所為之犯罪行為是否在「同謀」之範圍內，有無超越原來「同謀」之犯罪計畫範圍，即無從判斷。

▶ 99 台上 3430（判決）

刑法上傷害人致重傷罪為加重結果犯，如多數人下手毆打，本有犯意之聯絡，即屬共同正犯，對於共同正犯間之實行行為，既互相利用，就傷害之結果，自應同負責任；又共同實行犯罪行為

之人，在合同意思範圍以內，各自分擔犯罪行為之一部，相互利用他人之行為，以達其犯罪之目的者，即應對於全部所發生之結果，共同負責；共同正犯之成立，祇須具有犯意之聯絡，行為之分擔，既不問犯罪動機起於何人，亦不必每一階段犯行，均經參與；意思之聯絡並不限於事前有所謀議，即僅於行為當時有共同犯意之聯絡者，亦屬之，且其表示之方法，亦不以明示通謀為必要，即相互間有默示之合致，亦無不可。

❖ 學者評釋

若依最高法院 91 年台上字第 50 號判例之意見，係以該結果之出現在客觀情形上是否能預見，作為檢驗是否適用結果加重規定之標準。依此，當我們檢驗某一案件之加重結果有無此客觀可預見性，而其結論為肯定時，那麼，這樣的結論實際上將會適用於所有的共同正犯成員，因為，這是一個「客觀」可預見性之檢驗，每一個成員既然皆屬有理性之人，則皆可成立結果加重犯。依此標準，最高法院 91 年台上字第 50 號判例的核心，亦即對於個別共同正犯成員進行審查，將失去意義，也正因如此，在現今實務上，可以說只要共同正犯成員中之一人成立結果加重犯，其他的成員亦一併適用結果加重規定，此一結果明顯地違反了最高法院自身的意見，亦即共同正犯僅就意思聯絡範圍內共負全部之責，亦違反了個人責任原則。上述不合理之現象，係根源於我國實務堅持將刑法第 17 條「行為人」能否預見之明文，解釋為「客觀」能否預見，是故，此一法律意見顯有重新思考予以斟酌之必要。

【徐育安，〈共同正犯之意思聯絡與加重結果——最高法院九十九年台上字第三四三○號刑事判決〉，《月旦裁判時報》，第 7 期，2011.02，97 頁以下。】

▶ 98 台上 4230（判決）

相續共同正犯，基於凡屬共同正犯，對於共同意思範圍內之行為均應負責之原則，共同犯罪之意思不以在實行犯罪行為前成立者為限，若了解最初行為者之意思而於其實行犯罪之中途發生共同之意思而參與實行者，亦足成立；故對於發生共同犯意以前其他共同正犯所為之行為，苟有就既成之條件加以利用而繼續共同實行犯罪之意思，則該行為即在共同意思範圍以內，應共同負責。

❖ 學者評釋

加入者對前行為應否負責，國內學說存有肯否不同之見解；最高法院 98 年台上字第 4230 號判決就此問題則採取肯定說之立場，相續共同正犯中，於先行者已著手犯罪後始加入共同犯罪者（後加入者），對於其與先行者形成共同實現犯罪之意思、隨後參與加工之部分，故應與先行者構成共同正犯而一同對犯罪負責。

而所謂「加入者應否對於加入前行為負責」之問題，實為後加入者與先行者所成立之共同正犯之範圍問題；亦即，後加入者參與犯罪後而實施之行為，固然在共同正犯之範圍內，應與先行者共同負責，但是，彼此共同負責之範圍得否向前溯及至參與犯罪之前。既然問題在於參與前之行為是否成立共同正犯之範圍，則應檢視該部分之行為得否滿足共同正犯之概念，如果能夠滿足法概念之要求，即屬共同正犯之範圍而應共同負責；否則，即不得援引共同正犯之概念，而要求後加入者共同負責。

共同正犯之成立，須具備以下三要件：㈠須具備正犯之性質，如果行為人僅具共犯（教唆犯、幫助犯）之地位，則不得援用共同正犯之概念。㈡主觀上需具有共同實現犯罪之意思。㈢客觀上需分擔犯罪行為之實施。以下就此三要件逐項檢視：

依學者之意見，相續共同正犯參與犯罪，似應考慮事實上能夠支配構成要件之最後時點。若認為就整體犯罪互相補充而對事實上不存在共同犯罪意思之加入前行為共同負責；則此種觀點似認同事實上在行為後所出現之主觀意思得以回溯向前全部效力，等於贊同刑法上所不承認之事後故意概念，而有所不當。假如由於後加入者在事實上無法逆轉而參與其加入前已發生之行為，即欠缺共同正犯之客觀要件。因此，在具體個案中，分擔犯罪既遂後便了前，未必還有參與犯罪而構成相續共同正犯之可能性。

【謝開平，〈相續共同正犯應否對於加入前之行為負責——評最高法院九十八年台上字第四二三○號刑事判決〉，《月旦裁判時報》，第2期，2010.04，145頁以下。】

▶98 台上 877（判決）

共謀共同正犯係以自己共同犯意之意思，事先同謀，而由其中一部分人實行犯罪行為而言。至本無犯罪之意思，因他人之教唆，始起意犯罪，該教唆之人除於教唆後，又進而實行犯罪行為者，因其教唆行為已為實行行為所吸收，應論以正犯外，則僅論以教唆犯。因之教唆犯與共謀共同正犯，就其均未實行犯罪行為而言，固屬相同，然其區別為教唆犯係教唆原無犯罪意思之人，使萌生犯意，並因之實際已實行犯罪者；而共謀共同正犯則係以自己共同犯罪之意思，事先同謀，而僅由其中一部分人實行犯罪行為，就其未下手實行之人，即應論以共同正犯。

❖ 學者評釋

一、甘添貴教授

依本判決之要旨，認為教唆犯與共謀共同正犯，就其均未實行犯罪行為而言，固屬相同，然其區別為：教唆犯係教唆原無犯罪意思之人，使其萌生犯意，並因之實行犯罪者；而共謀共同

正犯則係以自己共同犯罪之意思，事先同謀，而僅由其中一部分人實行犯罪行為，就其未下手實行之人，即應論以共同正犯。此種見解，在承認共謀共同正犯概念的前提下，應可接受的看法。

【甘添貴，〈共謀共同正犯與共犯的區別——最高法院98年度台上字第877號刑事判決詮釋〉，《法令月刊》，第61卷第2期，2010.02，55頁以下。】

二、陳志龍教授

實務的一貫見解係以「以自己犯罪之意思」或「幫助（或教唆）他人犯罪之意思」，作為區分標準，而不是以構成要件要素之思維。其問題在於，所謂的意思，指的應當是行為人主觀的要件，是行為人認知下的主觀狀態，換言之，是事實層面的概念（評價對象）。行為人是否構成犯罪及成立正犯或「參與犯」，基於罪刑法定原則（評價標準），是一個評價的概念，因此行為人認定自己是正犯，並不一定就會成立正犯；行為人認定自己是參與犯，也不一定會成立參與犯。

簡言之，如果實務所謂「以自己犯罪之意思」，是指依行為人的自我評價作為判斷標準，顯然有混淆評價標準與評價對象的謬誤。個案中被告之責任如何，終究還是必須由司法者將具體事實透過構成要件加以檢驗，方能決定。尤其如果透過構成要件的分析，有關「正犯」與「參與犯」的差異，除了對犯罪支配程度的差異，立法者亦可能在特定犯罪，限制於特定身分之人導致法益侵害，始該當於正犯。最主要在於涉及「行為人要素」的部分。

詳而言之，在此涉及的是成立犯罪的構成要件，其所要求的主體與性質，也就是「行為人」性質。就此一犯罪類型，無身分之人更無從以所謂「自己犯罪之意思」取代特定身分要件之構成要件要求，而論以正犯。

【陳志龍，〈正犯與參與犯的區分標準——評最高法院九十八年台上字第八七號判決〉，《月旦裁判時報》，第6期，2010.12，86頁以下。】

▶95 台上 3251（判決）

按中止犯之成立，以已著手於犯罪行為之實行，因己意中止或防止其結果之發生為要件。倘事前同謀或參與犯罪之預備行為，但於著手於犯罪行為之實行前，中止其共同犯罪之意思，亦未參與犯罪行為之實行，除另有處罰陰謀犯或預備犯之規定，應依該規定論處外，要無成立中止犯之可言。原判決依其確認之事實，以被告雖與張○○、蔡○○及乙共謀殺害李○○，向其家屬詐財，並於八十九年八月二十九日邀約李○○至「貝爾撞球場」，介紹李○○與張○○等人認識，但旋即心生悔意，藉詞離去，中止共同殺人、詐財之犯意聯絡。迨同年九月九日，張○○等人始

另行邀約李○○至基隆市和平島遊玩，取得其信任後，再於同月十日予以誘殺，足見被告係在張○○等人著手殺人前，中止共同殺人、詐財之犯意聯絡，嗣後亦未分擔任何犯罪行為之實行，應僅止於殺人之預備階段，不成立殺人之中止未遂，亦無防止其結果發生之義務，判決內已詳加剖析論敘（見原判決第二十七面第一行至第十六行）。於法無違。上訴意旨猶憑己見，謂被告係以自己犯罪之意思，事前同謀，且對於張○○等人實行之行為，在原定計畫範圍內而為其所得預見，復未防止結果之發生，應就全部所發生之結果，共同負責等語，難謂符合第三審上訴之法定要件。又原判決認被告參與預備殺人行為後，已中止共同殺人之犯意，則關於張○○等人著手殺人後之遺棄屍體部分，自不在上訴人應共同負責之列，為當然之理。

❖ **學者評釋**

　　首先，若依以往日本學說見解的主張，「脫離者於共謀後、著手實行前向其他共同者表達脫離的意思並獲得其他共同者的瞭解時，對於其後之其他共同者所產生的結果，不須負擔責任。」

　　由於本判決的行為人並未向其他共同者表達脫離的意思，其他共同者亦並不瞭解行為人的脫離，因此不符合脫離的條件。

　　又根據因果關係切斷說的理論，是否肯定共同正犯關係的脫離乃在於是否切斷與其他共同者的行為及結果的「物理性的、心理性的因果力」，脫離者對於其他共犯有所指示或提供犯罪工具、資訊而對於其他著手實行的共同正犯整體具有明確的物理性影響力時，將難以承認因果力的切斷；而本判決的行為人將其所認識的被害人介紹給其他共同者，使其他共同者因此結識被害人，最終導致被害人遭殺害，因此可說對於其他共同者提供了犯罪實行與結果「物理性的因果力」，而行為人提供該因果力（貢獻力）之後並未予以切斷。

　　故在肯定共謀共同正犯的前提下，對於其他共同者所實行的犯罪行為及結果亦應負擔罪責，而非僅成立陰謀犯或預備犯。如此的情況，就如同行為人參與共謀殺人，並提供凶器給其他共同者，在著手實行前心生悔意、藉詞離開，最終其他共同者以該凶器將被害人殺害的情況，行為人因未切斷其提供凶器的「物理性」的因果力，因此依然須負殺人既遂的罪責。

【陳子平，〈著手實行前共同正犯關係之脫離——九十四年度台上字第三五一五號與九十五年度台上字第三二五一號刑事判決之評析〉，《月旦法學雜誌》，第 203 期，2012.04，176 頁以下。】

▶ **94 台上 3515（判決）**

按被告事前共謀犯罪或參與預備犯罪之行為，但於即將開始實施犯罪行為尚未著手之際，因反悔而拒絕參與實施犯罪之行為，並以行動阻止其他人實施犯罪之行為；縱其阻止行動無效，其他人仍下手實施犯罪行為而發生犯罪之結果，惟被告於其他人即將開始實施犯罪行為尚未著手之際，既已無與之共同犯罪之意思，亦未參與實施犯罪之行為，除法律有處罰該罪之陰謀或預備之規定，應論以該罪之陰謀犯或預備犯外，尚不能遽依該罪之共同正犯論擬。

❖ **學者評釋**

　　從判決事實可知，「行為人於著手實行前，因反悔而拒絕實施犯罪之行為，並以行動阻止其他正犯實施該項犯罪之行為」。

　　首先，若依以往日本學說見解的主張，「脫離者於共謀後、著手實行前向其他共同者表達脫離的意思並獲得其他共同者的瞭解時，對於其後之其他共同者所產生的結果，不須負擔責任。」

　　其次，根據因果關係切斷說的主張，是否肯定共同在犯關係的脫離乃在於是否切斷與其他共同者的行為及結果的「物理性的、心理性的因果力」。於一般的情況，脫離者於著手實行前的參與僅止於共謀的階段而不具有物理性的幫助時，僅以脫離者於著手實行前向其他共同者表達脫離的意思並獲得其他共同者的瞭解時，則肯定心理性因果力的切斷，脫離者僅成立陰謀或預備犯；然而本判決的行為人是否僅止於共謀參與而不具有物理性的幫助？即行為人是否參與了購買硫酸瓶及塑膠手套一盒等供犯罪使用的工具？若肯定，則行為人必須同時切斷物理性幫助的因果力時，例如奪回所提供的犯罪工具，始得以肯定共同正犯關係的脫離。

【陳子平，〈著手實行前共同正犯關係之脫離——九十四年度台上字第三五一五號與九十五年度台上字第三二五一號刑事判決之評析〉，《月旦法學雜誌》，第 203 期，2012.04，175 頁以下。】

第 29 條（教唆犯及其處罰）
Ⅰ 教唆他人使之實行犯罪行為者，為教唆犯。
Ⅱ 教唆犯之處罰，依其所教唆之罪處罰之。

☐ **修正前條文**

Ⅰ 教唆他人犯罪者，為教唆犯。
Ⅱ 教唆犯，依其所教唆之罪處罰之。
Ⅲ 被教唆人雖未至犯罪，教唆犯仍以未遂犯論。但以所教唆之罪有處罰未遂犯之規定者，為限。

■ **修正說明（94.02.02）**

　　一、關於教唆犯之性質為何，實務及學說之見解至為混亂，惟依現行教唆犯之立法理由

「教唆犯惡性甚大，宜採獨立處罰主義。惟被教唆人未予犯罪，或雖犯罪而未遂，即處教唆犯既遂犯之刑，未免過嚴，故本案規定此種情形，以未遂犯論。」似可得知係採共犯獨立性說立場。

二、教唆犯如採共犯獨立性說之立場，實側重於處罰行為人之惡性，此與現行刑法以處罰犯罪行為為基本原則之立場有違。更不符合現代刑法思潮之共犯為屬性思想，故改採德國刑法及日本多數見解之共犯從屬性說中之「限制從屬形式」。依限制從屬形式之立場，共犯之成立係以正犯行為（主行為）之存在為必要，而此正犯行為則須正犯者（被教唆者）著手於犯罪之實行行為，且具備違法性（即須正犯行為具備構成要件該當性、違法性），始足當之，至於有責性之判斷，則依個別正犯或共犯判斷之，爰刪除原條文第三項失敗教唆及無效教唆之處罰，並修正要件為「教唆他人使之實行犯罪行為者，為教唆犯」，亦即被教唆者未產生犯罪決意，或雖生決意卻未實行者，教唆者皆不成立教唆犯。

三、修正後之教唆犯既採共犯從屬性說之立場，因此，關於教唆犯之處罰效果，仍維持原法第二項「教唆犯，依其所教唆之罪處罰之」之規定，在適用上係指被教唆者著手實行，且具備違法性後，教唆者始成立教唆犯。而成立教唆犯後之處罰，則依教唆犯所教唆之罪（如教唆殺人者，依殺人罪處罰之）。至於應適用既遂、未遂何者之刑，則視被教唆者所實行之構成要件事實既遂、未遂為斷。

❖ 修法簡評

有論者指出此乃完全的錯誤修正，蓋處罰教唆犯只有一個理由就是，教唆也是製造利益侵害的一種手段，而和所謂共犯獨立原則或共犯從屬原則都沒有關係。在此一認知下，教唆既遂的意義是行為人事實上透過教唆行為實現了利益侵害，但是和一般未遂犯相同的，其教唆行為的重演可能實現利益侵害，由於這樣的行為具有未來的危險性，而有動用刑罰的必要。

【黃榮堅，《基礎刑法學（下）》，元照，四版，2012.03，837 頁以下。】

不過，此種情形還是有唯一可能的處罰例外餘地，即被教唆人已萌生犯意，且本罪已經進入有處罰預備犯之規定的預備階段時（如刑法第271 條第 3 項），此際，若依照目前教唆犯的處罰規定解讀，被教唆人既然成立本罪預備犯，教唆人當亦有可能成立本罪預備的教唆犯。

【林鈺雄，《新刑法總則》，元照，六版，2018.09，470

頁。】

❖ 法學概念
教唆犯

教唆犯係指故意挑起他人犯罪意念的人。教唆犯必須是故意。教唆故意，不限於直接故意，也包括間接故意，但必須有雙重故意（完整的故意）：其一，惹起他人犯罪的故意；其二，希望被教唆人完成犯罪的故意。有一種教唆，雖然故意激起他人的犯罪決意，但不希望他人完成犯罪。這種教唆，學說稱為陷害教唆。由於這種缺乏完整的教唆故意，所以不具可罰性。典型例子是，教唆他人行竊，在被教唆人行竊之際，通知警方逮捕。又如司法警察甲為肅清煙毒，甲表示有意向該組織購買數量龐大的毒品，並且要親自與幕後老板接洽。就在毒品交付之後，立刻安排警方將幕後老板及其同夥，全數逮捕。從法益破壞的觀點來看：陷害教唆者，雖然有意使被教唆人實現構成要件的既遂行為（毒品交易），但是不想讓交易行為的結果出現（毒品），所以教唆人欠缺可罰性，但如果甲誘使販毒後，卻無力監控毒品流向，毒品因而流入市面，甲有可能成立教唆犯。

教唆與「煽惑犯罪」不同。第一，教唆有特定對象，煽惑則沒有特定對象。第二，煽惑犯罪是妨害秩序罪的一種。但是教唆的自體無法單獨成罪，沒有「教唆罪」此一罪名。教唆只是參與犯罪的一種型態，除了過失犯罪之外，所有的故意犯罪都可以用教唆的方式參與，包括可以教唆他人「煽惑犯罪」，例如：教唆他人在網路上傳播製造軍火的技巧。

【林東茂，《刑法總則》，一品，初版，2018.04，273 頁；林東茂，〈臥底警探的法律問題〉，收於氏著《危險犯與經濟刑法》，五南，三版，2002.10，256 頁以下。】

❖ 法學概念
偏離教唆故意的錯誤類型
一、教唆之逾越

若被教唆人係「故意」逾越，教唆犯對此不負的刑責，僅由被教唆之正犯單獨負責，蓋其對逾越犯為部分並無故意。就加重結果之部分，因共犯僅就故意之基本犯罪從屬於正犯，對加重結果則無從屬可言（過失犯不能成立共犯），則其是否應對加重結果負責，也就是共犯本身就加重結果之發生能否預見，有無過失為問，故此種情形應就教唆犯對加重結果之發生有無預見可能性為斷。

【林鈺雄，《新刑法總則》，元照，六版，2018.09，471 頁；最高法院 100 年度台上字第 3062 號判決。】

二、教唆之減縮（不足）

若教唆犯教唆正犯者為較重的犯罪行為，但正犯只犯較輕的犯罪行為。教唆犯仍僅成立輕罪

之既遂，只對較少的部分負責。

【張麗卿，《刑法總則理論與運用》，五南，七版，2018.09，388 頁。】

三、正犯所為較其應為者有所不同

(一)若係不重要之偏離行為：教唆犯的故意仍可涵蓋，成立其所教唆的既遂罪。

(二)重要之偏離行為，例如正犯發生客體錯誤時的處理方式如下：

1. 等價之客體錯誤：實務認為，正犯之客體錯誤時，對於教唆犯之可罰性不生影響，故教唆犯仍成立教唆既遂犯（24 台上 1262 判例參照）。

2. 不等價之客體錯誤：行為人有預見之可能性時，對於錯誤中之客體亦能成立過失犯之刑責。

【張麗卿，《刑法總則理論與運用》，五南，七版，2018.09，338 頁。】

□ 實務見解

▶ 73 台上 2616（判例）

教唆犯並非共同正犯，上訴人夫妻如屬共同教唆偽證，應就教唆行為共同負責，無適用刑法第二十八條規定之餘地，原判決主文揭示上訴人共同教唆偽證字樣，並於結論欄引用刑法第二十八條，殊嫌錯誤。

▶ 30 上 597（判例）

教唆犯以須實施者之犯罪在其教唆範圍以內者，始負責任，如實施者之犯罪越出教唆範圍之外，則教唆者對於越出部分之犯罪行為，不負教唆責任。

▶ 25 上 4445（判例）

刑法第一百六十五條所謂湮滅關係**「他人」**刑事被告案件之證據，必以所湮滅者「非其本人」犯罪之證據為要件，否則縱與其他共犯有關，亦難律以該項罪名。

▶ 103 台上 1625（判決）

被告在自己的刑事案件接受審判，雖然不可能期待其為真實之陳述，以陷自己於不利地位之訴訟結果。故被告在自己的刑事案件中為虛偽之陳述，乃予不處罰。惟期待不可能之個人阻卻責任事由，僅限於被告自己為虛偽陳述之情形，始不為罪；如被告為求脫罪，積極教唆他人犯偽證罪，除將他人捲入犯罪之外，法院更可能因誤信該證人經具結後之虛偽證言而造成誤判之結果，嚴重侵犯司法審判之公正性，此已逾越法律賦予被告單純為求自己有利之訴訟結果而得採取之訴訟上防禦或緘默權之範圍且非國民道德觀念所能容許，依一般人客觀之立場觀之，應得合理期待被告不為此一犯罪行為，而仍應論以教唆偽證罪。

▶ 101 台上 108（判決）

刑法上之教唆犯，係指行為人並無自己犯罪之意圖，卻基於使他人犯罪為目的，對於本無犯罪意思之人，以挑唆或勸誘之方式使他人萌生犯罪決意進而實行犯罪之行為者而言。故教唆犯雖無自己犯罪之意思，但卻有使他人萌生犯罪意思之積極意圖，則其主觀上當然具有教唆他人犯罪之「直接故意」，而無所謂基於「間接故意」而教唆他人實行犯罪行為之餘地。

▶ 100 台上 6904（判決）

教唆犯或幫助犯（下稱共犯）依從屬性原則，依附於正犯之不法行為而成立犯罪，就加重結果而論，共犯僅就故意之基本犯罪從屬於正犯，對加重結果則無從屬可言（過失不能成立共犯），則其是否應對加重結果負責，亦唯正犯本身就加重結果之發生能否預見，有無過失為問，且通常較嚴苛共同正犯不易成立。尤其共犯對犯罪行為之風險製造及因果流程之控制，一般均較共同正犯為少，故對其加重結果之成立與否，論斷應負之注意義務時，允宜較共同正犯為輕。原判決認上訴人僅為幫助犯，卻對其傷害人致重傷之加重結果，如何可預見且有過失而未預見，未予詳細判斷，自屬理由不備。

▶ 100 台上 4914（判決）

刑法第二十九條關於教唆犯之規定，已改採共犯從屬性說之限制從屬形式立場，須被教唆者著手實行犯罪行為，且具備違法性後，教唆者始成立教唆犯，是行為人教唆偽證罪之成立，必以被教唆之人實行犯罪，教唆犯始成立教唆偽證罪。此與修正前「被教唆人雖未至犯罪，教唆犯仍以未遂犯論」之規定，係採共犯獨立性說立場，側重於處罰教唆犯之惡性，顯然有別。

第 30 條（幫助犯及其處罰）

I 幫助他人實行犯罪行為者，為幫助犯。雖他人不知幫助之情者，亦同。

II 幫助犯之處罰，得按正犯之刑減輕之。

□ 修正前條文

I 幫助他人犯罪者，為從犯。雖他人不知幫助之情者，亦同。

II 從犯之處罰，得按正犯之刑減輕之。

■ 修正說明（94.02.02）

一、關於現行幫助犯之性質，實務及學說多數見解，認係採共犯從屬性說之立場，然第一項關於幫助犯之規定，與原條文第二十九條第一項體例相同，在解釋上，亦滋生共犯獨立性說與從屬性說之爭。依學界通說既認幫助犯應採共犯從屬性說之「限制從屬形式」，使教唆犯及幫助犯之

從屬理論一致，爰修正第一項之文字，以杜疑義。

二、「從犯」一語，常有不同解讀，關於教唆犯之理論，既改採從屬性說中「限制從屬形式」，已如前述，則「從犯」一語宜修正爲「幫助犯」，以符本意。爰將第一項前段之文字，修正爲「幫助他人實行犯罪行爲者，爲幫助犯」，並明示幫助犯之成立，亦以被幫助者著手犯罪之實行，且具備違法性爲必要。至於被幫助者是否具有「有責性（罪責）」，皆不影響幫助犯之成立。因此，如被幫助之人未滿十四歲，或有第十九條第一項之情形而不罰，依幫助犯之限制從屬形式，仍得依其所幫助之罪處罰之。

三、由於幫助犯之不法內涵輕於正犯、教唆犯，在處罰效果上，仍維持「得減輕其刑」之規定爲妥。

❖ 法學概念
幫助犯

所謂幫助犯，學理上亦稱爲從犯，因行爲人事前或事中幫助正犯，助益其犯罪之進行或完成，而歸屬於正犯，予以非難，課以刑責，是若正犯已經完成其犯罪，除法律另有規定外，不能成立事後幫助犯。幫助者自己並無實行犯罪構成要件之意思與行爲，而係於他人犯罪中，認識自己之幫助行爲，而且鑑於正犯之犯罪仍有構成要件故意之存在，導致可使正犯之犯罪容易實現。所謂幫助故意，必須具有雙重故意，其一是幫助他人實行特定犯罪的故意，以及幫助既遂故意。於正犯實行犯罪行爲時，給予幫助的行爲無論是物質或是精神的鼓勵皆屬之，而使正犯得以或易於實現構成要件。至於幫助與正犯有無意思聯絡，並非必要，片面的幫助（即使被幫助者不知情）亦得成立幫助犯，現行刑法規定「幫助他人實行犯罪行爲者，爲幫助犯。雖他人不知幫助之情者，亦同」（§30 I）。

【最高法院103年度台非字第236號判決：柯耀程，《刑法總論》，三民，初版，2014.08，299頁；余振華，《刑法總論》，三民，二版，2013.10，429頁；甘添貴、謝庭晃，《捷徑刑法總論》，瑞興，修訂版，2006.06，266頁。】

❖ 法學概念
是否承認幫助的預備犯或陰謀犯？

所謂「幫助預備或陰謀預備」，是指幫助預備罪或是陰謀預備罪的行爲，結果正犯僅止於預備或陰謀階段而言。

若承認共犯獨立性說之立場，得肯定幫助犯之成立。但我國係採共犯從屬性說之「限制從屬形式」，所謂實行犯罪是指著手構成要件的「實行」，不包括預備階段，故本書認爲不應承認幫助的預備犯或是陰謀犯。

【最高法院27年台上字第2766號判例：陳子平，《刑法總論》，元照，三版，2015.09，606頁；林東茂，《刑法總則》，一品，初版，2018.04，283頁。】

❖ 法學概念
中性幫助行爲

在幫助犯的討論中，有一極爲重要的問題，在於中性幫助行爲的可罰性，亦即，中性的、日常生活的舉止方式，如果對正犯行有所助益的話，能否視爲幫助行爲，而依幫助犯處罰？

我國早期實務認爲：「上訴人在製造嗎啡機關內，如僅係受僱洗滌器具等一切雜事，對於製造嗎啡並無加工行爲，縱係知情，尚難論以幫助製造嗎啡罪（最高法院25年上字第2387號判例），係採否定之見解。但近期判決則認爲，提供餐點給正犯等人食用，待人質逃離後，並到派出所查看情況，顯出於幫助正犯等人擄人勒贖之犯意，於事中予以助力，其以幫助之意思參與犯罪構成要件以外之行爲，應係擄人勒贖罪之幫助犯（96年台上字第388號）。

至於我國學者則較傾向於折衷的看法，如黃惠婷教授認爲，並非只要對正犯提供助益，皆成立幫助犯，除非幫助行爲與正犯犯罪具因果關係，且提高被害人的風險。日常的中性行爲雖然與他人犯罪具因果關係，但欠缺犯罪的意義關聯性，且依信賴原則能排除結果的客觀歸責時，也不成立幫助犯。林鈺雄教授亦謂，在通常情形，提供者無論是賣麵包、賣菜刀或租房子，這些「日常生活舉止」根本沒有製造任何具有刑法意義的風險，或者所製造的僅是「可容許之風險」而已，無法以刑法相繩；但是若正犯擺明了就是要以該提供物來實現違法行爲，而提供者也完全知悉正犯的打算，此時，提供者對於犯罪的貢獻就已經失去了「日常生活舉止」的特徵，提供者就是以幫助故意來資助並貢獻正犯故意犯行之人，構成幫助犯。

【黃惠婷，《刑法案例研習(三)》，新學林，初版，2011.12，161頁；林鈺雄，《新刑法總則》，元照，六版，2018.09，481頁以下。】

❑ 實務見解

▶ 60 台上 2159（判例）

刑法上之幫助犯，以正犯已經犯罪構成要件，故幫助犯無獨立性，如無他人犯罪行爲之存在，幫助犯即無由成立。

▶ 107 台上 1094 ○（判決）

刑法上所謂幫助他人犯罪，係指對他人決意實行之犯罪有認識，而基於幫助之意思，於他人犯罪實行之前或進行中施以助力，給予實行上之便利，使犯罪易於實行，而助成其結果發生者。

是行為人對其幫助之行為與被幫助犯罪侵害法益之結果間有因果關係之認知，仍屬意為之，即得認有幫助犯罪之故意，要不因其所為非以助益犯罪之實行為唯一或主要目的而異其結果；且其所為之幫助行為，基於行為與侵害法益結果間之連帶關聯乃刑事客觀歸責之基本要件，固須與犯罪結果間有因果關聯，但不以具備直接因果關係為必要。故凡意圖幫助犯罪而以言語或動作從旁助勢，直接或間接予以犯罪之便利，足以增加正犯犯罪之力量者，即屬幫助行為，縱其於犯罪之進行並非不可或缺，或所提供之助益未具關鍵性影響，亦屬幫助犯罪之行為。

▶ 105 台上 88 ○（判決）
刑法上之幫助犯，固以幫助他人犯罪之意思而參與犯罪構成要件以外之行為而成立，惟所謂以幫助他人犯罪之意思而參與者，指其參與之原因，僅在助成他人犯罪之實現者而言，倘以合同之意思而參加犯罪，即係以自己犯罪之意思而參與，縱其所參與者為犯罪構成要件以外之行為，仍屬共同正犯，又所謂參與犯罪構成要件以外之行為者，指其所參與者非直接構成某種犯罪事實之內容，而僅係助成其犯罪事實實現之行為而言，苟已參與構成某種犯罪事實之一部，即屬分擔實行犯罪之行為，雖僅以幫助他人犯罪之意思而參與，亦仍屬共同正犯。此為現行實務上一致之見解。是就共同正犯與從犯之區別，係採主觀（是否以合同之意思即以自己共同犯罪之意思而參與）、客觀（是否參與構成要件行為）擇一標準說（參見民國九十四年二月二日修正公布之刑法第二十八條之修正立法理由）。而就他人故意積極作為之犯罪所侵害法益具體結果之發生，負有法律上防止義務之人（即立於保證人地位者，下以此稱之），若對該他人之犯罪有所參與，其究竟應負共同正犯或從犯之責，原則上仍應依上開共同正犯、從犯之區別標準決定之。其中立於保證人地位者，縱僅消極不為阻止或防止行為，惟其與故意作為之正犯間，若於事前或事中已有以自己犯罪意思之共同正犯之犯意聯絡，其即係利用作為正犯之行為以達成其等共同犯罪之目的，即便其參與之方式，在形式上係以消極不阻止或防止之不作為使故意作為犯之構成要件行為（作為）易於實現，而未參與作為之構成要件行為，亦係共同正犯。若立於保證人地位者，對他人故意積極作為之犯罪，與該他人間並無共同正犯之犯意聯絡，而僅能認有幫助之犯意，且其僅具有上述使故意作為犯之構成要件行為（作為）易於實現之消極不阻止或防止之不作為時，應成立該故意作為犯之幫助犯；若其主觀上亦難認有幫助之犯意（如對故意作為之作為無認識等），則在有過失犯處罰明文規定情形下，視其對故意作為

犯之犯罪所造成之結果，是否符合應注意、能注意而不注意之過失要件，論以過失犯。
至於本院二十七年上字第二七六六號判例意旨所稱：「……若於他人實施犯罪之際，僅以消極態度不加阻止，並無助成正犯犯罪之意思，及便利其實施犯罪之行為者，即不能以從犯論擬。」係指對他人犯罪侵害法益之結果，法律上無防止其結果發生義務者之情形而言，對有刑法第十五條規定適用而立於保證人地位者，無援用之餘地。

▶ 100 台上 7319（判決）
刑法上所謂幫助犯，係指對他人決意實行之犯罪有認識，而基於幫助之意思，於他人犯罪實行之前或進行中資以助力，予以實行上便利，使犯罪易於實行之人。因此，凡任何可足使正犯得以或易於實行犯罪之積極或消極行為，不論其於犯罪之進行是否不可或缺，亦不問所提供之助益是否具有關鍵性影響，均屬幫助犯罪之行為。屬實際生活中日常活動之行為，一般固非出於助益犯罪實行之目的，然如該日常行為之行為人已認知正犯藉以實行犯罪之計畫卻仍為之，而提供正犯實行犯罪之助益，仍應成立幫助犯。

▶ 100 台上 1709（判決）
刑法上所謂幫助他人犯罪，係指就他人之犯罪加以助力，使其易於實行之積極的或消極的行為而言。故於正犯犯罪已經完成而僅止於事後加功者，即不能謂有共犯之關係。

▶ 100 台非 35（判決）
按刑事法上幫助犯之成立須客觀上有幫助行為，主觀上有幫助故意，即行為人知他人係實施罪，且認識其行為將足以就他人所實施之犯罪發生助力為要件，若其行為雖在外觀上有對他人犯罪施以助力，然其對正犯之犯罪行為並無認識，即屬欠缺幫助故意，自難論以幫助犯。

▶ 96 台上 1388（判決）
于○○遭張○○拘禁於梅園藏匿處期間，上訴人丁○○雖未參與綁架、拘禁被害人于○○或謀議分贓等行為，惟其容任張○○拘禁于○○於其梅園藏匿處提供餐點給張○○、于○○食用，于○○逃離後，並到派出所查看情況，顯出於幫助張○○等人擄人勒贖之犯意，對張○○等人擄人勒贖行為事中予以助力，其以幫助之意思參與犯罪構成要件以外之行為，應係張○○等人共同擄人勒贖行為之幫助犯之理由。

第 31 條（正犯或共犯與身分）
Ⅰ 因身分或其他特定關係成立之罪，其共同實行、教唆或幫助者，雖無特定關係，仍以正犯或共犯論。但得減輕其刑。
Ⅱ 因身分或其他特定關係致刑有重輕或免除者，其無特定關係之人，科以通常之刑。

□ **修正前條文**

Ⅰ 因身分或其他特定關係成立之罪，其共同實施或教唆幫助者，雖無特定關係，仍以共犯論。

Ⅱ 因身分或其他特定關係致刑有重輕或免除者，其無特定關係之人，科以通常之刑。

■ **修正說明（94.02.02）**

一、第二十八條至第三十條對於正犯與共犯之共同或參與行為，已修正為「實行」或「使之實行」犯罪行為，本條係規範正犯與共犯之身分或特定關係，自應採取相同之立場，爰將第一項之「實施」修正為「實行」，俾利適用。

二、原法對共同實行、教唆或幫助者，雖無身分或其他特定關係，一律論以共犯，較有些國家之僅承認無身分或其他特定關係之教唆犯或幫助犯構成共犯者為嚴格（德國現行刑法第二十八條所稱共犯，係指教唆犯或幫助犯而言，不及於共同正犯）。衡情而論，無身分或特定關係之共同正犯、教唆犯、或幫助犯，其可罰性應較有身分或特定關係者為輕，不宜同american。再衡以第二項於無身分或特定關係者之刑較對有身分或特定關係者之刑為輕時，對無特定關係之人科以輕刑之規定，益徵對無特定關係之正犯或共犯宜設減刑規定。惟又鑑於無身分或特定關係之正犯或共犯，其惡性較有身分或特定關係者為重之情形，亦屬常見。另除配合第四章章名之修正將第一項內之「共犯」修正為「正犯或共犯」外，並增設但書規定得減輕其刑，以利實務上之靈活運用。

三、第二項未修正。

❖ **法學概念**

純正身分犯（echte Sonderdelikte）

所謂「純正身分犯」，亦可翻譯成「純正特別犯」，係指必須具備一定的身分，才能成為犯罪類型的規範對象，最典型的例子是瀆職。

【林東茂，《刑法綜覽》，一品，八版，2015.08，268 頁。】

因為公務員職務犯罪須行為人具有「特別義務的地位」（besondere Pflichtstellung）為其構成要件成立前提。按照純正身分犯的本質，不具該特定主體資格的參與者，既不能成立純正身分犯的單獨正犯，亦不能與具有行為主體資格的純正身分犯的共同正犯；但是可以因其參與行為而成立該罪的教唆犯或幫助犯。德國教科書的舉例：某地政官員甲唆使不具公務員身分的乙在地籍資料上做虛偽登記，則甲因具有職務身分且在職權範圍內，不應成立教唆犯，而應成立

偽造文書罪的間接正犯。反之，乙因不具公務員身分，在構成要件上只成立「參與犯」（幫助犯），而國內學者亦大多持相同之看法。

【Vgl. Wessels/Beulke, Strafrecht, AT, 28. Aufl., 2012, S. 154, Rn. 521.；林山田，《刑法通論（下）》，元照，十版，2008.01，140、143 頁；柯耀程，《刑法釋論Ⅰ》，一品，初版，2014.08，634 頁以下；王皇玉，《刑法總則》，新學林，三版，2017.11，422 頁；陳志輝，〈義務犯〉，《月旦法學教室》，2004 年 9 月，34 頁以下。】

❖ **法學概念**

不純正身分犯（unechte Sonderdelikte）

亦稱為「不純正特別犯」，即無具有身分或特定關係僅影響量刑的輕重者，稱之為加減身分，而以加減身分罪作為犯罪成立要件的犯罪類型。據此身分或特定關係者，可成立加重或減免刑罰的犯罪。本法第 31 條第 2 項規定，所謂的「科以通常之刑」，其實是論以「通常之罪刑」的意思，無此身分或特定關係者，則成立基本構成要件的犯罪，科以通常的刑罰。

【張麗卿，《刑法總則理論與運用》，五南，六版，2016.09，394 頁；林書楷，《刑法總則》，五南，四版，2018.09，400 頁。】

❖ **法學概念**

本條所稱「身分」之涵義

就刑法第 31 條第 1 項（因身分或其他特定關係成立之罪）之文義以觀，因對於犯罪之成立要件，在採構成要件、違法、責任之三階層體系之立場下，解釋上可能包含：

一、構成要件階層之「構成身分」（例如，第 335 條之自己持有）及「加減身分」。

二、違法階層之「減輕違法身分」（例如，第 273 條之當場激於義憤）。

三、責任階層之「減輕責任身分」（例如，第 275 條之受囑託或得承諾）等積極身分。

至於「阻卻構成要件身分」（例如，第 306 條之得被害人同意）、「阻卻違法身分」（例如，第 23 條之正當防衛）及「阻卻責任身分」（例如，第 18 條第 1 項之未滿 14 歲之人）等消極身分，則不包括在內。

【靳宗立，《刑法總論Ⅰ——刑法基礎理論暨犯罪論》，集義閣，初版，2010.09，432 頁以下。】

□ **實務見解**

▶ **70 台上 2481（判例）**

共犯中之林某乃味○公司倉庫之庫務人員，該被盜之醬油，乃其所經管之物品，亦即基於業務上關係所持有之物，竟串通上訴人等乘載運醬油及味精之機會，予以竊取，此項監守自盜之行為，實應構成業務上侵占之罪，雖此罪係以身分關係而成立，但其共同實施者，雖無此特定關係，依刑法第三十一條第一項規定，仍應以共犯論。

▶ 70 台上 1082（判例）

李某乃被害人李女唯一因親屬關係有監督權之人，竟將該未滿十六歲之被害人賣與陳婦爲娼，同時觸犯刑法第二百三十二條、第二百三十三條罪名，因法規競合，應論以較重之刑法第二百三十二條之罪。陳婦雖無該身分關係，但與李某共同引誘李女賣淫，依同法第三十一條第二項規定，因身分或其他特定關係致刑有重輕或免除者，其無特定關係之人，科以通常之刑，故陳某應依較輕之刑法第二百三十三條論處。

▶ 28 上 3441（判例）

刑法第三百三十六條第二項之罪，以侵占業務上所持有之物爲其構成要件，即係因其業務上持有之身分關係而成立之罪，與僅因身分關係或其他特定關係而致刑有重輕之情形有別。因而無業務關係之人，與有業務關係者共同侵占，依同法第三十一條第一項規定，仍應以業務上侵占之共犯論。

▶ 28 上 2536（判例）

刑法第三百三十六條第二項之罪，以侵占業務上所持有之物爲其構成要件，即係因其業務上持有之身分關係而成立之罪，與僅因身分關係或其他特定關係而致刑有重輕之情形有別。因而無業務關係之人，與有業務關係者共同侵占，依同法第三十一條第一項規定，仍應以業務上侵占之共犯論。

▶ 100 台上 7162（判決）

貪污治罪條例第六條第一項第四款之圖利罪，係屬身分犯，以依據法令從事公務之人員爲犯罪主體，無此身分者，依同條例第三條之規定，固亦得成立本罪之共同正犯。然必無此身分者與有此身分者，並非互相對立之「對向犯」，而係彼此有犯意聯絡及行爲分擔，朝同一目的，共同對於有此身分者所主管或監督之事務，直接或間接圖得該有此身分者本人或圖得其他第三人不法之利益，始足當之，若該有此身分者所圖利之對象，即係該無此身分者，則二人係居於彼此相互對立之對向關係，行爲縱有合致，並使該無此身分者因而得不法之利益，但二人之行爲既各有其目的，分別就各該行爲負責，彼此間即無所謂犯意聯絡與行爲分擔，除另有處罰該無此身分者之他項罪名外，尚難以上開圖利罪之共同正犯論處。

▶ 100 台上 389（判決）

因身分或其他特定關係致刑有重輕或免除者，其無特定關係之人科以通常之刑，刑法第三十一條第二項規定甚明，且此非僅爲無特定關係之人定科刑之標準，即論罪亦包括在內，不能離而爲二。依原判決認定之事實，共同被告柯○柱（已歿，經原審判決不受理確定）於本件行爲時爲台

灣台北地方法院檢察署檢察官，爲依據法令從事偵查犯罪，具有追訴權限之公務人員，上訴人爲執業律師。則上訴人與柯○柱共同實行本件貪污治罪條例第五條第一項第三款不違背職務收受賄賂之犯行，固應以共同正犯論，但上訴人既無從事偵查犯罪，具有追訴權限之特定身分關係，依照前開規定，祇應論以貪污治罪條例第五條第一項第三款之對於職務上之行爲收受賄賂之罪，並科以通常之刑；原判決竟將上訴人論以同條例第七條之罪，並依該罪加重其刑，自有適用法則不當之違法。

第五章　刑

第 32 條（刑罰之種類）
刑分爲主刑及從刑。

第 33 條（主刑之種類）
主刑之種類如下：
一　死刑。
二　無期徒刑。
三　有期徒刑：二月以上十五年以下。但遇有加減時，得減至二月未滿，或加至二十年。
四　拘役：一日以上，六十日未滿。但遇有加重時，得加至一百二十日。
五　罰金：新臺幣一千元以上，以百元計算之。

□修正前條文
主刑之種類如左：
一　死刑。
二　無期徒刑。
三　有期徒刑：二月以上十五年以下。但遇有加減時，得減至二月未滿，或加至二十年。
四　拘役：一日以上，二月未滿，但遇有加重時，得加至四個月。
五　罰金：一元以上。

■修正說明（94.02.02）
一、序文之「如左」一語，改爲「如下」。
二、第一款至第三款未修正。
三、第四款拘役原定爲一日以上二月未滿，其最高期限「五十九日」與有期徒刑之最低期限「二月」相銜接。但拘役宜以日爲單位，日本立法例（日本現行刑法第十六條）採用之，乃參考而修正爲：「拘役：一日以上六十日未滿。但遇有加重時，得加至一百二十日。」
四、第五款罰金原規定爲一元以上，且以銀元爲計算單位，已不符目前社會經濟狀況。其他特別刑法或附屬刑法多數改以「新臺幣」爲計算單位，造成現行罰金計算單位之混亂，應有統一必要。其次，原罰金

最低額爲一元以上，以現今之經濟水準殊嫌過低，無法發生刑罰懲戒作用，故修正提高爲新臺幣一千元以上，且爲計算之便宜，避免有零數之困擾，爰一併規定以百元計算，以符實際。

第 34 條（刪除）

□修正前條文

從刑之種類如左：

一　褫奪公權。

二　沒收。

■修正說明（104.12.30）

照協商條文通過。

第 35 條（主刑之重輕標準）

I 主刑之重輕，依第三十三條規定之次序定之。

II 同種之刑，以最高度之較長或較多者爲重。最高度相等者，以最低度之較長或較多者爲重。

III 刑之重輕，以最重主刑爲準，依前二項標準定之。最重主刑相同者，參酌下列各款標準定其輕重：

一　有選科主刑者與無選科主刑者，以無選科主刑者爲重。

二　有併科主刑者與無併科主刑者，以有併科主刑者爲重。

三　次重主刑同爲選科刑或併科刑者，以次重主刑爲準，依前二項標準定之。

□修正前條文

I 主刑之重輕，依第三十三條規定之次序定之。

II 同種之刑，以最高度之較長或較多者爲重。最高度相等者，以最低度之較長或較多者爲重。

III 除前兩項規定外，刑之重輕參酌前二項標準定之。不能依前二項標準定之者，依犯罪情節定之。

■修正說明（94.02.02）

一、第一項、第二項未修正。

二、原第三項之規定，對於刑之重輕之判斷標準似過於簡略。蓋判斷刑之重輕，情形至爲複雜，現行規定幾於未設標準；且「得依犯罪情節定之」，更有違法理。爲便於未來刑之重輕判斷更趨明確，茲就實務適用情形，分別規定如下：

㈠各罪法定刑之重輕，應以最重主刑爲準，依第一項、第二項之標準定其輕重。

㈡二罪之最重主刑相同，而不能依第一項、第二項之標準定其重輕者，如一罪有選科主刑者，他罪並無選科主刑者，則以無選科主刑者爲重。

㈢二罪之最重主刑相同，而不能依第一項、第二項之標準定其重輕者，如一罪有併科主刑者，他罪並無併科主刑者，則以有併科主刑者爲重。

㈣二罪之最重主刑相同，而其次重主刑同爲選科刑或併科刑者，以次重主刑爲準，依第一項、第二項之標準定其重輕。

第 36 條（褫奪公權之內容）

I 從刑爲褫奪公權。

II 褫奪公權者，褫奪下列資格：

一　爲公務員之資格。

二　爲公職候選人之資格。

□修正前條文

褫奪公權者，褫奪下列資格：

一　爲公務員之資格。

二　爲公職候選人之資格。

■修正說明（104.12.30）

照協商條文通過。

☐ 實務見解

▶ 釋字第 84 號（48.12.02）

公務員依刑事確定判決受褫奪公權刑之宣告者，雖同時諭知緩刑，其職務亦當然停止。

▶ 釋字第 56 號（44.11.21）

公務員被判褫奪公權而其主刑經宣告緩刑者，在緩刑期內，除別有他項消極資格之限制外，非不得充任公務員。

第 37 條（褫奪公權之宣告）

I 宣告死刑或無期徒刑者，宣告褫奪公權終身。

II 宣告一年以上有期徒刑，依犯罪之性質認爲有褫奪公權之必要者，宣告一年以上十年以下褫奪公權。

III 褫奪公權，於裁判時併宣告之。

IV 褫奪公權之宣告，自裁判確定時發生效力。

V 依第二項宣告褫奪公權者，其期間自主刑執行完畢或赦免之日起算。但同時宣告緩刑者，其期間自裁判確定時起算之。

□修正前條文

I 宣告死刑或無期徒刑者，宣告褫奪公權終身。

II 宣告六月以上有期徒刑，依犯罪之性質認爲有褫奪公權之必要者，宣告褫奪公權一年以上十年以下。

III 褫奪公權，於裁判時併宣告之。

IV 依第一項宣告褫奪公權者，自裁判確定時發生效力。

V 依第二項宣告褫奪公權者，自主刑執行完畢或赦免之日起算。

■修正說明（94.02.02）

一、第一項、第三項未修正。

二、原條文第二項規定對宣告六月以上有期徒刑者，法院可依其裁量，宣告有期褫奪公權。惟徵諸實務，法院除特別法上有法定褫奪公權規定外，對於宣告一年未滿有期徒刑之案件，併予宣告褫奪公權者，向非多見。雖不宜將上述宣告刑之下限作大幅度的提高，惟按宣告六月以上未滿一年有期徒刑者，犯罪情狀多屬輕微，並無褫奪公權之必要。宜將其宣告刑下限由六月酌改為一年。

三、自法理言，刑罰之宣告應自裁判確定時起，發生效力，褫奪公權既為從刑之一種，當應作相同的解釋，不因其為終身褫奪或有期褫奪而有所差別（參照司法院院字第二四九四號解釋）。原第三項上段稱「依第一項宣告褫奪公權者」就其文義言，應僅指終身褫奪，而不包括有期褫奪之情形在內，對有期褫奪自何時發生效力問題，易生歧見，參酌民國十七年舊刑法第五十九條第二項前段、德國現行刑法第四十五條a⑴及瑞士現行刑法第五十一條等三立法例，宜予刪除「依第一項」四字，並修正為「褫奪公權之宣告」，以示有期褫奪與終身褫奪相同，其宣告均自裁判確定時發生效力。

四、為配合第四項上段之修正，另將該項下段改列為第五項，並增列「其期間」三字，明示主刑執行完畢或赦免之日為有期褫奪公權之期間起算日期，並用以澄清有期褫奪公權除生效日期外，另有其期間之起算日期，兩者不容混淆。

五、第七十四條第五項增訂「緩刑之效力不及於從刑與保安處分之宣告。」因緩刑期內主刑既無從執行，則現行第五項褫奪公權自主刑執行完畢或赦免之日起算之規定，已無法適用，爰於但書增訂「但同時宣告緩刑者，其期間自裁判確定時起算之。」俾利適用。

第 37 條之 1（刑期起算日）

Ⅰ刑期自裁判確定之日起算。

Ⅱ裁判雖經確定，其尚未受拘禁之日數，不算入刑期內。

■增訂說明（104.12.30）

照協商條文通過。

第 37 條之 2（羈押之日數）

Ⅰ裁判確定前羈押之日數，以一日抵有期徒刑或拘役一日，或第四十二條第六項裁判所定之罰金額數。

Ⅱ羈押之日數，無前項刑罰可抵，如經宣告拘束人身自由之保安處分者，得以一日抵保安處分一日。

■增訂說明（104.12.30）

照協商條文通過。

第五章之一　沒　收

■增訂說明（104.12.30）

照協商條文通過。

❖ 法學概念

沒收新制概述

修法前沒收本來是從刑的一種，然而沒收本身不應該定位為「刑」。因為如果是（狹義）刑罰，刑罰僅止於一身，必然受到「無罪責即無刑罰」的「個人罪責」原則之拘束。此外，就第三人沒收而言，舊法除欠缺章法（擴張至第三人與否，立法標準不明）及自相矛盾（一方面定性沒收是「從刑」；另一方面卻容許第三人沒收特例之缺失）外，可謂過猶不及：「不及」係指欠缺第三人利得沒收之一般性規定，坐視犯罪而得利之第三人繼續保有不法利得，徹底悖離利得沒收制度本意；「過」是指第三人沒收特例率皆欠缺實體要件可言。由於舊法並無基準性的第三人不法利得沒收規定，因此學者早有增訂第三人利得沒收之倡議，亦即，收受不法利益之第三人，不以自然人為限且任何有權享有財產權之主體，均足以當之。

【林鈺雄，〈綜覽沒收新舊法（上）〉，《月旦法學教室》，第 162 期，2016.04，57、62 頁；陳重言，〈第三人利得沒收之立法必要及其基礎輪廓——源自德國法規範與實務之啟發〉，《月旦法學雜誌》，第 238 期，2015.03，87 頁以下。】

此次修法，大抵乃是學者版與官方版的折衷，唯一的例外是關於沒收應採從輕或從新原則。亦即，三讀條文既不採官方版，亦不採學者版條文，而是於協商後另創「折衷式從新原則」之新條文，原則上皆從裁判時新法，但個案適用新法有過苛之虞時，為兼顧比例原則，得依過苛條款予以調節適用。

【林鈺雄，〈綜覽沒收新舊法（下）〉，《月旦法學教室》，第 163 期，2016.05，54 頁以下。】

修法後，沒收不再是從刑，而是一種對抗犯罪行為的獨立法律效果。特別是行為如果獲判無罪，主刑即無從宣告，沒收也就跟著不能宣告。沒收改為獨立的法律效果之後，即使犯罪不成立，或證據不足而判決無罪，犯罪所得也可以

沒收。這樣，對於犯罪所得的剝奪，便可以沒有阻礙。因此修法後依新法第36條，從刑僅有一種，那就是褫奪公權。

【林東茂，《刑法綜覽》，一品，八版增補篇，2016.04，1頁。】

以下簡述此次修法要點：

一、修法後的沒收之分類

(一)利得沒收

1. 屬於犯罪行為人者：依新修正刑法第38條之1第1項的規定，犯罪所得，屬於犯罪行為人者，沒收之。但有特別規定者，依其規定。

2. 屬於第三人者：依新修正刑法第38條之1第2項的規定，犯罪行為人以外之自然人、法人或非法人團體，因下列情形之一取得犯罪所得者，亦同：
   (1)明知他人違法行為而取得。
   (2)因他人違法行為而無償或以顯不相當之對價取得。
   (3)犯罪行為人為他人實行違法行為，他人因而取得。

前二項之沒收，於全部或一部不能沒收或不宜執行沒收時，追徵其價額。

第1項及第2項之犯罪所得，包括違法行為所得、其變得之物或財產上利益及其孳息。

犯罪所得已實際合法發還被害人者，不予宣告沒收或追徵。

(二)違禁物及犯罪物之沒收

依新修正刑法第38條的規定：

1. 違禁物，不問屬於犯罪行為人與否，沒收之（應沒收）。

2. 供犯罪所用、犯罪預備之物或犯罪所生之物，屬於犯罪行為人者，得沒收之。但有特別規定者，依其規定。所謂犯罪物沒收，自包含犯罪所生之物（例如偽造文書的文書）與犯罪工具（或供犯罪預備之物），因此等物品與犯罪所得有密切關聯，基於消滅犯罪工具與防止犯罪的預防理論，應予沒收。但由於此類沒收的法源基礎，主要是考量犯罪物與行為人的特定連結，所衍生防止危害的公共利益維護，並據以剝奪私人財產權，自應與利得沒收所強調的衡平原則遠隔。然而當可沒收之物具有公共危險性質，或行為人為了脫免該應沒收之標的物受沒收處分，以可非難的不正當手段轉或由第三人提供時，可考量在犯罪預防目的之前提下，由個別法官對第三人的沒收宣告。

【李聖傑，〈沒不沒收有關係〉，《月旦法學教室》，第160期，2016.02，29頁。】

二、犯罪所得的範圍

依新法第38條之1第4項，包括「違法行為所得、其變得之物或財產上利益及其孳息」。這項規定推翻之前的實務見解。實務向來認為，犯罪所得是指因犯罪「直接」取得之物。依照新法，犯罪所得即使經過轉換，依然是犯罪所得。犯罪所得也包括財產利益，例如：公務員接受性招待的利益、占用他人房屋的使用利益、接受免除債務的利益等等。變得的孳息，例如：利息、租金。將犯罪所得存放銀行而取得利息，或購屋之後取得租金，都屬於犯罪所得。新法將犯罪所得的定義改寫，擴大適用範圍。此外，犯罪所得來自於「違法行為」，即可沒收。縱使行為不能被證明為犯罪，其所得亦可沒收。不以定罪為必要。新增第38條之2，授權法官可以估算犯罪所得，如果個案特殊，法官可以不宣告沒收。

【林東茂，《刑法綜覽》，一品，八版增補篇，2016.04，3頁。】

三、返還被害人條款

依新法第38條之1第5項，係為了優先保障被害人犯罪所生之求償權，若犯罪所得已經發還被害人者，自應構成不予宣告沒收或追徵之例外。然而，為避免既不發還、又不沒收之實務弊端，同時限定發還排除沒收的要件，未予發還者即應予以沒收，以免兩頭落空。

【林鈺雄，〈綜覽沒收新舊法（下）〉，《月旦法學教室》，第163期，2016.05，55頁。】

四、犯罪所得及追徵之範圍與價額以估算認定及防過苛條款

依新法第38條之2第1項，授權法官依個案情形，認定顯有困難時，得以估算認定之。又本條第2項規定，如果沒收或追徵有過苛之虞、欠缺刑法上的重要性、犯罪所得價值低微，或為維持受宣告人的必要生活條件，法官可以不宣告沒收，使得沒收制度的嚴屬性受到調節。

【林東茂，《刑法綜覽》，一品，八版增補篇，2016.04，4頁。】

五、沒收裁判確定時移轉為國家所有

依新法第38條之3規定，第38條之物及第38條之1犯罪所得的所有權或其他權利，於沒收裁判確定時移轉為國家所有，且第三人對沒收標的之權利或因犯罪而得行使之債權不受影響。2016年6月為了配合刑訴部分條文修正中的沒收程序，將可在必要時扣押犯嫌、被告或第三人的財產、債權，同條第2項並規定，第1項之沒收裁判，於確定前，具有禁止處分的效力。

六、單獨宣告沒收

沒收既已修正為獨立之法律效果，不必附隨於裁判為之，故過去裁判時併宣告沒收原則之規

定不再適用，新法增訂第38條第2項、第3項之物、第38條之1第1項、第2項之犯罪所得，因事實上或法律上原因未能追訴犯罪行為人之犯罪或判決有罪者，得單宣告沒收（第40條第3項）。

七、得沒收之物宣告多數沒收者一併執行（第40條之2第1項）

沒收係獨立之法律效果，宣告多數沒收者，並非數罪併罰，故新法增訂，宣告多數沒收者，併執行之。

八、沒收之時效（第40條之2第2、3、4項）

沒收既已修正為具獨立性之法律效果，即無刑法一般追訴權時效之適用，惟沒收仍實質影響財產關係與交易安全，故明定專屬沒收規定之時效。

第38條（沒收物）

I 違禁物，不問屬於犯罪行為人與否，沒收之。

II 供犯罪所用、犯罪預備之物或犯罪所生之物，屬於犯罪行為人者，得沒收之。但有特別規定者，依其規定。

III 前項之物屬於犯罪行為人以外之自然人、法人或非法人團體，而無正當理由提供或取得者，得沒收之。但有特別規定者，依其規定。

IV 前二項之沒收，於全部或一部不能沒收或不宜執行沒收時，追徵其價額。

□修正前條文

I 下列之物沒收之：
一　違禁物。
二　供犯罪所用或犯罪預備之物。
三　因犯罪所生或所得之物。

II 前項第一款之物，不問屬於犯罪行為人與否，沒收之。

III 第一項第二款、第三款之物，以屬於犯罪行為人者為限，得沒收之。但有特別規定者，依其規定。

■修正說明（104.12.30）

照協商條文通過。

❖法學概念

供犯罪所用或預備之物

所謂供犯罪所用、犯罪預備之物，係指用以實行構成要件行為具有直接關聯的犯罪工具。更確切的說，相關犯罪之物之所以被認定為供犯罪所用，必須對於個別具體犯罪的實現存在有生活經驗之「工具性」的直接關聯，並不包括僅僅在犯罪過程中偶然存在的相關物或物品本身的存在。例如動物保護法中虐待動物罪的動物。又如，竊賊用來撬開電子密碼的解密器具，在破解電子門鎖時，依其工具性質可被認為是供犯罪所用，然而同樣的東西，如果是在開啟傳統齒輪機

械鎖的竊盜事件中，就欠缺工具性質，不能解釋為供犯罪所用而予以沒收。

【李聖傑，〈犯罪物沒收〉，林鈺雄主編，《沒收新制的：刑法的百年變革(一)》，元照，初版，2016年7月，132頁以下。】

□ 實務見解

▶ 71 台上 754（判例）

違禁物固不問屬於犯人與否，均應沒收，但該物苟係屬於第三人所有，則其是否違禁，即應視該第三人有無違禁情形為斷。故犯人雖係違禁持有，而所有之第三人如係經合法允許持有者，仍不在應行沒收之列。本件上訴人所竊得之雷管雖屬違禁物，但原所有人係經允准持有供其砍伐林班之用，並非未受允准亦無正當理由持有。依照上開說明自不在沒收之列，原判決遽行諭知沒收，顯屬於法有違。

▶ 107 台上 1602 ○（判決）

修正後刑法所規定之沒收，係屬刑罰及保安處分以外之獨立法律效果，已非屬刑罰（從刑）。而依法得予沒收之犯罪工具物，固應受憲法財產權之保障，惟因行為人持以供犯罪或預備犯罪所用，致生危害，為預防並遏止犯罪，刑法第三十八條第二項乃規定，除有特別規定者外，法官得就屬於犯罪行為人之工具物宣告沒收。而共同正犯供犯罪或預備犯罪所用之物，雖實務上有認為本於責任共同原則，已於共犯中之一人確定判決諭知沒收，對於其他共犯之判決仍應宣告沒收，或就各共同正犯間採連帶沒收主義，以避免執行時予以重複沒收。然所謂「責任共同原則」，係指行為人對於犯罪共同加工所發生之結果，相互歸責，因責任共同，須成立相同罪名，至於犯罪成立後應如何沒收，仍須以各行為人對工具物有無所有權或共同處分權為基礎，並非因共同正犯責任共同，即謂其共同效力應及於各共同正犯之沒收範疇，即需對各共同正犯重複諭知沒收。亦即「共同責任原則」僅在處理共同犯罪參與關係中責任之認定，與犯罪工具物之沒收重在犯罪預防並遏止犯罪係屬兩事，不得混為一談。此觀目前實務認為，共同正犯之犯罪所得如採連帶沒收，即與罪刑法定主義、罪責原則齟齬，必須依各共同正犯間實際犯罪利得分別沒收，始為適法等情甚明。又供犯罪或預備犯罪所用之物如已扣案，即無重複沒收之疑慮，尚無對各共同正犯諭知連帶沒收之必要；而犯罪工具物如未扣案，因刑法第三十八條第四項有追徵之規定，則對未提供犯罪工具物之共同正犯追徵沒收，是否科以超過其罪責之不利責任，亦非無疑。且為避免執行時發生重複沒收之違誤，祇須檢察官本於不重複沒收之原則妥為執行即可，尚無於判決內諭知連帶沒收之必要。而重複

對各共同正犯宣告犯罪所用之物連帶沒收，除非事後追徵，否則對非所有權人或無共同處分權之共同正犯宣告沒收，並未使其承擔財產損失，亦無從發揮任何預防並遏止犯罪之功能。尤以對未經審理之共同正犯諭知連帶沒收，剝奪該共同正犯受審之權利，更屬違法。**從而犯罪工具物須屬被告所有，或被告有事實上之處分權時，始得在該被告刑項下諭知沒收；至於非所有權人，又無共同處分權之共同正犯，自無庸在其刑項下諭知沒收**（本院二十六年滬上字第八十六號判例及六十二年度第一次刑庭庭推總會議決議㈥、六十五年度第五次刑庭庭推總會議決議㈡所稱共同正犯刑項下均應宣告沒收之相關見解，均已經本院一○七年七月十七日第五次刑事庭會議決議停止援用或不再供參考）。故而原審依「連帶沒收原則」，就附表編號 4 扣案之林建宏所有之牛肉刀一支，於林立晟之主文欄下諭知沒收，容有適用法律不當之違法。

編按：此號判決明白表示現已不採過去實務共同
正犯之犯罪所得必須連帶沒收的見解。

▶ 107 台上 2697 ○（判決）

按刑法之沒收，乃獨立於刑罰及保安處分以外之法律效果，非屬刑罰之從刑。不論係違禁物、供犯罪所用、犯罪預備之物、犯罪所生之物及犯罪所得，均可為沒收之標的。沒收之作用，乃存於犯罪事實或不法事實中禁制物之剝奪，不以有刑事責任為必要，而以應剝奪之標的（物或不法利益）為對象，應剝奪標的之所在，即為沒收之所在。於數人共同犯罪時，上開違禁物、供犯罪所用、犯罪預備之物或犯罪所生之物，究應如何諭知沒收，已不能依共同正犯責任共同原則，附屬於刑罰而為相同之諭知，而應依立法目的、沒收標的之性質及其存在狀態，為下列不同之處理：㈠沒收標的為違禁物時，因違禁物本身具社會危害性，重在除去。故刑法第三十八條第一項規定，不問屬於犯罪行為人與否，沒收之。則於數人共同犯罪時，除非違禁物已滅失或不存在，均應對各共同正犯諭知沒收。㈡沒收標的為供犯罪所用、犯罪預備之物或犯罪所生之物時，依刑法第三十八條第二項前段規定，以屬於犯罪行為人者，得沒收之。係藉由剝奪犯罪行為人之所有（包含事實上處分權），以預防並遏止犯罪。其既規定屬於犯罪行為人者，得沒收之，則於數人共同犯罪時，因共同正犯皆為犯罪行為人，故不問屬於共同正犯中何人所有，法院均得斟酌個案情節，不予沒收，或僅對共同正犯之所有者，或對部分或全部共同正犯，諭知沒收及依刑法第三十八條第四項規定追徵其價額。㈢刑法第三十八條之一第一項前段犯罪所得沒收之規定，

同以「屬於犯罪行為人者」，為沒收要件。則於數人共同犯罪時，因共同正犯皆為犯罪行為人，所得屬全體共同正犯，本亦應對各共同正犯諭知沒收。然因犯罪所得之沒收，在於避免被告因犯罪而坐享利得，基於有所得始有沒收之公平原則，如犯罪所得已經分配，自應僅就各共同正犯分得部分，各別諭知沒收。如尚未分配或無法分配時，該犯罪所得既屬於犯罪行為人，仍應對各共同正犯諭知沒收。與上開刑法第三十八條第二項前段，就「屬於犯罪行為人者」之解釋，並無不同。

▶ 107 台上 1109 ○（判決）

犯罪工具物之沒收，固有跳脫刑罰或保安處分之性質歸屬，而為刑罰或保安處分以外之獨立法律效果。但依法得沒收之犯罪工具物，本質上仍受憲法財產權之保障，祇因行為人濫用憲法所賦予之財產權保障，持以供犯罪或預備犯罪所用，造成社會秩序之危害，為預防並遏止犯罪，現行刑法乃規定，除有其他特別規定者外，法官得就屬於犯罪行為人者之工具物宣告沒收之（第三十八條第二項參照）。而共同正犯供犯罪或預備犯罪所用之物，法無必須諭知連帶沒收之明文，雖實務上有認為本於責任共同之原則，已於共犯中之一人確定判決諭知沒收，對於其他共犯之判決仍應宣告沒收，或就各共同正犯間採連帶沒收主義，以避免執行時發生重複沒收之問題。然所謂「責任共同原則」，係指行為人對於犯罪共同加工所發生之結果，相互歸責，因責任共同，須成立相同之罪名，至於犯罪成立後應如何沒收，仍須以各行為人對工具物有無所有權或共同處分權為基礎，並非因共同正犯責任共同，即應對各共同正犯重複諭知（連帶）沒收。亦即「共同責任原則」僅在處理共同犯罪參與關係中責任之認定，與犯罪工具物之沒收重在犯罪預防並遏止犯罪係屬兩事，不得混為一談。**目前實務認為，共同正犯之犯罪所得如採連帶沒收，即與罪刑法定主義、罪責原則均相齟齬，必須依各共同正犯間實際犯罪利得分別沒收，始為適法等情益明。**又供犯罪或預備犯罪所用之物如已扣案，即無重複沒收之疑慮，尚無對各共同正犯諭知連帶沒收之必要；而犯罪工具物如未扣案，因法律又有追徵之規定（刑法第三十八條第四項），則對未提供犯罪工具物之共同正犯追徵沒收，是否科以超過其罪責之不利責任，亦非無疑。且為避免執行時發生重複沒收之違誤，祇須檢察官本於不重複沒收之原則妥為執行即可，亦無於判決內諭知連帶沒收之必要。而重複對各共同正犯宣告犯罪所用之物連帶沒收，除非事後追徵，否則對非所有權人或無共同處分權之共同正犯宣告沒收，

並未使其承擔財產損失，亦無從發揮任何預防並遏止犯罪之功能。尤以對未經審理之共同正犯諭知連帶沒收，剝奪該共同正犯受審之權利，更屬違法。從而，除有其他特別規定之外，犯罪工具物必須屬於被告所有，或被告有事實上之處分權時，始得在該被告罪刑項下諭知沒收；至於非所有權人，又無共同處分權之共同正犯，自無庸在其罪刑項下諭知沒收。

▶ **106 台上 1599（判決）**

刑法有關沒收之規定已於民國一〇四年十二月十七日修正，並經總統於一〇四年十二月三十日公布，依刑法施行法第十條之三第一項規定，上開修正之刑法條文自一〇五年七月一日施行。其中，修正後刑法第二條第二項規定「沒收、非拘束人身自由之保安處分適用裁判時之法律。」同時增訂刑法施行法第十條之三第二項規定：「施行日前制定之其他法律關於沒收、追徵、追繳、抵償之規定，不再適用。」而本案原審係於一〇五年八月三十一日判決，關於沒收之諭知，即應適用裁判時之法律，公職人員選舉罷免法關於沒收之規定，自不再適用。是本案自應逐引適用裁判時法即修正後刑法總則編第五章之一沒收（即修正後刑法第三十八條至第四十條之二）條文，以為本案上訴人是否沒收之依據。而刑法修正後，有關沒收物之規定，主要規定於修正後刑法第三十八條第二項至第四項，而修正後刑法第三十八條第二項至第四項規定「供犯罪所用、犯罪預備之物或犯罪所生之物，屬於犯罪行為人者，得沒收之。但有特別規定者，依其規定。前項之物屬於犯罪行為人以外之自然人、法人或非法人團體，而無正當理由提供或取得者，得沒收之。但有特別規定者，依其規定。前二項之沒收，於全部或一部不能沒收或不宜執行沒收時，追徵其價額。」**本件原判決未依修正後之新法審酌本件供犯罪所用之物，有無屬於犯罪行為人以外之人，而無正當理由取得；有否於全部或一部不能沒收或不宜執行沒收時，追徵其價額，逕參考沒收刑法修正前本院關於選舉行賄罪有關之是否沒收之判決意旨，認定上訴人等用以行賄之物品不予宣告沒收，亦有調查未盡及判決適用法規不當之違法。**

▶ **106 台上 1374 〇（判決）**

刑法第三十八條第二項規定：「供犯罪所用、犯罪預備之物或犯罪所生之物，屬於犯罪行為人者，得沒收之。但有特別規定者，依其規定。」旨在藉由剝奪犯罪行為人所有以預防並遏止犯罪，而由法官審酌個案情節決定有無沒收必要。**所謂「供犯罪所用之物」，乃指對於犯罪具有促成、推進或減少阻礙的效果，而於犯罪之實行有**直接關係之物而言。由於供犯罪所用之物與犯罪本身有密切關係，透過剝奪所有權的沒收宣示，除能預防再以相同工具易地反覆非法使用之外，亦能向社會大眾傳達國家實現刑罰決心的訊息，對物之所有權人濫用其使用權利也產生更強烈的懲戒作用，寓有一般預防與特別預防之目的。在主觀要件上，本法雖未明文限制故意犯或過失犯，但過失行為人欠缺將物品納入犯罪實行媒介之主觀利用認識，並未背離其使用財產的合理限度或有濫用使用財產之情形，故無剝奪其財產權之必要，自應將犯罪工具沒收適用範圍限縮為故意犯，方符合目的性解釋。另在客觀要件上，應區分該供犯罪所用之物，是否為實現犯罪構成要件的事實前提，即欠缺該物品即無由成立犯罪，此類物品又稱為關聯客體，該關聯客體本身並不具促成、推進構成要件實現的輔助功能，故非供犯罪所用之物，其沒收必須有特別規定方得為之。例如不能安全駕駛罪，行為人所駕駛之汽車或機車即為構成該罪之事實前提，僅屬該罪之關聯客體，而不具促成、推進犯罪實現的效用，即非屬供犯罪所用而得行沒收之。至於犯罪加重構成要件中若有特別工具，例如攜帶兇器竊盜罪、利用駕駛供不特定人運輸之交通工具之機會犯強制性交罪，該兇器、交通工具屬於犯罪行為人者，分別對於基本構成要件之普通竊盜罪、強制性交罪而言，仍具有促成、推進功能，即屬於供犯罪所用之物，而在得沒收之列。

▶ **101 台上 158（判決）**

供販賣毒品所用或因販賣毒品所得之財物，依毒品危害防制條例第十九條第一項規定，均應沒收之，如全部或一部不能沒收時，追徵其價額或以其財產抵償之，乃刑法第三十八條第一項第二款、第三款及第三項職權沒收主義之特別規定，係採義務沒收主義，用以徹底杜絕行為人貪取暴利之誘因、工具與結果。故因販賣毒品罪所取得之一切對價，自不能與一般正常之營利事業僅計算其營利所得之情形，相提並論，不問其原屬供販賣所用之成本或因此所得之利潤，亦不以當場扣押者為限，本此特別規定，應概予沒收，始符對毒害國民身心健康行徑，嚴加懲戒之立法意旨。上開條項關於沒收，或追徵價額，或以其財產抵償之規定，於共同正犯間因係合併計算，為避免執行時發生重複沒收、追徵或抵償之情形，故各共同正犯之間係採連帶沒收主義，於裁判時僅諭知連帶沒收，不得就全體共同正犯之總所得，對各該共同正犯分別重複諭知沒收。

第 38 條之 1（犯罪所得之沒收）

Ⅰ 犯罪所得，屬於犯罪行為人者，沒收之。但有特別規定者，依其規定。

Ⅱ 犯罪行為人以外之自然人、法人或非法人團體，因下列情形之一取得犯罪所得者，亦同：

一 明知他人違法行為而取得。

二 因他人違法行為而無償或以顯不相當之對價取得。

三 犯罪行為人為他人實行違法行為，他人因而取得。

Ⅲ 前二項之沒收，於全部或一部不能沒收或不宜執行沒收時，追徵其價額。

Ⅳ 第一項及第二項之犯罪所得，包括違法行為所得、其變得之物或財產上利益及其孳息。

Ⅴ 犯罪所得已實際合法發還被害人者，不予宣告沒收或追徵。

■增訂說明（104.12.30）

照協商條文通過。

❖修法簡評

新法不採扣除犯罪成本的「淨額原則」（Nettoprinzip；差額說），而是採取不扣除犯罪成本的「總額原則」（Bruttoprinzip；總額說）。例如，法院於計算應沒收之內線交易不法利得時，依法不應扣除被告在內線交易過程中因買賣股票所支出之手續費等交易成本。不過，新法此種採「總額原則」的不法利得沒收，於個案中恐會產生違反「罪責原則」（Schuldgrundsatz）與「雙重處罰禁止原則」的疑義。因為採取「總額原則」的利得沒收，會涉及除純粹犯罪利得外，對行為人本身之固有財產也實施沒收，無疑具備附加刑（Zusatzstrafe）或類似刑罰處分的性質，蓋因法第 38 條之 1 的沒收要件僅以實施「違法」行為即為已足，不以行為人之罪責為前提，如此將可能在個案中形成科處無罪責之刑罰的情況，違反「罪責原則」。

【林書楷，《刑法總則》，五南，四版，2018.09，564 頁。】

❖法學概念

犯罪所得

刑法第 38 條之 1 第 1 項，所謂「犯罪」，如同「犯罪物之沒收」，必須依附在一個違法行為之上即為已足，該行為不以具備有責為必要。

本條所稱「犯罪行為人」，包含正犯與共犯（參與犯）。惟共同正犯有數人，應各按實際利得數額沒收，不得連帶沒收，就過失行為而言，例如過失摻加有害人體健康物質之食安犯罪，或過失流放污染水體的環境犯罪，根據德國與我國學說見解，其犯罪所得亦應宣告沒收。

關於犯罪不法利益之認定，除違法行為之原始所得外，尚包括其變得之物或財產上利益及其孳息（§38-1 Ⅳ）。此等財產利益可能是動產、不動產、金錢、有價證券、權利（例如插乾股、債權、高爾夫球場或俱樂部）、利益（接受出國旅遊、高價餐飲、性招待的花費等），含節省下來的費用，例如逃漏稅而少繳的稅金、人口販運者未給付的工資，均屬本條所稱之「犯罪所得」，但前提必須是該財產利益與所犯違法行為之間具有「直接關連性」。

【王皇玉，《刑法總則》，新學林，三版，2017.11，666 頁。】

❖法學概念

第三人不法利得沒收

所謂第三人不法利得沒收，係指沒收效力及於未參與犯罪或刑事不法行為的第三人所獲取之不法利益。藉由此類第三人利得沒收機制，對於不法利益常流歸公司所有之經濟犯罪，在普通刑法未設置法人刑事可罰規定之國家（如我國、德國），始終能有效地追討涉及公司之犯罪不法利得，達成回歸合法財產秩序之沒收目的。另從預防犯罪之角度而言，作為收受利益之第三人公司，不應完全信賴其職員均能合法行事，而應事先採取組織性預防措施，如公司規章之制定與實徹，以阻止展求公司獲利之利益導向犯罪行為在公司內部發生。此亦為第三人利得沒收制度目的之所在。

【陳重言，〈第三人利得沒收之立法必要及其基礎輪廓〉，林鈺雄主編，《沒收新制：刑法的百年變革（一）》，元照，初版，2016.07，132 頁以下。】

□實務見解

▶ 108 台上 3908 ○（判決）

刑法第三十八條之一第一項及第二項雖就取得犯罪所得者分別為**犯罪行為人**或**其他自然人、法人或非法人團體（下稱第三人）**，定其沒收之條件；惟參諸該條修訂理由係謂修正前刑法關於犯罪所得之沒收，以屬於犯罪行為人者為限，則犯罪行為人若將其犯罪所得轉予第三人情形，犯罪行為人或第三人因而坐享犯罪所得，顯失公平正義。故擴大沒收之主體範圍，除沒收犯罪行為人取得之犯罪所得外，第三人若非出於善意之情形，而取得犯罪所得時，仍均應予沒收，避免該第三人因此而獲利益，藉此防止脫法並填補制裁漏洞，以徹底追討犯罪所得，俾符合公平正義等旨。**是若犯罪行為人已取得對犯罪所得之實質支配管領，第三人事實上並無犯罪所得，且事實審法院復就上情調查明確，自無依刑事訴訟法第七編之二沒收特別程序，由該第三人參與沒收程序之必要。**

▶ 108 台上 954 ○（判決）

刑法有關沒收規定於民國一〇四年十二月三十日、一〇五年六月二十二日迭經修正公布，依刑

法施行法第十條之三第一項規定，自一〇五年七月一日施行。修正後刑法第二條第二項規定：「沒收、非拘束人身自由之保安處分適用裁判時之法律。」已明確規範修正後有關沒收之法律適用，應適用裁判時法，自無庸比較新舊法。為避免被告因犯罪而坐享犯罪所得，顯失公平正義，而無法預防犯罪，且為遏阻犯罪誘因，並落實「任何人都不得保有犯罪所得」之普世基本法律原則，修正後刑法第三十八條之一明文規範犯罪利得之沒收，期澈底剝奪不法利益，以杜絕犯罪誘因。惟由於國家剝奪犯罪所得之結果，可能影響被害人權益，基於利得沒收本質為準不當得利之衡平措施，應將犯罪所得返還被害人，為優先保障被害人因犯罪所生之求償權，並避免國家與民爭利，修正後刑法第三十八條之一第五項規定：「犯罪所得已實際合法發還被害人者，不予宣告沒收或追徵」，以不法利得實際合法發還被害人，作為封鎖沒收或追徵之條件，此亦能避免被告一方面遭國家剝奪不法利得，另一方面須償還被害人而受雙重負擔之不利結果。反之，倘利得未實際合法發還被害人，縱被害人放棄求償，法院仍應為沒收之宣告，藉以避免修法前不法利得既不發還被害人，亦未經法院宣告沒收，而使犯罪行為人繼續保有不法利得之不合理現象。

▶ 107 台上 4009 ○（判決）

賄賂罪所侵害者為國家之官箴及公務員執行公務之純正，縱使賄人對公務員之職務上行為交付賄賂，其行為時係法所不罰，但行賄者本質屬對合犯，並非被害人，公務員收受之賄賂，應予沒收追徵，不得發還行賄者，縱公務員事後自行將賄賂返還行賄者，依刑法第三十八條之一第二項、第三項規定，雖得對該第三人（行賄者）沒收（追徵），而發生犯罪行為人沒收（追徵）與第三人沒收（追徵）之競合關係，兩者係併存或排斥關係，法無明文規定。依修正刑法增訂第三人沒收規定之立法理由：「現行犯罪所得之沒收，以屬於犯罪行為人者為限，則犯罪行為人將其犯罪所得轉予第三人情形，犯罪行為人或第三人因而坐享犯罪所得，現行規定無法沒收，而顯失公平正義，故擴大沒收之主體範圍，『除』沒收 犯罪行為人取得之犯罪所得『外』，**第三人若非出於善意之情形，包括：明知他人違法行為而取得、因他人違法行為而無償或以顯不相當對價取得、或犯罪行為人為他人實行違法行為，而他人因而取得犯罪所得時，均沒收，避免該第三人因此而獲利益。**至該違法行為不以具有可責性，不以被起訴或證明有罪為必要，爰增訂第二項，以防止脫法並填補裁漏洞。」並無於第三人介入時，祇得對該第三人沒收。申言之，**修正刑法「擴大」沒收之主體範圍，除得沒收（追徵）犯**罪行為人取得之犯罪所得外，亦得對該第三人沒收（追徵）其非出於善意而取得之犯罪所得。再者，依修正刑法第三十八條之一第二項規定之**第三人沒收類型**，其第一、二款（即明知他人違法行為而取得、因他人違法行為而無償或以顯不相當對價取得）**學說上稱挪型**；第三款（即犯罪行為人為他人實行違法行為，而他人因而取得犯罪所得）**學說上稱代理型**。前者挪移型之犯罪所得係自犯罪行為人挪移至該第三人，為避免重複沒收，倘對犯罪行為人及第三人均諭知沒收（追徵），因其等原均負同一給付內容，其中一人為給付者，他人自免其責任。後者視犯罪行為人有無分受犯罪所得，再依前開方式處理。

▶ 107 台上 2101 ○（判決）

沒收犯罪所得，本質上為國家對人民財產權的干預，對於未參與犯罪之第三人沒收犯罪所得，尤應合理兼顧交易安全及財產權益之信賴保護，刑法第三十八條之一第二項乃明定於下列三種情形，始沒收犯罪行為人以外之第三人取得之犯罪所得：一、明知他人違法行為而取得。二、因他人違法行為而無償或以顯不相當之對價取得。三、犯罪行為人為他人實行違法行為，他人因而取得。第一、二款係行為人出於逃避追索、掩飾犯罪或自利目的之移轉型第三人不法利得，為消除犯罪誘因、預防犯罪，兼衡交易安全之信賴，予以沒收。第三款之代理型第三人利得，係第三人直接獲取不法利得，為衡平第三人財產權益與追討該犯罪所得、實現公平正義之公益，**必該第三人利得係源於行為人之違法行為，而具因果關聯性，始足支持剝奪沒收該第三人財產之正當性**，否則縱令行為人因違法行為取得合約之「形式與方式」不法，然該合約執行本身既無不法，其中性履約部分，就構成要件規範目的而言，即非源於違法行為之利得，而與違法行為無利得關聯性，難認屬應沒收之「犯罪所得」。從而廠商若因行為人對公務員交付賄賂，因而獲取標案承做資格，並完工受領工程款價金，該行、收賄犯罪衍生的相關聯後果，乃廠商「獲標案承做資格」，故僅所獲「承做標案利潤」，方係源自行、收賄違法行為之犯罪所得，而為應沒收之對象。至其中性履約行為（進料、施工）所獲對價，則非廠商因行為人行、收賄犯罪獲承做資格之預期利益，自非刑法第三十八條之一第二項第三款之犯罪所得範疇。

▶ 108 台上 821 ○（判決）

刑法沒收犯罪所得，本質上是一種準不當得利的衡平措施，藉由沒收犯罪所得以回復犯罪發生前之合法財產秩序狀態。因刑事不法行為而取得被害人財產，該財產一旦回歸被害人，就已充分達到排除不法利得，並重新回復到合法財產秩序的

立法目的。共同正犯中一人或數人事後與被害人達成和解，並全部賠付，而求償或沒收擇一實現，同樣可滿足「排除犯罪不法利得」之規範目的，如已優先保障被害人之求償權且已實際取得，就等同「合法發還被害人」之情形，不應再對未參與和解賠付之其他共同正犯宣告沒收或追徵。否則，一概宣告沒收，日後判決確定後，檢察官為沒收之執行時，因被害人已完全受償，不得再依刑事訴訟法相關規定，請求發還檢察官執行追徵之上開所得，國家反而因行為人不法犯罪，坐享犯罪所得；或共同正犯中已賠償之人基於民事內部關係，向未賠償之人請求，對後者形同雙重剝奪。

▶ 107 台上 2049 ○（判決）
刑法第三十八條第三項及第三十八條之一第二項規定之第三人，應係指犯罪行為人以外之人，與犯罪行為人所得之主體殊有不同，且參與沒收程序，因準用被告訴訟上權利，就沒收財產事項，享有與被告相同之訴訟上權利。故如係對於第三人之沒收，自應踐行相關之開啟第三人參與沒收程序，以保障其程序上有參與之權限及請求救濟之機會。

▶ 107 台上 1831 ○（判決）
刑法第三十八條之一第一項及第二項雖就犯罪所得之取得者為「犯罪行為人」或「其他自然人、法人或非法人團體（下稱第三人）」，分別明定其沒收之條件，惟實際上未必截然可分。蓋所謂犯罪所得，除違法行為所得本身外，亦包含其變得之物或「財產上利益」及其孳息，倘若犯罪行為人係為自己及第三人之不法利益，先使非善意之第三人取得其違法行為之犯罪所得，再由該第三人配合處分該犯罪所得，而使犯罪行為人取得一定「財產上利益」時，此一「財產上利益」固亦屬前述犯罪所得之範疇，惟仍係在同一為自己及第三人不法利益之犯罪計畫下，由犯罪行為人及第三人兼得之，自應參酌民法不真正連帶之法理，由犯罪行為人及第三人就其犯罪所得競合部分同負其責，倘已對其中一人為全部或一部之沒收或追徵，則另一人於該沒收或追徵範圍內免其責，以免被害人或國家重複利得。

▶ 107 台上 1572 ○（判決）
共同正犯犯罪所得之沒收或追徵，應就各人所分得之數為之。倘若共同正犯內部間，對於不法利得分配明確時，應依各人實際分配所得宣告沒收；若共同正犯成員對不法所得並無處分權限，與其他成員亦無事實上之共同處分權限者，自不予諭知沒收；然若共同正犯各成員對於不法利得享有共同處分權限，惟彼此間分配狀況未臻具體或明確，自應負共同沒收之責，所謂負共同沒收之責，參照民法第二七一條「數人負同一債務，而其給付可分者，除法律另有規定或契約另有訂定者，除各平均分擔之」，民事訴訟法第八十五條第一項前段「共同訴訟人，按其人數，平均分擔訴訟費用」等規定之法理，即係平均分擔之意。

而其給付可分者，除法律另有規定或契約另有訂定外，應各平均分擔之」，民事訴訟法第八十五條第一項前段「共同訴訟人，按其人數，平均分擔訴訟費用」等規定之法理，即係平均分擔之意，且不因部分共同正犯已死亡，而影響、增加其他共同正犯所應負擔之沒收責任範圍（即已死亡之共同正犯，亦應列入共同、平均分擔之人數計算），至於已死亡之共同正犯應沒收之犯罪所得（即平均後其應負之數額），已因繼承發生而歸屬於繼承人所有，於事實審言詞辯論終結前，或由檢察官依法向法院聲請對繼承人宣告沒收，或於法院認有必要時，依職權裁定命繼承人參與沒收程序；或若無可包含或附隨之本案訴訟裁判，而有沒收之必要時，亦可由檢察官向法院聲請對繼承人單獨宣告沒收，要屬另一問題。

▶ 106 台上 3464 ○（判決）
沒收新制下犯罪所得之計算，應分兩層次思考，於前階段先界定「利得存否」，於後階段再判斷「利得範圍」。申言之，在前階段利得之存否，係基於直接性原則審查，以利得與犯罪之間是否具有直接關聯為利得存否之認定。而利得究否與犯罪有直接關聯，則視該犯罪與利得間是否具有直接因果關係為斷，若無直接關聯，僅於符合刑法第三十八條之一第四項所規定之利用及替代品之間接利得，得予沒收外，即應認非本案之利得，而排除於沒收之列。此階段係在確定利得與犯罪之關聯性，故就必要成本（如工程之工資、進料）、稅捐費用等中性支出，則不計入直接利得；於後階段利得範圍之審查，依刑法第三十八條之一之立法意旨，係以總額原則為審查，凡犯罪所得均應全部沒收，無庸扣除犯罪成本。如向公務員行賄之賄款或性招待之支出，因屬犯罪之支出，依總額原則，當不能扣除此「犯罪成本之支出」。

▶ 106 台上 3111 ○（判決）
共同正犯犯罪所得之沒收、追徵，應就各人所得之數為之。所謂各人「所分得」之數，係指各人「對犯罪所得有事實上之處分權限」而言。因此，若共同正犯各成員內部間，對於犯罪所得分配明確時，應依各人實際所得宣告沒收；若共同正犯對犯罪所得無處分權限，與其他成員亦無事實上之共同處分權限者，自不諭知沒收；然若共同正犯對於犯罪所得享有共同處分權限時，如彼此間分配狀況未臻具體或明確，自應負共同沒收之責。所稱負共同沒收之責，參照民法第二百七十一條「數人負同一債務，而其給付可分者，除法律另有規定或契約另有訂定者，除各平均分擔之」，民事訴訟法第八十五條第一項前段「共同訴訟人，按其人數，平均分擔訴訟費用」等規定之法理，即係平均分擔之意。

▶ 106 台上 1131 ○（判決）

犯罪所得，屬於犯罪行為人者，沒收之。於全部或一部不能沒收，或不宜執行沒收時，追徵其價額；犯罪所得，包括違法行為所得、其變得之物或財產上利益及其孳息；犯罪所得已實際合法發還被害人者，不予宣告沒收或追徵，刑法第三十八條之一第一項前段、第三項、第四項及第五項分別定有明文。上述規定旨在澈底剝奪犯罪行為人因犯罪而直接、間接所得，或因犯罪所生之財物及相關利益，以貫徹任何人都不能坐享或保有犯罪所得或犯罪所生利益之理念，藉以杜絕犯罪誘因，而遏阻犯罪。並為優先保障被害人因犯罪所生之求償權，限於個案已實際合法發還被害人時，始無庸沒收。故如犯罪所得已實際合法發還被害人，或被害人已因犯罪行為人和解賠償而完全填補其損害者，自不得再對犯罪行為人之犯罪所得宣告沒收，以免犯罪行為人遭受雙重剝奪。反之，若犯罪行為人雖已與被害人達成和解而賠償其部分損害，但若其犯罪直接、間接所得或所變得之物或所生之利益，尚超過其賠償被害人之金額者，法院為貫徹前揭新修正刑法之理念（即任何人都不能坐享或保有犯罪所得或所生利益），仍應就其犯罪所得或所生利益超過其已實際賠償被害人部分予以宣告沒收。

▶ 106 台上 1009（判決）

刑法沒收新制，係引進德國施行之利得沒收（Verfall）制度，此一制度乃基於「任何人都不得保有犯罪所得」之思維所設計之剝奪不法利得之機制，而關於犯罪行為之沒收，乃為避免任何人坐享犯罪所得，並為遏阻犯罪誘因及回復合法財產秩序之準不當得利衡平措施，是以新修正刑法第三十八條之一，即以「依實務多數見解，基於徹底剝奪犯罪所得，以根絕犯罪誘因之意旨，不問成本、利潤，均應沒收。」**明白揭示採取總額沒收原則。**

▶ 105 台上 3429（判決）

按刑法關於沒收之規定，業於民國一○四年十二月十七日修正、同年月三十日公布，其中刑法第三十八條之三復於一○五年五月二十七日再經修正、同年六月二十二日公布，另刑事訴訟法關於沒收之規定，亦於一○五年五月二十七日修正、同年六月二十二日公布；並皆自一○五年七月一日施行（以下稱修正刑法、刑事訴訟法，或沒收新制）。次按沒收適用裁判時之法律，修正刑法第二條第二項定有明文；又「犯罪所得，屬於犯罪行為人者，沒收之。但有特別規定者，依其規定（第一項）。犯罪行為人以外之自然人、法人或非法人團體，因下列情形之一取得犯罪所得者，亦同：一、明知他人違法行為而取得。

二、因他人違法行為而無償或以顯不相當之對價取得。三、犯罪行為人為他人實行違法行為，他人因而取得（第二項）。前二項之沒收，於全部或一部不能沒收或不宜執行沒收時，追徵其價額（第三項）。第一項及第二項之犯罪所得，包括違法行為所得、其變得之物或財產上利益及其孳息（第四項）。」修正刑法第三十八條之一亦規定至明。本件依原判決認定之事實，被告三人共同犯對主管事務圖利罪，使得第三人東和鋼鐵企業股份有限公司（下稱東和公司）獲得不法利益新台幣（下同）一千八百九十萬三千六百四十六元。設若無訛，原審於沒收新制施行後，自應適用修正刑法、刑事訴訟法關於第三人沒收之規定及程序論斷、審理。

▶ 108 台聲 108 △（裁定）

相對總額原則或稱兩階段計算法，係指於前階段有無利得之審查時，只要與行為人犯罪有因果關連性者，無論是為了犯罪而獲取之報酬、對價或經由犯罪而獲得之利潤、利益，皆為此階段所稱直接利得，而直接利得的數額判斷標準在於沾染不法的範圍，若其交易自身就是法所禁止的行為，沾染不法範圍已及於全部所得，反之若是交易本身並非法所禁止，僅其取得的方式違法，沾染不法的部分則僅止於因其不法取得方式所產生的獲利部分，而非全部的利益；嗣於後階段利得範圍之審查時，始依總額原則的立法規定及出於不法原因給付不得請求返還之不當得利法理，不予扣除犯罪支出之成本，兼顧理論與個案情節，緩和絕對總額原則不分情節一律沒收而有侵害財產權之虞。

▶ 108 台抗 458 △（裁定）

依刑法第三十八條之一第四項規定，犯罪所得包括違法行為所得、其變得之物或財產上利益及其孳息，則違法行為所得、其變得之物或財產上利益所生之孳息，同屬犯罪所得。所稱孳息，依其立法理由說明，係指利息、租金收入等。參酌民法第六十九條規定「稱天然孳息者，謂果實、動物之產物及其他依物之用法所收穫之出產物。稱法定孳息者，謂利息、租金及其他因法律關係所得之收益」，從而，應沒收之犯罪所得所稱孳息，當有其特定涵義及範圍，允宜辨明並認定、載敘。至於犯罪所得與違法行為間，必須具有「直接關聯性」，始得宣告沒收，乃屬當然法理；倘彼此欠缺「直接關聯性」，即無犯罪所得可言，應不得宣告沒收。故沒收違法行為犯罪所得之孳息，必須明確認定該孳息之屬性（係利息、租金或其他因法律關係所得之收益），以及違法行為與孳息具有「直接關聯性」。

> **第38條之2**（犯罪所得及追徵之範圍與價額以估算認定）
> Ⅰ 前條犯罪所得及追徵之範圍與價額，認定顯有困難時，得以估算認定之。第三十八條之追徵，亦同。
> Ⅱ 宣告前二條之沒收或追徵，有過苛之虞、欠缺刑法上之重要性、犯罪所得價值低微，或為維持受宣告人生活條件之必要者，得不宣告或酌減之。

■增訂說明（104.12.30）
照協商條文通過。

❖ **法學概念**
「估算」之認定

所謂「估算」（Schitzen），乃是藉由蓋然性的考量，決定數量。估算係透過某些已確認的事實作一估算基礎，依照特定方法推論出估算結論，而在結構上與判斷具有法律重要性的主要事實的間接證據相同。估算與間接證據的差別主要在於，估算在協助數量的調查，如收入高低、所得範圍、血液酒精濃度；間接證據是在協助推斷主要事實的存在。

【許澤天，〈沒收之估算〉，林鈺雄主編，《沒收新制的：刑法的百年變革(一)》，元照，初版，2016.07，138頁以下。】

因此估算乃是在欠缺其他更好的調查可能性下的應急手段，只有在不法所得及追徵之範圍與價額認定顯有困難時，始得以估算。所謂「認定顯有困難」係指可預期無法對不法所得及追徵之範圍與價額做出具體確認，或需要不合比例的時間與花費始能查明。相對的，若是在認定上非顯有困難時，法院就必須履行通常的調查義務。

至於估算空間，必須從「最低數額」或「扣除誤差安全值」出發，即犯罪行為人或第三人鐵定取得的範圍作為基準。亦即，倘若依據估算基礎尚可認為某個不法利得範圍具有高度蓋然性時，法院不得宣告低於該範圍的沒收，而採取所謂的最低數額。

【許澤天，〈沒收之估算〉，林鈺雄主編，《沒收新制的：刑法的百年變革(一)》，元照，初版，2016年7月，220頁。】

❖ **法學概念**
沒收之過苛調節條款

一、概述

我國刑法沒收新制，引進過苛調節條款，即有過苛之虞、欠缺刑法上之重要性、犯罪所得價值低微，或為維持受宣告人生活條件之必要者端視個案情節而定，但應注意**義務沒收才是原則**，減免沒收屬於例外情形。過苛條款之對象包含犯罪物沒收及其追徵（刑§38），以及利得沒收及其追徵（刑§38-1）

㈠犯罪物沒收／追徵：犯罪物雖採裁量沒收而非義務沒收，但過苛條款所列減免事項亦可

作為行使裁量的具體基準。畢竟，過苛條款所列事由還是比「得」沒收的裁量規定，更為具體、明確。就結論言，於個案過苛而不宜沒收犯罪物之情形，法院裁判形式上引用刑法第38條第2項或第38條之2第2項，均無不同，重點是實質上應於判決理由交代其具體個案的裁量基準。但是，犯罪物雖採裁量沒收，仍有其前提要件，如果系爭個案根本連要件都不符合者，例如不符合第三人犯罪物沒收要件者，在先前審查時既然已經否定，自不生最後階段的裁量沒收或過苛條款問題。不過，犯罪物亦有義務沒收之特例，包含刑法總則（違禁物、刑法分則（如刑§200偽造、變造之通用貨幣、紙幣、銀行券等犯罪所生之物）及附屬刑法（如毒品危害防制條例、森林法）之義務沒收特例等。

㈡利得沒收／追徵：利得沒收皆採義務沒收／追徵，故亦是過苛條款之典型運用，但應特別注意其於利得沒收審查體系順序 1.前提審查→2.有無利得審查→3.利得人審查→4.利得範圍審查→5.排除審查：發還條款→6.法律效果：義務沒收及過苛條款。

二、過苛調節事由

㈠實體上：「為維持受宣告人生活條件之必要者」是常見的實體事由，例如：犯罪行為人係中低收入戶、在台謀生不易的外籍移工、疾病纏身醫療費用支出龐大。為應注意，犯罪工具價值不斐且係犯罪行為人賴以維生之物（如挖土機、大貨車、計程車等），雖係得考量之具體因素，但仍應審查其與系爭犯罪關連性強弱與再投入犯罪之可能性高低，而一併考量，尤其不宜以犯罪物價值過高作為予不宣告沒收的主要或唯一因素。

㈡訴訟上：例如「欠缺刑法上之重要性」（及兼具實體、程序性質的「犯罪所得價值低微」）。在「犯罪所得價值低微」情形，實體上宣告利得沒收，不痛不癢，難以達成徹底剝奪不法利得所欲達成之預防效果，且程序上為小錢而大費周章，耗費成本顯不值得，故亦有訴訟經濟之性質。

三、過苛適用之結果：全免、酌減或變通方式

適用過苛條款的結果是「得不宣告或酌減之」，亦即減免沒收，包含全部免除、酌減價額（尤見於追徵），以及法未明示的各種變通方式，例如分五個會計年度而分期繳交；同時，為了保全分期執行，亦應有程序法上的保全扣押措施，在全數繳交前維持相當額度的公司財產扣押效力。以大統混油案為例，一次沒收全部利得反而會導致公司立即倒閉，不但國庫實際上沒收不到這筆進帳，還會進而衍生被害人或通路商未來

求償無門或公司員工失業等問題。可能的替代作法，除了個案酌減其沒收額度外，亦可能維持原沒收額度但准予變通執行方式。

總而言之，過苛條款是比例原則的體現，也是義務沒收的法定例外，故運用時應負加重說理義務。實務若是濫用，過苛條款可能成為「義務沒收之掘墓人」。

【林鈺雄，〈沒收講座V過苛條款〉，《月旦法學教室》，第211期，2020.05，9頁以下。】

❐ 實務見解

▸108台上2421◯（判決）

刑法第三十八條之二增訂過苛調節條款，於宣告沒收或追徵有過苛之虞、欠缺刑法上之重要性或犯罪所得價值低微之情形，及考量義務沒收對於被沒收人之最低限度生活產生影響，允由事實審法院就個案具體情形，依職權裁量不予宣告或酌減，以調節沒收之嚴苛性，並兼顧訴訟經濟，節省法院不必要之勞費。此項過苛調節條款，乃憲法上比例原則之具體展現，自不分實體規範為刑法或特別刑法中之義務沒收、亦不論沒收主體為犯罪行為人或第三人之沒收、也不管沒收標的為原客體或追徵其替代價額，同有其適用。而森林法第五十二條第五項規定「犯本條之罪者，其供犯罪所用、犯罪預備之物或犯罪所生之物，不問屬於犯罪行為人與否，沒收之」，係立法者為使國有森林資源受到保護，避免供犯罪所用之工具，不予沒收而須發還，致使相同工具易地反覆使用，有礙法律成效，乃採絕對義務沒收主義，以預防並遏止犯罪，為刑法第三十八條第二項前段關於職權沒收之特別規定，固應優先適用，但法律縱有「不問屬於犯罪行為人與否」之沒收條款，也不能凌駕於憲法上正當法律程序及比例原則之要求。換言之，就踐行正當法律程序以觀，所稱「不問屬於犯罪行為人與否」，仍應區別可能沒收主體為「犯罪行為人」或「犯罪行為人以外之第三人」，而踐行相應之刑事沒收程序，彼此互斥，不容混淆；就運用比例原則而言，不論可能沒收之物係犯罪行為人所有或第三人所有、不分沒收標的為原客體或追徵其替代價額，均有刑法第三十八條之二第二項過苛條款之調節適用，始合乎沒收新制之立法體例及立法精神。

▸106台非164（判決）

刑法第三十八條之二第一項前段規定：「前條犯罪所得的範圍與數額，認定顯有困難時，得以估算認定之。」依其立法理由說明，有關犯罪所得之沒收與追徵，其範圍及於違法行為所得、變得之物或財產上利益及其孳息，考量其範圍及價額並不具有特定性，爰參考德國刑法第七十三b條之規定，明定在認定顯有困難時，得估算之，以符實務需求。另因犯罪所得之沒收，性質上屬類似不當得利之衡平措施，非屬刑罰，自不適用嚴格證明法則，僅需自由證明為已足，以表明合理之證明負擔。**而所謂認定（非）顯有困難，指沒收之範圍與價額之相關事實已臻明確，無庸另行估算認定者而言。申言之，估算是在欠缺更好的調查可能性下的應急手段，只有在不法所得之範圍與價額認定顯有困難時，始得以估算。**相對的，若是在認定上非顯有困難時，法院就必須履行通常的調查義務，原則上，法院必須先善盡顯而易見的調查可能性與證據方法，之後仍無法確定沒收的範圍與價額時，才能援用估算的規定，否則，法院若未盡合理調查及依憑相當證據，即遽採單方、片面說法，進而認定沒收的範圍與價額，顯然未依職權調查、審認，並非適法。

▸105台上969（判決）

九十八年四月二十二日公布增訂貪污治罪條例第六條之一時，一併修訂同條例第十條，於同條例第十條第二項明定行為人不能證明其財產來源之合法性時，將來源不明之財產以「擬制」為貪污所得之方式，擴大貪污犯罪所得財物之認定範圍，其立法目的係以行為人經證實犯同條例第四條至第六條特定之貪污行為，而將擬制之貪污所得一併沒收、追繳、追徵或抵償，冀能剝奪此可疑財產，以防止行為人犯罪後仍能保有不法所得之不合理現象。足認財產來源不明罪及擬制貪污所得立法規範之目的均在剝奪貪污犯罪公務員所獲取之不當利益，以防止貪污者藏匿犯罪所得，逃避查扣。另貪污治罪條例第六條之一（按：乙○○行為後，該條於一○五年四月十三日修正公布，該條關於財產來源不明之定義並未修正，其第九款原規定「包庇他人犯兒童及少年性交易防制條例之罪」，修正後第九款則規定「包庇他人犯兒童及少年性剝削防制條例之罪」，僅係文字修正）法定刑為處五年以下有期徒刑、拘役或科或併科不明來源財產額度以下之罰金，固賦予法院裁量權，而沒收之法律效果，雖不能與罰金等同論之，然於量處有期徒刑，審酌是否宣告併科不明來源財產額度以下之罰金時，仍宜參照新修正刑法第三十八條之二第二項沒收或追徵過苛調節條款之立法意旨，依個案情形兼顧罪刑相當原則。

第38條之3（沒收裁判確定時移轉為國家所有）

Ⅰ 第三十八條之物及第三十八條之一之犯罪所得之所有權或其他權利，於沒收裁判確定時移轉為國家所有。

Ⅱ 前項情形，第三人對沒收標的之權利或因犯罪而得行使之債權均不受影響。

Ⅲ 第一項之沒收裁判，於確定前，具有禁止處分之效力。

□ 修正前條文
　Ⅰ第三十八條之物及第三十八條之一之犯罪所得之所有權或其他權利，於沒收裁判確定時移轉爲國家所有。
　Ⅱ前項情形，第三人對沒收標的之權利不受影響。
　Ⅲ第一項之沒收裁判，於確定前，具有禁止處分之效力。

■ 修正說明（105.06.22）
　一、原條文第一項、第三項未修正。
　二、刑法沒收目的在剝奪犯罪不法利得，以預防犯罪，基於被害人保護優先及交易安全之維護，不僅第三人對沒收標的之權利不應受沒收裁判確定效力影響，對於國家沒收或追徵之財產，因與犯罪行爲有關，自應賦予被害人優先行使其債權之權利，以避免因犯罪行爲人履行不能，致求償無門，有害於被害人權利之實現。爰修訂原條文第二項規定。

□ 實務見解
　▶ 107 台抗 445 △（裁定）
對於國家沒收或追徵財產之執行，「交易安全維護」及「犯罪被害人保護」，均優先於「澈底剝奪犯罪不法所得」原則。刑法第三十八條之三第二項所謂「第三人對沒收標的之權利或因犯罪而得行使之債權均不受影響」，解釋上當然包括第三人於沒收標的或爲追徵目的而扣押之財產上，原已存在權利之存續及行使，或被害人因犯罪而行使之債權，均不因沒收裁判確定或扣押而生任何障礙。方符交易安全維護及犯罪被害人保護優先之立法目的，以及憲法第十五條所定人民之財產權應受保障之本旨。抵押物經扣押後，依上開說明，抵押權人仍得行使抵押權，聲請拍賣抵押物。若經拍定，執行法院於核發權利移轉證書時，其刑事扣押之效力，當自動移轉至抵押物之拍賣所得，於法律所定不受影響之各項權利依法行使後，仍有餘額時，在該餘額限度內，繼續發生禁止原所有人領取、處分之效力。執行法院應函請爲扣押之機關、刑事案件繫屬之檢察署或法院，或由上開機關等依職權或拍定人之聲請，通知地政機關塗銷禁止處分登記，俾利拍定後辦理移轉登記，以達保全沒收、追徵同時兼顧交易安全維護之目的。

第 39 條（刪除）

□ 修正前條文
　免除其刑者，仍得專科沒收。

■ 修正說明（104.12.30）
　照協商條文通過。

第 40 條（沒收之宣告）
　Ⅰ沒收，除有特別規定者外，於裁判時併宣告之。
　Ⅱ違禁物或專科沒收之物得單獨宣告沒收。
　Ⅲ第三十八條第二項、第三項之物、第三十八條之一第一項、第二項之犯罪所得，因事實上或法律上原因未能追訴犯罪行爲人之犯罪或判決有罪者，得單獨宣告沒收。

□ 修正前條文
　Ⅰ沒收，除有特別規定者外，於裁判時併宣告之。
　Ⅱ違禁物或專科沒收之物得單獨宣告沒收。

■ 修正說明（104.12.30）
　照協商條文通過。

□ 實務見解
　▶ 釋字第 45 號（44.03.21）
主刑宣告緩刑之效力，依本院院字第七八一號解釋雖及於從刑，惟參以刑法第三十九條所定得專科沒收與第四十條所定得單獨宣告沒收，足證沒收雖原爲從刑，但與主刑並非有必然牽連關係，其依法宣告沒收之物或係法定必予沒收者，或係得予沒收而經認定有沒收必要者，自與刑法第七十四條所稱以暫不執行爲適當之緩刑本旨不合，均應不受緩刑宣告之影響。
　▶ 108 台抗 1089 △（裁定）
就已死亡之被告或犯罪嫌疑人、行爲人應沒收之犯罪所得，雖因繼承發生而歸屬於其繼承人所有，然於事實審言詞辯論終結前，仍得由檢察官依法向法院聲請對繼承人宣告沒收，或法院於認有必要時，依職權裁定命繼承人參與沒收程序；或若無從一併或附隨於本案訴訟裁判，而有沒收之必要時，亦可由檢察官依刑事訴訟法第四五五條之三四、第四五五條之三五、第四五五條之三七等規定，準用第七編之二關於第三人參與沒收程序，向法院聲請對繼承人單獨宣告沒收，以避免第三人因他人違法行爲而無償或以顯不相當對價取得犯罪行爲人之犯罪所得而坐取獲利。而該沒收程序，既係法律明文規定由檢察官向法院聲請之獨立程序，所適用裁判時之法律，當指各級法院所受理聲請案件裁判當時所依據應適用之法律，要非前案訴訟裁判時之法律，自屬當然。

第 40 條之 1（刪除）

□ 修正前條文
　法律有規定追徵、追繳或抵償者，於裁判時併宣告之。

■ 修正說明（104.12.30）
　照協商條文通過。

第40條之2（宣告多數沒收者一併執行）

Ⅰ 宣告多數沒收者，併執行之。

Ⅱ 沒收，除違禁物及有特別規定者外，逾第八十條規定之時效期間，不得為之。

Ⅲ 沒收標的在中華民國領域外，而逾前項之時效完成後五年者，亦同。

Ⅳ 沒收之宣告，自裁判確定之日起，逾十年未開始或繼續執行者，不得執行。

■增訂說明（104.12.30）

照協商條文通過。

第五章之二　易　刑

■增訂說明（104.12.30）

照協商條文通過。

第41條（易科罰金）

Ⅰ 犯最重本刑為五年以下有期徒刑以下之刑之罪，而受六月以下有期徒刑或拘役之宣告者，得以新臺幣一千元、二千元或三千元折算一日，易科罰金。但易科罰金，難收矯正之效或難以維持法秩序者，不在此限。

Ⅱ 依前項規定得易科罰金而未聲請易科罰金者，得以提供社會勞動六小時折算一日，易服社會勞動。

Ⅲ 受六月以下有期徒刑或拘役之宣告，不符第一項易科罰金之規定者，得依前項折算規定，易服社會勞動。

Ⅳ 前二項之規定，因身心健康之關係，執行顯有困難者，或易服社會勞動，難收矯正之效或難以維持法秩序者，不適用之。

Ⅴ 第二項及第三項之易服社會勞動履行期間，不得逾一年。

Ⅵ 無正當理由不履行社會勞動，情節重大，或履行期間屆滿仍未履行完畢者，於第二項之情形應執行原宣告刑或易科罰金；於第三項之情形應執行原宣告刑。

Ⅶ 已繳納之罰金或已履行之社會勞動時數依所定之標準折算日數，未滿一日者，以一日論。

Ⅷ 第一項至第四項及第七項之規定，於數罪併罰之數罪均得易科罰金或易服社會勞動，其應執行之刑逾六月者，亦適用之。

Ⅸ 數罪併罰應執行之刑易服社會勞動者，其履行期間不得逾三年。但其應執行之刑未逾六月者，履行期間不得逾一年。

Ⅹ 數罪併罰應執行之刑易服社會勞動有第六項之情形者，應執行所定之執行刑，於數罪均得易科罰金者，另得易科罰金。

□修正前條文

Ⅰ 犯最重本刑為五年以下有期徒刑以下之刑之

罪，而受六個月以下有期徒刑或拘役之宣告者，得以新臺幣一千元、二千元或三千元折算一日，易科罰金。但確因不執行所宣告之刑，難收矯正之效或難以維持法秩序者，不在此限。

Ⅱ 依前項規定得易科罰金而未聲請易科罰金者，得以提供社會勞動六小時折算一日，易服社會勞動。

Ⅲ 受六個月以下有期徒刑或拘役之宣告，不符第一項易科罰金之規定者，得Ⅲ依前項折算規定，易服社會勞動。前二項之規定，因身心健康之關係，執行顯有困難者，或確因不執行所宣告之刑，難收矯正之效或難以維持法秩序者，不適用之。

Ⅳ 第二項及第三項之易服社會勞動履行期間，不得逾一年。

Ⅴ 無正當理由不履行社會勞動，情節重大，或履行期間屆滿仍未履行完畢者，於第二項之情形應執行原宣告刑或易科罰金；於第三項之情形應執行原宣告刑。

Ⅵ 已繳納之罰金或已履行之社會勞動時數依裁判所定之標準折算日數，未滿一日者，以一日論。

Ⅶ 第一項至第三項規定於數罪併罰，其應執行之刑未逾六個月者，亦適用之。

■修正說明（98.12.30）

一、為求用語統一，爰將第一項及第三項「受六個月以下有期徒刑」修正為「受六月以下有期徒刑」、第八項「逾六個月者」修正為「逾六月者」。

二、確因不執行所宣告之刑，難收矯正之效或難以維持法秩序者，同為不得易科罰金與不得易服社會勞動之事由，造成因該事由而不得易科罰金者，亦應不得易服社會勞動。惟不適於易科罰金者，未必不適於易服社會勞動。爰將原第一項及第四項「確因不執行所宣告之刑」之規定，分別修正為「易科罰金」及「易服社會勞動」。

三、第二項、第五項及第六項未修正。

四、徒刑、拘役易科罰金係依裁判所定標準折算，徒刑、拘役易服社會勞動則係依第二項、第三項之規定折算，非以裁判為之。爰將第七項之「裁判」二字刪除。

五、司法院於九十八年六月十九日作成釋字第六六二號解釋。解釋文謂「中華民國九十四年二月二日修正公布之現行刑法第四十一條第二項，關於數罪併罰，數宣告刑均得易科罰金，而定應執行之刑逾六個月者，排除適用同條第一項得易科罰金之規定部分，與憲法第二十三條規定有違，

並與本院釋字第三六六號解釋意旨不符，應自解釋公布之日起失其效力。」原第八項關於數罪併罰，數宣告刑均得易服社會勞動，而定應執行之刑逾六月者，不得易服社會勞動之規定，雖未在該解釋範圍內，惟解釋所持理由亦同樣存在於易服社會勞動。爰修正第八項規定，以符合釋字第六六二號解釋意旨。數罪併罰之數罪均得易科罰金者，其應執行之刑雖逾六月，亦有第一項規定之適用。數罪併罰之數罪均得易服社會勞動者，其應執行之刑雖逾六月，亦得聲請易服社會勞動，有第二項至第四項及第七項規定之適用。

六、配合第八項數罪併罰之數罪均得易服社會勞動，其應執行之刑雖逾六月，亦得聲請易服社會勞動之修正，爰增訂第九項明定數罪併罰應執行之刑易服社會勞動之履行期間。考量易服社會勞動制度旨在替代短期自由刑之執行，避免短期自由刑之流弊，則適宜易服社會勞動之數罪併罰應執行之刑不宜過長，並審酌易服社會勞動履行期間之長短，攸關刑執行完畢之時間，影響累犯之認定等事由，明定數罪併罰應執行之刑易服社會勞動者，其履行期間不得逾三年。另於但書明定數罪併罰應執行之刑未逾六月者，其易服社會勞動之履行期間，不得逾　年，以與單罪易服社會勞動之履行期間一致。

七、數罪併罰應執行之刑易服社會勞動，於有第六項所定無正當理由不履行社會勞動，情節重大，或履行期間屆滿仍未履行完畢之情形，數罪均得易科罰金者，應執行所定之執行刑或易科罰金。數罪均得易服社會勞動，惟非均得易科罰金者，因應執行之刑本不得易科罰金，則應執行所定之執行刑，增訂第十項明定之。

❖ 修法簡評

依據釋字第366號與第662號解釋以及刑法第41條第8項規定，於數得易科罰金之罪及數得易服社會勞動之罪併罰且應執行刑逾6月時，仍得易科罰金或易服社會勞動。惟因刑法第41條未就得易科罰金之罪與不得易科罰金且得易服社會勞動之罪併罰且應執行刑逾6月時，應如何執行「應執行刑」有所規範，如於適用上仍以釋字第144號與第679號解釋為依據，實際上將出現易科罰金之罪與不得易科罰金但得易服社會勞動之罪併罰且應執行刑逾6月時，一概不得易科罰金，並不得易服社會勞動之現象。

學者認為，若採上開見解將產生本質上的矛盾。蓋依刑法第41條第8項規定，數得易服社會勞動之罪（例如偽證）併罰時，縱於應執行刑逾6月時，仍得易服社會勞動；而依該見解，如前述數得易服社會勞動之罪中有一罪改變為得易科罰金之罪（如詐欺），則所有犯罪反而不但不得易科罰金，亦不得易服社會勞動，如此規範秩序委實令人難以理解。

有鑑於釋字第662號解釋已肯認數得易科罰金（易刑處分）之罪併罰時，得易科罰金，揆諸情理，此種「易科罰金之罪與不得易科罰金但得易服社會勞動之罪併罰且應執行刑逾六月時，一概不得易科罰金」之觀點，恐已有違體系正義之要求，並有違釋字第662號解釋之精神。

【張明偉，〈刑罰作為秩序恢復的最後手段性之檢討——以數罪併罰之易刑處分為例〉，《台灣法學雜誌》，第215期，2013.01，135頁以下。】

□ 實務見解

▶ 釋字第679號（99.07.16）

本院院字第二七○二號及釋字第一四四號解釋與憲法第二十三條尚無牴觸，無變更之必要。

▶ 釋字第662號（98.06.19）

中華民國九十四年二月二日修正公布之現行刑法第四十一條第二項，關於數罪併罰，數宣告刑均得易科罰金，而定應執行之刑逾六個月者，排除適用同條第一項得易科罰金之規定部分，與憲法第二十三條規定有違，並與本院釋字第三六六號解釋意旨不符，應自本解釋公布之日起失其效力。

▶ 釋字第366號（83.09.30）

裁判確定前犯數罪，分別宣告之有期徒刑均未逾六個月，依刑法第四十一條規定各得易科罰金者，因依同法第五十一條併合處罰定其應執行之刑逾六個月，致其宣告刑不得易科罰金時，將造成對人民自由權利之不必要限制，與憲法第二十三條規定未盡相符，上開刑法規定應檢討修正。對於前述因併合處罰所定執行刑逾六個月之情形，刑法第四十一條關於易科罰金以六個月以下有期徒刑為限之規定部分，應自本解釋公布之日起，至遲於屆滿一年時失其效力。

▶ 釋字第245號（78.07.28）

受刑人或其他有異議權人對於檢察官不准易科罰金執行之指揮認為不當，依刑事訴訟法第四百八十四條向諭知科刑裁判之法院聲明異議，法院認為有理由而為撤銷之裁定者，除依裁定意旨由檢察官重行為適當之斟酌外，如有必要法院自非不得於裁定內同時諭知准予易科罰金，此與本院院解字第二九三九號及院字第一三八七號解釋所釋情形不同。

▶ 釋字第144號（64.12.05）

數罪併罰中之一罪，依刑法規定得易科罰金，若因與不得易科之他罪併合處罰結果而不得易科罰

金時，原可易科部分所處之刑，自亦無庸爲易科折算標準之記載。

▶ **釋字第 121 號**（56.05.10）

刑法第四十一條之易科罰金，第四十二條第二項之易服勞役，其折算一日之原定金額，如依戡亂時期罰金罰鍰裁判費執行費公證費提高標準條例提高二倍，應爲以三元、六元或九元折算一日。

▶ **108 台抗 536** △（裁定）

易科罰金制度係對於違犯輕罪之行爲人，本受徒刑或拘役之判決，若依宣告刑而執行，可能產生不良之影響，故於刑罰執行時變更本所宣告之刑，改以罰金替代徒刑或拘役之易刑處分，以避免執行短期自由刑所產生之流弊。刑法第四十一條第一項規定：「犯最重本刑爲五年以下有期徒刑以下之刑之罪，而受六月以下有期徒刑或拘役之宣告者，得以新台幣一千元、二千元或三千元折算一日，易科罰金。但易科罰金，難收矯正之效或難以維持法秩序者，不在此限。」依其立法理由說明，個別受刑人如有不宜易科罰金之情形，在刑事執行程序中，檢察官得依該項但書規定，審酌受刑人是否具有「確因不執行所宣告之刑，難收矯正之效，或難以維持法秩序」等事由決定之。是以，於法院判決確定後，受刑人僅取得得聲請易科罰金之資格，檢察官對於得易科罰金案件之指揮執行，仍應依其個案個案，考量犯罪特性、情節及受刑人個人特殊事由等因素，如認受刑人確有因不執行所宣告之刑，難收矯正之效，或難以維持法秩序者，自得不准予易科罰金，此乃檢察官指揮執行時得依職權裁量之事項，倘其未濫用權限，本不得任意指摘爲違法。惟因刑法第四十一條第二項規定：「依前項規定得易科罰金而未聲請易科罰金者，得以提供社會勞動六小時折算一日，易服社會勞動。」並未排除受刑人於檢察官否准易科罰金時，得請求易服社會勞動，是檢察官認受刑人不宜易科罰金時，非不得准許其得易服社會勞動。雖刑事訴訟法並無執行檢察官於否准之執行指揮時，應當場告知不准易科罰金之規定，但此重大剝奪受刑人人身自由之強制處分，如能賦予受刑人對於不准易科罰金之理由有陳述意見之機會，或許受刑人能及時提供一定之答辯或舉出相當證據，得就對其不利之理由進行防禦，或改聲請易服社會勞動，或能使檢察官改變准否易刑處分之決定，無待受刑人日後始得依刑事訴訟法第四八四條對檢察官之指揮聲明異議。尤其在現行實務上，檢察官指揮執行，係以准予科罰金爲原則，於例外認受刑人有難收矯治之效或難以維持法秩序始不准易科罰金，則否准易科罰金時，因與受刑人所受裁判主文諭知得以易科罰金之內容有異，對受刑人而言，無異係一種突襲性處分，參酌行政程序法第

一○二條及行政罰法第四十二條分別規定：行政機關作成限制或剝奪人民自由或權利之行政處分前，應給予該處分相對人陳述意見之機會，暨行政機關於裁處前，應給予受處罰者陳述意見之機會之同一法理，倘能予受刑人就己身是否有難收矯正之效或難以維持法秩序之情形有**陳述意見之機會**，再由檢察官爲准駁易刑處分之定奪，自與憲法保障人權及訴訟權之宗旨無違。

▶ **100 台抗 381**（裁定）

原裁定則以再抗告人所處罰刑，雖經法院裁定諭知易科罰金之折算標準在案，惟判刑乃易刑處分，其准許與否，依刑事訴訟法第四百五十七條規定，係由檢察官就有無「確因不執行所宣告之刑，難收矯正之效，或難以維持法秩序」情況查明認定並指揮執行，且法院諭知易科罰金折算標準，與檢察官於執行時是否准許易科罰金，分屬二事，並非經判決確定之罪如諭知得易科罰金，執行檢察官即均應准予易科罰金。

第 42 條（易服勞役）

I 罰金應於裁判確定後二個月內完納。期滿而不完納者，強制執行。其無力完納者，易服勞役。但依其經濟或信用狀況，不能於二個月內完納者，得許期滿後一年內分期繳納。遲延一期不繳或未繳足者，其餘未完納之罰金，強制執行或易服勞役。

II 依前項規定應強制執行者，如已查明確無財產可供執行時，得逕予易服勞役。

III 易服勞役以新臺幣一千元、二千元或三千元折算一日。但勞役期限不得逾一年。

IV 依第五十一條第七款所定之金額，其易服勞役之折算標準不同者，從勞役期限較長者定之。

V 罰金總額折算逾一年之日數者，以罰金總額與一年之日數比例折算。依前項所定之期限，亦同。

VI 科罰金之裁判，應依前三項之規定，載明折算一日之額數。

VII 易服勞役不滿一日之零數，不算。

VIII 易服勞役期內納罰金者，以所納之數，依裁判所定之標準折算，扣除勞役之日期。

☐ **修正前條文**

I 罰金應於裁判確定後二個月內完納。期滿而不完納者，強制執行。其無力完納者，易服勞役。但依其經濟或信用狀況，不能於二個月內完納者，得許期滿後一年內分期繳納。遲延一期不繳或未繳足者，其餘未完納之罰金，強制執行或易服勞役。

II 依前項規定應強制執行者，如已查明確無財產可供執行時，得逕予易服勞役。

III 易服勞役以新臺幣一千元、二千元或三千元折算一日。但勞役期限不得逾一年。

IV 依第五十一條第七款所定之金額，其易服勞役之折算標準不同者，從勞役期限較長者定之。

V 罰金總額折算逾一年之日數者，以罰金總額與一年之日數比例折算。依前項所定之期限，亦同。

VI 科罰金之裁判，應依前二項之規定，載明折算一日之額數。

VII 易服勞役不滿一日之零數，不算。

VIII 易服勞役期內納罰金者，以所納之數，依裁判所定之標準折算，扣除勞役之日期。

■修正說明（98.06.10）

一、第一項至第五項、第七項及第八項未修正。

二、原條文於九十四年間修正時，係將修正前之第二項及第三項分別移為原條文第三項及第五項，並新增第四項。惟修正前之第四項於移列為原條文第六項時，並未配合調整所引項次，致生爭議，爰予酌修。

□實務見解

▶107年度第7次刑事庭會議決議(一)（107.08.21）

決議：採甲說。

一、科罰金之裁判，應載明折算一日之額數，為刑法第四十二條第六項所明定。又數罪併罰定其應執行刑之裁定，並非重新判決，因之定罰金刑之易刑處分標準時，即應受原確定判決拘束，縱所宣告罰金刑處分之折算標準或有不同，亦應依原諭知之標準定之。

二、刑法第四十二條第四項、第五項之規定，乃關於數罪併罰中罰金易服勞役折算標準之比較適用，以及罰金總額（含單一宣告罰金刑及數罪併罰執行刑之情形）折算勞役期限逾一年之折算標準。題旨三罪經法院就併科罰金部分，定應執行刑為新臺幣七十八萬元。如罰金無力繳納時，因其易服勞役之折算標準不同，依上開規定，應從勞役期限較長之乙罪所諭知之標準以新臺幣一千元折算一日，次因所定之罰金總額以所定之折算標準換算，已逾一年之日數，故以罰金總額與一年之日數比例折算。

▶109台抗58△（裁定）

罰金無力完納者，其刑罰之執行方式，依刑法第四十二條第一項、第三項之規定，採以一千元、二千元或三千元折算一日之標準易服勞役。罰金易服勞役，乃變更執行原罰金刑之處分為具拘束人身自由內容之易服勞役，屬不利於受刑人之易刑處分。如數罪併罰，宣告多數罰金，定其應執行之金額，雖符合刑法第五十一條第七款「於各刑中之最多額以上，各刑合併之金額以下」之規定，惟其諭知易服勞役之日數，卻逾原數罪諭知易服勞役之總和，自屬惡化受刑人之地位，與數罪併罰定應執行刑應防止罪責失衡及不使受刑人更為不利之恤刑目的不符，且違反受刑人對於先前確定裁判宣告罰金如易服勞役折算期限之信賴利益保護，並使無資力完納罰金者，必須服較長期間之勞役刑，無異懲罰經濟上弱勢之受刑人，使其處於更不利之地位，自有違公平正義及罪刑相當之原則。

▶107台抗891（裁定）

按數罪併罰，應按分別宣告之罪刑為基礎，然後依法定標準定其應執行之刑。因此數罪併罰，有二裁判以上，而依刑法第五十一條第七款之規定定其應執行刑時，關於易服勞役，應以原確定裁判諭知之折算標準為基礎，依法定其折算一日之額數。若原確定裁判諭知易服勞役折算一日之額數違背法令，即無從依刑法第四十二條第六項規定，就所定應執行之罰金刑併諭知易服勞役折算標準。此其違法部分，先經非常上訴程序糾正改判，始得據為數罰金刑定其應執行刑及易服勞役標準之基礎。又刑法第四十二條第五項前段係規定罰金總額縱以三千元最高額數折算勞役一日，其易服勞役期限逾一年，而不能依同條第三項前段定折算標準時之辦法。是倘對科罰金以一千元、二千元或三千元折算一日易服勞役，尚可不逾一年，即無依第五項前段之比例方法折算易服勞役額數之必要。易言之，第四十二條第五項前段所謂「罰金總額折算逾一年之日數者，以罰金總額與一年之日數比例折算」，必其裁判所科罰金總額，依刑法第四十二條第三項前段之標準（即一千元、二千元或三千元）折算結果，其易服勞役期限均逾一年者，始得以罰金總額與一年之日數比例折算，俾符合上開易服勞役期限上限規定之法制本旨。

第42條之1（罰金易服勞役得易服社會勞動之適用）

I 罰金易服勞役，除有下列情形之一者外，得以提供社會勞動六小時折算一日，易服社會勞動：

一 易服勞役期間逾一年。

二 入監執行逾六月有期徒刑併科或併執行之罰金。

三 因身心健康之關係，執行社會勞動顯有困難。

II 前項社會勞動之履行期間不得逾二年。

III 無正當理由不履行社會勞動，情節重大，或履行期間屆滿仍未履行完畢者，執行勞役。

IV 社會勞動已履行之時數折算勞役日數，未滿一日者，以一日論。

Ⅴ社會勞動履行期間內繳納罰金者，以所納之數，依裁判所定罰金易服勞役之標準折算，扣除社會勞動之日數。

Ⅵ依第三項執行勞役，於勞役期內納罰金者，以所納之數，依裁判所定罰金易服勞役之標準折算，扣除社會勞動與勞役之日數。

□修正前條文

Ⅰ罰金易服勞役，除有下列情形之一者外，得以提供社會勞動六小時折算一日，易服社會勞動：

一　易服勞役期間逾一年。

二　應執行逾六月有期徒刑併科之罰金。

三　因身心健康之關係，執行社會勞動顯有困難。

Ⅱ前項社會勞動之履行期間不得逾二年。

Ⅲ無正當理由不履行社會勞動，情節重大，或履行期間屆滿仍未履行完畢者，執行勞役。

Ⅳ社會勞動已履行之時數折算勞役日數，未滿一日者，以一日論。

Ⅴ社會勞動履行期間內繳納罰金者，以所納之數，依裁判所定罰金易服勞役之標準折算，扣除社會勞動之日數。

Ⅵ依第三項執行勞役，於勞役期內納罰金者，以所納之數，依裁判所定罰金易服勞役之標準折算，扣除社會勞動與勞役之日數。

■修正說明（98.12.30）

一、配合第四十一條第八項之修正，酌修第一項第二款。考量社會接受度及社會勞動執行之困難度，對於須入監執行逾六月有期徒刑者，其併科或併執行罰金之執行，亦不得易服社會勞動，包括下列情形：

㈠單罪宣告刑逾六月有期徒刑併科之罰金。

㈡數罪併罰之徒刑應執行刑不得易科罰金或易服社會勞動，而須入監執行逾六月有期徒刑者，其併執行之罰金。

㈢數罪併罰之徒刑應執行刑得易科罰金或易服社會勞動，惟未聲請易科罰金或易服社會勞動，而入監執行逾六月有期徒刑者，其併執行之罰金。

㈣數罪併罰之徒刑應執行刑得易科罰金或易服社會勞動，經聲請易科罰金或易服社會勞動，惟未獲准許易科罰金或易服社會勞動，而入監執行逾六月有期徒刑者，其併執行之罰金。

二、第二項至第六項未修正。

第 43 條（易以訓誡）

受拘役或罰金之宣告，而犯罪動機在公益或道義上顯可宥恕者，得易以訓誡。

第 44 條（易刑之效力）

易科罰金、易服社會勞動、易服勞役或易以訓誡執行完畢者，其所受宣告之刑，以已執行論。

□修正前條文

易科罰金、易服勞役或易以訓誡執行完畢者，其所受宣告之刑，以已執行論。

■修正說明（98.06.10）

配合本法第四十一條及修正條文第四十二條之一易服社會勞動制度之增訂，明定易服社會勞動執行完畢者，其所受宣告之刑，以已執行論。

第 45 條（刪除）

□修正前條文

Ⅰ刑期自裁判確定之日起算。

Ⅱ裁判雖經確定，其尚未受拘禁之日數，不算入刑期內。

■修正說明（104.12.30）

照協商條文通過。

第 46 條（刪除）

□修正前條文

Ⅰ裁判確定前羈押之日數，以一日抵有期徒刑或拘役一日，或第四十二條第六項裁判所定之罰金額數。

Ⅱ羈押之日數，無前項刑罰可抵，如經宣告拘束人身自由之保安處分者，得以一日抵保安處分一日。

■修正說明（104.12.30）

照協商條文通過。

第六章　累　犯

第 47 條（累犯）

Ⅰ受徒刑之執行完畢，或一部之執行而赦免後，五年以內故意再犯有期徒刑以上之罪者，為累犯，加重本刑至二分之一。

Ⅱ第九十八條第二項關於因強制工作而免其刑之執行者，於受強制工作處分之執行完畢或一部之執行而免除後，五年以內故意再犯有期徒刑以上之罪者，以累犯論。

□修正前條文

受有期徒刑之執行完畢，或受無期徒刑或有期徒刑一部之執行而赦免後，五年以內再犯有期徒刑以上之罪者，為累犯，加重本刑至二分之一。

■修正說明（94.02.02）

一、累犯之加重，係因犯罪行為人之刑罰反應力薄弱，需再延長其矯正期間，以助其重返社會，並兼顧社會防衛之效果。參之同為大陸法系之日本現行刑法第五十六條及改正刑法草案第五十六條、瑞士刑法第六十七條、奧地利刑法第三十九條、法國刑法第一百三十二條之八至第一百三十二條之十一仍有累犯之規定，宜維持現行累犯制度。惟可依行為人惡性之程度酌予量處適當之刑。

二、犯罪行為人之再犯係出於故意者，固有適用累犯加重規定之必要；惟若過失再犯者因難據以確認其刑罰反應力薄弱，故宜以勸導改善等方式，促其提高注意力以避免再犯，而不宜逕行加重其刑，故第一項限制以故意再犯者為限，方成立累犯。

三、保安處分本有補充或代替刑罰之功用，為配合第九十八條第二項增訂強制工作處分與刑罰之執行效果得以互代，爰參採竊盜犯贓物犯保安處分條例第七條之立法體例，於本條第二項增訂擬制累犯之規定。

□ 實務見解

▶ 釋字第 775 號（108.02.22）

刑法第四十七條第一項規定：「受徒刑之執行完畢，或一部之執行而赦免後，五年以內故意再犯有期徒刑以上之罪者，為累犯，加重本刑至二分之一。」有關累犯加重本刑部分，不生違反憲法一行為不二罰原則之問題。惟其不分情節，基於累犯者有其特別惡性及對刑罰反應力薄弱等立法理由，一律加重最低本刑，於不符合刑法第五十九條所定要件之情形下，致生行為人所受之刑罰超過其所應負擔罪責之個案，其人身自由因此遭受過苛之侵害部分，對人民受憲法第八條保障之人身自由所為限制，不符憲法罪刑相當原則，牴觸憲法第二十三條比例原則。於此範圍內，有關機關應自本解釋公布之日起二年內，依本解釋意旨修正之。於修正前，為避免發生上述罪刑不相當之情形，法院就該個案應依本解釋意旨，裁量是否加重最低本刑。

刑法第四十八條前段規定：「裁判確定後，發覺為累犯者，依前條之規定更定其刑。」與憲法一事不再理原則有違，應自本解釋公布之日起失其效力。刑法第四十八條前段規定既經本解釋宣告失其效力，刑事訴訟法第四百七十七條第一項規定：「依刑法第四十八條應更定其刑者……由該案犯罪事實最後判決之法院之檢察官，聲請該法院裁定之。」應即併同失效力。

▶ 104 年度第 6 次刑事庭會議決議（104.04.07）

刑三庭提案：被告於民國九十九年間因施用第二級毒品案件，經法院判處有期徒刑七月確定，於一○○年二月一日執行完畢，惟其於九十八年間因販賣第二級毒品案件，經法院於一○二年四月三日判處有期徒刑四年確定。上開二案再據法院於一○三年三月三日裁定定應執行有期徒刑四年四月確定，刻正執行中。則被告於一○○年十一月一日另犯施用第一級毒品罪，是否構成累犯？

決議：採乙說（肯定說）。

刑法第四十七條所規定累犯之加重，以受徒刑之執行完畢，或一部之執行而赦免後，五年以內故意再犯有期徒刑以上之罪者，為其要件。良以累犯之人，既曾犯罪受罰，當知改悔向上，竟又重蹈前愆，足見其刑罰感應力薄弱，基於特別預防之法理，非加重其刑不足使其覺悟，並兼顧社會防衛之效果。職是，應依累犯規定加重其刑者，主要在於行為人是否曾受徒刑之執行完畢後，猶無法達到刑罰矯正之目的為要。而數罪併罰之案件，雖應依刑法第五十條、第五十一條規定就數罪所宣告之刑定其應執行之刑，然此僅屬就數罪之刑，如何定其應執行者之問題。本於數罪宣告刑，應有數刑罰權，此項執行方法之規定，並不能推翻被告所犯係數罪之本質，若其中一罪之刑已執行完畢，自不因嗣後定其執行刑而影響先前一罪已執行完畢之事實，謂無累犯規定之適用。題示情形，被告故意再犯施用第一級毒品罪之日期，係在所犯施用第二級毒品罪執行完畢五年以內，應構成累犯。刑事訴訟法第一百五十九條之五立法意旨，在於確認當事人對於傳聞證據有處分權，得放棄反對詰問權，同意或擬制同意傳聞證據可作為證據，屬於證據傳聞性之解除行為，如法院認為適當，不論該傳聞證據是否具備刑事訴訟法第一百五十九條之一至第一百五十九條之四所定情形，均容許作為證據，不以未具備刑事訴訟法第一百五十九條之一至第一百五十九條之四所定情形為前提。此揆諸「若當事人於審判程序表明同意該等傳聞證據可作為證據，基於證據資料愈豐富，愈有助於真實發見之理念，此時，法院自可承認該傳聞證據之證據能力」立法意旨，係採擴大適用之立場。蓋不論是否第一百五十九條之一至第一百五十九條之四所定情形，抑當事人之同意，均係傳聞之例外，俱得為證據，僅因我國向非採澈底之當事人進行主義，故而附加「適當性」之限制而已，可知其適用並不以「不符前四條之規定」為要件。惟如符合第一百五十九條之一第一項規定之要件而已得為證據者，不宜贅依第一百五十九條之五之規定認定

有證據能力。

▶ 75 台上 635（判例）

緩刑期滿而緩刑之宣告未經撤銷者，其刑之宣告，失其效力，與以已執行論之效果，並不相同，嗣後縱然再犯，不發生累犯之問題。

▶ 47 台上 1027（判例）

刑法第四十七條所謂加重本刑至二分之一，祇為最高度之規定，並無最低度之限制，法院於本刑二分之一以下範圍內，如何加重，本有自由裁量之權，自不能以原判決僅加重其本刑十分之一，並未加重至二分之一，而再予減輕二分之一為不當。

▶ 25 非 101（判例）

假釋中更犯罪，受有期徒刑以上刑之宣告，只得為撤銷假釋之原因，不適用累犯之規定，被告前犯強盜罪，經判處罪刑，於假釋中，復犯竊盜罪，既非執行完畢或執行一部而赦免後再犯罪，自與累犯不符。

▶ 104 台非 97（判決）

刑法第四十七條所規定累犯之加重，以受徒刑之執行完畢，或一部之執行而赦免後，五年以內故意再犯有期徒刑以上之罪者，為其要件。良以累犯之人，既曾犯罪受罰，當知改悔向上，竟又重蹈前愆，足見其刑罰感應力薄弱，基於特別預防之法理，非加重其刑不足使其覺悟，並兼顧社會防衛之效果。職是，應依累犯規定加重其刑者，主要在於行為人是否曾受徒刑之執行完畢後，猶無法達到刑罰矯正之目的為要。

▶ 97 台上 1160（判決）

另修正後刑法第四十七條關於累犯之規定，乃以出於故意再犯有期徒刑以上之罪者為限，並增訂強制工作免其執行或執行完畢後，五年內故意再犯有期徒刑以上之罪者，以累犯論之規定（擬制累犯）。是以修正後之累犯範圍亦有所減縮及擴張，當屬科刑規範事項之變更。均應依修正後刑法第二條「從舊從輕」原則比較新舊法之適用。

▶ 96 上易 2122（判決）

修正前刑法第四十七條係規定「受有期徒刑之執行完畢，或受無期徒刑或有期徒刑一部之執行而赦免後，五年以內再犯有期徒刑以上之罪者，為累犯，加重本刑至二分之一。」，修正後刑法第四十七條第一項則規定「受徒刑之執行完畢，或一部之執行而赦免後，五年以內故意再犯有期徒刑以上之罪者，為累犯，加重本刑至二分之一。」，惟因本件被告甲○○係故意犯罪，不論新、舊法均應論以累犯，對被告甲○○和並無較有利或較不利之情形，應依一般法律適用之原則，適用修正後刑法第四十七條第一項規定，論以累犯。

第 48 條（裁判確定後發覺累犯之處置）

裁判確定後，發覺為累犯者，依前條之規定更定其刑。但刑之執行完畢或赦免後發覺者，不在此限。

□ **實務見解**

▶ 106 年度第 16 次刑事庭會議決議（106.10.31）

決議：採甲說（否定說）。

一、刑法第四十八條前段所稱「更定其刑」，必其累犯之發覺，係在裁判確定之後，始足當之；苟於裁判確定之前，已足以發覺有累犯之情事者，即無適用之餘地。又被告之前科資料，與認定被告是否屬於累犯，及應否依累犯之規定加重其刑之待證事實有關係，自屬事實審法院應於審判期日調查之證據。事實審法院於審理時，如依卷內證據及訴訟資料已足以發覺被告有累犯之事實，自應加以調查，及於判決內論以累犯並依法加重其刑；倘依卷內證據及訴訟資料已足以發覺為累犯，而於審判期日就該累犯之事實漏未調查審酌，並於判決時漏論累犯並加重其刑，即與刑法第四十八條前段所稱「裁判確定後，發覺為累犯」之情形不同，自不得於裁判確定後以發覺為累犯為由聲請裁定累犯更定其刑。況我國刑事訴訟程序關於判決確定後裁判之救濟，其中如非常上訴程序既採被告人權保護說，以原判決於被告尚無不利者，其撤銷違背法令部分效力不及於被告，則何以於更定其刑案件即得更為不利於被告之裁定，是刑法第四十八條前段自應予目的性限縮適用。

二、本院九十二年度台非字第一四九號判決雖表示：刑法第四十八條前段所謂「發覺」，應指該案犯罪事實最後判決法院實際上發見而言，若被告實際上已符合累犯條件，依卷內所附被告前科資料或被告已供稱前科情形，事實審原可得發覺其為累犯，然事實審法院於審判時，疏予注意，致實際上並未發覺而未依累犯規定論處，仍不能謂事實審「已經發覺」等旨。惟該案所示事實，乃因被告身分證編號重編，原審卷內所附之錯誤身分證編號紀錄表內並無前案判決紀錄等原因，致事實審原得依卷內所附被告前科資料或被告已供稱前科發覺為累犯，卻於審判時，疏予注意，致實際上並未發覺而未依累犯規定論處，核與本例所討論者，案情顯然不同，自難援引。

▶ 106 台抗 226 △（裁定）

「受徒刑之執行完畢，或一部之執行而赦免後，

五年以內故意再犯有期徒刑以上之罪者，為累犯，加重本刑至二分之一。」而「裁判確定後，發覺為累犯者，依前條之規定更定其刑。但刑之執行完畢或赦免後發覺者，不在此限。」刑法第四十七條第一項、第四十八條分別定有明文。**前揭規定所稱「更定其刑」，必其累犯之發覺，係在裁判確定之後，始足當之；苟於裁判確定之前，已足以發覺有累犯之情事者，即無適用之餘地。**又被告之前科資料，與認定被告是否屬於累犯，及應否依累犯之規定加重其刑之待證事實至有關係，依刑事訴訟法第二百八十八條第四項規定，自屬事實審法院應於審判期日調查之證據。事實審法院於審理時，如依卷內證據及訴訟資料已足以發覺被告為累犯之事實，自應加以調查，及於判決內論以累犯並依法加重其刑；倘依卷內證據及訴訟資料已足以發覺為累犯，而於審判期日就該累犯之事實漏未調查審判，並於判決時漏論累犯並加重其刑，即與刑法第四十八條前段所稱「裁判確定後，發覺為累犯」之情形不同，自不得於裁判確定後以發覺累犯為由聲請裁定更定其刑。況我國刑事訴訟程序關於判決確定後裁判之救濟，其中如非常上訴程序既採被告人權保護說，以原判決於被告尚無不利者，其撤銷違背法令部分不及於被告，則何以於更定其刑案件即得更為不利於被告之裁定，是刑法第四十八條前段自應予目的性限縮適用。

第 49 條（累犯適用之除外）
累犯之規定，於前所犯罪在外國法院受裁判者，不適用之。

□ **修正前條文**
累犯之規定，於前所犯罪依軍法或於外國法院受裁判者，不適用之。

■ **修正說明**（94.02.02）
八十八年十月二日公布修正之軍事審判法，有關第三審上訴程序，依上訴原因，分別由司法審判機關之最高法院或高等法院審理，依本條自應適用累犯加重之規定；反觀依軍法受裁判者，則排除累犯適用之規定，則將發生同一案件視被告是否提起第三審上訴，而發生是否適用累犯加重規定之歧異結果，實有未妥，爰將本條關於「依軍法」受裁判者不適用累犯之規定刪除，以求司法、軍事審判程序中，適用法律之一致。

□ **實務見解**
▶ 103 年度第 18 次刑事庭會議決議（103.11.04）
決議：採肯定說。
文字修正如下：修正前刑法第四十九條規定：「累

犯之規定，於前所犯罪依軍法或於外國法院受裁判者，不適用之」。嗣於九十四年二月二日修正為：「累犯之規定，於前所犯罪在外國法院受裁判者，不適用之」，並自九十五年七月一日起施行。被告係於新法施行後始犯丁罪，其行為時，刑法已無「於前所犯罪依軍法受裁判者，不適用累犯規定」之相關明文，是否成立累犯，自應以犯丁罪時之法律為斷，不能適用行為前之法律。被告在刑法第四十九條修正前，因犯罪受軍法判處有期徒刑確定，但已與普通法院判處有期徒刑之他罪，合併定其應執行刑而執行完畢，乃其故意犯丁罪前既存之事實，並符合犯丁罪行為時累犯之要件，而其犯丁罪後有關累犯之規定又無變更，當無法律不溯既往或行為後法律變更新舊法比較適用之問題，應逕依刑法第四十七條規定論以累犯。

第七章　數罪併罰

第 50 條（數罪併罰之要件）
Ⅰ 裁判確定前犯數罪者，併合處罰之。但有下列情形之一者，不在此限：
　一　得易科罰金之罪與不得易科罰金之罪。
　二　得易科罰金之罪與不得易服社會勞動之罪。
　三　得易服社會勞動之罪與不得易科罰金之罪。
　四　得易服社會勞動之罪與不得易服社會勞動之罪。
Ⅱ 前項但書情形，受刑人請求檢察官聲請定應執行刑者，依第五十一條規定定之。

□ **修正前條文**
裁判確定前犯數罪者，併合處罰之。

■ **修正說明**（102.01.23）
一、現行數罪併罰規定未設限制，造成併罰範圍於事後不斷擴大有違安定性，為明確數罪併罰適用範圍，爰增訂但書規定。
二、因不得易科罰金之罪與得易科罰金之罪合併，造成得易科罰金之罪無法單獨易科罰金，故宜將兩者分開條列。故於第一項將易科罰金與易服社會勞動之罪，分別列舉得易科、不得易科、得易服與不得易服等不同情形之合併，以作為數罪併合處罰之依據。
三、增列第二項，規範第一項但書情形，受刑人請求檢察官聲請定應執行刑者，依第五十一條有關數罪併罰之方法所規定之情形，以作為定執行刑之準則。

□ **實務見解**

▶ **釋字第 98 號**（51.10.17）

裁判確定後另犯他罪，不在數罪併罰規定之列，雖緩刑期內更犯者，其所科之刑亦應於緩刑撤銷後合併執行。

▶ **74 年度第 5 次刑事庭會議決議**（74.05.14）

某甲意圖供自己犯罪之用而持有軍用手槍，嗣即執該槍擄人勒贖，如其意圖所犯之罪包含擄人勒贖之犯罪在內，應認其持有軍用手槍與擄人勒贖兩罪有方法結果之關係，依刑法第五十五條從一重處斷。若某甲意圖所犯之罪爲擄人勒贖以外之其他犯罪，以後另行起意執槍擄人勒贖，則其所犯意圖供自己犯罪之用而持有軍用手槍與擄人勒贖罪，依刑法第五十條併合處罰。

▶ **101 台上 481**（判決）

刑法於民國九十四年二月二日修正公布（九十五年七月一日施行）刪除連續犯規定之同時，對於合乎接續犯或包括的一罪之情形，爲避免刑罰之過度評價，已於立理由說明委由實務以補充解釋之方式，發展接續犯之概念，以限縮數罪併罰之範圍。是於刪除連續犯規定後，苟行爲人主觀上基於單一之犯意，以數個舉動接續進行，而侵害同一法益，在時間、空間上有密切關係，依一般社會健全觀念，難以強行分開，在刑法評價上，以視爲數個舉動之接續實行，合爲包括之一行爲予以評價，較爲合理，於此情形，即得依接續犯論以包括之一罪。惟此，如係分別起意，則仍依數罪併合處罰，方符立法本旨。

▶ **100 台上 6922**（判決）

刑法上之接續犯爲包括之一罪，係指數行爲於同時同地或密切接近之時地實行，侵害同一之法益，各行爲之獨立性極其薄弱，依一般社會健全觀念，在時間差距上，難以強行分開，在刑法評價上，以視爲數個舉動之接續施行，合爲包括之一行爲予以評價，較爲合理者，始屬之。**按轉讓毒品之罪，依一般國民之法律感情及其犯罪行爲態樣，於被告每一次犯罪行爲得逞時，即已構成犯罪；況上訴人所犯二次轉讓毒品犯行，其前後行爲，在時間差距上俱可分開，在刑法評價上，亦各具獨立性**，均可獨立構成犯罪。原判決認上訴人上開所爲，應予分論併罰，核無違誤。

▶ **100 台上 6621**（判決）

行爲人於完成犯罪行爲後，爲確保或利用行爲之結果，而另爲犯罪行爲時，倘另爲之犯罪行爲係前一行爲之延續，且未加深前一行爲造成之損害或引發新的法益侵害，按之學理上所謂的「不罰之後行爲」（或稱罰後行爲），固應僅就前一行爲予以評價而論以一罪；惟若前後之行爲已分別侵害數法益，後行爲之不法內涵並已逾越前行爲所該當犯罪不法內涵之範圍時，則另爲之後行爲顯具一般預防之必要性，而非屬不罰後行爲之範疇，自應加以處罰，否則即違反充分評價原則。

▶ **99 台上 702**（判決）

行爲始於著手，著手之際，有如何之犯意，即應負如何之故意責任。犯意變更與另行起意本質不同；犯意變更，係犯意之轉化（昇高或降低），指行爲人在著手實行犯罪行爲之前或行爲繼續中，就同一被害客體，改變原來之犯意，在另一犯意支配下實行犯罪行爲，導致此罪與彼罪之轉化，因此仍然被評價爲一罪。犯意如何，既以著手之際爲準，則著手實行階段之犯意若有變更，當視究屬犯意昇高或降低定其故意責任；犯意昇高者，從新犯意；犯意降低者，從舊犯意，並有中止未遂之適用。另行起意，則指原有犯意之構成要件行爲已經完成，或因某種原因出現，停止原來之犯罪行爲，而增加一個新的犯意產生，實行另一犯意之謂，至於被害客體是否同一則不問；惟因其係在前一犯罪行爲停止後（即前一犯罪行爲既遂、未遂或中止等），又另起犯意實行其他犯罪行爲，故爲數罪。行爲人以傷害之犯意打人，毆打時又欲置之於死地，乃犯意昇高，應從變更後之殺人犯意，殺人行爲之傷害事實，當然吸收於殺人行爲之內。倘若初以傷害之犯意打人已成傷之後，復因某種**原因再予以殺害，則屬另行起意**，應分論併罰，成立傷害與殺人二罪。

編按：103 台上 1724（判決）同旨。

❖ **學者評釋**

前開實務見解對犯意變更與另行起意兩者個別的說明頗爲細緻，學者認爲值得肯定。但美中不足的是，最高法院的分析似乎著重在對於兩者之描述，至於二者之間的區分，仍未有一清晰的判準。

若參照德國實務的意見，殺人與傷害之間所存在的是一種過程關係，傷害是殺人的必要過程，所以二者之間不是相互排斥而無法並存，係採取「一體性理論」（Einheitstheorie）。

依據德國通說之意見，若行爲人起初是以傷害之犯意而著手侵害他人身體或健康，但其後改爲殺人之故意繼續實施傷害行爲時，仍然可以適用同一法理，亦即此時傷害與殺人二者間亦屬於行爲階段之一體關係。但是，這套判準的適用尚有一前提，那就是犯意的轉換必須是在自然的行爲單數範圍之內，否則即應論以數罪。

所謂行爲單數的判準即：(一) 一個具有一致性的意思決定；(二) 數個行動具有時空上的緊密關係；(三) 以客觀之第三人角度予以觀察，可知數行動之間的關聯性。如從犯意之轉變過程觀

之，已經超出自然的行為單數意義下一行為之範圍時，即屬另行起意，應數罪併罰。

【徐育安，〈犯意變更與另行起意之區別——最高法院99年台上字第702號刑事判決〉，《月旦裁判時報》，第4期，2010.08，121頁以下。】

第51條（數罪併罰之執行）

數罪併罰，分別宣告其罪之刑，依下列各款定其應執行者：

一　宣告多數死刑者，執行其一。
二　宣告之最重刑為死刑者，不執行他刑。但罰金及從刑不在此限。
三　宣告多數無期徒刑者，執行其一。
四　宣告之最重刑為無期徒刑者，不執行他刑。但罰金及從刑不在此限。
五　宣告多數有期徒刑者，於各刑中之最長期以上，各刑合併之刑期以下，定其刑期。但不得逾三十年。
六　宣告多數拘役者，比照前款定其刑期。但不得逾一百二十日。
七　宣告多數罰金者，於各刑中之最多額以上，各刑合併之金額以下，定其金額。
八　宣告多數褫奪公權者，僅就其中最長期間執行之。
九　依第五款至前款所定之刑，併執行之。但應執行者為三年以上有期徒刑與拘役時，不執行拘役。

□ 修正前條文

數罪併罰，分別宣告其罪之刑，依下列各款定其應執行者：

一　宣告多數死刑者，執行其一。
二　宣告之最重刑為死刑者，不執行他刑。但罰金及從刑不在此限。
三　宣告多數無期徒刑者，執行其一。
四　宣告之最重刑為無期徒刑者，不執行他刑。但罰金及從刑不在此限。
五　宣告多數有期徒刑者，於各刑中之最長期以上，各刑合併之刑期以下，定其刑期。但不得逾三十年。
六　宣告多數拘役者，比照前款定其刑期。但不得逾一百二十日。
七　宣告多數罰金者，於各刑中之最多額以上，各刑合併之金額以下，定其金額。
八　宣告多數褫奪公權者，僅就其中最長期間執行之。
九　宣告多數沒收者，併執行之。
十　依第五款至第九款所定之刑，併執行之。但應執行者為三年以上有期徒刑與拘役時，不執行拘役。

■ **修正說明**（104.12.30）

照協商條文通過。

□ **實務見解**

▶ **釋字第202號**（75.02.14）

裁判確定後另犯他罪，不在數罪併罰規定之列，業經本院釋字第九十八號解釋闡釋在案，故裁判確定後，復受有期徒刑之宣告者，前後之有期徒刑，應予合併執行，不受刑法第五十一條第五款但書關於有期徒刑不得逾二十年之限制。至刑法第三十三條第三款但書係就實質上或處斷上一罪之法定刑加重所為不得逾二十年之規定，與裁判確定後另犯他罪應合併執行之刑期無關，本院院字第六二六號解釋有關第五部分，已無從適用。

前項受有期徒刑之合併執行而有悛悔實據者，其假釋條件不應較無期徒刑為嚴，宜以法律明定之。

▶ **109台抗58** △（裁定）

刑法第五十一條數罪併罰定其應執行刑之規定，分別採吸收原則（第一款至第四款、第八款）、限制加重原則（第五款至第七款）及併科原則（第九款前段）。而同法第五十條第一項前段規定，裁判確定前犯數罪者，併合處罰之，屬強制規定，在使被告（或受刑人，下統稱受刑人）得依同法第五十一條各款規定，享有吸收或限制加重刑罰之恤刑利益，以防刑罰過苛，致罪責失衡，而侵害人權。又裁判確定前犯數罪符合併合處罰之案件，有二以上之裁判，應依刑法第五十一條第五款至第七款應執行之刑者，最後事實審法院檢察署檢察官應依刑事訴訟法第四七七條第一項規定，聲請該法院裁定之，乃檢察官為受刑人之利益而為聲請，法院於定應執行之刑時自不得諭知較重於原裁判合併刑期之總和，否則即有違數罪併罰禁止不利於受刑人之恤刑立法目的。

▶ **108台非20**（判決）

實務上定應執行刑之案件，固以數罪中最先確定之案件為基準日，犯罪在此之前者皆符合定應執行刑之要件；犯罪行為在基準日之後者，不與焉（如另符合定應執行刑之要件，則另定其應執行刑，與前所定者合併執行）。此原則於特殊個案，顯然不符合罪刑相當之憲法原則時，應有所例外，否則罰過其罪，致生行為人所受之刑罰超過其所應負擔之罪責，其人身自由因此遭受過苛之侵害，對人民受憲法第八條所保障之人身自由所為限制，自有違上開罪刑相當原則及比例原則。又刑法第五十一條第五款規定，經宣告多數有期徒刑之數罪併罰方法，係以各刑中之最長期以上，各刑合併之刑期以下，定其刑期，**法院即**

應於俱罰各罪之中，以最重之宣告刑爲基礎，參酌他罪之宣告刑，本諸限制加重原則，裁量加重定之，是該款之目的乃藉此將被告所犯之數罪重新裁量評價，除不得逾越法律所規定範圍之外部性界限外，尤應尊重前述罪刑相當及比例等諸憲法原則，俾與其授與裁量權之目的相契合，足徵該款之立法意旨，並無使被告處於更不利地位之意。

▶ 100 台抗 921（裁定）

刑法第五十條規定：「裁判確定前犯數罪者，併合處罰之。」第五十三條規定：「數罪併罰，有二裁判以上者，依第五十一條之規定，定其應執行之刑。」是刑法第五十一條之數罪併罰，應以合於同法第五十條之規定爲前提，而第五十條之併合處罰，則以裁判確定前犯數罪爲條件，若於一罪之裁判確定後又犯他罪者，自應於他罪之科刑裁判確定後，與前罪應執行之刑併予執行，不得適用刑法第五十一條所列各款，定其應執行之刑（本院三十二年非字第六三號判例意旨參照）。故於被告一再犯罪，經受多次科刑判決確定之情形，上開所謂裁判確定，乃指首先確定之科刑判決而言，亦即以該首先判刑確定之日作爲基準，凡在該日期之前所犯之各罪，應依刑法第五十一條各款規定，定其應執行之刑；在該日期之後所犯者，則無與之前所犯者合併定執行刑之餘地；惟在該日期之後之數罪，其另符合數罪併罰者，仍依前述法則處理；然無論如何，既有上揭基準可循，自無許任憑己意，擇其中最爲有利或不利於被告之數罪，合併定其應執行之刑。又一裁判宣告數罪之刑，雖曾經定其執行刑，但如再與其他裁判宣告之刑定其執行刑時，前定之執行刑當然失效（本院五十九年台抗字第三六七號判例意旨參照）。

▶ 99 台上 6695（判決）

行爲人爲犯特定罪而持有槍、彈，並於持有槍、彈後即緊密實行該特定犯罪，雖其持有槍、彈之時地與犯特定罪之時地，在自然意義上非完全一致，然二者仍有部分合致，且犯罪目的單一，依一般社會通念，認應評價爲一罪符合刑罰公平原則，**如予數罪併罰，反有過度評價之疑，與人民法律感情亦未契合；是於牽連犯廢除後，適度擴張一行爲概念，認此情形爲一行爲觸犯數罪名之想像競合犯，固屬適當**。惟若原即持有槍、彈，以後始另行起意執槍犯罪，則其原已成立之持有槍、彈罪與嗣後之犯罪，即無從認係一行爲所犯，而應依刑法第五十條合併處罰。

第 52 條（裁判確定後餘罪之處理）
數罪併罰，於裁判確定後，發覺未經裁判之餘罪者，就餘罪處斷。

第 53 條（執行刑）
數罪併罰，有二裁判以上者，依第五十一條之規定，定其應執行之刑。

第 54 條（各罪中有受赦免時餘罪之執行）
數罪併罰，已經處斷，如各罪中有受赦免者，餘罪仍依第五十一條之規定，定其應執行之刑，僅餘一罪者，依其宣告之刑執行。

第 55 條（想像競合犯）
一行爲而觸犯數罪名者，從一重處斷。但不得科以較輕罪名所定最輕本刑以下之刑。

□ 修正前條文

一行爲而觸犯數罪名，或犯一罪而其方法或結果之行爲犯他罪名者，從一重處斷。

■ 修正說明（94.02.02）

一、關於牽連犯之成立要件，依通說認應具備下列要件：㈠須係數個行爲；㈡觸犯數罪名；㈢犯罪行爲間須具方法、目的或原因、結果之牽連關係；㈣須侵害數個法益；㈤行爲人對於數個犯罪行爲，主觀上須具概括犯意。因其犯罪行爲，須係複數，其法益侵害，亦係複數，而與法條競合、包括一罪等本來一罪有異。有關想像競合犯之實質根據，通說均以「單一行爲之處罰一次性」作爲說明，至牽連犯之實質根據，則難有適當之說明。因此，在外國立法例上，德國現行法並無牽連犯之規定，日本昭和十五年之改正刑法案、昭和刑法準備草案、以及昭和四十九年之改正刑法草案，均將牽連犯之規定予以刪除，改正刑法草案說明書之要旨，認爲「在構成牽連犯之數罪中，作爲手段之行爲罪與結果罪間，具有相當時間之間隔，倘將其中一方之既判力及於他者，並不適當。而判例通常係以數罪間具有手段、結果之關係作爲牽連犯之成立要件，惟在具體適用上，亦不盡一貫，在現行法下，許多應適用牽連犯之場合，判例將其論以想像競合犯。因此，將牽連犯之規定予以刪除，並不會造成被告之不利益。」牽連犯之實質根據既難有合理之說明，且其存在亦不無擴大既判力範圍，而有鼓勵犯罪之嫌，實應予刪除爲當。

二、至牽連犯廢除後，對於目前實務上以牽連犯予以處理之案例，在適用上，則得視其具體情形，分別論以想像競合犯或數罪併罰，予以處斷。

三、想像競合與牽連犯，依原法規定，應從一重

處斷，遇有重罪之法定最輕本刑較輕罪之法定最輕本刑為輕時，裁判者仍得在重罪之最輕本刑以上，輕罪之最輕本刑以下，量定其宣告刑。此種情形，殊與法律規定從一重處斷之原旨相違背，難謂合理。德國刑法第五十二條(2)及奧地利現行刑法第二十八條，均設有相關之限制規定，我刑法亦有仿採之必要，爰增設但書規定，以免科刑偏失。又依增設本但書規定之精神，如所犯罪名在三個以上時，量定宣告刑，不得低於該重罪以外各罪法定最輕本刑中之最高者，此乃當然之解釋。

□ **實務見解**

▶ **105 年度第 10 次刑事庭會議決議（105.06.21）**

決議：採乙說（否定說）。

刑法第五十五條規定之想像競合犯，該條前段規定從較重之一罪處斷，本質為數罪之競合，屬裁判上一罪，**為避免遇有重罪之法定最輕本刑較輕罪之法定最輕本刑為輕時，若許法院得在重罪之最輕本刑以上，輕罪之最輕本刑以下，量定其宣告刑，致與法律規定從一重處斷之本旨相違背，故該條但書特別規定「不得科以較輕罪名所定最輕本刑以下之刑」，以免科刑偏失**。至法條（規）競合，本質上為單純一罪，純屬數法條之擇一適用，而排斥其他法條之適用，既無明文限制，於量定宣告刑時，自不受刑法第五十五條但書規定之拘束。

▶ **101 年度第 10 次刑事庭會議決議(一)（101.11.06）**

決議：採乙說，販賣未遂與意圖販賣而持有毒品罪，有法條競合之適用。

(一)所謂販賣行為，須有營利之意思，方足構成。刑罰法律所規定之販賣罪，類皆為(1)意圖營利而販入，(2)意圖營利而販入並賣出，(3)基於販入以外之其他原因而持有，嗣意圖營利而賣出等類型。從行為階段理論立場，意圖營利而販入，即為前述(1)、(2)販賣罪之著手，至於(3)之情形，則**以另行起意販賣，向外求售或供買方看貨或與之議價時，或其他實行犯意之行為者，為其罪之著手。而販賣行為之完成與否，胥賴標的物之是否交付作為既、未遂之標準**。行為人持有毒品之目的，既在於販賣，不論係出於原始持有之目的，抑或初非以營利之目的而持有，嗣變更犯意，意圖販賣繼續持有，均與意圖販賣而持有毒品罪之要件該當，且與販賣罪有法條競合之適用，並擇販賣罪處斷，該意圖販賣而持有僅不另論罪而已，並非不處罰。此觀販賣、運輸、轉讓、施用毒品，其持有之低

度行為均為販賣之高度行為所吸收，不另論罪，為實務上確信之見解，意圖販賣而持有毒品罪，基本行為仍係持有，意圖販賣為加重要件，與販賣罪競合時，難謂應排除上開法條競合之適用。

(二)二十七年滬上字第五〇號判例(二)即謂，販賣毒品之未遂犯，持有毒品時，依同條例（禁毒治罪暫行條例）第四條，應論以意圖販賣而持有毒品之罪，毋庸論以販賣毒品之未遂罪，但此係法條競合所生之結果，並非對於販賣毒品不復成立犯罪。本則判例圍於禁毒治罪暫行條例第四條就販賣、意圖販賣而持有毒品者規定於同一法條，其法定刑相同，將本應論以高度行為之販賣毒品未遂罪，反擇低度行為之意圖販賣而持有毒品論罪，雖不無紊亂行為階段理論，但其謂兩者係法條競合，應擇一適用，則無不合，符合刑法罪數理論。

(三)本院曩昔曾遷就系爭判例所持意圖營利而販入毒品，即構成販賣既遂罪，乃對於意圖販賣而持有毒品罪，採取限縮解釋，謂以非以營利之目的而持有（例如受贈、吸用），嗣變更犯意，意圖販賣繼續持有，尚未著手賣出者為限之見解，在系爭判例不再援用後，自應予以補充解釋。

(四)唯有如此，諸如刑法第二百三十五條、兒童及少年性交易防制條例第二十八條、商標法第九十六條、第九十七條等對於販賣未遂不設處罰規定之情形，始能覓得依意圖販賣而持有論罪之依據。

(五)況如採取單純販賣毒品未遂說，在量刑上亦可能會造成重罪輕罰之失衡情形。例如，販賣第二級毒品者，法定刑（徒刑部分，下同）為無期徒刑或七年以上有期徒刑；而意圖販賣而持有第二級毒品罪，法定刑為五年以上有期徒刑。是以販賣第二級毒品未遂，最低得宣告有期徒刑三年六月，較之意圖販賣而持有第二級毒品罪之最低度刑五年以上有期徒刑為輕，不無重罪輕罰之失衡情形。另第三級毒品部分，亦然。此際若採法條競合說，則在個案上即可斟酌採取德國實務及學說上所承認之法條競合仍有輕罪最低度刑封鎖作用之法律效果上之地位，以免科刑偏失（註）。

(六)司法院院字第四〇七七號解釋，僅在說明以營利為目的將鴉片購入，尚未及賣出之情形，不能單純認為成立意圖販賣而持有鴉片罪，參酌二十七年滬上字第五〇號判例(二)意旨，與採法條競合並無齟齬之處。至於意圖販賣而持有部分既係不另論罪，則事實審法

院判決如有漏未敘明者，自不構成撤銷理由，要屬當然，附此說明。

註：刑法第五十五條但書，係仿採德國刑法第五十二條而增訂。此種輕罪最低度刑在量刑上所具有之封鎖作用，於法條競合有無適用，德國刑法未有明文，但該國實務及學說均予承認。相關見解請參考黃榮堅，刑法問題與利益思考，第三七六頁。蘇俊雄，刑法總論Ⅲ，第一二三至一二四頁。

▶ **90 年度第 8 次刑事庭會議決議（90.10.09）**

按八十八年四月二十一日修正前刑法第二百三十一條第三項所規定之常業圖利引誘或容留良家婦女與他人姦淫罪，及常業圖利使人為猥褻之行為罪，性質上屬集合犯，乃集合多數犯罪行為而成立之獨立犯罪型態。祇須行為人基於常業之意思，意圖營利，反覆引誘或容留良家婦女與他人姦淫，或使人為猥褻之行為，而有其中之一者，即足成立；其反覆之數行為間，不生連續犯、牽連犯或想像競合犯之問題。倘兩者兼而有之，後者之低度行為應為前者之高度行為所吸收，應僅論以常業圖利引誘或容留良家婦女與他人姦淫一罪。

▶ **87 年度第 6 次刑事庭會議決議（87.06.16）**

刑法上所謂法規競合，係指一個犯罪行為，因法規之錯綜關係，致同時有數符合該犯罪構成要件之法條可以適用，爰依法理擇一適用者而言。公職人員選舉罷選期間，意圖使某候選人不當選，以文字、圖畫、錄音、錄影、演講或他法，散布謠言或傳播不實之事，足以生損害於該候選人之名譽時，雖同時符合刑法第三百十條第一項或第二項之誹謗與選罷法第九十二條之意圖使候選人不當選散布虛構事實之犯罪構成要件，因係法規之錯綜關係，致一個犯罪行為，同時有數符合該犯罪構成要件之法條可以適用，應依法規競合法理，擇一適用選罷法第九十二條規定論處。

▶ **71 台上 2837（判例）**

一行為觸犯數罪名之想像上競合犯，係指行為人以一個意思決定發為一個行為，而侵害數個相同或不同之法益，具備數個犯罪構成要件，成立數個罪名之謂，乃處斷上之一罪；此與行為人就同一犯罪構成事實，以單一行為之數個舉動接續進行，以實現一個犯罪構成要件，侵害同一法益，成立一個罪名之接續犯不同，雖接續犯於犯罪行為未完畢之前，其各個舉動與該罪之構成要件相符，但行為人主觀上係以其各個舉動僅為全部犯罪行為之一部，而客觀上，亦認係實施一個犯

罪，是以僅成立一個罪名。

▶ **108 台上大 2306（大法庭裁定）**

主文：行為人以一行為觸犯組織犯罪防制條例第三條第一項後段之參與犯罪組織罪，及刑法第三三九條之四第一項第二款之加重詐欺取財罪，依刑法第五十五條前段規定從一重之加重詐欺取財罪處斷而為科刑時，於有預防矯治其社會危險性之必要，且符合比例原則之範圍內，由法院依組織犯罪防制條例第三條第三項規定，一併宣告刑前強制工作。

理由：

一、本案基礎事實

被告參與由他人所發起、主持具有持續性、牟利性之詐欺集團犯罪組織，在該集團擔任「車手」，並依集團成員之指示，提領被害人遭集團其他成員詐騙之款項，因而論斷被告所係一行為觸犯組織犯罪防制條例第三條第一項後段之參與犯罪組織罪，及刑法第三三九條之四第一項第二款之加重詐欺取財罪，並依想像競合犯關係係一重論被告以加重詐欺取財罪。

二、本案法律爭議

被告以一行為觸犯組織犯罪防制條例第三條第一項後段之參與犯罪組織罪，及刑法第三三九條之四第一項第二款之加重詐欺取財罪，如依想像競合犯從一重之加重詐欺取財罪處斷，應否依較輕之參與犯罪組織罪所適用之組織犯罪防制條例第三條第三項規定，一併宣告刑前強制工作？

三、本大法庭之見解

(一)法律係理性、客觀、公正且合乎目的性之規定，因此，法律之解釋除須顧及法律之安定性外，更應考慮解釋之妥當性、現在性、創造性及社會性，始能與社會脈動同步，以符合民眾之期待。而法官闡釋法律時，在文義射程範圍內，如有複數解釋之可能性時，應依論理解釋方法，在法律規定文義範圍內，闡明法律之真意，以期正確妥當之適用。

(二)刑法第五十五條想像競合犯之規定，既列在刑法總則編第七章「數罪併罰」內，且法文稱「一行為而觸犯數罪名」，則依體系及文義解釋，可知行為人所犯數罪成立實質競合，自應對行為人所犯各罪，均予評價，始屬適當。此與法規競合僅選擇其中最適宜之罪名，為實質上一罪，明顯有別。換言之，想像競合犯本質上為數罪，各罪所規定之刑罰、沒收及保安處分等相關法律效果，自應一併適用，否則將導致成立數罪之想像競合與成立一罪之法規競合，二者法律效果無分軒輊之失衡情形，尚非立法者於制定刑法第五十五條時，所作之價值判斷及所欲實現之

目的。

(三)刑罰評價對象，乃行為本身；想像競合犯係一行為觸犯數罪名，為避免對同一行為過度及重複評價，刑法第五十五條前段規定「從一重處斷」。又刑法第三十三條及第三十五條僅就刑罰之主刑，定有輕重比較標準，因此上揭「從一重處斷」，僅限於「主刑」，法院應於較重罪名之法定刑度內，量處適當刑罰。至於輕罪罪名所規定之沒收及保安處分，因非屬「主刑」，故與刑法第五十五條從一重處斷之規定無關，自得一併宣告。

(四)罪刑法定原則，指法律就個別犯罪之成立要件及法律效果，均應明確規定，俾使人民能事先預知其犯罪行為之處遇。參與犯罪組織罪和加重詐欺取財罪之構成要件與刑罰，均分別在組織犯罪防制條例及刑法中，定有明文。行為人以一行為觸犯組織犯罪防制條例第三條第一項後段之參與犯罪組織罪，及刑法第三三九條之四第一項第二款之加重詐欺取財罪，於從一重之加重詐欺取財罪處斷而為科刑時，因所犯輕罪（參與犯罪組織罪）之刑罰以外之法律效果，即組織犯罪防制條例第三條第三項強制工作之規定，並未被重罪所吸收，仍應一併適用。因此，上開對刑法第五十五條前段規定，在文義射程範圍內，依體系及目的性解釋方法所為之闡釋，屬法律解釋範疇，並非對同條俱書所為擴張解釋或類推適用，亦與不利類推禁止之罪刑法定原則或罪刑明確性原則無違。

(五)修正前組織犯罪防制條例，對發起、主持、操縱、指揮或參與集團性、常習性及脅迫性或暴力性犯罪組織者，應於刑後強制工作之規定，經司法院釋字第五二八號解釋尚不違憲；嗣該條例第二條第一項所稱之犯罪組織，經二次修正，已排除原有之「常習性」要件，另將實施詐欺手段之具有持續性或牟利性之有結構性組織，納入本條例適用範圍，並對參與犯罪組織之行為人，於第三條第一項後段但書規定「參與情節輕微者，得減輕或免除其刑」。惟同條第三項仍規定「應於刑之執行前，令入勞動場所，強制工作，其期間為三年」，而未依個案情節，區分行為人是否具有反社會之危險性及受教化矯治之必要性，一律宣付刑前強制工作三年。然則，衡諸該條例所規定之強制工作，性質上原係於犯罪習慣，或因遊蕩、懶惰成習而犯罪者，所為之處修正後該條例既已排除常習性要件，從而，本於法律合憲性解釋原則，依司法院釋字第四七一號關於行為人有無預防矯治其社會危險性之必要，及比例原則等與

解釋意旨不相衝突之解釋方法，為目的性限縮，對犯該條例第三條第一項之參與犯罪組織罪者，視其行為之嚴重性、表現之危險性、對於未來行為之期待性，以及所採措施與預防矯治目的所需程度，於有預防矯治其社會危險性之必要，且符合比例原則之範圍內，由法院依該條例第三條第三項規定，一併宣告刑前強制工作。

編按：最高法院刑事大法庭認為，被告既參加集團性犯罪組織，又參與其集團「車手」之詐欺犯行，觸犯組織犯罪防制條例第3條第1項後段之參與犯罪組織罪，及刑法第339條之4第1項第2款之加重詐欺取財罪，依想像競合論以後罪科刑時，於有預防矯治其危險之必要，且符合比例原則之範圍內，由法院依組織犯罪防制條例相關規定，一併宣告刑前強制工作。本法律爭議是因最高法院有二種不同見解，一是立於刑法第55條想像競合犯封鎖作用意旨之肯定說，認為可以逕依組織犯罪防制條例宣告強制工作；另一是否定說，認為依刑法第一條罪刑法定原則規定，不能依上述條例為強制工作之宣告，因為參與犯罪組織罪之罪刑較輕，已經被刑法加重詐欺取財罪所吸收。本裁定則採修正的肯定說，從文義及體系解釋出發，來解釋刑法第33條前段規定，並依循司法院釋字第471號解釋意旨，採合憲性解釋。

▶108 台上 1467 ○（判決）

刑法第五十五條關於想像競合犯之規定，係將「論罪」與「科刑」予以分別規範。就「論罪」而言，想像競合犯侵害數法益皆成立犯罪，犯罪宣告時必須同時宣告數罪名，但為防免一行為受二罰之過度評價，本條前段規定為「從一重處斷」，乃選擇法定刑較重之一罪處斷，實質上係連結數個評價上一罪而合併為科刑上一罪，非謂對於其餘各罪名可置而不論。是法院於決定想像競合犯之處斷刑時，雖以其中最重罪名之法定刑，作為裁量之準據，惟具體形成宣告刑時，仍應將輕罪之刑罰合併評價在內，否則在終局評價上，無異使想像競合犯等同於單純一罪。

▶108 台上 416 ○（判決）

原判決對於被告所犯如其附表編號1所示，即被告想像競合參與犯罪組織及加重詐欺取財罪，而從一重論以加重詐欺取財罪部分，何以不依想像競合犯之輕罪即組織犯罪防制條例第三條第三項之規定宣告刑前強制工作，已說明組織犯罪防制條例第三條第一項之罪者，應於刑之執行前，令入勞動場所強制工作，其期間為三年，

同法第三條第三項定有明文，此項強制工作為義務性規定，法院對此並無裁量之權。又刑法第五十五條之想像競合犯，於民國九十四年二月二日修正公布、九十五年七月一日施行，上開修法時增設但書規定「但不得科以較輕罪名所定最輕本刑以下之刑」，以免科刑偏失，此種輕罪最低度法定刑於量刑上所具有之封鎖作用（重罪科刑之封鎖效果），是否擴及包含輕罪之從刑、沒收、附屬效果及保安處分在內，攸關本案依想像競合犯論以加重詐欺之重罪後，是否須依輕罪之組織犯罪防制條例第三條第三項規定宣付刑前強制工作。經查刑法第五十五條但書係規範想像競合數罪中之輕罪最低度法定刑於「量刑」上具有封鎖作用，立法理由亦說明其目的在於避免「科刑」偏失，可見立法者增訂本條但書之預想射程僅限於重罪「科刑」之封鎖效果。而保安處分並非刑罰，無涉「科刑」偏失，在法無明文下，該封鎖作用倘無條件擴及包含輕罪中關於拘束人身自由保安處分（例如：強制工作）在內，而對被告作不利之擴張法律適用，非無違背罪刑法定原則（主義）之疑義。況法院就同一罪刑所適用之法律，無論係對罪或刑（包括主刑或刑之加重、減輕與免除等項）或保安處分，除法律別有規定外，均應本統一性或整體性之原則，予以適用。

▶ 103 台上 238（判決）

按刑法上所謂吸收，有指一罪所規定之構成要件，為他罪構成要件所包括，因而發生吸收關係者；或指一罪因一般社會觀念，其犯罪性質可包括於他罪中，遂使該他罪論罪即可之吸收犯二種。如意圖供自己施用而持有毒品，進而施用，則其持有之低度行為，當然為高度之施用行為所吸收，不另論以持有毒品罪；惟如施用毒品者，另基於其他原因而單純持有毒品，其單純持有毒品之行為與施用毒品間即無高低度行為之關係可言，自不生吸收犯之問題。

▶ 101 台上 988（判決）

刑法第五十五條前段規定：一行為觸犯數罪名者，從一重處斷，此即學理上所稱之想像競合犯。於牽連犯未廢除前，傳統之定義，謂其一行為，與所犯數罪名須完全合致，例如一個駕車過失行為，致一人死亡，一人受傷，其疏未注意之一過失行為，與過失致死、過失傷害二罪名須完全合致，始足語焉。惟刑法牽連犯廢除後，依學理見解，應適度擴張一行為概念，以資因應。亦即，想像競合犯之一行為，與所犯數罪名間，僅須有一部行為重疊或合致，即可構成想像競合犯，俾契合現實狀況與人民對法律之期待。因此，在牽連犯廢除後，對於先前實務上以牽連犯予以處理之案例，在適用上，得視其具體情形，分別論以想像競合犯或數罪併罰，予以處斷。例如行為人為犯特定之罪而持有槍、彈，於持有行為繼續中實行該特定犯罪，其持有槍、彈與所犯該特定之罪間，或行為人意圖營利販入毒品，運輸他地交付買受人，以完成賣出行為，其運輸與販賣毒品間，行為局部同一，得論以想像競合犯。

▶ 100 台上 7132（判決）

刑法上一行為而觸犯數罪名之想像競合犯存在之目的，在於避免對於同一不法要素予以過度評價，其所謂「同一行為」係指所實行者完全或局部同一之行為而言。因此刑法修正刪除牽連犯之規定後，於修正前原認屬為方法目的或原因結果之不同犯罪，其間果有實行之行為完全或局部同一之情形，應依想像競合犯論擬。又毒品危害防制條例第四條所稱之運輸毒品，係指轉運輸送毒品之謂。運輸毒品按其性質或結果，並非當然含有販賣之成分，難謂其間有吸收關係。故刑法修正刪除牽連犯之規定後，行為人意圖營利販入毒品，運輸他地交付買受人，以完成賣出行為，其運輸與販賣間，行為局部同一，應依刑法第五十五條想像競合犯之規定，從一重處斷。

第 56 條（刪除）

□修正前條文

連續數行為而犯同一之罪名者，以一罪論。但得加重其刑至二分之一。

■修正說明（94.02.02）

一、本條刪除。

二、按連續犯在本質上究為一罪或數罪，學說上迭有爭議，一般均認為連續犯在本質上應屬數罪，僅係基於訴訟經濟或責任吸收原則之考量，而論以一罪，故本法承認連續犯之概念，並規定得加重其刑至二分之一。然本法規定連續犯以來，實務上之見解對於本條「同一罪名」之認定過寬，所謂「概括犯意」，經常可連綿數年之久，且在採證上多趨於寬鬆，每每在起訴之後，最後事實審判決之前，對繼續犯同一罪名之罪者，均適用連續犯之規定論處，不無鼓勵犯罪之嫌，亦使國家刑罰權之行使發生不合理之現象。因此，基於連續犯原為數罪之本質及刑罰公平原則之考量，其修正既難以周延，爰刪除本條有關連續犯之規定。

三、從立法例而言，連續犯係大陸法系之產物，英美刑法並不承認連續犯之概念，德國刑法自一八七一年以後、日本自昭和二十二年（民國三十六年）以後，均將連續犯之

規定予以刪除，其餘大陸法系國家如瑞士、奧地利、法國等均無連續犯之明文，惟在實務上則視具體情形，或認係一罪，或認係數罪併罰。故有必要參考上開外國立法例，刪除有關連續犯之規定。

四、至連續犯之規定廢除後，對於部分習慣犯，例如竊盜、吸毒等罪，是否會因適用數罪併罰而使刑罰過重產生不合理之現象一節，在實務運用上應可參考德、日等國之經驗，委由學界及實務以補充解釋之方式，發展接續犯之概念，對於合乎「接續犯」或「包括的一罪」之情形，認為構成單一之犯罪，以限縮數罪併罰之範圍，用以解決上述問題。

❖ 法學概念
包括一罪

包括一罪係指行為人基於一個意思決定，實施同一構成要件且有密接關連性的數行為，亦即自然意義（或物理意義）的數個行為，侵害同一之法益，而法律評價上為一罪。其類型有接續犯和集合犯。其可能發生法條競合的現象；單純一罪則不會出現法條競合的現象。關於罪數的判斷，行為概念的理解，不要被物理意義的行為所侷限，應該依照法律評價去思考。對於法條競合的理解，深具意義。另須注意的是，依照修法理由，接續犯和集合犯應僅係包括一罪的例示類型規定，不排除有新型態的包括一罪類型出現之空間。

【張麗卿，〈牽連轉想像與連續轉包括〉，《月旦法學教室》，第 59 期，2007.09，16 頁以下。】

❖ 爭議問題
一、舊刑法第 56 條所規範的犯罪，於新法修正後應如何處理？

刑法第 56 條刪除理由稱：「至連續犯之規定廢除後，對於部分習慣犯，例如竊盜、吸毒等犯罪，是否會因適用數罪併罰而使刑罰過重產生不合理之現象一節，在實務運用上應可參考德、日等國之經驗，委由學界及實務以補充解釋之方式，發展『接續犯』之概念，對於合乎『接續犯』或『包括的一罪』之情形，認為構成單一之犯罪，以限縮數罪併罰之範圍……」故本條刪除後，首應釐清的是「接續犯」與「連續犯」的概念與界限。

所稱「接續犯」，係指基於「同一犯意」而在「場所上」、「時間上」或「相當接近」之條件下所為的「數個同種」行為而言；至於「連續犯」，係指縱令在「場所上」、「時間上」並非接近，然基於侵害「同一法益」之「單一犯意」，而在「場所上」、「時間上」連續實行該當「同一構成要件」之行為而言。

【陳子平，《刑法總論》，元照，三版，2015.09，696 頁。】

二、刑法第 56 條刪除後原先認定連續犯之案件處理，有下列兩種看法

(一)實務見解

修法前，實務對於「接續犯」與「連續犯」已有區別之判準。如最高法院 86 年台上字第 3295 號判例所稱：「連續犯之成立，除主觀上須基於一個概括之犯意外，客觀上須先後數行為，逐次實施而具連續性，侵害數個同性質之法益，其每一前行為與次行為，依一般社會健全觀念，在時間差距上，『可以分開』，在刑法評價上，『各具獨立』，每次行為『皆可獨立成罪』，構成同一之罪名，始足當之；如數行為於同時同地或密切接近之時地實施，侵害同一之法益，各行為之『獨立性極為薄弱』，依一般社會健全觀念，在時間差距上，『難以強行分開』，在刑法評價上，可視為數個舉動之接續施行，合為包括之一行為予以評價，較為合理，則屬接續犯，而為包括之一罪。」此號判例見解，不但為往後之實務所依循（修法後 104 年度台上字第 1242 號判決、104 年度台上字第 1176 號判決同此旨），甘添貴教授亦認為此判例闡明適切，頗值稱許。

【甘添貴，〈科刑上之罪數〉，收錄於氏著《罪數理論之研究》，元照，初版，2006.04，135 頁以下。】

(二)學說看法

依照前述實務見解，對原先認定連續犯之案件，似乎有傾向依照具體個案情形，論以數罪併罰或接續犯。

然學說上並不認同此一見解，張麗卿教授主張：「由於本質上係數案件，故原先認定連續犯之案件，仍應以數罪併罰處斷，僅於刑期宣告上適度審酌，使其不至於有輕重失調之現象即可。」理由在於如原先認定以連續犯之案件改以接續犯處理，會造成接續犯範圍不當擴張。且接續犯本身並無加重其刑之規定，對於行為人之科刑反而過於優厚，可能與立法目的相違。

【張麗卿，〈法律與文學第二講：施耐庵及羅貫中的「水滸傳」──武松殺人，貌不得也〉，《月旦法學教室》，第 44 期，2006.06，89 頁。】

而黃榮堅教授亦採連續犯廢除後，應回歸數罪併罰之基本立場，氏謂：「如果我們因為連續犯廢除而擴張單純一罪之範圍，把數罪併罰的犯罪大量解釋為單純一罪，那麼廢除連續犯概念的基本用意就完全喪失了。」

【黃榮堅，〈數罪併罰量刑模式構想〉，《月旦法學雜誌》，第 123 期，2005.08，49 頁。】

❖ 爭議問題
對於多次販賣毒品之行為應如何評價？
一、集合犯說

「販賣」本質上即包含多次反覆同種類之實行行為，行為人意圖營利販售而買入毒品，可以想見本欲將所持毒品全部賣出，因此賣出一次與其數次的賣出行為，亦只應評價一罪；但若營業上可以將其切割成多批成品販賣則成立數罪。

【陳志輝，〈競合論之發展在實務實踐的光與影——以集合犯概念為中心〉，《台灣本土法學》，第 101 期，2007.12，159 頁；相同見解：張麗卿，《刑法總則理論與運用》，五南，七版，2018.09，469 頁；王皇玉，《刑法總則》，新學林，初版，2014.12，536 頁；林書楷，《刑法總則》，五南，二版，2014.09，484 頁。】

二、數罪併罰說

基於規範目的與客觀不法內涵，倘若將行為人只有意圖營利而買入，於尚未賣出也視為販賣，恐有違背刑法定原則。惟「販賣」是一種有償的讓與，可能是反覆為之，也可以只賣出一次，故不必然持續實行之複次行為。實務將多次販賣毒品行為評價為數罪，而有文獻主張成立構成要件行為單數而成立一罪，其間的差異在於對「販賣」概念持不同的見解。

論者有謂「販賣」依其文義應係指「出售」，不含意圖營利或販賣而買入的行為而且販賣也不具反覆性與持續性，故買入後再賣次出售，除非成立接續犯，否則，多次販賣基於本法制定目的，其加劇或重新危害國民的身心健康，既不能成立集合犯而論以構成要件行為單數或包括一罪，也不成立與賣後行為，而是數罪併罰。

【黃惠婷，〈多次販賣毒品行為之罪數評價——高等法院九十八年度上訴字第一三六三號與最高法院九十八年度台上字第四二一四號判決〉，《月旦法學雜誌》，第 179 期，2010.04，272 頁以下。】

❖ **爭議問題**

對於多次施用毒品之行為應如何評價？

一、數罪併罰說

依刑法第五十六條修正理由之說明，「基於連續犯原為數罪之本質及刑罰公平原則之考量，爰刪除有關連續犯之規定」等語，即係將本應各自獨立評價之數罪，回歸本來就應賦予複數法律效果之原貌。因此，就刑法修正施行後多次施用毒品之犯行，採一罪一罰，始符合立法本旨。顯採數罪併罰之立場。最高法院 96 年度第 9 次刑事庭會議決議採此說。

二、集合犯說

學界多主張應論以包括一罪之集合犯。若從毒品危害防制條例第 20 條與同法第 23 條來看，並非行為人只要一施用毒品，即應論罪科刑，而是必須達到一定成癮程度（即經觀察勒戒，戒治後而於五年內再犯）。

至於在達到一定成癮程度之前，不管行為

人施用毒品幾次，皆僅成立一個施用毒品罪。是故，依照毒品危害防制條例之設計，施用毒品罪性質上屬集合犯。惟須注意者，縱使將施用毒品罪定性為集合犯，仍不排除其有論以接續犯或集合犯之可能。

【吳耀宗，〈多次施用毒品行為之刑法評價〉，《月旦法學教室》，第 87 期，2009.12，28 頁以下；相同見解：張麗卿，《刑法總則理論與運用》，七版，2018.09，469 頁；余振華《刑法總論》，三民，三版，2017.10，465 頁；林鈺雄，《新刑法總則》，元照，六版，2018.09，589 頁；陳志輝，〈競合論之發展在實務實踐的光與影——以集合犯概念為中心〉，《台灣本土法學》，第 101 期，2007.12，157 頁。】

第八章　量刑之酌科及加減

第 57 條（刑罰之酌量）
科刑時應以行為人之責任為基礎，並審酌一切情狀，尤應注意下列事項，為科刑輕重之標準：
一　犯罪之動機、目的。
二　犯罪時所受之刺激。
三　犯罪之手段。
四　犯罪行為人之生活狀況。
五　犯罪行為人之品行。
六　犯罪行為人之智識程度。
七　犯罪行為人與被害人之關係。
八　犯罪行為人違反義務之程度。
九　犯罪所生之危險或損害。
十　犯罪後之態度。

□ **修正前條文**
科刑時應審酌一切情狀，尤應注意左列事項，為科刑輕重之標準：
一　犯罪之動機。
二　犯罪之目的。
三　犯罪時所受之刺激。
四　犯罪之手段。
五　犯人之生活狀況。
六　犯人之品行。
七　犯人之智識程度。
八　犯人與被害人平日之關係。
九　犯罪所生之危險或損害。
十　犯罪後之態度。

■ **修正說明（94.02.02）**
一、科刑（或稱刑罰裁量、量刑等）之標準與科刑之基礎，二者之關係至為密切，在適用上，對於犯罪行為事實論罪科刑時，須先確認科刑之基礎，始得進而依科刑之標準，諭知被告一定之宣告刑。而責任原則，不僅為刑事法律重要基本原則之一，且為當代法治國家引為科刑之基礎。現行法僅就科刑之標準予以規定，並未對科刑之基

礎設有規範。爲使法院於科刑時，嚴守責任原則，爰仿德國刑法第四十六條第一項、日本改正刑法草案第四十八條第一項之立法例，明定以行爲人之責任爲科刑之基礎；並將序文「左列」一語，修正爲「下列」。

二、配合第三十八條第二項、第三項將「犯人」修正爲「犯罪行爲人」，本條第四款至第八款亦配合修正用語。

三、本條所定刑罰酌科之一般標準中第一款「犯罪之動機」與第二款「犯罪之目的」乃故意犯專設之事項，予以合併改訂於第一款。

四、原第三款至第八款內容未修正，款次循序改爲第二款至第七款。

五、原第八款之科刑標準，範圍較狹，僅包括犯罪行爲人與被害人平日有無恩怨、口角，或其他生活上之關係；惟犯罪行爲人與被害人在犯罪行爲上之關係，則不在其內。矧按犯罪之原因，常與犯罪行爲人及被害人間，在行爲時之互動密切相關，例如，在竊盜案件中，被害人之炫耀財產，常係引起犯罪行爲人覬覦下手之原因。此種犯罪行爲人與被害人在犯罪行爲上之關係，亦屬科刑時應予考量之標準，爰將「平日」一語刪除，使其文義範圍，亦得包含犯罪行爲人與被害人在犯罪行爲上之關係；並將其款次改列爲第七款。

六、邇來處罰違反義務犯罪之法規日益增多（如電業法第一百零七條），而以違反注意義務爲違法要素之過失犯發生率，亦有增高趨勢（如車禍案件，醫療糾紛案件），犯罪行爲人違反注意義務之程度既有不同，其科刑之輕重，亦應有所軒輊，又就作爲犯與不作爲犯（如本法第一百四十九條）而言，其違反不作爲義務或作爲義務之程度，亦宜審酌以爲科刑之標準。爰參酌德國立法例（刑法第四十六條(2)）增訂第八款規定「犯罪行爲人違反義務之程度」，以利具體案件量刑時審酌運用。

七、第九款及第十款均未修正。

□ **實務見解**

▶ **92 年度第 1 次刑事庭會議決議**
（92.01.07）

刑法總則之加重，係概括性之規定，所有罪名均一體適用；刑法分則之加重，係就犯罪類型變更之個別犯罪行爲予以加重，成爲另一獨立之罪名。兒童福利法第四十三條第一項前段，其中利用兒童犯罪爲間接正犯，其加重係概括性之規

定，對一切犯罪皆有其適用，自屬刑法總則加重之性質；至對兒童犯罪之加重，係就被害人爲兒童之特殊要件予以加重處罰，乃就犯罪類型變更之個別犯罪行爲予以加重，自屬刑法分則加重之性質。

▶ **62 年度第 1 次刑庭庭長會議決議㈣**
（62.02.20）

刑法第五十七條規定科刑時應審酌犯罪之一切情狀，並例示應注意之事項，以爲刑科輕重之準據；第五十九條規定係犯罪情狀顯可憫恕，賦予法院以酌減之權。故前者爲量刑之標準，後者爲酌減之依據，兩者有別，不能混淆。

▶ **55 台上 2853（判例）**

有期徒刑之減輕，應就其最高度及最低度同減輕之，然後於減輕之最高度與最低度範圍內，審酌一切情狀爲刑科輕重之標準，並非一經減輕，即須處以減輕後之最低度刑。

▶ **47 台上 1249（判例）**

刑法上之共同正犯，雖應就全部犯罪結果負其責任，但科刑時仍應審酌刑法第五十七條各款情狀，爲各被告量刑輕重之標準，並非必須科以同一之刑。

▶ **108 台上 3728 ○（判決）**

犯罪乃行爲人之不法有責行爲，責任由來於不法行爲之全部，且係刑罰之裁量基礎與上限，責任之程度，量化爲刑罰之幅度，故與責任對應之刑罰，並非唯一之定點，而係具有寬嚴界限之一定區間，在責任範圍內其均衡對應關係之刑罰，存在數種不同刑罰及刑度選擇之空間。法律授權事實審法院得視個案情節，在責任應報之限度下，兼衡威儡、教育、保安等預防目的而爲刑罰之裁量，俾平等原則下個別化分配正義之實現，此乃審判之核心事項，不受其他個案之拘束。故事實審法院在法定刑度內裁量之宣告刑，倘其取向責任與預防之刑罰功能，符合刑罰規範體系及目的，於裁量權之行使無所逾越或濫用，即屬適法妥當，不得任意指摘爲違法。**罪刑相當與否，係以反應責任之不法內涵本體爲判斷準據，而非求諸與他案量刑之相比較**，尤以他案之刑度裁量與本案不法內涵之衡量無關，亦即並非犯罪行爲人責任之所由，自不得資爲個案本身量刑輕重之依據。

▶ **108 台上 2686 ○（判決）**

所謂「刑罰裁量」係指法官對於被告的犯罪事實，針對各個量刑因素加以審酌，考量其對社會的一般影響性，以及對行爲人處遇是否適當，並參酌刑罰之目的與作用，力求合法、合理、合情之裁量，以實現公平與正義。至就各種量刑事由，應該遵循何種法則與程序，以爲裁量之依

據，而不至濫用其裁量權，各國有不同之法制，有大陸法系之如德、日諸國之「自由裁量基準」及屬於英、美等國之「法定量化基準」之分。而繼受德國法及日本法爲主之我國，基於法官獨立判案而不允許受到任何不當之外在干預，量刑乃屬於法官固有之職權，而由法官依其經驗與論理方式，依據證據而自由地進行裁量，故係採所謂「自由裁量基準」。刑法第五十七條規定：「科刑時應以行爲人之責任爲基礎，並審酌一切情狀，……，爲科刑輕重之標準……」，刑事訴訟法第二條亦規定：「實施刑事訴訟程序之公務員，就該管案件，應於被告有利及不利之情形，一律注意。」勾勒出我國量刑基準的法律底線。惟爲防止法官權力濫用之可能，故而有以統計學上之「多元迴歸模式」，嘗試建立公式化的量刑基準，即以電腦套裝統計軟體，用以模擬法官量刑之思考過程及其脈絡，此量刑模式之優點在於：1. 統一量刑之標準；2. 具體落實個別化刑罰理念；3. 公開法官量刑之過程；4. 表現法官量刑標準性；5. 達成法官自律之初步目標；6. 可累積量刑資料庫，建構具學習能力之專家系統。但亦有下述亟需解決之缺點：1. 量刑缺乏彈性；2. 若干特殊犯罪行爲與量刑因素之資料不常發生，其代表性難以建立；3. 電腦目前仍無法模擬、甚至取代人腦之思考複雜程度等。上述「多元迴歸模式」之優缺點正與「自由裁量基準」互爲良窳。司法院建置之「量刑資訊系統」即係以「多元迴歸模式」分析實務判決資料後，依焦點團體建議及調整量刑因子暨影響力大小製作而成（見司法院網站「量刑趨勢系統建議」說明），因其尚未對各種犯罪類型作全面統計，並囿於部分資料無法數值化或取樣不足，且有上述尚無法克服之缺點，僅能供法官量刑之參考，不能據此即剝奪或限制法官審酌個案情節適切量刑之自由裁量權限。是除無任何理由而明顯偏移司法院「量刑資訊系統」刑度範圍外，只要法官係以被告之責任爲基礎，避免受到法律外之量刑因素（如輿論壓力、人情關說等）干擾，說明審酌刑法第五十七條所列事項而爲刑之量定，若未逾越法定刑度，亦未濫用其權限，即無違法。

▶ 108 台上 2191 ○（判決）

現代進步的刑事司法理念，已從傳統的以刑罰作爲中心之措施，轉變成修復式司法，亦即對於加害人、被害人及其等家屬，甚至包含社區成員或代表者，提供各式各樣之對話與解決問題之機會，使加害人認知其犯罪行爲所帶來之影響，而反省其自身應負的刑責，並藉此契機，修復被害人等方面之情感創傷及塡補其實質所受的損害。易言之，現代刑事司法的功能，當賦予司法更爲

積極的正面方向，自傳統的懲罰、報復，擴大至尋求眞相、道歉、撫慰、負責及修復，正義因此得以更完美彰顯。

▶ 107 台上 2797 ○（判決）

刑罰法規依不同犯罪構成要件要素，所涵攝相異之可罰性，而賦與相應之法定刑外，立法者基於刑罰目的及刑事政策之需要，亦常明文規範加重、減輕、免除法定刑之具體事由，據以調整原始法定刑，而形成刑罰裁量的處斷範圍，即爲處斷刑。法院於具體案件之量刑過程，就是從法定刑、處斷刑之範圍內確定其刑罰種類及欲予科處之刑度而爲宣告，具體形成宣告刑。是法定刑、處斷刑俱爲量刑之外部性界限，該當於各種犯罪構成要件與法定加重、減輕、免除事由之具體事實，既共同形成刑罰裁量範圍，故法院於量刑過程中，自不得再執爲裁量刑罰輕重之標準。否則即違反重複評價之禁止。又刑法上之共同正犯，應就全部犯罪結果負其責任，乃基於共同犯罪行爲，應由正犯各負其全部責任之理論，至於各刑之量定時，則仍應審酌刑法第五十七條所列各款情狀，分別情節，爲各被告量刑輕重之標準；共同正犯間並非必須科以同一之刑，且於個案裁量權之行使時，仍應受比例原則、平等原則之拘束，俾符合罪刑相當，使當當其罪，輕重得宜。如共同正犯間情節輕重明顯不同，應本乎正義理念，分別適度量處，倘一律科以同一之刑，即於平等原則有悖，當非持法之平，即難謂爲適法。毒品危害防制條例第四條第一項規範運輸第一級毒品之法定刑爲死刑或無期徒刑（得併科罰金），遇有法定減輕事由者，死刑減爲無期徒刑；無期徒刑減爲二十年以下十五年以上有期徒刑，此即屬處斷刑。

▶ 101 台上 417（判決）

刑法第五十七條第十款所稱犯罪後之態度，本屬主觀事項，其中行爲人犯罪後有無悔悟之情形，尤足以測知其人刑罰適應性之強弱。被告在緘默權保障下所爲之任意陳述，坦承犯行，不惟可節省訴訟勞費，使冊案速判，更屬其人格更生之表徵，自可予以科刑上減輕之審酌。至於被告保持緘默或否認犯罪，應屬基於防禦權而自由陳述（消極不陳述與積極陳述）或其辯明權、辯解權之行使，如若以此作爲被告犯罪後毫無悔意、態度不良之評價，並資爲量刑輕重標準之一，而明顯有裁量權濫用之情形者，固爲法所不許。但就個案量刑審酌之情狀爲整體綜合之觀察，苟係以行爲人之責任爲基礎，並已斟酌刑法第五十七條各款所列情狀，包括刑罰目的性之考量、刑事政策之取向，以及行爲人刑罰感應力之衡量等因素爲之觀察，倘其刑之量定並未逾越公平正義之精

神，客觀上亦無裁量權濫用之情形，即不得任意指摘未酌減其刑爲違法，而據以上訴第三審之理由。

▶ **100 台上 1461（判決）**

刑法第五十七條規定：科刑時應以行爲人之責任爲基礎，並審酌一切情狀，尤應注意下列事項，即：一、犯罪之動機、目的。二、犯罪時所受之刺激。三、犯罪之手段。四、犯罪行爲人之生活狀況。五、犯罪行爲人之品行。六、犯罪行爲人之智識程度。七、犯罪行爲人與被害人之關係。八、犯罪行爲人違反義務之程度。九、犯罪所生之危險或損害。十、犯罪後之態度；爲科刑輕重之標準。上述法條之前文部分，係揭櫫行爲人責任爲量刑之基礎，並審酌一切與犯罪有關之情狀，作爲科刑輕重之依據，爲科刑時所應遵循之原則性、概括性規定。而其所列各款事項，則係影響科刑輕重事項其中較重要之例示性規定。又該前文所稱「審酌一切情狀」，其範圍雖不以該條所列十款事項爲限，惟仍應與本件犯罪有關或足以影響行爲人責任之事項爲必要。量刑時逾越此一範圍，而將與犯罪及行爲人責任無關之事項，併列爲科刑輕重之標準，其適用法則即難謂允當。

▶ **100 台上 838（判決）**

被告犯罪後若自願坦承犯行，表示悔悟，以減省訴訟資源之耗費，或力求恢復原狀或與被害人和解者，法院自得據此認其犯罪後態度良好，而依刑法第五十七條第十款規定，採爲有利於被告之量刑因素。反之，若被告犯罪後不知悔悟卻恐嚇或辱罵被害人，或揚言將繼續犯罪或報復者，法院亦非不能據此認定其犯罪後態度惡劣，而以上述規定，採爲科刑輕重之依據。故法院於量刑時，對於被告是否坦承犯行暨悔悟等關於犯罪後態度之事項，自可依據上述規定加以審酌及說明，僅係不得專以其否認犯罪或有所抗辯，即採爲量刑畸重之依據而已。

第 58 條（罰金之酌加）

科罰金時，除依前條規定外，並應審酌犯罪行爲人之資力及犯罪所得之利益。如所得之利益超過罰金最多額時，得於所得利益之範圍內酌量加重。

□ **修正前條文**

科罰金時，除依前條規定外，並應審酌犯人之資力及犯罪所得之利益。如所得之利益超過罰金最多額時，得於所得利益之範圍內酌量加重。

■ **修正說明（94.02.02）**

配合第三十八條第二項、第三項將「犯人」修正爲「犯罪行爲人」，本條亦配合修正用語。

第 59 條（酌量減輕）

犯罪之情狀顯可憫恕，認科以最低度刑仍嫌過重者，得酌量減輕其刑。

□ **修正前條文**

犯罪之情狀可憫恕者，得酌量減輕其刑。

■ **修正說明（94.02.02）**

一、原第五十九條在實務上多從寬適用。爲防止酌減其刑之濫用，自應嚴格其適用之條件，以免法定刑形同虛設，破壞罪刑法定之原則。

二、按科刑時，原即應依第五十七條規定審酌一切情狀，尤應注意該條各款所列事項，以爲量刑標準。本條所謂「犯罪之情狀可憫恕」，自係指裁判者審酌第五十七條各款所列事項以及其他一切與犯罪有關之情狀之結果，認其犯罪足堪憫恕者而言。惟其審酌究係出於審判者主觀之判斷，爲使其主觀判斷具有客觀妥當性，宜以「可憫恕之情狀較爲明顯」爲條件，故特加一「顯」字，用期公允。

三、依實務上見解，本條關於裁判上減輕之規定，必於審酌一切之犯罪情狀，在客觀上顯然足以引起一般同情，認爲縱予宣告法定最低刑度猶嫌過重者，始有其適用（最高法院三十八年台上字第十六號、四十五年台上字第一一六五號、五十一年台上字第八九九號判例），乃增列文字，將此適用條件予以明文化。

□ **實務見解**

▶ **釋字第 263 號（79.07.19）**

懲治盜匪條例爲特別刑法，其第二條第一項第九款對意圖勒贖而擄人者，不分犯罪情況及結果如何，概以死刑爲法定刑，立法甚嚴，惟依同條例第八條之規定，若有情輕法重之情形者，裁判時本有刑法第五十九條之酌量減輕其刑規定之適用，其有未經取贖而釋放被害人者，復得依刑法第三百四十七條第五項規定減輕其刑，足以避免過嚴之刑罰，與憲法尚無牴觸。

▶ **51 台上 899（判例）**

刑法第五十九條之酌量減輕其刑，必於犯罪之情狀，在客觀上足以引起一般同情，認爲即予宣告法定低度刑期，猶嫌過重者，始有其適用，至於被告無前科，素行端正，子女眾多等情狀，僅可爲法定刑內從輕科刑之標準，不得據爲酌量減輕之理由。

▶ **104 台上 721（判決）**

刑法第五十九條規定之酌量減輕其刑，必須犯罪另有特殊之原因與環境，在客觀上足以引起一般同情，認爲即使予以宣告法定最低刑，猶嫌過

重者，始有其適用。此所謂法定最低度刑，固包括法定最低本刑；惟遇有其他法定減輕之事由者，則應係指適用其他法定減輕事由減輕後之最低度刑而言。倘被告別有其他法定減輕事由者，應先適用法定減輕事由減輕其刑後，猶認其犯罪之情狀顯可憫恕，即使科以該減輕後之最低度刑仍嫌過重者，始得適用刑法第五十九條規定之量減輕其刑。又此項犯罪情狀是否顯可憫恕而為量減輕其刑之認定，係屬法院得依職權自由裁量之事項。

第 60 條（酌量減輕）
依法律加重或減輕者，仍得依前條之規定酌量減輕其刑。

第 61 條（裁判免除）
犯下列各罪之一，情節輕微，顯可憫恕，認為依第五十九條規定減輕其刑仍嫌過重者，得免除其刑：
一 最重本刑為三年以下有期徒刑、拘役或專科罰金之罪。但第一百三十二條第一項、第一百四十三條、第一百四十五條、第一百八十六條及對於直系血親尊親屬犯第二百七十一條第三項之罪，不在此限。
二 第三百二十條、第三百二十一條之竊盜罪。
三 第三百三十五條、第三百三十六條第二項之侵占罪。
四 第三百三十九條、第三百四十一條之詐欺罪。
五 第三百四十二條之背信罪。
六 第三百四十六條之恐嚇罪。
七 第三百四十九條第二項之贓物罪。

☐ **修正前條文**
犯下列各罪之一，情節輕微，顯可憫恕，認為依第五十九條規定減輕其刑仍嫌過重者，得免除其刑：
一 最重本刑為三年以下有期徒刑、拘役或專科罰金之罪。但第一百三十二條第一項、第一百四十三條、第一百四十五條、第一百八十六條、第二百七十二條第三項及第二百七十六條第一項之罪，不在此限。
二 第三百二十條、第三百二十一條之竊盜罪。
三 第三百三十五條、第三百三十六條第二項之侵占罪。
四 第三百三十九條、第三百四十一條之詐欺罪。
五 第三百四十二條之背信罪。
六 第三百四十六條之恐嚇罪。
七 第三百四十九條第二項之贓物罪。

■ **修正說明**（108.05.29）
配合修正條文第二百七十二條及第二百七十六條規定，第一款但書所定之「第二百七十二條第三項」，修正為「對於直系血親尊親屬犯第二百七十一條第三項」，並刪除該款但書中之「第二百七十六條第一項」。

第 62 條（自首得減）
對於未發覺之罪自首而受裁判者，得減輕其刑。但有特別規定者，依其規定。

☐ **修正前條文**
對於未發覺之罪自首而受裁判者，減輕其刑。但有特別規定者，依其規定。

■ **修正說明**（94.02.02）
按自首之動機不一而足，有出於內心悔悟者，有由於情勢所迫者，亦有基於預期邀獲必減之寬典者。對於自首者，依現行規定一律必減其刑，不僅難於獲致公平，且有使犯人恃以犯罪之虞。在過失犯罪，行為人為獲減刑判決，急往自首，而坐令損害擴展之情形，亦偶有所見。必減主義，在實務上難以因應各種不同動機之自首案例。我國暫行新刑律第五十一條、舊刑法第三十八條第一項、日本現行刑法第四十二條均採得減主義，既可委由裁判者視具體情況決定減輕其刑與否，運用上較富彈性。真誠悔悟者可得減刑自新之機，而狡黠陰慝之徒亦無所遁飾，可符公平之旨，宜予採用。故於原文字「減輕其刑」之上，增一「得」字。

☐ **實務見解**
▶ **101 年度第 4 次刑事庭會議決議㈡（101.04.24）**
決議：採甲說。
文字修正如下：刑法第六十二條所謂自首，祗以犯人在犯罪未發覺之前，向該管公務員申告犯罪事實，並受裁判為已足。目的在促使行為人於偵查機關發覺前，主動揭露其犯行，俾由偵查機關儘速著手調查，於嗣後之偵查、審判程序，自首者仍得本於其訴訟權之適法行使，對所涉犯罪事實為有利於己之主張或抗辯，不以始終均自白犯罪為必要。至毒品危害防制條例第十七條第二項規定：「犯第四條至第八條之罪於偵查及審判中均自白者，減輕其刑。」則旨在使刑事案件儘速確定，鼓勵被告認罪，並節省司法資源，行為人須於偵查及審判中均自白者，始符合減輕其刑之要件。上揭法定減輕其刑之規定，前者，重在鼓勵行為人自行揭露尚未發覺之犯罪；後者，則重在憑藉行為人於偵查、審判程序之自白，使案件儘速確定。二者之立法目的不同，適用要件亦異，且前者為得減其刑，後者為應減其刑，乃個別獨立減輕其刑之規定。法院若認行為人同時存

在此二情形，除應適用毒品危害防制條例第十七條第二項減輕其刑外，尚得依刑法第六十二條自首之規定遞減其刑。

▶ **75 台上 1634（判例）**
刑法第六十二條之所謂發覺，係指有偵查犯罪職權之公務員已知悉犯罪事實與犯罪之人而言，而所謂知悉，固不以確知其為犯罪之人為必要，但必其犯罪事實，確實存在，且該管公務員所確知，始屬相當。如犯罪事實並不存在而懷疑其已發生，或雖已發生，而為該管公務員所不知，僅係推測其已發生而與事實巧合，均與已發覺之情形有別。

▶ **108 台上大 3563（大法庭裁定）**
主文：行為人以一行為而觸犯普通侵占罪及販賣第三級毒品罪，其普通侵占罪雖經發覺，而不合自首之規定，但販賣第三級毒品罪，如於未發覺前自首而受裁判，仍有刑法第六十二條前段減輕其刑規定之適用。

理由：
一、本案基礎事實
上訴人明知所持有之第三級毒品愷他命，乃綽號「水哥」所有，為籌款營救因他案遭逮捕之友人，竟將上開毒品據為己有，並同時販賣予他人，因而以上訴人係一行為觸犯刑法第三三五條第一項之普通侵占罪，及毒品危害防制條例第四條第三項之販賣第三級毒品罪，依想像競合犯之規定，從一重論處販賣第三級毒品罪刑。本案查獲之經過，乃警方先發覺上訴人前述普通侵占罪嫌，拘提到案後，上訴人主動供出前開販賣毒品之事實，警方始一併偵辦。

二、本案法律爭議
上訴人以一行為而觸犯普通侵占罪及販賣第三級毒品罪；其中普通侵占罪部分，雖為偵查犯罪職權之公務員或機關（下稱偵查機關）所發覺，不符刑法第六十二條自首之規定；然其所犯之販賣第三級毒品罪部分，則係上訴人於偵查機關知悉前，主動供出，而接受裁判。於此情形，上訴人自動供承之販賣第三級毒品犯罪部分，有無刑法第六十二條自首規定之適用？

三、本大法庭之見解
(一)一行為而觸犯數罪名之想像競合犯，係指行為人以一行為，而侵害數個相同或不同之法益，具備數個犯罪構成要件，為充分保護被害法益，避免評價不足，乃就行為所該當之數個構成要件分別加以評價，而論以數罪。但因行為人祇有單一行為，較諸數個犯罪行為之侵害性為輕，揆諸「一行為不二罰」之原則，法律乃規定「從一重處斷」即為已足，為科刑上或裁判上一罪。由於想像競合犯在本質上為數罪，行為所該當之多數不法構成

要件，均有其獨立之不法及罪責內涵，因此法院於判決內，仍應將其所犯數罪之罪名，不論輕重，同時並列，不得僅論以重罪，置輕罪於不顧；而於決定處斷刑時，各罪之不法及罪責內涵，亦應一併評價，並在最重罪名之法定刑度內，量處適當之刑，且不得科以較輕罪名所定最輕本刑以下之刑，觀諸刑法第五十五條規定即明。於刑事立法上，針對特定犯罪行為刑事制裁依據之刑法（含特別刑法）條款，乃是就具體之犯罪事實，經過類型化、抽象化與條文化而成。是刑法（含特別刑法）所規定之各種犯罪，均有符合其構成要件之犯罪事實。想像競合犯，於本質上既係數罪，則不論行為人係以完全或局部重疊之一行為所犯，其所成立數個之犯罪事實，仍各自獨立存在，並非不能分割。即使是行為人同時販賣第一級及第二級毒品予同一人，亦有兩個截然可分之販賣犯罪事實。

(二)對於未發覺之罪自首而受裁判者，得減輕其刑，刑法第六十二條前段設有明文。所謂「發覺」，乃指偵查機關知悉或有相當之依據合理懷疑犯罪行為人及犯罪事實而言。是自首之成立，須行為人在偵查機關發覺其犯罪事實前，主動向偵查機關申告，並接受裁判為要件。此主動申告未經發覺之罪，而受裁判之法律效果，在德、美兩國係列為量刑參考因子，才以處理，我國則因襲傳統文化，自刑法第五十七條抽離，單獨制定第六十二條，成為法定減輕其刑要件。嗣後再參酌日本法例，於民國九十四年二月二日修正公布、九十五年七月一日施行之刑法，將自首由必減輕，修正為得減輕，依其修正理由所載：因自首之動機不一而足，為使真誠悔悟者可得減刑自新之機，而狡黠陰暴之徒亦無所遁飾，以符公平妥旨，堪認自首規定之立法目的，兼具獎勵行為人悔改認過，及使偵查機關易於偵明犯罪之事實真相，以節省司法資源，並避免株連疑似，累及無辜。

(三)法官適用法律，首應從法條之字面意義為解釋（文義解釋），如解釋結果，有多種涵義之可能性時，則應依法條在立法總體系中之地位和意義（體系解釋）、立法者真意（歷史解釋）、法條規範之目的及倫理價值（目的性解釋），抑或合乎憲法規定或其所宣告基本價值（合憲性解釋）等解釋方法，在法條文義所及之範圍內，闡明法律之真義，以期正確妥當之適用。而想像競合犯，在犯罪評價上為數罪，僅在科刑上從一重處斷，就此以觀，該未為偵查機關發覺之部分犯罪事實，自屬前開條文所稱「未發覺之罪」文義

射程之範圍；再者，如行為人於偵查機關發覺前，主動供出，偵查機關即因行為人之供述，得悉整個犯罪之全貌，進而依法偵辦，自有助益偵查；且其主動申告尚未被發覺部分之罪，擴大犯罪之不法及罪責內涵，依社會通念，多有悔改認過之心。是依文義、體系、歷史及目的性等解釋方法，裁判上一罪之想像競合犯，行為人就未發覺之重罪部分之犯罪事實，主動供出，接受裁判，於從該重罪處斷時，應認有自首減輕其刑規定之適用，始合乎該法條之文義及立法意旨，並符事理之平及國民之法律感情。況法律之所以將想像競合犯規定為科刑上一罪，乃為避免對同一行為過度或重複評價，以符合罪刑相當原則，自無因科刑上從一重處斷之結果，而剝奪行為人享有自首減刑寬典之理。從而，若輕罪部分之犯罪事實先被發覺，重罪部分之犯罪事實自首於後，法院從一重處斷時，自得依自首之規定減輕其刑；反之，重罪之犯罪事實發覺於前，輕罪部分自首於後，從一重處斷時，因重罪部分非屬自首，固不得依自首規定減輕其刑，但因行為人主動供述輕罪部分之犯罪事實，倘認其確有悔改認過之心，自得資為犯後態度良好、從輕量刑之依據。至於實質上一罪，如接續犯、繼續犯、加重結果犯、結合犯、吸收犯、常業犯或集合犯等，既非裁判上一罪，倘部分犯罪事實已先被發覺，即難認其主動供出其他部分事實仍有自首減輕其刑規定之適用，自不待言。

㈣在控訴原則下，法院裁判權限之範圍，僅限於檢察官起訴之被告及其犯罪事實；裁判上一罪之想像競合犯，因國家僅有一個刑罰權，訴訟上祇能以一次之程序追訴處罰，故在訴訟法上作為一個訴訟客體予以處理，無從分割，其法律上之事實關係，具有不可分性，為訴訟法上之單一案件。因此，檢察官如僅就其中一部分犯罪事實起訴，其效力自及於全部，法院仍應就全部之犯罪事實審判，而有起訴不可分、審判不可分及上訴不可分等原則之適用。惟自首，係賦予就偵查機關未發覺之罪，主動申告並接受裁判之行為人，得以減刑之優惠，屬刑之減輕事由，乃犯罪處斷之實體法上效果；而單一案件，係起訴效力擴張或一事不再理原則之問題，與偵查無關。是於偵查程序，並無所謂案件單一性，更無所謂偵查不可分可言。從而，刑法第六十二條向偵查機關自首之「犯罪事實」，與訴訟法上起訴或認定之「犯罪事實」，乃不同之概念。前者，行為人所供述者，為過

去發生之單純社會事實，至是否成立自首，由法院依法認定之；而後者，檢察官所起訴者，乃已經賦予法律評價之法律事實，評價之對象為實體法上應予非難之行為。故而想像競合犯自首事實之認定，尚無程序法上起訴及審判不可分法理之適用。

㈤綜上，裁判上一罪之想像競合犯，其部分犯罪事實有無為偵查機關發覺，是否成立自首，無論從想像競合犯之本質、自首之立法意旨、法條編列之體系解釋，抑或實體法上自首及訴訟法上案件單一性中，關於「犯罪事實」之概念等各個面向以觀，均應就想像競合犯之各個罪名，分別觀察認定，方符合法規範之意旨。本案上訴人所犯普通侵占罪之事實，因業經偵查機關發覺，固不能獲自首減輕其刑之寬典，惟就其從一重處斷之販賣第三級毒品罪部分，既在偵查機關發覺前，主動供出而接受裁判，自有自首減輕其刑規定之適用。

編按：

本裁定的主旨是想像競合犯是否成立自首應就各個罪名分別觀察認定。最高法院刑事大法庭認為行為人以一行為而觸犯數罪名之想像競合犯，其中輕罪部分之事實雖經偵查機關發覺，而不合自首之規定，但其他重罪部分之事實，如於未發覺前自首而受裁判，仍有刑法第六十二條前段減輕其刑規定之適用。

本法律爭議是因本院就具有裁判上一罪之想像競合犯之犯罪，是否成立自首，多依循本院七十三年度第二次刑事庭會議決議，採行為人如於全部犯罪未被發覺前，僅就一部分犯罪自首，固仍生全部自首之效力，反之，偏其中一部分犯罪已先被偵查機關發覺，行為人事後方就其餘未被發覺之部分，自動供認其犯行時，即認與自首之要件不符。

本裁定則認裁判上一罪之想像競合犯，其部分犯罪事實有無為偵查機關發覺，是否成立自首，無論從想像競合犯之本質、自首之立法意旨、法條編列之體系解釋，抑或實體法上自首及訴訟法上案件單一性中，關於「犯罪事實」之概念等各個面向以觀，均應就想像競合犯之各個罪名，分別觀察認定，方符合法規範之意旨。因而推翻前開決議之見解。

▶ 103 台上 436（判決）
刑法第六十二條所稱之「自首」，係以對於未發覺之罪投案而受裁判為要件，如案已發覺，則被告縱有投案陳述自己犯罪之事實，祇可謂為自白，不能認為自首。

▶ 102 台上 1218（判決）
自首之方式雖不限於自行投案，即託人代理自首

刑

法

或向非偵查機關請其轉送，亦無不可，但須有向該管司法機關自承犯罪而受裁判之事實，始生效力，若於犯罪後，僅向被害人或非有偵查犯罪職務之公務員陳述自己犯罪之事實，而無受裁判之表示，即與自首之條件不符。

▶ 100 台上 5827（判決）
上訴意旨雖指摘原判決違法，然按自首係以對未發覺之犯罪向有偵查權限之機關或公務員自承犯行，進而接受裁判為要件；於具有裁判上一罪或實質上一罪關係之罪，其一部分犯罪既已因案被發覺，行為人就其餘未被發覺之部分，自動供認其犯行，即與自首之要件不符。

▶ 100 台上 4511（判決）
自首之動機不一，有出於內心悔悟，有被客觀情勢所迫，亦有基於預期邀獲減刑寬典而自首者。若自首一律減輕其刑，不僅難獲公平，且有使犯人有恃無恐，而助長犯罪之虞。**故自首必減主義，顯難因應各種不同動機之自首案例而獲致實質之公平。而自首得減主義，則委由裁判者視個案具體情況決定減刑與否；在運用上較富彈性，且能使真誠悔悟者，可藉減刑以獲自新，而狡黠兇殘之徒，不能藉減刑寬典而恃以犯罪，始符公平之旨。**故刑法於九十四年二月二日修正時，已改採「自首得減主義」，將第六十二條關於自首減刑之規定，由舊法之「減輕其刑」，修正為「得減輕其刑」。

第 63 條（老幼處刑之限制）
未滿十八歲人或滿八十歲人犯罪者，不得處死刑或無期徒刑，本刑為死刑或無期徒刑者，減輕其刑。

□ 修正前條文
Ⅰ 未滿十八歲人或滿八十歲人犯罪者，不得處死刑或無期徒刑，本刑為死刑或無期徒刑者，減輕其刑。
Ⅱ 未滿十八歲人犯第二百七十二條第一項之罪者，不適用前項之規定。

■ 修正說明（94.02.02）
一、第一項未修正。
二、原條文第二項刪除。按第六十三條第二項之立法理由，係基於傳統孝道精神而對未滿十八歲人犯殺害直系血親尊親屬罪者，例外得判處死刑或無期徒刑。然未滿十八歲人犯重大刑案，如擄人勒贖而故意殺害被害人，其惡性並不亞於殺害直系血親尊親屬。在現行法適用之結果，未滿十八歲人犯擄人勒贖而殺人罪不得判處死刑、無期徒刑，僅能判處有期徒刑，而殺害直系血親尊親屬罪反而可判處死刑、無期徒刑，似有罪刑不均衡之失。

三、「公民與政治權利國際公約」第五條揭示「未滿十八歲之人犯罪，不得處死刑。」有超過一百四十個國家為其會員國；另「兒童權利公約」第三十七條提到，對未滿十八歲人之犯罪行為，不得判處死刑或無釋放可能之無期徒刑，並已有一百九十個國家成為該公約之會員國，可知對未滿十八歲之人不得判處死刑或無期徒刑，已成為國際間之共識，基於上開公約之精神及國際間之共識，爰刪除原第二項之規定。

□ 實務見解
▶ 49 台上 1052（判例）
未滿十八歲人犯罪，而其本刑為死刑或無期徒刑者，依刑法第六十三條第一項規定，必須減輕其刑，審判上並無裁量之餘地，因而同法第十八條第二項之規定於此亦無其適用。上訴人所犯之罪，其本刑既係惟一死刑，而其時上訴人又向未滿十八歲，自應先依刑法第六十三條第一項、第六十四條第二項減輕後，再適用同法第五十九條遞減其刑方為適法。乃原判決不依此項規定，竟引用同法第十八條第二項為遞減其刑之根據，不無違誤。

第 64 條（死刑加重之限制與減輕）
Ⅰ 死刑不得加重。
Ⅱ 死刑減輕者，為無期徒刑。

□ 修正前條文
Ⅰ 死刑不得加重。
Ⅱ 死刑減輕者，為無期徒刑，或為十五年以下十二年以上有期徒刑。

■ 修正說明（94.02.02）
一、第一項未修正。
二、死刑之減輕，減為無期徒刑部分，固無疑義；惟原法第二項規定得減為十五年以下十二年以上有期徒刑部分，則有未安，因㈠單一犯罪有期徒刑之最高上限，第三十三條第三款規定原則上為十五年，遇加重時得加至二十年，何以死刑之減輕，除得減為無期徒刑外，尚得減為有期徒刑，且其上限為十五年，下限為十二年？㈡原第六十五條第二項之規定，無期徒刑減輕者，減為七年以上，其上限依三十三條第三款之意旨，應為十五年。死刑減輕為無期徒刑之上限，與無期徒刑減輕之上限，同為十五年，死刑與無期徒刑之性質，差異極大，如其減輕之效果無法予以區別，實有違衡平原則之要求。其次，現行死刑減輕得減至有期徒刑，實係過去有為數不少之罪為絕對死刑，為避免有情輕

法重之情形，死刑減輕至有期徒刑有其必要性。惟現行刑事政策已陸續將絕對死刑之罪，修正為相對死刑，而相對死刑之罪遇有減輕事由，依本條及第六十五條無期徒刑減輕之規定，使相對死刑減輕後之選科可能為無期徒刑、有期徒刑，為避免上開㈠、㈡所述之缺點，爰將第二項後段死刑得減輕至有期徒刑之規定刪除。

第 65 條（無期徒刑加重之限制與減輕）
Ⅰ 無期徒刑不得加重。
Ⅱ 無期徒刑減輕者，為二十年以下十五年以上有期徒刑。

□**修正前條文**
Ⅰ 無期徒刑不得加重。
Ⅱ 無期徒刑減輕者，為七年以上有期徒刑。

■**修正說明**（94.02.02）
一、第一項未修正。
二、無期徒刑之減輕效果，應與死刑及有期徒刑之減輕效果，具有合理之差異為當。易言之，無期徒刑減輕為有期徒刑之下限，不應低於有期徒刑減輕之上限。據此，無期徒刑減輕之效果，應以二十以下十五年以上有期徒刑為當，爰修正第二項之規定。

第 66 條（有期徒刑、拘役、罰金之減輕方法）
有期徒刑、拘役、罰金減輕者，減輕其刑至二分之一。但同時有免除其刑之規定者，其減輕得減至三分之二。

第 67 條（有期徒刑之加減例）
有期徒刑加減者，其最高度及最低度同加減之。

□**修正前條文**
有期徒刑或罰金加減者，其最高度及最低度同加減之。

■**修正說明**（94.02.02）
第三十三條第五款原規定罰金為一元以上，此次既已修正為新臺幣一千元以上，當不致因加減其最低度，而產生不滿一元之零數，允宜許其加減最低度，本條自應配合修正。

第 68 條（拘役之加減例）
拘役加減者，僅加減其最高度。

□**修正前條文**
拘役或罰金加減者，僅加減其最高度。

■**修正說明**（94.02.02）
罰金既將最低金額修正為新臺幣一千元（修正文第三十三條第五款），自應與有期徒刑相同，許其最高度及最低度同加減之，並已併入修正條文第六十七條，故在原條文將「或罰金」

字樣予以刪除。

第 69 條（二種主刑以上併加減例）
有二種以上之主刑者，加減時併加減之。

第 70 條（遞加遞減例）
有二種以上刑之加重或減輕者，遞加或遞減之。

第 71 條（主刑加減之順序）
Ⅰ 刑有加重及減輕者，先加後減。
Ⅱ 有二種以上之減輕者，先依較少之數減輕之。

第 72 條（零數不算）
因刑之加重、減輕，而有不滿一日之時間或不滿一元之額數者，不算。

第 73 條（酌量減輕之準用）
酌量減輕其刑者，準用減輕其刑之規定。

第九章　緩　刑

第 74 條（緩刑要件）
Ⅰ 受二年以下有期徒刑、拘役或罰金之宣告，而有下列情形之一，認以暫不執行為適當者，得宣告二年以上五年以下之緩刑，其期間自裁判確定之日起算：
　一　未曾因故意犯罪受有期徒刑以上刑之宣告者。
　二　前因故意犯罪受有期徒刑以上刑之宣告，執行完畢或赦免後，五年以內未曾因故意犯罪受有期徒刑以上刑之宣告者。
Ⅱ 緩刑宣告，得斟酌情形，命犯罪行為人為下列各款事項：
　一　向被害人道歉。
　二　立悔過書。
　三　向被害人支付相當數額之財產或非財產上之損害賠償。
　四　向公庫支付一定之金額。
　五　向指定之政府機關、政府機構、行政法人、社區或其他符合公益目的之機構或團體，提供四十小時以上二百四十小時以下之義務勞務。
　六　完成戒癮治療、精神治療、心理輔導或其他適當之處遇措施。
　七　保護被害人安全之必要命令。
　八　預防再犯所為之必要命令。
Ⅲ 前項情形，應附記於判決書內。
Ⅳ 第二項第三款、第四款得為民事強制執行名義。
Ⅴ 緩刑之效力不及於從刑、保安處分及沒收之宣告。

□修正前條文

Ⅰ 受二年以下有期徒刑、拘役或罰金之宣告，而有下列情形之一，認為暫不執行為適當者，得宣告二年以上五年以下之緩刑，其期間自裁判確定之日起算：

一 未曾因故意犯罪受有期徒刑以上刑之宣告者。

二 前因故意犯罪受有期徒刑以上刑之宣告，執行完畢或赦免後，五年以內未曾因故意犯罪受有期徒刑以上刑之宣告者。

Ⅱ 緩刑宣告，得斟酌情形，命犯罪行為人為下列各款事項：

一 向被害人道歉。

二 立悔過書。

三 向被害人支付相當數額之財產或非財產上之損害賠償。

四 向公庫支付一定之金額。

五 向指定之政府機關、政府機構、行政法人、社區或其他符合公益目的之機構或團體，提供四十小時以上二百四十小時以下之義務勞務。

六 完成戒癮治療、精神治療、心理輔導或其他適當之處遇措施。

七 保護被害人安全之必要命令。

八 預防再犯所為之必要命令。

Ⅲ 前項情形，應附記於判決書內。

Ⅳ 第二項第二款，第四款得為民事強制執行名義。

Ⅴ 緩刑之效力不及於從刑與保安處分之宣告。

■修正說明（104.12.30）

照協商條文通過。

□ 實務見解

▶ 釋字第 84 號（48.12.02）

公務員依刑事確定判決受褫奪公權刑之宣告者，雖同時諭知緩刑，其職務亦當然停止。

▶ 釋字第 56 號（44.11.21）

公務員被判褫奪公權，而其主刑經宣告緩刑者，在緩刑期內，除別有他項消極資格之限制外，非不得充任公務員。

▶ 釋字第 45 號（44.03.21）

主刑宣告緩刑之效力，依本院字第七八一號解釋，雖及於從刑，惟參以刑法第三十九條所定「從刑專科沒收」，與第四十條所定「得單獨宣告沒收」足證沒收雖原為從刑，但與主刑並非有必然牽連關係。其依法宣告沒收之物，或係法定必予沒收者，或係得予沒收而經認定有沒收必要者，自與刑法第七十四條所稱以暫不執行為適當之緩刑本旨不合，均應不受緩刑宣告之影響。

▶ 92 年度第 18 次刑事庭會議決議（92.11.25）

決議：採甲說。

文字修正如下：按刑法第七十四條第二款所稱「五年以內」未曾受有期徒刑以上之宣告，應以後案宣示判決之時，而非以後案犯罪之時，為其認定之基準；即後案「宣示判決時」既已逾前案有期徒刑執行完畢或赦免後五年以上，雖後案為累犯，但累犯成立之要件與宣告緩刑之前提要件（即刑法第七十四條第一款、第二款所示之情形）本不相同，且法律亦無限制累犯不得宣告緩刑之規定。故成立累犯者，若符合緩刑之前提要件，經審酌後，認其所宣告之刑以暫不執行為適當者，仍非不得宣告緩刑。

▶ 101 台上 740（判決）

緩刑為法院刑罰權之運用，旨在獎勵自新，祇須合於刑法第七十四條所定之條件，法院本有自由裁量之職權。本件初審判決考量被告前未曾因故意犯罪受有期徒刑以上刑之宣告，有刑案資料前科查註表可參，此次係因業務繁重而將公務資料攜回家中處理，一時致權判典，乃屬偶發初犯，惡性非重，認被告經本案偵、審程序及科刑教訓後，當知警惕，案發後又已退出，而無再犯之虞，所宣告之刑以暫不執行為適當，爰諭知緩刑三年。原判決認前開初審判決所為緩刑之宣告，尚屬適當，應予維持，已說明其理由，且其裁量權之行使，並未逾越法律所規定之範圍，或濫用其權限。

┌─────────────────────────────┐
第 75 條（緩刑宣告之應撤銷）

Ⅰ 受緩刑之宣告，而有下列情形之一者，撤銷其宣告：

一 緩刑期內因故意犯他罪，而在緩刑期內受逾六月有期徒刑之宣告確定者。

二 緩刑前因故意犯他罪，而在緩刑期內受逾六月有期徒刑之宣告確定者。

Ⅱ 前項撤銷之聲請，於判決確定後六月以內為之。
└─────────────────────────────┘

□修正前條文

Ⅰ 受緩刑之宣告，而有下列情形之一者，撤銷其宣告：

一 緩刑期內因故意犯他罪，而在緩刑期內受不得易科罰金之有期徒刑以上之宣告確定者。

二 緩刑前因故意犯他罪，而在緩刑期內受不得易科罰金之有期徒刑以上之宣告確定者。

Ⅱ 前項撤銷之聲請，於判決確定後六月以內為之。

■修正說明（98.06.10）

一、依本法第四十一條第三項之規定，受六月以下有期徒刑或拘役之宣告而不得易科罰金者，亦得易服社會勞動。此類案件既可無庸入監執行，故於緩刑之效果，應與受得易科罰金之案件相同，成為修正條文第七十五條之一得撤銷緩刑之事由，而非本條應撤銷緩刑之事由。又不得易科罰金或不得易服社會勞動之案件皆係逾六月有期徒刑之宣告，爰修正第一項各款。

二、第二項未修正。

❖ 修法簡評

論者有謂，如以緩刑宣告「前」之更犯罪作為撤銷前案緩刑宣告之事由，因被告於更犯罪時無從得知法院於將來或對原犯罪做出緩刑宣告，則以之作為撤銷前案緩刑宣告之原因，不僅對被告而言無從發揮預防再犯罪之功能，對法院而言亦不生救濟法院不當宣告緩刑之作用，則其撤銷緩刑宣告之目的為何，特別在被告於緩刑期內已改過自新、表現良好的情形中，以其於緩刑前之犯罪於緩刑期內確定作為撤銷緩刑之原因，就刑事政策之角度而言並不明確，其必要性恐值商榷。

【張娟偉，〈撤銷緩刑之研究〉，《月旦法學雜誌》，第212期，2013.01，183頁以下。】

第 75 條之 1（緩刑宣告之得撤銷）

I 受緩刑之宣告而有下列情形之一，足認原宣告之緩刑難收其預期效果，而有執行刑罰之必要者，得撤銷其宣告：

一　緩刑前因故意犯他罪，而在緩刑期內受六月以下有期徒刑、拘役或罰金之宣告確定者。

二　緩刑期內因故意犯他罪，而在緩刑期內受六月以下有期徒刑、拘役或罰金之宣告確定者。

三　緩刑期內因過失更犯罪，而在緩刑期內受有期徒刑之宣告確定者。

四　違反第七十四條第二項第一款至第八款所定負擔情節重大者。

II 前條第二項之規定，於前項第一款至第三款情形亦適用之。

□修正前條文

I 受緩刑之宣告而有下列情形之一，足認原宣告之緩刑難收其預期效果，而有執行刑罰之必要者，得撤銷其宣告：

一　緩刑前因故意犯他罪，而在緩刑期內受得易科罰金之有期徒刑、拘役或罰金之宣告確定者。

二　緩刑期內因故意犯他罪，而在緩刑期內

受得易科罰金之有期徒刑、拘役或罰金之宣告確定者。

三　緩刑期內因過失更犯罪，而在緩刑期內受有期徒刑之宣告確定者。

四　違反第七十四條第二項第一款至第八款所定負擔情節重大者。

II 前條第二項之規定，於前項第一款至第三款情形亦適用之。

■修正說明（98.06.10）

一、依本法第四十一條第三項之規定，受六月以下有期徒刑或拘役之宣告而不得易科罰金者，亦得易服社會勞動。此類案件既可無庸入監執行，故於緩刑之效果，應與受得易科罰金之案件相同，成為本條得撤銷緩刑之事由。又得易科罰金或易服社會勞動之案件皆係受六月以下有期徒刑之宣告，爰修正第一項第一款及第二款。

二、第二項未修正。

第 76 條（緩刑之效力）

緩刑期滿，而緩刑之宣告未經撤銷者，其刑之宣告失其效力。但依第七十五條第二項、第七十五條之一第二項撤銷緩刑宣告者，不在此限。

□修正前條文

緩刑期滿，而緩刑之宣告未經撤銷者，其刑之宣告失其效力。

■修正說明（94.02.02）

一、本法對於緩刑制度採罪刑附條件宣告主義，認緩刑期滿未經撤銷者有消滅罪刑之效力，原第七十六條規定謂「緩刑期滿，而緩刑宣告未經撤銷者，其刑之宣告失其效力」。

二、對於緩刑期內更犯罪或緩刑前犯他罪，縱於緩刑期間內開始刑事追訴或為有罪判決之宣告，如其判決確定於緩刑期滿後者，不得撤銷其緩刑。又為督促主管機關注意即時行使撤銷緩刑之責，修正條文第七十五條第二項、第七十五條之一第二項已增訂「判決確定後六月以內，聲請撤銷緩刑」之規定，為配合此項修正，並重申其修正原旨，爰增設但書規定，凡依第七十五條第二項、第七十五條之一第二項之規定聲請撤銷者，即便撤銷緩刑之裁定在緩刑期滿後，其刑之宣告，並不失其效力。

第十章 假 釋

第 77 條（假釋之要件）

I 受徒刑之執行而有悛悔實據者，無期徒刑逾二十五年，有期徒刑逾二分之一、累犯逾三分之二，由監獄報請法務部，得許假釋出獄。

II 前項關於有期徒刑假釋之規定，於下列情形，不適用之：

一　有期徒刑執行未滿六個月者。

二　犯最輕本刑五年以上有期徒刑之罪之累犯，於假釋期間、受徒刑之執行完畢，或一部之執行而赦免後，五年以內故意再犯最輕本刑為五年以上有期徒刑之罪者。

三　犯本法第九十一條之一所列之罪，於徒刑執行期間接受輔導或治療後，經鑑定、評估其再犯危險未顯著降低者。

III 無期徒刑裁判確定前逾一年部分之羈押日數算入第一項已執行之期間內。

□修正前條文

I 受徒刑之執行而有悛悔實據者，無期徒刑逾十五年、累犯逾二十年，有期徒刑逾二分之累犯逾三分之二，由監獄報請法務部，得許假釋出獄。但有期徒刑之執行未滿六個月者，不在此限。

II 無期徒刑裁判確定前逾一年部分之羈押日數算入前項已執行之期間內。

■修正說明（94.02.02）

一、假釋制度係發軔於英國，固已為目前大多數國家刑事立法例所採行，惟對於受刑人應服刑多久，始得許其假釋，各國立法規定不一。尤其對於重刑犯及累犯是否准予假釋，尤有爭執。鑒於晚近之犯罪學研究發現，重刑犯罪者，易有累犯之傾向，且矯正不易，再犯率比一般犯罪者高，因此在立法上為達到防衛社會之目的，漸有將假釋條件趨於嚴格之傾向。如美國所採之「三振法案」，對於三犯之重刑犯罪者（FELONY）更採取終身監禁不得假釋（Life Sentence without Parole）之立法例。我國現行對重大暴力犯罪被判處無期徒刑者，於服刑滿十五年或二十年後即有獲得假釋之機會，然其再犯之危險性較之一般犯罪仍屬偏高，一旦給予假釋，其對社會仍有潛在之侵害性及危險性。近年來多起震撼社會之重大暴力犯罪，均屬此類情形。因此目前之無期徒刑無法發揮其應有之功能，實際上變成較長期之有期徒刑，故應提高無期徒刑，以達到防衛社會之目的有其必要性，爰將無期徒刑得假釋之條

件提高至執行逾二十五年，始得許假釋。

二、無期徒刑累犯部分，因修正後之無期徒刑假釋至少需執行二十五年，對被告已有相當之嚇阻效果，而人之壽命有限，累犯如再加重五年或十年，似無實益，如其仍無悛悔實據，儘可不准其假釋，且為避免我國刑罰過苛之感，爰刪除無期徒刑累犯之假釋條件。

三、(一)原規定不得假釋者，僅有第一項但書之「有期徒刑之執行未滿六個月者」係因此類犯罪之惡性，並不嚴重，且刑期僅六個月，假釋對於受刑人並無實質利益可言，故仍維持之。而此次不得假釋之修正另增訂二種情形，為使條文清晰，爰將不得假釋之規定，單獨於第二項中規定，原第一項但書改列於第二項第一款。

(二)對於屢犯重罪之受刑人，因其對刑罰痛苦之感受度低，尤其犯最輕本刑五年以上重罪累犯之受刑人，其依第一項規定（執行逾三分之二）獲假釋之待遇，猶不知悔悟，於假釋期間、徒刑執行完畢或赦免後五年內再犯最輕本刑五年以上之罪，顯見刑罰教化功能對其已無效益，為社會之安全，酌採開美國「三振法案」之精神，限制此類受刑人假釋之機會應有其必要性，爰於第二項第二款增訂之。

四、(一)依監獄行刑法第八十一條第二項、第三項分別規定「犯刑法第二百二十一條至第二百三十條及其特別法之罪，而患有精神疾病之受刑人，於假釋前，應經輔導或治療。」、「報請假釋時，應附具足資證明受刑人確有悛悔情形之紀錄及假釋審查委員會之決議。前項受刑人之假釋並應附具曾受輔導或治療之紀錄。」再配合本法第九十一條之一之修正，則性侵害犯罪之加害人進入強制治療之程序，理應依監獄行刑法接受輔導或治療後，經評估、鑑定其再犯危險並未顯著降低者，始有接受刑法強制治療之必要；反之，如受刑人依前開規定接受輔導或治療後，其再犯危險顯著降低，即可依假釋程序審核是否有悛悔實據，而准予假釋。從而，監獄中之治療評估小組作整體評估、鑑定時，似無一方面認受刑人接受輔導或治療，其再犯危險顯著降低而准其假釋，另一方面又評估其應繼續接受強制治療之矛盾情形。故刑法之強制治療應是刑期內之輔

導或治療不具成效，其再犯危險仍未顯著降低時，始有進一步施以強制治療之必要。

(二)八十六年第七十七條修正前之規定「犯刑法第十六章妨害風化各條之罪者，非經強制診療，不得假釋。」亦以接受強制診療作為犯性侵害犯罪加害人假釋之要件，為避免強制治療由刑前治療改為刑後治療，與假釋規定發生適用法律之疑義，爰於第二項第三款增訂不得假釋之規定，以杜爭議。

五、原條文第二項未修正，但項次循序移列至第三項。

□ 實務見解

▶ 100台抗811（裁定）

假釋制度係對於已受一定期間徒刑執行之受刑人，因透過監獄之處遇，有事實足認其改過遷善，無再犯罪之虞時，許其附條件暫時出獄，本質上屬自由刑之寬恕制度之一，依刑法第七十七條第一項：「受徒刑之執行而有悛悔實據者，無期徒刑逾二十五年，有期徒刑逾二分之一、累犯逾三分之二，由監獄報請法務部，得許假釋出獄。」與監獄行刑法第八十一條第一項：「對於受刑人累進處遇進至二級以上，悛悔向上，而與應許假釋情形相符合者，經假釋審查委員會決議，報請法務部核准後，假釋出獄。」等規定，就已達第一、二級累進處遇後，並合乎刑法假釋要件之受刑人，執行監獄之假釋審查委員會得基於假釋制度之立法目的，就該受刑人是否已有「悛悔實據」、「無再犯之虞」等詳加審酌，而為准否之決議後，報請法務部審核。

▶ 99台抗605（裁定）

裁判之執行係指藉由國家之公權力而實現裁判內容之行為，其實現之方法，原則上係由檢察官指揮執行之。而監獄之行刑則是指受判決人就所受之刑罰，進入監禁場所執行之謂。是裁判之執行涉及是否執行及刑期如何計算之決定，由於尚未進入監獄行刑之領域，尚非監獄之處遇，而與受判決人入監服刑後，透過監獄行刑之措施，以達到社會復歸或再社會化之目的，其行刑之措施屬於監獄之處遇，迥不相同。而假釋制度係對於已受一定期間徒刑執行之受刑人，因透過監獄之處遇，有事實足認其改過遷善，無再犯罪之虞時，許其附條件暫時出獄，本質上屬自由刑之寬恕制度之一，依刑法第七十七條第一項：「受徒刑之執行而有悛悔實據者，無期徒刑逾二十五年，有期徒刑逾二分之一、累犯逾三分之二，由監獄報請法務部，得許假釋出獄。」與監獄行刑法第八十一條第一項：「對於受刑人累進處遇進

至二級以上，悛悔向上，而與應許假釋情形相符合者，經假釋審查委員會決議，報請法務部核准後，假釋出獄。」等規定，就已達第一、二級累進處遇，並合乎刑法假釋要件之受刑人，執行監獄之假釋審查委員會得基於假釋制度之立法目的，就該受刑人是否已有「悛悔實據」、「無再犯之虞」等詳加審酌，而為准否之決議後，報請法務部審核。是該假釋之准否既非由檢察官決定，而係繫於監獄之假釋審查委員會及法務部審查之結果，則監獄之假釋審查委員會否決抗告人准予假釋之決議，自難謂係檢察官指揮執行之結果，不生檢察官執行之指揮是否違法或執行方法是否不當而得向法院聲明異議之問題。

第78條（假釋之撤銷）

I 假釋中因故意更犯罪，受有期徒刑以上刑之宣告者，於判決確定後六月以內，撤銷其假釋。但假釋期滿逾三年者，不在此限。

II 假釋撤銷後，其出獄日數不算入刑期內。

□ 修正前條文

I 假釋中因故意更犯罪，受有期徒刑以上刑之宣告者，撤銷其假釋。

II 前項犯罪，其起訴及判決確定均在假釋期滿前者，於假釋期滿後六月以內，仍撤銷其假釋；其判決確定在假釋期滿後者，於確定後六月以內，撤銷之。

III 假釋撤銷後，其出獄日數不算入刑期內。

■ 修正說明（94.02.02）

一、原條文第二項之規定，對於實務運用，固甚便利，惟依本項規定，假釋中再犯罪，假釋期滿而未及起訴之案件，受限法條之規定，不能再撤銷假釋，似有鼓勵受刑人於假釋期滿前再犯罪之嫌，應有未妥，爰將撤銷之期限修正於「判決確定後六月以內」為之。

二、原條文規定假釋中更故意犯罪，其判決確定在假釋期滿後者，於確定後六月以內撤銷之，則受刑人將長期處於是否撤銷之不確定狀態，蓋案件非可歸責於受刑人延滯，亦可能一再發回更審，致使訴訟程序遲遲未能終結，如未設一定期間限制假釋撤銷之行使，則受刑人形同未定期限之處於假釋得被撤銷之狀態，對於法律安定效果，實屬不當，亦對受刑人不公，爰增設假釋期滿逾三年未撤銷者，不得撤銷假釋之規定，以期公允。

三、第三項未修正，惟配合原第一項與第二項之合併修正，而移列為第二項。

第79條（假釋之效力）

I 在無期徒刑假釋後滿二十年或在有期徒刑所餘刑期內未經撤銷假釋者，其未執行之刑，以已執行論。但依第七十八條第一項撤銷其假釋者，不在此限。

II 假釋中另受刑之執行、羈押或其他依法拘束人身自由之期間，不算入假釋期內。但不起訴處分或無罪判決確定前曾受之羈押或其他依法拘束人身自由之期間，不在此限。

□ 修正前條文

I 在無期徒刑假釋後滿十五年，或在有期徒刑所餘刑期內未經撤銷假釋者，其未執行之刑，以已執行論。但依第七十八條第二項撤銷其假釋者，不在此限。

II 假釋中另受刑之執行或羈押或其他依法拘束自由之期間，不算入假釋期內。

■ 修正說明（94.02.02）

一、為配合第七十七條無期徒刑假釋條件之提高，爰將第一項之十五年修正為二十年。

二、有關撤銷假釋之事由及期間，已於修正條文第七十八條第一項規範，故酌修本條第一項但書文字，將「第二項」修正為「第一項」，以資配合。

三、原條文第二項不算入假釋期內之規定，其範圍包含受刑人因不起訴處分或無罪判決確定前之審埋過程中之羈押等拘束人身自由之情形，致使受刑人之權益受損，實有不當。蓋受刑人於假釋期間內，既已獲不起訴處分或無罪判決確定，其所曾受之羈押或其他拘束人身自由之期間，自無排除於假釋期內之理。爰參酌冤獄賠償法第一條之法理，明定不起訴處分與無罪判決確定前曾受之羈押或其他依法拘束人身自由之期間，仍算入假釋期內。

第79條之1（合併刑期）

I 二以上徒刑併執行者，第七十七條所定最低應執行之期間，合併計算之。

II 前項情形，併執行無期徒刑者，適用無期徒刑假釋之規定；二以上有期徒刑合併刑期逾四十年，而接續執行逾二十年者，亦得許假釋。但有第七十七條第二項第二款之情形者，不在此限。

III 依第一項規定合併計算執行期間而假釋者，前條第一項規定之期間，亦合併計算之。

IV 前項合併計算後之期間逾二十年者，準用前條第一項無期徒刑假釋之規定。

V 經撤銷假釋執行殘餘刑期者，無期徒刑於執行滿二十五年，有期徒刑於全部執行完畢後，再接續執行他刑，第一項有關合併計算執行期間之規定不適用之。

□ 修正前條文

I 二以上徒刑併執行者，第七十七條所定最低應執行之期間，合併計算之。

II 前項情形，併執行無期徒刑者，適用無期徒刑假釋之規定；二以上有期徒刑合併刑期逾三十年，而接續執行逾十五年者，亦得許假釋。

III 依第一項規定合併計算執行期間而假釋者，前條第一項規定之期間，亦合併計算之。

IV 前項合併計算後之期間逾十五年者，準用前條第一項無期徒刑假釋之規定。

V 經撤銷假釋執行殘餘刑期者，無期徒刑於執行滿二十年，有期徒刑於全部執行完畢後，再接續執行他刑，第一項有關合併計算執行期間之規定不適用之。

■ 修正說明（94.02.02）

一、第一項未修正。

二、第五十一條數罪併罰有期徒刑之期限已提高至三十年，而具有數罪性質之合併執行，其假釋條件亦應配合修正，爰將第二項合併刑期「逾三十年」修正為「逾四十年」。如符合合併刑期逾四十年者之假釋條件，其接續執行應與單一罪加重結果之假釋及與無期徒刑之假釋有所區別，爰修正須接續執行「逾二十年」始得許其假釋。

三、合併執行之數罪中，如有符合第七十七條第二項第二款之情形者，依該款之規定已不得假釋，自不得因與他罪合併執行逾四十年，而獲依本項假釋之待遇，爰增訂但書，以杜爭議。

四、第三項未修正。

五、第四項、第五項關於有期徒刑、無期徒刑之假釋最長期間，亦配合修正為「逾二十年」、「滿二十五年」，以資衡平。

□ 實務見解

▶ 103 年度第 1 次刑事庭會議決議（103.01.07）

最高法院八十八年七月二十日八十八年度第四次刑事庭會議決議，本則決議不合時宜，改採原提案之肯定說。

㈠二以上徒刑之執行，除數罪併罰，在所裁定之執行刑尚未全部執行完畢以前，各罪之宣告刑均不發生執行完畢之問題外（四十七年度台抗字第二號判例），似宜以核准開始假釋之時間為基準，限於原各得獨立執行之刑，均尚未執行滿，始有依刑法七十九條之一第一、二項規定，合併計算其最低應執行期間，同時合併計算其假釋後殘餘刑期之必要。倘假釋時，其中甲罪徒刑已執行期滿，則假釋之範圍應僅限於尚殘餘刑期之乙罪徒刑，其效力不及於甲罪徒刑。縱監獄將已執行期

滿之甲罪徒刑與尚在執行之乙罪徒刑合併計算其假釋最低執行期間，亦不影響甲罪業已執行完畢之效力。

(二)裁判確定後犯數罪，受二以上徒刑之執行，（非屬合併處罰範圍）者，其假釋有關期間如何計算，有兩種不同見解：其一為就各刑分別執行，分別假釋，另一則為依分別執行，合併計算之原則，合併計算假釋有關之期間。為貫徹監獄行刑理論及假釋制度之趣旨，並維護受刑人之利益，自以後者為可取，固為刑法第七十九條之一增訂之立法意旨（錄自立法院公報八十三卷第一四六、一四七頁「刑法假釋規定條文對照表」修正說明(一)）。惟上開放寬假釋應具備「最低執行期間」條件之權宜規定，應與累犯之規定，分別觀察與適用。併執行之徒刑，本條得各別獨立執行之刑，對同法第四十七條累犯之規定，尚不得以前開規定另作例外之解釋，倘其中甲罪徒刑已執行期滿，縱因合併計算最低應執行期間而在乙罪徒刑執行中假釋者，於距甲罪徒刑期滿後之假釋期間再犯罪，即與累犯之構成要件相符，仍應以累犯論。

第十一章　時　效

> **第 80 條**（追訴權之時效期間）
>
> I 追訴權，因下列期間內未起訴而消滅：
>
> 一　犯最重本刑為死刑、無期徒刑或十年以上有期徒刑之罪者，三十年。但發生死亡結果者，不在此限。
>
> 二　犯最重本刑為三年以上十年未滿有期徒刑之罪者，二十年。
>
> 三　犯最重本刑為一年以上三年未滿有期徒刑之罪者，十年。
>
> 四　犯最重本刑為一年未滿有期徒刑、拘役或罰金之罪者，五年。
>
> II 前項期間自犯罪成立之日起算。但犯罪行為有繼續之狀態者，自行為終了之日起算。

□修正前條文

I 追訴權，因下列期間內未起訴而消滅：

一　犯最重本刑為死刑、無期徒刑或十年以上有期徒刑之罪者，三十年。

二　犯最重本刑為三年以上十年未滿有期徒刑之罪者，二十年。

三　犯最重本刑為一年以上三年未滿有期徒刑之罪者，十年。

四　犯最重本刑為一年未滿有期徒刑、拘役或罰金之罪者，五年。

II 前項期間自犯罪成立之日起算。但犯罪行為有繼續之狀態者，自行為終了之日起算。

■修正說明（108.05.29）

一、原第一項依法定刑之不同而分別規範追訴權時效之期間，惟為兼顧法定刑及法益權衡，故參考德國刑法第七十八條有關謀殺罪無追訴權期間限制；日本刑事訴訟法第二百五十條造成被害人死亡且所犯之罪最重可處死刑之犯罪無追訴權期間限制；奧地利刑法第五十七條、丹麥刑法第九十三條、義大利刑法第一百七十二條就最重本刑為無期徒刑之罪，排除追訴權時效之規定，將侵害生命法益之重罪排除追訴權時效之適用，爰於第一項第一款增訂但書規定，對於所犯係最重本刑為死刑、無期徒刑或十年以上有期徒刑之罪，且發生死亡結果者（如第二百七十一條第一項殺人罪、修正條文第二百七十七條第二項傷害致死罪及修正條文第二百七十八條第二項重傷致死罪），均無追訴權時效之適用。

二、第二項未修正。

□ **實務見解**

▶ 釋字第 138 號（63.05.10）

案經提起公訴或自訴，且在審判進行中，此時追訴權既無不行使之情形，自不發生時效進行之問題。

▶ 99 台上 6435（判決）

追訴權之性質，係檢察官或犯罪被害人，對於犯罪，向法院提起確認國家刑罰權之有無及其範圍之權利，故追訴權消滅之要件，當以檢察官或犯罪被害人未於限期內起訴為要件。蓋未起訴前，法院基於不告不理原則，無從對於犯罪之國家刑罰權確認其有無及其範圍；而倘經起訴，追訴權既已行使，原則上即無時效進行之問題。

> **第 81 條**（刪除）

□修正前條文

追訴權之時效、期間，依本刑之最高度計算。有二種以上之主刑者，依最重主刑或最重主刑之最高度計算。

■修正說明（94.02.02）

一、本條刪除。

二、本條係規定第八十條第一項各款之追訴權時效期間之計算標準。因原條文語義籠統，而第八十條第一項既增列「犯最重本刑」之文字，本條似無重複規定必要，爰刪除之。

> **第 82 條**（本刑應加減時追訴權時效期間之計算）
>
> 本刑應加重或減輕者，追訴權之時效期間，仍依本刑計算。

第83條（追訴權時效之停止）

I 追訴權之時效，因起訴而停止進行。依法應停止偵查或因犯罪行為人逃匿而通緝者，亦同。

II 前項時效之停止進行，有下列情形之一者，其停止原因視為消滅：

一 諭知公訴不受理判決確定，或因程序上理由終結自訴確定者。

二 審判程序依法律之規定或因被告逃匿而通緝，不能開始或繼續，而其期間已達第八十條第一項各款所定期間三分之一者。

三 依第一項後段規定停止偵查或通緝，而其期間已達第八十條第一項各款所定期間三分之一者。

III 前二項之時效，自停止原因消滅之日起，與停止前已經過之期間，一併計算。

□ 修正前條文

I 追訴權之時效，因起訴而停止進行。依法應停止偵查或因犯罪行為人逃匿而通緝者，亦同。

II 前項時效之停止進行，有下列情形之一者，其停止原因視為消滅：

一 諭知公訴不受理判決確定，或因程序上理由終結自訴確定者。

二 審判程序依法律之規定或因被告逃匿而通緝，不能開始或繼續，而其期間已達第八十條第一項各款所定期間四分之一者。

三 依第一項後段規定停止偵查或通緝，而其期間已達第八十條第一項各款所定期間四分之一者。

III 前二項之時效，自停止原因消滅之日起，與停止前已經過之期間，一併計算。

■ 修正說明（108.12.31）

按追訴權之性質，係檢察官或犯罪被害人，對於犯罪，向法院提起確認國家刑罰權之有無及其範圍之權利。因此，為維護國家刑罰權之實現，避免時效停止進行變相淪為犯罪者脫法之工具，爰將第二項第二款、第三款有關四分之一之規定，修正為三分之一，以落實司法正義。

□ 實務見解

▶ 釋字第138號（63.05.10）

案經提起公訴或自訴，且在審判進行中，此時追訴權既無不行使之情形，自不發生時效進行之問題。

▶ 釋字第123號（57.07.10）

審判中之被告經依法通緝者，其追訴權之時效，固應停止進行，本院院字第一九六三號解釋並未有所變更。至於執行中之受刑人經依法通緝，不能開始或繼續執行時，其刑權之時效亦應停止進行，但仍須注意刑法第八十五條第三項之規定。

第84條（行刑權之時效期間）

I 行刑權因下列期間內未執行而消滅：

一 宣告死刑、無期徒刑或十年以上有期徒刑者，四十年。

二 宣告三年以上十年未滿有期徒刑者，三十年。

三 宣告一年以上三年未滿有期徒刑者，十五年。

四 宣告一年未滿有期徒刑、拘役或罰金者，七年。

II 前項期間，自裁判確定之日起算。但因保安處分先於刑罰執行者，自保安處分執行完畢之日起算。

□ 修正前條文

I 行刑權因下列期間內未執行而消滅：

一 宣告死刑、無期徒刑或十年以上有期徒刑者，四十年。

二 宣告三年以上十年未滿有期徒刑者，三十年。

三 宣告一年以上三年未滿有期徒刑者，十五年。

四 宣告 年未滿有期徒刑、拘役、罰金或專科沒收者，七年。

II 前項期間，自裁判確定之日起算。但因保安處分先於刑罰執行者，自保安處分執行完畢之日起算。

■ 修正說明（104.12.30）

照協商條文通過。

□ 實務見解

▶ 釋字第123號（63.05.10）

審判中之被告經依法通緝者，其追訴權之時效，固應停止進行，本院院字第一九六三號解釋並未有所變更。至於執行中之受刑人經依法通緝，不能開始或繼續執行時，其刑權之時效亦應停止進行，但仍須注意刑法第八十五條第三項之規定。

第85條（行刑權時效之停止）

I 行刑權之時效，因刑之執行而停止進行。有下列情形之一而不能開始或繼續執行時，亦同：

一 依法應停止執行者。

二 因受刑人逃匿而通緝或執行期間脫逃未能繼續執行者。

三 受刑人依法另受拘束自由者。

II停止原因繼續存在之期間，如達於第八十四條第一項各款所定期間三分之一者，其停止原因視為消滅。

III第一項之時效，自停止原因消滅之日起，與停止前已經過之期間，一併計算。

□修正前條文

I 行刑權之時效，因刑之執行而停止進行。有下列情形之一而不能開始或繼續執行時，亦同：
一　依法應停止執行者。
二　因受刑人逃匿而通緝或執行期間脫逃未能繼續執行者。
三　受刑人依法另受拘束自由者。

II停止原因繼續存在之期間，如達於第八十四條第一項各款所定期間四分之一者，其停止原因視為消滅。

III第一項之時效，自停止原因消滅之日起，與停止前已經過之期間，一併計算。

■修正說明（108.12.31）

按時效制度之設，不外對於永續存在之一定狀態加以尊重，藉以維持社會秩序，刑法規定刑罰權因時效完成而消滅，其旨趣即在於此，為維護國家刑罰權之實現，避免時效停止進行變相淪為犯罪者脫法之工具，爰將第二項有關四分之一之規定，修正為三分之一，以落實司法正義。

第十二章　保安處分

第86條（感化教育處分）

I 因未滿十四歲而不罰者，得令入感化教育處所，施以感化教育。

II因未滿十八歲而減輕其刑者，得於刑之執行完畢或赦免後，令入感化教育處所，施以感化教育。但宣告三年以下有期徒刑、拘役或罰金者，得於執行前為之。

III感化教育之期間為三年以下。但執行已逾六月，認無繼續執行之必要者，法院得免其處分之執行。

□修正前條文

I 因未滿十四歲而不罰者，得令入感化教育處所，施以感化教育。

II因未滿十八歲而減輕其刑者，得於刑之執行完畢或赦免後，令入感化教育處所，施以感化教育。但宣告三年以下有期徒刑、拘役或罰金者，得於執行前為之。

III感化教育期間為三年以下。

IV第二項但書情形，依感化教育之執行，認為無執行刑之必要者，得免其刑之執行。

■修正說明（94.02.02）

一、按現行少年事件處理法對於未滿十四歲者之犯罪，雖亦設有感化教育之規定，惟本法係規定犯罪之基本法，就其防制犯罪之手段，設有刑罰及保安處分兩種，對於未滿十四歲人之刑事責任，不惟於第十八條第一項設有明文規定，且於第八十六條規定感化教育之保安處分，以資配合，為求體例完整，宜予保留，第一項及第二項不予修正，合先敘明。

二、修正條文第三項配合第九十七條之刪除及少年事件處理法規定將關於免除執行中之感化教育之規定，納入本項內。

三、原條文第四項刪除，移至第九十八條第一項後段規範。

四、依中央法規標準法第十六條之規定：「法規對其他法規所規定之同一事項而為特別之規定者，應優先適用之。其他法規修正後，仍應優先適用。」本條第二項、第三項與現行少年事件處理法相關規定，分屬不同法規，而有規定同一事項之情形，因少年事件處理法係特別法規，自應優先適用。惟為求本章體例之完整，仍規定如上。

五、按刑事訴訟法第四百八十一條第一項有關於原刑法第八十六條第三項、第八十八條第三項免其刑之執行、第九十六條但書之付保安處分、第九十七條延長或免其處分之執行，第九十八條免其處分之執行，由檢察官聲請法院裁定之規定，因此次刑法總則之修正而有調整條次、內容之情形，應於修正本法後，配合修正刑事訴訟法第四百八十一條第一項。

第87條（監護處分）

I 因第十九條第一項之原因而不罰者，其情狀足認有再犯或危害公共安全之虞時，令入相當處所，施以監護。

II有第十九條第二項及第二十條之原因，其情狀足認有再犯或有危害公共安全之虞時，於刑之執行完畢或赦免後，令入相當處所，施以監護。但必要時，得於刑之執行前為之。

III前二項之期間為五年以下。但執行中認無繼續執行之必要者，法院得免其處分之執行。

□修正前條文

I 因心神喪失而不罰者，得令入相當處所，施以監護。

II因精神耗弱或瘖啞而減輕其刑者，得於刑之執行完畢或赦免後，令入相當處所，施以監護。

III前二項處分期間為三年以下。

■修正説明（94.02.02）

一、保安處分之目標，在消滅犯罪行爲人之危險性，藉以確保公共安全。對於因第十九條第一項之原因而不罰之人或有第二項及第二十條原因之人，並非應一律施以監護，必於其情狀有再犯或有危害公共安全之虞時，爲防衛社會安全，應由法院宣付監護處分，始符保安處分之目的。爰參考德國現行刑法第六十三條之規定，於第一項、第二項增設此一要件，並採義務宣告，而修正第一項、第二項「得」令人相當處所之規定。

二、監護並具治療之意義，行爲人如有第十九條第二項之原因，而認有必要時，在刑之執行前，即有先予治療之必要，故保安處分執行法第四條第二項、第三項分別規定，法院認有緊急必要時，得於判決前將被告先以裁定宣告保安處分；檢察官於偵查中認被告有先付監護之必要者亦得聲請法院裁定之。惟判決確定後至刑之執行前，能否將受刑人先付監護處分，則欠缺規定，爰於第二項但書增設規定，使法院於必要時，宣告監護處分先於刑之執行。

三、對精神障礙者之監護處分，其內容不以監督保護爲已足，並應注意治療（參照保安處分執行法第四十七條）及預防對社會安全之危害。原第三項規定監護處分期間僅爲三年以下，尚嫌過短，殊有延長必要，故將其最長執行期間提高爲五年以下。

四、受處分人於執行中精神已回復常態、或雖未完全回復常態，但已不足危害公共安全、或有其他情形（如出國就醫），足認無繼續執行之必要者，自得免其處分之繼續執行。特參酌原法第九十七條前段意旨，修正如第三項後段。

第 88 條（禁戒處分）
Ⅰ施用毒品成癮者，於刑之執行前令入相當處所，施以禁戒。
Ⅱ前項禁戒期間爲一年以下。但執行中認無繼續執行之必要者，法院得免其處分之執行。

□修正前條文
Ⅰ犯吸食鴉片或施打嗎啡或使用高根、海洛因或其化合質料之罪者，得令入相當處所，施以禁戒。
Ⅱ前項處分於刑之執行前爲之，其期間爲六個月以下。
Ⅲ依禁戒處分之執行，法院認爲無執行刑之必要者，得免其刑之執行。

■修正説明（94.02.02）

一、本條以「吸食」、「施打」爲犯罪行爲，惟「吸食」與「施打」是否能包羅所有使用毒品之方法，頗有疑問。爰改採較廣含義之「施用」，以資概括；另爲配合第五條第八款之修正並期文字簡明一致，本條不再就所有種類毒品一一列舉，逕以「毒品」一詞統括之。

二、按禁戒處分，貴在儘速執行，以期早日收戒絕之效，故明定施用毒品成癮者，應於刑之執行前令入相當處所，施以禁戒。另參考毒品危害防制條例規定，行爲人符合本條之要件時，法官即應義務宣告令入相當處所施以禁戒，以收成效。其次，施用毒品成癮者，有所謂身癮及心癮，其身癮當可於一月之內戒除，欲解除施用毒品者身體內毒素，必須於其查獲後，即送往禁戒處所施以治療，始能達到禁戒之醫療功能。心癮之戒除則較費時，爰以一年以下爲其禁戒治療之期間，執行中視治療之情況認已治癒；或因其他情形，而無治療之必要時，自應賦予法院免其處分執行之權，爰修正第二項、第三項之規定。

三、依中央法規標準法第十六條之規定：「法規對其他法規所規定之同一事項而爲特別之規定者，應優先適用之。其他法規修正後，仍應優先適用。」本條第一項、第二項與現行毒品危害防制條例，分屬不同法規，而有規定同一事項之情形，因毒品危害防制條例係特別法規，自應優先適用。惟爲求本章體例之完整，仍規定如上。

四、按刑事訴訟第四百八十一條第一項有關於原刑法第八十六條第四項、第八十八條第三項免其刑之執行、第九十六條但書之付保安處分、第九十七條延長或免其處分之執行、第九十八條免其處分之執行，由檢察官聲請法院裁定之規定，因此次刑法總則之修正而有調整條次、內容之情形，應於修正本法後，配合修正刑事訴訟法第四百八十一條第一項。

第 89 條（禁戒處分）
Ⅰ因酗酒而犯罪，足認其已酗酒成癮並有再犯之虞者，於刑之執行前，令入相當處所，施以禁戒。
Ⅱ前項禁戒期間爲一年以下。但執行中認無繼續執行之必要者，法院得免其處分之執行。

□修正前條文
Ⅰ因酗酒而犯罪者，得於刑之執行完畢或赦免後，令入相當處所，施以禁戒。

Ⅱ前項處分期間為三個月以下。

■修正說明（94.02.02）

一、「酗酒」與「施用毒品」不同，其本身非為刑法所處罰之行為，須因酗酒以致犯罪，且已酗酒成癮及有再犯之虞者，基於維護社會公共安全之立場，始有考慮施以禁戒之必要。爰參酌德國現行刑法六十四條、奧地利現行刑法第二十二條、瑞士現行刑法第四十四條，修正第一項之規定。

二、按禁戒處分，貴在儘速執行，故參的保安處分執行法第四條第二項、第三項之精神，將本條第一項「得於刑之執行完畢或赦免後」，修正為「於刑之執行前」。

三、醫療上酒癮（酒精依賴）之治療可分為三階段：(一)酒精戒斷症狀之處理；(二)因酗酒導致身體併發症之評估與治療；(三)復健。國內醫院所提供之治療，大抵為(一)與(二)之階段，如以全日住院方式進行，平均約須二週。至於(三)復健，因涉及戒酒「動機」及個案需要，其治療期間應為長期，而原規定僅三月，對於已酗酒成癮而有再犯之虞之行為人而言，似嫌過短。從而，對於此類行為人之禁戒，固然在於使行為人戒絕酒癮，去除其再犯之因子，惟其戒除標準，醫學上並無絕對禁絕之標準，爰訂以最長期間為一年，由執行機關或法院就具體個案判斷，如執行中認已治癒或因其他情形而無治療之必要時，賦予法院免其處分執行之權，爰修正第二項。

第 90 條（強制工作處分）

Ⅰ有犯罪之習慣或以犯罪為常業或因遊蕩或懶惰成習而犯罪者，得於刑之執行完畢或赦免後，令入勞動場所，強制工作。

Ⅱ前項處分期間為三年以下。

Ⅲ執行期間屆滿前，認為有延長之必要者，法院得許可延長之，其延長之期間不得逾一年六月，並以一次為限。

□**修正前條文**

Ⅰ有犯罪之習慣或以犯罪為常業或因遊蕩或懶惰成習而犯罪者，得於刑之執行完畢或赦免後，令入勞動場所，強制工作。

Ⅱ前項處分期間，為三年以下。

■修正說明（94.02.02）

一、本法有關常業犯之規定，已因廢除連續犯，而全數刪除之，為符合立法體例，自不宜再保留「以犯罪為常業」而宣告強制工作之規定，爰刪除之。惟特別法仍有關於常業犯之處罰，在配合本法刪除之前，如犯特

別法之常業罪，其行為符合「有犯罪之習慣者」之要件時，仍應依本條宣告強制工作之處分。

二、本條原第一項規定強制工作應刑之執行後為之，惟按其處分之作用，原在補充或代替刑罰，爰參考德國現行刑法第六十七條立法例及竊盜犯贓物犯保安處分條例第三條第一項強制工作處分應先於刑之執行而執行之意旨修正為應於刑之執行前為之。

三、強制工作執行滿一年六月後，認為無繼續執行之必要者，為鼓勵向上，得免其處分之執行。執行將屆三年，認為有延長之必要者，得許可延長之，其延長以一次為限，延長期間不得逾一年六月。

□ **實務見解**

▶ **釋字第 528 號**（90.06.29）

刑事法保安處分之**強制工作**，旨在對有犯罪習慣以犯罪為常業或因遊蕩或怠惰成習而犯罪者，令人勞動場所，以強制從事勞動方式培養其勤勞習慣、正確工作觀念，習得得一技之長，於其日後重返社會時，能自立更新，期以達成刑法教化、矯治之目的。組織犯罪防制條例第三條第三項：「犯第一項之罪者，應於刑之執行完畢或赦免後，令入勞動場所，強制工作，其期間為三年；犯前項之罪者，其期間為五年。」該條例係以三人以上，有內部管理結構，以犯罪為宗旨或其成員從事犯罪活動，具有集團性、常習性、脅迫性或暴力性之犯罪組織為規範對象。此類犯罪組織成員間雖有發起、主持、操縱、指揮、參與等之區分，然以組織型態從事犯罪，內部結構階層化，並有嚴密控制關係，其所造成之危害、對社會之衝擊及對民主制度之威脅，遠甚於一般之非組織性犯罪。是故組織犯罪防制條例第三條第三項乃設強制工作之規定，藉以補充刑罰之不足，協助其再社會化；此就一般預防之刑事政策而言，並具有防制組織犯罪之功能，為維護社會秩序、保障人民權益所必要。至於針對個別受處分人之不同情狀，認無強制工作必要者，於同條第四項、第五項已有免其執行與免予繼續執行之規定，足供法院斟酌保障人權之基本原則，為適當、必要與合理之裁量，與憲法第八條人民身體自由之保障及第二十三條比例原則之意旨不相牴觸。

▶ **108 台上 3460** ○（**判決**）

保安處分係針對受處分人**將來之危險性**所為之處置，以達教化、治療之目的，為刑罰之補充制度。我國現行刑法採刑罰與保安處分雙軌制，係在維持行為責任之刑罰原則下，為強化其協助行為人

再社會化之功能，以及改善行為人潛在之危險性格，期能達成根治犯罪原因、預防犯罪之特別目的。是保安處分之強制工作，旨在對嚴重職業性犯罪及欠缺正確工作觀念或無正常工作因而習慣犯罪者，強制其從事勞動，學習一技之長及正確之謀生觀念，使其日後重返社會，能適應社會生活。基於「刑罰個別化」，對於「有犯罪之習慣或因遊蕩或懶惰成習而犯罪」之行為人，因其已具有將來之危險性，即得宣告刑前強制工作，使其得以自食其力，不再遊蕩、懶惰再次犯罪，並符合保安處分應受比例原則之規範。所謂「有犯罪之習慣」係指對於犯罪已成為日常之慣性行為，乃一種犯罪之習性。至所犯之罪名為何，是否同一，則非所問。

▶ 100 台上 2002（判決）

我國現行刑法採刑罰與保安處分之雙軌制，旨在於維持行為責任之刑罰原則前提下，加強協助行為人再社會化之功能，並改善行為人潛在之危險性格，期達成根治犯罪原因、預防犯罪之特別目的。此類保安處分內容因亦含社會隔離、拘束身體自由之措施，其限制人民之權利，與刑罰同，為保障人權，固亦應受比例原則之規範，然其是否合於比例原則，除行為人所為行為之嚴重性外，尤著重行為人所表現之危險性及對於行為人未來行為之期待性等行為人反社會危險性之考量，以實現保安處分針對行為人個人反社會性格之特別預防功能，至具體個案中行為人犯罪之罪質與犯罪後是否坦承等態度，僅於影響上開考量因素時，始予斟酌。

第 91 條（刪除）

□修正前條文

> I 犯第二百八十五條之罪者，得令入相當處所，強制治療。
> II 前項處分於刑之執行前為之，其期間至治癒時為止。

■修正說明（108.05.29）

一、本條刪除。

二、配合刪除原第二百八十五條，本條所定強制治療即無規範必要，爰予刪除。

第 91 條之 1（性侵害犯罪之強制治療）

I 犯第二百二十一條至第二百二十七條、第二百二十八條、第二百二十九條、第二百三十條、第二百三十四條、第三百三十二條第二項第二款、第三百三十四條第二款、第三百四十八條第二項第一款及其特別法之罪，而有下列情形之一者，得令入相當處所，施以強制治療：

一 徒刑執行期滿前，於接受輔導或治療後，經鑑定、評估，認有再犯之危險者。

二 依其他法律規定，於接受身心治療或輔導教育後，經鑑定、評估，認有再犯之危險者。

II 前項處分期間至其再犯危險顯著降低為止，執行期間應每年鑑定、評估有無停止治療之必要。

□修正前條文

> I 犯第二百二十一條至第二百二十七條、第二百二十八條、第二百二十九條、第二百三十條、第二百三十四條之罪者，於裁判前應經鑑定有無施以治療之必要。有施以治療之必要者，得令入相當處所，施以治療。
> II 前項處分於刑之執行前為之，其期間至治癒為止。但最長不得逾三年。
> III 前項治療處分之日數，以一日抵有期徒刑或拘役一日或第四十二條第四項裁判所定之罰金數額。

■修正說明（94.02.02）

一、關於與強制性交之結合犯是否得施以強制治療，原條文並無規定，而引起實務適用之疑義，爲弭爭議，爰於第一項列第三百三十二條第二項第二款強盜強制性交罪、第三百三十四條第二款海盜強制性交罪及第三百四十八條第二項第一款擄人勒贖強制性交罪及其特別法（如兒童及少年性交易防制條例第二十二條）等罪，以資涵括。

二、原法就強制治療之認定爲「於裁判前應經鑑定有無施以治療之必要」，在實務上常引起鑑定人質疑行為人有無犯罪不明下，無憑作鑑定之質疑，亦或有判決與鑑定意見相左之情形，而認有修正裁判前應經鑑定之必要。其次，多數學者及精神醫學專家咸認此類行為人於出獄前一年至二年之治療最具成效，爰修正原法刑前治療之規定。

三、性罪犯之矯治應以獄中強制診療（輔導或治療）或社區身心治療輔導教育程序爲主，若二者之治療或輔導教育仍不足矯正行為人偏差心理時，再施以保安處分。而性罪犯之矯治以再犯預防及習得自我控制爲治療目的，其最佳之矯正時點咸認係出獄前一年至二年之期間，已如前述，現行依監獄行刑法之輔導或治療，即在符合此項理論下，於受刑人出獄前一至二年內進行矯治。如刑期將滿但其再犯危險仍然顯著，而仍有繼續治療必要時，監獄除依第七十七條第二項第三款規定，限制其假釋外，亦須於刑期屆滿前提出該受刑人執行過程之輔導或治療紀錄、自我控制再犯預

防成效評估報告及應否繼續施以治療之評估報告，送請檢察官審酌是否向法院聲請強制治療之參考，爰於第一項第一款定之。

四、依性侵害犯罪防治法第十八條規定對於刑及保安處分之執行完畢、假釋、緩刑、免刑、赦免之性侵害犯罪加害人，主管機關應對其施以身心治療或輔導教育，依現有之社區治療體系進行矯治事宜，如經鑑定、評估有強制治療之必要，再由各縣市政府性侵害防治中心提出評估、鑑定結果送請檢察官向法院聲請強制治療之依據，爰於第一項第二款規定之，以落實此類犯罪加害人之治療。

五、綜上說明，性侵害犯罪之加害人有無繼續接受強制治療之必要，係根據監獄或社區之治療結果而定，如此將可避免原規定之鑑定，因欠缺確定之犯罪事實，或為無效之刑前強制治療，浪費實費資源，使強制治療與監獄或社區之治療結合，為最有效之運用。

六、加害人之強制治療是以矯正行為人異常人格及行為，使其習得自我控制以達到再犯預防為目的，與尋常之疾病治療有異，學者及醫界咸認無治癒之概念，應以強制治療目的是否達到而定，故期限以「再犯危險顯著降低原止」為妥。惟應每年鑑定、評估，以避免流於長期監禁，影響加害人之權益。

七、強制治療既已修正於刑後執行，應無折抵刑期之問題，爰刪除第三項有關折抵刑期之規定。

❖ 修法簡評

2005 年修正之刑法第 91 條之 1 第 2 項的規定，對於該條所羅列的罪名，可能因為「處分期間其再犯危險顯著降低原止，執行期間應每年鑑定、評估有無停止治療之必要」，可能有「**絕對不定期制**」的效果，似有違反罪刑法定原則的疑慮。

雖然在修法前國內有些意見認為，相對不定期制無法徹底治療收容病犯的精神疾病，難以達到有效防衛社會之目的，因此遂有人倡議將刑法的相對不定期制改為絕對不定期制。**事實上，所謂絕對不定期制，在德國已受到相當多的批評，也引起實務界許多困擾，目前該國許多實務界及學術界的意見認為，應將其現行法的規定改為相對不定期制。是以，我國刑法第 91 條之 1 第 2 項之增訂實有檢討修正之必要。**

【張麗卿，《司法精神醫學——刑事法學與精神醫學之整合》，元照，三版，2011.04，327 頁以下。】

□ 實務見解

▶ 釋字第 677 號（99.05.14）

監獄行刑法第八十三條第一項關於執行期滿者，應於其刑期終了之次日午前釋放之規定部分，使受刑人於刑期執行期滿後，未經法定程序仍受拘禁，侵害其人身自由，有違正當法律程序，且所採取限制受刑人身體自由之手段亦非必要，牴觸憲法第八條及第二十三條之規定，與本解釋意旨不符部分，應自中華民國九十九年六月一日起失其效力。有關機關應儘速依本解釋意旨，就受刑人釋放事宜予以妥善規範。相關規定修正前，**受刑人應於其刑期終了當日之午前釋放**。本件聲請人就上開監獄行刑法第八十三條第一項規定所為暫時處分之聲請部分，因本案業經作成解釋，無作成暫時處分之必要，應予駁回。

▶ 96 年度第 3 次刑事庭會議決議（96.02.06）

壹、採乙說。

民國九十五年七月一日起施行之刑法第九十一條之一有關強制治療規定，雖將刑前治療改為刑後治療，但治療期間未予限制，且治療處分之日數，復不能折抵有期徒刑、拘役或同法第四十二條第六項裁判所定之罰金額數，較修正前規定不利於被告。

貳、採甲說。

被告於施用第一級毒品或第二級毒品經觀察、勒戒釋放後，五年內再犯第十條之罪，依現行毒品危害防制條例第二十三條第二項之規定，應由檢察官依法追訴處罰。乃原審不察，依檢察官之聲請裁定令被告入勒戒處所施以觀察、勒戒，顯有適用法則不當之違背法令。案經確定，且不利於被告，非常上訴意旨執以指摘，洵有理由，應由本院將原裁定撤銷，並自為判決駁回第一審檢察官之聲請，以資救濟。

▶ 90 台非 165（判例）

性犯罪之身心障礙者，非短時期所能痊癒者，應以「治癒為止」，不必預定其期間。

▶ 100 台上 4543（判決）

刑法第九十一條之一第一項所規定之強制治療，乃「性犯罪之矯治，以再犯預防及習得自我控制為治療目的」，所謂治療必須針對疾病而來，鑑定自屬查究行為人有無「重大精神疾病或性偏差之診斷」，有「重大精神疾病或性偏差」，方有再犯之虞。故法院裁量權之行使，應以此為判斷標準。

第 92 條（代替保安處分之保護管束）

Ⅰ 第八十六條至第九十條之處分，按其情形得以保護管束代之。

Ⅱ 前項保護管束期間為三年以下。其不能收效者，得隨時撤銷之，仍執行原處分。

第 93 條（緩刑與假釋之保護管束）

Ⅰ 受緩刑之宣告者，除有下列情形之一，應於緩刑期間付保護管束外，得於緩刑期間付保護管束：

一 犯第九十一條之一所列之罪者。

二 執行第七十四條第二項第五款至第八款所定之事項者。

Ⅱ 假釋出獄者，在假釋中付保護管束。

□ **修正前條文**

Ⅰ 受緩刑之宣告者，在緩刑期內得付保護管束。

Ⅱ 假釋出獄者，在假釋中付保護管束。

Ⅲ 前二項情形，違反保護管束規則情節重大者，得撤銷緩刑之宣告或假釋。

■ **修正說明**（94.02.02）

一、緩刑制度在暫緩宣告刑之執行，促犯罪行為人自新，藉以救濟短期自由刑之弊，則緩刑期內，其是否已自我約制而洗心革面，自須予以觀察，尤其對於因生理或心理最需加以輔導之妨害性自主罪之被告，應於緩刑期間加以管束，故於第一項增訂對此類犯罪宣告緩刑時，應於緩刑期間付保護管束之宣告，以促犯罪行為人之再社會化。惟為有效運用有限之觀護資源，並避免徒增受緩刑宣告人不必要之負擔，其餘之犯罪仍宜由法官審酌具體情形，決定是否付保護管束之宣告。

二、依第七十四條第二項第五款至第八款之執行事項，因執行期間較長，為收其執行成效，宜配合保安處分之執行，方能發揮效果，爰於第一項第二款增列法官依第七十四條第二項規定，命犯罪行為人遵守第五款至第八款之事項時，應付保護管束，以利適用。

三、依刑事訴訟法第四百八十一條規定，刑法第九十六條但書之保安處分之執行，由檢察官聲請法院裁定，亦即假釋中付保護管束，係由法院裁定之，既法有明文，本條第二項無須正規定。

四、原第三項所稱「違反保護管束規則，情節重大」，因保護管束規則業已廢止（六十四年二月十日內政部台內警字第六二一九四號及前司法行政部台六四令字

第〇一三九七號令會銜廢止），自不宜再保留。另保安處分執行法第七十四條之三對於違反保護束應遵守之事項，其情形重大者，檢察官得聲請撤銷假釋或緩刑，故第三項無須規範，爰予以刪除。

第 94 條（刪除）

□ **修正前條文**

保護管束，交由警察官署、自治團體、慈善團體、本人之最近親屬或其他適當之人行之。

■ **修正說明**（94.02.02）

一、本條刪除。

二、本條屬執行程序事項，性質上應委諸保安處分執行法予以規範。查保安處分執行法第六十四條以下已有相當規定，本條宜予刪除。

第 95 條（驅逐出境處分）

外國人受有期徒刑以上刑之宣告者，得於刑之執行完畢或赦免後，驅逐出境。

▣ **實務見解**

▶ 84 台非 195（判例）

刑法第九十五條規定外國人受有期徒刑以上刑之宣告，得於刑之執行完畢或赦免後，驅逐出境者，應僅限於外國人始有其適用。倘具有中華民國國籍者，縱同時具有外國國籍，即俗稱擁有雙重國籍之人，若未依國籍法第十一條之規定，經內政部許可喪失中華民國國籍時，則其仍不失為本國人民，與一般所謂「外國人」之含義不符，自無刑法第九十五條規定之適用。

▶ 101 台上 3251（判決）

刑法第九十五條規定：外國人受有期徒刑以上刑之宣告者，得於刑之執行完畢或赦免後，驅逐出境。**是否有併予宣告驅逐出境之必要，應由法院依據個案情節，具體審酌該外國人一切犯罪情狀及有無繼續危害社會安全之虞，依職權以為判斷。**被告為印尼國人，經原審判處有期徒刑以上之刑，原審依其個案情節及犯罪情狀，既認無驅逐出境之必要，縱未敘明其理由，不能指為違法。

第 96 條（保安處分之宣告及其特別規定）

保安處分於裁判時併宣告之。但本法或其他法律另有規定者，不在此限。

□ **修正前條文**

保安處分於裁判時併宣告之。但因假釋或於刑之赦免後，付保安處分者，不在此限。

■ **修正說明**（94.02.02）

一、保安處分能否實施，由法院依法決定之。如其涉及人身自由之拘束者，原則上應於

裁判時併為宣告；惟以下情形，則例外許其於裁判外單獨宣告：㈠依法律規定，先於判決而為裁定者，如法第八十八條第一項之禁戒處分、第九十一條之強制治療等。另依保安處分執行法第四條第二項及第三項規定，亦有得於判決前宣告之規定。㈡依法律規定，許其事後補行裁定者，如依刑事訴訟法第四百八十一條第三項宣告之保安處分，或依本法第九十三第二項於假釋中付保護管束處分，乃發生於裁判確定後，性質上自宜許其於事後裁定。㈢因無裁判，法律准許單獨裁定保安處分者，如刑事訴訟法第四百八十一條第二項所定檢察官不起訴處分後向法院所為聲請之情形，即屬之。

二、因依本法或其他法律之規定，關於保安處分於裁判以外單獨宣告之情形，尚有多種，為求涵蓋，爰修正為「但本法或其法律另有規定者，不在此限」。

三、按第九十三條第二項假釋期間付保護管束者，依刑事訴訟法第四百八十一條第一項、修正後第九十六條但書之規定，由檢察官聲請法院裁定之，附此敘明。

第 97 條（刪除）

□ 修正前條文

依第八十六條至第九十條及第九十二條規定宣告之保安處分，期間未終了前，認為無繼續執行之必要者，法院得免其處分之執行；如認為有延長之必要者，法院得就法定期間之範圍內，酌量延長之。

■ 修正說明（94.02.02）

一、本條刪除。

二、原第九十七條係就裁判諭知保安處分之期間特設免除及延長之規定，而普遍適用於各種保安處分。惟經分別檢討修正後之各種保安處分與本條之關係：㈠免除處分之執行，已分別納入第八十六條至第九十條中。㈡原第九十條規定已依次將本條延長執行之規定納入第九十條第二項中。㈢原第八十六條至第八十九條執行最長期間分別為五年、三年、一年，而依其處分之性質，應無再延長執行必要。㈣第九十一條、第九十一條之一，則以「治癒」或「再犯危險顯著降低為止」，亦無再延長必要。依上開說明，本條已無保留必要，爰予以刪除。

三、按刑事訴訟法第四百八十一條第一項有關於原刑法第八十六條第四項、第八十八條第三項免其刑之執行、第九十七條延長或免

其處分之執行、第九十八條免其處分之執行，由檢察官聲請法院裁定之規定，因此次刑法總則之修正而有調整條次、內容之情形，應於修正本法後，配合修正刑事訴訟法第四百八十一條第一項。

第 98 條（保安處分執行之免除）

Ⅰ 依第八十六條第二項、第八十七條第二項規定宣告之保安處分，其先執行徒刑者，於刑之執行完畢或赦免後，認為無執行之必要者，法院得免其處分之執行；其先執行保安處分者，於處分執行完畢或一部執行而免除後，認為無執行刑之必要者，法院得免其刑之全部或一部執行。

Ⅱ 依第八十八條第一項、第八十九條第一項、第九十條第一項規定宣告之保安處分，於處分執行完畢或一部執行而免除後，認為無執行刑之必要者，法院得免其刑之全部或一部執行。

Ⅲ 前二項免其刑之執行，以有期徒刑或拘役為限。

□ 修正前條文

Ⅰ 依第八十六條第二項、第八十七條第二項規定宣告之保安處分，其先執行徒刑者，於刑之執行完畢或赦免後，認為無執行之必要者，法院得免其處分之執行；其先執行保安處分者，於處分執行完畢或一部執行而免除後，認為無執行刑之必要者，法院得免其刑之全部或一部執行。

Ⅱ 依第八十八條第一項、第八十九條第一項、第九十條第一項、第九十一條第二項規定宣告之保安處分，於處分執行完畢或一部執行而免除後，認為無執行刑之必要者，法院得免其刑之全部或一部執行。

Ⅲ 前二項免其刑之執行，以有期徒刑或拘役為限。

■ 修正說明（108.05.29）

一、配合刪除原第九十一條，爰修正第二項。

二、第一項及第三項未修正。

第 99 條（保安處分之執行時效）

保安處分自應執行之日起逾三年未開始或繼續執行者，非經法院認為原宣告保安處分之原因仍繼續存在時，不得許可執行；逾七年未開始或繼續執行者，不得執行。

□ 修正前條文

第八十六條至第九十一條之保安處分，自應執行之日起經過三年未執行者，非得法院許可不得執行之。

■修正説明（94.02.02）

一、本條原規定，僅針對本法第八十六條至第九十一條所定之保安處分而設，依竊盜犯贓物犯保安處分條例等特別法宣告之保安處分，自應執行之日起經過三年未執行者，如不能適用此一規定，前受處分人是否須接受處分之執行，永在不確定狀態中，殊非所宜，爰將「第八十六條至第九十一條之」句，修正爲「保安處分」。

二、原條文所稱「經過三年未執行者」，應包括「未開始」執行，與開始執行後「未繼續」執行兩種情形。受處分人逃匿，自始即未受執行之例屬前者；受執行中脫逃，未繼續執行之例屬後者。爲免爭議，爰修正爲「經過三年未開始或繼續執行」，以期明確。

三、原條文就保安處分經過相當期間未執行者，採許可執行制度，而不適用時效規定。至法院於如何情形，應許可執行，原條文未規定其實質要件。按各種保安處分經修正後業已增訂其實質要件，而原來宣告各該保安處分之實質要件，應即爲許可執行之實質要件，本條既仍採許可執行制度，則逾三年後是否繼續執行，應視原宣告保安處分之原因，是否繼續存在爲斷，故參考檢肅流氓條例第十八條第三項之體例，規定非經法院認爲原宣告保安處分之原因仍繼續存在時，不得許可執行；逾七年未開始或繼續執行者，不得執行，以維護人權。

第二編 分 則

第一章 内亂罪

第 100 條（普通内亂罪）

Ⅰ 意圖破壞國體，竊據國土，或以非法之方法變更國憲，顛覆政府，而以強暴或脅迫著手實行者，處七年以上有期徒刑；首謀者，處無期徒刑。

Ⅱ 預備犯前項之罪者，處六月以上五年以下有期徒刑。

□ 實務見解

▶ 99 台上 6229（判決）

刑法及其特別法所處罰之「首謀者」，係指犯罪之行爲主體爲多數人，其中首倡謀議，而處於得依其意思，策劃、支配團體犯罪行爲之地位者而言，並不以一人爲限，亦不以親臨現場指揮爲必要；是縱屬參與統籌或指揮犯罪實行之人，若非倡議者，即非首謀，仍需爲首倡謀議犯罪者，始得謂爲首謀。然此所稱首倡謀議者，於同謀犯罪之多數人中，率先提議實行犯罪而居於主導策劃地位者固屬之；其於犯罪之初，行爲主體雖尚非多數，但率先基於遂行犯罪之目的，實行犯罪後，始依其計畫，於犯罪歷程中各個不同階段，視犯罪進行程度之需要，陸續招攬部眾加入，依附其策劃，而先後參與犯罪之實行，而藉此主導或支配多數人共同犯罪者，亦應以首謀罪論處。

第 101 條（暴動内亂罪）

Ⅰ 以暴動犯前條第一項之罪者，處無期徒刑或七年以上有期徒刑。首謀者，處死刑或無期徒刑。

Ⅱ 預備或陰謀犯前項之罪者，處一年以上七年以下有期徒刑。

第 102 條（内亂罪自首之減刑）

犯第一百條第二項或第一百零一條第二項之罪而自首者，減輕或免除其刑。

第二章 外患罪

第 103 條（通謀開戰端罪）

Ⅰ 通謀外國或其派遣之人，意圖使該國或他國對於中華民國開戰端者，處死刑或無期徒刑。

Ⅱ 前項之未遂犯罰之。

Ⅲ 預備或陰謀犯第一項之罪者，處三年以上十年以下有期徒刑。

第 104 條（通謀喪失領域罪）

Ⅰ 通謀外國或其派遣之人，意圖使中華民國領域屬於該國或他國者，處死刑或無期徒刑。

Ⅱ 前項之未遂犯罰之。

Ⅲ 預備或陰謀犯第一項之罪者，處三年以上十年以下有期徒刑。

第 105 條（械抗民國罪）

Ⅰ 中華民國人民在敵軍執役，或與敵國械抗中華民國或其同盟國者，處死刑或無期徒刑。

Ⅱ 前項之未遂犯罰之。

Ⅲ 預備或陰謀犯第一項之罪者，處三年以上十年以下有期徒刑。

第 106 條（單純助敵罪）

Ⅰ 在與外國開戰或將開戰期內，以軍事上之利益供敵國，或以軍事上之不利益害中華民國或其同盟國者，處無期徒刑或七年以上有期徒刑。

Ⅱ 前項之未遂犯罰之。

Ⅲ 預備或陰謀犯第一項之罪者，處五年以下有期徒刑。

第 107 條（加重助敵罪）

I 犯前條第一項之罪而有左列情形之一者，處死刑或無期徒刑：

一　將軍隊交付敵國，或將要塞、軍港、軍營、軍用船艦、航空機及其他軍用處所建築物，與供中華民國軍用之軍械、彈藥、錢糧及其他軍需品，或橋樑、鐵路、車輛、電線、電機、電局及其他供轉運之器物，交付敵國或毀壞或致令不堪用者。

二　代敵國招募軍隊，或煽惑軍人使其降敵者。

三　煽惑軍人不執行職務，或不守紀律或逃叛者。

四　以關於要塞、軍港、軍營、軍用船艦、航空機及其他軍用處所建築物或軍略之秘密文書、圖畫、消息或物品，洩漏或交付於敵國者。

五　為敵國之間諜，或幫助敵國之間諜者。

II 前項之未遂犯罰之。

III 預備或陰謀犯第一項之罪者，處三年以上十年以下有期徒刑。

第 108 條（戰時不履行軍需契約罪）

I 在與外國開戰或將開戰期內，不履行供給軍需之契約或不照契約履行者，處一年以上七年以下有期徒刑，得併科十五萬元以下罰金。

II 因過失犯前項之罪者，處二年以下有期徒刑、拘役或三萬元以下罰金。

□修正前條文

I 在與外國開戰或將開戰期內，不履行供給軍需之契約或不照契約履行者，處一年以上七年以下有期徒刑，得併科五千元以下罰金。

II 因過失犯前項之罪者，處二年以下有期徒刑、拘役或一千元以下罰金。

■修正說明（108.12.25）

一、本罪於民國七十二年六月二十六日後並未修正，爰依刑法施行法第一條之一第二項本文規定將罰金數額修正提高三十倍，以增加法律明確性，並使刑法分則各罪罰金數額具內在邏輯一致性。

二、第一項中段「一年以上、七年以下」修正為「一年以上七年以下」；第二項中「有期徒刑，拘役」修正為「有期徒刑、拘役」。

第 109 條（洩漏交付國防秘密罪）

I 洩漏或交付關於中華民國國防應秘密之文書、圖畫、消息或物品者，處一年以上七年以下有期徒刑。

II 洩漏或交付前項之文書、圖畫、消息或物品於外國或其他派遣之人者，處三年以上十年以下有期徒刑。

III 前二項之未遂犯罰之。

IV 預備或陰謀犯第一項或第二項之罪者，處二年以下有期徒刑。

第 110 條（公務員過失洩漏交付國防秘密罪）

公務員對於職務上知悉或持有前條第一項之文書、圖畫、消息或物品，因過失而洩漏或交付者，處二年以下有期徒刑、拘役或三萬元以下罰金。

□修正前條文

公務員對於職務上知悉或持有前條第一項之文書、圖畫、消息或物品，因過失而洩漏或交付者，處二年以下有期徒刑、拘役或一千元以下罰金。

■修正說明（108.12.25）

本罪於民國七十二年六月二十六日後並未修正，爰依刑法施行法第一條之一第二項本文規定將罰金數額修正提高三十倍，以增加法律明確性，並使刑法分則各罪罰金數額具內在邏輯一致性。

第 111 條（刺探搜集國防秘密罪）

I 刺探或收集第一百零九條第一項之文書、圖畫、消息或物品者，處五年以下有期徒刑。

II 前項之未遂犯罰之。

III 預備或陰謀犯第一項之罪者，處一年以下有期徒刑。

第 112 條（不法侵入或留滯軍用處所罪）

意圖刺探或收集第一百零九條第一項之文書、圖畫、消息或物品，未受允准而入要塞、軍港、軍艦及其他軍用處所建築物，或留滯其內者，處一年以下有期徒刑。

第 113 條（私與外國訂約罪）

應經政府授權之事項，未獲授權，私與外國政府或其派遣之人為約定，處五年以下有期徒刑、拘役或科或併科五十萬元以下罰金；足以生損害於中華民國者，處無期徒刑或七年以上有期徒刑。

□修正前條文

應經政府允許之事項，未受允許，私與外國政府或其他派遣之人為約定者，處無期徒刑或七年以上有期徒刑。

■修正說明（108.05.10）

一、原條文所定「應經政府授權之事項」，涵蓋所有行政管轄事項，適用範圍過廣；且臺灣地區與大陸地區人民關係條例（下稱

兩岸條例）對於兩岸往來應經政府許可之事項，已訂有相關規範及罰則，例如該條例第三十五條赴陸投資許可、第三十六條金融往來許可等，違反者可依該條例相關規定處罰，爰將原條文修正爲「應經政府授權之事項，未獲授權」，以資明確。

二、行爲人未獲授權而侵犯公權力，倘已足生損害於國家安全，由於該行爲對於國家法益之侵害程度較高，有特別規範之必要，爰增列危險犯之處罰規定；並參考兩岸條例第七十九條之三第二項規定，將未達足生損害於中華民國之程度者，法定刑度修正爲五年以下有期徒刑、拘役或科或併科五十萬元以下罰金，以別輕重。

第 114 條（違背對外事務委任罪）

受政府之委任，處理對於外國政府之事務，而違背其委任，致生損害於中華民國者，處無期徒刑或七年以上有期徒刑。

第 115 條（毀匿國權證據罪）

僞造、變造、毀棄或隱匿可以證明中華民國對於外國所享權利之文書、圖畫或其他證據者，處五年以上十二年以下有期徒刑。

第 115 條之 1（外患罪亦適用之地域或對象違反規定之處斷）

本章之罪，亦適用於地域或對象爲大陸地區、香港、澳門、境外敵對勢力或其派遣之人，行爲人違反各條規定者，依各該條規定處斷之。

■增訂說明（108.05.10）

一、本條新增。

二、外患罪章現行各條涉及境外勢力者，係以「外國或其派遣之人」、「敵軍」或「敵國」等爲其構成要件，在我國現行法制架構及司法實務運作下，以大陸地區、香港、澳門、境外敵對勢力或其派遣之人爲對象犯本章之罪者，恐難適用各該條文，形成法律漏洞。爲確保臺灣地區安全、民衆福祉暨維護自由民主之憲政秩序，爰增定本條，明定本章之罪，亦適用於地域或對象爲大陸地區、香港、澳門、境外敵對勢力或其派遣之人。

三、本條所稱「大陸地區」、「香港」、「澳門」依兩岸條例第二條第二款、香港澳門關係條例第二條第一項、第二項規定；本條所稱「境外敵對勢力」依通訊保障及監察法第八條規定。

四、行爲人違反本章個條規定者，依各該條規定處斷之。舉例而言，有下列各款情形之一者，依所列之罪處斷：

（一）通謀大陸地區、香港、澳門、境外敵對勢力或其派遣之人，意圖使大陸地區、香港、澳門或境外敵對勢力對於中華民國開戰端者，依一百零三條處斷。

（二）通謀大陸地區、香港、澳門、境外敵對勢力或其派遣之人，意圖使中華民國領域屬於大陸地區、香港、澳門或境外敵對勢力者，依一百零四條處斷。

（三）中華民國人民在敵軍執役，或與敵國、大陸地區、香港、澳門或境外敵對勢力械抗中華民國或其同盟國者，依一百零五條處斷。

（四）在與大陸地區、香港、澳門或境外敵對勢力開戰或將開戰期內，以軍事上之利益供大陸地區、香港、澳門或境外敵對勢力，或以軍事上之不利益害中華民國或其同盟國者，依一百零六條處斷。

（五）在與大陸地區、香港、澳門或境外敵對勢力開戰或將開戰期內，無故不履行供給軍需之契約或不照契約履行者，依一百零八條處斷。

（六）洩漏或交付第一百零九條第一項所定之文書、圖畫、消息或物品於外國、大陸地區、香港、澳門、境外敵對勢力或其派遣之人者，依一百零九條第二項處斷。

（七）公務員對於職務上知悉或持有前款之文書、圖畫、消息或物品，因過失而洩漏或交付大陸地區、香港、澳門或境外敵對勢力或其派遣之人者，依一百十條處斷。

（八）應經政府授權之事項，未獲授權，私與外國政府、大陸地區、香港、澳門、境外敵對勢力或其派遣之人爲約定、足以生損害於中華民國者，依一百十三條處斷。

（九）受政府之委任，處理對於大陸地區、香港、澳門或境外敵對勢力之事務，而違背其委任，致生損害於中華民國者，依一百十四條處斷。

（十）僞造、變造、毀棄或隱匿可以證明中華民國對於大陸地區、香港、澳門或境外敵對勢力所享權利之文書、圖畫或其他證據者，依一百十五條處斷。

（十一）在與大陸地區、香港、澳門或境外敵對勢力開戰或將開戰期內，以軍事上之利益供大陸地區、香港、澳門或境外敵對勢力，或以軍事上之不利益害中華民國或其同盟國者，而有下列情形之一者，依一百零七條處斷：

1. 將軍隊交付大陸地區、香港、澳門或境外敵對勢力，或將要塞、軍港、軍營、軍用船艦、航空機及其他軍用處所建築物，與供中華民國軍用之軍械、彈藥、錢糧及其他軍需品，或橋樑、鐵路、車輛、電線、電機、電局及其他供轉運之器物，交付大陸地區、香港、澳門或境外敵對勢力或毀壞或致令不堪用者。

2. 代大陸地區、香港、澳門或境外敵對勢力招募軍隊，或煽惑軍人使其降敵者。

3. 煽惑軍人不執行職務，或不守紀律或逃叛者。

4. 以關於要塞、軍港、軍營、軍用船艦、航空機及其他軍用處所建築物或軍略之秘密文書、圖畫、消息或物品，洩漏或交付於大陸地區、香港、澳門或境外敵對勢力者。

5. 爲大陸地區、香港、澳門或境外敵對勢力之間諜，或幫助大陸地區、香港、澳門或境外敵對勢力之間諜者。

㈥未遂、預備或陰謀違反個條規定者，亦依各該條文規定處斷之。

第三章　妨害國交罪

第 116 條（侵害友邦元首或外國代表罪）
對於友邦元首或派至中華民國之外國代表，犯故意傷害罪、妨害自由罪或妨害名譽罪者，得加重其刑至三分之一。

第 117 條（違背中立命令罪）
於外國交戰之際，違背政府局外中立之命令者，處一年以下有期徒刑、拘役或九萬元以下罰金。

□ **修正前條文**
於外國交戰之際，違背政府局外中立之命令者，處一年以下有期徒刑、拘役或三千元以下罰金。

■ **修正說明**（108.12.25）
本罪於民國七十二年六月二十六日後並未修正，爰依刑法施行法第一條之一第二項本文規定將罰金數額修正提高三十倍，以增加法律明確性，並使刑法分則各罪罰金數額具內在邏輯一致性。

第 118 條（侮辱外國旗章罪）
意圖侮辱外國，而公然損壞、除去或污辱外國之國旗、國章者，處一年以下有期徒刑、拘役或九千元以下罰金。

□ **修正前條文**
意圖侮辱外國，而公然損壞、除去或污辱外國之國旗、國章者，處一年以下有期徒刑、拘役或三百元以下罰金。

■ **修正說明**（108.12.25）
一、本罪於民國七十二年六月二十六日後並未修正，爰依刑法施行法第一條之一第二項本文規定將罰金數額修正提高三十倍，以增加法律明確性，並使刑法分則各罪罰金數額具內在邏輯一致性。
二、前段「公然損毀」修正爲「公然損壞」。

第 119 條（請求乃論）
第一百十六條之妨害名譽罪及第一百十八條之罪，須外國政府之請求乃論。

第四章　瀆職罪

第 120 條（委棄守地罪）
公務員不盡其應盡之責，而委棄守地者，處死刑、無期徒刑或十年以上有期徒刑。

第 121 條（不違背職務之受賄罪）
公務員或仲裁人對於職務上之行爲，要求、期約或收受賄賂或其他不正利益者，處七年以下有期徒刑，得併科七十萬元以下罰金。

□ **修正前條文**
I 公務員或仲裁人對於職務上之行爲，要求、期約或收受賄賂或其他不正利益者，處七年以下有期徒刑，得併科五千元以下罰金。
II 犯前項之罪者，所收受之賄賂沒收之。如全部或一部不能沒收時，追徵其價額。

■ **修正說明**（107.05.23）
一、第一項罰金刑已不符時宜，爰依自由刑之輕重，修正爲七十萬元以下罰金。
二、依實務見解，原第二項規定應沒收之賄賂，專指金錢或得以金錢計算之財物，不包括得以金錢計算或具經濟價值之不正利益，其範圍過於狹隘，致收受上述不正利益之公務員仍得享有犯罪所得，爲符合一百零四年十二月三十日修正公布之本法總則編第五章之一沒收相關規定之意旨，爰刪除第二項規定，一體適用本法總則編沒收之相關規定，以達徹底剝奪犯罪所得之刑事政策目的。

❖ **法學概念**
賄賂罪所保護的法益
　　不管公務員執行的是合法或違法的職務行爲，只要該職務行爲的執行出於賄賂而非依據法

令，刑法就有介入必要性，任何因賄賂而影響執行公務的公務員，都損傷或危害了人民對依法執行公務的信賴，即具有可罰的正當性。

【許恒達，〈賄賂罪之對價關係與證明難題〉，收錄於《貪污犯罪的刑法抗制》，2017.01，65 頁。】

貪污犯罪所保護法益，主要有「不可收買性說」（本說以為公務員代表國家執行公務，本應依法行事、公正無私，爭取民眾之信賴與支持。假如公務可以用金錢或其他利益加以買通，即表示國家公務員具有可收買性）、「不可侵犯性說」（本說以為代表國家執行公務之公務員在收受賄賂或期待收受不正利益之情況下，自然心術不正而不能依法公平而正確地執行公務，如此一來，國家意志之執行必然遭受不法之阻撓與竄改，此即破壞國家公務執行之公正性）或「信賴保護說」（本說以為本罪之目的在保障社會上一般人對公務員職務公正之信賴），均與公務員之職務行為有關。

【曾淑瑜，〈賄賂與職務之關聯性〉，《月旦法學雜誌》，第 151 期，2007.12，233 頁。】

其中「職務不可收買的廉潔性」、「國民對公正執行職務的信賴」，我國學者亦有兼採之見解者。

【甘添貴，《刑法各論（下）》，三民，修訂四版，2015.05，377 頁以下。】

但國內另有學者認為，此種見解可能會導致刑法規範的主觀化，氏認為賄賂行為之所以要被處罰的理由是因為以金錢物品收買職務之執行，對國家所託付之「公正的執行職務」，會造成侵害或製造危險。

【陳子平，《刑法各論（下）》，元照，二版，2016.09，586 頁。】

日本學說上更進一步指出，如果公務員收受職務對價之賄賂，將造成公共事務推行之廢敗，從而原本應該公正執行的國家或地方公共團體的事務也一定受影響。

【曾根威彥，〈公務員之政治的行為制限違反罪與職務關連性〉，收錄於《現代社會と刑法》，成文堂，2013.09，224 頁。】

我國學說上有謂，公正職務信賴說應足可採，蓋處罰公務員收受利益而執行公務，並非出於違反職務義務本身，也不是職務行為的出賣或收買關係，而是國家公權力源自於全體國民授權，因公權力往往涉及國民權利，不論是干擾私人之侵害處分或對私人給予特別的優惠待遇，人民對法治政治決定公正性的信賴。

【許恒達，〈賄賂罪之對價關係與證明難題〉，元照，初版二刷，2017.01，85 頁以下。】

而司法實務主流則認為，「執行職務的公正」才是貪污罪主要保護的法益，此說亦得到部分學說的支持。

【最高法院 28 年台上字第 884 號判例、69 年台上字第 1414 號判例；李錫棟，〈日本法上賄賂罪職務行為之研究〉，《法學叢刊》，第 56 卷第 3 期，2011.07，26 頁。】

林山田教授則認為，以賄賂為例，其不法內涵應是多面性的，對其破壞法益的定論，應是面面俱到，方能正確，故無論是因賄賂影響：「國家意志的阻撓與竄改」、「執行公務的純潔與真實」、「公務行為的無酬性」、「社會大眾對於公職人員」及「公務行為的信賴」，均可算是賄賂罪所破壞的法益，本書姑且稱之為「綜合說」。

【林山田，《刑法各罪論（下）》，自版，五版二刷，2006.11，71 頁以下。同採此說的論者，請參見黃惠婷，〈論貪污治罪條例與公務員圖利罪〉，《台灣法學雜誌》，第 132 期，2009.07，42 頁；盧映潔《刑法分則新論》，新學林，十三版，2018.09，31 頁。】

此外，德國通說也認為職務犯罪所保護的法益並非單一而一致，否認存在一個所有職務犯罪共通的保護法益。

【林雍昇，〈從德國法論公務員刑事責任之法學實證分析〉，《台灣法學雜誌》，第 132 期，2009.07，81 頁。】

本書認為所謂「職務的不可收買性」、「執行職務的公正」及「國民的信賴」，並不是互斥之概念，只是切入點不同，因為若公務員之職務可被收買，則必影響其執行職務之公正性，最後喪失國民對公務員的信賴，故應以綜合說的見解可採。

【林朝義，〈論『尚未』職務權限與賄賂非中『職務行為』的關聯性〉，《學大法學論集》，第 29 期，2015.10，181 頁。】

❖ 法學概念

「賄賂」與「不正利益」之區分

賄賂罪屬於職務上的犯罪，必須有「職務上」的對價關係存在。而所謂「對價關係」的判斷，主要乃以「職務」作為基準。

所謂「賄賂」者，乃指得以作為對公務員職務特定目的之行為，可以金錢計算其價格的所有財物，包括直接對其職務行為所交付或給予的金錢、財物，以及以各種得以確認職務相關性的變相給付，例如假借人情義理的餽贈，或是假借各種婚喪喜慶的禮儀，其只要是涉及對於公務員職務行為之特定目的者，均屬之。但如無法確認與「職務行為」相關，縱有對公務員所為之特定財物或金錢之給付，則不與焉。

至於所稱之「不正利益」，係指金錢或得以金錢計算之財物「以外」，一切足以滿足需求或慾望之有形或無形之利益而言，此種利益並不以具有經濟上之利益者為限，亦不以物質上之利益為限，舉凡非物質上之權利，諸如所謂插乾股、給予特定之債權、債務之免除，給予超出範圍之無息或低利的貸款，或是允諾給予特定之地位、提供性招待或一切滿足特定慾望的條件皆屬

之。

中華民國刑法（一二一條）

【柯耀程，〈公務員貪污瀆職犯罪基礎講座：第一講——賄賂罪成罪的對應結構〉，《月旦法學教室》，第 121 期，2012.11，64 頁；柯耀程，〈職務行賄罪的法律適用檢討〉，《月旦法學雜誌》，第 217 期，2013.06，9 頁。】

有學者認為，實務將我國現行賄賂罪條文，將對價客體區分為「賄賂」及「其他不正利益」兩者不當，甚而導致不必要的撤銷發回。因為就立法論言，賄賂罪客體刻意區分「賄賂」及「不正利益」，殊無必要，德國刑法第 331 條以下及日本刑法第 197 條以下皆未如此區別。建議僅留「不正利益」一詞，刪除「賄賂或其他……」之現行法贅語，蓋因概念上較廣的「不正利益」，本來就可以包含「賄賂」在內。

【林鈺雄，〈公務員職務賄賂罪之立法芻議〉，《法學叢刊》，第 254 期，2019.04，11 頁。】

❖ 法學概念
不違背職務之行賄罪

刑法有關賄賂罪的行賄規範，僅處罰使公務員「違背」職務的行賄行為，為彌補此一處罰上之漏洞，2011 年 6 月於貪污治罪條例第 11 條第 2 項增訂「不違背職務行賄罪」規定，使對於公務員不論「違背」職務或「不違背」職務的行賄，均納入處罰的規範。

然而，貪污治罪條例第 11 條第 2 項之增訂是否包括「不違背職務交付回扣」的行為仍非無疑問。現行法僅將回扣罪規定於貪污治罪條例第 4 條第 1 項第 3 款，其規範的層級，等同於「違背」職務的收受賄賂罪，就該條款的規定，回扣罪的屬性，類似違背職務的關係，該規定內容的對照，有浮報、收取回扣及舞弊等情事觀之，本就屬於「違背」職務的行為，對於交付回扣之人的行為，自然得以第 11 條第 1 項的對應規定作規範適用。但若完全合於法令的關係，卻有收取回扣之行為時，貪污治罪條例並未於第 5 條有相等於「不違背」職務賄賂罪的規範，固然收取回扣的行為與收受賄賂的行為，其概念的性質，本屬相同（編按：不過實務向來認為「賄賂」與「回扣」是不同的概念），但基於罪刑法定原則的嚴格拘束，對於未具職務違背的「收取回扣」行為，似乎無法逕行認定為第 5 條第 1 項第 3 款的不違背職務之收賄行為。而貪污治罪條例既未規定不違背職務的收取回扣罪，自然對於交付回扣之人的行為，難以依據第 11 條第 2 項規定細繩。

因此，對於不違職務的交付回扣行為，學者認為恐成為法律規範上的漏網之魚，如此必將減損增訂不違背職務行賄罪的初衷。

【柯耀程，〈職務行賄罪的法律適用檢討〉，《月旦法學雜誌》，第 217 期，2013.06，6 頁以下。】

❖ 爭議問題

以貪瀆案件為例，近期現行司法實務及學說對「職務行為」之認定，大約有以下不同的看法：請參見本書貪污治罪條例第 2 條之部分。

☐ 實務見解

▸ 70 台上 1186（判例）

刑法上之收受賄賂罪，以他人有行求賄賂之事實為前提，若他人所交付之物並非基於行賄意思，則其物即非賄賂，自無收受賄賂之可言。故賄賂之不法報酬必與公務員之職務行為或違背職務行為具有一定之對價關係，苟非關於職務行為或違背職務行為之報酬，即不得謂為賄賂。

▸ 69 台上 1414（判例）

要求期約或收受賄賂罪所侵害之法益為國家公務執行之公正，雖同時向數人為之，其所侵害之法益仍屬一個，祇成立單純一罪，原判決認定上訴人同時與林某等三人期約賄賂，係一行為而觸犯數罪名，應從一重處斷，自屬違誤。

▸ 58 台上 884（判例）

刑法上之賄賂罪所謂職務上之行為，係指公務員在其職務範圍內所應為或得為之行為。所謂違背職務之行為，係指在其職務範圍內不應為而為，或應為而不為者而言。

▸ 101 台上 6482（判決）

貪污治罪條例第五條第一項第三款之職務上之行為收受賄賂罪，祇須所收受之金錢或財物與其職務有相當對價關係，即已成立，且包括假借餽贈、政治獻金等各種名義之變相給付在內。又是否具有相當對價關係，應就職務行為之內容、交付者與收受者之關係、賄賂之種類、價額、贈與之時間等各種客觀情形加以審酌，不可僅以交付之財物名義為贈與或政治獻金，即謂與職務無關而無對價關係。再所謂職務上之行為，係指公務員在其職務範圍內所應為或得為之行為而言，祇要該行為與其職務具有關連性，實質上為該職務影響力所及者，即屬相當。

▸ 101 金訴 47（判決）

收賄等公務員必須係藉由自己之「法定職務權限行為」或「職務密接關聯行為」而能發揮實質影響力（其實質影響力之發生原因）。亦即，收賄等公務員對於其他政府機關或公務員有關公務決定或執行之所以具有實質影響力，係因其行使「法定職務權限行為」或「職務密接關聯行為」所致，如僅因具有公務員之「身分」（無關職權權限本身），或利用其社經「地位」、「聲望」、「勢力」或「人際關係」等與其職務權限無關之因素，縱然結果亦滿足對價事項之成就，因與其「法定職務權限行為」或「職務密接關聯行為」無涉，難認對於收受賄賂等罪所要求「一般國民

刑法

壹—一三二

對於『公務職權行使』公正性之信賴」之保護法益，有所侵害，自不在此等犯罪處罰之列。

▶ **100 台上 6621（判決）**

違背職務上之行為收受賄賂罪，祇須所收受之金錢或財物與其職務有相當對價關係，即已成立。至於是否具有相當對價關係，應就職務行為之內容、交付者與收受者之關係、賄賂之種類、價額、贈與之時間等客觀情形加以審酌。又行為人於完成犯罪行為後，為確保或利用行為之結果，而另為犯罪行為時，倘前後之行為已分別侵害數法益，後行為之不法內涵並不逾越前行為所該當犯罪不法內涵之範圍時，則另為之後行為顯具一般預防之必要性，自應加以處罰。

▶ **100 台上 3924（判決）**

所謂回扣，係指公務員與對方期約，將應付給之工程價款中，提取一定比率或扣取其中一部分，圖為不法所有，或期約一定比率或數額之財物而收取者，均屬之。如對於公務員職務之行為或違背職務之行為，給付具有一定對價關係之金錢或可以金錢計算之財物等不法報酬，則應屬賄賂。是「回扣」與「賄賂」，雖均屬對公務員之不法原因為給付，但其行為態樣及涵義既各有不同，自不宜混淆。苟公務員對於職務上行為收受之財物或其他不正利益，與公務員職務範圍內踐履賄求之特定行為（違背其職務或為其職務上之行為）有對價關係，亦即交付財物或其他不正利益之人，其目的係以公務員踐履或消極不執行某特定職務上之行為以為回報，而公務員主觀上亦有收受該財物或其他不正利益後踐履或消極不執行某特定職務上行為以資報償之意思，實乃對於職務上或違背其職務之行為收受賄賂，自不能拘泥於相關人員之用語，遽論以收取回扣罪。

▶ **99 台上 4191（判決）**

公務員對於職務上之行為要求、期約或收受不正利益罪，其要求、期約或收受，係三種不同階段之犯罪行為態樣。所謂要求，乃向相對人索求交付不正利益之單方意思表示，不論明示或暗示、直接或間接，一經要求，罪即成立，更不問相對人允諾與否；而期約則屬於雙方意思表示已達成致，但尚待屆期交付之情態；至於收受係相對之一方交付不正利益，他方之公務員受領而居於可得或已享樂之境地。若在層遞進行之場合，其進至較高階段之行為時，依吸收關係法則，固應逐就其進至之行為論罪，惟就收受階段之行為而言，則必須相對一方之交付係基於自由意思而為，亦即授受行為須有完全之任意性，苟公務員向被害人要求不正利益，而被害人係因懾於其權勢或陷於錯誤而為交付者，即無對合行為可言，自無成立收受不正利益罪。又因貪污治罪條例第四條第一項第二款之藉勢或藉端勒索財物罪、

第五條第一項第二款之利用職務上之機會詐取財物罪，其所稱之財物均不包括不正利益，當亦不能分別情形成立各該罪名，故而僅應就其前階段行為，成立要求不正利益罪。而無一定之代價，以不法之方法，平白使人與之為性交行為者，該人既非為情愛所作之肉體上奉獻，則其不法所得者，雖僅為心理、生理上之滿足，自仍屬不正利益之一種。

▶ **99 矚上易 2（判決）**

貪污治罪條例第五條第一項第二款所定之利用職務上機會詐取財物罪，係指公務員為圖取不法所得，而假藉其職務上所可利用之機會，以欺罔等不誠實之方法，獲取不應或不能取得之財物。又所謂以詐術使人交付，必須被詐欺人因其詐術而陷於錯誤，若其所用方法不能認為詐術，亦不致使人陷於錯誤，即不構成詐欺罪。因此，若被詐欺人未因公務員施用詐術而陷於錯誤，其所以交付財物，係出有原因者，該公務員仍無由成立利用職務機會詐取財物罪。又法令並無明文規定欲擔任或已擔任公職之人應主動告知其是否兼具有外國國籍，故無法認定公務人員對其是否兼具美國國籍負有法律上之告知義務，縱使未曾主動告知，亦無成立不作為之利用職務機會詐取財物罪。又相關主管機關對於公職人員是否兼具外國國籍依法既負有查明之職責，若於其擔任公職期間，卻均未曾詢問或為任何查證之舉，迄其於任期屆滿前，亦均未撤銷或解除其職務，則其因具公職人員之身分而依法支領歲費、公費等各項費用，自不構成貪污治罪條例第五條第一項第二款之利用職務上機會詐取財物罪。

❖ **學者評釋**

依本案判決之邏輯，雖然行為人擁有雙重國籍，依法不得擔任公職，但在行政機關依法解任之前，其公務身分仍然有效，即便解任，也不影響解任前的公職身分，既然解任之前仍具有合法的公務身分關係，其領受國家俸給自屬合法，當然未造成任何國家的財產損害，故行為人不成立詐欺罪。

但學者認為，民法與公法上的職位變動與俸給合法與否，與刑法財產損害無關，即使法律特別規定不得追回僭任公職者的俸給，但這也不表示涉案事實與刑法的財產損害無關，該判決不僅過度擴張公法俸給關係的法律功能，也採用了不當的刑法解釋。

實則，問題癥結點應該是民意代表報酬的交易目的之範圍。立委報酬的給付既未包括要求立委恪遵忠誠義務，縱然擁有雙重國籍，顯然有違反守密及忠誠義務的疑慮，也不足以認定違反立委報酬的給付目的而成立財產損害。是以，既然行為人不成立財產法益項下的詐欺罪名，利用公

職關係而更行詐欺公家財產利益的貪污治罪條例第5條第1項第2款刑責，自也無由成立。

【許恒達，〈公職詐欺與財產損害——以臺灣高等法院九十九年度贓上易字第二號刑事判決為討論中心〉，《月旦法學雜誌》，第 217 期，2013.06，20 頁以下。】

第 122 條（違背職務受賄罪及行賄罪）
Ⅰ 公務員或仲裁人對於違背職務之行為，要求、期約或收受賄賂或其他不正利益者，處三年以上十年以下有期徒刑，得併科二百萬元以下罰金。
Ⅱ 因而為違背職務之行為者，處無期徒刑或五年以上有期徒刑，得併科四百萬元以下罰金。
Ⅲ 對於公務員或仲裁人關於違背職務之行為，行求、期約或交付賄賂或其他不正利益者，處三年以下有期徒刑，得併科三十萬元以下罰金。但自首者減輕或免除其刑。在偵查或審判中自白者，得減輕其刑。

□ 修正前條文
Ⅰ 公務員或仲裁人對於違背職務之行為，要求、期約或收受賄賂，或其他不正利益者，處三年以上十年以下有期徒刑，得併科七千元以下罰金。
Ⅱ 因而為違背職務之行為者，處無期徒刑或五年以上有期徒刑，得併科一萬元以下罰金。
Ⅲ 對於公務員或仲裁人關於違背職務之行為，行求、期約或交付賄賂或其他不正利益者，處三年以下有期徒刑，得併科三千元以下罰金。但自首者減輕或免除其刑。在偵查或審判中自白者，得減輕其刑。
Ⅳ 犯第一項或第二項之罪者，所收受之賄賂沒收之；如全部或一部不能沒收時，追徵其價額。

■ 修正說明（107.05.23）
一、第一項、第二項及第三項之罰金刑已不符時宜，爰依自由刑之輕重，依序修正為二百萬元、四百萬元及三十萬元以下罰金，並酌作標點符號修正。
二、依實務見解，原第二項規定應沒收之賄賂，專指金錢或得以金錢計算之財物，不包括得以金錢計算或具經濟價值之不正利益，其範圍過於狹隘，致收受上述不正利益之公務員仍得享有犯罪所得，為符合一百零四年十二月三十日修正公布之本法總則編第五章之一沒收相關規定之意旨，爰刪除第四項規定，一體適用本法總則編沒收之相關規定，以達徹底剝奪犯罪所得之刑事政策目的。

❖ **法學概念**
賄賂罪中的職務行為

實務向來認為，所謂「職務上之行為」，係指公務員在其職務範圍內所應為或得為之行為。所謂違背職務之行為，係指在其職務範圍內不應為而為，或應為而不為者而言。學說上則有更清楚的定義，「所謂職務行為係指該行為係屬於公務員職務上的職責且公務員係以公務的身分而進行，並非取決於具體的管轄權與內部的事務分配。職務行為與公務員所承擔公務的任務範圍至少須具有一種『功能性』的關聯。反之，如果公務之活動與公務上的任務範圍毫無關聯，或者公務員雖然係利用職務活動之時機，但仍以私人身分進行。例如：老師之課後輔導、在上班時間進行私人課程之授予、刑事官員接受私人委託之調查研究、警察在其職務領域外所作的偽證等，則非職務行為。或有謂『職務行為乃係具有公共任務的活動』（eine Tätigkeit zur Wahrnehmung dienstlicher Aufgaben）。在這種概念下，屬於職務義務行為且由公務人員以職務特性所實行之行為皆屬之，不限於對外發生作用的職務活動，即使準備或後勤活動，或不作為按實務的見解亦同。在德國的學說理論上認為能夠較為妥當決定職務行為性格者乃是公務人員的活動與其任務間的『功能性關係』（der funktionale Zusammenhang）」。

【最高法院 58 年台上字第 884 號判例：吳耀宗，〈賄賂罪「對價關係」要件之鬆動？（下）——評「前交通部長郭○琪臺北車站商場標租收賄案」歷審判決〉，《月旦裁判時報》，第 38 期，2015.08，37 頁；周慶東，〈貪瀆罪中的職務行為意義——德國刑法上的觀點〉，《法學叢刊》，第 121 期，2011.07，5 頁。】

❖ **法學概念**
「對價關係」與「職務行為」

貪污罪的核心離不開賄賂罪，屬於職務犯罪的類型，必須有「職務上」的對價關係存在。而所謂「對價關係」的判斷，主要乃以「職務」作為基準。

【柯耀程，〈公務員貪污瀆職犯罪基礎講座：第一講——賄賂罪成罪的對應結構〉，《月旦法學教室》，第 121 期，2012.11，64 頁。】

我國賄賂罪雖未以「對價關係」關係為明文之構成要件，但受德國法影響，現今實務仍以「對價關係」為裁堵要件，限縮賄賂罪的成立。「對價關係」，應就職務行為之內容、交付者與收受者之關係、賄賂之種類、價額、贈與之時間等客觀情形加以審酌，不可僅以交付之財物名義為佣金或餽贈，即謂與職務無關而無對價關係。再所謂「職務上之行為」，係指公務員在其職務範圍內所應為或得為之行為而言，祇要該行

爲與其職務具有「關連性」，「實質上爲該職務影響力所及」者，即屬相當（最高法院99年度台上字第7078號判決）。

有鑑於我國實務關於「職務（上）行爲」的相關裁判，錯亂無章，尤其是在法定（或具體特定）職權說與實質影響說兩個天壤之別但同樣極端的說法之間，交錯跳躍，標準不一，有學者建議，**依基本與加重的職務收賄罪名，採取不同的標準**，針對不違背職務之收賄罪（基本職務收賄罪），仿傚德國刑法1997年修法時所採取的立法手段，將舊法「**職務上之行爲**」（Diensthandlung）改爲「**職務行使**」（Dienstausübung），**並結合下述對價關係之文字，同時表明立法針對基本職務收賄採取「鬆動對價關係」之意旨**。至於違背職務之收賄罪（加重職務收賄罪），則藉由「以違背職務之行爲作爲對價」之條文文字，揭示其與基本罪名之區別。

前揭不違背職務之收賄罪（加重職務收賄罪）所稱之「職務行使」，只要具有「功能的關聯」爲已足，毋庸具體權限，而機關內部事務分配是在在所不問，例如不負查緝電玩的少年隊警員向電玩業者索賄。再者，僅具職務之外觀，亦同，例如非交通警察之刑警目擊貨車違規攔下取締，索賄不取締之。

【林鈺雄，〈公務員職務賄賂罪之立法芻議〉，《法學叢刊》，第254期，2019.04，10頁以下。】

❖ 法學概念
賄賂階段之論罪

依實務及通說之見解，要求賄賂罪、期約賄賂罪與收受賄賂罪，因係侵害同一法益，而具有先後發展關係之三種犯罪類型，故即使在收受賄賂之階段，若行爲人尚未取得賄賂或不正利益，則不能逕以收受賄賂罪之既遂犯論處。

惟倘行爲人之前階要求賄賂或期約賄賂行爲已經實行完成，**則得就前階段行爲，論以要求賄賂罪或期約賄賂罪之既遂犯**。蓋所謂期約賄賂，係指雙方相互約定交付賄賂，其意思既已合致，惟尚待屆期交付者而言；如雙方意思尚未合致，即難謂期約已屬完成；惟行爲人**如已著手於要求賄賂，並完成實行行爲者，仍得論以要求賄賂既遂**。

【靳宗立，〈我國懲治貪污之法制演進與檢討〉，《檢察新論》，第12期，2012.07，68頁以下。】

❖ 法學概念
「政治獻金」與「賄賂」之界分

所謂政治獻金，乃指對政黨、政治團體或政治人物提供政治活動所必要之資金，亦即贈與政黨或政治人物以作爲政治活動經費之用的捐獻；至於所謂賄賂是指關於職務之不法報酬，亦即是

作爲職務行爲之對價的不法利益。對於賄賂之判斷，即使是政治人物涉及賄賂案件，也與一般公務員之情形同，並無二致。

學者認爲，兩者之區別並非取決於給予的金錢是否爲政治獻金，而應取決於其與政治人物之職務行爲間有無對價關係，並應以有無違法性爲基準來做判斷。若有對價關係，即使認爲其已依政治獻金法之規定提出申報，也不足以當然否定賄賂罪成立，而當依「請託之有無」、「在職務上有無給予好處或優惠」、「和贈與者歷來之關係」、「贈受財物時之狀況」、「公然性、時期」及「所收受財物之用途」等判準具體認定。

【李錫棟，〈賄賂罪之賄賂及不正利益——借鑑日本法上之見解〉，收錄於《甘添貴教授七秩華誕祝壽論文集下冊》，承法，初版，2012.04，208頁以下。】

❖ 爭議問題
「賄賂」與「回扣」區分之必要性
一、實務見解

實務向來認爲，此兩者係不同概念，應以區分（參照最高法院100年台上字第3617號判決、98年台上字第656號判決同旨）。

二、學說看法
㈠張麗卿教授

回扣與賄賂的行爲本質應該相同，但由於實務經常出現工程或採購的回扣弊案，所以立法者才特別將其獨立規定。自立法目的以觀，收受賄賂罪係處罰公務員違背公務倫理要求，精此保護國家公務員廉潔性；收取回扣罪亦復如是。而公務員抽取給付價款當作回扣，除了傷害國家公器之廉潔外，亦可能影響廠商的履約能力，可能導致廠商偷工減料，藉以彌補回扣之給付，因而傷害公共安全與公共利益。**究其實，收受賄賂罪與收取回扣罪雖皆具違背廉潔性的本質**，但因收取回扣罪的類型特別，故於收受賄賂罪外另加以規範之。

【張麗卿，〈刑法上公務員受賄犯罪之研究〉，《輔仁法學》，第44期，2012.12，34～35頁。】

㈡柯耀程教授

由於「回扣」的本質概念，乃具有特定事項的對價關係，特別是公務員基於職務行爲所取得之相對性給付，故「回扣」的本質，與賄賂概念無異僅是名稱上之不同而已。不論是任何一種形式的交付不正利益的行爲，其基本概念，均得視爲是一種「賄賂」關係，不問交付的是「回扣」或是「佣金」，乃至於交付的是不正利益（主要係因公務員的藉勢勒索），其本質均屬於「賄賂」的特性。

【柯耀程，〈職務行賄罪的法律適用檢討〉，《月旦法學雜誌》，第217期，2013.06，6頁以下。】

□ 實務見解

▶ 釋字第 96 號（51.06.27）

刑法第一百二十二條第三項之行賄行為性質上不屬於瀆職罪其幫助或教唆者亦同。

▶ 100 台上 3617（判決）

刑事法上之賄賂，乃指一定行為或不行為之不法代價，此一對價關係，必須存在於相關之對合犯（或對向犯）之間，屬於犯罪構成要件之客觀要素之一，其表示，雖不以明示為必要，默示或雙方意會仍無不可，且時機上兼容行求（或要求）、期約、交付（或收受）各階段，亦不重視所憑藉之名目，但於行為之際，必須具體、明確，足以辨識其雙方所欲交換之對價為何；而是否可認為具有相當對價關係，應就該一定行為或不行為之內容、相對立共犯之關係、賄賂種類、價值與雙方之互相作為時機等客觀情形加以審酌。

▶ 100 台上 488（判決）

按賄賂罪之行為人，屬對立共犯，自行為之過程觀之，具有進階性，依行賄之一方言，即先為行求，而後期約，終於交付，但非必然階段分明，亦非必定循序漸進，且不以明示為必要，默示仍受禁止，其間一經對立之公務員一方拒絕，即不能進階，祇能就其低階段行為予以評價。申言之，祇要該行賄者就客觀上足為公務員違背職務一定作為或不作為之對價賄賂，單方將其行賄之意思向公務員有所表示，無論係以言語明說，或以動作暗示，或言語、動作兼具而明、暗示，一經到達相對之公務員，罪即成立，為明示犯之一種，不因公務員對於其被行賄一情知悉或意會與否，而有影響。至於其後若和公務員進而期約，甚或完成交付，則係高階行為之實行，依各該具體作為評價之，乃不待言。惟若公務員本無受賄意思，非但無所期約，且行賄者係以「強塞」或「強送」等不待公務員表示其回應意思之方式，完成交付賄賂行為，當仍祇論以行求賄賂罪名。

▶ 99 台上 7078（判決）

賄賂罪所謂職務上之行為，係指公務員在其職務範圍內所應為或得為之行為而言。故貪污治罪條例之職務上行為，應從公務員所為，實質上是否為其權限所及，以為判斷。中華民國總統，依憲法規定，對外代表中華民國，對內統率全國陸海空軍、依法公布法律、發布命令、任免文武官員及解決院與院間之爭執……等。又依中華民國憲法增修條文第二條第一項、第三條第一項規定，總統由中華民國自由地區全體人民直接選舉之，自中華民國八十五年第九任總統選舉實施，行政院院長由總統任命，憲法第五十五條之規定，停止適用，為具有實權之總統。且實際上運作，關於行政院重大政策之決定、重要人事之任免，

亦確與總統商議並經其首肯，而具有關鍵性之實質決定權，並非僅限於條文上所列舉之事項而已。又總統就國家重大政策或重要人事，一旦親身參與或干預，對於該特定結果，即具有實質上之影響力，自不得藉此職務上所得為之行為，收受對價。

❖ 學者評釋

前開實務見解，試圖打算透過密切關聯性或實質影響力的認定，將職務「外」之行為轉化為職務「上」之行為，更重要的是，將構成要件事實存在與否訴諸個案的操作，是否打著信賴保護的法益之名，卻行類推適用之實？對不涉及阻卻犯罪或減免刑罰效果的構成要件做出目的性擴張解釋，除了懲罰性的制裁效果，無法解決貪污問題，遑論以犧牲罪刑法定與刑法最後手段原則作為解釋的代價。

學者建議，在解釋論上可以將職務權限的概念理解為管轄權限，至於機關內部的職務分配或事務分擔，並不改變管轄權範圍，如以「國民對公務員公正執行職務的信賴」作為保護法益，並據此引進日本的「職務密切關聯行為」理論，甚至以所謂「實質影響力」作為構成要件事實存在與否的判準，在概念的內涵始終不清楚的情況下，等於是把概念外延由封閉的定義轉化為開放的不確定概念，恐難脫就個案進行類推適用之嫌，遑論發揮一般預防的功能。

【蕭宏宜，〈賄賂罪的「職務上行為」概念——兼評最高法院99年度台上字第7078號判決〉，《東吳法律學報》，第24卷第1期，2012.07，183頁以下。】

第 123 條（準受賄罪）

於未為公務員或仲裁人時，預以職務上之行為，要求期約或收受賄賂或其他不正利益，而於為公務員或仲裁人後履行者，以公務員或仲裁人要求期約或收受賄賂或其他不正利益論。

第 124 條（枉法裁判或仲裁罪）

有審判職務之公務員或仲裁人，為枉法之裁判或仲裁者，處一年以上七年以下有期徒刑。

□ 實務見解

▶ 54 台上 246（判例）

刑法第一百二十四條之枉法裁判罪，係侵害國家法益之罪，縱裁判結果於個人權益不無影響，但該罪既為維護司法權之正當行使而設，是其直接受害者究為國家，並非個人，個人即非因犯罪而同時被害者，自不得提起自訴。

第 125 條（濫權追訴處罰罪）

I 有追訴或處罰犯罪職務之公務員，為左列行為之一者，處一年以上七年以下有期徒刑：
一　濫用職權為逮捕或羈押者。

二　意圖取供而施強暴脅迫者。

三　明知爲無罪之人，而使其受追訴或處罰，或明知爲有罪之人，而無故不使其受追訴或處罰者。

II因而致人於死者，處無期徒刑或七年以上有期徒刑。致重傷者，處三年以上十年以下有期徒刑。

□ **實務見解**

▶ 32 上 2051（判例）

刑法第一百二十五條第一項第三款所稱明知爲無罪之人而使受追訴，**係指有追訴犯罪職務之公務員，明知刑事被告並無犯罪行爲，而仍向審判機關訴求科刑者而言**，如其主觀上誤認刑事被告有犯罪嫌疑，據以提起公訴，即不能執行開條款以相繩。

▶ 30 上 2084（判例）

刑法第一百二十五條第一項第一款所稱濫用職權爲逮捕或羈押，**係指有追訴或處罰犯罪職務之公務員，對於法律賦與之逮捕或羈押職權，故意爲不正當之行使者而言**，若於法定職權範圍內酌量爲逮捕或羈押，而無故意爲不當行使之情形，即不得謂爲濫用職權，自不成立該條款之罪。

第 126 條（凌虐人犯罪）

I有管收、解送或拘禁人犯職務之公務員，對於人犯施以凌虐者，處一年以上七年以下有期徒刑。

II因而致人於死者，處無期徒刑或七年以上有期徒刑。致重傷者，處三年以上十年以下有期徒刑。

□ **實務見解**

▶ 31 上 2204（判例）

刑法第一百二十六條之凌虐人犯罪，以有管收、解送、拘禁人犯職務之公務員，於行使管收、解送、拘禁職務之際，對於被管收、解送、拘禁之人犯，施以凌虐爲構成要件，上訴人充當警佐，雖有解送人犯之職務，而因某甲追毆某乙闖入警所，對之訊問時並非行使解送職務之際，某甲之受訊問，亦非在被解送中之人犯，上訴人於訊問後加以棍責保釋，除其他法令對該行爲設有處罰規定，應依各該規定辦理外，殊與凌虐人犯罪構成之要件不合。

第 127 條（違法執行刑罰罪）

I有執行刑罰職務之公務員，違法執行或不執行刑罰者，處五年以下有期徒刑。

II因過失而執行不應執行之刑罰者，處一年以下有期徒刑、拘役或九千元以下罰金。

□ **修正前條文**

I有執行刑罰職務之公務員，違法執行或不執行刑罰者，處五年以下有期徒刑。

II因過失而執行不應執行之刑罰者，處一年以下有期徒刑、拘役或三百元以下罰金。

■ **修正說明**（108.12.25）

本罪於民國七十二年六月二十六日後並未修正，爰依刑法施行法第一條之一第二項本文規定將罰金數額修正提高三十倍，以增加法律明確性，並使刑法分則各罪罰金數額具內在邏輯一致性。

第 128 條（越權受理罪）

公務員對於訴訟事件，明知不應受理而受理者，處三年以下有期徒刑。

第 129 條（違法徵收罪抑留或剋扣款物罪）

I公務員對於租稅或其他入款，明知不應徵收而徵收者，處一年以上七年以下有期徒刑，得併科二十一萬元以下罰金。

II公務員對於職務上發給之款項、物品，明知應發給而抑留不發或剋扣者，亦同。

III前二項之未遂犯罰之。

□ **修正前條文**

I公務員對於租稅或其他入款，明知不應徵收而徵收者，處一年以上、七年以下有期徒刑，得併科七千元以下罰金。

II公務員對於職務上發給之款項、物品，明知應發給而抑留不發或剋扣者，亦同。

III前二項之未遂罰之。

■ **修正說明**（108.12.25）

一、本罪於民國七十二年六月二十六日後並未修正，爰依刑法施行法第一條之一第二項本文規定將罰金數額修正提高三十倍，以增加法律明確性，並使刑法分則各罪罰金數額具內在邏輯一致性。

二、第一項後段「一年以上、七年以下」修正爲「一年以上七年以下」；第二項末句「亦同」修正爲「，亦同」。

□ **實務見解**

▶ 30 上 2562（判例）

刑法第一百二十九條第二項之抑留或剋扣罪，係就公務員對於職務上應發給之款項、物品，故意抑留不發或剋扣時所設之處罰規定，至辦公費之開支不實，侵蝕入己，則屬侵佔問題，與上列條項無涉。

▶ 100 台上 5625（判決）

按刑法第一百二十九條第一項所稱之「其他入款」，係指租稅以外之稅捐、規費等一切公法上

收入之款項，並不以稅捐為限。又該所收之入款，並無須有徵收之法律之根據，如就不應徵收之入款，巧立名目，故意違法徵收，縱其目的為公，亦應負本條違法徵收之罪責。從而雖原判決認上訴人就本件徵收款項之行為，並未有圖取自己或其他私人之不法利益，然此不影響上訴人應負之刑法第一百二十九條第一項罪責。

▶94 台上 3897（判決）

公務員本於公法上之關係，職務上應發給之款項物品，明知應發給而抑留不發或剋扣者，構成刑法第一百二十九條第二項之罪。被告經起訴後，嗣於審理中一再辯稱陳金興所支助理費用係四萬元，如果無訛，縱認被告無詐欺行為，議會辦理出納業務之人員未陷於錯誤而交付二十六萬九千元等，不構成貪污治罪條例第五條第一項第二款規定利用職務上之機會詐取財物罪，但每月午餐費及其他交際費用何以經扣除後均給付薪資為三萬元（八十九年）或三萬二千元（九十年）？被告有無對於其職務上所應發給之款項予以剋扣，攸關被告之行為是否成立違法剋扣款物罪或意圖得利，抑留不發職務上應發之財物罪，仍屬起訴之同一社會基本事實，自有查明之必要，已經本院前次發回意旨指明，原審仍未詳加調查，遽為被告無罪之諭知，致原有瑕疵依然存在，亦非適法。

第130條（廢弛職務釀成災害罪）
公務員廢弛職務釀成災害者，處三年以上十年以下有期徒刑。

❖ 法學概念
本罪之主體

　　包含組織上或身分上的公務員皆屬之，如警察、消防隊員，工務局或建設局或衛生局的官員、林務局的官員，都可能是廢弛職務致釀成災害罪的主體。例如：農委會林務局的官員，知道上游山坡地遭到濫墾，卻刻意放任不管，結果引發土石流，沖刷淘空下游河岸，屋毀人亡，這應該可以成立本罪的。又例如：衛生局官員知道某食品製造業者違法添加有害人體的物質（如三聚氰胺），卻刻意不取締，結果發生食物中毒事件，多人死傷，這也應該成立廢弛職務致釀成災害罪。因此，不僅是負責興修水利的公務員，還包括「依法阻止災害發生的公務員」。蓋公務員依法行政，如果職掌是相關災害的防止，這個公務員即可能成為本罪的主體。

　　至於公立醫院的醫師或行政主管（如院長或科主任），當他們執掌疫情監控之公共任務時，已非單純的醫療事務，不是私經濟行為，而是攸關社會大眾的生命與身體安危，是國家任務的執行。當發現院內有病患疑似感染傳染病，卻

刻意不做相應的處理，以致病患把傳染病帶出醫院，疫情因此擴大，就應該成立廢弛職務致釀災害罪。

【林東茂，〈廢弛職務致釀災害罪〉，《猶爭造化功——追憶山田師》，一品，2013.11，276頁以下。】

❖ 法學概念
本罪所稱之「廢弛職務」

　　實務上多以「法定職務」的廢弛職務當作基準。如果公務員的職掌，很清楚就是「災害防止有關的事務」，那麼刻意不防止，無疑就是廢弛職務。再如，消防單位職司餐廳消防設備的檢查，明知餐廳的安檢不合格，卻不作相應的處理，當然是廢弛職務。

　　然而，職務除了有事務上的分配之外，也有其時間的限制。既然是「法定職務」，下班的警察在時間上就沒有職務要去執行，公務有其責任劃分，非責任區域的公務員，對於災害的防止並不站在管控的位置，就沒有相應的職務。

　　須注意者，法定職務其實還包括行政慣例上的工作內容。警察受理報案，對於不屬於自己職責的事務，應該轉知有責的單位。這一方面是舉手之勞，另一方面是局外人根本不知道正確的權責單位。更重要的理由，行政慣例上，排除掉落物已是交通警察的協助職責。所以，受理通知的警察不作任何反應，也是廢弛職務。

【林東茂，〈廢弛職務致釀災害罪〉，《猶爭造化功——追憶山田師》，一品，2013.11，280頁以下。】

❖ 法學概念
本罪所稱之「釀成災害」

　　本條所稱之「災害」，係指災難之發生，使多數之公眾生命、財產、身體遭受損害，如僅使少數人遭受損害，則非此之所謂災害，尚不能成立本罪。如係單純個人之停車場遭受損害，並無證據足資證明係因被告廢弛職務，而釀成災害，使多數之公眾遭受損害，尚難以釀成災害罪。依本罪之性質，乃以危及「公眾安全」為必要，屬危險犯，則釀成災害不以當然發生人員或傷害之結果為其內涵。

　　又，災害須得以預防或過止，而公務員之職務與防止、過止有直接關係，而由於其廢弛職務致釀成災害者，始與本罪之構成要件相符，反之如公務員自己已竭盡其職責，而仍不免於災害之發生，固不得謂之廢弛職務，即或廢弛其職務，然係由於其他原因致成災害者，亦非此所謂之「釀成災害」。

【臺灣高等法院臺南分院90年度上字第192號判決：臺灣屏東地方法院89年度訴字第535號判決；曾淑瑜，《刑法分則實例研習——國家、社會法益之保護》，三民，修訂二版，2013.09，35頁。】

❏ 實務見解

▶ 院字第 2095 號（29.11.25）

某縣舊任聽犯人在監獄炊爨。中有死刑人犯。乘無人時用吸煙紙煤點燃編織草鞋稻草。焚燒監房。因門窄小未及盡力趨避。致燒斃監犯多人。不得非災害。該監管獄員看守廢弛職務。與其災害之發生如具有相當因果關係。即應成立刑法第一百三十條之罪。

▶ 30 上 2898（判例）

刑法第一百三十條之釀成災害罪，以對於某災害有預防或遏止職務之公務員，廢弛其職務，不為預防或遏止，以致釀成災害，為其成立要件，若不合於所列要件，即難謂為應構成該條罪名。

▶ 99 台上 3120（判決）

刑法第一百三十條之廢弛職務釀成災害罪，係指公務員對於某種災害有預防或遏止之職務，而廢弛其職務，不為預防或遏止，以致釀成災害而言。是本罪客觀構成要件為：(1) **行為人須為公務員**、(2) **須廢弛職務**、(3) **須釀成災害**、(4) **上開 (2)、(3) 之間具有相當因果關係，即災害之釀成與公務員不盡其職務上所應盡之職責間，具有相當因果關聯始足當之**。因此須災害得以預防或遏止，而公務員之職務與防止、遏止災害之發生或擴大有因果關係，而由於其廢弛職務致釀成災害者，始與本罪之構成要件相符。

第 131 條（公務員圖利罪）

公務員對於主管或監督之事務，明知違背法令，直接或間接圖自己或其他私人不法利益，因而獲得利益者，處一年以上七年以下有期徒刑，得併科一百萬元以下罰金。

❏ 修正前條文

Ⅰ 公務員對於主管或監督之事務，明知違背法令，直接或間接圖自己或其他私人不法利益，因而獲得利益者，處一年以上七年以下有期徒刑，得併科七萬元以下罰金。

Ⅱ 犯前項之罪者，所得之利益沒收之。如全部或一部不能沒收時，追徵其價額。

■ 修正說明（107.05.23）

一、第一項之罰金刑已不符時宜，爰依自由刑之輕重，修正為一百萬元以下罰金。

二、為符合一百零四年十二月三十日修正公布之本法總則編第五章之一沒收相關規定之意旨，爰刪除第二項，一體適用本法總則編沒收之相關規定。

❖ 法學概念

明知違背法令

本條所稱「明知違背法令」，應屬於主觀構成要件。質言之，所謂「明知違背法令」，係指行為人主觀上對於違反法令規定（包括法律、法律授權之法規命令、職權命令、自治條例、自治規則、委辦規則等，對多數不特定人民就一般事項所作對外發生法律效果之規定）已有確實之認識而言；故倘若行為人對於客觀上違反法令規定之事實，僅有預見，但尚未確實認識者，即無法成立本罪。舉例來說，某機關公務員發放敬老津貼，對於人民申請資格之要件，並不完全明瞭，而對於客觀上根本不符申請資格者，雖預見有誤發之可能，卻仍予以註冊發放者，即屬非明知違背法令之情形，自不得成立本罪。

【新宗立，〈我國懲治貪污之法制演進與檢討〉，《檢察新論》，第 12 期，2012.07，67 頁。】

❏ 實務見解

▶ 102 年度第 3 次刑事庭會議決議（102.03.26）

決議：採甲說。

貪污治罪條例第六條第一項第四款圖利罪，除公務員對於主管或監督之事務，明知違背法律、法律授權之法規命令、職權命令、自治條例、自治規則、委辦規則或其他對多數不特定人民就一般事項所作對外法律效果之規定，直接或間接圖自己或其他私人不法利益外，尚須該公務員圖利之對象因而獲得利益，始克成立；而此所謂「利益」，依立法理由說明，係指一切足使圖利對象（本人或第三人）之財產，增加經濟價值之現實財物及其他一切財產利益，不論有形或無形、消極或積極者均屬之；又公務員圖利對象收回成本、稅捐及費用部分，原來即為其所支出，並非無償取得之不法利益，自不在所謂圖利範圍。從而，乙所得不法利益乃其可領得之工程款，於扣除成本、稅捐及其他費用後之餘額。

▶ 51 台上 750（判例）

刑法第一百三十一條之罪，係關於公務員職務上圖利之概括規定，必其圖利行為不合刑法各條例特別規定者，始受本條之支配，若其圖利行為合於其他條文之特別規定，即應依該特定條文論擬，不得適用本條。

▶ 45 台上 922（判例）

刑法第一百三十一條之圖利罪，係以於主管或監督之事務而圖利，為構成要件，故其縱屬公務員，而又圖得利益，苟非基於主管或監督之事務而為之，仍難構成本罪。

▶ 101 台上 555（判決）

對主管或監督事務圖利罪，係關於公務員貪污行為之概括規定，必其貪污行為不合貪污治罪條例之其他特別規定者，始論以該罪，倘其貪污行為已合於其他特別規定者，自應優先適用該特別規定之罪，而無併論以對主管或監督事務圖利罪，並認二罪間有牽連犯之裁判上一罪關係之餘地。原判決以被告張○隆有如其事實欄所載共同多次

圖利特定廠商黃○藤，並違背職務收受賄賂之所為，係犯行為時貪污治罪條例第四條第一項第五款之違背職務收受賄賂罪、同條例第六條第一項第四款之對於主管事務圖利罪及使公務員登載不實罪。其中多次圖利廠商及使公務員登載不實部分，時間緊接，犯罪構成要件相同，顯係出於概括犯意反覆為之，依修正前刑法第五十六條之規定，有連續犯之裁判上一罪關係。所犯連續對於主管事務圖利罪、使公務員登載不實與違背職務收受賄賂罪間，有方法目的之牽連關係，應從一重之違背職務收受賄賂罪處斷。

第 132 條（洩漏國防以外之秘密罪）

Ⅰ 公務員洩漏或交付關於中華民國國防以外應秘密之文書、圖畫、消息或物品者，處三年以下有期徒刑。

Ⅱ 因過失犯前項之罪者，處一年以下有期徒刑、拘役或九千元以下罰金。

Ⅲ 非公務員因職務或業務知悉或持有第一項之文書、圖畫、消息或物品，而洩漏或交付之者，處一年以下有期徒刑、拘役或九千元以下罰金。

□ 修正前條文

Ⅰ 公務員洩漏或交付關於中華民國國防以外應秘密之文書、圖畫、消息或物品者，處三年以下有期徒刑。

Ⅱ 因過失犯前項之罪者，處一年以下有期徒刑、拘役或三百元以下罰金。

Ⅲ 非公務員因職務或業務知悉或持有第一項之文書、圖畫、消息或物品，而洩漏或交付之者，處一年以下有期徒刑、拘役或三百元以下罰金。

■ 修正說明（108.12.25）

本罪於民國七十二年六月二十六日後並未修正，爰依刑法施行法第一條之一第二項本文規定將罰金數額修正提高三十倍，以增加法律明確性，並使刑法分則各罪罰金數額內在邏輯一致性。

❖ 法學概念

應秘密

　　此係指與公共利益或個人秘密，只有特定人可以知悉者事項。行為人如果使不應該知道這些消息或物品的人知悉，就是洩漏。因此其秘密性不在於行為人是從外部知悉，還是因行為人在職務範圍內自行決定的結果。只要本罪的客體在行為時對相對人而言，屬應保密的秘密，至於秘密性事項來自何人，均非所問。

【黃惠婷，〈洩漏國防以外之秘密罪〉，《警察法學》，第 14 期，2015.07，234 頁以下。】

□ 實務見解

▸ **104 年度第 14 次刑事庭會議決議㈡**（104.09.01）

刑十庭提案：直轄市、縣（市）議會議員，於投票選舉議長、副議長時，故意將其選票上所圈選之內容，以公開揭露之方式出示於他人（下或稱「亮票行為」），是否構成刑法第一百三十二條第一項之公務員洩漏國防以外之秘密文書罪？

決議：採否定說，文字修正如下：

一、刑法第一百三十二條第一項之公務員洩漏國防以外之秘密罪，係列於公務員瀆職罪章內；該罪所保護之法益為國家法益。而上開條項所稱「中華民國國防以外應秘密之文書、圖畫、消息或物品」，其「**秘密**」係指國防以外與國家政務或事務具有重要利害關係，而由國家所保有不得洩漏之公務秘密（下稱公務秘密）而言。又直轄市、縣（市）議會議員於投票選舉議長、副議長時，其在選票上所圈選之內容，係議員依規定以「**無記名投票**」之方法自由行使其投票權所形成之秘密，並非國家基於政務或事務所形成之秘密。且議員投票究竟圈選何人擔任議長、副議長，或故意投廢票，僅涉及議員個人政治意向與理念，屬於議員自由行使其投票權之內涵，與議長、副議長當選後所具有之職權功能，係屬不同層次之事項，自不得混為一談。故直轄市、縣（市）議會議員於投票選舉議長、副議長時，其在選票上所圈選之內容，**僅屬議員本身所保有之秘密，既非國家所保有之秘密，亦與國家政務或事務無關，自非屬上開公務秘密**。若認係屬於上開公務秘密，則議員不僅於投票時不得有「亮票行為」，於投票後亦不得私下將其投票圈選之內容告訴家人、朋友或所屬政黨同志，否則亦觸犯該公務員洩漏國防以外之秘密文書罪，顯屬過苛，益徵直轄市、縣（市）議會議員於投票選舉議長、副議長時，其在選票上所圈選之內容，應非屬上開公務秘密。從而，直轄市、縣（市）議會議員於投票選舉議長、副議長時之「亮票行為」，自不構成刑法第一百三十二條第一項之公務員洩漏國防以外之秘密文書罪。

二、總統副總統選舉罷免法第五十九條第二項、第九十一條，及公職人員選舉罷免法第六十三條第二項、第一百零五條，暨公民投票法第二十二條第二項、第四十九條，對於投票人之「亮票行為」，雖均有處罰之規定，但刑法之妨害投票罪章以及其他現行法令，對於直轄市、縣（市）議會議員於投票

選舉議長、副議長之「亮票行為」，既均無科處刑罰之規定，本於「罪刑法定主義」原則，自不得任意將議員投票選舉議長、副議長時，在選票上所圈選之內容，擴張解釋屬上開公務秘密，進而對其「亮票行為」加以處罰。

三、憲法第一百二十九條及地方制度法第四十四條第一項前段規定「無記名投票」之目的，係在維護選舉程序之公正與結果之正確性，其作用在於保護投票人行使投票權之自由，賦予投票人秘密投票之保障，並課以其對於投票圈選內容保密之義務。**若投票權人於投票時自願將其所圈選之內容以公開揭露之方式出示於他人，此應屬其自願放棄秘密投票自由之行為，除刑法對此項「亮票行為」有特別處罰之規定外，不能將此項行為視為「洩密行為」而加以處罰。**又直轄市、縣（市）議員應對選民及所屬政黨負責，故該等議員於投票選舉議長、副議長時若有故意「亮票行為」，其動機有可能係為迎合選民監督或出於政黨之要求所致，未必與金錢或暴力介入有關。至於議員「亮票行為」是否適當，雖有爭議，然在未有刑法明文規範之前，宜由議會內部紀律加以處理，司法權不應介入。

▶ 31 上 288（判例）

刑法第一百三十二條第一項之罪，係以應祕密之文書、圖畫、消息或物品為其客體，故如某特定人對於該項文書有請求公務員朗讀或令其閱覽之權利，則此項文書對於某特定人即無祕密之可言，因而公務員縱使有將此項文書洩漏或交付於該特定人情事，亦難以該條項之罪責相繩。

▶ 100 台上 6422（判決）

刑法第一百三十二條第一項以公務員洩漏或交付關於中華民國國防以外應秘密之文書、圖畫、消息或物品者，構成本罪，至其所洩漏或交付者是否為職務上所知悉或持有者，並非所問。此由同條第三項對於非公務員洩漏或交付關於中華民國國防以外應秘密之文書、圖畫、消息或物品，必須限於因職務或業務知悉或持有者，始成立犯罪，另公務員服務法第四條第一項規定：公務員有絕對保守政府機關機密之義務，對於機密事件無論是否主管事務，均不得洩漏，退職後亦同。亦可得知刑法第一百三十二條第一項公務員所洩漏或交付關於中華民國國防以外應秘密之文書、圖畫、消息或物品者，不以職務上所知悉或持有者為限。又「已洩漏之秘密不為秘密」，係針對洩漏或交付秘密對向行為之收受者而言，除該對象行為之收受者為公眾外，若該收受者將秘密洩漏或交付予其他不應知悉秘密者，仍應成立犯罪。再所謂國防以外之秘密，舉凡內政、外交、司法、財政、經濟、交通、監察、考試等國家政務與事務上應行保密之一切文書、圖畫、消息或物品，均為本罪之行為客體。

第 133 條（郵電人員妨害郵電秘密罪）
在郵務或電報機關執行職務之公務員，開拆或隱匿投寄之郵件或電報者，處三年以下有期徒刑、拘役或一萬五千元以下罰金。

□ 修正前條文

在郵務或電報機關執行職務之公務員，開拆或隱匿投寄之郵件或電報者，處三年以下有期徒刑、拘役或五百元以下罰金。

■ 修正說明（108.12.25）

本罪於民國七十二年六月二十六日後並未修正，爰依刑法施行法第一條之一第二項本文規定將罰金數額修正提高三十倍，以增加法律明確性，並使刑法分則各罪罰金數額具內在邏輯一致性。

□ 實務見解

▶ 47 台上 270（判例）

上訴人係在郵務機關執行職務之公務員，對於經辦之郵件，竟與人共同違背職務收受賄賂，而將職務上掌管之郵包開拆代人掉換私貨，應成立刑法第一百三十三條、第一百二十二條第二項之罪，其相互間有方法結果之關係，應從一重處斷。

第 134 條（公務員犯罪加重處罰之規定）
公務員假借職務上之權力、機會或方法，以故意犯本章以外各罪者，加重其刑至二分之一。但因公務員之身分已特別規定其刑者，不在此限。

□ 實務見解

▶ 52 台上 2437（判例）

刑法第二百十三條之罪，係因身分而成立，與同法第一百三十四條但書所謂因公務有關之身分已特別規定其刑之情形相當，故犯公務員登載不實之罪時，因有上開但書規定，不得再依同條前段加重其刑。

▶ 27 上 1554（判例）

依刑法第一百三十四條規定，凡公務員故意犯瀆職罪章以外之罪，除有該條但書所載情形外，苟於職務上之權力、機會或方法一有假借，即應加重其刑，並非須就其權力、機會或方法同時假借，方得予以加重。

第五章　妨害公務罪

第135條（對執行職務公務員施暴脅迫罪）

I 對於公務員依法執行職務時，施強暴脅迫者，處三年以下有期徒刑、拘役或九千元以下罰金。

II 意圖使公務員執行一定之職務或妨害其依法執行一定之職務或使公務員辭職，而施強暴脅迫者，亦同。

III 犯前二項之罪，因而致公務員於死者，處無期徒刑或七年以上有期徒刑；致重傷者，處三年以上十年以下有期徒刑。

□修正前條文

I 對於公務員依法執行職務時，施強暴脅迫者，處三年以下有期徒刑、拘役或三百元以下罰金。

II 意圖使公務員執行一定之職務或妨害其依法執行一定之職務或使公務員辭職，而施強暴脅迫者，亦同。

III 犯前二項之罪，因而致公務員於死者，處無期徒刑或七年以上有期徒刑；致重傷者，處三年以上、十年以下有期徒刑。

■修正說明（108.12.25）

一、本罪於民國七十二年六月二十六日後並未修正，爰依刑法施行法第一條之一第二項本文規定將罰金數額修正提高三十倍，以增加法律明確性，並使刑法分則各罪罰金數額具內在邏輯一致性。

二、第二項末句「使公務員辭職而施強暴脅迫者亦同」修正為「使公務員辭職，而施強暴脅迫者，亦同」；第三項末段「三年以上，十年以下」修正為「三年以上十年以下」。

❖ 法學概念

本罪所稱之「強暴脅迫」

本罪實行行為之態樣有二，即強暴及脅迫。所稱「強暴」，乃對於公務員為形力之行使，不以直接對公務員身體實施為必要，即對物施以暴力，致對公務員之身體在物理上產生強烈影響者，亦屬之。例如，將公務員搭乘車輛之輪胎刺破，使其無法繼續行進者是。

至於「脅迫」者，乃以使人心生恐怖為目的，而通知他人惡害之一切行為，其惡害之內容、性質以及通知之方法如何，均非所問。亦不以直接對公務員實施為必要，縱對第三人為脅迫，倘足以妨害公務員之執行職務者，亦屬之。

尤應注意者，無論係強暴或脅迫，在性質上，須達足以妨害公務員執行職務之程度，本罪始能成立。苟達此程度，則不問其係一次或瞬間

實施，抑或繼續或反覆實施，一有強暴脅迫，犯罪即屬既遂，蓋本罪為舉動犯及危險犯。

【甘添貴，《刑法各論（下）》，三民，修訂四版，2015.05，424頁。】

學說上有認為，若行為人對訓練有素的鎮暴警察，以手壓迫肩頸部數秒、拉扯盾牌、以鞋子揮擊盾牌，並不足以使鎮暴任務因此受阻，我國既已有刑法第140條侮辱公務員罪可資應用，因此輕微的違警「暴行」不應被評價為本罪的「強暴」。

【王乃彥，〈政治抗爭與妨害公務罪〉，《東吳大學法學院「政治抗爭與刑事法」研討會》，2014.06，21頁。】

❖ 法學概念

「妨害公務」之內涵

本罪旨在確保公務員在依法執行職務時，免於被施暴、受脅迫，並非厚待公務員，使其享有一般人民所沒有的刑法保護，其最終目的是為了讓公務的執行能夠不受妨害的順利遂行。

因此，本罪的實行行為，僅限於對公務員施暴、脅迫，而「使用詐術」妨害公務執行、對於公務員依法執行職務時「單純抵制」，皆不在處罰範圍內。

【王乃彥，〈論妨害公務罪內涵的職務執行合法性概念〉，收錄於《甘添貴教授七秩華誕祝壽論文集下冊》，承法，初版，2012.04，176頁以下。】

□ 實務見解

▶49 台上 517（判例）

上述人所犯刑法第一百六十一條第二項以強暴脅迫脫逃之罪，為同法第一百三十五條妨害公務罪之特別規定，自應逕依第一百六十一條第二項論科，無再比較適用第一百三十五條之餘地。

▶30 上 955（判例）

刑法第一百三十五條第一項之妨害公務罪，以公務員依法執行職務時加以妨害為要件，若超越職務範圍以外之行為，即不得謂為依法執行職務，縱令對之有所妨阻，要無妨害公務之可言。本件告訴人以硝磺分局長身分，率領緝私員赴上訴人家查緝私硝，固難謂非法依執行職務，但於查獲私硝後，因上訴人向其有所爭執，竟令毆打，實已軼出執行職務範圍之外，因此引起上訴人之反擊，自難據妨害公務之律以相繩。

▶99 台上 7530（判決）

被告刺殺被害人被其他員警合力制服後，帶回直派出所調查，於警方製作筆錄時，被告對於涉及犯罪事實之問題均行使緘默權拒絕回答，且拒絕簽名，對於員警詢問為何隨身攜帶水果刀時，則回答：「削水果用」，以合理化其行為，之後於偵、審中，對於案發經過均均可詳述，所詢問之問題，能有條不紊地敘述，顯示被告於本案犯罪時間具備良好的認知、組織與執行能力，堪認被

告於行為時，並無因精神障礙或其他心智缺陷，致不能辨識其行為違法或欠缺依其辨識而行為之能力。亦無再依被告請求送台灣大學醫學院附設醫院精神科重複為精神鑑定之必要。本件事證明確，被告犯行堪以認定。核其所為係犯刑法第二百七十一條第一項之殺人罪、第一百六十一條第四項、第二項之逃獄脫逃未遂罪。被告以一行為同時觸犯上開二罪名，為想像競合犯，應依刑法第五十五條規定從一重之殺人罪處斷。至檢察官認被告企圖脫逃，於上揭時、地，持水果刀刺殺執勤之被害人，致被害人傷重身亡，所為另涉犯刑法第一百三十五條第一項第三項前段之妨害公務執行致人於死部分。因刑法第一百六十一條第四項、第二項依法逮捕之人以強暴脫逃未遂罪，然該罪為同法第一百三十五條妨害公務罪之特別規定，不再論以妨害公務罪責，檢察官認該部分與被告所犯依法逮捕之人以強暴脫逃罪，係屬想像競合犯之裁判上一罪關係，不無誤會。

第 136 條（聚眾妨害公務罪）
Ⅰ 公然聚眾犯前條之罪者，在場助勢之人，處一年以下有期徒刑、拘役或九千元以下罰金；首謀及下手實施強暴、脅迫者，處一年以上七年以下有期徒刑。
Ⅱ 因而致公務員於死或重傷者，首謀及下手實施強暴脅迫之人，依前條第三項之規定處斷。

□**修正前條文**
Ⅰ 公然聚眾犯前條之罪者，在場助勢之人，處一年以下有期徒刑、拘役或三百元以下罰金。首謀及下手實施強暴脅迫者，處一年以上、七年以下有期徒刑。
Ⅱ 因而致公務員於死或重傷者，首謀及下手實施強暴或脅迫之人，依前條第三項之規定處斷。

■**修正說明**（108.12.25）
一、本罪於民國七十二年六月二十六日後並未修正，爰依刑法施行法第一條之一第二項本文規定將罰金數額修正提高三十倍，以增加法律明確性，並使刑法分則各罪罰金數額具內在邏輯一致性。
二、第一項末句「一年以上、七年以下」修正為「一年以上七年以下」。

❖**法學概念**
本罪所稱之「聚眾」
　　本罪之聚眾，係指由首謀者集合不特定之多數人，與群眾自動聚合之情形不同。日本實例及學者多謂聚合之多眾，並無組織化之必要，故首謀之存在，即非絕對要件。惟我實務則以有首謀之存在為前提。因此，倘無首謀，僅係群眾自動

集合者，則其共同下手實施強脅行為者，即不能成立本罪，僅能依妨害執行職務罪或職務強制罪之共同正犯論處。
【甘添貴，《刑法各論（下）》，三民，修訂四版，2015.05，432 頁；最高法院 92 年度台上字第 5192 號判決。】

　　此種聚眾犯的規定其緣多是為避免實務上舉證困難的考量。因為當群眾行為惡化成脫序甚至暴動的混亂狀態時，由於在現場之群眾已經失控，眾人混雜其間、甚至到處流竄攻擊，因果關係與責任歸屬勢將難以認定。也因此，在聚眾犯的構成要件中的強暴脅迫行為之實施往往被定位為「客觀處罰條件」。亦即，只要群眾確實集體實施了強暴脅迫行為，則身處該群眾當中的行為人就應構成犯罪。但這樣的立法模式，亦引來違反「罪責原則」與「法定原則」之質疑。
【林宜楷，〈集會遊行與聚眾施強暴脅迫罪〉，《東吳大學法學院「政治抗爭與刑事法」研討會》，2014.06，50 頁以下。】

□**實務見解**
▶**96 台上 1436**（判例）
刑事法上所稱之「首謀」者，係指在人群之中，為首倡議，主謀其事，或首先提議，主導謀劃之人，其特徵在於動口倡議、指揮他人動手，而與學理上所稱親手犯之下手實施強暴、脅迫者之間，不以商議同謀為必要，此觀刑法第一百三十六條第一項後段，將「首謀」及「下手實施強暴、脅迫者」分別規範，列為不同類型之犯罪構成要件自明。又刑法理論上，固有所謂社會相當性原則，然此係指該行為本身，自形式上觀察，要與犯罪構成要件相合致，行為人復無法定之阻卻違法及責任事由，但從實質上評價，依行為當時之社會倫理通念，乃屬相當而得受容許者，或所侵害之法益極其微小，不足破壞社會倫理秩序或影響社會生活之正常或正常運作，無予非難處罰之必要性者，實質仍均得阻卻違法，不應令負刑事責任之情形而言。依原判決所確認上訴人首謀公然聚眾，鼓動情緒，指揮駕車，衝撞法院大門，而妨害警員依法執行維護秩序之公務等事實，本質上即嚴重破壞國家、社會秩序，殊難謂有何社會相當性可言。難謂有何社會相當性可言。

第 137 條（妨害考試罪）
Ⅰ 對於依考試法舉行之考試，以詐術或其他非法之方法，使其發生不正確之結果者，處一年以下有期徒刑、拘役或九千元以下罰金。
Ⅱ 前項之未遂犯罰之。

□**修正前條文**
Ⅰ 對於依考試法舉行之考試，以詐術或其他非法之方法，使其發生不正確之結果者，處一

年以下有期徒刑、拘役或三百元以下罰金。

II 前項之未遂犯罰之。

■ **修正說明**（108.12.25）

本罪於民國七十二年六月二十六日後並未修正，爰依刑法施行法第一條之一第二項本文規定將罰金數額修正提高三十倍，以增加法律明確性，並使刑法分則各罪罰金數額具內在邏輯一致性。

第 138 條（妨害職務上掌管之文書物品罪）
毀棄、損壞或隱匿公務員職務上掌管或委託第三人掌管之文書、圖畫、物品，或致令不堪用者，處五年以下有期徒刑。

□ **實務見解**

▶ 64 台上 422（判例）

警員依規定制作之談話筆錄，即屬公務員職務上掌管之文書，上訴人於氣忿中故予撕壞，致不能辨認其全部內容，顯不堪用，對其所為，自應按刑法第一百三十八條論罪。

▶ 25 上 312（判例）

法院依法飭吏執行查去之封條，本屬文書之一種，當其已實施封禁之後，固屬於刑法第一百三十九條所定之封印，而在尚未實施封禁之執持中，要不得謂非公務員職務上所掌管之文書，上訴意旨以封條僅得謂為刑法第一百三十九條之封印，而非同法第一百三十八條之文書，係屬誤會。

▶ 98 台上 2884（判決）

刑法第一百三十八條毀壞公務員職務上掌管之文書物品罪，係以毀棄、損壞或隱匿公務員職務上掌管或委託第三人掌管之文書、圖畫、物品，或致令不堪用為其要件，**故僅須對公務員職務上掌管或委託第三人掌管之文書、圖畫、物品有毀棄、損壞、隱匿或致令不堪用等行為之一者，其犯罪即屬成立**。又所謂損壞係指使物品因損壞而喪失其一部或全部效用者而言。從而物之全部效用因損壞而喪失者固屬之，如僅受部分損壞而喪失部分效用者，亦與該罪構成要件該當。

第 139 條（污損封印、查封標示或違背其效力罪）
I 損壞、除去或污穢公務員依法所施之封印或查封之標示，或為違背其效力之行為者，處二年以下有期徒刑、拘役或二十萬元以下罰金。

II 為違背公務員依法所發具扣押效力命令之行為者，亦同。

□ **修正前條文**

損壞、除去或污穢公務員所施之封印或查封之標示，或為違背其效力之行為者，處一年以下

有期徒刑、拘役或三百元以下罰金。

■ **修正說明**（108.05.29）

一、本條保護之法益為國家公務之正常行使，故行為人損壞、除去或污穢公務員所施之封印或查封之標示，或為違背其效力之行為者，自須以公務員依法所為者為限，始具處罰必要性，爰參酌第一百三十五條第一項、第一百三十七條第一項及第一百四十條第一項等規定，酌修文字及標點符號，以杜爭議，並列為第一項。

二、公務員依法所施之封印，除依強制執行法、行政執行法或刑事訴訟法為之者外，公務員以禁止物之漏逸使用或其他任意處置為目的所施封緘之印文，即屬當之（最高法院二十五年非字八八號判例），如依食品安全衛生管理法第四十一條規定，是行政機關依法所施封印之規定眾多，為免掛一漏萬，故凡公務員係依法所為者均屬之。

三、本條立法目的在於保全公務員依法施以封印或查封之標示，彰顯國家公權力，行為人之損壞等行為，對法益侵害之嚴重性並不亞於第三百五十六條損害債權罪，惟原條文規定最重法定刑僅為一年有期徒刑，顯然過輕，且罰金刑亦過低，不足嚇阻犯罪，爰參酌第三百五十六條法定刑，修正為二年以下有期徒刑、拘役或二十萬元以下罰金。

四、依司法實務見解，本罪之成立須以公務員依法施以封印或查封之標示者為要件，係對動產或不動產之保全，惟保全執行之標的為債權或物權時，其執行方式係以發扣押命令為禁止收取、清償、移轉或處分等方式為之，如有違反此類扣押命令禁止處分之效力，其侵害國家公務之行使，與違背封印或查封標示效力之情形並無不同，原條文未納入處罰，顯有未周。公務員依法所發具扣押效力命令，例如依強制執行法或刑事訴訟法，亦有如消費者債務清理條例第十九條第五項、行政執行法第二十六條、行政訴訟法第三百零六條第二項等準用強制執行法規定，為違背其效力之行為者，應同受規範納入處罰，爰增訂第二項規定，明定對於公務員依法所發具扣押效力之命令，所為違背效力之行為，亦應受規範，其法定刑與第一項相同。

□ **實務見解**

▶ 43 台非 28（判例）

債務人於將受強制執行之際，意圖損害債權人之債權，而毀壞處分或隱匿其財產者，始應依刑

法第三百五十六條處斷，若在強制執行實施後，僅將公務員所施之封印或查封之標示予以損壞除去或污穢，並無毀壞處分或隱匿其自己財產之可能，即應構成同法第一百三十九條之妨害公務罪，無同法第三百五十六條適用之餘地。

▶ 99 台上 5545（判決）

刑法第一百三十九條後段之違背查封效力罪，於應點交拍定物與買受人之不動產查封拍賣時，必須在查封之後，執行法院拍定並已點交不動產與買受人之前，為違背封效力之行為者，始足當之。故若已拍定，且執行法院已發給拍定物之不動產權利移轉證書，由拍定人取得該不動產所有權，然尚未將該不動產點交與拍定人前，因拍賣程序仍未終結，如對拍定物予以毀棄損壞，為違背封效力之行為者，仍應構成上開違背查封效力罪。

第 140 條（侮辱公務員公署罪）

I 於公務員依法執行職務時，當場侮辱或對於其依法執行之職務公然侮辱者，處六月以下有期徒刑、拘役或三千元以下罰金。

II 對於公署公然侮辱者，亦同。

□ 修正前條文

I 於公務員依法執行職務時，當場侮辱，或對於其依法執行之職務公然侮辱者，處六月以下有期徒刑、拘役或一百元以下罰金。

II 對於公署公然侮辱者亦同。

■ 修正說明（108.12.25）

一、本罪於民國七十二年六月二十六日後並未修正，爰依刑法施行法第一條之一第二項本文規定將罰金數額修正提高三十倍，以增加法律明確性，並使刑法分則各罪罰金數額具內在邏輯一致性。

二、第一項首句「執行職務時」修正為「執行職務時，」；第二項末句「亦同」修正為「，亦同」。

第 141 條（侵害文告罪）

意圖侮辱公務員或公署，而損壞、除去或污穢實貼公共場所之文告者，處拘役或三千元以下罰金。

□ 修正前條文

意圖侮辱公務員或公署，而損壞、除去或污穢實貼公眾場所之文告者，處拘役或一百元以下罰金。

■ 修正說明（108.12.25）

本罪於民國七十二年六月二十六日後並未修正，爰依刑法施行法第一條之一第二項本文規定將罰金數額修正提高三十倍，以增加法律明確性，並使刑法分則各罪罰金數額具內在邏輯

一致性。

□ 實務見解

▶ 92 台非 346（判決）

警員蔡○○、劉○○下車查看處理時，被告竟與警員發生爭執，提出其為高雄縣警察局之顧問證件要求網開一面，警員蔡○○、劉○○不予置理，被告竟跳上前開巡邏車引擎蓋上，並自其所駕汽車內取出鐵質旗桿猛力砸毀巡邏車之前擋風玻璃（毀損部分未據提出告訴），復對處理之員警辱罵「幹你娘」、「要給你死」等語，因認被告所為，係犯刑法第一百三十五條第一項之妨害公務罪，固非無見。惟查被告對處理之員警辱罵「幹你娘」，應屬侮辱公務員之行為，而非對於執行職務之公務員施以強暴脅迫，即應成立刑法第一百四十條第一項之侮辱公務員罪，乃原判決竟與其砸毀巡邏車之前擋風玻璃、對員警稱「要給你死」，併認為單純犯刑法第一百三十五條第一項之妨害公務罪，適用法律，顯有違誤。

第六章　妨害投票罪

第 142 條（妨害投票自由罪）

I 以強暴脅迫或其他非法之方法，妨害他人自由行使法定之政治上選舉或其他投票權者，處五年以下有期徒刑。

II 前項之未遂犯罰之。

□ 實務見解

▶ 25 上 2257（判例）

刑法第一百四十二條至第一百四十八條所謂投票權，於第一百四十二條第一項定其範圍，選舉權固為投票權之一種，但以法定之政治上選舉權為限，商會職員之選舉，並非政治上之選舉，自不包含在內，至同條項所謂其他投票權，係指選舉以外之政治上投票權，非指政治以外之選舉權而言。

▶ 92 台上 759（判決）

刑法第一百四十二條第一項所稱之「法定之政治上選舉」，係指依據法律規定，有關政治性之一切選舉而言，例如總統、副總統、院轄市長、縣市長、鄉鎮市長、里長及各級民意代表之選舉均屬之。至於所稱「其他投票權」，則係指法定之政治上選舉權以外，其他與選舉權有相同性質之政治上投票權而言，例如罷免、創制、複決之政治上投票權屬之。原判決事實既認定，上訴人妨害他人對於鎮長之選舉，自屬「法定之政治上選舉」，非「其他投票權」；但主文卻依妨害他人政治上之「投票權」，論處罪刑，亦有未合。

第143條（投票受賄罪）
有投票權之人，要求、期約或收受賄賂或其他不正利益，而許以不行使其投票權或為一定之行使者，處三年以下有期徒刑，得併科三十萬元以下罰金。

□ 修正前條文
I 有投票權之人，要求、期約或收受賄賂或其他不正當利益，而許以不行使其投票權或為一定之行使者，處三年以下有期徒刑，得併科五千元以下罰金。
II 犯前項之罪者，所收受之賄賂沒收之。如全部或一部不能沒收時，追徵其價額。

■ 修正說明（107.05.23）
一、第一項之罰金刑已不符時宜，爰依自由刑之輕重，修正為三十萬元以下罰金。
二、依實務見解，原第二項規定應沒收之賄賂，專指金錢或得以金錢計算之財物，不包括得以金錢計算或具經濟價值之不正利益，其範圍過於狹隘，致收受上述不正利益之公務員仍得享有犯罪所得，為符合一百零四年十二月三十日修正公布之本法總則編第五章之一沒收相關規定之意旨，爰刪除第二項規定，一體適用本法總則編沒收之相關規定，以達徹底剝奪犯罪所得之刑事政策目的。

□ 實務見解
▶ 90年度第6次刑事庭會議決議（90.07.03）
法律問題：關於縣市議會正副議長選舉之賄選，為選舉人之縣市議員，究於何時成為刑法第一百四十三條、第一百四十四條所謂之「有投票權之人」？
決議：採庚說。
查刑法第一百四十三條、第一百四十四條有關投票行賄、受賄處罰之規定，旨在防止金錢之介入選舉，以維護選舉之公平與純正。惟近年來選風惡化，候選人為求當選，乃競相提早賄選活動，尤其縣市議會正副議長之選舉，正副議長候選人每提前於縣市議員選舉之前，即對於有意參選之人預為賄賂或資助競選經費，並均約定於其等當選後投票選舉為正副議長，甚為常見。類此提前賄選之徑，敗壞選風尤甚，亟待依刑法相關之規定加以規範。若猶拘泥於狹隘之字義解釋，謂刑法第一百四十三條、第一百四十四條所謂之「有投票權之人」，須一律以行賄、受賄時已現實具有「有投票權人」之資格者為限，而排除其中於行賄、受賄當時尚未取得投票權，惟事後已取得投票權之人於其外，則類此提前賄選之行為，法律即無從予以約制處罰，無異鼓勵賄選者提前為

之，以為脫法，顯非立法本意。而上述正副議長選舉之賄選情形，其提前賄選之雙方，於行賄、受賄當時，均預期以行賄之對象或受賄之主體將來當選縣市議員時取得投票權時，再履行投票選舉行賄者（或特定之人）為正副議長，始達成雙方約定之條件，而完成其犯罪行為。故於行賄、受賄時，雖尚未當選議員，非屬現實的「有投票權之人」，惟此係著手賄選之實施，待日後當選縣市議員而取得投票權時，犯罪構成要件即屬成就，而成為現實的「有投票權之人」。此原在賄選者之預期及其犯意之範圍內，均為其犯罪行為內容之一部，並不以其賄選在先，當選在後，而影響其犯之成立。準此，縣市議會正副議長之選舉，於行賄受賄當時，其行賄之對象或受賄之主體，雖尚未當選縣市議員，但於事後選舉揭曉結果，其已當選為縣市議會議員而取得投票權者即與刑法第一百四十三條、第一百四十四條規定「有投票權之人」之要件該當。

第144條（投票行賄罪）
對於有投票權之人，行求、期約或交付賄賂或其他不正利益，而約其不行使投票權或為一定之行使者，處五年以下有期徒刑，得併科二十一萬元以下罰金。

□ 修正前條文
對於有投票權之人，行求、期約或交付賄賂或其他不正利益，而約其不行使投票權或為一定之行使者，處五年以下有期徒刑，得併科七千元以下罰金。

■ 修正說明（108.12.25）
一、本罪自民國七十二年六月二十六日後並未修正，爰依刑法施行法第一條之一第二項本文規定將罰金數額修正提高三十倍，以增加法律明確性，並使刑法分則各罪罰金數額具內在邏輯一致性。
二、「行求期約」修正為「行求、期約」。

❖ 爭議問題
投票行賄罪之性質
一、有條件之接續犯說（不排除數罪併罰之可能性）
此為最高法院近來之統一見解（最高法院99年度第5次刑事庭會議決議(一)、100年度台上字第6521號判決、101年度台上字第2196號判決、102年度台上字第1869號判決）。
二、集合犯說
學者多數說、最高法院98年台上字第3093號判決。
本書認為，接續犯的本質，概括犯意侵害同一法益外，最重要的特徵在於時、空密接性，在時間差距上難以強行分開，這是過去實務對接續

犯一貫的見解（最高法院86年台上字第3295號判例），實在沒有必要因投票行賄罪做另外的詮釋，因為採集合犯亦能得到包括一罪之結論。再者，就同次選舉而言，為同一候選人買票，實難評價為數犯意，論以數罪併罰之可能性。

□ **實務見解**

▶ **99年度第5次刑事庭會議決議(一)（99.06.29）**

院長提議：被告先後多次向有投票權之人，行求、期約或交付賄賂或其他不正利益，而約其不行使投票權或為一定之行使，而犯公職人員選舉罷免法第九十九條第一項（民國九十六年十一月七日修正公布施行前為第九十條之一第一項）之投票行賄罪，應如何論罪？

決議：採甲說。

文字修正如下：刑法於民國九十四年二月二日修正公布（九十五年七月一日施行）刪除連續犯規定之同時，對於合乎接續犯或包括的一罪之情形，為避免刑罰之過度評價，已於立法理由說明委由實務以補充解釋之方式，發展接續犯之概念，以限縮數罪併罰之範圍。而多次投票行賄行為，在刑法刪除連續犯規定之前，通說係論以連續犯。鑑於公職人員選舉，其前、後屆及不同公職之間，均相區隔，選舉區亦已特定，以候選人實行賄選為例，通常係以該次選舉當選為目的。是於刪除連續犯規定後，苟行為人主觀上基於單一之犯意，以數個舉動接續進行，而侵害同一法益，在時間、空間上有密切關係，依一般社會健全觀念，難以強行分開，在刑法評價上，以視為數個舉動之接續實行，合為包括之一行為予以評價，較為合理，於此情形，即得依接續犯論以包括之一罪。否則，如係分別起意，則仍依數罪合處罰，方符立法本旨。

❖ **學者評釋**

依本決議所採「甲說」的理由，認為若行為人多次賄選行為，有時空密接關係，應思考接續犯之應用。至於時空關係的密接，可以視情形從寬認定，而單一犯意的檢視，亦應參酌「行為本質、現實情況等因素」綜合判斷。

有學者指出，實務見解放寬時空關聯密接認定，即不難察覺出最高法院面對集合犯與接續犯擇一選擇的窘境。

因為所謂放寬時空關係的密接判斷，反而背離接續犯在犯罪類型上最核心的基本性質，亦與國內多數學者認為投票行賄罪應為集合犯的看法顯為迥異。

【李聖傑，〈投票行賄罪的犯罪性質——兼評最高法院99年度第5次刑事庭會議(一)決議要旨〉，《國立高雄大學法學論叢》，第7卷第1期，2011.09，45頁以下。】

▶ **92台上893（判例）**

公職人員選舉罷免法第九十條之一第一項之賄選罪係以對於有投票權之人，行求期約或交付賄賂或其他不正利益，而約其不行使投票權或為一定之行使為構成要件。亦即須行為人主觀上是否具有行賄之犯意，而約使有投票權人為投票權一定之行使或不行使；客觀上行為人所行求期約或交付之賄賂或不正利益是否可認係約使投票權人為投票權之一定行使或不行使之對價；以及所行求、期約、交付之對象是否為有投票權人而定。上開對價關係，在於行賄者之一方，係認知其所行求、期約、交付之意思表示，乃為約使有投票權人為投票權一定之行使或不行使；在受賄者之一方，亦應認知行賄者對其所行求、期約或交付之意思表示，乃為約使其為投票權一定之行使或不行使。且對有投票權人交付之財物或不正利益，並不以金錢之多寡為絕對標準，而應綜合社會價值觀念、授受雙方之認知及其他客觀情事而為判斷。

▶ **106台上1395 ○（判決）**

公職人員選舉罷免法第一百條第一項投票行賄罪所指「其他不正利益」，係指賄賂以外足以供人需要或滿足人慾望之一切有形、或無形之利益而言，且不以經濟上之利益為限。是否成立該罪，除行為人主觀上需具有行賄之犯意，而約使有投票權人為投票權一定之行使或不行使外，客觀上行為人所行求、期約或交付之不正利益，可認係約使有投票權人為投票權之一定行使或不行使之對價，始足當之。至候選人於競選期間，為贏得勝選，就選民所關切之公共政策、福利政策等公共事務提出其主張或藍圖願景，以作為當選後施政方針之「**競選政見**」，其與行求、期約賄選之分野，除以此標準加以辨別外，應審酌候選人所提利益之應允或給與，如尚須受行政程序之制約或其他機關之監督，依法為授益之處分或形成政策予以實施，無論所圖得利益人數多寡，應屬政見之提出。反之，如利益之給與或應允具立即性，無需任何法律程序制約或其他機關之監督，而具有對價關係，即為不法利益之行求、期約。**

▶ **100台上6521（判決）**

按多次投票行賄行為，在刑法刪除連續犯規定之前，通說係論以連續犯。鑑於公職人員選舉，其前、後屆及不同公職之間，均相區隔，選舉區亦已特定，以候選人實行賄選為例，通常係以該次選舉當選為目的。是於刪除連續犯規定後，苟行為人主觀上基於單一之犯意，以數個舉動接續進行，而侵害同一法益，在時間、空間上有密切關係，依一般社會健全觀念，難以強行分開，在刑法評價上，以視為數個舉動之接續實行，合為包括之一行為予以評價，較為合理，於此情形，即

得依接續犯論以包括之一罪。

▶ 100 台上 5128（判決）

公職人員選舉罷免法第九十九條第一項之投票行賄罪，以對於有投票權之人，行求、期約或交付賄賂或其他不正利益，而約其不行使投票權或為一定之行使者為構成要件。其行求、期約、交付行為，係屬階段行為，行求賄選階段，屬行賄者單方意思表示行為，不以相對人允諾為必要；而交付賄賂階段，因行賄者與受賄者乃必要之共犯，以二人間彼此相互對立之意思合致而成立犯罪，雖不以收賄者確已承諾，或進而為一定投票權之行使為必要，但仍須於行賄者交付賄賂或其他不正利益時，受賄者對其交付之目的已然認識而予收受，行賄者始成立交付賄賂罪，否則尚屬期約或行求之階段。又因收受賄賂之有投票權人，刑法第一百四十三條亦設有投票受賄罪之處罰規定，二者乃必要共犯中之對向犯，以彼此之間相互對立之意思，業經合致而成立犯罪。

▶ 98 台上 3093（判決）

刑法學理上所稱之「集合犯」，係指立法者所制定之犯罪構成要件中，本質上即預定有數個同種類行為而反覆實行之犯罪者而言。申言之，「集合犯」係一種犯罪構成要件類型，立法者針對特定刑罰規範之構成要件，已預設該項犯罪本身係持續實行之複次行為，具備反覆、延續之行為特徵，而其個別行為具有獨立性而能單獨成罪，乃將之總括或擬制成一個犯罪構成要件之「集合犯」行為；此種犯罪以反覆實行為典型、常態之行為方式，具侵害法益之同一性（即侵害單一之法益），在刑法評價上為單數之構成要件行為，且行為人主觀上係出於單一或概括之犯意，因而僅包括的成立一罪（有學者論為「法定的接續犯」）。其與一般所謂「接續犯」之區別，在於接續犯所適用之構成要件行為，並不具反覆實行之特質，非屬立法規範所定之構成要件類型，但因個案情節具有時間及空間之緊密關聯特性，故亦包括的論以一罪（學者論為「自然的接續犯」）。故是否集合犯之判斷，在主觀上應視其反覆實行之行為是否出行為人之一個單一或概括之決意而為，在客觀上則應斟酌法律規範之本來意涵、實現該犯罪目的之必要手段、社會生活經驗中該犯罪必然反覆實行之常態等事項，並秉持刑罰公平原則，加以判斷，俾與立法意旨相契合。公職人員選舉罷免法第九十九條第一項對於有投票權之人交付賄賂罪，就該罪規定之本來意涵而論，係在藉以防制賄選，以維護純淨之選風，而保障選舉之公正、公平與正確。從其犯罪構成要件觀察，係以對於有投票權之人交付賄賂（即所謂「買票」），而約其不行使投票權或為

一定之行使為其內涵。而賄選買票，依通常社會經驗，恆需分別對多數有投票權人同時或先後進行多次同種類之賄選買票行為，始有可能獲得足以影響投票結果之票數。否則若僅對單一有投票權之人實行一次賄選行為，顯然無從達到其犯罪之目的，故該罪在客觀上自以反覆或延續實行犯罪構成要件之行為為常態，而依此項犯罪特質，應足資判定立法者於制定該罪之構成要件中，原即預定有數個同種類之賄選行為將反覆實行，其中每一次個別之賄選行為均能單獨成罪，但該罪反覆實行之複次賄選行為，僅侵害單一之選舉法益，在刑法評價上應為單數之構成要件行為。而就行為人犯該罪之目的而言，係就某次特定選舉，預期以賄選之方式影響該次選舉之結果，使特定之（一位或多位）候選人當選或不當選，而為達此犯罪之目的，既需分別對多數有投票權人同時或先後進行多次賄選買票行為，故其主觀上顯係以單一或概括之決意，而反覆實行其賄選之行為，顯已具備學理上「集合犯」之各項特質。

❖ 學者評釋

一、甘添貴教授

揆諸實際，候選人參加公職選舉，不論係何種選舉，不可能僅買一票，為期能當選，必定反覆向多數有投票權人行賄，始能達其目的。同此，在投票行賄罪之犯罪性質上，得認為行賄行為具有反覆實施同種行為之性質，所侵害者為同一國家法益，應認其成立集合犯，較為妥適。

【甘添貴，《刑法各論（下）》，三民，修訂四版，2015.05，451頁。】

二、盧映潔教授

以投票行賄而言，為求某次選舉的勝利，就需要對多數有投票權人同時或先後進行數次同種類之賄選買票行為，始可能獲得足以影響投票結果之票數。所以，任何一次為了追求勝選所進行的買票，都是屬於追求同一目標的意識活動範圍內的舉止。這也就是實務判決屢次提到的「概括犯意」（追求同一目標的多次意識活動），僅成立一個構成要件，也就是應僅論以一個投票行賄罪。因為，投票行賄罪已具備集合犯性質。

只不過最高法院98年度台上字第3093號判決沒有詳細說明為何數次的買票舉止能夠僅以一行為視之。而且在新刑法修法前，同樣是概括犯意下的數次買票舉止，最高法院卻是論以本質上並非行為單數的連續犯。由於舊法的連續犯最後仍以一罪論，使人不禁懷疑，判決實務在新刑法修法後，只是看中集合犯乃犯罪單數而以一罪論的效果，才會從過去將投票行賄罪論以連續犯的見解，現在立刻翻轉認為投票行罪為集合犯。然集合犯的概念在舊法時期原本就有，倘若投票行

賄罪性質，本來就屬於集合犯，此與新法的修法應無關連，也就是在舊法時期屬於集合犯的犯罪類型，在新法時期也同樣是集合犯；而在舊法時期非屬於集合犯的犯罪類型，不應該在新法時期突然變成可以集合犯論。

【盧映潔，〈投票行賄與集合犯——評最高法院98年度台上字第3093號刑事判決〉，《台灣法學雜誌》，第154期，2010.06，250頁以下。】

▶ 94 台上 1059（判決）

按刑法第一百四十三條第一項投票受賄罪、第一百四十四條投票行賄罪所為之處罰，旨在端正選風，維護選舉之公平、純正。鑑於候選人為求當選，每競相提早賄選活動，尤其縣市議會正、副議長之選舉，常見於縣市議會議員選舉前，即對有意參選議員之人預為行賄，約定當選議員後，對正、副議長選舉之投票權為一定之行使。如謂刑法第一百四十三條第一項、第一百四十四條所謂「有投票權之人」，係指已當選為縣市議會議員之人，將議員當選前乃至選舉前即已授受賄賂，而事後當選為議員之人排除在外，無異鼓勵提前賄選，以為脫法，自非立法之本意。故提前賄選之雙方，預期於當選議員後，對正、副議長選舉之投票權為一定之行使，應即其行賄、受賄之時，為著手賄選行為之實施，待日後果當選議員而取得投票權時，犯罪構成要件即屬成就，此原在行賄、受賄雙方所預期及犯意之範圍內，均為犯罪行為之一部。則縣市議會正、副議長之選舉，其行賄、受賄當時雖尚未當選為議員，但事後選舉結果，已當選為議員而取得選舉正、副議長之投票權，即與刑法第一百四十三條第一項、第一百四十四條規定「有投票權之人」之要件相當。原判決謂縣市議會正、副議長之選舉，係自選舉委員會公告當選議員時起，當選人始成為選舉正、副議長之有投票權之人（見原判決第四十面第四行至第十二行），所持法律見解，尚非允洽。又犯刑法第一百四十三條第一項之投票受賄罪，其所收受之賄賂沒收之，如全部或一部不能沒收時，追徵其價額，同條第二項定有明文；故犯投票受賄罪應予沒收者，僅其收受之賄賂，不包括不當利益在內。

❖ 學者評釋

參酌外國立法例，如德國刑法除在公務員瀆職犯罪之外，另外有對於民意代表受賄設有特別處罰規定。

而我國實務界面對此問題時，向來採取一種極廣義的公務概念，認為民意代表亦屬「依法令從事於公務之人員」（院解字第3001、3922號）。儘管如此，最高法院在提前賄選的案例中，還是否定了準受賄罪的適用，只是理由有所不同，縣市議會之職權並不包含選舉正、副議長

（地方制度法第36條參照），因此不該當構成要件中所稱「職務上之行為」這個要素。

不過，如此一來刑法上有關賄選的處罰規定將難以適用於議會正副議長之選舉，而無法實現「遏止賄選、端正選風」的立法意旨。基於這樣的顧慮，最高法院便召開了90年度第6次刑事庭會議，其決議內容認為，在縣市議會議長選舉的情形，縱使行賄對象或受賄主體於行、受賄當時尚未當選議員，但只要其「事後當選議員而取得投票權」，即屬該當刑法第143與144條「有投票權之人」要件。

惟基於罪刑法定原則，實無法將既有規範適用到提前賄選的案例，若另一方面又要肯定此種行為的需刑罰性，似可考慮透過立法來填補處罰漏洞。而在未來立法時，則可跳脫既有條文的框架，參考德國刑法第108條之5的規定模式，將新構成要件設計成「針對民意代表機關之選舉或投票行為提供或收受不正利益者」，以資因應社會現實。

【蔡聖偉，〈所謂的「提前賄選」行為——評最高法院94年度台上字第1059號刑事判決〉，《月旦裁判時報》，第10期，2011.08，162頁。】

第 145 條（利誘投票罪）
以生計上之利害，誘惑投票人不行使其投票權或為一定之行使者，處三年以下有期徒刑。

第 146 條（妨害投票正確罪）
I 以詐術或其他非法之方法，使投票發生不正確之結果或變造投票之結果者，處五年以下有期徒刑。
II 意圖使特定候選人當選，以虛偽遷徙戶籍取得投票權而為投票者，亦同。
III 前二項之未遂犯罰之。

□ 修正前條文
I 以詐術或其他非法之方法，使投票發生不正確之結果或變造投票之結果者，處五年以下有期徒刑。
II 前項之未遂犯罰之。

■ 修正說明（96.01.24）
一、公職人員經由各選舉區選出，自應獲得各該選舉區居民多數之支持與認同，始具實質代表性，若以遷徙戶籍但未實際居住戶籍地之方式，取得投票權參與投票，其影響戕害民主選舉之精神甚深。
二、為導正選舉風氣，爰增訂第二項：「意圖使特定候選人當選，以虛偽遷徙戶籍取得投票權而為投票者，亦同。」
三、現未實際居住於戶籍地者有數百萬人，其因就業、就學、服兵役未實際居住於戶籍地，或為子女學區、農保、都會區福利給

付優渥、保席次或其他因素而遷籍於未實際居住地，其原因不一。**然此與意圖支持特定候選人當選，進而遷徙戶籍之情形不同，並非所有籍在人不在參與投票均須以刑罰相繩，是以第二項以意圖使特定候選人當選虛偽遷徙戶籍投票者，為處罰之對象。**

四、原第二項改列為第三項，並將句首之「前項」修正為「前二項」。

□ 實務見解

▶ 101 上 4041（判決）

細繹本罪之客觀構成要件，計有三部分，一為虛偽遷徙戶籍，二為取得投票權，三為投票。其中第二部分，係由選務機關依據客觀之戶籍資料，造製選舉人名冊，經公告無異議而生效，行為人根本不必有所作為；亦即實際上祇有第一部分及第三部分，始屬於行為人之積極作為。而第一部分之虛偽遷徙戶籍，就該選舉區之整體投票結果以言，其計算得票比率基礎之選舉人數額，及實際投票數額等各項，當然導致不正確發生，自毋庸如同第一項，特將其「使投票發生不正確之結果」，再列為犯罪之構成要件，故一旦基於支持某特定候選人之意圖，而虛偽遷徙戶籍，當以其遷籍之行為，作為本罪之著手。第三部分則應綜合選舉法規、作業實務及社會通念予以理解，詳言之，投票雖可分為領票、圈選及投入票匭等三個動作，但既在同一投票所之內，通常祇需短短數分鐘時間，即可逐步完成，客觀上符合於密接之同一時、地內行為概念，且不能分割，是應合一而為評價，一旦領票，犯罪即達既遂，此後之圈選或投入票匭，仍在同一之投票行為概念之內（選票依法不得任意撕毀或攜出）。至於領票之前，倘因遭犯罪調、偵查機關查辦，不敢前往投票，屬障礙未遂（非僅止於預備犯）；若純因自己心理障礙（例如良心自責或害怕被發覺），未去領票，故未實際投票者，屬中止未遂；如已領票，卻因上揭心理障礙，當場求助選務人員妥處者，堪認具有自首之意。再公職人員選舉罷免法第二十條第一項後段規定：「投票日前二十日以後遷出之選舉人，仍應在原選舉區行使選舉權」，是縱然在該「投票日前二十日以後」遷回原籍，無論係出於良心自責或究辦彌縫，既未喪失原虛偽取得之選舉區投票權，自於犯罪之成立，不生響；且領票後，縱然未投票給其原欲支持之候選人，暨該候選人是否如願當選，亦同無影響。

❖ 學者評釋

本判決認為，若基於支持某特定候選人之意圖，而虛偽遷徙戶籍，則當以其遷籍之行為，作為本罪之著手。

但學者認為，本罪之立法意旨，應在於保障構成國家權力行使基礎之投票結果的合法形成，犯罪既遂應以投票「結果」違法之形成為實質要件。據此，在本案的地方首長選舉中，投票結果係指候選人之票數分配，虛遷戶籍之人直至將選票投入票匭時，才算是完成投票。因此，本罪的著手實行，最早只可能是在行為人領票圈選之際，或甚至是直到將選票投入票匭的瞬間。虛遷戶籍之人基於檢調偵辦或其他理由而未領票者，自始僅成立不罰的預備行為，而不是成立本罪之未遂犯。如果在領票之後，未實際將選票投入票匭，則視所採取之著手理論不同，可能成立不罰之預備行為（主觀危險理論）或成立本罪之未遂犯（主客觀混合理論）。是以，最高法院對於虛遷戶籍投票罪的既未遂標準之認定有過度前置之嫌。

【薛智仁，〈虛遷戶籍投票罪之既未遂——評最高法院 101 年度台上字第 4041 號刑事判決〉，《月旦裁判時報》，第 20 期，2013.04，65 頁以下。】

▶ 101 台上 494（判決）

刑法第一百四十六條第二項規定：「意圖使特定候選人當選，以虛偽遷徙戶籍取得投票權而為投票者，亦同。」其立法法理係以：「三、現未實際居住於戶籍地者有數百萬人，其因就業、就學、服兵役未實際居住於戶籍地，或為子女學區、農保、都會區福利給付優渥、保席次或其他因素而遷籍於未實際居住地，其原因不一。然此與意圖支持特定候選人當選，進而遷徙戶籍之情形不同，並非所有籍在人不在參與投票均須以刑罰相繩，是以第二項以意圖使特定候選人當選虛偽遷徙戶籍投票者，為處罰之對象。」是該罪之成立，應以行為人在主觀上有為支持某特定候選人之意圖為限，並非謂凡以不實遷入戶籍之方式，致未實際居住於選舉區取得投票權而投票者，即該當於該罪。

▶ 100 台上 5427（判決）

刑法第一百四十六條第一項規定，其立法目的在杜絕任何選舉舞弊，以達選舉之純正與公平性，而該條所稱使投票發生不正確之結果，**係以該選舉區之整體投票結果，包含計算得票比率基礎選舉權人之人數及投票數等投票結果在內，發生不正確之結果為已足，不以行為人所支持之特定候選人已否當選為必要。**故在虛偽遷入戶籍，實際上未確實居住之情形，既僅符合公職人員選舉罷免法繼續居住四個月以上規定之形式，以達投票予某一候選人之目的，如不認為構成該條妨害投票罪，該規定即形同具文，顯昧於社會事實。倘行為人之行為僅止於妨害投票之預備階段，因該罪不罰預備犯，其行為自不受刑事處罰。若行為

人基於妨害投票之犯意而虛偽遷移戶籍，取得選舉人資格，且於投票日前二十日以前仍未將戶籍遷出該選區，經編入該選區選舉人名冊中，取得形式上之選舉權而得於該選區行使選舉權，已足以妨害選舉之清潔及公正性，適足以影響該選舉區之選舉權人人數或投票數等整體投票結果，其行為已達於可實現該罪構成要件之著手階段，惟尚未使投票發生不正確之結果，則屬未遂；在此之前應屬妨害投票之預備行為，若取得選舉權並進而前往投票，則完全實現妨害投票罪之構成要件行為，已屬既遂範疇。

▶ 100 台上 2653（判決）

……人民固有遷徙之自由，但並無為虛偽戶籍登記之自由與權利，以不實遷入戶籍之方式，致使非實際居住於選舉區之人取得選舉權而參與投票，即係以虛報遷入戶籍取得投票權而參與投票，與憲法所保障之遷徙自由無關。又現代民主政治主權在民之原則，將政權付諸人民，由人民選舉代表行使，其中因各國幅員大小不一，小者固可由人民共同決定，大者則非區分各級行政區域、組織治理不可，在區分若干行政區域下，該行政區域之政權行使，按諸主權在民原則，理應由該行政區之人民行使，且僅能由該區域之人民行使，非能由其他地區之人越俎代庖，若為遵守上開公職人員選舉罷免法之規定，以支持某特定候選人為目的，而將戶籍及實際住所遷入該選舉區，固符合上開規定及主權在民原則，然若實際上並未居住該選舉區，僅為支持某特定候選人，而虛報遷入戶籍者，其有妨害選舉之純正及公正性，至為顯然。如前所述，林○群既係以虛報遷入戶籍以取得投票權而參與投票，揆諸前揭說明，自與憲法所保障之遷徙自由無關。林○群上訴意旨猶以其長時間於湖西鄉任職工作，對於湖西鄉鄉務有一定之認識及瞭解，其基於理性選擇、遷徙自由及民主原則，選擇入籍湖西鄉而為選舉，符合民主原則而具實質代表性，自無影響戕害民主選舉之精神，而使投票發生不正確之結果，指摘原判決此部分未說明不為有利於林○群認定之理由，有理由欠備之違誤云云，顯係對憲法所保障之遷徙自由之闡述，徒憑其主觀上之顯然誤解，任意指摘，客觀上顯不足據以辨認原判決此部分具備違背法令之形式要件。(三)刑法第一百四十六條之妨害投票正確罪，旨在防範以詐術或虛偽遷徙戶籍等非法方法，使投票發生不正確之結果，故九十六年一月二十四日增訂第二項時（原第二項未遂型，移列第三項），其立法理由已說明：因就業、就學、服兵役未實際居住於戶籍地，或為子女學區、農保、都會區福利給付優渥、保席次或其他因素而遷籍於未實際居住地者，有數百萬人。「然此與意圖支持特定人當選，進而遷徙戶籍之情形不同，並非所有籍在人不在參與投票均須以刑罰相繩，是以第二項以意圖使特定候選人當選虛偽遷徙戶籍投票者，為處罰之對象」。亦即，因求學、就業等因素，致「籍在人不在」者，與意圖使特定候選人當選而「虛偽遷徙戶籍」者，不能同視。再者，法律為顧及配偶、親子間之特殊親情，本於謙抑原則在特定事項猶為適度之限縮，例如實體法上關於特定犯罪，須告訴乃論、得（或應）減輕或免除其刑；在訴訟法上得拒絕證言、對於直系尊親屬或配偶，不得提起自訴等，以兼顧倫理。本此原則，因求學、就業等因素，未實際居住於戶籍地者，原本即欠缺違法性，縱曾將戶籍遷出，但為支持其配偶、父母競選，復將戶籍遷回原生家庭者，亦僅恢復到遷出前（即前述籍在人不在）之狀態而已，於情、於理、於法應為社會通念所容許，且非法律責難之對象。**此種情形，要與非家庭成員，意圖使特定候選人當選而「虛偽遷徙戶籍」者，迥然有別**。

❖ 學者評釋

本案中對於上訴人「將戶籍遷回原生家庭」的抗辯，最高法院在本判決主張，此一抗辯僅適用於行為人係候選人之配偶或父母子女的情況，本案上訴人只是候選人的姪兒及弟媳，無排除適用本罪適用的餘地。然而上訴人的這項抗辯並非空穴來風。因為，最高法院早在 97 年度台上字第 6856 號判決就主張，行為人與候選人之間有配偶或親子關係時，不成立刑法第 146 條第 2 項之罪，上訴人寄望能將此抗辯擴大適用到配偶及親子以外之親屬關係，只不過最終並未撼動最高法院的原本立場。不過，此一立場的根本問題在於，**不論是從法條文義或立法過程來看，都無從推知立法者有意將本罪限制標準，適用於非家庭成員，為何本罪在家庭成員之間應被排除適用，以及為何排除適用的範圍不及於其他親屬關係**，最高法院的說理似乎都有檢討的必要。

論者認為，在虛遷戶籍而投票的案件，家庭成員之關係所造成的心理壓力，通常難以與湮滅證據或藏匿人犯等案件相提並論，又基於對虛遷戶籍而投票之不法與罪責內涵的分析，家庭成員之間的特殊親情有值得保護之處，但是虛遷戶籍而投票並非保護此利益之必要手段，故無法阻卻不法；同時，此特殊情誼對於行為人之心理壓力，尚未達到無法期待其使人放棄虛遷戶籍而投票的程度，**故無法免除行為人的罪責**。質言之，家庭成員虛遷戶籍而投票，或許合乎人情事理，但是絕非合法。

【薛智仁，〈家庭成員之虛遷戶籍投票──評最高法院100年度台上字第 2653 號刑事判決〉，《台灣法學雜誌》，第 204 期，2012.07，98 頁以下。】

▶99 台上 5021（判決）

刑法第一百四十六條第一項規定：「以詐術或其他非法之方法，使投票發生不正確之結果或變造投票之結果者，處五年以下有期徒刑。」所謂「其他非法之方法」，係指除詐術外，其他一切非法律所允許之方法均屬之，並不以構成刑事法上犯罪之非法行為為限。

▶97 台上 6856（判決）

認事、用法，應本於社會倫理通念並探求立法之真意，以契合一般健全人之法律感情，不得拘泥於形式上之文字，為機械式之解釋，而悖離社會正常觀念。父母、配偶、子女為組成家庭之成員，且為人倫之起源、社會之基礎，其以永久共同生活為目的，同居於一家庭，乃倫常之正軌。倘因求學、就業等因素，致實際之居住地與戶籍地未能合一者，亦為社會通念所接受，自非法律所非難之對象。從而因求學、就業等因素而離鄉背井者，無論「籍隨人遷」或「人籍分離」，悉遵當事人之選擇，無以公權力介入之必要。刑法第一百四十六條之妨害投票正確罪，旨在防範以詐術或虛偽遷徙戶籍等非法方法，使投票發生不正確之結果，故九十六年一月二十四日增訂第二項時（原第二項未遂改，移列第三項），其立法理由已說明：因就業、就學、服兵役未實際居住於戶籍地，或為子女學區、農保、都會區福利給付優渥、保席次或其他因素而遷籍的未實際居住地者，有數百萬人。「然此與意圖支持特定候選人當選，進而遷徙戶籍之情形不同，並非所有籍在人不在參與投票均須以刑罰相繩，是以第二項以意圖使特定候選人當選虛偽遷徙戶籍投票者，為處罰之對象」。亦即，因求學、就業等因素，致「籍在人不在」者，與意圖使特定候選人當選而「虛偽遷徙戶籍」者，不能同視。

第 147 條（妨害投票秩序罪）

妨害或擾亂投票者，處二年以下有期徒刑、拘役或一萬五千元以下罰金。

□修正前條文

妨害或擾亂投票者，處二年以下有期徒刑、拘役或五百元以下罰金。

■修正說明（108.12.25）

本罪於民國七十二年六月二十六日後並未修正，爰依刑法施行法第一條之一第二項本文規定將罰金數額修正提高三十倍，以增加法律明確性，並使刑法分則各罪罰金數額具內在邏輯一致性。

第 148 條（妨害投票秘密罪）

於無記名之投票，刺探票載之內容者，處九千元以下罰金。

□修正前條文

於無記名之投票，刺探票載之內容者，處三百元以下罰金。

■修正說明（108.12.25）

本罪於民國七十二年六月二十六日後並未修正，爰依刑法施行法第一條之一第二項本文規定將罰金數額修正提高三十倍，以增加法律明確性，並使刑法分則各罪罰金數額內在邏輯一致性。

第七章　妨害秩序罪

第 149 條（公然聚眾不遵令解散罪）

在公共場所或公眾得出入之場所聚集三人以上，意圖為強暴脅迫，已受該管公務員解散命令三次以上而不解散者，在場助勢之人處六月以下有期徒刑、拘役或八萬元以下罰金；首謀者，處三年以下有期徒刑。

□修正前條文

公然聚眾，意圖為強暴脅迫，已受該管公務員解散命令三次以上，而不解散者，在場助勢之人處六月以下有期徒刑、拘役或三百元以下罰金。首謀者，處三年以下有期徒刑。

■修正說明（109.1.15）

一、隨著科技進步，透過社群通訊軟體（如LINE、微信、網路直播等）進行串連集結，時間快速、人數眾多且流動性高，不易先期預防，致使此等以多數人犯妨害秩序案件規模擴大，亦容易傷及無辜。惟原條文中之「公然聚眾」，司法實務認為必須於「公然」之狀態下聚集多數人，始足當之；亦有實務見解認為，「聚眾」係指參與之多數人有隨時可以增加之狀況，若參與之人均係事前約定，人數既已確定，便無隨時可以增加之狀況，自與聚眾之情形不合（最高法院二十八年上字第六二一號判例、九十二年度台上字第五一九二號判決參照）。此等見解範圍固過於限縮，學說上多有批評，也無法因應當前社會之需求。爰將本條前段修正為「在公共場所或公眾得出入之場所」有「聚集」之行為為構成要件，亦即行為不論其在何處、以何種聯絡方式（包括上述社群通訊軟體）聚集，其係在遠端或當場為之，均為本條之聚集行為，且包括自動與被動聚集之情形，亦不論是否係事前約定或臨時起意者均屬之。因此開行為對於社會治安與秩序，均易造成危害，爰修正其構成要件，以符實需。

二、為免聚集多少人始屬「聚眾」在適用上有所疑義，爰參酌組織犯罪防制條例第二條第一項及其於一○六年四月十九日修正之立法理由，認三人以上在公共場所或公眾得出入之場所實施強暴脅迫，就人民安寧之影響及對公共秩序已有顯著危害，是將聚眾之人數明定為三人以上，不受限於須隨時可以增加之情形，以臻明確。

三、按集會遊行係人民之基本權利，受憲法與集會遊行法之保障，應與本條係處罰行為人具有為強暴脅迫之意圖而危害治安者有所區隔。因此，一般集會遊行之「聚眾」人群行為，本不具有施強暴脅迫之意圖，自無構成本罪情事，併予指明。

四、另本條之罰金刑予以提高，以符合罰金刑級距之配置，並酌作文字及標點符號修正。

❖ 法學概念

解散命令

本條所謂解散「命令」，乃使參與聚眾之人離開及分散之命令。其形式為文書或口頭，雖非所問，惟須為合法之命令，始足當之。又此項命令，須對於所聚之多眾發布，且使構成多眾之各人處於得予認識之狀態始可。至該公務員係直接傳達，抑或透過他人代為告知，則非所問。

【甘添貴，《刑法各論（下）》，三民，修訂四版，2015.05，458頁。】

而所謂「解散」，須參與聚眾之人有解散之意思，若為公權力驅散或為避免逮捕而逃走者，並非解散，自無疑於本罪之罪責。茲有疑義者，若「解散命令」發布三次後，首謀已遵令解散，但助勢者仍不解散，首謀之人是否仍成立本罪？學說上認為，首謀僅係公然聚眾首倡謀議之人，在場聚眾助勢之人，其參與聚眾，仍出於自由之意思，且首謀在場助勢為二種不同之型態，首謀之人應無命令全部聚眾者解散之義務，首謀既已解散應不成立犯罪。

【甘添貴，《刑法各論（下）》，三民，修訂四版，2015.05，459頁；盧映潔，《刑法分則新論》，新學林，七版，2013.09，127頁。】

□ 實務見解

▶ 101 上易 2（判決）

集會遊行法第二十九條係對「首謀者」於主管機關命令解散而不解散，仍繼續舉行經制止而不遵從時，處以刑罰之規定，**所謂首謀應係指於集會現場指揮群眾，居於領導地位之人，其對於該集會之聚眾與否應有相當影響權，始足當之，是應與同法第二十八條所謂負責人或其代理人或主持人之程度有別。**

第 150 條（公然聚眾施強暴脅迫罪）

Ⅰ 在公共場所或公眾得出入之場所聚集三人以上，施強暴脅迫者，在場助勢之人，處一年以下有期徒刑、拘役或十萬元以下罰金；首謀及下手實施者，處六月以上五年以下有期徒刑。

Ⅱ 犯前項之罪，而有下列情形之一者，得加重其刑至二分之一：

一　意圖供行使之用而攜帶兇器或其他危險物品犯之。

二　因而致生公眾或交通往來之危險。

□ 修正前條文

公然聚眾，施強暴脅迫者，在場助勢之人，處一年以下有期徒刑、拘役或三百元以下罰金。首謀及下手實施強暴脅迫者，處六月以上五年以下有期徒刑。

■ 修正說明（109.01.15）

一、修正原「公然聚眾」要件，理由同修正條文第一百四十九條說明一至三。倘三人以上，**在公共場所或公眾得出入之場所聚集，進而實施強暴脅迫**（例如：鬥毆、毀損或恐嚇等行為）者，不論是對於特定人或不特定人為之，已造成公眾或他人之危害、恐懼不安，應即應當犯罪成立之構成要件，以符保護社會治安之刑法功能。另提高罰金刑，以符合罰金刑級距之配置，並酌作文字及標點符號修正，將原條文列為第一項。

二、實務見解有認本條之妨害秩序罪，須有妨害秩序之故意，始與該條之罪質相符，如公然聚眾施強暴脅迫，其目的係在另犯他罪，並非意圖妨害秩序，除應成立其他相當罪名外，不能論以妨害秩序罪（最高法院三十一年上字第一五一三號、二十八年上字第三四二八號判例參照）。然本罪重在安寧秩序之維持，若其聚眾施強暴脅迫之目的在犯他罪，固得依他罪處罰，若行為人就本罪之構成要件行為有所認識而仍為本罪構成要件之行為，自仍應構成本罪，予以處罰。

三、參考我國實務常見之群聚鬥毆危險行為態樣，慮及行為人意圖供行使之用而攜帶兇器或易燃性、腐蝕性液體，抑或於車輛往來之道路上追逐，對往來公眾所造成之生命身體健康等危險大增，破壞公共秩序之危險程度升高，而有加重處罰之必要，爰增訂第二項。至新增第二項第二款之加重處罰，須以行為人於公共場所或公眾得出入之場所聚集三人以上，而施強暴脅迫

為前提，進而致生公眾或交通往來之危險始足該當，亦即致生公眾或交通往來之危險屬本款之結果；此與本法第一百八十五條「損壞或壅塞陸路、水路、橋樑或其他公眾往來之設備或以他法致生往來之危險」之規定，係行為人以損壞、壅塞、或以他法致生往來危險等行為，在構成要件上，有所不同，附此敘明。

❖ **法學概念**

本罪之成罪要件

　　單一個人施用強暴或脅迫擾亂公共秩序，透過保護個人法益的傷害罪、強制罪等規定制裁，即已對法益提供足夠保護。但如果聚眾施強暴或脅迫，或意圖施強暴或脅迫而聚眾的行為，則因個體在群體遮掩下容易產生妄為或罪惡感低落的心理，且有發生群眾失控風險，這是本罪之立法目的。因此，本罪的強暴或脅迫須達到一定的程度，始足以超越對個人安全的威脅而達到危害公眾安全的程度。參考德國法，對於本罪的實行手段應要求高於強制罪，對人或對物須使用具有某種程度的攻擊性暴力（Gewalttätigkeit），始能成立。本罪以保護公眾安全的前提，對於特定個人的危害，須有超出私人爭執的涵義，而足以讓公眾產生不再免於暴力恐懼的安寧破壞。假如兩派人馬聚眾鬥毆，但尚未臻於引起社會騷亂程度，則應屬無關本罪的私人衝突；如發生死亡或重傷，則應該適用刑法第283條的聚眾鬥毆罪。

　　過去有實務見解認為，刑法第150條既屬妨害秩序之一種犯罪，則在實施強暴脅迫之人，自須具有妨害秩序之故意，始與該條之罪質相符。（最高法院28年上字第3428號判例參照，修法後本則判例仍保留）。依修法理由，本罪的主觀構成要件存在於行為人對本罪構成要件有所認識而為本罪構成要件之行為。詳言之，本罪的故意應指行為人對於在公共場所或公眾得出入之場所聚集三人以上之事實情狀有所認識，而決意為強暴脅迫的心態。

【許澤天，《刑法分則（下）》，新學林，初版，2019.09，627頁以下；盧映潔，《刑法分則新論》，新學林，修訂十五版，2020.02，136頁以下。】

　　雖然，新法將原條文所謂的「聚眾」放寬為聚集三人以上，不以舊實務所認定的以「參與之多數人有隨時可以增加之狀況」為限，但本書認為解釋上仍應注意，不是三人以上在公共場所或公眾得出入之場所就是本罪的「聚集」，本罪既然置於妨害秩序罪章，則「聚集」的目的須有妨害公共秩序及社會安寧之主觀構成要件為前提。所謂的「聚集三人以上」，並非客觀處罰條件，因為客觀處罰條件的功能在限縮處罰範圍，而非擴大罪名之適用。修法後，有部分新

聞報導，只要「三人以上」在公共場所互相鬥毆者，不問前因，即遭警方以本罪移送。本書認為，若這是立法原意，本罪應該是類如社會秩序維護法第87條的文義：「有左列各款行為之一者，處三日以下拘留或新臺幣一萬八千元以下罰鍰：一、加暴行於人者。二、互相鬥毆者。三、意圖鬥毆而聚眾者。」的立法，把「聚集」二字拿掉，改成「三人以上加暴行於人者或互相鬥毆」即可。然而，立法者沒有這麼做，足見「聚集」二字仍有限縮本罪成立的作用，本罪與社會秩序維護法第87條在結構上仍有顯著的不同。例如，甲、乙、丙三人聚餐，甲與鄰座的客人丁發生口角，丁先動手挑釁，乙、丙二人見甲不敵，前去幫忙，則甲、乙、丙三人雖該當本罪之客觀構成要件，但本書認為不該當本罪之主觀構成要件，因為甲、乙、丙三人「聚集」之目的本在私人聯誼，而非在妨害公共秩序及社會安寧，行為當下亦只是為維護同伴，根本談不上對本罪構成要件的認識；客觀上亦未引起社會騷亂的程度，應不成立本罪。若不如此解釋，將造成先動手的一方，不成立本罪；而還手（可能是出於正當防衛）的另一方，僅因人數湊齊「三人」，而可能成立本罪的不衡平現象。依本書之見，本例甲、乙、丙三人在主觀要件上即不該當本罪，而非在違法性層次以正當防衛為由阻卻本罪之成立。這種偶然「互毆」的情形，若雙方皆無防衛意思，論以普通傷害罪或第283條的聚眾鬥毆罪即可，不應以其中一方「三人」以上而異其處罰。

　　再如，A、B、C三位好姊妹相約逛百貨公司，於上手扶梯之際突遇痴漢D以手機偷拍A得裙底被發現，於是A、B、C三人氣不過，聯手對D拍打狠揍，由於A、B、C三人相約逛百貨公司是合法正當的社交活動，並無妨害公共秩序及社會安寧「聚集三人以上」之故意，客觀上這種一時氣憤的舉動亦不足引起社會騷亂，甚至社會通念會認為這是合理的情緒宣洩。至於是否構成正當防衛，那是檢討普通傷害罪之成立與否，才須探討的問題。

　　本罪較適切案例應是，某人在特種營業場所鬧事被趕出來，而後聚集三人以上尋仇報復；或如在公共場所或公眾得出入之場所，相約談判並決鬥（約定互毆），若任一方人馬在三人以上，則三人以上的一方，即得成立本罪。總之，本罪的修法，雖在人數上放寬。但仍存有受規範者難以理解的文義，究竟「聚集」是否要以妨害公共秩序及社會安寧的故意為前提，還是只要剛好三人以上在公共場所聚會、聚餐或逛街，與他人發生肢體衝突，即足成立本罪，條文文義模糊不明確，涵蓋過廣易遭濫用，行為人到底有無修法理

由所說的對本罪構成要件有所認識而仍為本罪構成要件之行為，須在不同的個案上仔細審酌。

❖ 法學概念

意圖供行使之用攜帶兇器或其他危險物品

本罪之兇器，應該與刑法第 321 條加重竊盜罪之第 1 項第 3 款所規定的攜帶兇器做同一解釋，原則上兇器的種類並無限制，**主要指依一般社會觀念，足以對人之生命、安全構成威脅，而具有危險性之器械。**因此器械是否危險，除一般用途之外，仍須在特定脈絡底下，做綜合評價。例如剪刀的一般用途不是殺傷人，而一般人對剪刀的驚懼也很有限，至於持螺絲起子、鉗子、萬能鑰匙行竊，無論如何不能視為攜帶兇器。至於所謂危險物品，修法理由中係指諸如易燃性、腐蝕性液體等，似乎也不包括剪刀、螺絲起子、鉗子或萬能鑰匙這種普通的日常用品。

【盧映潔，《刑法分則新論》，新學林，修訂十五版，2020.02，136 頁；林東茂，《刑法分則》，一品，二版，2020.02，277 頁以下】

蓋如果要擴張解釋，西裝外套上插一枝鋼筆也算「攜帶」兇器，因為鋼筆亦是足以傷人的。本書認為，如果要將剪刀、螺絲起子、鉗子、萬能鑰匙甚或鋼筆等一般日常用品規範進來，法條文義宜修成「利用足以傷人的金屬物品而犯之」，而非「攜帶」兇器這種模糊不明確的不確定法律概念，方符合罪刑法定原則，否則有不利行為人類推適用之疑慮。

▢ 實務見解

▶ 28 上 3428（判例）

刑法第一百五十條既屬妨害秩序之一種犯罪，則在實施強暴脅迫之人，自須具有妨害秩序之故意，始與該條之罪質相符，如實施強暴脅迫，僅係對於特定之某人或其家族為之，縱令此種行為足以影響於地方之公共秩序，仍以缺乏主觀之犯意，不能論以上述罪名。

（編按：修法後本則判例仍保留。）

第 151 條（恐嚇公眾罪）

以加害生命、身體、財產之事恐嚇公眾，致生危害於公安者，處二年以下有期徒刑。

❖ 法學概念

恐嚇公眾

本罪乃是以加害生命、身體、財產之事公告週知於眾，使公眾中有人心生畏懼，公安秩序因之受到騷擾而不安，這須與條文規定的「致生危害於公安」相當，而足以構成本罪；否則，行為人縱有恐嚇行為，然公眾中並無人心生畏懼，公安秩序毫無受到影響而有任何不安，自無成立本罪的餘地。

因此，行為人的恐嚇公眾行為，只要能對於社會大眾的安全造成社會的恐慌或不安，即為已足，而不以果真發生公共安全上的實害為必要。當然，若果已發生實害，亦構成本罪。故本罪兼有危險犯與實害犯的雙重性質。

此外，行為人所為的恐嚇內容，須以加害「生命」、「身體」與「財產」等事項為限，倘若行為人以加害這三項以外的事項，例如以妨害自由或名譽等事項，公告週知於眾，則無構成本罪的餘地。

【林山田，《刑法各罪論（下）》，自刊，修訂五版，2006.11，187 頁以下】

第 152 條（妨害合法集會罪）

以強暴脅迫或詐術，阻止或擾亂合法之集會者，處二年以下有期徒刑。

第 153 條（煽惑他人犯罪或違背法令罪）

以文字、圖畫、演說或他法，公然為下列行為之一者，處二年以下有期徒刑、拘役或三萬元以下罰金：
一　煽惑他人犯罪者。
二　煽惑他人違背法令，或抗拒合法之命令者。

▢ 修正前條文

以文字、圖畫、演說或他法，公然為左列行為之一者，處二年以下有期徒刑、拘役或一千元以下罰金：
一　煽惑他人犯罪者。
二　煽惑他人違背法令，或抗拒合法之命令者。

■ 修正說明（108.12.25）

一、本罪於民國七十二年六月二十六日後並未修正，爰依刑法施行法第一條之一第二項本文規定將罰金數額修正提高三十倍，以增加法律明確性，並使刑法分則各罪罰金數額具有內在邏輯一致性。

二、序文前段「以文字、圖畫演說或他法，公然為左列行為之一者」修正為「以文字、圖畫、演說或他法，公然為下列行為之一者」。

❖ 法學概念

煽惑

所謂「煽惑」，乃係煽動蠱惑之意，亦即為使被煽惑者產生實行犯罪之決意，或為助長其已生之犯罪決意，而予以刺激慫恿之行為。因此，被煽惑者於被煽惑前是否已生犯罪之決意，被煽惑後是否因此而生犯罪之決意或實行犯罪，均非所問。就其使被煽惑者產生實行犯罪之決意而言，固與教唆相似；就其對於被煽惑者已生之犯罪決意予以助長而言，則又與幫助相同。故煽惑之概念，實具有教唆與幫助雙重性

質。

　　因此，煽惑之對象包含：㈠特定之人與特定之罪；㈡特定之人與不特定之罪；㈢不特定之人與特定之罪；㈣不特定之人與不特定之罪。

【甘添貴，《刑法各論（下）》，三民，修訂四版，2015.05，465頁以下。】

另須注意者，本罪的「煽惑」，係行為犯，因此不論被煽惑者是否果真「犯罪」、「違背法令」或「抗拒合法命令」，則均不影響本罪的成立。

【林山田，《刑法各罪論（下）》，自刊，修訂五版，2006.11，19頁以下。】

第 154 條（參與犯罪之結社罪）
I 參與以犯罪為宗旨之結社者，處三年以下有期徒刑、拘役或一萬五千元以下罰金；首謀者，處一年以上七年以下有期徒刑。
II 犯前項之罪而自首者，減輕或免除其刑。

□修正前條文
　I 參與以犯罪為宗旨之結社者，處三年以下有期徒刑、拘役或五百元以下罰金；首謀者，處一年以上、七年以下有期徒刑。
　II 犯前項之罪而自首者，減輕或免除其刑。

■修正說明（108.12.25）
　一、本罪於民國七十二年六月二十六日後並未修正，爰依刑法施行法第一條之一第二項本文規定將罰金數額修正提高三十倍，以增加法律明確性，並使刑法分則各罪罰金數額具內在邏輯一致性。
　二、第一項末句「一年以上、七年以下」修正為「一年以上七年以下」。

第 155 條（煽惑軍人背叛罪）
煽惑軍人不執行職務，或不守紀律，或逃叛者，處六月以上五年以下有期徒刑。

□ 實務見解
▶ 院字第 2067 號（29.09.27）
非軍人煽惑現役軍人逃亡，應由普通法院受理，適用刑法第一百五十五條處斷。

第 156 條（私招軍隊罪）
未受允准，召集軍隊，發給軍需或率帶軍隊者，處五年以下有期徒刑。

第 157 條（挑唆或包攬訴訟罪）
意圖漁利，挑唆或包攬他人訴訟者，處一年以下有期徒刑、拘役或五萬元以下罰金。

□修正前條文
　I 意圖漁利，挑唆或包攬他人訴訟者，處一年以下有期徒刑、拘役或五百元以下罰金。

II 以犯前項之罪為常業者，處三年以下有期徒刑，得併科二千元以下罰金。

■修正說明（94.02.02）
　一、配合第五十六條連續犯之刪除，刪除本條第二項常業犯之規定。
　二、因第三十三條之罰金刑已提高為新臺幣一千元以上，現行法第一項之罰金刑為「五百元以下」顯與前開修正扞格，爰依目前社會經濟水準、人民平均所得，參考罰金罰鍰提高標準條例第二條關於易科罰金、易服勞役就原定數額提高一百倍之標準，酌予提高罰金刑之上限。

□ 實務見解
▶ 24 年度總會決議㈢（24.07）
本條（按指刑法第一百五十七條）所謂漁利及包攬訴訟之意義如左：
一、「漁利」即取利之義。
二、「包攬訴訟」，律師有包攬情形時，包括在內。

▶ 100 台上 3644（判決）
刑法第一百五十七條意圖漁利挑唆包攬訴訟罪。此種具有定型主觀要素之犯罪，即學理上所稱之目的犯，既以具備一定主觀要素為犯罪構成要件或加重原因，則行為人具有該主觀要素之基本事實，自應明確認定詳為記載，始能據以論處罪刑。

第 158 條（僭行公務員職權罪）
I 冒充公務員而行使其職權者，處三年以下有期徒刑、拘役或一萬五千元以下罰金。
II 冒充外國公務員而行使其職權者，亦同。

□修正前條文
　I 冒充公務員而行使其職權者，處三年以下有期徒刑、拘役或五百元以下罰金。
　II 冒充外國公務員而行使其職權者，亦同。

■修正說明（108.12.25）
　一、本罪於民國七十二年六月二十六日後並未修正，爰依刑法施行法第一條之一第二項本文規定將罰金數額修正提高三十倍，以增加法律明確性，並使刑法分則各罪罰金數額具內在邏輯一致性。
　二、第二項末句「亦同」修正為「，亦同」。

第 159 條（冒充公務員服章官銜罪）
公然冒用公務員服飾、徽章或官銜者，處一萬五千元以下罰金。

□修正前條文
公然冒用公務員服飾、徽章或官銜者，處五百元以下罰金。

■**修正說明**（108.12.25）

本罪於民國七十二年六月二十六日後並未修正，爰依刑法施行法第一條之一第二項本文規定將罰金數額修正提高三十倍，以增加法律明確性，並使刑法分則各罪罰金數額具內在邏輯一致性。

第160條（侮辱國旗、國徽及國父遺像罪）

I 意圖侮辱中華民國，而公然損壞、除去或污辱中華民國之國徽、國旗者，處一年以下有期徒刑、拘役或九千元以下罰金。

II 意圖侮辱創立中華民國之孫先生，而公然損壞、除去或污辱其遺像者，亦同。

□**修正前條文**

I 意圖侮辱中華民國，而公然損壞、除去或污辱中華民國之國徽、國旗者，處一年以下有期徒刑、拘役或三百元以下罰金。

II 意圖侮辱創立中華民國之孫先生，而公然損壞、除去或污辱其遺像者亦同。

■**修正說明**（108.12.25）

一、本罪於民國七十二年六月二十六日後並未修正，爰依刑法施行法第一條之一第二項本文規定將罰金數額修正提高三十倍，以增加法律明確性，並使刑法分則各罪罰金數額具內在邏輯一致性。

二、第二項末句「亦同」修正爲「，亦同」。

第八章　脫逃罪

第161條（脫逃罪）

I 依法逮捕、拘禁之人脫逃者，處一年以下有期徒刑。

II 損壞拘禁處所械具或以強暴脅迫犯前項之罪者，處五年以下有期徒刑。

III 聚眾以強暴脅迫犯第一項之罪者，在場助勢之人，處三年以上十年以下有期徒刑。首謀及下手實施強暴脅迫者，處五年以上有期徒刑。

IV 前三項之未遂犯，罰之。

□ **實務見解**

▶49台上517（判例）

上訴人所犯刑第一百六十一條第二項以強暴脅迫脫逃之罪，爲同法第一百三十五條妨害公務罪之特別規定，自應逕依第一百六十一條第二項論科，無再比較適用第一百三十五條之餘地。

▶44台上400（判例）

刑法第一百六十一條之脫逃罪，以依法拘禁之人而不法脫離公之拘力爲構成要件，若公之拘禁力已不存在，縱使自由行動脫離拘禁處所，亦不

成立本罪，被告於民國四十三年一月十八日被捕拘禁後，雖經警察局於二十四小時聲請延長羈押期間十日，但檢察官祗僅批准延長羈押七日，自一月十九日起至二十五日止，此後並未再延長羈押期間之聲請，亦不移送檢察官處置，而仍繼續非法拘禁，則該被告縱於一月二十八日毀壞拘禁處所木柵脫逃，亦難成立脫逃罪。

▶41台非19（判例）

保安處分之性質雖與刑法不同，但依刑法第九十條宣示之強制工作，既於刑法之執行完畢後令入勞動場所強制工作，其自由即仍在公力監督之下，要不失爲依法拘禁之人，如在此期間內以非法方法乘隙脫離，自仍應成立刑法第一百六十一條第一項之罪。

第162條（縱放或便利脫逃罪）

I 縱放依法逮捕拘禁之人或便利其脫逃者，處三年以下有期徒刑。

II 損壞拘禁處所械具或以強暴脅迫犯前項之罪者，處六月以上五年以下有期徒刑。

III 聚眾以強暴脅迫犯第一項之罪者，在場助勢之人，處五年以上十二年以下有期徒刑；首謀及下手實施強暴脅迫者，處無期徒刑或七年以上有期徒刑。

IV 前三項之未遂犯罰之。

V 配偶、五親等內之血親或三親等內之姻親，犯第一項之便利脫逃罪者，得減輕其刑。

❖ **法學概念**

公務員縱放人犯罪

　　本罪係爲保障公權力的監督而設，對象限於依法逮捕或拘禁之人，其保障法益不在於自由的剝奪，而是對逮捕或拘禁之人依法剝奪自由的狀態。現行法雖將幫助性質的便利脫逃與縱放行爲等同處罰，卻獨漏唆使行爲，形成教唆脫逃與幫助脫逃的刑罰不符不法內涵，是刑事政策的缺失。

　　此外，縱放或便利必須與具有因果關係，區別二者原則上以逮捕或拘禁之人之脫逃是由誰積極主動促成而定。二者不僅能以不作爲實現，同時也有刑法總則共犯規定之適用，爲了避免不當限縮幫助犯之得減規定、刑罰及於不處罰的未遂幫助以及逾越「便利」之文義，便利脫逃行爲限於直接提供實質利益的幫助行爲。

【黃惠婷，〈教唆故意與縱放人犯〉，《月旦法學雜誌》，第196期，2011.09，211頁以下。】

□ **實務見解**

▶42台上124（判例）

上訴人對於公務員依法執行職務時，施以強暴脅迫，便利依法逮捕人脫逃，雖同時有妨害公務，而其妨害公務之行爲，已包括於便利脫逃

中，不得謂其方法上又犯妨害公務之罪。原判決以其妨害公務與便利脫逃有牽連關係，除適用刑法第一百六十二條第二項外，並援引同法第一百三十五條第一項、第五十五條，從一重處斷，殊有未合。

▶ 28 上 1093（判例）

縱放依法逮捕拘禁人罪，所侵害之法益，係公之拘禁力，故所縱放者，無論爲一人或數人，其被害法益祇有一個，不能以其所縱放人數之多寡，爲計算犯罪個數之標準。

第 163 條（公務員縱放或便利逃脫罪）

Ⅰ 公務員縱放職務上依法逮捕、拘禁之人或便利其脫逃者，處一年以上七年以下有期徒刑。

Ⅱ 因過失致前項之人脫逃者，處六月以下有期徒刑、拘役或九千元以下罰金。

Ⅲ 第一項之未遂犯罰之。

□ 修正前條文

Ⅰ 公務員縱放職務上依法逮捕拘禁之人或便利其脫逃者，處一年以上、七年以下有期徒刑。

Ⅱ 因過失致前項之人脫逃者，處六月以下有期徒刑、拘役或三百元以下罰金。

Ⅲ 第一項之未遂犯罰之。

■ 修正說明（108.12.25）

一、本罪於民國七十二年六月二十六日後並未修正，爰依刑法施行法第一條之一第二項本文規定將罰金數額修正提高三十倍，以增加法律明確性，並使刑法分則各罪罰金數額具內在邏輯一致性。

二、第一項末句「一年以上、七年以下」修正爲「一年以上七年以下」。

□ 實務見解

▶ 31 上 2550（判例）

刑法第一百六十三條第一項所定公務員縱放職務上依法逮捕拘禁人之罪，係指公務員對於職務上依法逮捕拘禁之人，於其逮捕拘禁中，故意縱放者而言，若其所縱放者非在其職務上逮捕拘禁之中，則其人縱役依法逮捕拘禁之人，仍與該罪之構成要件不符，祇能論以同法第一百六十二條之罪。

第九章　藏匿人犯及湮滅證據罪

第 164 條（藏匿人犯或使之隱避、頂替罪）

Ⅰ 藏匿犯人或依法逮捕、拘禁之脫逃人或使之隱避者，處二年以下有期徒刑、拘役或一萬五千元以下罰金。

Ⅱ 意圖犯前項之罪而頂替者，亦同。

□ 修正前條文

Ⅰ 藏匿犯人或依法逮捕拘禁之脫逃人或使之隱避者，處二年以下有期徒刑、拘役或五百元以下罰金。

Ⅱ 意圖犯前項之罪而頂替者，亦同。

■ 修正說明（108.12.25）

一、本罪於民國七十二年六月二十六日後並未修正，爰依刑法施行法第一條之一第二項本文規定將罰金數額修正提高三十倍，以增加法律明確性，並使刑法分則各罪罰金數額具內在邏輯一致性。

二、第二項末句「亦同」修正爲「，亦同」。

❖ 法學概念

藏匿

實務認爲，所謂「藏匿」係指行爲人以積極之作爲將犯人收容於隱密處所，而使他人難以發現而言；所謂「使之隱避」則指以「藏匿」以外之方法，使其隱蔽逃避而言，除行爲人有積極之藏匿或使之隱避之行爲外，行爲人主觀上亦基於藏匿犯人或使之隱避之意思，始足當之（臺灣高等法院臺中分院 101 年度上易字第 920 號判決）。學者則進一步指出，藏匿是以直接、積極的方式讓犯人不受刑事追訴，屬直接正犯；與包含間接正犯以及將教唆與幫助行爲的使之「隱避」予以正犯化，有所不同。

【黃惠婷，〈藏匿人犯罪的適用疑義〉，《警察法學》，第 13 期，228 頁以下。】

❖ 法學概念

使之「隱避」

使犯人隱避罪以明知其爲犯人而使之隱避爲條件，所謂使之隱避，必須有指使或指示隱避之意旨始相當，若對其是否確爲犯人尚在疑似之間，因不注意其行動，致被乘機隱避者，尚不能繩以使犯人隱避之罪（最高法院 24 年上字第 3518 號判例）。

❖ 法學概念

本罪所稱之「犯人」

藏匿犯人或使之隱蔽，係在他人犯罪行爲完成之後，妨害國家之搜查權者之犯罪，其所侵害之法益，乃國家司法權之行使，因而謂「犯人」不以起訴後之人爲限；故凡觸犯刑罰法規所規定之罪名者，不問其觸犯者係普通法或特別法、實質刑法或形式刑法，只須其係實施犯罪行爲之人，且所犯之罪不問已否發覺或起訴或判處罪刑，均屬之（臺灣高等法院臺中分院 101 年度上易字第 1287 號判決）。

❖ 法學概念

本罪所稱之「頂替」

頂替係指行爲人冒認犯人或依法逮捕拘禁之

脫逃人而出面代替，不問係以犯人或自己之名義為之，皆成立頂替罪。其構成要件既為隱避真正犯人之犯行而且以頂替，本質上即含有藏匿人犯之罪質，自無庸再論以刑法第 164 條第 1 項之藏匿人犯罪。其時點必須是他人已經犯罪，至於是否確實已經影響偵查機關的偵辦方向，與成立的頂替罪無關。

【黃惠婷，〈藏匿人犯罪的適用疑義〉，《警察法學》，第 13 期，234 頁以下。】

□ 實務見解

▶ 25 年度決議 (一) (25.04.21)
犯罪人教唆他人藏匿自己或使他人頂替，不成立刑法第一百六十四條之教唆罪。

▶ 92 台上 6308 (判決)
所謂頂替犯罪，係指無犯罪之人頂替實際犯罪者出而接受刑事訴追而言，甲○○於揭時地私運毒品海洛因返台時為警查獲，其既屬實際犯罪者，且為警當場查獲，已無頂替他人或由他人頂其犯罪之可言。

第 165 條（湮滅刑事證據罪）
偽造、變造、湮滅或隱匿關係他人刑事被告案件之證據，或使用偽造、變造之證據者，處二年以下有期徒刑、拘役或一萬五千元以下罰金。

□ 修正前條文
偽造、變造、湮滅或隱匿關係他人刑事被告案件之證據，或使用偽造、變造之證據者，處二年以下有期徒刑、拘役或五百元以下罰金。

■ 修正說明（108.12.25）
一、本罪於民國七十二年六月二十六日後並未修正，爰依刑法施行法第一條之一第二項本文規定將罰金數額修正提高三十倍，以增加法律明確性，並使刑法分則各罪罰金數額具內在邏輯一致性。
二、中段「或使用偽造」修正為「，或使用偽造」。

□ 實務見解

▶ 98 台上 1042 (判決)
刑法第一百六十五條之湮滅證據罪，條文既為「湮滅關係他人刑事被告案件之證據」，必係於湮滅證據時，已為刑事案件之被告，且其所湮滅者，非係關係其本人犯罪被告案件之證據為要件；如向非為刑事案件之被告，或係湮滅自己犯罪被告案件之證據，縱不免與其他正犯或共犯有關，仍難繩以該罪。

第 166 條（犯湮滅證據罪自白之減免）
犯前條之罪，於他人刑事被告案件裁判確定前自白者，減輕或免除其刑。

第 167 條（親屬間犯本章罪之減免）
配偶、五親等內之血親或三親等內之姻親圖利犯人或依法逮捕拘禁之脫逃人，而犯第一百六十四條或第一百六十五條之罪者，減輕或免除其刑。

第十章　偽證及誣告罪

第 168 條（偽證罪）
於執行審判職務之公署審判時或於檢察官偵查時，證人、鑑定人、通譯於案情有重要關係之事項，供前或供後具結，而為虛偽陳述者，處七年以下有期徒刑。

□ 實務見解

▶ 72 台上 3311 (判例)
刑法第一百七十二條偽證罪自白減輕或免除其刑之規定，**所謂於虛偽陳述之案件裁判確定前自白者，係指於案情有重要關係之事項，為虛偽陳述後，而自白其陳述係屬虛偽者而言**，上訴人嗣後變更以往之陳述內容，並未自白前二次之陳述係屬虛偽，尚不能解免裁判權陷於誤用或濫用之虞，即與該條規定不相符合，不能減免其刑。又上訴人所為應成立偽證罪，該罪為侵害國家法益之犯罪，其罪數應以訴訟之件數為準，上訴人雖先後二度偽證，然僅一件訴訟，應論以單純一罪，無連續犯之可言。

▶ 71 台上 8127 (判例)
按刑法上之偽證罪，不以結果之發生為要件，一有偽證行為，無論當事人是否因而受有利或不利之判決，均不影響其犯罪之成立。而該罪所謂於案情有重要關係之事項，則指該事項之有無，足以影響於裁判之結果者而言。

▶ 69 台上 2427 (判例)
偽證罪之構成，以於執行審判職務之公署或於檢察官偵查時對於案情有重要關係之事項，供前或供後具結，而為虛偽之陳述為要件，**所謂虛偽之陳述，係指與案件之真正事實相悖，而足以陷偵查或審判於錯誤之危險者而言**，若在此案之供證為屬真實，縱其後於其他案件所供與前此之供述不符，除在後案件所供述合於偽證罪之要件得另行依法辦理外，究不得遽指在前與實情相符之供證為偽證。

▶ 69 台上 1506 (判例)
所謂偽證，係指證人對於所知實情故作虛偽之陳述而言，**不包括證人根據自己之意見所作之判斷在內**。

▶ 104 台上 1259 (判決)
刑法第一百六十八條之偽證，以於案情有重要關係之事項，故意為虛偽之陳述為構成要件，而

所謂「虛偽之陳述」，必須行為人以明知不實之事項，故為不實之陳述，始為相當，如因誤會或記憶不清而有所錯誤，因欠缺犯罪故意，自不能以本罪相繩。

▶ 102 台上 4738（判決）
偽證罪係屬學說上所謂之「己手犯」，「己手犯」之特徵在於正犯以外之人，雖可對之加功而成立該罪之幫助犯或教唆犯，但不得為該罪之間接正犯或共同正犯，亦即該罪之正犯行為，唯有藉由正犯一己親手實行之，他人不可能參與其間，縱有犯意聯絡，仍非可論以共同正犯。

▶ 99 台上 3599（判決）
民國九十二年二月六日修正公布、同年九月一日施行前之同法第一百八十六條第三款規定：「證人有第一百八十一條情形而不拒絕證言者，不得令其具結。」修正後第一百八十六條第二項，則增訂法官或檢察官於「證人有第一百八十一條之情形者，應告以得拒絕證言」之義務。上開規定旨在免除證人陷於抉擇控訴自己或與其有一定身分關係之人犯罪，或因陳述不實而受偽證之處罰，或不陳述而受罰鍰處罰等困境。證人此項拒絕證言權與被告之緘默權同屬不自證己罪之特權，為確保證人此項權利，法官或檢察官有告知證人得拒絕證言之義務；如法官或檢察官未踐行此項告知義務，而逕行告以具結之義務及偽證之處罰，並命朗讀結文後具結，將使證人陷於前述抉擇困難，無異侵奪證人此項拒絕證言權，有違證人不自證己罪之原則。該證人於此情況下所為之具結程序即有瑕疵，為貫徹上述保障證人權益規定之旨意，自應認其具結不生合法之效力，縱其陳述不實，亦不能遽依偽證罪責論擬。

▶ 99 台上 1589（判決）
偽證罪之成立，以證人、鑑定人或通譯於檢察官偵查或執行審判職務之公署審判時，於案情有重要關係之事項，供前或供後具結而為虛偽陳述為要件。所謂「於案情有重要關係之事項」，係指該事項之有無，足以影響偵查結果或裁判之決斷而言；而所謂「虛偽之陳述」，則指其陳述之內容與真正之事實相悖，足以陷偵查或審判於錯誤之危險者而言。偽證罪雖不以果使偵查或裁判發生不正確之結果為必要，但必其所陳述之事項，足以影響偵查處分或裁判之決斷，且因其陳述不實，致有陷偵查或審判於錯誤之危險者，始足當之。若其所陳述之事項與偵查或裁判之決斷並無重要關係，縱其陳述不實，亦不足以陷偵查或審判於錯誤之危險者，即與偽證罪之要件不合，自難遽以該罪論擬。

第 169 條（誣告罪）
Ⅰ 意圖他人受刑事或懲戒處分，向該管公務員誣告者，處七年以下有期徒刑。
Ⅱ 意圖他人受刑事或懲戒處分，而偽造、變造證據，或使用偽造、變造之證據者，亦同。

□ 實務見解

▶ 47 台上 919（判例）
上訴人使用偽造之私文書誣告他人犯罪，該項文書如不具備刑法第二百一十條之犯罪構成要件，則祇屬同法第一百六十九條第二項所稱證據之一種，上訴人使用偽造之證據誣告他人犯罪，其使用偽造證據之行為，為誣告行為所吸收，祇應成立第一百六十九條第一項之罪，如尚具備刑法第二百一十條之犯罪構成要件，則上訴人偽造文書並進而行使，除應構成誣告罪外，尚不能置行使偽造文書行為於不論。

▶ 44 台上 892（判例）
誣告罪之成立，以告訴人所訴被訴人之事實必須完全出於虛構為要件，若有出於誤會或懷疑有此事實而為申告，以致不能證明其所訴之事實為真實，縱被訴人不負刑責，而告訴人本缺乏誣告之故意，亦難成立誣告罪名。

▶ 30 上 3608（判例）
刑法上之誣告罪，以虛偽之申告達到於該管公務員時，即為成立，嗣後變更其陳述之內容，與已成立之誣告罪並無影響。

▶ 26 渝上 893（判例）
刑事訴訟法第三百十一條所定得提起自訴之人，係限於因犯罪而直接被害之人，必其人之法益由於犯罪行為直接所加害，若須待乎他人之另一行為而其人始受損害者，即非因犯罪直接所受之損害，不得提起自訴。至個人與國家或社會，因犯罪而同時被害者，該被害之個人，固亦得提起自訴，但所謂同時被害，自須個人之被害與國家或社會之被害由於同一之犯罪行為所致，若犯罪行為雖足加國家或社會以損害，而個人之受害與否，尚須視他人之行為而定者，即不能謂係同時被害，仍難認其有提起自訴之權。刑法上之誣告罪，得由被誣告人提起自訴，係以誣告行為一經實施，既足使國家司法上之審判權或偵查權妄為開始，而同時又至少必使被誣告者受有名譽上之損害，縱使審判或偵查結果不能達到誣告者欲使其受懲戒處分或刑事處分之目的，而被誣告人在名義上已一度成為行政上或刑事上之被告，其所受名譽之損害，自係誣告行為直接且同時所加害。至於他人刑事被告案內為證人、鑑定人、通譯之人，在審判或偵查時，依法具結而為虛偽之陳述，固足使採證錯誤，判斷失平，致司法喪

失威信，然此種虛偽之陳述，在他人是否因此被害，尚繫於執行審判或偵查職務之公務員採信其陳述與否而定，並非因證行為直接或同時受有損害，即與刑事訴訟法第三百十一條所稱之被害人並不相當，其無提起自訴之權，自不待言。

▶ 100 台上 3369（判決）

刑法第一百六十九條第一項誣告罪，以意圖他人受刑事或懲戒處分而虛構事實，向該管公務員申告為要件。倘告訴人所訴事實尚非全然無因，或誤認有此事實或以為有此嫌疑，而為申告，均難以誣告罪相繩。又告訴人所訴事實，不能證明其係實在，對於被訴人為無罪之判決確定者，是否構成誣告罪，尚應就其有無虛構誣告之故意，及是否出於誤會等情形以為斷，並非當然可以誣告罪相繩。

第 170 條（加重誣告罪）
意圖陷害直系血親尊親屬，而犯前條之罪者，加重其刑至二分之一。

第 171 條（未指定犯人誣告罪）
I 未指定犯人，而向該管公務員誣告犯罪者，處一年以下有期徒刑、拘役或九千元以下罰金。
II 未指定犯人，而偽造、變造犯罪證據，或使用偽造、變造之犯罪證據，致開始刑事訴訟程序者，亦同。

□修正前條文
I 未指定犯人，而向該管公務員誣告犯罪者，處一年以下有期徒刑、拘役或三百元以下罰金。
II 未指定犯人，而偽造、變造犯罪證據，或使用偽造、變造之犯罪證據，致開始刑事訴訟程序者，亦同。

■修正說明（108.12.25）
一、本罪於民國七十二年六月二十六日後並未修正，爰依刑法施行法第一條之一第二項本文規定將罰金數額修正提高三十倍，以增加法律明確性，並使刑法分則各罪罰金數額內在邏輯一致性。
二、第二項末句「亦同」修正為「，亦同」。

第 172 條（偽證、誣告自白減免）
犯第一百六十八條至第一百七十一條之罪，於所虛偽陳述或所誣告之案件，裁判或懲戒處分確定前自白者，減輕或免除其刑。

□ 實務見解
▶ 72 台上 3311（判例）
刑法第一百七十二條偽證罪自白減輕或免除其刑之規定，所謂於虛偽陳述之案件裁判確定前自白者，係指於案情有重要關係之事項，為虛偽陳述後，而自白其陳述係屬虛偽者而言，上訴人嗣後變更以往之陳述內容，並未自白前二次之陳述係屬虛偽，尚不能解免裁判權陷於誤用或濫用之虞，即與該條規定不相符合，不能減免其刑。又上訴人所為構成立偽證罪，該罪為侵害國家法益之犯罪，其罪數應以訴訟之件數為準，上訴人雖先後二度偽證，然僅一件訴訟，應論以單純一罪，無連續犯之可言。

▶ 30 上 2606（判例）
一次虛構事實而誣告數人，其誣告行為仍屬一個，因之對於所告數人中之一部分，自白為係屬誣告，而對於其餘之人仍有使受刑事處分之意圖，未經自白為誣告者，僅屬縮小其誣告行為之範圍，仍不能邀減免之寬典。

第十一章　公共危險罪

❖ 法學概念
「具體危險犯」與「抽象危險犯」

　　刑事法上所謂「危險犯」與「實害犯」乃相對應之概念，即以對法益之實際侵害作為處罰根據之犯罪，謂之「實害犯」，而以對法益發生侵害的危險作為處罰根據的犯罪，謂之「危險犯」。「危險犯」之規定中，又有「具體危險犯」與「抽象危險犯」之區分，兩者之含義及判斷標準均不同。「具體危險犯」中之具體危險，使法益侵害之可能性具體地達到現實化之程度，此種危險屬於構成要件之內容，須行為具有發生侵害結果之可能性（危險之結果），始足當之。因屬於構成要件事實，具體危險是否存在，需要加以證明與確認，不能以某種程度的假定或抽象為已足，對具體危險之證明和判斷，事實審法院應以行為當時之各種具體情況以及已經判明的因果關係為根據，用以認定行為是否具有發生侵害法益的可能性。故具體危險犯中之具體危險，是「作為結果的危險」，學理上稱為「司法認定之危險」。一般而言，具體危險犯在刑法分則中以諸如「危害公共安全」、「足以發生……危險」、「引起……危險」等字樣明示之。

　　而「抽象危險犯」是指行為本身含有侵害法益之可能性而被禁止之態樣，重視行為本身之危險性。此種抽象危險不屬於構成要件之內容，只要認定事先預定之某種行為具有可罰的實質違法根據（如有害於公共安全），不問事實上是否真發生危險，凡一有該行為，罪即成立，亦即只要證明行為存在，而危險不是想像的或臆斷的（迷信犯），即可認有抽象危險，該當構成要件的行為，具備可罰的實質違法性。**立法者所擬制或立法上推定的危險，其危險及程度是立法者之**

判斷。抽象的危險在重視行為本身的危險性，故抽象危險犯中之抽象危險，是「行為的危險」，學理上稱為「立法上推定之危險」。雖抽象危險是立法上推定之危險，但對抽象危險是否存在之判斷仍有必要，即以行為本身之一般情況或一般之社會生活經驗為根據，判斷行為是否存在抽象的危險（具有發生侵害結果的危險），始能確定有無立法者推定之危險（最高法院97年度台上字第731號判決）。

第 173 條（放火或失火燒燬現住建築物及交通工具罪）
I 放火燒燬現供人使用之住宅或現有人所在之建築物、礦坑、火車、電車或其他供水、陸、空公眾運輸之舟、車、航空機者，處無期徒刑或七年以上有期徒刑。
II 失火燒燬前項之物者，處一年以下有期徒刑、拘役或一萬五千元以下罰金。
III 第一項之未遂犯罰之。
IV 預備犯第一項之罪者，處一年以下有期徒刑、拘役或九千元以下罰金。

□**修正前條文**
I 放火燒燬現供人使用之住宅或現有人所在之建築物、礦坑、火車、電車或其他供水、陸、空公眾運輸之舟、車、航空機者，處無期徒刑或七年以上有期徒刑。
II 失火燒燬前項之物者，處一年以下有期徒刑、拘役或五百元以下罰金。
III 第一項之未遂犯罰之。
IV 預備犯第一項之罪者，處一年以下有期徒刑、拘役或三百元以下罰金。

■**修正說明**（108.12.25）
本罪於民國七十二年六月二十六日後並未修正，爰依刑法施行法第一條之一第二項本文規定將罰金數額修正提高三十倍，以增加法律明確性，並使刑法分則各罪罰金數額具內在邏輯一致性。

❖ **法學概念**
本罪之行為主體
　　依通說及實務見解，本罪現供人使用或現有人所在之「人」須作限縮解釋，乃指行為人「以外」之自然人而言。若住宅等如係行為人所單獨使用則為第174條放火罪之客體，不成立本罪。
【甘添貴，《刑法各論（下）》，三民，修訂四版，2015.05，12頁；盧映潔，《刑法分則新論》，新學林，修訂十版，2015.07，197頁；蔡聖偉，〈廠不可炎——論失火罪客體的屬性認定〉，《月旦法學教室》，第85期，2009.11，31頁下；最高法院28年上字第3218號判例。】

❖ **法學概念**
放火
　　所謂「放火」乃本罪之實行行為，係指「對於目的物的燒燬賦予原因力的行為」，或稱「惹起各條所定物體的火災而縱放火力」而言，此與單純之「點火」不同。此係指故意而言，若非故意，則屬失火之範疇。而一般人故意放火燒燬上述住宅、建築物或交通工具，通常應有其動機或原因，否則，即無從萌生放火之故意。故此項動機與原因，與判斷行為人有無放火之故意有重要關係。
【陳子平，《刑法各論（下）》，元照，初版，2014.11，119頁；最高法院98年度台上字第2950號判決。】

❖ **法學概念**
燒燬
　　關於「燒燬」的定義有以下諸說：
一、獨立燃燒說
　　以火力離開引燃媒介物，而目的物已能獨立繼續發生燃燒之作用者，因已發生公共危險，即應認為燒燬，不以其效用喪失為必要。
二、效用喪失說
　　當以火力而使目的物之重要部分燒失，致其物喪失本來之效用時，即為條文中燒燬。
三、重要部分開始燃燒說
　　此說基本上採獨立燃燒說，惟認僅係獨立燃燒，尚有未足，須物之重要部分開始燃燒時，始為燒燬。
四、一部損壞說
　　此說基本上採效用喪失說，惟稍緩其概念，認為不必達於效用喪失之程度，僅須物之一部損壞，即屬已足。
【甘添貴，《刑法各論（下）》，三民，修訂四版，2015.05，16頁。】
　　以上諸說我國司法實務採效用喪失說（最高法院101年度台上字第2251號判決、95年度台上字第7018號判決、95年度台上字第2901號判決）。

❖ **法學概念**
現供人使用之住宅或現有人所在之建築物等
　　所謂「現供人使用之住宅」或「現有人所在之建築物」等，並不以現有人確實存在為必要。林東茂教授認為係自己的住宅現供人使用或自己的建築物現有人所在，即便沒有左鄰右舍，縱火燒之，火勢毫無延燒可能，也構成刑法第173條第1項的放火罪，理由是行為人有權利毀壞屬於自己的所有物，不成立毀損；但是，如果以放火的方式毀壞住宅、建築物與大眾交通工具，勢將引起公共危險，所以遭到嚴厲處罰。
　　但多數學說及實務見解持否定說，如行為人縱火燒燬的標的物，係僅供行為人單獨使用或僅

有行為人單獨在內者，則這種標的物，即不能成立放火罪，蓋本罪之所以加重處罰，其根據在於行為可能造成行為人以外之他人的生命、身體的危險。

【林東茂，《刑法分則》，一品，初版，2018.09，257頁以下；盧映潔，《刑法分則新論》，新學林，修訂十版，2015.07，196頁；陳子平，《刑法各論（下）》，元照，初版，2014.11，16頁；甘添貴，《刑法各論（下）》，三民，修訂四版，2015.05，12頁；最高法院28年上字第3218號判例。】

🗌 實務見解

▶ 79 台上 1471（判例）

刑法第一百七十三條第一項放火燒燬現有人使用之住宅罪，其直接被害法益，為一般社會之公共安全，雖同時侵害私人之財產法益，但仍以保護社會公安法益為重，況放火行為原含有毀損性質，而放火燒燬現供人使用之住宅罪，自係指供人居住房屋之整體而言，應包括牆垣及該住宅內所有設備、傢俱、日常生活上之一切用品。故一個放火行為，若同時燒燬住宅與該住宅內所有其他物品，無論該其他物品為他人或自己所有，與同時燒燬數犯罪客體者之情形不同，均不另成立刑法第一百七十五條第一項或第二項放火燒燬住宅以外他人或自己所有物罪。

▶ 29 上 2388（判例）

放火罪原含有毀損性質在內，放火燒燬他人住宅損及牆垣，自無兼論毀損罪之餘地。

▶ 29 上 66（判例）

刑法第一百七十三條第一項所謂現供人使用之住宅，係指現時人住居使用之房宅而言，如果住宅業已他遷，其原來住宅，縱令有雜物在內，為原來住戶所保管，但該住宅既非現時人居住之使用，即難謂係該條項所稱之住宅。

▶ 105 台上 142 ○（判決）

刑法公共危險罪章，以有害公共安全之行為為對象。其中抽象危險犯，係指特定行為依一般經驗法則衡量，對公共安全有引發實害或具體危險之可能性。例如放火燒燬現供人使用住宅或現有人所在建築物之行為，依火之蔓延性及難以控制性，通常情形會密接發生行為人無法控制之不特定人生命、身體、財產受侵害之具體危險或實害，係典型引起公共安全危害之危險行為，屬抽象危險犯。只要行為人認知其係放火燒燬系爭住宅或建築物，即有該抽象危險犯罪之故意，不問有無發生具體之公共危險或實害結果，均成立犯罪。惟若行為時確定排除法律預設之抽象危險存在，亦即確定無發生具體危險或實害之可能性時，因無危險即不具刑罰正當性，自不構成該抽象危險犯罪。

▶ 100 台上 5908（判決）

刑法第一百七十三條第一項放火燒燬現供人使用

之住宅罪，其直接被害法益，為一般社會之公共安全，雖同時侵害私人之財產法益，但仍以保護社會公安法益為重，況放火行為原含有毀損性質，而放火燒燬現供人使用之住宅罪，自係指供人居住房屋之整體而言，應包括牆垣及該住宅內所有設備、傢俱、日常生活上之一切用品。故一個放火行為，若同時燒燬數住宅與該住宅內所有其他物品，無論該其他物品為他人或自己所有，仍祇論以刑法第一百七十三條第一項一罪，而不以其所焚之建物數或財物所有人數，分別定其罪名及罪數。又刑法第一百七十三條第一項之放火燒燬現供人使用之住宅罪，其所為燒燬，係指使該住宅主要部分或效用滅失之燒燬。

▶ 96 台上 3974（判決）

按刑法第一百七十三條第一項所稱現供人使用之住宅，以案發時段該住宅於平時有人在內使用為已足，而該條項所稱之燒燬，係指燃燒毀損之義，亦即標的物已因燃燒結果喪失其效用而言，如燃燒行為尚未造成該住宅房屋構成之重要部分燒燬，應未達使住宅房屋本身喪失效用之程度，僅能論以未遂。

第 174 條（放火失火燒燬非現住建築物及交通工具罪）

I 放火燒燬現非供人使用之他人所有住宅或現未有人所在之他人所有建築物、礦坑、火車、電車或其他供水、陸、空公眾運輸之舟、車、航空機者，處三年以上十年以下有期徒刑。

II 放火燒燬前項之自己所有物，致生公共危險者，處六月以上五年以下有期徒刑。

III 失火燒燬第一項之物者，處六月以下有期徒刑、拘役或九千元以下罰金；失火燒燬前項之物，致生公共危險者，亦同。

IV 第一項之未遂犯罰之。

🗌 修正前條文

I 放火燒燬現非供人使用之他人所有住宅或現未有人所在之他人所有建築物、礦坑、火車、電車或其他供水、陸、空公眾運輸之舟、車、航空機者，處三年以上十年以下有期徒刑。

II 放火燒燬前項之自己所有物，致生公共危險者，處六月以上五年以下有期徒刑。

III 失火燒燬第一項之物者，處六月以下有期徒刑、拘禁或三百元以下罰金。失火燒燬前項之物，致生公共危險者，亦同。

IV 第一項之未遂犯罰之。

■ 修正說明（108.12.25）

一、本罪於民國七十二年六月二十六日後並未修正，爰依刑法施行法第一條之一第二項本文規定將罰金數額修正提高三十倍，以

增加法律明確性，並使刑法分則各罪罰金數額具內在邏輯一致性。

二、第一項末句「三年以上、十年以下」修正為「三年以上十年以下」；第二項末句「六月以上、五年以下」修正為「六月以上五年以下」；第三項末句「亦同」修正為「，亦同」。

第 175 條（放火或失火燒燬住宅等以外之物罪）

Ⅰ 放火燒燬前二條以外之他人所有物，致生公共危險者，處一年以上七年以下有期徒刑。

Ⅱ 放火燒燬前二條以外之自己所有物，致生公共危險者，處三年以下有期徒刑。

Ⅲ 失火燒燬前二條以外之物，致生公共危險者，處拘役或九千元以下罰金。

□ 修正前條文

Ⅰ 放火燒燬前二條以外之他人所有物，致生公共危險者，處一年以上七年以下有期徒刑。

Ⅱ 放火燒燬前二條以外之自己所有物，致生公共危險者，處三年以下有期徒刑。

Ⅲ 失火燒燬前二條以外之物，致生公共危險者，處拘役或三百元以下罰金。

■ 修正說明（108.12.25）

一、本罪於民國七十二年六月二十六日後並未修正，爰依刑法施行法第一條之一第二項本文規定將罰金數額修正提高三十倍，以增加法律明確性，並使刑法分則各罪罰金數額具內在邏輯一致性。

二、第一項末句「一年以上、七年以下」修正為「一年以上七年以下」。

□ 實務見解

▶ 98 台上 6270（判決）

刑法第一百七十五條第一項：放火燒燬前二條以外他人所有物罪，固以致生公共危險即具體危險為犯罪構成要件之一，**惟所謂公共危險，祇須有發生實害之蓋然性為已足。此項蓋然性之有無，應由事實審法院基於經驗及論理法則，而為客觀之判斷，自係事實認定問題。**原判決就本件上訴人之行為如何致生公共危險，已在理由說明：衣服、鞋子及木製鞋櫃等均屬易燃之物品，若著火燃燒，火勢應當不小，顯對大樓住戶之生命、財產安全有危險性，且本案除三件衣服確已燃燒外，復已延燒至鄰近之鞋子，且將要燒到附近之木製鞋櫃，依客觀之經驗法則，上訴人放火燒燬上開衣服之行為，顯有波及周遭其他易燃物品之危險，而危及大樓住戶生命、財產之安全無訛，上訴人上開行為，有發生實害之蓋然性，足致生公共危險，自屬無疑等語。

第 176 條（準放火罪）

故意或因過失，以火藥、蒸氣、電氣、煤氣或其他爆裂物，炸燬前三條之物者，準用各該條放火、失火之規定。

□ 實務見解

▶ 84 台上 1134（判例）

刑法第一百七十六條之準放火罪，以其燒燬之原因係由於爆炸所致，亦即藉其爆風、高熱等急烈膨脹力，致其物毀壞或焚燬之義，如單純之以火藥或煤氣等為放火之方法，並非利用其膨脹力使之炸燬者，應逕依放火罪論處，不成立該條之罪。

第 177 條（漏逸或間隔氣體罪）

Ⅰ 漏逸或間隔蒸氣、電氣、煤氣或其他氣體，致生公共危險者，處三年以下有期徒刑、拘役或九千元以下罰金。

Ⅱ 因而致人於死者，處無期徒刑或七年以上有期徒刑；致重傷者，處三年以上十年以下有期徒刑。

□ 修正前條文

Ⅰ 漏逸或間隔蒸氣、電氣、煤氣或其他氣體，致生公共危險者，處三年以下有期徒刑、拘役或三百元以下罰金。

Ⅱ 因而致人於死者，處無期徒刑或七年以上有期徒刑。致重傷者，處三年以上十年以下有期徒刑。

■ 修正說明（108.12.25）

一、本罪於民國七十二年六月二十六日後並未修正，爰依刑法施行法第一條之一第二項本文規定將罰金數額修正提高三十倍，以增加法律明確性，並使刑法分則各罪罰金數額具內在邏輯一致性。

二、第二項末句「三年以上、十年以下」修正為「三年以上十年以下」。

❖ 法學概念

本罪所指之「氣體」

刑法第 177 條所規定的「氣體」包含一切具有爆裂性、燃燒性或「有毒性」之氣體均是之。本罪所謂之蒸氣、電氣及煤氣，為本罪行為客體之例示規定，其他一切具有爆裂性、燃燒性或「有毒性」之氣體均屬之。

【甘添貴，《刑法各論（下）》，三民，修訂四版，2015.05，31 頁。】

例如高雄氣爆事件之「丙烯」即是。它是一種常溫下無色、無臭、略帶甜味的氣體，屬易燃危險等級，因丙烯與空氣混合，就能生成易爆性混合物。此外，丙烯外洩亦會對環境造成危害，空氣、土壤、水源等均有可能遭受污染。當

丙烯擴散至空氣中，對於呼吸道、支氣管等較為敏感的人來說，容易誘發氣喘，若超過一般標準值，短時吸入過多或濃度過高的丙烯，不僅會對人體造成神經毒性，更會導致頭暈、乏力、呼吸急促、噁心想吐、缺氧、意識喪失，嚴重甚至是死亡。因此，丙烯應屬本罪所稱之「其他氣體」。

❖ **法學概念**

本罪所稱之「漏逸」或「間隔」

　　刑法第 177 條漏逸或間隔氣體罪雖非抽象危險犯，尚非只要一有漏逸或間隔蒸氣、電氣、煤氣或其他氣體，即透過因果關係必然性的推定，認定其行為對於法益具一定的危險性，而不論客觀情況為何，逕以此法益危險關係作為規範的基礎，即行成立刑法第 177 條之罪。惟所謂「致生公共危險」之具體危險犯，並不以已發生實害為必要，只須個案中有瀕於發生具體實害發生之虞，即得認定已發生具體危險（最高法院 100 年度台上字第 5619 號判決、94 年度台上字第 6173 號判決參照）。本罪的行為乃「漏逸」與「間隔」。

　　所謂「漏逸」，係指使氣體洩於貯藏器或輸送器外之行為而言。所謂「間隔」，係指妨害氣體流通的行為而言。

【盧映潔，《刑法分則論》，新學林，修訂十版，2015.07，209 頁。】

　　例如高雄氣爆事件管線洩漏之氣體為易燃易爆之「丙烯」，一點燃即有發生氣爆之公共危險，且該氣體依其化學特性對人體吸入後亦足危害身體健康，故本件既已漏逸大量可能對人產生危險之丙烯氣體，實已瀕於具體實害發生之具體危險狀態，而該當本罪「致生公共危險」之構成要件。

第 178 條（決水浸害現供人使用之住宅或現有人所在之建築物及交通工具罪）
Ⅰ 決水浸害現供人使用之住宅或現有人所在之建築物、礦坑或火車、電車者，處無期徒刑或五年以上有期徒刑。
Ⅱ 因過失決水浸害前項之物者，處一年以下有期徒刑、拘役或一萬五千元以下罰金。
Ⅲ 第一項之未遂犯罰之。

□ **修正前條文**
Ⅰ 決水浸害現供人使用之住宅或現有人所在之建築物、礦坑或火車、電車者，處無期徒刑或五年以上有期徒刑。
Ⅱ 因過失決水浸害前項之物者，處一年以下有期徒刑、拘役或五百元以下罰金。
Ⅲ 第一項之未遂犯罰之。

■ **修正說明**（108.12.25）
　　本罪於民國七十二年六月二十六日後並未修正，爰依刑法施行法第一條之一第二項本文規定將罰金數額修正提高三十倍，以增加法律明確性，並使刑法分則各罪罰金數額具內在邏輯一致性。

第 179 條（決水浸害現非供人使用之住宅或現未有人在之建築物罪）
Ⅰ 決水浸害現非供人使用之他人所有住宅或現未有人所在之他人所有建築物或礦坑者，處一年以上七年以下有期徒刑。
Ⅱ 決水浸害前項之自己所有物，致生公共危險者，處六月以上五年以下有期徒刑。
Ⅲ 因過失決水浸害第一項之物者，處六月以下有期徒刑、拘役或九千元以下罰金。
Ⅳ 因過失決水浸害前項之物，致生公共危險者，亦同。
Ⅴ 第一項之未遂犯罰之。

□ **修正前條文**
Ⅰ 決水浸害現非供人使用之他人所有住宅或現未有人所在之他人所有建築物或礦坑者，處一年以上、七年以下有期徒刑。
Ⅱ 決水浸害前項之自己所有物，致生公共危險者，處六月以上、五年以下有期徒刑。
Ⅲ 因過失決水浸害第一項之物者，處六月以下有期徒刑、拘役或三百元以下罰金。
Ⅳ 因過失決水浸害前項之物，致生公共危險者，亦同。
Ⅴ 第一項之未遂犯罰之。

■ **修正說明**（108.12.25）
一、本罪於民國七十二年六月二十六日後並未修正，爰依刑法施行法第一條之一第二項本文規定將罰金數額修正提高三十倍，以增加法律明確性，並使刑法分則各罪罰金數額具內在邏輯一致性。
二、第一項末句「一年以上、七年以下」修正為「一年以上七年以下」；第二項末句「六月以上、五年以下」修正為「六月以上五年以下」；第四項末句「亦同」修正為「，亦同」。

第 180 條（決水浸害住宅等以外之物罪）
Ⅰ 決水浸害前二條以外之他人所有物，致生公共危險者，處五年以下有期徒刑。
Ⅱ 決水浸害前二條以外之自己所有物，致生公共危險者，處二年以下有期徒刑。
Ⅲ 因過失決水浸害前二條以外之物，致生公共危險者，處拘役或九千元以下罰金。

□修正前條文
Ⅰ決水浸害前二條以外之他人所有物，致生公共危險者，處五年以下有期徒刑。
Ⅱ決水浸害前二條以外之自己所有物，致生公共危險者，處二年以下有期徒刑。
Ⅲ因過失決水浸害前二條以外之物，致生公共危險者，處拘役或三百元以下罰金。

■修正說明（108.12.25）
本罪於民國七十二年六月二十六日後並未修正，爰依刑法施行法第一條之一第二項本文規定將罰金數額修正提高三十倍，以增加法律明確性，並使刑法分則各罪罰金數額具內在邏輯一致性。

第181條（破壞防水蓄水設備罪）
Ⅰ決潰隄防、破壞水閘或損壞自來水池，致生公共危險者，處五年以下有期徒刑。
Ⅱ因過失犯前項之罪者，處拘役或九千元以下罰金。
Ⅲ第一項之未遂犯罰之。

□修正前條文
Ⅰ決潰隄防、破壞水閘或損壞自來水池，致生公共危險者，處五年以下有期徒刑。
Ⅱ因過失犯前項之罪者，處拘役或三百元以下罰金。
Ⅲ第一項之未遂犯罰之。

■修正說明（108.12.25）
本罪於民國七十二年六月二十六日後並未修正，爰依刑法施行法第一條之一第二項本文規定將罰金數額修正提高三十倍，以增加法律明確性，並使刑法分則各罪罰金數額具內在邏輯一致性。

第182條（妨害救災罪）
於火災、水災、風災、震災、爆炸或其他相類災害發生之際，隱匿或損壞防禦之器械或以他法妨害救災者，處三年以下有期徒刑、拘役或三萬元以下罰金。

□修正前條文
於火災、水災之際，隱匿或損壞防禦之器械或以他法妨害救火、防水者，處三年以下有期徒刑、拘役或三百元以下罰金。

■修正說明（94.02.02）
一、關於妨害救災罪侷限於「火災、水災之際」之要件似嫌過狹，為提升救災之效率，宜有擴大災害範圍必要，爰增列「風災、震災、爆炸或其他相類災害發生」以期週延。
二、因第三十三條之罰金刑已提高為新臺幣一千元以上，現行法第一項之罰金刑為「三百元以下」顯與前開修正扞格，爰依

目前社會經濟水準、人民平均所得，參考罰金罰鍰提高標準條例第二條關於易科罰金、易服勞役就原定數額提高一百倍之標準，酌予提高罰金刑之上限。

第183條（傾覆或破壞現有人所在之交通工具罪）
Ⅰ傾覆或破壞現有人所在之火車、電車或其他供水、陸、空公眾運輸之舟、車、航空機者，處無期徒刑或五年以上有期徒刑。
Ⅱ因過失犯前項之罪者，處三年以下有期徒刑、拘役或三十萬元以下罰金。
Ⅲ第一項之未遂犯罰之。

□修正前條文
Ⅰ傾覆或破壞現有人所在之火車、電車或其他供水、陸、空公眾運輸之舟、車、航空機者，處無期徒刑或五年以上有期徒刑。
Ⅱ因過失犯前項之罪者，處一年以下有期徒刑、拘役或三百元以下罰金。
Ⅲ從事業務之人，因業務上之過失犯第一項之罪者，處三年以下有期徒刑、拘役或五百元以下罰金。
Ⅳ第一項之未遂犯罰之。

■修正說明（108.05.29）
一、提高過失犯罪之法定刑為三年以下有期徒刑、拘役或三十萬元以下罰金，由法官依具體個案之過失情節量處適當之刑。又其罰金刑額數已不符時宜，配合提高為三十萬元，爰修正第二項。
二、原第二項及第三項依是否為業務過失而有不同法定刑，有違平等原則，爰刪除原第三項業務過失處罰之規定。
三、第一項未修正，原第四項配合移列至第三項。

第184條（妨害舟車及航空機行駛安全罪）
Ⅰ損壞軌道、燈塔、標識或以他法致生火車、電車或其他供水、陸、空公眾運輸之舟、車、航空機往來之危險者，處三年以上十年以下有期徒刑。
Ⅱ因而致前項之舟、車、航空機傾覆或破壞者，依前條第一項之規定處斷。
Ⅲ因過失犯第一項之罪者，處二年以下有期徒刑、拘役或二十萬元以下罰金。
Ⅳ第一項之未遂犯罰之。

□修正前條文
Ⅰ損壞軌道、燈塔、標識或以他法致生火車、電車或其他供水、陸、空公眾運輸之舟、車、航空機往來之危險者，處三年以上、十年以下有期徒刑。
Ⅱ因而致前項之舟、車、航空機傾覆或破壞

者，依前條第一項之規定處斷。

III因過失犯第一項之罪者，處六月以下有期徒刑、拘役或三百元以下罰金。

IV從事業務之人，因業務上之過失犯第一項之罪者，處二年以下有期徒刑、拘役或五百元以下罰金。

V第一項之未遂犯罰之。

■修正說明（108.05.29）

一、第一項酌作標點符號修正。

二、提高過失犯罪之法定刑為二年以下有期徒刑、拘役或二十萬元以下罰金，由法官依具體個案之過失情節量處適當之刑。又其罰金額數已不符時宜，配合提高為二十萬元，爰修正第三項。

三、原第三項及第四項依是否為業務過失而有不同法定刑，有違平等原則，爰刪除原第四項業務過失處罰之規定。

四、第二項未修正，原第五項配合移列至第四項。

第185條（妨害公眾往來安全罪）

I損壞或壅塞陸路、水路、橋樑或其他公眾往來之設備或以他法致生往來之危險者，處五年以下有期徒刑、拘役或一萬五千元以下罰金。

II因而致人於死者，處無期徒刑或七年以上有期徒刑；致重傷者，處三年以上十年以下有期徒刑。

III第一項之未遂犯罰之。

□修正前條文

I損壞或壅塞陸路、水路、橋樑或其他公眾往來之設備或以他法致生往來之危險者，處五年以下有期徒刑，拘役或五百元以下罰金。

II因而致人於死者，處無期徒刑或七年以上有期徒刑。致重傷者，處三年以上十年以下有期徒刑。

III第一項之未遂犯罰之。

■修正說明（108.12.25）

一、本罪於民國七十二年六月二十六日後並未修正，爰依刑法施行法第一條之一第二項本文規定將罰金數額修正提高三十倍，以增加法律明確性，並使刑法分則各罪罰金數額間內在邏輯一致性。

二、第二項後段「。致重傷者，處三年以上、十年以下有期徒刑」修正為「；致重傷者，處三年以上十年以下有期徒刑」。

❖法學概念

妨害公眾往來安全罪

　　刑法第185條第1項之罪為具體危險犯，

又所謂「以他法致生往來之危險」，其中「他法」，乃係指除損壞、壅塞以外，凡足以妨害公眾往來通行之方法，皆屬之。行為客體有陸路、水路、橋樑或其他公眾往來之設備。前者屬例示規定，其他設備則必須是供公眾往來，例如行為人阻擋他人房屋大門及車庫入口，僅留空隙供人進出，造成他人無法自由使用大門庫。本條第2項為結果加重犯，學者認為傷害與死亡結果間應具有直接關聯性（有稱為保護目的關聯）；亦即結果必須來自基本罪之危險，而不能係其他因素所造成，若死亡結果係被害人自己或第三者的行為所造成，則不成立結果加重犯。

【黃惠婷，〈妨害公眾往來安全罪〉，《台灣法學雜誌》，第277期，2015.08，134頁以下；最高法院104年度台上字第1101號判決。】

□實務見解

▶79台上2250（判例）

刑法第一百八十五條第一項損壞或壅塞陸路致生往來之危險罪，採具體危險制，祇須損壞、壅塞之行為，造成公眾往來危險之狀態為已足，不以全部損壞、壅塞或發生實害為必要。

▶100台上4869（判決）

刑法第一百八十五條第一項之「以他法致生往來之危險」罪之「他法」，係指除損壞、壅塞以外，其他凡足以妨害公眾往來通行之方法皆是，以併排競駛或為追逐前車而以飆車之方式在道路上超速行駛，易失控撞及道路上之其他人、車或路旁建物，足生交通往來之危險，自係上開法條之「他法」。而「飆車」之速度並無一定之標準，如其併排或追逐前車駕駛於道路超越限速之「飆車」方式為之，足以生公眾往來交通之危險，自亦屬該條項所規定「以其他方法致生往來危險」情形之一種。

▶100台上642（判決）

刑法第一百八十五條第一項妨害公眾往來安全罪之規定，考其規範目的旨在保障公眾往來交通安全之公共利益，故所處罰行為，其客體陸路、水路或其他往來設備，必可供公眾往來之設備，固不待言，然所謂「可供公眾往來」之設備，舉凡依其存在或設置之目的、通常所具有之功能，並非僅供特定少數人使用而限制其他人不得使用，乃係作為不特定之人或特定之多數人往來所需之水、陸道路及其他一切設備者，均屬之，縱該道路設備因地處偏僻，人跡罕至，實際上往來人煙稀少，或因一時失修，致於某段期間未能供往來通行之用，俱不生影響。

▶99台上7464（判決）

刑法第一百八十五條第一項妨害公眾往來安全罪，係為保護公眾往來交通上之安全而設，以損

壞、壅塞陸路、水路、橋樑或其他公眾往來之設備或他法致生往來之危險者為要件。而所謂陸路，當然指可供公眾往來之陸路（即道路）而言，至於該道路是否僅供人通行，或供人、車通行，是否長期並繼續供公眾通行，該道路後段是否限於通達非私人土地，在所不問。且該罪採具體危險說，祇須損壞、壅塞之行為，造成公眾往來危險之狀態為已足，不以全部損壞、壅塞或發生實害為必要；又所謂「壅塞陸路」致生往來之危險，係以有形之障礙物，截斷或杜絕公眾往來之設備而言。

▶ 99 台上 4045（判決）

刑法第二百九十四條第一項之遺棄罪，必須被害人為無自救力之人，行為人又知被害人係屬無自救力之人，而積極遺棄之，或消極不為其生存所必要之扶助、養育或保護者始足當之。**換言之，以行為人主觀上有遺棄無自救力之人之犯罪故意為前提，犯罪主體亦不以駕駛動力交通工具肇事，致人死傷而逃逸之人為限，如非對絕無自救力之人為積極或消極之遺棄行為，即不成立本罪**；與刑法第一百八十五條之四之罪，其犯罪主體限於駕駛動力交通工具肇事致人死傷而逃逸者，且以行為人有駕駛動力交通工具，致人死傷而逃逸之事實為已足，並不以被害人必為無自救力之人，無自行維持生存所必要之能力為必要。且所保護之法益，前者為個人之生命、身體安全，與後者係為促使駕駛人於肇事後能對被害人即時救護，以減少死傷，側重社會公共安全之維護，亦屬有間。二者並非特別法與普通法關係，故如一駕駛動力交通工具肇事，致人死傷而逃逸之行為，同時符合上開二罪之犯罪構成要件時，即應成立一行為觸犯二罪名之想像競合犯。

▶ 99 台上 3357（判決）

對於過失致人於死罪係針對行為人應注意、能注意、而不注意之過失行為予以非難，肇事致人死亡而逃逸罪，則以處罰肇事後逃逸之駕駛人為目的，俾促使駕駛人於肇事後能對被害人即時救護，以減少死傷，二者之立法目的及犯罪構成要件截然不同，駕駛人之肇事逃逸，又在其過失行為發生後，為規避責任，而另行起意之另一行為，該二犯行間如何之應屬併罰關係。

第 185 條之 1（劫持交通工具之罪）

I 以強暴、脅迫或其他非法方法劫持使用中之航空器或控制其飛航者，處死刑、無期徒刑或七年以上有期徒刑。其情節輕微者，處七年以下有期徒刑。

II 因而致人於死者，處死刑或無期徒刑；致重傷者，處死刑、無期徒刑或十年以上有期徒刑。

III 以第一項之方法劫持使用中供公眾運輸之舟、車或控制其行駛者，處五年以上有期徒刑。其情節輕微者，處三年以下有期徒刑。

IV 因而致人於死者，處無期徒刑或十年以上有期徒刑；致重傷者，處七年以上有期徒刑。

V 第一項、第三項之未遂犯罰之。

VI 預備犯第一項之罪者，處三年以下有期徒刑。

第 185 條之 2（危害毀損交通工具之罪）

I 以強暴、脅迫或其他非法方法危害飛航安全或其設施者，處七年以下有期徒刑、拘役或九十萬元以下罰金。

II 因而致航空器或其他設施毀損者，處三年以上十年以下有期徒刑。

III 因而致人於死者，處死刑、無期徒刑或十年以上有期徒刑；致重傷者，處五年以上十二年以下有期徒刑。

IV 第一項之未遂犯罰之。

□修正前條文

I 以強暴、脅迫或其他非法方法危害飛航安全或其設施者，處七年以下有期徒刑、拘役或三十萬元以下罰金。

II 因而致航空器或其他設施毀損者，處三年以上十年以下有期徒刑。

III 因而致人於死者，處死刑、無期徒刑或十年以上有期徒刑；致重傷者，處五年以上十二年以下有期徒刑。

IV 第一項之未遂犯罰之。

■修正說明（108.12.25）

本罪增訂於民國八十八年三月三十日，爰依刑法施行法第一條之一第二項但書規定將罰金數額提高三倍，以增加法律明確性，並使刑法分則各罪罰金數額具內在邏輯一致性。

第 185 條之 3（不能安全駕駛罪）

I 駕駛動力交通工具而有下列情形之一者，處二年以下有期徒刑，得併科二十萬元以下罰金：

一 吐氣所含酒精濃度達每公升零點二五毫克或血液中酒精濃度達百分之零點零五以上。

二 有前款以外之其他情事足認服用酒類或其他相類之物，致不能安全駕駛。

三 服用毒品、麻醉藥品或其他相類之物，致不能安全駕駛。

II 因而致人於死者，處三年以上十年以下有期徒刑；致重傷者，處一年以上七年以下有期徒刑。

III 曾犯本條或陸海空軍刑法第五十四條之罪，經有罪判決確定或經緩起訴處分確定，於五

年內再犯第一項之罪因而致人於死者，處無期徒刑或五年以上有期徒刑；致重傷者，處三年以上十年以下有期徒刑。

□修正前條文

Ⅰ 駕駛動力交通工具而有下列情形之一者，處二年以下有期徒刑，得併科二十萬元以下罰金：

一　吐氣所含酒精濃度達每公升零點二五毫克或血液中酒精濃度達百分之零點零五以上。

二　有前款以外之其他情事足認服用酒類或其他相類之物，致不能安全駕駛。

三　服用毒品、麻醉藥品或其他相類之物，致不能安全駕駛。

Ⅱ 因而致人於死者，處三年以上十年以下有期徒刑；致重傷者，處一年以上七年以下有期徒刑。

■修正說明（108.06.19）

一、行為人有本條或陸海空軍刑法第五十四條之行為，因不能安全駕駛，除有提高發生交通事故之風險外，更有嚴重危及用路人生命身體安全之虞。若行為人曾因違犯本條，而經法院判決有罪確定或經檢察官為緩起訴處分確定，則其歷此司法程序，應生警惕，強化自我節制能力，以避免再蹈覆轍，倘又於判決確定之日起或緩起訴處分確定之日起五年內，再犯本條之罪，並肇事致人於死或重傷，則行為人顯具有特別之實質惡意，為維護用路人之安全，保障人民生命、身體法益，有針對是類再犯行為提高處罰之必要性，以抑制酒駕等不能安全駕駛行為之社會危害性，爰增訂第三項。

二、至於犯本條之罪並肇事，倘綜合一切情狀足以證明行為人對於其行為造成他人死亡、重傷或傷害之結果，有第十三條直接故意或間接故意之情形，本即應依第二十二章殺人罪或第二十三章傷害罪各條處斷，附此敘明。

三、第一項及第二項未修正。

編按：

2013 年 5 月 31 日修法後，據內政部警政署表示，近來屢有媒體報導，部分駕駛人為規避刑責而拒絕配合警察酒精濃度檢，已針對該類行為訂定執法程序，並通令全國警察機關執行，以遏阻部分駕駛人之僥倖心態。

依道路交通管理處罰條例規定，駕駛人拒絕酒測，經執勤員警指導、勸導及警告等程序，並告知拒絕酒測之法律效果（新臺幣 9 萬元罰鍰，吊銷

駕照且 3 年不得考領、當場移置保管車輛）後，如仍拒絕配合，將依法舉發拒測違規。此外，員警如觀察駕駛人有客觀情狀足認不能安全駕駛（如車行不穩、蛇行、語無倫次、口齒不清或其他異常行為等），仍得依刑事訴訟法第 88 條及第 205 條之 2 規定，將其逮捕並強制進行酒測；如行為人仍拒絕吐氣時，員警可依刑事訴訟法第 205 條之 1 第 1 項規定，報請檢察官聲請鑑定許可書，經核可後，將駕駛人送往醫療或檢驗機構採取血液鑑定，依刑法第 185 條之 3 公共危險罪嫌移送檢察官偵辦。

【取締酒駕拒測處理程序】如下：

一、完成酒駕拒測認定程序，並予舉發。

二、判斷不能安全駕駛（可能達 0.25mg/L 以上），以準現行犯逮捕。（刑訴 §88）

三、命令其作吐氣檢測。（刑訴 §205-2）

四、檢附相關資料（時間、地點、情況及違規人個資）向檢察官聲請（抽血）鑑定許可書。（刑訴 §205-1、§204-1）

五、強制抽血前會再勸其配合吐氣檢測，不配合者予強制抽血。

六、隨案移送檢察官偵查（結案）。

❖ 修法簡評及建議

100 年 11 月 30 日刑法的修正，將酒醉駕車罪的刑度提高，並且增設加重結果犯的規定，不過學者認為此舉可能沒有辦法真正解決酒醉駕車的問題。**主要的理由，就檢察官而言對酒醉駕車者時常處以不起訴或緩起訴，雖然立意良善，希望能給予酒醉駕車者改過自新的機會，但卻因而造成人民僥倖的心態；再者，司法對於酒醉駕車是否成罪的判斷上，多有不同，常以駕駛者當時的主觀意識及客觀情狀就須從個案具體認定，並非僅以被告酒測試值為定罪的唯一依據，造成法院對於酒駕是否成立犯罪的認定南轅北轍，不僅使得法秩序混淆不清，易讓人民產生投機心理。**

此外，本條僅針對故意犯罪者設有處罰規定，產生了一種弔詭現象，假若駕駛人飲酒不至太醉，仍可維持一定程度的清醒，就會被法官輕易認定有罪；**但若已喝到爛醉如泥，法院很可能就無法確實認定被告是否具有故意的認知而利用本罪之規定進行處罰。**不過，按理而言，當駕駛者喝至越醉，駕駛行為對整體交通安全應當反而越趨危險，法院判決也因此發生矛盾。故學者建議，我國未來可仿照德國刑法第 316 條第 2 項，對於過失酒醉駕車者增設處罰規定，以填補立法漏洞。

【張麗卿，〈交通犯罪之法律規範與實證分析〉，《中原財經法學》，第 28 期，2012.06，146 頁以下。】

102 年本條第 1 項第 1 款的修正，有學者認為，若要界定為抽象危險犯，起碼須足夠的實證

統計數據作爲經驗法則之檢驗基礎，並且說明在我國普遍國民的體質中，凡是存在如此數值的酒精濃度，對於發生公眾交通安全的危害之蓋然性有多少。亦即，本罪仍然應回歸「不能安全駕駛」的概念與要件，這樣才能反映出抽象危險犯的性質，否則，無法與純粹行政罰規制行爲有所區隔，只是爲了威嚇而嚴罰的無理立法而已。

【盧映潔，《刑法分則新論》，新學林，修訂十版，2015.07，241 頁。】

108 年 6 月的修法
一、林東茂教授

本條 108 年 6 月的修正規定，如果從刑法的相當性（比例原則）來看，這種屈從民意的修法大有問題。酒駕致人於死，在本質上就是過失致死，是過失犯。過失犯的處罰本來就應該有限度。過失致死的處罰，無論如何都不能與殺人罪相提並論。酒駕致死則可以科處無期徒刑，已經與殺人的處罰不相上下。如果將來廢死，便幾乎與殺人罪一樣了。

【林東茂，《刑法分則》，一品，二版，2020.02，277 頁以下】

二、盧映潔教授

學者認爲，本罪第 3 項的新增，純粹是基於「酒駕零容忍」口號而欲以更嚴厲刑罰作爲嚇阻酒駕之手段而產生的怪異立法，對於 5 年內再犯本罪而有造成死亡或重傷之加重結果犯者，科處較第 2 項更重的刑罰。不過，相較於本罪第 2 項的加重結果的法定刑上、下限範圍顯然高出太多，顯不成比例。因此不符釋字第 775 號的罪刑相當原則，本罪第 3 項的立法恐有違憲之虞。申言之，本罪第 3 項雖然將本罪再犯的「後罪」限定於造成死亡或重傷之加重結果的情形，但是然而基於罪刑相當原則，本罪第 3 項的後罪縱使符合累犯概念而情節非輕微，屬於得加重刑罰的狀況，但是本罪第 3 項給予後罪的法定刑上升範圍，已過度逾越依用刑法累犯規定之刑罰加重的上、下限範圍。因此，第 3 項的立法乃破壞刑法累犯制度的設計，一味追求嚴刑峻罰，並不足取。

其次，釋字第 775 號將刑法第 48 條前段直接宣告遺憲，而既然刑法第 48 條前段已失效，也就是已判決確定的後罪不得更更定其刑而對其加重刑罰，但以本罪第 3 項的規範內容而言，對於已判決確定的後罪是可以被重新審判並且重新科以更重刑罰。因此，本罪第 3 項的規定又違背釋字第 775 號有關後罪判決確定後不應再更定其更重刑罰的要求。換言之，本罪第 3 項的規定，形同使已失效的刑法第 48 條前段借屍還魂，徒增未來可能再次引發釋憲申請之紛擾。

【盧映潔，《刑法分則新論》，新學林，修訂十五版，

2020.02，305 頁以下。】

❖ 法學概念
醉態駕駛的主體

本條之構成要件，可以看出，「醉態駕車構成要件」屬「身分犯構成要件」，即行爲人必須具有因服用毒品、麻醉藥品，酒類或其他相類之物而欠缺安全駕駛能力的身分。

【鄭逸哲，〈基於同一事實的「醉態駕車行爲」和「原因自由行爲」〉，《月旦法學教室》，第 111 期，2012.01，39 頁以下。】

❖ 法學概念
不能安全駕駛

舊條文所稱之「不能安全駕駛」，乃指因服用酒類藥物後而在因應道路及交通狀況時處於駕駛操作上的身心困難的狀態而言，例如因服用酒類等導致對於前方的注視發生困難，在操作方向盤、油門、發動煞車時無法充分依自己的意思進行等等，現實上在駕駛的操作上處於身心困難的狀態。

由於酒醉駕車罪的保護法益爲公共安全，因酒等不能安全駕駛機動車而駕駛時，在通常的情形下皆會對於不特定或多數人的生命、身體等產生即刻的危險，因此將此等行爲以抽象危險犯加以規範。

2013 年修法後，將「不能安全駕駛」刪除，「酒測值」成爲刑法 185 條之 3 第 1 項第 1 款絕對、唯一的證據，無須任何其他情況證據佐證。第 1 項第 2 款之立法目的是爲了補充第 1 款規範不足之處。所謂「不足之處」，是指酒駕者昏迷、受傷、死亡等情況而無法進行呼氣檢測、抽血檢驗，或是酒測值未達每公升 0.25 毫克這兩種情況是否構成不能安全駕駛，必須實質認定，以確認是否符合本罪之構成要件。

【陳子平，〈妨害公務罪、公共危險罪與妨害自由罪等〉，《月旦法學教室》，第 124 期，2013.02，62 頁以下；相類見解：張麗卿，〈交通犯罪之法律規範與實證分析〉，《中原財經法學》，第 28 期，2012.06，147 頁以下；王皇玉，〈不能安全駕駛罪之「駕駛」〉，《月旦法學教室》，第 153 期，2015.07，64 頁以下。】

2013 年修法後之酒醉駕車依條文結構應區分：

一、絕對不能安全駕駛

刑法第 185 條之 3 第 1 項的規定，係肇始於 1999 年 5 月間召開「研商訂定刑法第 185 條之 3 服用毒品、麻醉藥品、酒類或其他相類之物，不能安全駕駛交通動力工具之認定標準」的會議，對於酒精濃度呼氣達每公升 0.55 毫克或血液酒精濃度達千分之 1.1 以上者，即認爲已達不能安全駕駛之程度，其數值在其以下者，如能輔以其他客觀事實作爲不能安全駕駛之判斷時，亦應依

法移送處以刑罰。

【陳子平，《刑法各論（下）》，元照，二版，2016.09，97頁。】

參酌德國實務的做法，當血液中酒精含量臻於千分之 1.1 或在此之上，法院即不須其他的證明認定其爲不能安全駕駛，此一範疇，德國學者稱爲「絕對不能安全駕駛」（absoluten Fahruntüchtigkeit）。

【Maurach/Schroeder/Maiwald, Strafrecht BT II, 2012, 10. Aufl., §53, Rn. 34.】

血液中酒精含量低於千分之 1.1 者，即血液中酒精含量作爲最低限度的分級界限於千分之 0.3 以上至千分之 1.1 之間，德國學者稱爲「相對不能安全駕駛」（relativen Fahruntüchtigkeit），尚須其他事證才能認定不能安全駕駛。

【Maurach/Schroeder/Maiwald, Strafrecht BT II, 2012, 10. Aufl., §53, Rn. 36.】

此外，鄰國日本關於酒醉駕車的刑事處罰結構亦與我國類似，該國《道路交通法》中，其第 65 條第 1 項規定，禁止帶有酒氣駕車。依同法第 117 條 2 之 2，倘血液酒精濃度已達道路交通法施行令第 44 條之 3 的規定，血液濃度 0.3 毫克以上或呼氣酒測值於 0.15 毫克，即可處 3 年以下有期徒刑或 50 萬日圓以下的罰金。若酒醉已達不能正常駕駛的狀態，則同法第 117 條之 2 第 1 款，處 5 年以下有期徒刑或 100 萬日圓以下的罰金。

【田上穰治，《警察法》，新版，有斐閣，2004.03，198頁以下。】

日本亦有如同我國刑法 185 條之 3 第 2 項結果加重犯的處罰規定，於 2001 年（平成 13 年 11 月）增訂普通刑法傷害罪章中的第 208 條之 2 第 1 項之酒醉駕駛致死傷罪。該國道交法第 117 條之 2 第 1 款的酒醉駕駛罪是酒精影響狀態下達於不能正常安全駕駛的情況下成立的，和普通刑法第 208 條之 2 第 1 項所謂的「正常駕駛有困難的狀態」有微妙的關係。亦即刑法第 208 條之 2 第 1 項中的「駕駛有困難的狀態」也屬於「無法正常安全駕駛的情況」，這一點只有些微差距。

【曾根威彥，〈交通犯罪に関する刑法改正の問題点〉，收錄於《現代社会と刑法》，初版，成文堂，2013.12，240頁。】

此一普通刑法的危險駕駛致死傷罪的構造乃結果加重犯的類型。換言之，該罪係一危險駕駛的基本行爲導致人員傷亡的加重結果。

【曾根威彥，〈交通犯罪に関する刑法改正の問題点〉，236頁；川端博，《刑法各論講義》，成文堂，第 2 版，2010.03，69頁。】

由於本罪的基本行爲係故意犯的性質，因此，行爲人必須對於導致正常駕駛困難的狀態事前已有所認識，如認識到無法正常操作方向盤的

狀態等。

【山中敬一，《刑法各論 I》，成文堂，第 2 版，2004.09，55頁。】

不過，該國於 2013 年（平成 25 年 11 月）已制定新的特別法來取代普通刑法第 208 條之 2 的危險駕駛致死傷罪，依「駕駛動力交通工具致死傷處罰法」（自動車運轉死傷行爲處罰法）第 2 條第 1 款「酒醉駕駛致死傷罪」即規定，因酒精或藥物影響導致不能安全正常駕駛動力交通工具，致他人受傷者處 15 年以下有期徒刑；死亡者處 1 年以上 20 年以下有期徒刑。同法第 3 條第 1 項規定，開始駕駛後才產生酩酊狀態，致他人受傷者處 12 年以下有期徒刑；死亡者處 15 年以下有期徒刑。

【吳明植，《刑法各論》，第 2 版，弘文堂，2014.10，23頁。】

該法第 3 條的規定，日本學說上稱爲「準危險駕駛致死傷罪」或稱「中間類型之危險駕駛致死傷罪」。之所以創設此一新的處罰類型係在於開始駕駛後才產生酒醉狀態，因其危險性及惡質性並不如同法第 2 條的情形來得高，故刑度予以減輕。

【松原芳博，《刑法各論》，第 1 版，日本評論社，2016.01，72頁。】

就國際潮流而言，以刑罰罰處酒駕，不難想見主要在於公共安全之考量，因酒醉等不能安全駕駛動力交通工具而駕駛時，在通常的情形下皆會對於不特定或多數人的生命、身體等產生即刻的危險，因此才將此等行爲以抽象危險犯加以規範。

【張麗卿，〈交通犯罪之法律規範與實證分析〉，《中原財經法學》，第 28 期，2012.06，147頁以下。】

刑法第 185 條之 3 第 1 項第 1 款於修法後「爲吐氣所含酒精濃度達每公升 0.25 毫克或血液中酒精濃度達百分之 0.05 以上的酒測值」作爲抽象危險程度的擬定標準，由於修法理由已明確說明本款：「屬抽象危險犯，不以發生具體危險爲必要。」因此判定酒測值屬「不能安全駕駛情狀」的唯一證據，不得舉反證推翻。

【林山田，《刑法通論（上）》，自版，十版，2008.01，252頁以下；張麗卿，《刑法總則理論與運用》，五南，七版，2018.09，131頁；柯耀程，《刑法概論》，一品，二版，2017.08，127頁；余振華《刑法總則》，三民，三版，2017.09，101頁；林鈺雄，《新刑法總則》，元照，六版，2018.09，101頁。】

至於開車時已經爛醉如泥，甚至臥倒駕駛座上，可依原因自由行爲處理。亦即，行爲人喝酒時知道酒後要開車，也知道酒會影響駕駛能力，但抱持無所謂的態度，即足當之。

【林東茂，〈交通犯罪〉，收錄於《酒醉駕車刑法問題研析》，元照，初版，2016.07，7頁。】

二、相對不能安全駕駛

刑法第185條之3第1項第2款於2013年修法時增訂「有前款以外之其他情事足認服用酒類或其他相類之物，致不能安全駕駛。」參照增訂說明謂：「行為人未接受酒精濃度測試或測試後酒精濃度未達前揭標準，惟有其他客觀情事認為確實不能安全駕駛動力交通工具時，仍構成本罪。」因此包含沒有酒精濃度測試（例如駕駛人當場肇禍昏迷必須馬上送醫，客觀狀態下無法進行酒測，但應不包含駕駛人主觀故意拒測，否則等於承認駕駛人得任意規避刑法第185條之3第1項第1款的規定）及酒測值未達刑法第185條之3第1項第1款標準的情形。

至於酒測值須達何標準，始構成刑法第185條之3第1項第2款規定的要件內容？本書認為，可考量道路交通管理處罰條例第35條將「不得駕駛」酒測值標準授權給道路交通安全規則第114條之規定，汽車駕駛人有下列情形之一者不得駕車，其中第3款規定「職業駕駛人駕駛車輛時，飲用酒類或其他類似物後其吐氣所含酒精濃度達每公升0.15毫克或血液中酒精濃度達百分之0.03以上」不得駕車。這可能同時構成刑法第185條之3第1項第2款的「有前款以外之其他情事足認服用酒類或其他相類之物，致不能安全駕駛。」

【林裕凱，〈論取締酒駕與其刑事程序〉，《東吳法研論集》，第10卷，2018.11，22頁。】

由於這種情況飲酒量尚未普遍性的超乎駕駛者生理適應程度，按德國學說的分類，歸屬於「相對無駕駛能力」的範疇。此時，駕駛人是否無駕駛能力，須個案認定，考量的是駕駛者本身是否確實存有不能安全駕駛的具體危險。也就是說，駕駛人是否須受刑罰（即構成刑法第185條之3第1項第2款），除了酒測標準（吐氣所含酒精濃度達每公升0.15毫克或血液中酒精濃度達百分之0.03以上）外，應參考其他客觀事實，輔助測驗，如舉腳直立、直線步行、接物或畫同心圓等，並作成書面報告附卷予證據，供法院判定。

【張麗卿，〈酒測0.91毫克竟也無罪〉，《新刑法探索》，元照，六版，2018.01，505頁。】

三、國內學說對現行立法模式的質疑

不過，我國刑法第185條之3第1項第1款的立法模式，遭到不少學者質疑。主要理由有：要不要用酒精濃度值當做絕對的判斷標準一事和本罪是否屬於抽象危險犯抑或具體危險犯並無直接關聯，蓋無論是具體危險抑或抽象危險，都必須要實質認定行為人有無該當於構成要件。本罪究竟要被歸類為抽象危險犯、具體危險犯，並不是問題的關鍵，不能安全駕駛罪偏重駕駛者本身的駕駛能力的欠缺，因此其實質認定危險性的範圍更加限縮，只限於駕駛本身的精神狀態、視野、反應及判斷能力等。

【謝煜偉，〈交通犯罪中的危險犯立法與其解釋策略〉，《月旦法學雜誌》，第210期，2012.10，125頁以下。】

法律以明定酒精濃度標準當成酒駕門檻，取代現場對於駕駛人進行生理平衡測試（如畫圓圈、走直線）的立法方式，首先必須面對的是，去除了實質認定門檻就加以處罰，不管該駕駛人是否真的對他人產生危險，恐怕違反刑法最基本的罪責原則。

【李佳玟，〈治酒駕用重典？〉，收錄於《酒醉駕車刑法問題研析》，元照，2016.07，166頁。】

亦有認為，此等立法方式實屬抽象危險犯之濫用。此等政策是否良善且有效達到嚇阻與消弭酒駕的政策，仍然不無疑問。

【王皇玉，〈不能安全駕駛罪之「駕駛」〉，《月旦法學教室》，第153期，2015.07，62頁。】

再者，就準確性而言，因呼氣測試的酒精值，其容易受到空氣潮濕度、吐氣技術的影響，不適合作為血液中酒精濃度判斷的依據，而只能作為認定被告不能安全駕駛的間接證據，自應由法院綜合其他證據判斷是否構成相對不能安全駕駛。

【許澤天，〈吐氣值不應作為判定不能安全駕駛的一般有效經驗法則——最高院98台上15判決〉，《台灣法學雜誌》，第247期，2014.05，205頁以下。】

四、本書觀點

以抽象危險犯來處罰酒駕的理由，主要有兩個：㈠抽象危險犯對於被保護的法益，有一般的危險性；㈡特定的行為被推測有抽象的危險。

【林東茂，〈危險犯的法律性質〉，收錄於《危險犯與經濟刑法》，五南，初版三刷，2002.11，32頁。】

當酒精對人體中樞神經的麻痺作用，表現在酒駕行為上，便是對駕駛人生程度不一的駕駛能力降低，注意力、判斷力不集中，進而導致肇事率的升高等等，不只對駕駛人本身，對通行道路的普羅大眾，確實會構成嚴重的威脅。

【陳景發，〈試論幾則取締酒駕的法律問題〉，《月旦法學雜誌》，第127期，2005.12，85頁。】

酗酒駕車與車禍的密切關係，有交通事故的統計可查。喝酒開車的人總認為自己的駕駛技術良好，認為有守護天使眷顧，都不認為厄運會降臨在自己的身上。

【林東茂，〈肇事逃逸〉，收錄於《一個知識論上的刑法學思考》，五南，三版，2007.10，109頁。】

依國內實證統計研究，血液酒精濃度在0.15%～0.25%之間，一般人的身心狀態處於興奮期，中度酩酊（茫醉），與興奮狀合併出現麻痺症狀，言語略不清楚，運動失調，平衡障礙，顏面蒼白，判斷力遲鈍；在0.25%～0.35%

之間則臻於強度酩酊（深醉）狀態，以麻痺症狀為主，嘔心，嘔吐，意識混亂，茫然自失，步行困難，言語不清，易進入睡眠狀態。

【張文菘，《酒駕、正當法律程序與實證研究》，翰蘆，2017.01，109頁。】

日本實務上車禍事故案例亦顯示，一名血液濃度達每公升0.5毫克的酒醉駕駛，距撞上前方被害車輛至少有8、9秒的反應時間，車間距離約150公尺，但駕駛人竟沒有注意到這樣的情況，而導致車禍結果的發生。足見酒精對正常駕駛困難的狀態依日常生活中的經驗法則，的確有所影響。

【前田雅英，〈危險運轉致死傷罪的現狀〉，收錄於《刑事法最新判例分析》，弘文堂，初版，2014.04，144頁以下。】

德國研究顯示，近年由於老年人在人口中的比例穩定增加，根據聯邦統計局的數據，2013年德國人中有16%年齡在70歲或以上。大約30%的70歲以上老年人中，因頭暈限制了日常活動。老年駕駛人使用道路的適宜性引起很大的社會和政治層面的關切，特別是老年駕駛人對酒精的耐受度獲得更高層次的關注，因為其意識和反應能力可能受到年齡相關疾病和潛在藥物的影響，特別是與飲酒量相結合。在2009年至2013年期間Justus-Liebig大學法律醫學研究所審視70歲以上老人含以上道路使用者酒後駕駛的404起案件，54.5%的駕駛人表示患有至少一種疾病，60%的司機在事故發生前接受了常規藥物或攝入量。

【Kirsch/Dettmeyer, Trunkenheit im Straßenverkehr: Eine 5 Jahresanalyse verkehrsauffälliger Senioren ab 70 Jahren (2009-2013), Rechtsmedizin 26(4), 2016, S. 259ff.】

簡言之，前開所謂國內實證統計研究，尚未包括藥物與酒精交互作用的情形。中老年人服藥的比例本較一般年輕人高，而酒精與多種藥物之間可能產生交互影響，例如服用安眠藥或鎮定中樞神經之類的藥物，若併服酒類，加乘其鎮靜、嗜睡之作用，甚至有些藥物會放慢酒精的代謝速度，凡此皆提高了其他用路人的風險。而臺灣近年受少子化影響，隨著高齡化社會的來臨，面對酒駕者的年齡問題更值得重視。

至於「呼氣」測試的酒精值，其容易受到空氣潮濕度、吐氣技術的關係影響其準確性的質疑，這一點就我國執行程序面已有所因應，按警政署因應新法修訂之《取締酒後駕車作業程序》，以呼氣酒精測試器檢測前，應先告知受測者檢測流程，並說明飲酒結束時間。經詢明距飲酒結束時間已滿15分鐘者，立即檢測（如有請求漱口，給予漱口）；經詢不告知飲酒結束時間或距飲酒結束時間未滿15分鐘者，告知其可漱口後立即檢測或距飲酒結束時間滿15分鐘再進行檢測（如有請求漱口，給予漱口）。前述

飲酒結束時間，依受測者所告知之時間起算。因此，這樣的執行程序只會使測得之酒精濃度比實際更低且提高準確性，不致於更加惡化行為人的法律地位。

【林朝雲，〈論取締酒駕與其刑事程序〉，《東吳法研論集》，第10卷，2018.11，26頁以下。】

在執行層面值得探討的問題，係就條文文義而言，執法機關對於構成要件之認定是否擴張過廣，包含「食用」薑母鴨、燒酒雞、四神湯、紅酒牛肉及三杯雞等含酒類料理，不無疑問。相較於德國刑法第316條同時處罰酒駕之故意犯和過失犯，而我國刑法第185條之3第1項的醉態駕駛罪卻只處罰「故意犯」。本書認為，此等「食用」含酒精類的料理（這類情形多屬已稀釋、加熱揮發會使酒精散去且用於調味）與一般單純「飲用」酒類的情形不同，理由在於：一般來說酒瓶都有標示酒精濃度可參考，行為人如諉稱不知飲用過量，理由未免太牽強，並無法阻卻故意，但一般含酒精類的料理則無標示。再者，我國飲食文化以酒類為調理佐料的情況下比比皆是，「誤食」過量尚屬人之常情，情有可原，若評價為故意，恐非立法原意。我國學者認為除非駕駛人明確知道店家在湯裡頭加了多少酒，否則難論以故意犯，只能論過失。

【林東茂，《刑法分則》，一品，二版，2020.02，277頁。】

我國刑法第14條第2項，行為人對於構成犯罪之事實，雖預見其能發生而確信其不發生者，以過失論。是以，行為人如果食用含酒料理雖預見酒測值可能超標，卻自信酒精已加熱揮發，但酒測時仍超標者，依我國刑法第14條第2項，應歸類於構成要件過失的行為。

本書認為，如果要處罰這種情形應該增訂類如德國刑法第316條第2項，「因過失行為犯第1項服用含酒精飲料致不能安全駕駛之罪者，同樣予以處罰」之過失犯明文，蓋德國立法者認為，鑑於公眾的強化教育通常在客觀上已普及，德國刑法第316條第2項對於過失酒駕的非難是合理的，德國實務所認定的「過失」酒駕也包含低於血液酒精濃度（BAK）千分之1.1的範圍之內。

【Burmann/Heß/Hühnermann/Jahnke/Janker, Straßenverkehrsrecht, 24. Aufl., 2016, §316, Rn. 29ff.】

然而我國歷次修法皆未引進酒駕過失犯的規定，可見立法者有意網開一面，不欲處罰此類過失情形。因為，我國酒駕的修法不只一次，不會每次都有此疏漏。

是以，本書認為，如欲處罰食用含酒料理超標者，將來宜修法將構成要件明確化，在此之前，為避免苛酷執法，違反罪刑法定原則，檢察官在實體法上如果認為食用薑母鴨、燒酒雞、四

神湯、紅酒牛肉及三杯雞這種調味菜餚所加的酒精，構成刑法第 185 條之 3 醉態駕駛罪過於苛刻或違反罪刑法定原則，在修法之前本書建議：檢察官不妨運用刑事訴訟法第 253 條，認為以不起訴為適當者，為相對不起訴之處分作為緩和。蓋檢察官提起公訴不僅是依犯罪的嫌疑及所蒐集到的證據尚且參酌犯罪人格、年齡、境遇和犯行輕重、犯罪後的情形，來考量有無提起公訴之必要，從檢察官是否有權酌處的觀點來看，可分為起訴法定主義和起訴裁量主義（即所謂的起訴便宜主義）。在這種制度下，不對起訴、不起訴作出一致性的標準，藉此來擔保法律的公平性。例如，使已得到輕罪受害者宥恕的初犯及早脫離刑事訴訟使其不接受刑事審判的情況下將有助於其更生。從另一個角度來看，假如有限的訴訟資源是因為瑣碎事件的審理而被耗費，將導致在重大案件的審理遭到延遲的弊端。

【椎橋隆幸，《プライマリー──刑事訴訟法》，不磨書房，六版，2017.03，153 頁以下。】

而警察方面，在執行酒測也應注意行為人有利點，此乃基於刑事訴訟程序之公務員，就該管之案件，對於被告有利及不利之情形皆應予注意之原則（刑事訴訟法第 2 條），故警察人員實施酒測時，應將此等情形記明筆錄做為將來檢察官、法官判斷駕駛人是否具故意或過失導致醉態駕駛的參考。

❖ **法學概念**

本罪加重結果犯的適用界限

本條於 2011 年 11 月增訂加重結果犯之規定，日本學者齋野彥彌教授認為，必須要超越一般的因果關係，也就是說要到達一個特殊的因果關係，此一觀點亦被我國學者接納。蓋按照目前的加重結果犯適用上，因為刑度非常重，所以一定要進行某種程度的限縮解釋。在加重結果犯的因果關係這裡，必須要基本行為所蘊藏的類型化危險性直接導致的結果，才能成立加重結果犯。質言之，吾人必須要從規範目的去解釋此一加重結果犯的行為類型危險性為何，它的射程範圍在哪裡，然後死傷結果必須要落在哪一射程範圍裡面，才能夠適用加重結果犯的規定，否則的話就只能夠用一般的競合危險犯加上過失致死或致重傷來解決，這可以說是加重危險犯的「直接性理論」、「危險性理論」在危險犯領域的應用。

承上所述，本罪既然具有公共危險犯的性質，其實所保護的範圍是外部其他道路交通參與者用路人的人身安全。所以像葉少爺酒駕撞死路人的部分，當然屬於類型化危險性的實現，然而在致同車乘客死亡的部分，就不能涵蓋於刑法第 185 條之 3 所保護的射程範圍裡面，應該要回到

一般的競合理論來處理，否則就逸脫刑法第 185 條之 3 所要保護的射程範圍之外。

【謝煜偉，〈從德日台三方觀點論不能安全駕駛罪之本質──從台灣法之角度(二)〉，《台灣法學雜誌》，第 211 期，2012.11，117 頁以下。】

❖ **爭議問題**

刑法第 185 條之 3 醉態不能安全駕駛罪之「不能安全駕駛」，其性質究屬客觀處罰條件還是構成要件要素？

一、客觀處罰條件說

有認為，如容許行為人抗辯不知其不能安全駕駛，或自恃其酒力，無不能安全駕駛之虞而駕駛，應阻卻本罪之故意，而不構成犯罪。惟倘作如此解釋，不僅服用酒類、安非他命或其他興奮劑者，大皆不知其已不能安全駕駛；縱有所知，亦諉為不知，而否認具有本罪之故意。果如此，則本罪之規定，勢將成為具文。故應屬客觀處罰條件。

【甘添貴，《刑法各論（下）》，三民，修訂四版，2015.05，62 頁。】

二、構成要件要素說

駕駛人可能不知道自己呼氣中的酒精含量超過標準值，屬於過失酗酒駕車，不成立犯罪。例如：漱口水的酒精含量很高，據說是啤酒的四倍有餘；又如飽足薑母鴨之後，血液裡也可能含有濃厚的酒精，自己是酒後駕車，屬於過失犯，不能處罰。

【林東茂，《刑法分則》，一品，二版，2020.02，277 頁。】

至於客觀處罰條件，由於其內容並不牽涉行為的不法內涵，非法律的非難所在，僅是刑事政策的考量事項而已。

況且，一般情況，行為人飲酒後對於「不能安全駕駛」的事實，也都會有所認識，至少應有**未必故意的存在，並非屬於客觀處罰條件，而係構成要件要素**。

【陳子平，《刑法各論（下）》，元照，初版，2014.11，92 頁以下；盧映潔，《刑法分則新論》，新學林，十版，2015.07，235 頁。】

本書亦採此說，本罪修法後，第 1 項第 1 款雖明訂為抽象危險犯，但這也只是告訴法官當「酒精濃度呼氣已達每公升 0.25 毫克或血液中酒精含量在百分之 0.05 以上」的標準，不必再去逐案判斷行為人是否「真」的醉到不能安全駕駛，但至少法官仍要判斷行為人主觀上是否具有「抽象的不能安全駕駛」之認識。蓋本罪並非實害犯，本於刑法的謙抑思想，不應牽連過廣。否則，中式菜餚多有用酒調味的習慣，在外多吃幾盤菜、喝幾碗湯，就可能構成本罪，未免太苛。故本書主張，當酒測值超標，執勤員警仍應詢問原因，以供法官個案判斷。

□ 實務見解

▶ 109 台上 1665 ○（判決）

刑法第一八五條之四之肇事逃逸罪，係以駕駛動力交通工具，因故意或過失肇事，致人死傷而逃逸，為構成要件。自需行為人主觀上基於逃逸之犯意，而離開現場始足當之。倘行為人認為業與被害人達成和解，因而離開，其主觀上應無逃逸之犯意，自難以該罪相繩。

▶ 100 台非 373（判決）

如不能安全駕駛動力交通工具而駕駛，於駕車途中，因疏於注意車前狀況而肇事致人受普通傷害時，不能安全駕駛動力交通工具而駕駛行為與過失傷害之行為，僅於撞人之時點與場所偶然相合致，且後續過失傷害之犯罪行為，並非為實現或維持不能安全駕駛動力交通工具而駕駛之繼續犯行為所必要，且與繼續行為間不具必要之關連性，從行為人主觀之意思及客觀發生之事實觀察，依社會通念，應係屬二個意思活動，成立二罪，分論併罰，以維護國民法感情與法安定性。尤無一行為受雙重評價之問題存在。學者甘添貴所著「想像競合犯一行為之涵義」乙文亦同持此見解。再參之日本於平成十三年（西元二〇〇二年）增訂刑法第二百零八條之二，將危險駕駛，因而致人傷害或死亡時，分別將之結合為加重結果犯之獨立一罪予以處罰前，其實務見解亦以：刑法觀念競合（即我國刑法之想像競合）之一行為，係脫離法律上之評價並捨棄構成要件之觀點，應解為行為人之動態，在社會通念上得評價為一行為之情形而言；酒醉駕車而過失致人死、傷之情形，因駕駛行為通常伴隨著時間之繼續與場所之移動，於此過程中所生傷亡之行為，係駕駛行為繼續中某一時點、某一場所的現象，如果從上述自然觀察的角度，不論酒醉駕駛是否為發生事故中過失之內涵，兩者依社會通念應評價為不同行為，而不能視為一個行為；據上，酒醉駕車罪與駕駛行為中發生之業務上過失致死罪，應認為有併合處罰之關係（見日本最高裁判所昭和四十九年五月二十九日大法庭判決）。又刑法上加重結果犯係法律將某故意實行基本構成要件之行為，因而致生行為人所不預期之重結果時，於一定條件之下，特別將故意實行基本構成要件行為所成立之罪，與因過失發生重結果所成立之罪，結合為一罪，並規定較重之法定刑，是加重結果犯雖因法律規定為一罪，然其本質上不限於一行為。現行刑法第一百八十五條之三不能安全駕駛動力交通工具而駕駛罪，雖甫經法定程序修正公布施行，並參酌日本及其他各國立法例，增訂第二項，而有因而致人於死或重傷之加重結果犯因處罰規定，然仍不影響其本質上係二行為之認定，即不能安全駕駛動力交通工具而駕駛途中，因過失致人受普通傷害時仍應認係二行為，予以併合處罰，不因上開法律之增訂而改變。且由於本次修正提高不能安全駕駛動力交通工具而駕駛罪之法定刑，並基於刑事政策考量，增訂同法條第二項之加重結果犯，彰顯加重處罰之規定，適足以印證，就與過失致人受普通傷害罪間，苟僅認係一行為之想像競合犯而論以一罪，顯然評價不足而有違罪刑衡平原則，不符國民之法律感情。至於學理上所謂「夾結理論」（掛勾理論、涵攝理論），乃源於德國實務，指如某罪著手後，行為尚未終了前（如繼續犯），另因故意或過失他數罪，而該罪貫穿行為非全部犯罪中最輕之罪，如與他數罪間有構成要件行為重合之情形，他數罪得分別與該貫穿行為全部夾結成一行為。惟此評價結果太過優惠犯罪行為人，有悖國民期待，遂另衍生「除夾結化」見解，即先就該貫穿行為與各獨立之犯罪行為，分別論以一行為之想像競合犯後，再依實質競合處罰。如行為人於上開刑法第一百八十五條之三修正前，酒醉駕車肇事致人於死後逃逸，倘依「夾結理論」、「除夾結化」之法理，則係就酒醉駕車部分，分別與「過失致人於死」、「肇事逃逸」間，先依一行為之想像競合犯處斷後，再為實質競合處罰。然酒醉駕車具有繼續犯性質，繼續行為何以得因他罪而生切斷作用（如持有槍枝犯他罪後，得否切斷持有行為，再重複評價一次），而不違反雙重評價禁止之原則，仍遭質疑而有待釐清，是上開「夾結理論」、「除夾結化」之見解，實務上尚難貿然全盤接受。另行為人不能安全駕駛動力交通工具而駕駛之行為，固會降低行為人之注意能力，且與其嗣後之過失行為，雖同為被害人受傷或死亡之條件，然並非一定發生傷亡之結果。

❖ 學者評釋

最高法院在修法後解釋說明不能安全駕駛罪與過失致普通傷害的競合關係，之所以在修法後有其問題的特殊性，實導因於刑法第185條之3的第2項僅規定「因而致人於死」及「因而致重傷」等兩種型態結果加重犯。換言之，當行為人實施基本犯罪時，如另過失致生輕傷結果時，仍須回歸到一般的想像競合原則。

最高法院在本判決中指出，當不能安全駕駛行為人肇事，又致人受輕傷時，駕車與肇事是不同的兩個行為，依同樣法理，不能安全離駛致人死亡或重傷，當然也應該是兩個行為。然而，此一刑法第185條之3第2項本質為兩行為的結論，顯然違反結果加重犯發展迄今的釋義學立場。

蓋結果加重犯的存在以下列兩個條件為前提：其一係行為人只有一個介入行為，該介入行

爲構成故意基本犯罪；其二是行爲人絕對不會透過故意行爲以外的第二個介入行動，促成死亡或重傷結果，否則勢必違反結果加重犯的基本法理。

依學者之見，由於刑法第185條之3第2項的增訂，即代表立法者已經宣示，其犯行範圍可以擴張到「酒後故意駕駛車輛，又因酒精失控，另行違反注意義務，而過失肇事」等一體的損害流程，這個原則不僅應適用至肇事結果爲死亡或重傷害的事例，也應該能適用到輕傷的肇事後成，只要能確認後階段肇事導因自酒後控制力減低，即屬犯罪時間重疊，而且過失肇事之實行行爲部分同一，則刑法第284條及第185條之3第1項兩個構成要件間應以行爲單數論以想像競合。

【許恒達，〈不能安全駕駛罪與過失實害犯的罪責及競合難題──兼評最高法院100年度台非字第373號刑事判決〉，《台灣法學雜誌》，第212期，2012.11，98頁以下。】

▶ 99 交上易 246（判決）

實務上應可依下述外國立法例、學說及法院實務獲取一致之操作標準，依此標準本案被告當然成立「不能安全駕駛動力交通工具而駕駛」罪：(一)德國法院實務在判斷「不能安全駕駛」是透過血中酒精濃度值來認定，可分爲二種情形：1.「絕對無駕駛能力」：此種情形血液中酒精含量爲百分之〇‧一一以上，即可成立本罪，屬於單純的抽象危險犯。2.「相對無駕駛能力」：此種情形血液中酒精含量爲百分之〇‧〇三至百分之〇‧一一，並有其他特定的具體危險狀況方可成立本罪，學說上有稱爲「抽象－具體危險犯」或「潛在的危險犯」。(二)通說所認之成立標準，如下所述：1.「我國實務上認爲行爲人飲酒後呼氣所含酒精成分已達每公升〇‧五五毫克或血液濃度達百分之〇‧一一者，因肇事率爲一般人之十倍，作爲認定已達本罪之不能安全駕駛之客觀標準。但如果超過道路交通安全規則第一百十四條之吐氣所含酒精成分每公升〇‧二五毫克之標準，雖未達〇‧五五毫克，則必須輔以其他客觀事實，例如蛇行或車輛搖擺不定等之駕駛行爲或行爲人生理上是否平衡而作爲是否爲不能安全駕駛之認定。」（請參見甘添貴教授，臺灣本土法學雜誌第三十期，第一〇九頁）。2.「『不能安全駕駛』是指行爲人之身體及精神已處於不能安全駕駛的狀態，這一個要素就是設定一個法律不容許的風險程度，通常以駕駛人血液中含有一定的酒精濃度作判斷依據，不過不能排除其他證據方法，例如酒精濃度雖然不足，但已經語無倫次、視線不良或無法站立，仍屬不能安全駕駛。」（請參許玉秀大法官，臺灣本土法學雜誌第八期，第八十九頁）。又按刑法第一百八十五

條之三所規定之不能安全駕駛罪，係以「服用毒品、麻醉藥品、酒類或其他相類之物，不能安全駕駛動力交通工具而駕駛者」爲構成要件。依其立法理由之說明，乃「爲維護交通安全，增設服用酒類或其他相類之物過量致意識模糊駕駛交通工具之處罰規定，以防止交通事故之發生」。故該罪以「不能安全駕駛」爲構成要件之一，惟行爲人是否因服用毒品、麻醉藥品、酒類或其他相類之物，而有「不能安全駕駛」情形，應依證據證明之。警察機關於取締酒後駕駛時，通常固以呼氣後酒精濃度數值之高低，作爲判斷能否安全駕駛之參考，但該酒測數值之高低，僅是證明能否安全駕駛之證據方法之一，並非絕對且唯一之證據，更與該罪爲抽象危險犯或具體危險犯，分屬不同之兩事。易言之，倘酒測數值低於參考值（每公升〇‧五五毫克），但依其他證據足以證明不能安全駕駛者，仍應成立本罪，反之則否。審理事實之法院，自應綜合全部卷證資料，以爲判斷之依據，不能單憑酒測數值，作爲唯一之認定標準（最高法院九十八年度台非字第十五號判決意旨參照）。查本案被告服用酒類經酒測呼氣酒精濃度固達每公升〇‧九一毫克，惟經審酌上開卷證資料，在客觀上並未出現所謂不能安全駕駛之情狀，自不能以醫學或統計上之結果，機械式予以適用，遽認被告已達不能安全駕駛之程度。要之，檢察官上開上訴意旨，尚乏依據，自不足取。綜上所述，被告於酒後駕車，固屬違背交通安全規則之嚴重不當行爲，然未經證明已處於不能安全駕駛動力交通工具之狀態，即未能認爲已構成犯罪，此外復查無其他證據足認被告有上開犯行，揆諸首揭說明，本案被告核屬犯罪不能證明。

❖ 學者評釋

依本案判決見解，被告雖然飲酒，且酒測呼氣酒精濃度雖已達每公升0.91毫克，惟在客觀上，輔助測驗並未出現被告不能安全駕駛的情狀，自不能以醫學或統計結果，認定被告不能安全駕駛。

不過，論者有謂，本罪條文中並無「危險狀態」的具體描述，只要行爲人有不能安全駕駛的情形而駕駛動力交通工具，不必產生額外的具體危險或實害，構成要件即該當之，故刑法第185條之3是「抽象危險構成要件」的立法。因此，本判決所持立場，有背離抽象危險犯的法理與適用方向的疑慮。

我們必須釐清的是，抽象危險具有高度危險性，是具體危險的先前階段，所以無待法官就具體案件認定就成立罪罪，是立法上推測的危險，因爲特定的行爲一出現，法益被侵害的危險就隨之發生。就立法目的言，抽象危險構成要件

是對於法益進行前置性保護，例如食品安全衛生管理法、藥物管理法、交通刑法。這些法律是在保護各種生活利益，在這些生活利益還沒有遭到現實侵害，或危險狀態還沒有出現之前，用刑法的規定介入，以達到更為周延的保護目的。在刑事政策上，藉由抽象危險犯告誡人民，只要一旦做出某特定行為，就立刻成立犯罪，如此將可使人民對於某些法律不樂見的行為卻步。特別在交通刑法上，因為任何人都可能是交通犯罪的潛在犯罪人。

另外，刑事司法要求刑法的實用性，意指刑事實體法上的結構安排，應該與刑事程序法的作用可以互為用。若解釋學上所作的回答，應該可以有益於訴訟上的貫徹。若解釋學上的回答，不能在訴訟上被實踐，就是刑事政策上的無用之物。特定的危險行為如果對法律所保護的利益形成典型風險，立法者以刑法前置的方式予以回應，並不過當。尤其是一些令人難以忽視的個人危險行為，例如持有槍械、重大交通犯罪行為等。更重要的是，抽象危險犯的刑事立法，可以避免實害犯舉證上的困難，減輕追訴機關的負擔，是非常有實用性的構成要件。

回到酒醉駕車罪上，駕駛人對酒測器直接吹氣，測得酒精濃度是否已達每公升 0.55 毫克以上，是一項重要的判斷基準。因為科學實證發現酒精濃度是否已達每公升 0.55 毫克以上者，其發生車禍的機率是一般正常駕駛人的十倍。是以，目前刑事司法實務制定的基準，就是認為酒駕者的「呼氣酒精濃度高達每公升 0.55 毫克」，其行為的嚴重性與危險程度，已非行政手段得以管制者，必須移送司法偵辦（法務部 88 年 5 月 18 日法（88）檢字第 1669 號函），這也是參考世界各國對酒駕的認定標準。

換言之，當駕駛者的酒測檢驗值超過每公升 0.55 毫克時（這是修法前之酒測值，2013 年修法後為吐氣所含酒精濃度達每公升 0.25 毫克或血液中酒精濃度達百分之 0.05 以上），普遍的駕駛者皆無法掌控動力交通工具的安全行駛，已達「絕對無駕駛能力」。此時，衡量酒駕者飲酒過量的惡性與對交通安全的嚴重侵害，立法政策思考上，就應採單純抽象危險犯的立法模式，修法後將吐氣所含酒精濃度達每公升 0.25 毫克或血液中酒精濃度達百分之 0.05 以上的酒測值作為抽象危險程度的擬定標準，以及判定「不能安全駕駛情狀」的唯一證據，不得舉反證推翻。

而當駕駛者酒測檢驗值介於每公升 0.25 至 0.55 毫克之間時（道路交通安全規則第 114 條於 2013 年 6 月 11 日修正為：飲用酒類或其他類似物後其吐氣所含酒精濃度達每公升 0.15 毫克或血液中酒精濃度達百分之 0.03 以上），由於飲酒量尚未普遍性的超乎駕駛者生理適應程度，是「相對無駕駛能力」。此時，仍須針對個案，考量駕駛者本身是否確實存有不能安全駕駛的具體危險，以免犧牲個案正義。這個時候，本罪的型態就是將抽象危險行為的可罰性與特定具體危險要素相連結的「抽象－具體危險犯」。也就是說，除了酒測標準外（吐氣所含酒精濃度達每公升 0.15 毫克或血液中酒精濃度達百分之 0.03 以上），應參考輔助測驗，如單腳直立、直線步行、接物或畫同心圓等，並作成書面報告附卷等證據，供法院判定。

〔張麗卿，〈酒測 0.91 毫克竟也無罪——評臺灣高等法院九十九年度上易字第二四六號刑事判決〉，《月旦法學雜誌》，第 201 期，2012.02，194 頁以下。〕

▶ **98 台上 6028（判決）**

刑法第一百八十五條之三所規定之不能安全駕駛罪，係以「服用毒品、麻醉藥品、酒類或其他相類之物，不能安全駕駛動力交通工具而駕駛者」為構成要件，行為人是否該當上開構成要件，法院應綜合卷證資料，以為判斷之依據，**不能單憑酒測數值，作為唯一之認定標準。**

▶ **98 台非 15（判決）**

刑法第一百八十五條之三所規定之不能安全駕駛罪，係以「服用毒品、麻醉藥品、酒類或其他相類之物，不能安全駕駛動力交通工具而駕駛者」為構成要件。依其立法理由之說明，乃「為維護交通安全，增設服用酒類或其他相類之物過量致意識模糊駕駛交通工具之處罰規定，以防止交通事故之發生」。故該罪以「不能安全駕駛」為構成要件之一，惟行為人是否因服用毒品、麻醉藥品、酒類或其他相類之物，而有「不能安全駕駛」情形，應依證據證明之。警察機關於取締酒後駕駛時，通常固以呼氣後酒精濃度數值之高低，作為判斷能否安全駕駛之參考，但該酒測數值之高低，僅是證明能否安全駕駛之證據方法之一，並非絕對且唯一之證據，更與該罪為抽象危險犯或具體危險犯，分屬不同之兩事。易言之，**倘酒測數值低於參考值（每公升○‧五五毫克），但依其他證據足以證明不能安全駕駛者，仍應成立本罪，**反之則否。審理事實之法院，自應綜合全部卷證資料，以為判斷之依據，不能單憑酒測數值，作為唯一之認定標準。

❖ **學者評釋**

學者認為，因呼氣測試的酒精值，其容易受到空氣潮濕度、吐氣技術的影響，不適合作為血液中酒精濃度判斷的依據，而只能作為認定被告不能安全駕駛的間接證據，自應由法院綜合其他證據判斷是否構成相對不能安全駕駛。本件判決所根據的事實基礎，正是警察使用吐氣測試的酒

測數值可否作為不能安全駕駛的判斷依據。本判決清楚地認為，呼氣後酒測數值之高低，僅能證明能否安全駕駛之證據方法之一，並非絕對且唯一之證據，法院自應綜合全部卷證資料，以為判斷之依據，不能單憑酒測數值，作為唯一之認定標準。並且本判決也強調，這和不能安全駕駛罪為抽象危險犯或具體危險犯，分屬不同之兩事。

即使在 2013 年修法後，也應做同一解釋。因為新法在該條第 1 項第 1 款雖未提及「不能安全駕駛」，而只強調吐氣或血液中的酒精濃度值，但在該條第 1 項第 2 款與第 3 款仍強調「不能安全駕駛」的要素，可見立法者仍是以「不能安全駕駛動力交通工具而駕駛」作為本罪處罰的對象，該條第 1 項第 1 款之文字乃是針對因酒精所造成之不能安全駕駛狀態的證明規定，並非排除「不能安全駕駛」作為本罪在第 1 項第 1 款適用時犯罪成立要素。否則，將產生評價上本不存在一而二的矛盾。

【許澤天，〈吐氣值不應作為判定不能安全駕駛的一般有效經驗法則——最高院 98 台上 15 判決〉，《台灣法學雜誌》，第 247 期，2014.05，205 頁以下。】

本書認為，這樣的解釋在修法前還說得通，因為舊法所謂「呼氣酒精濃度高達每公升0.55 毫克」，必須移送司法偵辦的依據是來自法務部的「行政函示」（88 檢字第 1669 號函）。而依釋字第 137、216 號，法官本得依據法律獨立審判，不受「行政函示」之拘束。但修法後立法者已將酒測標準值寫明於本罪之第 1 項第 1 款中。且修法理由不但指明不能安全駕駛罪係屬抽象危險犯（由於抽象危險犯之構成不以發生實害為必要，所以不僅不需證明損害之發生，也當然無證明因果關係之必要），並具體指出以增訂酒精濃度標準值，以此作為認定「不能安全駕駛」之判斷標準，以有效遏阻酒醉開車事件發生。所以如果測得之酒精濃度值已符合於第 1 項第 1 款之構成要件，法院仍綜合全部卷證資料自為判斷，則有違反權力分立之虞、司法造法之嫌，也使得刑法第 185 條之 3 第 1 項第 1 款與同條第 1 項第 2 款無從區隔。

至於酒測值是否準確，按警政署因應新法修訂之「取締酒後駕車作業程序」，以呼氣酒精測試器檢測前，應先告知受測者檢測流程，並詢明飲酒結束時間。經詢明距飲酒結束時間已滿15 分鐘者，立即檢測（如有請求漱口，給予漱口）；經詢不告知飲酒結束時間或距飲酒結束時間未滿 15 分鐘者，告知其可漱口後立即檢測或距飲酒結束時間滿 15 分鐘再進行檢測（如有請求漱口，給予漱口）。前述飲酒結束時間，依受測者所告知之時間起算。因此，理論上這樣的執行標準只會使測得之酒精濃度比實際更低，並不

會使行為人更加不利。

▶ 臺灣高等法院暨所屬法院 100 年法律座談會刑事類臨時提案第 4 號

法律問題：某甲為從事貨車駕駛業務之人，於民國一○○年十一月一日飲酒後，已達酒醉不能安全駕駛之程度，仍故意駕駛貨車送貨，因剎車不慎，撞及行人某乙，致某乙受重傷。一○○年十一月八日立法院三讀通過刑法修正修正、增訂刑法第一百八十五條之三：「服用毒品、麻醉藥品、酒類或其他相類之物，不能安全駕駛動力交通工具而駕駛者，處二年以下有期徒刑、拘役或科或併科二十萬元以下罰金（第一項）。因而致人於死者，處一年以上七年以下有期徒刑；致重傷者，處六月以上五年以下有期徒刑（第二項）。」上開法條施行後，法院裁判時應如何論處？

研討結果：採乙說。

乙說：修正後刑法第一百八十五條之三第二項後段係屬修正前刑法第一百八十五條之三及刑法第二百八十四條第二項後段之法律變更，應依刑法第二條第一項規定比較適用新舊法。

㈠按所謂行為後法律有變更者，包括構成要件之變更而有擴張或限縮，或法定刑度之變更而言。一○○年十一月八日立法院三讀通過修正增訂之刑法第一百八十五條之三第二項後段之罪，係加重結果犯，以行為人對於基本（酒駕）行為有故意，對於加重結果（致重傷）部分有過失，始令負該加重結果之責。乃結合服用酒類不能安全駕駛動力交通工具而駕駛罪及過失致重傷罪之構成要件，而變更法定刑度。故修正後刑法第一百八十五條之三第二項後段之規定，對修正前刑法第一百八十五條之三之公共危險罪及刑法第二百八十四條第二項後段之業務過失致重傷罪而言，乃屬法律變更範圍，自應比較新舊法而予適用。

㈡甲為從事業務之汽車駕駛人，酒醉駕車，因業務上之過失致乙重傷，於其行為時，適用修正前刑法第一百八十五條之三、刑法第二百八十四條第二項後段（依道交條例第八十六條第一項規定加重其刑）規定處斷，所犯二罪分論併罰。甲行為後，刑罰法律既有變更，而刑法第二百八十四條第二項後段之業務過失致重傷罪，依道交條例第八十六條第一項規定加重後，其最重法定本刑為有期徒刑四年六月，並與修正前刑法第一百八十五條之三之罪（最重法定本刑為有期徒刑一年），為二罪分論併罰（行為時法），而刑法第一百八十五條之三第二項後段之罪

（裁判時法），其最重法定本刑爲有期徒刑五年，且爲一罪，兩相比較，以裁判時法之刑罰較輕，應適用修正後刑法第一百八十五條之三第二項後段之規定論處。

▶ **臺灣高等法院暨所屬法院 100 年法律座談會刑事類臨時提案第 2 號**

法律問題：甲爲從事貨車駕駛業務之人，於民國一〇〇年十一月一日飲酒後，已達酒醉不能安全駕駛之程度，仍故意駕駛貨車送貨，因駕車不慎，撞死行人乙。一〇〇年十一月八日立法院三讀通過刑法修正案，修正、增訂刑法第一百八十五條之三：「服用毒品、麻醉藥品、酒類或其他相類之物，不能安全駕駛動力交通工具而駕駛者，處二年以下有期徒刑、拘役或科或併科二十萬元以下罰金（第一項）。因而致人於死者，處一年以上七年以下有期徒刑；致重傷者，處六月以上五年以下有期徒刑（第二項）。」上開法條施行後，法院裁判時應如何論處？

研討結果：採乙說。

乙說：修正後刑法第一百八十五條之三第二項前段係屬修正前同法第十八條之三及刑法第二百七十六條第二項之法律變更，應依刑法第二條第一項規定比較適用新舊法。

(一)按所謂行爲後法律有變更者，包括構成要件之變更而有擴張或限縮，或法定刑度之變更而言。一〇〇年十一月八日立法院三讀通過修正增訂之刑法第一百八十五條之三第二項前段之罪，係加重結果犯，以行爲人對於基本（酒駕）行爲有故意，對於加重結果（致死）部分有過失，始令負該加重結果之責。乃結合服用酒不能安全駕駛動力交通工具而駕駛罪及過失致死罪之構成要件，而變更法定刑度。故修正後刑法第一百八十五條之三第二項前段之規定，對修正前刑法第一百八十五條之三之服用酒類不能安全駕駛動力交通工具而駕駛罪及刑法第二百七十六條第二項之業務過失致死罪而言，乃屬法律變更範圍，自應比較新舊法而予適用。

(二)甲爲從事業務之汽車駕駛人，酒醉駕車，因業務上之過失致人於死，於其行爲時，適用修正前刑法第一百八十五條之三、刑法第二百七十六條第二項（依道交條例第八十六條第一項規定加重其刑）規定處斷，所犯二罪分論併罰。甲行爲後，刑罰法律既有變更，而刑法第二百七十六條第二項之業務過失致死罪，依道交條例第八十六條第一項規定加重後，其最重法定本刑爲有期徒刑七年六月，並與修正前刑法第一百八十五條之三之罪（最重法定本刑爲有期徒刑一年），二罪分論併罰（行爲時法），而修正後刑法第一百八十五

條之三第二項前段之罪（裁判時法），其最重法定本刑爲有期徒刑七年，且爲一罪，兩相比較，以裁判時法之刑罰較輕，應適用修正後刑法第一百八十五條之三第二項前段之規定論處。

> **第 185 條之 4 （肇事遺棄罪）**
> 駕駛動力交通工具肇事，致人死傷而逃逸者，處一年以上七年以下有期徒刑。

□ **修正前條文**

駕駛動力交通工具肇事，致人死傷而逃逸者，處六月以上五年以下有期徒刑。

■ **修正說明（102.05.31）**

第一百八十五條之三已提高酒駕與酒駕致死之刑度，肇事逃逸者同基於僥倖心態，延誤受害者就醫存活的機會，錯失治療的寶貴時間。爰修正原條文，提高肇事逃逸刑度。

❖ **法學概念**

肇事

本罪的前提要件必須所駕駛者動力交通工具，非屬動力交通工具的腳踏車，或以人力「推車」的行爲，皆不屬之。

【許澤天，《刑法各論(二)人格法益篇》，新學林，初版，2018.09，106 頁以下。】

然而，由於人工智慧（Artificial Intelligence）的發展逐漸成熟，人們積極嘗試在各種領域運用人工智慧，包括：國家行政、司法，乃至於交易習慣、醫療技術、交通方式、教育娛樂、科學發展等。人工智慧的運用，最受矚目者應屬自動駕駛車（Autonomous Car，下稱「自駕車」）。世界各大車廠、科技公司，無不摩拳擦掌，隨著自駕車的問世，本罪的「駕駛」概念自不能一成不變。

所謂自駕車，是指車輛搭配人工智慧系統，使之得以自動操作車輛而運行，所以自駕車沒有人類駕駛，司機就是車輛本身；自駕車上的人，除了有居於類似駕駛人地位的使用者外，都是乘客。這裏所指的自駕車，是完全自動駕駛的第 4 級、第 5 級自駕車。至於其他「非完全自動駕駛」的車輛，僅具有半自動駕駛功能或無自動駕駛功能，則不在討論之列。因爲，如果自動駕駛必須人爲的操作或配合，一旦發生事故，行爲主體即是操作的人，其刑法上的判斷與一般汽車的駕駛並無二致。

假如科技足夠成熟，完全取代人力的自動駕駛可以合法上路，一旦發生傷亡的事故，刑法該如何因應？學者主張，由於自駕車本身仍然不具有法律上的人格，其行爲不具有刑法上的意義，因此不是刑法所要過問者。即使認爲自動駕駛本身具有法律上的人格，可以從事刑法上有意

義的行為，並因此承擔刑罰，但是，現有的刑罰制度完全不能用來對付自動駕駛。對於自動駕駛的刑罰只能另外創造，於是有人提出：刪除記憶、修改程式、銷毀等刑罰。惟這類刑罰不能放在刑法裡，因為刑法是對於「人」的犯罪行為及其法律效果的法律，而不是對於機器，宜另訂新法因應。

【張麗卿，〈人工智慧時代的刑法挑戰與對應——以自動駕駛車為例〉，《月旦法學雜誌》，第286期，2019.02，87頁以下。】

過去司法實務（最高法院104年度台上字第2570號判決），將本罪保護法益確認包含事故釐清責任的綜合性法益，逃逸概念窮盡擴大並且轉化為表明身分的義務，不只製造更多本罪使用上的正當性疑義，並且違反罪刑相當原則、降低法安定性的適用後果。實則，是否肇事逃逸，應依其主觀認知，不為救助是否造成被害人生命或身體之重大危險。在修法之前，應回歸保護生命與重大身體法益的觀點，將本罪視為平衡大眾交通危險的特殊遺棄罪。

【薛智仁，〈變遷中的肇事逃逸罪——評最高法院104年度台上字第2570號刑事判決〉，《政大法學評論》，第149期，2017.06，247頁以下。】

❖ 爭議問題

本罪所稱之「肇事致人死傷」性質為何？

一、客觀處罰條件說

實務上曾認為，此應為客觀處罰條件（最高法院91年度台上字第5363號判決）。據此，適用結果乃純粹取決於客觀上的條件是否成就，至於行為人主觀上是否對該條件有所認知或意欲，在非所問，因此也不生錯誤之問題。學說上亦有支持此一意見解的論者。

【林鈺雄，《新刑法總則》，元照，六版，2018.09，330頁。】

二、構成要件要素說

有論者指出，由於本罪為故意犯。行為人須對於駕駛動力交通工具肇事致人死傷之情狀，以及逃逸之行為須有認識，始能成罪。

【張麗卿，〈刑法中的交通違反行為〉，收錄於《交通刑法》，學林，初版，2002.12，58頁。】

依條文文義解釋，所謂「肇事」，當然指事件的促發，而非受到波及。若是停車靜候綠燈，被後車追撞，不能稱為肇事。過失致死的行為，代價是兩年以下的有期徒刑；而一名車禍參與者，單純離開現場，代價卻是五年以下有期徒刑。如此輕重失衡的法定刑，已經預設了肇事逃逸罪必須嚴格解釋，亦即唯有過失的車禍參與者，才可能成立本罪。

【林東茂，《刑法分則》，一品，初版，2018.09，269頁。】

從本罪處罰理由當中可以探知，應該要有

「致人死傷」的認識存在，蓋所謂「逃逸」，指的是「未能使被害人即時救護」之故，因此「致人死傷」的要件應該屬於本罪的構成要件要素。

【陳子平，《刑法各論（下）》，元照，初版，2014.11，119頁。】

顯然，學說上的有力說多傾向此「構成要件要素」。而近來實務較新的見解，有改採此說的趨向（如最高法院96年度台上字第5015號判決、96年度台上字第6846號判決、99年度台上字第6594號判決參照）。

☐ 實務見解

▶ **釋字第777號（108.05.31）**

中華民國八十八年四月二十一日增訂公布之刑法第一百八十五條之四規定：「駕駛動力交通工具肇事，致人死傷而逃逸者，處六月以上五年以下有期徒刑。」（一〇二年六月十一日修正公布同條規定，提高刑度為一年以上七年以下有期徒刑，構成要件均相同）其中有關「肇事」部分，可能語意所及之範圍，包括「因駕駛人之故意或過失」或「非因駕駛人之故意或過失」（因之可抗力、被害人或第三人之故意或過失）所致之事故，除因駕駛人之故意或過失所致之事故為該罪所涵蓋，其餘非因駕駛人之故意或過失所致事故之情形是否構成「肇事」，尚非一般受規範者所得理解或預見，於此範圍內，其文義有違法律明確性原則，其違反部分，應自本解釋公布之日起失其效力。八十八年上開規定有關刑度部分，與憲法罪刑相當原則尚無不符，未違反比例原則。一〇二年修正公布之上開規定，一律以一年以上七年以下有期徒刑為其法定刑，致對犯罪情節輕微者無從為易科罰金之宣告，對此等情節輕微個案構成顯然過苛之處罰，於此範圍內，不符憲法罪刑相當原則，與憲法第二十三條比例原則有違。此違反部分，應自本解釋公布之日起，至遲於屆滿二年時，失其效力。

❖ 學者評釋

過去實務判決壓倒性的認為，行為人即使沒有過失，也成立肇事逃逸罪。甚至認為，「不論是撞人或是被撞，或是因其他事故而造成死傷，只要是在駕駛動力交通工具過程內所發生者，參與整個事故過程之當事人，皆應協助防止死傷之擴大」。這樣的見解，遭學說反對，蓋所謂肇事，當然指事件的促發，而非受到波及。停車靜候綠燈，被後車追撞，不能稱為肇事。我們譴責肇事逃逸，必須是逃逸者有一個違法的前行為。遭到追撞的人不願留在現場，是放棄自己的損害賠償請求權，而不是肇事逃逸。放棄自己的請求權而離開現場，如果稱為肇事逃逸，就成了羅織。肇事逃逸的規範目的，無論是救護被害人

或防止公共危險的擴大，被撞的人都沒有法律義務，不成立肇事逃逸罪。

以往的實務見解，等於要求不幸被撞的人，其排除公共危險的義務，與製造車禍的人相同。被撞的人居然與真正的肇事者，法律地位竟然一致，這究竟是非不分？「開車如果被撞了，就有法律義務防止危險擴大」。這種見解毫無道理。只有基於故意或過失而導致車禍發生的才有義務去防止危險擴大。釋字第 777 號解釋指出，非因駕駛人的故意或過失所發生的事故，是否構成「肇事」並非一般受規範者所得理解或預見。於此範圍內，其文義有違法律明確性原則。大法官此項見解乃是呼應學說上的看法。

【林東茂，《刑法分則》，一品，二版，2020.02，280 頁以下】

▶ 103 台上 175（判決）

刑法第一百八十五條之四之駕駛動力交通工具肇事致人死傷而逃逸罪，其立法目的係為維護交通，增進行車安全，促使當事人於事故發生時，能對被害人即時救護，俾減少死傷，以保護他人權益並維護社會秩序。而上開條文所謂「逃逸」係指逃離肇事現場而逸走之行為，故駕駛人於肇事致人死傷時應有「在場之義務」。從而，肇事駕駛人雖非不得委由他人救護，然仍應留置現場等待或協助救護，並確認被害人已經獲得救護，或無隱瞞而讓被害人、執法人員或其他相關人員得以知悉其真實身分、或待被害人同意後始得離去。若自認被害人並未受傷或傷勢無礙，即可不待確認被害人已否獲得救護，亦不等候檢、警等相關執法人員到場處理善後事宜，即得自行離去，自非該條款規範之意旨。因認上揭條文規範意旨堪認係傾向包括使被害人、執法人員或其他相關人員得以查明肇事者無訛。故上訴人肇事後，未報警或叫救護車，且案發時係深夜，上訴人未設置警告標誌或留下任何聯絡資料，亦未獲被害人同意，即擅離肇事現場，並未確認被害人是否已經獲得救護，揆諸上揭說明，仍應依刑法第一百八十五條之四之肇事逃逸罪論處。

▶ 99 台上 6594（判決）

按刑法第一百八十五條之四之肇事逃逸罪，其客觀構成要件為行為人駕駛動力交通工具肇事，且致人死傷而逃逸，**主觀要件則須行為人對致人死傷之事實有所認識，並進而決意擅自逃離肇事現場，始足當之。**

▶ 99 台上 4045（判決）

刑法第二百九十四條第一項之遺棄罪，必須被害人為無自救力之人，行為人又知被害人係屬無自救力之人，而積極遺棄之，或消極不為其生存所必要之扶助、養育或保護者始足當之。換言之，以行為人主觀上有遺棄無自救力之人之犯罪故

意為前提，犯罪主體亦不以駕駛動力交通工具肇事，致人死傷而逃逸之人為限，如非對絕無自救力之人為積極或消極之遺棄行為，即不成立本罪；與刑法第一百八十五條之四之罪，其犯罪主體限於駕駛動力交通工具肇事致人死傷而逃逸者，且祗以行為人有駕駛動力交通工具，致人死傷而逃逸之事實為已足，並不以被害人必為無自救力之人，無自行維持生存所必要之能力為必要。且所保護之法益，前者係為個人之生命、身體安全，與後者係為促使駕駛人於肇事後能對被害人即時救護，以減少死傷，側重社會公共安全之維護，亦屬有間。二者並非特別法與普通法關係，故如一駕駛動力交通工具肇事，致人死傷而逃逸之行為，同時符合上開二罪之犯罪構成要件時，即應成立一行為觸犯二罪名之想像競合犯。準此，本件被告駕車肇事，致被害人周仁義受傷，昏迷倒臥路上，成為無自救力之人後，卻因緊張害怕，未下車察看，採取必要之保護措施，逐自駕車逃逸之一個行為，自屬同時觸犯上開二罪名，原審依想像競合犯論處，並無不合。

▶ 96 台上 6846（判決）

刑法第一百八十五條之四駕駛動力交通工具肇事，致人死傷而逃逸罪，行為人之駕車肇事致人死傷雖非出於故意，但仍須知悉肇事致人死傷之事實，猶故為逃逸，始足當之。若行為人不知其已肇事並致人死傷，縱然逃逸，亦與本罪之構成要件不合。是該條所謂「逃逸」係指行為人主觀上對其駕駛動力交通工具肇事致人死傷已有認識，客觀上並有擅自離肇事現場之行為而言。

▶ 96 台上 5015（判決）

刑法第一百八十五條之四係以駕駛動力交通工具肇事致人死傷而逃逸者為其犯罪構成要件，係以處罰肇事後逃逸之駕駛人為目的，俾促使駕駛人於肇事後能對被害人即時救護，以減少死傷，是故，**必也行為人對於其駕車肇事致人於死或傷有所認識，始有構成肇事逃逸罪之可能。**

▶ 91 台上 5363（判決）

刑法第一百八十五條之四肇事逃逸罪，以處罰肇事後故意逃逸之駕駛人為目的，俾促使駕駛人於肇事後能對被害人即時救護而減少死傷；故祗以行為人有駕駛動力交通工具肇事，致人死傷之**客觀事實存在，及行為人主觀上有逃逸之故意與行為，即足以成立本罪。**原判決引用第一審判決書所載事實，已包含上訴人駕駛營業小客車肇事致被害人受傷之**客觀處罰條件，**及上訴人竟未停車或下車察看，反駕車加速逃逸之主觀犯意與行為等與論罪科刑有關事項，核與刑法第一百八十五條之四犯罪構成要件相當，自足資為適用法律之依據。

第 186 條（單純危險物罪）

未受允准，而製造、販賣、運輸或持有炸藥、棉花藥、雷汞或其他相類之爆裂物或軍用槍砲、子彈而無正當理由者，處二年以下有期徒刑、拘役或一萬五千元以下罰金。

□ 修正前條文

未受允准，而製造、販賣、運輸或持有炸藥、棉花藥、雷汞或其他相類之爆裂物或軍用槍砲、子彈而無正當理由者，處二年以下有期徒刑、拘役或五百元以下罰金。

■ 修正說明（108.12.25）

本罪於民國七十二年六月二十六日後並未修正，爰依刑法施行法第一條之一第二項本文規定將罰金數額修正提高三十倍，以增加法律明確性，並使刑法分則各罪罰金數額具內在邏輯一致性。

□ 實務見解

▶ 47 台上 28（判例）

上訴人因買受盜賣品，而持有子彈又無正當理由，自屬觸犯一刑法第一百八十六條之罪，唯此持有子彈，為買受盜賣品罪之結果行為，依同法第五十五條之規定，仍應從較重之買受盜賣械彈罪處斷。

第 186 條之 1（不法使用爆裂物及其加重結果犯）

I 無正當理由使用炸藥、棉花藥、雷汞或其他相類之爆裂物爆炸，致生公共危險者，處一年以上七年以下有期徒刑。

II 因而致人於死者，處無期徒刑或七年以上有期徒刑；致重傷者，處三年以上十年以下有期徒刑。

III 因過失致炸藥、棉花藥、雷汞或其他相類之爆裂物爆炸而生公共危險者，處二年以下有期徒刑、拘役或一萬五千元以下罰金。

IV 第一項之未遂犯罰之。

□ 修正前條文

I 無正當理由使用炸藥、棉花藥、雷汞或其他相類之爆裂物爆炸，致生公共危險者，處一年以上七年以下有期徒刑。

II 因而致人於死者，處無期徒刑或七年以上有期徒刑；致重傷者，處三年以上十年以下有期徒刑。

III 因過失致炸藥、棉花藥、雷汞或其他相類之爆裂物爆炸而生公共危險者，處二年以下有期徒刑、拘役或五千元以下罰金。

IV 第一項之未遂犯罰之。

■ 修正說明（108.12.25）

本罪增訂於民國八十八年三月三十日，爰依刑法施行法第一條之一第二項但書規定將罰金數額提高三倍，以增加法律明確性，並使刑法分則各罪罰金數額具內在邏輯一致性。

第 187 條（加重危險物罪）

意圖供自己或他人犯罪之用，而製造、販賣、運輸或持有炸藥、棉花藥、雷汞或其他相類之爆裂物或軍用槍砲、子彈者，處五年以下有期徒刑。

□ 實務見解

▶ 45 台上 1296（判例）

上訴人既於信內附子彈一顆，寄給某甲施以恐嚇，則是以子彈為實施恐嚇之手段，於刑法第三百零五條之罪外，又已觸犯同法第一百八十七條之罪，其間顯有牽連關係，應依同法第五十五條從一重處斷。

▶ 99 台上 5266（判決）

單純未經許可持有槍砲或彈藥，係屬繼續犯，為實質上一罪，其前後繼續之持有行為，為行為之繼續，至持有行為終了時均論為一罪，不得割裂。亦即如非意圖供罪之用，早已非法持有槍、彈，嗣於持有行為繼續中始另行起意單獨或共同攜帶該槍、彈犯罪，則其嗣後為犯罪而與其他共犯共同持有該槍、彈之行為，為原單純持有繼續犯之一部分，**不容原未經許可持有槍砲或彈藥行為割裂而另論一意圖供犯罪而持有罪，而應以未經許可持有槍、彈與另行起意所犯之罪，依數罪併罰論處**。此與意圖供自己或他人犯某罪而持有槍、彈，後果以之犯該罪，如所持有之手槍、子彈屬於軍用槍砲、子彈，應依八十五年九月二十五日修正公布之槍砲彈藥刀械管制條例第十三條之一，比較同條例第七條第四項未經許可持有手槍、第十二條第四項未經許可持有子彈及刑法第一百八十七條意圖供自己犯罪之用，而持有軍用槍砲、彈藥罪之輕重，適用較重處罰規定，於刑法修正廢除牽連犯規定後，再與所犯之罪依想像競合之例從一重處斷者有別。

第 187 條之 1（不法使用核子原料等物之處罰）

不依法令製造、販賣、運輸或持有核子原料、燃料、反應器、放射性物質或其原料者，處五年以下有期徒刑。

第 187 條之 2（放逸核能、放射線致生公共危險之處罰）

I 放逸核能、放射線，致生公共危險者，處五年以下有期徒刑。

II 因而致人於死者，處無期徒刑或十年以上有期徒刑；致重傷者，處五年以上有期徒刑。

III 因過失犯第一項之罪者，處二年以下有期徒刑、拘役或一萬五千元以下罰金。

IV 第一項之未遂犯罰之。

（接續上欄）額提高三倍，以增加法律明確性，並使刑法分則各罪罰金數額具內在邏輯一致性。

□ 修正前條文

Ⅰ 放逸核能、放射線，致生公共危險者，處五年以下有期徒刑。

Ⅱ 因而致人於死者，處無期徒刑或十年以上有期徒刑；致重傷者，處五年以上有期徒刑。

Ⅲ 因過失犯第一項之罪者，處二年以下有期徒刑、拘役或五千元以下罰金。

Ⅳ 第一項之未遂犯罰之。

■ 修正說明（108.12.25）

本罪增訂於民國八十八年三月三十日，爰依刑法施行法第一條之一第二項但書規定將罰金數額提高三倍，以增加法律明確性，並使刑法分則各罪罰金數額具內在邏輯一致性。

第 187 條之 3（無正當理由使用放射線之處罰）

Ⅰ 無正當理由使用放射線，致傷害人之身體或健康者，處三年以上十年以下有期徒刑。

Ⅱ 因而致人於死者，處無期徒刑或十年以上有期徒刑；致重傷者，處五年以上有期徒刑。

Ⅲ 第一項之未遂犯罰之。

第 188 條（妨害公用事業罪）

妨害鐵路、郵務、電報、電話或供公眾之用水、電氣、煤氣事業者，處五年以下有期徒刑、拘役或一萬五千元以下罰金。

□ 修正前條文

妨害鐵路、郵務、電報、電話或供公眾之用水、電氣、煤氣事業者，處五年以下有期徒刑拘役或五百元以下罰金。

■ 修正說明（108.12.25）

本罪於民國七十二年六月二十六日後並未修正，爰依刑法施行法第一條之一第二項本文規定將罰金數額修正提高三十倍，以增加法律明確性，並使刑法分則各罪罰金數額具內在邏輯一致性。

□ 實務見解

▶ 88 台上 6831（判例）

刑法第一百八十八條之妨害公用事業罪，以妨害鐵路、郵務、電報、電話，或供公眾之用水、電氣、煤氣事業為要件，**此所稱之「妨害」，指以不當方法妨礙侵害使變更其正常狀態之行為而言；考其立法目的，係為保障公眾使用上開列舉公用事業之利益而設，用以維護公共之安全，故於刑法公共危險罪章立此規定。從而其妨害行為，必足以危害不特定或特定多數之公眾使用上揭公用事業利益，始足當之，倘未達此程度而僅妨害特定少數人，除另該當其他犯罪構成要件，應依他罪論處外，尚難成立本罪。**

第 189 條（損壞保護生命設備罪）

Ⅰ 損壞礦坑、工廠或其他相類之場所內關於保護生命之設備，致生危險於他人生命者，處一年以上七年以下有期徒刑。

Ⅱ 因而致人於死者，處無期徒刑或七年以上有期徒刑；致重傷者，處三年以上十年以下有期徒刑。

Ⅲ 因過失犯第一項之罪者，處二年以下有期徒刑、拘役或二十萬元以下罰金。

Ⅳ 第一項之未遂犯罰之。

□ 修正前條文

Ⅰ 損壞礦坑、工廠或其他相類之場所內關於保護生命之設備，致生危險於他人生命者，處一年以上、七年以下有期徒刑。

Ⅱ 因而致人於死者，處無期徒刑或七年以上有期徒刑；致重傷者，處三年以上、十年以下有期徒刑。

Ⅲ 因過失犯第一項之罪者，處六月以下有期徒刑、拘役或三百元以下罰金。

Ⅳ 從事業務之人，因業務上之過失犯第一項之罪者，處二年以下有期徒刑、拘役或五百元以下罰金。

Ⅴ 第一項之未遂犯罰之。

■ 修正說明（108.05.29）

一、第一項及第二項酌作標點符號修正。

二、提高過失犯罪之法定刑為二年以下有期徒刑、拘役或二十萬元以下罰金，由法官依具體個案之過失情節量處適當之刑。又其罰金刑額數已不符時宜，配合提高為二十萬元，爰修正第三項。

三、原第三項及第四項依是否為業務過失而有不同法定刑，有違平等原則，爰刪除原第四項業務過失之處罰規定。

四、原第五項配合移列至第四項。

第 189 條之 1（危害公共場所內保護生命設備之處罰）

Ⅰ 損壞礦場、工廠或其他相類之場所內關於保護生命之設備或致令不堪用，致生危險於他人之身體健康者，處一年以下有期徒刑、拘役或九千元以下罰金。

Ⅱ 損壞前項以外之公共場所內關於保護生命之設備或致令不堪用，致生危險於他人之身體健康者，亦同。

□ 修正前條文

Ⅰ 損壞礦場、工廠或其他相類之場所內關於保護生命之設備或致令不堪用，致生危險於他人之身體健康者，處一年以下有期徒刑、拘役或三千元以下罰金。

II損壞前項以外之公共場所內關於保護生命之設備或致令不堪用，致生危險於他人之身體健康者，亦同。

■修正說明（108.12.25）

本罪增訂於民國八十八年三月三十日，爰依刑法施行法第一條之一第二項但書規定將罰金數額提高三倍，以增加法律明確性，並使刑法分則各罪罰金數額具內在邏輯一致性。

第189條之2（阻塞逃生通道之處罰）

I阻塞戲院、商場、餐廳、旅店或其他公眾得出入之場所或公共場所之逃生通道，致生危險於他人生命、身體或健康者，處三年以下有期徒刑。阻塞集合住宅或共同使用大廈之逃生通道，致生危險於他人生命、身體或健康者，亦同。

II因而致人於死者，處七年以下有期徒刑；致重傷者，處五年以下有期徒刑。

第190條（妨害公眾飲水罪）

I投放毒物或混入妨害衛生物品於供公眾所飲之水源、水道或自來水池者，處一年以上七年以下有期徒刑。

II因而致人於死者，處無期徒刑或七年以上有期徒刑；致重傷者，處三年以上十年以下有期徒刑。

III因過失犯第一項之罪者，處六月以下有期徒刑、拘役或九千元以下罰金。

IV第一項之未遂犯罰之。

□修正前條文

I投放毒物或混入妨害衛生物品於供公眾所飲之水源、水道或自來水池者，處一年以上、七年以下有期徒刑。

II因而致人於死者，處無期徒刑或七年以上有期徒刑；致重傷者，處三年以上、十年以下有期徒刑。

III因過失犯第一項之罪者，處六月以下有期徒刑、拘役或三百元以下罰金。

IV第一項之未遂犯罰之。

■修正說明（108.12.25）

一、本罪於民國七十二年六月二十六日後並未修正，爰依刑法施行法第一條之一第二項本文規定將罰金數額修正提高三十倍，以增加法律明確性，並使刑法分則各罪罰金數額具內在邏輯一致性。

二、第一項末句「一年以上、七年以下」修正爲「一年以上七年以下」；第二項末句「三年以上、十年以下」修正爲「三年以上十年以下」。

第190條之1（流放毒物罪及結果加重犯）

I投棄、放流、排出、放逸或以他法使毒物或其他有害健康之物污染空氣、土壤、河川或其他水體者，處五年以下有期徒刑、拘役或科或併科一千萬元以下罰金。

II廠商或事業場所之負責人、監督策劃人員、代理人、受僱人或其他從業人員，因事業活動而犯前項之罪者，處七年以下有期徒刑，得併科一千五百萬元以下罰金。

III犯第一項之罪，因而致人於死者，處三年以上十年以下有期徒刑；致重傷者，處一年以上七年以下有期徒刑。

IV犯第二項之罪，因而致人於死者，處無期徒刑或七年以上有期徒刑；致重傷者，處三年以上十年以下有期徒刑。

V因過失犯第一項之罪者，處一年以下有期徒刑、拘役或科或併科二百萬元以下罰金。

VI因過失犯第二項之罪者，處三年以下有期徒刑、拘役或科或併科六百萬元以下罰金。

VII第一項或第二項之未遂犯罰之。

VIII犯第一項、第五項或第一項未遂犯之罪，其情節顯著輕微者，不罰。

□修正前條文

I投棄、放流、排出或放逸毒物或其他有害健康之物，而污染空氣、土壤、河川或其他水體，致生公共危險者，處五年以下有期徒刑。

II廠商、事業場所負責人或監督策劃人員，因事業活動而犯前項之罪者，處七年以下有期徒刑。

III因而致人於死者，處無期徒刑或七年以上有期徒刑；致重傷者，處三年以上十年以下有期徒刑。

IV因過失犯第一項之罪者，處六月以下有期徒刑、拘役或五千元以下罰金。

■修正說明（107.06.13）

一、本條所稱之污染，係指各種空氣、土壤、河川或其他水體，因物質、生物或能量之介入，而使其外形變得混濁、污穢，或使得其物理、化學或生物性質發生變化，或者使已受污染之空氣、土壤、河川或其他水體品質更形惡化之意，並不限於已危害國民健康及生活環境之情形。另考量污染環境手段多樣，增列「他法」之樣態，以應實務需求，爰修正第一項規定。

二、近年環境污染嚴重，因事業活動而投棄、流放、排出、放逸或以他法使毒物或其他有害健康之物污染空氣、土壤、河川或其他水體，往往造成環境無法彌補之損害；

且實務上對於本條「致生公共危險」之構成要件採嚴格解釋，致難以處罰此類環境污染行為，故為保護環境，維護人類永續發展，刪除「具體危險犯」之規定形式，即行為人投棄、放流、排出或放逸毒物或其他有害健康之物於空氣、土壤、河川或其他水體造成污染者，不待具體危險之發生，即足以構成犯罪，俾充分保護環境之安全。

三、第二項因事業活動而投棄、流放、排出、放逸或以他法使毒物或其他有害健康之物污染空氣、土壤、河川或其他水體時，現行規定負責人或監督策劃人員，未能涵蓋從事該事業活動之相關人員，故增訂代理人、受僱人或其他從業人員，爰修正第二項，以期周延。

四、第一項及第二項之法定刑輕重有別，是其加重結果之法定刑分別規定為第三項及第四項。另為使本法加重結果犯之法定刑兼顧罪刑均衡及避免恣意，並符合本法之整體性及一致性，就本罪之法定刑輕重，分別規範加重結果犯之法定刑。

五、本條處罰過失犯，亦應依第一項及第二項情形分別規定，是將原第四項移列為第五項，修正其罰金刑，另增訂第六項處罰第二項之過失犯，以資適用。

六、行為人已著手於投棄、放流、排出或放逸毒物或其他有害健康之物於空氣、土壤、河川或其他水體行為之實行，如客觀上不足以認定該行為已使上開客體受到污染者，仍不能將行為人繩之以法，難免使行為人心生僥倖，無法達到預防污染空氣、土壤、河川或其他水體之環境犯罪行為的發生，爰增訂第七項處罰未遂犯之明文。

七、對於污染空氣、土壤、河川或其他水體之程度顯然輕微或具社會相當性（例如：將極少量的衣物漂白劑或碗盤洗潔劑倒入河川、湖泊中），其侵害之法益及行為均極輕微，在一般社會倫理觀念上尚難認有科以刑罰之必要，且此項行為不予追訴處罰，亦不違反社會共同生活之法律秩序，自得視為無實質違法性，而不應繩之以法（最高法院七十四年台上字第四二二五號判例參照），如科以刑罰顯有違比例原則及罪刑相當原則，原非環境破壞犯罪適用之對象，為免解釋及適用本條污染環境行為時，誤將污染空氣、土壤、河川或其他水體程度顯然輕微之個案納入處罰範圍，爰參考德國刑法第三百二十六條第六項微量廢棄物不罰規定之類似意旨，增訂第八

項規定，排除程度顯然輕微個案之可罰性。

❖ 法學概念
環境犯罪

本條是普通刑法裡獨有的「環境犯罪」。所要保護的，不只是水體（河川或其他水域），包括空氣或土壤的行為方式，是指投棄、放流、放逸毒物或其他有害健康之物。本條原本是具體危險犯，污染行為必須致生公共危險，構成要件才該當，後來才改成抽象危險犯，在構成要件上不要求危險的出現。但抽象危險犯的規定有時不免過苛，所以第190條之1的第8項做了例外規定以節制其嚴屬性。這個節制的規定是「情節顯著輕微者，不罰」。所謂情節顯著輕微，例如：在河岸洗車或小便、短時間在地下停車；又例如，暗夜將自家垃圾傾倒在市郊，雖然有礙觀瞻，穢氣四溢，但由於量與公共危險無涉，不致威脅公眾的生命與健康。

然而，這個「情節輕微不罰」的規定，只適用於一般的行為人。事業體的從業人員在「事業活動中的污染行為」，便不適用。廠商將生產過程所生的廢棄丟棄在山間，無論量多或量少都該當構成要件之行為。因此，養豬戶或養雞戶，隨意將病死豬、雞，不論數量多少立法上都假定，病菌可能隨時在河岸的社區散播，引發公共危險。同理，工廠於夜間偷偷排放廢氣或廢水，立法上認定對於空氣品質與水域都有破壞作用；工廠排放的廢水如果流入農田，也會造成稻米或其他農作物的不可食用，並引發公共危險。工廠排放廢氣，無論是否引發鄰近居民的群體不適（如淚眼、呼吸困難、咳嗽等），也屬於構成要件該當。

【林東茂，《刑法分則》，一品，二版，2020.02，288頁以下。】

❖ 法學概念
本罪之競合

本罪乃具體的公共危險犯，以「致生公共危險」之具體危險為成立要件。所謂「具體的公共危險（致生公共危險）」，係指在該當具體情況下，一般人感受到對於不特定或多數人的生命、身體或重要財產已經造成現實的危險者而言。而所謂「其他有害健康之物」，則係指毒性化學物質以外之其他一切足以危害人體健康或污染環境的物質而言。例如，高雄氣爆事件之丙烯。

【林山田，《刑法各罪論（下）》，自版，修訂五版，2006.11，344頁；陳子平，《刑法各論（下）》，元照，初版，2014.11，162頁。】

第191條（製造販賣陳列妨害衛生物罪）
製造、販賣或意圖販賣而陳列妨害衛生之飲食物品或其他物品者，處六月以下有期徒刑、拘役或科或併科三萬元以下罰金。

□修正前條文
製造、販賣或意圖販賣而陳列妨害衛生之飲食物品或其他物品者，處六月以下有期徒刑、拘役或科或併科一千元以下罰金。

■修正說明（108.12.25）
本罪於民國七十二年六月二十六日後並未修正，爰依刑法施行法第一條之一第二項本文規定將罰金數額修正提高三十倍，以增加法律明確性，並使刑法分則各罪罰金數額具內在邏輯一致性。

❖ **法學概念**
本罪「妨害衛生」之認定

本條中所謂「妨害衛生」的意義，學說上有認為，是指對於健康的威脅較低，不至於導致食用或使用者死亡或重傷之情況。

不過，亦有論者謂，「妨害衛生」是指一切有礙人體健康者，如有輻射、農藥污染的食物等。

若採後者的看法，則「妨害衛生」與「有害人體健康」之間的界限模糊，不過，縱然採前者的見解，依據舉輕以明重的法理，既然製造、販賣或意圖販賣陳列「妨害衛生」的食品或物品是法律所禁止，則製造、販賣或意圖販賣而陳列「有害人體健康」的食品或物品當然亦是法律所不許，故在結論上並無二致。

【張麗卿，〈海峽兩岸有關毒奶事件的法律關照〉，《東海大學法學研究》，第31期，2009.12，121頁。】

❖ **法學概念**
本罪之競合

本條是故意犯，並不處罰過失，所以社會上常見餐館攤販不慎使用不潔或不新鮮的食材所造成的糾紛，只有民事或行政責任，並不構成刑事責任。假如因食用或使用行為人製造、販賣或陳列妨害衛生食品物而致死亡或受傷，則應成立刑法第276條的過失致死罪或第284條的過失傷害罪。另外，本條為抽象危險犯，是立法上已推測危險，只要特定行為出現時，法益危險就產生，犯罪就成立。

若行為人製造、販賣或意圖販賣而陳列妨礙衛生的食品物品，未達到致生人體健康危害的程度時，將不被認為成立犯罪，僅依食品安全衛生管理法第31條（2013年5月31日移列至第44條）處以行政罰。倘若達到致生人體健康危害的程度時，方可能構成食品安全衛生管理法第34條（2013年5月31日列為第49條）之罪。

【張麗卿，〈海峽兩岸有關毒奶事件的法律關照〉，《東海大學法學研究》，第31期，2009.12，121頁以下。】

編按：

食品安全衛生管理法自1975年立法後，屢因發生重大食品衛生安全事件，有過多次修法。最近的一次是因2013年爆發了毒澱粉事件後因應修法。值得一提的是，其第49條之規定：「有第十五條第一項第七款、第十款行為者，處三年以下有期徒刑、拘役或科或併科新臺幣八百萬元以下罰金（第1項）。有第四十四條至前條行為，致危害人體健康者，處七年以下有期徒刑、拘役或科或併科新臺幣一千萬元以下罰金（第2項）。犯前項之罪，因而致人於死者，處無期徒刑或七年以上有期徒刑，得併科新臺幣二千萬元以下罰金；致重傷者，處三年以上十年以下有期徒刑，得併科新臺幣一千五百萬元以下罰金（第3項）。因過失犯第一項、第二項之罪者，處一年以下有期徒刑、拘役或科新臺幣六百萬元以下罰金。法人之代表人、法人或自然人之代理人、受僱人或其他從業人員，因執行業務犯第一項至第三項之罪者，除處罰其行為人外，對該法人或自然人科以各該項之罰金（第4項）。」本條第1項為「抽象危險犯」之規定、第2項為「具體危險犯」之規定、第3項則為「加重結果犯」之規定，而第4項則為「過失犯」之規定。此次增訂「抽象危險犯」及「加重結果犯」之規定，乃舊法所無，係因應2013年發生的「毒澱粉事件」，填補處罰上之漏洞。此外，此次修法尚增訂「吹哨者條款」，即第50條之規定：「雇主不得因勞工向主管機關或司法機關揭露違反本法之行為、擔任訴訟程序之證人或拒絕參與違反本法之行為而予解僱、調職或其他不利之處分。雇主或代表雇主行使管理權之人，為前項規定所為之解僱、降調或減薪者，無效。勞工曾參與依本法應負刑事責任之行為，而向主管機關或司法機關揭露，因而破獲雇主違反本法之行為者，減輕或免除其刑。」理由是，違反本法之行為如屬故意行為，則因為食品製造通常需要多人合意共謀，爰參考國外對於吹哨者（whistle blower）及污點證人保護之立法例。

第191條之1（製造販賣陳列妨害衛生物品罪）
I 對他人公開陳列、販賣之飲食物品或其他物品滲入、添加或塗抹毒物或其他有害人體健康之物質者，處七年以下有期徒刑。
II 將已滲入、添加或塗抹毒物或其他有害人體健康之飲食物品或其他物品混雜於公開陳列、販賣之飲食物品或其他物品者，亦同。

III犯前二項之罪而致人於死者，處無期徒刑或七年以上有期徒刑；致重傷者，處三年以上十年以下有期徒刑。

IV第一項及第二項之未遂犯罰之。

□ 實務見解

▶ 96矚上重更㈠1（判決）

查被告對於氰化鉀乃管制劇毒，使用微量即足以致人於死，知之甚詳，乃將氰化鉀添加入飲料內，使蠻牛飲料之毒物含量在客觀上達於足以致人於死之程度，且混雜在其不能支配管控之各商店公開陳列之飲料中，任使顧客得輕易購取飲用，且連續散置於十一家商店，未見猶豫遲疑之狀，顯見被告為達到恐嚇取財之目的，不惜以殘害無辜消費者生命以逞，足認被告已預見其行為有致人死亡之可能，而有容認即使果真造成喪命結果亦在所不惜之意欲，是以被告具殺人之不確定故意。雖被告於瓶身貼有「我有毒請勿喝」字樣及毒性圖樣之貼紙，然此乃其傳遞恐嚇行為訊息之行為，無從憑認被告主觀上無不確定之故意。綜上所述，本案被告基於殺人之不確定犯意，而將添加氰化鉀毒物達於致人死亡程度之飲料，混雜在商店陳列販賣之飲料中，致使一被害人飲用不治致死，他被害人經救治，始倖免於死之犯行，應論以殺人罪。

第 192 條（違背預防傳染病法令罪及散布傳染病菌罪）

I 違背關於預防傳染病所公布之檢查或進口之法令者，處二年以下有期徒刑、拘役或三萬元以下罰金。

II暴露有傳染病菌之屍體，或以他法散布病菌，致生公共危險者，亦同。

□修正前條文

I 違背關於預防傳染病所公布之檢查或進口之法令者，處二年以下有期徒刑、拘役或一千元以下罰金。

II暴露有傳染病菌之屍體，或以他法散布病菌，致生公共危險者，亦同。

■修正說明（108.12.25）

一、本罪於民國七十二年六月二十六日後並未修正，爰依刑法施行法第一條之一第二項本文規定將罰金數額修正提高三十倍，以增加法律明確性，並使刑法分則各罪罰金數額具內在邏輯一致性。

二、第二項後段「散佈病菌，致生公共危險者亦同」修正為「散布病菌，致生公共危險者，亦同」。

第 193 條（違背建築術成規罪）

承攬工程人或監工人於營造或拆卸建築物時，違背建築術成規，致生公共危險者，處三年以下有期徒刑、拘役或九萬元以下罰金。

□修正前條文

承攬工程人或監工人於營造或拆卸建築物時，違背建築術成規，致生公共危險者，處三年以下有期徒刑、拘役或三千元以下罰金。

■修正說明（108.12.25）

一、本罪於民國七十二年六月二十六日後並未修正，爰依刑法施行法第一條之一第二項本文規定將罰金數額修正提高三十倍，以增加法律明確性，並使刑法分則各罪罰金數額具內在邏輯一致性。

二、首句「承攬工程人或監工人，」修正為「承攬工程人或監工人」。

第 194 條（不履行賑災契約罪）

於災害之際，關於與公務員或慈善團體締結供給糧食或其他必需品之契約，而不履行或不照契約履行，致生公共危險者，處五年以下有期徒刑，得併科九萬元以下罰金。

□修正前條文

於災害之際，關於與公務員或慈善團體締結供給糧食或其他必需品之契約，而不履行或不照契約履行，致生公共危險者，處五年以下有期徒刑，得併科三千元以下罰金。

■修正說明（108.12.25）

本罪於民國七十二年六月二十六日後並未修正，爰依刑法施行法第一條之一第二項本文規定將罰金數額修正提高三十倍，以增加法律明確性，並使刑法分則各罪罰金數額具內在邏輯一致性。

第十二章　偽造貨幣罪

第 195 條（偽造變造通貨、幣券罪）

I 意圖供行使之用，而偽造、變造通用之貨幣、紙幣、銀行券者，處五年以上有期徒刑，得併科十五萬元以下罰金。

II前項之未遂犯罰之。

□修正前條文

I 意圖供行使之用，而偽造、變造通用之貨幣、紙幣、銀行券者，處五年以上有期徒刑，得併科五千元以下罰金。

II前項之未遂犯罰之。

■修正說明（108.12.25）

本罪於民國七十二年六月二十六日後並未修

正，爰依刑法施行法第一條之一第二項本文規定將罰金數額修正提高三十倍，以增加法律明確性，並使刑法分則各罪罰金數額具內在邏輯一致性。

□ **實務見解**

▶ **釋字第 99 號**（51.12.19）

臺灣銀行發行之新臺幣，自中央銀行委託代理發行之日起，如有偽造變造等行為者亦應依妨害國幣懲治條例論科。

▶ **44 台上 147**（判例）

上訴人等雖已著手於犯罪行為之實行，然僅印有銀行券票面模樣，尚未完成偽造銀行券之行為，仍屬未遂，原判決依刑法第一百九十五條第二項論以共同意圖供行使之用而偽造銀行券未遂罪，尚無不合。

▶ **28 上 896**（判例）

刑法上所謂貨幣，係指政府發行之紙質貨幣，具有強制通用力，而不與硬幣兌換者而言，現僅中央、中國、交通、農民四行之鈔票足以當之，廣東省銀行鈔票不過經政府許可而發行之銀行券，無論是否停止兌現，不能以紙幣論。

第 196 條（行使收集或交付偽造變造通貨、幣券罪）

I 行使偽造、變造之通用貨幣、紙幣、銀行券，或意圖供行使之用而收集或交付於人者，處三年以上十年以下有期徒刑，得併科十五萬元以下罰金。

II 收受後方知為偽造、變造之通用貨幣、紙幣、銀行券而仍行使，或意圖供行使之用而交付於人者，處一萬五千元以下罰金。

III 第一項之未遂犯罰之。

□ **修正前條文**

I 行使偽造、變造之通用貨幣、紙幣、銀行券，或意圖供行使之用而收集或交付於人者，處三年以上、十年以下有期徒刑，得併科五千元以下罰金。

II 收受後方知為偽造、變造之通用貨幣、紙幣、銀行券而仍行使，或意圖供行使之用而交付於人者，處五百元以下罰金。

III 第一項之未遂犯罰之。

■ **修正說明**（108.12.25）

一、本罪於民國七十二年六月二十六日後並未修正，爰依刑法施行法第一條之一第二項本文規定將罰金數額修正提高三十倍，以增加法律明確性，並使刑法分則各罪罰金數額具內在邏輯一致性。

二、第一項後段「三年以上、十年以下」修正為「三年以上十年以下」。

□ **實務見解**

▶ **29 上 2155**（判例）

意圖供行使之用而收集偽造銀行券之罪，其收集二字，本含有反覆為同一行為之意義，被告甲先後收集偽券，交與乙、丙販賣，其收集行為並無連續犯之可言，原判決竟以連續犯論罪，顯屬錯誤。

▶ **29 上 1648**（判例）

行使偽造紙幣，本含有詐欺性質，苟其行使之偽幣，在形式上與真幣相同，足以使一般人誤認為真幣而矇混使用者，即屬行使偽造紙幣而不應以詐欺罪論擬。本件搜獲之偽造中央銀行十元紙幣，及中國農民銀行一元紙幣，其式樣色澤文字數額之主要部分，表面上極與真鈔相似，其中央之十元紙幣，僅背面號碼之左方三字，於右方作為二字，苟非詳加辨認，不易察知真偽，而農民銀行一元紙幣之水印，如非與真幣細加比較，尤難發見其瑕疵所在，何能以此等易使一般人忽略部分之不同，即謂與行使偽幣罪之要件不符，上訴意旨主張應依詐欺罪處斷，自難成立。

▶ **27 上 429**（判例）

刑法第一百九十六條第一項所謂意圖供行使之用而收集偽造銀行券之罪，衹以供行使之意思將偽券收集到手後，即屬既遂，至嗣後之行使與否，於其犯罪之成立無關。

▶ **100 台上 6991**（判決）

行為人反覆實行之犯罪行為苟係在刑法修正施行後者，因法律之修正已生阻斷連續犯之法律效果，除應適合於接續犯、繼續犯、集合犯等實質上一罪關係而以一罪論處外，基於一罪一罰之刑罰公平性，自應併合處罰。而所謂「集合犯」，係指立法者所制定之犯罪構成要件中，本即預定有數個同種類行為而反覆實行之犯罪而言，刑法第一百九十六條第一項前段之行使偽造、變造之通用貨幣、紙幣、銀行券罪，其「行使」實無從認定立法者本即預定該犯罪之本質，必有數個同種類行為而反覆實行之集合犯行為，除基於單一犯意，在密接時、地予以行使者，可認為係接續犯外，不能認多次之行為係為集合犯而論以一罪。

▶ **100 台上 6839**（判決）

刑法第一百九十六條第一項後段所指意圖供行使之用而收集偽造之通用貨幣、紙幣、銀行券罪之所謂收集，係指收買、受贈或互換等一切行為，必以行為人於收集前，即存有行使之犯罪意思始屬相當，如其收受之初並不知係偽造，嗣後始發覺為偽造者，即難論以該罪名。

▶ **97 台上 2966**（判決）

意圖供行使之用而偽造幣券後，持以交付，其低

度之交付行為，當然為高度之偽造行為所吸收，祇應論以意圖供行使之用而偽造幣券罪。

第 197 條（減損通用貨幣罪）
I 意圖供行使之用而減損通用貨幣之分量者，處五年以下有期徒刑，得併科九萬元以下罰金。
II 前項之未遂犯罰之。

□修正前條文
I 意圖供行使之用而減損通用貨幣之分量者，處五年以下有期徒刑，得併科三千元以下罰金。
II 前項之未遂犯罰之。

■修正說明（108.12.25）
本罪於民國七十二年六月二十六日後並未修正，爰依刑法施行法第一條之一第二項本文規定將罰金數額修正提高三十倍，以增加法律明確性，並使刑法分則各罪罰金數額具內在邏輯一致性。

第 198 條（行使減損通用貨幣罪）
I 行使減損分量之通用貨幣，或意圖供行使之用而收集或交付於人者，處三年以下有期徒刑，得併科三萬元以下罰金。
II 收受後方知為減損分量之通用貨幣而仍行使，或意圖供行使之用而交付於人者，處三千元以下罰金。
III 第一項之未遂犯罰之。

□修正前條文
I 行使減損分量之通用貨幣，或意圖供行使之用而收集或交付於人者，處三年以下有期徒刑，得併科一千元以下罰金。
II 收受後方知為減損分量之通用貨幣而仍行使，或意圖供行使之用而交付於人者，處一百元以下罰金。
III 第一項之未遂犯罰之。

■修正說明（108.12.25）
本罪於民國七十二年六月二十六日後並未修正，爰依刑法施行法第一條之一第二項本文規定將罰金數額修正提高三十倍，以增加法律明確性，並使刑法分則各罪罰金數額具內在邏輯一致性。

第 199 條（預備偽造變造幣券或減損貨幣罪）
意圖供偽造、變造通用之貨幣、紙幣、銀行券或意圖供減損通用貨幣分量之用，而製造、交付或收受各項器械、原料者，處五年以下有期徒刑，得併科三萬元以下罰金。

□修正前條文
意圖供偽造、變造通用之貨幣、紙幣、銀行券

或意圖供減損通用貨幣分量之用，而製造、交付或收受各項器械、原料者處五年以下有期徒刑，得併科一千元以下罰金。

■修正說明（108.12.25）
本罪於民國七十二年六月二十六日後並未修正，爰依刑法施行法第一條之一第二項本文規定將罰金數額修正提高三十倍，以增加法律明確性，並使刑法分則各罪罰金數額具內在邏輯一致性。

□ 實務見解
▶ 46 台上 947（判例）
刑法第一百九十九條所定意圖供偽造通用銀行券之用而收受器械原料者，必須所收受者，確係能供偽造銀行券之器械原料，方足成立，否則僅被告主觀上有惡性之表現，而實際收受者並非偽造銀行券之器械原料，即不成立該條之罪。

第 200 條（沒收物之特例）
偽造、變造之通用貨幣、紙幣、銀行券，減損分量之通用貨幣及前條之器械原料，不問屬於犯人與否，沒收之。

□ 實務見解
▶ 100 台上 1612（判決）
行使偽造有價證券之低度行為，為偽造有價證券之高度行為所吸收，不另論罪，原判決對上訴人僅論以刑法第二百零一條第一項之偽造有價證券罪，亦無不合。

第十三章　偽造有價證券罪

第 201 條（偽造變造有價證券罪與其行使罪）
I 意圖供行使之用，而偽造、變造公債票、公司股票或其他有價證券者，處三年以上十年以下有期徒刑，得併科九萬元以下罰金。
II 行使偽造、變造之公債票、公司股票或其他有價證券，或意圖供行使之用而收集或交付於人者，處一年以上七年以下有期徒刑，得併科九萬元以下罰金。

□修正前條文
I 意圖供行使之用，而偽造、變造公債票、公司股票或其他有價證券者，處三年以上十年以下有期徒刑，得併科三千元以下罰金。
II 行使偽造、變造之公債票、公司股票或其他有價證券，或意圖供行使之用，而收集或交付於人者，處一年以上七年以下有期徒刑，得併科三千元以下罰金。

■修正說明（108.12.25）
一、本罪於民國七十二年六月二十六日後並未修正，爰依刑法施行法第一條之一第二項

本文規定將罰金數額修正提高三十倍，以增加法律明確性，並使刑法分則各罪罰金數額具內在邏輯一致性。

二、第一項末段「三年以上、十年以下」修正為「三年以上十年以下」；第二項末段「一年以上、七年以下」修正為「一年以上七年以下」。

☐ 實務見解

▶ 53 台上 1810（判例）

刑法上所謂偽造有價證券，以無權簽發之人冒用他人名義簽發為要件，如果行為人基於本人之授權，或其他原因有權簽發者，則與無權之偽造行為不同。

▶ 52 台上 232（判例）

有價證券之偽造與行使，本屬兩事，偽造而又行使，其低度之行使行為固為高度之偽造行為所吸收，如不能證明有偽造行為，縱係由其行使，亦不能遽按刑法第二百零一條第一項論科。

▶ 107 台上 1155 ○（判決）

刑法所定偽造本票之偽造有價證券罪，係指無製作權而擅以他人名義發行本票者而言。行為人是否係以他人名義發行本票，原則上，固可依據本票上發票人所簽署之姓名作判斷；但票據法並未規定發票人必須簽署其戶籍登記之姓名，因此，倘若行為人僅簽署其字或號，或藝名、別名、偏名等，祇須能證明其主體之同一性，得以辨別表示係行為人者，即不得認係以他人名義發行本票。而由於本票之發票人負有無條件擔任支付票載金額與受款人或執票人之責，且執票人向本票發票人行使追索權時，得聲請法院裁定後強制執行，則為確保日後追索之正確性，以維社會秩序之安定及交易之安全，如果行為人以其偏名簽發本票，則必須其偏名行之有年，且為社會上多數人所共知，無礙於其主體同一性之辨別者，始足認為適法。

▶ 100 台上 2802（判決）

刑法第二百條所定：「偽造、變造之通用貨幣、紙幣、銀行券，減損分量之通用貨幣及前條之器械原料，不問屬於犯人與否，沒收之。」其中所稱貨幣、紙幣、銀行券，亦專指偽造、變造完成之成品，不包含半成品；所稱器械原料，專指同法第一百九十九條意圖供偽造、變造或減損上揭幣券或分量之用，而製造、交付或收受之各項器械原料，並不包括犯其他法條所用之器械原料，是若行為人非犯該第一百九十九條之罪，而係犯本章其他之罪，則其所用器械原料或所得之半成品，應視各該性質，分別依刑法第三十八條第一項第二款或第三款規定為沒收之宣告。

第 201 條之 1（偽造變造金融卡、儲值卡或其他相類作支付工具罪與行使罪）

I 意圖供行使之用，而偽造、變造信用卡、金融卡、儲值卡或其他相類作為簽帳、提款、轉帳或支付工具之電磁紀錄物者，處一年以上七年以下有期徒刑，得併科九萬元以下罰金。

II 行使前項偽造、變造之信用卡、金融卡、儲值卡或其他相類作為簽帳、提款、轉帳或支付工具之電磁紀錄物，或意圖供行使之用，而收受或交付於人者，處五年以下有期徒刑，得併科九萬元以下罰金。

☐ 修正前條文

I 意圖供行使之用，而偽造、變造信用卡、金融卡、儲值卡或其他相類作為簽帳、提款、轉帳或支付工具之電磁紀錄物者，處一年以上七年以下有期徒刑，得併科三萬元以下罰金。

II 行使前項偽造、變造之信用卡、金融卡、儲值卡或其他相類作為簽帳、提款、轉帳或支付工具之電磁紀錄物，或意圖供行使之用，而收受或交付於人者，處五年以下有期徒刑，得併科三萬元以下罰金。

■ 修正說明（108.12.25）

本罪最後修正於民國九十年六月一日，爰依刑法施行法第一條之一第二項但書規定將罰金數額提高三倍，以增加法律明確性，並使刑法分則各罪罰金數額具內在邏輯一致性。

❖ 法學概念

金融卡、儲值卡或其他相類作為簽帳、提款、轉帳或支付工具

由於此三者均係表彰特定經濟交易價值或現金價值，用以代替現金做為簽帳、提款、轉帳或支付工具之憑證，大多係塑膠的有體物，附加電磁紀錄，在今日的經濟交易活動中較貨幣或支票更具普遍性。信用卡、金融卡、儲值卡僅是例示規定，重要的是偽造或變造之對象並不是卡的本身，而是可以有簽帳、提款、轉帳或支付功能的磁條（電磁紀錄）才能稱為支付工具。

【盧映潔，《刑法分則新論》，新學林，修訂十版，2015.07，305 頁。】

例如，悠遊卡即係本罪的客體，由於悠遊卡的相關資料（包含儲存的金額）等，儲存在該卡的電子晶片裡透過電腦處理方式，得以顯現該卡裡儲存的相關資料，可該當於刑法第 10 條第 6 項的「電磁紀錄」。其次，因為悠遊卡儲存的相關資料中包含儲存的金額，並用以作為支付車資的工具，屬於刑法第 201 條之 1 的「儲值卡」。

【陳子平，〈偽造支付工具電磁紀錄物罪與相關犯罪〉，
《月旦法學教室》，第111期，2012.01，82頁。】

第202條（郵票印花稅票之偽造變造與行使塗抹罪）

I 意圖供行使之用，而偽造、變造郵票或印花稅票者，處六月以上五年以下有期徒刑，得併科三萬元以下罰金。

II 行使偽造、變造之郵票或印花稅票，或意圖供行使之用而收集或交付於人者，處三年以下有期徒刑，得併科三萬元以下罰金。

III 意圖供行使之用，而塗抹郵票或印花稅票上之註銷符號者，處一年以下有期徒刑、拘役或九千元以下罰金；其行使之者，亦同。

□ 修正前條文

I 意圖供行使之用，而偽造、變造郵票或印花稅票者，處六月以上五年以下有期徒刑，得併科一千元以下罰金。

II 行使偽造、變造之郵票或印花稅票，或意圖供行使之用而收集或交付於人者，處三年以下有期徒刑，得併科一千元以下罰金。

III 意圖供行使之用，而塗抹郵票或印花稅票上之註銷符號者，處一年以下有期徒刑、拘役或三百元以下罰金；其行使之者亦同。

■ 修正說明（108.12.25）

一、本罪於民國七十二年六月二十六日後並未修正，爰依刑法施行法第一條之一第二項本文規定將罰金數額修正提高三十倍，以增加法律明確性，並使刑法分則各罪罰金數額具內在邏輯一致性。

二、第一項末段「六月以上、五年以下」修正為「六月以上五年以下」；第二項前段「或印花稅票」修正為「或印花稅票，」；第三項末句「亦同」修正為「，亦同」。

第203條（偽造變造及行使往來客票罪）

意圖供行使之用，而偽造、變造船票、火車、電車票或其他往來客票者，處一年以下有期徒刑、拘役或九千元以下罰金；其行使之者，亦同。

□ 修正前條文

意圖供行使之用，而偽造、變造船票、火車、電車票或其他往來客票者，處一年以下有期徒刑、拘役或三百元以下罰金。其行使之者亦同。

■ 修正說明（108.12.25）

一、本罪於民國七十二年六月二十六日後並未修正，爰依刑法施行法第一條之一第二項本文規定將罰金數額修正提高三十倍，以增加法律明確性，並使刑法分則各罪罰金數額具內在邏輯一致性。

二、末句「亦同」修正為「，亦同」。

第204條（預備偽造變造有價證券罪）

I 意圖供偽造、變造有價證券、郵票、印花稅票、信用卡、金融卡、儲值卡或其他相類作為簽帳、提款、轉帳或支付工具之電磁紀錄物之用，而製造、交付或收受各項器械、原料、或電磁紀錄者，處二年以下有期徒刑，得併科一萬五千元以下罰金。

II 從事業務之人利用職務上機會犯前項之罪者，加重其刑至二分之一。

□ 修正前條文

I 意圖供偽造、變造有價證券、郵票、印花稅票、信用卡、金融卡、儲值卡或其他相類作為簽帳、提款、轉帳或支付工具之電磁紀錄物之用，而製造、交付或收受各項器械、原料、或電磁紀錄者，處二年以下有期徒刑，得併科五千元以下罰金。

II 從事業務之人利用職務上機會犯前項之罪者，加重其刑至二分之一。

■ 修正說明（108.12.25）

本罪最後修正於民國九十年六月一日，爰依刑法施行法第一條之一第二項但書規定將罰金數額提高三倍，以增加法律明確性，並使刑法分則各罪罰金數額具內在邏輯一致性。

第205條（沒收物）

偽造，變造之有價證券，郵票，印花稅票，信用卡、金融卡、儲值卡或其他相類作為提款、簽帳、轉帳之電磁紀錄物及前條之器械原料及電磁紀錄，不問屬於犯人與否，沒收之。

□ 實務見解

▶ 84台上1550（判例）

票據之偽造或票據上簽名之偽造，不影響於真正簽名之效力，票據法第十五條定有明文。依原判決之認定，以上訴人及王某為共同發票人之本票，僅王某為發票人部分係屬偽造，上訴人之簽名既為真正，其為發票人部分則仍屬有效之票據，不在應依法沒收之列，原判決併予宣告沒收，自非適法。

第十四章　偽造度量衡罪

第206條（偽造變造度量衡定程罪）

意圖供行使之用，而製造違背定程之度量衡，或變更度量衡之定程者，處一年以下有期徒刑、拘役或九千元以下罰金。

□ 修正前條文

意圖供行使之用，而製造違背定程之度量衡，或變更度量衡之定程者，處一年以下有期徒刑、拘役或三百元以下罰金。

■**修正說明**（108.12.25）

本罪於民國七十二年六月二十六日後並未修正，爰依刑法施行法第一條之一第二項本文規定將罰金數額修正提高三十倍，以增加法律明確性，並使刑法分則各罪罰金數額具內在邏輯一致性。

第 207 條（販賣違背定程之度量衡罪）

意圖供行使之用，而販賣違背定程之度量衡者，處六月以下有期徒刑、拘役或九千元以下罰金。

□**修正前條文**

意圖供行使之用，而販賣違背定程之度量衡者，處六月以下有期徒刑、拘役或三百元以下罰金。

■**修正說明**（108.12.25）

本罪於民國七十二年六月二十六日後並未修正，爰依刑法施行法第一條之一第二項本文規定將罰金數額修正提高三十倍，以增加法律明確性，並使刑法分則各罪罰金數額具內在邏輯一致性。

第 208 條（行使違背定程之度量衡罪）

I 行使違背定程之度量衡者，處九千元以下罰金。

II 從事業務之人，關於其業務犯前項之罪者，處六月以下有期徒刑、拘役或一萬五千元以下罰金。

□**修正前條文**

I 行使違背定程之度量衡者，處三百元以下罰金。

II 從事業務之人，關於其業務犯前項之罪者，處六月以下有期徒刑、拘役或五百元以下罰金。

■**修正說明**（108.12.25）

本罪於民國七十二年六月二十六日後並未修正，爰依刑法施行法第一條之一第二項本文規定將罰金數額修正提高三十倍，以增加法律明確性，並使刑法分則各罪罰金數額具內在邏輯一致性。

第 209 條（沒收物）

違背定程之度量衡，不問屬於犯人與否，沒收之。

第十五章　偽造文書印文罪

第 210 條（偽造變造私文書罪）

偽造、變造私文書，足以生損害於公眾或他人者，處五年以下有期徒刑。

❖ **法學概念**

本罪「文書」之認定

本罪所稱之「文書」，乃指以文字或發音符號，表示一定意思或觀念之有體物。一般認其應具有五項要件：(一)文字性；(二)意思性；(三)名義性；(四)有體性；(五)持續性。

【新宗立，《刑法各論 I──國家、社會法益之保護與規制》，集義書局，2011.09，588 頁。】

❖ **爭議問題**

偽造文書罪之罪數如何認定？

一、實務見解

有判例認為，同時偽造同一被害人之多件同類文書或同一被害人之多張支票時，其被害法益仍僅一個，不能以其偽造之文書件數或支票張數，計算其法益，此與同時偽造不同被害人之文書或支票時，因有侵害數個人法益，係一行為觸犯數罪名者迥異（最高法院 73 年度台上字第 3629 號判例參照）。

二、學說意見

偽造文書罪的保護法益乃「文書的公共信用」，而非文書的個人利益。因此即便偽造同一人的多份文書，則每一份數皆可能危害「文書的公共信用」，故應以文書份數論罪為妥。

【陳子平，〈偽造支付工具電磁紀錄物罪與相關犯罪〉，《月旦法學教室》，第 111 期，2012.01，85 頁。】

❖ **爭議問題**

信用卡背面之簽名是私文書抑或是準私文書？

一、私文書說

實務上認為，在信用卡背面簽名欄簽名，自形式上整體觀察，即足以知悉係表示信用卡之簽名者於信用卡有效期限內有權使用該信用卡之辨識及證明，並非依習慣或特約表示一定用意之證明，性質上係屬刑法第 210 條之私文書（最高法院 93 年第 2 次刑事庭會議決議參照）。

二、準文書說

文書須具有意思性，亦即文書之內容，須有一定意思之表示，因此文書與準文書之區別，應以有無一定內容的意思表示為準。亦即，如有一定內容的意思表示，即屬於文書；如僅有文字或符號，並無一定內容的意思表示，但依習慣或特約，足以作為某種用意的證明時，方屬於準文書。一般而言，信用卡背面之簽名，僅有文字，並無一定內容之意思表示，性質上即為準私文書，而非純正之私文書。

【甘添貴，《刑法各論（下）》，三民，修訂四版，2015.05，196 頁以下。】

□ **實務見解**

▶**95 年度第 19 次刑事庭會議決議**（95.09.26）

刑法上所謂偽造有價證券或偽造私文書，係以無

權製作之人冒用他人名義而製作，為其構成要件之一。若基於本人之授權，或其他原因有權製作有價證券或私文書者，固與無權製作之偽造行為不同，而不成立偽造有價證券罪或偽造私文書罪。但若無代理權，竟假冒本人之代理人名義，而製作虛偽之有價證券或私文書者，因其所製作者為本人名義之有價證券或私文書，使該被偽冒之本人在形式上成為虛偽有價證券之發票人，或虛偽私文書之製作人，對於該被偽冒之本人權益暨有價證券或私文書之公共信用造成危害，與直接冒用他人名義偽造有價證券或私文書無異，自應分別構成偽造有價證券罪或偽造私文書罪。

▶93年度第2次刑事庭會議決議（93.04.13）

決議：採乙說。文字修正如下：按在信用卡背面簽名欄簽名，自形式上整體觀察，即足以知悉係表示信用卡之簽名者於信用卡有效期限內有權使用該信用卡之辨識及證明，並係依習慣或特約表示一定意旨之證明，性質上係屬刑法第二百十條之私文書，某甲應成立刑法第二百十條之偽造私文書罪。

▶63年度第4次刑庭庭推總會議決議(七)（63.11.05）

汽車引擎上之號碼，係表示製造工廠及出廠時期之標誌，依刑法第二百二十條規定，以私文書論，且偽刻引擎號碼，足以生損害於公路卡管機關之管理及製造廠商之信譽，自應論以刑法第二百十條之偽造私文書罪（某甲行為如構成行政犯行，應依道路交通管理處罰條例規定處以罰鍰者，亦不妨礙其刑事責任之成立）。

▶84台上1426（判例）

支票為有價證券，支票上權利之移轉及行使，與其占有支票有不可分離之關係，一旦喪失占有，非依法定程序，不得享有支票上之權利，因而支票原本，有不可替代性。上訴人既無變造本件支票，僅以剪貼影印方式，將支票影本之金額壹萬零柒佰玖拾肆元，改為柒佰玖拾肆元，而支票影本不能據以移轉或行使支票上之權利，顯與一般文書之影本與原本有相同之效果者不同，故難認係變造支票之行為。**惟該具有支票外觀之影本，不失為表示債權之一種文書，其內容俱係虛構，自屬偽造之私文書。**

▶66台上1961（判例）

機車引擎號碼，係機車製造廠商出廠之標誌，乃表示一定用意之證明，依刑法第二百二十條規定，應以私文書論。上訴人將原有舊機車上之引擎號碼鋸下，用強力膠粘貼於另一機車引擎上，乃具有創設性，應屬偽造而非變造。

▶59台上2588（判例）

支票上之背書，係發票後之另一票據行為，上訴人在其偽造之支票背面，偽造某甲署押為背書並達行使之程度，自足以生損害於某甲，顯屬另一行使偽造私文書之行為，乃原判決及第一審判決均以偽造上項背書，為偽造有價證券之一部，自難謂無違誤。

▶50台上1268（判例）

刑法上之偽造文書罪，須以足生損害於公眾或他人為成立要件，而所謂足生損害，係指他人有可受法律保護之利益，因此遭受損害或有受損害之虞而言，若他人對於行為人原負有制作某種文書之義務而不履行，由行為人代為制作，既無損於他人之合法利益，自與偽造文書罪之構成要件不合。

▶30上465（判例）

刑法上之偽造文書罪，須以足生損害於公眾或他人為成立要件，故行為人向某甲追索債款，所提出之債券，雖係偽造，但某甲對於行為人確負有此項債務，即不足生損害於他人，自與上開犯罪之要件不合。

▶107台上3038 ○（判決）

刑法上所稱之文書，**係指使用文字、記號或其他符號記載一定思想或意思表示之有體物**，除屬刑法第二百二十條之準文書外，祇要該有體物以目視即足明瞭其思想或意思表示之內容，而該內容復能持久且可證明法律關係或社會活動之重要事實，復具有可信為或可得而知之作成名義人，即足當之。又所謂名義人，並非指文書之製作人或書寫人，而是指在文書之形式上為思想或意思表示之表意人且須為文書內容負責之人；從而，自文書本身或由該文書之附隨情況觀察，而得以推知須為文書之內容負責者，該須負責之特定名義人，即為文書之名義人，至該名義人是否實際存在，並非所問。易言之，祇要文書具備「有體性」、「持久性」、「名義性」及足以瞭解其內容之「文字或符號性」之特徵，並具有「證明性」之功能，即為刑法上偽造或變造私文書罪之客體。而就偽造或變造行為之結果必須足以生損害於公眾或他人之構成要件觀之，此之文書乃係以法律關係或社會活動之重要事實為思想內容者為限，未記載名義人之學術論著或文藝創作固不與焉，但所稱之足生損害，係指他人有可受法律保護之利益，因此遭受損害或有受損害之虞，不以實際發生損害者為必要；而所謂損害，亦不以經濟上之損害為限，即民事、刑事或行政上之損害亦皆屬之。系爭維修估價單，除得以表彰係由上訴人收取顧客款項外，亦同時表彰郭○坪為負責修護車輛之維修人，及其維修之項目、零件、數

刑法

量及價額，是其作成名義人當然包含維修人「郭〇坪」，而上開估價單既非未記載名義人之學術論著或文藝創作，其因此論斷維修估價單爲刑法上僞造文書罪所稱之文書，於法自無違誤。

▶ **107 台上 1753 ○（判決）**

刑法之僞造文書罪，係着重於保護公共信用之法益，即使該僞造文書所載之作成名義人業已死亡，而社會一般人仍有誤認其爲眞正文書之危險，自難因其死亡阻卻犯罪之成立；**刑法上處罰行使僞造私文書之主旨，重在保護文書之公共信用，故所僞造之文書既足以生損害於公衆或他人，其犯罪即應成立，縱製作名義人業已死亡，亦無妨於本罪之成立。**但反面而言，如果行爲人非基於他人之授權委託，卻私自以他人之名義製作文書，當屬無權製作而僞造。從而，行爲人在他人之生前，獲得口頭或簽立文書以代爲處理事務之授權，一旦該他人死亡，因其權利主體已不存在，原授權關係即當然歸於消滅，自不得再以該他人名義製作文書，縱然獲授權之人爲享有遺產繼承權之人，仍無不同；否則，足使社會一般人，誤認死者猶然生存在世，而有損害於公共信用、遺產繼承及稅捐課徵正確性等之虞，應屬無權製作之僞造行爲。是若父母在世之時，授權或委任子女辦帳戶提、存款事宜，死亡之後，子女即不得再以父母名義製作提款文書領取款項（只能在全體繼承權人同意下，以全體繼承人名義爲之），至於所提領之款項是否使用於支付被繼承人醫藥費、喪葬費之用，要屬行爲人有無不法所有意圖之問題，與行使僞造私文書罪該當與否不生影響。

▶ **101 台上 487（判決）**

行爲人在交通違規通知單移送聯「收受通知聯者簽章」欄內簽第三人姓名，自不待依據習慣或特約，單從形式上觀察，即足以知悉係表示由第三人名義出具領收通知聯之證明，此與事先在印妥內容之收據上僞簽他人姓名之情形，無分軒輊，當然屬於刑法第二百十條所稱之僞造私文書。本件依原判決所認定之事實，上訴人在舉發違反道路交通管理事件通知單移送聯「收受通知聯者簽章」欄上，僞簽陳國翔姓名後，將該通知單交還警員。依上說明，原判決維持第一審論處上訴人行使僞造私文書罪刑，適用法則並無違誤。

▶ **100 台上 7335（判決）**

刑法上所謂僞造私文書，係以無權製作之人冒用他人名義而製作，爲其構成要件之一；若基於本人之授權，或其他原因有權製作私文書者，固與無權製作之僞造行爲不同而不成立僞造私文書罪；但若無代理權，竟假冒本人之代理人名義而製作虛僞之私文書，因其所製作者爲本人名義之私文書，使該被僞冒之本人在形式上成爲虛僞文書之製作人，對於該被僞冒之本人權益暨私文書之公共信用造成危害，與直接冒用他人名義僞造私文書無異，自應構成僞造私文書罪。

▶ **100 台上 2674（判決）**

同時僞造同一被害人之多件同類文書，因其被害法益仍僅一個，固不能以其僞造之文書件數，計算其法益；惟如同時僞造不同被害人之文書，因有侵害數個個人法益，即係一行爲觸犯數罪名。原判決所認定上開僞造文書之事實，如果無訛，則本件既係僞造詹〇芳、詹〇勝、詹〇任等多名被害人之文書，進而行使，即侵害數個個人法益，縱係同時僞造、行使，亦非屬單純一罪，而有刑法第五十五條一行爲觸犯數罪名之想像競合犯規定之適用。

▶ **99 台上 6327（判決）**

複印或影印，其與抄寫或打字者不同，不單是原本之內容，即連其形式、外觀，亦一筆一劃，絲毫無異地重複出現。其於吾人實際生活上可代替原本，被認爲具有與原本相同之社會機能與信用性，在一般情況下可予通用，並視其爲原本製作名義人所作成之文書，自得爲刑法僞造文書罪之客體。而刑法上變造文書，係指不變更原有文書之本質，僅就文書之內容有所更改而言，故必先有他人文書之存在，而後始有變造之可言，否則難以該項罪名相繩。又本件「自行繳納統一款項收據」、「不動產權利移轉證書」乃台灣台中地方法院民事執行處人員因辦理強制執行製作之文書，自屬公文書無疑。

▶ **99 台上 6198（判決）**

在紙上或物品上之文字、符號、圖畫、照像，依習慣或特約，足以爲表示其用意之證明者，依刑法第二百二十條第一項之規定，以文書論，故凡以虛僞之文字、符號或在物品或紙上表示一定用意之證明者，即謂之僞造。原判決雖以刑法上之「文書」係指具有一定內容之意思或觀念而足以爲意思表示證明之文字或符號，倘無意思或觀念，僅表示其人物或事物之同一性者，則非文書。

▶ **98 台上 561（判決）**

刑法第二百十一條所稱之變造公文書，係指無製作權者，就已完成之公文書，加以改造而變更其內容之謂；若以製作完成之公文書爲底稿，重新僞製而移爲他用，則因自始本無公文書之內容存在，即非就其眞實內容加以變更，自屬公文書之僞造行爲，不得以變造論。而影本與原本在一般情況下有相同之效果，與原本作成名義人直接表示意思之文書無異。

▶ **96 台上 3862（判決）**

刑法第二百十條之僞造私文書罪，以無製作權

人，而僞造他人名義製作之文書，並足以生損害於公眾或他人爲其構成要件；此所稱之文書，凡定著於有體物上之文字、符號，具有其思想、內容，足以爲一定之意思表示者，即屬之，**而所謂足以生損害於公眾或他人，祇須他人有可受法律保護之利益，因而足受損害之虞爲已足**，不以實際上發生損害爲必要。

▶ 94 台上 1582（判決）

刑法第二百十條之僞造文書罪，係**指學理上所稱之有形僞造，亦即無製作權人冒用他人名義而製作文書，故判斷文書是否僞造，應就文書之整體而爲觀察，不能予以割裂評價**。如係虛捏或假冒他人之名義，虛構製作他人名義出具之文書，其內容亦已屬於虛構，整體而言，足以使人誤信其眞實性，而有生損害信用之虞，自該當於上揭犯罪之構成要件。本院上揭判例即本斯旨特就僞造之意義予以說明，非謂除製作人名義之外，如其餘內容不虛，即不構成僞造文書罪。

▶ 93 台上 4181（判決）

刑法第二百十條之僞造文書罪，採形式主義，以無製作權人虛捏或假冒他人名義製作內容不實之文書，並足以生損害於公眾或他人爲要件，且須二者兼備始可，對此構成要件，自應於事實中明白認定，始足爲適用法律之依據。

第 211 條（僞造變造公文書罪）
僞造、變造公文書，足以生損害於公眾或他人者，處一年以上七年以下有期徒刑。

□ 實務見解

▶ 釋字第 36 號（43.06.23）

稅務機關之稅戳蓋於物品上用以證明繳納稅款者，依刑法第二百二十條之規定，應以文書論，用僞造稅戳蓋於其所私宰之牛肉從事銷售，成立刑法第二百十六條之行使僞造公文書罪，應依同法第二百十一條處斷。本院院字第三三六四號解釋所謂公印文書之印字，當係衍文。

▶ 73 台上 3885（判例）

影本與原本可有相同之效果，如將原本予以影印後，將影本之部分內容竄改，重加影印，其與無制作權人將其原本竄改，作另一表示其意思者無異，應成立變造文書罪。

▶ 72 台上 4709（判例）

所謂行使僞造之文書，乃依文書之用法，以之充作眞正文書而加以使用之意，故必須行爲人就所僞造文書之內容向他方有所主張，始足當之；若行爲人雖已將該文書提出，而尚未達於他方可得瞭解之狀態者，則仍不得謂爲行使之既遂。查上訴人既係僱用何某爲其裝載私宰並加蓋僞造稅戳之毛豬屠體，欲運往三重市交肉商售賣，但於尚未到達目的地前，即在途中之新莊市爲警查獲，

是該私宰之毛豬，仍在上訴人占有之中，並未向他方提出作任何主張，顯未達到行使既遂之程度，殊爲明顯，自不能依刑法第二百十六條之規定對之處罰。原判決按行使僞造公文書論處上訴人之罪刑，顯有適用法則不當之違法。

▶ 54 台上 1404（判例）

刑法上僞造文書罪，係著重於保護公共信用之法益，即使該僞造文書所載名義制作人實無其人，而社會上一般人仍有誤信其爲眞正文書之危險，仍難阻卻犯罪之成立，況上訴人所僞造之機關現仍存在，其足生損害於該機關及被害人，了無疑義。原判決以其僞造後持以行使詐財，從一重論處行使僞造公文書罪刑，於法尚無違誤。

▶ 51 台上 1111（判例）

刑法處罰僞造文書罪之主旨，所以保護文書之實質的眞正，雖尚以足生損害於公眾或他人爲要件之一，亦祇以有損害之虞爲已足，**有無實受損害，在所不問，且此所謂損害，亦不以經濟價值爲限**。

▶ 43 台上 337（判例）

刑法第二百十三條，公務員明知爲不實之事項而登載於職務上所掌之公文書，係以登載此種不實之事項，爲其制作公文書之手段，**若公文書既已依法制作完成，則縱爲原制作之人，倘屬無權更改，而其擅予更改，亦應構成刑法第二百十一條之變造公文書罪，與同法第二百十三條之罪，顯不相當**。

第 212 條（僞造變造特種文書罪）
僞造、變造護照、旅券、免許證、特許證及關於品行、能力、服務或其他相類之證書、介紹書，足以生損害於公眾或他人者，處一年以下有期徒刑、拘役或九千元以下罰金。

□ 修正前條文

僞造、變造護照、旅券、免許證、特許證及關於品行、能力服務或其他相類之證書、介紹書，足以生損害於公眾或他人者，處一年以下有期徒刑、拘役或三百元以下罰金。

■ 修正說明（108.12.25）

一、本罪於民國七十二年六月二十六日後並未修正，爰依刑法施行法第一條之一第二項本文規定將罰金數額修正提高三十倍，以增加法律明確性，並使刑法分則各罪罰金數額though在邏輯一致性。

二、末句「，拘役」修正爲「、拘役」。

□ 實務見解

▶ 釋字第 82 號（48.06.17）

僞造公印，刑法第二百十八條既有獨立處罰之規定，且較刑法第二百十二條之處罰爲重，則於僞造刑法第二百十二條之文書同時僞造公印者，即

難僅論以該條之罪而置刑法第二百十八條處刑較重之罪於不問。本院院解字第三○二○號第三項解釋於立法本旨並無違背，尚無變更之必要。

▶ **75 台上 5498（判例）**

將偽造證書複印或影印，與抄寫或打字不同，其於吾人實際生活上可替代原本使用，被認為具有與原本相同之信用性。故在一般情況下可予以通用，應認其為與原本作成名義人直接所表示意思之文書無異。自非不得以犯刑法上偽造證書罪之客體。

▶ **100 台上 6985（判決）**

差假證僅為證明差假之用，偽造此項證書與偽造普通公文書足以生損害之範圍及程度顯有不同，其性質實與刑法第二百十二條所規定之其他相類之證書相當，固為本院二十八年上字第三一六二號判例所揭旨，惟所謂屬特種文書之差假證，應與護照、旅券、免許證、特許證及關於品行、能力、服務或其他相類之證書、介紹書相類似性質之文書，始可以特種文書視之。

第 213 條（公文書不實登載罪）

公務員明知為不實之事項，而登載於職務上所掌之公文書，足以生損害於公眾或他人者，處一年以上七年以下有期徒刑。

❖ **法學概念**

本罪所稱之「偽造文書」

　　刑法第 213 條偽造文書罪，除客觀上公務員在其職務上所掌公文書，有為虛偽不實登載行為足以生損害於公眾或他人外，以該公務員所登載不實之事項，主觀上出於明知為前提要件。所謂明知，係指直接故意而言，不及於間接故意或過失（參照最高法院 46 年台上字第 377 號判例及 69 年台上字第 595 號判例）。

□ **實務見解**

▶ **69 台上 595（判例）**

刑法第二百十三條不實登載公文書罪之成立，除客觀上公務員在其職務上所掌公文書，有為虛偽不實之登載行為，且足生損害於公眾或他人外，其在主觀上須明知為不實。所謂**明知係指直接之故意而言**。

▶ **52 台上 2437（判例）**

刑法第二百十三條之罪，係因身分而成立，與同法第一百三十四條但書所謂因公務有關之身分已特別規定其刑之情形相當，故犯公務員登載不實之罪時，因有上開但書規定，不得再依同條前段加重其刑。

▶ **46 台上 377（判例）**

刑法第二百十三條之登載不實罪，以公務員所登載不實之事項出於明知為前提要件，**所謂明知**，

係指直接故意而言，若為間接故意或過失，均難繩以該條之罪。

▶ **106 台上 3479 ○（判決）**

刑法第二一三條之公務員登載不實文書罪，係以公務員明知不實，故於其職務上所掌公文書予以登載而言，其犯罪主體為職掌製作公文書之公務員。又各機關製作函文之流程，一般係由承辦人擬稿，經由主管、相關人員核稿，送請機關首長或其授權之人決行後，發文。參與函文製作之各該公務員，如共同基於職務上登載不實之犯意聯絡，明知為不實之事項，於其職務上所掌公文書為擬稿、核稿、決行之行為分擔，均應成立刑法第二一三條之罪之共同正犯。依原判決事實之認定及其理由之說明，係以上訴人就核發內容不實之九十六年四月三十日○○建字第○○○○○○○○○○號函（記載本件工程乃提供社區民眾增加道路使用面積，供公眾通行及排水使用設施之不實事項），如何有犯意聯絡、行為分擔，因認上訴人共同犯公務員登載不實文書罪。所為判斷於法無違。

▶ **99 台上 4698（判決）**

刑法第二百十三條之公務員登載不實罪，係以保護公文書之正確性為目的，性質上乃處罰公務員非法濫用其製作文書之權，倘公務員確知其事項為虛偽，猶登載於其職務上所掌之公文書，足以生損害公眾及他人，即足成立。

第 214 條（使公務員登載不實罪）

明知為不實之事項，而使公務員登載於職務上所掌之公文書，足以生損害於公眾或他人者，處三年以下有期徒刑、拘役或一萬五千元以下罰金。

□ **修正前條文**

明知為不實之事項，而使公務員登載於職務上所掌之公文書，足以生損害於公眾或他人者，處三年以下有期徒刑、拘役或五百元以下罰金。

■ **修正說明（108.12.25）**

本罪於民國七十二年六月二十六日後並未修正，爰依刑法施行法第一條之一第二項本文規定將罰金數額修正提高三十倍，以增加法律明確性，並使刑法分則各罪罰金數額具內在邏輯一致性。

□ **實務見解**

▶ **96 年度第 5 次刑事庭會議決議（96.06.12）**

修正後公司法第三百八十八條雖仍規定「主管機關對於公司登記之申請，認為有違反本法或不合法定程式者，應令其改正，非俟改正合法後，不予登記。」然僅形式上審查其是否「違反本法」

或「不合法定程式」而已，倘其申請形式上合法，即應准予登記，不再為實質之審查。且公司之設立或其他登記事項如涉及偽造、變造文書時，須經裁判確定後，始撤銷或廢止其登記。則行為人於公司法修正後辦理公司登記事項，如有明知為不實之事項，而使公務員登載於職務上所掌之公文書，足以生損害於公眾或他人者，即有刑法第二百十四條之適用。

▶ **91 年度第 17 次刑事庭會議決議（91.11.26）**

按刑法第二百十四條所謂使公務員登載不實事項於公文書罪，須一經他人聲明或申報，公務員即有登載之義務，並依其所為之聲明或申報予以登載，而其登載之內容又屬不實之事項，始足構成。若其所為聲明或申報，公務員尚須為實質之審查以判斷其真實與否，始得為一定之記載者，即非本罪所稱之使公務員登載不實，自無成立刑法第二百十四條罪責之可能。戶籍法第二十五條、五十四條、五十六條規定：戶籍登記事項自始不存在或自始無效時，應為撤銷登記，故意為不實之申請者，由戶政事務所處罰之；次依同法第四十七條第三、四、五項、同法施行細則第十三條第一項第九款、第二項、第十五條之規定，戶籍遷徙登記之申請，應於事件發生或確定後三十日內為之，申請人應於申請時提出證明遷徙事實之文件，由戶政機關查驗核實後為之。足徵戶籍法所謂之遷出及遷入登記，並非僅指戶籍上之異動而已，實應包括居住處所遷移之事實行為在內，故如僅將戶籍遷出或遷入，而實際居住所未屬之遷移，本質上即屬不實，戶政事務所除可依上開規定科以行政罰鍰外，並得以其實際上無遷徙之事實，而逕行撤銷其遷入登記。綜合上開規定旨觀之，設題為選舉將戶籍遷入之登記，該管公務員顯有查核之義務，縱為選舉而為不實之戶籍遷入，應無刑法第二百十四條之適用（至於是否成立刑法第一百四十六條之罪係另一問題）。

▶ **73 台上 1710（判例）**

刑法第二百十四條所謂使公務員登載不實事項於公文書罪，須一經他人之聲明或申報，公務員即有登載之義務，並依其所為之聲明或申報予以登載，而屬不實之事項者，始構成，若其所為聲明或申報，公務員尚須為實質之審查，以判斷其真實與否，始得為一定之記載者，即非本罪所稱之使公務員登載不實。上訴人等以偽造之杜賣證書提出法院，不過以此提供為有利於己之證據資料，至其採信與否，尚有待於法院之判斷，殊不能將之與「使公務員登載不實」同視。

▶ **69 台上 2982（判例）**

參加有官股百分之五十以上之商業銀行，其服務之職員，雖可視為刑法上之公務員，但人民向其申請開立支票存款帳戶，銀行為之核准，尚非執行政府公務，純屬私法上之行為，縱使銀行職員為不實之登載，亦難繩以刑法第二百十四條之罪。

▶ **100 台上 746（判決）**

刑法第二百十四條所謂使公務員登載不實事項於公文書罪，須一經他人之聲明或申報，公務員即有登載之義務，並依其所為之聲明或申報予以登載，而屬不實之事項者，始足構成，若其所為聲明或申報，公務員尚須為實質之審查，以判斷其真實與否，始得為一定之記載者，即非本罪所稱之使公務員登載不實。

▶ **92 台上 1597（判決）**

刑法第二百十四條所謂使公務員登載不實事項於公文書罪，須一經他人聲明或申報，公務員即有登載之義務，並依其所為之聲明或申報予以登載，而其登載之內容又屬不實之事項，始足構成。若其所為聲明或申報，公務員尚須為實質之審查以判斷其真實與否，始得為一定之記載者，即非本罪所稱之使公務員登載不實，自無成立刑法第二百十四條罪責之可能

❖ **學者評釋**

依前開實務之見解，似認為一經行為人之聲明或申報，公務員即有義務依其所為之聲明或申報予以登載，為本罪是否成立之判斷基準。但此一判斷基準似仍不夠明確。有學者認為，公務員登載不實罪成立，不在於公務員是否有依相對人之陳述加以登載之義務；其關鍵在於行為人對陳述或主張是否應負真實保證之義務。例如，車輛失竊之報案者，即應負真實陳述保證之義務；若是犯罪嫌疑人對於其陳述並不負真實保證之義務，如依該實務之見解，判斷之結果若是相同，似欠合理性。

【高金桂，〈公務員登載不實罪〉，《月旦法學教室》，第 92 期，2010.05，21 頁。】

第 215 條（業務上文書登載不實罪）

從事業務之人，明知為不實之事項，而登載於其業務上作成之文書，足以生損害於公眾或他人者，處三年以下有期徒刑、拘役或一萬五千元以下罰金。

☐ **修正前條文**

從事業務之人，明知為不實之事項，而登載於其業務上作成之文書，足以生損害於公眾或他人者，處三年以下有期徒刑、拘役或五百元以下罰金。

■ **修正說明（108.12.25）**

本罪於民國七十二年六月二十六日後並未修正，爰依刑法施行法第一條之一第二項本文規

定將罰金數額修正提高三十倍，以增加法律明確性，並使刑法分則各罪罰金數額具內在邏輯一致性。

📕 **實務見解**

▶ 92 台上 3677（判例）

會計憑證，依其記載之內容及其製作之目的，亦屬文書之一種，凡商業負責人、主辦及經辦會計人員或依法受託代他人處理會計事務之人員，以明知為不實事項而填製會計憑證或記入帳冊者，即該當商業會計法第七十一條第一款之罪，**本罪乃刑法第二百十五條業務上文書登載不實罪之特別規定，自應優先適用。**良以商業會計法第三十三條明定：「非根據真實事項，不得造具任何會計憑證，並不得在帳簿表冊作任何記錄。」倘明知尚未發生之事項，不實填製會計憑證或記入帳冊，即符合本法第七十一條第一款之犯罪構成要件，立法認上開行為當然足生損害於他人或公眾，不待就具體個案審認其損害之有無，故毋庸明文規定，否則不足達成促使商業會計制度步入正軌，商業財務公開，以取信於大眾，促進企業資本形成之立法目的，反足以阻滯商業及社會經濟之發展。從而商業會計人員等主體，就明知尚未發生之事項，一有填製會計憑證或記入帳冊之行為，犯罪即已成立，不因事後該事項之發生或成就，而得解免罪責。

▶ 47 台上 515（判例）

刑法第二百十五條所謂業務上作成之文書，係指從事業務之人，本於業務上作成之文書者而言。

▶ 107 台上 1862 ○（判決）

統一發票乃證明會計事項之經過而為造具記帳憑證所根據之原始憑證，商業負責人、主辦及經辦會計人員或依法受託代他人處理會計事務之人員如明知為不實之事項，而開立不實之統一發票，**依目前實務見解，此項行為除與刑法第二百十五條之業務上登載不實文書罪之構成要件該當外，亦成立商業會計法第七十一條第一款之填製不實會計憑證罪，屬法規競合之情形，惟後者（即填製不實會計憑證罪）係前者（即業務上登載不實文書罪）之特別規定，依特別法優於普通法之原則，應優先適用後者之規定處斷。**倘法院審理結果，認為被告所為尚不成立填製不實會計憑證罪，仍應調查及審酌其所為是否符合業務上登載不實文書罪之構成要件，並就其審酌結果加以論斷說明，不得未加以審酌及說明即逕行諭知無罪。

▶ 99 台上 6977（判決）

刑法第二百十五條之從事業務者登載不實文書罪，係以從事業務之人，明知為不實之事項，而登載於其業務上作成之文書，足以生損害於公眾

或他人，為構成要件，屬於身分犯之一種。故非從事該項業務之人，除與特定身分、關係者有正犯或共犯情形，得依刑法第三十一條第一項規定處理外，即無成立該罪之餘地。至若他人明知為不實之事項，而使從事業務者登載於其業務上作成之文書，因本條文無如同法第二百十四條（使公務員登載不實文書罪）之相類規定，法律既無處罰明文，亦不能再擴張援引間接正犯之理論論處。

第 216 條（行使偽造變造或登載不實之文書罪）

行使第二百十條至第二百十五條之文書者，依偽造、變造文書或登載不實事項或使登載不實事項之規定處斷。

❖ **法學概念**

本罪與詐欺罪之競合

　　行使偽造私文書罪與普通詐欺罪的競合關係：行使偽造文書罪的保護法益，為社會的公共信用；詐欺罪的保護法益，為個人的財產。因此，二罪間不具保護法益的同一性，自應分別論罪。然而，行使偽造文書的行為，同時也為詐欺罪的欺罔行為，屬於一行為，雖然得以成立行使偽造文書罪與普通詐欺罪二罪，但所評價之自然行為事實，為同一行為，即行使行為即為詐欺行為，故成立想像競合犯，應從其一重處斷。

【陳子平，〈行使偽造文書罪與詐欺取財罪〉，《月旦法學教室》，第 114 期，2012.04，63 頁。】

📕 **實務見解**

▶ 釋字第 36 號（43.06.23）

稅務機關之稅戳蓋於物品上用以證明繳納稅款者，依刑法第二百二十條之規定，應以文書論，用偽造稅戳蓋於其所私宰之牛肉從事銷售，成立刑法第二百十六條之行使偽造公文書罪，應依同法第二百十一條處斷。本院院解字第三三六四號解釋所謂公印文之印字，當係衍文。

▶ 70 台上 1107（判例）

行使影本，作用與原本相同，偽造私文書後，持以行使其影本，偽造之低度行為為高度之行使行為所吸收，應論以行使偽造私文書罪。

▶ 33 上 483（判例）

刑法第二百十六條行使偽造私文書之罪，必其所行使之私文書，具備偽造之要件，始可成立，如係串令他人冒用自己名義作成文書，縱使所載不實，仍屬虛偽行為，不能構成偽造私文書罪，從而行使之，亦即不能以本罪相繩。

▶ 100 台上 5892（判決）

至販賣此等仿冒之光碟片，是否成立刑法第二百十六條之行使偽造文書罪，因其態樣不一，販賣者是否以偽作真之意思販賣？有無本於仿冒

光碟內容之僞造準文書有所主張？是否足以生損害於公眾或他人？爲事實認定問題，應依販賣者主觀之意思及客觀之行爲，以資審斷。如販賣者主觀上係以僞作眞之意思販賣，且知買受者一經藉機器或電腦之處理，仿冒光碟內容之僞造準文書必當顯現，仍予以出售，將該僞造之準文書置於可能發生文書功能之狀態下，應認係對僞造準文書之內容有所主張之行使行爲，苟足以生損害於公眾或他人，即應成立行使僞造文書罪，買受者是否知其爲仿冒品，並非所問。若販賣者主觀上並無以僞作眞之意思，即無將該僞造之準文書，充作眞正文書而加以使用之意，則不成立行使僞造文書罪。原判決雖謂：「被告明知其所販賣者爲仿冒或盜版之光碟片，且知買受者一經藉機器或電腦之處理，仿冒光碟內容之僞造準文書必當顯現，仍予以出售，將該僞造之準文書置於可能發生文書功能之狀態下，應認係對僞造準文書之內容有所主張之行使行爲，應成立行使僞造文書罪」

▶ 98 台上 5012（判決）

證人證稱：如果有收據寫錯情形，三聯收據都要一起塗改，不可能只改其中一聯，因爲第一聯和第二、三聯要符合，除非第一聯有追回來，一併與二、三聯更正，否則不可能單獨在第二、三聯作與第一聯文字不同的更正等語。參諸收據一式三聯複寫之目的，顯係要求內容之一致性而設，若事後非三聯一併更改，而僅就部分聯單已複寫之事項擅自更改，將失其可信性及憑據性。上開證人所述，自屬可採。本件將一式三聯登載完成後之第一聯交付申請人，第二、三聯留存，在未召回申請人所持收據第一聯一併更改下，應認已依法製作完成，縱原製作之人亦無權更改，則上訴人仍附表編號四、六所示收據第二、三聯已登載完成之展延人數、金額，擅予更改，應構成變造公文書罪。上訴人嗣將收據第二聯彙報政署，則應成立行使變造公文書罪

▶ 95 台上 920（判決）

按諸僞造私文書後，復進而自爲行使者，則其低度之僞造行爲，應爲高度之行使行爲所吸收，祇應成立行使僞造私文書罪，不能於行使僞造私文書罪外，又論以僞造私文書罪。其二者間吸收關係之存在，並不以僞造後立即行使爲必要，縱其僞造後間隔相當時間以後始起意予以行使，仍不影響二者間具有高低度吸收關係之本質。

第 217 條（僞造盜用印章印文或署押罪）

Ⅰ 僞造印章、印文或署押，足以生損害於公眾或他人者，處三年以下有期徒刑。

Ⅱ 盜用印章、印文或署押，足以生損害於公眾或他人者，亦同。

實務見解

▶ **107 年度第 3 次刑事庭會議決議（107.4.17）**

院長提議：某甲將某乙於 A 文書上之署名影印後，黏貼於 B 文書中某乙簽名欄上，而僞造以某乙名義製作之 B 文書，再將 B 文書對外提出行使，足生損害於某乙。試問：該黏貼於 B 文書上某乙遭影印之署名，應屬遭某甲「僞造」，抑係遭某甲「盜用」，倘認定某甲觸犯刑法第 216 條、第 210 條行使僞造私文書罪，而 B 文書又未予宣告沒收時，上開黏貼於 B 文書上某乙遭影印之簽名是否應依刑法第 219 條規定宣告沒收？

決議：採甲說。

一、刑法第 217 條第 1 項所謂「僞造印文或署押」，係指擅自虛僞製作他人之印文或署押而言。而同條第 2 項所謂「盜用印文或署押」，則係指擅自擷取他人在紙上或物品上眞正之印文或署押而加以使用者而言。「僞造之印文或署押」與「盜用之印文或署押」，其區分標準，應以該印文或署押是否爲他人眞正之印文或署押爲斷。若擅自利用他人在紙上或物品上眞正之印文或署押，以照相、影印、描摹或繪或其他方式，製作他人之印文或署押，因該印文或署押已非眞正，而係擅自製作所產生，足以使人誤信爲眞，應屬僞造之印文或署押。反之，若擅自將他人在紙上或物品上之眞正印文或署押，直接以剪貼或其他方法移置於其他紙上或物品上，以虛僞表示他人在該紙上或物品上蓋印或簽名者，因該印文或署押係眞正，則屬盜用。

二、題示某甲利用某乙在 A 文書上之眞正署名（即署押），擅自以影印之方法製作某乙之署押影像，然後再將其所製作某乙署押影像之影印紙張（剪下）黏貼於 B 文書中某乙之簽名欄上。而某甲以上述影印方式所製作某乙之署押，雖與某乙在 A 文書上之眞正署押在外觀上完全相同，但實質上已非某乙眞正之署押，而係某甲擅自製作之另一虛僞署押，依上述說明，應屬僞造。從而，某甲擅自以僞造某乙署押之方式製作不實之 B 文書，並持以行使，足以生損害於某乙，自應成立刑法第 216 條、第 210 條之行使僞造私文書罪。又上開黏貼於 B 文書上影印而製作之某乙署名，既係某甲僞造，而非盜用，若 B 文書未經宣告沒收，則該僞造之署押即應依刑法第 219 條規定宣告沒收。

▶ **86 台上 3295（判例）**

盜用印章與盜用印文爲不同之犯罪態樣，盜取他

人之印章持以蓋用，當然產生該印章之印文，衹成立盜用印章罪，不應再論以盜用印文罪，亦非盜用印章行為為盜用印文行為所吸收。

▶ 43 台非 157（判例）

刑法第二百十七條第一項之偽造印章罪，係以足生損害於公眾或他人為構成要件，如能證明制作當時僅係以供鑑賞或習藝，自始即於公眾或他人不致發生損害之虞者，即應因犯罪構成要件欠缺，而無本條之適用。

▶ 107 台上 719 ○（判決）

刑法上所謂署押，應係指自然人所簽署之姓名或畫押，或其他代表姓名之符號而言。若係政府機關、學校、醫院及其內部單位或一般公司、行號之名稱，則不在刑法上所謂署押之列。蓋因「署押」係由自然人親手簽押，具有筆劃特徵之個別性質，足以辨別其真偽，始具有署押之意義。而政府機關或公司、行號本身，係虛擬之人格，而非自然人，並無親手簽押其名稱之能力（實務上多以蓋印之方式為之），**必須委由自然人以機關或公司、行號代表人或代理人之名義，簽押該自然人之姓名為之**。故機關、學校、醫院及其內部單位或一般公司、行號之名稱，在性質上並非刑法上之署押。

▶ 106 台上 1744 ○（判決）

實務上關於刑法第一百四十六條第二項，就行為人支持**配偶或直系血親**之競選而遷徙戶籍，未實際居住者，基於法、理、情之調和與社會通念之容許，雖認不具可罰違法性或非難必要性，然此係就特別親屬間人倫關係而為考量，尚難執此遽謂應擴大及於**五親等內之血親或三親等內之姻親**等其他親屬，亦應認無可罰違法性或非難必要性。上訴意旨任憑己意，漫稱其等為支持五親等內之血親或三親等內之姻親競選而遷徙戶籍，應亦不具可罰違法性或非難必要性，且為維持法律之一致性與明確性，親等範圍應參考刑法第一百六十七條之規定云云，核非上訴第三審之合法理由。

▶ 100 台上 5132（判決）

刑法第二百十七條所稱之「署押」，**係指於紙上或其他物體上簽署姓名或其他足以代表姓名意義之符號，以表示承認其所簽署文書之效力**，具有與印文相同之作用者而言。若於紙上或物品上書寫某人之姓名，以作為文書內容之一部分，而非簽署姓名或其他足以代表姓名意義之符號，以表示承認其所簽署文書之效力，而與印文具有相同之作用者，即非此所謂之「署押」。

第 218 條（偽造盜用公印或公印文罪）
Ⅰ 偽造公印或公印文者，處五年以下有期徒刑。
Ⅱ 盜用公印或公印文足以生損害於公眾或他人者，亦同。

□ 實務見解

▶ 釋字第 82 號（48.06.17）

偽造公印，刑法第二百十八條既有獨立處罰之規定，且較刑法第二百十二條之處罰為重，則於偽造刑法第二百十二條之文書同時偽造公印者，即難僅論以該條之罪而置刑法第二百十八條處刑較重之罪於不問。本院院解字第三〇二〇號第三項解釋於立法本旨並無違背，尚無變更之必要。

▶ 71 台上 1831（判例）

刑法第二百十八條第一項所稱之公印，**指表示公務機關或機關長官資格及其職務之印信而言**，即俗稱大印與小官章，若僅為證明稅款已經繳納之稅戳，其效用顯然不同，自難以公印論。

▶ 40 台非 22（判例）

刑法第二百十八條第二項之盜用公印或公印文罪，必以盜取後，兼有使用之行為，足以生損害於公眾或他人為構成要件，被告攜帶某處蓋有公印之空白公文紙，僅備作填寫證明之用，與上述情形並不相合，自難遽令負刑事罪責。

▶ 100 台上 5918（判決）

刑法第二百十八條第一項所稱公印，係指由政府依印信條例第六條相關規定製發之印信，用以表示公署或公務員之資格，即俗稱之大印及小官章而言。至其形式凡符合印信條例規定之要件而製頒，無論為印、關防、職章、圖記，如足以表示其為公務主體之同一性者，均屬之。原判決認定附表一所示申請文件中偽造之台北市政府警察局書函、台北市政府函，其上有偽造之「臺北市政府警察局」（限於附表一編號一二）、「市長李登輝」、「市長許水德」、「市長楊金欉」、「秘書長馬鎮方」公印文，並據以依刑法第二百十九條規定，宣告沒收。然卷附各該偽造之台北市政府警察局書函、台北市政府函影本顯示（其上「臺北市政府警察局」、「市長李登輝」、「市長許水德」、「市長楊金欉」、「秘書長馬鎮方」印文字樣，似屬因特定用途由機關自行刻畫之機關或首長簽名條戳，而非政府依印信條例製發用以表示公署或公務員資格之用，容非刑法第二百十八條第一項所稱公印。

▶ 99 台上 8259（判決）

刑法第二百十七條偽造署押罪，以保護公共信用法益為其立法目的。所稱之「署押」，固須由自然人簽署或畫押，始足表彰其獨特之形式，惟法人為法律行為時，性質上固須由代表人為之，然代表人乃法人之機關，二者屬一個權利主體關係，代表人代表法人所為之署押，依一般社會通念，足以表彰該自然人經賦予代表法人簽署文書效力之權限，等同法人自為署押。故偽造之客體，不論為自然人或法人，凡足以使人誤信其為真正，而生損害於公眾或他人之虞者，均為本罪

保護之對象。

第 219 條（沒收之特例）

偽造之印章、印文或署押，不問屬於犯人與否，沒收之。

第 220 條（準文書）

I 在紙上或物品上之文字、符號、圖畫、照像，依習慣或特約，足以為表示其用意之證明者，關於本章及本章以外各罪，以文書論。

II 錄音、錄影或電磁紀錄，藉機器或電腦之處理所顯示之聲音、影像或符號，足以為表示其用意之證明者，亦同。

□ **修正前條文**

I 在紙上或物品上之文字、符號、圖畫、照像，依習慣或特約，足以為表示其用意之證明者，關於本章及本章以外各罪，以文書論。

II 錄音、錄影或電磁紀錄，藉機器或電腦之處理所顯示之聲音、影像或符號，足以為表示其用意之證明者，亦同。

III 稱電磁紀錄，指以電子、磁性或其他無法以人之知覺直接認識之方式所製成之紀錄，而供電腦處理之用者。

■ **修正說明**（94.02.02）

本條第三項電磁紀錄之定義，已修正移列於總則編第十條第六項，以利普遍適用於其他章及法令之規定，爰配合刪除本條第三項。

□ **實務見解**

▶ **釋字第 36 號**（43.06.23）

稅務機關之稅戳蓋於物品上用以證明繳納稅款者，依刑法第二百二十條之規定，應以文書論，**用偽造稅戳蓋於其所私宰之牛肉從事銷售，成立刑法第二百十六條之行使偽造公文書罪，應依同法第二百十一條處斷。**本院解字第三三六四號解釋所謂公文書之印字，當係衍文。

▶ **66 台上 1961**（判例）

機車引擎號碼，**係機車製造廠商出廠之標誌，乃表示一定用意之證明，依刑法第二百二十條規定，應以私文書論。**上訴人將原有舊機車上之引擎號碼鋸下，用強力膠粘貼於另一機車引擎上，乃具有創設性，應屬偽造而非變造。

▶ **49 台上 1473**（判例）

上訴人將偽造之稅戳蓋於私宰之豬皮上，用以證明業經繳納稅款，係以詐欺之方法圖得財產上不法之利益，而偽造刑法第二百二十條以文書論之公文書，且足以生損害於公眾或他人，自屬觸犯同法第二百十一條、第三百三十九條第二項之罪，應依同法第五十五條從一重處斷。

▶ **49 台上 678**（判例）

偽造屠宰稅驗印戳，並非表示機關或團體之印

信，祇不過為在物品上之文字、符號，用以表示完稅之證明而已，屬於刑法第二百二十條以文書論之文書，非但與純正之公文書有別，即與同法第二百十九條所定之印章、印文亦不同，其以之供犯罪之用，應依同法第三十八條第一項第二款上段沒收，而不得適用同法第二百十九條作為沒收之依據。

▶ **107 台上 927** ○（判決）

立法者鑒於電腦網路之使用，已逐漸取代傳統之生活方式，而所有電腦資料皆經由電磁紀錄之方式呈現，電磁紀錄有足以表徵一定事項之作用（諸如身分或財產紀錄），則偽造或變造電磁紀錄，即可能同時造成身分或財產上之侵害，嚴重影響電腦網路使用之社會信賴、電子商務交易及民眾之日常生活。乃修正刑法相關條文，將「電磁紀錄」增列亦視為文書之規定，並予以定義。其中，八十六年十月八日刑法增訂第二二○條第二項規定：「錄音、錄影或電磁紀錄，藉機器或電腦之處理所顯示之聲音、影像或符號，足以為表示其用意之證明者，以文書論。」而所稱電磁紀錄者，謂以電子、磁性、光學或其他相類之方式所製成，而供電腦處理之紀錄，同法第十條第六項亦有明定。

本件附表一相關之行為，上訴人係利用家中電腦網路進入證券公司網頁，於「登入」欄中擅自輸入洪○○之帳號及密碼，而後進入股票買賣區內，輸入欲賣出之股票名稱、金額及股數等資料，偽造係洪○○就特定股票、一定之金額及股數欲「下單」出售，證券公司「交易系統」接受到此「洪○○於附表一所示之時間，以附表一所示之金額賣出如附表一所示之股票及股數」等不實內容之「網路下單」，如於交易時間內，則送至證券交易所撮合，若非交易時間則將其送至預約單項；附表二之相關行為，上訴人係利用家中電腦網路設備連結網際網路至銀行網頁內，於「登入」欄內擅自輸入洪○○之「使用者代號」、「密碼」及「身分證統一編號」等資料，進入該銀行網路銀行帳戶之網路銀行會員操作介面後，再輸入轉出之金額及轉出之帳號等資料，偽造係洪○○欲將某款項轉入他帳戶，銀行交易系統」接受到此「洪○○於附表二所示之時間，分別將其帳戶內之如附表二所示之金額轉入洪○霞名下帳戶內」等不實內容之「轉帳」指令而輸入執行。**此等輸入之網路銀行使用者代號、密碼及身分證統一編號等資料經驗證後，接受其後續之指令，該等「下單」、「轉帳」之指令（含 IP 位置、輸入時間、指示出售股票種類、交易金額、股數或轉帳金額、轉入帳戶等），即在磁碟或硬碟上儲存，而留有紀錄以供日後憑查、對帳，自屬上開之電磁紀錄即準私文書無疑。**

▶100 台上 7207（判決）

民間互助會標會之標單，如未書寫投標會員之姓名或代號，致無從辨別或表示係某位會員參與投標者，固不具文書之形式；然若經投標者（包括：投標會員、代為投標者或冒標者）表明其係某位會員之標單，**而在場之其他投標者或會員已能辨別係某位會員參與投標者**，則無礙於該標單係刑法第二百二十條第一項、第二百十條準私文書之認定。

第十六章　妨害性自主罪

> **第 221 條（強制性交罪）**
> Ⅰ 對於男女以強暴、脅迫、恐嚇、催眠術或其他違反其意願之方法而為性交者，處三年以上十年以下有期徒刑。
> Ⅱ 前項之未遂犯罰之。

❖ **法學概念**

妨害性自主罪的「違反意願」

多數妨害性自主罪的不法內涵，是以「違反他人意願」為標的，行為人以強制手段壓抑被害人的自主決定權。有疑問者，強制性交罪或強制猥褻罪的構成要件中，都規定了「其他違法意願的方法」這個行為模式。何謂「其他違反意願的方法」？

實務判決認為：「應係指該條所列舉之強暴、脅迫、恐嚇、催眠術以外，其他一切違反被害人意願之方法，妨害被害人之意思自由者而言，不以類似於所列舉之強暴、脅迫、恐嚇、催眠術等相當之其他強制方法，足以壓抑被害人之性自主決定權為必要，始符立法本旨。」實務判決似乎認為，對於自由意志的侵害，客觀上不須達到絕對壓制的程度，凡有「妨害」皆能視為違反他人意願的強制手段。

觀察實務採取的立場，主要是受到 1999 年刑法修正的影響所致。當年修正，大幅調整性犯罪的體例架構，並重新定義法益的保障，考量修法前的強制性交與猥褻罪適用不易，刪除「至使不能抗拒」的要件。修法前，實務判決中時常以被害人的身體無傷痕或無其他抵抗等跡證，推定行為人實施的強制行為，尚未完全壓制被害人的自由意志，非達不能抗拒的程度。實務如此判斷，造成社會很大的反彈，尤其對於性自主決定權的保障來說，多數情況下被害人是屈就於強暴脅迫等手段可能引發更大的損害，而只能隱忍配合。因此，1999 年修法，將「至使不能抗拒」的要件刪除。修法目的，就是要降低強制手段的標準，以求擴大性自主權的保障。

如果立於強化法益保障的思考，就會擴大刑罰權的範圍，甚至模糊法律的明確性。例如，違反他人意願的情況多樣，凡有妨礙情形，如情侶吵架或性交易紛爭等，可能都會因此納入本罪的處罰範圍，都被視為性自主的侵害，但這恐將背離法規範的初衷。因此，學理上一般認為，純粹從文義解釋的角度，所謂「違反他人意願的方法」似與前所列舉之行為，具有程度上的差距。

假設偏重違反被害人意願的判斷，僅需證明行為違反被害人的主觀意願，就足以成罪，承擔嚴厲的刑罰，恐怕過苛。強制性交或猥褻的行為方式，無須有身體或生命的附加危險性，這可能背離「強制手段」的本質。例如，刑法第 221 條第 1 項所稱「其他違反其意願之方法」，於宗教詐欺性交猥褻行為，並不以類似同條項所列舉之強暴、脅迫、恐嚇或催眠術等方法為必要，祇要行為人主觀上具備侵害被害人性自主之行使、維護，以足使被害人性自主決定意願受侵害之任何手段，均屬之。因為，人之智能本有差異，於遭逢感情、健康、事業等挫折，而處於徬徨無助之際，其意思決定之自主能力顯屬薄弱而易受影響，若又以科學上無法即為印證之手段為誘使（例如法力、神怪、宗教或迷信等），由該行為之外觀，依通常智識能力判斷其方法、目的，欠缺社會相當性，且係趁人急迫無助之心理狀態，以能解除其困境而壓制人之理性思考空間，使之作成通常一般人所不為而損己之性決定，自非屬出於自由意志之一般男歡女愛之性行為，而屬一種「違反意願之方法」。

不過，針對這類利用超自然力等怪力亂神的言論，陷被害人於無法拒絕的狀態時，客觀上仍需判斷或考量，該言詞的效應，能否完全支配其生命或身體法益，換言之，若朝向惡害通知等脅迫概念來思考，解釋上或許較為妥適。類似案例，在日本曾發生醫師假借超自然力量，對女性病人進行「靈感治療」，法院認為：對於擁有判斷能力的成年女性來說，醫師的行為並非能讓其陷入不能抗拒的誤信狀態，故仍不屬於違反其意願。

處罰強制性交或強制猥褻，一方面保護「性的自主權」，另一方面也附帶保護被害人的「潛在身體與生命的安全」。所謂附帶保護，是指次要的保護，法條之所以明白規定「強暴脅迫等手段」，正是為了保護這種身體或生命的安全。因此，凡不具有威脅性的手段，雖然使得被害人的自主決定權遭到扭曲，仍然不應認為是違反被害人意願的強制。例如，以騙婚為名，使被害人信以為真而答應發生性關係，這類違反被害人意願的欺騙，不能解釋為強制性交。

然而，到底是「違反意願」還是「未經同意」？立法上是否應該還要增訂無須要求具備強制方式，只要未經對方同意的性強制行為的模式

者，即得成立犯罪的思維？亦即，關於性強制犯罪的模式，相較於立法上所採取的「違反意願模式」（nein heißt nein, no means no），另有未得同意即涉及性侵害犯罪的「同意模式」（ja heißt ja, yes means yes）的成罪判斷，學說見解不一。

　　論者有謂，未經同意即可成立性侵害犯罪的說法，必須謹慎。理由是，如果採取這種意見，強制猥褻與性騷擾的界線就不復存在，幾乎都會往強制猥褻的方向判斷。一切的性騷擾（如襲胸或撫摸臀部）必然都未經同意，但是被害人對於自己身體的支配性並沒有受到破壞，如果認爲未經同意是性侵害的成立要件，那麼性騷擾就會成爲強制猥褻，性騷擾的規定就會被架空，成爲多餘。必須注意的是，所謂的性侵害，除了部分的例外（如不知抗拒的乘機性交或猥褻、合意性交或猥褻），必然有某種程度的強制性，這個強制性的呈現，就是違反被害人意願。這個意願的違反必須比較嚴格的要求與判斷，表示被害人相關選擇自由的空間被剝奪了，否則僅憑被害人指稱「未經同意」即可定罪，顯示性侵犯罪的成立太過容易，也有違刑法最後手段性的要求。

【張麗卿，〈妨害性自主罪的適用與檢討〉，《台灣法學雜誌》，第 330 期，2017.10，22 頁以下。】

□ 實務見解

▶ 68 台上 198（判例）
強姦婦女而剝奪該婦女之行動自由時，是否於強姦罪外，另成立妨害自由罪，須就犯罪行爲實施經過之全部情形加以觀察，除該妨害自由之行爲已可認爲強姦行爲之著手開始，應成立單一之強姦罪外，應認係妨害自由罪與強姦罪之牽連犯。本件原判決既認定上訴人係以機車將被害人載至大社鄉後，不允其下車，而加速駛往現場，然後下手行姦，則其強載被害人顯尚未達於著手強姦之程度，自難以單一之強姦罪論處。

▶ 62 台上 2090（判例）
所謂兩性生殖器接合構成姦淫既遂一節，**係以兩性生殖器官已否接合爲準，不以滿足性慾爲必要**，申言之，即男性陰莖一部已插入女陰，縱未全部插入或未射精，亦應成立姦淫既遂，否則雙方生殖器官僅接觸而未插入，即未達於接合程度，應爲未遂犯。

▶ 51 台上 588（判例）
判決事實既認定告訴人頸項有傷，係因上訴人扼勒所致，內褲撕破係被扯脫所致，自屬強暴行爲當然發生之結果，殊難推定上訴人另有傷害毀損之故意，**事實上上訴人意在姦淫尋歡，何致尚有傷害毀損心情，既非出於故意，毀損罪且不罰及過失犯**，則除強姦一罪外，自未便論以傷害毀損罪名。

▶ 107 台上 3348 ○（判決）
刑罰制裁妨害性自主行爲，**係爲保障他人關於性意思形成與決定之自由**，因性侵害犯罪係侵犯他人之性自主權，即任何他人在法律範圍內，得自主決定其是否及如何實施性行爲而不受他人強迫及干涉之權利，屬人格權之範疇。關於性自主權之內容，至少包含拒絕權（指對於他人無論善意或惡意的性要求，均可拒絕，無須任何理由）、自衛權（指任何人對於指向自己之性侵害皆有防衛之權利）、選擇權（指任何人均享有是否進行以及選擇如何進行性行爲之權利）、承諾權（指任何有承諾能力之人對於他人提出之性要求，有不受干涉而得完全按自己意願作出是否同意之意思表示）等內涵。我國刑法第二百二十一條及同法第二百二十四條之罪，係以對於男女以強暴、脅迫、恐嚇、催眠術或其他違反其意願之方法，而爲性交或猥褻之行爲者，爲構成要件。所謂**「其他違反其意願之方法」，係指該條所舉之強暴、脅迫、恐嚇、催眠術以外，其他一切違反被害人意願之方法而言。其違反意願之程度**，並不以類似於所列舉之強暴、脅迫、恐嚇、催眠術等相當之其他強制方法，足以壓抑被害人之性自主決定權爲必要，祇要達於妨害被害人之意思自由，即侵害被害人之性自主權者，即可認符合「違反其意願」之要件。故如被害人對於性行爲之拒絕、自衛、選擇及承諾等性自主權遭壓抑或破壞時，即應認係「違反其意願」。

▶ 104 台上 28（判決）
刑法第二百二十一條第一項、第二項之強制性交未遂罪，須基於對男女強制性交之犯意，著手實行強暴、脅迫、恐嚇、催眠術或其他違反意願之非法方法，而未發生強制性交之結果，始能成立。行爲人尚未開始對被害人爲性交行爲前所施用之強暴、脅迫等非法方法，得否認爲已著手實行強制性交之構成要件行爲，應視其強制性交之犯意是否表徵於外，並就犯罪實行之全部過程予以觀察。必以由其所施用之強暴、脅迫等非法方法，足以表徵其係基於強制性交之犯意而爲，且與性交行爲之進行，在時間、地點及手段上有直接、密切之關聯，始可認爲已著手實行強制性交之構成要件行爲。

▶ 101 台上 724（判決）
刑法第二百二十一條第一項之強制性交罪，係以對於男女以強暴、脅迫、恐嚇、催眠術或其他違反其意願之方法而爲性交者，爲其構成要件。所謂「其他違反其意願之方法」，則泛指強暴、脅迫、恐嚇、催眠術以外，其他一切違反被害人意願之方法而言；雖不以類似於該條所列舉之強暴、脅迫、恐嚇、催眠術等方法，或使被害人達

於不能抗拒之程度爲必要，**然仍須其所施用之方法，違反被害人之意願，而足以妨害或壓抑被害人之性自主意思者，始足當之。**

▶ 100 台上 7309（判決）

按諸性交，通常以男性射精或發洩性慾完畢，作爲認定性交次數之計算，區別不難，獨立性亦強，於經驗、論理上，殊難想像累月經年之長期多次性交，可以符合接續犯之行爲概念。

▶ 100 台上 2920（判決）

刑法第二百二十一條第一項之強制性罪，僅須以強暴、脅迫、恐嚇、催眠術，或其他一切違反被害人意願之方法，妨害被害人之意思自由，足以壓抑被害人之性自主決定權，即已成立，不以「至使不能抗拒」爲要件。

第 222 條（加重強制性交罪）

I 犯前條之罪而有下列情形之一者，處七年以上有期徒刑：
一　二人以上共同犯之者。
二　對未滿十四歲之男女犯之者。
三　對精神、身體障礙或其他心智缺陷之人犯之者。
四　以藥劑犯之者。
五　對被害人施以凌虐者。
六　利用駕駛供公眾或不特定人運輸之交通工具之機會犯之者。
七　侵入住宅或有人居住之建築物、船艦或隱匿其內犯之者。
八　攜帶兇器犯之者。
II 前項之未遂犯罰之。

□修正前條文

I 犯前條之罪而有左列情形之一者，處無期徒刑或七年以上有期徒刑：
一　二人以上共同犯之者。
二　對十四歲以下之男女犯之者。
三　對心神喪失、精神耗弱或身心障礙之人犯之者。
四　以藥劑犯之者。
五　對被害人施以凌虐者。
六　利用駕駛供公眾或不特定人運輸之交通工具之機會犯之者。
七　侵入住宅或有人居住之建築物、船艦或隱匿其內犯之者。
八　攜帶兇器犯之者。
II 前項之未遂犯罰之。

■修正說明（88.04.21）

一、第一項序文「左列」一語，修正爲「下列」。

二、八十八年四月二十一日修正前之準強姦罪係姦淫未滿十四歲女子，修正後條文第一項第二款之要件爲「十四歲以下」，本

罪既在保護欠缺意識男女之性自主權，則關於意識能力之有無，宜與刑法體系相契合，故修正「十四歲以下」爲「未滿十四歲」。

三、㈠有關行爲人責任能力之認定標準，多數認爲以生理學及心理學之混合立法體例爲優，現行法以心神喪失、精神耗弱爲認定之依據，實務上即因與醫學用語難以配合，而滋生適用之疑義，爰修正現行法第十九條有關責任能力之認定。

㈡所謂生理學及心理學之混合立法體例，在生理原因部分，以有無精神障礙或其他心智缺陷爲準；在心理結果部分，則以行爲人之辨識其行爲違法，或依其辨識而行爲之能力，是否屬不能、欠缺或顯著減低爲斷。而本條第一項第三款係因被害人之特質，爲保護被害人，而加重行爲人之處罰。則第十九條係行爲人責任能力之判斷標準，並不當然亦適用於被害人，故第十九條修正之同時，本款亦應配合修正，以避免實務之適用，將行爲人之責任能力與被害人特質之認定，採相同之認定標準，而與本條保護被害人之意旨有悖。

㈢本款之修正仍與現行法保護被害人之立場相同，而區分對身體及精神障礙者之保護，其中精神方面之障礙，依前開說明，既認與行爲人之責任能力不同，且配合醫學用語，而將本款修正爲「對精神、身體障礙或其他心智缺陷之人犯之者」。

㈣本款加重條件之認定，不以被害人是否領有身心障礙手冊爲判斷之依據，而係以被害人身、心之客觀狀態作爲認定之標準，以與保護被害人之意旨相呼應。

四、本罪之法定刑爲「無期徒刑或七年以上有期徒刑」，而情節較重之第二百二十六條第一項後段反而僅處「十年以上有期徒刑」，有罪刑輕重失衡之缺失，宜爲予修正，經比較現行條文與其他條文法定刑結論，認刪除無期徒刑即符合各罪間罪刑均等之原則。

❖ 法學概念

妨害性自主罪章之犯罪類型

學者指出，關於本罪章之犯罪類型，應可分爲以下四大類型：

一、違反意願類型

如刑法第 221 條之「強制性交罪」、第 222 條之「加重強制性交罪」、第 224 條之「強制猥褻罪」及第 224 條之 1 的「加重強制猥褻罪」。

此類「違反意願類型」之構造，為行為人採取使被害人不得不屈從的強制手段→被害人自主意願遭壓制→在違反被害人意願情形下→對被害人為性交或猥褻行為。換言之，**本類型的重點在於壓制被害人自主意願**，乃典型侵害個人性自主權的情形。

二、意願不明類型

即刑法第 225 條的「乘機性交、猥褻罪」。指被害人處於「無法或難以擷取意願的狀態」而這種狀態的造成可能來自被害人本身因素，例如癲癇發作倒地不起，或自己飲酒到爛醉如泥等；亦有可能來自行為人之外的其他外力，例如被害人遭他人捧打昏迷。此類型的重點在於，凡是有人處於這種狀態，其他任何人就不能趁人之危而有不軌的舉動，這也是宣示維護個人性自主權的一種展現。

三、意願受干擾類型

即刑法第 228 條的「利用權勢機會性交、猥褻罪」。本類型係針對權力不對等而居於劣勢者所為的保障規定。簡言之，雖然本類型之被害人不像「違反意願類型」般地處於明顯立即被壓制意願的狀況，但是由於行為人居於權力上的優勢地位，可以對被害人所希冀的事項（例如工作、考績、成績、醫療照護等）有所掌握，故被害人係居於權力結構不平等的地位之下，而自願屈服於行為人性交或猥褻的要求，顯示其自主選擇的空間已遭壓縮，仍可認為是侵害個人性自主權的情形。

四、意願無意義類型

即刑法第 227 條「與幼年人性交、猥褻罪」。其特徵是行為人性交或猥褻的對象是幼年人（未滿十六歲），而行為人並沒有採取強制手段，或者說行為人不需要採取強制手段。此乃由於刑法第 227 條乃以客體年齡因素為考量，這是為保障幼年人身心健全所做的規定，故幼年人是否同意行為人的性交或猥褻，根本不具有刑法上的評價重要性，刑法第 227 條在適用上也不需要以幼年人的意願作為要件之一，所以將刑法第 227 條稱之為「意願無意義類型」。

【盧映潔，〈「意不意願」很重要嗎？──評高雄地方法院 99 年訴字第 422 號判決暨最高法院 99 年第 7 次刑庭決議〉，《月旦法學雜誌》，第 186 期，2010.10，165 頁以下。】

□ 實務見解

▶ 99 年度第 7 次刑事庭會議決議（99.09.07）

決議：採丙說。

倘乙係七歲以上未滿十四歲者，甲與乙合意而為性交，甲應論以刑法第二百二十七條第一項之對於未滿十四歲之男女為性交罪。如甲對七歲以上未滿十四歲之乙非合意而為性交，或乙係未滿七

歲者，甲均應論以刑法第二百二十二條第一項第二款之加重違反意願性交罪。理由：

一、刑法第十六章妨害性自主罪章於民國八十八年四月二十一日修正公布，其立法目的，係考量該章所定性交、猥褻行為侵害之法益，乃是個人性自主決定權及身體控制權；倘將之列於妨害風化罪章，不但使被害人身心飽受傷害，且難以超脫傳統名節之桎梏，復使人誤解性犯罪行為之本質及所侵害之法益，故將之與妨害風化罪章分列，自成一章而為規範。揆諸其中第二百二十七條立法理由一之說明：「現行法（指該次修正前之刑法，下同）第二百二十一條第二項『準強姦罪』，改列本條第一項；第二百二十四條第二項『準強制猥褻罪』改列本條第二項，以及該次修正之立法過程中，於審查會通過修正第二百二十一條之理由說明：『現行法第二百二十一條第二項準強姦罪係針對未滿十四歲女子『合意』為性交之處罰，與『強姦行為』本質不同，故將此部分與猥褻幼兒罪一併改列在第三百零八條之八（即修正後之第二百二十七條第一項及第二項）』」等情，足見刑法第二百二十七條第一項之對於未滿十四歲之男女為性交罪，係以「行為人與未滿十四歲之男女『合意』為性交」為構成要件，倘與未滿十四歲之男女非合意而為性交者，自不得論以該項之罪。

二、刑法第二百二十七條第一項之對於未滿十四歲之男女為性交罪，既須行為人與未滿十四歲之男女有性交之「合意」，則必須該未滿十四歲之男女有意思能力，且經其同意與行為人為性交者，始足當之。至意思能力之有無，本應就個案審查以判定其行為是否有效，始符實際。未滿七歲之幼童，雖不得謂為全無意思能力，然確有意思能力與否，實際上頗不易證明，故民法第十三條第一項規定「未滿七歲之未成年人，無行為能力」，以防無益之爭論；此觀諸該條之立法理由自明。未滿七歲之男女，依民法第十三條第一項之規定，既無行為能力，即將之概作無意思能力處理，則應認未滿七歲之男女並無與行為人為性交合意之意思能力。至於七歲以上未滿十四歲之男女，應係民法第十三條第二項所定之限制行為能力人，並非無行為能力之人；自應認其有表達合意為性交與否之意思能力。本院六十三年台上字第三八二七號判例意旨謂謂：「（修正前）刑法第二百二十七條之規定，係因年稚之男女對於性行為欠缺同意能力，故特設諸處罰明文以資保護」；然若認未滿十四歲之男女概

無為性交合意之意思能力，勢將使刑法第二百二十七條第一項形同具文，故不宜援引該判例意旨以否定七歲以上未滿十四歲之男女具有為性交與否之意思能力。故而，倘行為人對於未滿七歲之男女為性交，因該未滿七歲之男女並無意思能力，自無從論以刑法第二百二十七條第一項之對於未滿十四歲之男女為性交罪；至若行為人係與七歲以上未滿十四歲之男女合意而為性交，則應論以刑法第二百二十七條第一項之對於未滿十四歲之男女為性交罪。

三、刑法第二百二十一條所稱之「其他違反其（被害人）意願之方法」，參諸本院九十七年度第五次刑事庭會議決議一之意旨，應係指該條所列舉之強暴、脅迫、恐嚇、催眠術以外，其他一切違反被害人意願之方法，妨害被害人之意思自由者而言。於被害人未滿十四歲之情形，參照聯合國「兒童權利公約」（西元一九九○年九月二日生效）第十九條第一項所定：「簽約國應採取一切立法、行政、社會與教育措施，防止兒童（該公約所稱『兒童』係指未滿十八歲之人）……遭受身心脅迫、傷害或虐待、遺棄或疏忽之對待以及包括性強暴之不當待遇或剝削」之意旨，以及「公民與政治權利國際公約」第二十四條第一項：「每一兒童應有權享受家庭、社會和國家為其未成年地位給予的必要保護措施……」、「經濟社會文化權利國際公約」第十條第三項：「應為一切兒童和少年採取特殊的保護和協助措施……」等規定（按：公民與政治權利國際公約及經濟社會文化權利國際公約施行法第二條明定：「兩公約所揭示保障人權之規定，具有國內法律效力」），自應由保護該未滿十四歲之被害人角度解釋「違反被害人意願之方法」之意涵，不必拘泥於行為人必須有實行具體之違反被害人意願之方法行為。否則，於被害人未滿七歲之情形，該未滿七歲之被害人（例如：未滿一歲之嬰兒）既不可能有與行為人為性交之合意，行為人往往亦不必實行任何具體之「違反被害人意願之方法行為」，即得對該被害人為性交。類此，是否無從成立妨害性自主之罪？縱或如甲說之意見，亦祇論以刑法第二百二十七條第一項之對於未滿十四歲之男女為性交罪。但如此一來，倘被害人係七歲以上未滿十四歲之男女，倘曾因其已表達「不同意」與行為人為性交之意，行為人不得不實行違反其意願之方法行為，而須負刑法第二百二十二條第一項第二款之加重違反意願性交罪責；

而被害人未滿七歲者，因其無從表達「不同意」之意思，竟令行為人僅須負刑法第二百二十七條第一項之對於未滿十四歲之男女為性交罪責，法律之適用顯然失衡。

四、綜上，倘乙係七歲以上未滿十四歲者，而甲與乙係合意而為性交，固應論以刑法第二百二十七條第一項之對於未滿十四歲之男女為性交罪；惟若甲與七歲以上未滿十四歲之乙非合意而為性交，或乙係未滿七歲者，則基於對未滿十四歲男女之保護，應認甲對於乙為性交，所為已妨害乙「性自主決定」之意思自由，均屬「以違反乙意願之方法」而為，應論以刑法第二百二十二條第一項第二款之加重違反意願性交罪。

❖ **學者評釋**

一、盧映潔教授

刑法第227條的保護法益應該是幼年人的自我身心健全成長權利，並非所謂「自主權」的維護。亦即，由於幼年人的身心未臻成熟階段，無法做出保護自己的正確判斷，而且在幼年人身心發展階段，因為其尚未有自我及個體價值觀的建立，對於任何事物或訊息的意願屬於單向式地吸收。

以性交、猥褻這種行為為例，在幼年人之身心成長尚未成熟成為一獨立個體之前，對性活動並未足夠認知；更何況幼年人的生理發展尚不適合性交、猥褻行為的進行，此時若有人對幼年人進行性方面的相關舉動，藉以得到性滿足，惟幼年人沒有足夠判斷能力，所以幼年人對此等舉動是否同意或者是否有意願存在並不具有重要性，只要是對幼年人從事性相關活動，都是屬於對幼年人做出的侵犯和傷害，也就是侵害幼年人的身心健全成長權利，幼年人都應被視為被害者。而國家基於保護幼年人的義務，即可對該行為人的舉動立法加以處罰，藉以禁止或嚇阻此等行為。因此，從刑法第227條的法律要件設計上可以看到，並沒有任何有關行為人施用手段的要求，也沒有提及客體的意思或意願違反的情形，至於客體是否同意行為人的舉動，亦非要件所在。

然依照本決議的邏輯，最高法院就是以7歲為區分基準，對未滿7歲之人為性交，一律適用刑法第222條第1項第2款；對7歲以上未滿14歲為性交，若有合意，則適用刑法第227條第1項。最高法院強調，刑法第227條第1項，對於未滿14歲之人性交罪，必須建立在行為人與客體之間具有合意之基礎上，並且該未滿14歲之人可以有意思能力，若有意思能力就可以有效同意與行為人為性交。最高法院這樣的立論即屬錯誤的方向，申言之，依最高法院之見，仍然

認爲未滿 14 歲之人對於性交一事具有認知以及同意的能力，而且未滿 14 歲之人可以對於要不要進行性交給其同意，所以倘若未滿 14 歲之人與行爲人同意進行性交，屬於刑法第 227 條第 1 項的適用。

學者有認爲，最高法院認定幼年人對於性交具有同意能力而可以給予有效的同意，又將此同意當作法條成立要件，是不當的思考。

【盧映潔，〈「意不意願」很重要嗎？——評高雄地方法院 99 年訴字第 422 號判決暨最高法院 99 年第 7 次刑庭決議〉，《月旦法學雜誌》，第 186 期，2010.10，166 頁以下。】

二、黃惠婷教授

最高法院認爲本案的重點是行爲人有無以違反被害人意願之方法爲之，而其四種見解亦圍繞在「行爲人是否以違反被害人意願之方法爲性交」的命題上，以此爲核心，延伸探討未滿 14 歲者是否有意思能力以及能否表達「同意」或「知否抗拒」。

但自民國 88 年修法後，行爲人只要爲了性交目的，而對被害人施以強暴等強制方法，且又符合強制與性交之間應有的方法—目的關聯性，即成立強制性交罪。換言之，本罪之成立不僅不須證明「不能抗拒」，且根本無須證明行爲人「違反（被害人）自由意願」，蓋強制性交罪保障的對象不限年齡，重要的是與他人性交使用強制方法。

【黃惠婷，〈證明「違反意願」非強制性交罪之構成要件——簡評 99 年度台上字第 4894 號判決與 99 年刑事庭第 7 次會議決議〉，《台灣法學雜誌》，第 161 期，2010.10，200 頁以下。】

三、蔡聖偉教授

對幼童性交罪與強制性交罪的分野便在於有無合意。最高法院的決議也是如此理解，隨而第 221 與 227 兩罪名便處於排他互斥的關係。如果認爲第 227 條第 1 項是要幼童說不，那麼反而是舊法的體系位置及用語比較能夠表達這樣的想法。現行法既然已在該條規定了獨立的法定刑，並且另設有第 3 及 4 項，似乎就很難繼續採取這種「準罪」的解釋立場。

在德國，有愈來愈多的文獻傾向本罪所要保護的法益是幼童的「整體發展」，防止孩童的整體發展受到過早的性經歷所影響。簡單地說，就是幼童的身心未臻成熟，對於任何事物都是單向地接收，經常無法做出保護自己的正確判斷，所以國家有義務排除此類可能干擾。這種說法，無論是在我國的立法形式上或在事理上，均屬較爲可採。依此，對幼童性交罪就是一個與強制性交罪並存的獨立罪名，而非後者的截堵構成要件。

【蔡聖偉，〈論「對幼童性交罪」與「強制性交罪」的關係——評最高法院 99 年第 7 次刑事庭決議〉，《月旦裁判時報》，第 8 期，2011.04，65 頁以下。】

▶ 103 台上 19（判決）

刑法第二百二十二條第一項第四款之加重強制性交罪，係以藥劑犯強制性交罪爲加重條件。其與以強暴、脅迫、恐嚇、催眠術、違反意願，同爲強制性交之方法，爲強制性交罪之構成要件。故於施藥劑之加重條件行爲時，即爲加重強制性交罪之著手實行，該施藥劑行爲，如另觸犯他項罪名，自屬一行爲觸犯數罪名，應依想像競合犯規定，從一重處斷。

▶ 100 台上 5996（判決）

民法第十三條第一項規定「未滿七歲之未成年人，無行爲能力」，此觀諸該條之立法理由自明。是未滿七歲之男女，依民法第十三條第一項之規定，既無行爲能力，即概作無意思能力處理，則應認其並無與行爲人爲性交合意之意思能力。倘行爲人係對於未滿七歲之男女爲猥褻行爲，即因該未滿七歲之男女並無意思能力，基於對此幼童之保護，應認行爲人所爲，已妨害該未滿七歲之男女性自主決定之意思自由，均屬「以違反其意願之方法」而爲猥褻，應論以刑法第二百二十四條之一、第二百二十二條第一項第二款對未滿十四歲之男女，以違反其意願之方法而爲猥褻之加重違反意願猥褻罪。又此係以被害人之年齡爲其特殊要件，苟被害人年齡未滿七歲，縱行爲人係乘其熟睡中予以猥褻，亦應認爲被吸收於該加重違反意願猥褻罪之內，無再適用刑法第二百二十五條第二項論罪之餘地。

▶ 100 台上 3267（判決）

刑法第二百二十二條第一項第三款規定之加重強制性交罪，其對被害人有無「精神、身體障礙或其他心智缺陷」加重條件之認定，依立法理由之說明，雖不以被害人是否領有身心障礙手冊爲判斷之依據，而以被害人身、心之客觀狀態作爲認定之標準，以與保護被害人之意旨相呼應。但所謂身心障礙者，依身心障礙者保護法第三條（已更名爲身心障礙者權益保護法，修正第五條等部分條文尚未施行）之規定，係指個人因生理或心理因素致其參與社會及從事生產活動功能受到限制或無法發揮，經鑑定符合中央衛生主管機關所定等級之視覺障礙、聽覺機能障礙、平衡機能障礙、聲音機能或語言機能障礙、肢體障礙、智能障礙、重要器官失去功能、顏面損傷、植物人、失智症、自閉症、慢性精神病患、多重障礙、頑性（難治型）癲癇症、因罕見疾病而致身心功能障礙，或其他經中央衛生主管機關認定之障礙，並領有身心障礙手冊者爲範圍。而有關身心障礙者之鑑定，依身心障礙者保護法第十條第二項授權制定之身心障礙者鑑定作業辦法，對於相關鑑定流程、鑑定醫療機構之適格、鑑定醫師應負義

務、鑑定結果之爭議與複檢等項，均有詳細規定，從而性侵害犯罪之被害人如已領有身心障礙手冊，則其有關身體或精神方面障礙之鑑定結果，在別無反證之情形，自應認已該當於上開法條所定「精神、身體障礙或其他心智缺陷」之加重條件。

▶ **99 台上 4534（判決）**

刑法第二百二十五條第一項之乘機性交罪，係以行為人利用被害人精神、身體障礙、心智缺陷或其他相類之情形，因此不能或不知抗拒而為性交，為其犯罪構成要件。倘行為人已施用強制力，壓制行為人上述身心障礙情形之被害人之抗拒，並非被害人單純因自心障礙而不能或不知抗拒，自應成立刑法第二百二十二條第一項第三款之對精神、身體障礙或其他心智缺陷之人犯強制性交罪。本件原判決認定上訴人對 A 女施以脅迫之方法，違反 A 女之意願，而與 A 女為性交，並非利用 A 女因精神、身體障礙、心智缺陷或其他相類之情形，而不能或不知抗拒。原判決論以上訴人對心智缺陷之人以脅迫之方法而為性交之罪，而非乘機性交罪，揆之上述說明，並無不合，難認有上訴意旨所指判決適用法則不當之違法。

▶ **99 訴 422（判決）**

公訴意旨認被告所為係犯刑法第二百二十二條第一項第二款之加重強制性交罪，惟被告辯稱案發時甲女並無反抗，其並無以暴力使甲女就範，而證人陳○芳於本院審判時亦證述：我看見被告與甲女時，甲女並無抵抗被告之動作，且無喊叫或哭泣等語（院卷二二○、二二一頁），核與被告所述相合；參以案發時甲女係坐在被告左腿上，姿勢重心並非十分穩固，**若甲女有意掙脫被告，被告應難以在未脫去甲女運動褲情形下，順利將右手伸入甲女褲內而為本件犯行**，可見被告辯稱未以強暴、脅迫或其他違反甲女意願之方法為本案性交，尚非無據，起訴法條尚有未恰，惟起訴之基本事實同一，本院自得變更起訴法條予以審判。審酌被告為滿足個人私慾，明知甲女僅六歲，心智未成熟，竟對其性交，對甲女身心造成傷害，且犯後藉病否認犯行，未得告訴人乙男之諒解，兼衡其犯罪動機、手段等一切情狀，認檢察官求處有期徒刑七年十月容屬過重，爰量處如主文所示之刑。

❖ **學者評釋**

依本判決見解，法院一方面錯估六歲女童的認知與生理能力，另一方面似乎又認為，案件中六歲女童對於被告的舉動可以有所認識，從而可以有掙脫反抗的餘地，但是因為女童沒有掙脫反抗的反應，所以又由此推斷被告的舉動並沒有違反女童之意願，這樣的推理不無可議？

【盧映潔，〈「意不意願」很重要嗎？──評高雄地方法院九十九年訴字第四二二號判決暨最高法院九十九年第七次刑庭決議〉，《月旦法學雜誌》，第 186 期，2010.10，164 頁以下。】

▶ **96 台上 2827（判決）**

刑法第二百二十四條之一規定犯強制猥褻罪而有同法第二百二十二條第一項第六款之「利用駕駛供公眾或不特定人運輸之交通工具之機會」情形者，應加重處罰，考其立法旨趣，乃因藉駕駛供公眾或不特定人運輸之交通工具之機會，便利其侵害他人性自主權，既陷被害人於孤立無援，難以求救之處境，致受侵害之危險倍增，且因此增加社會大眾對交通安全之疑懼，故有必要提高其法定刑，用資維護社會大眾行之自由。是駕駛業者對乘客為強制性交或強制猥褻行為，苟非藉駕駛供公眾或不特定人搭乘之計程車等交通工具以助益其實行犯罪，即與該款加重強制性交罪或加重強制猥褻罪之加重要件不符。

第 223 條（刪除）

第 224 條（強制猥褻罪）
對於男女以強暴、脅迫、恐嚇、催眠術或其他違反其意願之方法，而為猥褻之行為者，處六月以上五年以下有期徒刑。

❖ **法學概念**

妨害性自主罪章的「猥褻」

由於妨害性自主罪是在保護「個人的性自主權」，所以猥褻概念的解釋，仍應回歸「性自主權是否遭受侵害」。對於行為人或被害人的主觀性慾，並非考量重點。諸如，短暫時間的強吻或摸胸行為，僅要客觀上足以造成被害人性自由決定權受到妨礙，即屬於猥褻。至於是否成立強制猥褻罪，則要進一步判斷，是否使用強制手段。

至於妨害風化罪（公然猥褻罪）的猥褻概念，則可能與「性慾的滿足」無關。猥褻概念的理解重點，應該是性的表現不當的刺激「社會大眾的羞恥感」。例如，心理異常的男子在公開場所手淫，這個舉動屬於性的表現，不可能引起觀眾的性慾，但可能刺激社會大眾的羞恥感。

【張麗卿，〈妨害性自主罪的適用與檢討〉，《台灣法學雜誌》，第 330 期，2017.10，20 頁以下。】

❖ **法學概念**

性騷擾與強制猥褻的分野

所謂的性騷擾，依性騷擾防治法第 2 條的規定，是指性侵害犯罪以外，違反他人意願而向他人施行與性活動有關的一切行為，並造成對方嫌惡，不當影響他人的正常生活進行；例如，以他人順服或拒絕該行為，作為其獲得、喪失或減損與工作、教育訓練、服務、計畫、活動有關權益

之條件。以展示或播送文字、圖畫、聲音、影像或其他物品之方式，或以歧視、侮辱之言行，或以他法，而有損害他人人格尊嚴，或造成使人心生畏怖、感受敵意或冒犯之情境，或不當影響其工作、教育、訓練、服務、計畫、活動或正常生活之進行。

依據性騷擾防治法第 25 條：「意圖性騷擾，乘人不及抗拒而為親吻、擁抱或觸摸其臀部、胸部或其他身體隱私處之行為者，處二年以下有期徒刑、拘役或科或併科新臺幣十萬元以下罰金。」

究竟性騷擾與強制猥褻，應該如何區分？從性騷擾防治法第 25 條的規範可知，性騷擾與性侵害，於主觀構成要件上是可以清楚區分的。性騷擾必須具有性騷擾的主觀意圖，例如，行為人在公車上，觸摸女子臀部。若不具有性騷擾的主觀意圖（如公車大轉彎或緊急煞車，不小心碰觸女子臀部），則不成立性騷擾罪。

性騷擾罪的客觀要件，是指乘人不及抗拒而為親吻、擁抱或觸摸其臀部、胸部或其他身體隱私處的行為。性騷擾罪的這個客觀上舉動，似乎與強制猥褻罪一致，但基本的差別則是，性騷擾並未採取強制手段；強制猥褻罪的成立，必須有強制手段當作前提。實務判決向來認為，強制猥褻罪係「以其他主體為洩慾之工具，俾求得行為人自我性慾之滿足，非僅短暫之干擾，乃侵害被害人之性自主權，即妨害被害人性意思形成、決定之自由」；而所謂性騷擾則「意在騷擾觸摸之對象，不以性慾之滿足為必要，以被害人不及抗拒之際，出其不意瞬間為短暫之觸摸，尚未達於妨害性意思之自由，而僅破壞被害人所享有關於性、性別等，與性有關之寧靜、不受干擾之平和狀態。」實務見解更認為，性騷擾是短暫的、迅速的不當觸摸，或調戲行為。

學說上對於性騷擾的意見與實務判決類似。有認為，性騷擾是客觀尚不足以表現性慾的行為，但行為已足以使人聯想到性的意涵，且已使被害人內心產生不悅與不適感。另有主張，所謂性騷擾是指對他人實施違反其意願而與性或性別有關的行為，而所謂乘人不及抗拒，則是指瞬間的碰觸。

【張麗卿，〈妨害性自主罪的適用與檢討〉，《台灣法學雜誌》，第 330 期，2017.10，21 頁以下。】

□ 實務見解

▶ **17 年度決議(一)（17.10.13）**
猥褻云者，其行為在客觀上足以誘起他人性慾，在主觀上足以滿足自己性慾之謂。

▶ **71 台上 1562（判例）**
刑法第二百二十一條第一項強姦罪、第二百二十四條第一項強制猥褻罪與第二百二十五條第一項

乘機姦淫罪、同條第二項乘機猥褻罪，其主要區別在於犯人是否施用強制力及被害人不能抗拒之原因如何造成為其判別之標準。如被害人不能抗拒之原因，為犯人所故意造成者，應成立強姦罪或強制猥褻罪。如被害人不能抗拒之原因，非出於犯人所為，且無共犯關係之情形，僅於被害人心神喪失或其他相類之情形不能抗拒時，犯人乘此時機以行姦淫或猥褻行為者，則應依乘機姦淫或乘機猥褻罪論處。

▶ **108 台上 1800 ○（判決）**
刑法第二二四條之強制猥褻罪和性騷擾防治法第二十五條第一項之強制觸摸罪，雖然都與性事有關，隱含違反被害人之意願，而侵害、剝奪或不尊重他人性意思自主權法益。但兩者既規範於不同法律，構成要件、罪名及刑度並不相同，尤其前者逕捨「違反其（按指被害人）意願之方法」，作為犯罪構成要件，依其立法理由，更可看出係指強暴、脅迫、恐嚇、催眠術等傳統方式以外之手段，凡是悖離被害人的意願情形，皆可該當，態樣很廣，包含製造使人無知、無助、難逃、不能或難抗情境，學理上乃以「低度強制手段」稱之。從大體上觀察，兩罪有其程度上的差別，前者較重，後者輕，而實際上又可能發生犯情提升，由後者演變成前者情形。從而，其間界限，不免產生模糊現象，自當依行為時、地的社會倫理規範，與一般健全常識概念，就對立雙方的主、客觀因素，予以理解、區辨。具體以言：1. **從行為人主觀目的之分析**：強制猥褻罪，係以被害人作為行為人自己洩慾的工具，藉以滿足行為人自己的性慾，屬標準的性侵害犯罪方式之一種；強制觸摸罪，則係以騷擾、調戲被害人為目的，卻不一定藉此就能完全滿足行為人之性慾，俗稱「吃豆腐」、「占便宜」、「毛手毛腳」、「鹹濕手」即是。2. **自行為手法觀察**：雖然通常都會有肢體接觸，但於強制猥褻，縱然無碰觸，例如強拍被害人裸照、強令被害人自慰供賞，亦可成立；強制觸摸罪，則必須雙方身體接觸，例如對於被害人為親吻、擁抱、撫摸臀部、胸部或其他身體隱私處，但不包含將被害人之手，拉來碰觸行為人自己的性器官。3. **自行為所需時間判斷**：強制猥褻罪之行為人，在加害行為實施中，通常必須耗費一定的時間，具有延時性特徵，無非壓制對方、滿足己方性慾行動進展所必然；強制觸摸罪則因構成要件中，有「不及抗拒」一語，故特重短暫性、偷襲性，事情必在短短數秒（甚至僅有一、二秒）發生並結束，被害人根本來不及或無餘暇予以抗拒或反對。4. **自行為結果評價**：強制猥褻罪之行為人所造成的結果，必須在使被害人行無義務之事過程中，達至剝奪被害人性意思自主權程度，否則祇能視實際情狀論擬他罪；

強制觸摸罪之行為所造成的結果，則尚未達至被害人性意思自由之行使，遭受壓制之程度，但其所應享有關於性、性別等，與性有關之寧靜、和平狀態，仍已受干擾、破壞。5. **自被害人主觀感受考量**：強制猥褻罪之被害人，因受逼被性侵害，通常事中知情，事後憤恨，受害嚴重者，甚至出現創傷後壓力症候群現象；強制觸摸罪之被害人，通常是在事後，才感受到被屈辱，而有不舒服感，但縱然如此，仍不若前者嚴重，時有自認倒楣、懊惱而已。6. **自行為之客觀影響區別**：強制猥褻罪，因本質上具有猥褻屬性，客觀上亦能引起他人之性慾；強制觸摸罪則因行為瞬間即逝，情節相對輕微，通常不會牽動外人的性慾。誠然，無論強制猥褻或強制觸摸，就被害人而言，皆事涉個人隱私，不願聲張，不違常情（後者係屬告訴乃論罪），犯罪黑數，其實不少，卻不容因此輕縱不追究或任其避重就輕。尤其，對於被害人有明示反對、口頭推辭、言語制止或肢體排拒等情形，或「閃躲、撥開、推拒」的動作，行為人猶然進行，即非「合意」，而已該當於強制猥褻，絕非強制觸摸而已。

▶ 107 台上 1075（判決）
刑法所處罰之強制猥褻罪，係指性交以外，基於滿足性慾之主觀犯意，以違反被害人意願之方法所為，揆其外觀，依一般社會通念，咸認足以誘起、滿足、發洩人之性慾，而使被害人感到嫌惡或恐懼之一切行為而言。所稱「其他違反其意願之方法」，並不以類似同條項所列舉之強暴、脅迫、恐嚇或催眠術等方法為必要，祇要行為人主觀上具備侵害被害人性自主之行使、維護，以足使被害人性自主決定意願受妨害之任何手段，均屬之。而人之智能本有差異，於遭逢身體、健康等問題，處於徬徨求助之際，其意思決定之自主能力顯titre薄弱而易受影響，若又以聽診、治療為手段（例如醫療必要等），由該行為之外觀，依通常智識能力判斷其方法、目的，未必欠缺合理性，且係趁人求醫治療之心理狀態，以卸除其原本理性防禦之思考空間，使之無法如通常一般人立即拒絕而離去之性自主決定，自屬一種違反意願之方法。

▶ 102 台上 1069（判決）
刑法所處罰之違反意願（強制）猥褻罪，係指姦淫以外，基於滿足性慾之主觀犯意，以違反被害人意願之方法所為，揆其外觀，依一般社會通念，咸認足以誘起、滿足、發洩人之性慾，而使被害人感到嫌惡或恐懼之一切行為而言；性騷擾防治法第二十五條第一項所處罰之性騷擾罪，則指性侵害犯罪以外，基於同法第二條第一款、第二款所列之性騷擾意圖，以乘被害人不及抗拒之違反意願方法，對其為與性或性別有關之親

吻、擁抱或觸摸臀部、胸部或其他身體隱私處之行為。考其犯罪之目的，**前者乃以其他性主體為洩慾之工具，俾求得行為人自我性慾之滿足，後者則意在騷擾觸摸之對象，不以性慾之滿足為必要；究其侵害之法益，前者乃侵害被害人之性自主權，即妨害被害人性意思形成、決定之自由，後者則尚未達於妨害性意思之自由，而僅破壞被害人所享有關於性、性別等，與性有關之寧靜、不受干擾之平和狀態。**二者各異其旨，不容混淆。

第 224 條之 1（加重強制猥褻罪）
犯前條之罪而有第二百二十二條第一項各款情形之一者，處三年以上十年以下期徒刑。

第 225 條（乘機性交猥褻罪）
I 對於男女利用其精神、身體障礙、心智缺陷或其他相類之情形，不能或不知抗拒而為性交者，處三年以上十年以下有期徒刑。
II 對於男女利用其精神、身體障礙、心智缺陷或其他相類之情形，不能或不知抗拒而為猥褻之行為者，處六月以上五年以下有期徒刑。
III 第一項之未遂犯罰之。

☐ **修正前條文**
I 對於男女利用其心神喪失、精神耗弱、身心障礙或其他相類之情形，不能或不知抗拒而為性交者，處三年以上十年以下有期徒刑。
II 對於男女利用其心神喪失、精神耗弱、身心障礙或其他相類之情形，不能或不知抗拒而為猥褻之行為者，處六月以上五年以下有期徒刑。
III 第一項之未遂犯罰之。

■ **修正說明**（94.02.02）
一、有關行為人責任能力之認定標準，多數認為以生理學及心理學之混合立法體例為優，現行法以心神喪失、精神耗弱為認定之依據，實務上即因與醫學用語難以配合，而生適用之疑義，爰修正原法第十九條有關責任能力之認定。
二、所謂生理學及心理學之混合立法體例，在生理原因部分，以有無精神障礙或其他心智缺陷為準；在心理結果部分，則以行為人之辨識其行為違法，或依其辨識而行為之能力，是否屬不能、欠缺或顯著減低為斷。本條係因行為人利用被害人之不能或不知抗拒之狀態，而為性交或猥褻行為之處罰，亦屬對被害人之保護，則前開有關第十九條「心神喪失、精神耗弱」之修正並不當然亦適用於本條之被害人，且修正案已修正此心神喪失、精神耗弱之名詞，

故本條第一項及第二項亦應配合修正，以避免實務之適用，將行為人之責任能力與被害人特質之認定，採相同之認定標準，而與本條保護被害人之意旨有悖。故配合醫學用語，修正本條第一項、第二項之要件為利用「其精神、身體障礙、心智缺陷或其他相類之情形」。其次，本條被害人狀態之認定，不以被害人是否領有身心障礙手冊為判斷之依據，而係以被害人身、心之客觀狀態作為認定之標準，以與保護被害人之意旨相呼應。

❖ 法學概念

乘機性交與強制性交的分野

刑法第 225 條的乘機性罪，行為人必然也違反了被害人的意願，侵害性自主權。乘機性罪與強制性交該如何區分？

乘機性交罪，是利用被害人的特殊身心狀況，而與之性交。這是指被害人有精神或身體障礙、心智欠缺等無法表達意願的情況，行為人利用這個機會而與之性交。被害人失去抵抗的意識或能力，是既有的狀態，不是行為人所製造出來，所以稱為乘機性交。行為人不是機會的創造者，只是機會的利用者。

假若行為人創造了精神障礙或心智欠缺等情境，如下藥昏迷後再為性侵，成立使用藥劑的「加重強制性交罪」，就不是乘機性交罪。利用被害人昏睡、醉酒、病後昏沉、身障等等機會而從事性交行為，都是乘機性交。如果對於身障或幼小之人竟然使用強制手段，使無法抗拒而性交，就不是乘機性交，而是「加重強制性交」。刑法第 222 條第 1 項第 3 款，對於「精神、身體障礙或其他心智缺陷者」為強制性交或猥褻行為者，有加重處罰的規定。

〔張麗卿，〈妨害性自主罪的適用與檢討〉，《台灣法學雜誌》，第 330 期，2017.10，24 頁。〕

☐ 實務見解

▶ **79 台上 342（判例）**

刑法第二百二十四條第二項之準強制猥褻罪，祇以被害人之年齡為其特別要件，苟被害人年齡未滿十四歲，縱使告係乘其熟睡中予以猥褻，亦應認為被吸收於準強制猥褻罪之內，無適用刑法第二百二十五條第二項論罪之餘地。

▶ **48 台上 910（判例）**

上訴人深夜侵入室內，乘被害人熟睡，登床伏身摸乳及褪褲腰，其目的非在猥褻，而係圖姦，因被害人驚醒呼叫，未達目的，應與對於婦女乘其與心神喪失相類之情形，不能抗拒而姦淫未遂罪責，與其無故侵入住宅，又有方法結果之關係，應從較重之妨害風化未遂罪處斷。

▶ **104 台上 346（判決）**

又刑法第二百二十五條第一項之乘機性交罪，係以「對於男女利用其精神、身體障礙、心智缺陷或其他相類之情形，不能或不知抗拒而為性交者」，為其要件。亦即被害人除須具有精神、身體障礙、心智缺陷或其他相類之情形外，尚須因上述情形致不能或不知抗拒他人對其為性交行為者，始克當之。若被害人雖有輕度智能障礙，但僅係反應及理解能力較一般人為低，仍瞭解性交行為之意義，而向無不能或不知抗拒他人對其為性交行為之情形者，即與上述罪名之要件不侔。

▶ **100 台上 2494（判決）**

刑法第二百二十一條第一項強制性交罪與第二百二十五條第一項之乘機性交罪，其主要區別在於犯人是否施用強制力及被害人不能抗拒之原因如何造成，為其判別之標準。如被害人不能抗拒之原因，為犯人所故意造成者，應成立強制性交罪。倘被害人不能抗拒之原因，非出於犯人所為，且無共犯關係之情形，僅於被害人心神喪失或其他相類之情形不能抗拒時，犯人乘此時機以行性交者，則應依乘機性交論處。

第 226 條（強制性交猥褻罪之加重結果犯）

Ⅰ 犯第二百二十一條、第二百二十二條、第二百二十四條、第二百二十四條之一或第二百二十五條之罪，因而致被害人於死者，處無期徒刑或十年以上有期徒刑；致重傷者，處十年以上有期徒刑。

Ⅱ 因而致被害人羞忿自殺或意圖自殺而致重傷者，處十年以上有期徒刑。

第 226 條之 1（強制性交猥褻罪之結合犯）

犯第二百二十一條、第二百二十二條、第二百二十四條、第二百二十四條之一或第二百二十五條之罪，而故意殺害被害人者，處死刑或無期徒刑；使被害人受重傷者，處無期徒刑或十年以上有期徒刑。

❖ 修法簡評

早期實務認為結合犯必須行為人主觀上從一開始就有違反兩個單一罪的意思；而學說上則認為結合犯之行為人就兩個單一犯罪間必須要有「包括犯意」或「犯意聯絡關係」，始得結合。此見解是根據「故意同時性原則」而來，對結合犯而言，既然法律已把兩個單一犯罪結合而規定為一罪，從刑法故意理論來看，行為人於行為開始就必須對結合犯之全部行為有所認識與意欲。

如果第一犯罪行為結束後，才另行起意為第二犯罪行為，則應不成立結合犯。例如，行為人在強制性交之初就必須同時有殺人的意思，才成立結合犯。如果強制性交之後臨時起意才殺

人，則應以數罪併罰處理。

是以，依刑法第 226 條之 1 的規定，將強制性交與殺人罪一併規定在同一條文中，無論其強制性交是否既遂，只要嗣後殺人，即有本罪之適用，非無修法之空間。

此外，本條規定不當之處，在於將不法內涵高低不同的強制性交既遂殺人與強制性交未遂殺人，給予相同之法定刑，不僅有過度評價「強制性交未遂殺人」行為之不法內涵，也有違反平等原則之虞，應有修法之必要。

【王皇玉，〈強制性交殺人結合犯〉，《月旦法學教室》，第 89 期，2010.02，32 頁以下。】

> **第 227 條（對未成年人之準強制性交及猥褻）**
> I 對於未滿十四歲之男女為性交者，處三年以上十年以下有期徒刑。
> II 對於未滿十四歲之男女為猥褻之行為者，處六個月以上五年以下有期徒刑。
> III 對於十四歲以上未滿十六歲之男女為性交者，處七年以下有期徒刑。
> IV 對於十四歲以上未滿十六歲之男女為猥褻之行為者，處三年以下有期徒刑。
> V 第一項、第三項之未遂犯罰之。

❖ 法學概念
對未成年人之「準」強制性交及猥褻

刑法第 227 條處罰合意性交與猥褻，也就是得到未滿 16 歲人的同意而發生性交或猥褻行為，處罰與強制性交相同。既然是得到同意，就不以「違反被害人的意願」為要件。刑法對於未違反他人意願的性交或猥褻行為，本不加以干涉，但考量未滿 16 歲人年紀輕輕，思慮未周，身體發展尚未健全，因此法律禁止行為人與未滿 16 歲人合意性交。立法上所保障的，不是未成年人的性自主決定，而是保護其身心靈，朝健全的方向發展。這個合意性交罪屬於抽象危險犯，年少者的身心發展受到威脅，是立法者的擬制，不許反證推翻。

【張麗卿，〈妨害性自主罪的適用與檢討〉，《台灣法學雜誌》，第 330 期，2017.10，25 頁。】

❖ 法學概念
本條中被害人的年齡是否應為行為人所認識？

早期實務見解，主要採取「客觀說」的看法，認為只要被害人的年齡在行為時屬未滿 14 歲之客觀事實存在，不管行為人對此客觀事實是否有所認識或預見，均可論罪。

然而，學說上認為此等看法，實與刑法第 12、13 條規定不符。此一「未滿 14 歲」乃本罪之犯罪構成要件，必須行為人主觀上有此與被害人年齡有關的加重構成要件要素，同時也對加重罪責要素有所認識。倘行為人主觀上對於此一年

齡的加重要件無所知悉，即不能要求行為人就此加重犯罪構成要件的犯罪型態負故意罪責。

而相較於第 227 條第 1 項，第 227 條第 3 項對未滿 16 歲之人為性交行為則屬本罪之「基本犯罪構成要件」，行為人對此等基本犯罪構成要件之實現，主觀上須有所認識與意欲，故僅能在行為人主觀上所認識的範圍內論罪。

因此後期的實務見解，如最高法院 62 年度第 1 次刑事庭推總會議決議、最高法院 100 年度台上字第 903 號判決之見解較為正確。

【王皇玉，〈誤認援交對象年齡〉，《台灣法學雜誌》，第 221 期，2013.04，152 頁以下。】

❑ 實務見解

▶ **73 年度第 12 次刑事庭會議決定㈠（73.12.11）**

姦淫未滿十四歲之女子之準強姦罪與姦淫十四歲以上未滿十六歲之女子之姦淫幼女罪，如係基於概括之犯意反覆為之，雖因被害人年齡不同，而異其處罰（刑法第二百二十一條第二項第一項、第二百二十七條第一項），但其姦淫之基本事實，則完全相同，仍應依連續犯論以較重之準強姦罪。

▶ **62 年度第 1 次刑庭庭推總會議決議㈢（62.07.24）**

刑法第二百二十一條第二項之準強姦罪，不以行為人明知被害人未滿十四歲為必要，其有姦淫未滿十四歲女子之不確定故意者，亦應成立本罪。

▶ **100 台上 2663（判決）**

刑法第二百二十四條所稱其他「違反其意願之方法」，應係指該條所列舉之強暴、脅迫、恐嚇、催眠術以外，其他一切違反被害人意願，妨害被害人意思自由之方法而言，不以類似於所列舉之強暴、脅迫、恐嚇、催眠術等足以壓抑被害人性自主決定權之其他強制方法為必要；而刑法第二百二十七條第二項對於未滿十四歲之男女猥褻罪，係指行為人與未滿十四歲之男女合意為猥褻行為而言，對未滿十四歲男女為猥褻行為，苟非出於雙方合意，自不得論以該項之罪，是猥褻之對象倘係未滿七歲之男女，因該男女並無意思能力，即不可能與行為人有猥褻之合意，行為人所為自己妨害該未滿七歲男女「性自主決定」之意思自由，均屬「以違反意願之方法」而為，應論以刑法第二百二十四條之一之加重違反意願猥褻罪。

▶ **100 台上 1098（判決）**

刑法第二百二十七條第一項對於未滿十四歲之男女為性交罪，係以「行為人與未滿十四歲之男女『合意』為性交」為構成要件，倘與未滿十四歲之男女非合意而為性交者，自不得論以該項之罪。是刑法第二百二十七條第一項對於未滿十四

歲之男女為性交罪，既須行為人與未滿十四歲之男女有性交之「合意」，則自以該未滿十四歲之男女有意思能力，且經其同意與行為人為性交者，始合當之。至意思能力之有無，本應就個案審查以判定其行為是否有效，始符實際。未滿七歲之幼童，雖不得謂為全無意思能力，然確有意思能力與否，實際上頗不易證明，故民法第十三條第一項規定「未滿七歲之未成年人，無行為能力」，以防無益之爭論；此觀諸該條之立法理由自明。未滿七歲之男女，依民法第十三條第一項之規定，既無行為能力，即將之概作無意思能力處理，則應認未滿七歲之男女並無與行為人為性交合意之意思能力。倘行為人對於未滿七歲之男女為性交，因該未滿七歲之男女並無意思能力，自無從論以刑法第二百二十七條第一項之對於未滿十四歲之男女為性交罪，基於對未滿十四歲男女之保護，對於未滿七歲者為性交，應認已妨害其「性自主決定」之意思自由，屬「以違反其意願之方法」而為，應論以刑法第二百二十二條第一項第二款之加重違反意願性交罪。

▶ 100 台上 903（判決）
刑法第二百二十七條第三項對於十四歲以上未滿十六歲之男女為性交罪，固不以行為人明知被害人年齡為必要，但仍須證明行為人對於性交對象之年齡，主觀上已預見其係十四歲以上未滿十六歲之人，竟仍執意為之，而不違背其本意者，始足當之。

▶ 99 台上 5941（判決）
刑法第二百二十六條之一之強制性交而故意殺害被害人罪，係將強制性交與殺人二個獨立之犯罪行為，依法律規定結合為一罪，並加重其處罰，祇須相結合之殺人行為係既遂，即屬相當，其基礎犯之行為，不論是既遂或未遂，均得為之成立結合犯。又所謂結合犯，僅須結合之二罪係相互利用其時機，在時間上有銜接性，在地點上有關連性，亦即二行為間具有密切之關連，事實之認識，即可與結合犯之意義相當；至行為人究係先犯基本罪，抑或先犯結合罪，並非所問，亦不以行為之初具有相結合各罪之包括犯意為必要，是他罪之意思究係出於實行基本行為之初，而為預定之計畫或具有概括之犯意，抑或出於實行基本行為之際，而新生之犯意，均不生影響。

第 227 條之 1（未成年人之減刑或免除）
十八歲以下之人犯前條之罪者，減輕或免除其刑。

第 228 條（利用權勢性交或猥褻罪）
I 對於因親屬、監護、教養、教育、訓練、救濟、醫療、公務、業務或其他相類關係受自己監督、扶助、照護之人，利用權勢或機會為性交者，處六個月以上五年以下有期徒刑。
II 因前項情形而為猥褻之行為者，處三年以下有期徒刑。
III 第一項之未遂犯罰之。

❖ 法學概念
利用權勢性交猥褻罪
　　是指行為人利用與被害人間有親屬、監護、教養、教育、訓練、救濟、醫療、公務、業務或其他相類關係受自己監督、扶助、照護等社會地位不對等的優勢，如掌握考核成績、生活照顧、扶助等權限時，利用該權力壓制被害人衡量利害的空間，達到性交與猥褻的目的。本罪可以稱為「擬制強制型」。擬制強制類型，於規體範系中，應屬違反他人意願的補充規定。

　　權勢的背後，代表弱勢的一方，無法於對方提出性行為的要求上，以對等的關係進行利益衡量，本質上，無疑是以被害人的生活利益作為籌碼的「脅迫行為」，諸如不同意順從，可能遭受考績降等、考試成績不及格、失去晉升機會或一筆生意等。
【張麗卿，〈妨害性自主罪的適用與檢討〉，《台灣法學雜誌》，第 330 期，2017.10，19 頁以下。】

□ 實務見解
▶ 43 台上 487（判例）
刑法第二百二十八條犯罪之成立，須以因業務關係服從自己監督之人，利用權勢而姦淫之為要件。被告甲男，雖有教舞之事實，但其對於來學之人，既屬一任自由，並無法律上或規則上支配與考核勤惰之權，自不同於學校學生、廠店藝徒，有支配服從之關係，雖乙女慕於甲男之舞技，對其要求曲意順從，於日記上有「怕他生氣」之記載，仍屬於情感之範圍，不足以說明甲男有利用權勢加以威脅之事實。

▶ 25 上 7119（判例）
對於因教養關係服從自己監督之人，利用權勢而姦淫之罪，係指因教養關係立於監督地位之人，在教養關係存續中，對於現正服從自己監督之人，利用其監督之權勢，而實施姦淫，始克成立，若被姦淫者從前曾因教養關係服從實施姦淫者之監督，而於姦淫時已脫離此種關係者，即無所謂利用監督權勢而姦淫，自不能成立該罪。

▶ 107 台上 1447（判決）
刑法第二百二十八條第一項之利用權勢性交罪，係因加害之行為人與被害人間具有親屬、監護、教養、教育、訓練、救濟、醫療、公務、業務或其他類似之關係，而利用此權勢或機會，進行性交，被害人雖同意該行為，無非礙於上揭某程度之服從關係而屈從，性自主意思決定仍受一定程

度之壓抑，故獨立列爲另一性侵害犯罪類型，如係利用權勢、機會對於未滿十四歲之人爲之，則依吸收理論，應論以同法第二百二十七條第一項之對於未滿十四歲之女子爲性交罪。

▶ 99 台上 4014（判決）

刑法上之猥褻罪，係指姦淫以外，足以興奮或滿足性慾之一切色情行爲而言。被告之所爲是否屬於刑法上之猥褻，應依被告與被害人間之關係，行爲當時之環境，行爲之手段等，在客觀上予以綜合觀察，如依一般社會通念，係足以興奮或滿足行爲人之性慾者，即屬之。原判決於理由欄已詳爲説明，上訴人與被害人等係導師與學生之關係，上訴人在其住處，利用權勢使被害人與親吻其嘴唇，依其動機、手段與熱戀中男女擁吻之親密動作或所謂國際社交禮儀不同，自係滿足或刺激其自身性慾，爲屬猥褻之行爲。

第 229 條（詐術性交罪）

Ⅰ 以詐術使男女誤信爲自己配偶，而聽從其爲性交者，處三年以上十年以下有期徒刑。

Ⅱ 前項之未遂犯罰之。

❖ 法學概念

詐術性交

刑法第 229 條的詐術性交罪，是指行爲人利用詐術，造成被害人誤信爲自己的配偶，而聽從其爲性交者。詐術性交的不法行爲，是行爲人傳遞不實資訊，使被害人陷於錯誤，而合意與行爲人性交。這個罪屬於很早期封閉社會的產物，在現實社會上應該已經沒有適用的餘地。

【張麗卿，〈妨害性自主罪的適用與檢討〉，《台灣法學雜誌》，第 330 期，2017.10，20 頁。】

第 229 條之 1（告訴乃論）

對配偶犯第二百二十一條、二百二十四條之罪者，或未滿十八歲之人犯第二百二十七條之罪者，須告訴乃論。

□ 修正前條文

對配偶犯第二百二十一條之罪者，或未滿十八歲之人犯第二百二十七條之罪者，須告訴乃論

■ 修正説明（94.02.02）

原條文關於對配偶犯第二百二十一條之罪須告訴乃論，而情節較輕之第二百二十四條強制猥褻罪反而爲非告訴乃論罪，有欠妥恰，爰增訂之。

第十六章之一　妨害風化罪

第 230 條（與血親性交罪）

與直系或三親等內旁系血親爲性交者，處五年以下有期徒刑。

第 231 條（圖利使人爲性交或猥褻罪）

Ⅰ 意圖使男女與他人爲性交或猥褻之行爲，而引誘、容留或媒介以營利者，處五年以下有期徒刑，得併科十萬元以下罰金。以詐術犯之者，亦同。

Ⅱ 公務員包庇他人犯前項之罪者，依前項之規定加重其刑至二分之一。

□ 修正前條文

Ⅰ 意圖使男女與他人爲性交或猥褻之行爲，而引誘、容留或媒介以營利者，處五年以下有期徒刑，得併科十萬元以下罰金。以詐術犯之者，亦同。

Ⅱ 以犯前項之罪爲常業者，處一年以上七年以下有期徒刑，得併科三十萬元以下罰金。

Ⅲ 公務員包庇他人犯前二項之罪者，依各該項之規定加重其刑至二分之一。

■ 修正説明（94.02.02）

一、配合第五十六條連續犯之刪除，刪除原第二項常業犯之規定。

二、原第三項條文移列爲第二項。「前二項」及「各該項」均修正爲「前項」。

□ 實務見解

▶ 82 年度第 1 次刑事庭會議決議㈢（82.03.16）

刑法第二百三十一條第二項所稱之「使」，係指「指使」、「引誘」或「容留」之意；所稱之「人」既未明定「良家婦女」，自包括男女兩性，如屬女性亦不以「良家」爲限，且「使人爲猥褻之行爲」並不限於人與人同性間或異性間之猥褻，即使人獸相交，亦包括在內，故只須意圖營利使人爲猥褻之行爲，即構成本罪，不問其被「使」爲猥褻者是否良家婦女，此乃文義解釋所當然，何況爲遏止目前諸多傷風敗俗行爲之發生，基於刑事政策上之考慮，尤應爲如上之解釋，始合乎吾人社會之「法的感情」。本問題之甲乙所爲，自應成立刑法第二百三十一條第三項（第二項）之罪。

▶ 28 上 4020（判例）

刑法第二百三十一條所謂引誘良家婦女與人姦淫，係指婦女初無與人姦淫之意，因犯人之勸導誘惑，始決意爲之者而言。倘婦女自願爲娼，並非由其勸導誘惑，即與引誘之條件不合。

▶ 106 台上 2695（判決）

刑法第二百三十一條第一項前段之罪，係以行爲人主觀上有營利及使男女與他人爲性交或猥褻行爲之犯意，客觀上有引誘、容留或媒介行爲，爲其犯罪構成要件，當行爲人一有「引誘、容留或媒介以營利」行爲時，犯罪固即成立。惟一般應

召站之經營模式，通常設有主持人、掮客、保鑣及接送應召女子前往性交易之人（俗稱馬伕）等成員，從應召業者散發性交易之訊息，不特定之男客得悉後，依該訊息，與應召站業者聯絡，並就性交易態樣、價碼、地點、時間，甚至應召女子類型達成合意後，應召站業者派馬伕送應召女子，按時前往與男客約定性交易之地點，於應召女子與男客完成性交易，收取對價後，馬伕再將應召女子接回，應召女子就該次性交易所得與應召站業者拆帳，應召站業者媒介之性交易整個過程始告完結，犯罪始為既遂。應召站業者既以應召女子完成性交易，並取得性交易對價為其犯罪之目的，應召站業者於掮客媒介之後，為促成性交易之順利完成，保鑣、馬伕等人員，續為犯罪之分工，此雖不影響於媒介行為既遂之認定，**但就全部犯罪行為之完竣而言，實有待應召女子與男客為性交易，並取得對價，方為終了，以符應召站業者媒介性交以營利之犯罪目的。是在應召女子完成性交易並取得對價，犯罪尚未完結前，如有不具共同犯罪意思亦未參與媒介行為之人，基於幫助之犯意，參與構成要件以外之接送應召女子的協力行為，仍應依幫助犯論處，核其所為**，並非犯罪完成之事後幫助，其理至明。

▶100 台上 5435（判決）

集合犯係指犯罪構成要件之行為，依其本質、犯罪目的或社會常態觀之，通常具有反覆、繼續之特性，此等反覆、繼續實行之行為，於自然意義上雖係數行為，但依社會通念，法律上應僅為一總括之評價，法律乃將之規定為一獨立之犯罪類型，而為包括一罪。故犯罪是否為包括一罪之集合犯，客觀上，應斟酌其法律規定之本來意涵、實現該犯罪目的之必要手段、社會生活經驗中該犯罪實行常態及社會通念；主觀上，則視其是否出於行為人之一次決意，並秉持刑罰公平原則等情形，加以判斷。本件杜○安、蔡○家、鄺○雲共同意圖營利而媒介未滿十八歲女子從事性交易之行為，係為實現牟利之犯罪目的，依吾人生活經驗，其犯罪之實行，固以反覆、繼續為常態，**然其係先後媒介不同之女子從事性交易，犯罪時間不短，依社會通念，殊難認以評價為一罪為適當，自不得認僅成立集合犯之包括一罪。**

▶100 台上 2442（判決）

刑法第二百三十一條第一項之圖利容留性交或猥褻罪，及兒童及少年性交易防制條例第二十三條第二項之容留未滿十八歲之人為性交易以營利罪，於行為人容留男女或未滿十八歲之人與他人為性交或猥褻行為時，其犯罪即已完成，縱行為人數次容留性交或猥褻行為相隔甚短，其數次之犯行均屬獨立犯罪，而非前次犯罪行為之繼續；此觀九十五年七月一日修正施行前刑法第二百三十一條第二項及兒童及少年性交易防制條例第二十三條第三項均有常業犯之規定，即可明瞭。故數次犯刑法第二百三十一條第一項、兒童及少年性交易防制條例第二十三條第二項之罪，即為各自獨立評價之數罪，否則即無制定常業犯處罰之必要。

第231條之1（圖利強制使人為性交猥褻罪）
I 意圖營利，以強暴、脅迫、恐嚇、監控、藥劑、催眠術或其他違反本人意願之方法使男女與他人為性交或猥褻之行為者，處七年以上有期徒刑，得併科三十萬元以下罰金。
II 媒介、收受、藏匿前項之人或使之隱避者，處一年以上七年以下有期徒刑。
III 公務員包庇他人犯前二項之罪者，依各該項之規定加重其刑至二分之一。
IV 第一項之未遂犯罰之。

□ 修正前條文
I 意圖營利，以強暴、脅迫、恐嚇、監控、藥劑、催眠術或其他違反本人意願之方法使男女與他人為性交或猥褻之行為者，處七年以上有期徒刑，得併科三十萬元以下罰金。
II 媒介、收受、藏匿前項之人或使之隱避者，處一年以上七年以下有期徒刑。
III 以犯前二項之罪為常業者，處十年以上有期徒刑，得併科五十萬元以下罰金。
IV 公務員包庇他人犯前三項之罪者，依各該項之規定加重其刑至二分之一。
V 第一項之未遂犯罰之。

■ 修正說明（94.02.02）
一、配合第五十六條連續犯之刪除，刪除原第三項常業犯之規定。
二、原第四項改列為第三項，「前三項」之文字修正為「前二項」；原第五項改列第四項。

第232條（利用權勢或圖利使人性交之加重其刑）
對於第二百二十八條所定受自己監督、扶助、照護之人，或夫對於妻，犯第二百三十一條第一項、第二百三十一條之一第一項、第二項之罪者，依各該條項之規定加重其刑至二分之一。

□ 實務見解
▶70 台上 1081（判例）

李某乃被害人李女唯一因親屬關係有監督權之人，竟將該未滿十六歲之被害人賣與陳婦為娼，同時觸犯刑法第二百三十二條、第二百三十三條罪名，因係法規競合，應論以較重之刑法第二百三十二條之罪。陳婦雖無該身分關係，但與李某共同引誘李女賣淫，依刑法第三十一條第二

項規定，因身分或其他特定關係致刑有重輕或免除者，其無特定關係之人，科以通常之刑，故陳某應依較輕之刑法第二百三十三條論處。

▶ 57 台上 1846（判例）

刑法第二百三十二條之犯罪對象，雖包括同法第二百二十八條**所謂業務關係，但以犯罪行為人因業務上之關係，對被害人處於監督地位**，而被害人亦因業務上之關係，有服從之義務者而言，如係普通僱傭關係，尚難謂有監督及服從之必要。

第 233 條（使未滿十六歲之男女為性交或猥褻罪）

I 意圖使未滿十六歲之男女與他人為性交或猥褻之行為，而引誘、容留或媒介之者，處五年以下有期徒刑、拘役或一萬五千元以下罰金。以詐術犯之者，亦同。

II 意圖營利犯前項之罪者，處一年以上七年以下有期徒刑，得併科十五萬元以下罰金。

□**修正前條文**

I 意圖使未滿十六歲之男女與他人為性交或猥褻之行為，而引誘、容留或媒介之者，處五年以下有期徒刑、拘役或五千元以下罰金。以詐術犯之者，亦同。

II 意圖營利犯前項之罪者，處一年以上七年以下有期徒刑，得併科五萬元以下罰金。

■**修正說明（108.12.25）**

本罪最後修正於民國八十八年三月三十日，爰依刑法施行法第一條之一第二項但書規定將罰金數額提高三倍，以增加法律明確性，並使刑法分則各罪罰金數額具內在邏輯一致性。

□**實務見解**

▶ 51 台上 1718（判例）

刑法上所謂引誘未滿十六歲之男女與他人為猥褻之行為或姦淫者，必其未滿十六歲之男，本無與他人為猥褻之行為或姦淫之意思，因被其勾引誘惑，始決意與他人為猥褻之行為或姦淫，方足當之。

第 234 條（公然猥褻罪）

I 意圖供人觀覽，公然為猥褻之行為者，處一年以下有期徒刑、拘役或九千元以下罰金。

II 意圖營利犯前項之罪者，處二年以下有期徒刑、拘役或科或併科三萬元以下罰金。

□**修正前條文**

I 意圖供人觀覽，公然為猥褻之行為者，處一年以下有期徒刑、拘役或三千元以下罰金。

II 意圖營利犯前項之罪者，處二年以下有期徒刑、拘役或科或併科一萬元以下罰金。

■**修正說明（108.12.25）**

本罪最後修正於民國八十八年三月三十日，爰依刑法施行法第一條之一第二項但書規定將罰

金數額提高三倍，以增加法律明確性，並使刑法分則各罪罰金數額具內在邏輯一致性。

□**實務見解**

▶ 釋字第 145 號（65.04.30）

本院院字第二〇三號解釋，所謂多數人，係包括特定之多數人在內，至其人數應視立法意旨及實際情形已否達於公然之程度而定。應予補充說明。

第 235 條（散布或販賣猥褻物品及製造持有罪）

I 散布、播送或販賣猥褻之文字、圖畫、聲音、影像或其他物品，或公然陳列，或以他法供人觀覽、聽聞者，處二年以下有期徒刑、拘役或科或併科九萬元以下罰金。

II 意圖散布、播送、販賣而製造、持有前項文字、圖畫、聲音、影像及其附著物或其他物品者，亦同。

III 前二項之文字、圖畫、聲音或影像之附著物及物品，不問屬於犯人與否，沒收之。

□**修正前條文**

I 散布、播送或販賣猥褻之文字、圖畫、聲音、影像或其他物品，或公然陳列，或以他法供人觀覽、聽聞者，處二年以下有期徒刑、拘役或科或併科三萬元以下罰金。

II 意圖散布、播送、販賣而製造、持有前項文字、圖畫、聲音、影像及其附著物或其他物品者，亦同。

III 前二項之文字、圖畫、聲音或影像之附著物及物品，不問屬於犯人與否，沒收之。

■**修正說明（108.12.25）**

本罪最後修正於民國八十八年三月三十日，爰依刑法施行法第一條之一第二項但書規定將罰金數額提高三倍，以增加法律明確性，並使刑法分則各罪罰金數額具內在邏輯一致性。

□**實務見解**

▶ 釋字第 617 號（95.10.26）

刑法第二百三十五條第一項規定所謂散布、播送、販賣、公然陳列猥褻之資訊或物品，或以他法供人觀覽、聽聞之行為，係指對含有暴力、性虐待或人獸性交等而無藝術性、醫學性或教育性價值之猥褻資訊或物品為傳布，或對其他客觀上足以刺激或滿足性慾，而令一般人感覺不堪呈現於眾或不能忍受而排拒之猥褻資訊或物品，未採取適當之安全隔絕措施而傳布，使一般人得以見聞之行為；同條第二項規定所謂意圖散布、播送、販賣而製造、持有猥褻資訊、物品之行為，亦僅指意圖傳布含有暴力、性虐待或人獸性交等而無藝術性、醫學性或教育性價值之猥褻資訊或物品而製造、持有之行為，或對其他客觀上足以刺激或滿足性慾，而令一般人感覺不堪呈現於眾或不能忍受而排拒之猥褻資訊或物品，意圖不採

取適當安全隔絕措施之傳布，使一般人得以見聞而製造或持有該等猥褻資訊、物品之情形，至對於製造、持有等原屬散布、播送及販賣等之預備行為，擬制為與散布、播送及販賣等傳布性資訊或物品之構成要件行為具有相同之不法程度，乃屬立法之形成自由；同條第三項規定針對猥褻之文字、圖畫、聲音或影像之附著物及物品，不問屬於犯人與否，一概沒收，亦僅限於違反前二項規定之猥褻資訊附著物及物品。

❖ 學者評釋

猥褻的要素，應包含猥褻行為、猥褻物品，屬於刑法上的規範性構成要件要素。其乃須根據法的價值、文化的尺度而加以判斷之要素。釋字第617號將猥褻物品區分為「硬蕊」、「軟蕊」，不但界限標準模糊，且因時代變遷及價值觀念轉變，將使得操作標準更加不易。

【陳志平，〈誠品春宮畫冊，無「封」起浪──刑法第二三五條的「猥褻之文字、圖畫」〉，收錄於《新聞刑法①》，元照，初版，2012.06，363頁以下。】

▶ 釋字第407號（85.07.05）

主管機關基於職權因執行特定法律之規定，得為必要之釋示，以供本機關或下級機關所屬公務員行使職權時之依據。行政院新聞局中華民國八十一年二月十日（八一）強版字第○二二六號函係就出版品記載內容觸犯刑法第二百三十五條猥褻罪而違反出版法第三十二條第三款之禁止規定，所為例示性解釋，並附有足以引起性慾等特定條件，而非單純刊登文字、圖畫即屬相當，符合上開出版法規定之意旨，與憲法尚無牴觸。惟猥褻出版品，乃指一切在客觀上，足以刺激或滿足性慾，並引起普通一般人羞恥或厭惡感而侵害性的道德感情，有礙於社會風化之出版品而言。猥褻出版品與藝術性、醫學性、教育性等出版品之區別，應就出版品整體之特性及其目的而為觀察，並依當時之社會一般觀念定之。又有關風化之觀念，常隨社會發展、風俗變異而有所不同，主管機關所為釋示，自不能一成不變，應基於尊重憲法保障人民言論出版自由之本旨，兼顧善良風俗及青少年身心健康之維護，隨時檢討改進。至於個別案件是否已達猥褻程度，法官於審判時應就具體案情，適用法律，不受行政機關函釋之拘束，乃屬當然。

▶ 84台上6294（判例）

刑法第二百三十五條第一項之供人觀覽猥褻物品罪，乃屬侵害社會法益之罪，係以散布或販賣或公然陳列或以他法供人觀覽猥褻物品為要件，其中散布、販賣、公然陳列，乃例示規定，均屬圖供他人觀覽方法之一，但供人觀覽之方法，實不以上開三種為限，故又以他法供人觀覽之補充概括規定加以規範。所謂公然陳列者，指陳列於不

特定人或特定多數人得以共見共聞之公然狀態；而散布者，乃散發傳布於公眾之意；販賣行為，亦足以流傳於眾，多係對不特定人或特定多數人為之。考其立法目的，以此等行為，使猥褻物品流傳於社會公眾，足以助長淫風，破壞社會善良風俗，其可罰性甚為顯著，此與猥褻物品僅供己或僅供極少數特定人觀覽，未達危害社會秩序而屬個人自由權限範疇之情形有別，故設刑罰規定，以資禁制。從而本罪所稱以他法供人觀覽之補充概括規定，雖未明定為公然，實與上開例示規定相同而含有公然之意，必係置於不特定人或特定多數人可得觀賞、瀏覽之狀態下，始足當之。

第236條（告訴乃論）
第二百三十條之罪，須告訴乃論。

第十七章　妨害婚姻及家庭罪

第237條（重婚罪）
有配偶而重為婚姻或同時與二人以上結婚者，處五年以下有期徒刑。相婚者亦同。

❖ 爭議問題

已有配偶之人，如係基於主觀不法意圖詐取財物，佯稱願意與被害人結婚，則行為人除成立詐欺罪之外，得否再論以重婚罪？

一、否定說

實務上採取否定的見解（見最高法院28年上字第2189號判例）。

二、肯定說

學者認為，有配偶之人，如係以詐取財物之意圖，因有侵害財產法益之犯意，也有詐術行為實施，自得成立詐欺取財罪。

而行為人與第三人締結形式上有效之婚姻關係，因其至少有重婚之附隨故意，客觀上也舉行婚姻儀式，除足以成立重婚罪外，同時也具備刑法第238條詐術婚姻之故意。故若經婚姻無效之判決確定客觀處罰條件成就，對行為人仍得論以詐術結婚罪。

是以，此類案例，應分別論以重婚罪、詐術締結婚姻罪及詐欺取財罪，而依想像競合，從一重處斷。

【高金桂，〈重婚罪構成要件之探討〉，《月旦法學雜誌》，第212期，2013.01，77頁。】

□ 實務見解

▶ 67年度第10次刑庭庭推總會議決議（67.09.19）

結婚為男女當事人二人之行為，不容第三人分擔實施。父母同意其子女重婚，並為主婚，既非分擔實施重婚行為，亦非以自己共同重婚之意思而

參與（重婚行爲除當事人外非第三人所能參與犯罪），祇是對其子女之重婚行爲，事前事中予以精神上之助力，僅能構成重婚罪之幫助犯，如子女原無婚之意思，則父母之造意可構成重婚之教唆犯，而不成立共同正犯。

第238條（詐術結婚罪）

以詐術締結無效或得撤銷之婚姻，因而致婚姻無效之裁判或撤銷婚姻之裁判確定者，處三年以下有期徒刑。

❖ 法學概念

本罪與重婚罪之競合

若有配偶之行爲人佯稱單身或隱匿已結婚之事實，致被害人同意與其結婚，行爲人同時構成重婚罪與詐術結婚罪。

然而，重婚罪與詐術結婚罪雖同屬妨害家庭罪，也同屬侵害社會法益之犯罪，但因重婚罪之直接被害人是配偶，詐術結婚罪之直接被害人則是無故意之相婚人之第三人，故與一行爲侵害數法益，侵害數客體，觸犯數罪名，應依想像競合加以處理。

【高金桂，〈重婚罪構成要件之探討〉，《月旦法學雜誌》，第212期，2013.01，78～81頁。】

第239條（通姦罪）

有配偶而與人通姦者，處一年以下有期徒刑。其相姦者亦同。

❖ 法學概念

本罪與重婚罪之競合

重婚罪與通姦罪在立法體例因同屬於妨害婚姻及家庭罪章，所保護之法益應具有同質性或共通性，蓋兩罪都有侵害到單一配偶制度的價值。而行爲人不論重婚前或重婚後與重婚之對象通姦，其所侵害之法益，皆未逾越重婚罪所保護法益之範圍，通姦之不法形同已經由重婚罪包括的處罰在內，故採不罰的前行爲或後行爲加以處理即可。

【高金桂，〈重婚罪構成要件之探討〉，《月旦法學雜誌》，第212期，2013.01，78頁以下。】

🔲 實務見解

▶ **釋字第791號解釋理由書節錄（109.05.29）**

按婚姻制度具有維護人倫秩序、性別平等、養育子女等社會性功能，且因婚姻而生之永久結合關係，亦具有使配偶雙方在精神上、感情上與物質上互相扶持依存之功能。故國家爲維護婚姻，非不得制定相關規範，以約束配偶雙方忠誠義務之履行。查系爭規定一以刑罰制裁通姦及相姦行爲，究其目的，應在約束配偶雙方履行互負之婚姻忠誠義務，以維護婚姻制度及個別婚姻之存

續，核其目的應屬正當。首就系爭規定一維護婚姻忠誠義務之目的言，其主要內容應在於維護配偶間親密關係之排他性，不許有配偶者與第三人間發生性行爲而破壞婚姻關係。基於刑罰之一般犯罪預防功能，系爭規定一就通姦與相姦行爲施以刑罰制裁，自有一定程度嚇阻該等行爲之作用。又配偶雙方忠誠義務之履行固爲婚姻關係中重要之環節，然婚姻忠誠義務尚不等同於婚姻關係本身。配偶一方違反婚姻忠誠義務，雖可能危害或破壞配偶間之親密關係，但尚不當然妨害婚姻關係之存續。因此，系爭規定一以刑罰規範制裁通姦與相姦行爲，即便有助於嚇阻此等行爲，然就維護婚姻制度或個別婚姻關係之目的而言，其手段之適合性較低。惟整體而言，系爭規定一尚非完全無助於其立法目的之達成。惟基於刑罰之一般預防犯罪功能，國家固然得就特定行爲爲違法評價，並採取刑罰手段予以制裁，以收遏阻之效。然基於刑法謙抑性原則，國家以刑罰制裁之違法行爲，原則上應以侵害公益、具有反社會性之行爲爲限，而不應將損及個人感情且主要係私人間權利義務爭議之行爲亦一概納入刑罰制裁範圍。婚姻制度固具有各種社會功能，而爲憲法所肯認與維護，惟如前述，婚姻制度之社會功能已逐漸相對化，且憲法保障人民享有不受國家恣意干預之婚姻自由，包括個人自主決定「是否結婚」、「與何人結婚」、「兩願離婚」，以及與配偶共同形成與經營其婚姻關係（如配偶間親密關係、經濟關係、生活方式等）之權利，日益受到重視。又婚姻之成立以雙方感情爲基礎，是否能維持和諧、圓滿，則有賴婚姻雙方之努力與承諾。婚姻中配偶一方違背其婚姻之承諾，而有通姦行爲，固已損及婚姻關係中原應信守之忠誠義務，並有害對方之感情與對婚姻之期待，但尚不致明顯損及公益。故國家是否有必要以刑法處罰通姦行爲，尚非無疑。系爭規定一雖尚非完全無助於立法目的之達成，但其透過刑事處罰嚇阻通姦行爲，得以實現之公益尚屬不大。反之，系爭規定一作爲刑罰規範，不僅直接限制人民之性自主權，且其追訴審判程序亦必然干預人民之隱私。按個人之性自主權，與其人格自由及人性尊嚴密切相關。系爭規定一處罰通姦及相姦行爲，直接干預個人性自主權核心範圍之程度，堪認嚴重。再者，通姦及相姦行爲多發生於個人之私密空間內，不具公開性。其發現、追訴、審判過程必然侵擾個人生活私密領域及個人資料之自主控制，致國家公權力長驅直入人民極私密之領域，而嚴重干預個人之隱私（本院釋字第六○三號解釋參照）。是系爭規定一對行爲人性自主權、隱私之干預程度及所致之不利益，整體而言，實屬重大。況國家以刑罰制裁手段處罰違反婚姻承

諾之通姦配偶，雖不無「懲罰」違反婚姻忠誠義務配偶之作用，然因國家權力介入婚姻關係，反而可能會對婚姻關係產生負面影響。是系爭規定一之限制所致之損害顯然大於其目的所欲維護之利益，而有失均衡。綜上，系爭規定一對憲法第二十二條所保障性自主權之限制，與憲法第二十三條比例原則不符，應自本解釋公布之日起失其效力；於此範圍內，系爭解釋應予變更。

▶ **釋字第 554 號**（91.12.27）
婚姻與家庭為社會形成及發展之基礎，受憲法制度性保障（參照本院釋字第三六二號、第五五二號解釋）。婚姻植基於人格自由，具有維護人倫秩序、男女平等、養育子女等社會性功能，國家為確保婚姻制度之存續與圓滿，自得制定相關規範，約束夫妻雙方互負忠誠義務。性行為自由與個人之人格有不可分離之關係，固得自主決定是否及與何人發生性行為，惟依憲法第二十二條規定，於不妨害社會秩序公共利益之前提下，始受保障。是性行為之自由，自應受婚姻與家庭制度之制約。婚姻關係存續中，配偶之一方與第三人間之性行為應如何之限制，以及違反此項限制，應否以罪刑相加，各國國情不同，應由立法機關衡酌定之。刑法第二百三十九條對於通姦者、相姦者處一年以下有期徒刑之規定，固對人民之性行為自由有所限制，惟此為維護婚姻、家庭制度及社會生活秩序所必要。為免此項限制過嚴，同法第二百四十五條第一項規定通姦罪為告訴乃論，以及同條第二項經配偶縱容或有宥者，不得告訴，對於通姦罪附加訴追條件，此乃立法者就婚姻、家庭制度之維護與性行為自由間所為價值判斷，並未逾越立法形成自由之空間，與憲法第二十三條比例原則之規定尚無違背。

> **第 240 條**（和誘罪）
> Ⅰ 和誘未滿二十歲之男女，脫離家庭或其他有監督權之人者，處三年以下有期徒刑。
> Ⅱ 和誘有配偶之人脫離家庭者，亦同。
> Ⅲ 意圖營利，或意圖使被誘人為猥褻之行為或性交，而犯前二項之罪者，處六月以上五年以下有期徒刑，得併科三萬元以下罰金。
> Ⅳ 前三項之未遂犯罰之。

□ **修正前條文**
> Ⅰ 和誘未滿二十歲之男女，脫離家庭或其他有監督權之人者，處三年以下有期徒刑。
> Ⅱ 和誘有配偶之人脫離家庭者，亦同。
> Ⅲ 意圖營利，或意圖使被誘人為猥褻之行為或性交，而犯前二項之罪者，處六月以上五年以下有期徒刑，得併科一千元以下罰金。
> Ⅳ 前三項之未遂犯罰之。

■ **修正說明**（108.12.25）
本罪於民國八十八年三月三十日修正時並未依刑法施行法第一條之一所揭之旨將罰金數額提高十倍，造成刑法內在邏輯不一致之情形，亦有違罪責相當性原則之要求，爰提案修正將罰金數額提高三十倍。

❖ **法學概念**
準略誘罪加重處罰的理由
本條第 3 項將「和誘未滿 16 歲之男女」以略誘論，主要係考量到未滿 16 歲之男女，其生理發育與心理發展均尚未成熟，縱行為人所使用之手段僅係和誘方法，而非強脅手段之略誘手段，對於被誘人之傷害更甚，故認其與略誘罪有作相同處罰之必要。

另須注意者，係在犯罪性質上，本罪仍屬準罪而非正罪，其所準用正犯者，僅能係正罪之法律效果。
【新訂立，《刑法各論Ⅰ——國家社會法益之保護與規制》，蔡義閣，2011.09，666 頁以下。】

□ **實務見解**
▶ **院字第 3859 號**（37.02.20）
刑法第二百四十條、第二百四十一條及第二百九十八條之和誘罪，**在被誘人未脫離犯罪者實力支配前**，仍應認為在犯罪行為繼續中。

▶ **73 年度第 12 次刑事庭會議決定(二)**（73.12.11）
意圖姦淫和誘未滿十六歲之女子脫離家庭之加重準略誘罪，與意圖姦淫和誘未滿二十歲之女子脫離家庭之加重和誘罪，雖係分別觸犯刑法第二百四十一條第三項、第二項之罪及第二百四十條第三項之罪，惟準略誘罪本質上仍為和誘，祇因被害人年齡不同，而異其處罰，如係以概括之犯意反覆為之，仍應依連續犯論以較重之加重準略誘罪。

▶ **62 台上 2820**（判例）
上訴人意圖姦淫和誘未滿二十歲之女子脫離家庭，先在台北縣三重市租屋姘居，嗣又轉至基隆市七堵區繼續同居，顯係以單一行為，繼續進行，為繼續犯，僅應論以一罪。

▶ **99 台上 7085**（判決）
刑法第二百四十一條第三項和誘未滿十六歲之女子以略誘論之規定，係指行為人誘拐之手段本係和誘而非略誘者而言；而刑法所稱之和誘，除被誘人之脫離家庭或其他有監督權人，係被誘人知為誘仍予同意外，並以行為人有引誘之行為為成立要件。至所謂「引誘」，係指被誘人原無脫離家庭或其他有監督權人之意，因行為人之勸導誘惑，始決意脫離家庭或其他有監督權之人而言。

第 241 條（略誘罪）

Ⅰ 略誘未滿二十歲之男女，脫離家庭或其他有監督權之人者，處一年以上七年以下有期徒刑。

Ⅱ 意圖營利，或意圖使被誘人為猥褻之行為或性交，而犯前項之罪者，處三年以上十年以下有期徒刑，得併科三萬元以下罰金。

Ⅲ 和誘未滿十六歲之男女，以略誘論。

Ⅳ 前三項之未遂犯罰之。

□ 修正前條文

Ⅰ 略誘未滿二十歲之男女，脫離家庭或其他有監督權之人者，處一年以上七年以下有期徒刑。

Ⅱ 意圖營利，或意圖使被誘人為猥褻之行為或性交，而犯前項之罪者，處三年以上十年以下有期徒刑，得併科一千元以下罰金。

Ⅲ 和誘未滿十六歲之男女，以略誘論。

Ⅳ 前三項之未遂犯罰之。

■ 修正說明（108.12.25）

本罪於民國八十八年三月三十日修正時並未依刑法施行法第一條之一所揭之旨將罰金數額提高十倍，造成刑法內在邏輯不一致之情形，亦有違罪責相當性原則之要求，爰提案修正將罰金數額提高三十倍。

❖ 法學概念

「略誘」與「和誘」之區別

依實務與通說之見解，刑法上略誘罪與和誘罪之區別，係以行為人是否以強暴、脅迫或詐術等不正手段，如所用之手段出於強暴、脅迫或詐術等不正方式，違反被誘人之真正意思，而置於自己實力支配下者，為略誘罪。反之，則為和誘罪。又略誘之本質原即包含剝奪被誘人之行動自由，不能再依刑法第 302 條論處。

惟學說上有認為，略誘罪與和誘罪二者之區別應重在違反被誘人之真正意思，而非行為手段是否和平。蓋略誘行為之不法存在於違背被誘人之真正意思，行為人必須違背被誘人之真正意思或未得被誘人之同意，始足以實現構成要件，反之和誘行為則係得被誘人之同意，並未違背被誘人之意思。又略誘概念既包含剝奪被誘人行動自由在內，只要行為人客觀上使被誘人處於無法任意移動其身體自由時即成立，被誘人主觀上縱未認識其行動自由已受拘束之事實，亦不影響略誘罪責之成立。

【彭美英，〈略誘、和誘與買賣質押人口〉，《台灣法學雜誌》，第 148 期，2010.03，83 頁以下。】

□ 實務見解

▶ 51 台上 2272（判例）

刑法上之和誘，係指被誘人知拐誘之目的而予同意者而言，如施行詐術等不正當手段，反乎被誘人之意思，而將其置於自己實力支配之下者，則為略誘，而非和誘。

▶ 51 台上 2128（判例）

刑法第二百四十一條第三項和誘未滿十六歲之女子以略誘論之規定，係指行為人誘拐之手段本係和而非略者而言，若意圖營利施用略誘之手段犯之者，即屬略誘行為，雖被害人年齡未滿十六歲，仍應適用該條第二項處斷，無再適用同條第三項之餘地。

▶ 45 台上 1489（判例）

被誘人年雖未滿二十歲，但曾經結婚已有行為能力，就令其婚姻關係現已不存在，因其曾經結婚即已自立脫離監督，不能為妨害家庭之客體。以較重之加重準略誘罪。

▶ 93 台上 442（判決）

上訴人於警詢坦承案發當天（民國九十一年十二月九日）伊叫伊三個兒子至孫○信家中，以要帶表妹外出買糖果騙出，將該二兒童騙出，再一起搭計程車返伊蘆洲市住處，伊要利用該二兒童逼孫○信之胞姊即伊妻出面解決房子及伊子之教育費問題等語，其於第一審調查時亦為相同供述，且稱伊長子李○豪知道伊為何騙該二兒童來蘆洲，另二子李○霖、李○陽只略知一、二等語。而證人李○豪於偵查及第一審調查時亦稱係伊父親（即上訴人）要伊與李○霖、李○陽去騙表妹（指孫○華、孫○雅），說要帶其等去買糖果，伊等就將該二人騙出來，伊父親就要利用表妹騙伊母親出來等語。如果無訛，上訴人唆使其子將兒童孫○華、孫○雅二人誘騙外出，並帶至其住處，予以拘禁，似係以略誘方法而使該二兒童脫離其家庭，而應成立刑法第二百四十一條第一項之略誘罪。

第 242 條（移送被誘人出國罪）

Ⅰ 移送前二條之被誘人出中華民國領域外者，處無期徒刑或七年以上有期徒刑。

Ⅱ 前項之未遂犯罰之。

第 243 條（收受藏匿被誘人或使之隱避罪）

Ⅰ 意圖營利、或意圖使第二百四十條或第二百四十一條之被誘人為猥褻之行為或性交，而收受、藏匿被誘人或使之隱避者，處六月以上五年以下有期徒刑，得併科一萬五千元以下罰金。

Ⅱ 前項之未遂犯罰之。

□ 修正前條文

Ⅰ 意圖營利、或意圖使第二百四十條或第二百四十一條之被誘人為猥褻之行為或性交，而收受、藏匿被誘人或使之隱避者，處

六月以上五年以下有期徒刑，得併科五百元以下罰金。

II前項之未遂犯罰之。

■**修正說明**（108.12.25）

本罪於民國八十八年三月三十日修正時並未依刑法施行法第一條之一所揭之旨將罰金數額提高十倍，造成刑法內在邏輯不一致之情形，亦有違罪責相當性原則之要求，爰提案修正將罰金數額提高三十倍。

□**實務見解**

▶87台上1568（判例）

刑法第二百四十三條第一項之收受被誘人罪，所謂「收受」係指對於他人所誘出之人，予以收受，置於自己實力支配之下而言。故在被誘人未脫離犯罪者實力支配前，仍應認爲在犯罪行爲繼續中，即爲繼續犯，而非即成犯。

▶50台上49（判例）

刑法第二百四十三條第一項之收受罪，以知係被誘之人而收受之爲構成要件。

第244條（減刑之特例）

犯第二百四十條至第二百四十三條之罪，於裁判宣告前送回被誘人或指明其所在地因而尋獲者，得減輕其刑。

第245條（告訴乃論與不得告訴）

I第二百三十八條、第二百三十九條之罪及第二百四十條第二項之罪，須告訴乃論。

II第二百三十九條之罪配偶縱容或宥恕者，不得告訴。

□**實務見解**

▶院字第1605號（25.12.25）

縱容配偶與人通姦，告訴權即已喪失，不能因嗣後翻悔而回復。又所謂縱容，但有容許其配偶與人通姦之行爲即足。至相姦之人，原不必經其容許，故原舉兩問，均不得再行告訴。

第十八章　藝瀆祀典及侵害墳墓屍體罪

第246條（侮辱宗教建築物或紀念場所罪、妨害祭禮罪）

I對於壇廟、寺觀、教堂、墳墓或公眾紀念處所公然侮辱者，處六月以下有期徒刑、拘役或九千元以下罰金。

II妨害喪、葬、祭禮、說教、禮拜者，亦同。

□**修正前條文**

I對於壇廟、寺觀、教堂、墳墓或公眾紀念處所，公然侮辱者，處六月以下有期徒刑、拘役或三百元以下罰金。

II妨害喪、葬、祭禮、說教、禮拜者，亦同。

■**修正說明**（108.12.25）

一、本罪於民國七十二年六月二十六日後並未修正，爰依刑法施行法第一條之一第二項本文規定將罰金數額修正提高三十倍，以增加法律明確性，並使刑法分則各罪罰金數額具內在邏輯一致性。

二、第二項末句「亦同」修正爲「，亦同」。

第247條（侵害屍體罪、侵害遺骨遺髮殮物遺灰罪）

I損壞、遺棄、污辱或盜取屍體者，處六月以上五年以下有期徒刑。

II損壞、遺棄或盜取遺骨、遺髮、殮物或火葬之遺灰者，處五年以下有期徒刑。

III前二項之未遂犯罰之。

□**實務見解**

▶27上2826（判例）

殺人後之損壞屍體，除係湮滅犯罪證據或出於殺人之包括的犯意外，不能認爲係殺人罪之結果，或即係殺人行爲之一部。本案被害人鼻梁上之死後刀傷一處，假定確係出於上訴人之所砍，既與湮滅罪證無涉，亦未經原審認係出於包括的殺人犯意之內，依法自應併合處罰。

第248條（發掘墳墓罪）

I發掘墳墓者，處六月以上五年以下有期徒刑。

II前項之未遂犯罰之。

□**實務見解**

▶70台上3333（判例）

發掘墳墓罪，乃係保護社會敬重墳墓之善良風俗，而非保護墳墓之本身或死者之遺族，故無主之墳墓，亦在保護之列。原判決所稱之王某，雖不知埋骨罈之墳墓係江某之祖墳，但對其所挖掘者爲墳墓，當有認識，其予以挖掘之行爲，仍應成立本罪。

▶108台上2719○（判決）

刑法第二四八條第一項之發掘墳墓罪，係因墳墓乃人類大歸後資爲永久安息之處所，爲社會普遍所敬重，對於墳墓無故予以發掘，破壞對於死者之崇敬感情及社會之善良習俗，刑法因此設立處罰之規定。又發掘墳墓而於法律保護墳墓之本旨不相違背者，雖不構成刑法第二四八條第一項之罪，但所謂不違背保護之本旨，係指其發掘墳墓本無不法侵害之故意，徒因有處理權限者，因遷葬或改建等工程上之需要，基於正當事由而起掘墳棺之情形而言。而土地所有權與墳墓之處理權限，既非相同之權利，倘土地所有權人未經得墳墓後代子孫同意或未經法院判決許可等途徑以取得處分墳墓之權限，卻爲土地開發而逕自開挖，

難謂與本罪保護本旨無違，仍應成立本罪。

第249條（發掘墳墓結合罪）
I 發掘墳墓而損壞、遺棄、污辱或盜取屍體者，處三年以上十年以下有期徒刑。
II 發掘墳墓而損壞、遺棄、或盜取遺骨、遺髮、殮物或火葬之遺灰者，處一年以上七年以下有期徒刑。

□ **實務見解**

▶ **24上1295（判例）**
刑法第二百六十四條第二項之罪，其處罰較同法第二百六十二條第二項之單純損壞、遺棄或盜取遺骨、遺髮、殮物或火葬遺灰罪，及第二百六十三條第一項之單純發掘墳墓罪特別加重，並已將發掘墳墓而有盜取殮物或遺棄遺骨等之情狀，歸納於一項之內，因其惡性較深，予以嚴厲之制裁，**故發掘墳墓而有遺棄遺骨與盜取殮物兩種情狀者，亦不過一個行為所包含之多種態樣，祇應構成一罪，無適用第七十四條之餘地。**

第250條（侵害直系血親尊親屬屍體墳墓罪）
對於直系血親尊親屬犯第二百四十七條至第二百四十九條之罪者，加重其刑至二分之一。

第十九章　妨害農工商罪

第251條（不法囤積物品哄抬價格牟利罪）
I 意圖抬高交易價格，囤積下列物品之一，無正當理由不應市銷售者，處三年以下有期徒刑、拘役或科或併科三十萬元以下罰金：
一 糧食、農產品或其他民生必需之飲食物品。
二 種苗、肥料、原料或其他農業、工業必需之物品。
三 前二款以外，經行政院公告之生活必需用品。
II 以強暴、脅迫妨害前項物品之販運者，處五年以下有期徒刑、拘役或科或併科五十萬元以下罰金。
III 意圖影響第一項物品之交易價格，而散布不實資訊者，處二年以下有期徒刑、拘役或科或併科二十萬元以下罰金。
IV 以廣播電視、電子通訊、網際網路或其他傳播工具犯前項之罪者，得加重其刑至二分之一。
V 第二項之未遂犯罰之。

□ **修正前條文**
I 意圖抬高交易價格，囤積下列物品之一，無正當理由不應市銷售者，處三年以下有期徒刑、拘役或科或併科三十萬元以下罰金：

一 糧食、農產品或其他民生必需之飲食物品。
二 種苗、肥料、原料或其他農業、工業必需之物品。
II 以強暴、脅迫妨害前項物品之販運者，處五年以下有期徒刑、拘役或科或併科五十萬元以下罰金。
III 意圖影響第一項物品之交易價格，而散布不實資訊者，處二年以下有期徒刑、拘役或科或併科二十萬元以下罰金。
IV 第二項之未遂犯罰之。

■ **修正說明（109.01.15）**
一、重要生活必需用品倘有藉機從事人為操縱或其他不當行為，將影響國民生活安定並阻礙全體社會經濟之發展，且國民健康與衛生之保障屬基本生存需求，惡意囤積商品影響國民健康與衛生之行為，嚴重影響人民權益，實有處罰必要。
二、本條以刑罰手段處罰囤積不應市行為，而一般生活必需用品甚多，何種生活必需用品之囤積不應市應以刑罰手段處罰，應使人民得以預見，因國家負有維護國民健康與衛生以保障基本生存需求之義務，為因應生活必需用品供應之實際情勢，並避免擴大至所有民生物品，是以法律明定授權行政院公告生活必需用品，以符合授權明確性原則，爰增訂第一項第三款規定。
三、考量現今以廣播電視、電子通訊、網際網路或其他傳播工具等傳播方式，同時或長期對社會多數之公眾發送訊息傳送影響物價之不實資訊，往往造成廣大民眾恐慌及市場交易動盪更鉅。是意圖影響第一項物品之交易價格，而透過前開手段傳送不實資訊者，有加重處罰之必要，爰增訂第四項之加重處罰事由。
四、原第二項及第三項未修正；第四項移列第五項。

第252條（妨害農事水利罪）
意圖加損害於他人而妨害其農事上之水利者，處二年以下有期徒刑、拘役或九千元以下罰金。

□ **修正前條文**
意圖加損害於他人而妨害其農事上之水利者，處二年以下有期徒刑、拘役或三百元以下罰金。

■ **修正說明（108.12.25）**
本罪於民國七十二年六月二十六日後並未修正，爰依刑法施行法第一條之一第二項本文規定將罰金數額修正提高三十倍，以增加法律明

確性，並使刑法分則各罪罰金數額具內在邏輯一致性。

確性，並使刑法分則各罪罰金數額具內在邏輯一致性。

第 253 條（偽造仿造商標商號罪）
意圖欺騙他人而偽造或仿造已登記之商標、商號者，處二年以下有期徒刑、拘役或科或併科九萬元以下罰金。

□ 修正前條文
意圖欺騙他人而偽造或仿造已登記之商標、商號者，處二年以下有期徒刑、拘役或科或併科三千元以下罰金。

■ 修正說明（108.12.25）
本罪於民國七十二年六月二十六日後並未修正，爰依刑法施行法第一條之一第二項本文規定將罰金數額修正提高三十倍，以增加法律明確性，並使刑法分則各罪罰金數額具內在邏輯一致性。

□ 實務見解
▶ 院字第 678 號（21.02.20）
所謂仿造商標，指製造類似之商標足以使一般人誤認爲眞正商標者而言。

▶ 41 台非 21（判例）
臺灣省菸酒公賣局，係菸酒專賣機關，該局出售各種酒類所用標紙，應視爲具有特許性質之專賣憑證，與普通商標不同。其持有或意圖供行使之用而收集此類特許憑證者，法律上無處罰明文。被告持有該局米酒芬芳酒標紙，既係向他人買來，而非自己或與他人所共同偽造，亦未曾予以使用，自難構成刑法第二百五十三條之犯罪。

▶ 25 上 7249（判例）
仿造商標，祇以製造類似之商標可使一般人誤認爲眞正商標爲已足。上訴人等鈐用之三金錢商標，雖無圈帶，然其金錢之個數平排之形狀等，均與某號之三金錢嘜商標相類似，實足以使一般人誤認爲即係該號之出品，自不得謂非仿造。

第 254 條（販賣陳列輸入偽造仿造商標商號之貨物罪）
明知爲偽造或仿造之商標、商號之貨物而販賣，或意圖販賣而陳列，或自外國輸入者，處六萬元以下罰金。

□ 修正前條文
明知爲偽造或仿造之商標、商號之貨物而販賣，或意圖販賣而陳列，或自外國輸入者，處二千元以下罰金。

■ 修正說明（108.12.25）
本罪於民國七十二年六月二十六日後並未修正，爰依刑法施行法第一條之一第二項本文規定將罰金數額修正提高三十倍，以增加法律明

第 255 條（對商品爲虛偽標記與販賣陳列輸入該商品罪）
Ⅰ 意圖欺騙他人，而就商品之原產國或品質，爲虛偽之標記或其他表示者，處一年以下有期徒刑、拘役或三萬元以下罰金。
Ⅱ 明知爲前項商品而販賣，或意圖販賣而陳列，或自外國輸入者，亦同。

□ 修正前條文
Ⅰ 意圖欺騙他人，而就商品之原產國或品質，爲虛偽之標記或其他表示者，處一年以下有期徒刑、拘役或一千元以下罰金。
Ⅱ 明知爲前項商品而販賣，或意圖販賣而陳列，或自外國輸入者，亦同。

■ 修正說明（108.12.25）
一、本罪於民國七十二年六月二十六日後並未修正，爰依刑法施行法第一條之一第二項本文規定將罰金數額修正提高三十倍，以增加法律明確性，並使刑法分則各罪罰金數額具內在邏輯一致性。
二、末句「亦同」修正爲「，亦同」。

第二十章　鴉片罪

第 256 條（製造鴉片、毒品罪）
Ⅰ 製造鴉片者，處七年以下有期徒刑，得併科九萬元以下罰金。
Ⅱ 製造嗎啡、高根、海洛因或其化合質料者，處無期徒刑或五年以上有期徒刑，得併科十五萬元以下罰金。
Ⅲ 前二項之未遂犯罰之。

□ 修正前條文
Ⅰ 製造鴉片者，處七年以下有期徒刑，得併科三千元以下罰金。
Ⅱ 製造嗎啡、高根、海洛因或其化合質料者，處無期徒刑或五年以上有期徒刑，得併科五千元以下罰金。
Ⅲ 前二項之未遂犯罰之。

■ 修正說明（108.12.25）
一、本罪於民國七十二年六月二十六日後並未修正，爰依刑法施行法第一條之一第二項本文規定將罰金數額修正提高三十倍，以增加法律明確性，並使刑法分則各罪罰金數額具內在邏輯一致性。
二、第二項前段「或其他化合質料者」修正爲「或其化合質料者」。

第257條（販賣運輸鴉片、毒品罪）

I 販賣或運輸鴉片者，處七年以下有期徒刑，得併科九萬元以下罰金。

II 販賣或運輸嗎啡、高根、海洛因或其化合質料者，處三年以上十年以下有期徒刑，得併科十五萬元以下罰金。

III 自外國輸入前二項之物者，處無期徒刑或五年以上有期徒刑，得併科三十萬元以下罰金。

IV 前三項之未遂犯罰之。

□ 修正前條文

I 販賣或運輸鴉片者，處七年以下有期徒刑，得併科三千元以下罰金。

II 販賣或運輸嗎啡、高根、海洛因或其化合質料者，處三年以上十年以下有期徒刑，得併科五千元以下罰金。

III 自外國輸入前二項之物者，處無期徒刑或五年以上有期徒刑，得併科一萬元以下罰金。

IV 前三項之未遂犯罰之。

■ 修正說明（108.12.25）

一、本罪於民國七十二年六月二十六日後並未修正，爰依刑法施行法第一條之一第二項本文規定將罰金數額修正提高三十倍，以增加法律明確性，並使刑法分則各罪罰金數額具內在邏輯一致性。

二、第二項中段「三年以上、十年以下」修正為「三年以上十年以下」。

□ **實務見解**

▶ 85年度第4次刑事庭會議決議（85.03.12）

某乙第二次偽稱欲購買毒品，雖無實際購毒之真意，但某甲既有販毒之故意，且依約攜帶毒品前往交付，即已著手實施販毒之行為；惟某乙原無買受毒品之意思，其虛與某甲買賣毒品，意在協助警察辦案，以求人贓俱獲，故形式上某甲、某乙縱令互為交付毒品及價金，但因警察埋伏在側，伺機逮捕，事實上其二人不能真正完成買賣毒品之行為。因此，某甲應僅論以販賣毒品未遂罪。

第258條（製造販運吸食鴉片器具罪）

I 製造、販賣或運輸專供吸食鴉片之器具者，處三年以下有期徒刑，得併科一萬五千元以下罰金。

II 前項之未遂犯罰之。

□ 修正前條文

I 製造、販賣或運輸專供吸食鴉片之器具者，處三年以下有期徒刑，得併科五百元以下罰金。

II 前項之未遂犯罰之。

■ 修正說明（108.12.25）

本罪於民國七十二年六月二十六日後並未修正，爰依刑法施行法第一條之一第二項本文規定將罰金數額修正提高三十倍，以增加法律明確性，並使刑法分則各罪罰金數額具內在邏輯一致性。

第259條（為人施打嗎啡或以館舍供人吸食鴉片罪）

I 意圖營利，為人施打嗎啡或以館舍供人吸食鴉片或其化合質料者，處一年以上七年以下有期徒刑，得併科三萬元以下罰金。

II 前項之未遂犯罰之。

□ 修正前條文

I 意圖營利，為人施打嗎啡，或以館舍供人吸食鴉片或其化合質料者，處一年以上七年以下有期徒刑，得併科一千元以下罰金。

II 前項之未遂犯罰之。

■ 修正說明（108.12.25）

一、本罪於民國七十二年六月二十六日後並未修正，爰依刑法施行法第一條之一第二項本文規定將罰金數額修正提高三十倍，以增加法律明確性，並使刑法分則各罪罰金數額具內在邏輯一致性。

二、第一項後段「一年以上、七年以下」修正為「一年以上七年以下」。

第260條（栽種與販運罌粟種子罪）

I 意圖供製造鴉片、嗎啡之用而栽種罌粟者，處五年以下有期徒刑，得併科九萬元以下罰金。

II 意圖供製造鴉片、嗎啡之用而販賣或運輸罌粟種子者，處三年以下有期徒刑，得併科九萬元以下罰金。

III 前二項之未遂犯罰之。

□ 修正前條文

I 意圖供製造鴉片、嗎啡之用，而栽種罌粟者，處五年以下有期徒刑，得併科三千元以下罰金。

II 意圖供製造鴉片、嗎啡之用，而販賣或運輸罌粟種子者，處三年以下有期徒刑，得併科三千元以下罰金。

III 前二項之未遂犯罰之。

■ 修正說明（108.12.25）

一、本罪於民國七十二年六月二十六日後並未修正，爰依刑法施行法第一條之一第二項本文規定將罰金數額修正提高三十倍，以增加法律明確性，並使刑法分則各罪罰金數額具內在邏輯一致性。

二、第二項前段「嗎啡之用，而販賣或運輸」

修正爲「嗎啡之用而販賣或運輸」。

第 261 條（公務員強迫他人栽種或販運罌粟種子罪）
公務員利用權力強迫他人犯前條之罪者，處死刑或無期徒刑。

第 262 條（吸用煙毒罪）
吸食鴉片或施打嗎啡或使用高根、海洛因或其化合質料者，處六月以下有期徒刑、拘役或一萬五千元以下罰金。

□修正前條文
吸食鴉片或施打嗎啡或使用高根、海洛因或其化合質料者，處六月以下有期徒刑、拘役或五百元以下罰金。

■修正説明（108.12.25）
本罪於民國七十二年六月二十六日後並未修正，爰依刑法施行法第一條之一第二項本文規定將罰金數額修正提高三十倍，以增加法律明確性，並使刑法分則各罪罰金數額具內在邏輯一致性。

第 263 條（持有煙毒或吸食鴉片器具罪）
意圖供犯本章各罪之用，而持有鴉片、嗎啡、高根、海洛因或其化合質料，或專供吸食鴉片之器具者，處拘役或一萬五千元以下罰金。

□修正前條文
意圖供犯本章各罪之用，而持有鴉片、嗎啡、高根、海洛因或其化合質料，或專供吸食鴉片之器具者，處拘役或五百元以下罰金。

■修正説明（108.12.25）
本罪於民國七十二年六月二十六日後並未修正，爰依刑法施行法第一條之一第二項本文規定將罰金數額修正提高三十倍，以增加法律明確性，並使刑法分則各罪罰金數額具內在邏輯一致性。

第 264 條（公務員包庇煙毒罪）
公務員包庇他人犯本章各條之罪者，依各該條之規定，加重其刑至二分之一。

第 265 條（沒收物）
犯本章各條之罪者，其鴉片、嗎啡、高根、海洛因或其化合質料，或種子或專供吸食鴉片之器具，不問屬於犯人與否，沒收之。

第二十一章　賭博罪

第 266 條（普通賭博罪與沒收物）
I 在公共場所或公眾得出入之場所賭財物者，處三萬元以下罰金。但以供人暫時娛樂之物爲賭者，不在此限。

II 當場賭博之器具與在賭檯或兌換籌碼處之財物，不問屬於犯人與否，沒收之。

□修正前條文
I 在公共場所或公眾得出入之場所賭博財物者，處一千元以下罰金。但以供人暫時娛樂之物爲賭者，不在此限。
II 當場賭博之器具與在賭檯或兌換籌碼處之財物，不問屬於犯人與否，沒收之。

■修正説明（108.12.25）
本罪於民國七十二年六月二十六日後並未修正，爰依刑法施行法第一條之一第二項本文規定將罰金數額修正提高三十倍，以增加法律明確性，並使刑法分則各罪罰金數額具內在邏輯一致性。

□實務見解
▶ 院字第 1637 號（26.02.24）
私人家宅，自非公共場所，亦非當然爲公眾得出入之場所，其集人賭博，如並無意圖營利或以爲常業者，自不構成犯罪。

▶ 院字第 1491 號（25.04.30）
在自己住宅或家室內賭博財物，非公共場所或公眾得出入之場所，不成立刑法第二百六十六條之罪。以營利爲目的，將自己居住家宅抽頭容賭者，其家主戶主如有犯意聯絡，自應共負刑責，至其他在場與賭之人，既非在公共或公眾得出入之場所，即不成立犯罪。

▶ 81 台非 233（判例）
共犯在學理上，有「任意共犯」與「必要共犯」之分，前者指一般原得由一人單獨完成犯罪而由二人以上共同實施之情形，當然有刑法總則共犯規定之適用；後者係指須有二人以上之參與實施始成立之犯罪而言。且「必要共犯」依犯罪之性質，尚可分爲「聚合犯」與「對向犯」，其二人以上朝同一目標共同參與犯罪之實施者，謂之「聚合犯」，如刑法分則之公然聚眾施強暴、脅迫罪、參與犯罪結社罪、輪姦罪等是，因其本質上即屬共同正犯，故除法律依其首謀、下手實施或在場助勢等參與犯罪程度之不同，而異其刑罰之規定時，各參與不同程度犯罪行爲者之間，不能適用刑法總則共犯之規定外，其餘均應引用刑法第二十八條共同正犯之規定。而「對向犯」則係二個或二個以上之行爲者，彼此相互對立之意思經合致而成立之犯罪，如賄賂、賭博、重婚等罪均屬之，因行爲者各有其目的，各就其行爲負責，彼此間無所謂犯意之聯絡，苟法律上僅處罰其中部分行爲者，其餘對向行爲縱然對之不無教唆或幫助等助力，仍不能成立該處罰行爲之教唆、幫助犯或共同正犯，若對向之二個以上行爲，法律上均有處罰之明文，當亦無適用刑法第二十八條共同正犯之餘地。

刑法

▶ 108 台非 148 ○（判決）

刑法第二六六條第一項規定「在公共場所或公眾得出入之場所賭博財物者，處一千元以下罰金。但以供人暫時娛樂之物為賭者，不在此限。」立法者係考量賭博犯罪若在公共場合或公眾得出入之場所進行，民眾可輕易見聞，恐造成群眾仿效跟進而參與賭博，終至群眾均心存僥倖、圖不勞而獲，因之敗壞風氣，需加以處罰，反之，在非公共場所或非公眾得出入之場所賭博財物，其貽害社會尚輕，故家庭間偶然賭博，不包括於本條之內。惟此所謂之「公共場所或公眾得出入之場所」，並不以法令所容許或社會所公認者為限，如供給賭博用之會場、輪盤賭場及其他各種賭場，縱設於私人之住宅，倘依當時實際情形，可認係屬公眾得出入之場所者，亦足當之；又如賭博者雖未親自赴場賭博，而由他人轉送押賭，但既係基於自己犯罪之意思，仍應依本罪之正犯斷，有司法院院字第一三七一、一九二一、四○○三號解釋意旨可資參照。是以私人住宅如供不特定之得以出入賭博者，該場所仍屬公眾得出入之場所，至於賭客係到場下注賭博，或以電話、傳真、電腦網路、或行動電話之通訊軟體等方法傳遞訊息，下班賭博，均非所問。

▶ 107 台非 174 ○（判決）

關於賭博行為，刑法第二百六十六條第一項規定：「在公共場所或公眾得出入之場所賭博財物者，處一千元以下罰金。但以供人暫時娛樂之物為賭者，不在此限。」為普通賭博罪。第二百六十八條規定：「意圖營利，供給賭博場所或聚眾賭博者，處三年以下有期徒刑，得併科三千元以下罰金。」為圖利賭博罪或聚眾賭博罪。上開罰金部分，依刑法施行法第一條之一規定，其單位為新臺幣，並提高為三十倍。而社會秩序維護法第八十四條規定：「於非公共場所或非公眾得出入之職業賭博場所，賭博財物者，處新臺幣九千元以下罰鍰。」則為對賭博行為不合於刑法賭博罪之行政處罰規定。以上三種處罰賭博行為之規定，其情形並不相同。刑法第二百六十六條第一項之普通賭博罪，係以在公共場所或公眾得出入之場所賭博財物為其成立要件。而社會秩序維護法第八十四條所定之賭博行為，則為在不公共場所或公眾得出入之場所為之為要件。至刑法第二百六十八條之圖利賭博罪或聚眾賭博罪，亦不以在公共場所或公眾得出入之場所為之為要件。依上開規定，在非公共場所或非公眾得出入之場所賭博財物，並不構成刑法第二百六十六條第一項之賭博罪。所謂之「賭博場所」，只要有一定之所在可供人賭博財物即可，非謂須有可供人前往之一定空間之場始足為之。以現今科技之精進，電話、傳真、網路均可

為傳達賭博訊息之工具。電腦網路係可供公共資訊傳輸園地，雖其為虛擬空間，然既可供不特定之多數人於該虛擬之空間為彼此相關聯之行為，而藉電腦主機、相關設備達成其傳輸之功能，在性質上並非純屬思想之概念空間，亦非物理上絕對不存在之事物，在電腦網站開設投注簽賭網站，供不特定人藉由網際網路連線登入下注賭博財物，該網站仍屬賭博場所。透過通訊或電子設備簽注賭博財物，與親自到場賭博財物，僅係行為方式之差異而已，並不影響其在一定場所為賭博犯罪行為之認定，此為擴張解釋，非法之禁。惟如前所述，刑法第二百六十六條第一項之普通賭博罪在成立上，係以「在公共場所或公眾得出入之場所」作為要件。所謂「公共場所」，係指特定多數人或不特定之人得以出入、集合之場所；所謂「公眾得出入場所」，係指非屬公共場所，而特定多數人或不特定之人於一定時段得進出之場所。是網際網路通訊賭博行為，究應論以刑法第二百六十六條第一項之普通賭博罪，抑應依社會秩序維護法第八十四條處罰，則以個案事實之認定是否符合於「公共場所」或「公眾得出入之場所」賭博財物之要件而定。於電腦網路賭博而個人經由私下設定特定之密碼帳號，與電腦連線上線至該網站，其賭博活動及內容具有一定封閉性，僅為對向參與賭博之人私下聯繫，其他民眾無從知悉其等對賭之事，對於其他人而言，形同一個封閉、隱密之空間，在正常情況下，以此種方式交換之訊息具有隱私性，故利用上開方式向他人下注，因該簽注內容或活動並非他人可得知悉，尚不具公開性，即難認係在「公共場所」或「公眾得出入之場所」賭博，不能論以刑法第二百六十六條第一項之賭博罪，惟如合於社會秩序維護法第八十四條規定之要件，則依該法予以處罰。對此因科技之精進新興賭博之行為，如認其可責性不亞於刑法第二百六十六條第一項之普通賭博罪，於刑事政策上認有依刑法處罰之必要，則應循立法途徑修法明定，以杜爭議，並符罪刑法定之原則。

▶ 96 台非 273（判決）

又刑法第二百六十六條第一項前段規定：「在公共場所或公眾得出入之場所賭博財物者，處一千元以下罰金」。又依刑法施行法第一條之一規定：「中華民國九十四年一月七日刑法修正施行後，刑法分則編所定罰金之貨幣單位為新臺幣。九十四年一月七日刑法修正時，刑法分則編未修正之條文定有罰金者，自九十四年一月七日刑法修正施行後，就其所定數額提高為三十倍。但七十二年六月二十六日至九十四年一月七日新增或修正之條文，就其所定數額提高為三倍。」本件原判決認定，被告甲○○於民國九十五年九月

四日二十二時三十分許，在臺北縣板橋市○○○路五樓「選手撞球館內」與人賭博財物等情。因而依刑法第二百六十六條第一項前段及相關規定，論處被告在公眾得出入之場所賭博財物罪，處罰金新臺幣陸萬元。惟查，刑法第二百六十六條之賭博罪，自民國二十四年施行後迄今未經修正，依刑法施行法第一條之一規定，自九十五年七月一日刑法修正施行後，就其所定最高法定之罰金數額提高爲三十倍。而本件被告之賭博犯行發生於九十五年九月四日，自有上開規定之適用。經換算之後，其最高法定刑之罰金數額僅爲新臺幣三萬元。乃原判決未察，竟判處罰金新臺幣六萬元，顯已逾越該罪之法定最高刑度，又查無被告其他法定加重其刑之事由，自有判決不適用法則之違背法令。

第 267 條（刪除）

□修正前條文

以賭博爲常業者，處二年以下有期徒刑，得併科一千元以下罰金。

■修正說明（94.02.02）

一、本條刪除。

二、配合第五十六條連續犯之刪除，刪除本條常業犯之規定。

第 268 條（圖利供給賭場或聚眾賭博罪）

意圖營利，供給賭博場所或聚眾賭博者，處三年以下有期徒刑，得併科九萬元以下罰金。

□修正前條文

意圖營利，供給賭博場所或聚眾賭博者，處三年以下有期徒刑，得併科三千元以下罰金。

■修正說明（108.12.25）

本罪於民國七十二年六月二十六日後並未修正，爰依刑法施行法第一條之一第二項本文規定將罰金數額修正提高三十倍，以增加法律明確性，並使刑法分則各罪罰金數額內在邏輯一致性。

□ 實務見解

▶ 院字第 1479 號（25.04.18）

在公共或公眾得出入之場所賭博，僅係刑法第二六六條之犯罪成立要件若同法第二六七條及第二六八條之罪，並不以在公共或公眾得出入之場所爲限。

第 269 條（辦理有獎儲蓄或發行彩券罪、經營或媒介之罪）

Ⅰ 意圖營利，辦理有獎儲蓄或未經政府允准而發行彩票者，處一年以下有期徒刑或拘役，得併科九萬元以下罰金。

Ⅱ 經營前項有獎儲蓄或爲買賣前項彩票之媒介者，處六月以下有期徒刑、拘役或科或併科三萬元以下罰金。

□修正前條文

Ⅰ 意圖營利，辦理有獎儲蓄或未經政府允准而發行彩票者，處一年以下有期徒刑或拘役，得併科三千元以下罰金。

Ⅱ 經營前項有獎儲蓄或爲買賣前項彩票之媒介者，處六月以下有期徒刑、拘役或科或併科一千元以下罰金。

■修正說明（108.12.25）

本罪於民國七十二年六月二十六日後並未修正，爰依刑法施行法第一條之一第二項本文規定將罰金數額修正提高三十倍，以增加法律明確性，並使刑法分則各罪罰金數額內在邏輯一致性。

第 270 條（公務員包庇賭博罪）

公務員包庇他人犯本章各條之罪者，依各該條之規定，加重其刑至二分之一。

□ 實務見解

▶ 106 台上 2862 ○（判決）

刑法明文處罰公務員各種包庇他人犯罪之行爲，所指「包庇」，即包攬庇護之意，固與單純不舉發之消極縱容有別，而須有積極掩蔽庇護之行爲，始能成立，其本質上仍屬他人犯罪之幫助犯，僅因法律明文處罰始獨立成罪，是舉凡一切藉其勢力，提供庇護，以利他人犯罪進行或使犯罪不易被人發覺，而助益他人犯罪完成之積極行爲，概皆屬之。又依警察勤務條例第十一條規定，警察執行勤務，其方式包括勤區查察、巡邏、臨檢、守望、值班與備勤，其目的係爲達成取締、檢肅、查緝等法定任務，維護社會治安，是各級勤務機構因應治安之需求所規劃之勤務內容，包括如何指派人員、運用與組合警力、積極採取甚或消極不採取上開任一勤務執行方式等，均攸關上開任務目的之能否圓滿達成，故透露警察之勤務計畫，不論其既定內容係積極作爲或消極不作爲，均足以影響取締效果。從而爲使他人得以規避查緝，趁隙進行犯罪，而告知警察勤務，既已爲告知之積極行爲，且有助益他人犯罪之完成，即屬包庇，要不因其所告知之內容係積極作爲或消極不作爲，而有不同。又公務員藉其勢力，利用職權機會或身分，提供庇護，以利他人犯罪進行或使犯罪不易被人發覺，而助益他人犯罪完成之積極行爲即屬包庇行爲，不以其包庇對象爲其主管或監督之事務權責範圍內爲限。

本件上訴人於一○○年二月間行爲時，擔任桃園縣政府（現改制爲桃園市政府）警察局八德分局

警備隊隊員，明知勤務內容、執行時間，均與國家事務或公共利益有深切之利害關係，均屬應維護之秘密，不得洩漏，以免助長犯罪，竟將員警即將出勤之訊息告知賭場業者呂○○，使之得以預先防範，所為業已實際提供庇護而助益他人犯罪之完成，自屬積極之包庇行為。縱上訴人非主管排定或執行該等勤務計畫內容之人，亦未必實際知悉勤務計畫及內容，惟員警何時外出執行勤務，非一般人均可輕易知悉之消息，仍屬於應秘密之消息，不得洩漏。上訴人將員警集結、即將進行非例行性專案勤務之訊息洩漏予呂○○，使之得以事先知悉而有所防備、規避查緝，顯係以積極行為排除犯罪阻力，使呂○○就其犯行防免事跡敗露，自當屬積極包庇賭博之行為。

第二十二章　殺人罪

第 271 條（普通殺人罪）
Ⅰ 殺人者，處死刑、無期徒刑或十年以上有期徒刑。
Ⅱ 前項之未遂犯罰之。
Ⅲ 預備犯第一項之罪者，處二年以下有期徒刑。

□ 實務見解

▶ 51 台上 1291（判例）
殺人與傷害人致死之區別，應以加害人有無殺意為斷，不能因為被害人素不相識，原無宿怨，即認為無殺人之故意。

▶ 48 台上 33（判例）
殺人罪之成立，須於實施殺害時，即具有使其喪失生命之故意，倘缺乏此種故意，僅在使其成為重傷，而結果致重傷者，祇與使人受重傷之規定相當，要難遽以殺人未遂論處。

▶ 37 上 2318（判例）
上訴人槍擊之目的，既在甲而不在乙、丙，則其槍擊甲未中，應構成殺人未遂罪，其誤將乙打中丙打死，應分別構成過失傷害人及過失致人於死罪，依刑法第五十五條從一重論以殺人未遂罪，原判遽以殺人罪處斷，自屬違誤。

▶ 28 上 3069（判例）
殺人行為對於被害人之行動自由不能無所妨害，如果妨害自由即屬於殺人行為之一部分時，自不應更論以妨害自由之罪。被告與某甲共將某乙綑勒，用斧頭砍斃，其綑勒舉動，係殺人行為之一部分，祇能包括的論以殺人一罪，不得援引刑法第三百零二條第一項與殺人罪比較，從一重處斷。

▶ 100 台上 2951（判決）
按殺人未遂與傷害之區別，在於下手時，有無殺意為斷。至於被害人受傷之部位、傷痕之多寡、

被告所持兇器之種類等，雖非唯一絕對之標準，但為法院參考之重要資料。上訴人係下車，並趨前至約一至二公尺之近距離開槍，射擊二發子彈。又當時光線不佳，且該車之車窗貼有深色隔熱紙，不能從車外看清車內狀況，已據車主楊宗實供明在卷，上訴人亦稱「看不到該車後座有無坐人」、「打到（指子彈擊中）應該很有受傷而已，我知道前面有人，後面我沒有見到」。顯見上訴人於開槍前，雖未看清車內人員乘坐之情況，但已知悉車內有人，而上訴人為智能成熟、身心健全之成年人，顯可預見在近距離內以槍枝朝車內射擊，可能擊中人之身體要害，發生死亡之結果，其竟不顧車內人員生命之安危，射擊二發子彈，足認縱發生死亡結果曜鴻於審判中已明確結證：果，亦不違背本意。上訴人之該次開槍行為，雖幸未擊中他人身體要害而未發生死亡之結果，但其中一發子彈於貫穿車輛鈑金後，已擊中坐於左後座之蔡曜鴻，致其大腿撕裂傷，此部分行為，仍應負殺人未遂責任。因認上訴人確有前揭使人受重傷未遂及殺人未遂犯行，而以上訴人嗣後否認有使人受重傷、殺人之犯意，辯稱開槍在於嚇阻對方，僅有傷害之犯意云云，乃飾卸之詞，不可採信等情，已逐一說明及指駁。

▶ 99 台上 7106（判決）
殺人未遂與傷害之區別，本視加害人有無殺意為斷，不能因與被害人素不相識，原無宿怨，為認定有無殺人之故意，亦不以被害人所受之傷害程度，為認定有無殺意之唯一標準。但加害人之下手情形如何，仍不失為審究犯意之重要參考資料。故於審認行為人是否具有殺人犯意，除審酌被害人所受之傷害程度外，尚應審視下手之輕重、加害之部位等情況以資判斷。

▶ 95 台上 1692（判決）
關於自然人死亡之認定，通說係採腦波停止說，此觀乎人體器官移植條例相關規定及行政院衛生署九十三年八月九日衛署字第○九三○二一一二六五號令發布施行之「腦死判定準則」即可知，上訴意旨認死亡之認定係採心臟停止說，不無誤會。

❖ 學者評釋
關於死亡認定的方式，有如下列諸說：
一、心肺功能喪失說
此一死亡定義又可稱為傳統或古典的死亡概念，也就是以「心臟停止跳動」或「心臟死」作為判斷依據。
二、腦死說
此說指的是，只要腦功能不可逆的喪失，即可視為死亡。此說認為，人之生命中樞在於腦而非心臟。腦功能不可逆的喪失，人即會死亡。

三、徵候說

此說除了要確定心臟功能（心跳）與肺功能（呼吸）是不可逆地停止之外，還必須測試瞳孔對光的反應。所謂瞳孔放大，且失去對光的反射能力，指的是腦功能的喪失作用。前面三個徵候的出現，可以充分說明不僅是心臟功能，還包含了循環、呼吸、神經三系統合而成的器官死亡的綜合狀態。

我國大部分的刑法學者還是以心肺功能停止說或是綜合判斷說（三徵候）作爲認定死亡的標準。然而由於人體器官移植條例第 4 條規定，醫師為屍體摘取器官施行移植手術，必須在器官捐贈者經其診治醫師判定病人死亡後爲之。其死亡以腦死判定者，應依中央衛生主管機關規定之程序爲之。因此，學界認爲，腦死僅在以捐贈器官爲目的的情形下才有適用。

惟死亡時點雖提前至腦死，原本係器官移植技術的發展與器官需求問題。然而目前的腦死論述，已逐漸與器官移植問題脫鉤，而是要求重新檢視「生命」的意義。尤其當醫學知識已經證實，腦死之人已屬進入不可能挽回其生命的不歸點，則對腦死之人的繼續「施救」，即成爲沒有醫療目的而只有安慰價值的意義。

因此，論者有謂，腦死除了在器官移植領域有其適用外，也能擴張到刑法上作爲死亡定義的一種。換言之，刑法上的死亡應包含兩種情形：即心跳、呼吸功能呈現不可逆的停止與中樞神經功能停止；包括腦幹在內的全腦功能，呈現不可逆的停止。這樣的看法並非對生命保護的縮減，反而是擴大。因爲在殺人罪或過失致死罪之情形，只要被害人已達腦死狀態時，即應認爲死亡結果已出現，從而行爲人之行爲應認定爲已達殺人既遂程度或已符合過失致死罪之要件，不以被害人心跳完全停止，才認定死亡。

【王皇玉，〈刑法上死亡之認定——評最高法院 95 年度台上字第 1692 號判決〉，《月旦法學雜誌》，第 185 期，2010.10，257 頁以下。】

第 272 條（殺直系血親尊親屬罪）

對於直系血親尊親屬，犯前條之罪者，加重其刑至二分之一。

■ 修正前條文

I 殺直系血親尊親屬者，處死刑或無期徒刑。
II 前項之未遂犯罰之。
III 預備犯第一項之罪者，處三年以下有期徒刑。

■ 修正說明（108.05.29）

一、殺害直系血親尊親屬，除侵害生命法益外，更違反我國倫常孝道而屬嚴重之逆倫行爲，故其法定刑較第二百七十一條殺人

罪爲重。惟原第一項法定刑爲死刑或無期徒刑，嚴重限制法官個案量刑之裁量權。司法實務常見之個案，行爲人因長期遭受直系血親尊親屬之虐待，因不堪被虐待而犯本條之殺人犯行，其行爲固屬法所不許，惟若只能量處無期徒刑或死刑，恐又過於嚴苛。爰參酌第二百五十條侵害直系血親尊親屬屍體墳墓罪、第二百八十條傷害直系血親尊親屬罪之規定，修正第一項之法定刑爲加重其刑至二分之一，使法官得視具體個案事實、犯罪情節及動機等爲妥適量刑。

二、第一項修正爲「對於直系血親尊親屬，犯前條之罪者，加重其刑至二分之一」，所謂「前條之罪」自包括第二百七十一條第二項未遂犯及第三項預備犯之處罰，爲免重複規定，爰刪除原第二項及第三項。

□ 實務見解

▶ **73 年度第 5 次刑事庭會議決定(三)（73.05.15）**

犯刑法第二百七十一條之普通殺人罪，與犯同法第二百七十二條之殺害直系血親尊親屬罪，其犯罪之基本構成要件相同，如係基於概括之犯意而連續爲之，依司法院大法官會議釋字第一五二號解釋，應適用刑法第五十六條規定，按連續犯以一罪論處。

▶ **26 年度決議(一)（26.01.05）**

養父母應認爲直系血親尊親屬。

▶ **37 上 2192（判例）**

被告某乙殺死養父某甲，依民法第一千零七十七條之規定，某甲自係某乙之直系血親尊親屬，應依刑法第二百七十二條第一項處斷。原判按照同法第二百七十一條第一項普通殺人罪論科，殊有違誤。

▶ **33 上 1666（判例）**

刑法第二百七十二條第一項之殺直系血親尊親屬，其罪質本與殺人相同，僅以所殺者係犯人直系血親尊親屬之故，致有此加重其刑之規定，故常人與之共犯，在常人仍應科通常之刑。上訴人某乙係被害人某甲之子，與其叔父某丙毆殺某甲，固應成立上開條項之罪，至某丙對於某甲並無該條項所定身分關係，原審論某丙以幫助殺直系血親尊親屬罪，自屬錯誤。

第 273 條（義憤殺人罪）

I 當場激於義憤而殺人者，處七年以下有期徒刑。
II 前項之未遂犯罰之。

❖ 法學概念

當場激於義憤

　　所謂當場，乃被害人實施不義行為之當時當地，其性質兼含「時間」與「場所」二種情形在內。換言之，須具有「時間之密接性」與「場所之密接性」二個要件。

　　所謂義憤，乃道義之憤慨，亦即乍睹他人實施不義行為之時，因猝然遇合，而激憤難忍之謂。義憤，不僅以被害人先有「不義」行為為已足，且須該行為在客觀上令人無可容忍，而足以引起公憤，例如，目睹他人強制性交婦女，氣憤難忍，而將其殺害之情形是。此外，是否屬於義憤，應依社會上一般人之客觀標準加以判斷。若客觀上尚不足引起公憤者，例如，遭對方毆辱欺凌時憤怒者，非屬義憤。

【甘添貴，《刑法各論（上）》，三民，修訂三版，2013.09，29頁以下。】

　　然而國內有文獻參酌我國立法理由與德國立法例指出，此一義憤之意義，並非僅指被害人之行為悖於公理正義而引發公憤，毋寧是指行為人的憤怒乃因被害人無端挑起所激發，衡諸因此所受之刺激，只要此憤怒係其來有自，並非無理取鬧、借題發揮，而是有正當理由的憤怒（berechtiger Zorn）即屬之。因此，本條之適用重點並不在於被害人之行為是否不公不義，當然也不在於能否激起公眾之憤慨，端看行為人是否因受情緒刺激而失控。

【徐育安，〈當場激於義憤〉，《月旦法學教室》，第122期，2012.12，30～31頁。】

□ 實務見解

▶ 院解字第 3406 號（36.03.14）

本夫或第三人於姦夫姦婦行姦之際殺死姦夫，是否可應認為當場激於義憤而殺人，應依實際情形定之，但不得認為正當防衛。

▶ 33 上 1732（判例）

刑法第二百七十三條之規定，祇須義憤激起於當場而立時殺人者，即有其適用，不以所殺之人尚未離去現場為限。被告撞見某甲與其妻某氏行姦，激起憤怒，因姦夫姦婦逃走，追至丈外始將其槍殺，亦不得謂非當場激於義憤而殺人。

▶ 31 上 1156（判例）

刑法第二百七十三條所謂當場激於義憤而殺人，係指他人所實施之不義行為，在客觀上足以引起公憤，猝然遇合，憤激難忍，因而將其殺害者而言。若於他人實施不義之行為以前，預定計劃而於其實施之際或事後將其殺害，即與當場激於義憤之情形不同，不在本條適用範圍之內。

▶ 97 台上 179（判決）

所謂義憤殺人，只要他人之不義行為實施在先，於客觀上無可容忍，並不以行為人之一方係基於

道義上之理由為必要，至於行為人對於被害人之不義行為，是否得以其他法律途徑主張或救濟，應非所問。

第 274 條（母殺嬰兒罪）

I 母因不得已之事由，於生產時或甫生產後，殺其子女者，處六月以上五年以下有期徒刑。
II 前項之未遂犯罰之。

□ 修正前條文

I 母於生產時或甫生產後殺其子女者，處六月以上、五年以下有期徒刑。
II 前項之未遂犯罰之。

■ 修正說明（108.05.29）

一、本條係對於殺人罪特別寬減之規定，其要件應嚴格限制，以避免對於甫出生嬰兒之生命保護流於輕率。除維持原條文所規定之生產時或甫生產後之時間限制外，新增須限於「因不得已之事由」始得適用本條之規定。至於是否有「不得已之事由」，由司法實務審酌其具體個案情事認定。例如：是否係遭性侵害受孕、是否係生產後始發現嬰兒有嚴重身心缺陷障礙或難以治療之疾病、家庭背景、經濟條件等綜合判斷之，爰修正第一項，並酌作標點符號修正。

二、第二項未修正。

□ 實務見解

▶ 28 上 2240（判例）

上訴人扼死其所生女孩，已在出生後之第五日，自與刑法所定母於甫生產後，殺其子女之情形不合。

第 275 條（加工自殺罪）

I 受他人囑託或得其承諾而殺之者，處一年以上七年以下有期徒刑。
II 教唆或幫助他人使之自殺者，處五年以下有期徒刑。
III 前二項之未遂犯罰之。
IV 謀為同死而犯前三項之罪者，得免除其刑。

□ 修正前條文

I 教唆或幫助他人使之自殺，或受其囑託或得其承諾而殺之者，處一年以上、七年以下有期徒刑。
II 前項之未遂犯罰之。
III 謀為同死而犯第一項之罪者，得免除其刑。

■ 修正說明（108.05.29）

一、生命法益主體之個人處分自己生命之自殺行為，不構成犯罪。然因生命法益同時是社會國家存立基礎之法益，而具有絕對最高之價值，原條文就「受被害人囑託殺

人」、「得被害人承諾殺人」、「教唆他人自殺」及「幫助他人自殺」四種態樣均有處罰之規定。原條文就上開四種行為態樣之法定刑均定為一年以上七年以下有期徒刑，惟此四種行為態樣之惡性並不相同，前二者係被告從事殺人之構成要件行為，後二者係被害人自行結束生命，法律評價應有區別。爰將原第一項修正分設為二項，第一項為受他人囑託或得其承諾而殺之者，其惡性較重，維持原法定刑，另將惡性較輕之教唆或幫助他人使之自殺者，移列至第二項，並酌減其法定刑為五年以下有期徒刑，以符罪刑相當原則。

二、原第二項移列至第三項，並酌為文字修正。

三、原第三項規定得免除其刑之要件，係謀為同死而犯第一項之罪者，惟行為人謀為同死而為本罪之行為而未遂時，解釋上亦應得免除其刑，否則未遂情節較既遂為輕，反不能免除其刑，顯不合理，爰修正謀為同死而犯本罪之未遂犯亦得免除其刑，並配合移列至第四項。

❖ 修法簡評

刑法 275 條的加工自殺罪雖經修正（108 年5 月），但只針對受請求殺人以及「自殺參與行為」的分項規定，至於實質內涵並沒有更動（只是分項調整了法定刑）。依照加工自殺罪的內容，任何情況下的幫助自殺或受請求殺人都是可罰的。學說認為，這都有思考與檢討的餘地。

重症或末期病人可能不堪痛苦的折磨，尋求他人協助而得解脫。死亡協助的行為大概有下列有四種：一、聽從病人的自決意思，不予以治療，使其凋零。這是最消極的作法。二、撤除病人身上的維生設備，使其死亡。表面看，撤除維生設備或營養輸液是積極的舉動，但核心意義則是放棄治療，所以其實是不作為。三、提供藥劑給病人自行服用，終結生命。這是比較積極的作法。四、直接在病人身上施打藥劑，終結其生命。這是最積極但頗有爭議的作法。

針對前述第一、二種死亡協助，台灣已經有「安寧緩和醫療條例」與「病人自主權利法」加以規範（以下簡稱安寧條例與病主法）。但這兩種法其實就是「有限度的允許死亡協助」，然而末期病人或重症病人可能希望得到第三與第四種死亡協助。但遺憾的是，安寧條例與病主法都有其侷限性，只許可消極的死亡協助，不允許積極的死亡協助，例如幫助自殺或受請求殺人。安寧條例與病主法雖提供安寧醫療，然而安寧醫療無法取代死亡協助。如果病人的痛苦主要來自於身體的損傷（如疼痛、噁心感、嘔吐），或來自於心理的困擾（如失眠或恐懼），那麼安寧醫療

可以是一種合理的方案。但有時安寧醫療為德不卒，因為安寧醫療無法充分減輕身體的負擔。更重要的是，如果病人的痛苦源自於喪失獨立感或尊嚴，我們現有的安寧醫療法制實在不足以解決這個問題。依現行法醫師如果提供「積極」的死亡協助，視情況可能成立幫助自殺罪或受請求殺人罪。這是刑法第 275 條所禁止的，一般稱為「加工自殺罪」。想要讓積極的死亡協助合法化，或有條件的合法化，必須調整加工自殺罪的內涵。

德國刑法第 217 條，有條件處罰幫助自殺，不處罰教唆自殺。只要教唆行為不屬於本條所指的「業務性」的提供自殺機會、創造自殺機會或媒介自殺就不為本條所問。所謂業務性是主觀的構成要件，具有反覆施行同類行為的意思。如果只是一次的獲利行為，也不能算是業務性。再者，幫助自殺的人如果是自殺者的親屬，或關係親近的人（如同居者），也不受罰。

瑞士刑法第 115 條：「基於私利動機而誘使他人自殺或幫助自殺，自殺已經施行或未遂者，處五年以下有期徒刑或科罰金。」可見由於瑞士刑法也是有條件允許幫助自殺。如果是基於同情或悲憫的幫助自殺就不受處罰。所謂基於私利的典型例子是為了繼承遺產或為了得到保險金。

決定死亡協助的人，很可能臥床癱瘓，既不能行動，更無法上街表達訴求，無法集結境況一樣的人（如同性戀）搖旗吶喊爭取權利。死亡協助應該受到重視，所以幫助自殺或受請求殺人的規定都要調整。關於幫助自殺，應該全面的合法化，如果做不到這一點，學者至少要參酌德國或瑞士的立法例，有條件的合法化。

【林東茂，《刑法分則》，一品，二版，2020.02，383 頁以下。】

❖ 法學概念

死亡協助與加工自殺

「直接的死亡協助（直接安樂死）」是指用積極而直接的手段，以縮短生命為目的之死亡協助。例如：施打毒藥或氰化鉀，解除病患疼痛，同時提早斷氣。這種死亡協助除荷蘭及比利時外，為大多數國家法律所不許，蓋法律上允許積極的死亡協助，將使得老人與病人以為自己是家屬的負擔。健康保險的成本，過半給付於生命的後半段，如果允許受請求殺人，病人會認為依法律規定去實現死亡是合理的，將使得生命末期的疼痛治療成為多餘。如果得到病患嚴肅的請求而實施，成立受囑託殺人罪；如果未得請求，即為一般殺人罪。「間接的死亡協助（間接安樂死）」則是為了減輕病患痛苦，行為人知道使用藥劑可能縮短生命，在使用藥劑後病患果真死

亡。使用藥劑的主要目的，在於減緩疼痛，不在結束生命，並非幫助自殺。因為病患並無自殺的意思，醫師也沒有幫助自殺的意思。間接的死亡協助可依「業務上正當行為」將其合法化或在構成要件判斷上加以解決。至於「消極的死亡協助（消極安樂死）」，是指病患主動請求放棄醫療，則醫師不再有保證人之地位，無不作為幫助殺人之問題。同理，呼應病患的請求，並以積極作為的方式而中斷醫療，亦非囑託殺人。

刑法所規定的加工自殺罪，除了教唆自殺與幫助自殺之外，還包括受囑託或得承諾而殺人。幫助自殺，是死亡協助的邊緣行為、參與他人自殺的行為；受囑託殺人則是死亡協助的核心行為，必須事先得到死者的嚴肅、明示的請求，其本質上仍是殺人，只不過這種殺人行為受到死者的嚴肅請求，所以不法內涵較低。由於自殺者無罪的理由係憲法所保障的個人自主權，所以德國刑法不處罰教唆自殺與幫助自殺之行為。基於同樣的理由，任由病人安寧去世、積極的中斷醫療、消極的死亡協助、間接的死亡協助不處罰，都是病人自主權的尊重。因此，學說上主張幫助自殺應該適度的合法化，這不僅是對於病人自主權的尊重，也可解決老人大病纏身堅決辭世的問題。故我國刑法第 275 條的加工自殺罪，將參與自殺的行為（教唆或幫助自殺）以及受請求殺人的行為（受囑託或得承諾而殺人），統一規定在第 1 項，非常不恰當，有修正必要。蓋幫助自殺與教唆自殺，都是參與自殺，不能跟殺人正犯相提並論。所以，受囑託殺人與得承諾殺人的規定，必須與幫助自殺及教唆自殺分項規定。

【林東茂，〈死亡協助的刑法問題〉，《高大法學論叢》，第 10 卷第 2 期，2015.03，100 頁以下。】

❖ **爭議問題**

虛偽謀為同死應如何論罪？

一、甲說

德國學說上有主張應成立殺人罪之間接正犯之論者，其主要理由係：

(一)虛構自己之自殺意圖相欺瞞、或被害人存在「重大的動機錯誤」，被害人對於犧牲生命之同意，即欠缺真摯性，同意即有瑕疵。

(二)虛偽謀為同死，致被害人陷於錯誤，其自我侵害之同意即欠缺正當性，利用他人自殺之不法並未低於殺人罪。

(三)從「支配結果原因論」（Henschaftüer den Grund des Erfolges）之觀點，認為法律既未禁止自殺或自傷，也未阻止個人去克服自己的生存意志。因而，自殺決意及誘發該決意之動機，即為結果之原因，以詐術誘發被害人形成自殺決意對於結果之原因即具有支配

力，故得成立殺人罪之間接正犯。

二、乙說

針對前述甲說的看法，有學者回應指出，對於虛偽謀為同死之教唆自殺行為，因自殺之決意及自殺之行為，均由被害人所自行支配，被害人誤認行為人也有自殺之決意，只是動機之錯誤，以此做為將參與自殺之行為升級為殺人罪間接正犯，理由並不充足；如將其作為量刑之理由，應屬妥當。

其次，對教唆犯而言，詐術只是教唆行為之一部分，不影響其教唆犯之本質，對被教唆者而言，其因動機錯誤而接受教唆，也不影響其為正犯之本質。由於德國無教唆自殺罪之處罰，其學說也許是基於法感，認為該行為具有一定程度的不法，故若認定無罪似乎過於寬鬆，對法益保護似乎不足，不過論以殺人罪之間接正犯似乎又嫌過重。畢竟，一個人若無自殺意願，通常不會亦因他人有自殺之決意，就盲目跟進。換言之，被害人仍擁有全然的意思決定地位，或至少仍擁有優勢的意思決定地位，是以仍應論以加工自殺論罪之直接正犯，而不應將其質變為殺人罪之間接正犯。

【高金桂，〈加工自殺罪之探討——以教唆自殺為中心〉，收錄於《甘添貴教授七秩華誕祝壽論文集下冊》，承法，初版，2012.04，85 頁以下。】

□ **實務見解**

▶ **29 上 2014（判例）**

教唆他人自殺罪，係指被教唆人於受教唆後願否自殺，仍由自己之意思決定者而言。如被教唆人之自殺，係受教唆人之威脅所致，並非由於自由考慮之結果，即與教唆他人自殺之情形不同，其教唆者自應以殺人罪論處。

第 276 條（過失致死罪）
因過失致人於死者，處五年以下有期徒刑、拘役或五十萬元以下罰金。

□ **修正前條文**

Ⅰ 因過失致人於死者，處二年以下有期徒刑、拘役或二千元以下罰金。

Ⅱ 從事業務之人，因業務上之過失犯前項之罪者，處五年以下有期徒刑或拘役，得併科三千元以下罰金。

■ **修正說明（108.05.29）**

一、過失致死罪與殺人罪，雖為人主觀犯意不同，但同樣造成被害人死亡之結果，惟原關於過失致死罪之法定刑為二年以下有期徒刑、拘役或二千元以下罰金，與殺人罪法定刑為死刑、無期徒刑或十年以上有期徒刑落差過大，在部分個案上，顯有不合理，而有提高過失致死罪法定刑之必

要。爰修正第一項法定刑爲五年以下有期徒刑、拘役或五十萬元以下罰金，使法官依個案情形審酌違反注意義務之情節而妥適之量刑，列爲本條文。

二、原過失致死依行爲人是否從事業務而有不同法定刑，原係考慮業務行爲之危險性及發生實害頻率，高於一般過失行爲，且其後果亦較嚴重；又從事業務之人對於一定危險之認識能力較一般人爲強，其避免發生一定危險之期待可能性亦較常人爲高，故其違反注意義務之可責性自亦較重。因此就業務過失造成之死亡結果，應較一般過失行爲負較重之刑事責任。惟學說認從事業務之人因過失行爲而造成之法益損害未必較一般人爲大，且對其課以較高之注意義務，有違平等原則，又難以說明何以從事業務之人有較高之避免發生危險之期待。再者，司法實務適用之結果，過於擴張業務之範圍，已超越立法目的。而第一項已提高法定刑，法官得依具體個案違反注意義務之情節，量處適當之刑，已足資適用，爰刪除原第二項關於業務過失致死規定。

□ 實務見解

▶ 84 台上 5360（判例）

汽車駕駛人對於防止危險發生之相關交通法令之規定，業已遵守，並盡相當之注意義務，以防止危險發生，始可信賴他人亦能遵守交通規則並盡同等注意義務。若因此而發生交通事故，方得以信賴原則爲由免除過失責任。

▶ 75 台上 1685（判例）

汽車駕駛人之駕駛工作，乃隨時可致他人身體生命於危險之行爲，並係具有將該行爲繼續，反覆行使之地位之人。因此應有經常注意俾免他人於危險之特別注意義務。上訴人所駕駛之客貨兩用車，係以之爲販賣錄音帶所用，其本人並以販賣錄音帶爲業，故其駕駛該車本屬其社會活動之一，在社會上有其特殊之屬性（地位），其本於此項屬性（地位）而駕車，自屬基於社會生活上之地位而反覆執行事務，因之，在此地位之駕車，不問其目的爲何，均應認其係業務之範圍。上訴人徒以其時非用以運載錄音帶，即謂非業務行爲，難認有理由。

▶ 30 上 1148（判例）

因自己行爲致有發生一定結果之危險者，應負防止其發生之義務，刑法第十五條第二項定有明文。設置電網既足使人發生觸電之危險，不能謂非與該項法條所載之情形相當。上訴人爲綜理某廠事務之人，就該廠設置之電網，本應隨時注意防止此危險之發生，乃於其電門之損壞，漫不注

意修理，以致發生觸電致死情形，顯係於防止危險之義務有所懈怠，自難辭過失致人於死之罪責。

▶ 94 台上 1403（判決）

原判決已敘明麻醉師屬醫師法第二十八條第一項所稱之醫療業務行爲；此項醫療業務行爲原則上須取得合法醫師資格者始得爲之，雖例外在醫療機構於醫師指示下之護士亦得爲之，惟在醫師指示護士爲醫療業務行爲情況下，醫師對依其指示而爲醫療業務行爲之護士，本當負有指揮、監督之責。麻醉手術實施前之取（備）藥行爲，係屬醫療輔助行爲。醫師信賴有適當訓練及經驗之合格護士，並指示準備麻醉之藥物，仍須親自核對藥劑容器之標籤外觀，或口頭詢問護士，確認準備注射之藥劑無誤，以避免危險發生。上訴人爲領有合格執照之婦產科專科醫師，應注意於指示麻醉護士陳○丹爲孕婦劉○慧實施麻醉注射、取藥時，須親自核對藥劑容器之標籤外觀，及口頭詢問陳○丹確認準備之藥劑是否正確，而依上訴人之智識、能力及當時狀況，並無不能注意之情事，竟疏未注意，致未親自核對藥劑之容器外觀，亦未口頭詢問護士陳○丹所取藥劑是否正確無誤，未能及時發覺陳○丹將止血劑（Transamin）誤爲麻醉劑（Marcaine），並將誤裝之止血劑注射入被害人劉○慧腰椎內，使其因急性腦水腫合併腦疝形成，經急救無效不治死亡，體內胎兒小胎死腹中，而按當時情狀，並無不能注意之情事，上訴人應注意能注意，竟疏未注意，致發生前開事故，顯有過失，且與被害人之死亡有相當因果關係，無適用「信賴原則」免責之餘地。

❖ 學者評釋

依關於醫療分工的型態，可依據團體組織中的醫療專業人員間，是否有「受到指示上的拘束」爲標準，分爲「水平分工」及「垂直分工」兩種：

所謂「水平分工」（horizontale Arbeitsteilung），是指組織醫療團隊中，各專科醫師或醫療人員之間不受對方彼此的指揮，地位平等。至於「垂直分工」（vertikale Arbeitsteilung），乃係指揮監督的權限與責任歸屬於醫療團隊的一方，而受其指揮監督的醫療參與者，在其受到拘束的範圍內，無獨立自主進行醫療事務的權限，例如醫療團隊中有居於領導地位的主治醫師與科住院醫師或者醫師與非醫療人員之間。再如大型醫療院所中，主任醫師與受其指揮監督之實習醫師、住院醫師間的分工關係，或是醫師與其他護理人員或技術人員間的合作關係。惟應注意的是，這些關係並非必然屬醫療業務的垂直分工，由於醫療業務的流動性，到底屬於垂直或水平的分工，仍應就具體醫療狀況實質觀察。

本案判決略以：醫師未親自核對標籤外觀、護士非為獨立執行醫療業務之人員及醫師仍有注意可能，不採取醫師主張信賴原則的理由。基本上實務的見解，係針對醫師與護士間的「垂直分工常態」加以分析，而排徐信賴原則的適用。但能否適用信賴原則，水平或垂直分工的劃分不是絕對的標準，應以實質工作的內容而非單純以成員的職稱來觀察。

實務上認爲刑法上業務，係指個人基於其社會地位繼續反覆執行之事務，包括主要業務及其附隨之準備工作與輔助事務。因此「業務」是一事實概念，重點在於「反覆所執行之事務」。本案中，被害人係因藥劑注射錯誤致死，但「藥劑注射」在醫療分工領域中並非醫師「反覆所執行之事務」，實不宜僅因領有醫師執照，即認爲當然地將整個醫療過程都屬於「反覆所執行」之業務，判決理由有過分擴張「業務」範圍之嫌。

本案護士乃護專畢業且領有合格證照，醫師當然有信賴基礎（信賴國家證照考試制度、該名護士尚受過台大醫院的麻醉專業訓練一年），也因而醫師必認爲該名護士有獨立工作的能力，根本無從預見其的過失。蓋本案護士並非不能辨認止血鉗與麻醉劑的差異，也不是專業能力或經驗知識的不足，而係「工作態度」上的輕忽，在客觀上醫師難有預見可能性，自得主張適用信賴原則。

【張麗卿，〈信賴原則在醫療分工之適用——以護士麻醉致死案爲例〉，《東海大學法學研究》，第 33 期，2010.12，52 頁以下；相同意見：王皇玉，〈再論整形美容、醫療過失與信賴原則——評台北地方法院 91 年度訴字第 730 號判決〉，《刑法上的生命、死亡與醫療》，承法，2011.12，241 頁以下。】

第二十三章　傷害罪

第 277 條（普通傷害罪）
I 傷害人之身體或健康者，處五年以下有期徒刑、拘役或五十萬元以下罰金。
II 犯前項之罪，因而致人於死者，處無期徒刑或七年以上有期徒刑；致重傷者，處三年以上十年以下有期徒刑。

□修正前條文

I 傷害人之身體或健康者，處三年以下有期徒刑、拘役或一千元以下罰金。

II 犯前項之罪，因而致人於死者，處無期徒刑或七年以上有期徒刑；致重傷者，處三年以上、十年以下有期徒刑。

■修正說明（108.05.29）

一、本條係對身體實害之處罰，原第一項之法定刑爲三年以下有期徒刑，拘役或一千元以下罰金，與第三百零二條妨害自由罪、第三百二十條竊盜罪等保護自由、財產法益之法定刑相較，刑度顯然過輕，且與修正條文第二百七十八條第一項重傷罪五年以上十二年以下有期徒刑之刑度落差過大。又傷害之態樣、手段、損害結果不一而足，應賦予法官較大之量刑空間，俾得視具體個案事實、犯罪情節及動機而爲適當之量刑。爰將第一項法定刑修正爲五年以下有期徒刑、拘役或五十萬元以下罰金，並酌作標點符號修正。

二、第二項酌作標點符號修正。

❖ 爭議問題

本罪之「傷害」如何認定？

學說與實務有以下不同之見解：

一、生理機能障礙者說

主張此說者認爲使人之生理機能發生障礙，或使健康狀態導致不良變更者，即爲傷害。倘僅使外貌發生變更者，則非傷害。

【甘添貴，《刑法各論（上）》，三民，修訂四版，2014.08，50 頁。】

我國實務見解認爲，強行剪去他人頭髮，尚不能構成刑法上之傷害罪（司法院 36 年院解字第 3711 號解釋），應係採生理機能障礙說的立場。

二、身體完整性破壞說

採此說之論者認爲，凡有害於人身體之完整性者，即爲傷害。因此，不僅妨害生理之正常機能或不良變更健康狀態，屬於傷害，只要有改變身體之外觀者，都會認爲影響身體完整性，皆構成刑法上的傷害。

【林山田，《刑法各罪論（上）》，自刊，2005.09，137 頁以下。】

三、折衷說

除損害人之生理機能外，尚須明顯改變身體外觀者，才屬傷害。

【陳子平，《刑法各論（上）》，元照，二版，2015.09，93 頁。】

蓋採身體完全性侵害說，使「傷害」之定義過廣，如碰斷指甲等輕微形體之侵害，亦將成立傷害罪。

【高金桂，〈加工自殺罪之探討——以教唆自殺爲中心〉，收錄於《甘添貴教授七秩華誕祝壽論文集下冊》，承法，初版，2012.04，85 頁以下。】

□ 實務見解

▶ 59 台上 1746（判例）

重傷罪之成立，必須行爲人原具有使人受重傷之故意始爲相當，若其僅以普通傷害之意思而毆打被害人，雖發生重傷之結果，亦係刑法第二百七十七條第二項後段普通傷害罪之加重結果犯，祇應成立傷害人致重傷罪，不能以刑法第二百七十八條第一項之重傷罪論科。

▶22 上 674（判例）

刑法上傷害致人於死之罪，祇須傷害行為，與死亡之發生，具有因果聯絡之關係，即屬成立，並非以被害人因傷直接致死為限，即如傷害後，因被追毆情急落水致生死亡之結果，其追毆行為，即實施傷害之一種暴行，被害人之情急落水，既為該項暴行所促成，自不得不認為因果關係之存在。

▶104 台上 201（判決）

刑法第二百七十七條第二項後段之普通傷害致重傷罪，係對於犯普通傷害罪致發生重傷害結果所規定之加重結果犯，依同法第十七條規定，以「**客觀上能預見**」被害人重傷害結果之發生，而行為人「主觀上並未預見」被害人發生重傷害結果，為其要件。在同謀實行普通傷害行為之場合，若共同謀議者雖囑由其中一部分人出面對被害人實行普通傷害之犯行，但依當時情況，在客觀上若能預見被害人可能因而發生重傷害之結果，而其主觀上卻因疏忽或其他原因而未預見者，仍應就其他出面實行普通傷害行為之共同正犯所造成被害人重傷害之加重結果，同負其責。故論processing傷害致重傷害罪之判決書，對於共同謀議之共犯，**但依當時情況在客觀上「能否」預見被害人可能因而發生重傷害之結果，以及其主觀上對於被害人發生重傷害之結果「已否」預見，均應詳加認定記載明白**，並說明其憑以認定之證據及理由，始足以為論罪科刑之依據。

▶102 台上 364（判決）

刑法第二百七十七條第二項傷害致人於死罪，係因犯傷害罪而致發生不預期之死亡結果而加重其刑之規定，為加重結果犯。依同法第十七條之規定，須以客觀上行為人應能預見結果之發生，但其主觀上並不預見該結果發生為要件。**若行為人主觀上有致被害人於死之決心，或預見被害人必致死亡，而其死亡結果之發生與其本意並不違背者，則應論以故意殺人之罪**。而共同正犯在其合同意思範圍內，固係就全部之結果共同負責，但其關於結果加重犯之規定，仍應受前開原則之限制。

▶100 台上 4495（判決）

本件被告與被害人為南開大學同學，被害人因不滿被告玩電腦連線遊戲技巧不良，出言辱罵被告，致起口角，被告竟持掃把揮打被害人，擊中被害人之左眼，至其受有左眼血腫併撕裂傷一公分、左眼外傷及左眼視網膜下出血（視力減至○‧一），稽之被告與被害人係同學，且為一同在校外賃屋居住之室友，因玩電腦連線遊戲而起衝突，彼此並無深仇大恨，固無重傷被害人之故意，而應僅有普通傷害之故意甚明。惟按人之眼睛極為脆弱，衡之本案情節，被告持掃把揮打被

害人眼部，對於犯該普通傷害罪可能招致被害人左眼受傷，致嚴重減損其視能之重傷害加重結果，在客觀上能否預見，而主觀上有因過失而未預見之情形。倘被害人左眼已達嚴重減損其視能之程度，復與被告之前行為（傷害行為）有相當因果關係，是否應並就加重結果負責，論以刑法第二百七十七條第二項後段之傷害致重傷罪，自有詳加究明之必要。

第 278 條（重傷罪）

Ⅰ 使人受重傷者，處五年以上十二年以下有期徒刑。

Ⅱ 犯前項之罪因而致人於死者，處無期徒刑或十年以上有期徒刑。

Ⅲ 第一項之未遂犯罰之。

□ 修正前條文

Ⅰ 使人受重傷者，處五年以上、十二年以下有期徒刑。

Ⅱ 犯前項之罪因而致人於死者，處無期徒刑或七年以上有期徒刑。

Ⅲ 第一項之未遂犯罰之。

■ 修正說明（108.05.29）

一、第一項酌作標點符號修正。

二、原第二項之法定刑與修正條文第二百七十七條第二項前段傷害致死罪相同，惟本項係以重傷害之故意傷害他人而造成死亡結果，行為人主觀犯意與普通傷害有別，若法定刑相同，顯然輕重失衡而不符罪刑相當原則，爰修正第二項法定刑為無期徒刑或十年以上有期徒刑，以與傷害致死罪有所區別。

三、第三項未修正。

□ 實務見解

▶61 台上 289（判例）

刑法上之加重結果犯，**以行為人對於加重結果之發生有預見之可能為已足**。如傷害他人，而有使其受重傷之故意，即應成立刑法第二百七十八條第一項使人受重傷罪，無論以同法第二百七十七條第二項，傷害人之身體因而致重傷罪之餘地。

▶55 台上 1703（判例）

使人受重傷未遂與普通傷害之區別，**應以加害時有無致人重傷之故意為斷**。至於被害人受傷之部位以及加害人所用之兇器，有時雖可藉為認定有無重傷故意之心證，究不能據為絕對之標準。

▶51 台上 600（判例）

用硫酸潑灑被害人之面部，顯有使其受重傷之故意，雖被害人及時逃避，僅面部胸部灼傷，疤痕不能消失，雙目未致失明，自亦無解於使人受重傷未遂之罪責。

▶ 100 台上 7148（判決）

原判決依憑告訴人溫○男、證人黃○菁分別於警詢、偵查時之證詞，上訴人坦承持長柄刀砍傷告訴人等情，與卷附勘驗筆錄、長柄刀照片、義大醫院診斷證明書及函，扣案長柄刀等證據資料，參酌卷內其他證據調查之結果，綜合判斷，以上訴人持扣七案二十六公分之，刀刃一側為銳利刀鋒之長柄刀，朝告訴人左手揮砍三下，造成告訴人左尺骨開放性骨折，併所有屈側肌腱、尺動脈、正中神經、尺神經均斷裂，可見上訴人當時用力甚猛，其主觀上應具有使告訴人左手之神經或筋骨受損，而達功能毀敗或嚴重減損之重傷害故意。是上訴人辯稱無重傷害故意，且無使告訴人殘廢之意思云云，係不可採。

第 279 條（義憤傷害罪）
當場激於義憤犯前二條之罪者，處二年以下有期徒刑、拘役或二十萬元以下罰金。但致人於死者，處五年以下有期徒刑。

□修正前條文
當場激於義憤犯前二條之罪者，處二年以下有期徒刑、拘役或一千元以下罰金。但致人於死者，處五年以下有期徒刑。

■修正說明（108.05.29）
原條文罰金額數已不符時宜，爰配合修正罰金為二十萬元以下。

□實務見解

▶ 33 上 99（判例）

刑法第二百七十九條所謂當場激於義憤，**必須此項義憤係在犯罪之現場所激起者，始足以當之。** 某甲聞知某乙坐在某氏床上，攜帶多人共往毆擊，其行為縱可認為係屬於義憤，但既非在現場所激起，而與該條所定之條件不合。

▶ 24 上 2246（判例）

刑法上所謂當場激於義憤而傷害人，係指被害人之行為違反正義，在客觀上足以激起一般人無可容忍之憤怒，而當場實施傷害者而言。

第 280 條（傷害直系血親尊親屬罪）
對於直系血親尊親屬，犯第二百七十七條或第二百七十八條之罪者，加重其刑至二分之一。

第 281 條（加暴行於直系血親尊親屬罪）
施強暴於直系血親尊親屬，未成傷者，處一年以下有期徒刑、拘役或十萬元以下罰金。

□修正前條文
施強暴於直系血親尊親屬未成傷者，處一年以下有期徒刑、拘役或五百元以下罰金。

■修正說明（108.05.29）
原條文罰金刑額數已不符時宜，爰配合修正罰

金為十萬元以下，並酌作標點符號修正。

□實務見解

▶ 48 台上 715（判例）

刑法第二百八十一條之罪，係以施強暴於直系血親尊親屬未成傷為構成要件，原判決竟以未成傷為不構成該條之罪之理由，顯有瑕疵。

第 282 條（加工自傷罪）
I 受他人囑託或得其承諾而傷害之，因而致死者，處六月以上五年以下有期徒刑；致重傷者，處三年以下有期徒刑。
II 教唆或幫助他人使之自傷，因而致死者，處五年以下有期徒刑；致重傷者，處二年以下有期徒刑。

□修正前條文
教唆或幫助他人使之自傷，或受其囑託或得其承諾而傷害之，成重傷者，處三年以下有期徒刑；因而致死者，處六月以上、五年以下有期徒刑。

■修正說明（108.05.29）
一、身體健康法益主體之個人處分自己身體健康之自傷行為，不構成犯罪。然慮及善良風俗，原條文就「受被害人囑託傷害致死或致重傷」、「得被害人承諾傷害致死或致重傷」、「教唆傷害致死或致重傷」及「幫助他人傷害致死或致重傷」四種態樣均有處罰之規定。原條文就上開四種態樣之法定刑均相同，惟其行為態樣之惡性並不相同，前二者係被告從事傷害之構成要件行為而致重傷或致死，後二者係被害人自行傷害身體，而造成重傷、死亡之結果，法律評價應與後二者不同。爰就其行為態樣區分為二項，第一項為受他人囑託或得其承諾而傷害者，其惡性較重，維持原法定刑，另將惡性較輕之教唆或幫助他人使之自傷者移列至第二項，並酌減其法定刑，致死者處五年以下有期徒刑，致重傷者處二年以下有期徒刑，以符罪刑相當原則。
二、有關加重結果致死或至重傷之處罰體例，本法均先規定致死，再規定致重傷，爰配合修正之，以符體例。

第 283 條（聚眾鬥毆罪）
聚眾鬥毆致人於死或重傷者，在場助勢之人，處五年以下有期徒刑。

□修正前條文
聚眾鬥毆致人於死或重傷者，在場助勢而非出於正當防衛之人，處三年以下有期徒刑；下手實施傷害者，仍依傷害各條之規定處斷。

■修正説明（108.05.29）

一、聚眾鬥毆之在場助勢之人，若有事證足認其與實行傷害之行為人間有犯意聯絡及行為分擔，或有幫助行為，固可依正犯、共犯理論以傷害罪論處。**惟若在場助勢之人與實行傷害之行為人間均無關係，且難以認定係幫助何人時，即應論以本罪。又在場助勢之人如有阻卻違法事由時，本可適用總則編關於阻卻違法之規定，爰刪除非出於正當防衛之要件。**

二、在場助勢之行為，極易因群眾而擴大鬥毆之規模，造成對生命、身體更大之危害，而現今電子通訊、網際網路或其他媒體等傳播工具發達，屢見鬥毆之現場，快速、輕易地聚集多數人到場助長聲勢之情形，除使生命、身體法益受嚴重侵害之危險外，更危及社會治安至鉅，為有效遏止聚眾鬥毆在場助勢之行為，爰提高法定刑為五年以下有期徒刑。

三、本罪係處罰單純在場助勢者，若其下手實行傷害之行為，本應依其主觀犯意及行為結果論罪。是原條文後段關於下手實施傷害者，仍依傷害各條之規定處斷之規定並無實益，爰予刪除。

❖ 法學概念
聚眾鬥毆

為了鬥毆而聚眾，並有實際行動，即為共同正犯，例如：糾眾尋仇而打傷人，所有行兇的人都是傷害罪的共同正犯。這在法律的適用上並沒有問題。但是，先有聚眾，然後毫無預警的發生衝突，並發生死傷，刑法的適用就可能發生問題。例如：不同政黨的支持群眾，大街相遇，彼此叫陣，由於情緒極度高亢，突然潮水般的相互推擠並進而鬥毆。加入戰局的人，如何依照共同正犯處理？如果場面混亂，何人、或打死何人，在證據認定上與因果關係的判斷上都有問題，傷害罪（包括傷害致死罪）怎麼適用？第283條的立法意旨，就是要不顧因果證明上的難局，一律把涉入戰局者都羅織入罪。在立法上推定，凡參與聚眾鬥毆，對於死傷俱有責任。參與者縱然無意把人打成重傷或打死人，也一概依據本罪處罰。蓋在場助勢也是典型的危險行為，處於群體之中容易激情失控，一律處罰偶發的衝突傷害，顯得過苛，條文裡的「在場助勢」，如吆喝、鼓掌、大聲叫好等。未必是鼓舞某一方，單純看好戲，意在推波助瀾亦屬之。因此，本罪之「致死或致重傷」雖係聚眾鬥毆者下手實施傷害行為之結果；惟就在場助勢者而言，此項「致死或致重傷」之結果，並非在場助勢之行為所造成。所以，對於聚眾鬥毆與在場助勢的危險行為，在處罰上必須節制，學說多認為此節制規定，乃係「客觀處罰條件」（此是指不法構成要件與罪責以外，足以影響可罰性成立的要件。這個要件，現實上存在即可；行為人縱然對於客觀處罰條件毫無所悉，照樣成罪。所以，客觀處罰條件與行為人的故意或過失，都沒有關係）。

【林東茂，《刑法分則》，一品，二版，2020.02，50頁以下；甘添貴，《刑法各論（下）》，三民，修訂四版，2015.05，66頁；許澤天，《刑法分則（下）》，新學林，初版，2019.09，168頁以下。】

❖ 爭議問題
聚眾鬥毆所謂的多數人是否以隨時可增加的狀況為必要？

一、肯定説

　　依實務見解，本罪所謂聚眾鬥毆係指參與鬥毆的多數人有隨時可以增加的狀況者而言，若參與鬥毆之人係事先約定，並無隨時可以增加的狀況，則與聚眾鬥毆的情形不合（最高法院28年上字第621號判例參照）。

二、否定説

　　學說上認為，聚眾鬥毆之行為，**本質上為聚眾犯**，須一方或雙方聚集多眾，始能成立。多眾之涵意，實與公眾同，在解釋上，應包含不特定之多數人以及特定之多數人在內。因此，所聚集之多眾，既包含特定之多數人在內，自不以有隨時可能增加之狀況為必要。

【甘添貴，《刑法各論（上）》，三民，修訂四版，2014.09，66頁。】

❖ 爭議問題
聚眾鬥毆者可否主張正當防衛？

一、否定説

　　本罪之行為主體有二：一為在場助勢而非出於正當防衛之人；一為下手實施傷害者。

　　若為在場助勢者，僅止於聚眾鬥毆之現場，在旁助張聲勢，既未下手實施，亦未從旁予以物質上之幫助，本無正當防衛可言。惟其所助勢之一方，如係出於正當防衛而下手實施傷害，既可阻卻違法而不罰，此際自無單獨處罰其助勢者之理。因此，**須鬥毆者非出於正當防衛時，其在場助勢之人，始能依本條規定論處**。

【甘添貴，《刑法各論（上）》，三民，修訂四版，2014.09，66頁。】

二、折衷説

　　有文獻指出，在群毆過程中，要精確區分聚眾鬥毆者個別的傷害或致死行為，確實不易，不過全然否定聚眾鬥毆者不能主張正當防衛，自非所宜，**故宜區辨整體參與群毆行為中的個別傷害或致死行為，能否適用正當防衛**。

【張麗卿，〈羅曼羅蘭《約翰克利斯朵夫》——正當防衛與聚眾鬥毆〉，收錄於《法律與文學——文學視野中的法律正義》，元照，初版，2010.11，64頁。】

□ **實務見解**

▶ 28 上 621（判例）

刑法第二百八十三條所謂聚眾鬥毆，係指參與鬥毆之多數人，有隨時可以增加之狀況者而言。上訴人等與被告等雙方械鬥時，其參與鬥毆之人均係事前約定，並無隨時可以增加之狀況，自與聚眾鬥毆之情形不合。

（編按：修法後，本則判例仍保留。）

第 284 條（過失傷害罪）

因過失傷害人者，處一年以下有期徒刑、拘役或十萬元以下罰金；致重傷者，處三年以下有期徒刑、拘役或三十萬元以下罰金。

□ **修正前條文**

I 因過失傷害人者，處六月以下有期徒刑、拘役或五百元以下罰金；致重傷者，處一年以下有期徒刑、拘役或五百元以下罰金。

II 從事業務之人，因業務上之過失傷害人者，處一年以下有期徒刑、拘役或一千元以下罰金；致重傷者，處三年以下有期徒刑、拘役或二千元以下罰金。

■ **修正說明**（108.05.29）

一、原過失傷害依行為人是否從事業務而有不同法定刑，原係考慮業務行為之危險性及發生實害頻率，高於一般過失行為，且其後果亦較嚴重；又從事業務之人對於一定危險之認識能力較一般人為強，其避免發生一定危險之期待可能性亦較常人為高，故其違反注意義務之可責性自亦較重。因此就業務過失造成之傷害結果，應較一般過失行為而造成之傷害結果負擔較重之刑事責任。惟學說認從事業務之人因過失行為而造成之法益損害未必較一般人為大，且對其課以較高之注意義務，有違平等原則，又難以說明何以從事業務之人有較高之避免發生危險之期待。再者，司法實務適用之結果，過於擴張業務之範圍，已超越立法目的，而有修正必要，爰刪除原第二項業務過失傷害之處罰規定，由法官得依其具體個案違反注意義務之情節，量處適當之刑。

二、將第一項過失傷害、過失傷害致重傷之法定刑分別修正提高為一年以下有期徒刑、拘役或十萬元以下罰金及三年以下有期徒刑、拘役或三十萬元以下罰金，以符罪刑相當，列為本條文。

□ **實務見解**

▶ 37 上 2318（判例）

上訴人槍擊之目的，既在甲而不在乙、丙，則其槍擊甲未中，應構成殺人未遂罪，其誤將乙打傷丙打死，應分別構成過失傷害人及過失致人於死罪，依刑法第五十五條從一重論以殺人未遂罪，原判遽以殺人罪處斷，自屬違誤。

▶ 94 台非 253（判決）

被告甲於九十三年二月二十六日下午十一時五十分許，駕駛車號Ｐ五一〇八八一號自小客車沿台南縣善化鎮○○路自南往北方向行駛，行經設有閃光紅燈之建國路與興華路交岔路口時，本應注意汽車行經上開交岔路口，支線道車應暫停讓幹道車先行，而依當時情形又非不能注意，竟疏未注意，而與適時沿興華路自西往東方向行駛，未注意減速行駛及車前狀況，由陳○山所駕駛車號八Ｌ一九三六七號自小客車發生擦撞，致陳○山受有右第二肋骨骨折等情，依上開第一審判決確認之事實，甲所為，自應成立刑法第二百八十四條第一項前段之因過失傷害人罪。

第 285 條（刪除）

□ **修正前條文**

明知自己有花柳病，隱瞞而與他人為猥褻之行為或姦淫，致傳染於人者，處一年以下有期徒刑、拘役或十萬元以下罰金。

■ **修正說明**（108.05.29）

一、本條刪除。

二、本罪之行為人主觀上明知自己罹患花柳病，仍刻意隱瞞與他人為猥褻或姦淫等行為，而造成傳染花柳病予他人之結果，已構成修正條文第二百七十七條傷害罪，為避免法律適用之爭議，爰刪除本條規定。

第 286 條（妨害幼童發育罪）

I 對於未滿十八歲之人，施以凌虐或以他法足以妨害其身心之健全或發育者，處六月以上五年以下有期徒刑。

II 意圖營利，而犯前項之罪者，處五年以上有期徒刑，得併科三百萬元以下罰金。

III 犯第一項之罪，因而致人於死者，處無期徒刑或十年以上有期徒刑；致重傷者，處五年以上十二年以下有期徒刑。

IV 犯第二項之罪，因而致人於死者，處無期徒刑或十二年以上有期徒刑；致重傷者，處十年以上有期徒刑。

□ **修正前條文**

I 對於未滿十六歲之人，施以凌虐或以他法足以妨害其身心之健全或發育者，處五年以下有期徒刑。

II 意圖營利，而犯前項之罪者，處五年以上有期徒刑，得併科三百萬元以下罰金。

■ **修正說明**（108.05.29）

一、為促進兒童及少年身心健全發展並保護其

權益，聯合國《兒童權利公約》（Convention on the Rights of the Child）已由我國透過制定《兒童權利公約施行法》予以國內法化，該公約保護對象係以未滿十八歲者為對象；另鑒於《兒童及少年福利與權益保障法》第二條亦規定十八歲以下為兒童及少年，且同法第四十九條禁止對其身心虐待。為使本法與《兒童權利公約施行法》及《兒童及少年福利與權益保障法》對兒童及少年之保障規範有一致性，爰修正本條第一項前段，將受虐對象年齡由十六歲以下提高至十八歲以下。

二、原第一項之「凌虐」係指通常社會觀念上之凌辱虐待等非人道待遇，不論積極性之行為，如時予毆打，食不使飽；或消極性之行為，如病不使醫，傷不使療等行為均包括在內。另實務上認為凌虐行為具有持續性，與偶然之毆打成傷情形有異。如行為人對於未滿十八歲之人施以凌虐行為，處罰不宜過輕，況修正條文第二百七十七條第一項傷害罪法定刑已提高為五年以下有期徒刑、拘役或五十萬元以下罰金，爰修正第一項後段法定刑為六月以上五年以下有期徒刑。

三、本法以凌虐為構成要件行為之犯罪，除本罪以外，尚有第一百二十六條凌虐人犯罪，該罪就致人於死及致重傷均定有加重結果犯之規定。為保護未滿十八歲之人免於因凌虐而致死、致重傷，爰參考德國刑法第二百二十五條規定，於第三項、第四項增訂加重結果犯之處罰。

四、第二項未修正。

□ 實務見解

▶ 30 上 1787（判例）

刑法第二百八十六條第一項之凌虐，係凌辱虐待之意，若偶有毆傷，而非通常社會觀念上所謂凌辱虐待之情形，祇能構成傷害人身體之罪。

第 287 條（告訴乃論）
第二百七十七條第一項、第二百八十一條及第二百八十四條之罪，須告訴乃論。但公務員於執行職務時，犯第二百七十七條第一項之罪者，不在此限。

□ 修正前條文
第二百七十七條第一項、第二百八十一條、第二百八十四條及第二百八十五條之罪，須告訴乃論。但公務員於執行職務時，犯第二百七十七條第一項之罪者，不在此限。

■ 修正說明（108.05.29）

配合刪除原第二百八十五條，酌作修正。

❖ 法學概念

醫療暴力屬非告訴乃論罪

依本條之規定，刑法第 277 條第 1 項之普通傷害罪為告訴乃論之罪。但在醫療暴力的案例中，無論是基於醫病關係、醫院管理、恐遭報復、畏於纏訟或是一念之仁等因素，事實上的確有許多醫療暴力之受害人未為告訴或撤回告訴，以致相關之肢體暴力未能獲得處罰。長此以往，恐將令整體醫療環境安全之維護更形惡化。這不免造成施暴者僥倖的心理，使得這類事件一再發生。

有鑑於此，2014 年 1 月醫療法第 24 條修正為「醫療機構應保持環境整潔、秩序安寧，不得妨礙公共衛生及安全。為保障病人就醫安全，任何人不得以強暴、脅迫、恐嚇或其他非法之方法，妨礙醫療業務之執行，致生危害醫療安全或其設施。醫療機構應採必要措施，以確保醫事人員執行醫療業務時之安全。違反第二項規定者，警察機關應協助排除或制止之；如涉及刑事責任者，應移送該管檢察官偵辦。」由此可知，這次修法已將此類行為改為非告訴乃論罪。

【張麗卿，〈護理站中的醫療暴力〉，《台灣法學雜誌》，第 244 期，2014.03，128 頁以下。】

第二十四章　墮胎罪

第 288 條（自行或聽從墮胎罪）
I 懷胎婦女服藥或以他法墮胎者，處六月以下有期徒刑、拘役或三千元以下罰金。
II 懷胎婦女聽從他人墮胎者，亦同。
III 因疾病或其他防止生命上危險之必要，而犯前二項之罪者，免除其刑。

□ 修正前條文
I 懷胎婦女服藥或以他法墮胎者，處六月以下有期徒刑、拘役或一百元以下罰金。
II 懷胎婦女聽從他人墮胎者，亦同。
III 因疾病或其他防止生命上危險之必要，而犯前二項之罪者，免除其刑。

■ 修正說明（108.12.25）

一、本罪於民國七十二年六月二十六日後並未修正，爰依刑法施行法第一條之一第二項本文規定將罰金數額修正提高三十倍，以增加法律明確性，並使刑法分則各罪罰金數額具內在邏輯一致性。

二、第二項末句「亦同」修正為「，亦同」。

□ 實務見解

▶ 99 台上 7588（判決）

刑法第二百八十八條第一項之自行墮胎罪，行為主體固為墮胎婦女，客體為腹內胎兒，所保護之

法益主要係胎兒之健康發育、順產，尚兼及維持風俗、保全公益；同法第二百九十條第一項之營利加工墮胎罪，行為主體則為意圖營利，受懷胎婦女之囑託或得其承諾，使之墮胎之人，乃孕婦以外之人員，不以婦產醫師或助產士等專業人員為限，客體除為胎兒之外，包含孕婦在內，所保護之法益除上揭自行墮胎罪法益外，另兼及孕婦本身之健康，二者尚非完全相同，不可不辨，自不生孕婦既係自行墮胎罪之行為人（加害人），即不得為營利加工墮胎罪之被害人之問題。從而，營利加工墮胎罪之行為人（加害人），倘係對於未成年之孕婦加工墮胎，自有兒童及少年福利法第七十條第一項前段加重其刑規定之適用，且此情係屬刑法分則之加重，而非總則之加重。

第 289 條（加工墮胎罪）

I 受懷胎婦女之囑託或得其承諾，而使之墮胎者，處二年以下有期徒刑。

II 因而致婦女於死者，處六月以上五年以下有期徒刑。致重傷者，處三年以下有期徒刑。

第 290 條（意圖營利加工墮胎罪）

I 意圖營利而犯前條第一項之罪者，處六月以上五年以下有期徒刑，得併科一萬五千元以下罰金。

II 因而致婦女於死者，處三年以上十年以下有期徒刑，得併科一萬五千元以下罰金；致重傷者，處一年以上七年以下有期徒刑，得併科一萬五千元以下罰金。

□修正前條文

I 意圖營利，而犯前條第一項之罪者，處六月以上五年以下有期徒刑，得併科五百元以下罰金。

II 因而致婦女於死者，處三年以上十年以下有期徒刑，得併科五百元以下罰金，致重傷者，處一年以上七年以下有期徒刑，得併科五百元以下罰金。

■修正說明（108.12.25）

一、本罪於民國七十二年六月二十六日後並未修正，爰依刑法施行法第一條之一第二項本文規定將罰金數額修正提高三十倍，以增加法律明確性，並使刑法分則各罪罰金數額具內在邏輯一致性。

二、第一項中段「六月以上、五年以下」修正為「六月以上五年以下」；第二項前段「三年以上、十年以下」修正為「三年以上十年以下」；第二項後段「一年以上、七年以下」修正為「一年以上七年以下」。

□ 實務見解

▶95 台非 115（判決）

原確定判決犯罪事實認定被告甲○○明知懷胎婦女邱○○（姓名年齡詳卷）係未婚之未成年婦女，果邱女欲依優生保健法第九條第二項規定施行人工流產手術，應得其法定代理人之同意後始得為之，詎被告竟意圖營利，未詳予審查與邱女同來之許○○與邱女之關係，且明知陪同邱女前往該診所，於該手術及麻醉同意書上立同意書人姓名欄內蓋指印之許瑞玲僅記載為「阿姨」，並非邱女之「法定代理人」，竟在未經邱女之法定代理人即其父乙○○、母丙○○之「同意」下，於八十九年八月十七日下午七時許，在上開診所內，受懷胎邱女之囑託，對邱女進行墮胎手術，而邱女亦聽從被告之墮胎，導致胎兒死亡，事後被告並收取墮胎費用新台幣一萬元牟利等情。並於理由內以被告於八十九年八月十七日上午看診時，已知邱○○為未滿十八歲之人，其依優生保健法自願人工流產手術，應得法定代理人之同意，乃其明知許○○並非邱○○之父母，並不具法定代理人之資格，於許○○在手術及麻醉同意書上按捺指印後，竟仍同意予以邱○○人工流產手術，其有受懷胎婦女之囑託，而使之墮胎之故意甚明，被告應負刑法第二百九十條第一項意圖營利，受懷胎婦女之囑託而使之墮胎罪。

第 291 條（未得孕婦同意使之墮胎罪）

I 未受懷胎婦女之囑託或未得其承諾，而使之墮胎者，處一年以上七年以下有期徒刑。

II 因而致婦女於死者，處無期徒刑或七年以上有期徒刑。致重傷者，處三年以上十年以下有期徒刑。

III 第一項之未遂犯罰之。

❖ 法學概念

本罪與他罪之競合

可分三種情形討論：

一、本罪乃未得懷孕婦女之承諾而為墮胎行為，行為之不法內涵已包含對於懷胎婦女意思自由的保護，故成立本罪後，無須再論以成立強制罪。

二、由於本罪所要保護的法益為胎兒生命與懷孕婦女之身體健康，因此本罪之不法內涵也帶有傷害罪之性質，故成立本罪後，不再另論傷害罪。惟墮胎行為如造成被害人死亡或重傷害之結果發生，則應論以本條第 2 項之加重結果犯。

三、行為人若故意殺害懷孕婦女或故意使之成重傷害，則屬一行為同時觸犯殺人罪與本罪，係想像競合。

【王皇玉，〈論墮胎罪〉，收錄於《刑法上的生命、死亡

與醫療》，承法，初版，2011.12，27 頁。】

第二十五章　遺棄罪

☐ **實務見解**

▶ **30 上 1930（判例）**

刑法第二百九十一第二項之墮胎致死罪，以加害人有使懷胎婦女墮胎之故意為必要。如無此故意，僅因毆傷懷胎婦女之結果，致其胎兒墮落，該婦女且因之而死亡者，即與該罪應具之要件不符。

▶ **29 上 3120（判例）**

刑法第二百九十一條第一項之使婦女墮胎罪，以有直接或間接之墮胎故意為必要。**倘無使之墮胎之故意，而由另一原因發生墮胎之結果者，則祇成立他罪，而不能論以本罪**，即墮胎致死，亦不能以同條第二項前段之罪論擬。

┌─────────────────────────
│ **第 292 條（介紹墮胎罪）**
│ 以文字、圖畫或他法，公然介紹墮胎之方法或物品，或公然介紹自己或他人為墮胎之行為者，處一年以下有期徒刑、拘役或科或併科三萬元以下罰金。
└─────────────────────────

☐ **修正前條文**

以文字、圖畫或他法，公然介紹墮胎之方法或物品，或公然介紹自己或他人為墮胎之行為者，處一年以下有期徒刑、拘役或科或併科一千元以下罰金。

■ **修正說明（108.12.25）**

本罪於民國七十二年六月二十六日後並未修正，爰依刑法施行法第一條之一第二項本文規定將罰金數額修正提高三十倍，以增加法律明確性，並使刑法分則各罪罰金數額具內在邏輯一致性。

❖ **法學概念**

本罪與婦女墮胎罪之關係

　　本罪僅須有公然介紹之行為，即足以成立；至行為人有否進而提供墮胎之方法或物品，對於本罪之成立並無影響。

　　惟假設行為人進而提供墮胎之方法或物品，而由婦女自行為墮胎者，固得成立懷胎婦女墮胎罪之幫助犯；惟因前者為正犯，後者為幫助犯，二者犯罪性質有別，其法定刑亦復輕重有異，前者較重，後者較輕，倘認其僅成立自行墮胎罪之幫助犯，無異鼓勵行為人避重就輕，逃避重罪之制裁。故在此應視具體情形，認其成立本罪與懷胎婦女墮胎罪之幫助犯，數罪併罰。

【甘添貴，《刑法各論（上）》，三民，修訂二版，2010.11，87 頁。】

┌─────────────────────────
│ **第 293 條（無義務之遺棄罪）**
│ I 遺棄無自救力之人者，處六月以下有期徒刑、拘役或三千元以下罰金。
│ II 因而致人於死者，處五年以下有期徒刑；致重傷者，處三年以下有期徒刑。
└─────────────────────────

☐ **修正前條文**

I 遺棄無自救力之人者，處六月以下有期徒刑、拘役或一百元以下罰金。

II 因而致人於死者，處五年以下有期徒刑；致重傷者，處三年以下有期徒刑。

■ **修正說明（108.12.25）**

本罪於民國七十二年六月二十六日後並未修正，爰依刑法施行法第一條之一第二項本文規定將罰金數額修正提高三十倍，以增加法律明確性，並使刑法分則各罪罰金數額具內在邏輯一致性。

☐ **實務見解**

▶ **17 年度決議㈠（17.10.17）**

本條（按指刑法第二百九十三條）係指雖無扶助養育保護之義務，而遇無自救力之人故意遺棄之者言。

▶ **23 非 71（判例）**

被告於被害人受傷倒地後，著人將其抬至墟門以外，隨即因傷斃命，即為原判決認定之事實，是被害人受傷倒地，已失卻生存上所必要之自救力，被告雖無扶助保護之義務，乃著人將其抬至墟門以外，究難謂無教唆遺棄之行為。

▶ **95 台上 7250（判決）**

刑法第二百九十三條無義務遺棄罪之行為主體，對無自救力之人，雖無扶助、養育或保護之積極義務，但仍負有不遺棄之消極義務，故本罪之成立，自須以其有積極之遺棄行為為要件，亦即有故意使無法以自己力量維持、保護自己生存之被害人，由安全場所移置於危險場所，或由危險場所移置於更高危險場所，或妨礙他人將之移置於尋求保護之安全場所等積極之棄置行為，致被害人之身體、生命處於更高危險之狀態，始足當之，僅消極不作為，不能成立本罪。此與同法第二百九十四條之違背義務遺棄罪，係指對於無自救力者，因法令或契約而負有扶助、養育或保護義務之人，不盡其義務，無論為積極遺棄行為，或消極不為其生存上所必要扶助、養育或保護，均列為處罰對象之情形不同。

❖ 爭議問題

普通遺棄罪的性質

一、具體危險犯說

採此說學者認為，並非對於無自救力之人的遺棄行為，均具應刑罰性，而是只有遺棄行為會導致無自救力之人喪失生命的高危險性，始有加以刑罰制裁的必要，故司法者必須就個案的情狀，逐一判斷行為人的遺棄行為有無導致無自救力之人的生命陷於危險狀態。亦即，遺棄罪則是使生命法益陷入危險狀態，需發生對生命的具體危險結果。蓋因並非對於無自救力之人一有遺棄行為，即需施加刑罰，若有遺棄行為但並未使客體產生生命的危險，例如將昏迷的路人移置醫院急診室即離去，但依常理生命法益應無被危害之虞，並無以刑罰制裁之必要。

【林山田，《刑法各罪論（上）》，元照，五版，2006.11，101 頁；盧映潔，《刑法分則新論》，新學林，十五版，2020.02，557 頁。】

二、抽象危險犯說

遺棄罪，只須將無自救力之人之生命、身體置於危險狀態，即足成立。此種危險狀態，不必已經發生危險，只須有可能發生危險，對於無自救力人之生命、身體業已造成重大之威脅即可。採普通遺棄罪是抽象危險犯之具體理由如下：

(一)描述具體危險犯，構成要件上往往會出現「致生……危險」。但第 293 條第 1 項，並無如此文字敘述。

(二)由於具體危險以接近實害，普通遺棄罪的最重處罰不過 6 個月的自由刑，以如此輕微的法律效果保護生命，絕非立法原意。

(三)刑法第 293 條，在構成要件及法律效果上皆未如德國刑法第 221 條的規定之「限於無助之境」（危險結果），且未如最重處罰之 5 年自由刑。

(四)不論學說及實務界，都將遺棄行為限於積極的移置，所以認為普通遺棄罪係抽象危險犯，所以對行為人而言並不苛酷。

(五)並非任何移動無自救能力人的行為皆構成遺棄罪，蓋移動無自救能力人的行為，提高了其獲救率，即非法秩序所要譴責的「遺棄」。

(六)如果要立法決定普通遺棄是具體危險犯，應在構成要件上增訂「致生被遺棄人生命危險」等用語，其法定刑亦應同步提高。

【甘添貴，《刑法各論（上）》，三民，修訂四版，2014.08，90 頁；林東茂，《刑法分則》，一品，二版，2020.02，32 頁以下】

第 294 條（違背義務遺棄罪）

I 對於無自救力之人，依法令或契約應扶助、養育或保護而遺棄之，或不為其生存所必要之扶助、養育或保護者，處六月以上、五年以下有期徒刑。

II 因而致人於死者，處無期徒刑或七年以上有期徒刑；致重傷者，處三年以上十年以下有期徒刑。

❖ 法學概念

本罪保護義務的範圍

本罪雖然明文保護的義務是「依法令或契約」，但是一般認為刑法上作為義務的根據，除了法令、契約之外，尚有無因管理、習慣或法理在內。惟，一般規範的習慣或法理的範圍雖非明確，不過現實上確實存在必須根據一般規範始得認定作為義務或保護義務存在之情況，例如一同參加登山的同伴之間或者同居一室的室友之間（分租而非同室，並不包括在內）等等，因此有以一般規範作為義務或保護義務根據的理由，然而在認定是否真因為一般規範而具備作為義務或保護義務，仍須就個別具體判斷之。

【陳子平，《刑法各論（上）》，元照，二版，2015.09，72 頁以下。】

但文獻上亦有認為，在法律沒有明文好友、同居人的救助或保護義務的前提下，如貿然擴大承認國民感情的保護義務，將有違反罪刑法定原則之虞，故不宜擴大解釋。

【王皇玉，〈遺棄同居人〉，《月旦法學教室》，第 111 期，2012.01，43 頁。】

❖ 爭議問題

本罪與肇事遺棄罪之競合

一、實務見解

實務上有見解認為，刑法第 185 條之 4 為刑法第 294 條第 1 項之特別規定，而應優先適用。

至於第 294 條第 2 項之遺棄因而致人於死（重傷）罪，係世同條第 1 項之遺棄行為而致生死亡或重傷之加重結果為處罰，惟該遺棄罪之加重結果犯規定，是在駕駛動力交通工具肇事致人受傷，使陷於無自救能力而逃逸之情形，倘被害人因其逃逸，致發生客觀上能預見而不預見之重傷或死亡之加重結果者，自應對行為人之肇事逃逸行為，論以該遺棄之加重結果犯罪責（最高法院 92 年度台上字第 4552 號判決參照）。

二、學說看法

學說上認為，應以法益之保護同一性與否作判斷，如認為二罪之保護法益，均為個人生命、身體之安全時，則具有保護法益之同一性，得成立法條競合，二罪間具有補充關係，本罪為基本規定；駕車肇事逃逸罪，則為補充規定，應優先適用基本規定之本罪。

惟若認為駕車肇事逃逸罪之保護法益為社會之公共安全時，則與本罪即不具保護法益之同一性，應依具體情形成立想像競合犯。

【甘添貴，《刑法各論（上）》，三民，修訂四版，

編按：

　　此一見解提出後，已有實務見解採此一看法（最高法院99年度台上字第4045號判決參照）。

□ 實務見解

▶ 87 台上 2395（判例）

刑法第二百九十四條第一項後段之遺棄罪，以負有扶助、養育或保護義務者，對於無自救力之人，不為其生存所必要之扶助、養育或保護為要件。所謂「生存所必要之扶助、養育或保護」，係指義務人不履行其義務，於無自救力人之生存有危險者而言。是本院二十九年上字第三七七七號判例所稱：「若負有此項義務之人，不盡其義務，而事實上尚有他人為之養育或保護，對於該無自救力人之生命，並不發生危險者，即難成立該條之罪」，應以於該義務人不履行其義務之際，業已另有其他義務人為之扶助、養育或保護者為限；否則該義務人一旦不履行其義務，對於無自救力人之生存自有危險，仍難解於該罪責。

▶ 29 上 3777（判例）

刑法第二百九十四條第一項後段之遺棄罪，必以對於無自救力之人，不盡扶養或保護義務，而致其有不能生存之虞者，始克成立。若負有此項義務之人，不盡其義務，而事實上尚有他人為之養育或保護，對於該無自救力人之生命，並不發生危險者，即難成立該條之罪。

▶ 27 上 1765（判例）

刑法上所謂無自救力之人，係指其人無維持生存所必要之能力而言。若年力健全之婦女，儘有謀生之途，不能僅以無資金、技能或未受教育，為無自救力之原因。被告對於某氏固有扶養義務，但該氏正在中年，又未病廢，即其本身非無維持生存所必要之能力，被告如違反扶養義務，祇可由某氏依民事法規請求救濟，要不能謂已構成遺棄之罪。

▶ 107 台上 1362 ○（判決）

刑法第二九四條第一項之違背義務遺棄罪，以負有扶助、養育或保護義務者，對於無自救力之人，不為其生存所必要之扶助、養育或保護為其要件。此所謂生存所必要之扶助、養育或保護，係指義務人不履行其義務，對於無自救力人之生存有發生危險之虞者而言，係抽象危險犯，故不以果已發生危險為必要。又負有此項義務之人，不盡其義務時，縱有其他無照護義務之人為之照護，因該非出於義務之照護（類似無因管理）隨時可能停止，對無自救力之人之生命既仍處於有可能發生危險之不確定狀態，自不影響該依法令負有此義務之人遺棄罪之成立。本件上訴人將甫出生四日且有海洛因戒斷症候群之 A 童棄置在敏盛醫院新生兒中重度病房後，該醫院雖因全民健康保險制度對 A 童有治療之義務，並在 A 童住院期間附帶照料 A 童之飲食及睡眠等基本需要，惟該附帶之照料行為，既無法律與契約之明確保障，並不相當或等同於上訴人對 A 童所應負之扶助、養育及保護義務。敏盛醫院是否有為 A 童治療之義務暨是否對 A 童為附帶之照料，以及該治療及附帶照料行為之長短，並不影響上訴人違背義務遺棄罪之成立。

▶ 100 台上 5596（判決）

查刑法第二百九十四條第二項之遺棄因而致人於死罪，以被害人確係無自救力之人，行為人亦知被害人為無自救力之人，而依法令或契約應扶助、養育或保護，基於遺棄之故意，而積極遺棄之，或消極不為其生存所必要之扶助、養育或保護，致生被害人死亡之加重結果，為成立要件，乃同條第一項遺棄罪之加重結果犯規定。在駕駛動力交通工具肇事致人受傷，使陷於無自救能力而逃逸之情形，除須被害人因行為人之逃逸，致發生客觀上能預見而不預見之死亡之加重結果者外，尚以行為人逃逸之遺棄行為與被害人之死亡結果間具有相當因果關係，始應令其就肇事逃逸行為，負該遺棄之加重結果罪責。亦即行為人雖有逃逸之遺棄行為，然如被害人之傷勢嚴重，縱及時醫治，仍無法救活者，則其死亡之結果與行為人之遺棄行為間，即無相當因果關係可言，自無從成立遺棄因而致人於死罪。

▶ 99 台上 4045（判決）

刑法第二百九十四條第一項之遺棄罪，必須被害人為無自救力之人，行為人又知被害人係屬無自救力之人，而積極遺棄之，或消極不為其生存所必要之扶助、養育或保護者始足當之。換言之，以行為人主觀上有遺棄無自救力人之犯罪故意為前提，犯罪主體亦不以駕駛動力交通工具肇事，致人死傷而逃逸之人為限，如非對絕無自救力之人為積極或消極之遺棄行為，即不成立本罪；與刑法第一百八十五條之四之罪，其犯罪主體限於駕駛動力交通工具肇事致人死傷而逃逸者，且祇以行為人有駕駛動力交通工具，致人死傷而逃逸之事實為已足，並不以被害人必為無自救力之人，無自行維持生存所必要之能力為必要。且所保護之法益，前者為個人之生命、身體安全，與後者係為促使駕駛人於肇事後能對被害人即時救護，以減少死傷，側重社會公共安全之維護，亦屬有間。二者並非特別法與普通法關係，故如一駕駛動力交通工具肇事，致人死傷而逃逸之行為，同時符合上開二罪之犯罪構成要件時，即應成立一行為觸犯二罪名之想像競合犯。準此，本件被告駕車肇事，致被害人周○○受傷，昏迷倒臥路上，成為無自救力之人後，卻因緊張害怕，未下車察看，採取必要之保護措施，

逕自駕車逃逸之一個行為，自屬同時觸犯上開二罪名，原審依想像競合犯論處，並無不合。

▶ 99 台上 3048（判決）

刑法第二百九十四條第一項後段之遺棄罪，以負有扶助、養育或保護義務者，對於無自救力之人，不為其生存所必要之扶助、養育或保護為要件。而所謂「生存所必要之扶助、養育或保護」，係指義務人不履行其義務，於無自救力人之生存有危險者而言，若負有此項義務之人，不盡其義務，而事實上尚有他人為之養育或保護，對於該無自救力人之生命，並不發生危險者，固難成立該條之罪，但此應以於該義務人不履行其義務之際，業已另有其他義務人為之扶助、養育或保護者為限；否則該義務人一旦不履行其義務，對於無自救力人之生存自有危險，仍無解於該罪責。從而實際上照顧無自救力者之人，苟非負有扶助、養育或保護義務之義務人，其照顧既非出於義務，自可隨時停止，致無自救力者頓失必要之依恃，其生存即難謂無危險。

▶ 92 台上 4552（判決）

按刑法第二百七十六條第一項之過失致人於死罪及同法第二百八十四條第一項之過失傷害罪，係針對行為人應注意、能注意、而不注意之過失行為予以非難，而八十八年四月二十一日增訂之同法第一百八十五條之四之肇事致人死傷逃逸罪，則以處罰肇事後逃逸之駕駛人為目的，俾促使駕駛人於肇事後能對被害人即時救護，以減少死傷，是該罪之成立祇以行為人有駕駛動力交通工具肇事，致人死傷而逃逸之事實已足，至行為人之肇事有否過失，則非所問，二者之立法目的及犯罪構成要件截然不同。且駕駛人之肇事逃逸，係在其過失行為發生後，為規避責任，乃另行起意之另一行為，故行為人之過失犯行與其肇事致人死傷而逃逸之行為，應屬併罰關係。而刑法第一百八十五條之四肇事致人死傷逃逸罪，並不以被害人為無自救能力人為必要，且在肇事致人死亡而逃逸之情形，無成立刑法第二百九十四條第一項遺棄罪餘地，兩相比較，刑法第一百八十五條之四肇事致人死傷逃逸罪之構成要件，較同法第二百九十四條第一項遺棄罪為寬，且前者之法定刑度係參考後者而定，立法目的似有意將駕駛動力交通工具肇事致人受傷而逃逸行為之處罰，以前者之規定取代後者之意，且就肇事致人死亡而逃逸者，亦依該罪科以刑責，俾促使駕駛人於肇事後能對被害人即時救護，以減少死傷。則在駕駛動力交通工具肇事，致人受傷，使陷於無自救能力而逃逸之情形，該刑法第一百八十五條之四固為同法第二百九十四條第一項之特別規定，而應優先適用，然同法第二百九十四條第二項之遺棄因而致人於死（重傷）罪，係就同條第一項之遺棄行為而致生死亡或重傷之加重結果為處罰，為該遺棄罪之加重結果犯規定，是在駕駛動力交通工具肇事致人受傷，使陷於無自救能力而逃逸之情形，倘被害人因其逃逸，致發生客觀上能預見而不預見之重傷或死亡之加重結果者，自應對行為人之肇事逃逸行為，論以該遺棄之加重結果犯罪責，而非同法第一百八十五條之四肇事致人受傷逃逸罪所可取代。

> **第 294 條之 1（阻卻遺棄罪成立之事由）**
> 對於無自救力之人，依民法親屬編應扶助、養育或保護，因有下列情形之一，而不為無自救力之人生存所必要之扶助、養育或保護者，不罰：
> 一 無自救力之人前為最輕本刑六月以上有期徒刑之罪之行為，而侵害其生命、身體或自由者。
> 二 無自救力之人前對其為第二百二十七條第三項、第二百二十八條第二項、第二百三十一條第一項、第二百八十六條之行為或人口販運防制法第三十二條、第三十三條之行為者。
> 三 無自救力之人前侵害其生命、身體、自由，而故意犯前二款以外之罪，經判處逾六月有期徒刑確定者。
> 四 無自救力之人前對其無正當理由未盡扶養義務持續逾二年，且情節重大者。

■ 增訂說明（99.01.27）

一、本條新增。

二、按民法扶養義務乃發生於有扶養必要及有扶養能力之一定親屬間。惟徵諸社會實例，行為人依民法規定，對於無自救力人雖負有扶養義務，然因無自救力人先前實施侵害行為人生命、身體、自由之犯罪行為，例如殺人未遂、性侵害、虐待，或是未對行為人盡扶養義務，行為人因而不為無自救力人生存所必要之扶助、養育或保護，應認不具可非難性。若仍課負行為人遺棄罪責，有失衡平，亦與國民法律感情不符。爰增訂本條，明定阻卻遺棄罪成立之事由。

三、刑法第二百九十四條所謂之「依法令」應扶助、養育或保護，不以民法親屬規定之扶養、保護及教養義務為限，尚包含其他法令在內，例如海商法之海難救助義務、道路交通管理處罰條例第六十二條之肇事救護義務。爰明定本條之適用，以依民法親屬編規定應負扶助、養育或保護者為限。

四、刑法第二百九十四條遺棄罪之遺棄行為，

包含積極遺棄無自救力人之行為，以及消極不為無自救力人生存所必要之扶助、養育或保護之行為。爰明定僅限於「不為無自救力人生存所必要之扶助、養育或保護」之消極遺棄行為，始有本條之適用。若行為人積極遺棄無自救力人，即便有本條所定之事由，仍不能阻卻遺棄罪之成立。

五、法定最輕本刑六月以上有期徒刑之罪，已非屬輕罪。無自救力人侵害行為人之生命、身體、自由而為是類犯罪行為，顯難苛求行為人仍對之為生存所必要之扶助、養育或保護，爰訂立第一款。所謂為侵害生命、身體、自由之犯罪行為，不以侵害個人法益之犯罪行為為限，凡侵害國家法益或社會法益之犯罪行為，致個人之生命、身體、自由間接或直接被害者，亦包括在內。

六、無自救力人對行為人為第二百二十七條第三項、第二百二十八條第二項、第二百三十一條第一項、第二百八十六條之行為或人口販運防制法第三十二條、第三十三條之行為者，雖非法定最輕本刑六月以上有期徒刑之罪，惟亦難期待行為人仍對之為生存所必要之扶助、養育或保護，爰訂立第二款。

七、無自救力人對行為人故意犯本條第一款、第二款以外之罪，而侵害行為人之生命、身體、自由者，考量可能成立之罪名不一、個案之侵害結果軒輊有別，復審酌是類犯罪多為輕罪，為避免因無自救力人之輕微犯罪，即阻卻行為人遺棄罪之成立，造成輕重失衡，爰於第三款明定是類犯罪，必須經判處逾六月有期徒刑確定，始得阻卻遺棄罪之成立。又併受緩刑之宣告者，於緩刑期滿而緩刑之宣告未經撤銷者，依刑法第七十六條之規定，刑之宣告失其效力。刑既已消滅，即不符合本款之規定，從而不能阻卻遺棄罪之成立。

八、無自救力人對行為人負法定扶養義務，竟無正當理由而未盡扶養義務，雖因行為人另有人扶養，致其生命未陷於危險狀態，無自救力人方未成立遺棄罪。所謂正當理由，例如身心障礙、身患重病。若不論無自救力人未盡扶養義務之原因、期間長短、程度輕重，皆可阻卻行為人遺棄罪之成立，造成阻卻遺棄罪成立之範圍過大，影響無自救力人的法益保護，有失衡平，爰訂立第四款。又民法第一千一百十九條規定，扶養之程度，應按受扶養權利者之需要與負扶養義務者之經濟能力及身分定之。所謂「未盡扶養義務」包含未扶養及未依民法第一千一百十九條規定之扶養程度扶養。所謂「持續逾二年」係指未盡扶養義務之期間必須持續至逾二年。若係斷斷續續讓未盡扶養義務，且每次未盡扶養義務之期間持續皆未逾二年，即便多次未盡扶養義務之期間加總合計已逾二年，仍非此處所謂之「未盡扶養義務持續逾二年」。所謂「情節重大」係用以衡量未盡扶養義務之程度輕重。

九、無自救力人對行為人若有本條阻卻遺棄罪成立事由以外之事由，行為人因而不為無自救力人生存所必要之扶助、養育或保護者，例如無自救力人傷害行為人，經判處有期徒刑四月確定，則仍成立遺棄罪，惟依個案之情節輕重、影響，檢察官可依刑事訴訟法之規定裁量給予緩起訴處分，起訴後法院可依刑法第五十七條之規定，作為量刑之因素，甚或依刑法第五十九條之規定，予以減輕其刑。

十、依「民法」第一千一百十八條之一修正草案之規定，扶養義務之減輕或免除，須請求法院為之。法院減輕或免除扶養義務之確定裁判，僅向後發生效力，並無溯及既往之效力。因而於請求法院裁判減輕或免除扶養義務之前，依民法規定仍負扶養義務。本條所定阻卻遺棄罪成立之事由，與「民法」第一千一百十八條之一修正草案扶養義務之減輕免除事由相同者，事由是否存在，民刑事案件各自認定，彼此不受拘束，併此敘明。

第 295 條（遺棄直系血親尊親屬罪）
對於直系血親尊親屬犯第二百九十四條之罪者，加重其刑至二分之一。

□ **修正前條文**

對於直系血親尊親屬犯前條之罪者，加重其刑至二分之一。

■ **修正說明**（99.01.27）

配合第二百九十四條之一之增訂，修正「前條」之用語為第二百九十四條。

□ **實務見解**

▶ **26 上 2919**（判例）

刑法第二百九十五條之遺棄罪，仍以被遺棄之直系血親尊親屬，係無自救力之人為必要。上訴人年甫四十八歲，體力尚健，平日在某姓家傭工自給，不得謂無自營生活之能力，被告等不為扶養，尚與該條之構成要件不合。

第 296 條（使人為奴隸罪）

I 使人為奴隸或使人居於類似奴隸之不自由地位者，處一年以上七年以下有期徒刑。

II 前項之未遂犯罰之。

□ **實務見解**

▶ 31 上 1664（判例）

刑法第二百九十六條所謂使人居於類似奴隸之不自由地位，係指雖非使人為奴隸，而不以人道相待，使之不能自由，有似於奴隸者而言。

第 296 條之 1（買賣人口為性交或猥褻罪）

I 買賣、質押人口者，處五年以上有期徒刑，得併科五十萬元以下罰金。

II 意圖使人為性交或猥褻之行為而犯前項之罪者，處七年以上有期徒刑，得併科五十萬元以下罰金。

III 以強暴、脅迫、恐嚇、監控、藥劑、催眠術或其他違反本人意願之方法犯前二項之罪者，加重其刑至二分之一。

IV 媒介、收受、藏匿前三項被買賣、質押之人或使之隱避者，處一年以上七年以下有期徒刑，得併科三十萬元以下罰金。

V 公務員包庇他人犯前四項之罪者，依各項之規定加重其刑至二分之一。

VI 第一項至第三項之未遂犯罰之。

□ **修正前條文**

I 買賣、質押人口者，處五年以上有期徒刑，得併科五十萬元以下罰金。

II 意圖使人為性交或猥褻之行為而犯前項之罪者，處七年以上有期徒刑，得併科五十萬元以下罰金。

III 以強暴、脅迫、恐嚇、監控、藥劑、催眠術或其他違反本人意願之方法犯前二項之罪者，加重其刑至二分之一。

IV 媒介、收受、藏匿前三項被買賣、質押之人或使之隱避者，處一年以上七年以下有期徒刑，得併科三十萬元以下罰金。

V 以犯前四項之罪為常業者，處無期徒刑或十年以上有期徒刑，併科七十萬元以下罰金。

VI 公務員包庇他人犯前五項之罪者，依各項之規定加重其刑至二分之一。

VII 第一至第三項之未遂犯罰之。

■ **修正説明**（94.02.02）

一、配合第五十六條連續犯之刪除，刪除原第五項常業犯之規定。

二、原第六項、第七項條文移列為第五項、第六項，並將原第六項之「前五項」修正為

「前四項」。

第 297 條（意圖營利以詐術使人出國罪）

I 意圖營利，以詐術使人出中華民國領域外者，處三年以上十年以下有期徒刑，得併科三十萬元以下罰金。

II 前項之未遂犯罰之。

□ **修正前條文**

I 意圖營利，以詐術使人出中華民國領域外者，處三年以上十年以下有期徒刑，得併科三千元以下罰金。

II 以犯前項之罪為常業者，處五年以上有期徒刑，得併科五千元以下罰金。

III 第一項之未遂犯罰之。

■ **修正説明**（94.02.02）

一、配合第五十六條連續犯之刪除，刪除本條第二項常業犯之規定。

二、因第三十三條之罰金刑已提高為新臺幣一千元以上，原法第一項之罰金刑為「三千元以下」顯與前開修正扦格，爰依目前社會經濟水準、人民平均所得，參考罰金罰鍰提高標準條例第二條關於易科罰金、易服勞役就原定數額提高一百倍之標準，酌予提高罰金刑之上限。

三、原第三項改列為第二項，文字「第一項」修正為「前項」。

第 298 條（略誘婦女結婚罪及加重略誘罪）

I 意圖使婦女與自己或他人結婚而略誘之者，處五年以下有期徒刑。

II 意圖營利、或意圖使婦女為猥褻之行為或性交而略誘之者，處一年以上七年以下有期徒刑，得併科三萬元以下罰金。

III 前二項之未遂犯罰之。

□ **修正前條文**

I 意圖使婦女與自己或他人結婚而略誘之者，處五年以下有期徒刑。

II 意圖營利、或意圖使婦女為猥褻之行為或性交而略誘之者，處一年以上七年以下有期徒刑，得併科一千元以下罰金。

III 前二項之未遂犯罰之。

■ **修正説明**（108.12.25）

本罪於民國八十八年三月三十日修正時並未依刑法施行法第一條之一所揭之旨將罰金數額提高十倍，造成刑法內在邏輯不一致之情形，亦有違罪責相當性原則之要求，爰提案修正將罰金數額提高三十倍。

❖ **法學概念**

本罪之行為客體

　　依照法條文義雖只有「婦女」二字，然而，

基於與刑法第 241 條（略誘未滿二十歲之男女脫離家庭或其他有監督權之人）的適用區別，本罪客體應限縮解釋：(一)已滿二十歲之婦女、(二)未滿二十歲，但已結婚之婦女、(三)未滿二十歲亦未婚，但並無家庭或其他監督權人保護的女子、(四)未滿二十歲亦未婚且有家長監督權之女子，但得該監督權人之同意，卻違反被誘人之意思的情形。

【盧映潔，《刑法分則新論》，新學林，修訂十版，2015.07，554 頁。】

□ 實務見解

▶ 30 年度刑庭庭長決議（30.03.18）

刑法上之和誘、略誘罪為即成犯抑或繼續犯？判例學說不一，嗣後一律採繼續犯說，凡被誘人在誘拐犯支配關係存續中，均認為誘之繼續行為。

▶ 29 上 2305（判例）

略誘罪原包括詐誘與掠取人身之行為，故妨害被誘人之行動為自由，已構成略誘之內容，無另行論罪之餘地。被告等將某女誘至店內關禁，其關禁即屬略誘行為之繼續，不應於略誘罪外，更論以私行拘禁之牽連罪名。

第 299 條（移送被略誘人出國罪）

I 移送前條被略誘人出中華民國領域外者，處五年以上有期徒刑。

II 前項之未遂犯罰之。

第 300 條（收藏隱避被略誘人罪）

I 意圖營利，或意圖使被略誘人為猥褻之行為或性交，而收受、藏匿被略誘人或使之隱避者，處六月以上五年以下有期徒刑，得併科一萬五千元以下罰金。

II 前項之未遂犯罰之。

□ 修正前條文

I 意圖營利，或意圖使被略誘人為猥褻之行為或性交，而收受、藏匿被略誘人或使之隱避者，處六月以上五年以下有期徒刑，得併科五百元以下罰金。

II 前項之未遂犯罰之。

■ 修正說明（108.12.25）

本罪於民國八十八年三月三十日修正時並未依刑法施行法第一條之一所揭之旨將罰金數額提高十倍，造成刑法內在邏輯不一致之情形，亦有違罪責相當性原則之要求，爰提案修正將罰金數額提高三十倍。

第 301 條（減刑之特例）

犯第二百九十八條至第三百條之罪，於裁判宣告前，送回被誘人或指明所在地因而尋獲者，得減輕其刑。

第 302 條（剝奪他人行動自由罪）

I 私行拘禁或以其他非法方法，剝奪人之行動自由者，處五年以下有期徒刑、拘役或九千元以下罰金。

II 因而致人於死者，處無期徒刑或七年以上有期徒刑；致重傷者，處三年以上十年以下有期徒刑。

III 第一項之未遂犯罰之。

□ 修正前條文

I 私行拘禁或以其他非法方法，剝奪人之行動自由者，處五年以下有期徒刑、拘役或三百元以下罰金。

II 因而致人於死者，處無期徒刑或七年以上有期徒刑，致重傷者，處三年以上十年以下有期徒刑。

III 第一項之未遂犯罰之。

■ 修正說明（108.12.25）

一、本罪於民國七十二年六月二十六日後並未修正，爰依刑法施行法第一條之一第二項本文規定將罰金數額修正提高三十倍，以增加法律明確性，並使刑法分則各罪罰金數額具內在邏輯一致性。

二、第二項後段「三年以上、十年以下」修正為「三年以上十年以下」。

□ 實務見解

▶ 67 年度第 3 次刑庭庭推總會議決定(一)（67.03.13）

為強姦婦女而剝奪該婦女之行動自由時，是否於強姦罪外另成立妨害自由罪，須就犯罪行為實施經過之全部情形加以觀察，如該妨害自由之行為已可認為強姦行為之著手開始，則應成立單一之強姦罪，否則應認係妨害自由罪及強姦罪之牽連犯。

編按：

本決議嗣後經最高法院 95 年度第 16 次刑事庭會議決議保留，並加註：應注意刑法已刪除牽連犯之規定。

▶ 71 台上 280（判例）

刑法第三百零二條妨害他人行動自由，係妨害自由罪之概括規定，若有合於其他特別較重規定者，如刑法第二百九十八條之略誘婦女罪，因其本質上已將剝奪人行動自由之觀念包含在內，即應逕依該條處罰，不能再依第三百零二條論處。

▶ 68 台上 198（判例）

強姦婦女而剝奪婦女之行動自由時，是否於強姦罪外，另成立妨害自由罪，須就犯罪行為實施經過之全部情形加以觀察，除該妨害自由之行為已可認為強姦行為之著手開始，應成立單一之強姦

罪外，應認係妨害自由罪及強姦罪之牽連犯。本件原判決既認定上訴人係以機車將被害人載至大社鄉後，不允其下車，而加速另路馳往現場，然後下手行姦，則其強載被害人顯尚未達於著手強姦之程度，自難以單一之強姦罪論處。

▶ **30 上 2293（判例）**

現行犯不問何人，得逕行逮捕之，固為刑事訴訟法第八十八條第一項所規定。但逮捕現行犯，應即送交檢察官、司法警察官或司法警察，同法第九十二條第一項亦有明文。若逮捕之後，不送官究辦，仍難免卻妨害自由之罪責。上訴人甲，因乙與其弟婦通姦，幫同其弟在姦所將乙捕獲綑縛，雖係逮捕現行犯，然上訴人並不將乙加以送官，而任令其弟加以刺害，以圖洩憤，按之上開說明，自應仍依妨害自由論罪，不能藉口鄉村習慣，而妄冀脫卸罪責。

▶ **29 上 2553（判例）**

某甲於某日將某氏私禁於室後，又遷入場園屋內，派人輪流把守，禁至某日，始行放出，其私禁地點，雖有分別，而私禁行為並未間斷，仍為包括的一個實行行為之繼續，祇應論以單純一罪。

▶ **28 上 2974（判例）**

某氏當眾辱罵某甲，不得謂非公然侮辱人之現行犯，無論何人皆有逮捕之權。則上訴人徇某甲之請，當場將其逮捕，本為法令所許，除於逮捕後不即送官究辦，另有單純私禁之故意外，要不成立妨害自由罪。

▶ **100 台上 7269（判決）**

刑法第三百零二條第一項之妨害自由罪，其犯罪行為包括「私行拘禁」及「以其他非法方法剝奪人之行動自由」兩種行為態樣；且所謂「以其他非法方法剝奪人之行動自由」，係對於「私行拘禁」之補充規定，**如犯罪行為已符合「私行拘禁」之規定，即無論以「以其他非法方法剝奪人之行動自由」罪名之餘地**。本件被告等將王○○關在高雄市前鎮區○○路十六號四樓空屋房間內，等候被告黃○○前來，已達私行拘禁之程度，原判決（指第一審判決）論以共同剝奪人之行動自由罪，尚有未洽。

▶ **100 台上 5890（判決）**

債務人對於債權人之債務固有履行之責，然行為人未循強制執行程序以實現其權利，而逕自以強暴、脅迫之方法影響他人意思決定之自由，並限制他人行動自由，逼使他人交付或同意交付財物者，即難謂其行為與刑法第三百零二條第一項妨害他人行動自由罪之構成要件不符

▶ **99 台上 7625（判決）**

刑法第三百零二條第一項之妨害自由罪，原包括

私行拘禁及以其他非法方法剝奪人之行動自由；**所謂非法方法，係指以強暴、脅迫等非法拘束妨礙他人身體之行為，而將被害人置於自己實力支配之下，達於剝奪其人身行動自由之程度者而言**。否則，僅使人行無義務之事或於其行使正當權利時妨害其意思決定之自由，甚或連意思自由亦未有妨害，自不能課以上開罪責。

> **第 303 條**（剝奪直系血親尊親屬行動自由罪）
> 對於直系血親尊親屬犯前條第一項或第二項之罪者，加重其刑至二分之一。

□ 實務見解

▶ **28 上 2382（判例）**

繼母之身分，依民法規定，不過為血親之配偶，並非直系血親尊親屬，以非法方法剝奪其行動自由，自不能依刑法第三百零三條加重其刑。

> **第 304 條**（強制罪）
> I 以強暴、脅迫使人行無義務之事或妨害人行使權利者，處三年以下有期徒刑、拘役或九千元以下罰金。
> II 前項之未遂犯罰之。

□ 修正前條文

I 以強暴、脅迫使人行無義務之事或妨害人行使權利者，處三年以下有期徒刑、拘役或三百元以下罰金。
II 前項之未遂犯罰之。

■ 修正說明（108.12.25）

本罪於民國七十二年六月二十六日後並未修正，爰依刑法施行法第一條之一第二項本文規定將罰金數額修正提高三十倍，以增加法律明確性，並使刑法分則各罪罰金數額具內在邏輯一致性。

□ 實務見解

▶ **院字第 1435 號**（25.02.22）

債權人意圖促債務之履行，以強暴脅迫方法，將債務人所有物搶去，妨害其行使所有權，應成立刑法第三零四條第一項之罪，但須注意同法第五十七條及第五十九條。

▶ **28 上 3650（判例）**

刑法第三百零四條之強暴、脅迫，**祇以所用之強脅手段足以妨害他人行使權利，或足使他人行無義務之事為已足，並非以被害人之自由完全受其壓制為必要**。如果上訴人雇工挑取積沙，所使用之工具確為被告強行取走，縱令雙方並無爭吵，而其攜走工具，既足以妨害他人工作之進行，要亦不得謂非該條之強暴、脅迫行為。

▶ **99 台上 7755（判決）**

查刑法第三百零四條之強制罪及同法第三百零二

條第一項之剝奪他人行動自由罪，其所保護之法益固均為被害人之自由。惟「強制罪」，祇以行為人所用之強脅手段足以妨害他人行使權利，或足使他人行無義務之事為已足，不以被害人之自由完全受其壓制為必要；**而「剝奪他人行動自由罪」，其行為之強度，則需以被害人之行動自由完全受其壓制為必要。**原審以「警悟禪寺」面積寬闊，上訴人等事先已通知呂○○等人將於晚上九點上鎖，並知會警方，其二人無法藉由鎖住該寺大門、側門之方式，將呂○○等五十餘人拘禁在寺內某狹隘空間內，復未派人監控或限制其等活動自由，尤未阻擋其等打電話向外求援，呂○○等人在寺內仍保有行動自由，其等行動自由並未完全受到壓制，甚至可以爬牆或翻越柵欄離去，只是未能從大門及側門離去而已。**上訴人等之行為僅該當於刑法第三百零四條之強制罪，與同法第三百零二條第一項之剝奪他人行動自由罪之構成要件不符。**適用法則，核無不合。

▶ 99 台上 6558（判決）
查甲○○係在台北縣土城市○○路一七一巷前，因不滿戊○○離開學府里巡守隊，乃基於使人行無義務之事之犯意，以右手圈住戊○○頸部之方式，欲帶同戊○○前往位於一五五巷口之學府里辦公室理論，惟強拉約三公尺即為戊○○所掙脫等情，為原判決所確認之事實。則甲○○既非以剝奪戊○○行動自由之目的而為，且於瞬間即為戊○○所掙脫，則依上開說明，原判決就該部分論以強制罪，即無不合。

第 305 條（恐嚇危害安全罪）
以加害生命、身體、自由、名譽、財產之事恐嚇他人，致生危害於安全者，處二年以下有期徒刑、拘役或九千元以下罰金。

☐ **修正前條文**
以加害生命、身體、自由、名譽、財產之事，恐嚇他人致生危害於安全者，處二年以下有期徒刑、拘役或三百元以下罰金。

■ **修正說明（108.12.25）**
本罪於民國七十二年六月二十六日後並未修正，爰依刑法施行法第一條之一第二項本文規定將罰金數額修正提高三十倍，以增加法律明確性，並使刑法分則各罪罰金數額具內在邏輯一致性。

☐ **實務見解**
▶ 52 台上 751（判例）
刑法第三百零五條之恐嚇罪，所稱以加害生命、身體、自由、名譽、財產之事，恐嚇他人者，係指以使人生畏怖心為目的，而通知將加惡害之旨於被害人而言。若僅在外揚言加害，並未對於被害人為惡害之通知，尚難構成本罪。

▶ 45 台上 1296（判例）
上訴人既於信內附子彈一顆，寄給某甲施以恐嚇，則是以子彈為實施恐嚇之手段，於刑法第三百零五條之罪外，又已觸犯同法第一百八十七條之罪，其間顯有牽連關係，應依同法第五十五條從一重處斷。

▶ 26 渝非 15（判例）
刑法第三百零五條所謂致生危害於安全，係指受惡害之通知者，因其恐嚇，生安全上之危險與實害而言。被告因與甲欠款涉訟，竟以槍打死等詞，向甲恐嚇。甲因畏懼向法院告訴，是其生命深感不安，顯而易見，即難謂未達於危害安全之程度。

▶ 99 台上 4441（判決）
以加害生命、身體、自由、名譽、財產之事，恐嚇他人致生危害於安全者，處二年以下有期徒刑、拘役或三百元以下罰金。又刑法第三百零五條之恐嚇危害安全罪，**係指行為別無目的，單純以將來加害生命、身體、自由、名譽、財產之事，恐嚇他人致生危害於安全而言，其所保護者為他人處於寧靜、平和而免於恐懼之自由；**如係出於使人行無義務之事或妨害他人行使權利之特定目的，而對於他人之生命、身體等，施加強暴、脅迫手段，以影響其行使權利及不為無義務之事之意思決定自由者，應構成刑法第三百零四條之強制罪，此罪所保護者，乃意思決定之自由。

第 306 條（侵入住居罪）
Ⅰ 無故侵入他人住宅、建築物或附連圍繞之土地或船艦者，處一年以下有期徒刑、拘役或九千元以下罰金。
Ⅱ 無故隱匿其內，或受退去之要求而仍留滯者，亦同。

☐ **修正前條文**
Ⅰ 無故侵入他人住宅、建築物或附連圍繞之土地或船艦者，處一年以下有期徒刑、拘役或三百元以下罰金。
Ⅱ 無故隱匿其內，或受退去之要求而仍留滯者，亦同。

■ **修正說明（108.12.25）**
一、本罪於民國七十二年六月二十六日後並未修正，爰依刑法施行法第一條之一第二項本文規定將罰金數額修正提高三十倍，以增加法律明確性，並使刑法分則各罪罰金數額具內在邏輯一致性。
二、第二項末句「亦同」修正為「，亦同」。

☐ **實務見解**
▶ 48 台上 910（判例）
上訴人深夜侵入室內，乘被害人熟睡，登床伏身摸乳及褪褲腰，其目的非在猥褻而係圖姦，因被

害人驚醒呼叫未達目的，應負對於婦女乘其與心神喪失相類之情形，不能抗拒而姦淫未遂罪責，與其無故侵入住宅，又有方法結果之關係，應從較重之妨害風化未遂罪處斷。

▶ 25 上 492（判例）
被告等以強盜目的，侵入某甲舖內，既在夜間，自係犯強盜罪而有刑法第三百二十一條第一項第一款之加重情形，不能於強盜罪外，復論以普通侵入罪。

第 307 條（違法搜索罪）
不依法令搜索他人身體、住宅、建築物、舟、車或航空機者，處二年以下有期徒刑、拘役或九千元以下罰金。

□ 修正前條文
不依法令搜索他人身體、住宅、建築物、舟、車或航空機者，處二年以下有期徒刑、拘役或三百元以下罰金。

■ 修正說明（108.12.25）
本罪於民國七十二年六月二十六日後並未修正，爰依刑法施行法第一條之一第二項本文規定將罰金數額修正提高三十倍，以增加法律明確性，並使刑法分則各罪罰金數額具內在邏輯一致性。

❖ 法學概念
違法搜索
　　搜索是強制處分的一種，目的可能為了掌握證據，可能為了拘捕犯人。搜索必然干擾被搜索的「合理隱私期待」，並侵犯財產權與自由權。除少數得無令狀搜索之例外，如附帶搜索、緊急搜索、得同意而搜索，搜索原則必須持有搜索票。沒有令狀而搜索，成立違法搜索罪之規定，而且取得的證據等於無用，沒有證據能力，失去審判上的證據資格。搜索的意義很廣泛，只要是侵犯他人「合理的隱私期待」，例如：翻看日記、播放錄影或錄音帶、打開電腦查看檔案文件、翻動皮夾檢閱證件、伸手入口袋、入屋查看、掀開汽車行李箱等等。是以，違法搜索罪有限定的對象，只限於下列幾種：身體、住宅、建築物、舟車（主要指汽車）、航空機。非法搜索背包、皮夾、任意翻看日記，不成立違法搜索罪，不過，如出於強暴脅迫，可能成立強制罪。
　　至於不具公務員身分之人，是否成立違法搜索罪？例如：懷疑鄰居偷竊，入屋搜索，是否違法搜索？最高法院認為，只有公務員才有資格成立違法搜索罪（32 年非字第 265 號判例）。但學說上認為，本罪之行為主體，並無任何限制，僅須為自然人，且具有意思能力與行動能力者，即足當之。且公務員犯罪的專章規定於「瀆

職罪」，違法搜索罪卻是規定於「妨害自由罪」章。如公務員假借其職務上之權力、機會或乃律法犯本罪者，應依刑法第 134 條加重其刑。立法者似乎已經設定，妨害自由的行為人無須具備公務員的身分；假如認為私人違法搜索不成立違法搜索罪，恐怕有違立法意旨。
【林東茂，《刑法分則》，一品，二版，2020.02，69 頁以下；甘添貴，《刑法各論（下）》，三民，修訂四版，2015.05，157 頁。】

第 308 條（告訴乃論）
Ⅰ 第二百九十八條及第三百零六條之罪，須告訴乃論。
Ⅱ 第二百九十八條第一項之罪，其告訴以不違反被略誘人之意思為限。

□ 實務見解
▶ 26 渝上 341（判例）
意圖營利而略誘婦女，應構成刑法第二百九十八條第二項之罪，依同法第三百零八條第一項規定，須告訴乃論，被告之略誘行為，既無合法告訴，即應不予受理，至其對被誘人施以強暴、脅迫，原係構成略誘之內容，自難專就該項行為論處罪刑。

第二十七章　妨害名譽及信用罪

第 309 條（公然侮辱罪）
Ⅰ 公然侮辱人者，處拘役或九千元以下罰金。
Ⅱ 以強暴犯前項之罪者，處一年以下有期徒刑、拘役或一萬五千元以下罰金。

□ 修正前條文
Ⅰ 公然侮辱人者，處拘役或三百元以下罰金。
Ⅱ 以強暴犯前項之罪者，處一年以下有期徒刑、拘役或五百元以下罰金。

■ 修正說明（108.12.25）
本罪於民國七十二年六月二十六日後並未修正，爰依刑法施行法第一條之一第二項本文規定將罰金數額修正提高三十倍，以增加法律明確性，並使刑法分則各罪罰金數額具內在邏輯一致性。

❖ 法學概念
本罪所稱之「公然」
　　本罪的構成要件之一是在「公然」情狀。所謂「公然」，係指不特定人或多數人得以共見共聞的狀況，不以侮辱時被害人在場聞見為要件（29 年院解字第 2033 號）。釋字第 145 號進一步指出，「刑法分則中公然二字之意義，祇以不特定人或多數人得以共見共聞之狀況為已足，自不以實際上果已共見共聞為必要，但必在事實上有與不特定人或多數人得以共見或共聞之狀況

方足認爲達於公然之程度」。

❖ **法學概念**

本罪所稱之「侮辱」

　　本罪所稱之「侮辱」，係指不以指摘具體事實的方式，而從事可能貶損他人社會評價的一切輕蔑之行爲。易言之，使人難堪爲目的之一切輕蔑之行爲皆屬之。舉凡是言語、文字、圖畫、舉動皆可。若指摘具體事實者，則屬於誹謗罪，而非侮辱罪。

　　刑法第213條僞造文書罪，除客觀上公務員在其職務上所掌公文書，有虛僞不實登載行爲足以生損害於公眾或他人外，以該公務員所登載不實之事項，主觀上出於明知爲前提要件。所謂明知，自指直接故意而言，不及於間接故意或過失（最高法院46年台上字第377號及69年台上字第595號判例參照）。

　　至於侮辱內容方面，並無限制，不問係對他人之能力、德行、身分、地位、容貌、學歷、身體或婚姻狀況等，加以嘲笑、謾罵或揶揄者，均足當之。例如以最粗鄙之語言在公共場所向特定之人辱罵時，倘爲其他不特定人可以聞見之情形，而其語言之含義，足以減損該特定人之聲譽者，自應成立刑法第309條第1項之罪。

【甘添貴，《刑法各論（上）》，三民，修訂三版，2013.09，162頁；28年院解字第1863號解釋。】

❖ **法學概念**

加重公然侮辱

　　若以強暴手段犯刑法第309條第1項之罪者，即係「加重公然侮辱」罪。所稱「強暴手段」，乃指一切有形力或物理力之不法行使而言。故強暴侮辱行爲，有直接對人之身體實施者，例如，摑人耳光、潑人污水或撕人衣褲等情形是。若係對物實施，只要是對人在物理上或心理上產生強烈影響者，亦屬之。

【甘添貴，《刑法各論（上）》，三民，修訂三版，2013.09，162頁。】

☐ **實務見解**

▶ **院字第2179號**（30.05.05）

刑法上之公然侮辱罪，祇須侮辱行爲足使不特定人或多數人得以共見共聞，即行成立（參照院字第二〇三三號解釋），不以侮辱時被害人在場聞見爲要件，又某甲對多數人罵乙女爲娼，如係意圖散布於眾而指摘或傳述其爲娼之具體事實，自應成立刑法第三百十條第一項之誹謗罪，倘僅漫罵爲娼，並未指有具體事實，仍屬公然侮辱，應依同法第三百零九條第一項科論。

▶ **院字第1863號**（28.03.17）

以最粗鄙之語言在公共場所向特定之人辱罵時，倘爲其他不特定人可以聞見之情形，而其語言之含義，又足以減損該特定人之聲譽者，自應成立

刑法第三〇九條第一項之罪。

▶ **院字第534號**（20.08.07）

刑法第三百二十四條、第三百二十五條、第三百三十條所謂人與他人，應包括法人在內，如妨害普通商號之名譽，自與該商號股東或經理人之名譽有關。

第310條（誹謗罪）

I 意圖散布於眾，而指摘或傳述足以毀損他人名譽之事者，爲誹謗罪，處一年以下有期徒刑、拘役或一萬五千元以下罰金。

II 散布文字、圖畫犯前項之罪者，處二年以下有期徒刑、拘役或三萬元以下罰金。

III 對於所誹謗之事，能證明其爲眞實者，不罰。但涉於私德而與公共利益無關者，不在此限。

☐ **修正前條文**

I 意圖散布於眾，而指摘或傳述足以毀損他人名譽之事者，爲誹謗罪，處一年以下有期徒刑、拘役或五百元以下罰金。

II 散布文字、圖畫犯前項之罪者，處二年以下有期徒刑、拘役或一千元以下罰金。

III 對於所誹謗之事，能證明其爲眞實者，不罰。但涉於私德而與公共利益無關者，不在此限。

■ **修正說明**（108.12.25）

一、本罪於民國七十二年六月二十六日後並未修正，爰依刑法施行法第一條之一第二項本文規定將罰金數額修正提高三十倍，以增加法律明確性，並使刑法分則各罪罰金數額具內在邏輯一致性。

二、第一項首句「意圖散布於眾而指摘」修正爲「意圖散布於眾，而指摘」。

☐ **實務見解**

▶ **釋字第509號**（89.07.07）

言論自由爲人民之基本權利，憲法第十一條有明文保障，國家應給予最大限度之維護，俾其實現自我、溝通意見、追求眞理及監督各種政治及社會活動之功能得以發揮。惟爲兼顧對個人名譽、隱私及公共利益之保護，法律尚非不得對言論自由依其傳播方式爲合理之限制。刑法第三百十條第一項及第二項誹謗罪即係保護個人法益而設，爲防止妨礙他人之自由權利所必要，符合憲法第二十三條規定之意旨。至刑法同條第三項前段以對誹謗之事，能證明其爲眞實者不罰，係針對言論內容與事實相符者之保障，並藉以限定刑罰權之範圍，非謂指摘或傳述誹謗事項之行爲人，必須自行證明其言論內容確屬眞實，始能免於刑責。惟行爲人雖不能證明言論內容爲眞實，但依其所提證據資料，認爲行爲人有相當理由確信其爲眞實者，即不能以誹謗罪之刑責相繩，亦不得

以此項規定而免除檢察官或自訴人於訴訟程序中，依法應負行為人故意毀損他人名譽之舉證責任，或法院發現其為真實之義務。就此而言，刑法第三百十條第三項與憲法保障言論自由之旨趣並無牴觸。

▶ 院字第 2179 號（30.05.05）

刑法上之公然侮辱罪，祇須侮辱行為足使不特定人或多數人得以共見共聞，即行成立（參照院字第二〇三三號解釋），不以侮辱時被害人在場聞見為要件，又某甲對多數人罵乙女為娼，如係意圖散布於眾而指摘或傳述其為娼之具體事實，自應成立刑法第三百十條第一項之誹謗罪，倘僅漫罵為娼，並未指有具體事實，仍屬公然侮辱，應依同法第三百零九條第一項論科。

▶ 100 台上 4492（判決）

經司法院釋字第五〇九號解釋，釋明行為人若能舉出相當證據資料，足證其有相當理由確信其言論內容為真實者，即有「實質惡意法則」之適用，可認為出於「非惡意」之作為，阻卻犯罪故意，無以誹謗罪責相繩餘地。然此反面，倘行為人對於資訊之不實，已有所知悉或可得而知，竟仍執意傳播、散布不實之言論；或縱有合理之可疑，卻故意迴避真相，假言論自由之名，行惡意攻訐之實者，即有處罰之正當性。至行為人就其所指摘或傳述之事，應盡何種程度之查證義務，始能認其有相當理由確信其為真實，而屬善意發表言論，應參酌行為人之動機、目的及所發表言論之散布力、影響力而為觀察，倘僅屬一般茶餘飯後閒談聊天之資者，固難課以較高之查證義務；若利用記者會、出版品、網路傳播等方式，而具有相當影響力者，因其所利用之傳播方式，散布力較為強大，依一般社會經驗，其在發表言論之前，理應經過善意篩選，自有較高之查證義務，始能謂其於發表言論之時並非惡意。於選舉誹謗案件，按諸選舉本質，候選人競相求票，此消則彼長，互相牽動，而選舉實況，每多廣布椿腳，並皆有助選團隊，各類資訊取得、查證，管道多元，不虞匱乏，是其應盡之查證義務標準，當較一般誹謗案件更高。從而，倘為達打擊競選對手之特定目的，而對於某些傳聞，故意迴避合理之查證義務，甚至藉端利用部分跡象或不盡完整、確實之傳聞，刻意添油加醋、渲染影射，於選情拉鋸或屆臨投票日不久，突然出招，率行以發送傳單、舉行記者會、出版書籍等方式，加以傳述、指摘、評論，猝令對手無足夠澄清之資料或機會者，依一般社會生活經驗觀察，即應認為該當於「惡意」概念。否則，容任狡黠之徒（含候選人、助選員及其支持者），憑此俗稱選舉「奧步」（按台語，意指卑劣、不光明之方法），讓己方當選，或使對手落選，殊非民主政治健全發展之所當許。

▶ 100 台上 898（判決）

言論自由為憲法所保障之人民基本權，法律固應予以最大限度之維護。惟惡意散布謠言，傳播不實之言論，反足以破壞他人之名譽及公共利益，依憲法第二十三條規定，自得予以合理之限制，公職人員選舉罷免法第一百零四條之處罰規定，即屬法律對於非法言論所加之限制。又司法院釋字第五〇九號解釋，明確揭示行為人縱不能證明其言論內容為真實，然若能舉出相當證據資料，足證其有相當理由確信其言論內容為真實者，因欠缺犯罪故意，即不得遽以誹謗罪相繩，亦即採取「真正惡意原則」。從而，行為人對於資訊之不實已有所知悉或可得而知，卻仍執意傳播不實之言論，或有合理之可疑，卻仍故意迴避真相，假言論自由之名，行惡意攻訐之實者，即有處罰之正當性，自難主張免責。再者，行為人就其所指摘或傳述之事，應盡何種程度之查證義務，始能認其有相當理由確信其為真實，而屬善意發表言論，應參酌行為人之動機、目的及所發表言論之散布力、影響力而為觀察，倘僅屬茶餘飯後閒談聊天之資者，固難課以較高之查證義務；反之，若利用記者會、出版品、網路傳播等方式，而具有相當影響力者，因其所利用之傳播方式，散布力較為強大，依一般社會經驗，其在發表言論之前，理應經過善意篩選，自有較高之查證義務，始能謂其於發表言論之時並非惡意。因此，倘為達特定之目的，而對於未經證實之傳聞，故意迴避合理之查證義務，率行以發送傳單、舉行記者會、出版書籍等方式加以傳述或指摘，依一般社會生活經驗觀察，即應認為其有惡意。

第 311 條（言論免責事由）

以善意發表言論，而有左列情形之一者，不罰：
一　因自衛、自辯或保護合法之利益者。
二　公務員因職務而報告者。
三　對於可受公評之事，而為適當之評論者。
四　對於中央及地方之會議或法院或公眾集會之記事，而為適當之載述者。

第 312 條（侮辱誹謗死者罪）

I 對於已死之人公然侮辱者，處拘役或九千元以下罰金。

II 對於已死之人犯誹謗罪者，處一年以下有期徒刑、拘役或三萬元以下罰金。

□ 修正前條文

I 對於已死之人公然侮辱者，處拘役或三百元以下罰金。

II 對於已死之人犯誹謗罪者，處一年以下有期徒刑、拘役或一千元以下罰金。

■ 修正說明（108.12.25）

本罪於民國七十二年六月二十六日後並未修正，爰依刑法施行法第一條之一第二項本文規定將罰金數額修正提高三十倍，以增加法律明確性，並使刑法分則各罪罰金數額具內在邏輯一致性。

第 313 條（妨害信用罪）

I 散布流言或以詐術損害他人之信用者，處二年以下有期徒刑、拘役或科或併科二十萬元以下罰金。

II 以廣播電視、電子通訊、網際網路或其他傳播工具犯前項之罪者，得加重其刑至二分之一。

□ 修正前條文

散布流言或以詐術損害他人之信用者，處二年以下有期徒刑、拘役或科或併科一千元以下罰金。

■ 修正說明（109.01.15）

一、罰金金額與社會現況差距甚大，爰修正提高罰金刑之額度，以杜不法，並列為第一項。

二、考量現今以廣播電視、電子通訊、網際網路或其他傳播工具等傳播方式，同時或長期對社會多數之公眾發送訊息傳送損害他人信用之不實資訊，對該他人信用之損害更為嚴重，有加重處罰之必要，爰增訂第二項之加重處罰事由。

第 314 條（告訴乃論）
本章之罪，須告訴乃論。

第二十八章　妨害秘密罪

第 315 條（妨害書信秘密罪）

無故開拆或隱匿他人之封緘信函、文書或圖畫者，處拘役或九千元以下罰金。無故以開拆以外之方法，窺視其內容者，亦同。

□ 修正前條文

無故開拆或隱匿他人之封緘信函、文書或圖畫者，處拘役或三千元以下罰金。無故以開拆以外之方法，窺視其內容者，亦同。

■ 修正說明（108.12.25）

本罪最後修正於民國八十六年九月二十五日，爰依刑法施行法第一條之一第二項但書規定將罰金數額提高三倍，以增加法律明確性，並使刑法分則各罪罰金數額具內在邏輯一致性。

第 315 條之 1（妨害秘密罪）

有下列行為之一者，處三年以下有期徒刑、拘役或三十萬元以下罰金：

一 無故利用工具或設備窺視、竊聽他人非公開之活動、言論、談話或身體隱私部位者。

二 無故以錄音、照相、錄影或電磁紀錄竊錄他人非公開之活動、言論、談話或身體隱私部位者。

□ 修正前條文

有左列行為之一者，處三年以下有期徒刑、拘役或三萬元以下罰金：

一 無故利用工具或設備窺視、竊聽他人非公開之活動、言論、談話或身體隱私部位者。

二 無故以錄音、照相、錄影或電磁紀錄竊錄他人非公開之活動、言論、談話或身體隱私部位者。

■ 修正說明（94.02.02）

未得他人同意而任意以工具偷窺或偷錄他人隱私部位，已侵害個人隱私權，如有製造或散布之行為，影響尤為嚴重，應有處罰必要，為避免此種行為是否構成犯罪之疑義，於各款之行為客體增訂「身體隱私部位」以杜爭議。

❖ 爭議問題

本罪所稱之「無故」所指為何？

一、實務見解

實務認為，本條所謂「無故」，係指欠缺法律上正當理由者而言（最高法院 103 年度台上字第 3893 號判決、102 年度台上字第 4750 號判決同旨），縱一般人有伸張或保護自己或他人法律上權利之主觀上原因，亦應考量法律規範之目的，兼衡侵害手段與法益保障間之適當性、必要性及比例原則。例如配偶之一方不得藉口懷疑或有調查配偶外遇之必要，即認有恣意窺視、竊聽他方，甚至周遭相關人士非公開活動、言論、談話或身體隱私部位之舉措，自無法律上之正當理由。

二、學說看法

學說上認為，「無故」的要件於刑法第 315 條之 1 屬於贅文，應該刪除。不宜透過「是否具有正當理由」的操作，擴張阻卻違法事由。因為，一旦跳脫既有的法定與超法規阻卻違法事由，等於是針對個案授權法官變更立法裁量，從而導致法益保護存在落空的危險。換言之，應認為所有構成要件行為都是「無故」（無正當理由）的犯罪行為；應透過對法益的詮釋、客觀歸責理論的目的操作，而非透過「無故」的（重複）檢驗。

【蕭宏宜，〈「看得到聽不到——不法竊錄罪與違法監聽罪」〉，《台灣法學雜誌》，第 266 期，2015.02，98 頁以下。】

類似見解：薛智仁，〈基於取證目的之私人竊聽〉，《台灣法學雜誌》，第 183 期，2011.09，170 頁以下。】

❖ 法學概念

本罪所稱之「非公開」所指為何？

學說上見解不一，應以活動者的主觀意思為準；亦有認為應視活動發生的場所空間為斷（例如在浴室、廁所、溫泉會館的大眾浴池及 KTV 為非公開）；亦有主張除場所外，尚應再以活動的內容來加以限縮之論者。

蕭宏宜，〈看得到聽不到──不法竊錄罪與違法監聽罪〉，《台灣法學雜誌》，第 266 期，2015.02，98 頁以下。

類似見解：薛智仁，〈基於取證目的之私人竊聽〉，《台灣法學雜誌》，第 183 期，2011.09，170 頁以下。】

⬚ 實務見解

▶ **106 台上 3788 ○（判決）**

刑法第三一五條之一第二款妨害秘密罪之立法目的，係對於無故竊錄他人非公開活動、言論、談話或身體隱私部位之行為，予以限制，以保障人民秘密通訊自由及隱私權。所謂「非公開之活動」，固指該活動並非處於不特定或多數人得以共見共聞之狀態而言，倘處於不特定或多數人得以共見共聞之狀態，即為公開之活動。惟在認定是否「非公開」之前，須先行確定究係針對行為人之何種活動而定。以行為人駕駛小貨車行駛於公共道路上為例，就該行駛於道路上之車輛本體外觀言，因車體本身無任何隔絕，固為公開之活動；然由小貨車須由駕駛人操作，該車始得移動，且經由車輛移動之信息，即得掌握車輛使用人之所在及其活動狀況，足見車輛移動及其位置之信息，應評價為等同車輛使用人之行動信息，故如就「車內之人物及其言行舉止」而言，因車輛使用人經由車體之隔絕，得以確保不欲人知之隱私，即難謂不屬於「非公開之活動」。又偵查機關為偵查犯罪而非法在他人車輛下方底盤裝設 GPS 追蹤器，由於使用 GPS 追蹤器，偵查機關可以連續多日、全天候持續而精確地掌握該車輛及其使用人之位置、移動方向、速度及停留時間等活動行蹤，且追蹤範圍不受時空限制，亦不侷限於公共道路上，即使車輛進入私人場域，仍能取得車輛及其使用人之位置資訊，且經由所蒐集長期而大量之位置資訊進行分析比對，自可窺知車輛使用人之日常作息及行為模式，難謂非屬於車輛使用者隱私權之重大侵害。而使用 GPS 追蹤器較之現實跟監追蹤，除取得之資訊量較多以外，其取得資料可以長期記錄、保留，且可全面而任意地監控，並無跟丟可能等情觀之，二者仍有本質上之差異，難謂上述資訊亦可經由跟監方式蒐集，即謂無隱密性可言。刑法第三一五條之一所謂之「電磁紀錄」，係指以電子、磁性、光學或其他相類之方式所製成，而供電腦處理之紀錄；而所謂「竊錄」，則指暗中錄取之意，亦即行為人以某種設備置於被錄者難以查覺之暗處，暗中錄取被錄者之聲音、影像或其他不欲人知之資訊而言，不以錄取者須為聲音或影像為限。查 GPS 追蹤器之追蹤方法，係將自人造衛星所接收之資料透過通訊系統傳至接受端電腦，顯示被追蹤對象之定位資訊，透過通訊網路傳輸，結合地理資訊系統對於個人所在位置進行比對分析，而獲知被追蹤對象之所在位置、移動方向、移動速度以及滯留時間之電磁紀錄，固非為捕捉個人之聲音、影像，但仍屬本條所規範之「竊錄」行為無疑。

❖ 學者評釋

本罪的行為客體為「非公開之活動」，其中的「非公開」（nicht öffentlich），依照德國通說看法，係根據活動者的主觀意願以及客觀情狀，僅有個別限定之人得以感知者，這和國內司法實務結合「被害人主觀之隱密期待」與「客觀之隱密情狀」作為判準的立場近似。至於國內學界對此問題的看法，則相當分歧；較多數文獻採取兼顧被害人主觀意向與客觀情狀的立場，但亦有僅著眼客觀情狀者，或是相反地僅考量當事人主觀意向而言。

在使用 GPS 追蹤器材跟監的案件中，通常會被拿來涵攝活動概念的素材（涵攝對象），計有：一、車內的言談舉止；二、車輛本身的行駛及靜止。不同於判決的見解，學者認為本案中的 GPS 追蹤器僅具單純的位置訊號發送功能（包括追蹤器所在位置的經緯度、地址及停留時間等數據資訊），無法錄音或錄影，自然不可能對於車內的言談舉止而構成本罪。

接著，還必須繼續探究，是否能以「抽象的車輛位置資訊」作為非公開活動的涵攝素材。基於透過 GPS 追蹤器所得到的資訊的理由，就如同通聯紀錄，雖然亦與個人隱私有關，但不具活動的性質，故私裝 GPS 追蹤器的行為亦無法透過以「抽象的位置資訊」作為活動要素的涵攝對象成立本罪。也因此監控對象與紀錄內容不具同一性，故亦不該當同款的「竊錄」要素。至於抽象的行蹤資訊，則已逸脫本罪「活動」要素的語意範圍。

事實上，這種行為所涉及的應該是非法蒐集個人資料的問題（個人資料保護法第 41 條），最高法院未擇此途，轉依刑法第 315 條之 1 的竊錄非公開活動罪來處理，不但扭曲了法條文義，也無法適切地評價此種犯行的不法內涵。

【蔡聖偉，〈再論私裝 GPS 跟監與「竊錄非公開活動」──評最高法院 106 年度台上字第 3788 號刑事判決〉，《月旦裁判時報》，第 76 期，2018.10，第 27 頁以下。】

▶ 103 台上 3893（判決）

刑法第三百十五條之一妨害秘密罪規定，其所謂「無故」，係指欠缺法律上正當理由者而言，縱一般人有伸張或保護自己或他人法律上權利之主觀上原因，亦應考量法律規範之目的，兼衡侵害手段與法益保障間之適當性、必要性及比例原則，避免流於恣意。現行法就人民隱私權之保障，既定有通訊保障及監察法等相關法律，以確保人民秘密通訊自由不受非法侵害，而以有事實足認該他人對其言論及談話內容有隱私或秘密之合理期待者，依該法第三條第一項第三款、第二項之規定進行通訊監察之必要，固得由職司犯罪偵查職務之公務員，基於偵查犯罪、維護國家安全及社會秩序之目的，並符合法律所明定之嚴重危害國家、社會犯罪類型，依照法定程序，方得在法院之監督審核下進行通訊監察，相較於一般具利害關係之當事人間，是否得僅憑一己之判斷或臆測，藉以保障個人私權或蒐證為由，自行發動監偵、跟蹤蒐證，殊非無疑。質言之，夫妻雙方固互負忠貞以保障婚姻純潔之道德上或法律上之義務，以維持夫妻間幸福圓滿之生活，然非任配偶之一方因而須被迫接受他方全盤監控自己日常生活及社交活動之義務，自不待言。故不得藉口懷疑或有調查配偶外遇之必要，即認有恣意窺裭、竊聽他方，甚至周遭相關人士非公開活動、言論、談話或身體隱私部位之舉措，率謂共具有法律上之正當理由。

▶ 100 台上 6345（判決）

本件上訴人所為竊聽行為，縱其目的係在探知告訴人有無外遇或通姦之情形，與「無故」以錄音竊錄他人非公開談話之情形有間，而不構成刑法第三百十五條之一之罪責，然其違法竊聽行為並無通訊保障及監察法第二十九條所規定例外不罰之情形，且經合法告訴，自應依通訊保障及監察法第二十四條第一項處罰。

▶ 99 上易 743（判決）

刑法第三百十五條之一之立法理由為「目前社會使用照相、錄音、錄影、望遠鏡及各種電子、光學設備者，已甚普遍。惟以之為工具，用以窺視、竊聽、竊錄他人隱私活動、言論或談話者，已危害社會善良風俗及個人隱私，實有處罰之必要，爰增列本條，明文處罰之。至未透過工具之窺視或竊聽，則依社會秩序維護法之規定，以秩序罰處罰之。」該法條規定「有下列行為之一者，處三年以下有期徒刑、拘役或三萬元以下罰金：一、無故利用工具或設備窺視、竊聽他人非公開之活動、言論、談話或身體隱私部位者。二、無故以錄音、照相、錄影或電磁紀錄竊錄他人非公開之活動、言論、談話或身體隱私部位者。」揆諸該法條之意旨，第一款之規定應係規範單純窺視或

竊聽之行為，至於將所窺視或竊聽之內容予以紀錄保存，則屬該法條第二條之範疇，苟利用設備窺視或竊聽未得逞，應屬刑法第二十五條第一項規定之未遂犯。然依刑法第二十五條第二項規定，未遂犯之處罰以有明文規定者為限，惟刑法第三百十五條之一窺視非公開活動罪，既無處罰未遂犯之規定，則被告三人上開行為應屬不罰，應為無罪判決之諭知。

❖ 學者評釋

　　刑法第 315 條之 1 與通訊保障及監察法第 24 條之立法目的，均在禁止任意侵害他人具有隱私性質之言論談話或通訊內容。他人非公開的言論談話或通訊秘密屬個人隱私權之範疇，為侵害個人法益之犯罪，此等侵害個人法益之犯罪型態，不管刑法第 315 條之 1 或是通保法第 24 條第 1 項違法監察通訊罪，應屬結果犯性質。也就是必須窺視、竊聽、竊錄行為或是監察行為已達看到、聽到或錄到他人談話內容之後，始成立本罪。至於只是架設有竊聽設備而尚未開始錄，或已著手竊錄卻沒錄到聲音或影像等行為，除非立法者另定處罰未遂犯之規定，否則根據現行法，只能認為是不罰的未遂。是以，本案判被告三人等行為無罪，此一見解堪稱妥適。

　　【王皇玉，〈刑法第 315 條之 1 既未遂之認定──臺灣高等法院高雄分院 99 年度上易字第 743 號判決〉，《月旦法學雜誌》，第 188 期，2011.01，234 頁以下。】

▶ 99 易 2926（判決）

刑法第三百十五條之一第二款規定之妨害秘密罪，係行為人無正當理由，以錄音、照相、錄影或電磁紀錄竊錄他人非公開之活動、言論、談話或身體隱私部位者為其構成要件，倘他人之活動、言論、談話具有公開性，或他人遭錄音、照相、錄影、電磁紀錄所竊錄之部位非屬身體隱私部位者，即難謂構成妨害秘密行為，縱未經他人同意而竊錄之行為動機可議，惟依罪刑法定主義，仍非屬妨害秘密罪處罰之行為。

❖ 學者評釋

一、高金桂教授

　　一個人若是身處公共場所，一般人常態下其身體可觀察到的部分，屬公開活動，當無疑義。但一個人即使是身處公共場所，其身體以衣物覆蓋之部分，無論是處於行動中、靜止中，或行動與靜止交互呈現中，都可以理解為「非公開之活動」。一般來說，女子著裙，常人無法以常態姿勢感知裙下風光，著裙者主觀亦不欲外人看到裙子覆蓋之身體部位。本案行為人只拍攝被害人裙子未覆蓋之腿部、半身及全身等部位，難認已構成妨害秘密罪之既遂。本罪既不處罰未遂，法院對本案行為人為無罪之判決，實體上是正確的。惟本罪之既遂，並不應以拍攝到被害人

內褲等較爲隱私之身體部位爲要件，法院於此所持之見解，容有斟酌之餘地。

【高金桂，〈拍攝婦女大腿是否成立妨害秘密罪——臺中地方法院99年度易字第2926號判決評析〉，《月旦法學教室》，第103期，2011.05，25頁以下。】

二、王皇玉教授

本罪所要保護客體雖然是「言論、談話、活動或身體隱私部位」，但本罪既以保護「隱私權」爲目的，則當然僅能就個人不欲人知或不願意公開展示於他人或公眾之前的言論、談話、活動或隱私部位爲限。當個人身處公共領域中，其言行、活動、身體部位即無法主張或期待享有與在隱私領域中同等的保護。

從比較法來看，德國刑法中關於偷拍行爲的處罰是規定在第201a條。本條文所保護的客體僅限個人於住宅中或需特別保護之空間（如廁所或更衣室）的影像權。與我國刑法規定不同的地方是，就偷拍行爲的處罰，德國刑法僅處罰侵入「高度個人生活領域」的偷拍行爲。德國刑法對於成立偷拍罪的場所具有如此高的限制，其立法理由認爲，僅有侵入住宅或有遮蔽視線的高度個人生活領域之偷拍行爲，才被認爲是侵害個人「最後的獨處與退隱的領域」（Verletzung des letzten Rückzugsbereichs），因此只要個人離開住宅或不處於具遮蔽視線的空間，他人之偷拍行爲即不成立犯罪。

與德國刑法相比，我國刑法第315條之1所要保護的隱私權就來得廣泛許多。該條的用語爲「非公開之活動或身體隱私部位」。至於所謂「非公開」之概念，學說多認爲應該遵循「合理隱私期待」（reasonable expectation of privacy）之概念來解釋，其必須符合主觀與客觀兩個要件。亦即在主觀上，只要受侵害者展現了該資訊具有不欲他人知悉的隱私期待，且客觀上，依社會一般通念來看，這樣的隱私期待是合理的，則這樣的隱私利益就值得保護。例如黑夜路邊「車床族」在車輛中的親密或性愛活動，或在公園樹林中的公然性交或猥褻行爲等，均非本罪的非公開活動。被害人主觀上不僅要有隱私期待，客觀上也必須存在確保活動隱密性的條件，如此才可認爲這樣的隱私期待是社會合理的。

回到本件判決來看，一個人穿上衣服、裙子或褲子走在路上，從主觀面來看，其雖身處公共場所，但仍有不欲他人知悉的主觀隱私期待，亦即受到衣服遮蔽的身體部位，以及衣服下的內衣或內褲，應屬個人不欲人知的隱私部位；一個人主張其衣服下面究竟有無穿內衣、內褲，或穿何種樣式顏色的內衣、內褲乃個人隱私內容，從社會一般通念來看，這樣的隱私期待也必然是合理的；然而如果衣服、裙子或褲子無法遮蔽的部位，

如：乳溝、股溝、手臂、大腿、小腿、腳趾等處，應認爲是主觀上願意展露給他人觀看的身體部位，故應屬「公開」之身體部位。即便被害人主觀上不願露出乳溝、股溝、內褲或兩腿私密部位，但如果客觀上沒有確保這些部位保持隱密的條件，則應認爲這樣的主觀隱私期待並非合理隱私期待，而無法受刑法保護。

【王皇玉，〈短裙下的大腿是隱私部位嗎？〉，《月旦裁判時報》，第7期，2011.02，123頁以下。】

第315條之2（圖利爲妨害秘密罪）

I 意圖營利供給場所、工具或設備，便利他人爲前條之行爲者，處五年以下有期徒刑、拘役或科或併科五十萬元以下罰金。

II 意圖散布、播送、販賣而有前條第二款之行爲者，亦同。

III 製造、散布、播送或販賣前二項或前條第二款竊錄之內容者，依第一項之規定處斷。

IV 前三項之未遂犯罰之。

□ 修正前條文

I 意圖營利供給場所、工具或設備，便利他人爲前條第一項之行爲者，處五年以下有期徒刑、拘役或科或併科五萬元以下罰金。

II 意圖散布、播送、販賣而有前條第二款之行爲者，亦同。

III 製造、散布、播送或販賣前二項或前條第二款竊錄之內容者，依第一項之規定處斷。

IV 前三項之未遂犯罰之。

■ 修正說明（108.05.29）

一、第三百十五條之二並未分項次，故第一項援引前條「第一項」之文字係贅字，爰刪除之。

二、原第一項之罰金刑額數已不符時宜，爰修正提高爲五十萬元以下。

三、第二項至第四項未修正。

❖ 爭議問題

便利窺視竊聽竊錄罪之成立，是否應比照幫助犯進而認爲應有共犯從屬性理論之適用？

一、否定說

本罪之既遂、未遂之判斷標準，以供給場所、工具或設備之便利行爲、竊錄行爲或製造、散布、播送或販賣之行爲是否完成爲準。此說可推導出係採幫助犯獨立性之見解，而無共犯從屬性理論之適用。

【甘添貴，《刑法各論（上）》，三民，修訂四版，2014.08，193頁。】

二、肯定說

論者有謂，由於本罪性質上乃前條窺視竊聽竊錄罪之幫助犯，其不法內涵，顯然是依附於竊聽竊錄之侵害隱私權之上，然偵正犯並未進一步

犯罪，則提供工具設備的行為，對隱私權之侵害也僅屬抽象危險而已。

再者，若正犯尚未著手於犯罪或是犯罪構成要件不該當，則代表正犯對他人隱私之侵害尚未開始，或並未造成社會損害性，如果此際連正犯尚不處罰，卻將幫助犯論以既遂，顯有罪刑不相當之虞。

基於以上理由，本說認為應採共犯從屬性理論為宜。

【王皇玉，〈邪惡的針孔攝影機〉，《月旦法學教室》，第 123 期，2013.01，31 頁以下。】

□ 實務見解

▶ 98 台上 5053（判決）

刑法第三百十五條之二第二項所定意圖散布、播送、販賣而無故竊錄他人非公開之活動、言論或談話之罪，其立法目的在保障個人之隱私及財產，不允許以竊錄或播送非公開談話等方式，侵犯他人在憲法上所保障秘密通訊自由及生存權、財產權、居住權等個人法益。其所謂「無故」，係指無正當理由之謂。而理由是否正當，應依吾人日常生活經驗法則，由客觀事實上資為判斷，並應符合立法旨趣及社會演進之實狀。立法者將「無故」置入犯罪構成要件，顯係在評價構成要件之階段即進行判斷，而排除有正當理由之「妨害秘密」行為。

第 315 條之 3（竊錄產品沒收）

前二條竊錄內容之附著物及物品，不問屬於犯人與否，沒收之。

第 316 條（洩漏業務上知悉他人秘密罪）

醫師、藥師、藥商、助產士、心理師、宗教師、律師、辯護人、公證人、會計師或其業務上佐理人，或曾任此等職務之人，無故洩漏因業務知悉或持有之他人秘密者，處一年以下有期徒刑、拘役或五萬元以下罰金。

□ 修正前條文

醫師、藥師、藥商、助產士、宗教師、律師、辯護人、公證人、會計師或其業務上佐理人，或曾任此等職務之人，無故洩漏因業務知悉或持有之他人秘密者，處一年以下有期徒刑、拘役或五百元以下罰金。

■ 修正說明（94.02.02）

一、由於社會結構的改變，一般人對於心理諮商之需求相較過去，顯得越來越多，且心理師於診療過程中，極易知悉對方之隱私，則諮商之需求者與心理師間應有極高的信賴關係，始能達心理諮商之目的。若心理師因業務而得知或持有他人祕密，竟任意洩漏，已屬危害個人隱私，實有加以

處罰之必要，爰參諸原條文列舉處罰之業務，增訂心理師亦負有保守職業祕密之義務。

二、因第三十三條之罰金刑已提高為新臺幣一千元以上，原法第一項之罰金刑為「五百元以下」顯與前開修正扞格，爰依目前社會經濟水準、人民平均所得，參考罰金罰鍰提高標準條例第二條關於易科罰金、易服勞役就原定數額提高一百倍之標準，酌予提高罰金刑之上限。

第 317 條（洩漏業務上知悉工商秘密罪）

依法令或契約有守因業務知悉或持有工商秘密之義務而無故洩漏之者，處一年以下有期徒刑、拘役或三萬元以下罰金。

□ 修正前條文

依法令或契約有守因業務知悉或持有工商秘密之義務，而無故洩漏之者，處一年以下有期徒刑、拘役或一千元以下罰金。

■ 修正說明（108.12.25）

本罪於民國七十二年六月二十六日後並未修正，爰依刑法施行法第一條之一第二項本文規定將罰金數額修正提高三十倍，以增加法律明確性，並使刑法分則各罪罰金數額具內在邏輯一致性。

第 318 條（洩漏職務上工商秘密罪）

公務員或曾任公務員之人，無故洩漏因職務知悉或持有他人之工商秘密者，處二年以下有期徒刑、拘役或六萬元以下罰金。

□ 修正前條文

公務員或曾任公務員之人，無故洩漏因職務知悉或持有他人之工商秘密者，處二年以下有期徒刑、拘役或二千元以下罰金。

■ 修正說明（108.12.25）

本罪於民國七十二年六月二十六日後並未修正，爰依刑法施行法第一條之一第二項本文規定將罰金數額修正提高三十倍，以增加法律明確性，並使刑法分則各罪罰金數額具內在邏輯一致性。

第 318 條之 1（洩密之處罰）

無故洩漏因利用電腦或其他相關設備知悉或持有他人之秘密者，處二年以下有期徒刑、拘役或一萬五千元以下罰金。

□ 修正前條文

無故洩漏因利用電腦或其他相關設備知悉或持有他人之秘密者，處二年以下有期徒刑、拘役或五千元以下罰金。

■修正說明（108.12.25）

　　本罪增訂於民國八十六年九月二十五日，爰依刑法施行法第一條之一第二項但書規定將罰金數額提高三倍，以增加法律明確性，並使刑法分則各罪罰金數額具內在邏輯一致性。

第 318 條之 2（加重其刑）

利用電腦或其相關設備犯第三百十六條至第三百十八條之罪者，加重其刑至二分之一。

第 319 條（告訴乃論）

第三百十五條、第三百十五條之一及第三百十六條至第三百十八條之二之罪，須告訴乃論。

第二十九章　竊盜罪

第 320 條（普通竊盜罪、竊佔罪）

Ⅰ意圖為自己或第三人不法之所有，而竊取他人之動產者，為竊盜罪，處五年以下有期徒刑、拘役或五十萬元以下罰金。

Ⅱ意圖為自己或第三人不法之利益，而竊佔他人之不動產者，依前項之規定處斷。

Ⅲ前二項之未遂犯罰之。

□修正前條文

Ⅰ意圖為自己或第三人不法之所有，而竊取他人之動產者，為竊盜罪，處五年以下有期徒刑、拘役或五百元以下罰金。

Ⅱ意圖為自己或第三人不法之利益，而竊佔他人之不動產者，依前項之規定處斷。

Ⅲ前二項之未遂犯罰之。

■修正說明（108.05.29）

一、原第一項罰金額數已不符時宜，爰修正提高為五十萬元以下罰金。

二、第二項及第三項未修正。

❖ 法學概念

竊取

　　所謂竊取者，乃排除他人持有，建立自己持有。持有是指「有支配意思對於物事實上的管領狀態」。持有可能鬆懈，亦可能緊密。持有關係何時建立，不無疑問？學說上援引所謂的「袋地理論」或稱「持有袋地」作為判斷竊盜既、未遂之標準。例如，行為人在超商將口香糖放入自己的衣物或背包內，形同提前改變了行為人與持有人兩者與物之間的持有關係。即使行為人尚未走出商店，仍可論為已經形成自己對該竊得之物的事實上支配關係。更精確地說，袋地理論的重點在於，從身體權與一般人格權等基本權發展出個人之身體隱私領域的概念，或稱之為「禁忌領域」。

【林東茂，《刑法分則》，一品，初版，2018.09，130 頁；古承宗，《刑法分則：財產法篇》，三民，初版，2018.02，21 頁。】

□ 實務見解

▶ 33 上 1134（判例）

刑法上之詐欺罪與竊盜罪，雖同係意圖為自己或第三人不法之所有而取得他人之財物，但詐欺罪以施行詐術使人將物交付為其成立要件，而竊盜罪則無使人交付財物之必要，所謂交付，係指對於財物之處分而言，故詐欺罪之行為人，其取得財物，必須由於被詐欺人對於該財物之處分而來，否則被詐欺人提交財物，雖係由於行為人施用詐術之所致，但其提交既非處分之行為，則行為人因其對於該財物之支配力一時弛緩，乘機取得，即與詐欺罪應具之條件不符，自應論以竊盜罪。

▶ 31 上 1038（判例）

侵占罪以自己原已持有他人之物為前提，竊佔罪則以他人之物原不在自己持有中，其持有純由於犯罪之結果而來，兩罪之構成要件相異，決非可同時成立。

▶ 25 上 7374（判例）

刑法第三百二十條第二項之竊佔罪，既係以意圖為自己或第三人不法之利益，而竊佔他人之不動產為其構成要件，則已完成竊佔之行為時，犯罪即屬成立。蓋竊佔行為應以己力支配他人不動產時而完成，與一般動產竊盜罪係將他人支配下之動產，移置於自己支配下而完成者，固無二致也。

▶ 20 上 1183（判例）

殺人之後，臨時起意行竊，當時縱有攜帶兇器、毀越門門、於夜間侵入住宅情事，均不過因其殺人所用之手段，與竊盜行為無關，仍應認為普通竊盜。

▶ 101 台非 44（判決）

竊盜罪既屬即成犯，一有竊佔行為，犯罪即已成立，行為人嗣後賡續使用竊佔之土地，為犯罪狀態之繼續，而非犯罪行為之繼續。

▶ 100 台上 3232（判決）

刑法之竊盜罪，以行為人具有為自己或第三人不法所有之意圖，而竊取他人之動產，作為構成要件，若行為人欠缺此不法所有意圖要件，例如祇純粹擅取使用，無據為己有之犯意，學理上稱為「使用竊盜」，向非刑法非難之對象。原判決既認定上訴人以不詳方法竊取陳○○之存摺、印章，用完後復以不詳方法歸還（見原判決第二頁第十、十一、二十二、二十三行），當屬「使用竊盜」，並非刑法評價之一般竊盜。

第 321 條（加重竊盜罪）

I 犯前條第一項、第二項之罪而有下列情形之一者，處六月以上五年以下有期徒刑，得併科五十萬元以下罰金：

一 侵入住宅或有人居住之建築物、船艦或隱匿其內而犯之。

二 毀越門窗、牆垣或其他安全設備而犯之。

三 攜帶兇器而犯之。

四 結夥三人以上而犯之。

五 乘火災、水災或其他災害之際而犯之。

六 在車站、港埠、航空站或其他供水、陸、空公眾運輸之舟、車、航空機內而犯之。

II 前項之未遂犯罰之。

□修正前條文

I 犯竊盜罪而有下列情形之一者，處六月以上、五年以下有期徒刑，得併科新臺幣十萬元以下罰金：

一 侵入住宅或有人居住之建築物、船艦或隱匿其內而犯之者。

二 毀越門扇、牆垣或其他安全設備而犯之者。

三 攜帶兇器而犯之者。

四 結夥三人以上而犯之者。

五 乘火災、水災或其他災害之際而犯之者。

六 在車站、埠頭、航空站或其他供水、陸、空公眾運輸之舟、車、航空機內而犯之者。

II 前項之未遂犯罰之。

■修正說明（108.05.29）

一、犯竊盜罪而有第一項各款之事由時，應有本罪之適用，為杜爭議，爰將第一項序文之「犯竊盜罪」修正為「犯前條第一項、第二項之罪」，以資明確，並酌作標點符號修正。又第一項之罰金刑額數已不符時宜，爰修正提高為五十萬元以下。

二、第一項第二款「門扇」修正為「門窗」，第六款「埠頭」修正為「港埠」，以符實務用語，另刪除各款「者」字。

三、第二項未修正。

❖ 法學概念

結夥三人竊盜的實體認定與程序處理

刑法第 321 條第 1 項第 4 款，對於結夥人數的要求，必須三人以上方得以成立。就該款項之規定而言，所以得以成立結夥者，乃全部共同正犯均須於行為時在場，其他不屬於實行正犯者，僅得視之為基本構要件的共同正犯，而不得適用結夥規定的共同正犯。

此外，若行為人中有涉及追訴條件及特別刑罰減輕規定的適用，其犯罪成立與程序處理關係，有所不同。例如甲、乙、丙三人共同竊盜的行為，假設甲與被害人因具有直系血親關係，依刑法第 321 條第 1 項第 4 款規定，得以減輕或免除其刑。而此種結夥關係的成立，並不因甲具有個人之刑法減免事由，有所變更。亦即甲、乙、丙三人該當刑法第 321 條加重竊盜罪，但甲因具有個人刑罰減免事由，仍得適用刑罰減免之依據。

就程序處理之效應而言，假定被害人對甲撤回告訴，則乙、丙二人所犯之罪並不因此而生影響。雖然刑法第 321 條第 1 項第 4 款規定，必須符合結夥三人以上犯竊盜罪，方屬加重竊盜罪規定之適用，但甲因欠缺訴訟條件，而無法加以追訴，其所涉及的法律關係，僅限於程序性追訴的效應，並不影響原本三人的實體成罪關係，此分屬於參與關係的行為人欠缺問題，故乙、丙二人仍應論以加重竊盜罪，蓋雖對甲撤回告訴，惟其告訴之效力仍存在於乙、丙，不影響實體法犯罪成立之判斷，法院仍應為實體裁判。

【柯耀程，〈結夥「三缺一」？〉，《月旦法學教室》，第 113 期，2012.03，69 頁以下。】

❖ 爭議問題

兇器之認定

一、實務見解

實務向來認為，所謂兇器，其種類並無限制，凡客觀上足對人生命、身體、安全構成威脅，具有危險性之兇器均屬之。且攜帶兇器不以取出兇器犯之為必要，亦不以攜帶之初本持以行兇之意圖為限（最高法院 94 年台上字第 3149 號判決參照）。

二、學者看法

學者認為，實務上對於「兇器」的定義涵蓋範圍過廣，蓋械具是否危險，應視除一般用途之外及特定脈絡底下，綜合評價。例如，剪刀的一般用途不是殺傷人，一般人對剪刀的驚懼也很有限，所以在通常情況下，持剪刀偷東西不能稱為攜械行竊；除非可以證明，持剪刀行竊自始就是為了嚇退事主或抗拒逮捕。此一證明，關係加重竊盜之成否，必須嚴格認定。如果不能證明，應往被告有利方向推敲，依普通竊盜處罰。盜採檳榔而使用檳榔刀，也必須兼顧犯人的主觀意思；不能證明有行竊企圖，只能論以普通竊盜。然而實務卻認為，兇器帶在身即為已足，不以主觀上自始有行兇意圖為必要且包含在犯罪現場拾獲者為必要。

若持螺絲起子、鉗子、萬能鑰匙行竊，這些器具雖是竊盜必備物，但不能因其可供行兇之用，即視之為兇器。否則，攜帶繩索行竊、持棍擊破車窗行竊、扶枴杖的傷患順手牽羊、戴眼鏡

的人行竊，都可認為加重竊盜。這樣一來，攜械行竊將成不知所止的犯罪類型。

【林東茂，《刑法分則》，一品，二版，2020.02，141頁以下。】

❖ 爭議問題

結夥「三人」如何認定（是否包括無責任能力人、參與犯或共謀共同正犯）？

一、實務見解

　　實務上認為，刑法加重竊盜罪所稱結夥三人，係以結夥犯全體具有責任能力為構成要件，若其中一人缺乏責任能力，則雖有加入之行為，不能算入結夥三人之內（最高法院37年上字第2454號判例；最高法院94年台非字第226號判決同旨）。又所稱結夥三人，係指實施中之共犯確有三人者而言，若其中一人僅為教唆犯，即不能算入結夥三人之內（最高法院23年上字第2752號判例）。此外，由於最高法院認為，此「三人」須以在場共同實施或在場參與分擔實施犯罪之人為限，不包括共謀共同正犯在內。

二、學者看法

㈠甘添貴教授

　　有關結夥「三人」是否包括無責任能力人，學說上多持迴異於實務之立場。學者謂，結夥竊盜所以加重處罰之理由，乃因結夥三人以上，人數較多，或共同實施，或擔任把風，或傳遞贓物，竊盜之犯行較易實現。既已使竊盜之犯行較易實現，該無責任能力人自應算入結夥犯之人數內。

【甘添貴，《刑法各論（上）》，三民，修訂四版，2014.09，242頁以下。】

㈡林東茂教授

　　精神病患以及年幼者參與行竊，理性的計算能力有限，更容易被不當操控利用，對於被害人的威脅不亞於責任能力人。從升高被害人危險的角度看，無責任能力人也是適格的結夥犯。

【林東茂，《刑法分則》，一品，初版，2018.09，138頁以下。】

㈢蕭宏宜教授

　　實務將「結夥三人」的概念內涵限縮，排除「不在場」的共謀者或教唆者，應屬正確，蓋基於在場數人間產生的時空上緊密連結，從而導致犯罪更易於實現，並且升高了法益的被害危險。但將在場的幫助者與無責任者也予以排除，則顯然與加重處罰結夥犯的基礎相悖。因為，結夥犯有其相異於共同正犯的概念內涵，不論從實022規範目的與法益保護而言，均不應排除在場的正犯、教唆犯或幫助犯，於竊盜行為終了前，仍得成立結夥犯。但立法上是否存在對結夥三人加重處罰的必要，在竊取行為欠缺強暴脅迫的特徵下，仍有檢討空間。

【蕭宏宜，〈竊盜行為的犯罪參與問題〉，《月旦法學雜誌》，第230期，2014.07，265頁以下。】

□ 實務見解

▶82年度第2次刑事庭會議決議㈡（82.04.13）

決議：請柯法官鐸酌出（列）席庭長、法官意見，修正研究報告後，以研究報告覆司法院。

修正後研究報告：五、犯罪行為有犯意之決意、陰謀、預備及實行等四個階段，在預備與實行之間，有一「著手」之點予以區隔，已經著手為實行，尚未著手則為預備。一般學說上對於著手之闡述，主要者計有主觀說、客觀說及折衷說三說。實務上，本院判例對於一般犯罪之著手，認為係指犯人對於犯罪構成要件之行為（或稱構成犯罪之事實）開始實行者而言（參閱本院二十一年非字第九十七號、二十五年非字第一六四號、三十年上字第六八四號判例），當係採取客觀說；對於竊盜行為之著手時點，究應從何時段開始起算，則尚無專則判例可循。考諸鄰近日本判例，對於竊盜罪著手時點之認定，見解亦不一致。或謂：「以竊盜為目的而侵入住宅，且為與侵犯他人財物有關之密接行為，例如為了物色錢財而有接近衣櫥之情形時，即為竊盜著手」（大審院昭和九年十月十九日、昭和九年一○六五號刑四庭判決）；或謂：「以竊盜為目的而侵入他人屋內，使用手電筒物色食物等財物時，即為竊盜之著手」；或謂：「犯人在被害人店舖內，以其所攜帶之手電筒照明黑暗之店內，雖知店內有堆積之電氣器具類，但因思盜取現金而有走向店內香煙販賣處所之事實者，應認與竊盜之著手行為相當」。今後我國在司法審判實務上，對於竊盜罪之著手時點，除應就衆多學說斟酌之損益，並參酌各國之立法例及判例演變趨勢，於行為人以行竊之意思接近財物，並進而物色財物，即可認為竊盜行為之著手外，實務上似不妨從個案詳加審認，另創竊盜著手時點之新見解，以期符合現代社會環境之實際需要，始為上策。

▶79台上5253（判例）

刑法第三百二十一條第一項第三款之攜帶兇器竊盜罪，係以行為人攜帶兇器竊盜為其加重條件，此所謂兇器，其種類並無限制，凡客觀上足對人之生命、身體、安全構成威脅，具有危險性之兇器均屬之，且祇須行竊時攜帶此種具有危險性之兇器為已足，並不以攜帶之初有行兇之意圖為必要。螺絲起子為足以殺傷人生命、身體之器械，顯為具有危險性之兇器。

▶76台上7210（判例）

刑法分則或刑法特別法中規定之結夥二人或三人以上之犯罪，應以在場共同實施或在場參與分擔

實施犯罪之人爲限，不包括同謀共同正犯在內。司法院大法官會議釋字第一〇九號解釋「以自己共同犯罪之意思，事先同謀，而由其中一部分之人實施犯罪之行爲者，均係共同正犯」之意旨，雖明示將「同謀共同正犯」與「實施共同正犯」併包括於刑法總則第二十八條之「正犯」之中，但此與規定於刑法分則或刑法特別法中之結夥犯罪，其態樣並非一致。

▶ 76 台上 2972（判例）

刑法第三百二十一條第一項第一款之夜間侵入住宅竊盜罪，其所謂「住宅」，乃指人類日常居住之場所而言，公寓亦屬之。至公寓樓下之「樓梯間」，雖僅供各住戶出入通行，然就公寓之整體而言，該樓梯間爲該公寓之一部分，而與該公寓有密切不可分之關係，故於夜間侵入公寓樓下之樓梯間竊盜，難謂無同時妨害居住安全之情形，自應成立刑法第三百二十一條第一項第一款於夜間侵入住宅竊盜罪。

❖ **學者評釋**

學者認爲，前開判例的意見恐怕不合理。蓋樓梯間固然與公寓密切不可分；不過，出入的通道畢竟不是住宅自身。出入通道如樓梯間者，歸巢倦鳥之「引道」，卻非歸巢的「自身」，非心靈之所寄居，非飄盪靈魂的歸宿。對於未受邀請亦進入樓梯間的不速之客，除非關係密切的住戶，否則恐怕不會加以過問，更不必說居家安全的妨害。設想，若有人夜間侵入花園行竊，僅成立普通竊盜罪，甚至在真正妨害居家安全的情況下行竊，都未必成立加重竊盜罪，則在大廈的樓梯間或地下室行竊，更無理由認爲是加重竊盜。

【林東茂，《刑法分則》，一品，初版，2018.09，135 頁以下。】

▶ 69 台上 3945（判例）

刑法第三百二十一條第一項所列各款爲竊盜之加重條件，如犯竊盜罪兼具數款加重情形時，因竊盜行爲祇有一個，仍祇成立一罪，不能認爲法律競合或犯罪競合，但判決主文應將各種加重情形順序揭明，理由並應引用各款，俾相適應。又所謂有人居住之建築物，不以行竊時有人居住其內爲必要，其居住人宿於樓上，或大樓管理員居住另室，而乘隙侵入其他房間行竊者，均不失爲侵入有人居住之建築物行竊。

▶ 62 台上 3539（判例）

刑法第三百二十一條第一項第六款之加重竊盜罪，係因犯罪場所而設之加重處罰規定，車站或埠頭爲供旅客上下或聚集之地，當以車船停靠旅客上落停留及必經之地爲限，而非泛指整個車站或埠頭地區而言。

▶ 46 台上 366（判例）

刑法第三百二十一條第一項第四款所稱之結夥三人，係以結夥犯之全體俱有犯意之人爲構成要件，若其中一人缺乏犯意，則雖加入實施之行爲，仍不能算入結夥三人之內。上訴人等二人脅迫另一人同往竊，如其脅迫行爲已足令該另一人喪失自由意思，則其隨同行竊，即非本意，上訴人亦難成立結夥三人以上之竊盜罪。

▶ 41 台非 38（判例）

被告於夜間至某姓住宅，推窗伸手入室，竊取衣物，雖其身體未侵入住宅，尚難論以於夜間侵入住宅竊盜罪名，但其竊盜之手段，既已越進窗門，安使他人窗門全之設備失其防閑之效用，自應構成刑法第三百二十一條第一項第二款之罪。

▶ 37 上 2454（判例）

刑法第三百二十一條第一項第四款所稱結夥三人，係以結夥犯全體俱有責任能力爲構成要件，若其中一人缺乏責任能力，則雖有加入實施之行爲，仍不能算入結夥三人之內。

▶ 31 上 1372（判例）

刑法第三百二十一條第一項第五款所謂災害之際，係指當時在客觀上確有災害事實之發生而言。乘他人主觀上之危懼，先事逃避之際，竊取其所存財物，而其時在客觀上災害既尚未發生，自難謂爲與該條款之規定相符。

▶ 29 上 1403（判例）

上訴人夜間侵入人家，將甲之衣物及晒在院內之某乙衣服一併竊去，其所竊取者，雖屬兩人之財物，但非上訴人所能知悉，應成立一個夜間侵入住宅竊盜之罪，不發生數罪問題。

▶ 27 上 1887（判例）

毀越門扇而入室行竊，其越入行爲即屬侵入住宅，已結合於所犯重加竊盜之罪質中，無更行構成侵入住宅罪之理。

▶ 100 台上 7125（判決）

所謂兇器，其種類並無限制，凡客觀上足對人生命、身體、安全構成威脅，具有危險性之兇器均屬之。上揭由上訴人、盧家榮所分持之電擊棒、玩具手槍雖未扣案，惟以被害人江○鈴、李○祥二人因而遭壓制行動自由及取走財物等情以觀，顯然足以對人的生命、身體與安全構成威脅，具有危險性，自爲刑法第三百二十一條第一項第三款之兇器。

▶ 99 台上 7612（判決）

刑法第三百二十一條第一項第二款所謂之「毀越」，係指毀損或超越及踰越而言，又所稱之「安全設備」，係指依社會通常觀念足認爲防盜之設備而言，且不以被害人所設置者爲限。

▶ 99 台上 716（判決）

刑法第三百三十條第一項犯強盜罪而有第三百二十一條第一項各款情形之一者，係指犯

強盜罪時有該條項各款情形之一而言。其中有第三百二十一條第一項第四款之情形，係指結夥三人以上犯強盜罪之謂。**所稱結夥三人以上，則爲在場共同實行或在場參與分擔實行強盜罪之人（不包括同謀共同正犯），有三人以上而言，並以全體俱有責任能力及犯意爲必要。**因之行竊時雖係結夥三人，若其中一人於竊盜既遂，被人發現時，已先行逃離現場，未參與行強，自不能以強盜論擬；至其餘參與行竊之二人雖因防護贓物、脫免逮捕或湮滅罪證，而當場施強暴、脅迫，因行強之人既僅二人，亦不符合「結夥三人以上而犯之」之加重要件。

第 322 條（刪除）

□ 修正前條文

以犯竊盜罪爲常業者，處一年以上七年以下有期徒刑。

■ 修正説明（94.02.02）

一、本條刪除。

二、配合第五十六條連續犯之刪除，刪除本條常業犯之規定。

第 323 條（竊能量以竊取動產論）

電能、熱能及其他能量，關於本章之罪，以動產論。

□ 實務見解

▶ **84 台非 214（判例）**

按電業法第一百零六條之規定，係在保護經營供給電能之事業，並非一般之用電戶，此觀該條各款、同法第二條及處理竊電規則之規定自明。故私接電線，若係通過電力公司允許供電之鄰人電錶所設之線路內，因用電已有電錶控制計算，該通過電錶控制計算後之電氣，即屬該鄰人所有之動產，如予竊取，即應視其犯罪形態，依刑法之竊盜罪章論處。

▶ **93 台非 184（判決）**

按刑法第三百二十三條業於八十六年十月八日修正，增列「電磁記錄」關於竊盜罪章之罪，以動產論，是電磁記錄雖爲無體物，仍爲竊盜罪之客體，而竊盜罪中所謂竊取，係指破壞原持有人對於財物之持有支配關係而建立新的持有支配關係。查被告竊取他人之電磁記錄，利用遊戲伺服器破壞他人對遊戲虛擬裝備、武器、道具等電磁記錄之支配關係，並進而建立自己之持有支配關係，雖應成立竊盜罪無誤，然被告冒用他人之遊戲帳號及密碼登入遊戲伺服主機，使網路遊戲公司誤認被告爲有權使用人而提供服務，被告並因而免除支付上網參與遊戲之對價，被告有爲自己不法利益之意圖甚明。是被告所爲係犯刑法第三百二十三條、第三百二十條第一項之竊盜電磁

紀錄罪外，尚犯刑法第三百三十九條第二項之詐欺得利罪，二罪間有方法目的之牽連關係，應依刑法第五十五條之規定，從一重之詐欺得利罪處斷。

第 324 條（親屬相盜免刑與告訴乃論）

I 於直系血親、配偶或同財共居親屬之間，犯本章之罪者，得免除其刑。

II 前項親屬或其他五親等內血親或三親等內姻親之間，犯本章之罪者，須告訴乃論。

第三十章　搶奪強盜及海盜罪

第 325 條（普通搶奪罪）

I 意圖爲自己或第三人不法之所有，而搶奪他人之動產者，處六月以上五年以下有期徒刑。

II 因而致人於死者，處無期徒刑或七年以上有期徒刑，致重傷者，處三年以上十年以下有期徒刑。

III 第一項之未遂犯罰之。

❖ 法學概念

「竊盜」與「搶奪」之界分

竊盜罪之構成要件行爲，係以和平而非暴力之手段，對他人之動產移轉支配關係，並未行使對被害人之生命或身體具有危險性之暴力行爲，故立法上未有加重結果犯之規定。

反之，搶奪罪則有加重結果犯之規定，表示立法者已推定搶奪對生命或身體有進一步的風險；而同是移轉動產支配關係，搶奪之所以有發生加重結果之可能，必然是因被害人之「身體與動產具有緊密的連結關係」（包括直接或間接之連結關係），或被害人之「身體對動產存在緊密的支配關係」。

【高金桂，〈竊盜或搶奪？〉，《月旦法學教室》，第119期，2012.09，29頁。】

□ 實務見解

▶ **64 台上 1165（判例）**

搶奪與強盜雖同具不法得財之意思，然搶奪係乘人不備，公然掠取他人之財物，如施用強暴脅迫，至使不能抗拒而取其財物或令其交付者，則爲強盜罪。

▶ **28 上 2782（判例）**

被告因上訴人欠債未償，隱匿財產，遂搬取其財物，聲請假扣押，完全爲保全債權之行爲，並無不法所有之意圖，即使形式上類似掠奪，要與刑法第三百二十五條第一項之意思要件，顯然不符。

▶ **102 台上 388（判決）**

搶奪既遂與未遂之區別，應以所搶奪之物，已否移入自己實力支配之下爲標準；至於該物是否置

於自己可得自由處分之安全態，則非所問。

▶ 100 台上 1295（判決）

查搶奪罪之乘人不備或不及抗拒而掠取財物者，不以直接自被害人手中奪取為限。即以和平方法取得財物後，若該財物尚在被害人實力支配之下而公然持物逃跑，以排除其實力支配時，仍不失為乘人不備或不及抗拒而掠取財物，應成立搶奪罪。上訴人趁行動電話尚在被害人實力支配之下而公然持物逃跑，並排除被害人之實力支配，所為不失為乘人不備或不及抗拒而掠取財物，與搶奪罪之要件該當。

▶ 99 台上 6520（判決）

刑法搶奪罪和強盜罪不同者，就其客觀之構成要件言，前者係使人猝不及防備而奪取他人財物，後者為施用強暴、脅迫、藥劑、催眠術或他法，使人達至不能抵抗（或抗拒）程度，而取他人財物或使他人交付財物。而恐嚇取財罪和強盜罪之客觀構成要件中，雖均有實行恐嚇之作為，但其區別則在於後者已致使被害人不能抗拒之地步。而此能否抗拒，乃係依憑行為人所採取之客觀手段、被害人之主觀感受與被害當時所處環境、條件等情況，予以綜合判斷，至行為人之主觀認知如何，並非所問。以攜持玩具槍強索財物為例，倘所使用者具有一般槍枝之外觀，客觀上又在射程之內，縱然實際上不具有槍枝應有之殺傷力，被害人既難以知悉，因此不能抗拒，即屬加重強盜罪範疇，不能因行為人熟知性能或未持之抵住被害人，而僅論以恐嚇取財罪。

第 326 條（加重搶奪罪）

I 犯前條第一項之罪，而有第三百二十一條第一項各款情形之一者，處一年以上七年以下有期徒刑。

II 前項之未遂犯罰之。

第 327 條（刪除）

□ 修正前條文

以犯第三百二十五條第一項之罪為常業者，處三年以上、十年以下有期徒刑。

■ 修正說明（94.02.02）

一、本條刪除。

二、配合第五十六條連續犯之刪除，刪除本條常業犯之規定。

第 328 條（普通強盜罪）

I 意圖為自己或第三人不法之所有，以強暴、脅迫、藥劑、催眠術或他法，至使不能抗拒，而取他人之物或使其交付者，為強盜罪，處五年以上有期徒刑。

II 以前項方法得財產上不法之利益或使第三人得之者，亦同。

III 犯強盜罪因而致人於死者，處死刑、無期徒刑或十年以上有期徒刑；致重傷者，處無期徒刑或七年以上有期徒刑。

IV 第一項及第二項之未遂犯罰之。

V 預備犯強盜罪者，處一年以下有期徒刑、拘役或九千元以下罰金。

□ 修正前條文

I 意圖為自己或第三人不法之所有，以強暴、脅迫、藥劑、催眠術或他法，至使不能抗拒，而取他人之物或使其交付者，為強盜罪，處五年以上有期徒刑。

II 以前項方法得財產上不法之利益或使第三人得之者，亦同。

III 犯強盜罪因而致人於死者，處死刑、無期徒刑或十年以上有期徒刑；致重傷者，處無期徒刑或七年以上有期徒刑。

IV 第一項及第二項之未遂犯罰之。

V 預備犯強盜罪者，處一年以下有期徒刑、拘役或三千元以下罰金。

■ 修正說明（108.12.25）

本罪最後曾修正於民國九十一年一月八日，爰依刑法施行法第一條之一第二項但書規定將罰金數額提高三倍，以增加法律明確性，並使刑法分則各罪罰金數額具內在邏輯一致性。

□ 實務見解

▶ 30 上 3023（判例）

強盜罪所施用之強暴、脅迫手段，祇須足以壓抑被害人之抗拒，使其喪失意思自由為已足，縱令被害人實際無抗拒行為，仍於強盜罪之成立，不生影響。

▶ 30 上 668（判例）

以威嚇方法使人交付財物之強盜罪，與恐嚇罪之區別，係以對於被害人施用威嚇程度為標準。如其程度足以抑壓被害人之意思自由，至使不能抵抗而為財物之交付者，即屬強盜罪。否則，被害人之交付財物與否，尚有自由斟酌之餘地者，即應成立恐嚇罪。

▶ 27 上 1722（判例）

強盜罪之強暴、脅迫，以在客觀上對於人之身體及自由確有侵害行為為必要，若犯人並未實施此項行為，僅因他人主觀上之畏懼，不敢出而抵抗，任其取物以去者，尚不能謂與強盜罪之要件相符。

▶ 24 上 2868（判例）

刑法上之強盜罪，以施用強暴、脅迫等手段而奪取或使人交付財物為構成要件，在場把風，固非實施強盜構成要件之行為，但其夥同行劫，如係為自己犯罪之意思而參與，則雖僅擔任把風而未實行劫取財物，仍應依共同正犯論科。

▶102 台上 938（判決）

犯罪行為人於實行強盜行為時拘禁被害人，固屬所實行之強暴方法，應包括於強盜行為內，不另論以私行拘禁罪；但強盜既遂之後，始因他故而另行拘禁被害人，則不能認為亦屬強盜行為之一部。依原判決確認之事實，上訴人係在攜帶兇器強盜吳○蓁之財物既遂後，為便利脫逃，始另行起意，拘禁吳○蓁；是原判就上訴人所犯攜帶兇器強盜罪、私行拘禁罪，予以分論併罰，並無適用法則不當之違誤。

▶101 台上 519（判決）

又刑法之強盜罪，係以意圖為自己或第三人不法之所有，以強暴、脅迫、藥劑、催眠術或他法，至使不能抗拒，而取他人之物或使其交付為要件。倘若行為人所施用之手段，**未達於至使人不能抗拒之程度，或強取財物係基於他種目的，而非出於不法所有之意圖**，均不能成立該罪。

▶101 台上 466（判決）

強暴、脅迫，祇須抑壓被害人之抗拒或使被害人身體上、精神上，處於不能抗拒之狀態為已足，其暴力縱未與被害人身體接觸，仍不能不謂有強暴、脅迫行為；又強盜罪所施用之強暴、脅迫手段，祇須足以壓抑被害人之抗拒，使其喪失意思自由已足，縱令被害人實際並無抗拒行為，仍於強盜罪之成立，不生影響。

▶100 台上 6876（判決）

強盜罪之所謂「不能抗拒」，係指行為人所為之強暴、脅迫等不法行為，就當時之具體事實，予以客觀之判斷，足使被害人身體上或精神上達於不能或顯難抗拒之程度而言，**係依一般人在同一情況下，其意思自由是否因此受壓制為斷**，並不以被害人之主觀意思為準。

▶100 台上 6233（判決）

刑法第三百二十八條第三項前段之犯強盜罪因而致人於死罪，係對於犯強盜罪（包括刑法第三百二十九條之準強盜罪在內）致發生死亡結果所規定之加重結果犯，參酌同法第十七條規定，以行為人犯強盜罪，且對於因該犯罪發生之死亡結果能預見而不預見為要件。此所謂「能預見」，乃指客觀情形，即依一般人之知識經驗可得預見其發生死亡結果為已足，亦即在客觀上須有相當性及必然性之關係存在，方有加重結果犯之適用，與主觀上有無預見之情形不同；若主觀上已有預見，而結果之發生又不違背其本意時，則屬刑法第十三條第二項規定之間接故意範疇，無復論以加重結果犯之餘地。

第 329 條（準強盜罪）
竊盜或搶奪，因防護贓物、脫免逮捕或湮滅罪證，而當場施以強暴脅迫者，以強盜論。

❖ **法學概念**

脫免逮捕及湮滅罪證的意圖

學者認為，此兩種意圖其實比較接近侵害國家司法權，因此其於財產犯罪中納入，實不無疑義。基於財產法益保護的一貫性，此兩種意圖不能單獨構成準強盜罪，而必須同時具備防護贓物之意圖，始足當之。

【許恒達，〈準強盜罪的犯行結構與既遂標準〉，《台灣法學雜誌》，第 204 期，2012.07，167 頁以下。類似見解：薛智仁，〈準強盜罪的立法改革方向（上）〉，《台灣法學雜誌》，第 109 期，2008.08，36 頁以下；許澤天，〈論準強盜罪——德國法比較與我國修法建議〉，《檢察新論》，第 7 期，2010.01，176 頁以下。】

🔲 **實務見解**

▶ **釋字第 630 號（96.07.13）**

刑法第三百二十九條之規定旨在以刑罰之手段，保障人民之身體自由、人身安全及財產權，免受他人非法之侵害，以實現憲法第八條、第二十二條及第十五條規定之意旨。立法者就竊盜或搶奪而當場施以強暴、脅迫者，**僅列舉防護贓物、脫免逮捕或湮滅罪證三種經常導致強暴、脅迫為之具體事由，係選擇對於身體自由與人身安全較為危險之情形，視為與強盜行為相同，而予以重罰**。至於僅將上開情形之竊盜罪與搶奪罪擬制為強盜罪，乃因其他財產犯罪，其取財行為與強暴、脅迫行為間鮮有時空之緊密連接關係，故上開規定尚未逾越立法者合理之自由形成範圍，難謂係就相同事物為不合理之差別對待。經該規定擬制為強盜罪之強暴、脅迫構成要件行為，**乃指達於使人難以抗拒之程度者而言**，是與強盜罪同其法定刑，尚未違背罪刑相當原則，與憲法第二十三條比例原則之意旨並無不符。

❖ **學者評釋**

一、林東茂教授

準強盜罪是擬制的強盜罪。準強盜的強制行為，目的不在奪取財物，而在防護已經取得的財物，或避免被逮捕，或湮滅罪證。準強盜罪的成立，必須先有竊盜或搶奪的行為，強暴脅迫的手段接踵而至。取財在先，強制手段在後。學說因此稱準強盜罪為「事後強盜罪」。

至於準強盜罪的解釋，下列四點似乎已經形成共識：

(一)竊盜或搶奪的前行為，無須既遂。

(二)竊盜或搶奪之後所施的強暴脅迫，必須是「當場」。

(三)強暴脅迫的對象，不限於被害人。

(四)竊盜或搶奪犯，基於護贓、拒捕或滅證的原因，而施強暴脅迫，方能以強盜論。

釋字第 630 號的重點有兩個。第一，刑法規定，準強盜罪的前行為限於「竊盜或搶奪」；如

果其他財產罪的行為人施用強暴脅迫而脫免逮捕等，不成立準強盜罪。這個規定並未逾越立法者合理的決定。第二，準強盜罪的成立，必須竊盜或搶奪犯所施用的強暴脅迫，已達於「使人難以抗拒」的程度。

【林東茂，〈再探準強盜罪〉，《東吳大學法學院刑事法論壇》，2008.01，2～7頁。】

二、黃榮堅教授

若純粹以強盜罪與準強盜罪之構成內涵的形式相互對照，強盜罪的形式是強制加竊盜（先強制後竊盜），準強盜罪的形式是竊盜加強制（先竊盜後強制），二者僅先後順序不一，則就準強盜罪與強盜罪相同的法定刑而言，至少也應該具備相同不法與責任程度的行為內涵。既然構成強盜罪的強暴脅迫行為是以致使被害人不能抗拒為要件，對於準強盜罪的強暴、脅迫行為的解釋也應如此。

然而，針對準強盜罪之立法上的正當性，氏則提出質疑：一是，為何特別選擇竊盜或搶奪作為構成準強盜罪的先決行為？二是，為何特別選擇防護贓物、脫免逮捕或湮滅罪證作為此處該當於準強盜罪之要件？

對此，釋字第630號雖有所闡釋，然而就為防護贓物而施強暴脅迫的情況而言，主觀不法內涵與強盜罪固然幾無差異，但是為脫免逮捕或湮滅罪證而施強暴脅迫的情況，行為人主觀上欠缺強盜罪應有的以強暴脅迫手段取財的方法上之內在關聯，實不應以強盜論。由此可見，立法者乃是就二種不同事物為不合理的同等對待，恐違平等原則，難謂尚無逾越立法者合理的自由形成範圍。

【黃榮堅，〈強盜罪概念的重構——兼評大法官釋字第630號解釋〉，收錄於《林山田教授紀念論文集——刑與思》，元照，初版，2008.11，269頁以下。類似見解：黃惠婷，〈隨評大法官釋字第630號解釋〉，《台灣本土法學》，第97期，2007.08，215頁以下。】

▶ 68 台上 2772（判例）

刑法準強盜罪，係以竊盜或搶奪為前提，在脫免逮捕之情形，**其竊盜或搶奪既遂者，即以強盜既遂論，如竊盜或搶奪為未遂，即以強盜未遂論，但竊盜或搶奪不成立時，雖有脫免逮捕而當場施以強暴、脅迫之情形，除可能成立他罪外，不能以準強盜罪論。**

▶ 57 台上 1017（判例）

刑法第三百二十九條所定之竊盜以強盜論，係指已著手搜取財物行為，足構成竊盜罪名，為湮滅罪證，當場施以強暴、脅迫者而言，**若倘未著手於竊盜行為之實行，則根本不能成立竊盜罪名，從而其為湮滅罪證，實施強暴殺人，亦即難以準強盜殺人罪論擬。**

▶ 28 上 1984（判例）

刑法第三百二十九條所謂當場，固不以實施竊盜或搶奪者尚未離去現場為限，即已離盜所而向在他人跟蹤追躡中者，仍不失為場。**惟於竊盜或搶奪者離去盜所後，行至中途始被撞遇，則該中途，不得謂為當場，**此時如因彼此爭執，犯人予以抵抗，實施強暴或脅迫，除可另成其他罪名外，不生以強盜論之問題。

▶ 28 非 43（判例）

刑法第三百二十九條之強暴脅迫，以當場實施者為限，**如在脫離犯罪場所或追捕者之視線以後，基於別種事實而實施時，則雖意在防護贓物或脫免逮捕，亦不過為另犯他罪之原因，與前之竊盜或搶奪行為無關，自不能適用該條以強盜論。**被告竊得某甲之驢，在某處出售，為甲之岳父某乙撞遇，向前盤詰，被告偽稱買自客人，納有畜稅，邀乙到畜稅代徵所查問，行至附近崖下，即將乙殺害，牽贓逃去。是被告事後之犯罪意思，雖在防護贓物或脫免逮捕，要不過為殺害乙之原因，與竊盜臨時行強兩不相涉，於法應以殺人與竊盜併合論科。

▶ 106 台上 2790 ○（判決）

竊盜或搶奪，因防護贓物、脫免逮捕或湮滅罪證，而當場施以強暴脅迫者，依刑法第三二九條之規定，應以強盜論。其所謂之「當場」應包括行為人於犯罪實行中，或甫結束但仍處於未能確定全部犯罪成員已然脫免逮捕，其因而接續施以強暴脅迫之行為仍與其原先犯行及盜所現場緊接，有時空之密接不可分之情形而言；再所謂「脫免逮捕」，非僅指脫免逮捕施行強暴脅迫之行為人本身，亦指為避免共犯之遭受逮捕之情事。

▶ 101 台上 313（判決）

㈠刑法第三百二十九條準強盜罪所謂之當場，不以實施竊盜或搶奪者尚未離去現場為限，即已離盜所而向在他人跟蹤追躡中者，仍不失為當場。

㈡刑法第三百二十九條準強盜罪之規定，依司法院釋字第六三○號解釋，以行為人於竊盜或搶奪之際，當場實施之強暴、脅迫行為，已達使人難以抗拒之程度，為其犯罪構成要件。**所謂難以抗拒，以行為人所施之強暴、脅迫，足以壓抑或排除為防護贓物或脫免逮捕所遭致之外力干涉或障礙為已足。**

第 330 條（加重強盜罪）

I 犯強盜罪而有第三百二十一條第一項各款情形之一者，處七年以上有期徒刑。

II 前項之未遂犯罰之。

刑

法

□ 實務見解

▶ 48 台上 166（判例）

攜帶兇器犯竊盜罪，而因脫免逮捕，當場施以強暴脅迫者，係屬刑法第三百二十九條之準強盜，已具有同法第三百二十一條第一項第三款之情形，自有同法第三百三十條之適用，原判決引用第三百二十一條第一項第三款論科，殊有未合。

▶ 25 上 7340（判例）

刑法第二百二十八條第三項及第三百三十條第一項之規定，均為強盜罪之加重法條，苟其一個強盜行為合於上開兩條項之情形時，即屬法條競合，祇應擇其中較重之一法條，予以適用。上訴人攜帶兇器強盜致人於死，其致人於死之行為，即可構成第三百二十八條第三項之罪名，對於其攜帶兇器，即第三百三十條第一項之情形，自不應再行論處。

▶ 99 台上 5254（判決）

刑法第三百二十一條第一項第三款以攜帶兇器為竊盜之加重條件，其所謂兇器，種類並無限制，凡客觀上足對人之生命、身體、安全構成威脅，具有危險性之器具均屬之，且不以攜帶之初有行兇之意圖為必要。

第 331 條（刪除）

□ 修正前條文

以犯第三百二十八條或第三百三十條之罪為常業者，處十年以上有期徒刑。

■ 修正說明（94.02.02）

一、本條刪除。

二、配合第五十六條連續犯之刪除，刪除本條常業犯之規定。

第 332 條（強盜結合罪）

I 犯強盜罪而故意殺人者，處死刑或無期徒刑。

II 犯強盜罪而有下列行為之一者，處死刑、無期徒刑或十年以上有期徒刑：

　一　放火者。

　二　強制性交者。

　三　擄人勒贖者。

　四　使人受重傷者。

❖ 法學概念

結合犯

　　刑法上之結合犯，此乃立法者將原本獨立的兩種犯罪結合成一個新的犯罪類型，並賦予一個新的法定刑。結合犯之基礎犯罪為既遂或未遂犯皆可；但所結合之殺人罪必須為既遂，否則不能成立結合犯，應數罪併罰。例如：刑法第 332 條第 1 項規定之強盜結合罪，因「強盜」（基礎犯罪）而「殺人」（相結合之罪），此處之「殺人」限於既遂情形；若殺人行為僅達未遂程度，故應將強盜未遂與殺人未遂罪分別處斷，數罪併罰。

一、結合之時間點

　　理論上，應該是行為人主觀上最初即有意違反兩個獨立之罪之犯意而著手，始足當之。但實務卻認為，刑法第 332 條第 1 項之強盜而故意殺人罪，其強盜行為為基本犯罪，凡利用強盜犯罪之時機，而起意殺人，即可成立結合犯，至殺人之意思，不論為預定之計畫或具有概括之犯意，抑或於實行基本行為之際新生之犯意，亦不問其動機如何，祇須二者在時間上有銜接性，地點上有關聯性，均可成立結合犯。因之，先強盜後殺人或先殺人後強盜，均可成立強盜而故意殺人罪之結合犯。

二、既遂之認定—以相結合之罪是否既遂為準

　　以本法第 348 條第 1 項之擄人勒贖而故意殺人罪，是將擄人勒贖與殺人二個獨立犯罪行為，依法律規定結合成一罪，並加重處罰，其是否既遂，應以其所結合之殺人罪是否既遂為標準，故祇須相結合之殺人行為係既遂，即謂相當，至其基礎犯之擄人勒贖行為，不論是既遂或未遂，均得與之成立結合犯。

　　【王皇玉，〈強盜罪之結合犯〉，《月旦法學教室》，第 151 期，2015.05，33 頁；最高法院 104 年度台上字第 483 號判決、99 年度台上字第 7137 號判決、99 年度台上字第 5197 號判決、98 年度台上字第 7112 號判決、96 年度台上字第 1156 號判決、91 年度台上字第 7119 號判決同旨。】

□ 實務見解

▶ 85 年度第 2 次刑事庭會議決議（85.01.23）

變更判例提案：強盜殺人罪，並不以出於預定之計畫為必要，祇須行為人以殺人為實施強盜之方法，或在行劫之際故意殺人，亦即凡係利用實施強盜之時機，而故意殺人，兩者有所關聯者，即應依本罪處罰。至於兩者之間是否有犯意聯絡關係，並非所問。本院三十年上字第二五五九號判例應予變更。

理由：

一、刑法第三百三十二條規定，犯強盜罪而有故意殺人之行為者，處死刑或無期徒刑。懲治盜罪條例第二條第一項第八款亦規定強劫而故意殺人者，處死刑。立法原意，顯係認為行為人利用強劫之犯罪時機，而故意殺人者，因該兩個行為互有關連，對社會之危害極大，故將該兩個犯罪行為，結合成為一個獨立之強盜故意殺人罪，處以重刑。至於行為人於實施兩個行為時，其前後行為之間是否有犯意聯絡關係，法律條文既未有所規定，自難認係該罪之構成要件。

二、本院三十年上字第二五五九號判例，認強盜殺人罪，須以強盜與殺人被殺之人已死，在死無對證之情況下，行為人為規避其強盜殺人之重刑，對其殺人之動機，必提出種種飾卸之詞，法院欲證明行為人於實施強盜及殺人行為時，其兩者之間有犯意聯絡關係，至為困難。採用上述判例，將使甚多強盜殺人之結合犯無法成立，致使上述法律條文之規定，難以發揮防衛社會之功能。兩者之間有犯意聯絡關係為其成立要件，既與法律條文之規定不合，又缺乏學理上之依據，無採用之價值。

三、被殺之人已死，在死無對證之情況下，行為人為規避其強盜殺人之重刑，對其殺人之動機，必提出種種飾卸之詞，法院欲證明行為人於實施強盜及殺人行為時，其兩者之間有犯意聯絡關係，至為困難。採用上述判例，將使甚多強盜殺人之結合犯無法成立，致使上述法律條文之規定，難以發揮防衛社會之功能。

四、本院二十七年上字第二四八〇號判例揭示：「強盜殺人罪，祇須行為人一面強盜，一面復故意殺人，即行構成，至其殺人之動機是否為便利行劫，抑係恐其他日報復，原非所問。」符合法文原意，向為實務上所採取。二十年上字第二五五九號判例與上述判旨要旨相反，徒生適用上之困難，宜予變更。

▶68 年度第 2 次刑事庭庭推總會議決議（68.02.20）

某甲侵入住宅行竊，為事主某乙發覺而逃，某乙之子某丙先下樓追捕，某乙繼之追捕，某甲為脫免逮捕，當場持刀對相繼追捕之某丙及某乙實施強暴，係犯一個準強盜罪，而當場實施強暴時，將某丙殺死，某乙則被殺未遂，又屬一行為而觸犯殺人既遂及殺人未遂二罪名，應從一重之殺人既遂處斷，其殺人既遂之行為因與所犯準強盜有結合犯關係，應適用刑法第三百三十二條第四款，以犯強盜罪而故意殺人論科。

▶105 台上 383（判決）

按刑法第三三二條第一項之強盜而故意殺人罪，是將強盜與殺人二個獨立犯罪行為，依法律規定結合成一罪，並加重其處罰，祇須相結合之殺人行為係既遂，即屬相當，其基礎犯之強盜行為，不論是既遂或未遂，均得與之成立結合犯，僅於殺人行為係屬未遂時，縱令強盜行為既遂，因該罪並無處罰未遂犯規定，始不生結合犯關係，應予分別論罪。原判決就上訴人等係分別有強盜、殺人之犯意及行為。

▶104 台上 483（判決）

刑法第三百三十二條第一項之強盜而故意殺人罪，為強盜罪與殺人罪之結合犯，係將強盜及殺人之獨立犯罪行為，依法律規定結合成一罪，行為人於行為前，對於結合之強盜及故意殺人二罪，有包括之認識為必要，其強盜行為基本犯罪，凡利用強盜犯罪之時機，而起意殺人，即可成立結合犯，至殺人之意思，不論為預定之計畫或具有概括之犯意，抑於實行基本行為之際新生之犯意，亦不問其動機如何，祇須二者在時間上有銜接性，地點上有關聯性，均可成立結合犯。因之，先強盜後殺人或先殺人後強盜，均可成立強盜而故意殺人罪之結合犯。

▶101 台上 3380（判決）

原判決於理由欄依憑卷內相關證據資料，說明：本案案發後經台中縣警察局鑑識課在第一時間勘查現場結果，被害人住宅之一、二樓各房間物品均無明顯翻動痕跡，是本案無客觀跡證足以證明被告侵入住宅後有以手翻動財物，進而竊取之行為，則被告供稱其進入住宅後僅用眼睛看看，堪以採信。因此，本件尚難認定被告係基於行竊之犯意侵入住宅，又縱認其基於竊盜犯意侵入住宅，但其侵入後亦僅限於以眼睛搜尋財物而已。參諸「侵入住宅」之行為於刑法各罪，有刑法第三百零六條之無故侵入住宅罪、第二百二十二條第一項第七款之加重強制性交、第三百二十一條第一項第一款之加重竊盜罪及第三百三十條第一項之加重強盜等各罪之規定（按另有第三百二十六條之加重搶奪罪、第二百二十四條之一之加重強制猥褻罪），除第三百零六條之罪為構成要件事實外，其餘各罪之「侵入住宅」行為則均為其加重條件。就侵入住宅為加重條件之各罪而言，行為人侵入他人住宅後，尚在以目光觀看、搜尋被害人時，顯然不宜認定已為犯罪構成要件行為之著手，然針對「侵入住宅」竊盜而言，應依具體個案詳加審酌，即對侵入住宅竊盜之著手時點，尚非可一概而論，如為「闖空門」、「大搬家」之情形，行為人有完整犯罪計畫，行前分工、自備器材或車輛以裝放、搬運贓物者，當其侵入住宅後，於以眼睛搜索財物階段時即遭查獲，應可認定已為竊盜行為著手，以符一般民眾之法律情感；而類如本件行為人臨時起意，徒手進入他人住宅者，自仍以行為人業已接近財物，並進而物色財物，始得認竊盜之著手。本件並無證據足以證明被告有接近財物，並進而物色財物之行為，充其量被告僅以眼睛進行搜索財物而已，尚難認已著手實行竊盜行為。被告既尚未著手於竊盜之犯罪行為，即無竊盜未遂之犯罪，既無竊盜未遂即無犯竊盜罪為脫免逮捕，施以強

暴而成立準強盜罪之情形，從而本件並無準強盜殺人結合犯之適用。

❖ **學者評釋**

　　學者認為，本號判決依臨時起意或有完成犯罪計畫而侵入住宅行竊、單人實施或數人分工而侵入住宅行竊、徒手實施或有攜帶設備而侵入住宅行竊之三組差異，設定不同的著手起算點，而分別以搜索或物色財物及「以眼睛搜尋財物」為著手的開始，實在看不出有何正當的理由。

　　實務上對於加重竊盜罪之實質結合犯的未遂問題，受到早期見解之影響，一直墨守成規，且有意無意地欲謹守形式客觀理論，就罪刑法定原則而言，似乎較能維護形式正義，但就刑法之終極的規範目的—保護法益而言，可能造成法益保護之不足，而有違實質正義之疑慮。依學者之見，本案應屬實質結合犯之加重竊盜罪，無論係從形式客觀理論或實質客觀理論均得成立加重竊盜罪之未遂，從而實務見解以是否已「翻動財物」為竊盜犯意的判斷基準，似將著手與主觀構成要件之判斷基準相混淆。

　　氏以為，行為人如係基於竊盜犯意侵入住宅，應論以成立加重竊盜罪之未遂。被害人為防止其離去，被告當場加以殺害，已合乎「為脫免逮捕而當場施強暴並達不能抗拒」（即非只難以抗拒的程度）之準強盜罪。準強盜罪之基本罪雖屬未遂，但結合罪已成立既遂，客觀上已符合結合犯成立之要件；又，被告著手實行基本罪之後，於既遂或終了之前，又另生結合罪之故意，兩罪之故意具備實務所稱之「關連性」（密接的關連性）或合乎「結合故意」，應論以刑法第 332 條第 1 項強盜殺人之結合犯。

【高金桂，〈實質結合犯之未遂問題——兼評最高法院 101 台上 3380 號判決〉，《軍法專刊》，第 58 卷第 6 期，2012.12，159 頁以下。】

▶ **98 台上 7112（判決）**

刑法第三百三十二條第一項強盜而故意殺人罪，為強盜罪與殺人罪之結合犯，係將強盜及殺人之獨立犯罪行為，依法律規定結合成一罪，其強盜行為為基本犯罪，只須行為人利用強盜之犯罪時機，而故意殺害被害人，其強盜與故意殺人間恆互有關聯，得成立強盜而故意殺人罪之結合犯。**至殺人之意思，不論為預定之計畫或具有概括之犯意，抑或於實行基本行為之際新生之犯意，亦不問其動機如何，祇須二行為在時間上有銜接性，地點上有關聯性，均可成立結合犯。**又刑法第三百三十二條之強盜結合罪，所謂犯強盜罪，包括第三百二十八條至第三百三十條在內，其中第三百二十八條第一、二項分別規定強盜取財罪及強盜得利罪。

第 333 條（海盜罪及準海盜罪）

I 未受交戰國之允准或不屬於各國之海軍，而駕駛船艦，意圖施強暴、脅迫於他船或他船之人或物者，為海盜罪，處死刑、無期徒刑或七年以上有期徒刑。

II 船員或乘客意圖掠奪財物，施強暴、脅迫於其他船員或乘客，而駕駛或指揮船艦者，以海盜論。

III 因而致人於死者，處死刑、無期徒刑或十二年以上有期徒刑；致重傷者，處死刑、無期徒刑或十年以上有期徒刑。

☐ **修正前條文**

I 未受交戰國之允准或不屬於各國之海軍，而駕駛船艦，意圖施強暴脅迫於他船或他船之人或物者，為海盜罪，處死刑、無期徒刑或七年以上有期徒刑。

II 船員或乘客意圖掠奪財物，施強暴脅迫於其他船員或乘客，而駕駛或指揮船艦者，以海盜論。

III 因而致人於死者，處死刑，致重傷者，處死刑或無期徒刑。

■ **修正說明**（95.05.17）

一、原條文第三項前段對於犯海盜罪而有致人於死之結果，其法定刑為唯一死刑，第三百三十四條海盜結合罪亦為唯一死刑，有違反罪刑均衡原則，為配合第三百三十四條法定刑之修正，而通盤檢討本條及第三百三十四條之法定刑，使海盜加重結果罪及海盜結合罪之處罰，有其合理之差距，以符罪刑均衡原則。

二、修正條文第三百三十四條第一項犯海盜罪而故意殺人之法定刑因已檢討修正為死刑或無期徒刑，為符罪刑均衡原則，爰將本條第三項可罰性較低之海盜致人於死罪之法定刑配合修正為死刑、無期徒刑或十二年以上有期徒刑，海盜致重傷者之法定刑修正為死刑、無期徒刑或十年以上有期徒刑。

☐ **實務見解**

▶ **院字第 634 號**（20.12.03）

刑法第三百五十二條第一項之海盜罪，其主旨在維持海上之安寧，凡在海上駕駛船艦意圖施強暴脅迫於他船或他船之人或物而有具體的表現之行為，即能成立，不必有搶掠財物之動機。

第 334 條（海盜罪之結合犯）

I 犯海盜罪而故意殺人者，處死刑或無期徒刑。

II 犯海盜罪而有下列行為之一，處死刑、無期徒刑或十二年以上有期徒刑：

一　放火者。
二　強制性交者。
三　擄人勒贖者。
四　使人受重傷者。

□修正前條文

犯海盜罪而有左列行為之一者，處死刑：
一　放火者。
二　強制性交者。
三　擄人勒贖者。
四　故意殺人者。

■修正說明（95.05.17）

一、九十一年一月三十日因懲治盜匪條例之廢止，而配套修正之中華民國刑法部分條文，就結合犯之規範，因其犯罪行為輕重不同，而歸納區分為二類：一為故意殺人；另一則為放火、強制性交、擄人勒贖及使人受重傷等行為，而規範不同刑責，本條亦援引上開體例，將海盜罪之結合犯行為區分為二類，將原條文修正為二項，並於第二項中配合增列使人受重傷之類型，以期體例一致。

二、第二項新增。將原條文修正為二項，第一項犯海盜罪而故意殺人之法定刑已由唯一死刑修正為死刑或無期徒刑，則第二項之放火、強制性交、擄人勒贖及使人受重傷等結合行為之法定刑亦應一併修正為死刑、無期徒刑或十二年以上有期徒刑，以資相應。

第 334 條之 1（竊能量罪之準用）
第三百二十三條之規定，於本章之罪準用之。

第三十一章　侵占罪

第 335 條（普通侵占罪）
I 意圖為自己或第三人不法之所有，而侵占自己持有他人之物者，處五年以下有期徒刑、拘役或科或併科三萬元以下罰金。
II 前項之未遂犯罰之。

□修正前條文

I 意圖為自己或第三人不法之所有，而侵占自己持有他人之物者，處五年以下有期徒刑、拘役或科或併科一千元以下罰金。
II 前項之未遂犯罰之。

■修正說明（108.12.25）

本罪於民國七十二年六月二十六日後並未修正，爰依刑法施行法第一條之一第二項本文規定將罰金數額修正提高三十倍，以增加法律明確性，並使刑法分則各罪罰金數額具內在邏輯一致性。

□ 實務見解

▶71 台上 2304（判例）
刑法上之侵占罪，係以侵占自己持有他人之物為要件，所謂他人之物，乃指有形之動產、不動產而言，並不包括無形之權利在內，單純之權利不得為侵占之客體。

▶67 台上 2662（判例）
侵占罪為即成犯，於持有人將持有他人之物變易為所有之意思時，即行成立，苟非事前共謀，則其後參與處分贓物之人，無論是否成立其他罪名，要難論以共同侵占。

▶52 台上 1418（判例）
刑法上所謂侵占罪，以被侵占之物先有法律或契約上之原因在其持有中者為限，否則不能成立侵占罪。

▶43 台上 675（判例）
侵占罪係即成犯，凡對自己持有之他人所有物，有變易持有為所有之意思時，即應構成犯罪，縱事後將侵占之物設法歸還，亦無解於罪名之成立。

▶102 台上 289（判決）
刑法上之侵占罪與詐欺罪，雖同屬侵害財產法益之犯罪，然侵占罪係以行為人先合法持有他人之物，嗣變易其原來之持有意思而為不法所有之意思，予以侵占為構成要件；而詐欺罪係以行為人原未持有他人之物，因意圖不法所有，施用詐術手段使人陷於錯誤而交付財物為構成要件。二者除犯罪方法有異，其主觀不法所有意圖萌生之犯罪時點，亦不相同。

▶100 台上 1719（判決）
刑事法上之侵占行為概念，係指行為人將其管理中之他人財物，易持有為所有意思，予以侵吞入己，亦即侵吞之際，不具有日後返還之想，是其日後縱然歸還，仍無解於該罪之成立。惟如行為人係為免付利息、租金、權利金，或即時週轉簡便、省事之圖等原因，以一時借用、日後返還之意思，運用其管理中之他人財物，尚難逕謂已經符合侵吞入己之構成要件，是祇能依其具體情形，論以公務員貪污圖利或一般背信等罪名。

▶96 台上 5670（判決）
刑法上之侵占罪，係以侵占自己持有他人之物為要件，所謂他人之物，乃指有形之動產、不動產而言，並不包括無形之權利在內，單純之權利不得為侵占之客體。

▶95 台上 1599（判決）
侵占罪為即成犯，凡對自己持有之他人所有物，於變易持有為所有之意思時，即成立犯罪。

第336條（公務公益及業務侵占罪）

I 對於公務上或因公益所持有之物，犯前條第一項之罪者，處一年以上七年以下有期徒刑，得併科十五萬元以下罰金。

II 對於業務上所持有之物，犯前條第一項之罪者，處六月以上五年以下有期徒刑，得併科九萬元以下罰金。

III 前二項之未遂犯罰之。

□ **修正前條文**

I 對於公務上或因公益所持有之物，犯前條第一項之罪者，處一年以上七年以下有期徒刑，得併科五千元以下罰金。

II 對於業務上所持有之物，犯前條第一項之罪者，處六月以上五年以下有期徒刑，得併科三千元以下罰金。

III 前二項之未遂犯罰之。

■ **修正說明**（108.12.25）

一、本罪於民國七十二年六月二十六日後並未修正，爰依刑法施行法第一條之一第二項本文規定將罰金數額修正提高三十倍，以增加法律明確性，並使刑法分則各罪罰金數額具內在邏輯一致性。

二、第一項中段「一年以上、七年以下」修正為「一年以上七年以下」；第二項中段「六月以上、五年以下」修正為「六月以上五年以下」。

❖ **爭議問題**

業務侵占罪的性質

刑法第336條第2項之業務侵占罪，其性質是屬於純正身分犯與不純正身分犯所組成的雙重身分犯，抑或是僅屬純正身分犯，有所爭議：

一、**實務見解**

實務上主張將「業務上持有」當作一個整體的「構成身分」，即認為業務侵占係因其業務上持有之身分關係而成立之罪，應屬於刑法第31條第1項所稱之「純正身分犯」，因此，無此身分之人仍可依刑法第31條第1項，擬制其身分，使得無「持有關係」亦無「業務關係」者，如與有業務上持有之身分者共同實施，無身分者可依刑法第31條第1項之規定，論以業務侵占罪之共同正犯。

二、**學說看法**

有學者主張，有關刑法第336條之罪應屬於「雙重身分犯」，應在構成身分之「持有」限度內適用第31條第1項，即非持有者（非構成身分者）成立第335條普通侵占罪，並以此罪之刑加以處罰，至於「業務上之持有者」，則因「公務、業務性」之「加減身分」，而根據第31條第2項成立第336條之「業務侵占罪」。

文獻上另有謂，雙重身分之犯罪既同時含有構成身分或加減身分。倘於業務侵占，應先依刑法第31條第1項先屬「持有關係」身分之擬制，再按第31條第2項對於無業務身分之人論以普通侵占罪。

不過，對於身分犯類型而無身分者可成立正犯，論者有採取完全反對立場，認為業務侵占罪中，既然以「持有關係」作為構成身分，則行為人必須具備「持有關係」此一身分或資格，此乃立法者創設刑罰的事由。因此，欠缺該身分或資格的人無法成立業務侵占罪之正犯，當然無身分之人也就不能與有身分者成立業務侵占罪共同正犯，而只能論以對行為人主體資格沒有要求的參與犯（教唆或幫助）。

【盧映潔，〈為愛沖昏頭〉，《月旦法學教室》，第97期，2010.11，22～23頁；陳子平，《刑法總論》，元照，2008.09，621頁；劉幸義，〈侵占罪的特定關係問題〉，《台灣本土法學》，第33期，2002.04，165頁。】

❖ **爭議問題**

本罪既未遂之認定

一、**實務見解**

實務向來認為，侵占罪係即成犯，以意圖為自己或第三人不法之所有，而擅自處分自己持有之他人所有物，即變更持有之意為不法所有之意，為其構成要件。由於侵占罪具有即成犯之屬性，只要原持有他人之物的行為人，主觀意思轉為所有意思而繼續持有，就成立犯罪。

二、**學說看法**

學者認為，實務採即成犯說，勢必產生兩個推論：第一，侵占罪構成要件行為的判斷基準並非特定的客觀行動，而是行為人主觀意思，只要行為人主觀上認為自己的行動已經轉為所有意思而持有，就足以認定成立侵占罪。

第二，依所謂「即成」的屬性，主觀所有意思一旦出現，必然隨即既遂，不僅難以想像有未遂犯構成的可能性，侵占罪勢必解釋為行為犯而非結果犯。如此過度著重行為人的主觀意思，不需要有任何特定的侵占舉措，就可成立侵占既遂，一方面不但架空了構成要件的定型要求，另一方面也使得未遂型侵占改論較重的既遂罪。

是以，學者認為既然侵占罪屬於據他人財物為己有而剝奪他人財產所有權的結果犯，解釋上應該明確地區別侵占行為與侵占結果，前者指定型化的侵占行為為己有之行為，後者則指財產所有地位的終局性剝奪。

亦即，就侵占行為而言，應該從客觀第三人視角觀察行為人舉措，在不考量行為意思的前提下，仍可被第三人辨識出行為人已經改以所有人自居，此時才稱得上侵占行為。其次，侵占結果之認定應可考慮從原所有人的權能受到幾近終局

干擾的角度認定，亦即行為人除了實施客觀化的侵占行為之外，還須進一步處分財物，使得原財物所有地位陷入難以復原的處境時，方屬之。

【許恒達，〈即成犯侵占罪的既未遂問題〉，《月旦法學教室》，第 129 期，2013.07，33 頁以下；王效文，〈論侵占罪之持有與侵占行為〉，《月旦法學雜誌》，第 206 期，2012.07，222 頁以下。】

□ 實務見解

▶ 70 台上 2481（判例）

共犯中之林某乃味全公司倉庫之庫務人員，該被盜之醬油，乃其所經管之物品，亦即基於業務上關係所有之物，竟串通上訴人等乘載運醬油及味精之機會，予以竊取，此項監守自盜之行為，實應構成業務上侵占之罪，雖此罪係以身分關係而成立，但其共同實施者，雖無此特定關係，依刑法第三十一條第一項規定，仍應以共犯論。

▶ 53 台上 2910（判例）

刑法第三百三十六條第一項所謂侵占公務上所持有之物，必須其物因公務上之原因歸其持有，從而侵占之，方與該罪構成要件相合。如原無公務上持有關係，其持有乃由其詐欺之結果，則根本上無侵占之可言，自難以公務侵占罪論擬。

▶ 28 上 2536（判例）

刑法第三百三十六條第二項之罪，以侵占業務上所持有之物為其構成要件，即係因其業務上持有之身分關係而成立之罪，與僅因身分關係或其他特定關係而致刑有輕重之情形有別。因而無業務關係之人，與有業務關係者共同侵占，依同法第三十一條第一項規定，仍應以業務上侵占之共犯論。

▶ 100 台上 7228（判決）

依貪污治罪條例第四條第一項規定之公務員侵占公有財物罪，性質上為雙重身分（關係）犯，行為人除必須具有公務員之身分外，並應對於該公有財物具備持有之特定關係，倘欠缺其中一種身分或特定關係，即不能成立該罪名。故如公務員雖不法或不當取得公有財物，然其對於是項財物並不具備持有之特定關係者，即無以上揭罪名相繩之餘地

▶ 99 台上 984（判決）

刑法第三百三十六條第一項之所謂「因公益所持有之物」，係指其持有原因，為公共利益者而言。依原判決之論斷，上訴人係以大安鄉漁民代表身分，參加前開中華電信公司與松柏漁港漁民間之施工協調會，因大安鄉漁民亦因該工程之施工而同受損害，大甲鎮松柏漁港漁民遂同意自中華電信公司所撥付三百萬元誤工賠償費中之系爭款項，給付大安鄉漁民，而由上訴人代表收受等情，業據證人卓○貴證述明確，且為上訴人所是認，復供陳系爭款項屬大安鄉全體漁民所有之補

償金無訛。是則原判決認定系爭款項係撥給大安鄉全體漁民，上訴人係因大安鄉全體漁民之公共利益而持有系爭款項，即屬信而有徵，其就上訴人之侵占行為據以論罪，於法自難謂違誤。

▶ 97 台上 5562（判決）

社區發展協會係依內政部所頒布之社區發展工作綱要第二條所設置，屬人民團體之組織，並非公務機關，而係以舉辦公益為目的之民眾團體，如非受公務機關委託承辦公務，則以該協會理事長身分領得政府之補助款，乃因公益而持有，其將因公益而持有之補助款予以侵占，應成立刑法第三百三十六條第一項之侵占公益上持有物罪。

第 337 條（侵占遺失物罪）

意圖為自己或第三人不法之所有，而侵占遺失物、漂流物或其他離本人所持有之物者，處一萬五千元以下罰金。

□ 修正前條文

意圖為自己或第三人不法之所有，而侵占遺失物、漂流物或其他離本人所持有之物者，處五百元以下罰金。

■ 修正說明（108.12.25）

本罪於民國七十二年六月二十六日後並未修正，爰依刑法施行法第一條之一第二項本文規定將罰金數額修正提高三十倍，以增加法律明確性，並使刑法分則各罪罰金數額具內在邏輯一致性。

□ 實務見解

▶ 50 台上 2031（判例）

刑法第三百三十七條所謂離本人所持有之物，係指物之離其持有，非出於本人之意思者而言。如本人因事故，將其物暫留置於某處而他往，或託請他人代為照管，則與該條規定之意義不符。

第 338 條（侵占電氣與親屬間犯侵占罪者準用竊盜罪之規定）

第三百二十三條及第三百二十四條之規定，於本章之罪準用之。

第三十二章　詐欺背信及重利罪

第 339 條（普通詐欺罪）

I 意圖為自己或第三人不法之所有，以詐術使人將本人或第三人之物交付者，處五年以下有期徒刑、拘役或科或併科五十萬元以下罰金。

II 以前項方法得財產上不法之利益或使第三人得之者，亦同。

III 前二項之未遂犯罰之。

□修正前條文

I 意圖為自己或第三人不法之所有，以詐術使人將本人或第三人之物交付者，處五年以下有期徒刑、拘役或科或併科一千元以下罰金。

II 以前項方法得財產上不法之利益或使第三人得之者，亦同。

III 前二項之未遂犯罰之。

■修正說明（103.05.30）

一、原條文之罰金刑原規定為一千元以下罰金，依刑法施行法第一條之一規定，即為新臺幣三萬元，顯已不符時宜，應予提高，爰原條文第一項酌予修正提高罰金刑額度，以求衡平。

二、原條文第二項、第三項未修正。

❖ 法學概念

本罪之結構

刑法第339條之詐欺罪結構，分成客觀與主觀兩要件。**客觀要件包括：施用詐術、相對人陷於錯誤、因錯誤而處分財產、處分財產者本人或第三人財產受損、詐欺者或第三人得到等額的利益。主觀要件則係故意與不法所有之意圖。**如果施用詐術而騙取他人的財物，目的只是在測試相對人的智能與同時炫耀自己的能耐，或只是為了樂趣，就不成立詐欺罪。

【林東茂，《刑法分則》，一品，初版，2018.09，162頁。】

❖ 法學概念

詐術

詐術，係指傳達不實的資訊。似真似假的意思表示，只要對於錯誤的引發有其作用力，亦為詐術的行使。尚未發生的事情，只能預測，無法當下判斷真假，難以證實是否欺騙。**神棍或命理師針對未來的事瞎說一通，信徒因而奉獻大筆金錢寄望改運，但壞事依然發生，由於不是施用詐術，所以不成立詐欺罪。**誇大其詞與無中生有的欺騙，畢竟有其差異。誇大其詞屬於商業上應該在法律上可以容忍的範疇裡，所以不是詐欺。

不過下列行為都屬詐術的行使：將贗品充作真品出售、冒充和尚化緣、穿印有愛心志工的服裝勸募、得款自行花用、設無法破解的棋局與人對賭、餐廳老闆把剩菜殘酒賣給顧客、顧客在商店裡調換物品的價格標籤，並持向櫃檯結帳、中古車行的老闆將賣車的里程表變少、假冒受邀的客人，去喜宴上白吃白喝、擄走愛犬，然後假裝尋得失犬，要求獎賞。

【林東茂，《刑法分則》，一品，初版，2018.09，163頁以下。】

本書認為，神棍或命理師亂謅一通，使人誤信為真，一般來說不被認為是詐欺犯，主要的原因在於這類的行為真假難以用科學方法證明。例如，神棍以女信眾曾經墮胎為由，因而被嬰靈糾纏，要求給予大量金錢方能超渡，免得病痛不斷、感情不順。但問題是訴訟上要如何證明這個來不及長大的「小鬼」存在？總不能請祂出庭作證吧！包青天「日審陽，夜斷陰」的情節，恐怕僅存在於戲曲小說才有！如果處分財產者，自認沒有陷於錯誤，自然沒有被害人存在。

而命理師對於未來發生的事實預測不準，也很難認定係施用「詐術」，因為命理亦如同法學，有許多宗派，解釋方法不同，得出的結論當然可能大相逕庭。這還不包括半調子、學藝不精，漏掉了其中重要環節，因而產生相反的預測情形。舉例來說，某命理師預測客人五行屬「水」，就預測客人逢「金、水」大運或流年，大吉大利。但結局可能剛好相反，諸事不順，甚至有性命之憂。為什麼呢？因為本身屬「水」，但是水很旺的八字如果又逢「金、水」大運或流年就造成了「水」過旺的命局，那這個人就泛濫成災了嘛！這大概就是老子所說的「物極必反」吧！

三國時期的諸葛孔明絕對算得上是一流的命理師。知道自己屬水，四柱滿盤，金水過旺，逢「金、水」大運或流年，必所謀不遂！雖然，命主屬水，但反而是火運最順，而孔明的「明」、諸葛亮的「亮」，五行皆屬「火」，何故？因為水要沸騰，才能滾動，有「動」才有「勢」，假使溫度過低，那就結成冰，「不動如山」，沒啥用處。孔明知道自己命局這個特點，一生喜歡「火」。例如：在赤壁之戰、七擒孟獲皆用「火」取勝。甚至：在上方谷之戰也想如法炮製，差點將司馬懿三父子燒死，可惜他當時逢「金」大運，金生水，天不從人願，孔明是精於算氣象的，原本豔陽高照卻突然下了一場及時雨，解救了司馬懿父子，孔明也因為淋了這場雨一病不起，至癸酉月（金水月），病逝五丈原。

孔明的例子可以驗證上述的說法，五行屬「水」的命主，只有在八字缺水的情形下才能得到生助而順遂，若是水過旺則相反。假使，算四柱八字的命理師沒有注意到這一點，應該也不能說是江湖騙子，只是學藝未精而已，**我認為沒有詐欺罪的主觀犯意。**因為這屬於命理學的「活用」，初出茅蘆者可能只知道「水剋火」的基本常識，「水火相濟」必臻於進階程度者才能運用自如。

再者，決定一生成敗、貧富貴賤的因素主要有五：所謂一命、二運、三風水、四積陰德、五讀書（後天努力），所以即使八字相同的兩人，只能說前兩項相同，占人生中的五分之二，另外五分之三（也就是後三項）絕不可能亦完全相同，所以算命這件事（預測未來）準確率在百分

之四十左右是正常的，其他百分之六十則具有高度的不確定性，因爲可透過人爲的方式改變。

由於我國現在並無算命師證照制度，因此要學到怎樣的程度才能執業，難有客觀的標準。即便如此，算命者還是有可能成立詐欺犯，其犯意也能被證明。例如：算四柱八字的，連五行相生相剋的基本原理、十天干十二地支的陰陽關係、什麼叫做天干五合、地支六合、三合、三會、六沖、三刑、自刑都搞不清楚；算紫微斗數的，連三方四正、十四正曜、長生十二神、四化、六吉、六煞、拱夾、拱照、拱會、命宮、身宮的概念都沒有，就不能當命理師替人算命收費，這已經不是算不準、程度不好的問題，因爲連命基礎的 ABC 都沒有，根本是詐騙斂財，如果連現行大運好壞都看不來，要說替人改運，絕對是「詐欺取財」，這是有客觀標準的。雖然現在人工智慧很發達，排八字、安紫微命盤可由 App 代勞，但命盤的詮釋，仍需要命理基本功。有些命理基本功者，猶如無寺院剃度的假和尚，自己理光頭在街上向人化緣。在訴訟上證明這類的江湖騙子，其實不難，只要法院有公信力的知名命理師或五術協會等民間組織對被告做命理基本功的鑑定，一測便知，這就好像要知道一個人的英文不好還是根本不會，測試他 ABC 和基礎文法就知道了，不需要科學方法，道理是一樣的。

❖ 法學概念
默示詐欺

行爲人未以口頭，而係以一定之舉動施詐者，亦得成立作爲詐欺罪。例如，無支付之意思或能力，而以訂購單向商店訂購貨品之情形是。這種對於內心事實的欺騙，亦稱爲默示欺騙。去飯館用餐的人，點餐享用後，逃逸而去；未受邀請，而且未給紅包，大方享用婚宴，也屬於默示的欺騙；經濟交易上，進餐館的人都被認定有給付意願與能力，店家不再細問。點餐的舉止，傳達了自己的付款意願與能力。不付款離去，是針對內心的事實而欺騙店家。禮俗上，受邀參加喜宴，意味必須補貼喜宴的支出；冒充賓客而且未給紅包入座，無異宣稱已經付錢了，實際上是讓辦喜事的人承擔經濟風險；搭乘計程車不給錢等，這些都是屬於積極行騙的範疇，而非利用既成的錯誤，非屬於不作爲詐欺。

【林東茂，《刑法分則》，一品，二版，2020.02，174 頁；甘添貴，《刑法各論（下）》，三民，修訂四版，2014.08，315 頁。】

❖ 法學概念
不作爲詐欺

除了以「作爲」方式實施詐術外，亦可透過「不說明」的不作爲方式實現施用詐術。不作爲能否成立詐欺，百餘年來的德國文獻峰迴路轉，正反意見各有所持；先是反對，目前通說則主張不作爲可以成立詐欺罪。依目前德國通說，特別在下列情況下：相對人明顯的缺乏經驗、不告知將引起重大損害、未告知的事實對於相對人非常重要（相對人若知真相，很可能不爲交易）。

不作爲的施用詐術往往出現在，行爲人比其他人所知道的還要多，而且正是因爲行爲人「處於此種認知上的優越地位，或是被害人處於資訊欠缺的狀況下，得被害人在未被告知的情形下財產將受到不利益」。然而，居於資訊上的優越地位並不會讓「純粹不告知」，立即轉變爲詐欺罪的施用詐術。也就是說，要成立不作爲施用詐術的關鍵在於，行爲人對於排除他人的誤認狀態具有保證人地位，並且依此負有積極說明的義務。

不作爲詐欺的保證人地位來源，扣掉「密切的生活關係與危險共同體」，大致與其他不純正不作爲犯的判斷相同，包括：(一)法律。(二)違反義務的前行爲。(三)契約。(四)特別信賴關係。(五)誠信原則（有爭執）。依據法律可以形成不作爲詐欺的保證人地位，例如：民法第 540 條「受任人應將委任事務進行之狀況，報告委任人；委任關係終止時，應明確報告其顛末。」假定受任處理財產事務的人，故意不將事務進行的狀況說明清楚，以致委任人認知錯誤，發生財產損害，此受任人得到相等的財產利益，受任人成立不作爲詐欺。這種情況下的受任人可能同時成立背信罪。違反義務的前行爲，是不作爲詐欺保證人地位來源的關鍵。主要的情形是，行爲人違反注意義務引發相對人的錯誤，此錯誤進而導致相對人處分財產並受損失。

【林東茂，《刑法分則》，一品，初版，2018.09，167 頁以下；古承宗，《刑法分則：財產法篇》，三民，初版，2018.02，211 頁。】

❖ 法學概念
三角詐欺

基本上，陷於錯誤之人與爲財產處分之人亦應具有同一性，但在一些情形，處分財產之人與受有損害之人卻不必然爲同一，此爲典型的「三角詐欺」（Dreiecksbetrug）。也有學者稱這種利用不知情之第三人間接施詐者，爲「間接詐欺」。

「三角詐欺」還可能引發一個疑慮：是否成立竊盜的間接正犯？陷於錯誤而處分財產之人，與財產真正受到損害之人，如果毫無關係，欺騙者成立竊盜的間接正犯；如果頗有關係，欺騙者成立詐欺罪，這一點似無爭議。但是，關係要怎樣之親近，才可能是三角詐欺？有三種寬嚴不同的意見：

一、事實貼近說

即處分財產的第三人與財產受損之人，有事實上的密切關係（尤其是共同持有的關係），此第三人的處分即可視爲被害人的處分，而成立三角詐欺。

二、規範貼近說（又稱立場理論）

第三人必須站在被害人的地位而處分財產。被詐騙的第三人立於被害人的地位，並基於已經存在的親近關係而得似處分被害人的財產，此第三人的財產處分視爲被害人之處分。依立場理論，即使處分者與被害人並不共同持有（沒有事實上的親近關係），只要處分者立於被害人之地位，其處分即可歸於被害人。

三、權限說

處分財產者必須有法的權限，其處分才能視爲被害人所爲。

以上三說，「事實貼近說」（擁有事實上支配實力）、「規範貼近說」（擁有事實上支配實力＋規範上貼近關係）、「權限說」（擁有事實上支配實力＋規範上依據（民法或其他法律依據），以「事實貼近說」最寬，「權限說」最嚴。對於某些個案上判斷，可能有不同結論但也可能結果一致。

【林東茂，《刑法分則》，一品，初版，2018.09，179頁以下；甘添貴，《刑法各論（下）》，三民，修訂四版，2014.08，315頁；古承宗，《刑法分則：財產法篇》，三民，初版，2018.02，227頁以下。】

❖ 爭議問題

假消費、真刷卡（借貸）能否成立詐欺罪？

一、肯定說

若「假消費、真刷卡（借貸）」時，刷卡人在刷卡時並非出於不打算繳納刷卡金額的心態，之後刷卡人也都依約定期限繳納刷卡金額，其對於取得刷卡金額之現金即難謂具有不法所有之意圖，也沒有造成銀行的損害。

然而，刷卡人是出於不支付利息之不法得利意圖，而以假刷卡之詐術方式，得到不必支付利息之利益，造成銀行的損害，故論以刑法第339條第2項詐欺得利罪較爲妥適。

【盧映潔，〈假消費、真借款之刑責探討〉，《台灣法學雜誌》，第159期，2010.09，97頁以下；最高法院90年度台非字第20號判決同旨。】

二、否定說

「假消費、真刷卡（借貸）」的問題，因其所爲之刷卡爲真，形成一定之價金關係者亦爲真，簽帳流程在形式上也都合乎信用卡簽帳之基本要求。

所差異者，僅在於刷卡給付關係，並非源自於消費，而是變相作爲借貸的手段而已。即使發卡銀行給付予廠商或商店簽帳單據上之金額，此一金額最終的歸屬，仍舊回到持卡人的身上。亦即仍是持卡人必須繳給付，發卡銀行或聯合信用卡中心並未被詐騙財物，或是有任何財物上之損失，給予刷卡支付的廠商，也未有詐欺的意思存在。除非有偽卡的情況存在，否則並不成立詐欺罪。

【柯耀程，〈假消費真刷卡借貸〉，《月旦法學教室》，第41期，2006.03，18頁以下；最高法院97年度台上字第185號判決參照。】

❑ 實務見解

▶ 釋字第143號（64.06.20）

關於購買火車票轉售圖利，是否構成詐欺罪，要應視其實際有無以詐術使人陷於錯誤，具備詐欺罪之各種構成要件而定。如自己並不乘車，而混入旅客群中，買受車票，並以之高價出售者，仍須視其實際是否即係使用詐術，使售票處因而陷於錯誤，合於詐欺罪之各種構成要件以爲斷。本院院解字第二九二〇號暨第三八〇八號解釋據來文所稱之套購，應係指使用詐術之購買而言。惟後一解釋，重在對於旅客之詐財；前一解釋，重在對於售票處之詐欺得利；故應分別適用刑法第三百三十九條第一項及第二項之規定。

▶ 29上1156（判例）

上訴人既以詐術使人將財物交付，則被害人縱未滿二十歲，亦屬刑法第三百三十九條之犯罪，與同法第三百四十一條僅係消極的乘被害人精神上之缺陷，使之交付財物，而非積極的由於加害人之施用詐術者不同。原判決既認上訴人行詐屬實，徒以被害人未滿二十歲，竟依刑法第三百四十一條第一項論擬，殊嫌未洽。

▶ 108台上4127〇（判決）

刑法第三三九條第一、二項分別規定詐欺取財及詐欺得利罪，前者之行爲客體係指可具體指明之財物，後者則指前開財物以外之其他財產上之不法利益，無法以具體之物估量者而言（如取得債權、免除債務、延期履行債務或提供勞務等）。**而詐欺罪之規範目的，並非處理私權之得喪變更，而係在保障人民財產安全之和平秩序。以詐欺手段使人交付財物或令其爲他得利行爲，被害人主觀上多無使財產標的發生權利得喪變更之法效意思存在。故刑法第三三九條第一項詐欺取財罪所謂之「以詐術使人將本人或第三人之物『交付』」者，不限於移轉、登記或拋棄所有權等處分行爲，縱僅將財物之事實上支配關係（如占有、使用）移交行爲人，亦成立本罪。簡言之，其與詐欺得利罪最大之區別，在於詐欺得利罪原則上多不涉及『實體物之交付』。**而動產擔保交易法上所謂「附條件買賣」制度，主要係讓買受人分期支付價金，先行占有使用標的物，而許出賣人仍保留所有權，以擔保價金之受清償，直至買受人付清價金，或完成特定條件，足使出賣人放

心滿足為止，一旦買受人陷於給付不能，出賣人隨即得以所有人之身分，行使權利以取回動產。是附條件買賣契約，本質上仍屬買賣之一種，只不過在制度上，以出賣人「保留所有權」的方式，來擔保出賣人之價金請求權，事實上出賣人享有的只是「以擔保為目的」的法定所有權，買受人始為真正想要終極地擁有該標的物所有權，且出賣人交付買賣標的物後，買受人即擔負保管或使用標的物之善良管理人注意義務，並承受其利益及危險（參照動產擔保交易法第十二條、第十三條）。換言之，**附條件買賣之買受人於出賣人交付標的物後即實際占有使用該物，並非僅享受分期付款之期限利益**，是若買受人以詐術使出賣人陷於錯誤而簽訂附條件買賣契約並交付該標的物，自成立詐欺取財而非非詐欺利罪。

▶ **102 嘉易 1（判決）**

被告高○○、溫○○、周○○三人，因製造、販賣不實標示的混充油品一案，被告三人混充油品販賣的行為，均觸犯刑法第二百五十五條第一項之「商品虛偽標記罪」、同法第三百三十九條第一項的「詐欺取財罪」，另因違反犯食品衛生管理法第十五條第七款的「攙偽、假冒」，及添加銅葉綠素並違反同條第十款的「添加未經許可添加物」；以上三罪，論以刑度最重之詐欺取財罪。又因混充油品共有「純橄欖油」、「橄欖調和油」、「葡萄籽油」、「花生調和油」、「紅花籽油」、「胡麻油」、「苦茶籽油」及「辣椒油」八類，故共論以八個詐欺取財罪。另檢察官起訴被告等，為台糖公司代工製造葡萄籽油而詐欺台糖公司部分，合議庭認為僅屬民事上之債務不履行，尚不構成詐欺罪，此部分無罪。另審的被告高○○虛偽標示、在油品中攙偽或假冒，欺瞞消費大眾，恣意獲取暴利，甚至攙加有健康疑慮之棉籽油、銅葉綠素，造成社會恐慌不安，未對消費者、退貨通路商積極提出具體賠償方案，犯後態度難認良好，故從重量刑。被告溫○○、周○○僅為大○公司員工，每月領取三萬餘元薪資，為求生計而為上開犯行，動機堪有，且於偵查中積極配合調查，詳述油品攙偽、假冒之配方、經營之時間，使本件得順利查獲，值得為寬量刑。至檢察官建請沒收大○公司犯罪所得部分，與刑法沒收規定不符合，依法不能沒收；且大○公司與資遣員工、退貨通路商間之協商正在進行，將來消費大眾、相關廠商要對大○公司求償，此時國家藉沒收而行瓜分，亦屬不宜，不諭知沒收。

第 339 條之 1（違法由收費設備取得他人之物之處罰）

I 意圖為自己或第三人不法之所有，以不正方法由收費設備取得他人之物者，處一年以下有期徒刑、拘役或十萬元以下罰金。

II 以前項方法得財產上不法之利益或使第三人得之者，亦同。

III 前二項之未遂犯罰之。

☐ **修正前條文**

I 意圖為自己或第三人不法之所有，以不正方法由收費設備取得他人之物者，處一年以下有期徒刑、拘役或三千元以下罰金。

II 以前項方法得財產上不法之利益或使第三人得之者，亦同。

■ **修正說明**（103.05.30）

一、原條文之罰金刑已不符合時宜，應予提高，爰原條文第一項酌予修正提高罰金刑額度，以求衡平。

二、原條文第二項未修正；另考量第一項及第二項之罪有未遂犯之可能，爰增訂第三項。

第 339 條之 2（違法由自動付款設備取得他人之物之處罰）

I 意圖為自己或第三人不法之所有，以不正方法由自動付款設備取得他人之物者，處三年以下有期徒刑、拘役或三十萬元以下罰金。

II 以前項方法得財產上不法之利益或使第三人得之者，亦同。

III 前二項之未遂犯罰之。

☐ **修正前條文**

I 意圖為自己或第三人不法之所有，以不正方法由自動付款設備取得他人之物者，處三年以下有期徒刑、拘役或一萬元以下罰金。

II 以前項方法得財產上不法之利益或使第三人得之者，亦同。

■ **修正說明**（103.05.30）

一、原條文之罰金刑已不符合時宜，應予提高，爰原條文第一項酌予修正提高罰金刑額度，以求衡平。

二、原條文第二項未修正；另考量本法就三年以下有期徒刑之罪，多設有未遂犯之處罰規定，爰增訂第三項。

❖ **爭議問題**

本罪所謂之不正方法，實務與學說共有以下四種見解：

一、實務見解

實務判決對於本罪不正方法之解釋，甚為廣泛，泛指一切不正當之方法而言，並不以施用詐術為限，例如以強暴、脅迫、詐欺、竊盜或侵占等方式取得他人之提款卡及密碼，再冒充本人由自動提款機取得他人之物，或以偽造他人之提款卡由自動付款設備取得他人之物等等，均屬之。

【最高法院 94 年度台上字第 4023 號判決。】

二、處分權人意思說

違反財產處分權人（機器原本設置者）明示或默示之意思而使用資料或程式者，即屬不正方法。依此見解，以機器設置者之原本用意來看，顯然不會同意有人利用機器本身存在的瑕疵而提領超出鍵入的金額。

【盧映潔，〈不拿白不拿？〉，《月旦法學教室》，第77期，2009.03，25頁。】

三、類似詐欺特性說

由於機器不會陷於「錯誤」，對機器詐騙無法成立詐欺罪，本罪之設立乃在填補詐欺罪之處罰漏洞，因此，本罪所稱之不正方法應限於使用自動設備之行為具有類似詐欺之特性依此見解，在本案中，甲係使用真正的提款卡與密碼，且僅請求返還其存款額度內之現金，此行為並無詐欺類似性，故不該當本罪之客觀構成要件，採此說的學者較多數見解。

【林山田，《刑法各罪論（上）》，元照，五版二修，2006.11，284頁；黃惠婷，《另類說法：刑事案例選讀》，翰蘆，初版，2017.08，72頁；許恒達，〈電腦詐欺與不正方法〉，《政大法學評論》，第140期，2015.03，136頁；古承宗，《刑法分則：財產犯罪篇》，三民，初版，2018.03，284頁。】

四、設置目的（規則）違反說

係指違反自動使用規則而影響自動付款程式之運作。依此見解，提款機多吐出金額係因機器內部程式錯誤所致而非提款人造成，此等錯誤已形成自動付款設備使用規則的一部分，只要提款人使用真正的提款卡與密碼，即依照設備使用規則提領金錢，而非使用不正方法。雖然採取此說難免形成處罰的漏洞，但說理比較符合規範目的，針對學說與實務的意見不一致，解決之道，只有透過修法，將不正方法作更明確的規定。如果企圖立法政策上一網打盡，「不正方法」可以改為「無正當權利」。

【蔡聖偉，〈論盜用他人提款卡的刑事責任〉，《月旦法學雜誌》，第144期，2007.05，24頁以下；李聖傑，〈溢領借款的詐欺──評台北地院92年度自字第17號判決〉，《月旦法學雜誌》，第120期，2005.05，第224頁以下；林東茂，《刑法分則》，一品，初版，2018.06，172頁。】

□ 實務見解

▶ 94 台上 4023（判決）

按刑法第三百三十九條之二第一項之以不正方法由自動付款設備取得他人之物罪，其所謂「不正方法」，係泛指一切不正當之方法而言，並不以施用詐術為限，例如以強暴、脅迫、詐欺、竊盜或侵占等方式取得他人之提款卡及密碼，再冒充本人由自動提款設備取得他人之物，或以偽造他人之提款卡由自動付款設備取得他人之物等等，均屬之。

第 339 條之 3（違法製作財產權之處罰）

Ⅰ 意圖為自己或第三人不法之所有，以不正方法將虛偽資料或不正指令輸入電腦或其相關設備，製作財產權之得喪、變更紀錄，而取得他人之財產者，處七年以下有期徒刑，得併科七十萬元以下罰金。

Ⅱ 以前項方法得財產上不法之利益或使第三人得之者，亦同。

Ⅲ 前二項之未遂犯罰之。

□ 修正前條文

Ⅰ 意圖為自己或第三人不法之所有，以不正方法將虛偽資料或不正指令輸入電腦或其相關設備，製作財產權之得喪、變更紀錄，而取得他人財產者，處七年以下有期徒刑。

Ⅱ 以前項方法得財產上不法之利益或使第三人得之者，亦同。

■ 修正說明（103.05.30）

一、為使法官於具體個案裁判更具量刑彈性，同時遏止行為人以不正方法取得他人之財產，爰第一項增列得併科罰金之處罰規定。

二、原條文第二項未修正；另本條係第三百三十九條普通詐欺罪之加重類型，卻反無未遂犯之處罰規定，顯有闕漏，爰增訂第三項。

❖ 法學概念

本罪所指之「電腦或其相關設備」

所謂電腦、電子計算機，係指得以執行程式命令，處理輸入、輸出、算術以及邏輯運算之電子裝置。其主要結構，係由輸入裝置（如鍵盤、麥克風、滑鼠）、處理器（CPU）、輸出裝置（如螢幕、喇叭或印表機）以及儲存裝置（如軟碟、硬碟、光碟等）等四個基本元件所組成。

而所稱相關設備，係指雖非電腦之主要結構裝置，惟得透過連線而將其指令輸入電腦之輔助設備而言。例如，終端機是；但悠遊卡、信用卡或金融卡等支付工具等皆不屬之。至電腦或其相關設備，係由何人所有或持有，並非所問。

【甘添貴，《刑法各論（上）》，三民，修訂四版，2014.08，340頁；陳子平，〈偽造支付工具電磁紀錄物罪與相關犯罪〉，《月旦法學教室》，第111期，2012.01，84頁。】

□ 實務見解

▶ 99 台上 5377（判決）

銀行法於九十三年二月四日修正公布，增訂第一百二十五條之三規定「意圖為自己或第三人不法之所有，以詐術使銀行將銀行或第三人之財物交付，或以不正方法將虛偽資料或不正指令輸入銀行電腦或其相關設備，製作財產權之得喪、變更紀錄而取得他人財產，其犯罪所得達

新台幣一億元以上者，處三年以上十年以下有期徒刑，得併科新台幣一千萬元以上二億元以下罰金。以前項方法得財產上不法之利益或使第三人得之者，亦同。前二項之未遂犯罰之。」係刑法第三百三十九條之詐欺取財（得利）罪、第三百三十九條之三之非法以電腦製作不實財產權得喪紀錄取財（得利）罪、修正前刑法第三百四十條之常業詐欺取財（得利）罪等罪之特別規定，應予優先適用。

第 339 條之 4（加重詐欺罪）

I 犯第三百三十九條詐欺罪而有下列情形之一者，處一年以上七年以下有期徒刑，得併科一百萬元以下罰金：

　一　冒用政府機關或公務員名義犯之。

　二　三人以上共同犯之。

　三　以廣播電視、電子通訊、網際網路或其他媒體等傳播工具，對公眾散布而犯之。

II 前項之未遂犯罰之。

■增訂說明（103.05.30）

一、本條新增。

二、近年來詐欺案件頻傳，且趨於集團化、組織化，甚至結合網路、電信、通訊科技，每每造成廣大民眾受騙，此與傳統犯罪型態有別，若僅論以第三百三十九條詐欺罪責，責無法充分評價行為人之惡性。參酌德國、義大利、奧地利、挪威、荷蘭、瑞典、丹麥等外國立法例，均對於特殊型態之詐欺犯罪定有獨立處罰規定，爰增訂本條加重詐欺罪，並考量此等特殊詐欺型態行為之惡性、對於社會影響及刑法各罪衡平，將本罪法定刑為一年以上七年以下有期徒刑，得併科一百萬元以下罰金，且處罰未遂犯。

三、第一項各款加重事由分述即下：

　㈠行為人冒用政府機關或公務員名義施以詐欺行為，被害人係因出於遵守公務部門公權力之要求，及避免自身違法等守法態度而遭到侵害，則行為人不僅侵害個人財產權，更侵害公眾對於公權力之信賴。是以，行為人之惡性及犯罪所生之危害均較普通詐欺為重，爰定為第一款加重事由。

　㈡多人共同行使詐術手段，易使被害人陷於錯誤，其主觀惡性較單一個人行使詐術為重，有加重處罰之必要，爰仿照本法第二百二十二條第一項第一款之立法例，將「三人以上共同犯之」列為第二款之加重處罰事由。又本款所謂「三人以上共同犯之」，不限於實施共同正

犯，尚包含同謀共同正犯。

　㈢考量現今以電信、網路等傳播方式，同時或長期對社會不特定多數之公眾發送訊息施以詐術，往往造成廣大民眾受騙，此一不特定、多數性詐欺行為類型，其侵害社會程度及影響層面均較普通詐欺行為嚴重，有加重處罰之必要，爰定為第三款之加重處罰事由。

❖ 法學概念

加重詐欺罪

　　刑法第 339 條之 4 犯罪行為的處罰係以成立第 339 條詐欺罪為前提，因為第 339 條之 4 所規定的只是刑罰加重處罰的範例規定，相關涉及犯罪行為是否存在有客觀不法的詐欺罪質、主觀不法的詐欺故意，甚而是既、未遂與正、共犯的判斷，都應該以基本構成要件之刑法第 339 條的詐欺罪，涵攝具體個案情事實判斷之。舊行為罪質而言，可以解釋成結合犯。蓋行為不僅侵害財產法益，也侵害公眾對於公權力行使的信賴，所以是普通詐欺罪不法加重類型。

第 340 條（刪除）

□修正前條文

以犯第三百三十九條之罪為常業者，處一年以上七年以下有期徒刑，得併科五萬元以下罰金。

■修正說明（94.02.02）

一、本條刪除。

二、配合第五十六條連續犯之刪除，刪除本條常業犯之規定。

第 341 條（準詐欺罪）

I 意圖為自己或第三人不法之所有，乘未滿十八歲人之知慮淺薄，或乘人精神障礙、心智缺陷而致其辨識能力顯有不足或其他相類之情形，使之將本人或第三人之物交付者，處五年以下有期徒刑、拘役或科或併科五十萬元以下罰金。

II 以前項方法得財產上不法之利益或使第三人得之者，亦同。

III 前二項之未遂犯罰之。

□修正前條文

I 意圖為自己或第三人不法之所有，乘未滿二十歲人之知慮淺薄，或乘人精神障礙、心智缺陷而致其辨識能力顯有不足或其他相類之情形，使之將本人或第三人之物交付者，處五年以下有期徒刑、拘役或科或併科十萬元以下罰金。

II 以前項方法得財產上不法之利益，或使第三人得之者，亦同。

III 前二項之未遂犯罰之。

■ 修正說明（103.05.30）

一、本法已修正心神喪失、精神耗弱用語，爰修正以茲配合。

二、因第三十三條之罰金刑已提高爲新臺幣一千元以上，原法第一項之罰金刑爲三千元以下，相較其徒刑部分似嫌過輕，難發揮罰金刑懲效果，爰依目前社會經濟水準、人民平均所得，參考罰金罰鍰提高標準條例第二條關於易科罰金、易服勞役就原定數額提高一百倍之標準，酌予提高罰金刑之上限。

第 342 條（背信罪）

I 爲他人處理事務，意圖爲自己或第三人不法之利益，或損害本人之利益，而爲違背其任務之行爲，致生損害於本人之財產或其他利益者，處五年以下有期徒刑、拘役或科或併科五十萬元以下罰金。

II 前項之未遂犯罰之。

□ 修正前條文

I 爲他人處理事務，意圖爲自己或第三人不法之利益，或損害本人之利益，而爲違背其任務之行爲，致生損害於本人之財產或其他利益者，處五年以下有期徒刑、拘役或科或併科一千元以下罰金。

II 前項之未遂犯罰之。

■ 修正說明（103.05.30）

一、原條文之罰金刑已不符時宜，應予提高，爰原條文第一項酌予修正提高罰金刑額度，以求衡平。

二、原條文第二項未修正。

❖ 法學概念

背信罪

一、本罪之主觀要件

本罪爲故意犯，行爲人須故意爲違背其任務之行爲，始能成罪；如僅因處理事務怠於注意，致其事務生不良之影響，則爲處理事務之過失問題，既非故意遣背任務之行爲，自不負任何罪責。

【甘添貴，《刑法各論（上）》，三民，修訂四版，2014.08，356 頁。】

本罪另外的主觀要件乃得利意圖及損害利益意圖。所謂得利意圖係指行爲人具有使自己或第三人獲得財產上利益之目的。損害利益之意圖則係指行爲人以造成他人損害爲目的。

【盧映潔，《刑法分則新論》，新學林，修訂七版，2013.09，720 頁。】

二、爲他人處理事務

此財產事務須屬於「委託人與第三人間的外部事務」，而且行爲人有處理上之裁量權限。例如：甲受乙的委託，處理財產事務。但甲所處理的事務，是甲、乙兩人間的內部事務，而不是乙與第三人的外部事務。此外，洗衣店未洗淨客人的衣物，不成立背信罪，因爲這是店家與客人間的內部事務，而且是沒有裁量權的機械事務。律師未盡心幫被告撰寫答辯狀，被告遭判決重刑，由律師所處理的不是財產事務，所以不成立背信罪。婦產科醫師未確實幫婦女結紮，婦女再度懷孕，生活負擔加重，由於醫師處理的不是財產事務，所以不成立背信罪。

【林東茂，《刑法分則》，一品，二版，2020.02，200 頁以下；許澤天，《刑法各論(一)財產法益篇》，新學林，二版，2018.08，199 頁以下。】

三、本罪之競合

（一）與賄賂罪之關係

有判例認爲，關於公務員職務行爲，並無礙於成立本罪，惟此種見解，學說上似不贊同，有商榷之餘地。

【甘添貴，《刑法各論（上）》，三民，修訂四版，2014.08，358 頁。】

（二）與竊盜、侵占罪之關係

依實務見解，刑法上之背信罪，爲一般的違背任務之犯罪，如果其違背任務係圖爲自己不法之所有，已達於竊盜或侵占之程度，應從竊盜或侵占罪處斷。

惟學說上認爲，此乃法條競合的擇一關係，蓋侵占並非背信之特別類型，背信亦非侵占之補充類型，兩者實處於交叉關係。侵占行爲，如有違背任務之情形，因含有背信之罪質在內，此際在其交叉部分，應選擇較適當之侵占罪處斷。

【甘添貴，《刑法各論（上）》，三民，修訂四版，2014.08，358 頁。】

❖ 爭議問題

本罪「爲他人處理事務」之涵攝範圍

一、狹義說

關於爲他人處理事務之「事務」範疇，必須限於「財產」事務，且此財產事務屬於委託人（本人）與第三人間的「外部」事務，並且行爲人有處理上的裁量權限。

【林東茂，《刑法分則》，一品，初版，2020.06，200 頁。】

二、廣義說

本罪之「事務」係指具有一定裁量權限之財產事務，包括本人與第三人之外部關係與行爲人與本人之內部關係。

【古承宗，《刑法分則：財產犯罪篇》，三民，初版，2018.03，297 頁。】

三、最廣義說

謂本罪之本質在於爲他人處理事務者，違背誠信義務所要求之信任關係，而從事違反任務之

行為，加損害於本人之財產，據此，本罪所稱之事務，既不以財產事務爲限，亦不以對外關係爲限。

【林山田，《刑法各罪論（上）》，元照，五版二修，2006.11，484頁。】

□ **實務見解**

▶ 63 台上 292（判例）

刑法上之背信罪爲一般之違背任務之犯罪，若爲他人處理事務，意圖爲自己或第三人不法之所有，以詐術使他人交付財物者，應成立詐欺罪，不能論以背信罪。

▶ 51 台上 58（判例）

刑法上之背信罪，爲一般之違背任務之犯罪，如果其違背任務係圖爲自己不法之所有，**已達於竊盜或侵占之程度，縱另有以舊抵新之彌縫行爲、仍應從竊盜或侵占罪處斷，不能援用背信之法條相繩。**

▶ 49 台上 1530（判例）

刑法第三百四十二條之背信罪，須以爲他人處理事務爲前提，所謂爲他人云者，係指受他人委任，而爲其處理事務而言。

▶ 28 上 2464（判例）

公務員關於職務上之行爲，有時雖亦足以構成背信罪，然以不合於瀆職罪之構成要件爲限，如其犯罪行爲已足以成立瀆職罪名，即不能以其違背職務而認爲構成背信罪。

▶ 100 台上 6444（判決）

刑法之背信罪，以爲他人處理事務，意圖爲自己或第三人不法之利益，或損害本人之利益，而爲違背其任務之行爲，致生損害於本人之財產或其他利益者，爲構成要件。**所謂「致生損害於本人之財產或其他利益」，屬於結果犯。並以本人之財產或其他利益已否受有損害，爲區別既遂、未遂之標準。**又銀行法第一百二十五條之二第一項之銀行職員背信罪，以銀行職員意圖爲自己或第三人不法之利益，或損害銀行之利益，而爲違背其職務之行爲，致生損害於銀行之財產或其他利益者爲其成立要件，同法條第三項並處罰未遂犯，是該法條係刑法背信罪之特別規定，自應同此法理。

▶ 100 台上 540（判決）

刑法第三百四十二條之背信罪，以有取得不法利益或損害本人利益之意圖，並致生損害於本人之財產或其他利益者，始足當之，**故爲目的犯及結果犯。所謂違背其任務，係指違背他人委任其處理事務應盡之義務，是否違背其任務，應依法律之規定或契約之內容，依客觀事實，本於誠實信用原則，就個案之具體情形認定之。**而行爲人爲違背任務之行爲，致生損害於本人之財產或其

他利益之結果如何，不惟係本罪構成要件之一，更屬科刑時所應審酌之刑法第五十七條第九款「犯罪所生之損害」之情形。

▶ 98 台上 7316（判決）

刑法第三百四十二條第一項之背信罪爲結果犯，以行爲人所爲違背其任務之行爲，「致生損害於本人之財產或其他利益」爲犯罪構成要件；又刑法上之背信罪與公司法第十五條第二項之罪，同屬破壞信賴關係侵害財產之犯罪類型，而**第三百四十二條之背信罪，乃一般性違背任務之犯罪，公司法第十五條第二項，則爲特殊之背信行爲**，背信罪之概念，隱含在公司法第十五條第二項之罪之內，二者之基本社會事實同一，法院於公司法第十五條第二項修正後廢止其刑罰時，自仍得就起訴背信之犯罪事實，予以論罪科刑。

第 343 條（準用之規定）
第三百二十三條及第三百二十四條之規定，於第三百三十九條至前條之罪準用之。

□ **修正前條文**

第三百二十三條及第三百二十四條之規定，於前六條之罪準用之。

■ **修正說明（103.05.30）**

爲杜爭議，爰明列第三百三十九條至第三百四十二條之罪，以資明確。

第 344 條（重利罪）
I 乘他人急迫、輕率、無經驗或難以求助之處境，貸以金錢或其他物品，而取得與原本顯不相當之重利者，處三年以下有期徒刑、拘役或科或併科三十萬元以下罰金。
II 前項重利，包括手續費、保管費、違約金及其他與借貸相關之費用。

□ **修正前條文**

乘他人急迫、輕率或無經驗貸以金錢或其他物品，而取得與原本顯不相當之重利者，處一年以下有期徒刑、拘役或科或併科一千元以下罰金。

■ **修正說明（103.05.30）**

一、本條構成要件原爲「乘他人急迫、輕率或無經驗」，惟考量若干情形可能未能爲上開情形所涵蓋，爲避免法律適用上之漏洞，爰於第一項增列「難以求助之處境」之情形。又本條之最高法定刑原爲一年有期徒刑，惟行爲人利用被害人經濟處境，獲取不法利益，使被害人經濟處境更爲不利，導致被害人陷於經濟困境中難以解決，若最重法定刑僅爲一年有期徒刑，未考量行爲人惡性與被害人受害程度等情形，實不足以遏止重利歪風，爰將原條文

第一項最重法定刑修正為三年，以使法官於具體個案裁判更具量刑彈性，俾充分評價行為人之惡性；另酌予修正提高罰金刑額度，以求衡平。

二、考量社會上重利案件，常以手續費、保管費、違約金等各類費用名目，取得原本以外之款項，無論費用名目為何，只要總額與原本相較有顯不相當之情形，即應屬於重利。為避免爭議，爰參考義大利刑法重罪分則第六百四十四條第三項、第四項規定，增訂第二項，以資周延。

□ 實務見解

▶ 99 台上 4210（判決）

刑法之重利罪，係乘他人急迫、輕率或無經驗，貸以金錢或其他物品，而取得與原本顯不相當之重利，為成立要件。所謂「與原本顯不相當之重利」，係指就原本利率、時期核算及參酌當地之經濟狀況，較之一般債務之利息，顯有特殊之超額者而言。原判決以公訴人起訴被告趁原判決附表五編號三丁○○、編號四曾振農等人急迫之際貸以金錢，而收取與原本不相當之重利，涉犯常業重利罪嫌部分。經查被告借款予丁○○一萬元每月之利息為三百元，借款予曾振農一萬元每月之利息為二百四十元，核算其年利率分別為百分之三六及百分之二八・八，雖超過民法第二百零五條最高約定利率年息百分之二十之限制，然參酌當鋪業法第十一條第二項規定，當鋪業所收取之利息，最高可達年息百分之四十八，且現今**國內各銀行就信用卡之欠款利率，亦不乏高於年息百分之二十者**，尚難認其所收取之借款利息有特殊之超額，而令負刑法第三百四十五條之常業重利罪責，而就此部分不另為無罪之諭知。

第 344 條之 1（加重重利罪）

Ⅰ 以強暴、脅迫、恐嚇、侵入住宅、傷害、毀損、監控或其他足以使人心生畏懼之方法取得前條第一項之重利者，處六月以上五年以下有期徒刑，得併科五十萬元以下罰金。

Ⅱ 前項之未遂犯罰之

■ 增訂說明（103.05.30）

一、本條新增。

二、重利被害人遭受不當債務索討，而衍生社會問題之案件，層出不窮，此等行為較諸單純收取或索討重利之行為更為惡劣，危害性亦更鉅。雖以強暴、脅迫、恐嚇、傷害等違法方法索討重利債權，可能該當妨害自由、恐嚇、傷害等罪，惟實務上行為人索討債權之方法未必構成犯罪行為，卻足使被害人心生畏懼或感受強烈之壓力，例如：在被害人住處外站崗、尾隨被害

人……等，就此等行為態樣如無處罰規定，不啻係法律漏洞，為遏止此類行為，爰增列本條之處罰規定，並衡酌刑法分則傷害罪章、妨害自由罪章及本章各罪之刑度，將法定刑定為六月以上五年以下有期徒刑，得併科五十萬元以下罰金，並於第二項規範未遂犯之處罰規定。

第 345 條（刪除）

□ 修正前條文

以犯前條之罪為常業者，處五年以下有期徒刑，得併科三千元以下罰金。

■ 修正說明（94.02.02）

一、本條刪除。

二、配合第五十六條連續犯之刪除，刪除本條常業犯之規定。

第三十三章　恐嚇及擄人勒贖罪

第 346 條（恐嚇取財及得利罪）

Ⅰ 意圖為自己或第三人不法之所有，以恐嚇使人將本人或第三人之物交付者，處六月以上五年以下有期徒刑，得併科三萬元以下罰金。

Ⅱ 以前項方法得財產上不法之利益或使第三人得之者，亦同。

Ⅲ 前二項之未遂犯罰之。

□ 修正前條文

Ⅰ 意圖為自己或第三人不法之所有，以恐嚇使人將本人或第三人之物交付者，處六月以上五年以下有期徒刑，得併科一千元以下罰金。

Ⅱ 以前項方法得財產上不法之利益，或使第三人得之者，亦同。

Ⅲ 前二項之未遂犯罰之。

■ 修正說明（108.12.25）

一、本罪於民國七十二年六月二十六日後並未修正，爰依刑法施行法第一條之一第二項本文規定將罰金數額修正提高三十倍，以增加法律明確性，並使刑法分則各罪罰金數額具內在邏輯一致性。

二、第一項後段「六月以上、五年以下」修正為「六月以上五年以下」；第二項末句「亦同」修正為「，亦同」。

□ 實務見解

▶ 80 年度第 4 次刑事庭會議決議（80.08.06）

恐嚇行為不以將來之惡害通知為限，即以強暴脅迫為手段，而被害人未達於不能抗拒程度者，亦屬之。本院四十五年台上字第一五八三號、

四十八年台上字第九八六號、四十九年台上字第二六六號等判例，與上述意旨不符部分，應不再援用。

▶ 45 台上 1450（判例）

刑法第三百四十六條第一項恐嚇取財罪之構成，以犯人所為不法之惡害通知達到於被害人，並足使其心生畏懼而交付財物為要件。

▶ 99 台上 6546（判決）

刑法所謂恐嚇罪與強盜罪之區別，前者係以將來之惡害通知被害人，使其生畏怖心，後者係以目前危害或施用強暴脅迫，至使不能抗拒，除在程度上不同，亦以被害人已否喪失意思自由為標準。

第 347 條（擄人勒贖罪）

I 意圖勒贖而擄人者，處無期徒刑或七年以上有期徒刑。

II 因而致人於死者，處死刑、無期徒刑或十二年以上有期徒刑；致重傷者，處無期徒刑或十年以上有期徒刑。

III 第一項之未遂犯罰之。

IV 預備犯第一項之罪者，處二年以下有期徒刑。

V 犯第一項之罪，未經取贖而釋放被害人者，減輕其刑；取贖後而釋放被害人者，得減輕其刑。

□ **修正前條文**

I 意圖勒贖而擄人者，處死刑、無期徒刑或七年以上有期徒刑。

II 因而致人於死者，處死刑、無期徒刑或十二年以上有期徒刑；致重傷者，處死刑、無期徒刑或十年以上有期徒刑。

III 第一項之未遂犯罰之。

IV 預備犯第一項之罪者，處二年以下有期徒刑。

V 犯第一項之罪，未經取贖而釋放被害人者，減輕其刑；取贖後而釋放被害人者，得減輕其刑。

■ **修正說明（103.05.30）**

一、按公民與政治權利國際公約及經濟社會文化權利國際公約施行法（以下簡稱「兩公約施行法」）第二條規定：「兩公約所揭示保障人權之規定，具有國內法律效力。」而公民與政治權利國際公約第六條第二款規定：「凡未廢除死刑之國家，非犯情節重大之罪，且依照犯罪時有效並與本公約規定及防止及懲治殘害人群公約不牴觸之法律，不得科處死刑……。」

二、兩公約施行法第三條復規定：「適用兩公約規定，應參照其立法意旨及兩公約人權

事務委員會之解釋。」則公民與政治權利國際公約第六條第二款關於「情節重大之罪」之解釋，應參酌聯合國人權事務委員會一九八二年第十六屆會議作成之第六號一般性意見：「意義必須嚴格限定」。查經濟及社會理事會一九八四年五月二十五日第五十號決議附件「關於保護死刑犯的權利的保障措施」提及：「死刑的範圍只限於對蓄意而結果危害生命或其他極端嚴重後果的罪行」。至於何種罪名屬於「情節重大之罪」，經濟及社會理事會秘書長自二○○○年起每五年提出的「死刑和關於保護死刑犯的權利的保障措施報告」、人權理事會二○○七年提出之特別報告立法院第八屆第一會期第二次會議議案關係文書政五四八，均揭示未導致喪命的綁架並不屬於可判處死刑的「情節重大之罪」。

三、原條文第一項規定：「意圖勒贖而擄人者，處死刑、無期徒刑或七年以上有期徒刑。」第二項後段規定「致重傷者，處死刑、無期徒刑或十年以上有期徒刑」與第二項前段規定「因而致人於死者，處死刑、無期徒刑或十二年以上有期徒刑」相較，無論行為人是否致人於死，均有科處死刑之規定，顯有違反比例原則。又單純意圖勒贖而擄人或擄人勒贖致重傷之情形，均非屬剝奪生命法益之犯罪，牴觸前開「公民與政治權利國際公約」第六條第二款之「非犯情節重大之罪……不得科處死刑」規定。為符合兩公約施行法之規定，爰為第一項、第二項之修正。

四、原條文第三項至第五項未修正。

□ **實務見解**

▶ 釋字第 263 號（79.07.19）

懲治盜匪條例係為特別刑法，其第二條第一項第九款對意圖勒贖而擄人者，不分犯罪情況及結果如何，概以死刑為法定刑，立法甚嚴，惟依同條例第八條之規定，若有情輕法重之情形者，裁判時本有刑法第五十九條酌量減輕其刑規定之適用，其有未經取贖而釋放被害人者，復得依刑法第三百四十七條第五項規定減輕其刑，足以避免過嚴之刑罰，與憲法尚無牴觸。

▶ 106 年度第 13 次刑事庭會議決議（106.09.12）

刑三庭提案：意圖勒贖而擄人，在未取得贖金前，因談妥條件（尚未履行），而釋放被害人，有無刑法第三百四十七條第五項前段減輕其刑？

決議：採甲說（否定說）。

刑法第三百四十七條第五項前段所謂未經取贖而

釋放被害人，**係指犯擄人勒贖之罪，未經取贖，自動終止勒贖之意思，或無取贖之犯意，而釋放被害人而言**，應具有自動釋放人質之心意及實際釋放人質之事實，始得減輕其刑。如經談妥條件或擔保後，始將被害人釋放，其釋放既非出於自動終止勒贖之意思，而在於取贖，自與該條項前段規定不合，不得減輕其刑。

▶65 台上 3356（判例）

擄人勒贖罪，須行為人自始有使被害人以財物取贖人身之意思，如使被害人交付財物，別有原因，為達其取得財物之目的，而剝奪被害人之自由者，除應成立其他財產上之犯罪或牽連犯妨害自由罪外，要無成立擄人勒贖罪之餘地。

▶102 台上 405（判決）

刑法上恐嚇取財罪、強盜罪及擄人勒贖罪，三者就其同具有不法得財之意思，及使人交付財物而言，固無異趣，而恐嚇取財罪，不以將來之惡害恫嚇被害人為限，即以目前之危害相加，亦屬之。但必其強暴、脅迫手段，尚未使被害人達於不能抗拒之程度始可，如其強暴、脅迫行為，已使被害人達於不能抗拒之程度，即應構成強盜罪；**擄人勒贖罪，則以意圖勒贖而擄人為構成要件，其犯罪態樣，係將被害人擄走脫離其原有處所，使喪失行動自由，而移置於自己實力支配下，予以脅迫，以便向被害人或其關係人勒索財物。**又強盜罪與恐嚇取財罪固以被害人是否因被告之加害行為達於不能抗拒之程度為其主要區分標準，而審酌此情狀，自應以行為當時客觀時、地、人、物等情狀及被害人主觀上之意識為斷。

第 348 條（擄人勒贖之結合罪）

I 犯前條第一項之罪而故意殺人者，處死刑或無期徒刑。

II 犯前條第一項之罪而有下列行為之一者，處死刑、無期徒刑或十二年以上有期徒刑：
　一　強制性交者。
　二　使人受重傷者。

□ 實務見解

▶79 台上 4769（判例）

擄人勒贖而故意殺被害人者，係將擄人勒贖與殺人兩個獨立之罪名相結合成一新罪名，而加重其刑罰，此種結合型態之犯罪，自較單一擄人勒贖之犯罪情節為重，刑法第三百四十八條第一項與懲治盜匪條例第二條第一項第九款法定刑相同，依全部法優於一部法之原則，自應適用刑法第三百四十八條第一項處斷。

▶100 台上 4911（判決）

擄人勒贖之行為概念中，必須存有「贖」之因素，而單純之強盜或恐嚇取財，則無。從而，在押人以強盜財物之情形，若並要脅被害人提領存款或舉債支應，以滿足行為人之需索，倘依社會通念，尚與「贖身」之概念不相適合時，當認仍為原強盜之不法意圖所含攝，僅依強盜罪論擬；至於押人行為，則視其具體情況，或為強盜罪所吸收，或另論以妨害自由罪，而與強盜罪想像競合或數罪併罰處遇之。

▶99 台上 2463（判決）

恐嚇行為，係以將來惡害之通知恫嚇他人而言，受恐嚇人尚有自由意志，不過因此而懷有恐懼之心，故與強盜以目前之危害脅迫他人，致喪失自由意志不能抗拒者不同。另擄人勒贖罪，其犯罪之目的行為，係向被害人或其關係人勒索財物，亦即須行為人自始有使被害人以財物取贖人身之意思，如使被害人交付財物，別有原因，為達其取得財物之目的，而剝奪被害人之自由者，除應成立其他財產上之犯罪或牽連犯妨害自由罪外，要無成立擄人勒贖罪之餘地。析言之，即強盜罪係以強暴、脅迫或他法，使人不能抗拒而取其財物或使其交付為要件。擄人勒贖罪，自始則係以財物之交付為贖回其人身之意思為構成要件，其犯罪方法雖係將被害人置於行為人實力支配之下予以脅迫，外觀上與恐嚇取財罪相仿，惟其犯罪之目的及手段，係以被害人之人身為向被害人或其關係人勒索財物之工具，與恐嚇取財罪在行為及犯意上均有區別。又恐嚇取財罪，不以將來之惡害恫嚇被害人為限，即以強暴、脅迫為手段，而被害人未達於不能抗拒程度者，亦屬之。雖擄人勒贖罪本質上為妨害自由與強盜之結合，在形式上則為妨害自由與恐嚇罪之結合，且擄人勒贖行為一經實現，犯罪即屬既遂。

▶99 台上 2445（判決）

擄人勒贖罪係屬結合犯之一種，在本質上為妨害自由與強盜之結合，形式上則為妨害自由和恐嚇取財之結合，均以將被害人置於行為人實力支配之下，又向被害人或關係人勒索財物，作為犯罪之客觀構成要件。而無論恐嚇取財或強盜，皆以出於為自己或他人不法所有之意圖，並以加諸惡害作為要脅，迫使對方屈從為其共通要件，其中所稱之不法所有意圖，祇須具有不法侵害他人之財產法益意思為已足，屬行為人內心之主觀構成要件，不應與形諸於外之客觀構成要件相混淆。是縱然行為人係存設局行詐之心，即具有不法所有之主觀犯意，倘所遂行之客觀作為，卻非屬和平手段之詐術，而符合妨害自由及強盜或恐嚇之暴力性方式，自應論以擄人勒贖罪，並非單純之妨害自由及詐欺罪。

▶98 台上 302（判決）

刑法上恐嚇取財罪、強盜罪及擄人勒贖罪，固均以取得財產上不法利益為目的，惟恐嚇取財罪，不以將來之惡害恫嚇被害人為限，即以強暴、脅

迫爲手段，**但被害人未達不能抗拒之程度，使其交付財物，亦屬之**；若係以使用強暴、脅迫等手段，達於不能抗拒之程度，即係強盜行爲；擄人勒贖罪，則以意圖勒贖而擄人爲構成要件，後者犯罪態樣，係將被害人置於行爲人實力支配下，予以脅迫，以便向被害人或其關係人勒索財物，因此擄人勒贖罪本質上為妨害自由與強盜結合。在形式上則爲妨害自由與恐嚇相結合。**區分強盜與擄人勒贖罪，係以是否將被害人擄走脫離其原有處所，使喪失行動自由，而移置於自己實力支配下，爲其區別標準。**

❖ **學者評釋**

依前開實務見解，以被擄者是否改變原處所地爲區別強盜或擄人勒贖二罪的判準，學者認爲並不妥適。擄人勒贖罪的行爲人將被擄者帶離原處所，理由可能是一方面方便隨之而來的勒贖，帶離原地可以規避查緝；另一方面在時間與地利上較能穩固掌控被擄者，以營造被勒贖者對人質安全的擔憂，藉以實現勒贖目的。

然而本罪重刑的主要理由並不在於被害人被帶離原處所，而是行爲人以加害人質生命、身體等安全爲由，讓被勒贖者因而擔憂，以遂行勒贖目的，故即使原地將被害人當成人質以達勒贖目的，也屬於本罪的「擄人」且符合立法目的，而行爲人強押人質離開原地，帶離原地的強制只不過是稍後擄人的前階段而已。

【黃惠婷，《刑法案例研習（三）》，新學林，初版，2011.12，298頁以下。】

第 348 條之 1（準擄人勒贖罪）
擄人後意圖勒贖者，以意圖勒贖而擄人論。

■ **增訂説明**（91.01.30）
一、本條新增。
二、擄人後起意勒贖者，其情節與意圖勒贖而擄人相若。增設本條以意圖勒贖而擄人論之規定，俾能依本法第三百四十七條及第三百四十八條之規定處罰。

第三十四章　贓物罪

第 349 條（普通贓物罪）
Ⅰ 收受、搬運、寄藏、故買贓物或媒介者，處五年以下有期徒刑、拘役或科或併科五十萬元以下罰金。
Ⅱ 因贓物變得之財物，以贓物論。

□ **修正前條文**
Ⅰ 收受贓物者，處三年以下有期徒刑、拘役或五百元以下罰金。
Ⅱ 搬運、寄藏、故買贓物或爲牙保者，處五年以下有期徒刑、拘役或科或併科一千元以下

罰金。
Ⅲ 因贓物變得之財物，以贓物論。

■ **修正説明**（103.05.30）
一、竊盜案件頻傳，近三年竊盜案件雖有下降，由九十七年的二十萬餘件下降至九十九年的十四萬餘件，破獲率卻未見提升，以普通竊盜案爲例，近三年破獲率竟均未達五成，汽車竊盜案也未達七成。
二、易銷贓行業如當鋪、舊貨業等的營業家數逐年增加，也增加了銷贓的管道，影響破案的難度，實有必要將現行罰則加重，以有效嚇阻銷贓行爲，並進一步阻止竊盜案件的發生。
三、爲保障民眾財產安全，爰將原條文第一項、第二項合併，並提高罰金刑，修正爲「收受、搬運、寄藏、故買贓物或媒介者，處五年以下有期徒刑、拘役或科或併科五十萬元以下罰金。」

❖ **法學概念**
普通贓物罪
一、贓物

贓物，指他人犯財產罪所得之物。自己犯財產罪所得之物，即非贓物。贓物罪保護法益應僅限於財產，一般性的安全利益不過是刑法預防效果下的反射性利益。小偷怡然自得享受犯罪成果等等的行徑，刑法不再過問，刑法觀念上稱「不罰的後行爲」。這種行爲只是持續侵害前個被害人的利益，沒有製造新的被害利益，所以刑法不干涉。

誤拿他人之物，由於此物非財產犯罪所得，所以不是贓物。誤取者持以贈人，受贈者縱然知情，也不成立收受贓物罪。

贓物罪的保護法益應僅限於財產，不含一般性的安全利益。
二、收受

收受是指收贓之人與前行爲人合意，由收贓之人對贓物建立起獨立的支配地位。更精確地說，由收贓之人取得現實上的處分權力。收受，有兩種互補的意義，通常指「沒有對價關係」的收取或使用，例如：接受小偷的餽贈，無償使用被偷的汽車。此外，凡搬運、寄藏、故買、牙保所不能掌握的行爲方式，亦收受也，例如：房客無法繳交房租，房東留置房客竊得的汽車，以保債權，此爲收受贓物。比起寄藏或買賣贓物，收受贓物的處罰較輕。小偷無償送人贓物的情形較爲罕見，收受贓物對於竊盜等財產犯罪的助長有限，對於被害人的財物返還也阻擾得小，是以處罰較輕。
三、搬運、寄藏

搬運是移動贓物的地理位置。搬運可能有

償，也可能無償。贓物罪原初的處罰理由在於「事後幫助」，成立搬運贓物的時間點必須在前置行為的既遂後；相對地，若於前置行為既遂前協助正犯搬運由犯罪取得之物，則是成立刑法第30條幫助犯。

寄藏，是保管或藏匿之意，可能有償，也可能無償。提供銀行帳戶，讓小偷將行竊所得存放，是藏匿贓物的行為。改裝他人的汽機車，是使贓物難以被發現的藏匿行為，成立寄藏贓物罪。如果引擎號碼與車牌號碼一併更改，另成立偽造私文書罪。此時，一個改裝的行為，同時侵害兩個法益，成立兩個罪，依較重的偽造文書罪處罰。

四、故買

故買，必指「有對價關係」的取得贓物；若為無償，則為收受。故買的核心意義是買賣，但債權人取得贓物以代清償、以物易物、當鋪業者接受質押贓物等，也屬於故買贓物，所以故買之意較民法的買賣契約為廣。贓物移入自己實力支配之下，方才成立故買贓物罪，若僅談妥買賣交易，尚未交付，只是故買未遂。但是，贓物罪不罰未遂。

五、媒介

媒介，指代為介紹處分贓物。包括介紹收受、買賣、典當、互易、清償債務、寄藏、搬運。不論有償或無償均可能成立媒介贓物罪。媒介契約成立，媒介物罪即成立，不以交付贓物為必要。惟竊盜犯指明銷贓處所，是便利銷贓的行為，但非媒介贓物。媒介應指買賣雙方意思聯絡的橋樑，若買方不知有人介紹賣主，即無橋可通，但仍應成立幫助買賣贓物罪。畫廊老闆買下贓物藝術品，儘管不知是何人指引小偷求售，此指引者亦屬幫助犯。媒介無論是有償或無償，直接或間接，均不影響犯罪之成立。

此外，收受、搬運、寄藏、故買或媒介等行為，必須於初始即認識贓物，才成立贓物罪。若事後方知為贓物，則欠缺構成要件故意，不成立贓物罪。

【林東茂，《刑法分則》，一品，初版，2018.09，232 頁以下；古承宗，《刑法分則：財產犯罪篇》，三民，初版，2018.03，368 頁以下。】

□ **實務見解**

▶ **51 台上 87（判例）**
刑法上之寄藏贓物，係指受寄他人之贓物，為之隱藏而言，必須先有他人犯財產上之罪，而後始有受寄代藏贓物之行為，否則即難以該項罪名相繩。

▶ **41 台非 36（判例）**
刑法上之贓物罪，原在防止因竊盜、詐欺，侵占各罪被奪取或侵占之物難於追及或回復，故其前

提要件，必須犯前開各罪所得之物，始得稱為贓物。

▶ **30 非 57（判例）**
刑法第三百四十九條第二項之寄藏贓物，**係指受寄他人之贓物，為之隱藏者而言**。若代他人將贓物持交第三人寄藏者，自屬同條項之搬運贓物，不能謂為寄藏。

▶ **24 上 3283（判例）**
竊盜搬運贓物，為竊盜罪之當然結果，在論處被告以竊盜罪外，不能再依贓物罪論科。對於竊盜正犯，既不另成贓物罪，則竊盜幫助犯，因從屬關係之結果，自亦不能再依贓物論罪。

▶ **96 台上 1793（判決）**
所謂贓物，係指犯侵害財產罪，如竊盜、搶奪、詐欺、侵占、竊佔等罪而取得之財物而言。

▶ **85 台非 305（判決）**
所謂牙保贓物罪，乃指為贓物之法律上有償處分行為之媒介，本件被告之取得**贓物既係在為竊盜犯鄰○○媒介銷贓**，以獲取酬勞，並非在單純的取得該贓物之所有權，其行為自與收受贓物有間。

第 350 條（刪除）

□ **修正前條文**
以犯前條之罪為常業者，處六月以上五年以下有期徒刑，得併科三千元以下罰金。

■ **修正說明（93.02.02）**
一、本條刪除。
二、配合第五十六條連續犯之刪除，刪除本條常業犯之規定。

第 351 條（親屬贓物罪）
於直系血親、配偶或同財共居親屬之間，犯本章之罪者，得免除其刑。

第三十五章　毀棄損壞罪

第 352 條（毀損文書罪）
毀棄、損壞他人文書或致令不堪用，足以生損害於公眾或他人者，處三年以下有期徒刑、拘役或三萬元以下罰金。

□ **修正前條文**
毀棄、損壞他人文書或致令不堪用，足以生損害於公眾或他人者，處三年以下有期徒刑、拘役或一萬元以下罰金。

■ **修正說明（108.12.25）**
本罪最後修正於民國九十二年六月三日，爰依刑法施行法第一條之一第二項但書規定將罰金數額提高三倍，以增加法律明確性，並使刑法分則各罪罰金數額具內在邏輯一致性。

□ **實務見解**

▶ 66年度第6次刑庭庭推總會議決議㈡
（66.08.09）

支票上之背書，為法律所定對支票負擔保責任之文書。被告將別人簽發之支票背書後，持以向人調借現款，嗣因支票不獲兌現，經執票人追償，乃為免除背書責任，將其自己之背書塗去（尚有他人之背書），即縱使該背書之效用完全喪失，而該背書，既因被告向人調借現款，連同支票，交付與人，已為他人之文書，則被告予以塗去，使之完全喪失效用，自應成立刑法第三百五十二條之毀損他人之文書罪。至於同支票背面另外之背書，係另外獨立之文書，既非與被告之背書合組為一個文書，則被告塗去自己之背書，亦與變更文書內容之情形不同，不能成立同法第二百十條之罪。

第 353 條（毀壞建築物、礦坑、船艦罪）
I 毀壞他人建築物、礦坑、船艦或致令不堪用者，處六月以上五年以下有期徒刑。
II 因而致人於死者，處無期徒刑或七年以上有期徒刑，致重傷者，處三年以上十年以下有期徒刑。
III 第一項之未遂犯罰之。

□ **實務見解**

▶ 56 台上 622（判例）

牆壁既係共用，並非被告單獨所有，倘有無端毀損之行為，而影響他人房屋之安全，乃難謂非毀損他人建築物。

▶ 30 上 463（判例）

刑法第三百五十三條第一項之毀壞他人建築物罪，必須毀壞建築物之重要部分，足致該建築物之全部或一部失其效用，始能成立，若僅毀損其附著之門窗等物，而該建築物尚可照舊居住使用者，衹能依同法第三百五十四條毀損他人之物論處。

▶ 104 台上 942（判決）

刑法第三百五十三條第一項所稱之建築物，係指上有屋面，周有門壁，足以蔽風雨而通出入，適於人之起居，且定著於土地上之工作物。

第 354 條（毀損器物罪）
毀棄、損壞前二條以外之他人之物或致令不堪用，足以生損害於公眾或他人者，處二年以下有期徒刑、拘役或一萬五千元以下罰金。

□ 修正前條文
毀棄、損壞前二條以外之他人之物或致令不堪用，足以生損害於公眾或他人者，處二年以下有期徒刑、拘役或五百元以下罰金。

■ 修正說明（108.12.25）
本罪於民國七十二年六月二十六日後並未修正，爰依刑法施行法第一條之一第二項本文規定將罰金數額修正提高三十倍，以增加法律明確性，並使刑法分則各罪罰金數額具內在邏輯一致性。

□ **實務見解**

▶ 48 台上 1072（判例）

被告所毀損之房屋，既經原審勘明其毀損部分僅屬伸出屋外之瓦簷，於該房屋並未失其效用，因認不成立刑法第三百五十三條第一項毀損建築物之罪，而依同法第三百五十四條毀損他人之物論科，並無不合。

▶ 47 台非 34（判例）

刑法第三百五十四條之毀損罪，**以使所毀損之物，失其全部或一部之效用為構成要件**。被告潛至他人豬舍，投以殺鼠毒藥，企圖毒殺之豬，既經獸醫救治，得免於死，則其效用尚無全部或一部喪失情事，而本條之罪，又無處罰未遂之規定，自應為無罪之諭知。

第 355 條（間接毀損罪）
意圖損害他人，以詐術使本人或第三人為財產上之處分，致生財產上之損害者，處三年以下有期徒刑、拘役或一萬五千元以下罰金。

□ 修正前條文
意圖損害他人，以詐術使本人或第三人為財產上之處分，致生財產上之損害者，處三年以下有期徒刑、拘役或五百元以下罰金。

■ 修正說明（108.12.25）
本罪於民國七十二年六月二十六日後並未修正，爰依刑法施行法第一條之一第二項本文規定將罰金數額修正提高三十倍，以增加法律明確性，並使刑法分則各罪罰金數額具內在邏輯一致性。

第 356 條（損害債權罪）
債務人於將受強制執行之際，意圖損害債權人之債權，而毀壞、處分或隱匿其財產者，處二年以下有期徒刑、拘役或一萬五千元以下罰金。

□ 修正前條文
債務人於將受強制執行之際，意圖損害債權人之債權，而毀壞、處分或隱匿其財產者，處二年以下有期徒刑、拘役或五百元以下罰金。

■ 修正說明（108.12.25）
本罪於民國七十二年六月二十六日後並未修正，爰依刑法施行法第一條之一第二項本文規定將罰金數額修正提高三十倍，以增加法律明確性，並使刑法分則各罪罰金數額具內在邏輯一致性。

□ **實務見解**

▶ **30 年度刑庭庭長決議(二)（30.06.10）**

刑法第三百五十六條所謂將受強制執行之際，凡在強制執行終結前之查封拍賣均包括在內。

第 357 條（告訴乃論）

第三百五十二條、第三百五十四條至第三百五十六條之罪，須告訴乃論。

第三十六章　妨害電腦使用罪

第 358 條（入侵電腦或其相關設備罪）

無故輸入他人帳號密碼、破解使用電腦之保護措施或利用電腦系統之漏洞，而入侵他人之電腦或其相關設備者，處三年以下有期徒刑、拘役或科或併科三十萬元以下罰金。

□ **修正前條文**

無故輸入他人帳號密碼、破解使用電腦之保護措施或利用電腦系統之漏洞，而入侵他人之電腦或其相關設備者，處三年以下有期徒刑、拘役或科或併科十萬元以下罰金。

■ **修正說明**（108.12.25）

本罪增訂於民國九十二年六月三日，爰依刑法施行法第一條之一第二項但書規定將罰金數額提高三倍，以增加法律明確性，並使刑法分則各罪罰金數額具內在邏輯一致性。

❖ **法學概念**

本罪之性質

曾有學者認為，由於本罪並不以非法入侵行為發生損害結果為必要，因此屬於行為犯。

【林山田，《刑法各罪論（上）》，元照，增訂五版，2005.12，553 頁以下。】

但另有文獻指出，本罪究竟為行為犯或結果犯，取決於行為過程。如果行為與結果本身是在時間與空間上是可以被區分出來，可以視為結果犯。亦即，入侵行為本身是可以分成行為方法實施與結果實現兩個階段，當行為人實行「無故輸入他人帳號密碼」、「破解使用電腦之保護措施」或「利用電腦系統之漏洞」各行為時，在直接操作或透過釋放惡意電腦程式當時，心中所追求的目標是「進入」，當「入侵他人之電腦或其相關設備」時，目的即實現，入侵行為之結果亦發生。而入侵態既已實現，電腦系統所涉之各種法益陷於危險，因此是具體危險犯，性質上屬於結果犯。

【蔡蕙芳，〈妨害電腦使用罪章：第一講——保護法益與規範功能〉，《月旦法學教室》，第 126 期，2013.04，65 頁以下。】

❖ **法學概念**

本罪之罪數認定與他罪之競合

本罪之保護法益，以保護社會大眾資訊之安全為主，而以保護個人之秘密與財產安全為輔。因此，若行為人以變更密碼之方式，使得他人無法登入遊戲系統，並使其無法存取與使用遊戲帳號內之資料，藉以持有虛擬寶物，則由於修改他人密碼行為，雖屬於超出授權之資料使用行為，但對本章所保護之系統私密性、完整性等法益屬於輕微之干擾，應認為不成立本罪或第 359 條之處罰。但取得虛擬寶物行為，則應肯定其財產地位而受到刑法財產犯之保護。蓋事實上，網路遊戲內之寶物，雖然常以「虛擬」一詞描述，但其並非現實中之不存在之物，只是其存在型態為電子型態，故可依刑法第 359 條無故取得電磁紀錄罪論處。另外，本罪罪數之認定標準，應以妨害社會大眾資訊安全之次數為準。妨害一次社會大眾資訊之安全者，為一罪；妨害數次社會大眾資訊之安全者，為數罪。

其與刑法第 315 條之妨害書信秘密罪競合時，因本罪所保護的法益除為社會大眾之資訊安全外，亦兼及個人秘密與財產安全，與妨害書信秘密罪所保護之法益，具有同一性。是以，**本罪與妨害書信秘密罪間，具有吸收關係，本罪為吸收規定**，妨害書信秘密罪則為被吸收規定，成立法條競合時，應優先適用本罪。

【甘添貴，《刑法各論（上）》，三民，修訂四版，2014.08，430 頁以下。】

□ **實務見解**

▶ **100 上易 2136（判決）**

鑑於對無故入侵他人電腦之行為採刑事處罰已是世界立法之趨勢，且電腦系統遭惡意入侵後，系統管理者須耗費大量之時間人力檢查，始能確保電腦系統之安全性，此種行為之危害性應已達科以刑事責任之程度，為保護電腦系統之安全性而增訂刑法第三百五十八條之入侵他人電腦或其相關設備罪。次按所謂「無故」，係指無正當理由之謂。而理由是否正當，應依吾人日常生活經驗法則，**由客觀事實實為判斷**，並應符合立法旨趣及社會演進之實狀。

▶ **98 台上 6731（判決）**

刑法妨害電腦使用罪章於九十二年六月二十五日增訂公布，第三百五十八條規定：「無故輸入他人帳號密碼、破解使用電腦之保護措施或利用電腦系統之漏洞，而入侵他人之電腦或其相關設備者，……」其立法理由以：「世界先進國家立法例對於無故入侵（access）使用電腦之行為均有處罰，例如：美國聯邦法典第十八章第一零三零條、英國濫用電腦法案第一條，我國刑法則未有相關處罰之規定。鑑於對無故入侵他人電腦之行為採刑事處罰已是世界立法之趨勢，且電腦系統遭惡意入侵後，系統管理者須耗費大量之時間人力檢查，始能確保電腦系統之安全性，此種行

為之危害性應已達科以刑事責任之程度，為保護電腦系統之安全性，爰增訂本條。本條僅針對情節較重大之無故入侵行為，即以盜用他人帳號密碼或破解相類似保護措施或利用電腦系統漏洞之方法入侵電腦系統之行為處罰。」而法務部長於修法提案報告中除說明上開立法理由外，並稱：對於無故入侵使用電腦之行為，我國現行刑法未有相關處罰之規定，因此今年（九十二年）三月二十八日建中學生入侵總統府網站事件，現行法並無處罰依據，成為電腦網路犯罪規範上的一大漏洞，此又再度突顯本草案之重要性等語可知。另依卷內交通部電信總局九十三年十月十二日電信公字第○九三○五○八一七八○號函稱：「電信法第六條係為落實秘密通訊自由之保障，特明定他人不得以盜接、盜錄或以其他非法之方法取得電信事業及專用電信所設置電信機線設備或電信設備傳輸之通信內容。一般民間或企業自行架設用以存取電子郵件存取之電腦資訊處理設備，如非屬電信機線設備或電信設備，則其內之電子郵件自非電信法第六條第一項所規範之客體。」等語，準此，足徵入侵他人電腦之行為，應非屬電信法規範之犯罪行為。

▶ 98 上訴 3246（判決）
被告所為，係刑法第三百五十八條無故破解使用電腦之保護措施而入侵他人之電腦罪及同法第三百五十八條無故取得他人電腦之電磁紀錄罪。被告破解使用電腦之保護措施而入侵他人電腦之行為，與取得他人電腦電磁紀錄之行為，雖具有方法目的之牽連關係，然於現行刑法關於牽連犯之規定業已刪除之情形下，該二行為自應分論併罰。公訴人認被告所犯上開二罪係以一行為所觸犯，應依刑法第五十五條想像競合之規定從一重處斷，容有誤會。

第 359 條（無故侵害電磁紀錄罪）

無故取得、刪除或變更他人電腦或其相關設備之電磁紀錄，致生損害於公眾或他人者，處五年以下有期徒刑、拘役或科或併科六十萬元以下罰金。

□ 修正前條文
無故取得、刪除或變更他人電腦或其相關設備之電磁紀錄，致生損害於公眾或他人者，處五年以下有期徒刑、拘役或科或併科二十萬元以下罰金。

■ 修正說明（108.12.25）
本罪增訂於民國九十二年六月三日，爰依刑法施行法第一條之一第二項但書規定將罰金數額提高三倍，以增加法律明確性，並使刑法分則各罪罰金數額具內在邏輯一致性。

❖ 法學概念
本罪所保護的法益

本罪除保護「資訊與資料的私密性、完整性、使用性」外，同時還包含「實害」。因為，如僅保護「資訊與資料的私密性、完整性、可使用性」，則凡未經授權而取得他人持有的未公開電磁紀錄，即已侵害資訊隱私權。但立法者在該條文中添加「致生損害於公眾或他人」的構成要件，即有意藉此限制本條的適用範圍，以符合刑法謙抑的要求，防止過度處罰。

【林孟皇，〈妨害電腦的無故電磁紀錄——評最高法院100年度台上字第3375號判例〉，《月旦裁判時報》，第12期，2011.12，87頁；蔡蕙芳，〈電磁紀錄無權取得行為之刑法規範〉，《中正法學集刊》，第13期，2003.10，109頁；李茂生，〈刑法新修妨害電腦使用罪芻議（上）〉，《台灣本土法學》，第54期，2004.01，243頁。】

❖ 法學概念
本罪所稱的「無故」

本罪中「無故」構成要件之內涵應放在電腦或網路安全概念下之瞭解，應是指違反資料存取權限之「未獲授權」或「超越授權」，此即行為不法內涵所在。一旦資料被無故取得、刪除、變更，使得電腦資料無法被使用，電腦資料之私密性、完整性（正確性）、可使用性（當需要使用時）之利益即受到侵害。換言之，是否「無故」取得、刪除或變更，首先依據是否受到加密或存取控制作為判斷。雖然電腦或網路安全逐漸受到重視，但受限於資源，並非所有電腦內之資料都會受到加密防護，每份資料背後應有一套存取權限之設定，這是資訊安全之基礎。若在客觀上未有加密等保護措施時，「無故」與否則應依據資料所有權人、持有人或資料主體之明示或默示之主觀意願來判斷。

【蔡蕙芳，〈妨害電腦使用罪章：第一講——保護法益與規範功能〉，《月旦法學教室》，第126期，2013.04，66頁以下。】

❖ 法學概念
單純瀏覽他人電腦檔案是否構成本罪？

由於使用他人電腦，並瀏覽其中檔案內容之行為，並未刪除變更其電腦檔案（電磁紀錄）之內容，若亦未藉由儲存媒體複製檔案內容（取得），應不構成本條之取得刪除變更電磁紀錄罪。

不過，如果內容涉及我國國防秘密時，則應考慮刑法第111條刺探收集國防秘密罪之適用；或如文件、照片係處於「封緘」之狀態時，則有可能構成刑法第315條妨害書信秘密罪。

然而，若僅是朋友間的照片與信件，通常並非有關法律關係、權利義務之證明，亦無關社會活動中重要事實之證明，所以並非「足以為表示

其用意之證明」，無法依據刑法第 220 條第 2 項之規定，擬制爲刑法分則之「文書」，即無妨害書信秘密罪之適用。

【謝開平，〈擅自使用他人電腦並瀏覽其檔案〉，《月旦法學教室》，第 127 期，2013.05，28 頁以下。】

❖ 法學概念

本罪與他罪之競合

倘若行爲人無故入侵他人電腦，而取得他人之電腦紀錄，則該當刑法第 358 條無故入侵電腦罪與本罪，蓋兩罪之保護法益同爲電腦使用安全，若行爲人（包含所有權人或使用權人）係以同一行爲侵入他人電腦並取得他人之電腦紀錄，此時刑法第 358 條無故入侵電腦罪即成爲本罪，無故更動電磁紀錄罪之必經階段，則本罪與無故入侵電腦罪，應係法條競合之補充關係而論以較重之本罪。

【盧映潔，《刑法分則新論》，新學林，修訂十五版，2020.02，839 頁；相同意見：蔡蕙芳，〈妨害電腦使用罪章：第二講──本章各罪與他罪之關係〉，《月旦法學教室》，第 129 期，2013.07，68 頁。】

惟如行爲人所刪除的電磁紀錄，乃具有證明功能之電磁紀錄即所謂的準文書（例如提款卡），則本罪與刑法第 352 條之毀損文書罪產生競合關係。由於毀損文書罪之保護法益爲文書（準文書）的存在價值與公共信用，兩罪保護法益並不相同，應依想像競合之規定論較重之本罪處斷。

【盧映潔，《刑法分則新論》，新學林，修訂七版，2013.09，771 頁；相同意見：蔡蕙芳，〈妨害電腦使用罪章：第二講──本章各罪與他罪之關係〉，《月旦法學教室》，第 129 期，2013.07，76 頁。】

🗐 實務見解

▶ 107 台上 1096 ○（判決）

刑法第三十六章妨害電腦使用罪，多以「無故」，作爲犯罪構成行爲態樣之一項。此所謂「無故」，係指欠缺法律上正當理由者而言；至於理由正當與否，則須綜合考量行爲的目的、行爲當時的人、事、時、地、物等情況、他方受干擾、侵害的程度等因素，合理判斷其行爲所構成的妨害，是否逾越社會通念所能容忍的範圍，並非其行爲目的或動機單純，即得謂有正當理由。夫妻雙方，爲維持幸福圓滿的生活，縱然互負忠貞、婚姻純潔的道德上或法律上義務，婚姻外的通、相姦行爲，依一般社會通念，當予非難、譴責，但人格各自獨立，非謂必使配偶之一方放棄自己的隱私權利，被迫地接受他方可以隨時、隨地、隨意全盤監控自己日常生活或社交活動的義務；申言之，倘藉口懷疑或有調查配偶外遇的必要，即恣意窺探、取得他方非公開活動、言論、談話等隱私領域，尚難肯認具有法律上的正當

理由。同法第三百五十九條（破壞電磁紀錄罪）所規範之行爲態樣之一，係以「無故取得」，而非財產犯罪之「竊取」用語，即有意區隔兩者之不同。上揭所稱「取得」他人電磁紀錄，乃指透過電腦的使用，以包括複製在內的方法，將他人的電磁紀錄，移轉爲自己所有的情形。故在「無故取得」電磁紀錄的行爲態樣中，縱使原所有人仍繼續保有電磁紀錄的支配占有狀態，然如行爲人藉由電腦設備的複製技術，使自己同時獲取檔案內容完全相同、訊號毫無減損的電磁紀錄，仍該當此罪的成立。因電磁紀錄具有記載儲製使用者發送、接收、輸入、觀察、處理電子訊號過程的功能，並不具公示性，亦非在他人監督下所爲，應專屬於使用者個人所獨有的擬制空間，無論其以文字或影音方式呈現，均足以顯示使用者在特定期間內所見所聞、所思所欲，具有排他性的價值感，自應受隱私權、財產權的保護。參諸上揭妨害電腦使用罪章的立法理由，係謂：「按電腦使用安全，已成爲目前刑法上應予保障之重要法益，社會上發生妨害他人電腦使用案件日益頻繁，造成個人生活上之損失益趨擴大，實有妥善立法之必要，……本章所定之罪，其保護之法益兼及於個人法益及社會安全法益（如修正條文第三百五十九條、第三百六十條）」，可見係爲適應現代社會生活而新創的保護法益規範。就另方面言，刑法第三百五十九條之破壞電磁紀錄罪，法定刑是五年以下有期徒刑、拘役或科或併科二十萬元以下罰金；而同法第二百三十九條之通、相姦罪，法定刑是一年以下有期徒刑，兩相比較，顯然前者法益，應該更重地位的保護。

▶ 104 台上 3392（判決）

刑法第三百五十九條之破壞電磁紀錄罪，係指行爲人無故取得、刪除或變更他人電腦或其相關設備之電磁紀錄，致生損害於公衆或他人。所稱「刪除」，固係指反於電磁紀錄製成之方法，將電磁紀錄完全或部分消除之謂，惟是否必使之永久消除而無法回復，始得謂爲「刪除」，在學理上非無爭議；然就該「刪除」係刑事法上之「構成要件」觀之，自應基於當代共通之學理，或本乎相關之法規，而爲合乎立法本旨之闡釋。電磁紀錄有足以表徵一定事項之作用（諸如身分或財產紀錄），則對電磁紀錄之侵害，亦可能同時造成身分或財產上之侵害關係，嚴重影響網路電腦使用之社會信賴及民衆之日常生活。參諸對電腦及網路之侵害行爲採刑事處罰已是世界立法之趨勢，乃增訂該罪，對行爲人科以刑事罰。故而本罪規範應係重在維持網路電腦使用之社會安全秩序，並避免對公衆或他人產生具體之損害。不論行爲人所使用之破壞方式爲何，祇要無故刪除他

人電腦或其相關設備之電磁紀錄，即該當於刪除之構成要件。復因電磁紀錄本身具有可複製性，又不具有損耗性，縱被複製亦不致因此而消失，而依現行之科技設備，若要回復被刪除之電磁紀錄，亦非難事，故解釋上，**應認電磁紀錄遭受無故刪除時，即已產生網路電腦使用之社會安全秩序遭受破壞之危險**，至於該電磁紀錄事後得否回復，均無礙於「刪除」之成立。倘其刪除行為，又已致生損害於公眾或他人，本罪即已該當。

▶ **100 台上 6468（判決）**

刑法第三百五十九條所規定「無故取得、刪除或變更他人電腦或其相關設備之電磁紀錄，致生損害於公眾或他人」罪，屬於結果犯，必須該行為已致生損害於公眾或他人之結果，始構成本罪。否則，縱有無故取得、刪除或變更他人電腦或其相關設備之電磁紀錄行為，倘未致生損害於公眾或他人之結果者，因其罪無處罰未遂之明文，自非成立該罪。換言之，刑法第三百五十九條之罪，以「致生損害」於公眾或他人為構成要件，屬於結果犯，此與僅以「足以生損害」於公眾或他人為構成要件者，例如刑法第二百十條之偽造私文書罪，以有足生損害於公眾或他人之危險，即行成立者，迥然不同。

▶ **100 台上 3375（判決）**

刑法第三百五十九條取得他人電磁紀錄罪，係以**無故取得他人電磁紀錄，致生損害於公眾或他人**為其構成要件。原判決認被告自民國九十三年一月二日起至九十三年四月二十一日止，並未獲指示再從事任何需要查詢 CRI 資料庫之工作，且已無在同年五月一日離職後再向台灣陶氏公司申請復職之意願，非基於為美商陶氏公司或台灣陶氏公司之利益，且非為業務或經核可之目的，而連續下載各如原判決附表（下稱附表）一編號一所示之 CRI，及將附表二編號一、三所示 CRI 報告下載後重製於其所有之硬碟機，係無故取得上開電磁紀錄，致生損害美商陶氏公司及台灣陶氏公司之財產價值與安全秘密性。但被告任職台灣陶氏公司擔任技術服務期間，係經美商陶氏公司核准得以其員工編號登入閱覽 CRI 電磁紀錄，台灣陶氏公司對取得該一查閱權之員工，於登入瀏覽、下載時，究還有何限制？是否尚須依指示或為業務目的始得查閱？其所憑依據為何？原判決俱未說明論列，則其遽謂伤未離職之被告於仍在職期間未經指示或核可，自行登入而瀏覽、下載 CRI 資料，要屬無故取得上開電磁紀錄云云，即嫌速斷，並有理由不備之違誤。而依原判決引據被告與台灣陶氏公司所立僱傭契約書第一條之約定，僅要求受僱人「不會在受僱期間或之後向任何人披露或利用任何陶氏集團（原文係指美商陶氏公司）商業機密、專有技術或秘密技術或商

業資訊」（見原判決第五頁第十五至十九行），原判決亦謂此屬「保密資訊約定」，且未認定被告有將瀏覽、下載之 CRI 電磁紀錄洩露予他人或私自加以利用，自難遽以僱傭契約第一條之約定，資為被告任職期間不得查詢上開資料之限制依據。又原判決既謂被告於準備離職期間，在夜間須以視訊方式與外國公司人員開會（見原判決第十七頁第十七至十八行），則其在離職之前自仍須執行擔任亞太地區「技術總監」而提供關於聚醚酯技術等諮詢之職務，其工作內容既未變更或停止，要難僅因自稱「白天幾乎都沒有事」，即謂其於該期間內無須為任何業務上之作為，而不具瀏覽、下載 CRI 電磁紀錄之正當性。則被告苟於未經取消、限制前揭查閱權之情形下，依其經核准之員工編號登入而瀏覽、下載上開資料，能否謂係無正當理由，而認屬「無故」取得該電磁紀錄？即不無研酌之餘地。原審未深入查明，細心剖析，並於理由內為必要之論述，遽行判決，自有調查未盡及判決理由不備之違誤。無故取得他人電磁紀錄，須致生損害於他人或公眾，始構成犯罪，此乃以特定法益受現實侵害為構成要件內容之犯罪，屬實害犯。**故所稱致生損害，自須因行為人之無故取得電磁紀錄，而使權利人受有現實之具體損害，始得謂之。**原判決以 CRI 電磁紀錄「具有相當之秘密性及經濟價值」，「第三人倘欲取得上開資訊內容，至少應支付授權使用之權利金或其他相當之經濟利益始有取得上開資訊之可能」，而謂「被告無故取得上開電磁紀錄，即與第三人處於相同之地位，陶氏集團或告訴人台灣陶氏公司即因此喪失原本可獲得權利金或其他經濟利益之取得，並致生損害於告訴人」。惟原判決既未認定被告有將取得之前揭電磁紀錄洩露予他人，亦未說明美商陶氏公司或台灣陶氏公司允許不具查閱權之他人，得以支付權利金或其他經濟利益之方式查詢、下載 CRI 報告等之依據，即逕認被告取得前揭電磁紀錄，使美商陶氏公司或台灣陶氏公司「因此喪失原本可獲得權利金或其他經濟利益之取得」，不唯理由欠備，亦與原判決所為前揭電磁紀錄具「秘密性」之論述相互矛盾。又苟美商陶氏公司或台灣陶氏公司向無允許未經授權之第三人，得以支付權利金或其他經濟利益之方式，取得查詢 CRI 報告權利之事實，**即令被告下載 CRI 報告，使美商陶氏公司之電磁紀錄財產不無遭受損害之虞，亦難認係已有現實之損害發生。**

❖ **學者評釋**

本案判決認為，被告離職前夕既未受指示再從事任何需要查詢 CRI 資料的查詢工作，且已積極與他人洽談共謀籌劃新公司事宜，又無再行申請復職的意願。參以甲並非「Imperial」計畫

的成員，卻大量下載 CRI 報告的電磁紀錄到自己使用的硬碟機內，而取得備份，依一般人合理的認知與判斷，行為人顯然是為擴充其離職後可以繼續參閱的資料庫，應認為已逾越授權的目的及範圍。

雖然刑法第 359 條無故取得電磁紀錄係以「致生損害」為要件，即要求行為人的行為應有造成或事實上損害的最後結果，始克該當，相對於「足以生損害」或「限於有受損害之虞」等危險犯的規定，並不相同。但所謂的「致生損害」，應就公眾或他人的立場，而非行為人的加以判斷。

不過，從智慧財產保護的觀點而言，所有權人即具有排他的處分及使用收益的權能，智慧財產權變更有其專屬的意涵，即權利人得自己使用資訊，至於他人欲使用，則必須獲得權利人同意或授權，畢竟智慧財產的無體性，具備不可分割、不會消耗、一旦揭露就無所不在的特性，智慧財產資訊價值的保護在於維持資料的控制力。

而本件陶氏集團每年從事相關產品的研究發展，將各項研發成果匯整為 CRI 報告，並以電磁紀錄形式存放於集團總部的電腦伺服主機內，該 CRI 電磁紀錄顯然具有相當的秘密性及經濟價值，若該報告可任由第三人無故取得，則陶氏集團失去對該資料的控制，行為人取得該資訊的利益，同時也侵害該集團專屬性使用或排他性使用的利益。

因此，最高法院認須有「具體損害」始能構成本罪，顯然與立法旨趣相違，而且不符合知識經濟時代保護、著作權、營業秘密等無體財產權的需求。

【林孟皇，〈妨害電腦罪章的無故取得電磁紀錄——評最高法院 100 年度台上字第 3375 號刑事判決〉，《月旦裁判時報》，第 12 期，2011.12，88 頁以下。】

▶ **95 上訴 3830（判決）**

刑法第三百五十九條之立法理由明定：「電腦已成為今日日常生活之重要工具，民眾對電腦之依賴性與日俱增，若電腦中之『重要』資訊遭到取得、刪除或變更，將導致電腦使用人之重大損害，鑑於世界先進國家立法例對於此種行為亦有處罰之規定，爰增訂本條。」足見本條之罪立法規範之目的在於：「電腦中之重要資訊遭到取得、刪除或變更，將導致電腦使用人之重大損害」，如電腦中之重要資訊並無遭到取得、刪除或變更，自不應以本條之罪相繩。

第 360 條（干擾電腦或其相關設備罪）
無故以電腦程式或其他電磁方式干擾他人電腦或其相關設備，致生損害於公眾或他人者，處三年以下有期徒刑、拘役或科或併科三十萬元以下罰金。

□ **修正前條文**

無故以電腦程式或其他電磁方式干擾他人電腦或其相關設備，致生損害於公眾或他人者，處三年以下有期徒刑、拘役或科或併科十萬元以下罰金。

■ **修正說明**（108.12.25）

本罪增訂於民國九十二年六月三日，爰依刑法施行法第一條之一第二項但書規定將罰金數額提高三倍，以增加法律明確性，並使刑法分則各罪罰金數額具內在邏輯一致性。

❖ **法學概念**

本罪所稱的「干擾」

本罪構成要件使用「干擾」一詞是指非實體性侵害，有別於傳統刑法「毀損」之概念。此種干擾電腦行為是以電腦與電腦程式作為犯罪工具之電子攻擊型態。透過操作電腦登入下達指令而由網路遠方入侵電腦後，刪除或變更其內部資料或程式，使它們無法被使用，或者透過施放有害程式直接進入電腦內部之暫時性記憶體，不停複製占據記憶容量，耗盡電腦儲存或處理空間與資源，最後影響電腦系統正常運作與資訊處理工作。另一種的情形是，內部電腦資料仍完整，但因忙於處理如洪水般而來之處理請求，資訊處理系統無法負荷而中斷或停止處理原應進行之工作，使得合法用戶無法完整使用電腦系統所提供的服務。

【蔡蕙芳，〈妨害電腦使用罪章：第一講——保護法益與規範功能〉，《月旦法學教室》，第 126 期，2013.04，68 頁。】

□ **實務見解**

▶ **97 台非 214（判決）**

九十二年六月二十五日修正刪除刑法第三百五十二條第二項，立法理由為「原條文第二項之〈干擾〉行為方式規定不夠明確，易生適用上之困擾，且本項行為之本質，與有形之毀損文書行為並不相同，為使電腦犯罪規範體系更為完整，爰將本項刪除，另增訂第三百六十條」。故九十二年六月二十五日增訂刑法第三百六十條「無故以電腦程式或其他電磁方式干擾他人電腦或其相關設備，致生損害於公眾或他人者，處三年以下有期徒刑、拘役或科或併科十萬元以下罰金」，立法修正理由謂：「鑑於電腦及網路已成為人類生活之重要工具，分散式阻斷攻擊（DDOS）或封包洪流（Ping Flood）；等行為已成為駭客最常用之癱瘓網路攻擊手法，故有必要以刑法保護電腦及網路設備之正常運作，爰增訂本條」。又本條處罰之對象乃對電腦及網路設備產生重大影響之故意干擾行為，為避免某些電腦系統僅產生輕微輕度影響之測試或運用行為亦被治以本罪，故加上「致生損害於公眾或他人」之要件，以免刑罰範圍過於擴張。此為學術界通

說及實務上所共認之見解。

▶ **95 上訴 3830**（判決）
刑法第三百六十條之立法理由載明：「鑒於電腦及網路已成爲人類生活之重要工具，分散式阻斷攻擊（DDOS）或封包洪流（Ping Flood）等行爲已成爲駭客最常用之癱瘓網路攻擊手法，故有必要以刑法保護電腦及網路設備之正常運作，爰增訂本條。又本條處罰之對象乃對電腦及網路設備產生重大影響之故意干擾行爲，爲避免某些對電腦系統僅產生極輕度影響之測試或運用行爲亦被繩以本罪，故加上『致生損害於公眾或他人』之要件，以免刑罰範圍過於擴張。」可見本條之罪立法規範之目的已明白指出「本條處罰之對象乃對電腦及網路設備產生重大影響之故意干擾行爲，爲避免某些對電腦系統僅產生極輕度影響之測試或運用行爲亦被繩以本罪，故加上『致生損害於公眾或他人』之要件，以免刑罰範圍過於擴張。」學者亦稱：「未影響到系統效能，應不該當本罪……至於影響系統效能到什麼程度方能認爲是致生損害，很難量化，必須透過實務逐步累積案例。」（參見葉奇鑫著「刑法新修正妨害電腦使用罪章條文簡介」，原審卷第二一四頁）。資策會鑑定函覆說明稱：「hosts 檔案遭修改，會……影響使用者瀏覽部分網站，但並未發現 Word 系統遭到影響」、「使用者可以選擇不安裝系爭元件，系統無法強迫使用者安裝或偷偷安裝」、「如果使用者選擇不安裝，系統不會每隔固定時間自動跳出視窗。」可見安裝系爭元件，並未影響到系統效能，電腦及網路設備並不會產生重大影響之故意干擾行爲，亦無「致生損害於公眾或他人」之情形。

第 361 條（加重其刑）
對於公務機關之電腦或其相關設備犯前三條之罪者，加重其刑至二分之一。

□ **實務見解**

▶ **99 台上 6306**（判決）
刑法第三百六十一條：「對於公務機關之電腦或其相關設備犯前三條之罪者，加重其刑至二分之一。」（下稱本條）之規定，屬於借罪借刑雙層式簡略立法之一種，係以借犯第三百五十八條至第三百六十條各條之原罪，再加上對於公務機關之電腦或其相關設備爲行爲客體犯罪之構成條件而成，並借原罪之基準刑以加重其刑至二分之一爲其法定本刑。此與單層式借刑之立法例，如刑法第三百二十條第二項、第三百三十九條第二項等規定，均屬於獨立之犯罪類型。故於借罪後，因其罪之構成條件已具備，而與原罪脫離，並爲獨立之另一罪名，僅因其條文本身並無刑罰之規定，仍須併引其罰出刑由之法條依據而已。同法

第三百六十三條明定：「第三百五十八條至第三百六十條之罪，須告訴乃論。」依文義解釋，自不包括屬於別一罪名之本條之罪。

第 362 條（製作犯罪電腦程式罪）
製作專供犯本章之罪之電腦程式，而供自己或他人犯本章之罪，致生損害於公眾或他人者，處五年以下有期徒刑、拘役或科或併科六十萬元以下罰金。

□ **修正前條文**
製作專供犯本章之罪之電腦程式，而供自己或他人犯本章之罪，致生損害於公眾或他人者，處五年以下有期徒刑、拘役或科或併科二十萬元以下罰金。

■ **修正說明**（108.12.25）
本罪增訂於民國九十二年六月三日，爰依刑法施行法第一條之一第二項但書規定將罰金數額提高三倍，以增加法律明確性，並使刑法分則各罪罰金數額具內在邏輯一致性。

❖ **法學概念**
本罪與其他電腦犯罪之競合
　　本罪與入侵電腦罪、侵害電磁紀錄罪或干擾電腦罪間具有特別關係。後者係屬一般規定，本罪爲特別規定。成立法條競合時，應優先適用特別規定之本罪，排斥適用一般規定之入侵電腦罪、侵害電磁紀錄罪或干擾電腦罪。
　　【甘添貴，《刑法各論（上）》，三民，修訂四版，2014.08，440 頁。】

第 363 條（告訴乃論）
第三百五十八條至第三百六十條之罪，須告訴乃論。

刑法

中華民國刑法施行法

第 1 條（舊刑法、刑律、其他法令之定義）

本法稱舊刑法者，謂中華民國十七年九月一日施行之刑法；稱刑律者，謂中華民國元年三月十日頒行之暫行新刑律；稱其他法令者，謂刑法施行前與法律有同一效力之刑事法令。

第 1 條之 1（罰金貨幣單位與罰鍰倍數）

Ⅰ 中華民國九十四年一月七日刑法修正施行後，刑法分則編所定罰金之貨幣單位為新臺幣。

Ⅱ 九十四年一月七日刑法修正時，刑法分則編未修正之條文定有罰金者，自九十四年一月七日刑法修正施行後，就其所定數額提高為三十倍。但七十二年六月二十六日至九十四年一月七日新增或修正之條文，就其所定數額提高為三倍。

第 2 條（褫奪公權從新主義）

依刑法第二條第一項但書，適用舊刑法、刑律或其他法令時，其褫奪公權所褫奪之資格，應依刑法第三十六條之規定。

第 3 條（易科監禁之期限與易科罰金折算之抵充）

Ⅰ 依舊刑法易科監禁者，其監禁期限，自刑法施行之日起，不得逾六個月。

Ⅱ 其在刑法施行後，易科監禁期限內納罰金者，以所納之數，仍依裁判所定之標準扣除監禁日期。

第 3 條之 1（易科罰金之適用範圍）

Ⅰ 刑法第四十一條之規定，中華民國九十年一月四日刑法修正施行前已裁判確定之處罰，未執行或執行未完畢者，亦適用之。

Ⅱ 未諭知得易科罰金之處罰者，亦同。

Ⅲ 於九十四年一月七日刑法修正施行前犯併合處罰數罪中之一罪，且該數罪均符合第四十一條第一項得易科罰金之規定者，適用九十年一月四日修正之刑法第四十一條第二項規定。

第 3 條之 2（易服社會勞動制度之適用範圍）

刑法第四十一條及第四十二條之一之規定，於中華民國九十八年九月一日刑法修正施行前已裁判確定之處罰，未執行或執行未完畢者，亦適用之。

第 3 條之 3（新舊法律之適用規定）

刑法第四十一條及第四十二條之一之規定，於中華民國九十八年十二月十五日刑法修正施行前已裁判確定之處罰，未執行或執行未完畢者，亦適用之。

第 4 條（累犯加重之限制）

Ⅰ 刑法施行前，累犯舊刑法第六十六條第一項所定不同一之罪或不同款之罪一次者，其加重本刑，不得逾三分之一。

Ⅱ 依刑法第四十八條更定其刑者，準用前項之規定。

第 5 條（老幼人減刑之方法與例外）

刑法施行前，未滿十八歲人或滿八十歲人犯罪，經裁判確定處死刑或無期徒刑者，應報由司法行政最高官署，呈請司法院提請國民政府減刑。但有刑法第六十三條第二項情形者，不在此限。

第 6 條（緩刑假釋之保護管束）

刑法施行前，受緩刑之宣告或假釋出獄者，刑法施行後，於其緩刑期內得付保護管束，假釋中，付保護管束。

第 6 條之 1（刑法修正前受緩刑宣告之適用規定）

Ⅰ 於中華民國九十四年一月七日刑法修正施行前，受緩刑之宣告，九十四年一月七日修正刑法施行後，仍在緩刑期內者，適用九十四年一月七日修正施行之刑法第七十五條、第七十五條之一及第七十六條規定。

Ⅱ 於中華民國九十八年五月十九日刑法修正施行前，受緩刑之宣告，九十八年五月十九日修正刑法施行後，仍在緩刑期內者，適用九十八年五月十九日修正施行之刑法第七十五條及第七十五

條之一規定。

第 7 條（緩刑假釋之撤銷）

刑法施行前，宣告緩刑或准許假釋者，在刑法施行後撤銷時，應依刑法之規定。

第 7 條之 1（假釋之撤銷規定）

I 於中華民國八十六年刑法第七十七條修正施行前犯罪者，其假釋適用八十三年一月二十八日修正公布之刑法第七十七條規定。但其行為終了或犯罪結果之發生在八十六年刑法第七十七條修正施行後者，不在此限。

II 因撤銷假釋執行殘餘刑期，其撤銷之原因事實發生在八十六年刑法第七十九條之一修正施行前者，依修正前之刑法第七十九條之一規定合併計算其殘餘刑期與他刑應執行之期間。但其原因事實行為終了或犯罪結果之發生在八十六年刑法第七十七條修正施行後者，不在此限。

第 7 條之 2（撤銷假釋之殘餘刑期計算）

I 於中華民國八十六年十一月二十六日刑法修正公布後，九十四年一月七日刑法修正施行前犯罪者，其假釋適用八十六年十一月二十六日修正公布之刑法第七十七條規定。但其行為終了或犯罪結果之發生在九十四年一月七日刑法修正施行後者，其假釋適用九十四年一月七日修正施行之刑法第七十七條規定。

II 因撤銷假釋執行殘餘刑期，其撤銷之原因事實發生在八十六年十一月二十六日刑法修正公布後，九十四年一月七日刑法修正施行前者，依八十六年十一月二十六日修正公布之刑法第七十九條之一規定合併計算其殘餘刑期與他刑應執行之期間。但其原因事實行為終了或犯罪結果之發生在九十四年一月七日刑法修正施行後者，依九十四年一月七日修正施行之刑法第七十九條之一規定合併計算其殘餘刑期與他刑應執行之期間。

第 8 條（行刑權時效停止之起算）

刑法施行前，行刑權之時效停止原因繼續存在者，適用刑法第八十五條第三項之規定，其期間自刑法施行之日起算。

第 8 條之 1（刑法修正前其追訴權或行刑權時效已進行而未完成者適用最有利之規定）

於中華民國九十四年一月七日刑法修正施行前，其追訴權或行刑權時效已進行而未完成者，比較修正前後之條文，適用最有利於行為人之規定。於一百零八年十二月六日刑法修正施行前，其追訴權或行刑權時效已進行而未完成者，亦同。

第 8 條之 2（刑法修正施行前其追訴權時效已進行而未完成者適用修正後之規定，不適用前條之規定）

於中華民國一百零八年五月十日修正之刑法第八十

條第一項第一款但書施行前，其追訴權時效已進行而未完成者，適用修正後之規定，不適用前條之規定。

第 9 條（刑法施行前非配偶而同居者不適用通姦罪）

刑法第二百三十九條之規定，於刑法施行前，非配偶而以永久共同生活為目的有同居之關係者，不適用之。

第 9 條之 1（圖利使人為性交猥褻罪之例外）

刑法第二百三十一條之規定，於中華民國八十八年三月三十日刑法修正施行前依法令規定經營妓女戶者，不適用之。

第 9 條之 2（強制性交及猥褻罪之緩衝期）

刑法第二百二十一條、第二百二十四條之罪，於中華民國八十九年十二月三十一日前仍適用八十八年三月三十日修正施行前之刑法第二百三十六條告訴乃論之規定。

第 9 條之 3（刑法修正前受強制治療宣告之適用規定）

於中華民國九十四年一月七日刑法修正施行前，受強制治療之宣告，九十四年一月七日修正刑法施行後，仍在執行期間內者，適用八十八年四月二十一日修正公布之刑法第九十一條之一規定。

第 10 條（施行日）

I 本法自刑法施行之日施行。

II 刑法修正條文及本法修正條文，除另定施行日期者外，自公布日施行。

第 10 條之 1（施行日）

中華民國九十四年一月七日修正公布之刑法，自九十五年七月一日施行。

第 10 條之 2（施行日）

I 中華民國九十七年十二月三十日修正之刑法第四十一條，自九十八年九月一日施行。

II 中華民國九十八年五月十九日修正之刑法第四十二條之一、第四十四條、第七十四條、第七十五條、第七十五條之一，自九十八年九月一日施行。

第 10 條之 3（施行日）

I 中華民國一百零四年十二月十七日及一百零五年五月二十七日修正之刑法，自一百零五年七月一日施行。

II 一百零五年七月一日前施行之其他法律關於沒收、追徵、追繳、抵償之規定，不再適用。

刑法

懲治走私條例

1. 中華民國 37 年 3 月 11 日國民政府制定公布全文 9 條
   本條例施行期間屆滿後於 39 年 6 月 13 日、40 年 4 月 26 日、41 年 3 月 10 日、42 年 3 月 7 日均經命令延長施行期間一年、43 年 3 月 8 日立法院決議延長施行期間三個月至 43 年 6 月 10 日止、經總統於 43 年 3 月 10 日命令公布
   中華民國 43 年 6 月 8 日總統令施行期間延長九個月至 44 年 3 月 10 日止
   中華民國 44 年 3 月 4 日總統令施行期間延長一年至 45 年 3 月 10 日止
2. 中華民國 44 年 12 月 29 日總統令修正公布全文 12 條
3. 中華民國 58 年 11 月 11 日總統令修正公布第 2 條條文
4. 中華民國 67 年 1 月 23 日總統令修正公布第 2、6、10 條條文；並增訂第 2-1 條條文
5. 中華民國 74 年 6 月 26 日總統令修正公布第 1 條條文；並增訂第 11-1 條條文
6. 中華民國 81 年 7 月 29 日總統令修正公布全文 13 條
7. 中華民國 91 年 6 月 26 日總統令修正公布全文 13 條；並自公布日施行
8. 中華民國 95 年 5 月 30 日總統令修正公布第 2、3、13 條條文；刪除第 8 條條文；並自 95 年 7 月 1 日施行
9. 中華民國 101 年 6 月 13 日總統令修正公布第 2、4、13 條條文；除第 2 條自 101 年 7 月 30 日施行外，自公布日施行

第 1 條（立法目的）
為懲治私運政府管制物品或應稅物品之進口或出口，特制定本條例。

第 2 條（私運管制物品罪及常業犯）
I 私運管制物品進口、出口者，處七年以下有期徒刑，得併科新臺幣三百萬元以下罰金。
II 前項之未遂犯罰之。
III 第一項之管制物品，由行政院依下列各款規定公告其管制物品項及管制方式：
一 為防止犯罪必要，禁止易供或常供犯罪使用之特定器物進口、出口。
二 為維護金融秩序或交易安全必要，禁止偽造、變造之各種貨幣及有價證券進口、出口。
三 為維護國民健康必要，禁止、限制特定物品或來自特定地區之物品進口。
四 為維護國內農業產業發展必要，禁止、限制來自特定地區或一定數額以上之動植物及其產製品進口。
五 為遵守條約協定、履行國際義務必要，禁止、限制一定物品之進口、出口。

第 3 條（運銷藏匿管制物品罪及常業犯）
I 運送、銷售或藏匿前條第一項之走私物品者，

處五年以下有期徒刑、拘役或科或併科新臺幣一百五十萬元以下罰金。
II 前項之未遂犯罰之。

第 4 條（走私罪）
犯走私罪而持械拒捕或持械拒受檢查，傷害人致死者，處死刑、無期徒刑或十年以上有期徒刑，得併科新臺幣一千萬元以下罰金；致重傷者，處無期徒刑或十年以上有期徒刑，得併科新臺幣八百萬元以下罰金。

第 5 條（走私罪）
犯走私罪而有下列行為之一者，處無期徒刑或七年以上有期徒刑，得併科新臺幣五百萬元以下之罰金：
一 公然為首，聚眾持械拒捕或持械拒受檢查者。
二 公然為首，聚眾威脅稽徵關員或其他依法令負責檢查人員者。

第 6 條（走私罪）
犯走私罪而有下列行為之一者，處三年以上十年以下有期徒刑，得併科新臺幣五百萬元以下罰金：
一 持械拒捕或持械拒受檢查，傷害人未致重傷者。
二 公然聚眾，持械拒捕或持械拒受檢查時，在場助勢者。
三 公然聚眾威脅稽徵關員或其他依法令負責檢查人員時，在場助勢者。

第 7 條（知走私不報罪）
服務於鐵路、公路、航空、水運或其他供公眾運輸之交通工具人員，明知有走私情事而不通知稽徵關員或其他依法令負責檢查人員者，處三年以下有期徒刑、拘役或科新臺幣一百五十萬元以下罰金。

第 8 條（刪除）

第 9 條（放行售匿走私罪）
I 稽徵關員或其他依法令負責檢查人員，明知為走私物品而放行或為之銷售或藏匿者，處七年以上有期徒刑。
II 前項之未遂犯罰之。

第 10 條（包庇走私罪）
I 公務員、軍人包庇走私者，處無期徒刑或七年以上有期徒刑。
II 前項之未遂犯罰之。

第 11 條（補充法）
走私行為之處罰，海關緝私條例及本條例無規定者，適用刑法或其他有關法律。

第 12 條（本條例之適用）
自大陸地區私運物品進入臺灣地區，或自臺灣地區

私運物品前往大陸地區者，以私運物品進口、出口論，適用本條例規定處斷。

第 13 條（施行日）
本條例除中華民國九十五年五月五日修正之條文，自九十五年七月一日施行，及一百零一年五月二十九日修正之第二條，自一百零一年七月三十日施行外，自公布日施行。

刑法

貪污治罪條例

1. 中華民國 52 年 7 月 15 日總統令制定公布全文 20 條
2. 中華民國 62 年 8 月 17 日總統令修正公布全文 20 條
3. 中華民國 81 年 7 月 17 日總統令修正公布名稱及全文 18 條（原名稱：戡亂時期貪污治罪條例）
4. 中華民國 85 年 10 月 23 日總統令修正公布全文 20 條
5. 中華民國 90 年 11 月 7 日總統令修正公布第 6 條條文
6. 中華民國 92 年 2 月 6 日總統令修正公布第 11 條條文；並增訂第 12-1 條條文
7. 中華民國 95 年 5 月 30 日總統令修正公布第 2、8、20 條條文；並自 95 年 7 月 1 日施行
8. 中華民國 98 年 4 月 22 日總統令修正公布第 6、10 條條文；並增訂第 6-1 條條文
9. 中華民國 100 年 6 月 29 日總統令修正公布第 5、11、12、16 條條文；並刪除第 12-1 條條文
10. 中華民國 100 年 11 月 23 日總統令修正公布第 6-1 條條文
11. 中華民國 105 年 4 月 13 日總統令修正公布第 6-1、20 條條文
    中華民國 105 年 12 月 14 日行政院令發布定自 106 年 1 月 1 日施行
12. 民國 105 年 6 月 22 日總統令修正公布第 10、20 條條文；並自 105 年 7 月 1 日施行

第 1 條（立法目的）
為嚴懲貪污，澄清吏治，特制定本條例。

第 2 條（犯罪主體）
公務員犯本條例之罪者，依本條例處斷。

❖ 爭議問題
刑法第 10 條「法定」職務權限的內涵與貪污案件中的職務行為範圍應如何對應？

早期實務認為，所謂「職務上之行為」，係指公務員在其職務範圍內所應為或得為之行為。所謂違背職務之行為，係指在其職務範圍內不應為而為，或應為而不為者而言（最高法院 58 年台上字第 884 號判例）。這樣的文字敘述，顯得模糊，因此須進一步探究的是，2005 年刑法第 10 條第 2 項第 1 款修法後，所謂「法定」職務權限內涵是否即指其職務內容已明文列舉為限？

以貪瀆案件為例，我國近期司法實務及學說對「職務」上行為之認定，大約有以下的看法：

一、法定職權說

部分實務見解採此說，例如：最高法院 98 年度台上字第 395 號判決謂：「所謂『職務』，必以屬於該公務員『法定』職務權限範圍內之事項，始足當之，故雖具公務員身分，若其用以詐

財之行為，與其法定職務權限無關者，即無利用其職務機會以詐財之可言。」；最高法院 99 年度台上字第 3570 號判決：「『法定職務權限』，則指所從事之事務，符合法令所賦與之職務權限，例如『機關組織法規』所『明定』之職務等。」

最高法院 99 年度台上字第 3570 號判決認為，所謂「法定職務權限」，則指所從事之事務，符合法令所賦與之職務權限，如機關組織法規所明定之職務等。此號判決似認為，類如「機關組織法」所「明定」之職務方屬之。例如國小校長之於學生之便當，係由學生委託學校或員生消費合作社代為訂購，並無強制性，與採購學校用品不同，非學校行政事務，有教育部中部辦公室第八八五二四六九七號書函可憑，是則各該學校受學生或學生家長委託處理統一向廠商訂購午餐便當之事務，俱非屬依法採購公共事務之法定職務權限行為。與此類似的見解，尚有最高法院 85 年度台上字第 5119 號判決認為，依台灣省各縣市議會組織規程第四章有關縣市議會職權之規定，旨在「明定」縣市議會正、副議長之設置及產生方式，並賦予全體縣市議員選舉及被選舉為正、副議長之權，自難謂選舉正、副議長亦屬縣市議員「職務上之行為」。

國內有文獻贊同此說，從職務犯罪類型的成罪判斷上，應回到刑法第 10 條第 2 項之立法目的，引進「法定職務權限」，限縮瀆職罪的成立空間，基於歷史解釋與權力分立原則的尊重，司法實務並無反其道而行之空間。亦有認為在解釋論上可以將職權權限的概念理解為管轄權限，至於機關內部的職務分配或事務分擔，本不足以改變管轄範圍。從概念的制定目的與罪刑法定原則而言，對於「職務上行為」的解釋一旦跳脫「法定」的職務權限，根本無法處理後續的行政處分效力與責任歸屬。蓋如將公務員利用其影響力，就「非」主管或監督的事務，對其他公務員進行關說、勸誘或監督的事務，甚至對私人進行行政指導或斡旋等影響行為，也解釋為屬於法定職權權限的範圍，即明顯是將職務「外」之行為轉化為職務「上」之行為；透過對是否存在密切關聯性或實質影響力的認定，已然逸出職務行為的概念外延，係不當目的性的擴張解釋。又如將「職務」的解釋，因非主管或是執行關係的法定職務時，逕以舉凡與職務具有因果相關，或是將具有職務影響力等之情形，還為該當「職務

概念之解釋，則屬於目的擴張，有違目的解釋方法的要求，而使得刑法成罪的解釋，被不當擴張，除有悖於罪刑法定原則之要求外，亦有違反無罪推定原則之虞。

【柯耀程，〈「職務」概念的解釋與限制〉，《法學叢刊》，第56卷第2期，2011.04，10頁以下；蕭宏宜，〈賄賂罪的「職務上行為」概念──兼評最高法院99年度台上字第7078號判決〉，《東吳法律學報》，第24卷第1期，2012.07，109頁以下。】

二、實質影響力說

另一種看法為「實質影響力說」，如最高法院99年度台上字第7078號判決謂：「總統就國家重大政策或重要人事，一旦親身參與或干預，對於該特定結果，即具有實質上之影響力，自不得藉此職務上所得之行為，收受對價。」又如最高法院102年度台上字第3799號判決稱：「上訴人明知以其副總司令之地位、職務，對海測艦採購案，具有一定程度之指揮、監督權責，而為其副總司令職務之實質影響力所及，乃利用鄭○○，竟利用其任副總司令之身分，在其辦公室接見由鄭○○帶領之義大利F廠總經理及業務經理等人，並收下該廠所製造之各類軍艦目錄，允諾交予海軍總部有關承辦單位參考研究。鄭○○終得於八十二年一月間，以喜光公司名義順利取得義大利F廠之代理權，並於同年五月四日以四千八百五十萬美元得標。」

學說上不乏支持此說者，蓋在刑法及貪污治罪條例有關賄賂罪之規定裡，將「對於職務（有關職務）」稱為「對於職務之行為」，與日本刑法所稱「關於職務」並無差異，皆指「與職務有關連」而言，而該職務行為包含對於「職務行為本身」以及對於「與職務有密切關連之行為（準職務行為）」。然關於職務關連性之判斷基準，日本學說有主張「公務說」（此說係以公務的性質作為基準之見解，即從形式的觀點，認為與本來的公務具有同樣的公務性質時，則肯定職務的關連性）、「影響力說」（即必須對於本來的職務予以給予影響力之行為）、「地位利用說」（此說係以對影響職務行為之對方是否行使（動用）了影響力作為基準，即必須是對於對方發揮了影響力的行為）等說。尚且，公務員的職位越高，可以運用的資源越多，實質影響力也越大。實質影響力看似觸之不得，但確實存在，可以說恍惚中有物，如同電磁波般的真實。

採此說學者同時認為，公務員之行為如果是法令上所規定之本來職務權限以外之行為，則當該公務員所實施之行為在實質上有利用其本來職務之地位，在形式上具有公務之性質，且該行為又對本來職務執行之公正產生實質的影響力時，即可認為是「與本來職務有密切關係之行為」而具有職務的性質。因為以金錢物品收買這

一類行為對國民所託付之「公正的執行職務」就有造成侵害或製造危險之可能。

換言之，賄賂罪所規定的公務員「職務上行為」係指公務員本其職位而實際上所從事的各種相關事務之行為，至於是否有「法定」，並非關鍵所在（或可稱為「事實上的職位關聯性事務之行為」）。亦即，公務員職務上行為，可能是源自於法令有所明文，也可能僅是居於協助或提供意見之地位，均在所不論。不論是「法定職務權限行為」、「職務密切關聯性行為」、「職務實質影響力所及之行為」，或是所謂「事實上的職位關聯性事務之行為」，均在其可能的文義範圍之內。因此，不採取「法定職務權限說」，並沒有違反罪刑法定主義之問題。

【林東茂，《刑法綜覽》，一品，八版，2015.08，2-341頁以下；陳子平，《刑法各論（下）》，元照，初版，2014.11，532頁以下；陳子平，〈就許恒達教授「賄賂罪職務行為之再探討」報告之與談意見〉，《檢察新論》，第17期，2015.01，121頁以下；李錫棟，〈日本法上賄賂罪職務行為之研究〉，《法學叢刊》，第56卷第3期，2011.07，56頁以下；吳福宗，〈立法委員替他人「喬」契約而收錢，該當何罪？──評臺北地方法院101年度金訴字第47號刑事判決（林益世貪污案）〉，《月旦裁判時報》，第25期，2014.02，109頁以下。】

三、本書看法

前述「法定職權說」的見解，對公務員的人權保障是十分周到的，可免其動輒入刑，但卻容易滋生法律漏洞。蓋依據罪刑法定原則，所謂「法定」之「法」，應專指國會所通過的「法律」。如包括各機關組織法或條例、中央及地方各級政府機關本於授權訂定之內部行政規則（例如組織規程、處務規程、業務管理及考核要點等）在內，那等於是將行政命令也納入刑法之構成要件，與舊法時期的「依法令」無異，顯然違背2005年的修法意旨。

但本書認為，刑法第10條第2項界定公務員的定義，與貪污罪中的「職務行為」，係各自獨立的構成要件，固然貪污罪的成立須兩要件相加累積適用，但兩者不能混為一談或劃上等號。此外，採法定職權說亦可能發生與貪污治罪條例的相關規定產生不協調的情形。因為從貪污治罪條例第4條第1項第2款處罰公務員的不法藉勢藉端勒索財物的文義來看，可得知有關貪瀆罪的職務行為，並不以「法定」職權為限。而實務亦認為，「藉勢藉端」不限於依職務範圍內的事由為必要（司法院院解字第3672號解釋）。蓋所謂的「藉勢」，係指公務員憑藉一切由職務或人際關係所衍生的權勢；而「藉端」則為假借某些事由作為藉口。再如貪污治罪條例第5條第2款利用職務上之機會詐取財物罪，其所稱「利用職務上之機會」，應包括一切由職務上所衍生之機會而言（最高法院104年度台上字第1909

號判決）。例如擔任總統府副秘書長的被告，其就總統府內所涉相關事務均有接觸機會，客觀上有機會得以結識及接觸相關司法人員，被告雖實際上對司法個案無影響之能力，惟其利用上開職務上所衍生之機會，使人誤信被告有能力為其擺平司法案件，而向人取得二張支票，自係利用職務上之機會詐欺財物（最高法院103年度台上字第4050號判決）。從前開判決吾人可知，公務員只要藉由其職務的「地位」及「機會」就有可能構成貪瀆犯罪，若採法定職權說見解，將法定職務權限與公務員管轄權劃上等號，將事務、土地與職級管轄的分配，當成職務權限的解釋，再與賄賂罪的「職務行為」連結，將產生刑法總則與貪污治罪條例法條適用上的不協調及規範衝突。

本書認為，不同性質的「公務員」如民選公職人員與政務官、基層公務員，其職務範圍應做不同程度界定，因為越高層的公務員，其職務內涵就越模糊且概括，甚至總統的職務行為，則更為廣泛。曾任美國第27任總統及聯邦最高法院首席大法官的塔虎脫（William Howard Taft）即主張，總統有「隱含默示的權力」（Implied powers），得運用憲法所授予之無法完全充分寫明的權力。事實上，此種「隱含默示的權力」，不單總統具有，就連一般行政機關首長乃至於單位主管都能享有。蓋機關首長本來就具有「介入權」，上級長官可依此種權力對於下屬的措施產生「決定性之影響」。吾人不難發現，採實質影響力說的判決中，其被告皆係高階公務員，因此最高法院在此種個案採實質影響力說，並不是完全抄襲日本學說，而係事物本質使然，不同事物本應為不同處理，如此理解當無牴觸罪刑法定原則的疑慮，而此等公務員的職權範圍雖然很難由法律文字寫明，但法院只要稍加調查，從行政慣例或公文往返，仍可予以界定，刑罰範圍亦無不當擴張之危險。

第3條（共犯之適用）
與前條人員共犯本條例之罪者，亦依本條例處斷。

第4條（罰則）
I 有下列行為之一者，處無期徒刑或十年以上有期徒刑，得併科新臺幣一億元以下罰金：
一 竊取或侵占公用或公有器材、財物者。
二 藉勢或藉端勒索、勒徵、強占或強募財物者。
三 建築或經辦公用工程或購辦公用器材、物品，浮報價額、數量、收取回扣或有其他舞弊情事者。

四 以公用運輸工具裝運違禁物品或漏稅物品者。
五 對於違背職務之行為，要求、期約或收受賄賂或其他不正利益者。
II 前項第一款至第四款之未遂犯罰之。

❖ 法學概念
重度貪污罪

本條例第4條為「重度貪污罪」，第1項第1款公務員竊取或侵占公用公有器材或財物的行為處罰，與刑法第134、320、336條重疊；第2款公務員藉勢或藉端強取財物罪，或可依刑法第328、346條，再依刑法第134條處理；第3款公務員經辦公用工程或採購公用器材物品時，浮報價額或數量、收取回扣或其他舞弊等行為，則與刑法第121、131條重疊；第4款關於利用公用運輸工具運輸違禁品或漏稅物的規定，建議刪除，因為其性質上為犯罪行為的方法手段，欠缺保護法益；第5款則與刑法第122條第1項相同。

若依刑度輕重區分，犯本條例第4條第1項各款罪名者，分別可處無期徒刑或十年以上有期徒刑，並得併科一億元以下罰金。本條第1項各款行為與刑法構成要件重疊者，比較二者的刑度，可發現明顯有輕重失衡的情況。例如本條例第1款行為分別與刑法第134、320、336條重疊，惟適用刑法的結果，依本條例可處無期徒刑；最重依刑法第336條（一年以上，七年以下有期徒刑）論處，再透過刑法第134條加重其刑的二分之一，刑度仍遠比本條例輕。另外，第3款與刑法第121、122、131條重疊，其中最重者是，刑法第122條第1項的違背職務受賄罪，最高得處十年以下的有期徒刑，其與本條例的刑度相較，差距仍大。

【張麗卿，〈台灣貪污犯罪與法律適用之疑難〉，收錄於《新刑法探索》，元照，五版，2014.09，139頁。】

▢ 實務見解
▶ 103年度第8次刑事庭會議決議（103.05.13）

院長提議：某市政府警察局之警員A發覺轄區外之他市有大型職業賭場，惟因收受賭場經營者給付之金錢而不予調查或通報。該警員應否成立對於違背職務之行為收受賄賂罪？
甲說（肯定說）：
一、刑事訴訟法第二百三十一條第二項規定：「司法警察知有犯罪嫌疑者，應即開始調查，並將調查之情形報告該管檢察官及前條之司法警察官。」並無管轄區域之限制。又警察任務為依法維持公共秩序，保護社會治安，防止一切危害，促進人民福利；其職權包括依法協助偵查犯罪。警察法第二條、第九條

第三款分別定有明文。內政部警政署亦頒訂「警察機關通報越區辦案應行注意事項」，其第一點即揭示：「為提升打擊犯罪能力，發揮各級警察機關整體偵防力量，避免於越區辦案時因配合不當，致生不良後果，特訂定本注意事項。」又於「各級警察機關處理刑案逐級報告紀律規定」第二點第一款明定：「各級警察機關或員警個人發現犯罪或受理報案，不論其為特殊刑案、重大刑案或普通刑案，均應立即處置迅速報告分局勤務指揮中心，按照規定層級列管，不得隱匿、延誤或作虛偽陳報擅自結案。」足見警察機關雖有轄區之劃分，然此僅為便利警察勤務之派定、規劃、指揮、督導及考核而已，非指警察僅能於自己所屬管轄區域內協助偵查犯罪。

二、依題旨，A雖任職於某市政府警察局，惟既發覺他市有經營職業賭場之犯罪行為，仍有依法調查或通報等協助偵查犯罪之職責，其違背此項職務而收取對價，自應成立對於違背職務之行為收受賄賂罪。

乙說（否定說）：

一、法院組織法第六十二條規定，檢察官於其所屬檢察署管轄區域內執行職務，但遇有緊急情形或法律另有規定者，不在此限。足見除非有個案情形外，否則檢察官僅於其所屬檢察署管轄區域內，始有行使偵查犯罪之職權。而刑事訴訟法第二百二十九條第一項第一款規定，警政署署長、警察局局長或警察總隊總隊長於其管轄區域內為司法警察官，有協助檢察官偵查犯罪之職權。可見該款司法警察官，於管轄區域內，才有協助檢察官偵查犯罪之職權。同法第二百三十條第一項第一款、第二項、第二百三十一條第一項第一款、第二項，雖僅規定警察官長、警察知有犯罪嫌疑者，應即開始調查。但既規定警察官長應將犯罪嫌疑調查之情形報告該管檢察官及協助偵查犯罪之司法警察官；警察應將犯罪嫌疑調查之情形報告該管檢察官及司法警察官；警察官長應受檢察官之指揮，偵查犯罪；警察應受檢察官及司法警察官之命令，偵查犯罪。顯見上開警察官長、警察知有犯罪嫌疑者，應即開始調查之職權，亦應限於管轄區域內，始得為之。再者，警察勤務條例第三條規定，警察勤務之實施，應畫夜執行，普及轄區。警察機關通報越區辦案應行注意事項第一點規定，為提升打擊犯罪能力，發揮各級警察機關整體偵防力量，避免於越區辦案時因配合不當，致生不良後果，特訂定本注意事項。第二點第一項第一

款前段規定，於管轄區外執行搜索、逮捕、拘提等行動時，應依第三點所定程序通報當地警察機關會同辦理。均可見警察官長、警察原各有管轄區域，於管轄區域內始有調查犯罪之職權，因調查犯罪，如欲於管轄區外執行搜索、逮捕、拘提等行動時，應通報當地警察機關會同辦理。而於搜獲他轄犯罪確切情報，則可通報當地警察機關偵處。並非得於管轄區域外調查犯罪。否則，無異較檢察官與協助偵查犯罪之司法警察官，擁有更廣泛不受轄區限制之調查犯罪權限，顯非適宜。又貪污治罪條例第四條第一項第五款所謂「職務」，係指公務員法定職權權限範圍內，並有具體影響可能之事務。

二、依題旨，A係某市政府警察局警員，縱發覺他市有經營職業賭場之犯罪行為，並收取賭場經營者之金錢，然因其無在自己所屬管轄區外調查犯罪之職權，自無成立對於違背職務之行為收受賄賂罪之餘地。

以上二說，以何者為當，提請　公決

決議：採甲說。

編按：

　　本書認為，此決議應係採取日本實務見解（最決平成17.3.11刑集59卷2號1頁），「在警視廳某警察局地域課工作的警官收受現金，即使非關於本身職務權限的行為，但日本最高裁判所認為同廳的警察仍具有對東京都全城有犯罪偵查的權限，依「一般職務權限理論」，該警官仍成立受賄罪。足見，我國最高法院不但接受了日本「職務密切關聯理論」（以最高法院99年度台上字第7078號判決為代表），從此決議也可看出也採納了「一般職務權限理論」。

　　【林朝雲，〈論「法定」職務權限與賄賂罪中「職務行為」的關聯性〉，《中央警察大學法學論集》，第29期，2015.10，181頁。】

▶ 107 台上 1568 ○（判決）

貪污治罪條例第四條第一項第三款就公務員建築或經辦公用工程或購辦公用器材、物品，浮報價額、數量，收取回扣或有其他舞弊情事者，特別嚴予規範，列為本條處以最重刑度之貪污類型之一，考其立法意旨，係在於「公用」工程及「公用」器材、物品，係供公眾或多數人使用，與公眾安全、公共利益密切相關，對於建築、經辦或購辦公務員之廉潔，自應為高度之要求，嚴防其有貪污舞弊之行為，並將浮報價額、數量，收回扣等承辦公用工程或公用器物採購常見之舞弊手法，列明於本款，一方面以杜爭議，一方面資為認定其舞弊內涵之參考。至其是否以違背職務之行為為對價，究係公務員或對方主動，就上開立法意旨觀之，均非所問。而所謂「回扣」，於

公務員建築或經辦公用工程之情形，係指該公務員與對方約定，就應給付之建築材料費或工程價款中，提取一定比率或扣取其中一部分，圖為自己或其他第三人不法利益之謂。其構成固限於建築或經辦公用工程，並以上開計算方式收取之，然本質上仍屬「賄賂」之一種。且公務員收取回扣本不必然出於其主動；收受賄賂亦不必然係被動為之。又交付回扣者，縱係被動同意，然如因此得以承作該工程或出售該器材、物品，亦未必即屬合法行為而不可課以相當之罪名。是收取回扣與違背職務收受賄賂，二罪之間容有發生競合關係之可能性存在。從而，於發生競合關係之情形時，對於因違背職務或不違背職務而收取回扣之公務員行賄者，仍應依同條例第十一條相關規定論處。

▶ 104 台上 150（判決）

貪污治罪條例第四條第一項第五款公務員對於違背職務之行為，要求、期約或收受賄賂或其他不正利益罪。其要求、期約或收受，係屬三種不同階段之犯罪行為態樣。所謂「要求」，乃向相對人索求交付之單方意思表示，不論明示或暗示、直接或間接，一經要求，罪即成立，更不問相對人允諾與否；而「期約」者，固不以賄賂或不正利益之金額、數量或內容已經確定為必要，只須行賄者與受賄者間相互約定將來給與賄賂或不正利益之意思表示已達合致，犯罪即屬成立，如僅嗣後尚未收受者，仍應就其前階段之行為，論以期約賄賂或不正利益罪；至於「收受」，則係由相對之一方交付，並由他方之公務員受領者而言，至是否果因收受賄賂而為違背職務之行為，對已成立之收受賄賂或不正利益罪亦難認有何影響。

▶ 104 台上 76（判決）

貪污治罪條例第四條第一項第三款規定之公務員建築或經辦公用工程或購辦公用器材、物品，浮報價額、數量、收取回扣或有其他舞弊情事之罪，其不法之行為，係存在於公務員單方，因出於公務員之主動，致公帑虛耗，公務員卻從中自肥，情節實重，乃課以本條例中最重之刑度。雖不排除有與非公務員共犯之情形，惟設若官民（或官商）違法勾結，各取所需好處，其間公務員違背職務之對價，實屬賄賂性質，公務員應依同條例第四條第一項第五款之違背職務要求、期約或收受賄賂罪，而商民則依第十一條論處行賄罪（學理上以「對立犯」稱之）分別論處。此二種公務員獲致不法利得之犯罪類型，並不相同。至於同條例第六條第一項第四款之對於主管或監督之事務，直接或間接圖利罪，乃公務員職務上圖利之概括規定，是於其圖利行為不合於同條例第四條至第六條各款之特別規定者，即有其適

用。

▶ 102 金上重訴 21

按違背職務受賄罪之成立時點，於一方以職務上之行為期約或收受賄賂，而對方之賄賂與該違背職務之行為具對價性為已足。又認定是否違背職務之行為，應就該行為本身觀察，受賄者就滿足對價事項是否具「實質影響力」及「違背職務之密接關連性」為判斷。原判決以被告林○世向中鋼公司或中聯公司等民營企業經營階層請託、施壓及恫嚇之行為，對於中鋼公司或中聯公司之經營階層而言，實際上確具有不得不配合之實質影響力，然此影響力之來源，充其量係來自其豐沛之地方勢力、黨政關係，與身為立法委員「法定職務權限行為」或「職務密接關連行為」之行使並無關係，認事用法容有未合。

原判決在概念特徵上先區分為「親自滿足對價事項型」、「假手他人滿足對價事項型」，並認為賄賂對價事項是否具公務性質，在所不問（如撮合私人間契約亦然），卻又認為在「假手他人滿足對價事項型」之情況，以受影響者須為「政府機關或公務員受影響後，作出特定之行政行為」為要件，亦有未洽。

原判決認為被告林○世假借其自身為立法委員之公務員職務上權力及機會，以上述方法對中鋼公司鄒○齊、中聯公司翁○棟及金○仁施加恐嚇，使鄒○齊、翁○棟及金○仁心生畏懼，而同意與地勇公司陳○祥締結轉爐石契約，卻復認其所為與立法委員「職務上行為」無關，容有未合。

按身分不等於職務，依貪污治罪條例第四條第一項第五款、第五條第一項第三款所謂「職務上行為」之範圍，依「法定職務說」認為貪污治罪條例之賄賂罪，其構成要件中所謂「職務上行為」，應係指公務員在職務範圍內所應為或得為之行為而言。析言之，即是否該當「職務上行為」，應以受賄公務員所為之「對價行為」，是否實質上為其職務權限範圍所及，作為判斷依據；**所謂「實質影響力」，須係公務員基於其「法定職務」而有之「實質決定影響力」，並非僅因伴隨其身分而來之一般社會觀感之「空泛影響力」亦可構成；受賄公務員之「對價行為」，須與其「法定職務」具有關連性，且受賄公務員必須係憑藉此職務關連性，而為其實質影響力所之之「職務上行為」；受賄公務員須有使他公務員亦為法定職務範圍之行為。準此，縱使公務員因伴隨其身分而有一般空泛之影響力，但並不能因此逕認該公務員所為之任何行為，均可構成賄賂罪之所謂「職務上行為」，否則將會漫無限制地擴張「實質影響力」理論之範圍，不僅違反刑法「罪刑法定原則」及「禁止類推適用原則」，並使賄賂罪之適用範圍反較屬概括規定之圖利罪更為寬廣，嚴重扭曲貪**

污治罪條例之立法體系及規範目的；基於民意代表職務之特殊性，有必要採限縮解釋，僅民意代表以「涉及官方對外效力」之職務行為與他人賄賂形成對價合意，始構成受賄罪，亦即此所指「職務上行為」僅及於民意代表於議會中之法定議事活動（如審查法案、預算等），若涉及法定議會活動以外的選民服務或演說行為，則不在民意代表的職務行為之列，否則即有擴大刑罰，甚而產生干擾民主政治機能的危險。

▶ 100 台上 3924（判決）

所謂回扣，係指公務員與對方期約，將應付給之工程價款中，提取一定比率或扣取其中一部分，圖為不法所有，或期約一定比率或數額之財物而收取者，均屬之。如對於公務員職務之行為或違背職務之行為，給付具有一定對價關係之金錢或可以金錢計算之財物等不法報酬，則應屬賄賂。是「回扣」與「賄賂」，雖均屬對公務員之不法原因為給付，但其行為態樣及涵義既各有不同，自不宜混淆。苟公務員對於職務上行為收受之財物或其他不正利益，與公務員職務範圍內踐履賄求之特定行為（違背其職務或為其職務上之行為）有對價關係，亦即交付財物或其他不正利益之人，其目的係以公務員踐履或消極不執行某特定職務上之行為以為回報，而公務員主觀上亦有收受該財物或其他不正利益後踐履或消極不執行某特定職務上行為以資報償之意思，實乃對於職務上或違背其職務之行為收受賄賂，自不能拘泥於相關人員之用語，遽論以收取回扣罪。

第 5 條（罰則）

Ⅰ 有下列行為之一者，處七年以上有期徒刑，得併科新臺幣六千萬元以下罰金：

一　意圖得利，擅提或截留公款或違背法令收募稅捐或公債者。

二　利用職務上之機會，以詐術使人將本人之物或第三人之物交付者。

三　對於職務上之行為，要求、期約或收受賄賂或其他不正利益者。

Ⅱ 前項第一款及第二款之未遂犯罰之。

❖ 法學概念

中度貪污罪

　　本條例第 5 條為「中度貪污罪」，第 1 項各款規定亦均與刑法重疊。第 1 款與刑法第 129 條第 1 項違法徵收罪、第 131 條違背職務圖利罪重疊；第 2 款職務詐取罪，得以刑法第 134、339 條普通詐欺罪與公務員加重處罰規定處理；第 3 款與刑法第 122 條不違背職務收賄罪規定一致，亦可直接回歸適用。

　　然而，就刑度而言，犯本條例第 5 條第 1 項之罪，可處七年以上有期徒刑，並得併科六千萬

元以下罰金，若以此與刑法相衡：第 1 款與刑法第 129、131 條，二者的刑度比較，可發現前者最低本刑七年，後者的最低本刑則為一年，上限為七年，法律效果顯不相當。

【張麗卿，〈台灣貪污犯罪與法律適用之疑難〉，收錄於《新刑法探索》，元照，五版，2014.09，140 頁。】

❖ 法學概念

「職務密切關聯行為」與「功能性關聯」理論

　　而所謂「職務密切關聯行為」理論，有兩點內涵：一是，本來不是固有的職務行為，但在習慣上由該公務員負責的場合；二是根據自己的職務，能夠產生實質上影響力的情形。這些在事實上屬於公務員職務權限的行為，和不正利益掛鉤的時候，就會使職務的公正性以及社會對它的信賴受到侵害，所以這些行為也應看作為職務行為。日本學說及實務認為，「職務」是指「附隨公務員之職位所應為處理一切公務者」。德國的學說認為，而行使職務的範圍不僅包括具有直接外部影響官員的行為，而且還包括準備性和支援性之公務活動，例如向其他官員提供諮詢意見或討論商議等。但職務行為也不是漫無邊際，蓋職務行為，乃係具有公共任務的活動，更為妥當的說法是公務人員的活動與其任務間的「功能性關聯」（der funktionale Zusammenhang）。也就是說，職務行為與公務員所承擔的職務範圍至少須具有一種「功能性」的關聯。

【最判昭和 28·10·27 刑集 7 卷 10 號，1971 頁；松原久利，〈「職務に關し」の意義 (2)——大學設置審事件〉，收錄於西田典之、山口厚、佐伯仁志編，《刑法判例百選 II》，有斐閣，2014.08，215 頁；北野通世，〈「職務に關し」の意義〉，收錄於西田典之、山口厚、佐伯仁志編，《刑法判例百選 II》，有斐閣，2014.08，212 頁；周慶東，〈貪瀆罪中的職務行為意義——德國刑法上的觀點〉，《法學叢刊》，第 121 期，2011.07，5 頁；Hoven, Der Wechsel von Amtsträgern in die Privatwirtschaft-Gedanken zur Vorteilsannahme nach § 331 StGB am Beispiel Eckart von Klaedens, NStZ 2013, S. 619.】

　　近年最高法院 106 年度台上字第 3122 號判決、最高法院 107 年度台上字第 2545 號判決及部分學說業已接納日本學說及實務的看法，認定賄賂罪的職務範圍，包含本來固有之與職務權限具有密切關聯之行為、因行政慣例、習慣上所衍生公認為其所擁有之職權或事實上所掌管之職務。

　　又，參酌德國的「功能關聯性理論」，職務行為認定也不以抽象法規者為限。再者，賄賂罪的職務上行為亦未要求限於法律所規定者。就事物本質而言，實現「職務」目的所必要的行為本來就是多樣且非定型性的，而這些的行為在實質上也可以認為屬於職務權限。惟，即使這樣理解，也很難完整描繪屬於公務員職務權限的職務行為。基於以上的論點，有必要承認「職務密切

關聯性」也屬於職務行為的一種型態，如果對其進行賄賂，就應該肯定賄賂罪的成立。

□ 實務見解

▶ 107 台上 2545 ○（判決）

貪污治罪條例第五條第一項第三款之罪（下稱賄賂罪）其所稱職務上之行為，係指公務員在其職務權責範圍內所應為或得為之行為而言。而其職務範圍，除公務員之具體職務權限、一般職務權限外，即或雖非法律所明定，但與其職務權限具有密切關連之行為，亦應認屬職務行為之範疇，包括由行政慣例所形成，為習慣上所公認為其擁有之職權或事實上所掌管之職務亦屬之。地方各級民意代表（直轄市或縣市議員及鄉鎮市民代表）有議決預算、監督其執行、審核決算報告之權，分為地方制度法第三十五條第二款、第七款，第三十六條第二款、第七款，第三十七條第二款、第七款所明定。此亦為地方民意代表之最重要「職務」。長期以來，各級地方政府為求府會和諧、良性互動，每賦予地方民意代表對部分預算（尤其建設補助款）有建議動支之權，多成慣例。則此由行政機關執行法定預算權限所衍生之地方民意代表預算動支建議權，自與地方民意代表固有之審查預算、監督執行權限有密切關連性，而亦屬其「職務」範圍。從而，地方民意代表如對其建議之預算，從中對他方（如得標廠商）要求期約或收受賄賂，其既屬刑法第十條第二項第一款前段之身分公務員；所為亦構成賄賂罪不法內涵之核心—特別義務之違反；並侵害賄賂罪之保護法益—執行職務之公正性及廉潔性，自成立公務員賄賂罪。此既在本罪構成要件「職務」之可能文義射程範圍內，並非類推解釋，更與罪刑法定主義無違。

▶ 107 台上 2052（判決）

貪污治罪條例第五條第一項第三款之對於職務上之行為之收受賄賂罪，其中職務上之行為，係指公務員在其職務範圍內所應為或得為之行為。而其職務範圍，除公務員之具體職務權限、一般職務權限外，即或雖非法律所明定，但與其職務權限具有密切關聯之行為，亦應認屬職務行為之範疇。至所謂與其職務權限有密切關聯之行為，包括由行政慣例所形成，為習慣上所公認為其擁有之職權或事實上所掌管之職務，以及因自己之法定職務關係或因之所生之必要輔助性權力，經由指揮、監督、干預、或請託之方式，足以形成一定之影響，使特定之公務機關或公務員為職務上積極之行為或消極不為行為之情形。

▶ 106 台上 3122 ○（判決）

貪污治罪條例第五條第一項第三款之公務員對於職務上之行為收受賄賂罪，此之所謂「職務上之行為」，應依上開立法旨趣從廣義解釋，係指公

務員在其職務權責範圍內所應為或得為之行為而言。而其職務範圍，除公務員之具體職務權限及一般職務權限外，即或雖非法律所明定，但與其固有職務權限具有密切關係之行為，亦應認屬其職務行為之範疇，包括由行政慣例所形成，及習慣上所公認為其所擁有之職權或事實上所掌管之職務，以及其附隨之準備工作與輔助事務均屬之，始符合上開條例設立之宗旨。依憲法第六十三條及立法院職權行使法規定，立法院除議決法律案、預算案、戒嚴案、大赦案、宣戰案、媾和案、條約案及國家其他重要事項之權外，亦包括議案審議、聽取總統國情報告、聽取報告與質詢、同意權之行使、覆議案之處理、不信任案之處理、彈劾案之提出、罷免案之提出及審議、文件調閱之處理、委員會公聽會之舉行、行政命令之審查、請願文書之審查、黨團協商等職權。而憲法第六十七條第二項及憲法增修條文第三條第二項第一款亦規定立法院所設各種委員會得邀請政府人員與社會上有關係人員到會備詢，及立法委員在開會時有向行政院院長及行政院各部會首長質詢之權。再依立法院組織法第七條、立法院各委員會組織法第二條及立法程序委員會組織規程第五條第一項第三款規定，立法院所設各種委員會除審查該院交付各委員會之議案及人民請願書，並得於每會期開始時，邀請相關部會作業務報告，並備質詢，於審查議案後提報院會決定。是立法委員在立法院各委員會內對行政機關提案，係基於憲法賦予之職權範圍內之行為，本屬立法委員職務上應為之行為。而立法院內雖設各種委員會處理不同之事務，此僅係立法院為有效處理議事所為之分配，不得僅因立法委員分屬於不同委員會而否定其仍可藉由透過其他委員會委員名義代為提案之權力。因此立法委員在立法院院會、各委員會、委員會公聽會及黨團協商所為提案、連署、審議、質詢等議事活動，均屬憲法賦予立法委員之固有職權。惟一般人民請願，除依立法院各委員會組織法之規定向立法院提出請願書外，亦有以向立法委員提出陳情書之方式為之。立法委員就人民向其陳情之事項，以立法委員國會辦公室名義召開協調會之方式，邀請與其所掌理法律、預算等議案及質詢與備詢有關之行政機關派員出席者，受邀之行政機關依行政慣例及習慣，原則上均會予以尊重而派員出席參與立法委員主持之協調會，該以立法委員國會辦公室名義，邀請相關行政機關派員出席協調會之行為，除已具有公務行為之外觀外，且與憲法賦予立法委員議決、審查、質詢及備詢等主要職務有密切關聯性，亦屬其職務範圍內得為之行為，此均在貪污治罪條例第五條第一項第三款收受賄賂罪之構成要件「職務上之行為」之文義涵攝範圍

內。

▶ 104 台上 1909（判決）

貪污治罪條例第五條第一項第二款公務員利用職務上機會詐取財物罪之成立，係以刑法上所規範之詐欺行為基準，而行為人於犯罪時具有公務員身分，且利用其職務上之機會或所衍生之機會，因勢乘便而詐取財物者，即足當之。**此之機會，不以職務上有決定權者為限。**差旅費之支給，本係支應因公奉派出差，處理一般公務或特定工作計畫所發生之必要費用，因此，出差旅費係附屬公務執行而存在。公務員若有未實際出差或出差未住宿卻支領差旅費或住宿費之情形，即與利用其職務上所衍生之機會詐取財物之要件該當。

▶ 104 台上 76（判決）

某警員雖任職於某市政府警察局，惟既發覺他市有經營職業賭場之犯罪行為，雖非屬其管區、亦未經主管之命令，因其仍有依法調查或通報等協助偵查犯罪之職責，其違背此項職務而收取對價，自應成立對於違背職務之行為收受賄賂罪，此為本院最近一致之見解（按此之見解，與日本最高裁判所平成十七年三月十一日裁定「東京都警視廳調布警察署地域課所屬之警察官（即被告）偵查犯罪之一般職務權限，及於由同廳多摩中央警察署刑事課擔任告發之案件的偵查」，正是一致）。亦即，關於職務上之行為，我國實務近亦採取只要在法令上係屬於該公務員之一般職務權限，即該當於賄賂罪之「職務性」要件，並不以該公務員實際上所具體擔負之事務為限。

▶ 100 台上 3924（判決）

所謂回扣，係指公務員與對方期約，將應付給之工程價款中，提取一定比率或扣取其中一部分，圖為不法所有，而期約一定比率或數額之財物而收取者，均屬之。如對於公務員職務之行為或違背職務之行為，給付具有一定對價關係之金錢或可以金錢計算之財物等不法報酬，則應屬賄賂。是「回扣」與「賄賂」，雖均屬對公務員之不法原因為給付，但其行為態樣及涵義既各有不同，自不宜混淆。苟公務員對於職務上行為收受之財物或其他不正利益，與公務員職務範圍內踐履賄求之特定行為（違背其職務或為其職務上之行為）有對價關係，亦即交付財物或其他不正利益之人，其目的係以公務員踐履或消極不執行某特定職務上之行為以為回報，而公務員主觀上亦有收受該財物或其他不正利益後踐履或消極不執行某特定職務上行為以資報價之意思，實乃對於職務上或違背職務之行為收受賄賂，自不能拘泥於相關人員之用語，遽論以收取回扣罪。

第6條（罰則）

I 有下列行為之一，處五年以上有期徒刑，得併科新臺幣三千萬元以下罰金：

一 意圖得利，抑留不發職務上應發之財物者。

二 募集款項或徵用土地、財物，從中舞弊者。

三 竊取或侵占職務上持有之非公用私有器材、財物者。

四 對於主管或監督之事務，明知違背法律、法律授權之法規命令、職權命令、自治條例、自治規則、委辦規則或其他對多數不特定人民就一般事項所作對外發生法律效果之規定，直接或間接圖自己或其他私人不法利益，因而獲得利益者。

五 對於非主管或監督之事務，明知違背法律、法律授權之法規命令、職權命令、自治條例、自治規則、委辦規則或其他對多數不特定人民就一般事項所作對外發生法律效果之規定，利用職權機會或身分圖自己或其他私人不法利益，因而獲得利益者。

II 前項第一款至第三款之未遂犯罰之。

❖ **法學概念**

輕度貪污罪

本條例第6條為「輕度貪污罪」，第1項各款之中，除第5款外，皆與刑法有高度重疊。第1、2款規定與刑法第129、131條相同；第3款的侵占行為與刑法第336條的規範相同，至於本款的竊取行為實無規範必要，因為竊取自己持有之物實難想像；至於第4款規定，對於主管或監督之事務，明知違背具有對外效力的法令，直接或間接獲取不法利益的行為，則與刑法第131條違背法令圖利罪重疊。

就刑度言，犯本條第1項各款罪名，可處五年以上有期徒刑，得併科三千萬元以下罰金，雖然比本條例第4、5條的刑度為輕，但是比刑法的刑度高上許多。以本條項第1、2、4款為例，其與刑法第129、131條不法構成要件所涵攝的範圍高度相同，但比較二者的刑度，可發現刑法第129、131條最重僅得處七年以下的有期徒刑，可是本條項第1、2、4款的罪名，基本刑度就從五年開始累起；另外，本條第1項第3款的竊取或侵占行為，如同前述，可構成刑法第320或336條之罪，再依刑法第134條規定加重其刑，但是兩相比較，刑度差距仍大。

【張麗卿，〈台灣貪污犯罪與法律適用之疑難〉，收錄於《新刑法探索》，元照，五版，2014.09，140頁。】

▶ 104 台上 1104（判決）

貪污治罪條例第六條第一項第四款之圖利罪，因公務員不待他人意思之合致或行為之參與，其單獨一人亦得完成犯罪，故非屬學理上所謂具有必要共犯性質之「對向犯」，自不得引用「對向犯」之理論而排除共同正犯之成立。

▶ 103 台上 3611（判決）

貪污治罪條例第六條第一項第四款所稱之圖利罪，以行為人於行為時有為自己或第三人圖取不法利益之犯意而表現於外，始為相當；至有無此項圖取不法利益之犯意，應依積極證據認定之。公務員為防止山坡地、河川、海岸等地質脆弱國土因天然災害導致土石流、崩塌（陷）、侵蝕、氾濫，事前採取興建擋土牆、堤防、蓄洪池等具體防堵、疏導、貯存設施行為，其目的倘在防止災害之發生或減輕災害之影響，以防衛人民之生命、財產安全，不論其興建處所係在公有或私人土地上，其主觀上既出自於維護公共安全之全般考量，縱因而附隨使特定之人民獲得利益，仍不得以圖利罪相繩。又人民對於行政興革之建議、行政法令之查詢、行政違失之舉發或行政上權益之維護，得向主管機關陳情。受理機關認為人民之陳情有理由者，應採取適當之措施；認為無理由者，應通知陳情人，並說明其意旨（行政程序法第一百六十八條、第一百七十一條第一項）。公務員對於人民關於其權益維護之陳情事項，依法既有處理之義務，亦不能僅因其處理之結果有利或興利於特定之人民，從事後結果之觀察，據以推定公務員自始即有圖利他人之犯意。

▶ 103 台上 757（判決）

貪污治罪條例第六條第一項第二款規定之徵用土地，從中舞弊罪。所謂「舞弊」，係指玩弄、操作違法或不當之手段，刻意製造外人難以得悉實情之外觀假象，而從中獲取私人之不法財產上利益而言。而該條例第六條第一項第四、五款之公務員圖利罪，均係關於公務員職務上圖利之概括規定，必其圖利之該行為不合貪污治罪條例其他特別規定者，始依概括規定之圖利罪論處。而上開概括規定之圖利罪，條文既規定須「明知違背法律、法律授權之法規命令、職權命令、自治條例、自治規則、委辦規則或其他對多數不特定人民就一般事項所作對外發生法律效果之規定，直接或間接圖自己或其他私人不法利益，因而獲得利益。」則為特別規定之貪污治罪條例第六條第一項第二款徵用土地從中舞弊罪，其舞弊行為，自亦必須有「明知違背法律、法律授權之法規命令、職權命令、自治條例、自治規則、委辦規則或其他對多數不特定人民就一般事項所作對外發生法律效果之規定」之情形，始有其適用。

第 6 條之 1（公務員財產來源不明罪之認定與罰則）

公務員犯下列各款所列罪嫌之一，檢察官於偵查中，發現公務員本人及其配偶、未成年子女自公務員涉嫌犯罪時起及其後三年內，有財產增加與收入顯不相當時，得命本人就來源可疑之財產提出說明，無正當理由未為說明、無法提出合理說明或說明不實者，處五年以下有期徒刑、拘役或科或併科不明來源財產額度以下之罰金：

一　第四條至前條之罪。

二　刑法第一百二十一條第一項、第一百二十二條第一項至第三項、第一百二十三條至第一百二十五條、第一百二十七條第一項、第一百二十八條至第一百三十條、第一百三十一條第一項、第一百三十二條第一項、第一百三十三條、第二百三十一條第二項、第二百三十一條之一第三項、第二百七十條、第二百九十六條之一第五項之罪。

三　組織犯罪防制條例第九條之罪。

四　懲治走私條例第十條第一項之罪。

五　毒品危害防制條例第十五條之罪。

六　人口販運防制法第三十六條之罪。

七　槍砲彈藥刀械管制條例第十六條之罪。

八　藥事法第八十九條之罪。

九　包庇他人犯兒童及少年性交易防制條例之罪。

十　其他假借職務上之權力、機會或方法所犯之罪。

❖ 法學概念

公務員財產來源不明罪

本條例第 6 條之 1 原為「公務員財產來源不明罪」，為 2009 年 4 月所新增，規定犯本條例第 4 至 6 條的被告，在檢察官偵查期間，發現公務員本人及其配偶、未成年子女，自涉嫌犯罪時起及其後三年內任一年間，增加的財產總額超過其最近一年度合併申報的綜合所得總額時，得命被告就來源可疑之財產提出說明，若無正當理由未為說明、無法提出合理說明或說明不實者，則構成犯罪。

此一立法，主要考量貪污犯罪本身極強烈的「隱密性」，因此犯罪偵查往往遭受嚴重阻礙。若偵查機關無法在短期內成功蒐集相關貪瀆證據，則基於公務員職務的便利，不法證據可能會隨時湮滅。因此，為有效防制公務員貪瀆犯罪，在刑事追訴方式上採取更強烈的措施，解決實務所面臨的困境。

但本條之增訂亦引發諸多爭議，例如本條的構成要件解釋上就有三種不同的看法：「持有

說」認為，構成的重心是持有不明來源的財產，後階段不能履行說明義務，只是一種訴訟條件而已，而非構成要件要素；「不作為說」則強調，當涉嫌貪污的公務員被告或其近親名下有不明財產時，檢察官即可要求該公務員說明財產來源，這個說明意義是刑法條文科予該公務員的作為義務，只要公務員未能提出可信的來源依據，即可成立刑責，因此認為本罪屬於純正不作為犯；「複合行為說」則是較折衷的見解，認為應該合併觀察持有與不作為，僅當行為人持有不明財產，而又不能說明其來源時才會構成刑責。另外，是否牴觸無罪推定原則，被告緘默權的保障是否不足，以及檢察官負擔舉證責任的原則產生改變。不過，對於上述爭議，立法理由表示：無罪推定原則不具絕對性；緘默權亦非絕對權；為維護政府清廉形象以及公眾的法益，應容許舉證責任的轉換；且在港、澳、新加坡等地，皆有此類規範，加上政府積極落實聯合國反腐敗公約的精神，故將「財產來源不明的說明義務」入罪化。

其實，公務員財產來源不明罪的立法目的在於，希望破解貪污犯罪的隱密及不易偵查與追訴的特性。基於刑事政策目的上的成本考量，要求犯嫌必須清楚說明可疑財產的來源；是以舉證責任轉換的方式，限制犯嫌緘默權來紓解貪污犯罪偵查的主要困難。犯嫌在未經起訴前，就提前承擔受刑事制裁的風險。

不過，也有認爲本罪不是舉證責任轉換的規定。蓋本罪的行為主體是，依公職人員財產申報法具有申報財產義務的公務員，其對最何未申報或所申報之財產或支出與合法收入差額巨大有「說明義務」，而非舉證義務。本罪並非有罪推定，而是「事實推定」；亦即，根據某事實，推斷與之具有某種聯繫關係的另一事實存在或是否真實，若基礎事實與推定事實之間存有密切合理聯繫，只要這些事實及證據能夠證明一定程度之危害事實，就可認定犯嫌違反說明義務，並持有來源不法之財產。申言之，本罪認定過程包括：㈠檢察官發現公務員擁有鉅額財產，或其支出顯然超過合法收入；㈡經調查後，排除財產來源合法；㈢公務員無法證明（說明）該財產來源合法，就成立財產來源不明罪。

然而，無論採取何解釋，都可能違反刑事訴訟上的無罪推定的原則、被告緘默權的保障，以及讓舉證責任的原則產生改變。貪污犯罪的追訴，萬不可僅因檢察官的舉證困難，而推翻刑事訴訟法的根本精神。

但反向思考，若僵硬的固守原則，亦可能無法將狡猾的貪污公務員繩之以法，面對此種兩難境地，基於刑事政策上的不得不然，可以思考

在合理的範圍內，些許放鬆；這個合理的範圍是：檢察官仍應負實質的舉證責任，在財產來源不明罪中，當檢察官無法提出證據直接證明犯罪時，亦應提出證據證明，推定事實與已知事實間存有高度合理關聯性；此外，被告的舉證無庸達到使法院確信其沒有犯罪的程度，只要能夠使法院對於檢察官的推定事實產生懷疑便已，因為控訴犯罪是檢察官的職責。

【張麗卿，〈台灣貪污賄賂與法律適用之疑難〉，收錄於《新刑法探索》，元照，五版，2014.09，142 頁以下；邱忠義，〈財產來源不明罪與貪污所得擬制之評析〉，《月旦法學雜誌》，第 164 期，2009.01，77 頁以下；曾淑瑜，〈又見「因人設事，因事立法」罪名（下）——評析財產來源不明罪〉，《月旦法學雜誌》，第 142 期，2007.03，268 頁；林鈺雄，〈不自證己罪之射程距離——最高法院相關裁判之回顧與評釋〉，《台灣本土法學》，第 93 期，2007.04，269 頁以下。】

第 7 條（司法人員之加重）

有調查、追訴或審判職務之人員，犯第四條第一項第五款或第五條第一項第三款之罪者，加重其刑至二分之一。

第 8 條（自首自白之減刑）

I 犯第四條至第六條之罪，於犯罪後自首，如有所得並自動繳交全部所得財物者，減輕或免除其刑；因而查獲其他正犯或共犯者，免除其刑。

II 犯第四條至第六條之罪，在偵查中自白，如有所得並自動繳交全部所得財物者，減輕其刑；因而查獲其他正犯或共犯者，減輕或免除其刑。

□ 實務見解

▶ 108 台上 2875 ○（判決）

按貪污治罪條例第八條第二項前段「犯第四條至第六條之罪，在偵查中自白，如有所得並自動繳交全部所得財物者，減輕其刑」之規定，旨在鼓勵被告於犯罪後勇於自新，並防止證據滅失以兼顧證據保全，便於犯罪偵查。此規定係對被告所予之寬典，是有無符合自白要件，應就其所述之實質內容是否涉及「自己之犯罪事實全部或主要部分的承認或肯定」而有助於犯罪之偵查爲判斷。至其動機、詳簡、次數，嗣後有無翻異，皆非所問。再因犯罪事實乃犯罪之全部活動及其結果，於有相當歷程時，本難期被告能作全面之供述，**故於判斷何爲「犯罪事實主要部分」時，自應綜合考量其已交代之犯罪事實與未交代之犯罪事實之危害程度、是否爲不同構成要件之犯罪、係事實之抗辯或僅主張有阻卻事由、對犯罪發現有無助益等各種相關因素。尤其被告對自己之犯罪事實全部或主要部分是否肯認，前後供述有所反覆時，仍應依前揭標準而爲判斷，不能以其後**

翻異其詞或隱瞞犯罪事實之重要部分，即否認其之前已成立自白之效力。

第9條（犯罪自首之處理）

本條例修正施行前，犯第四條至第六條之罪，於修正施行後一年內自首者，準用前條第一項之規定。

第10條（犯罪所得財物之處理）

犯第四條至第六條之罪，本人及其配偶、未成年子女自犯罪時及其後三年內取得之來源可疑財產，經檢察官或法院於偵查、審判程序中命本人證明來源合法而未能證明者，視為其犯罪所得。

第11條（行賄之處罰）

Ⅰ對於第二條人員，關於違背職務之行為，行求、期約或交付賄賂或其他不正利益者，處一年以上七年以下有期徒刑，得併科新臺幣三百萬元以下罰金。

Ⅱ對於第二條人員，關於不違背職務之行為，行求、期約或交付賄賂或其他不正利益者，處三年以下有期徒刑、拘役或科或併科新臺幣五十萬元以下罰金。

Ⅲ對於外國、大陸地區、香港或澳門之公務員，就跨區貿易、投資或其他商業活動有關事項，為前二項行為者，依前二項規定處斷。

Ⅳ不具第二條人員之身分而犯前三項之罪者，亦同。

Ⅴ犯前四項之罪而自首者，免除其刑；在偵查或審判中自白者，減輕或免除其刑。

Ⅵ在中華民國領域外犯第一項至第三項之罪者，不問犯罪地之法律有無處罰規定，均依本條例處罰。

第12條（輕微案件之處罰）

Ⅰ犯第四條至第六條之罪，情節輕微，而其所得或所圖得財物或不正利益在新臺幣五萬元以下者，減輕其刑。

Ⅱ犯前條第一項至第四項之罪，情節輕微，而其行求、期約或交付之財物或不正利益在新臺幣五萬元以下者，亦同。

第12條之1（刪除）

第13條（長官之包庇罪）

Ⅰ直屬主管長官對於所屬人員，明知貪污有據，而予以庇護或不為舉發者，處一年以上七年以下有期徒刑。

Ⅱ公務機關主管長官對於受其委託承辦公務之人，明知貪污有據，而予以庇護或不為舉發者，處六月以上五年以下有期徒刑。

第14條（相關人員不為舉發罪）

辦理監察、會計、審計、犯罪調查、督察、政風人員，因執行職務，明知貪污有據之人員，不為舉發者，處一年以上七年以下有期徒刑。

第15條（藏匿代管贓物罪）

明知因犯第四條至第六條之罪所得之財物，故為收受、搬運、隱匿、寄藏或故買者，處一年以上七年以下有期徒刑，得併科新臺幣三百萬元以下罰金。

□ **實務見解**

▶107年度第7次刑事庭會議決議㈡（107.08.21）

決議：採乙說（否定說）。

貪污治罪條例所規範之對象，除有特別規定外（例如第十一條第四項、第十六條第三項），以該條例第二條、第三條所規定之公務員及與公務員共犯本條例之罪者為限。該條例第十五條規定：「明知因犯第四條至第六條之罪所得之財物，故為收受、搬運、隱匿、寄藏或故買者，處……」，並未若同條例第十一條第四項、第十六條第三項規定「不具第二條人員之身分而犯前二項之罪者（指行賄罪、誣告他人犯貪污罪者）亦同（或亦依前二項規定處斷）」。則第十五條之罪，除公務員或與公務員共犯之者，得依該法條處罰外，無該身分關係者，並無適用之餘地。

第16條（誣告之處罰）

Ⅰ誣告他人犯本條例之罪者，依刑法規定加重其刑至二分之一。

Ⅱ意圖他人受刑事處分，虛構事實，而為第十一條第五項之自首者，處三年以上十年以下有期徒刑。

Ⅲ不具第二條人員之身分而犯前二項之罪者，亦依前二項規定處斷。

第17條（褫奪公權）

犯本條例之罪，宣告有期徒刑以上之刑者，並宣告褫奪公權。

第18條（獎勵辦法）

Ⅰ貪污瀆職案件之檢舉人應予獎勵及保護；其辦法由行政院定之。

Ⅱ各機關應採取具體措施防治貪污；其辦法由行政院定之。

第19條（補充法）

本條例未規定者，適用其他法律之規定。

第 20 條（施行日）

本條例施行日期，除中華民國九十五年五月五日修正之條文，自九十五年七月一日施行，及一百零五年三月二十五日修正之條文，由行政院定之；一百零五年五月二十七日修正之條文，自一百零五年七月一日施行外，自公布日施行。

妨害國幣懲治條例

1. 中華民國 24 年 7 月 15 日國民政府制定公布全文 7 條
2. 中華民國 26 年 7 月 15 日國民政府修正公布全文 8 條
   中華民國 28 年 7 月 2 日國民政府令施行期間延長二年
3. 中華民國 32 年 10 月 18 日國民政府修正公布名稱及全文 7 條（原名稱：妨害國幣懲治暫行條例）
4. 中華民國 62 年 9 月 4 日總統令修正公布第 1、2、3、6 條條文
5. 中華民國 96 年 1 月 10 日總統令修正公布第 3 條條文
6. 中華民國 100 年 6 月 29 日總統令修正公布第 3 條條文

第 1 條（適用範圍、私運國幣或銷燬國幣出口罪）

Ⅰ 本條例所稱國幣，係指中華民國境內，由中央政府或其授權機構所發行之紙幣或硬幣。

Ⅱ 在本條例公布前所發行之紙幣或硬幣，適用本條例之規定。

Ⅲ 意圖營利，私運銀類、金類或新舊各種硬幣出口者，處無期徒刑或五年以上有期徒刑，得併科幣額或價額五倍以下罰金。

Ⅳ 意圖營利，銷燬新舊各種硬幣私運出口者亦同。

Ⅴ 前二項之未遂犯罰之。

第 2 條（銷燬國幣罪）

Ⅰ 意圖營利，銷燬新舊各種硬幣者，處一年以上、七年以下有期徒刑，得併科幣額或價額三倍以下罰金。

Ⅱ 前項之未遂犯罰之。

第 3 條（偽造與變造幣券罪）

Ⅰ 意圖供行使之用，而偽造、變造幣券者，處五年以上有期徒刑，得併科新臺幣五百萬元以下罰金。

Ⅱ 犯前項之罪，因而擾亂金融，情節重大者，處無期徒刑或十年以上有期徒刑，得併科新臺幣一千萬元以下罰金。

Ⅲ 第一項之未遂犯罰之。

第 4 條（不按比率兌換幣券罪與超收兌換手續費罪）

Ⅰ 意圖營利，不按法定比率兌換各種幣券者，處所得利益十倍以下罰金。

Ⅱ 以兌換幣券為業，所取兌換手續費，超過幣額百分之一者亦同。

第 5 條（故意損毀幣券罪）

故意損毀幣券，致不堪行使者，處所損毀幣額五倍以下罰金。

第 6 條（沒收）

犯本條例之罪者，其銀類、金類、新舊各種硬幣，偽造、變造或損毀之幣券，不問屬於犯人與否，沒收之。

第 7 條（施行日）

本條例自公布日施行。

毒品危害防制條例

1. 中華民國 44 年 6 月 3 日總統令制定公布全文 22 條
2. 中華民國 62 年 6 月 21 日總統令修正公布第 4、9 條條文
3. 中華民國 81 年 7 月 21 日總統令修正公布名稱及第 1、4、5～7～12、14 條條文（原名稱：戡亂時期肅清煙毒條例）
4. 中華民國 87 年 5 月 20 日總統令修正公布名稱及全文 36 條（原名稱：肅清煙毒條例）
5. 中華民國 92 年 7 月 9 日總統令修正公布全文 36 條；並自公布後六個月施行
6. 中華民國 97 年 4 月 30 日總統令修正公布第 24 條條文；並自公布後六個月施行
7. 中華民國 98 年 5 月 20 日總統令修正公布第 4、11、11-1、17、20、25 條條文；並自公布後六個月施行
8. 中華民國 99 年 11 月 24 日總統令修正公布第 2、27、28、36 條條文；並增訂第 2-1 條條文；除第 2 條自公布後六個月施行外，餘自公布日施行
   中華民國 101 年 12 月 25 日行政院公告第 33-1 條第 1 項第 3 款所列屬「國防部憲兵司令部」之權責事項，自 102 年 1 月 1 日起改由「國防部憲兵指揮部」管轄
   中華民國 102 年 7 月 19 日行政院公告第 2 條第 3 項、第 11-1 條第 4 項、第 18 條第 3 項、第 21 條第 1 項、第 27 條第 1、3、5 項、第 28 條第 1 項、第 33-1 條第 1 項第 1、2 款、第 2、3 項、第 34 條所列屬「行政院衛生署」之權責事項，自 102 年 7 月 23 日起改由「衛生福利部」管轄
   中華民國 102 年 10 月 25 日行政院公告第 27 條第 1、3、5 項、第 28 條第 1 項所列屬「行政院國軍退除役官兵輔導委員會」之權責事項，自 102 年 11 月 1 日起改由「國軍退除役官兵輔導委員會」管轄
9. 中華民國 104 年 2 月 4 日總統令修正公布第 4、9、36 條條文；並自公布日施行
10. 中華民國 105 年 6 月 22 日總統令修正公布第 18、19、36 條條文；並自 105 年 7 月 1 日施行
11. 中華民國 106 年 6 月 14 日總統令修正公布第 36 條條文；增訂第 2-2、31-1 條條文；並自公布日施行
12. 中華民國 109 年 1 月 15 日總統令修正公布第 2、4、9、11、15、17～20、21、23、24、27、28、32-1、33-1、34、36 條條文；並增訂第 35-1 條條文；除第 18、24、33-1 條施行日期由行政院定之外，自公布後六個月施行

第 1 條（立法目的）

為防制毒品危害，維護國民身心健康，制定本條例。

第 2 條（毒品之定義、分級及品項）

I 本條例所稱毒品，指具有成癮性、濫用性、對社會危害性之麻醉藥品與其製品及影響精神物質與其製品。

II 毒品依其成癮性、濫用性及對社會危害性，分為四級，其品項如下：

一　第一級海洛因、嗎啡、鴉片、古柯鹼及其相類製品（如附表一）。

二　第二級罌粟、古柯、大麻、安非他命、配西汀、潘他唑新及其相類製品（如附表二）。

三　第三級西可巴比妥、異戊巴比妥、納洛芬及其相類製品（如附表三）。

四　第四級二丙烯基巴比妥、阿普唑他及其相類製品（如附表四）。

III 前項毒品之分級及品項，由法務部會同衛生福利部組成審議委員會，每三個月定期檢討，審議委員會並得將具有成癮性、濫用性、對社會危害性之虞之麻醉藥品與其製品、影響精神物質與其製品及與該等藥品、物質或製品具有類似化學結構之物質進行審議，並經審議通過後，報由行政院公告調整、增減之，並送請立法院查照。

IV 醫藥及科學上需用之麻醉藥品與其製品及影響精神物質與其製品之管理，另以法律定之。

第 2 條之 1（毒品防制專責組織之成立及應辦事項）

I 直轄市、縣（市）政府為執行毒品防制工作，應由專責組織辦理下列事項：

一　毒品防制教育宣導。

二　提供施用毒品者家庭重整及心理輔導等關懷訪視輔導。

三　提供或轉介施用毒品者各項社會救助、法律服務、就學服務、保護安置、危機處理服務、職業訓練及就業服務。

四　提供或轉介施用毒品者接受戒癮治療及追蹤輔導。

五　依法採驗尿液及訪查施用毒品者。

六　追蹤及管理轉介服務案件。

七　其他毒品防制有關之事項。

II 直轄市、縣（市）政府應編列預算辦理前項事宜；必要時，得由各中央目的事業主管機關視實際情形酌予補助。

第 2 條之 2（毒品防制業務基金來源及用途）

I 法務部為推動毒品防制業務，應設基金，其來源如下：

一　循預算程序之撥款。

二　犯本條例之罪所科罰金及沒收、追徵所得款項之部分提撥。

三　違反本條例所處罰鍰之部分提撥。

四　基金孳息收入。

五　捐贈收入。

六　其他有關收入。

II前項基金之用途如下：

一 補助直轄市、縣（市）政府辦理前條第一項所列事項。

二 辦理或補助毒品檢驗、戒癮治療及研究等相關業務。

三 辦理或補助毒品防制宣導。

四 提供或補助施用毒品者安置、就醫、就學、就業及家庭扶助等輔導與協助。

五 辦理或補助與其他國家或地區間毒品防制工作之合作及交流事項。

六 辦理或補助其他毒品防制相關業務。

七 管理及總務支出。

八 其他相關支出。

第3條（適用範圍）

本條例有關法院、檢察官、看守所、監獄之規定，於軍事法院、軍事檢察官、軍事看守所及軍事監獄之規定亦適用之。

第4條（販運製造毒品罪）

I 製造、運輸、販賣第一級毒品者，處死刑或無期徒刑；處無期徒刑者，得併科新臺幣三千萬元以下罰金。

II 製造、運輸、販賣第二級毒品者，處無期徒刑或十年以上有期徒刑，得併科新臺幣一千五百萬元以下罰金。

III 製造、運輸、販賣第三級毒品者，處七年以上有期徒刑，得併科新臺幣一千萬元以下罰金。

IV 製造、運輸、販賣第四級毒品者，處五年以上十二年以下有期徒刑，得併科新臺幣五百萬元以下罰金。

V 製造、運輸、販賣專供製造或施用毒品之器具者，處一年以上七年以下有期徒刑，得併科新臺幣一百五十萬元以下罰金。

VI 前五項之未遂犯罰之。

□ 實務見解

▶ 釋字第792號（109.06.19）

最高法院二十五年非字第一二三號刑事判例稱：「……販賣鴉片煙，……以營利為目的將鴉片購入……其犯罪即經完成……」及六十七年台上字第二五○○號刑事判例稱：「所謂販賣行為，……衹要以營利為目的，將禁藥購入……，其犯罪即為完成……屬犯罪既遂。」部分，與毒品危害防制條例第四條第一項至第四項所定販賣毒品既遂罪，僅限於「銷售賣出」之行為已完成始足該當之意旨不符，於此範圍內，均有違憲法罪刑法定原則，牴觸憲法第八條及第十五條保障人民人身自由、生命權及財產權之意旨。

編按：

按刑罰法規涉及人民生命、人身自由及財產權之限制或剝奪，國家刑罰權之行使，應嚴格遵守憲法罪刑法定原則，行為之處罰，以行為時之

法律有明文規定者為限，且法律所定之犯罪構成要件，須使一般受規範者得以理解，並具預見之可能性。法院解釋適用刑事法律時，就犯罪構成要件不得擴張或增加法律規定所無之內容，而擴增可罰行為範圍。法院組織法108年1月4日修正公布，同年7月4日施行前，於違憲審查上，視同命令予以審查之刑事判例，尤應如此，否則即有悖於憲法罪刑法定原則。

查聲請人等行為時適用之92年及98年毒品條例第4條第1項至第4項，分別規定：「（第1項）……販賣第一級毒品者，處死刑或無期徒刑……。（第2項）……販賣第二級毒品者，處無期徒刑或7年以上有期徒刑……。（第3項）……販賣第三級毒品者，處5年以上有期徒刑……。（第4項）……販賣第四級毒品者，處3年以上10年以下有期徒刑……。」（本條文嗣後分別於104年2月4日、109年1月15日兩度修正，惟僅加重處罰之刑度，構成要件均未修正。

前開條文構成要件中所稱之「販賣」一詞，根據當前各版本辭典所載，或解為出售物品，或解為購入物品再轉售，無論何者，所謂販賣之核心意義均在「出售」，均非單指購入物品之行為。

再就毒品危害防制條例（下稱毒品條例）第4條本身之體系著眼，該條第1項至第4項將販賣毒品與製造、運輸毒品之構成要件併列，並對該三種毒品犯罪態樣，科以相同之法定刑。由此推論，本條所指之「販賣」毒品行為嚴重程度，應與製造及運輸毒品相當。所謂製造毒品係將毒品從無至有，予以生產，進而得危害他人；而運輸毒品係從一地運至他地，使毒品流通於他地，產生危害。基於同一法理，販賣毒品罪，應在處罰「賣出」毒品，因而產生毒品危害之行為，蓋販賣須如此解釋，其嚴重程度始與上述製造與運輸毒品之危害相當。

次就毒品條例整體體系觀之，本條例第5條及第14條第1項及第2項分別定有「『意圖販賣而持有』毒品罪」、「『意圖販賣而持有』罌粟種子、古柯種子或大麻種子罪」，如該二條文所稱販賣一詞之理解得單指購入，勢必出現僅意圖購入即持有毒品之不合理解釋結果。基於同條例散見不同條文之同一用詞，應有同一內涵之體系解釋，益見毒品條例第4條所稱之「販賣」，非得單指購入之行為。

另本條例第1條第6項及第5條，分別定有「販賣毒品未遂罪」及「意圖販賣而持有毒品罪」；而就「單純購入而持有」毒品之犯罪態樣，本條例於第11條亦定有「持有毒品罪」之相應規範。亦即，立法者於衡量不同態樣之毒品

犯罪行為，及所欲維護法益之重要性、防止侵害之可能性及事後矯正行為人之必要性後，於本條例第4條第1項至第4項、第6項、第5條及第11條，將販賣毒品、持有毒品之行為，建構出「販賣毒品既遂」、「販賣毒品未遂」、「意圖販賣而持有毒品」及「持有毒品」四種不同犯罪態樣之體系，並依行為人對該等犯罪所應負責任之程度，定其罰責。是依據前開規定所建構之體系，毒品條例第4條第1項至第4項所定之「販賣毒品既遂」，解釋上，應指銷售賣出之行為已完成者而言，不包含單純「購入」毒品之情形。

又由歷史解釋之觀點而言，從44年之後，立法者有意將販賣毒品及持有毒品之犯罪，予以細緻化區分，自始至終，均無意將單純「購入」毒品之行為，以「販賣毒品既遂」論處。

由是可知，**不論依文義解釋、體系解釋及立法者之原意，毒品條例第4條第1項至第4項所定販賣毒品既遂罪，僅限於「銷售賣出」之行為已完成，始足該當。**如有悖於上開意旨，擴張或增加法律規定所無之內容，而擴增可罰行為範圍，即與憲法罪刑法定原則有違。

系爭判例一稱：「禁菸法上之販賣鴉片罪，並不以販入之後復行賣出為構成要件，但使以營利為目的之將鴉片購入或將鴉片賣出，有一於此，其犯罪即經完成，均不得視為未遂。」系爭判例一小稱：「所謂販賣行為，原不以販入之後復行賣出為要件，祇要以營利為目的，將禁藥購入或賣出，有一於此，其犯罪即為完成……屬犯罪既遂。」均認所謂販賣，祇要以營利為目的，而有購入之行為，即足構成。

惟毒品條例第4條第1項至第4項所定販賣毒品既遂罪，僅限於「銷售賣出」之行為已完成，始足該當，業如前述。系爭判例一及二，其中關於以營利為目的而一有「購入」毒品之行為，即該當販賣毒品既遂罪部分，與上開販賣意旨不符，於此範圍內，均有違憲法罪刑法定原則，牴觸憲法第8條及第15條保障人民人身自由、生命權及財產權之意旨。

第5條（意圖販賣而持有毒品罪）

Ⅰ 意圖販賣而持有第一級毒品者，處無期徒刑或十年以上有期徒刑，得併科新臺幣七百萬元以下罰金。

Ⅱ 意圖販賣而持有第二級毒品者，處五年以上有期徒刑，得併科新臺幣五百萬元以下罰金。

Ⅲ 意圖販賣而持有第三級毒品者，處三年以上十年以下有期徒刑，得併科新臺幣三百萬元以下罰金。

Ⅳ 意圖販賣而持有第四級毒品或專供製造、施用毒品之器具者，處一年以上七年以下有期徒刑，得併科新臺幣一百萬元以下罰金。

第6條（強迫或欺瞞使人施用毒品罪）

Ⅰ 以強暴、脅迫、欺瞞或其他非法之方法使人施用第一級毒品者，處死刑、無期徒刑或十年以上有期徒刑；處無期徒刑或十年以上有期徒刑者，得併科新臺幣一千萬元以下罰金。

Ⅱ 以前項方法使人施用第二級毒品者，處無期徒刑或七年以上有期徒刑，得併科新臺幣七百萬元以下罰金。

Ⅲ 以第一項方法使人施用第三級毒品者，處五年以上有期徒刑，得併科新臺幣五百萬元以下罰金。

Ⅳ 以第一項方法使人施用第四級毒品者，處三年以上十年以下有期徒刑，得併科新臺幣三百萬元以下罰金。

Ⅴ 前四項之未遂犯罰之。

第7條（引誘他人施用毒品罪）

Ⅰ 引誘他人施用第一級毒品者，處三年以上十年以下有期徒刑，得併科新臺幣三百萬元以下罰金。

Ⅱ 引誘他人施用第二級毒品者，處一年以上七年以下有期徒刑，得併科新臺幣一百萬元以下罰金。

Ⅲ 引誘他人施用第三級毒品者，處六月以上五年以下有期徒刑，得併科新臺幣七十萬元以下罰金。

Ⅳ 引誘他人施用第四級毒品者，處三年以下有期徒刑，得併科新臺幣五十萬元以下罰金。

前四項之未遂犯罰之。

第8條（轉讓毒品罪）

Ⅰ 轉讓第一級毒品者，處一年以上七年以下有期徒刑，得併科新臺幣一百萬元以下罰金。

Ⅱ 轉讓第二級毒品者，處六月以上五年以下有期徒刑，得併科新臺幣七十萬元以下罰金。

Ⅲ 轉讓第三級毒品者，處三年以下有期徒刑，得併科新臺幣三十萬元以下罰金。

Ⅳ 轉讓第四級毒品者，處一年以下有期徒刑，得併科新臺幣十萬元以下罰金。

Ⅴ 前四項之未遂犯罰之。

Ⅵ 轉讓毒品達一定數量者，加重其刑至二分之一，其標準由行政院定之。

第9條（加重其刑）

Ⅰ 成年人對未成年人販賣毒品或犯前三條之罪者，依各該條項規定加重其刑至二分之一。

Ⅱ 明知為懷胎婦女而對之販賣毒品或犯前三條之罪者，亦同。

Ⅲ 犯前五條之罪而混合二種以上之毒品者，適用其中最高級別毒品之法定刑，並加重其刑至二分之一。

第10條（施用毒品罪）

Ⅰ 施用第一級毒品者，處六月以上五年以下有期

徒刑。

II 施用第二級毒品者，處三年以下有期徒刑。

第 11 條（持有毒品罪）

I 持有第一級毒品者，處三年以下有期徒刑、拘役或新臺幣三十萬元以下罰金。

II 持有第二級毒品者，處二年以下有期徒刑、拘役或新臺幣二十萬元以下罰金。

III 持有第一級毒品純質淨重十公克以上者，處一年以上七年以下有期徒刑，得併科新臺幣一百萬元以下罰金。

IV 持有第二級毒品純質淨重二十公克以上者，處六月以上五年以下有期徒刑，得併科新臺幣七十萬元以下罰金。

V 持有第三級毒品純質淨重五公克以上者，處二年以下有期徒刑，得併科新臺幣二十萬元以下罰金。

VI 持有第四級毒品純質淨重五公克以上者，處一年以下有期徒刑，得併科新臺幣十萬元以下罰金。

VII 持有專供製造或施用第一級、第二級毒品之器具者，處一年以下有期徒刑、拘役或新臺幣十萬元以下罰金。

第 11 條之 1（不得擅自持有毒品及器具）

I 第三級、第四級毒品及製造或施用毒品之器具，無正當理由，不得擅自持有。

II 無正當理由持有或施用第三級或第四級毒品者，處新臺幣一萬元以上五萬元以下罰鍰，並應限期令其接受四小時以上八小時以下之毒品危害講習。

III 少年施用第三級或第四級毒品者，應依少年事件處理法處理，不適用前項規定。

IV 第二項裁罰之基準及毒品危害講習之方式、內容、時機、時數、執行單位等事項之辦法，由法務部會同內政部、行政院衛生署定之。

第 12 條（栽種罌粟、古柯、大麻罪）

I 意圖供製造毒品之用，而栽種罌粟或古柯者，處無期徒刑或七年以上有期徒刑，得併科新臺幣七百萬元以下罰金。

II 意圖供製造毒品之用，而栽種大麻者，處五年以上有期徒刑，得併科新臺幣五百萬元以下罰金。

III 前二項之未遂犯罰之。

第 13 條（販運罌粟、古柯、大麻種子罪）

I 意圖供栽種之用，而運輸或販賣罌粟種子或古柯種子者，處五年以下有期徒刑，得併科新臺幣五十萬元以下罰金。

II 意圖供栽種之用，而運輸或販賣大麻種子者，處二年以下有期徒刑，得併科新臺幣二十萬元以下罰金。

第 14 條（持有或轉讓罌粟、古柯、大麻種子罪）

I 意圖販賣而持有或轉讓罌粟種子、古柯種子者，處三年以下有期徒刑。

II 意圖販賣而持有或轉讓大麻種子者，處二年以下有期徒刑。

III 持有罌粟種子、古柯種子者，處二年以下有期徒刑、拘役或新臺幣三萬元以下罰金。

IV 持有大麻種子者，處一年以下有期徒刑、拘役或新臺幣一萬元以下罰金。

第 15 條（公務員加重其刑）

I 公務員假借職務上之權力、機會或方法犯第四條第二項或第六條第一項之罪者，處死刑或無期徒刑；處無期徒刑者，得併科新臺幣三千萬元以下罰金。犯第四條第三項至第五項、第五條、第六條第二項至第四項、第七條第一項至第四項、第八條第一項至第四項、第九條至第十四條之罪者，依各該條項規定加重其刑至二分之一。

II 公務員明知他人犯第四條至第十四條之罪而予以庇護者，處一年以上七年以下有期徒刑。

第 16 條（刪除）

第 17 條（減輕或免除其刑）

I 犯第四條至第八條、第十條或第十一條之罪，供出毒品來源，因而查獲其他正犯或共犯者，減輕或免除其刑。

II 犯第四條至第八條之罪於偵查及歷次審判中均自白者，減輕其刑。

III 被告因供自己施用而犯第四條之運輸毒品罪，且情節輕微者，得減輕其刑。

□ 實務見解

▶ 108 台上 1409 ○（判決）

毒品危害防制條例第十七條第二項規定，犯第四條至第八條之罪於偵查及審判中均自白者，減輕其刑。係爲鼓勵是類犯罪嫌疑人或被告自白、悔過，並期訴訟經濟、節約司法資源而設。除司法警察調查犯罪於製作警詢筆錄時，就該犯罪事實未曾詢問，且檢察事務官或檢察官就該案起訴前亦未就該犯罪事實進行偵訊，致有剝奪被告罪嫌辯明權之情形，始得例外承認僅以審判中自白亦得獲邀減刑之寬典外，一般而言，均須於偵查及審判中皆行自白，始有適用，缺一不可。故如犯罪事實未經司法警察予以詢問，惟檢察官訊問時已否認犯罪，或犯罪嫌疑人或被告在司法警察、檢察事務官詢問時已否認犯罪，檢察官其後未再訊問，即令嗣後於審判中自白，均無上開減刑規定之適用，此爲本院最近一致之見解。然若被告於司法警察詢問或檢察官訊問初始，雖均否認犯罪，惟嗣又表明願意認罪之意，則若檢察官於起訴前「未再」或「漏未」探究被告是否確欲自白犯罪，致其無從獲得減刑寬典之機會，無異剝奪被告之訴訟防禦權；於此情形，倘被告於嗣後之

審判又自白犯罪，應再例外認仍有毒品危害防制條例第十七條第二項減刑寬典之適用，俾符合該條項規定之規範目的。

第 18 條（查獲毒品或器具之銷燬）

I 查獲之第一級、第二級毒品及專供製造或施用第一級、第二級毒品之器具，不問屬於犯罪行為人與否，均沒收銷燬之；查獲之第三級、第四級毒品及製造或施用第三級、第四級毒品之器具，無正當理由而擅自持有者，均沒入銷燬之。但合於醫藥、研究或訓練之用者，得不予銷燬。

II 查獲易生危險、有喪失毀損之虞、不便保管或保管需費過鉅之毒品，經取樣後於判決確定前得銷燬之；其取樣之數量、方式、程序及其他相關事項之辦法，由法務部定之。

III 毒品檢驗機構檢驗出含有新興毒品或成分而有製成標準品之需者，得由衛生福利部或其他政府機關依法設置之檢驗機關（構）領用部分檢體，製成標準品使用或供其他檢驗機構使用。

IV 第一項即書與前項合於醫藥、研究或訓練用毒品或器具、檢驗機關（構）領用檢體之要件、程序、管理及其他相關事項之辦法，由法務部會同衛生福利部定之。

第 19 條（供犯罪所用物或交通工具之沒收及擴大沒收制度）

I 犯第四條至第九條、第十二條、第十三條或第十四條第一項、第二項之罪者，其供犯罪所用之物，不問屬於犯罪行為人與否，均沒收之。

II 犯第四條之罪所使用之水、陸、空交通工具，沒收之。

III 犯第四條至第九條、第十二條、第十三條或第十四條第一項、第二項之罪，有事實足以證明行為人所得支配之前二項規定以外之財物或財產上利益，係取自其他違法行為所得者，沒收之。

□ 實務見解

▶ 108 年度第 4 次刑事庭會議決議（108.03.26）

決議：採乙說。

毒品危害防制條例第十九條第二項規定「犯第四條之罪所使用之水、陸、空交通工具，沒收之」。依九十二年七月九日修正本條例，就第十九條之立法說明：「第三項（一○五年六月二十二日修正移為第二項）所定應沒收之水、陸、空交通工具，依據實務上向來之見解，係指專供犯第四條之罪所使用之交通工具並無疑義，故本項不需再予修正。」足見依本項規定沒收之交通工具，以專供犯第四條之罪使用者為限，且屬於犯罪行為人者，始得沒收。**所謂「專供」犯第四條之罪，係指該水、陸、空交通工具之使用與行為人犯第四條之罪有直接關**

聯性，並依社會通念具有促使該次犯罪行為實現該構成要件者而言，若只是前往犯罪現場之交通工具，即不屬之。題旨張三交易之毒品二包，可隨身攜帶，縱駕車前往，僅作為其代步之工具，尚非專供犯第四條之罪之交通工具，不得依上開規定沒收。

第 20 條（施用毒品者之觀察、勒戒或強制戒治）

I 犯第十條之罪者，檢察官應聲請法院裁定，或少年法院（地方法院少年法庭）應先裁定，令被告或少年入勒戒處所觀察、勒戒，其期間不得逾二月。

II 觀察、勒戒後，檢察官或少年法院（地方法院少年法庭）依據勒戒處所之陳報，認受觀察、勒戒人無繼續施用毒品傾向者，應即釋放，並為不起訴之處分或不付審理之裁定；認受觀察、勒戒人有繼續施用毒品傾向者，檢察官應聲請法院裁定或由少年法院（地方法院少年法庭）裁定令入戒治處所強制戒治，其期間為六個月以上，至無繼續強制戒治之必要為止。但最長不得逾一年。

III 依前項規定為觀察、勒戒或強制戒治執行完畢釋放後，三年後再犯第十條之罪者，適用前二項之規定。

IV 受觀察、勒戒或強制戒治處分之人，於觀察、勒戒或強制戒治期滿後，由公立就業輔導機構輔導就業。

第 20 條之 1（重新審理之聲請）

I 觀察、勒戒及強制戒治之裁定確定後，有下列情形之一，認為應不施以觀察、勒戒或強制戒治者，受觀察、勒戒或強制戒治處分之人，或其法定代理人、配偶，或檢察官得以書狀敘述理由，聲請原裁定確定法院重新審理：

一 適用法規顯有錯誤，並足以影響裁定之結果者。

二 原裁定所憑之證物已證明為偽造或變造者。

三 原裁定所憑之證言、鑑定或通譯已證明其為虛偽者。

四 參與原裁定之法官，或參與聲請之檢察官，因該案件犯職務上之罪，已經證明者。

五 因發現確實之新證據足認受觀察、勒戒或強制戒治處分之人，應不施以觀察、勒戒或強制戒治者。

六 受觀察、勒戒或強制戒治處分之人，已證明其係被誣告者。

II 聲請重新審理，應於裁定確定後三十日內提起。但聲請之事由，知悉在後者，自知悉之日起算。

III 聲請重新審理，無停止觀察、勒戒或強制戒治執行之效力。但原裁定確定法院認為有停止執行之必要者，得依職權或依聲請人之聲請，停

止執行之。

IV 法院認為無重新審理之理由，或程序不合法者，應以裁定駁回之；認為有理由者，應重新審理，更為裁定。法院認為無理由裁定駁回聲請者，不得更以同一原因，聲請重新審理。

V 重新審理之聲請，於裁定前得撤回之。撤回重新審理之人，不得更以同一原因，聲請重新審理。

第 21 條（施用毒品者之自動請求治療）

I 犯第十條之罪者，於犯罪未發覺前，自動向衛生福利部指定之醫療機構請求治療，醫療機構免將請求治療者送法院或檢察機關。

II 依前項規定治療中經查獲之被告或少年，應由檢察官為不起訴之處分或由少年法院（地方法院少年法庭）為不付審理之裁定。但以一次為限。

第 22 條（刪除）

第 23 條（強制戒治期滿之法律寬免及再犯之刑事處遇）

I 依第二十條第二項強制戒治期滿，應即釋放，由檢察官為不起訴之處分或少年法院（地方法院少年法庭）為不付審理之裁定。

II 觀察、勒戒或強制戒治執行完畢釋放後，三年內再犯第十條之罪者，檢察官或少年法院（地方法院少年法庭）應依法追訴或裁定交付審理。

第 23 條之 1（拘提逮捕者之裁定觀察、勒戒）

I 被告因拘提或逮捕到場者，檢察官依第二十條第一項規定聲請法院裁定觀察、勒戒，應自拘提或逮捕之時起二十四小時內為之，並將被告移送該管法院訊問；被告因傳喚、自首或自行到場，經檢察官予以逮捕者，亦同。

II 刑事訴訟法第九十三條之一之規定，於前項情形準用之。

第 23 條之 2（觀察、勒戒或強制戒治者之裁定處分）

I 少年經裁定觀察、勒戒或強制戒治者，不適用少年事件處理法第四十五條第二項規定。

II 少年法院（地方法院少年法庭）依第二十條第二項、第二十三條第一項規定為不付審理之裁定，或依第三十五條第一項第四款規定為不付保護處分之裁定者，得並為下列處分：

一 轉介少年福利或教養機構為適當之輔導。

二 交付少年之法定代理人或現在保護少年之人嚴加管教。

三 告誡。

III 前項處分，均交由少年調查官執行之。

第 24 條（緩起訴處分之多元處遇）

I 第二十條第一項及第二十三條第二項之程序，於檢察官先依刑事訴訟法第二百五十三條之一第一項、第二百五十三條之二第一項第四款至第

六款或第八款規定，為附條件之緩起訴處分時，或於少年法院（地方法院少年法庭）認以依少年事件處理法程序處理為適當時，不適用之。

II 前項緩起訴處分，經撤銷者，檢察官應繼續偵查或起訴。

III 檢察官依刑事訴訟法第二百五十三條之二第一項第六款規定為緩起訴處分前，應徵詢醫療機構之意見；必要時，並得徵詢其他相關機關（構）之意見。

IV 刑事訴訟法第二百五十三條之二第一項第六款規定之緩起訴處分，其適用戒癮治療之種類、實施對象、內容、方式、執行醫療機構或其他機構與其他相關事項之辦法及完成戒癮治療之認定標準，由行政院定之。

第 24 條之 1（觀察、勒戒或強制戒治處分之執行時效）

觀察、勒戒或強制戒治處分於受處分人施用毒品罪之追訴權消滅時，不得執行。

第 25 條（強制採驗尿液）

I 犯第十條之罪而付保護管束者，或因施用第一級或第二級毒品經裁定交付保護管束之少年，於保護管束期間，警察機關或執行保護管束者應定期或於其有事實可疑為施用毒品時，通知其於指定之時間到場採驗尿液，無正當理由不到場，得報請檢察官或少年法院（地方法院少年法庭）許可，強制採驗。到場而拒絕採驗者，得違反其意思強制採驗，於採驗後，應即時報請檢察官或少年法院（地方法院少年法庭）補發許可證。

II 依第二十條第二項前段、第二十一條第二項、第二十三條第一項規定為不起訴之處分或不付審理之裁定，或依第三十五條第一項第四款規定為免刑之判決或不付保護處分之裁定，或犯第十條之罪經執行刑罰或保護處分完畢後二年內，警察機關得適用前項之規定採驗尿液。

III 前二項人員採驗尿液實施辦法，由行政院定之。

IV 警察機關或執行保護管束者依第一項規定通知少年到場採驗尿液時，應併為通知少年之法定代理人。

第 26 條（行刑權時效）

犯第十條之罪者，於送觀察、勒戒或強制戒治期間，其所犯他罪之行刑權時效，停止進行。

第 27 條（勒戒處所之設立）

I 勒戒處所，由法務部、國防部於所屬戒治處所、看守所、少年觀護所或所屬醫院內附設，或委託國軍退除役官兵輔導委員會、衛生福利部、直轄市或縣（市）政府指定之醫院內附設。

II 受觀察、勒戒人另因他案依法應予羈押、留置或收容者，其觀察、勒戒應於看守所或少年觀護所附設之勒戒處所執行。

Ⅲ戒治處所、看守所或少年觀護所附設之勒戒處所，由國防部、國軍退除役官兵輔導委員會、衛生福利部或直轄市或縣（市）政府指定之醫療機構負責其醫療業務。

Ⅳ第一項受委託醫院附設之勒戒處所，其戒護業務由法務部及國防部負責，所需相關戒護及醫療經費，由法務部及國防部編列預算支應。

Ⅴ第一項之委託辦法，由法務部會同國防部、國軍退除役官兵輔導委員會、衛生福利部定之。

第 28 條（戒治處所之設立）
戒治處所，由法務部及國防部設立。未設立前，得先於監獄或少年矯正機構內設立，並由國防部、衛生福利部、國軍退除役官兵輔導委員會、直轄市或縣（市）政府指定之醫療機構負責其醫療業務；其所需員額及經費，由法務部及國防部編列預算支應。

第 29 條（觀察、勒戒及強制戒治執行之規定）
觀察、勒戒及強制戒治之執行，另以法律定之。

第 30 條（觀察、勒戒及強制戒治費用）
Ⅰ觀察、勒戒及強制戒治之費用，由勒戒處所及戒治處所填發繳費通知單向受觀察、勒戒或強制戒治處分人或上開受處分少年之扶養義務人收取並解繳國庫。但自首或貧困無力負擔者，得免予繳納。

Ⅱ前項費用經限期繳納，屆期未繳納者，由勒戒處所及戒治處所，依法移送強制執行。

第 30 條之 1（請求返還已繳納之觀察、勒戒或強制戒治費用）
Ⅰ受觀察、勒戒或強制戒治處分人其原受觀察、勒戒或強制戒治處分之裁定經撤銷確定者，得請求返還原已繳納之觀察、勒戒或強制戒治費用；尚未繳納者，不予以繳納。

Ⅱ受觀察、勒戒或強制戒治處分人其原受觀察、勒戒或強制戒治處分之裁定經撤銷確定者，其觀察、勒戒或強制戒治處分之執行，得準用冤獄賠償法之規定請求賠償。

第 31 條（工業原料之種類及申報、檢查）
Ⅰ經濟部為防制先驅化學品之工業原料流供製造毒品，得命廠商申報該項工業原料之種類及輸出入、生產、銷售、使用、貯存之流程、數量，並得檢查其簿冊及場所；廠商不得規避、妨礙或拒絕。

Ⅱ前項工業原料之種類及申報、檢查辦法，由經濟部定之。

Ⅲ違反第一項之規定不為申報者，處新臺幣三萬元以上三十萬元以下罰鍰，並通知限期補報，屆期仍未補報者，按日連續處罰。

Ⅳ規避、妨礙或拒絕第一項之檢查者，處新臺幣三萬元以上三十萬元以下罰鍰，並得按次處罰及強制檢查。

Ⅴ依前二項所處之罰鍰，經限期繳納，屆期未繳納者，依法移送強制執行。

第 31 條之 1（特定營業場所之防制措施）
Ⅰ為防制毒品危害，特定營業場所應執行下列防制措施：
一　於入口明顯處標示毒品防制資訊，其中應載明持有毒品之人不得進入。
二　指派一定比例從業人員參與毒品危害防制訓練。
三　備置負責人及從業人員名冊。
四　發現疑似施用或持有毒品之人，通報警察機關處理。

Ⅱ特定營業場所未執行前項各款所列防制措施之一者，由直轄市、縣（市）政府令負責人限期改善；屆期未改善者，處負責人新臺幣五萬元以上五十萬元以下罰鍰，並得按次處罰；其屬法人或合夥組織經營者，併同處罰之。

Ⅲ特定營業場所人員知悉有人在內施用或持有毒品，未通報警察機關處理者，由直轄市、縣（市）政府處負責人新臺幣十萬元以上一百萬元以下罰鍰；其屬法人或合夥組織經營者，併同處罰之。其情節重大者，各目的事業主管機關得命令其停止營業六個月以上一年六個月以下或勒令歇業。

Ⅳ直轄市、縣（市）政府應定期公布最近一年查獲前項所定情節重大之特定營業場所名單。

Ⅴ第一項特定營業場所之種類、毒品防制資訊之內容與標示方式、負責人及從業人員名冊之格式、毒品危害防制訓練、執行機關與執行程序之辦法，由法務部會商相關機關定之。

第 32 條（獎懲辦法）
防制毒品危害有功人員或檢舉人，應予獎勵，防制不力者，應予懲處；其獎懲辦法，由行政院定之。

第 32 條之 1（控制下交付之實施）
Ⅰ為偵辦跨國性毒品犯罪，檢察官或刑事訴訟法第二百二十九條之司法警察官，得由其檢察長或其最上級機關首長向最高檢察署提出偵查計畫書，並檢附相關文件資料，經最高檢察署檢察總長核可後，核發偵查指揮書，由入、出境管制相關機關許可毒品及人員入、出境。

Ⅱ前項毒品、人員及其相關人、貨之入、出境之協調管制作業辦法，由行政院定之。

第 32 條之 2（偵查計畫書應載事項）
前條之偵查計畫書，應記載下列事項：
一　犯罪嫌疑人或被告之年籍資料。
二　所犯罪名。
三　所涉犯罪事實。
四　使用控制下交付調查犯罪之必要性。
五　毒品數量及起迄處所。
六　毒品及犯罪嫌疑人入境航次、時間及方式。

七　毒品及犯罪嫌疑人入境後，防制毒品散逸及犯罪嫌疑人逃逸之監督作為。

八　偵查犯罪所需期間、方法及其他作為。

九　國際合作情形。

第 33 條（特定人員及採驗尿液實施辦法）

I 為防制毒品氾濫，主管機關對於所屬或監督之特定人員於必要時，得要求其接受採驗尿液，受要求之人不得拒絕；拒絕接受採驗者，並得拘束其身體行之。

II 前項特定人員之範圍及採驗尿液實施辦法，由行政院定之。

第 33 條之 1（尿液之檢驗機關（構）及驗餘檢體之處理）

I 尿液之檢驗，應由下列機關（構）為之：

一　衛生福利部認證之檢驗及醫療機構。

二　衛生福利部指定之衛生機關。

三　法務部調查局、內政部警政署刑事警察局、國防部憲兵指揮部或其他政府機關依法設置之檢驗機關（構）。

II 檢驗機構對於前項驗餘尿液檢體之處理，應依相關規定或與委驗機構之約定為之。但合於人體代謝物研究供開發檢驗方法或試劑之用者，於不起訴處分、緩起訴處分或判決確定，經去識別化方式後，得供醫藥或研究機構領用。

III 第一項第一款檢驗及醫療機構之認證標準、認證與認證之撤銷或廢止及管理等事項之辦法；第二款、第三款檢驗機關（構）之檢驗設置標準，由衛生福利部定之。

IV 第一項各類機關（構）尿液檢驗之方式、判定基準、作業程序、檢體保管，與第二項驗餘檢體之處理、領用及其他相關事項之準則，由衛生福利部定之。

第 34 條（施行細則）

本條例施行細則，由法務部會同內政部、衛生福利部擬訂，報請行政院核定之。

第 35 條（本條例繫屬施用毒品案件之處理）

I 於中華民國九十二年六月六日本條例修正施行前繫屬之施用毒品案件，於修正施行後，適用修正後之規定，並依下列方式處理：

一　觀察、勒戒及強制戒治中之案件，適用修正後觀察、勒戒及強制戒治之規定。

二　偵查中之案件，由檢察官依修正後規定處理之。

三　審判中之案件，由法院或少年法院（地方法院少年法庭）依修正後規定處理之。

四　審判中之案件，依修正後之規定應為不起訴之處分或不付審理之裁定者，法院或少年法院（地方法院少年法庭）應為免刑之判決或不付保護處分之裁定。

II 前項情形，依修正前之規定有利於行為人者，

適用最有利於行為人之法律。

第 35 條之 1（過渡規定）

本條例中華民國一百零八年十二月十七日修正之條文施行前犯第十條之罪之案件，於修正施行後，依下列規定處理：

一　偵查中之案件，由檢察官依修正後規定處理。

二　審判中之案件，由法院或少年法院（地方法院少年法庭）依修正後規定處理；依修正後規定應為不起訴處分或不付審理之裁定者，法院或少年法院（地方法院少年法庭）應為免刑之判決或不付審理之裁定。

三　判決確定尚未執行或執行中之案件，適用修正前之規定。

第 36 條（施行日）

本條例除中華民國九十九年十一月五日修正之第二條之一、第二十七條及第二十八條，一百零四年一月二十三日、一百零六年五月二十六日修正之條文，自公布日施行；一百零五年五月二十七日修正之條文，自一百零五年七月一日施行；一百零八年十二月十七日修正之第十八條、第二十四條及第三十三條之一之施行日期，由行政院定之外，自公布後六個月施行。

槍砲彈藥刀械管制條例

1. 中華民國72年6月27日總統令制定公布全文15條
2. 中華民國74年1月18日總統令修正公布第7條；並增訂第13-1條條文
3. 中華民國79年7月16日總統令增訂公布第13-2、13-3條條文
4. 中華民國85年9月25日總統令修正公布第4、6、13-2、14條條文；並增訂第9-1條條文
5. 中華民國86年11月24日總統令修正公布全文25條；並自公布日施行
6. 中華民國89年7月5日總統令修正公布第3、6、11條條文
7. 中華民國90年11月14日總統令修正公布第6、10、20條條文；增訂第5-1、6-1條條文；並刪除第19、23、24條條文
8. 中華民國93年6月2日總統令修正公布第6-1、20條條文；並增訂第5-2條條文
9. 中華民國94年1月26日總統令修正公布第4、8、16、20條條文；增訂第20-1條條文；並刪除第10、11、17條條文
10. 中華民國97年11月26日總統令修正公布第7條條文
11. 中華民國98年5月27日總統令修正公布第5-2、25條條文；並自98年11月23日施行
12. 中華民國100年1月5日總統令修正公布第8、20條條文
13. 中華民國100年11月23日總統令修正公布第7條條文
14. 中華民國106年6月14日總統令修正公布第5-2條條文
15. 中華民國109年6月10日總統令修正公布第4、7～9、20、20-1、25條條文；除第20條第3項之施行日期，由行政院另定外，自公布日施行

第1條（立法目的）

為管制槍砲、彈藥、刀械，維護社會秩序、保障人民生命財產安全，特制定本條例。

第2條（適用範圍）

槍砲、彈藥、刀械，除依法令規定配用者外，悉依本條例之規定。

第3條（主管機關）

槍砲、彈藥、刀械管制之主管機關：中央為內政部；直轄市為直轄市政府；縣（市）為縣（市）政府。

第4條（槍砲、彈藥、刀械之意義）

I 本條例所稱槍砲、彈藥、刀械如下：

一 槍砲：指制式或非制式之火砲、肩射武器、機關槍、衝鋒槍、卡柄槍、自動步槍、普通步槍、馬槍、手槍、鋼筆槍、瓦斯槍、麻醉槍、獵槍、空氣槍、魚槍及其他可發射金屬或子彈具有殺傷力之各式槍砲。

二 彈藥：指前款各式槍砲所使用之砲彈、子彈及其他具有殺傷力或破壞性之各類炸彈、爆裂物。

三 刀械：指武士刀、手杖刀、鴛鴦刀、手指虎、鋼（鐵）鞭、扁鑽、匕首（各如附圖例式）及其他經中央主管機關公告查禁，非供正當使用具有殺傷力之刀械。

II 前項第一款、第二款槍砲、彈藥，包括其主要組成零件。但無法供組成槍砲、彈藥之用者，不在此限。

III 槍砲、彈藥主要組成零件種類，由中央主管機關公告之。

第5條（槍砲、彈藥之禁止事項）

前條所列槍砲、彈藥，非經中央主管機關許可，不得製造、販賣、運輸、轉讓、出租、出借、持有、寄藏或陳列。

第5條之1（槍砲彈藥之禁止事項）

手槍、空氣槍、獵槍及其他槍砲、彈藥專供射擊運動使用者，非經中央主管機關許可，不得製造、販賣、運輸、轉讓、出租、出借、持有、寄藏或陳列。

第5條之2（槍砲彈藥刀械送交銷毀、留用及經許可持有之原住民適用規定）

I 依本條例許可之槍砲、彈藥、刀械，有下列情形之一，撤銷或廢止其許可：其持有之槍砲、彈藥、刀械，由中央主管機關給價收購。但政府機關（構）購置使用之槍砲、彈藥、刀械或違反本條例之罪者，不予給價收購：

一 許可原因消滅者。
二 不需置用或毀損致不堪使用者。
三 持有人喪失原住民或漁民身分者。
四 持有人規避、妨礙或拒絕檢查者。
五 持有人死亡者。
六 持有人受判處有期徒刑以上之刑確定者。
七 持有人受監護或輔助宣告，尚未撤銷者。
八 持有槍砲、彈藥、刀械之團體解散者。
九 其他違反應遵行事項之規定者。

II 刀械持有人死亡、團體解散，重新申請許可持有者，或自製獵槍持有人死亡，其繼用人申請繼續持有者，經許可後，不予給價收購。

III 前項自製獵槍繼用人，以享有法定繼承權人之一人為限。但未成年人或無行為能力人者，不得申請繼續持有。

IV 第一項給價收購經費由中央主管機關逐年編列預算支應；其價格標準由中央主管機關定之，並委由直轄市、縣（市）政府執行。

V 第一項收購之槍砲、彈藥、刀械及繳銷之證照，由中央主管機關送交內政部警政署銷毀。但經

留用者，不予銷毀。

VI第一項第六款規定，於經許可持有自製獵槍或魚槍之原住民，以其故意犯最輕本刑為三年以上有期徒刑之罪或犯下列規定之一之罪為限，適用之：

一　刑法第一百八十五條之二第一項、第四項、第一百八十六條、第一百八十六條之一第一項、第四項、第一百八十七條、第二百二十四條、第二百三十一條之一第二項、第二百七十一條第三項、第二百七十二條第三項、第二百七十三條、第二百七十四條、第二百七十五條、第二百七十七條第一項、第二百七十九條、第二百八十一條、第二百八十二條、第二百九十六條、第二百九十八條、第三百零二條第一項、第三項、第三百零三條、第三百零四條、第三百零五條、第三百二十一條、第三百二十五條第一項、第三項、第三百二十六條、第三百二十八條第五項、第三百四十六條或第三百四十七條第四項。

二　森林法第五十一條第二項、第五十二條、第五十三條第二項或第五十四條。

三　野生動物保育法第四十條、第四十一條或第四十二條。但於本條文修正前，基於原住民族之傳統文化、祭儀或非營利自用而犯野生動物保育法第四十一條之罪者，不在此限。

四　本條例第九條、第十二條第一項、第二項、第四項、第五項、第十三條第二項、第四項、第五項、第十四條或第十五條。

五　懲治走私條例第二條、第三條或第七條。

六　組織犯罪防制條例第三條第一項後段或第六條。

七　毒品危害防制條例第四條第五項、第六項、第五條第四項、第七條第二項、第三項、第四項、第五項、第八條、第十條、第十一條、第十三條、第十四條或第十五條。

VII本條例中華民國一百零六年五月二十六日修正之本條文施行前，原住民犯前項規定以外之罪，經直轄市、縣（市）主管機關依第一項第六款規定撤銷或廢止其自製獵槍或魚槍之許可，尚未給價收購者，直轄市、縣（市）主管機關應通知其於三個月內重新申請許可；屆期未申請許可或其申請未經許可者，仍依規定給價收購。

第6條（刀械之禁止事項）

第四條第一項第三款所列之各式刀械，非經主管機關許可，不得製造、販賣、運輸、轉讓、出租、出借、持有。

第6條之1（槍砲彈藥之許可申請）

Ⅰ第五條及第六條所定槍砲、彈藥、刀械之許可申請、條件、廢止、檢查及其他應遵行事項之管理辦法，由中央主管機關定之。

Ⅱ第五條之一所定槍砲、彈藥之許可申請、條件、期限、廢止、檢查及其他應遵行事項之管理辦法，由中央目的事業主管機關會同中央主管機關定之。

Ⅲ違反前項所定之管理辦法者，處新臺幣五萬元以下之罰鍰。但違反第五條之一，或意圖供自己或他人犯罪而使用經許可之槍砲、彈藥者，不適用之。

第7條（製造販賣或運輸重型槍砲罪）

Ⅰ未經許可，製造、販賣或運輸制式或非制式火砲、肩射武器、機關槍、衝鋒槍、卡柄槍、自動步槍、普通步槍、馬槍、手槍或各類砲彈、炸彈、爆裂物者，處無期徒刑或七年以上有期徒刑，併科新臺幣三千萬元以下罰金。

Ⅱ未經許可，轉讓、出租或出借前項所列槍砲、彈藥者，處無期徒刑或五年以上有期徒刑，併科新臺幣一千萬元以下罰金。

Ⅲ意圖供自己或他人犯罪之用，而犯前二項之罪者，處死刑或無期徒刑；處徒刑者，併科新臺幣五千萬元以下罰金。

Ⅳ未經許可，持有、寄藏或意圖販賣而陳列第一項所列槍砲、彈藥者，處五年以上有期徒刑，併科新臺幣一千萬元以下罰金。

Ⅴ意圖供自己或他人犯罪之用，以強盜、搶奪、竊盜或其他非法方法，持有依法執行公務之人所持有之第一項所列槍砲、彈藥者，得加重其刑至二分之一。

Ⅵ第一項至第三項之未遂犯罰之。

第8條（製造販賣或運輸輕型槍砲罪）

Ⅰ未經許可，製造、販賣或運輸制式或非制式鋼筆槍、瓦斯槍、麻醉槍、獵槍、空氣槍或第四條第一項第一款所定其他可發射金屬或子彈具有殺傷力之各式槍砲者，處無期徒刑或五年以上有期徒刑，併科新臺幣一千萬元以下罰金。

Ⅱ未經許可，轉讓、出租或出借前項所列槍砲者，處五年以上有期徒刑，併科新臺幣一千萬元以下罰金。

Ⅲ意圖供自己或他人犯罪之用，而犯前二項之罪者，處無期徒刑或七年以上有期徒刑，併科新臺幣一千萬元以下罰金。

Ⅳ未經許可，持有、寄藏或意圖販賣而陳列第一項所列槍砲者，處三年以上十年以下有期徒刑，併科新臺幣七百萬元以下罰金。

Ⅴ第一項至第三項之未遂犯罰之。

Ⅵ犯第一項、第二項或第四項有關空氣槍之罪，其情節輕微者，得減輕其刑。

第9條（製造販賣魚槍罪）

I 未經許可，製造、販賣、轉讓、出租或出借制式或非制式魚槍者，處一年以下有期徒刑、拘役或新臺幣五十萬元以下罰金。

II 意圖供自己或他人犯罪之用，而犯前項之罪者，處二年以下有期徒刑、拘役或新臺幣一百萬元以下罰金。

III 未經許可，持有、寄藏或意圖販賣而陳列制式或非制式魚槍者，處六月以下有期徒刑、拘役或新臺幣五十萬元以下罰金。

IV 第一項及第二項之未遂犯罰之。

第10條（刪除）

第11條（刪除）

第12條（製造、販賣或運輸子彈罪）

I 未經許可，製造、販賣或運輸子彈者，處一年以上七年以下有期徒刑，併科新臺幣五百萬元以下罰金。

II 未經許可，轉讓、出租或出借子彈者，處六月以上五年以下有期徒刑，併科新臺幣三百萬元以下罰金。

III 意圖供自己或他人犯罪之用，而犯前二項之罪者，處三年以上十年以下有期徒刑，併科新臺幣七百萬元以下罰金。

IV 未經許可，持有、寄藏或意圖販賣而陳列子彈者，處五年以下有期徒刑，併科新臺幣三百萬元以下罰金。

V 第一項至第三項之未遂犯罰之。

第13條（製造、販賣或運輸槍砲、彈藥組成零件罪）

I 未經許可，製造、販賣或運輸槍砲、彈藥之主要組成零件者，處三年以上十年以下有期徒刑，併科新臺幣七百萬元以下罰金。

II 未經許可，轉讓、出租或出借前項零件者，處一年以上七年以下有期徒刑，併科新臺幣五百萬元以下罰金。

III 意圖供自己或他人犯罪之用，而犯前二項之罪者，處五年以上有期徒刑，併科新臺幣一千萬元以下罰金。

IV 未經許可，持有、寄藏或意圖販賣而陳列第一項所列零件者，處六月以上五年以下有期徒刑，併科新臺幣三百萬元以下罰金。

V 第一項至第三項之未遂犯罰之。

第14條（製造、販賣或運輸刀械罪）

I 未經許可，製造、販賣或運輸刀械者，處三年以下有期徒刑，併科新臺幣一百萬元以下罰金。

II 意圖供自己或他人犯罪之用，而犯前項之罪者，處六月以上五年以下有期徒刑，併科新臺幣三百萬元以下罰金。

III 未經許可，持有或意圖販賣而陳列刀械者，處一年以下有期徒刑、拘役或新臺幣五十萬元以下罰金。

IV 第一項及第二項之未遂犯罰之。

第15條（加重攜帶刀械罪）

未經許可攜帶刀械而有下列情形之一者，處二年以下有期徒刑：

一 於夜間犯之者。

二 於車站、埠頭、航空站、公共場所或公眾得出入之場所犯之者。

三 結夥犯之者。

第16條（公務員或公職人員予以包庇者加重其刑）

公務員或經選舉產生之公職人員明知犯第七條、第八條或第十二條之罪而據予以包庇者，依各該條之規定加重其刑至二分之一。

第17條（刪除）

第18條（減輕或免除其刑）

I 犯本條例之罪自首，並報繳其持有之全部槍砲、彈藥、刀械者，減輕或免除其刑；其已移轉持有而據實供述全部槍砲、彈藥、刀械之來源或去向，因而查獲者，亦同。

II 前項情形，於中央主管機關報經行政院核定辦理公告期間自首者，免除其刑。

III 前二項情形，其報繳不實者，不實部分仍依本條例所定之罪論處。

IV 犯本條例之罪，於偵查或審判中自白，並供述全部槍砲、彈藥、刀械之來源及去向，因而查獲或因而防止重大危害治安事件之發生者，減輕或免除其刑。拒絕供述或供述不實者，得加重其刑至三分之一。

第19條（刪除）

第20條（原住民、漁民製造運輸或持有自製獵槍、漁槍之處罰）

I 原住民未經許可，製造、運輸或持有自製獵槍、其主要組成零件或彈藥；或原住民、漁民未經許可，製造、運輸或持有自製魚槍，供作生活工具之用者，處新臺幣二千元以上二萬元以下罰鍰，本條例有關刑罰之規定，不適用之。

II 原住民相互間或漁民相互間未經許可，販賣、轉讓、出租、出借或寄藏自製獵槍、其主要組成零件或彈藥、自製魚槍，供作生活工具之用者，處新臺幣二千元以上二萬元以下罰鍰，本條例有關刑罰之規定，不適用之。

III 第一項之自製獵槍、魚槍之構造、自製獵槍彈藥，及前二項之許可申請、條件、期限、廢止、檢查及其他應遵行事項之管理辦法，由中央主管機關會同中央原住民族主管機關及國防部定之。

IV 於中華民國九十年十一月十四日本條例修正施行前，原住民單純僅犯未經許可製造、運輸、持有及相互間販賣、轉讓、出租、出借或寄藏

自製獵槍、魚槍之罪，受判處有期徒刑以上之刑確定者，仍得申請自製獵槍、魚槍之許可。

V主管機關應輔導原住民及漁民依法申請自製獵槍、魚槍。

VI第一項、第二項情形，於中央主管機關報經行政院核定辦理公告期間自動報繳者，免除其處罰。

第20條之1（模擬槍之公告查禁及處罰）

I具類似真槍之外型、構造、材質及火藥式擊發機構裝置，且足以改造成具有殺傷力者，為模擬槍，由中央主管機關會同中央目的事業主管機關公告查禁。

II製造、販賣、運輸或轉讓前項公告查禁之模擬槍者，處新臺幣二百五十萬元以下罰鍰；其情節重大者，得併命其停止營業或勒令歇業。但專供外銷及研發並經警察機關許可，且列冊以備稽核者，不在此限。

III出租、出借、持有、寄藏或意圖販賣而陳列第一項公告查禁之模擬槍者，處新臺幣二十萬元以下罰鍰。

IV改造第一項公告查禁之模擬槍可供發射金屬或子彈，未具殺傷力者，處新臺幣三十萬元以下罰鍰。

V警察機關為查察第一項公告查禁之模擬槍，得依法派員進入模擬槍製造、儲存或販賣場所，並應會同目的事業主管機關就其零組件、成品、半成品、各種簿冊及其他必要之物件實施檢查，並得詢問關係人及命提供必要之資料。

VI前項規定之檢查人員於執行檢查任務時，應主動出示執行職務之證明文件，並不得妨礙該場所正常業務之進行。

VII規避、妨礙或拒絕第五項之檢查、詢問或提供資料者，處新臺幣二十萬元以上五十萬元以下罰鍰，並得按次處罰及強制執行檢查。

VIII公告查禁前已持有第一項模擬槍之人民或團體，應自公告查禁之日起六個月內，向警察機關報備。於期限內完成報備者，其持有之行為不罰。

IX第一項公告查禁之模擬槍，不問屬於何人所有，沒入之。但有第二項但書或前項情形者，不在此限。

X第二項但書許可之申請程序、應備文件、條件、期限、廢止與第五項檢查之程序及其他應遵行事項之辦法，由中央主管機關會同中央目的事業主管機關定之。

第21條（從重處罰）

犯本條例之罪，其他法律有較重處罰之規定者，從其規定。

第22條（檢舉破案獎金）

I因檢舉而破獲違反本條例之案件，應給與檢舉人獎金。

II前項獎金給獎辦法，由行政院定之。

第23條（刪除）

第24條（刪除）

第25條（施行日）

I本條例自公布日施行。

II本條例中華民國九十八年五月十二日修正之條文，自九十八年十一月二十三日施行；一百零九年五月二十二日修正之條文，除第二十條第三項之施行日期，由行政院另定外，自公布日施行。

組織犯罪防制條例

1. 中華民國 85 年 12 月 11 日總統令制定公布全文 19 條；並自公布日施行
2. 中華民國 105 年 7 月 20 日總統令修正公布第 7 條條文
3. 中華民國 106 年 4 月 19 日總統令修正公布第 2～4、8 條條文；增訂第 7-1 條條文；並刪除第 5、17、18 條條文
4. 中華民國 107 年 1 月 3 日總統令修正公布第 2、3、12 條條文

第 1 條（立法目的）

Ⅰ 為防制組織犯罪，以維護社會秩序，保障人民權益，特制定本條例。

Ⅱ 本條例未規定者，適用其他法律之規定。

第 2 條（犯罪組織之定義）

Ⅰ 本條例所稱犯罪組織，指三人以上，以實施強暴、脅迫、詐術、恐嚇為手段或最重本刑逾五年有期徒刑之刑之罪，所組成具有持續性或牟利性之有結構性組織。

Ⅱ 前項有結構性組織，指非為立即實施犯罪而隨意組成，不以具有名稱、規約、儀式、固定處所、成員持續參與或分工明確為必要。

第 3 條（犯罪組織行為之處刑）

Ⅰ 發起、主持、操縱或指揮犯罪組織者，處三年以上十年以下有期徒刑，得併科新臺幣一億元以下罰金；參與者，處六月以上五年以下有期徒刑，得併科新臺幣一千萬元以下罰金。但參與情節輕微者，得減輕或免除其刑。

Ⅱ 具公務員或經選舉產生之公職人員之身分，犯前項之罪者，加重其刑至二分之一。

Ⅲ 犯第一項之罪者，應於刑之執行前，令入勞動場所，強制工作，其期間為三年。

Ⅳ 前項之強制工作，準用刑法第九十條第二項但書、第三項及第九十八條第二項、第三項規定。

Ⅴ 以言語、舉動、文字或其他方法，明示或暗示其為犯罪組織之成員，或與犯罪組織或其成員有關聯，而要求他人為下列行為之一者，處三年以下有期徒刑，得併科新臺幣三百萬元以下罰金：

一　出售財產、商業組織之出資或股份或放棄經營權。

二　配合辦理都市更新重建之處理程序。

三　購買商品或支付勞務報酬。

四　履行債務或接受債務協商之內容。

Ⅵ 前項犯罪組織，不以現存者為必要。

Ⅶ 以第五項之行為，使人行無義務之事或妨害行使權利者，亦同。

Ⅷ 第五項、第七項之未遂犯罰之。

□ 實務見解

▶ 108 台上大 2306（大法庭裁定）

主文：行為人以一行為觸犯組織犯罪防制條例第三條第一項後段之參與犯罪組織罪，及刑法第三百三十九條之四第一項第二款之加重詐欺取財罪，依刑法第五十五條前段規定從一重之加重詐欺取財罪處斷而為科刑時，於有預防矯治其社會危險性之必要，且符合比例原則之範圍內，由法院依組織犯罪防制條例第三條第三項規定，一併宣告刑前強制工作。

理由：

一、本案基礎事實

被告參與由他人所發起、主持具有持續性、牟利性之詐欺集團犯罪組織，在該集團擔任「車手」，並依集團成員之指示，提領被害人遭集團其他成員詐騙之款項，因而論斷被告所為係一行為觸犯組織犯罪防制條例第三條第一項後段之參與犯罪組織罪，及刑法第三百三十九條之四第一項第二款之加重詐欺取財罪，並依想像競合犯關係從一重論被告以加重詐欺取財罪。

二、本案法律爭議

被告以一行為觸犯組織犯罪防制條例第三條第一項後段之參與犯罪組織罪，及刑法第三百三十九條之四第一項第二款之加重詐欺取財罪處斷，應否依較輕之參與犯罪組織罪所適用之組織犯罪防制條例第三條第三項規定，一併宣告刑前強制工作？

三、本大法庭之見解

（一）法律係理性、客觀、公正且合乎目的性之規定，因此，法律之解釋，除須顧及法律之安定性外，更應考慮解釋之妥當性、現在性、創造性及社會性，始能與社會脈動同步，以符合民眾之期待。而法官闡釋法律時，在文義射程範圍內，如有複數解釋之可能性時，應依論理解釋方法，在法律規定文義範圍內，闡明法律之真意，以期正確妥當之適用。

（二）刑法第五十五條想像競合犯之規定，既列在刑法總則編第七章「數罪併罰」內，且法文稱「一行為而觸犯數罪名」，則依體系及文義解釋，可知行為人所犯數罪係成立實質競合，自應對行為人所犯各罪，均予評價，始屬適當。此與法規競合僅選擇其中最適宜之罪名，為實質上一罪，明顯有別。換言之，想像競合犯本質上為數罪，各罪所規定之刑罰、沒收及保安處分等相關法律效果，自應

一併適用，否則將導致成立數罪之想像競合與成立一罪之法規競合，二者法律效果無分軒輊之失衡情形，尚非立法者於制定刑法第五十五條時，所作之價值判斷及所欲實現之目的。

㈢刑罰評價對象，乃行為本身；想像競合犯係一行為觸犯數罪名，為避免對同一行為過度及重複評價，刑法第五十五條前段規定「從一重處斷」。又刑法第三十三條及第三十五條僅就刑罰之主刑，定有輕重比較標準，因此上揭「從一重處斷」，僅限於「主刑」，法院應於較重罪名之法定刑度內，量處適當刑罰。至於輕罪罪名所規定之沒收及保安處分，因非屬「主刑」，故與刑法第五十五條從一重處斷之規定無關，自得一併宣告。

㈣罪刑法定原則，指法律就個別犯罪之成立要件及法律效果，均應明確規定，俾使人民能事先預知其犯罪行為之處遇。參與犯罪組織罪和加重詐取財罪之構成要件與刑罰，均分別在組織犯罪防制條例及刑法中，定有明文。行為人以一行為觸犯組織犯罪防制條例第三條第一項後段之參與犯罪組織罪，及刑法第三百三十九條之四第一項第二款之加重詐欺取財罪，於從一重之加重詐欺取財罪處斷而為科刑時，因所犯輕罪（參與犯罪組織罪）之刑罰以外之法律效果，即組織犯罪防制條例第三條第三項強制工作之規定，並未被重罪所吸收，仍應一併適用。因此，上開對刑法第五十五條前段規定，在文義射程範圍內，依體系及目的性解釋方法所為之闡釋，屬法律解釋範疇，並非對同條但書所為擴張解釋或類推適用，亦與不利類推禁止之罪刑法定原則或罪刑明確原則無違。

㈤修正前組織犯罪防制條例，對發起、主持、操縱、指揮或參與團體性、常習性及脅迫性或暴力性犯罪組織者，應於刑後強制工作之規定，經司法院釋字第五二八號解釋尚不違憲；嗣該條例第二條第一項所稱之犯罪組織，經二次修正，已排除原有之「常習性」要件，另將實施詐欺手段之具有持續性或牟利性之有結構性組織，納入本條例適用範圍，並對參與犯罪組織之行為人，於第三條第一項後段但書規定「參與情節輕微者，得減輕或免除其刑」。惟同條第三項仍規定「應於刑之執行前，令入勞動場所，強制工作，其期間為三年」，而未依個案情節，區分行為人是否具有反社會之危險性及受教化矯治之必要性，一律宣告刑前強制工作三年。然則，衡諸該條例所規定之強制工作，性質上原係對於有犯罪習慣，或因遊蕩、懶惰成習而犯

者，所為之處置，修正後該條例既已排除常習性要件，從而，本於法律合憲性解釋原則，依司法院釋字第四七一號關於行為人有無預防矯治其社會危險性之必要，及比例原則等與解釋意旨不相衝突之解釋方法，為目的性限縮，對犯該條例第三條第一項之參與犯罪組織罪者，視其行為之嚴重性、表現之危險性、對於未來行為之期待性，以及所採措施與預防矯治目的所需程度，於有預防矯治其社會危險性之必要，且符合比例原則之範圍內，由法院依該條例第三條第三項規定，一併宣告刑前強制工作。

▶ **107 台上 3589 ○（判決）**

組織犯罪防制條例第三條第一項前段與後段，分別就「發起、主持、操縱或指揮」犯罪組織之人，和單純「參與」犯罪組織之人，所為不同層次之犯行，分別予以規範，並異其刑度，前者較重，後者較輕，係依其情節不同而為處遇。其中有關「指揮」與「參與」間之分際，乃主「指揮」係為某特定任務之實現，可下達行動指令、統籌該行動之行止，而居於核心角色，即足以當之；而「參與」則指一般之聽取號令，實際參與行動之一般成員。又詐集團之分工細緻，不論電信詐欺機房（電信流）、網路系統商（網路流）或領款車手集團及水房（資金流），各流別如有三人以上，通常即有各該流別之負責人，以指揮各該流別分工之進行及目的之達成，使各流別各自分擔詐罪行為之一部，相互利用其他流別之行為，以達整體詐欺集團犯罪目的之實現，則各流別之負責人，尤其是電信流之負責人，縱有接受詐欺集團中之發起、主持或操縱者之指示而為、所轄人員非其招募、薪資非其決定，甚至本身亦參與該流別之工作等情事，然其於整體詐欺罪集團中，係居於指揮該流別行止之核心地位，且為串起各流別分工之重要節點，自屬組織犯罪防制條例第三條第一項所指「指揮」犯罪組織之人，與僅聽取號令，而為行動之一般成員有別。

第 4 條（招募他人加入犯罪組織者之處罰）

Ⅰ 招募他人加入犯罪組織者，處六月以上五年以下有期徒刑，得併科新臺幣一千萬元以下罰金。

Ⅱ 成年人招募未滿十八歲之人加入犯罪組織者，依前項規定加重其刑至二分之一。

Ⅲ 以強暴、脅迫或其他非法之方法，使他人加入犯罪組織或妨害其成員脫離者，處一年以上七年以下有期徒刑，得併科新臺幣二千萬元以下罰金。

Ⅳ 前項之未遂犯罰之。

第 5 條（刪除）

第 6 條（資助犯罪組織之處罰）

非犯罪組織之成員而資助犯罪組織者，處六月以上

五年以下有期徒刑，得併科新臺幣一千萬元以下罰金。

第 7 條（犯罪財產之沒收）

犯第三條之罪者，其參加之組織所有之財產，除應發還被害人者外，應予沒收。犯第三條之罪者，對於參加組織後取得之財產，未能證明合法來源者，亦同。

第 7 條之 1（法人及僱用人等因執行業務，犯本條例相關犯罪之處罰）

法人之代表人、法人或自然人之代理人、受僱人或其他從業人員，因執行業務，犯第三條至第六條之罪者，除處罰其行為人外，並對該法人或自然人科以各該條之罰金。但法人或自然人為被害人或對於犯罪之發生，已盡監督責任或為防止行為者，不在此限。

第 8 條（自首之減刑）

I 犯第三條之罪自首，並自動解散或脫離其所屬之犯罪組織者，減輕或免除其刑；因其提供資料，而查獲該犯罪組織者，亦同；偵查及審判中均自白者，減輕其刑。

II 犯第四條、第六條之罪自首，並因其提供資料，而查獲各該之犯罪組織者，減輕或免除其刑；偵查及審判中均自白者，減輕其刑。

第 9 條（包庇之處罰）

公務員或經選舉產生之公職人員明知為犯罪組織有據予以包庇者，處五年以上十二年以下有期徒刑。

第 10 條（檢舉獎金辦法）

檢舉人於本條例所定之犯罪未發覺前檢舉，其所檢舉之犯罪，經法院判決有罪者，給與檢舉人檢舉獎金。其辦法由行政院定之。

第 11 條（檢舉人之保護）

I 前條檢舉人之身分資料應予保密。

II 檢察機關、司法警察機關為保護檢舉人，對於檢舉人之身分資料，應另行封存，不得附入移送法院審理之文書內。

III 公務員洩露或交付前項檢舉人之消息、身分資料或足資辨別檢舉人之物品者，處一年以上七年以下有期徒刑。

第 12 條（檢舉人、被害人及證人之保護）

I 關於本條例之罪，證人之姓名、性別、年齡、出生地、職業、身分證字號、住所或居所或其他足資辨別之特徵等資料，應由檢察官或法官另行封存，不得閱卷。訊問證人之筆錄，以在檢察官或法官面前作成，並經踐行刑事訴訟法所定訊問證人之程序者為限，始得採為證據。但有事實足認被害人或證人有受強暴、脅迫、恐嚇或其他報復行為之虞者，法院、檢察機關得依被害人或證人之聲請或依職權拒絕被告與之對質、詰問或其選任辯護人檢閱、抄錄、攝影可供指出被害人或證人真實姓名、身分之文書及詰問。法官、檢察官應將作為證據之筆錄或文書向被告告以要旨，訊問其有無意見陳述。

II 於偵查或審判中對組織犯罪之被害人或證人為訊問、詰問或對質，得依聲請或依職權在法庭外為之，或利用聲音、影像傳真之科技設備或其他適當隔離方式將被害人或證人與被告隔離。

III 組織犯罪之被害人或證人於境外時，得於我國駐外使領館或代表處內，利用聲音、影像傳真之科技設備為訊問、詰問。

IV 檢舉人、被害人及證人之保護，另以法律定之。

第 13 條（參選之限制）

犯本條例之罪，經判處有期徒刑以上之刑確定者，不得登記為公職人員候選人。

第 14 條（政黨之連帶責任）

I 本條例施行後辦理之各類公職人員選舉，政黨所推薦之候選人，於登記為候選人之日起五年內，經法院判決犯本條例之罪確定者，每有一名，處該政黨新臺幣一千萬元以上五千萬元以下之罰鍰。

II 前項情形，如該類選舉應選選名額中有政黨比例代表者，該屆其缺額不予遞補。

III 前二項處分，由辦理該類選舉之選務主管機關為之。

第 15 條（簽訂防制組織犯罪協定）

為防制國際性之組織犯罪活動，政府或其授權之機構依互惠原則，得與外國政府、機構或國際組織簽訂防制組織犯罪之合作條約或其他國際協定。

第 16 條（準用軍事審判機關偵查、審判之規定）

第十條至第十二條之規定，於軍事審判機關偵查、審判組織犯罪時，準用之。

第 17 條（刪除）

第 18 條（刪除）

第 19 條（施行日）

本條例自公布日施行。

洗錢防制法

1. 中華民國 85 年 10 月 23 日總統令制定公布全文 15 條；並自公布後六個月起施行
2. 中華民國 92 年 2 月 6 日總統令修正公布全文 15 條；並自公布後六個月施行
3. 中華民國 95 年 5 月 30 日總統令修正公布第 3、9、15 條條文；並自 95 年 7 月 1 日施行
4. 中華民國 96 年 7 月 11 日總統令修正公布全文 17 條；並自公布日施行
5. 中華民國 97 年 6 月 11 日總統令修正公布第 3 條條文
6. 中華民國 98 年 6 月 10 日總統令修正公布第 3、7～11、13 條條文
   中華民國 101 年 6 月 25 日行政院公告第 10 條第 2 項所列屬「行政院金融監督管理委員會」之權責事項，自 101 年 7 月 1 日起改由「金融監督管理委員會」管轄
7. 中華民國 105 年 4 月 13 日總統令修正公布第 3、17 條條文
   中華民國 105 年 12 月 14 日行政院令發布定自 106 年 1 月 1 日施行
8. 中華民國 105 年 12 月 28 日總統令修正公布全文 23 條；並自公布日後六個月施行
9. 中華民國 107 年 11 月 7 日總統令修正公布第 5、6、9～11、16、17、22、23 條條文；並自公布日施行

第 1 條（立法目的）

為防制洗錢，打擊犯罪，健全防制洗錢體系，穩定金融秩序，促進金流之透明，強化國際合作，特制定本法。

第 2 條（洗錢之定義）

本法所稱洗錢，指下列行為：

一 意圖掩飾或隱匿特定犯罪所得來源，或使他人逃避刑事追訴，而移轉或變更特定犯罪所得。

二 掩飾或隱匿特定犯罪所得之本質、來源、去向、所在、所有權、處分權或其他權益者。

三 收受、持有或使用他人之特定犯罪所得。

第 3 條（特定犯罪）

本法所稱特定犯罪，指下列各款之罪：

一 最輕本刑為六月以上有期徒刑以上之刑之罪。

二 刑法第一百二十一條第一項、第一百二十三條、第二百零一條之一第二項、第二百六十八條、第三百三十九條、第三百三十九條之三、第三百四十二條、第三百四十四條、第三百四十九條之罪。

三 懲治走私條例第二條第一項、第三條第一項之罪。

四 破產法第一百五十四條、第一百五十五條之罪。

五 商標法第九十五條、第九十六條之罪。

六 廢棄物清理法第四十五條第一項後段、第四十七條之罪。

七 稅捐稽徵法第四十一條、第四十二條及第四十三條第一項、第二項之罪。

八 政府採購法第八十七條第三項、第五項、第六項、第八十九條、第九十一條第一項、第三項之罪。

九 電子支付機構管理條例第四十四條第二項、第三項、第四十五條之罪。

十 證券交易法第一百七十二條第一項、第二項之罪。

十一 期貨交易法第一百十三條第一項、第二項之罪。

十二 資恐防制法第八條、第九條之罪。

十三 本法第十四條之罪。

第 4 條（特定犯罪所得）

I 本法所稱特定犯罪所得，指犯第三條所列之特定犯罪而取得或變得之財物或財產上利益及其孳息。

II 前項特定犯罪所得之認定，不以其所犯特定犯罪經有罪判決為必要。

第 5 條（金融機構；指定之非金融事業或人員）

I 本法所稱金融機構，包括下列機構：

一 銀行。

二 信託投資公司。

三 信用合作社。

四 農會信用部。

五 漁會信用部。

六 全國農業金庫。

七 辦理儲金匯兌、簡易人壽保險業務之郵政機構。

八 票券金融公司。

九 信用卡公司。

十 保險公司。

十一 證券商。

十二 證券投資信託事業。

十三 證券金融事業。

十四 證券投資顧問事業。

十五 證券集中保管事業。

十六 期貨商。

十七 信託業。

十八 其他經目的事業主管機關指定之金融機構。

II 辦理融資性租賃、虛擬通貨平台及交易業務之事業，適用本法關於金融機構之規定。

III 本法所稱指定之非金融事業或人員，指從事下列交易之事業或人員：

一 銀樓業。

二 地政士及不動產經紀業從事與不動產買賣交易有關之行為。

三 律師、公證人、會計師為客戶準備或進行下列交易時：

　㈠買賣不動產。

　㈡管理客戶金錢、證券或其他資產。

　㈢管理銀行、儲蓄或證券帳戶。

　㈣有關提供公司設立、營運或管理之資金籌劃。

　㈤法人或法律協議之設立、營運或管理以及買賣事業體。

四 信託及公司服務提供業為客戶準備或進行下列交易時：

　㈠關於法人之籌備或設立事項。

　㈡擔任或安排他人擔任公司董事或秘書、合夥之合夥人或在其他法人組織之類似職位。

　㈢提供公司、合夥、信託、其他法人或協議註冊之辦公室、營業地址、居住所、通訊或管理地址。

　㈣擔任或安排他人擔任信託或其他類似契約性質之受託人或其他相同角色。

　㈤擔任或安排他人擔任實質持股股東。

五 其他業務特性或交易型態易為洗錢犯罪利用之事業或從業人員。

Ⅳ第二項辦理融資性租賃、虛擬通貨平台及交易業務事業之範圍、第三項第五款指定之非金融事業或人員，其適用之交易型態，及得不適用第九條第一項申報規定之前項各款事業或人員，由法務部會同中央目的事業主管機關報請行政院指定。

Ⅴ第一項金融機構、第二項辦理融資性租賃業務事業及第三項指定之非金融事業或人員所從事之交易，必要時，得由法務部會同中央目的事業主管機關指定其使用現金以外之支付工具。

Ⅵ第一項、第二項及前二項之中央目的事業主管機關認定有疑義者，由行政院指定目的事業主管機關。

Ⅶ前三項之指定，其事務涉司法院者，由行政院會同司法院指定之。

第 6 條（建立洗錢防制內部控制與稽核制度）

Ⅰ金融機構及指定之非金融事業或人員應依洗錢與資恐風險及業務規模，建立洗錢防制內部控制與稽核制度；其內容應包括下列事項：

一 防制洗錢及打擊資恐之作業及控制程序。

二 定期舉辦或參加防制洗錢之在職訓練。

三 指派專責人員負責協調監督第一款事項之執行。

四 備置並定期更新防制洗錢及打擊資恐風險評估報告。

五 稽核程序。

六 其他經中央目的事業主管機關指定之事項。

Ⅱ前項制度之執行，中央目的事業主管機關應定期查核，並得委託其他機關（構）、法人或團體辦理。

Ⅲ第一項制度之實施內容、作業程序、執行措施、前項查核之方式、受委託之資格條件及其他應遵行事項之辦法，由中央目的事業主管機關會商法務部及相關機關定之；於訂定前應徵詢相關公會之意見。

Ⅳ違反第一項規定未建立制度，或前項辦法中有關制度之實施內容、作業程序、執行措施之規定者，由中央目的事業主管機關限期令其改善，屆期未改善者，處金融機構新臺幣五十萬元以上一千萬元以下罰鍰；處指定之非金融事業或人員新臺幣五萬元以上一百萬元以下罰鍰。

Ⅴ金融機構及指定之非金融事業或人員規避、拒絕或妨礙現地或非現地查核者，由中央目的事業主管機關處金融機構新臺幣五十萬元以上五百萬元以下罰鍰；處指定之非金融事業或人員新臺幣五萬元以上五十萬元以下罰鍰。

第 7 條（確認客戶身分程序及留存所得資料）

Ⅰ金融機構及指定之非金融事業或人員應進行確認客戶身分程序，並留存其確認客戶身分程序所得資料；其確認客戶身分程序應以風險為基礎，並應包括實質受益人之審查。

Ⅱ前項確認客戶身分程序所得資料，應自業務關係終止時起至少保存五年，臨時性交易者，應自臨時性交易終止時起至少保存五年。但法律另有較長保存期間規定者，從其規定。

Ⅲ金融機構及指定之非金融事業或人員對現任或曾任國內外政府或國際組織重要政治性職務之客戶或受益人與其家庭成員及有密切關係之人，應以風險為基礎，執行加強客戶審查程序。

Ⅳ第一項確認客戶身分範圍、留存確認資料之範圍、程序、方式及前項加強客戶審查之範圍、程序、方式之辦法，由中央目的事業主管機關會商法務部及相關機關定之；於訂定前應徵詢相關公會之意見。前項重要政治性職務之人與其家庭成員及有密切關係之人之範圍，由法務部定之。

Ⅴ違反第一項至第三項規定及前項所定辦法者，由中央目的事業主管機關處金融機構新臺幣五十萬元以上一千萬元以下罰鍰、處指定之非金融事業或人員新臺幣五萬元以上一百萬元以下罰鍰。

第 8 條（辦理國內外交易留存交易紀錄）

Ⅰ金融機構及指定之非金融事業或人員因執行業務而辦理國內外交易，應留存必要交易紀錄。

Ⅱ前項交易紀錄之保存，自交易完成時起，應至少保存五年。但法律另有較長保存期間規定者，

從其規定。

Ⅲ第一項留存交易紀錄之適用交易範圍、程序、方式之辦法，由中央目的事業主管機關會商法務部及相關機關定之；於訂定前應徵詢相關公會之意見。

Ⅳ違反第一項、第二項規定及前項所定辦法者，由中央目的事業主管機關處金融機構新臺幣五十萬元以上一千萬元以下罰鍰、處指定之非金融事業或人員新臺幣五萬元以上一百萬元以下罰鍰。

第9條（一定金額以上通貨交易之申報）

Ⅰ金融機構及指定之非金融事業或人員對於達一定金額以上之通貨交易，除本法另有規定外，應向法務部調查局申報。

Ⅱ金融機構及指定之非金融事業或人員依前項規定爲申報者，免除其業務上應保守秘密之義務。該機構或事業之負責人、董事、經理人及職員，亦同。

Ⅲ第一項一定金額、通貨交易之範圍、種類、申報之範圍、方式、程序及其他應遵行事項之辦法，由中央目的事業主管機關會商法務部及相關機關定之；於訂定前應徵詢相關公會之意見。

Ⅳ違反第一項規定或前項所定辦法中有關申報之範圍、方式、程序之規定者，由中央目的事業主管機關處金融機構新臺幣五十萬元以上一千萬元以下罰鍰；處指定之非金融事業或人員新臺幣五萬元以上一百萬元以下罰鍰。

第10條（金融機構及指定之非金融事業或人員之申報義務）

Ⅰ金融機構及指定之非金融事業或人員對疑似犯第十四條、第十五條之罪之交易，應向法務部調查局申報；其交易未完成者，亦同。

Ⅱ金融機構及指定之非金融事業或人員依前項規定爲申報者，免除其業務上應保守秘密之義務。該機構或事業之負責人、董事、經理人及職員，亦同。

Ⅲ第一項之申報範圍、方式、程序及其他應遵行事項之辦法，由中央目的事業主管機關會商法務部及相關機關定之；於訂定前應徵詢相關公會之意見。

Ⅳ前項、第六條第三項、第七條第四項、第八條第三項及前條第三項之辦法，其事務涉司法院者，由司法院會商行政院定之。

Ⅴ違反第一項規定或第三項所定辦法中有關申報之範圍、方式、程序之規定者，由中央目的事業主管機關處金融機構新臺幣五十萬元以上一千萬元以下罰鍰；處指定之非金融事業或人員新臺幣五萬元以上一百萬元以下罰鍰。

第11條（對洗錢或資恐高風險國家或地區得採相關防制措施）

Ⅰ爲配合防制洗錢及打擊資恐之國際合作，金融目的事業主管機關及指定之非金融事業或人員之中央目的事業主管機關得自行或經法務部調查局通報，對洗錢或資恐高風險國家或地區，爲下列措施：

一　令金融機構、指定之非金融事業或人員強化相關交易之確認客戶身分措施。

二　限制或禁止金融機構、指定之非金融事業或人員與洗錢或資恐高風險國家或地區爲匯款或其他交易。

三　採取其他與風險相當且有效之必要防制措施。

Ⅱ前項所稱洗錢或資恐高風險國家或地區，指下列之一者：

一　經國際防制洗錢組織公告防制洗錢及打擊資恐有嚴重缺失之國家或地區。

二　經國際防制洗錢組織公告未遵循或未充分遵循國際防制洗錢組織建議之國家或地區。

三　其他有具體事證認有洗錢及資恐高風險之國家或地區。

第12條（一定金額、有價證券、黃金及物品之申報義務）

Ⅰ旅客或隨交通工具服務之人員出入境攜帶下列之物，應向海關申報；海關受理申報後，應向法務部調查局通報：

一　總價值達一定金額以上之外幣、香港或澳門發行之貨幣及新臺幣現鈔。

二　總面額達一定金額以上之有價證券。

三　總價值達一定金額以上之黃金。

四　其他總價值達一定金額以上，且有被利用進行洗錢之虞之物品。

Ⅱ以貨物運送、快遞、郵寄或其他相類之方法運送前項各款物品出入境者，亦同。

Ⅲ前二項之一定金額、有價證券、黃金、物品、受理申報與通報之範圍、程序及其他應遵行事項之辦法，由財政部會商法務部、中央銀行、金融監督管理委員會定之。

Ⅳ外幣、香港或澳門發行之貨幣未依第一項、第二項規定申報者，由海關沒入之；申報不實者，其超過申報部分由海關沒入之；有價證券、黃金、物品未依第一項、第二項規定申報或申報不實者，由海關科以相當於未申報或申報不實之有價證券、黃金、物品價額之罰鍰。

Ⅴ新臺幣依第一項、第二項規定申報者，超過中央銀行依中央銀行法第十八條之一第一項所定限額部分，應予退運。未依第一項、第二項規定申報者，由海關沒入之；申報不實者，其超過申報部分由海關沒入之，均不適用中央銀行

法第十八條之一第二項規定。

VI 大陸地區發行之貨幣依第一項、第二項所定方式出入境，應依臺灣地區與大陸地區人民關係條例相關規定辦理，總價值超過同條例第三十八條第五項所定限額時，海關應向法務部調查局通報。

第 13 條 （禁止處分）

I 檢察官於偵查中，有事實足認被告利用帳戶、匯款、通貨或其他支付工具犯第十四條及第十五條之罪者，得聲請該管法院指定六個月以內之期間，對該筆交易之財產為禁止提款、轉帳、付款、交付、轉讓或其他必要處分之命令。其情況急迫，有相當理由足認非立即為上開命令，不能保全得沒收之財產或證據者，檢察官得逕命執行之。但應於執行後三日內，聲請法院補發命令。法院如不於三日內補發或檢察官未於執行後三日內聲請法院補發命令者，應即停止執行。

II 前項禁止提款、轉帳、付款、交付、轉讓或其他必要處分之命令，法官於審判中得依職權為之。

III 前二項命令，應以書面為之，並準用刑事訴訟法第一百二十八條規定。

IV 第一項之指定期間如有繼續延長之必要者，檢察官應檢附具體理由，至遲於期間屆滿之前五日聲請該管法院裁定。但延長期間不得逾六個月，並以延長一次為限。

V 對於外國政府、機構或國際組織依第二十一條所簽訂之條約或協定或基於互惠原則請求我國協助之案件，如其涉之犯罪行為符合第三條列之罪，雖非在我國偵查或審判中者，亦得準用前四項規定。

VI 對第一項、第二項之命令、第四項之裁定不服者，準用刑事訴訟法第四編抗告之規定。

第 14 條 （洗錢行為之處罰）

I 有第二條各款所列洗錢行為者，處七年以下有期徒刑，併科新臺幣五百萬元以下罰金。

II 前項之未遂犯罰之。

III 前二項情形，不得科以超過其特定犯罪所定最重本刑之刑。

第 15 條 （罰則）

I 收受、持有或使用之財物或財產上利益，有下列情形之一，而無合理來源且與收入顯不相當者，處六月以上五年以下有期徒刑，得併科新臺幣五百萬元以下罰金：
一　冒名或以假名向金融機構申請開立帳戶。
二　以不正方法取得他人向金融機構申請開立之帳戶。
三　規避第七條至第十條所定洗錢防制程序

II 前項之未遂犯罰之。

第 16 條 （洗錢犯罪之成立不以特定犯罪之行為發生在中華民國領域內為必要）

I 法人之代表人、代理人、受雇人或其他從業人員，因執行業務犯前二條之罪者，除處罰行為人外，對該法人並科以各該條所定之罰金。

II 犯前二條之罪，在偵查或審判中自白者，減輕其刑。

III 前二條之罪，於中華民國人民在中華民國領域外犯罪者，適用之。

IV 第十四條之罪，不以本法所定特定犯罪之行為或結果在中華民國領域內為必要。但該特定犯罪依行為地之法律不罰者，不在此限。

第 17 條 （洩漏或交付罪責）

I 公務員洩漏或交付關於申報疑似犯第十四條、第十五條之罪之交易或犯第十四條、第十五條之罪嫌疑之文書、圖畫、消息或物品者，處三年以下有期徒刑。

II 第五條第一項至第三項不具公務員身分之人洩漏或交付關於申報疑似犯第十四條、第十五條之罪之交易或犯第十四條、第十五條之罪嫌疑之文書、圖畫、消息或物品者，處二年以下有期徒刑、拘役或新臺幣五十萬元以下罰金。

第 18 條 （洗錢犯罪所得之沒收範圍）

I 犯第十四條之罪，其所移轉、變更、掩飾、隱匿、收受、取得、持有、使用之財物或財產上利益，沒收之，犯第十五條之罪，其所收受、持有、使用之財物或財產上利益，亦同。

II 以集團性或常習性方式犯第十四條或第十五條之罪，有事實足以證明行為人所得支配之前項規定以外之財物或財產上利益，係取自其他違法行為所得者，沒收之。

III 對於外國政府、機構或國際組織依第二十一條所簽訂之條約或協定或基於互惠原則，請求我國協助執行扣押或沒收之案件，如其涉之犯罪行為符合第三條所列之罪，不以在我國偵查或審判中者為限。

第 19 條 （沒收財產）

I 犯本法之罪沒收之犯罪所得為現金或有價證券以外之財物者，得由法務部撥交檢察機關、司法警察機關或其他協助查緝洗錢犯罪之機關作公務上使用。

II 我國與外國政府、機構或國際組織依第二十一條所簽訂之條約或協定或基於互惠原則協助執行沒收犯罪所得或其他追緝犯罪所得作為者，法務部得依條約、協定或互惠原則將該沒收財產之全部或一部撥交該外國政府、機構或國際組織，或請求撥交沒收財產之全部或一部款項。

III 前二項沒收財產之撥交辦法，由行政院定之。

第 20 條（設置基金）

法務部辦理防制洗錢業務，得設置基金。

第 21 條（國際合作條約或協定之簽訂）

Ⅰ 為防制洗錢，政府依互惠原則，得與外國政府、機構或國際組織簽訂防制洗錢之條約或協定。

Ⅱ 對於外國政府、機構或國際組織請求我國協助之案件，除條約或協定另有規定者外，得基於互惠原則，提供第九條、第十條、第十二條受理申報或通報之資料及其調查結果。

Ⅲ 臺灣地區與大陸地區、香港及澳門間之洗錢防制，準用前二項規定。

第 22 條（定期陳報查核成效）

第六條第二項之查核，第六條第四項、第五項、第七條第五項、第八條第四項、第九條第四項、第十條第五項之裁處及其調查，中央目的事業主管機關得委辦直轄市、縣（市）政府辦理，並由直轄市、縣（市）政府定期陳報查核成效。

第 23 條（施行日）

Ⅰ 本法自公布日後六個月施行。

Ⅱ 本法修正條文自公布日施行。

兒童及少年性剝削防制條例

1. 中華民國 84 年 8 月 11 日總統令制定公布全文 39 條；並自公布日施行
2. 中華民國 88 年 4 月 21 日總統令修正公布第 2、27 條條文；並刪除第 37 條條文
3. 中華民國 88 年 6 月 2 日總統令修正公布第 9、22、29、33、34 條條文
4. 中華民國 89 年 11 月 8 日總統令修正公布第 3、13 ～ 16、33 條條文；並增訂第 36-1 條條文
5. 中華民國 94 年 2 月 5 日總統令修正公布第 14、20、23 ～ 26、28、31 條條文；並增訂第 36-2 條條文
6. 中華民國 95 年 5 月 30 日總統令修正公布第 23 ～ 25、27、39 條條文；並自 95 年 7 月 1 日施行
7. 中華民國 96 年 7 月 4 日總統令修正公布第 9、28 條條文
   中華民國 102 年 7 月 19 日行政院公告第 3 條第 1 項、第 6、8 條、第 14 條第 1 項所列屬「內政部」之權責事項，自 102 年 7 月 23 日起改由「衛生福利部」管轄
8. 中華民國 104 年 2 月 4 日總統令修正公布名稱及全文 55 條（原名稱：兒童及少年性交易防制條例）
9. 中華民國 106 年 11 月 29 日總統令修正公布第 36、38、39、51 條條文
   中華民國 107 年 3 月 19 日行政院令發布定自 107 年 7 月 1 日施行
10. 中華民國 107 年 1 月 3 日總統令修正公布第 2、7、8、15、19、21、23、30、44、45、49、51 條條文
   中華民國 107 年 3 月 19 日行政院令發布定自 107 年 7 月 1 日施行

第一章　總　則

第 1 條（立法目的）

為防制兒童及少年遭受任何形式之性剝削，保護其身心健全發展，特制定本條例。

第 2 條（兒童或少年性剝削之定義）

I 本條例所稱兒童或少年性剝削，係指下列行為之一：

一　使兒童或少年為有對價之性交或猥褻行為。

二　利用兒童或少年為性交、猥褻之行為，以供人觀覽。

三　拍攝、製造兒童或少年為性交或猥褻行為之圖畫、照片、影片、影帶、光碟、電子訊號或其他物品。

四　使兒童或少年坐檯陪酒或涉及色情之伴遊、伴唱、伴舞等行為。

II 本條例所稱被害人，係指遭受性剝削或疑似遭受性剝削之兒童或少年。

第 3 條（主管機關）

I 本條例所稱主管機關：在中央為衛生福利部；在直轄市為直轄市政府；在縣（市）為縣（市）政府。主管機關應獨立編列預算，並置專職人員辦理兒童及少年性剝削防制業務。

II 內政、法務、教育、國防、文化、經濟、勞動、交通及通訊傳播等相關目的事業主管機關涉及兒童及少年性剝削防制業務時，應全力配合並辦理防制教育宣導。

III 主管機關應會同前項相關機關定期公布並檢討教育宣導、救援及保護、加害者處罰、安置及服務等工作成效。

IV 主管機關應邀集相關學者或專家、民間相關機構、團體代表及目的事業主管機關代表，協調、研究、審議、諮詢及推動兒童及少年性剝削防制政策。

V 前項學者、專家及民間相關機構、團體代表不得少於二分之一，任一性別不得少於三分之一。

第 4 條（高中以下學校應辦理兒童及少年性剝削防制教育課程或宣導之內容）

I 高級中等以下學校每學年應辦理兒童及少年性剝削防制教育課程或教育宣導。

II 前項兒童及少年性剝削教育課程或教育宣導內容如下：

一　性不得作為交易對象之宣導。

二　性剝削犯罪之認識。

三　遭受性剝削之處境。

四　網路安全及正確使用網路之知識。

五　其他有關性剝削防制事項。

第二章　救援及保護

第 5 條（檢警專責指揮督導辦理）

中央法務主管機關及內政主管機關應指定所屬機關專責指揮督導各地方法院檢察署、警察機關辦理有關本條例犯罪偵查工作；各地方法院檢察署及警察機關應指定經專業訓練之專責人員辦理本條例事件。

第 6 條（主管機關應提供緊急庇護等其他必要之服務）

為預防兒童及少年遭受性剝削，直轄市、縣（市）主管機關對於脫離家庭之兒童及少年應提供緊急庇護、諮詢、關懷、連繫或其他必要服務。

第 7 條（相關從業人員之通報義務）

I 醫事人員、社會工作人員、教育人員、保育人員、移民管理人員、移民業務機構從業人員、戶政人員、村里幹事、警察、司法人員、觀光業從業人員、電子遊戲場業從業人員、資訊休

開業從業人員、就業服務人員及其他執行兒童福利或少年福利業務人員，知有本條例應保護之兒童或少年，或知有第四章之犯罪嫌疑人，應即向當地直轄市、縣（市）主管機關或第五條所定機關或人員報告。

II本條例報告人及告發人之身分資料，應予保密。

第8條（網際網路平臺提供者、網際網路應用服務提供者及電信事業協助調查之義務）

I網際網路平臺提供者、網際網路應用服務提供者及電信事業知悉或透過網路內容防護機構、其他機關、主管機關而知有第四章之犯罪嫌疑情事，應先行移除該資訊，並通知警察機關且保留相關資料至少九十天，提供司法及警察機關調查。

II前項相關資料至少應包括本條例第四章犯罪網頁資料、嫌疑人之個人資料及網路使用紀錄。

第9條（偵查或審判時應通知社工人員之陪同）

I警察及司法人員於調查、偵查或審判時，詢（訊）問被害人，應通知直轄市、縣（市）主管機關指派社會工作人員陪同在場，並得陳述意見。

II被害人於前項案件偵查、審判中，已經合法訊問，其陳述明確別無訊問之必要者，不得再行傳喚。

第10條（偵查或審理中被害人受詢問或詰問時，得陪同在場之相關人員）

I被害人於偵查或審理中受詢（訊）問或詰問時，其法定代理人、直系或三親等內旁系血親、配偶、家長、家屬、醫師、心理師、輔導人員或社會工作人員得陪同在場，並陳述意見。於司法警察官或司法警察調查時，亦同。

II前項規定，於得陪同在場之人為本條例所定犯罪嫌疑人或被告時，不適用之。

第11條（對證人、被害人、檢舉人、告發人或告訴人之保護）

性剝削案件之證人、被害人、檢舉人、告發人或告訴人，除依本條例規定保護外，經檢察官或法官認有必要者，得準用證人保護法第四條至第十四條、第十五條第二項、第二十條及第二十一條規定。

第12條（偵查審理時，訊問兒童或少年時應注意其人身安全，並提供安全環境與措施）

I偵查及審理中訊問兒童或少年時，應注意其人身安全，並提供確保其安全之環境與措施，必要時，應採取適當隔離方式為之，另得依聲請或依職權於法庭外為之。

II於司法警察官、司法警察調查時，亦同。

第13條（兒童或少年於審理中對檢警調查中所為陳述，具有可信之特別情況，且為證明犯罪事實存否所必要者，得為證據之情形）

兒童或少年於審理中有下列情形之一者，其於檢察事務官、司法警察官、司法警察調查中所為之陳述，經證明具有可信之特別情況，且為證明犯罪事實存否所必要者，得為證據：

一 因身心創傷無法陳述。

二 到庭後因身心壓力，於訊問或詰問時，無法為完全之陳述或拒絕陳述。

三 非在臺灣地區或所在不明，而無法傳喚或傳喚不到。

第14條（兒童及少年被害人身分資訊之保護規定）

I宣傳品、出版品、廣播、電視、網際網路或其他媒體不得報導或記載有被害人之姓名或其他足以識別身分之資訊。

II行政及司法機關所製作必須公開之文書，不得揭露足以識別前項被害人身分之資訊。但法律另有規定者，不在此限。

III前二項以外之任何人不得以媒體或其他方法公開或揭露第一項被害人之姓名及其他足以識別身分之資訊。

第三章 安置及服務

第15條（查獲及救援之被害人或自行求助者之處置）

I檢察官、司法警察官及司法警察查獲及救援被害人後，應於二十四小時內將被害人交由當地直轄市、縣（市）主管機關處理。

II前項直轄市、縣（市）主管機關應即評估被害人就學、就業、生活適應、人身安全及其家庭保護教養功能，經列為保護個案者，為下列處置：

一 通知父母、監護人或親屬帶回，並為適當之保護及教養。

二 送交適當場所緊急安置、保護及提供服務。

三 其他必要之保護及協助。

III前項被害人未列為保護個案者，直轄市、縣（市）主管機關得視其需求，轉介相關服務資源協助。

IV前二項規定於直轄市、縣（市）主管機關接獲報告、自行發現或被害人自行求助者，亦同。

第16條（繼續安置之評估及採取之措施）

I直轄市、縣（市）主管機關依前條緊急安置被害人，應於安置起七十二小時內，評估有無繼續安置之必要，經評估無繼續安置必要者，應不付安置，將被害人交付其父母、監護人或其他適當之人；經評估有安置必要者，應提出報

告，聲請法院裁定。

II 法院受理前項聲請後，認無繼續安置必要者，應裁定不付安置，並將被害人交付其父母、監護人或其他適當之人；認有繼續安置必要者，應交由直轄市、縣（市）主管機關安置於兒童及少年福利機構、寄養家庭或其他適當之醫療、教育機構，期間不得逾三個月。

III 安置期間，法院得依職權或依直轄市、縣（市）主管機關、被害人、父母、監護人或其他適當之人之聲請，裁定停止安置，並交由被害人之父母、監護人或其他適當之人保護及教養。

IV 直轄市、縣（市）主管機關收到第二項裁定前，得繼續安置。

第 17 條（緊急安置時限之計算及不予計入之時間）

前條第一項所定七十二小時，自依第十五條第二項第二款規定緊急安置被害人之時起，即時起算。但下列時間不予計入：

一　在途護送時間。

二　交通障礙時間。

三　依其他法律規定致無法就是否有安置必要進行評估之時間。

四　其他不可抗力之事由所生之遲滯時間。

第 18 條（主管機關審前報告之提出及其內容項目）

I 直轄市、縣（市）主管機關應於被害人安置後四十五日內，向法院提出審前報告，並聲請法院裁定。審前報告如有不完備者，法院得命於七日內補正。

II 前項審前報告應包括安置評估及處遇方式之建議，其報告內容、項目及格式，由中央主管機關定之。

第 19 條（審前報告之裁定）

I 法院依前條之聲請，於相關事證調查完竣後七日內對被害人為下列裁定：

一　認無安置必要者應裁定不付安置，並交付父母、監護人或其他適當之人。其為無合法有效之停（居）留許可之外國人、大陸地區人民、香港、澳門居民或臺灣地區無戶籍國民，亦同。

二　認有安置之必要者，應裁定安置於直轄市、縣（市）主管機關自行設立或委託之兒童及少年福利機構、寄養家庭、中途學校或其他適當之醫療、教育機構，期間不得逾二年。

三　其他適當之處遇方式。

II 前項第一款後段不付安置之被害人，於遣返前，直轄市、縣（市）主管機關應委託或補助民間團體續予輔導，移民主管機關應儘速安排遣返事宜，並安全遣返。

第 20 條（不服法院裁定得提起抗告之期限）

I 直轄市、縣（市）主管機關、檢察官、父母、監護人、被害人或其他適當之人對於法院裁定有不服者，得於裁定送達後十日內提起抗告。

II 對於抗告法院之裁定，不得再抗告。

III 抗告期間，不停止原裁定之執行。

第 21 條（定期評估、聲請繼續安置及停止安置之規定）

I 被害人經依第十九條安置後，主管機關應每三個月進行評估。經評估無繼續安置、有變更安置處所或為其他更適當處遇方式之必要者，得聲請法院為停止安置、變更處所或其他適當處遇之裁定。

II 經法院依第十九條第一項第二款裁定安置期滿前，直轄市、縣（市）主管機關認有繼續安置之必要者，應於安置期滿四十五日前，向法院提出評估報告，聲請法院裁定延長安置，其每次延長之期間不得逾一年。但以延長至被害人年滿二十歲為止。

III 被害人於安置期間年滿十八歲，經評估有繼續安置之必要者，得繼續安置至期滿或年滿二十歲。

IV 因免除、不付或停止安置者，直轄市、縣（市）主管機關應協助該被害人及其家庭預為必要之返家準備。

第 22 條（中途學校之設置、員額編制、經費來源及課程等相關規定）

I 中央教育主管機關及中央主管機關應聯合協調直轄市、縣（市）主管機關設置安置被害人之中途學校。

II 中途學校之設立，準用少年矯正學校設置及教育實施通則規定辦理；中途學校之員額編制準則，由中央教育主管機關會同中央主管機關定之。

III 中途學校應聘請社會工作、心理、輔導及教育等專業人員，並結合民間資源，提供選替教育及輔導。

IV 中途學校學生之學籍應分散設於普通學校，畢業證書應由該普通學校發給。

V 前二項之課程、教材及教法之實施、學籍管理及其他相關事項之辦法，由中央教育主管機關定之。

VI 安置對象逾國民教育階段者，中途學校得提供其繼續教育。

VII 中途學校所需經費來源如下：

一　各級政府按年編列之預算。

二　社會福利基金。

三　私人或團體捐款。

四　其他收入。

VIII 中途學校之設置及辦理，涉及其他機關業務權責者，各該機關應予配合及協助。

第 23 條（指派社工人員進行輔導處遇及輔導期限）

I 經法院依第十九條第一項第一款前段、第三款裁定之被害人，直轄市、縣（市）主管機關應指派社會工作人員進行輔導處遇，期間至少一年或至其年滿十八歲止。

II 前項輔導期間，直轄市、縣（市）主管機關或父母、監護人或其他適當之人認爲難收輔導成效者或認仍有安置必要者，得檢具事證及敘明理由，由直轄市、縣（市）主管機關自行或接受父母、監護人或其他適當之人之請求，聲請法院爲第十九條第一項第二款之裁定。

第 24 條（受指派社會工作人員對交付者之輔導義務）

經法院依第十六條第二項或第十九條第一項裁定之受交付者，應協助直轄市、縣（市）主管機關指派之社會工作人員對被害人爲輔導。

第 25 條（對免除、停止或結束安置無法返家者之處遇）

直轄市、縣（市）主管機關對於免除、停止或結束安置，無法返家之被害人，應依兒童及少年福利與權益保障法爲適當之處理。

第 26 條（有無另犯其他罪之處理）

I 兒童或少年遭受性剝削或有遭受性剝削之虞者，如無另犯其他之罪，不適用少年事件處理法及社會秩序維護法規定。

II 前項之兒童或少年如另犯其他之罪，應先依第十五條規定移送直轄市、縣（市）主管機關處理後，再依少年事件處理法移送少年法院（庭）處理。

第 27 條（受交付安置之機構，在保護教養被害人範圍內，行使負擔父母對未成年子女之權利義務）

安置或保護教養期間，直轄市、縣（市）主管機關或其交付或經法院裁定交付之機構、學校、寄養家庭或其他適當之人，在安置或保護教養被害人之範圍內，行使、負擔父母對於未成年子女之權利義務。

第 28 條（父母、養父母或監護人之另行選定）

I 父母、養父母或監護人對未滿十八歲之子女、養子女或受監護人犯第三十二條至第三十八條、第三十九條第二項之罪者，被害人、檢察官、被害人最近尊親屬、直轄市、縣（市）主管機關、兒童及少年福利機構或其他利害關係人，得向法院聲請停止其行使、負擔父母對於被害人之權利義務，另行選定監護人。對於養父母，並得請求法院宣告終止其收養關係。

II 法院依前項規定選定或改定監護人時，得指定直轄市、縣（市）主管機關、兒童及少年福利機構或其他適當之人爲被害人之監護人，並得指定監護方法、命其父母、原監護人或其他扶養義務人交付子女、支付選定或改定監護人相當之扶養費用及報酬、命爲其他必要處分或訂定必要事項。

III 前項裁定，得爲執行名義。

第 29 條（加強親職教育輔導，並實施家庭處遇計畫）

直轄市、縣（市）主管機關得令被害人之父母、監護人或其他實際照顧之人接受八小時以上五十小時以下之親職教育輔導，並得實施家庭處遇計畫。

第 30 條（對被害人進行輔導處遇及追蹤之情形）

I 直轄市、縣（市）主管機關應對有下列情形之一之被害人進行輔導處遇及追蹤，並提供就學、就業、自立生活或其他必要之協助，其期間至少一年或至其年滿二十歲止：

一 經依第十五條第二項第一款及第三款規定處遇者。

二 經依第十六條第一項、第二項規定不付安置之處遇者。

三 經依第十六條第二項規定安置於兒童及少年福利機構、寄養家庭或其他適當之醫療、教育機構，屆期返家者。

四 經依第十六條第三項規定裁定停止安置，並交由被害人之父母、監護人或其他適當之人保護及教養者。

五 經依第十九條第一項第二款規定之安置期滿。

六 經依第二十一條規定裁定安置期滿或停止安置。

II 前項輔導處遇及追蹤，教育、勞動、衛生、警察等單位，應全力配合。

第四章　罰　則

第 31 條（與未滿十六歲之人爲有對價之性交或猥褻行爲等之處罰）

I 與未滿十六歲之人爲有對價之性交或猥褻行爲者，依刑法之規定處罰之。

II 十八歲以上之人與十六歲以上未滿十八歲之人爲有對價之性交或猥褻行爲者，處三年以下有期徒刑、拘役或新臺幣十萬元以下罰金。

III 中華民國人民在中華民國領域外犯前二項之罪者，不問犯罪地之法律有無處罰規定，均依本條例處罰。

第 32 條（罰則）

I 引誘、容留、招募、媒介、協助或以他法，使兒童或少年爲有對價之性交或猥褻行爲者，處一年以上七年以下有期徒刑，得併科新臺幣三百萬元以下罰金。以詐術犯之者，亦同。

II 意圖營利而犯前項之罪者，處三年以上十年以下有期徒刑，併科新臺幣五百萬元以下罰金。

III 媒介、交付、收受、運送、藏匿前二項被害人或使之隱避者，處一年以上七年以下有期徒刑，得併科新臺幣三百萬元以下罰金。

IV 前項交付、收受、運送、藏匿行為之媒介者，亦同。

V 前四項之未遂犯罰之。

第33條（罰則）

I 以強暴、脅迫、恐嚇、監控、藥劑、催眠術或其他違反本人意願之方法，使兒童或少年為有對價之性交或猥褻行為者，處七年以上有期徒刑，得併科新臺幣七百萬元以下罰金。

II 意圖營利而犯前項之罪者，處十年以上有期徒刑，併科新臺幣一千萬元以下罰金。

III 媒介、交付、收受、運送、藏匿前二項被害人或使之隱避者，處三年以上十年以下有期徒刑，得併科新臺幣五百萬元以下罰金。

IV 前項交付、收受、運送、藏匿行為之媒介者，亦同。

V 前四項之未遂犯罰之。

第34條（罰則）

I 意圖使兒童或少年為有對價之性交或猥褻行為，而買賣、質押或以他法，為他人人身之交付或收受者，處七年以上有期徒刑，併科新臺幣七百萬元以下罰金。以詐術犯之者，亦同。

II 以強暴、脅迫、恐嚇、監控、藥劑、催眠術或其他違反本人意願之方法，犯前項之罪者，加重其刑至二分之一。

III 媒介、交付、收受、運送、藏匿前二項被害人或使之隱避者，處三年以上十年以下有期徒刑，併科新臺幣五百萬元以下罰金。

IV 前項交付、收受、運送、藏匿行為之媒介者，亦同。

V 前四項未遂犯罰之。

VI 預備犯第一項、第二項之罪者，處二年以下有期徒刑。

第35條（罰則）

I 招募、引誘、容留、媒介、協助、利用或以他法，使兒童或少年為性交、猥褻之行為以供人觀覽，處一年以上七年以下有期徒刑，得併科新臺幣五十萬元以下罰金。

II 以強暴、脅迫、藥劑、詐術、催眠術或其他違反本人意願之方法，使兒童或少年為性交、猥褻之行為以供人觀覽者，處七年以上有期徒刑，得併科新臺幣三百萬元以下罰金。

III 意圖營利犯前二項之罪者，依各該條項之規定，加重其刑至二分之一。

IV 前三項之未遂犯罰之。

第36條（罰則）

I 拍攝、製造兒童或少年為性交或猥褻行為之圖畫、照片、影片、影帶、光碟、電子訊號或其他物品，處一年以上七年以下有期徒刑，得併科新臺幣一百萬元以下罰金。

II 招募、引誘、容留、媒介、協助或以他法，使兒童或少年被拍攝、製造性交或猥褻行為之圖畫、照片、影片、影帶、光碟、電子訊號或其他物品，處三年以上七年以下有期徒刑，得併科新臺幣三百萬元以下罰金。

III 以強暴、脅迫、藥劑、詐術、催眠術或其他違反本人意願之方法，使兒童或少年被拍攝、製造性交或猥褻行為之圖畫、照片、影片、影帶、光碟、電子訊號或其他物品者，處七年以上有期徒刑，得併科新臺幣五百萬元以下罰金。

IV 意圖營利犯前三項之罪者，依各該條項之規定，加重其刑至二分之一。

V 前四項之未遂犯罰之。

VI 第一項至第四項之物品，不問屬於犯罪行為人與否，沒收之。

第37條（罰則）

I 犯第三十三條第一項、第二項、第三十四條第二項、第三十五條第二項或第三十六條第三項之罪，而故意殺害被害人者，處死刑或無期徒刑；使被害人受重傷者，處無期徒刑或十二年以上有期徒刑。

II 犯第三十三條第一項、第二項、第三十四條第二項、第三十五條第二項或第三十六條第三項之罪，因而致被害人於死者，處無期徒刑或十二年以上有期徒刑；致重傷者，處十二年以上有期徒刑。

第38條（罰則）

I 散布、播送或販賣兒童或少年為性交、猥褻行為之圖畫、照片、影片、影帶、光碟、電子訊號或其他物品，或公然陳列，或以他法供人觀覽、聽聞者，處三年以下有期徒刑，得併科新臺幣五百萬元以下罰金。

II 意圖散布、播送、販賣或公然陳列而持有前項物品者，處二年以下有期徒刑，得併科新臺幣二百萬元以下罰金。

III 查獲之前二項物品，不問屬於犯罪行為人與否，沒收之。

第39條（罰則）

I 無正當理由持有前條第一項物品，第一次被查獲者，處新臺幣一萬元以上十萬元以下罰鍰，並得令其接受二小時以上十小時以下之輔導教育，其物品不問屬於持有人與否，沒入之。

II 無正當理由持有前條第一項物品第二次以上被查獲者，處新臺幣二萬元以上二十萬元以下罰金，其物品不問屬於犯罪行為人與否，沒收之。

第40條（罰則）

Ⅰ以宣傳品、出版品、廣播、電視、電信、網際網路或其他方法，散布、傳送、刊登或張貼足以引誘、媒介、暗示或其他使兒童或少年有遭受第二條第一項第一款至第三款之虞之訊息者，處三年以下有期徒刑，得併科新臺幣一百萬元以下罰金。

Ⅱ意圖營利而犯前項之罪者，處五年以下有期徒刑，得併科新臺幣一百萬元以下罰金。

第 41 條（公務員或經選舉產生之公職人員違反本條例之罪，加重處罰）

公務員或經選舉產生之公職人員犯本條例之罪，或包庇他人犯本條例之罪者，依各該條項之規定，加重其刑至二分之一。

第 42 條（父母對其子女違反本條例之罪，因自白或自首之罰則）

Ⅰ意圖犯第三十二條至第三十六條或第三十七條第一項後段之罪，而移送被害人入出臺灣地區者，依各該條項之規定，加重其刑至二分之一。

Ⅱ前項之未遂犯罰之。

第 43 條（罰則）

Ⅰ父母對其子女犯本條例之罪，因自白或自首，而查獲第三十二條至第三十八條、第三十九條第二項之犯罪者，減輕或免除其刑。

Ⅱ犯第三十一條之罪自白或自首，因而查獲第三十二條至第三十八條、第三十九條第二項之犯罪者，減輕或免除其刑。

第 44 條（觀覽兒童或少年為性交、猥褻之行為而支付對價之處罰）

觀覽兒童或少年為性交、猥褻之行為而支付對價者，處新臺幣一萬元以上十萬元以下罰鍰，並命令其接受二小時以上十小時以下之輔導教育。

第 45 條（利用兒童或少年從事陪酒或涉及色情之侍應工作者之處罰）

Ⅰ利用兒童或少年從事坐檯陪酒或涉及色情之伴遊、伴唱、伴舞等侍應工作者，處新臺幣六萬元以上三十萬元以下罰鍰，並命其限期改善；屆期未改善者，由直轄市、縣（市）主管機關移請目的事業主管機關命其停業一個月以上一年以下。

Ⅱ招募、引誘、容留、媒介、協助、利用或以他法，使兒童或少年坐檯陪酒或涉及色情之伴遊、伴唱、伴舞等行為，處一年以下有期徒刑，得併科新臺幣三十萬元以下罰金。以詐術犯之者，亦同。

Ⅲ以強暴、脅迫、藥劑、詐術、催眠術或其他違反本人意願之方法，使兒童或少年坐檯陪酒或涉及色情之伴遊、伴唱、伴舞等行為，處三年以上五年以下有期徒刑，得併科新臺幣一百五十萬元以下罰金。

Ⅳ意圖營利犯前二項之罪者，依各該條項之規定，

加重其刑至二分之一。

Ⅴ前三項之未遂犯罰之。

第 46 條（違反通報義務者之罰鍰）

違反第七條第一項規定者，處新臺幣六千元以上三萬元以下罰鍰。

第 47 條（違反網路、電信業者協助調查義務之處罰）

違反第八條規定者，由目的事業主管機關處新臺幣六萬元以上三十萬元以下罰鍰，並命其限期改善；屆期未改善者，得按次處罰。

第 48 條（被害人身分資訊違反保護規定之罰則）

Ⅰ廣播、電視事業違反第十四條第一項規定者，由目的事業主管機關處新臺幣三萬元以上三十萬元以下罰鍰，並命其限期改正；屆期未改正者，得按次處罰。

Ⅱ前項以外之宣傳品、出版品、網際網路或其他媒體之負責人違反第十四條第一項規定者，由目的事業主管機關處新臺幣三萬元以上三十萬元以下罰鍰，並得沒入第十四條第一項規定之物品、命其限期移除內容、下架或其他必要之處置；屆期不履行者，得按次處罰至履行為止。

Ⅲ宣傳品、出版品、網際網路或其他媒體無負責人或負責人對行為人之行為不具監督關係者，第二項所定之罰鍰，處罰行為人。

第 49 條（不接受親職教育輔導等之處罰）

Ⅰ不接受第二十九條規定之親職教育輔導或拒不完成其時數者，處新臺幣三千元以上一萬五千元以下罰鍰，並得按次處罰。

Ⅱ父母、監護人或其他實際照顧之人，因未善盡督促配合之責，致兒童或少年不接受第二十三條第一項及第三十條規定之輔導處遇及追蹤者，處新臺幣一千二百元以上六千元以下罰鍰。

第 50 條（罰則）

Ⅰ宣傳品、出版品、廣播、電視、網際網路或其他媒體，為他人散布、傳送、刊登或張貼足以引誘、媒介、暗示或其他使兒童或少年有遭受第二條第一項第一款至第三款之虞之訊息者，由各目的事業主管機關處新臺幣五萬元以上六十萬元以下罰鍰。

Ⅱ各目的事業主管機關對於違反前項規定之媒體，應發布新聞並公開之。

Ⅲ第一項網際網路或其他媒體若已善盡防止任何人散布、傳送、刊登或張貼使兒童或少年有遭受第二條第一項第一款至第三款之虞之訊息者，經各目的事業主管機關邀集兒童及少年福利團體與專家學者代表審議同意後，得減輕或免除其罰鍰。

第 51 條（不接受輔導教育等之處罰）

Ⅰ犯第三十一條第二項、第三十二條至第三十八

條、第三十九條第二項、第四十條或第四十五
條之罪，經判決或緩起訴處分確定者，直轄市、
縣（市）主管機關應對其實施四小時以上五十
小時以下之輔導教育。

II前項輔導教育之執行，主管機關得協調矯正機
關於犯罪行為人服刑期間辦理，矯正機關應提
供場地及必要之協助。

III無正當理由不接受第一項或第三十九條第一項
之輔導教育，或拒不完成其時數者，處新臺幣
六千元以上三萬元以下罰鍰，並得按次處罰。

第 52 條（從重處罰；軍人犯罪之準用）

I違反本條例之行為，其他法律有較重處罰之規
定者，從其規定。

II軍事審判機關於偵查、審理現役軍人犯罪時，
準用本條例之規定。

第五章 附 則

第 53 條（行為人服刑期間執行輔導教育相關辦
法之訂定）

第三十九條第一項及第五十一條第一項之輔導教育
對象、方式、內容及其他應遵行事項之辦法，由中
央主管機關會同法務主管機關定之。

第 54 條（施行細則）

本條例施行細則，由中央主管機關定之。

第 55 條（施行日）

本條例施行日期，由行政院定之。

性侵害犯罪防治法

1. 中華民國 86 年 1 月 22 日總統令制定公布全文 20 條；並自公布日施行
2. 中華民國 91 年 5 月 15 日總統令修正公布第 3 條條文
3. 中華民國 91 年 6 月 12 日總統令增訂公布第 6-1、6-2 條條文
4. 中華民國 94 年 2 月 5 日總統令修正公布全文 25 條；並自公布後六個月施行
5. 中華民國 99 年 1 月 13 日總統令修正公布第 11、25 條條文；並自 98 年 11 月 23 日施行
6. 中華民國 100 年 11 月 9 日總統令修正公布第 4、7～9、12～14、20、21、23、25 條條文；增訂第 22-1、23-1 條條文；刪除第 5 條條文；並自 101 年 1 月 1 日施行
   中華民國 102 年 7 月 19 日行政院公告第 3 條、第 20 條第 7 項、第 22-1 條第 5 項所列屬「內政部」及「行政院衛生署」之權責事項，自 102 年 7 月 23 日起改由「衛生福利部」管轄
7. 中華民國 104 年 12 月 23 日總統令修正公布第 2、3、8、13、17、20、22-1、25 條條文；並增訂第 13-1、15-1、16-1、16-2 條條文；除第 15-1 條自 106 年 1 月 1 日施行外，餘自公布日施行

第 1 條（立法目的）
為防治性侵害犯罪及保護被害人權益，特制定本法。

第 2 條（名詞定義）
Ⅰ 本法所稱性侵害犯罪，係指觸犯刑法第二百二十一條至第二百二十七條、第二百二十八條、第二百二十九條、第三百三十二條第二項第二款、第三百三十四條第二項第二款、第三百四十八條第二項第一款及其特別法之罪。
Ⅱ 本法所稱加害人，係指觸犯前項各罪經判決有罪確定之人。
Ⅲ 犯第一項各罪經緩起訴處分確定者及犯性騷擾防治法第二十五條判決有罪確定者，除第九條、第二十二條、第二十二條之一及第二十三條規定外，適用本法關於加害人之規定。

第 3 條（主管機關及其權責範圍）
Ⅰ 本法所稱主管機關：在中央為衛生福利部；在直轄市為直轄市政府；在縣（市）為縣（市）政府。
Ⅱ 本法所定事項，主管機關及目的事業主管機關應就其權責範圍，針對性侵害防治之需要，尊重多元文化差異，主動規劃所需保護、預防及宣導措施，對涉及相關機關之防治業務，並應全力配合之，其權責事項如下：
　一　社政主管機關：性侵害被害人保護扶助工作、性侵害防治政策之規劃、推動、監督及定期公布性侵害相關統計等相關事宜。
　二　衛生主管機關：性侵害被害人驗傷、採證、身心治療及加害人身心治療、輔導教育等相關事宜。
　三　教育主管機關：各級學校性侵害防治教育、性侵害被害人及其子女就學權益之維護等相關事宜。
　四　勞工主管機關：性侵害被害人職業訓練及就業服務等相關事宜。
　五　警政主管機關：性侵害被害人人身安全之維護、性侵害犯罪偵查、資料統計、加害人登記報到、查訪、查閱等相關事宜。
　六　法務主管機關：性侵害犯罪之偵查、矯正、獄中治療等刑事司法相關事宜。
　七　移民主管機關：外籍人士、大陸地區人民或港澳居民因遭受性侵害致逾期停留、居留及協助其在臺居留或定居權益維護與加害人為外籍人士、大陸地區人民或港澳居民，配合協助辦理後續遣返事宜。
　八　文化主管機關：出版品違反本法規定之處理等相關事宜。
　九　通訊傳播主管機關：廣播、電視及其他由該機關依法管理之媒體違反本法規定之處理等相關事宜。
　十　戶政主管機關：性侵害被害人及其未成年子女身分資料及戶籍等相關事宜。
　十一　其他性侵害防治措施，由相關目的事業主管機關依職權辦理。

第 4 條（中央主管機關辦理事項）
Ⅰ 中央主管機關應辦理下列事項：
　一　研擬性侵害防治政策及法規。
　二　協調及監督有關性侵害防治事項之執行。
　三　監督各級政府建立性侵害事件處理程序、防治及醫療網絡。
　四　督導及推展性侵害防治教育。
　五　性侵害事件各項資料之建立、彙整、統計及管理。
　六　性侵害防治有關問題之研議。
　七　其他性侵害防治有關事項。
Ⅱ 中央主管機關辦理前項事項，應遴聘（派）學者專家、民間團體及相關機關代表提供諮詢；其中任一性別代表人數不得少於三分之一，學者專家、民間團體代表之人數不得少於二分之一。

第5條（刪除）

第6條（地方政府性侵害防治中心之設置及措施）

I 直轄市、縣（市）主管機關應設性侵害防治中心，辦理下列事項：
一　提供二十四小時電話專線服務。
二　提供被害人二十四小時緊急救援。
三　協助被害人就醫診療、驗傷及取得證據。
四　協助被害人心理治療、輔導、緊急安置及提供法律服務。
五　協調醫院成立專門處理性侵害事件之醫療小組。
六　加害人之追蹤輔導及身心治療。
七　推廣性侵害防治教育、訓練及宣導。
八　其他有關性侵害防治及保護事項。

II 前項中心應配置社工、警察、醫療及其他相關專業人員；其組織由直轄市、縣（市）主管機關定之。

III 地方政府應編列預算辦理前二項事宜，不足由中央主管機關編列專款補助。

第7條（性侵害防治教育課程）

I 各級中小學每學年應至少有四小時以上之性侵害防治教育課程。

II 前項所稱性侵害防治教育課程應包括：
一　兩性性器官構造與功能。
二　安全性行為與自我保護性知識。
三　性別平等之教育。
四　正確性心理之建立。
五　對他人性自由之尊重。
六　性侵害犯罪之認識。
七　性侵害危機之處理。
八　性侵害防範之技巧。
九　其他與性侵害有關之教育。

III 第一項教育課程，學校應運用多元方式進行教學。

IV 機關、部隊、學校、機構或僱用人之組織成員、受僱人或受服務人數達三十人以上，應定期舉辦或鼓勵所屬人員參與性侵害防治教育訓練。

第8條（通報義務）

I 醫事人員、社工人員、教育人員、保育人員、警察人員、勞政人員、司法人員、移民業務人員、矯正人員、村（里）幹事人員，於執行職務時知有疑似性侵害犯罪情事者，應立即向當地直轄市、縣（市）主管機關通報，至遲不得超過二十四小時。

II 前項通報內容、通報人之姓名、住居所及其他足資識別其身分之資訊，除法律另有規定外，應予保密。

III 直轄市、縣（市）主管機關於知悉或接獲第一項通報時，應立即進行分級分類處理，至遲不得超過二十四小時。

IV 前項通報及分級分類處理辦法，由中央主管機關定之。

第9條（性侵害加害人檔案資料之建立及保密）

I 中央主管機關應建立全國性侵害加害人之檔案資料；其內容應包含姓名、性別、出生年月日、國民身分證統一編號、住居所、相片、犯罪資料、指紋、去氧核醣核酸紀錄等資料。

II 前項檔案資料應予保密，非依法律規定，不得提供；其內容管理及使用等事項之辦法，由中央主管機關定之。

第10條（醫療單位不得拒診或拒開驗傷診斷書）

I 醫院、診所對於被害人，不得無故拒絕診療及開立驗傷診斷書。

II 醫院、診所對被害人診療時，應有護理人員陪同，並應保護被害人之隱私，提供安全及合適之就醫環境。

III 第一項驗傷診斷書之格式，由中央衛生主管機關會商有關機關定之。

IV 違反第一項規定者，由衛生主管機關處新臺幣一萬元以上五萬元以下罰鍰。

第11條（驗傷取證、保全證物及鑑驗）

I 對於被害人之驗傷及取證，除依刑事訴訟法、軍事審判法之規定或被害人無意識或無法表意者外，應經被害人之同意。被害人為受監護宣告或未滿十二歲之人時，應經其監護人或法定代理人之同意。但監護人或法定代理人之有無不明、通知顯有困難或為該性侵害犯罪之嫌疑人時，得逕行驗傷及取證。

II 取得證據後，應保全證物於證物袋內，司法、軍法警察並應即送請內政部警政署鑑驗，證物鑑驗報告並應依法保存。

III 性侵害犯罪案件屬告訴乃論者，尚未提出告訴或自訴時，內政部警政署應將證物移送犯罪發生地之直轄市、縣（市）主管機關保管，除未能知悉犯罪嫌疑人外，證物保管六個月後得逕行銷毀。

第12條（被害人資料之保密）

I 因職務或業務知悉或持有性侵害被害人姓名、出生年月日、住居所及其他足資識別其身分之資料者，除法律另有規定外，應予保密。警察人員必要時應採取保護被害人之安全措施。

II 行政機關、司法機關及軍法機關所製作必須公示之文書，不得揭露被害人之姓名、出生年月日、住居所及其他足資識別被害人身分之資訊。

第13條（禁止媒體或其他方法公開揭露被害人身分之資訊）

I 宣傳品、出版品、廣播、電視、網際網路或其他媒體不得報導或記載有被害人之姓名或其他

足資辨別身分之資訊。但經有行為能力之被害人同意、檢察官或法院依法認為有必要者，不在此限。

II前項以外之任何人不得以媒體或其他方法公開或揭露第一項被害人之姓名及其他足資識別身分之資訊。

III第一項但書規定，於被害人死亡經目的事業主管機關權衡社會公益，認有報導或揭露必要者，亦同。

第 13 條之 1（被害人身分資訊違反保護規定之罰則）

I廣播、電視事業違反前條第一項規定者，由目的事業主管機關處新臺幣六萬元以上六十萬元以下罰鍰，並命其限期改正；屆期未改正者，得按次處罰。

II前項以外之宣傳品、出版品、網際網路或其他媒體違反前條第一項規定者，由目的事業主管機關處負責人新臺幣六萬元以上六十萬元以下罰鍰，並得沒入前條規定之物品、命其限期移除內容、下架或其他必要之處置；屆期不履行者，得按次處罰至履行為止。

III前二項以外之任何人違反前條第二項規定而無正當理由者，處新臺幣二萬元以上十萬元以下罰鍰。

IV宣傳品、出版品、網際網路或其他媒體無負責人或負責人對行為人之行為不具監督關係者，第二項所定之罰鍰，處罰行為人。

第 14 條（性侵害事件應由經專業訓練之專人處理）

I法院、檢察署、軍事法院、軍事法院檢察署、司法、軍法警察機關及醫療機構，應由經專業訓練之專人處理性侵害事件。

II前項專責人員，每年應至少接受性侵害防治專業訓練課程六小時以上。

III第一項醫療機構，係指由中央衛生主管機關指定設置處理性侵害事件醫療小組之醫療機構。

第 15 條（被害人之一定親屬及社工人員得陪同出庭）

I被害人之法定代理人、配偶、直系或三親等內旁系血親、家長、家屬、醫師、心理師、輔導人員或社工人員得於偵查或審判中，陪同被害人在場，並得陳述意見。

II前項規定，於陪同在場之人為性侵害犯罪嫌疑人或被告時，不適用之。

III被害人為兒童或少年時，除顯無必要者外，直轄市、縣（市）主管機關應指派社工人員於偵查或審判中陪同在場，並得陳述意見。

第 15 條之 1（專業人士在場協助詢問）

I兒童或心智障礙之性侵害被害人於偵查或審判階段，經司法警察、司法警察官、檢察事務官、

檢察官或法官認有必要時，應由具相關專業人士在場協助詢（訊）問。但司法警察、司法警察官、檢察事務官、檢察官或法官受有相關訓練者，不在此限。

II前項專業人士於協助詢（訊）問時，司法警察、司法警察官、檢察事務官、檢察官或法官，得透過單面鏡、聲音影像相互傳送之科技設備，或適當隔離措施為之。

III當事人、代理人或辯護人詰問兒童或心智障礙之性侵害被害人時，準用前二項之規定。

第 16 條（心智障礙或身心創傷被害人審判保護措施）

I對被害人之訊問或詰問，得依聲請或依職權在法庭外為之，或利用聲音、影像傳送之科技設備或其他適當隔離措施，將被害人與被告或法官隔離。

II被害人經傳喚到庭作證時，如因心智障礙或身心創傷，認當庭詰問有致其不能自由陳述或完全陳述之虞者，法官、軍事審判官應採取前項隔離詰問之措施。

III審判長因當事人或辯護人詰問被害人不當而禁止其詰問者，得以訊問代之。

IV性侵害犯罪之被告或其辯護人不得詰問或提出有關被害人與被告以外之人之性經驗證據。但法官、軍事審判官認有必要者，不在此限。

第 16 條之 1（專家證人之指定或選任）

I於偵查或審判中，檢察官或法院得依職權或依聲請指定或選任相關領域之專家證人，提供專業意見，經傳喚到庭陳述，得為證據。

II前項規定，準用刑事訴訟法第一百六十三條至第一百七十一條、第一百七十五條及第一百九十九條。

第 16 條之 2（審判中任何性別歧視之陳述與舉止應予制止）

性侵害犯罪之被告或其辯護人於審判中對被害人有任何性別歧視之陳述與舉止，法官應予即時制止。

第 17 條（調查中之陳述得為證據之情形）

被害人於審判中有下列情形之一，其於檢察事務官、司法警察官或司法警察調查中所為之陳述，經證明具有可信之特別情況，且為證明犯罪事實之存否所必要者，得為證據：

一 因性侵害致身心創傷無法陳述。

二 到庭後因身心壓力於訊問或詰問時無法為完全之陳述或拒絕陳述。

三 依第十五條之一之受詢問者。

第 18 條（審判不公開）

性侵害犯罪之案件，審判不得公開。但有下列情形之一，經法官或軍事審判官認有必要者，不在此限：

一 被害人同意。

二 被害人為無行為能力或限制行為能力者，經本

人及其法定代理人同意。

第 19 條（被害人補償原則）

Ⅰ 直轄市、縣（市）主管機關得依被害人之申請，核發下列補助：

一　非屬全民健康保險給付範圍之醫療費用及心理復健費用。

二　訴訟費用及律師費用。

三　其他費用。

Ⅱ 前項補助對象、條件及金額等事項之規定，由直轄市、縣（市）主管機關定之。

第 20 條（加害人經評估應接受身心治療或輔導教育之情形）

Ⅰ 加害人有下列情形之一，經評估認有施以治療、輔導之必要者，直轄市、縣（市）主管機關應命其接受身心治療或輔導教育：

一　有期徒刑或保安處分執行完畢。但有期徒刑經易服社會勞動者，於准易服社會勞動時起執行之。

二　假釋。

三　緩刑。

四　免刑。

五　赦免。

六　經法院、軍事法院依第二十二條之一第三項裁定停止強制治療。

Ⅱ 前項規定對於有觸犯第二條第一項行為，經依少年事件處理法裁定保護處分確定而法院認有必要者，得準用之。

Ⅲ 觀護人對於付保護管束之加害人，得採取下列一款或數款之處遇方式：

一　實施約談、訪視，並得進行團體活動或問卷等輔導行為。

二　有事實足認其有再犯罪之虞或需加強輔導及管束者，得密集實施約談、訪視；必要時，並得請警察機關派員定期或不定期查訪之。

三　有事實可疑為施用毒品時，得命其接受採驗尿液。

四　無一定之居住處所，或其居住處所不利保護管束之執行者，得報請檢察官、軍事檢察官許可，命其居住於指定之處所。

五　有於特定時間犯罪之習性，或有事實足認其有再犯罪之虞者，得報請檢察官、軍事檢察官，命於監控時段內，未經許可，不得外出。

六　得報請檢察官、軍事檢察官許可，對其實施測謊。

七　得報請檢察官、軍事檢察官許可，對其實施科技設備監控。

八　有固定犯罪模式，或有事實足認其有再犯罪之虞時，得報請檢察官、軍事檢察官許可，禁止其接近特定場所或對象。

九　轉介適當機構或團體。

十　其他必要處遇。

Ⅳ 第一項之執行期間為三年以下。但經評估認有繼續執行之必要者，直轄市、縣（市）主管機關得延長之，最長不得逾一年；其無繼續執行之必要者，得免其處分之執行。

Ⅴ 第一項之評估，除徒刑之受刑人由監獄或軍事監獄、受感化教育少年由感化教育機關辦理外，由直轄市、縣（市）主管機關辦理。

Ⅵ 第一項評估之內容、基準、程序與身心治療或輔導教育之內容、程序、成效評估等事項之辦法，由中央主管機關會同法務主管機關及國防主管機關定之。

Ⅶ 第三項第三款採驗尿液之執行方式、程序、期間、次數、檢驗機構及項目等，由法務主管機關會商相關機關定之。

Ⅷ 第三項第六款之測謊及第七款之科技設備監控，其實施機關（構）、人員、方式及程序等事項之辦法，由法務主管機關會商相關機關定之。

第 21 條（處罰）

Ⅰ 前條加害人有下列情形之一者，得處新臺幣一萬元以上五萬元以下罰鍰，並限期命其履行：

一　經直轄市、縣（市）主管機關通知，無正當理由不到場或拒絕接受評估、身心治療或輔導教育者。

二　經直轄市、縣（市）主管機關通知，無正當理由不按時到場接受身心治療或輔導教育或接受之時數不足者。

三　未依第二十三條第一項、第二項及第四項規定定期辦理登記、報到、資料異動或接受查訪者。

Ⅱ 前項加害人屆期仍不履行者，處一年以下有期徒刑、拘役或科或併科新臺幣五萬元以下罰金。

Ⅲ 直轄市、縣（市）主管機關對於假釋、受緩起訴處分或有期徒刑易服社會勞動之加害人為第一項之處分後，應即通知該管地方法院檢察署檢察官、軍事法院檢察署檢察官。

Ⅳ 地方法院檢察署檢察官、軍事法院檢察署檢察官接獲前項通知後，得通知原執行監獄典獄長報請法務部、國防部撤銷假釋或向法院、軍事法院聲請撤銷緩刑或依職權撤銷緩起訴處分及易服社會勞動。

第 22 條（強制治療）

加害人依第二十條第一項規定接受身心治療或輔導教育，經鑑定、評估其自我控制再犯預防仍無成效者，直轄市、縣（市）主管機關得檢具相關評估報告，送請該管地方法院檢察署檢察官、軍事檢察署檢察官依法聲請強制治療。

刑法

第 22 條之 1 （強制治療）

I 加害人於徒刑執行期滿前，接受輔導或治療後，經鑑定、評估，認有再犯之危險，而不適用刑法第九十一條之一者，監獄、軍事監獄得檢具相關評估報告，送請該管地方法院檢察署檢察官、軍事法院檢察署檢察官聲請法院、軍事法院裁定命其進入醫療機構或其他指定處所，施以強制治療。

II 加害人依第二十條接受身心治療或輔導教育後，經鑑定、評估其自我控制再犯預防仍無成效，而不適用刑法第九十一條之一者，該管地方法院檢察署檢察官、軍事法院檢察署檢察官或直轄市、縣（市）主管機關得檢具相關評估報告聲請法院、軍事法院裁定命其進入醫療機構或其他指定處所，施以強制治療。

III 前二項之強制治療期間至其再犯危險顯著降低為止，執行期間應每年至少一次鑑定、評估有無停止治療之必要。其經鑑定、評估認無繼續強制治療必要者，加害人、該管地方法院檢察署檢察官、軍事法院檢察署檢察官或直轄市、縣（市）主管機關得聲請法院、軍事法院裁定停止強制治療。

IV 第二項之加害人經通知依指定期日到場接受強制治療而未按時到場者，處一年以下有期徒刑、拘役、科或併科新臺幣五萬元以下罰金。

V 第一項、第二項之聲請程序、強制治療之執行機關（構）、處所、執行程序、方式、經費來源及第三項停止強制治療之聲請程序、方式、鑑定及評估審議會之組成等，由法務主管機關會同中央主管機關及國防主管機關定之。

第 23 條 （定期向警察機關辦理資料登記及報到）

I 犯刑法第二百二十一條、第二百二十二條、第二百二十四條之一、第二百二十五條第一項、第二百二十六條、第二百二十六條之一、第三百三十二條第二項第二款、第三百三十四條第二款、第三百四十八條第二項第一款或其特別法之罪之加害人，有第二十條第一項各款情形之一者，應定期向警察機關辦理身分、就學、工作、車籍及其異動等資料之登記及報到；其登記、報到之期間為七年。

II 犯刑法第二百二十四條、第二百二十五條第二項、第二百二十八條之罪，或曾犯刑法第二百二十七條之罪再犯同條之罪之加害人，有第二十條第一項各款情形之一者，亦適用前項之規定；其登記、報到之期間為五年。

III 前二項規定於犯罪時未滿十八歲者，不適用之。

IV 第一項、第二項之加害人於登記報到期間應定期或不定期接受警察機關查訪及於登記內容變更之七日內辦理資料異動。

V 登記期間之事項，為維護公共利益及社會安全之目的，於登記期間得供特定人員查閱。

VI 登記、報到、查訪之期間、次數、程序與前項供查閱事項之範圍、內容、執行機關、查閱人員之資格、條件、查閱程序及其他應遵行事項之辦法，由中央警政主管機關定之。

第 23 條之 1 （加害人逃亡或藏匿通緝公告）

I 第二十一條第二項之被告或判決有罪確定之加害人逃亡或藏匿經通緝者，該管警察機關得將其身分資訊登載於報紙或以其他方法公告之；其經提、逮捕或已死亡或顯無必要時，該管警察機關應即停止公告。

II 前項規定於犯罪時未滿十八歲者，不適用之。

第 24 條 （施行細則）

本法施行細則，由中央主管機關定之。

第 25 條 （施行日）

I 本法自公布後六個月施行。

II 本法中華民國九十八年十二月二十二日修正之條文，自九十八年十一月二十三日施行。

III 本法中華民國一百年十月二十五日修正之條文，自一百零一年一月一日施行。

IV 本法中華民國一百零四年十二月八日修正之條文，除第十五條之一自一百零六年一月一日施行外，自公布日施行。

性騷擾防治法

1. 中華民國 94 年 2 月 5 日總統令制定公布全文 28 條；並自公布後一年施行
2. 中華民國 95 年 1 月 18 日總統令修正公布第 18、26 條條文
3. 中華民國 98 年 1 月 23 日總統令修正公布第 1 條條文
   中華民國 102 年 7 月 19 日行政院公告第 4 條所列屬「內政部」之權責事項，自 102 年 7 月 23 日起改由「衛生福利部」管轄

第一章　總則

第 1 條（立法目的及適用範圍）

I 為防治性騷擾及保護被害人之權益，特制定本法。

II 有關性騷擾之定義及性騷擾事件之處理及防治，依本法之規定，本法未規定者，適用其他法律。但適用性別工作平等法及性別平等教育法者，除第十二條、第二十四條及第二十五條外，不適用本法之規定。

第 2 條（性騷擾）

本法所稱性騷擾，係指性侵害犯罪以外，對他人實施違反其意願而與性或性別有關之行為，且有下列情形之一者：

一 以該他人順服或拒絕該行為，作為其獲得、喪失或減損與工作、教育、訓練、服務、計畫、活動有關權益之條件。

二 以展示或播送文字、圖畫、聲音、影像或其他物品之方式，或以歧視、侮辱之言行，或以他法，而有損害他人人格尊嚴，或造成使人心生畏怖、感受敵意或冒犯之情境，或不當影響其工作、教育、訓練、服務、計畫、活動或正常生活之進行。

第 3 條（名詞定義）

I 本法所稱公務員者，指依法令從事於公務之人員。

II 本法所稱機關者，指政府機關。

III 本法所稱部隊者，指國防部所屬軍隊及學校。

IV 本法所稱學校者，指公私立各級學校。

V 本法所稱機構者，指法人、合夥、設有代表人或管理人之非法人團體及其他組織。

第 4 條（主管機關）

本法所稱主管機關：在中央為內政部；在直轄市為直轄市政府；在縣（市）為縣（市）政府。

第 5 條（中央主管機關掌理事項）

中央主管機關辦理下列事項。但涉及各中央目的事業主管機關職掌者，由各中央目的事業主管機關辦理：

一 關於性騷擾防治政策、法規之研擬及審議事項。

二 關於協調、督導及考核各級政府性騷擾防治之執行事項。

三 關於地方主管機關設立性騷擾事件處理程序、諮詢、醫療及服務網絡之督導事項。

四 關於推廣性騷擾防治教育及宣導事項。

五 關於性騷擾防治績效優良之機關、學校、機構、僱用人、團體或個人之獎勵事項。

六 關於性騷擾事件各項資料之彙整及統計事項。

七 關於性騷擾防治趨勢及有關問題研究之事項。

八 關於性騷擾防治之其他事項。

第 6 條（性騷擾防治委員會之設立及職掌）

I 直轄市、縣（市）政府應設性騷擾防治委員會，辦理下列事項。但涉及各直轄市、縣（市）目的事業主管機關職掌者，由各直轄市、縣（市）目的事業主管機關辦理：

一 關於性騷擾防治政策及法規之擬定事項。

二 關於協調、督導及執行性騷擾防治事項。

三 關於性騷擾爭議案件之調查、調解及移送有關機關事項。

四 關於推展性騷擾防治教育訓練及宣導事項。

五 關於性騷擾事件各項資料之彙整及統計事項。

六 關於性騷擾防治之其他事項。

II 前項性騷擾防治委員會置主任委員一人，由直轄市市長、縣（市）長或副首長兼任；有關機關高級職員、社會公正人士、民間團體代表、學者、專家為委員；其中社會公正人士、民間團體代表、學者、專家人數不得少於二分之一；其中女性代表不得少於二分之一；其組織由地方主管機關定之。

第二章　性騷擾之防治與責任

第 7 條（相關措施之訂定）

I 機關、部隊、學校、機構或僱用人，應防治性騷擾行為之發生。於知悉有性騷擾之情形時，應採取立即有效之糾正及補救措施。

II 前項組織成員、受僱人或受服務人員人數達十人以上者，應設立申訴管道協調處理；其人數達三十人以上者，應訂定性騷擾防治措施，並公開揭示之。

III 為預防與處理性騷擾事件，中央主管機關應訂

定性騷擾防治之準則；其內容應包括性騷擾防治原則、申訴管道、懲處辦法、教育訓練方案及其他相關措施。

第8條（定期舉辦或參與相關教育訓練）
前條所定機關、部隊、學校、機構或僱用人應定期舉辦或鼓勵所屬人員參與防治性騷擾之相關教育訓練。

第9條（故意或過失者之損害賠償責任）
I 對他人為性騷擾者，負損害賠償責任。
II 前項情形，雖非財產上之損害，亦得請求賠償相當之金額，其名譽被侵害者，並得請求回復名譽之適當處分。

第10條（差別待遇者之損害賠償責任）
I 機關、部隊、學校、機構、僱用人對於在性騷擾事件申訴、調查、偵查或審理程序中，為申訴、告訴、告發、提起訴訟、作證、提供協助或其他參與行為之人，不得為不當之差別待遇。
II 違反前項規定者，負損害賠償責任。

第11條（請求回復名譽提供適當協助）
I 受僱人、機構負責人利用執行職務之便，對他人為性騷擾，依第九條第二項對被害人為回復名譽之適當處分時，雇主、機構應提供適當之協助。
II 學生、接受教育或訓練之人員於學校、教育或訓練機構接受教育或訓練時，對他人為性騷擾，依第九條第二項對被害人為回復名譽之適當處分時，學校或教育訓練機構應提供適當之協助。
III前二項之規定於機關不適用之。

第12條（大眾傳播媒體不得報導或記載被害人身分之資訊）
廣告物、出版品、廣播、電視、電子訊號、電腦網路或其他媒體，不得報導或記載被害人之姓名或其他足資識別被害人身分之資訊。但經有行為能力之被害人同意或犯罪偵查機關依法認為有必要者，不在此限。

第三章　申訴及調查程序

第13條（提出申訴、再申訴）
I 性騷擾事件被害人除可依相關法律請求協助外，並得於事件發生後一年內，向加害人所屬機關、部隊、學校、機構、僱用人或直轄市、縣（市）主管機關提出申訴。
II 前項直轄市、縣（市）主管機關受理申訴後，應即將該案件移送加害人所屬機關、部隊、學校、機構或僱用人調查，並予錄案列管；加害人不明或不知有無所屬機關、部隊、學校、機構或僱用人時，應移請事件發生地警察機關調查。
III機關、部隊、學校、機構或僱用人，應於申訴或移送到達之日起七日內開始調查，並應於二

個月內調查完成；必要時，得延長一個月，並應通知當事人。
IV前項調查結果應以書面通知當事人及直轄市、縣（市）主管機關。
V 機關、部隊、學校、機構或僱用人逾期未完成調查或當事人不服其調查結果者，當事人得於期限屆滿或調查結果通知到達之次日起三十日內，向直轄市、縣（市）主管機關提出再申訴。
VI當事人逾期提出申訴或再申訴時，直轄市、縣（市）主管機關得不予受理。

第14條（組成調查小組）
直轄市、縣（市）主管機關受理性騷擾再申訴案件後，性騷擾防治委員會主任委員應於七日內指派委員三人至五人組成調查小組，並推選一人為小組召集人，進行調查。並依前條第三項及第四項規定辦理。

第15條（停止偵查或審判程序）
性騷擾事件已進入偵查或審判程序者，直轄市或縣（市）性騷擾防治委員會認有必要時，得議決於該程序終結前，停止該事件之處理。

第四章　調解程序

第16條（申請調解）
I 性騷擾事件雙方當事人得以書面或言詞向直轄市、縣（市）主管機關申請調解；其以言詞申請者，應製作筆錄。
II 前項申請應表明調解事由及爭議情形。
III有關第一項調解案件之管轄、調解案件保密、規定期日不到場之效力、請求有關機關協助等事項，由中央主管機關另以辦法定之。

第17條（勘驗費）
調解除勘驗費，應由當事人核實支付外，不得收取任何費用或報酬。

第18條（調解書）
I 調解成立者，應作成調解書。
II 前項調解書之作成及效力，準用鄉鎮市調解條例第二十五條至第二十九條之規定。

第19條（調解不成移送司法機關）
調解不成立者，當事人得向該管地方政府性騷擾防治委員會申請將調解事件移送該管司法機關；其第一審裁判費暫免徵收。

第五章　罰　則

第20條（罰則）
對他人為性騷擾者，由直轄市、縣（市）主管機關處新臺幣一萬元以上十萬元以下罰鍰。

第21條（罰則）
對於因教育、訓練、醫療、公務、業務、求職或其他相類關係受自己監督、照護之人，利用權勢或機

會為性騷擾者，得加重科處罰鍰至二分之一。

第 22 條（罰則）

違反第七條第一項後段、第二項規定者，由直轄市、縣（市）主管機關處新臺幣一萬元以上十萬元以下罰鍰。經通知限期改正仍不改正者，得按次連續處罰。

第 23 條（罰則）

機關、部隊、學校、機構或僱用人為第十條第一項規定者，由直轄市、縣（市）主管機關處新臺幣一萬元以上十萬元以下罰鍰。經通知限期改正仍不改正者，得按次連續處罰。

第 24 條（罰則）

違反第十二條規定者，由各該目的事業主管機關處新臺幣六萬元以上三十萬元以下罰鍰，並得沒入第十二條之物品或採行其他必要之處置。其經通知限期改正，屆期不改正者，得按次連續處罰。

第 25 條（罰則）

Ⅰ 意圖性騷擾，乘人不及抗拒而為親吻、擁抱或觸摸其臀部、胸部或其他身體隱私處之行為者，處二年以下有期徒刑、拘役或科或併科新臺幣十萬元以下罰金。

Ⅱ 前項之罪，須告訴乃論。

第六章 附 則

第 26 條（性侵害犯罪準用規定）

Ⅰ 第七條至第十一條、第二十一條及第二十三條之規定，於性侵害犯罪準用之。

Ⅱ 前項行政罰鍰之科處，由性侵害犯罪防治主管機關為之。

第 27 條（施行細則）

本法施行細則，由中央主管機關定之。

第 28 條（施行日）

本法自公布後一年施行。

監獄行刑法

1. 中華民國 35 年 1 月 19 日國民政府制定公布全文 98 條
2. 中華民國 43 年 12 月 25 日總統令修正公布全文 94 條
3. 中華民國 46 年 1 月 7 日總統令修正公布第 27、32、33 條條文
4. 中華民國 63 年 12 月 12 日總統令修正發布第 11、14、15、18、24、26、30、33、34、58、70、71、75、76、81、82、84、88、90 條條文；並增訂第 26-1、93-1 條條文
5. 中華民國 69 年 12 月 1 日總統令修正公布第 5、26-1、27、32、33、75、81、90、93-1 條條文
6. 中華民國 81 年 4 月 6 日總統令修正公布第 75 條條文
7. 中華民國 82 年 7 月 28 日總統令修正公布第 24、25、26-1、31、34、44、47、51、66、69、87、90 條條文；並增訂第 93-2 條條文
8. 中華民國 83 年 6 月 6 日總統令修正公布第 19、20 條條文
9. 中華民國 86 年 5 月 14 日總統令修正公布第 3、32、33、35、36、81、93 條條文；並增訂第 26-2 條條文
10. 中華民國 91 年 6 月 12 日總統令修正公布第 58 條條文
11. 中華民國 92 年 1 月 22 日總統令修正公布第 81 條條文
12. 中華民國 94 年 6 月 1 日總統令修正公布第 81、83、94 條條文；增訂第 82-1 條條文；並自 95 年 7 月 1 日施行
13. 中華民國 99 年 5 月 26 日總統令修正公布第 11、17、26-2、58 條條文
14. 中華民國 109 年 1 月 15 日總統令修正公布全文 156 條；並自公布日後六個月施行

第一章　總　則

第 1 條（立法目的）
為達監獄行刑矯治處遇之目的，促使受刑人改悔向上，培養其適應社會生活之能力，特制定本法。

第 2 條（主管機關、監督機關及少年矯正學校或監獄之訪視）
I 本法之主管機關為法務部。
II 監獄之監督機關為法務部矯正署。
III 監督機關應派員視察監獄，每季至少一次。
IV 少年法院法官、檢察官執行刑罰有關事項，得隨時訪視少年矯正學校、監獄。

第 3 條（徒刑、拘役與罰金易服勞役之執行處所及分別監禁）
I 處徒刑、拘役及罰金易服勞役之受刑人，除法律另有規定外，於監獄內執行之。
II 處拘役及罰金易服勞役者，應與處徒刑者分別監禁。

第 4 條（少年受刑人矯正教育之實施）
I 未滿十八歲之少年受刑人，應收容於少年矯正學校，並按其性別分別收容。

II 收容中滿十八歲而殘餘刑期未滿三個月者，得繼續收容於少年矯正學校。
III 滿十八歲之少年受刑人，得依其教育需要，收容於少年矯正學校至滿二十三歲為止。
IV 前三項受刑人滿二十三歲而未完成該級教育階段者，得由少年矯正學校報請監督機關同意，收容至完成該級教育階段為止。
V 本法所稱少年受刑人，指犯罪行為時未滿十八歲之受刑人。
VI 第一項至第四項所定少年受刑人矯正教育之實施，其他法律另有規定者，從其規定。

第 5 條（監獄收容應按性別分界）
監獄對收容之受刑人，應按其性別嚴為分界。

第 6 條（受刑人之人權保障）
I 監獄人員執行職務應尊重受刑人之尊嚴及維護其人權，不得逾越所欲達成矯治處遇目的之必要限度。
II 監獄對受刑人不得因人種、膚色、性別、語言、宗教、政治立場、國籍、種族、社會階級、財產、出生、身心障礙或其他身分而有歧視。
III 監獄應保障身心障礙受刑人在監獄內之無障礙權益，並採取適當措施為合理調整。
IV 監獄應以積極適當之方式及措施，使受刑人瞭解其所受處遇及刑罰執行之目的。
V 監獄不得對受刑人施以逾十五日之單獨監禁。監獄因對受刑人依法執行職務，而附隨有單獨監禁之狀態時，應定期報監督機關備查，並由醫事人員持續評估受刑人身心狀況。經醫事人員認為不適宜繼續單獨監禁者，應停止之。

第 7 條（外部視察小組之設置及報告提出）
I 為落實透明化原則，保障受刑人權益，監獄應設獨立之外部視察小組，置委員三人至七人，任期二年，均為無給職，由監督機關陳報法務部核定後遴聘之。
II 前項委員應就法律、醫學、公共衛生、心理、犯罪防治或人權領域之專家學者遴選之。其中任一性別委員不得少於三分之一。
III 視察小組應就監獄運作及受刑人權益等相關事項，進行視察並每季提出報告，由監獄經監督機關陳報法務部備查，並以適當方式公開，由相關權責機關回應處理之。
IV 前三項視察小組之委員資格、遴（解）聘、視察方式、權限、視察報告之製作、提出與公開期間等事項及其他相關事項之辦法，由法務部定之。

第8條（監獄得同意媒體採訪或民眾參觀）
監獄得依媒體之請求，同意其進入適當處所採訪或參觀；並得依民眾之請求，同意其進入適當處所參觀。

第9條（受刑人有關資料之調查）
I 為達到矯治處遇之目的，監獄應調查與受刑人有關之資料。
II 為實施前項調查，得於必要範圍內蒐集、處理或利用受刑人之個人資料，並得請求機關（構）、法人、團體或個人提供相關資料，機關（構）、法人、團體或個人無正當理由不得拒絕。
III 第一項與受刑人有關資料調查之範圍、期間、程序、方法、審議及其他應遵行事項之辦法，由法務部定之。

第二章 入 監

第10條（入監應備文件之送交）
I 受刑人入監時，指揮執行之檢察署應將指揮書附具裁判書及其他應備文件，以書面、電子傳輸或其他適當方式送交監獄。
II 前項文件不具備者，得拒絕收監，或通知補送。
III 第一項之應備文件，於少年受刑人入少年矯正學校或監獄時，應包括其犯罪原因、動機、境遇、學歷、經歷、身心狀況及可供處遇之參考事項。

第11條（新入監者相關事項之調查及個別處遇計畫之訂定）
I 對於新入監者，應就其個性、身心狀況、經歷、教育程度及其他相關事項，加以調查。
II 前項調查期間，不得逾二個月。
III 監獄應於受刑人入監後三個月內，依第一項之調查資料，訂定其個別處遇計畫，並適時修正。

第12條（入監或在監婦女請求攜帶子女之准許及相關安置規定）
I 殘餘刑期在二個月以下之入監或在監婦女請求攜帶未滿三歲之子女，監獄得准許之。
II 殘餘刑期逾二個月之入監或在監婦女請求攜帶未滿三歲之子女，經監獄檢具相關資料通知子女戶籍所在地直轄市、縣（市）社會福利主管機關評估認符合子女最佳利益者，監獄得准許之。
III 前項直轄市、縣（市）社會福利主管機關評估期間以二個月為限，並應將評估報告送交監獄。
IV 在前項評估期間，監獄得於監內暫時安置入監或在監婦女攜入之子女。
V 子女隨母入監最多至滿三歲為止。但經第二項社會福利主管機關評估，認在監符合子女最佳利益者，最多得延長在監安置期間至子女滿三歲六個月為止。
VI 安置在監之子女有下列情形之一，監獄應通知子女戶籍所在地直轄市、縣（市）社會福利主

管機關進行訪視評估，辦理轉介安置或為其他必要處置：
一 子女出現畏懼、退縮或其他顯不適於在監安置之狀況。
二 滿三歲或前項但書安置期間屆滿。
三 經第二項評估認在監安置不符合子女最佳利益。
四 因情事變更須離開監獄。
VII 受刑人於監獄內生產之子女，適用前六項規定；其出生證明書不得記載與監獄有關之事項。
VIII 為照顧安置在監子女，監獄應規劃活動空間及提供必要之設施或設備，並得洽請社會福利及相關機關（構）、法人、團體或個人協助受刑人育兒相關教育與指導。子女戶籍所在地直轄市、縣（市）社會福利主管機關對於在監子女照顧安置事項，應提供必要之協助。
IX 子女戶籍所在地直轄市、縣（市）社會福利主管機關於必要時得委託其他直轄市、縣（市）社會福利主管機關辦理第二項、第三項、第五項、第六項及前項所定事項。

第13條（入監之健康檢查與拒絕收監之情形、處置及救濟準用規定）
I 受刑人入監時，應行健康檢查，受刑人不得拒絕；有下列情形之一者，應拒絕收監：
一 有客觀事實足認其身心狀況欠缺辨識能力，致不能處理自己事務。
二 現罹患疾病，因執行而不能保其生命。
三 懷胎五月以上，或生產未滿二月。
四 罹患法定傳染病，因執行有引起群聚感染之虞。
五 衰老、身心障礙，不能於監獄自理生活。
II 施行前項檢查時，應由醫師進行，並得為醫學上必要處置。經檢查後認有必要時，監獄得委請其他專業人士協助之。
III 第一項之檢查，在監獄內不能實施者，得戒送醫院為之。
IV 前三項之檢查未能於當日完成者，監獄得同意暫時收容。但收容檢查期間不得逾十日。
V 收容檢查結果符合第一項所列各款拒絕收監之情形者，其收容檢查之日數，以一日抵有期徒刑或拘役一日，或刑法第四十二條第六項裁判所定之罰金額數。
VI 第一項被拒絕收監者，應送交檢察官斟酌情形為具保、責付、限制住居、限制出境、出海或為其他適當之處置，並準用刑事訴訟法第九十三條之二第二項至第四項、第九十三條之五第一項前段及第三項前段、第一百十一條之命提出保證書、指定保證金額、限制住居、第一百十五條、第一百十六條、第一百十八條第一項之沒入保證金、第一百十九條第二項、第三項之退保、第

一百二十一條第四項准其退保及第四百十六條第一項第一款、第三項、第四項、第四百十七條、第四百十八條第一項本文聲請救濟之規定。

第 14 條（入監身體衣物之檢查及相關人權維護；受刑人身分辨識之機制）

I 為維護監獄秩序及安全，防止違禁物品流入，受刑人入監時，應檢查其身體、衣類及攜帶之物品，必要時，得採集其尿液檢驗，並得運用科技設備輔助之。

II 前項檢查身體，如須脫衣檢查時，應於有遮蔽之處所為之，並注意維護受刑人隱私及尊嚴。男性受刑人應由男性職員執行，女性受刑人應由女性職員執行。

III 非有事實足認受刑人有夾藏違禁物品或有其他危害監獄秩序或安全之虞，不得為侵入性檢查；如須為侵入性檢查，應經監獄長官核准，並由醫事人員為之。

IV 為辨識受刑人身分，應照相、採取指紋或記錄其他身體特徵，並得運用科技設備輔助之。

第 15 條（入監講習應告知之事項及對身障等受刑人之適當協助；在監服刑權利義務之適當公開）

I 受刑人入監講習時，應告知下列事項，並製作手冊交付其使用：

一 在監應遵守事項。
二 接見及通信事項。
三 獎懲事項。
四 編級及累進處遇事項。
五 報請假釋應備條件及相關救濟事項。
六 陳情、申訴及訴訟救濟之規定。
七 衛生保健及醫療事項。
八 金錢及物品保管之規定。
九 法律扶助事項之宣導。
十 其他應注意事項。

II 受刑人為身心障礙者、不通中華民國語言或有其他理由，致其難以瞭解前項各款所涉內容之意涵者，監獄應提供適當之協助。

III 與受刑人在監服刑權利義務相關之重要法規、行政規則及函釋等，宜以適當方式公開，使受刑人得以知悉

第三章 監 禁

第 16 條（監禁舍房之種類及分配原則）

I 監禁之舍房分為單人舍房及多人舍房。

II 受刑人入監後，以分配於多人舍房為原則。監獄得依其管理需要配房。

第 17 條（受刑人移監之要件及程序）

I 監獄收容人人數嚴重超額時，監督機關視各監獄收容之實際狀況，必要時得機動調整移監。

II 有下列情形之一者，監獄得報請監督機關核准

移送指定之監獄：

一 受刑人有特殊且必要之處遇需求，而本監無法提供相應之資源。
二 監獄依據受刑人調查分類之結果，認須加強教化。
三 受刑人對於其他受刑人有顯著之不良影響，有離開本監之必要。
四 因不可抗力，致本監須為重大之施工、修繕；或有急迫之安全或衛生危險。
五 出於其他獄政管理上之正當且必要之理由。
六 經受刑人主動提出申請，經監獄認為有正當且必要之理由。

III 前二項移監之程序與條件、受刑人審查條件、移送之審查程序、辦理方式、對受刑人本人、家屬或最近親屬之告知、前項第六款得提出申請之資格條件及其他相關事項之辦法，由法務部定之。

第 18 條（累進處遇之適用）

I 對於刑期六月以上之受刑人，為促使其改悔向上，培養其適應社會生活之能力，其處遇應分為數個階段，以累進方法為之。但因身心狀況或其他事由認為不適宜者，得暫緩適用累進處遇。

II 累進處遇事項及方法，另以法律定之。

第 19 條（給予和緩處遇之情形及程序）

I 前條適用累進處遇之受刑人有下列情形之一者，監獄得給予和緩處遇：

一 患有疾病經醫師證明需長期療養。
二 有客觀事實足認其身心狀況欠缺辨識能力，致不能處理自己事務，或其辨識能力顯著減低。
三 衰老、身心障礙、行動不便或不能自理生活。
四 懷胎期間或生產未滿二月。
五 依其他事實認為有必要。

II 依前項給予和緩處遇之受刑人，應報請監督機關核定之。

III 和緩處遇原因消滅後，回復依累進處遇規定辦理。

第 20 條（和緩處遇之方法及準用對象）

I 前條受刑人之和緩處遇，依下列方法為之：

一 教化：以個別教誨及有益其身心之方法行之。
二 作業：依其志趣，並斟酌其身心健康狀況參加輕便作業，每月所得之勞作金並得自由使用。
三 監禁：視其個別情況定之。為維護其身心健康，並得與其他受刑人分別監禁。
四 接見及通信：因患病或於管理教化上之必

要，得許其與最近親屬、家屬或其他人接見及發受書信，並得於適當處所辦理接見。

五 給養：罹患疾病者之飲食，得依醫師醫療行為需要換發適當之飲食。

六 編級：適用累進處遇者，依行刑累進處遇條例之規定予以編級，編級後之責任分數，依同條例第十九條之標準八成計算。

II刑期未滿六個月之受刑人，有前條第一項各款情形之一者，得準用前項第一款至第五款之規定。

第四章 戒 護

第21條（監獄得運用科技設備輔助嚴密戒護）

I監獄應嚴密戒護，並得運用科技設備輔助之。

II監獄認有必要時，得對受刑人居住之舍房及其他處所實施搜檢，並準用第十四條有關檢查身體及辨識身分之規定。

III為戒護安全目的，監獄得於必要範圍內，運用第一項科技設備蒐集、處理、利用受刑人或進出入員之個人資料。

IV監獄為維護安全，得檢查出入者之衣類及攜帶物品，並得運用科技設備輔助之。

V第一項、第二項與前項之戒護、搜檢及檢查，不得逾必要之程度。

VI第一項至第四項科技設備之種類、設置、管理、運用、資料保存及其他應遵行事項之辦法，由法務部定之。

第22條（隔離保護之要件及相關程序）

I有下列情形之一者，監獄得施以隔離保護：

一 受刑人有危害監獄安全之虞。

二 受刑人之安全有受到危害之虞。

II前項隔離保護應經監獄長官核准。但情況緊急時，得先行為之，並立即報告監獄長官。

III監獄應將第一項措施之決定定期報監督機關備查。監獄施以隔離保護後，除應以書面告知受刑人外，應通知其家屬或最近親屬，並安排醫事人員持續評估其身心狀況。醫事人員認為不適宜繼續隔離保護者，應停止之。家屬或最近親屬有數人者，得僅通知其中一人。

IV第一項隔離保護不得逾必要之程度，於原因消滅時應即解除之，最長不得逾十五日。

V第一項施以隔離保護之生活作息、處遇、限制、禁止、第三項之通知及其他應遵行事項之辦法，由法務部定之。

第23條（對受刑人施用戒具、施以固定保護或收容於保護室之要件、程序、期限及身心健康維護）

I受刑人有下列情形之一，監獄得單獨或合併施用戒具、施以固定保護或收容於保護室：

一 有脫逃、自殘、暴行、其他擾亂秩序行為

之虞。

二 有救護必要，非管束不能預防危害。

II前項施用戒具、施以固定保護或收容於保護室，監獄不得作為懲罰受刑人之方法。施以固定保護，每次最長不得逾四小時；收容於保護室，每次最長不得逾二十四小時。監獄除應以書面告知受刑人外，並應通知其家屬或最近親屬。家屬或最近親屬有數人者，得僅通知其中一人。

III戒具以腳鐐、手銬、聯鎖、束繩及其他經法務部核定之戒具為限，施用戒具逾四小時者，監獄應製作紀錄使受刑人簽名，並交付繕本；每次施用戒具最長不得逾四十八小時，並應記明起訖時間，但受刑人有暴行或其他擾亂秩序行為致發生騷動、暴動事故，監獄認為仍有繼續施用之必要者，不在此限。

IV第一項措施應經監獄長官核准。但情況緊急時，得先行為之，並立即報請監獄長官核准之。監獄應定期將第一項措施實施情形，陳報監督機關備查。

V受刑人有第一項情形者，監獄應盡速安排醫事人員評估其身心狀況，並提供適當之協助。如認有必要終止或變更措施，應即報告監獄長官，監獄長官應為適當之處理。

VI第一項施用戒具、固定保護及收容於保護室之程序、方式、規格、第二項之通知及其他應遵行事項之辦法，由法務部定之。

第24條（戒護受刑人外出得施用戒具或施以電子監控措施）

I監獄戒護受刑人外出，認其有脫逃、自殘、暴行之虞時，得經監獄長官核准後施用戒具。但不得逾必要之程度。

II受刑人外出或於監獄外從事活動時，監獄得運用科技設備，施以電子監控措施。

第25條（得使用核定器械為必要處置之情形及限制）

I有下列情形之一，監獄人員得使用法務部核定之棍、刀、槍及其他器械為必要處置：

一 受刑人對於他人之生命、身體、自由為強暴、脅迫或有事實足認為將施強暴、脅迫時。

二 受刑人持有足供施強暴、脅迫之物，經命其放棄而不遵從時。

三 受刑人聚眾騷動或為其他擾亂秩序之行為，經命其停止而不遵從時。

四 受刑人脫逃，或圖謀脫逃不服制止時。

五 監獄之裝備、設施遭受劫奪、破壞或有事實足認為有受危害之虞時。

II監獄人員使用槍械，以自己或他人生命遭受緊急危害為限，並不得逾必要之程度。

III前二項棍、刀、槍及器械之種類、使用時機、

方法及其他應遵行事項之辦法，由法務部定之。

第 26 條（遇重大特殊情形得請求警察或相關機關之協助；遇天災事變得由受刑人分任災害防救工作）

I 監獄遇有重大特殊情形，為加強安全戒備及受刑人之戒護，必要時得請求警察機關或其他相關機關協助。

II 遇有天災、事變，為防護監獄設施及受刑人安全時，得由受刑人分任災害防救工作。

第 27 條（遇天災事變得將受刑人護送於相當處所或暫行釋放）

I 遇有天災、事變在監獄內無法防避時，得將受刑人護送於相當處所；不及護送時，得暫行釋放。

II 前項暫行釋放之受刑人，由離監時起限四十八小時內，至該監或警察機關報到。其按時報到者，在外期間予以計算刑期；屆期不報到者，以脫逃罪論處。

第 28 條（受刑人返家探視之規定）

I 受刑人之祖父母、父母、配偶之父母、配偶、子女或兄弟姊妹喪亡時，得經監獄長官核准戒護返家探視，並於二十四小時內回監；其在外期間，予以計算刑期。

II 受刑人因重大或特殊事故，有返家探視之必要者，經報請監督機關核准後，準用前項之規定。

III 受刑人返家探視條件、對象、次數、期間、費用、實施方式、核准程序、審查基準、核准後之變更或取消或其他應遵行事項之辦法，由法務部定之。

第 29 條（受刑人外出制度）

I 受刑人在監執行逾三月，行狀善良，得報請監督機關核准其於一定期間內外出。但受刑人有不適宜外出之情事者，不在此限。

II 經核准外出之受刑人，應於指定時間內回監，必要時得向指定處所報到。

III 受刑人外出期間，違反外出應遵守規定或發現有不符合第五項所定辦法有關資格、條件之規定者，得變更或取消其外出之核准；外出核准經取消者，其在外期間不算入執行刑期。外出期間表現良好者，得予以獎勵。

IV 受刑人外出，無正當理由而未於指定時間內回監或向指定處所報到者，其在外期間不算入執行刑期，並以脫逃罪論處。

V 受刑人外出之資格、條件、實施方式與期間、安全管理方式、應遵守規定、核准程序、變更、取消及其他相關事項之辦法，由法務部定之。

第 30 條（受刑人戒護外出參加有助教化活動之規定）

監獄得遴選具有特殊才藝或技能之受刑人，於徵得其同意後，報請監督機關核准，戒護外出參加公益活動、藝文展演、技職檢定、才藝競賽或其他有助於教化之活動。

第五章 作 業

第 31 條（受刑人參加作業之義務及作業項目之訂定）

I 受刑人除罹患疾病、入監調查期間、戒護安全或法規別有規定者外，應參加作業。為落實復歸社會目的，監督機關得商洽勞動部協助各監獄發展作業項目，提升作業效能。

II 監獄對作業應斟酌衛生、教化、經濟效益與受刑人之刑期、健康、知識、技能及出獄後之生計定之，並按作業性質，使受刑人在監內、外工場或其他特定場所為之。監獄應與受刑人晤談後，於個別處遇計畫中訂定適當作業項目，並得依職權適時調整之。

III 受刑人從事炊事、打掃、營繕、看護及其他由監獄指定之事務，視同作業。

IV 受刑人在監外作業，應於指定時間內回監，必要時得向指定處所報到。其無正當理由而未於指定時間內回監或向指定處所報到者，在外期間不算入執行刑期，並以脫逃罪論處。

V 第二項在監內、外作業項目、遴選條件、編組作業、契約要項、安全管理方式及其他應遵行事項之辦法，由法務部定之。

VI 監督機關得商洽勞動部協助各監獄發展職業訓練項目，提升訓練效能。

第 32 條（作業時間上限及給與超時勞作金之規定）

I 作業時間應斟酌教化、數量、作業之種類、設備之狀況及其他情形定之，每日不得逾八小時。但有特殊情形，得將作業時間延長之，延長之作業時間連同正常作業時間，一日不得超過十二小時。

II 前項延長受刑人作業時間，應經本人同意後實施，並應給與超時勞作金。

第 33 條（作業課程之訂定及作業之協同指導）

I 受刑人之作業以勞動能率或作業時間作為課程；其勞動能率應依一般人平均工作產能酌定。

II 監獄得延聘具有專業之人員協同指導受刑人之作業。

第 34 條（作業之方式及核准）

I 監獄作業方式，以自營、委託加工、承攬、指定監外作業或其他作業為之。

II 前項作業之開辦計畫及相關契約，應報經監督機關核准。

第 35 條（停止作業之情形）

I 有下列情形之一者，得停止受刑人之作業：

一 國定例假日。

二 受刑人之配偶、直系親屬或三親等內旁系

親屬喪亡。但停止作業期間最長以七日為限。

三　因其他情事，監獄認為必要時。

II就炊事、打掃及其他需急速之作業者，除前項第二款外，不停止作業。

III第一項之情形，經受刑人請求繼續作業，且符合監獄管理需求者，從其意願。

第36條（勞作金之給與及計算方式）

I參加作業者應給與勞作金。

II前項勞作金之計算及給與，應將勞作金總額依比率分別提撥，並依受刑人實際作業時間及勞動能率合併計算給與金額。其提撥比率設定及給與分配等相關事項之辦法，由法務部定之。

第37條（作業賸餘之分配項目及比例）

I作業收入扣除作業支出後稱作業賸餘，分配如下：

一　提百分之六十充前條勞作金。

二　提百分之十充犯罪被害人補償費用。

三　提百分之十充受刑人飲食補助費用。

四　其餘充受刑人職業訓練、改善生活設施及照護受刑人與其家屬之補助費用。

五　如有賸餘，撥充法務部矯正機關作業基金（以下簡稱作業基金）循環應用。

II前項第二款提撥犯罪被害人補償費用，應專戶存儲，並依犯罪被害人保護法規定支付。

第38條（補償金之發給）

I受刑人因作業或職業訓練致受傷、罹病、重傷、失能或死亡者，應發給補償金。

II前項補償金由作業基金項下支付；其受傷、罹病、重傷、失能認定基準、發給金額、申請程序、領受人資格及其他應遵行事項之辦法，由法務部定之。

第39條（死亡時勞作金、補償金依法處理未領回或申請發還者歸入作業基金）

受刑人死亡時，其勞作金或補償金，經依第八十一條及第八十二條第一項第四款規定處理而未領回或申請發還者，歸入作業基金。

第六章　教化及文康

第40條（對受刑人之教化施以適當輔導及教育）

I對於受刑人，應施以教化。

II前項教化，應參酌受刑人之入監調查結果及個別處遇計畫，施以適當之輔導與教育。

III前項輔導內容，得委由心理學、社會工作、醫療、教育學、犯罪學或法律學等相關領域專家設計、規劃，並得以集體、類別及個別輔導等方式為之。

IV第二項之教育，監獄得自行或與學校合作辦理補習教育、進修教育或推廣教育；其辦理方式、協調支援、師資、課程與教材、學習評量、修業期限、學籍管理、證書之頒發、撤銷、廢止及其他相關事項之辦法，由法務部會同教育部定之。

第41條（宗教信仰自由及宗教活動之舉行）

I受刑人有信仰宗教之自由，不得限制或禁止之。但宗教活動有妨害監獄秩序或安全者，不在此限。

II監獄得依受刑人請求安排適當之宗教師，實施教誨。

III監獄得邀請宗教人士舉行有助於受刑人之宗教活動。

IV受刑人得持有與其宗教信仰有關之物品或典籍。但有妨害監獄秩序、安全及管理之情形，得限制或禁止之。

第42條（受刑人與被害人進行調解及修復事宜之安排協助）

監獄得安排專人或轉介機關（構）、法人、團體協助受刑人與被害人進行調解及修復事宜。

第43條（運用社會人力資源協助教化活動之推展）

I監獄得聘請或邀請具矯治處遇相關知識或熱誠之社會人士，協助教化活動，並得延聘熱心公益社會人士為志工，協助教化工作。

II前項志工，由監獄報請監督機關核定後延聘之。

第44條（知識自由及各種文化及康樂活動之辦理）

I監獄得設置圖書設施、提供圖書資訊服務或發行出版物，供受刑人閱讀。

II受刑人得自備書籍、報紙、點字讀物或請求使用紙筆及其他必要之用品。但有礙監獄作息、管理、教化或安全之虞者，得限制或禁止之。

III監獄得辦理圖書展示，供受刑人購買優良圖書，以達教化目的。

IV監獄得提供適當之資訊設備予受刑人使用。

V為增進受刑人之身心健康，監獄應適時辦理各種文化及康樂活動。

第45條（得提供廣電視聽器材或資訊設備實施教化及收聽、收看權益之保護）

I監獄得提供廣播、電視設施、資訊設備或視聽器材實施教化。

II受刑人經監獄許可，得持有個人之收音機、電視機或視聽器材為收聽、收看。

III監獄對身心障礙受刑人應考量收容特性、現有設施狀況及身心障礙者特殊需求，提供視、聽、語等無障礙輔助措施。

IV前二項收聽、收看，於有礙受刑人生活作息，或監獄管理、教化、安全之虞時，得限制或禁止之。

第七章　給　養

第46條（飲食及必要衣物器具之提供）

I　為維護受刑人之身體健康，監獄應供給飲食，並提供必要之衣類、寢具、物品及其他器具。

II　受刑人得因宗教信仰或其他因素，請求監獄提供適當之飲食。

第47條（攜帶入監或在監生產子女必需用品之自備或提供）

攜帶入監或在監生產之受刑人子女，其食物、衣類及必需用品，均應由受刑人自備；無力自備者，得由監獄提供之。

第48條（酒類檳榔之禁用；吸菸管理、菸害防制教育宣導及戒菸獎勵）

I　受刑人禁用酒類、檳榔。

II　監獄得許可受刑人於指定之時間、處所吸菸，並應對受刑人施以菸害防制教育、宣導，對戒菸之受刑人給予適當之獎勵。

III　前項受刑人吸菸之資格、時間、地點、設施、數量、菸害防制教育與宣導、戒菸計畫、獎勵及其他應遵行事項之辦法，由法務部定之。

第八章　衛生及醫療

第49條（疾病醫療、預防保健等事項之辦理及相關醫事人員之備置）

I　監獄應掌握受刑人身心狀況，辦理受刑人疾病醫療、預防保健、篩檢、傳染病防治及飲食衛生等事項。

II　監獄依其規模及收容對象、特性，得在資源可及範圍內備置相關醫事人員，於夜間及假日為戒護外醫之諮詢判斷。

III　前二項業務，監獄得委由醫療機構或其他專業機構辦理。

IV　衛生福利部、教育部、國防部、國軍退除役官兵輔導委員會、直轄市或縣（市）政府所屬之醫療機構，應協助監獄辦理第一項及第二項業務。

V　衛生主管機關應定期督導、協調、協助改善前四項業務，監獄並應協調所在地之衛生主管機關辦理之。

第50條（醫療監獄之設置及業務事項）

I　為維護受刑人在監內醫療品質，並提供住院或療養服務，監督機關得設置醫療監獄；必要時，得於監獄附設之。

II　醫療監獄辦理受刑人疾病醫療、預防保健、篩檢、傳染病防治及飲食衛生等業務，得委由醫療機構或其他專業機構辦理。

第51條（清潔維護及衛生檢查）

監獄內應保持清潔，定期舉行環境衛生檢查，並適時使受刑人從事打掃、洗濯及整理衣被、器具等必要事務。

第52條（舍房、作業場所等空間、光線及通風之維持；衛浴設施之充足；物品衛生安全需求之符合）

I　受刑人舍房、作業場所及其他處所，應維持保健上必要之空間、光線及通風，且有足供生活所需之衛浴設施。

II　監獄提供予受刑人使用之物品，須符合衛生安全需求。

第53條（用水供應、沐浴及理剃鬚髮之規定）

為維護受刑人之健康及衛生，應依季節供應冷熱水及清潔所需之用水，並要求其沐浴及理剃鬚髮。

第54條（運動場地、器材設備之提供及運動之時間）

I　監獄應提供受刑人適當之運動場地、器材及設備。

II　監獄除國定例假日、休息日或有特殊事由外，應給予受刑人每日運動一小時。

III　為維持受刑人健康，運動處所以安排於戶外為原則；必要時，得使其於室內適當處所從事運動或其他舒展身心之活動。

第55條（健康評估、健康檢查及自主健康管理措施）

I　監獄對於受刑人應定期為健康評估，並視實際需要施行健康檢查及推動自主健康管理措施。

II　施行前項健康檢查時，得為醫學上之必要處置。

III　受刑人或其最近親屬及家屬，在不妨礙監獄秩序及經醫師評估有必要之情形下，得請求監獄准許自費延請醫事人員於監獄內實施健康檢查。

IV　第一項健康檢查結果，監獄得應受刑人之請求提供之。

V　受刑人因健康需求，在不妨害監獄安全及秩序之情形下，經醫師評估可行性後，得請求自費購入或送入低風險性醫療器材或衛生保健物品。

VI　前項購入或送入物品之退回或領回，準用第七十八條、第八十條至第八十二條規定。

第56條（病歷、醫療及個人資料之蒐集、處理或利用）

I　為維護受刑人健康或掌握其身心狀況，監獄得蒐集、處理或利用受刑人之病歷、醫療及前條第一項之個人資料，以作適當之處置。

II　前項情形，監獄得請求機關（構）、法人、團體或個人提供相關資料，機關（構）、法人、團體或個人無正當理由不得拒絕。

III　第一項與受刑人健康有關資料調查之範圍、期間、程序、方法、審議及其他應遵行事項之辦法，由法務部定之。

第57條（傳染病之防治及處理方式）

I　經監獄通報有疑似傳染病病人時，地方衛生主管機關應協助監獄預防及處理。必要時，得請

求中央衛生主管機關協助之。

II 監獄收容來自傳染病流行地或經過其地之受刑人，得為一定期間之隔離；其攜帶物品，應為必要之處置。

III 監獄收容經醫師診斷疑似或確診罹患傳染病之受刑人，得由醫師評估為一定期間之隔離，並給予安適治療，治療期間之長短或方式應遵循醫師之醫囑或衛生主管機關之處分或指導，且應對於其攜帶物品，施行必要之處置。

IV 經衛生機關依傳染病防治法規定，通知罹患傳染病之受刑人於指定隔離治療機構施行治療者，監獄應即與治療機構協調戒送及戒護之作業，並陳報監督機關。接受隔離治療之受刑人視為在監執行。

第 58 條（得於病舍或病監收容之情形）
罹患疾病經醫師評估認需密切觀察及處置之受刑人，得於監獄病舍或附設之病監收容之。

第 59 條（依全民健康保險法規定應納保者應以全民健康保險保險對象身分就醫）
I 依全民健康保險法規定應納保之受刑人或其攜帶入監或在監生產之子女罹患疾病時，除已獲准自費醫療者外，應以全民健康保險保險對象身分就醫；其無全民健康保險憑證者，得由監獄逕行代為申請。

II 受刑人為全民健康保險保險對象，經暫行停止保險給付者，其罹患疾病時之醫療費用由受刑人自行負擔。

III 受刑人應繳納下列各項費用時，監獄得由受刑人保管金或勞作金中扣除：
一　接受第一項全民健康保險醫療衍生之費用。
二　換發、補發、代為申請全民健康保險憑證衍生之費用。
三　前項應自行負擔之醫療費用。

IV 受刑人或其攜帶入監或在監生產子女如不具全民健康保險之保險資格，或受刑人因經濟困難無力繳納前項第一款之費用，其於收容或安置期間罹患疾病時，由監獄委請醫療機構或醫師診治。

V 前項經濟困難資格之認定、申請程序及其他應遵行事項之辦法，由法務部定之。

第 60 條（受傷或患病拒不就醫致有生命危險之虞之處理）
I 受刑人因受傷或罹患疾病，拒不就醫，致有生命危險之虞，監獄應即請醫師逕行救治或將受刑人逕送醫療機構治療。

II 前項逕送醫療機構治療之醫療及交通費用，由受刑人自行負擔。

III 第一項逕送醫療機構治療期間，視為在監執行。

第 61 條（自費延醫之請求）
I 受傷或罹患疾病之受刑人接受全民健康保險提

供之醫療服務或經監獄委請之醫師醫治後，有正當理由認需由其他醫師診治，而請求自費於監獄內延醫診治時，監獄得予准許。

II 前項自費延醫之申請程序、要件、實施方式、時間、地點、費用支付及其他應遵行事項之辦法，由法務部定之。

第 62 條（戒送醫療機構或病監醫治之要件）
I 受刑人受傷或罹患疾病，有醫療急迫情形，或經醫師診治後認有必要，監獄得戒送醫療機構或病監醫治。

II 前項經醫師診治後認有必要戒送醫療機構醫治之交通費用，應由受刑人自行負擔。但受刑人經濟困難無力負擔者，不在此限。

III 第一項戒送醫療機構醫治期間，視為在監執行。

第 63 條（保外醫治之核准及準用規定）
I 經採行前條第一項醫治方式後，仍不能或無法為適當之醫治者，監獄得報請監督機關參酌醫囑後核准保外醫治；其有緊急情形時，監獄得先行准予保外醫治，再報請監督機關備查。

II 前項保外醫治期間，不算入刑期。

III 依第一項核准保外醫治者，監獄應即報由檢察官命其具保、責付、限制住居或限制出境、出海後釋放之。

IV 前項命具保、責付、限制住居或限制出境、出海者，準用刑事訴訟法第九十三條之二第二項至第四項、第九十三條之五第一項前段及第三項前段、第一百十一條之命提出保證書、指定保證金額、限制住居、第一百十五條、第一百十六條、第一百十八條第一項之沒入保證金、第一百十九條第二項、第三項之退保、第一百二十一條第四項其退保及第四百十六條第一項第一款、第三項、第四項、第四百十七條、第四百十八條第一項本文聲請救濟之規定。

V 保外醫治受刑人違反保外醫治應遵守事項者，監督機關或監獄得廢止保外醫治之核准。

VI 第一項核准保外醫治之基準，及前項保外醫治受刑人應遵守事項、廢止核准之要件、程序及其他應遵行事項之辦法，由法務部定之。

VII 懷胎五月以上或生產未滿二月者，得準用前條及第一項前段、第二項至前項之規定。

第 64 條（保外醫治轉介安置之辦理）
依前條報請保外醫治受刑人，無法辦理具保、責付、限制住居時，監獄應檢具相關資料通知監獄所在地直轄市、縣（市）社會福利主管機關辦理轉介安置或為其他必要之處置。

第 65 條（強制營養或醫療上強制措施之實施）
受刑人因拒絕飲食或未依醫囑服藥而有危及生命之虞時，監獄應即請醫師進行診療，並得由醫師施以強制營養或採取醫療上必要之強制措施。

第 66 條（有損健康之醫學或科學試驗之禁止；
　　　　取得血液或其他檢體爲目的外利用之
　　　　禁止）

I 任何可能有損健康之醫學或科學試驗，除法律
　另有規定外，縱經受刑人同意，亦不得爲之。

II 因診療或健康檢查而取得之受刑人血液或其他
　檢體，除法律另有規定外，不得爲目的外之利
　用。

第九章　接見及通信

第 67 條（接見及通信權之保障）

I 受刑人之接見或通信對象，除法規另有規定或
　依受刑人意願拒絕外，監獄不得限制或禁止。

II 監獄依受刑人之請求，應協助其與所屬國或地
　區之外交、領事人員或可代表其國家或地區之
　人員接見及通信。

第 68 條（接見時間、次數及時限）

I 監獄應於平日辦理接見；國定例假日或其他休
　息日之接見，得由監獄斟酌情形辦理之。

II 受刑人之接見，除法規另有規定外，每星期一
　次，接見時間以三十分鐘爲限。但監獄長官認
　有必要時，得增加或延長之。

第 69 條（接見之程序、限制、處所及人數）

I 請求接見者，應繳驗身分證明文件，登記其姓
　名、職業、年齡、住居所、受刑人姓名及與受
　刑人之關係。

II 監獄對於請求接見者認爲有妨害監獄秩序、安
　全或受刑人利益時，得拒絕之。

III 接見應於接見室爲之。但因患病或於管理教化
　上之必要，得准於適當處所行之。

IV 接見，每次不得逾三人。但本法或其他法規另
　有規定，或經監獄長官許可者，不在此限。

V 被許可接見者，得攜帶未滿十二歲之兒童，不
　計入前項人數限制。

第 70 條（接見例外之彈性處理）

監獄基於管理、教化輔導、受刑人個人重大事故或
其他事由，認爲必要時，監獄長官得准受刑人於監
獄內指定處所辦理接見，並酌予調整第六十八條及
前條第三項、第四項有關接見場所、時間、次數及
人數之限制。

第 71 條（接見之監看及影音記錄、中止事由；
　　　　接見使用通訊影音器材之禁止）

I 監獄對受刑人之接見，除法律另有規定外，應
　監看並以錄影、錄音方式記錄之，其內容不得
　違法利用。

II 有事實足認有妨害監獄秩序或安全之虞者，監
　獄得於受刑人接見時聽聞或於接見後檢視錄影、
　錄音內容。

III 接見過程中發現有妨害監獄秩序或安全時，戒
　護人員得中止其接見，並以書面載明事由。

IV 與受刑人接見者不得使用通訊、錄影或錄音器
　材；違者，得依前項規定辦理。

第 72 條（與律師、辯護人接見之法律協助權益
　　　　保障及準用規定）

I 受刑人與其律師、辯護人接見時，除法律另有
　規定外，監獄人員僅得監看而不與聞，不予錄
　影、錄音；除有事實上困難外，不限制接見次
　數及時間。

II 爲維護監獄秩序及安全，除法律另有規定外，
　監獄人員對受刑人與其律師、辯護人接見時往
　來之文書，僅得檢查有無夾藏違禁物品。

III 第一項之接見，於監獄指定之處所爲之。

IV 第六十七條第一項、第六十八條第一項、第
　六十九條第一項及前條第三項、第四項規定，
　於律師、辯護人接見時準用之。

V 前四項規定於未受委任之律師請求接見受刑人
　洽談委任事宜時，準用之。

第 73 條（電話或其他通訊方式接見之使用）

I 監獄認受刑人或請求接見者有相當理由時，得
　准其使用電話或其他通訊方式接見。

II 前項通訊費用，由受刑人或請求接見者自付。
　但受刑人無力負擔且監獄認爲適當時，得由監
　獄支付之。

III 前二項接見之條件、對象、次數之限制、通訊
　方式、通訊申請程序、時間、監看、聽聞、收
　費及其他應遵行事項之辦法，由法務部定之。

第 74 條（檢查書信之方式；得閱讀或刪除書信
　　　　之情形及處理方式；投稿權益之保
　　　　障）

I 受刑人寄發及收受之書信，監獄人員得開拆或
　以其他適當方式檢查有無夾藏違禁物品。

II 前項情形，除法律另有規定外，有下列各款情
　形之一者，監獄人員得閱讀其書信內容。但屬
　受刑人與其律師、辯護人或公務機關互通之書
　信，不在此限：

一　受刑人有妨害監獄秩序或安全之行爲，尚
　　在調查中。

二　受刑人於受懲罰期間內。

三　有事實而合理懷疑受刑人有脫逃之虞。

四　有事實而合理懷疑有意圖加害或騷擾他人
　　之虞。

五　矯正機關收容人間互通之書信。

六　有事實而合理懷疑有危害監獄安全或秩序
　　之虞。

III 監獄閱讀受刑人書信後，有下列各款情形之一
　者，得敘明理由刪除之：

一　顯有危害監獄之安全或秩序。

二　教唆、煽惑他人犯罪或違背法規。

三　使用符號、暗語或其他方法，使檢查人員
　　無法瞭解書信內容。

四　涉及脫逃情事。

五　敘述矯正機關之警備狀況、舍房、工場位置，足以影響戒護安全。

Ⅳ前項書信之刪除，依下列方式處理：

一　受刑人係發信者，監獄應敘明理由，退還受刑人保管或要求其修改後再行寄發，如拒絕修改，監獄得逕予刪除後寄發。

二　受刑人係受信者，監獄應敘明理由，逕予刪除再行交付。

Ⅴ前項刪除之書信，應影印原文由監獄保管，並於受刑人出監時發還之。受刑人於出監前死亡者，依第八十一條及第八十二條第一項第四款規定處理。

Ⅵ受刑人發送之文件，屬文稿性質者，得准其投寄報章雜誌或媒體，並準用前五項之規定。

Ⅶ發信郵資，由受刑人自付。但受刑人無力負擔且監獄認為適當時，得由監獄支付之。

第75條（公務請求或送達文書之速為轉送）
受刑人以書面向法院、檢察官或其他公務機關有所請求，或公務機關送達受刑人之文書，監獄應速為轉送。

第十章　保管

第76條（攜帶或送入財物之檢查、保管、處理及孳息運用）

Ⅰ受刑人攜帶、在監取得或外界送入之金錢及物品，經檢查後，由監獄代為保管。但認有必要且無妨害監獄秩序或安全之虞者，得准許受刑人在監使用，或依受刑人之請求交由他人領回。

Ⅱ前項物品屬易腐敗、有危險性、有害或不適於保管者，監獄得通知受刑人後予以毀棄或為其他適當之處理。

Ⅲ監獄代為保管之金錢，除酌留一定金額作為週轉金外，應設專戶管理。

Ⅳ前項專戶管理之金錢，其所孳生之利息統籌運用於增進受刑人生活福利事項。

Ⅴ前四項受刑人之金錢與物品送入、檢查、登記、保管、使用、毀棄、處理、領回、查核、孳息運用、週轉金保留額度及其他應遵行事項之辦法，由法務部定之。

第77條（財物之送入、檢查、限制或禁止）

Ⅰ外界得對受刑人送入金錢、飲食、必需物品或其他經監獄長官許可之財物。

Ⅱ監獄對於前項外界送入之金錢、飲食、必需物品及其他財物，所實施之檢查不得逾必要之程度。

Ⅲ經前項檢查認有妨害監獄秩序或安全時，得限制或禁止送入。

Ⅳ前三項金錢、飲食、必需物品及其他財物之送入方式、時間、次數、種類、數額、數量、限制或禁止方式及其他應遵行事項之辦法，由法務部定之。

第78條（送入財物之退回、歸屬國庫或毀棄）

Ⅰ監獄對前條外界送入之金錢、飲食及物品，因送入人或其居住處所不明，或為受刑人拒絕收受者，應退回之；無法退回者，經公告六個月後仍無人領取時，歸屬國庫或毀棄。

Ⅱ於前項待領回或公告期間，監獄得將易腐敗、有危險性、有害或不適於保管之物品毀棄之。

第79條（未經許可有財物之歸屬國庫、毀棄或另為適當處理）
經檢查發現受刑人未經許可持有之金錢或物品，監獄得視情節予以歸屬國庫、毀棄或另為其他適當之處理；其金錢或物品持有人不明者，亦同。

第80條（保管財物之交還或限期通知領回）
受刑人經釋放者，監獄應將代為保管之金錢及物品交還之；其未領回者，應限期通知其領回。

第81條（死亡後遺留財物之通知或公告限期領回）

Ⅰ受刑人死亡後遺留之金錢及物品，應限期通知其繼承人領回。

Ⅱ前項繼承人有數人者，監獄得僅通知其中一人或由其中一人領回。

Ⅲ前二項情形，因其繼承人有無或居住處所不明無法通知，應予公告並限期領回。

第82條（所留財物歸屬國庫、毀棄或另為適當處理之情形）

Ⅰ受刑人有下列各款情形之一，自各款規定之日起算，經六個月後，未申請發還者，其所留之金錢及物品，予以歸屬國庫、毀棄或另為其他適當處理：

一　釋放者，依第八十條限期通知期滿之日起算。

二　脫逃者，自脫逃之日起算。

三　依第二十七條第一項規定暫行釋放，未遵守同條第二項報到規定，自最後報到之日起算。

四　受刑人死亡者，依前條第一項、第三項通知或公告限期領回期滿之日起算。

Ⅱ於前項待領回、通知或公告期間，監獄得將易腐敗、有危險性、有害或不適於保管之物品予以毀棄或另為其他適當處理。

第十一章　獎懲及賠償

第83條（獎勵事由）
受刑人除依法規規定應予獎勵外，有下列各款行為之一者，得予以獎勵：

一　舉發受刑人圖謀脫逃、暴行或將為脫逃、暴行。

二　救護人命或捕獲脫逃。

三 於天災、事變或傳染病流行時，充任應急事務有勞績。
四 作業成績優良。
五 有特殊貢獻，足以增進監獄榮譽。
六 對作業技術、產品、機器、設備、衛生、醫藥等有特殊設計，足資利用。
七 對監內外管理之改進，有卓越建議。
八 其他優良行爲確有獎勵必要。

第 84 條（獎勵方式）

I 前條情形，得給予下列一款或數款之獎勵：
一 公開表揚。
二 增給成績分數。
三 給與書籍或其他獎品。
四 增加接見或通信次數。
五 發給獎狀。
六 給與相當數額之獎金。
七 其他特別獎勵。

II 前項獎勵之基準、第七款特別獎勵之種類、對象、實施方式、程序及其他應遵行事項之辦法，由法務部定之。

第 85 條（懲罰原則及限制）

監獄非依本法或其他法律規定，對於受刑人不得加以懲罰，同一事件不得重複懲罰。

第 86 條（妨害秩序或安全行爲施以懲罰之種類及期間）

I 受刑人有妨害監獄秩序或安全之行爲時，得施以下列一款或數款之懲罰：
一 警告。
二 停止接受送入飲食三日至七日。
三 停止使用自費購買之非日常生活必需品七日至十四日。
四 移入違規舍十四日至六十日。

II 前項妨害監獄秩序或安全之行爲態樣與應施予懲罰之種類、期間、違規舍之生活管理、限制、禁止及其他應遵行事項之辦法，由法務部定之。

第 87 條（陳述意見、懲罰原因內容之告知；免、緩罰或停止執行之情形；違規之區隔調查）

I 監獄依本法或其他法律懲罰前，應給予受刑人陳述意見之機會，並告知其違規之原因事實及科處之懲罰。

II 受刑人違規情節輕微或顯堪憫恕者，得免其懲罰之執行或緩予執行。

III 受刑人罹患疾病或有其他特別事由者，得停止執行。

IV 監獄爲調查受刑人違規事項，得對相關受刑人施以必要之區隔，期間不得逾二十日。

第 88 條（懲罰廢止、不再或終止執行之情形）

I 依前條第二項規定免予執行或緩予執行後，如受懲罰者已保持一月以上之改悔情狀，得廢止

其懲罰。

II 依前條第三項規定停止執行者，於其停止原因消滅後繼續執行。但停止執行逾六個月不再執行。

III 受懲罰者，在執行中有改悔情狀時，得終止其執行。

第 89 條（損害器具物品之賠償事宜）

I 受刑人因故意或重大過失，致損害器具、成品、材料或其他物品時，應賠償之。

II 前項賠償之金額，受刑人未予給付者，得自其保管金或勞作金內扣還之。

第十二章 陳情、申訴及起訴

第 90 條（處分或管理措施執行不因提起陳情或申訴而停止）

監獄對受刑人處分或管理措施之執行，不因提起陳情或申訴而停止。但監獄於必要時，得停止其執行。

第 91 條（因陳情、申訴或訴訟救濟提出而施以歧視或藉故懲罰之禁止）

監獄對於受刑人，不得因陳情、申訴或訴訟救濟之提出，而施以歧視待遇或藉故懲罰。

第 92 條（陳情之方式、對象、意見箱設置及適當處理）

I 受刑人得以書面或言詞向監獄、視察小組或其他視察人員提出陳情。

II 監獄應於適當處所設置意見箱，供受刑人提出陳情或提供意見使用。

III 監獄對於受刑人之陳情或提供意見，應爲適當之處理。

第 93 條（申訴之類型及不變期間；申訴有理由之處理方式）

I 受刑人因監獄行刑有下列情形之一者，得以書面或言詞向監獄提起申訴：
一 不服監獄所爲影響其個人權益之處分或管理措施。
二 因監獄對其依本法請求之事件，拒絕其請求或於二個月內不依其請求作成決定，認爲其權利或法律上利益受損害。
三 因監獄行刑之公法上原因發生之財產給付爭議。

II 前項第一款處分或管理措施、第二款、第三款拒絕請求之申訴，應自受刑人收受或知悉處分或管理措施之次日起，十日不變期間內爲之。前項第二款、第三款不依請求作成決定之申訴，應自受刑人提出請求屆滿二個月之次日起，十日不變期間內爲之。

III 監獄認爲受刑人之申訴有理由者，應逕爲立即停止、撤銷或變更原處分、管理措施之決定或執行，或依其請求或申訴作成決定。

Ⅳ以書面以外方式所爲之處分或管理措施，其相對人有正當理由請求作成書面時，監獄不得拒絕。

Ⅴ前項書面應附記理由，並表明救濟方法、期間及受理機關。

第 94 條（申訴及訴訟救濟得委任律師爲代理人；輔佐人之相關規定）

Ⅰ受刑人提起前條申訴及第一百十一條第二項之訴訟救濟，得委任律師爲代理人行之，並應向監獄或法院提出委任狀。

Ⅱ受刑人或代理人經監獄或法院之許可，得偕同輔佐人到場。

Ⅲ監獄或法院認爲必要時，得命受刑人或代理人偕同輔佐人到場。

Ⅳ前二項之輔佐人，監獄或法院認爲不適當時，得撤銷其許可或禁止其陳述。

Ⅴ輔佐人所爲之陳述，受刑人或代理人未立即提出異議者，視爲其所自爲。

第 95 條（申訴審議小組之設置）

監獄爲處理申訴事件，應設申訴審議小組（以下簡稱審議小組），置委員九人，經監督機關核定後，由典獄長指派之代表三人及學者專家或社會公正人士六人組成之，並由典獄長指定之委員爲主席。其中任一性別委員不得少於三分之一。

第 96 條（申訴書之應載事項及以言詞申訴之辦理方式）

Ⅰ以書面提起申訴者，應填具申訴書，載明下列事項，由申訴人簽名或捺印：

一 申訴人之姓名。有委任代理人或輔佐人者，其姓名、住居所。

二 申訴事實及發生時間。

三 申訴理由。

四 申訴年、月、日。

Ⅱ以言詞提起申訴者，由監獄人員代爲填具申訴書，經向申訴人朗讀或使其閱覽，確認內容無誤後，交其簽名或捺印。

第 97 條（申訴書補正之期限）

審議小組認爲申訴書不合法定程式，而其情形可補正者，應通知申訴人於五日內補正。

第 98 條（審議小組開會之出席人數、會議程序及表決方式）

Ⅰ審議小組須有全體委員過半數之出席，始得開會；其決議以出席人數過半數同意行之，可否同數時，取決於主席。

Ⅱ審議小組決議時，迴避之委員不計入出席委員人數。

第 99 條（審議小組委員自行迴避、申請迴避與職權迴避之要件及程序事項）

Ⅰ審議小組委員於申訴事件有下列情形之一者，應自行迴避，不得參與決議：

一 審議小組委員現爲或曾爲申訴人之配偶、四親等內之血親、三親等內之姻親或家長、家屬。

二 審議小組委員現爲或曾爲申訴人之代理人、辯護人、輔佐人。

三 審議小組委員現爲申訴人、其申訴對象，或申訴人曾提起申訴之對象。

Ⅱ有具體事實足督審議小組委員就申訴事件有偏頗之虞者，申訴人得舉其原因及事實，向審議小組申請迴避。

Ⅲ前項申請，由審議小組決議之。不服審議小組之駁回決定者，得於五日內提請監督機關覆決，監督機關除有正當理由外，應於十日內爲適當之處置。

Ⅳ申訴人不服監督機關所爲覆決決定，僅得於對實體決定提起行政訴訟時一併聲明不服。

Ⅴ審議小組委員有第一項情形不自行迴避，而未經申訴人申請迴避者，應由監獄依職權命其迴避。

第 100 條（申訴之撤回）

提起申訴後，於決定書送達申訴人前，申訴人得撤回之。申訴經撤回者，不得就同一原因事實重行提起申訴。

第 101 條（審議小組作成決定之期限及屆期不爲決定之效果）

Ⅰ審議小組應自受理申訴之次日起三十日內作成決定，必要時得延長十日，並通知申訴人。

Ⅱ前項期間，於依第九十七條通知補正情形，自補正之次日起算。

Ⅲ審議小組屆期不爲決定者，視爲撤銷原處分。

第 102 條（申訴審議之陳述意見）

Ⅰ審議小組進行審議時，應通知申訴人、委任代理人及輔佐人列席陳述意見。

Ⅱ申訴人因案收容於其他處所者，其陳述意見得以書面、影音、視訊、電話或其他方式爲之。

Ⅲ前項以書面以外方式陳述意見者，監獄應作成紀錄，經向陳述人朗讀或使其閱覽確認其內容無誤後，由陳述人簽名或捺印；其拒絕簽名或捺印者，應記明其事由。陳述人對紀錄有異議者，應更正之。

第 103 條（審議資料含與申訴事項無關資料之禁止）

申訴審議資料，不得含與申訴事項無關之罪名、刑期、犯次或之前違規紀錄等資料。

第 104 條（審議小組應依職權調查證據）

審議小組應依職權調查證據，不受申訴人主張之拘束，對申訴人有利及不利事項一律注意。

第 105 條（申訴程序中事實及證據調查之申請）

申訴人於申訴程序中，得申請審議小組調查事實及證據。審議小組認無調查必要者，應於申訴決定中

敘明不為調查之理由。

第 106 條（會議紀錄之製作及應載事項）

I 審議小組應製作會議紀錄。

II 前項會議紀錄應載明到場人所為陳述之要旨及其提出之文書、證據。委員於審議中所持與決議不同之意見，經其請求者，亦應列入紀錄。

第 107 條（申訴應為不受理決定之情形）

審議小組認申訴有下列情形之一者，監獄應為不受理之決定：

一　申訴內容非屬第九十三條第一項之事項。

二　提起申訴已逾第九十三條第二項所定期間。

三　申訴書不合法定程式不能補正，或經依第九十七條規定通知補正，屆期不補正。

四　對於已決定或已撤回之申訴事件，就同一原因事實重行提起申訴。

五　申訴人非受第九十三條第一項第一款處分或管理措施之相對人，或非第九十三條第一項第二款、第三款之請求人。

六　監獄已依第九十三條第三項為停止、撤銷或變更原處分、管理措施之決定或執行，或已依其請求或申訴作成決定。

第 108 條（申訴有無理由應為之決定及不利益變更禁止原則）

I 審議小組認申訴有理由者，監獄應為停止、撤銷或變更原處分、管理措施之決定或執行，或依受刑人之請求或申訴作成決定。但不得為更不利益之變更、處分或管理措施。

II 審議小組認申訴無理由者，監獄應為駁回之決定。

III 原處分或管理措施所憑理由雖屬不當，但依其他理由認為正當者，應以申訴為無理由。

第 109 條（申訴決定書之製作義務、應載事項及送達等規定）

I 審議小組依前二條所為之決定，監獄應作成決定書。

II 申訴決定書，應載明下列事項：

一　申訴人姓名、出生年月日、住居所、身分證明文件字號。

二　有委任代理人或輔佐人者，其姓名、住居所。

三　主文、事實及理由。其係不受理決定者，得不記載事實。

四　附記如依本法規定得向法院起訴者，其救濟方法、期間及其受理機關。

五　決定機關及其首長。

六　年、月、日。

III 前項決定書應送達申訴人及委任代理人，並副知監督機關。

IV 監督機關收受前項決定書後，應詳閱其內容，如認監獄之原處分或管理措施有缺失情事者，應督促其改善。

V 申訴決定書附記提起行政訴訟期間錯誤時，應由監獄以通知更正之，並自更正通知送達之日起，計算法定期間。

VI 申訴決定書未依第二項第四款規定為附記，或附記錯誤而未依前項規定通知更正，致受刑人遲誤行政訴訟期間者，如自申訴決定書送達之日起三個月內提起行政訴訟，視為於法定期間內提起。

第 110 條（對監督機關提起申訴或訴訟救濟之規範及準用規定）

I 受刑人與監督機關間，因監獄行刑有第九十三條第一項各款情事，得以書面向監督機關提起申訴，並準用第九十條、第九十三條第二項至第五項、第九十四條第一項、第九十五條、第九十六條第一項、第九十七條至第一百零一條、第一百零二條第二項、第三項、第一百零五條至第一百零八條及前條第一項至第三項、第五項、第六項規定。

II 受刑人依前項規定提起申訴而不服其決定，或提起申訴逾三十日不為決定或延長申訴決定期間逾三十日不為決定者，準用第一百十一條至第一百十四條之規定。

第 111 條（行政訴訟之救濟程序）

I 受刑人因監獄行刑所生之公法爭議，除法律另有規定外，應依本法提起行政訴訟。

II 受刑人依本法提起申訴而不服其決定者，應向監獄所在地之地方法院行政訴訟庭提起下列各款訴訟：

一　認為監獄處分逾越達成監獄行刑目的所必要之範圍，而不法侵害其憲法所保障之基本權利且非顯屬輕微者，得提起撤銷訴訟。

二　認為前款處分違法，因已執行而無回復原狀可能或已消滅，有即受確認判決之法律上利益者，得提起確認處分違法之訴訟。其認為前款處分無效，有即受確認判決之法律上利益者，得提起確認處分無效之訴訟。

三　因監獄對其依本法請求之事件，拒絕其請求或未於二個月內依其請求作成決定，認為其權利或法律上利益受損害，或因監獄行刑之公法上原因發生財產上給付之爭議，得提起給付訴訟。就監獄之管理措施認為逾越達成監獄行刑目的所必要之範圍，而不法侵害其憲法所保障之基本權利且非顯屬輕微者，亦同。

III 前項各款訴訟之提起，應以書狀為之。

第 112 條（與其他訴訟合併提起及請求損害賠償之禁止；起訴不變期間及申訴不為決定逕提訴訟）

I 前條訴訟，不得與其他訴訟合併提起，且不得

合併請求損害賠償。

II 前條訴訟之提起，應於申訴決定書送達後三十日之不變期間內為之。

III 審議小組逾三十日不為決定或延長申訴決定期間逾十日不為決定者，受刑人自該應為決定期限屆滿後，得逕提起前條第二項第二款、第三款之訴訟。但自該應為決定期限屆滿後逾六個月者，不得提起。

第 113 條（提出起訴狀或撤回書狀之規定）

I 受刑人於起訴期間內向監獄長官提出起訴狀，或於法院裁判確定前向監獄長官提出撤回書狀者，分別視為起訴期間內之起訴或法院裁判確定前之撤回。

II 受刑人不能自作起訴狀者，監獄人員應為之代作。

III 監獄長官接受起訴狀或撤回書狀後，應附記接受之年、月、日、時，儘速送交法院。

IV 受刑人之起訴狀或撤回書狀，非經監獄長官提出者，法院之書記官於接受起訴狀或撤回書狀後，應即通知監獄長官。

V 監獄應依職權或依法院之通知，將與申訴案件有關之卷宗及證物送交法院。

第 114 條（依法適用簡易訴訟程序事件、裁判費用減徵及得不經言詞辯論等規定）

I 依第一百十一條規定提起之訴訟，為簡易訴訟程序事件，除本法或其他法律另有規定外，適用行政訴訟法簡易訴訟程序之規定，其裁判費用減徵二分之一。

II 前項裁判得不經言詞辯論為之，並得引用申訴決定書所記載之事實、證據及理由，對案情重要事項申訴決定書未予論述，或不採受刑人之主張、有利於受刑人之證據，應補充記載其理由。

第十三章 假 釋

第 115 條（陳報假釋之程序）

I 監獄對於受刑人符合假釋要件者，應提報其假釋審查會決議後，報請法務部審查。

II 依刑法第七十七條第二項第三款接受強制身心治療或輔導教育之受刑人，應附具曾受治療或輔導之紀錄及個案自我控制再犯預防成效評估報告，如顯有再犯之虞，不得報請假釋。

III 前項強制身心治療或輔導教育之處理程序、評估機制及其他相關事項之辦法，由法務部定之。

第 116 條（假釋審查應參酌之事項及假釋審查參考基準之訂定公開）

I 假釋審查應參酌受刑人之犯行情節、在監行狀、犯罪紀錄、教化矯治處遇成效、更生計畫及其他有關事項，綜合判斷其悛悔情形。

II 法務部應依前項規定內容訂定假釋審查參考基準，並以適當方式公開之。

第 117 條（陳述意見及請求假釋審查相關資料）

I 監獄召開假釋審查會前，應以適當之方式給予受刑人陳述意見之機會。

II 受刑人得向監獄請求閱覽、抄錄、複製假釋審查相關資料。但所涉資料屬政府資訊公開法第十八條第一項或檔案法第十八條所定情形者，不在此限。

第 118 條（對陳報假釋決議之處分及再行陳報之提出時間）

I 法務部參酌監獄依第一百十五條第一項陳報假釋之決議，應為許可假釋或不予許可假釋之處分；如認原決議所載理由或所憑資料未臻完備，得通知監獄再行補正，其不能補正者，予以退回。

II 經法務部不予許可假釋之處分案，除進級者外，監獄應逾四月始得再行陳報。但該受刑人嗣後獲第八十四條第一項第五款至第七款所列之獎勵者，監獄得提前一個月陳報。

第 119 條（假釋審查會之設置）

I 監獄應設假釋審查會，置委員七人至十一人，除典獄長及其指派監獄代表二人為當然委員外，其餘委員由各監獄遴選具有心理、教育、法律、犯罪、監獄學、觀護、社會工作或相關專門學識之人士，報請監督機關核准後聘任之。其中任一性別委員不得少於三分之一。

II 監獄得將所設分監受刑人假釋案件審查之事項，委託該分監所在之矯正機關辦理。

III 第一百十五條陳報假釋之程序、文件資料，與第一項假釋審查會委員任期、召開方式、審議要項、委員迴避、釋放程序及其他相關事項之辦法，由法務部定之。

第 120 條（維持或廢止假釋）

I 假釋出監受刑人刑期變更者，監獄於接獲相關執行指揮書後，應依刑法第七十七條規定重新核算，並提報其假釋審查會決議後，報請法務部辦理維持或廢止假釋。

II 前項經維持假釋者，監督機關應通知該假釋案犯罪事實最後裁判法院相對應檢察署向法院聲請裁定假釋中付保護管束；經廢止假釋者，由監獄通知原指揮執行檢察署辦理後續執行事宜。

III 第一項情形，假釋期間已屆滿且假釋未經撤銷者，已執行保護管束日數全部計入刑期；假釋尚未期滿者，已執行保護管束日數，應於日後再假釋時，折抵假釋及保護管束期間。

IV 受刑人於假釋核准後，未出監前，發生重大違背紀律情事，監獄應立即報請法務部停止其假釋處分之執行，並即提報假釋審查會決議後，再報請法務部廢止假釋，如法務部不同意廢止，

停止假釋之處分即失其效力。

V 受刑人不服停止假釋處分時，僅得於對廢止假釋處分聲明不服時一併聲明之。

第 121 條（不服處分之救濟及可提起復審之對象及期間）

I 受刑人對於前條廢止假釋及第一百十八條不予許可假釋之處分，如有不服，得於收受處分書之翌日起十日內向法務部提起復審。假釋出監之受刑人以其假釋之撤銷爲不當者，亦同。

II 前項復審無停止執行之效力。

III 在監之復審人於第一項所定期間向監獄提起復審者，視爲已在復審期間內提起復審。

第 122 條（復審及訴訟救濟得委任律師爲代理人；輔佐人之相關規定）

I 受刑人提起前條復審及第一百三十四條第一項之訴訟救濟，得委任律師爲代理人行之，並應向法務部或法院提出委任狀。

II 受刑人或代理人經法務部或法院之許可，得偕同輔佐人到場。

III 法務部或法院認爲必要時，得命受刑人或代理人偕同輔佐人到場。

IV 前二項之輔佐人，法務部或法院認爲不適當時，得撤銷其許可或禁止其陳述。

V 輔佐人所爲之陳述，受刑人或代理人未立即提出異議者，視爲其所自爲。

第 123 條（復審審議小組之設置）

法務部爲處理復審事件，應設復審審議小組，置委員九人，由法務部或所屬機關代表四人、學者專家或社會公正人士五人組成之，由部長指定之委員爲主席。其中任一性別委員不得少於三分之一。

第 124 條（復審書之應載事項）

復審應填具復審書，並載明下列事項，由復審人簽名或捺印：

一　復審人之姓名。有委任代理人或輔佐人者，其姓名、住居所。

二　復審事實。

三　復審理由。

四　復審年、月、日。

第 125 條（復審書補正之期限）

復審審議小組認爲復審書不合法定程式，而其情形可補正者，應通知復審人於五日內補正。

第 126 條（復審審議小組開會之出席人數、會議程序及表決方式）

I 復審審議小組須有全體委員過半數之出席，始得開會；其決議以出席人數過半數同意行之，可否同數時，取決於主席。

II 復審審議小組會議決議時，迴避之委員不計於出席委員人數。

第 127 條（復審審議小組委員自行迴避、申請迴避與依職權命其迴避之要件及程序事項）

I 復審審議小組委員於復審事件有下列情形之一者，應自行迴避，不得參與決議：

一　復審審議小組委員現爲或曾爲復審人之配偶、四親等內血親、三親等內姻親或家長、家屬。

二　復審審議小組委員現爲或曾爲復審人之代理人、辯護人、輔佐人。

三　復審審議小組委員現爲復審人、其申訴對象、或復審人曾提起申訴之對象。

II 有具體事實足認復審審議小組委員就復審事件有偏頗之虞者，復審人應舉其原因及事實，向復審審議小組申請迴避。

III 前項申請，由復審審議小組決議之。

IV 不服復審審議小組之駁回決定者，得於五日內提請法務部覆決，法務部除有正當理由外，應於十日內爲適當之處置。

V 復審人不服法務部所爲覆決決定，僅得於對實體決定提起行政訴訟時，一併聲明不服。

VI 復審審議小組委員有第一項情形不自行迴避，而未經復審人申請迴避者，應由法務部依職權命其迴避。

第 128 條（復審之撤回）

提起復審後，於決定書送達復審人前，復審人得撤回之。復審經撤回者，不得就同一原因事實重行提起復審。

第 129 條（復審審議小組作成決定之期限及得提起行政訴訟救濟之規定）

I 復審審議小組之決定，應自受理復審之次日起二個月內爲之。

II 前項期間，於依第一百二十五條通知補正情形，自補正之次日起算。未爲補正者，自補正期間屆滿之次日起算。

III 復審事件不能於第一項期間內決定者，得予延長，並通知復審人。延長以一次爲限，最長不得逾二個月。

IV 受刑人不服復審決定，或提起復審逾二個月不爲決定，或延長復審決定期間逾二個月不爲決定者，得依本法規定提起行政訴訟。

第 130 條（復審審議之陳述意見）

I 復審審議小組審議時，應通知復審人、委任代理人及輔佐人陳述意見，其陳述意見得以書面、影音、視訊、電話或其他方式爲之。

II 前項以書面以外方式陳述意見者，應作成紀錄，經向陳述人朗讀或使閱覽確認其內容無誤後，由陳述人簽名或捺印；其拒絕簽名或捺印者，應記明其事由。陳述人對於紀錄有異議者，應更正之。

第 131 條（復審應爲不受理決定之情形）
復審有下列情形之一者，應爲不受理之決定：
一　復審內容非屬第一百二十一條之事項。
二　提起復審已逾第一百二十一條所定期間。
三　復審書不合法定程式不能補正，或經依第一百二十五條規定通知補正，屆期不補正。
四　對於已決定或已撤回之復審事件，就同一原因事實重行提起復審。
五　復審人非受第一百二十一條處分之當事人。
六　原處分已撤銷或變更。

第 132 條（復審有理由及無理由應爲之決定）
I 復審有理由者，應爲撤銷或變更原處分。
II 復審無理由者，應爲駁回之決定。
III 原處分所憑理由雖屬不當，但依其他理由認爲正當者，應以復審爲無理由。

第 133 條（復審決定書之記載事項及送達等規定）
I 復審決定書，應載明下列事項：
一　復審人姓名、出生年月日、住居所、身分證明文件字號。
二　有委任代理人或輔佐人者，其姓名、住居所。
三　主文、事實及理由。其係不受理決定者，得不記載事實。
四　附記如依本法規定得向法院起訴，其救濟方法、期間及其受理機關。
五　決定機關及其首長。
六　年、月、日。
II 前項決定書應送達復審人及委任代理人。
III 復審決定書附記提起行政訴訟期間錯誤時，應由法務部以通知更正之，並自更正通知送達之日起，計算法定期間。
IV 復審決定書未依第一項第四款規定爲附記，或附記錯誤而未依前項規定通知更正，致受刑人遲誤行政訴訟期間者，如自復審決定書送達之日起三個月內提起行政訴訟，視爲於法定期間內提起。

第 134 條（行政訴訟之救濟程序）
I 受刑人對於廢止假釋、不予許可假釋或撤銷假釋之處分不服，經依本法提起復審而不服其決定，或提起復審逾二個月不爲決定或延長復審決定期間逾二個月不爲決定者，應向監獄所在地或執行保護管束地之地方法院行政訴訟庭提起撤銷訴訟。
II 前項處分因已執行而無回復原狀可能或已消滅，有即受確認判決之法律上利益者，得提起確認處分違法之訴訟。其認爲前項處分無效，有即受確認判決之法律上利益者，得提起確認處分無效之訴訟。
III 前二項訴訟之提起，應以書狀爲之。

第 135 條（與其他訴訟合併提起及請求損害賠償之禁止：起訴不變期間及申訴不爲決定得提起訴訟）
I 前條訴訟，不得與其他訴訟合併提起，且不得合併請求損害賠償。
II 前條訴訟之提起，應於復審決定書送達後三十日之不變期間內爲之。
III 復審逾二個月不爲決定或延長復審決定期間逾二個月不爲決定者，前條訴訟自該應爲決定期限屆滿後始得提起。但自該應爲決定期限屆滿後逾六個月者，不得提起。

第 136 條（對假釋處分所提訴訟之準用規定）
第一百十一條第一項、第一百十三條、第一百十四條之規定，於第一百三十四條之訴訟準用之。

第 137 條（假釋相關事項權限之委任辦理）
法務部得將假釋之審查、維持、停止、廢止、撤銷、本章有關復審審議及其相關事項之權限，委任所屬矯正署辦理。

第十四章　釋放及保護

第 138 條（釋放及其時間限制）
I 執行期滿者，應於其刑期終了之當日午前釋放之。
II 核准假釋者，應於保護管束命令送交監獄後二十四小時內釋放之。但有移交、接管、護送、安置、交通、銜接保護管束措施或其他安全顧慮特殊事由者，得於指定日期辦理釋放。
III 前項釋放時，由監獄給與假釋證書，並告知如不於特定時間內向執行保護管束檢察署檢察官報到，得撤銷假釋之規定，並將出監日期通知執行保護管束之機關。
IV 受赦免者，應於公文到達後至遲二十四小時內釋放之。

第 139 條（保護扶助事項之調查及覆查）
釋放後之保護扶助事項，除法規另有規定外，應於受刑人執行期滿出獄前或報請假釋前先行調查，必要時，得於釋放前再予覆查。

第 140 條（出監後強制治療宣告之聲請）
I 受刑人依刑法第九十一條之一或性侵害犯罪防治法第二十二條之一規定，經鑑定、評估，認有再犯之危險，而有施以強制治療之必要者，監獄應於刑期屆滿前四月，將受刑人應接受強制治療之鑑定、評估報告等相關資料，送請該管檢察署檢察官，檢察官至遲應於受刑人刑期屆滿前二月，向法院聲請出監後強制治療之宣告。
II 前項強制治療宣告之執行，應於監獄以外之適當醫療機構爲之。
III 第一項受刑人實際入監執行之刑期不足六月，無法進行評估者，監獄應檢具相關資料通知其

戶籍所在地之直轄市、縣（市）主管機關，於受刑人出監後依性侵害犯罪防治法第二十條規定辦理。

第 141 條（釋放時衣類及旅費之準備或給與）

I 釋放時，應斟酌被釋放者之健康，並按時令使其準備相當之衣類及出獄旅費。

II 前項衣類、旅費不敷時，監獄應通知當地更生保護團體或相關團體斟酌給與之。

第 142 條（釋放衰老、重病、身障受刑人之通知義務及其他依法通知之辦理）

I 釋放衰老、重病、身心障礙不能自理生活之受刑人前，應通知家屬或受刑人認為適當之人來監接回。無法通知或經通知後拒絕接回者，監獄應檢具相關資料通知受刑人戶籍所在地直轄市、縣（市）社會福利主管機關辦理轉介安置或為其他必要之處遇。

II 依其他法規規定於受刑人釋放前應通知相關個人、法人、團體或機關（構）者，監獄應依規定辦理。

第十五章　死　亡

第 143 條（執行中死亡之相驗及通知等事宜）

I 受刑人於執行中死亡，監獄應即通知家屬或最近親屬，並逕報檢察署指派檢察官相驗。家屬或最近親屬有數人者，得僅通知其中一人。

II 監獄如知前項受刑人有委任律師，且其委任事務尚未處理完畢，亦應通知之。

III 第一項情形，監獄應檢附相關資料，陳報監督機關。

第 144 條（屍體無人請領或無法通知之處理）

死亡者之屍體，經依前條相驗並通知後七日內無人請領或無法通知者，得火化之，並存放於骨灰存放設施。

第十六章　死刑之執行

第 145 條（執行死刑之場所）

I 死刑在監獄特定場所執行之。

II 執行死刑之方式、限制、程序及相關事項之規則，由法務部定之。

第 146 條（執行死刑之告知）

執行死刑，應於當日告知本人

第 147 條（執行死刑屍體之準用規定）

第一百四十四條之規定，於執行死刑之屍體準用之。

第 148 條（死刑定讞待執行者之收容程序及準用規定）

I 死刑定讞待執行者，應由檢察官簽發死刑確定待執行指揮書，交由監獄收容。

II 死刑定讞待執行者，得準用本法有關戒護、作業、教化與文康、給養、衛生及醫療、接見及通信、保管、陳情、申訴及訴訟救濟等規定。

III 監獄得適度放寬第一項之待執行者接見、通信，並依其意願提供作業及教化輔導之機會。

第十七章　附　則

第 149 條（外役監之設置）

為使受刑人從事生產事業、服務業、公共建設或其他特定作業，並實施階段性處遇，使其逐步適應社會生活，得設外役監；其管理及處遇之實施另以法律定之。

第 150 條（先行支付之交通費用得由保管金或勞作金扣除款項、命限期償還及移送行政執行）

依第六十條第二項及第六十二條第二項規定，應由受刑人自行負擔之交通費用，由監獄先行支付者，監獄得由受刑人保管金或勞作金中扣除，無可供扣除之款項，由監獄以書面行政處分命受刑人於三十日內償還；屆期未償還者，得移送行政執行。

第 151 條（申訴及訴訟救濟之新舊法制銜接規定）

I 本法中華民國一百零八年十二月十七日修正之條文施行前已受理之申訴事件，尚未作成決定者，適用修正施行後之規定。

II 本法中華民國一百零八年十二月十七日修正之條文施行前得提起申訴之事件，於修正施行日尚未逾法定救濟期間者，得於修正施行日之次日起算十日內，依本法規定提起申訴。

III 本法中華民國一百零八年十二月十七日修正之條文施行前，有第九十三條第一項第二款、第三款之情形，其按第九十三條第二項計算之申訴期間於修正施行日尚未屆滿者，其申訴自修正施行日之次日起算十日不變期間。

第 152 條（尚未繫屬法院假釋相關救濟事件之銜接規定）

I 本法中華民國一百零八年十二月十七日修正之條文施行前，已受理之假釋訴願事件，尚未作成決定者，於修正施行後仍由原受理訴願機關依訴願法之規定決定之。訴願人不服其決定，或提起訴願逾三個月不為決定，或延長訴願決定期間逾二個月不為決定者，得依本法規定向管轄地方法院行政訴訟庭提起訴訟。

II 本法中華民國一百零八年十二月十七日修正之條文施行前得提起假釋訴願之事件，於修正施行日尚未逾法定救濟期間者，得於修正施行日之次日起算十日內，依本法規定提起復審。

III 本法中華民國一百零八年十二月十七日修正之條文施行前得提起假釋行政訴訟之事件，於修正施行日尚未逾法定救濟期間者，得於修正施行日之次日起算十日內，依本法規定向管轄地

　　方法院行政訴訟庭提起訴訟。

第153條（已繫屬法院假釋相關救濟事件之銜接規定）

Ⅰ 本法中華民國一百零八年十二月十七日修正之條文施行前，因撤銷假釋已繫屬於法院之聲明異議案件，尚未終結者，於修正施行後，仍由原法院依司法院釋字第六八一號解釋意旨，依刑事訴訟法之規定審理。

Ⅱ 前項裁定之抗告、再抗告及本法中華民國一百零八年十二月十七日修正之條文施行前已由地方法院或高等法院終結之聲明異議案件之抗告、再抗告案件，尚未終結者，於修正施行後由高等法院或最高法院依司法院釋字第六八一號解釋意旨，依刑事訴訟法之規定審理。

Ⅲ 本法中華民國一百零八年十二月十七日修正之條文施行前，因撤銷假釋得聲明異議之案件，得於修正施行日之次日起算三十日內，依本法規定向管轄地方法院行政訴訟庭提起訴訟。

Ⅳ 本法中華民國一百零八年十二月十七日修正之條文施行前，因不予許可假釋而依司法院釋字第六九一號解釋已繫屬於高等行政法院之行政訴訟事件，於修正施行後，依下列規定辦理：

　一　尚未終結者：由高等行政法院裁定移送管轄之地方法院行政訴訟庭，依本法規定審理；其上訴、抗告，亦同。

　二　已終結者：其上訴、抗告，仍依原訴訟程序規定辦理，不適用修正施行後之規定。

Ⅴ 本法中華民國一百零八年十二月十七日修正之條文施行前，因不予許可假釋而依司法院釋字第六九一號解釋已繫屬於最高行政法院，而於修正施行時，尚未終結之前項事件，仍依原訴訟程序規定辦理，不適用修正施行後之規定。如認上訴或抗告不合法或無理由者，應予駁回；有理由者，應為上訴人或抗告人勝訴之裁判；必要時，發交管轄之地方法院行政訴訟庭依修正施行後之條文審判之。

Ⅵ 本法中華民國一百零八年十二月十七日修正之條文施行前確定之不予許可假釋行政訴訟事件裁判，其再審之提起或聲請，由高等行政法院、最高行政法院依原訴訟程序規定辦理，不適用修正施行後之規定。

第154條（軍事受刑人之準用規定）
依軍事審判法執行之軍事受刑人準用本法之規定。

第155條（施行細則）
本法施行細則，由法務部定之。

第156條（施行日）
本法自公布日後六個月施行。

陸海空軍刑法

第一編　總　則

第 1 條（現役軍人之適用）
現役軍人犯本法之罪者，依本法處罰。

第 2 條（非現役軍人之適用）
I 非現役軍人於戰時有下列情形之一者，亦適用本法之規定處罰：
一　犯第十六條之罪。
二　犯第十七條第一項、第十八條第一項第一款、第二款之罪。
三　犯第五十三條第一項、第五十八條第一項、第五十九條第一項、第六十三條第一項之罪。
四　犯第六十七條第一項、第二項、第六十八條第二項之罪。
五　犯第七十二條之罪，致生軍事上之不利益。
II 前項第十七條第一項、第十八條第一項第一款、第二款、第五十三條第一項、第五十八條第一項、第五十九條第一項及第六十七條第一項、第二項之未遂犯，亦同。

第 3 條（喪失軍人身分之適用）
現役軍人犯本法之罪後，喪失現役軍人身分者，仍適用本法處罰。

第 4 條（國外犯）
現役軍人在中華民國領域外犯本法之罪者，仍適用本法；非現役軍人於戰時在中華民國領域外犯第二條之罪者，亦同。

第 5 條（屬地主義）
現役軍人在中華民國軍隊占領地域內犯中華民國刑法或其他法律之罪者，以在中華民國領域內犯罪論。

第 6 條（現役軍人）
本法所稱現役軍人，謂依兵役法或其他法律服現役之軍官、士官、士兵。

第 7 條（準現役軍人）
依法成立之武裝團隊，戰時納入作戰序列者，視同現役軍人。

第 8 條（長官上官之定義）
I 本法所稱長官，謂有命令權或職務在上之軍官、士官。
II 本法所稱上官，謂前項以外，而官階在上之軍官、士官。

第 9 條（部隊之定義）
本法所稱部隊，謂國防部及所屬軍隊、機關、學校。

第 10 條（敵人之定義）
本法所稱敵人，謂與中華民國交戰或武力對峙之國家或團體。

第 11 條（戰時規定之適用）
I 本法關於戰時之規定，適用於總統依憲法宣戰之期間及地域。其因戰爭或叛亂發生而宣告戒嚴之期間及地域者，亦同。但宣戰或戒嚴未經立法院同意或追認者，不在此限。
II 戰時犯本法之罪，縱經媾和、全部或局部有停火之事實或協定，仍依戰時之規定處罰。但按其情節顯然過重者，得減輕或免除其刑。

第 12 條（阻卻違法事由）
戰時為維護國防或軍事上之重大利益，當事機急迫而出於不得已之行為，不罰。但其行為過當者，得減輕或免除其刑。

第 13 條（刑法總則之適用）
刑法總則之規定，與本法不相牴觸者，適用之。

第二編　分　則

第一章　違反效忠國家職責罪

第 14 條（強暴脅迫叛亂罪）
I 意圖破壞國體、竊據國土，或以非法之方法變更國憲、顛覆政府，而以強暴或脅迫著手實行者，處十年以上有期徒刑；首謀者，處死刑、無期徒刑或十年以上有期徒刑。
II 預備犯前項之罪者，處一年以上七年以下有期徒刑。

第15條（暴動勾結外力叛亂罪）

Ⅰ 以暴動或勾結外力犯前條第一項之罪者，處無期徒刑或七年以上有期徒刑；首謀者，處死刑或無期徒刑。

Ⅱ 預備或陰謀犯前項之罪者，處三年以上十年以下有期徒刑。

第16條（煽惑軍人暴動罪）

意圖犯第十四條第一項之罪，而以文字、圖畫、演說或他法煽惑現役軍人暴動者，處七年以上有期徒刑。

第17條（直接利敵罪）

Ⅰ 有下列行為之一者，處死刑或無期徒刑：

一　將部隊或第五十八條第一項或第五十九條第一項之軍用設施、物品交付敵人者。

二　為敵人從事間諜活動，或幫助敵人之間諜從事活動者。

三　擅打旗號或發送、傳輸電信授意於敵人者。

四　使敵人侵入軍用港口、機場、要塞或其他軍用設施、建築物，或為敵人作嚮導或指示地理者。

五　強暴、脅迫或恐嚇長官或上官投降敵人者。

六　為敵人奪取或縱放捕獲之艦艇、航空器或俘虜者。

Ⅱ 前項之未遂犯，罰之。

Ⅲ 預備或陰謀犯第一項之罪者，處一年以上七年以下有期徒刑。

Ⅳ 犯前三項之罪，情節輕微者，得減輕其刑。

第18條（間接利敵罪）

Ⅰ 意圖利敵，而有下列行為之一者，處死刑、無期徒刑或十年以上有期徒刑：

一　毀壞第五十八條第一項或第五十九條第一項之軍用設施、物品，或致令不堪用者。

二　損壞或壅塞水陸通路、橋樑、燈塔、標記，或以他法妨害軍事交通者。

三　長官率部隊不就指定守地或擅離配置地者。

四　解散部隊或誘使潰走、混亂，或妨害其聯絡、集合者。

五　使部隊缺乏兵器、彈藥、糧食、被服或其他重要軍用物品者。

六　犯第六十六條第一項或第四項之罪者。

Ⅱ 前項之未遂犯，罰之。

Ⅲ 預備或陰謀犯第一項之罪者，處六月以上五年以下有期徒刑。

Ⅳ 犯前三項之罪，情節輕微者，得減輕其刑。

第19條（補充利敵罪）

Ⅰ 以前二條以外之方法供敵人軍事上之利益，或以軍事上之不利益害中華民國或其同盟國者，處死刑、無期徒刑或十年以上有期徒刑。

Ⅱ 前項之未遂犯，罰之。

Ⅲ 預備或陰謀犯第一項之罪者，處六月以上五年以下有期徒刑。

Ⅳ 犯前三項之罪，情節輕微者，得減輕其刑。

第20條（洩漏軍事機密罪）

Ⅰ 洩漏或交付關於中華民國軍事上應秘密之文書、圖畫、消息、電磁紀錄或物品者，處三年以上十年以下有期徒刑。戰時犯之者，處無期徒刑或七年以上有期徒刑。

Ⅱ 洩漏或交付前項之軍事機密於敵人者，處死刑或無期徒刑。

Ⅲ 前二項之未遂犯，罰之。

Ⅳ 因過失犯第一項前段之罪者，處三年以下有期徒刑、拘役或新臺幣三十萬元以下罰金。戰時犯之者，處一年以上七年以下有期徒刑。

Ⅴ 預備或陰謀犯第一項或第二項之罪者，處五年以下有期徒刑。

第21條（洩漏職務上軍事機密罪）

洩漏或交付職務上所持有或知悉之前條第一項軍事機密者，加重其刑至二分之一。

第22條（刺探軍事機密罪）

Ⅰ 刺探或收集第二十條第一項之軍事機密者，處一年以上七年以下有期徒刑。戰時犯之者，處三年以上十年以下有期徒刑。

Ⅱ 為敵人刺探或收集第二十條第一項之軍事機密者，處五年以上十二年以下有期徒刑。戰時犯之者，處無期徒刑或七年以上有期徒刑。

Ⅲ 前二項之未遂犯，罰之。

Ⅳ 預備或陰謀犯第一項或第二項之罪者，處二年以下有期徒刑、拘役或新臺幣二十萬元以下罰金。

第23條（侵入軍事處所罪）

Ⅰ 意圖刺探或收集第二十條第一項之軍事機密，未受允准而侵入軍事要塞、堡壘、港口、航空站、軍營、軍用艦船、航空器、械彈廠庫或其他軍事處所、建築物，或留滯其內者，處三年以上十年以下有期徒刑。戰時犯之者，加重其刑至二分之一。

Ⅱ 前項之未遂犯，罰之。

Ⅲ 預備或陰謀犯第一項之罪者，處二年以下有期徒刑、拘役或新臺幣二十萬元以下罰金。

第24條（投敵罪）

Ⅰ 投敵者，處死刑、無期徒刑或十年以上有期徒刑。

Ⅱ 不盡其應盡之責而降敵者，處一年以上七年以下有期徒刑。

Ⅲ 前二項之未遂犯，罰之。

Ⅳ 預備或陰謀犯第一項之罪者，處六月以上五年以下有期徒刑。

第25條（自首）

犯本章之罪自首而受裁判者，減輕或免除其刑；在偵查或審判中自白者，減輕其刑。

第二章　違反職役職責罪

第 26 條（無故開啟戰端罪）

指揮官無故開啟戰端者，處死刑、無期徒刑或十年以上有期徒刑。

第 27 條（違抗作戰命令罪）

I 敵前違抗作戰命令者，處死刑或無期徒刑。

II 前項之未遂犯罰之。

第 28 條（遺棄傷病俘虜罪）

I 戰時有救護、醫療職務之人，無故遺棄傷病軍人或俘虜者，處一年以上七年以下有期徒刑。

II 因而致人於死者，處無期徒刑或七年以上有期徒刑；致重傷者，處三年以上十年以下有期徒刑。

第 29 條（未盡維修義務罪）

I 有維修軍用艦艇、航空器、戰車、砲車、裝甲車、武器、彈藥或其他重要軍用設施、物品職務之人，未盡維修義務，或明知機件損壞匿不報告，致乘駕或使用人員陷於危險者，處五年以下有期徒刑。

II 因而致前項人員於死者，處無期徒刑或七年以上有期徒刑；致重傷者，處三年以上十年以下有期徒刑。

第 30 條（妨害健康罪）

I 有補給或食勤職務之人，供給部隊有害身體或健康之飲食品或其他物品者，處七年以下有期徒刑。

II 因而致人於死者，處無期徒刑或七年以上有期徒刑；致重傷者，處三年以上十年以下有期徒刑。

III 第一項之未遂犯，罰之。

第 31 條（委棄軍機罪）

I 委棄軍事上應秘密之文書、圖畫、電磁紀錄或其他物品者，處三年以下有期徒刑、拘役或新臺幣三十萬元以下罰金。

II 棄置前項物品於敵者，處七年以下有期徒刑。

III 因過失犯前二項之罪，致生軍事上之不利益者，處二年以下有期徒刑、拘役或新臺幣二十萬元以下罰金。

IV 戰時犯第一項或第二項之罪者，處無期徒刑或七年以上有期徒刑；致生軍事上之不利益者，處死刑、無期徒刑或十年以上有期徒刑；犯第三項之罪者，處一年以上七年以下有期徒刑。

第 32 條（無故使軍用物品缺乏罪）

I 有補給或運輸武器、彈藥、糧秣、被服或其他重要軍用物品職務之人，無故使之缺乏或遲誤，致生軍事上之不利益者，處一年以上七年以下有期徒刑。

II 因過失犯前項之罪者，處三年以下有期徒刑、拘役或新臺幣三十萬元以下罰金。

III 戰時犯第一項之罪者，處無期徒刑或七年以上有期徒刑；犯第二項之罪者，處三年以上十年以下有期徒刑。

第 33 條（縱放俘虜脫逃罪）

I 有看守或管理俘虜職務之人，縱放俘虜或便利其脫逃者，處一年以上七年以下有期徒刑。

II 因過失犯前項之罪者，處一年以下有期徒刑、拘役或新臺幣十萬元以下罰金。

III 第一項以外之人，縱放俘虜或便利其脫逃者，處三年以下有期徒刑、拘役或新臺幣三十萬元以下罰金。

IV 第一項之未遂犯，罰之。

第 34 條（衛兵哨兵廢弛職務罪）

I 衛兵、哨兵或其他擔任警戒職務之人，因睡眠、酒醉或其他相類之情形，而廢弛職務，足以生軍事上之不利益者，處五年以下有期徒刑。

II 戰時犯前項之罪者，處一年以上七年以下有期徒刑；致生軍事上之不利益者，處無期徒刑或七年以上有期徒刑。

III 戰時因過失犯第一項之罪者，處三年以下有期徒刑、拘役或新臺幣三十萬元以下罰金。

第 35 條（衛兵哨兵擅離勤務所在地罪）

I 衛兵、哨兵或其他擔任警戒、傳令職務之人，不到或擅離勤務所在地者，處一年以下有期徒刑、拘役或新臺幣十萬元以下罰金；致生軍事上之不利益者，處一年以上七年以下有期徒刑。

II 因過失犯前項前段之罪，致生軍事上之不利益者，處六月以下有期徒刑、拘役或新臺幣五萬元以下罰金。

III 戰時犯第一項前段之罪者，處五年以下有期徒刑；致生軍事上之不利益者，處無期徒刑或七年以上有期徒刑。

IV 戰時因過失犯第一項前段之罪者，處三年以下有期徒刑、拘役或新臺幣三十萬元以下罰金。

第 36 條（違規使衛兵哨兵交接罪）

I 無故不依規定使衛兵、哨兵或其他擔任警戒、傳令職務之人交接者，處一年以下有期徒刑、拘役或新臺幣十萬元以下罰金；致生軍事上之不利益者，處一年以上七年以下有期徒刑。

II 使違反其他勤務規定者，亦同。

第 37 條（避免職役之詐偽罪）

I 意圖免除職役，偽為疾病、毀傷身體或為其他詐偽之行為者，處一年以上七年以下有期徒刑。

II 前項之未遂犯，罰之。

第 38 條（詐術免除勤務罪）

I 以詐術或其他不正方法，而免除全部或一部之重要軍事勤務者，處三年以下有期徒刑、拘役或新臺幣三十萬元以下罰金。

II 前項之未遂犯，罰之。

第39條（單純逃亡罪）

I 意圖長期脫免職役而離去或不就職役者，處五年以下有期徒刑。但於六日內自動歸隊者，減輕其刑。

II 戰時犯前項前段之罪者，處無期徒刑或十年以上有期徒刑。

III 前二項之未遂犯，罰之。

第40條（擅自缺職罪）

I 無故離去或不就職役逾六日者，處三年以下有期徒刑、拘役或新臺幣三十萬元以下罰金。

II 戰時無故離去或不就職役者，處三年以上十年以下有期徒刑。

III 無故離去或不就職役逾三十日，或戰時逾六日者，依前條之規定處罰。

第41條（攜械逃亡罪）

I 無故離去或不就職役而攜帶軍用武器、彈藥或其他直接供作戰之軍用物品者，處七年以上有期徒刑。戰時犯之者，處死刑、無期徒刑或十年以上有期徒刑。

II 犯前項前段之罪，於七十二小時內自首，並繳交所攜帶之物品者，減輕或免除其刑；其於偵查或審判中自白，並繳交所攜帶之物品者，減輕其刑。

III 第一項之未遂犯，罰之。

第三章　違反長官職責罪

第42條（擅離部屬罪）

I 長官擅離部屬、配置地或擅自遷移部隊駐地者，處一年以上七年以下有期徒刑。

II 戰時犯前項之罪者，處無期徒刑或七年以上有期徒刑；致生軍事上之不利益者，處死刑或無期徒刑。

第43條（遺棄傷病部屬罪）

I 戰時長官無故遺棄傷病部屬者，處一年以上七年以下有期徒刑。

II 因而致人於死者，處無期徒刑或七年以上有期徒刑；致重傷者，處三年以上十年以下有期徒刑。

第44條（凌虐部屬罪）

I 長官凌虐部屬者，處三年以上十年以下有期徒刑。致人於死者，處無期徒刑或七年以上有期徒刑；致重傷者，處五年以上十二年以下有期徒刑。

II 上官或資深士兵藉勢或藉端凌虐軍人者，處五年以下有期徒刑。致人於死者，處無期徒刑或七年以上有期徒刑；致重傷者，處三年以上十年以下有期徒刑。

III 前二項所稱凌虐，指逾越教育、訓練、勤務、作戰或其他軍事之必要，使軍人受凌辱虐待之

非人道待遇行為。

IV 前項教育、訓練、勤務、作戰或其他軍事必要之實施範圍及應遵行事項，由國防部以準則定之。

V 長官明知軍人犯第一項、第二項之罪，而包庇、縱容或不為舉發者，處三年以下有期徒刑、拘役或新臺幣三十萬元以下罰金。

第45條（不應懲罰而懲罰罪）

I 長官對於部屬明知依法不應懲罰而懲罰者，處三年以下有期徒刑、拘役或新臺幣三十萬元以下罰金。

II 對部屬施以法定種類、限度以外之懲罰者，處一年以下有期徒刑、拘役或新臺幣十萬元以下罰金。

第46條（阻撓部屬陳情罪）

I 長官以強暴、脅迫、恐嚇、利誘或其他不正方法阻撓部屬請願、訴願、訴訟、陳情或申訴者，處三年以下有期徒刑、拘役或新臺幣三十萬元以下罰金。

II 有審查或轉呈之職責而犯前項之罪者，亦同。

第四章　違反部屬職責罪

第47條（違抗命令罪）

I 違抗上級機關或長官職權範圍內所下達或發布與軍事有關之命令者，處五年以下有期徒刑。

II 戰時犯前項之罪者，處死刑或無期徒刑。

III 戰時因過失未執行第一項之命令，致生軍事上之不利益者，處五年以上十二年以下有期徒刑。

IV 犯第一項之罪，而命令不須立即執行，行為人適時且自願履行者，減輕或免除其刑。

第48條（聚眾抗命罪）

I 聚眾犯前條第一項之罪，首謀者，處三年以上十年以下有期徒刑；在場助勢之人，處一年以上七年以下有期徒刑。

II 戰時犯前項之罪，首謀者，處死刑或無期徒刑；在場助勢之人，處死刑、無期徒刑或十年以上有期徒刑。

第49條（對長官施暴脅迫罪）

I 對於長官施強暴、脅迫或恐嚇者，處一年以上七年以下有期徒刑。

II 戰時犯前項之罪者，處死刑、無期徒刑或十年以上有期徒刑。

III 對上官犯第一項之罪者，處三年以下有期徒刑、拘役或新臺幣三十萬元以下罰金。戰時犯之者，處一年以上七年以下有期徒刑。

IV 前三項之未遂犯，罰之。

第50條（聚眾對長官施暴脅迫罪）

I 聚眾犯前條第一項之罪，首謀者，處七年以上有期徒刑；下手實施者，處五年以上有期徒刑；在場助勢之人，處一年以上七年以下有期徒刑。

II 戰時犯前項之罪，首謀者，處死刑或無期徒刑；下手實施者，處死刑、無期徒刑或十年以上有期徒刑；在場助勢之人，處三年以上十年以下有期徒刑。

III 前二項之未遂犯，罰之。

第 51 條（減刑）

犯前二條之罪，其情狀可憫恕者，減輕其刑。

第 52 條（侮辱長官上官罪）

I 公然侮辱長官者，處二年以下有期徒刑、拘役或新臺幣二十萬元以下罰金。

II 公然侮辱上官者，處一年以下有期徒刑、拘役或新臺幣十萬元以下罰金。

III 以文字、圖畫、演說或他法，犯前二項之罪者，加重其刑至二分之一。

IV 前三項之罪，須告訴乃論。

第五章　其他軍事犯罪

第 53 條（劫持軍艦軍機罪）

I 以強暴、脅迫、恐嚇或他法劫持軍用艦艇、航空器，或控制其航行者，處死刑、無期徒刑或十年以上有期徒刑。

II 前項之未遂犯，罰之。

III 預備犯第一項之罪者，處六月以上五年以下有期徒刑。

第 54 條（不能安全駕駛罪）

I 駕駛動力交通工具而有下列情形之一者，處二年以下有期徒刑，得併科新臺幣三十萬元以下罰金：

一　吐氣所含酒精濃度達每公升零點二五毫克或血液中酒精濃度達百分之零點零五以上。

二　有前款以外之其他情事足認服用酒類或其他相類之物，致不能安全駕駛。

三　服用毒品、麻醉藥品或其他相類之物，致不能安全駕駛。

II 因而致人於死者，處三年以上十年以下有期徒刑；致重傷者，處一年以上七年以下有期徒刑。

III 曾犯本條或刑法第一百八十五條之三之罪，經有罪判決確定或經緩起訴處分確定，於五年內再犯第一項之罪因而致人於死者，處無期徒刑或五年以上有期徒刑；致重傷者，處三年以上十年以下有期徒刑。

IV 駕駛公務或軍用動力交通工具犯本條之罪者，得加重其刑至二分之一。

第 55 條（無故攻擊醫療設施罪）

戰時無故攻擊醫院、醫療設施、醫療運輸工具或醫療救護人員者，處一年以上七年以下有期徒刑。攻擊談判代表或戰地新聞記者者，亦同。

第 56 條（攫取財物罪）

I 在戰地無故攫取傷病或死亡國軍、友軍或敵軍之財物者，處一年以上七年以下有期徒刑。

II 前項之未遂犯，罰之。

第 57 條（違法徵用物資罪）

I 不依法令徵購、徵用物資、設施或民力者，處三年以上十年以下有期徒刑。

II 前項之未遂犯，罰之。

第 58 條（毀壞直接供作戰軍用設施物品罪）

I 毀壞軍用機場、港口、坑道、碉堡、要塞、艦艇、航空器、車輛、武器、彈藥、雷達、通信、資訊設備、器材或其他直接供作戰之重要軍用設施、物品，或致令不堪用者，處無期徒刑或七年以上有期徒刑。情節輕微者，處五年以下有期徒刑。

II 因過失犯前項之罪者，處三年以下有期徒刑、拘役或新臺幣三十萬元以下罰金。

III 戰時犯第一項之罪者，處死刑或無期徒刑；犯第二項之罪者，加重其刑至二分之一。

IV 第一項、第三項前段之未遂犯，罰之。

V 預備犯第一項之罪者，處三年以下有期徒刑、拘役或新臺幣三十萬元以下罰金。戰時犯之者，加重其刑至二分之一。

VI 犯前四項之罪，情節輕微者，得減輕其刑。

第 59 條（毀壞重要軍用設施物品罪）

I 毀壞軍用工廠、倉庫、船塢、橋樑、水陸通路、油料、糧秣或製造武器、彈藥之原料或其他重要軍用設施、物品，或致令不堪用者，處三年以上十年以下有期徒刑。情節輕微者，處三年以下有期徒刑、拘役或新臺幣三十萬元以下罰金。

II 因過失犯前項之罪者，處二年以下有期徒刑、拘役或新臺幣二十萬元以下罰金。

III 戰時犯第一項之罪者，處無期徒刑或七年以上有期徒刑；犯第二項之罪者，加重其刑至二分之一。

IV 第一項、第三項前段之未遂犯，罰之。

V 犯前三項之罪，情節輕微者，得減輕其刑。

第 60 條（毀壞一般軍用設施物品罪）

I 毀壞前二條以外之軍用設施、物品，或致令不堪用者，處三年以下有期徒刑、拘役或新臺幣三十萬元以下罰金。

II 前項之罪，須告訴乃論。

第 61 條（遺失武器彈藥罪）

遺失武器、彈藥或其他直接供作戰之軍用物品，致生公眾或軍事之危險者，處三年以下有期徒刑、拘役或新臺幣三十萬元以下罰金。

第 62 條（毀損古蹟文物罪）

戰時無故毀損具有歷史價值之古蹟、文物者，處五年以下有期徒刑。情節重大者，處一年以上七年以下有期徒刑。

第 63 條（妨害軍事電磁紀錄正確罪）

I 意圖損害軍事利益，非法輸出、干擾、變更、

刪除軍事電磁紀錄，或以他法妨害其正確性者，處一年以上七年以下有期徒刑。

II 戰時犯前項之罪者，處三年以上十年以下有期徒刑；致生軍事上之不利益者，處無期徒刑或七年以上有期徒刑。

第 64 條（竊取或侵占械彈罪）

I 竊取或侵占軍用武器或彈藥者，處三年以上十年以下有期徒刑。

II 意圖供自己或他人犯罪之用，而犯前項之罪者，處無期徒刑或十年以上有期徒刑。

III 竊取或侵占第一項以外之軍用物品者，處一年以上七年以下有期徒刑。

IV 前三項之未遂犯，罰之。

V 犯第一項或第三項之罪，情節輕微者，處五年以下有期徒刑。

第 65 條（違法製造販賣軍火罪）

I 未經許可，製造、販賣或運輸軍用武器或彈藥者，處死刑、無期徒刑或十年以上有期徒刑。

II 意圖供自己或他人犯罪之用，而犯前項之罪者，處死刑或無期徒刑。

III 未經許可，製造、販賣或運輸軍用武器或彈藥之主要組成零件者，處無期徒刑或七年以上有期徒刑。

IV 前三項之未遂犯，罰之。

第 66 條（為虛偽命令通報罪）

I 為軍事上虛偽之命令、通報或報告者，處五年以下有期徒刑；致生軍事上之不利益者，處無期徒刑或七年以上有期徒刑。

II 戰時犯前項前段之罪者，處死刑、無期徒刑或十年以上有期徒刑；致生軍事上之不利益者，處死刑或無期徒刑。

III 因過失犯前項前段之罪者，處三年以上十年以下有期徒刑。

IV 對於軍事上之命令、通報或報告，傳達不實、不為傳達或報告者，依前三項之規定處罰。

第 67 條（對衛兵哨兵施暴脅迫罪）

I 對於衛兵、哨兵或其他擔任警戒、傳令職務之人執行職務時，施強暴、脅迫或恐嚇者，處六月以上五年以下有期徒刑。

II 聚眾犯前項之罪，首謀者，處三年以上十年以下有期徒刑；下手實施者，處一年以上七年以下有期徒刑；在場助勢之人，處三年以下有期徒刑、拘役或新臺幣三十萬元以下罰金。

III 前二項之未遂犯，罰之。

第 68 條（多眾集合為暴脅迫罪）

I 對於前條以外之軍人執行職務時，施強暴、脅迫或恐嚇者，處三年以下有期徒刑，拘役或新臺幣三十萬元以下罰金。

II 聚眾犯前項之罪，首謀者，處一年以上七年以下有期徒刑；下手實施者，處六月以上五年以

下有期徒刑；在場助勢之人，處二年以下有期徒刑、拘役或新臺幣二十萬元以下罰金。

III 前二項之未遂犯，罰之。

第 69 條（結夥強佔場所罪）

I 結夥三人以上強佔公署、鐵道、公路、車站、埠頭、航空站、電台、電視台、電信站或其他相類之場所者，處三年以上十年以下有期徒刑。

II 前項之未遂犯，罰之。

第 70 條（對衛兵哨兵公然侮辱罪）

對於衛兵、哨兵或其他擔任警戒、傳令職務之人執行職務時，當場侮辱，或對於其執行之職務公然侮辱者，處一年以下有期徒刑、拘役或新臺幣十萬元以下罰金。

第 71 條（欺矇或不服兵哨兵罪）

欺矇衛兵、哨兵或其他擔任警戒職務之人，而通過其警戒之處所，或不服其禁止而通過者，處一年以下有期徒刑、拘役或新臺幣十萬元以下罰金。

第 72 條（捏造或傳述軍事謠言或不實訊息罪）

I 意圖散布於眾，捏造或傳述關於軍事上之謠言或不實訊息者，處三年以下有期徒刑、拘役或新臺幣三十萬元以下罰金。

II 以廣播電視、電子通訊、網際網路或其他傳播工具犯前項之罪者，得加重其刑至二分之一。

第 73 條（匿名或冒名發送訊息罪）

I 意圖影響有任命、建議、審議、核可或同意權人，關於任命、陞遷、降免職役之決定，而匿名或冒名發送不利於他人之虛偽訊息者，處一年以下有期徒刑、拘役或新臺幣十萬元以下罰金。

II 明知其為匿名或冒名之虛偽訊息，而提供有調查或人事權責之人參考者，處六月以下有期徒刑、拘役或新臺幣五萬元以下罰金。

第 74 條（公然冒用軍用服制罪）

I 公然冒用軍人服飾、徽章或官銜者，處一年以下有期徒刑、拘役或新臺幣十萬元以下罰金。

II 犯前項之罪而行使其職權者，處五年以下有期徒刑。

第 75 條（包庇賭博罪）

I 在營區、艦艇或其他軍事處所、建築物賭博財物者，處六月以下有期徒刑、拘役或科或併科新臺幣五萬元以下罰金。但以供人暫時娛樂之物為賭者，不在此限。

II 長官包庇或聚眾賭博者，處五年以下有期徒刑。

III 當場賭博之器具與在賭檯或兌換籌碼處之財物，不問屬於犯罪行為人與否，沒收之。

第三編　附　則

第 76 條（戰時從重處罰）

I 現役軍人犯刑法下列之罪者，除本法另有規定外，依各該規定處罰：

一 外患罪章第一百零九條至第一百十二條之罪。

二 瀆職罪章。

三 故意犯公共危險罪章第一百七十三條至第一百七十七條、第一百八十五條之一、第一百八十五條之二、第一百八十五條之四、第一百九十條之一或第一百九十一條之一之罪。

四 偽造文書印文罪章關於公文書、公印文之罪。

五 殺人罪章。

六 傷害罪章第二百七十七條第二項、第二百七十八條第二項之罪。

七 妨害性自主罪章。

八 在營區、艦艇或其他軍事處所、建築物所犯之竊盜罪。

九 搶奪強盜及海盜罪章。

十 恐嚇及擄人勒贖罪章。

II 前項各罪，特別法另有規定者，從其規定。

III 戰時犯前二項之罪者，得加重其刑至二分之一。

第 77 條（違反毒品危害防制規定之處理）

現役軍人違反毒品危害防制條例之規定者，依其規定處理之。

第 78 條（關於軍事國防秘密文書物品等之種類、範圍及等級）

關於中華民國軍事上及國防部主管之國防上應秘密之文書、圖畫、消息、電磁紀錄或物品之種類、範圍及等級，由國防部以命令定之。

第 79 條（施行日）

本法除中華民國九十年九月二十八日修正公布之條文自九十年十月二日施行者外，自公布日施行。

醫師法

1. 中華民國 32 年 9 月 22 日國民政府制定公布全文 40 條
2. 中華民國 37 年 12 月 28 日總統令修正公布第 26、27 條條文
3. 中華民國 56 年 6 月 2 日總統令修正公布全文 43 條
   中華民國 64 年 5 月 24 日行政院令發布自 64 年 9 月 11 日起施行
4. 中華民國 68 年 6 月 6 日總統令修正公布第 39～41 條條文；增訂第 41-1 條條文；並同年 7 月 20 日施行
5. 中華民國 70 年 6 月 12 日總統令修正公布第 35 條條文；增訂第 28-1 條條文；並自 70 年 7 月 10 日施行
6. 中華民國 75 年 12 月 26 日總統令修正公布第 3～5、8、10～12、18、20、25、27～30 條條文暨第一章章名；增訂第 7-1～7-3、8-1、8-2、11-1、28-2、28-3、29-1、29-2 條條文；刪除第 28-1 條條文；並自 76 年 12 月 21 日施行
7. 中華民國 81 年 7 月 29 日總統令修正公布第 1、5、27、28、28-2、28-3、29、29-1、35、37 條條文；刪除第 41-1 條條文；並自 81 年 9 月 1 日施行
8. 中華民國 89 年 7 月 19 日總統令修正發布第 5、7-3 條條文
   中華民國 89 年 11 月 17 日行政院令發布定自 89 年 11 月 20 日起施行
9. 中華民國 91 年 1 月 16 日總統令修正公布全文 43 條；並自公布日起施行
10. 中華民國 96 年 12 月 12 日總統令修正公布第 37 條條文
11. 中華民國 98 年 5 月 13 日總統令修正公布第 14 條條文
12. 中華民國 101 年 12 月 19 日總統令修正公布第 32 條條文
    中華民國 102 年 7 月 19 日行政院公告第 7-3 條所列屬「行政衛生署」之權責事項，自 102 年 7 月 23 起改由「衛生福利部」管轄
13. 中華民國 105 年 11 月 30 日總統令修正公布第 28 條條文
14. 中華民國 107 年 12 月 19 日總統令修正公布第 7-3、8-1 條條文
15. 中華民國 109 年 1 月 15 日總統令修正公布第 8、41-3 條條文

第一章　總　則

第 1 條（醫師資格之取得）
中華民國人民經醫師考試及格並依本法領有醫師證書者，得充醫師。

第 2 條（應醫師考試資格）
I 具有下列資格之一者，得應醫師考試：
一　公立或立案之私立大學、獨立學院或符合教育部採認規定之國外大學、獨立學院醫學系、科畢業，並經實習期滿成績及格，領有畢業證書者。
二　八十四學年度以前入學之私立獨立學院七年制中醫學系畢業，經修習醫學必要課程及實習期滿成績及格，得有證明文件，且經中醫師考試及格，領有中醫師證書者。
三　中醫學系選醫學系雙主修畢業，並經實習期滿成績及格，領有畢業證書，且經中醫師考試及格，領有中醫師證書者。
II 前項第三款中醫學系選醫學系雙主修，除九十一學年度以前入學者外，其人數連同醫學系人數，不得超過教育部核定該校醫學生得招收人數。

第 3 條（應中醫師考試資格）
I 具有下列資格之一者，得應中醫師考試：
一　公立或立案之私立大學、獨立學院或符合教育部採認規定之國外大學、獨立學院中醫學系畢業，並經實習期滿成績及格，領有畢業證書者。
二　本法修正施行前，經公立或立案之私立大學、獨立學院醫學系、科畢業，並修習中醫必要課程，得有證明文件，且經醫師考試及格，領有醫師證書者。
三　醫學系選中醫學系雙主修畢業，並經實習期滿成績及格，領有畢業證書，且經醫師考試及格，領有醫師證書者。
II 前項第三款醫學系選中醫學系雙主修，其人數連同中醫學系人數，不得超過教育部核定該校中醫學生得招收人數。
III 經中醫師檢定考試及格者，限於中華民國一百年以前，得應中醫師特種考試。
IV 已領有僑中字中醫師證書者，應於中華民國九十四年十二月三十一日前經中醫師檢覈筆試及格，取得台中字中醫師證書，始得回國執業。

第 4 條（應牙醫師考試資格）
公立或立案之私立大學、獨立學院或符合教育部採認規定之國外大學、獨立學院牙醫學系、科畢業，並經實習期滿成績及格，領有畢業證書者，得應牙醫師考試。

第 4 條之 1（外國學歷參加考試之甄試）
依第二條至第四條規定，以外國學歷參加考試者，其為美國、日本、歐洲、加拿大、南非、澳洲、紐西蘭、新加坡及香港等地區或國家以外之外國學歷，應先經教育部學歷甄試通過，始得參加考試。

第 4 條之 2（多重醫事人員資格者之執業）
具有醫師、中醫師、牙醫師等多重醫事人員資格者，其執業辦法，由中央主管機關定之。

第 5 條（醫師資格）
有下列各款情事之一者，不得充醫師；其已充醫師

者，撤銷或廢止其醫師證書：

一 曾犯肅清煙毒條例或麻醉藥品管理條例之罪，經判刑確定。

二 曾犯毒品危害防制條例之罪，經判刑確定。

三 依法受廢止醫師證書處分。

第 6 條（請領醫師證書資格）

經醫師考試及格者，得請領醫師證書。

第 7 條（請領醫師證書手續）

請領醫師證書，應具申請書及資格證明文件，送請中央主管機關核發之。

第 7 條之 1（請領專科醫師證書）

I 醫師經完成專科醫師訓練，並經中央主管機關甄審合格者，得請領專科醫師證書。

II 前項專科醫師之甄審，中央主管機關得委託各相關專科醫學會辦理初審工作。領有醫師證書並完成相關專科醫師訓練者，均得參加各該專科醫師之甄審。

III 專科醫師之分科及甄審辦法，由中央主管機關定之。

第 7 條之 2（醫師名稱之專用）

I 非領有醫師證書者，不得使用醫師名稱。

II 非領有專科醫師證書者，不得使用專科醫師名稱。

第 7 條之 3（主管機關）

本法所稱主管機關：在中央為衛生福利部；在直轄市為直轄市政府；在縣（市）為縣（市）政府。

第二章 執 業

第 8 條（執業登記之申請及繼續教育）

I 醫師應向執業所在地直轄市、縣（市）主管機關申請執業登記，領有執業執照，始得執業。

II 醫師執業，應接受繼續教育，並每六年提出完成繼續教育證明文件，辦理執業執照更新。但有特殊理由，未能於執業執照有效期限屆至前申請更新，經檢具書面理由及證明文件，向原發執業執照機關申請延期更新並經核准者，得於有效期限屆至之日起六個月內，補行申請。

III 第一項申請執業登記之資格、條件、應檢附文件、執業執照發給、換發、補發與前項執業執照更新及其他應遵行事項之辦法，由中央主管機關定之。

IV 第二項醫師接受繼續教育之課程內容、積分、實施方式、完成繼續教育證明文件及其他應遵行事項之辦法，由中央主管機關會商相關醫療團體定之。

第 8 條之 1（禁給執業執照之情形）

I 有下列情形之一者，不得發給執業執照；已領者，撤銷或廢止之：

一 經撤銷或廢止醫師證書。

二 經廢止醫師執業執照，未滿一年。

三 有客觀事實認不能執行業務，經直轄市、縣（市）主管機關邀請相關專科醫師及學者專家組成小組認定。

II 前項第三款原因消失後，仍得依本法規定申請執業執照。

第 8 條之 2（執業之地點及其例外）

醫師執業，應在所在地主管機關核准登記之醫療機構為之。但急救、醫療機構間之會診、支援、應邀出診或經事先報准者，不在此限。

第 9 條（強制入會）

I 醫師執業，應加入所在地醫師公會。

II 醫師公會不得拒絕具有會員資格者入會。

第 10 條（停業、歇業之報告及執業執照之註銷）

I 醫師歇業或停業時，應自事實發生之日起三十日內報請原發執業執照機關備查。

II 醫師變更執業處所或復業者，準用關於執業之規定。

III 醫師死亡者，由原發執業執照機關註銷其執業執照。

第三章 義 務

第 11 條（親自診察檢驗原則及其例外）

I 醫師非親自診察，不得施行治療、開給方劑或交付診斷書。但於山地、離島、偏僻地區或有特殊、急迫情形，為應醫療需要，得由直轄市、縣（市）主管機關指定之醫師，以通訊方式詢問病情，為之診察，開給方劑，並囑由衛生醫療機構護理人員、助產人員執行治療。

II 前項但書所定之通訊診察、治療，其醫療項目、醫師之指定及通訊方式等，由中央主管機關定之。

第 11 條之 1（死亡證明書或死產證明書之交付）

醫師非親自檢驗屍體，不得交付死亡證明書或死產證明書。

第 12 條（病歷資料之製作及保存）

I 醫師執行業務時，應製作病歷，並簽名或蓋章及加註執行年、月、日。

II 前項病歷，除應於首頁載明病人姓名、出生年、月、日、性別及住址等基本資料外，其內容至少應載明下列事項：

一 就診日期。

二 主訴。

三 檢查項目及結果。

四 診斷或病名。

五 治療、處置或用藥等情形。

六 其他應記載事項。

III 病歷由醫師執業之醫療機構依醫療法規定保存。

第 12 條之 1（告知之義務）

醫師診治病人時，應向病人或其家屬告知其病情、治療方針、處置、用藥、預後情形及可能之不良反

應。

第 13 條（處方應記明事項）

醫師處方時，應於處方箋載明下列事項，並簽名或蓋章：

一　醫師姓名。

二　病人姓名、年齡、藥名、劑量、數量、用法及處方年、月、日。

第 14 條（藥劑交付應註明事項）

醫師對於診治之病人交付藥劑時，應於容器或包裝上載明病人姓名、性別、藥名、劑量、數量、用法、作用或適應症、警語及副作用、執行醫療機構名稱與地點、調劑者姓名及調劑年、月、日。

第 15 條（法定傳染病之消毒與報告義務）

醫師診治病人或檢驗屍體，發現罹患傳染病或疑似罹患傳染病時，應依傳染病防治法規定辦理。

第 16 條（非病死之報告義務）

醫師檢驗屍體或死產兒，如為非病死或可疑為非病死者，應報請檢察機關依法相驗。

第 17 條（強制交付主義）

醫師如無法令規定之理由，不得拒絕診斷書、出生證明書、死亡證明書或死產證明書之交付。

第 18 條（刪除）

第 19 條（管制及毒劇藥品之禁用）

醫師除正當治療目的外，不得使用管制藥品及毒劇藥品。

第 20 條（醫療費用收取標準）

醫師收取醫療費用，應由醫療機構依醫療法規定收取。

第 21 條（危急病人之救治義務）

醫師對於危急之病人，應即依其專業能力予以救治或採取必要措施，不得無故拖延。

第 22 條（真實陳述報告義務）

醫師受有關機關詢問或委託鑑定時，不得為虛偽之陳述或報告。

第 23 條（保密義務）

醫師除依前條規定外，對於因業務知悉或持有他人病情或健康資訊，不得無故洩露。

第 24 條（遵從指揮義務）

醫師對於天災、事變及法定傳染病之預防事項，有遵從主管機關指揮之義務。

第四章　獎　懲

第 24 條之 1（醫學研究與醫療重大貢獻之獎勵）

醫師對醫學研究與醫療有重大貢獻者，主管機關應予獎勵，其獎勵辦法，由中央主管機關定之。

第 25 條（移付懲戒之情形）

醫師有下列情事之一者，由醫師公會或主管機關移付懲戒：

一　業務上重大或重複發生過失行為。

二　利用業務機會之犯罪行為，經判刑確定。

三　非屬醫療必要之過度用藥或治療行為。

四　執行業務違背醫學倫理。

五　前四款及第二十八條之四各款以外之業務上不正當行為。

第 25 條之 1（懲戒之方式）

Ⅰ 醫師懲戒之方式如下：

一　警告。

二　命接受額外之一定時數繼續教育或臨床進修。

三　限制執業範圍或停業一個月以上一年以下。

四　廢止執業執照。

五　廢止醫師證書。

Ⅱ 前項各款懲戒方式，其性質不相牴觸者，得合併為一懲戒處分。

第 25 條之 2（醫師懲戒委員會之設置及職權）

Ⅰ 醫師移付懲戒事件，由醫師懲戒委員會處理之。

Ⅱ 醫師懲戒委員會應將移付懲戒事件，通知被付懲戒之醫師，並限其於通知送達之翌日起二十日內提出答辯或於指定期日到會陳述；未依限提出答辯或到會陳述者，醫師懲戒委員會得逕行決議。

Ⅲ 被懲戒人對於醫師懲戒委員會之決議有不服者，得於決議書送達之翌日起二十日內，向醫師懲戒覆審委員會請求覆審。

Ⅳ 醫師懲戒委員會、醫師懲戒覆審委員會之懲戒決議，應由該管主管機關執行之。

Ⅴ 醫師懲戒委員會、醫師懲戒覆審委員會之委員，應就不具民意代表身分之醫學、法學專家學者及社會人士遴聘之，其中法學專家學者及社會人士之比例不得少於三分之一。

Ⅵ 醫師懲戒委員會由中央或直轄市、縣（市）主管機關設置，醫師懲戒覆審委員會由中央主管機關設置；其設置、組織、會議、懲戒與覆審處理程序及其他應遵行事項之辦法，由中央主管機關定之。

第 26 條（刪除）

第 27 條（罰則）

違反第八條第一項、第二項、第八條之二、第九條、第十條第一項或第二項規定者，處新臺幣二萬元以上十萬元以下罰鍰，並令限期改善；屆期未改善者，按次連續處罰。

第 28 條（罰則）

未取得合法醫師資格，執行醫療業務者，處六個月以上五年以下有期徒刑，得併科新臺幣三十萬元以上一百五十萬元以下罰金。但合於下列情形之一者，不罰：

一　在中央主管機關認可之醫療機構，於醫師指導下實習之醫學院、校學生或畢業生。

二　在醫療機構於醫師指示下之護理人員、助產人員或其他醫事人員。

三　合於第十一條第一項但書規定。

四　臨時施行急救。

第28條之1（刪除）

第28條之2（罰則）

違反第七條之二規定者，處新臺幣三萬元以上十五萬元以下罰鍰。

第28條之3（刪除）

第28條之4（罰則）

醫師有下列情事之一者，處新臺幣十萬元以上五十萬元以下罰鍰，得併處限制執業範圍、停業處分一個月以上一年以下或廢止其執業執照；情節重大者，並得廢止其醫師證書：

一　執行中央主管機關規定不得執行之醫療行為。

二　使用中央主管機關規定禁止使用之藥物。

三　聘僱或容留違反第二十八條規定之人員執行醫療業務。

四　將醫師證書、專科醫師證書租借他人使用。

五　出具與事實不符之診斷書、出生證明書、死亡證明書或死產證明書。

第29條（違反法定義務之處罰）

違反第十一條至第十四條、第十六條、第十七條或第十九條至第二十四條規定者，處新臺幣二萬元以上十萬元以下罰鍰。但醫師違反第十九條規定使用管制藥品者，依管制藥品管理條例之規定處罰。

第29條之1（違反停業處分之處罰）

醫師受停業處分仍執行業務者，廢止其執業執照；受廢止執業執照處分仍執行業務者，得廢止其醫師證書。

第29條之2（懲處機關）

本法所定之罰鍰、限制執業範圍、停業及廢止執業執照，由直轄市或縣（市）主管機關處罰之；廢止醫師證書，由中央主管機關處罰之。

第30條（罰鍰之強制執行）

依本法所處之罰鍰，經限期繳納，屆期未繳納者，依法移送強制執行。

第五章　公　會

第31條（公會之種類）

醫師公會分直轄市及縣（市）公會，並得設醫師公會全國聯合會於中央政府所在地。

第32條（公會區域之決定及公會數量限制）

Ⅰ醫師公會之區域，依現有之行政區域，在同一區域內同級之公會，以一個為限。但於行政區域調整變更前已成立者，不在此限。

Ⅱ醫師、中醫師及牙醫師應分別組織公會。

第33條（直轄市及縣（市）公會之發起組織）

直轄市、縣（市）醫師公會，以在該管區域內執業醫師二十一人以上之發起組織之；其不滿二十一人

者，得加入鄰近區域之公會或共同組織之。

第34條（刪除）

第35條（全國醫師公會聯合會之發起組織）

醫師公會全國聯合會應由三分之一以上之直轄市、縣（市）醫師公會完成組織後，始得發起組織。

第36條（各級醫師公會主管機關）

各級醫師公會由人民團體主管機關主管。但其目的事業，應受主管機關之指導、監督。

第37條（理監事名額與任期）

Ⅰ各級醫師公會置理事、監事，均於召開會員（代表）大會時，由會員（代表）大會選舉之，並分別成立理事會、監事會，其名額如下：

一　縣（市）醫師公會之理事不得超過二十一人。

二　直轄市醫師公會之理事不得超過二十七人。

三　醫師公會全國聯合會之理事不得超過四十五人。各縣（市）、直轄市醫師公會至少一名理事。

四　各級醫師公會之理事名額不得超過全體會員（代表）人數二分之一。

五　各級醫師公會之監事名額不得超過該公會理事名額三分之一。

Ⅱ各級醫師公會得置候補理事、候補監事，其名額不得超過各該公會理事、監事名額三分之一。

Ⅲ理事、監事名額在三人以上者，得分別互選常務理事、常務監事，其名額不得超過理事或監事總額三分之一，並應由理事就常務理事中選舉一人為理事長；其不置常務理事者，就理事中互選之。常務監事在三人以上者，應互選一人為監事會召集人。

Ⅳ理事、監事任期均為三年，其連選連任者，不得超過二分之一；理事長之連任，以一次為限。

第37條之1（會員大會及臨時大會之召開）

Ⅰ醫師公會每年召開會員（代表）大會一次，必要時得召開臨時大會。

Ⅱ醫師公會會員人數超過三百人時，得依章程之規定就會員分布狀況劃定區域，按其會員人數比率選定代表，召開會員代表大會，行使會員大會之職權。

第38條（章程及名冊之立案備查）

醫師公會應訂定章程，造具會員名冊及選任職員簡歷名冊，送請所在地人民團體主管機關立案，並分送中央及所在地主管機關備查。

第39條（章程應記載事項）

各級醫師公會之章程，應載明下列事項：

一　名稱、區域及會所所在地。

二　宗旨、組織任務或事業。

三　會員之入會及出會。

四　會員應納之會費及繳納期限。

五　理事、監事名額、權限、任期及其選任、解任。

六　會員（代表）大會及理事會、監事會會議之規
　　定。
七　會員應遵守之公約。
八　貧民醫藥扶助之實施規定。
九　經費及會計。
十　章程之修改。
十一　其他處理會務之必要事項。
第 40 條（公會違反法令、章程、決議之處分）
I 直轄市、縣（市）醫師公會對上級醫師公會之
　章程及決議，有遵守義務。
II 各級醫師公會有違反法令、章程或上級醫師公
　會章程、決議者，人民團體主管機關得爲下列
　之處分：
　一　警告。
　二　撤銷其決議。
　三　撤免其理事、監事。
　四　限期整理。
III 前項第一款、第二款處分，亦得由主管機關爲
　之。
第 41 條（會員違法章程之處分）
醫師公會之會員有違反法令或章程之行爲者，公會
得依章程、理事會、監事會或會員（代表）大會之
決議處分。
第 41 條之 1（刪除）
第 41 條之 2（本法修正前之全國聯合會之改組
　　　　　　　　及解散）
本法修正施行前已立案之醫師公會全國聯合會，應
於本法修正施行之日起四年內，依本法規定完成改
組；已立案之省醫師公會，應併辦理解散。

第六章　附　則

第 41 條之 3（外國人應考及執業之規定）
I 外國人得依中華民國法律，應醫師考試。
II 前項考試及格，領有醫師證書之外國人，在中
　華民國執行醫療業務，應經中央主管機關許可，
　並應遵守中華民國關於醫療之相關法令、醫學
　倫理規範及醫師公會章程；其執業之許可及管
　理辦法，由中央主管機關定之。
III 違反前項規定者，除依法懲處外，中央主管機
　關並得廢止其許可。
第 41 條之 4（證照費）
中央或直轄市、縣（市）主管機關依本法核發證書
或執照時，得收取證書費或執照費；其費額，由中
央主管機關定之。
第 41 條之 5（臺灣省乙種醫師執業之管理）
I 本法修正施行前依臺灣省乙種醫師執業辦法規
　定領有臺灣省乙種醫師證書者，得繼續執行醫
　療業務，不適用第二十八條之規定。
II 前項臺灣省乙種醫師執業之管理，依本法有關

醫師執業之規定。
第 42 條（施行細則）
本法施行細則，由中央主管機關定之。
第 43 條（施行日）
本法自公布日施行。

醫療法

第一章　總　則

第 1 條（立法目的）
為促進醫療事業之健全發展，合理分布醫療資源，提高醫療品質，保障病人權益，增進國民健康，特制定本法。本法未規定者，適用其他法律規定。

第 2 條（醫療機構）
本法所稱醫療機構，係指供醫師執行醫療業務之機構。

第 3 條（公立醫療機構）
本法所稱公立醫療機構，係指由政府機關、公營事業機構或公立學校所設立之醫療機構。

第 4 條（私立醫療機構）
本法所稱私立醫療機構，係指由醫師設立之醫療機構。

第 5 條（醫療法人）
I 本法所稱醫療法人，包括醫療財團法人及醫療社團法人。
II 本法所稱醫療財團法人，係指以從事醫療事業辦理醫療機構為目的，由捐助人捐助一定財產，經中央主管機關許可並向法院登記之財團法人。
III 本法所稱醫療社團法人，係指以從事醫療事業辦理醫療機構為目的，經中央主管機關許可登記之社團法人。

第 6 條（法人附設醫療機構）
本法所稱法人附設醫療機構，係指下列醫療機構：
一　私立醫學院、校為學生臨床教學需要附設之醫院。
二　公益法人依有關法律規定辦理醫療業務所設之醫療機構。
三　其他依法律規定，應對其員工或成員提供醫療衛生服務或緊急醫療救護之事業單位、學校或機構所附設之醫務室。

第 7 條（教學醫院）
本法所稱教學醫院，係指其教學、研究、訓練設施，經依本法評鑑可供醫師或其他醫事人員之訓練及醫學院、校學生臨床見習、實習之醫療機構。

第 8 條（人體實驗及受試者之權益保障）
I 本法所稱人體試驗，係指醫療機構依醫學理論於人體施行新醫療技術、新藥品、新醫療器材及學名藥生體可用率、生體相等性之試驗研究。
II 人體試驗之施行應尊重接受試驗者之自主意願，並保障其健康權益與隱私權。

第 9 條（醫療廣告）
本法所稱醫療廣告，係指利用傳播媒體或其他方法，宣傳醫療業務，以達招徠患者醫療為目的之行為。

第 10 條（醫事人員）
I 本法所稱醫事人員，係指領有中央主管機關核發之醫師、藥師、護理師、物理治療師、職能治療師、醫事檢驗師、醫事放射師、營養師、助產師、臨床心理師、諮商心理師、呼吸治療師、語言治療師、聽力師、牙體技術師、驗光師、藥劑生、護士、助產士、物理治療生、職能治療生、醫事檢驗生、醫事放射士、牙體技術生、驗光生及其他醫事專門職業證書之人員。
II 本法所稱醫師，係指醫師法所稱之醫師、中醫師及牙醫師。

第 11 條（主管機關）
本法所稱主管機關：在中央為衛生福利部；在直轄市為直轄市政府；在縣（市）為縣（市）政府。

第二章　醫療機構

第 12 條（醫療診所與其他醫療機構）

Ⅰ醫療機構設有病房收治病人者爲醫院，僅應門診者爲診所；非以直接診治病人爲目的而辦理醫療業務之機構爲其他醫療機構。

Ⅱ前項診所得設置九張以下之觀察病床；婦產科診所，得依醫療業務需要設置十張以下產科病床。

Ⅲ醫療機構之類別與各類醫療機構應設置之服務設施、人員及診療科別設置條件等之設置標準，由中央主管機關定之。

第 13 條（聯合診所之設置）
二家以上診所得於同一場所設置爲聯合診所，使用共同設施，分別執行門診業務；其管理辦法，由中央衛生主管機關定之。

第 14 條（醫院之設立或擴充）
Ⅰ醫院之設立或擴充，應經主管機關許可後，始得依建築法有關規定申請建築執照；其設立分院者，亦同。

Ⅱ前項醫院設立或擴充之許可，其申請人之資格、審查程序及基準、限制條件、撤銷、廢止及其他應遵行事項之辦法，由中央主管機關定之。

第 15 條（醫療機構之開業）
Ⅰ醫療機構之開業，應向所在地直轄市、縣（市）主管機關申請核准登記，經發給開業執照，始得爲之；其登記事項如有變更，應於事實發生之日起三十日內辦理變更登記。

Ⅱ前項開業申請，其申請人之資格、申請程序、應檢具文件及其他應遵行之事項，由中央主管機關定之。

第 16 條（改以醫療法人型態設立）
私立醫療機構達中央主管機關公告一定規模以上者，應改以醫療法人型態設立。

第 17 條（醫療機構名稱之使用或變更）
Ⅰ醫療機構名稱之使用、變更，應以所在地直轄市、縣（市）主管機關核准者爲限；其名稱使用、變更原則，由中央主管機關定之。

Ⅱ非醫療機構，不得使用醫療機構或類似醫療機構之名稱。

第 18 條（醫療機構之負責醫師）
Ⅰ醫療機構應置負責醫師一人，對其機構醫療業務，負督導責任。私立醫療機構，並以其申請人爲負責醫師。

Ⅱ前項負責醫師，以在中央主管機關指定之醫院、診所接受二年以上之醫師訓練並取得證明文件者爲限。

第 19 條（負責醫師不能執業之代理）
Ⅰ負責醫師因故不能執行業務，應指定合於負責醫師資格之醫師代理。代理期間超過四十五日者，應由被代理醫師報請原發開業執照機關備查。

Ⅱ前項代理期間，不得逾一年。

第 20 條（開業執照等之揭示）

醫療機構應將其開業執照、診療時間及其他有關診療事項揭示於明顯處所。

第 21 條（醫療費用之收取標準）
醫療機構收取醫療費用之標準，由直轄市、縣（市）主管機關核定之。

第 22 條（醫療費用之限制及收據）
Ⅰ醫療機構收取醫療費用，應開給載明收費項目及金額之收據。

Ⅱ醫療機構不得違反收費標準，超額或擅立收費項目收費。

第 23 條（醫療機構歇業、停業期限之規定）
Ⅰ醫療機構歇業、停業時，應於事實發生後三十日內，報請原發開業執照機關備查。

Ⅱ前項停業之期間，以一年爲限；逾一年者，應於屆至日起三十日內辦理歇業。

Ⅲ醫療機構未依前項規定辦理歇業時，主管機關得逕予歇業。

Ⅳ醫療機構遷移者，準用關於設立及開業之規定。

Ⅴ醫療機構復業時，準用關於開業之規定。

第 24 條（醫療機構環境整潔、秩序安寧，不得妨礙公共衛生及安全）
Ⅰ醫療機構應保持環境整潔、秩序安寧，不得妨礙公共衛生及安全。

Ⅱ爲保障就醫安全，任何人不得以強暴、脅迫、恐嚇、公然侮辱或其他非法之方法，妨礙醫療業務之執行。

Ⅲ醫療機構應採必要措施，以確保醫事人員執行醫療業務時之安全。

Ⅳ違反第二項規定者，警察機關應排除或制止之；如涉及刑事責任者，應移送司法機關偵辦。

Ⅴ中央主管機關應建立通報機制，定期公告醫療機構受有第二項情事之內容及最終結果。

第 25 條（防火避難及其他應變措施）
Ⅰ醫院除其建築構造、設備應具備防火、避難等必要之設施外，並應建立緊急災害應變措施。

Ⅱ前項緊急災害應變措施及檢查辦法，由中央主管機關定之。

第 26 條（提出報告及接受檢查）
醫療機構應依法令規定或依主管機關之通知，提出報告，並接受主管機關對其人員配置、設備、醫療收費、醫療作業、衛生安全、診療紀錄等之檢查及資料蒐集。

第 27 條（重大災害發生時提供醫療服務）
Ⅰ於重大災害發生時，醫療機構應遵從主管機關指揮、派遣，提供醫療服務及協助辦理公共衛生，不得規避、妨礙或拒絕。

Ⅱ醫療機構依前項規定提供服務或協助所生之費用或損失，主管機關應酌予補償。

第 28 條（醫院評鑑與督導考核）
中央主管機關應辦理醫院評鑑。直轄市、縣（市）

主管機關對轄區內醫療機構業務，應定期實施督導考核。

第 29 條（營運諮詢委員會及研究發展等基金之提撥）

I 公立醫院得邀請當地社會人士組成營運諮詢委員會，就加強地區醫療服務，提供意見。

II 公立醫院應提撥當年度醫療收入扣除費用後餘額之百分之十以上，辦理有關研究發展、人才培訓、健康教育、醫療救濟、社區醫療服務及其他社會服務事項。

第三章　醫療法人

第一節　通　則

第 30 條（醫療法人之設立、組織及管理）

I 醫療財團法人之設立、組織及管理，依本法之規定；本法未規定者，依民法之規定。

II 醫療社團法人，非依本法規定，不得設立；其組織、管理、與董事間之權利義務、破產、解散及清算，本法未規定者，準用民法之規定。

第 31 條（醫療法人得設立醫院診所及其他醫療機構）

I 醫療法人得設立醫院、診所及其他醫療機構。其設立之家數及規模，得為必要之限制。

II 前項設立家數及規模之限制，由中央主管機關定之。

III 醫療法人經中央主管機關及目的事業主管機關之許可，得附設下列機構：

一　護理機構、精神復健機構。

二　關於醫學研究之機構。

三　老人福利法等社會福利法規規定之相關福利機構。

IV 前項附設機構之設立條件、程序及其他相關事項，仍依各該相關法規之規定辦理。

第 32 條（必要之財產）

I 醫療法人應有足以達成其設立目的所必要之財產。

II 前項所稱必要之財產，依其設立之規模與運用條件，由中央主管機關定之。

第 33 條（董事會之設置）

I 醫療法人，應設董事會，置董事長一人，並以董事長為法人之代表人。

II 醫療法人，對於董事會與監察人之組織與職權、董事、董事長與監察人之遴選資格、選聘與解聘程序、會議召開與決議程序及其他有關事項等，應訂立章則，報請中央主管機關核准。

第 34 條（會計制度之建立）

I 醫療法人應建立會計制度，採曆年制及權責發生制，其財務收支具合法憑證，設置必要之會計紀錄，符合公認之會計處理準則，並應保存

之。

II 醫療法人應於年度終了五個月內，向中央主管機關申報經董事會通過及監察人承認之年度財務報告。

III 前項財務報告編製準則，由中央主管機關定之。

IV 醫療社團法人除適用前述規定外；其會計制度，並應依公司法相關規定辦理。

V 中央主管機關得隨時命令醫療法人提出財務、業務報告或檢查其財務、業務狀況。

VI 醫療法人對於前項之命令或檢查，不得規避、妨礙或拒絕。

第 35 條（醫療法人投資限制）

I 醫療法人不得為公司之無限責任股東或合夥事業之合夥人；如為公司之有限責任股東時，其所有投資總額及對單一公司之投資額或其比例應不得超過一定之限制。

II 前項投資限制，由中央主管機關定之。

III 醫療法人因接受被投資公司以盈餘或公積增資配股所得之股份，不計入前項投資總額或投資額。

第 36 條（財產之使用）

醫療法人財產之使用，應受中央主管機關之監督，並應以法人名義登記或儲存；非經中央主管機關核准，不得對其不動產為處分、出租、出借、設定負擔、變更用途或對其設備為設定負擔。

第 37 條（保證人之限制）

I 醫療法人不得為保證人。

II 醫療法人之資金，不得貸與董事、社員及其他個人或非金融機構；亦不得以其資產為董事、社員或任何他人提供擔保。

第 38 條（賦稅減免）

I 私人及團體對於醫療財團法人之捐贈，得依有關稅法之規定減免稅賦。

II 醫療財團法人所得稅、土地稅及房屋稅之減免，依有關稅法之規定辦理。

III 本法修正施行前已設立之私立醫療機構，於本法修正施行後三年內改設為醫療法人，將原供醫療使用之土地無償移轉該醫療法人續作原來之使用者，不課徵土地增值稅。但於再次移轉第三人時，以該土地無償移轉前之原規定地價或前次移轉現值為原地價，計算漲價總數額，課徵土地增值稅。

第 39 條（醫療法人之合併）

I 醫療法人經中央主管機關許可，得與其他同質性醫療法人合併之。

II 醫療法人經中央主管機關許可合併後，應於兩週內作成財產目錄及資產負債表，並通知債權人。公司法第七十三條第二項、第七十四條第一項之規定準用之。

III 因合併而消滅之醫療法人，其權利義務由合併

後存續或另立之醫療法人概括承受。

第 40 條（醫療法人名稱使用限制）

非醫療法人，不得使用醫療法人或類似之名稱。

第 41 條（廢止許可之情形）

I 醫療法人辦理不善、違反法令或設立許可條件者，中央主管機關得視其情節予以糾正、限期整頓改善、停止其全部或一部之門診或住院業務、命其停業或廢止其許可。

II 醫療法人因其自有資產之減少或因其設立之機構歇業、變更或被廢止許可，致未符合中央主管機關依第三十二條第二項所為之規定，中央主管機關得限期令其改善；逾期未改善者，得廢止其許可。

III 醫療法人有下列情事之一者，中央主管機關得廢止其許可：

一 經核准停業，逾期限仍未辦理復業。

二 命停止全部或一部門診或住院業務，而未停止。

三 命停業而未停業或逾停業期限仍未整頓改善。

四 受廢止開業執照處分。

第二節 醫療財團法人

第 42 條（醫療財團法人之設立）

I 醫療財團法人之設立，應檢具捐助章程、設立計畫書及相關文件，申請中央主管機關許可。

II 前項醫療財團法人經許可後，捐助人或遺囑執行人應於三十日內依捐助章程遴聘董事，成立董事會，並將董事名冊於董事會成立之日起三十日內，報請中央主管機關核定，並於核定後三十日內向該管地方法院辦理法人登記。

III 捐助人或遺囑執行人，應於醫療財團法人完成法人登記之日起三個月內，將所捐助之全部財產移歸法人所有，並報請中央主管機關備查。

IV 捐助人或遺囑執行人未於期限內將捐助財產移歸法人所有，經限期令其完成，逾期仍未完成者，中央主管機關得廢止其許可。

第 43 條（董事配置及任期）

I 醫療財團法人之董事，以九人至十五人為限。

II 董事配置規定如下：

一 具醫事人員資格者，不得低於三分之一，並有醫師至少一人。

二 由外國人充任者，不得超過三分之一。

三 董事相互間，有配偶、三親等以內親屬關係者，不得超過三分之一。

III 董事之任期，每屆不得逾四年，連選得連任。但連選連任董事，每屆不得超過三分之二。

IV 本法中華民國一百零二年十一月二十六日修正之條文施行前，醫療財團法人章程所定董事任期逾前項規定者，得續任至當屆任期屆滿日止；

其屬出缺補任者，亦同。

V 董事會開會時，董事均應親自出席，不得委託他人代理。

第 44 條（捐助章程之變更登記）

I 醫療財團法人捐助章程之變更，應報經中央主管機關許可。

II 醫療財團法人董事長、董事、財產或其他登記事項如有變更，應依中央主管機關之規定報請許可。

III 前二項之變更，應於中央主管機關許可後三十日內，向該管法院辦理變更登記。

第 45 條（董事之選任及解任）

I 醫療財團法人之董事，任期屆滿未能改選或出缺未能補任，顯然妨礙董事會組織健全之虞者，中央主管機關得依其他董事、利害關係人之申請或依職權，選任董事充任之；其選任辦法，由中央主管機關定之。

II 醫療財團法人之董事違反法令或章程，有損害該法人或其設立機構之利益或致其不能正常營運之虞者，中央主管機關得依其他董事或利害關係人之聲請或依職權，命令該董事暫停行使職權或解任之。

III 前項董事之暫停行使職權，期間不得超過六個月。於暫停行使職權之期間內，因人數不足顯然妨礙董事會組織健全之虞者，中央主管機關應選任臨時董事代之。選任臨時董事毋庸變更登記；其選任，準用第一項選任辦法之規定。

第 45 條之 1（董事、監察人之消極資格）

有下列各款情形之一者，不得充任董事或監察人：

一 曾犯刑法第一百二十一條至第一百二十三條、第一百三十一條或貪污治罪條例第四條至第六條之一或第十一條之罪，經有罪判決確定或通緝有案尚未結案。但受緩刑宣告或易科罰金執行完畢者，不在此限。

二 曾犯侵占罪、詐欺罪或背信罪，經有罪判決確定或通緝有案尚未結案。但受緩刑宣告或易科罰金執行完畢者，不在此限。

三 受監護宣告或輔助宣告，尚未撤銷。

四 經醫師鑑定罹患精神疾病或身心狀況違常，致不能執行業務。

五 曾任董事長、董事或監察人，經依前條第二項或第四十五條之二第一項第三款規定解任。

六 受破產宣告或經裁定開始清算程序尚未復權。

第 45 條之 2（董事長、董事、監察人之解任或停止職務之事由）

I 董事長、董事或監察人在任期中有下列情形之一者，當然解任：

一 具有書面辭職文件，經提董事會議報告，並列入會議紀錄。

二 具有前條所列情形之一。

三　利用職務或身分上之權力、機會或方法犯
　　罪，經有罪判決確定。
四　董事長一年內無故不召集董事會議。
II 董事長、董事或監察人利用職務或身分上之權
　力、機會或方法犯罪，經檢察官提起公訴者，
　當然停止其職務。
III 董事長、董事或監察人為政府機關之代表、其
　他法人或團體推薦者，其本職異動時，應隨本
　職進退；推薦繼任人選，並應經董事會選聘，
　任期至原任期屆滿時為止。

第 46 條（研究發展醫療救濟等基金之提撥）
醫療財團法人應提撥年度醫療收入結餘之百分之十
以上，辦理有關研究發展、人才培訓、健康教育；
百分之十以上辦理醫療救濟、社區醫療服務及其他
社會服務事項；辦理績效卓著者，由中央主管機關
獎勵之。

第三節　醫療社團法人

第 47 條（醫療社團法人之設立）
I 醫療社團法人之設立，應檢具組織章程、設立
　計畫書及相關文件，申請中央主管機關許可。
II 前項醫療社團法人經許可後，應於三十日內依
　其組織章程成立董事會，並於董事會成立之日
　起三十日內，報請中央主管機關登記，發給法
　人登記證書。

第 48 條（設立登記事項）
醫療社團法人設立時，應登記之事項如下：
一　法人設立目的及名稱。
二　主事務所及分事務所。
三　董事長、董事、監察人之姓名及住所。
四　財產種類及數額。
五　設立機構之所在地及類別與規模。
六　財產總額及各社員之出資額。
七　許可之年、月、日。

第 49 條（社員）
I 法人不得為醫療社團法人之社員。
II 醫療社團法人每一社員不問出資多寡，均有一
　表決權。但得以章程訂定，按出資多寡比例分
　配表決權。
III 醫療社團法人得於章程中明定，社員按其出資
　額，保有對法人之財產權利，並得將其持分全
　部或部分轉讓於第三人。
IV 前項情形，擔任董事、監察人之社員將其持分
　轉讓於第三人時，應向中央主管機關報備。其
　轉讓全部持分者，自動解任。

第 50 條（董事）
I 醫療社團法人之董事，以三人至九人為限；其
　中三分之二以上應具醫師及其他董事人員資格。
II 外國人充任董事，其人數不得超過總名額三分

之一，並不得充任董事長。
III 醫療社團法人應設監察人，其名額以董事名額
　之三分之一為限。
IV 監察人不得兼任董事或職員。
V 董事會開會時，董事應親自出席，不得委託他
　人代理。

第 51 條（組織章程之變更登記）
I 醫療社團法人組織章程之變更，應報經中央主
　管機關許可。
II 醫療社團法人董事長、董事、財產或其他登記
　事項如有變更，應依中央主管機關之規定，辦
　理變更登記。
III 醫療社團法人解散時，應辦理解散登記。

第 52 條（董事之選任及解任）
I 醫療社團法人之董事，任期屆滿未能改選或出
　缺未能補任，顯然妨礙董事會組織健全之虞者，
　中央主管機關得依其他董事、利害關係人之申
　請或依職權，命令限期召開臨時總會補選之。
　總會逾期不能召開，中央主管機關得選任董事
　充任之；其選任辦法，由中央主管機關定之。
II 醫療社團法人之董事違反法令或章程，有損害
　該法人或其設立機構之利益或致其不能正常營
　運之虞者，中央主管機關得依其他董事或利害
　關係人之聲請或依職權，命令解任之。
III 醫療社團法人之董事會決議違反法令或章程，
　有損害該法人或其設立機構之利益或致其不能
　正常營運之虞者，中央主管機關得依職權，命
　令解散董事會，召開社員總會重新改選之。

第 53 條（研究發展醫療救濟等基金之提撥）
醫療社團法人結餘之分配，應提撥百分之十以上，
辦理研究發展、人才培訓、健康教育、醫療救濟、
社區醫療服務及其他社會服務事項基金；並應提撥
百分之二十以上作為營運基金。

第 54 條（解散）
I 醫療社團法人，有下列情形之一者，解散之：
一　發生章程所定之解散事由。
二　設立目的不能達到時。
三　與其他醫療法人之合併。
四　破產。
五　中央主管機關撤銷設立許可或命令解散。
六　總會之決議。
七　欠缺社員。
II 依前項第一款事由解散時，應報請中央主管機
　關備查；依前項第二款至第七款事由解散時，
　應經中央主管機關之許可。

第 55 條（剩餘財產之歸屬）
醫療社團法人解散後，除合併或破產外，其賸餘財
產之歸屬，依組織章程之規定。

第四章　醫療業務

第 56 條（醫療設施與針具之安全）

Ⅰ醫療機構應依其提供服務之性質，具備適當之醫療場所及安全設施。

Ⅱ醫療機構對於所屬醫事人員執行直接接觸病人體液或血液之醫療處置時，應自中華民國一百零一年起，五年內按比例逐步完成全面提供安全針具。

第 57 條（醫療人員執行醫事專門業務法規之規範）

Ⅰ醫療機構應督導所屬醫事人員，依各該醫事專門職業法規規定，執行業務。

Ⅱ醫療機構不得聘僱或容留未具醫事人員資格者，執行應由特定醫事人員執行之業務。

第 58 條（臨床助理執行醫療業務之禁止）

醫療機構不得置臨床助理執行醫療業務。

第 59 條（指派醫師值班）

醫院於診療時間外，應依其規模及業務需要，指派適當人數之醫師值班，以照顧住院及急診病人。

第 60 條（危急病人之救治義務及醫藥費用之補助）

Ⅰ醫院、診所遇有危急病人，應先予適當之急救，並即依其人員及設備能力予以救治或採取必要措施，不得無故拖延。

Ⅱ前項危急病人如係低收入、中低收入或路倒病人，其醫療費用非本人或其扶養義務人所能負擔者，應由直轄市、縣（市）政府社會行政主管機關依法補助之。

第 61 條（不正當招攬病人及不正當利益獲取之禁止）

Ⅰ醫療機構，不得以中央主管機關公告禁止之不正當方法，招攬病人。

Ⅱ醫療機構及其人員，不得利用業務上機會獲取不正當利益。

第 62 條（醫療品質管理制度）

Ⅰ醫院應建立醫療品質管理制度，並檢討評估。

Ⅱ為提升醫療服務品質，中央主管機關得訂定辦法，就特定醫療技術、檢查、檢驗或醫療儀器，規定其適應症、操作人員資格、條件及其他應遵行事項。

第 63 條（手術或麻醉同意書之簽具）

Ⅰ醫療機構實施手術，應向病人或其法定代理人、配偶、親屬或關係人說明手術原因、手術成功率或可能發生之併發症及危險，並經其同意，簽具手術同意書及麻醉同意書，始得為之。但情況緊急者，不在此限。

Ⅱ前項同意書之簽具，病人為未成年人或無法親自簽具者，得由其法定代理人、配偶、親屬或關係人簽具。

Ⅲ第一項手術同意書及麻醉同意書格式，由中央主管機關定之。

第 64 條（侵入性檢查或治療同意書之簽具）

Ⅰ醫療機構實施中央主管機關規定之侵入性檢查或治療，應向病人或其法定代理人、配偶、親屬或關係人說明，並經其同意，簽具同意書後，始得為之。但情況緊急者，不在此限。

Ⅱ前項同意書之簽具，病人為未成年人或無法親自簽具者，得由其法定代理人、配偶、親屬或關係人簽具。

第 65 條（採取組織檢體或切取器官之分析及評估）

Ⅰ醫療機構對採取之組織檢體或手術切取之器官，應送請病理檢查，並將結果告知病人或其法定代理人、配偶、親屬或關係人。

Ⅱ醫療機構對於前項之組織檢體或手術切取之器官，應就臨床及病理診斷之結果，作成分析、檢討及評估。

第 66 條（藥劑容器或包裝上載明事項）

醫院、診所對於診治之病人交付藥劑時，應於容器或包裝上載明病人姓名、性別、藥名、劑量、數量、用法、作用或適應症、警語或副作用、醫療機構名稱與地點、調劑者姓名及調劑年、月、日。

第 67 條（病歷應包括之資料）

Ⅰ醫療機構應建立清晰、詳實、完整之病歷。

Ⅱ前項所稱病歷，應包括下列各款之資料：

一　醫師依醫師法執行業務所製作之病歷。

二　各項檢查、檢驗報告資料。

三　其他各類醫事人員執行業務所製作之紀錄。

Ⅲ醫院對於病歷，應製作各項索引及統計分析，以利研究及查考。

第 68 條（記載病歷製作紀錄）

Ⅰ醫療機構應督導其所屬醫事人員於執行業務時，親自記載病歷或製作紀錄，並簽名或蓋章及加註執行年、月、日。

Ⅱ前項病歷或紀錄如有增刪，應於增刪處簽名或蓋章及註明年、月、日；刪改部分，應以畫線去除，不得塗燬。

Ⅲ醫囑應於病歷載明或以書面為之。但情況急迫時，得先以口頭方式為之，並於二十四小時內完成書面紀錄。

第 69 條（電子文件方式製作貯存之病歷）

醫療機構以電子文件方式製作及貯存之病歷，得免另以書面方式製作；其資格條件與製作方式、內容及其他應遵行事項之辦法，由中央主管機關定之。

第 70 條（病歷之保管及銷燬）

Ⅰ醫療機構之病歷，應指定適當場所及人員保管，並至少保存七年。但未成年者之病歷，至少應保存至其成年後七年；人體試驗之病歷，應永久保存。

II醫療機構因故未能繼續開業，其病歷應交由承接者依規定保存；無承接者時，病人或其代理人得要求醫療機構交付病歷；其餘病歷應繼續保存六個月以上，始得銷燬。

III醫療機構具有正當理由無法保存病歷時，由地方主管機關保存。

IV醫療機構對於逾保存期限得銷燬之病歷，其銷燬方式應確保病歷內容無洩漏之虞。

第 71 條（病歷複製本）

醫療機構應依其診治之病人要求，提供病歷複製本，必要時提供中文病歷摘要，不得無故拖延或拒絕；其所需費用，由病人負擔。

第 72 條（秘密洩漏之禁止）

醫療機構及其人員因業務而知悉或持有病人病情或健康資訊，不得無故洩漏。

第 73 條（轉診及急救處置）

I醫院、診所因限於人員、設備及專長能力，無法確定病人之病因或提供完整治療時，應建議病人轉診。但危急病人應依第六十條第一項規定，先予適當之急救，始可轉診。

II前項轉診，應填具轉診病歷摘要交予病人，不得無故拖延或拒絕。

第 74 條（原診治醫院提供病歷摘要及檢查報告）

醫院、診所診治病人時，得依需要，並經病人或其法定代理人、配偶、親屬或關係人之同意，商請病人原診治之醫院、診所，提供病歷複製本或病歷摘要及各種檢查報告資料。原診治之醫院、診所不得拒絕；其所需費用，由病人負擔。

第 75 條（適當醫療場所之安排及自動出院書之簽具）

I醫院得應出院病人之要求，為其安排適當之醫療場所及人員，繼續追蹤照顧。

II醫院對向未治癒而要求出院之病人，得要求病人或其法定代理人、配偶、親屬或關係人，簽具自動出院書。

III病人經診治並依醫囑通知可出院時，應即辦理出院或轉院。

第 76 條（發給各種證明書之義務）

I醫院、診所如無法令規定之理由，對其診治之病人，不得拒絕開給出生證明書、診斷書、死亡證明書或死產證明書。開給各項診斷書時，應力求慎重，尤其是有關死亡之原因。

II前項診斷書如係病人為申請保險理賠之用者，應以中文記載，所記病名如與保險契約病名不一致，另以加註方式為之。

III醫院、診所對於非病死或可疑為非病死者，應報請檢察機關依法相驗。

第 77 條（接受委託提供醫療服務之義務）

醫療機構應接受政府委託，協助辦理公共衛生、繼續教育、在職訓練、災害救助、急難救助、社會福利及民防等有關醫療服務事宜。

第 78 條（施行人體試驗機構之規定及查核）

I為提高國內醫療技術水準或預防疾病上之需要，教學醫院經擬定計畫，報請中央主管機關核准，或經中央主管機關委託者，得施行人體試驗。但學名藥生體可用率、生體相等性之人體試驗研究得免經中央主管機關之核准。

II非教學醫院不得施行人體試驗。但醫療機構有特殊專長，經中央主管機關同意者，得準用前項規定。

III醫療機構施行人體試驗應先將人體試驗計畫，提經醫療科技人員、法律專家及社會公正人士或民間團體代表，且任一性別不得低於三分之一之人員會同審查通過。審查人員並應遵守利益迴避原則。

IV人體試驗計畫內容變更時，應依前三項規定經審查及核准或同意後，始得施行。

第 79 條（人體試驗前應載明之事項與過失責任）

I醫療機構施行人體試驗時，應善盡醫療上必要之注意，並應先取得接受試驗者之書面同意；接受試驗者以有意思能力之成年人為限。但顯有益於特定人口群或特殊疾病罹患者健康權益之試驗，不在此限。

II前項但書之接受試驗者為限制行為能力人，應得其本人與法定代理人同意；接受試驗者為無行為能力人，應得其法定代理人同意。

III第一項書面，醫療機構應至少載明下列事項，並於接受試驗者或法定代理人同意前，以其可理解方式先行告知：

一 試驗目的及方法。

二 可預期風險及副作用。

三 預期試驗效果。

四 其他可能之治療方式及說明。

五 接受試驗者得隨時撤回同意之權利。

六 試驗有關之損害補償或保險機制。

七 受試者個人資料之保密。

八 受試者生物檢體、個人資料或其衍生物之保存與再利用。

IV前項告知及書面同意，醫療機構應給予充分時間考慮，並不得以脅迫或其他不正當方式為之。

V醫師依前四項規定施行人體試驗，因試驗本身不可預見之因素，致病人死亡或傷害者，不符刑法第十三條或第十四條之故意或過失規定。

第 79 條之 1（人體試驗之規定事項及程序）

除本法另有規定者外，前二條有關人體試驗之申請程序、審查作業基準及利益迴避原則、資訊揭露、監督管理、查核、其他告知內容等事項，由中央主管機關定之。

刑法

第 79 條之 2（不參與或撤回試驗者之醫療權益保障）

醫療機構對不同意參與人體試驗者或撤回同意之接受試驗者，應施行常規治療，不得減損其正當醫療權益。

第 80 條（人體試驗之試驗報告）

I 醫療機構施行人體試驗期間，應依中央主管機關之通知提出試驗情形報告；中央主管機關認有安全之虞者，醫療機構應即停止試驗。

II 醫療機構於人體試驗施行完成時，應作成試驗報告，報請中央主管機關備查。

第 81 條（醫療機構之告知義務）

醫療機構診治病人時，應向病人或其法定代理人、配偶、親屬或關係人告知其病情、治療方針、處置、用藥、預後情形及可能之不良反應。

第 82 條（損害賠償責任及刑事責任）

I 醫療業務之施行，應善盡醫療上必要之注意。

II 醫事人員因執行醫療業務致生損害於病人，以故意或違反醫療上必要之注意義務且逾越合理臨床專業裁量所致者為限，負損害賠償責任。

III 醫事人員執行醫療業務因過失致病人死傷，以違反醫療上必要之注意義務且逾越合理臨床專業裁量所致者為限，負刑事責任。

IV 前二項注意義務之違反及臨床專業裁量之範圍，應以該醫療領域當時當地之醫療常規、醫療水準、醫療設施、工作條件及緊急迫切等客觀情況為斷。

V 醫療機構因執行醫療業務致生損害於病人，以故意或過失為限，負損害賠償責任。

第 83 條（醫事專業法庭之設立）

司法院應指定法院設立醫事專業法庭，由具有醫事相關專業知識或審判經驗之法官，辦理醫事糾紛訴訟案件。

第五章 醫療廣告

第 84 條（醫療廣告主體限制）

非醫療機構，不得為醫療廣告。

第 85 條（醫療廣告之內容）

I 醫療廣告，其內容以下列事項為限：

一 醫療機構之名稱、開業執照字號、地址、電話及交通路線。

二 醫師之姓名、性別、學歷、經歷及其醫師、專科醫師證書字號。

三 全民健康保險及其他非商業性保險之特約醫院、診所字樣。

四 診療科別及診療時間。

五 開業、歇業、停業、復業、遷移及其年、月、日。

六 其他經中央主管機關公告容許登載或播放事項。

II 利用廣播、電視之醫療廣告，在前項內容範圍內，得以口語化方式為之。但應先經所在地直轄市或縣（市）主管機關核准。

III 醫療機構以網際網路提供之資訊，除第一百零三條第二項各款所定情形外，不受第一項所定內容範圍之限制，其管理辦法由中央主管機關定之。

第 86 條（醫療廣告方式之禁止）

醫療廣告不得以下列方式為之：

一 假借他人名義為宣傳。

二 利用出售或贈與醫療刊物為宣傳。

三 以公開祖傳秘方或公開答問為宣傳。

四 摘錄醫學刊物內容為宣傳。

五 藉採訪或報導為宣傳。

六 與違反前條規定內容之廣告聯合或並排為宣傳。

七 以其他不正當方式為宣傳。

第 87 條（醫療廣告之擬制）

I 廣告內容暗示或影射醫療業務者，視為醫療廣告。

II 醫學新知或研究報告之發表、病人衛生教育、學術性刊物，未涉及招徠醫療業務者，不視為醫療廣告。

刑法

第六章 醫事人力及設施分布

第 88 條（促進醫療資源均衡發展之方法）

I 中央主管機關為促進醫療資源均衡發展，統籌規劃現有公私立醫療機構及人力合理分布，得劃分醫療區域，建立分級醫療制度，訂定醫療網計畫。

II 主管機關得依前項醫療網計畫，對醫療資源缺乏區域，獎勵民間設立醫療機構、護理之家機構；必要時，得由政府設立。

第 89 條（醫療區域劃分應考慮因素）

醫療區域之劃分，應考慮區域內醫療資源及人口分布，得超越行政區域之界限。

第 90 條（醫療機構設立擴充之審查及限制）

I 中央主管機關訂定醫療網計畫時，直轄市、縣（市）主管機關應依該計畫，就轄區內醫療機構之設立或擴充，予以審查。但一定規模以上大型醫院之設立或擴充，應報由中央主管機關核准。

II 對於醫療設施過賸區域，主管機關得限制醫療機構或護理機構之設立或擴充。

第 91 條（獎勵措施）

I 中央主管機關為促進醫療事業發展、提升醫療品質與效率及均衡醫療資源，應採取獎勵措施。

II 前項獎勵措施之項目、方式及其他配合措施之辦法，由中央主管機關定之。

第92條（醫療發展基金之設置）

中央主管機關得設置醫療發展基金，供前條所定獎勵之用；其基金之收支、保管及運用辦法，由行政院定之。

第93條（購置及使用具有危險性醫療儀器之審查及評估）

Ⅰ 醫療機構購置及使用具有危險性醫療儀器，中央主管機關於必要時得予審查及評估。

Ⅱ 以公益為目的之社團法人或財團法人，於章程所定目的範圍內，為推動醫療技術升級發展研究計畫，而其投資金額逾一定門檻者，得經中央主管機關許可，依第三十條及第三十一條之規定設立醫療法人醫療機構，購置及使用具有危險性醫療儀器。

Ⅲ 第一項所稱之具有危險性醫療儀器之項目及其審查及評估辦法，由中央主管機關定之。

第七章　教學醫院

第94條（申請評鑑為教學醫院）

為提高醫療水準，醫院得申請評鑑為教學醫院。

第95條（教學醫院之評鑑）

Ⅰ 教學醫院之評鑑，由中央主管機關會商中央教育主管機關定期辦理。

Ⅱ 中央主管機關應將教學醫院評鑑結果，以書面通知申請評鑑醫院，並將評鑑合格之教學醫院名單及其資格有效期間等有關事項公告之。

第96條（教學醫院訓練計畫之實施）

Ⅰ 教學醫院應擬具訓練計畫，辦理醫師及其他醫事人員訓練及繼續教育，並接受醫學院、校學生臨床見習、實習。

Ⅱ 前項辦理醫師與其他醫事人員訓練及接受醫學院、校學生臨床見習、實習之人數，應依核定訓練容量為之。

第97條（研究發展及人才培訓經費之編列）

教學醫院應按年編列研究發展及人才培訓經費，其所占之比率，不得少於年度醫療收入總額百分之三。

第八章　醫事審議委員會

第98條（醫事審議委員會之設置及任務）

Ⅰ 中央主管機關應設置醫事審議委員會，依其任務分別設置各種小組，其任務如下：
一　醫療制度之改進。
二　醫療技術之審議。
三　人體試驗之審議。
四　司法或檢察機關之委託鑑定。
五　專科醫師制度之改進。
六　醫德之促進。
七　一定規模以上大型醫院設立或擴充之審議。
八　其他有關醫事之審議。

Ⅱ 前項醫事審議委員會之組織、會議等相關規定，由中央主管機關定之。

第99條（地方主管機關醫事審議委員會之設置及任務）

Ⅰ 直轄市、縣（市）主管機關應設置醫事審議委員會，任務如下：
一　醫療機構設立或擴充之審議。
二　醫療收費標準之審議。
三　醫療爭議之調處。
四　醫德之促進。
五　其他有關醫事之審議。

Ⅱ 前項醫事審議委員會之組織、會議等相關規定，由直轄市、縣（市）主管機關定之。

第100條（醫事審議委員會委員之遴聘）

前二條之醫事審議委員會委員，應就不具民意代表、醫療法人代表身分之醫事、法學專家、學者及社會人士遴聘之，其中法學專家及社會人士之比例，不得少於三分之一。

第九章　罰　則

第101條（罰則）

違反第十七條第一項、第十九條第一項、第二十條、第二十二條第一項、第二十三條第一項、第二十四條第一項、第五十六條第二項規定者，經予警告處分，並限期改善；屆期未改善者，處新臺幣一萬元以上五萬元以下罰鍰，按次連續處罰。

第102條（罰則）

Ⅰ 有下列情形之一者，處新臺幣一萬元以上五萬元以下罰鍰，並令限期改善；屆期未改善者，按次連續處罰：
一　違反第二十五條第一項、第二十六條、第二十七條第一項、第五十九條、第六十條第一項、第六十五條、第六十六條、第六十七條第一項、第三項、第六十八條、第七十條、第七十一條、第七十三條、第七十四條、第七十六條或第八十條第二項規定。
二　違反中央主管機關依第十二條第三項規定所定之設置標準。
三　違反中央主管機關依第十三條規定所定之管理辦法。
四　違反中央主管機關依第六十九條規定所定之辦法。

Ⅱ 有下列情形之一，經依前項規定處罰並令限期改善；屆期未改善者，得處一個月以上一年以下停業處分：
一　違反第二十五條第一項或第六十六條規定者。
二　違反中央主管機關依第十二條第三項規定所定之設置標準者。
三　違反中央主管機關依第十三條規定所定之

管理辦法者。

四　違反中央主管機關依第六十九條規定所定
　　之辦法者。

第 103 條（罰則）

I 有下列情形之一者，處新臺幣五萬元以上二十五
萬元以下罰鍰：

一　違反第十五條第一項、第十七條第二項、
　　第二十二條第二項、第二十三條第四項、
　　第五項、第五十七條第一項、第六十一條、
　　第六十三條第一項、第六十四條、第七十二
　　條、第八十五條、第八十六條規定或擅自
　　變更核准之廣告內容。

二　違反中央主管機關依第六十二條第二項、
　　第九十三條第二項規定所定之辦法。

三　醫療機構聘僱或容留未具醫師以外之醫事
　　人員資格者，執行應由特定醫事人員執行
　　之業務。

II 醫療廣告違反第八十五條、第八十六條規定或
擅自變更核准內容者，除依前項規定處罰外，
其有下列情形之一者，得處一個月以上一年以
下停業處分或廢止其開業執照，並由中央主管
機關吊銷其負責醫師之醫師證書一年：

一　內容虛偽、誇張、歪曲事實或有傷風化。

二　以非法墮胎為宣傳。

三　一年內已受處罰三次。

第 104 條（罰則）

違反第八十四條規定為醫療廣告者，處新臺幣五萬
元以上二十五萬元以下罰鍰。

第 105 條（罰則）

I 違反第七十八條第一項或第二項規定，未經中央
主管機關核准、委託或同意，施行人體試驗者，
由中央主管機關處新臺幣二十萬元以上一百萬
元以下罰鍰，並令其中止或終止人體試驗；情
節重大者，並得處一個月以上一年以下停業處
分或廢止其開業執照。

II 違反第七十八條第三項或中央主管機關依第
七十九條之一授權所定辦法有關審查作業基準
者，由中央主管機關處新臺幣十萬元以上五十
萬元以下罰鍰，並得令其中止該項人體試驗或
第七十八條第三項所定之審查。

III 違反第七十九條、第七十九條之二、第八十條
第一項或中央主管機關依第七十九條之一授權
所定辦法有關監督管理或查核事項之規定者，
由中央主管機關處新臺幣十萬元以上五十萬元
以下罰鍰，有安全或損害受試者權益之虞時，
另得令其終止人體試驗；情節重大者，並得就
其全部或一部之相關業務或違反規定之科別、
服務項目，處一個月以上一年以下停業處分。

IV 違反第七十八條第四項規定者，由中央主管機

關處新臺幣五萬元以上二十五萬元以下罰鍰，
並令其中止該人體試驗；情節重大者，並得令
其終止該人體試驗。

第 106 條（罰則）

I 違反第二十四條第二項規定者，處新臺幣三萬
元以上五萬元以下罰鍰。如觸犯刑事責任者，
應移送司法機關辦理。

II 毀損醫療機構或其他相類場所內關於保護生命
之設備，致生危險於他人之生命、身體或健康
者，處三年以下有期徒刑、拘役或新臺幣三十
萬元以下罰金。

III 對於醫事人員或緊急醫療救護人員以強暴、脅
迫、恐嚇或其他非法之方法，妨害其執行醫療
或救護業務者，處三年以下有期徒刑，得併科
新臺幣三十萬元以下罰金。

IV 犯前項之罪，因而致醫事人員或緊急醫療救護
人員於死者，處無期徒刑或七年以上有期徒刑；
致重傷者，處三年以上十年以下有期徒刑。

第 107 條（罰則）

I 違反第六十一條第二項、第六十二條第二項、第
六十三條第一項、第六十四條第一項、第六十八
條、第七十二條、第七十八條、第七十九條及
第九十三條第二項規定者，除依第一百零二條、
第一百零三條或第一百零五條規定處罰外，對
其行為人亦處以各該條之罰鍰；其觸犯刑事法
律者，並移送司法機關辦理。

II 前項行為人如為醫事人員，並依各該醫事專門
職業法規規定懲處之。

第 108 條（罰則）

醫療機構有下列情事之一者，處新臺幣五萬元以上
五十萬元以下罰鍰，並得按其情節就違反規定之診
療科別、服務項目或其全部或一部之門診、住院業
務，處一個月以上一年以下停業處分或廢止其開業
執照：

一　屬醫療業務管理之明顯疏失，致造成病患傷亡
　　者。

二　明知與事實不符而記載病歷或出具診斷書、出
　　生證明書、死亡證明書或死產證明書。

三　執行中央主管機關規定不得執行之醫療行為。

四　使用中央主管機關規定禁止使用之藥物。

五　容留違反醫師法第二十八條規定之人員執行醫
　　療業務。

六　從事有傷風化或危害人體健康等不正當業務。

七　超收醫療費用或擅立收費項目收費經查屬實，
　　而未依限將超收部分退還病人。

第 109 條（廢止開業執照）

醫療機構受停業處分而不停業者，廢止其開業執
照。

第 110 條（廢止開業執照後負責醫師申請設立
　　　　　　醫療機構之限制）

醫療機構受廢止開業執照處分者，其負責醫師於一年內不得在原址或其他處所申請設立醫療機構。

第 111 條（吊銷負責醫師之醫師證書）

醫療機構受廢止開業執照處分，仍繼續開業者，中央主管機關得吊銷其負責醫師之醫師證書二年。

第 112 條（罰則）

Ⅰ 醫療法人違反第三十四條第五項、第三十七條第一項規定爲保證人者，中央主管機關得處新臺幣十萬元以上五十萬元以下罰鍰，並得限期命其改善；逾期未改善者，得連續處罰之。其所爲之保證，並由行爲人自負保證責任。

Ⅱ 醫療法人違反第三十七條第二項規定，除由中央主管機關得處董事長新臺幣十萬元以上五十萬元以下罰鍰外，醫療法人如有因而受損害時，行爲人並應負賠償責任。

第 113 條（罰則）

Ⅰ 醫療法人違反第三十四條第二項、第三十五條第一項或第四十條之規定者，中央主管機關得處新臺幣一萬元以上十萬元以下罰鍰，並限期命其補正。逾期未補正者，並得連續處罰之。

Ⅱ 醫療法人有應登記之事項而未登記者，中央主管機關得對應申請登記之義務人處新臺幣一萬元以上十萬元以下罰鍰，並限期命其補正。逾期未補正者，並得連續處罰之。

Ⅲ 前項情形，應申請登記之義務人爲數人時，應全體負連帶責任。

第 114 條（罰則）

Ⅰ 董事、監察人違反第四十九條第四項規定未報備者，中央主管機關得處該董事或監察人新臺幣五萬元以上二十萬元以下罰鍰。

Ⅱ 醫療法人經許可設立後，未依其設立計畫書設立醫療機構，中央主管機關得限期命其改善；逾期未改善者，得廢止其許可。其設立計畫變更者，亦同。

第 115 條（私立醫療機構及醫療法人違反規定之處罰對象）

Ⅰ 本法所定之罰鍰，於私立醫療機構，處罰其負責醫師。

Ⅱ 本法所定之罰鍰，於醫療法人設立之醫療機構，處罰醫療法人。

Ⅲ 第一項前段規定，於依第一百零七條規定處罰之行爲人爲負責醫師者，不另爲處罰。

第 116 條（處罰之主管機關）

本法所定之罰鍰、停業及廢止開業執照，除本法另有規定外，由直轄市、縣（市）主管機關處罰之。

第 117 條（強制執行）

依本法所處之罰鍰，經限期繳納，屆期未繳納者，依法移送強制執行。

第十章　附　則

第 118 條（軍事機關所屬醫療機構與民眾診療機構之設置及管理）

軍事機關所屬醫療機構及其附設民眾診療機構之設置及管理，依本法之規定。但所屬醫療機構涉及國防安全事務考量之部分，其管理依國防部之規定。

第 119 條（已設立醫療機構之辦理補正）

本法修正施行前已設立之醫療機構與本法規定不符者，應於本法修正施行之日起一年內辦理補正；屆期不補正者，由原許可機關廢止其許可。但有特殊情況不能於一年內完成補正，經申請中央主管機關核准者，得展延之。

第 120 條（國術損傷接骨技術員之管理）

本法修正施行前領有中央主管機關核發之國術損傷接骨技術員登記證者繼續有效，其管理辦法由中央主管機關定之。

第 121 條（收取規費）

Ⅰ 中央主管機關辦理醫院評鑑，得收取評鑑費；直轄市、縣（市）主管機關依本法核發執照時，得收取執照費。

Ⅱ 前項評鑑費及執照費之費額，由中央主管機關定之。

第 122 條（施行細則）

本法施行細則，由中央主管機關定之。

第 123 條（施行日）

本法自公布日施行。

藥事法（節錄）

第一章 總 則

第 1 條（藥事之管理依據及範圍）

Ⅰ 藥事之管理，依本法之規定；本法未規定者，依其他有關法律之規定。但管制藥品管理條例有規定者，優先適用該條例之規定。

Ⅱ 前項所稱藥事，指藥物、藥商、藥局及其有關事項。

第 2 條（主管機關）

本法所稱衛生主管機關：在中央為衛生福利部；在直轄市為直轄市政府；在縣（市）為縣（市）政府。

第 3 條（藥物管理機關之專設）

中央衛生主管機關得專設藥物管理機關，直轄市及縣（市）衛生主管機關於必要時亦得報准設置。

第 4 條（藥物之定義）

本法所稱藥物，係指藥品及醫療器材。

第 5 條（試驗用藥物之定義）

本法所稱試驗用藥物，係指醫療效能及安全尚未經證實，專供動物毒性藥理評估或臨床試驗用之藥物。

第 6 條（藥品之定義）

本法所稱藥品，係指左列各款之一之原料藥及製劑：

一　載於中華藥典或經中央衛生主管機關認定之其他各國藥典、公定之國家處方集，或各該補充典籍之藥品。

二　未載於前款，但使用於診斷、治療、減輕或預防人類疾病之藥品。

三　其他足以影響人類身體結構及生理機能之藥品。

四　用以配製前三款所列之藥品。

第 6 條之 1（建立藥品來源及流向之追溯或追蹤系統）

Ⅰ 經中央衛生主管機關公告類別之藥品，其販賣業者或製造業者，應依其產業模式建立藥品來源及流向之追溯或追蹤系統。

Ⅱ 中央衛生主管機關應建立前項追溯或追蹤申報系統；前項業者應以電子方式申報之，其電子申報方式，由中央衛生主管機關定之。

Ⅲ 前項追溯或追蹤系統之建立、應記錄之事項、查核及其他應遵行事項之辦法，由中央衛生主管機關定之。

第 7 條（新藥之定義）

本法所稱新藥，係指經中央衛生主管機關審查認定屬新成分、新療效複方或新使用途徑製劑之藥品。

第 8 條（製劑之定義）

I 本法所稱製劑，係指以原料藥經加工調製，製成一定劑型及劑量之藥品。

II 製劑分為醫師處方藥品、醫師藥師藥劑生指示藥品、成藥及固有成方製劑。

III 前項成藥之分類、審核、固有成方製劑製售之申請、成藥及固有成方製劑販賣之管理及其他應遵行事項之辦法，由中央衛生主管機關定之。

第9條（成藥之定義）

本法所稱成藥，係指原料藥經加工調製，不用其原名稱，其摻入之藥品，不超過中央衛生主管機關所規定之限量，作用緩和，無積蓄性，耐久儲存，使用簡便，並明示其效能、用量、用法，標明成藥許可證字號，其使用不待醫師指示，即供治療疾病之用者。

第10條（固有成方製劑之定義）

本法所稱固有成方製劑，係指依中央衛生主管機關選定公告具有醫療效能之傳統中藥處方調製（劑）之方劑。

第11條（管制藥品之定義）

本法所稱管制藥品，係指管制藥品管理條例第三條規定所稱之管制藥品。

第12條（毒劇藥品定義）

本法所稱毒劇藥品，係指列載於中華藥典毒劇藥表中之藥品；表中未列載者，由中央衛生主管機關定之。

第13條（醫療器材之定義）

I 本法所稱醫療器材，係用於診斷、治療、減輕、直接預防人類疾病、調節生育，或足以影響人類身體結構及機能，且非以藥理、免疫或代謝方法作用於人體，以達成其主要功能之儀器、器械、用具、物質、軟體、體外試劑及其相關物品。

II 前項醫療器材，中央衛生主管機關應視實際需要，就其範圍、種類、管理及其他應管理事項，訂定醫療器材管理辦法規範之。

第14條（藥商之定義）

本法所稱藥商，係指左列各款規定之業者：

一 藥品或醫療器材販賣業者。

二 藥品或醫療器材製造業者。

第15條（藥品販賣業之定義）

本法所稱藥品販賣業者，係指左列各款規定之業者：

一 經營西藥批發、零售、輸入及輸出之業者。

二 經營中藥批發、零售、調劑、輸入及輸出之業者。

第16條（藥品製造業之定義）

I 本法所稱藥品製造業者，係指經營藥品之製造、加工與其產品批發、輸出及自用原料輸入之業者。

II 前項藥品製造業者輸入自用原料，應於每次進口前向中央衛生主管機關申請核准後，始得進口；已進口之自用原料，非經中央衛生主管機關核准，不得轉售或轉讓。

III 藥品製造業者，得兼營自製產品之零售業務。

第17條（醫療器材販賣業之定義）

I 本法所稱醫療器材販賣業者，係指經營醫療器材之批發、零售、輸入及輸出之業者。

II 經營醫療器材租賃業者，準用本法關於醫療器材販賣業者之規定。

第18條（醫療器材製造業之定義）

I 本法所稱醫療器材製造業者，係指製造、裝配醫療器材，與其產品之批發、輸出及自用原料輸入之業者。

II 前項醫療器材製造業者，得兼營自製產品之零售業務。

第19條（藥局定義及販售醫療器材之規範）

I 本法所稱藥局，係指藥師或藥劑生親自主持，依法執行藥品調劑、供應業務之處所。

II 前項藥局得兼營藥品及一定等級之醫療器材零售業務。

III 前項所稱一定等級之醫療器材之範圍及種類，由中央衛生主管機關定之。

第20條（偽藥之定義）

本法所稱偽藥，係指藥品經稽查或檢驗有左列各款情形之一者：

一 未經核准，擅自製造者。

二 所含有效成分之名稱，與核准不符者。

三 將他人產品抽換或摻雜者。

四 塗改或更換有效期間之標示者。

第21條（劣藥之定義）

本法所稱劣藥，係指核准之藥品經稽查或檢驗有左列情形之一者：

一 擅自添加非法定著色劑、防腐劑、香料、矯味劑及賦形劑者。

二 所含有效成分之質、量或強度，與核准不符者。

三 藥品中一部或全部含有污穢或異物者。

四 有顯明變色、混濁、沈澱、潮解或已腐化分解者。

五 主治效能與核准不符者。

六 超過有效期間或保存期限者。

七 因儲藏過久或儲藏方法不當而變質者。

八 裝入有害物質所製成之容器或使用回收容器者。

第22條（禁藥之定義）

I 本法所稱禁藥，係指藥品有左列各款情形之一者：

一 經中央衛生主管機關明令公告禁止製造、調劑、輸入、輸出、販賣或陳列之毒害藥品。

二　未經核准擅自輸入之藥品。但旅客或隨交通工具服務人員攜帶自用藥品進口者，不在此限。

II前項第二款自用藥品之限量，由中央衛生主管機關會同財政部公告之。

第23條（不良醫療器材之定義）

本法所稱不良醫療器材，係指醫療器材經稽查或檢驗有左列各款情形之一者：

一　使用時易生危險，或可損傷人體，或使診斷發生錯誤者。

二　含有毒物質或有害物質，致使用時有損人體健康者。

三　超過有效期間或保存期限者。

四　性能或有效成分之質、量或強度，與核准不符者。

第24條（藥物廣告之定義）

本法所稱藥物廣告，係指利用傳播方法，宣傳醫療效能，以達招徠銷售為目的之行為。

第25條（標籤之定義）

本法所稱標籤，係指藥品或醫療器材之容器上或包裝上，用以記載文字、圖畫或記號之標示物。

第26條（仿單之定義）

本法所稱仿單，係指藥品或醫療器材附加之說明書。

第二章　藥商之管理

第27條（藥商登記）

I凡申請為藥商者，應申請直轄市或縣（市）衛生主管機關核准登記，繳納執照費，領得許可執照後，方准營業；其登記事項如有變更時，應辦理變更登記。

II前項登記事項，由中央衛生主管機關定之。

III藥商分設營業處所或分廠，仍應依第一項規定，各別辦理藥商登記。

第27條之1（藥商申請停業歇業）

I藥商申請停業，應將藥物許可執照及藥物許可證隨繳當地衛生主管機關，於執照上記明停業理由及期限，俟核准復業時發還之。每次停業期間不得超過一年，停業期滿未經當地衛生主管機關核准繼續停業者，應於停業期滿前三十日內申請復業。

II藥商申請歇業時，應將其所領藥商許可執照及藥物許可證一併繳銷；其不繳銷者，由原發證照之衛生主管機關註銷。

III藥商屆期不申請停業、歇業或復業登記，經直轄市或縣（市）衛生主管機關查核發現原址已無營業事實者，應由原發證照之衛生主管機關，將其有關證照註銷。

IV違反本法規定，經衛生主管機關處分停止其營業者，其證照依第一項規定辦理。

第27條之2（必要藥品不足供應之通報及登錄作業）

I藥商持有經中央衛生主管機關公告為必要藥品之許可證，如有無法繼續製造、輸入或不足供應該藥品之虞時，應至少於六個月前向中央衛生主管機關通報；如因天災或其他不應歸責於藥商之事由，而未及於前述期間內通報者，應於事件發生後三十日內向中央衛生主管機關通報。

II中央衛生主管機關於接獲前項通報或得知必要藥品有不足供應之虞時，得登錄於公開網站，並得專案核准該藥品或其替代藥品之製造或輸入，不受第三十九條之限制。

III第一項通報與前項登錄之作業及專案核准之申請條件、審查程序、核准基準及其他應遵行事項之辦法，由中央衛生主管機關定之。

第28條（西藥中藥販賣之管理）

I西藥販賣業者之藥品及其買賣，應由專任藥師駐店管理。但不售賣麻醉藥品者，得由專任藥劑生為之。

II中藥販賣業者之藥品及其買賣，應由專任中醫師或修習中藥課程達適當標準之藥師或藥劑生駐店管理。

III西藥、中藥販賣業者，分設營業處所，仍應依第一項及第二項之規定。

第29條（中藥與西藥製造之監製）

I西藥製造業者，應由專任藥師駐廠監製；中藥製造業者，應由專任中醫師或修習中藥課程達適當標準之藥師駐廠監製。

II中藥製造業者，以西藥劑型製造中藥，或摻入西藥製造中藥時，除依前項規定外，應由專任藥師監製。

III西藥、中藥製造業者，設立分廠，仍應依前二項規定辦理。

第30條（藥商應聘人員）

藥商聘用之藥師、藥劑生或中醫師，如有解聘或辭聘，應即另聘。

第31條（特種藥品製造業應聘人員）

從事人用生物藥品製造業者，應聘用國內外大學院校以上醫藥或生物學等系畢業，具有微生物學、免疫學藥品製造專門知識，並有五年以上製造經驗之技術人員，駐廠負責製造。

第32條（醫療器材販賣及製造業應聘人員）

I醫療器材販賣或製造業者，應視其類別，聘用技術人員。

II前項醫療器材類別及技術人員資格，由中央衛生主管機關定之。

第33條（推銷員應行登記）

I藥商僱用之推銷員，應由該業者向當地之直轄市、縣（市）衛生主管機關登記後，方准執行

推銷工作。

II 前項推銷員，以向藥局、藥商、衛生醫療機構、醫學研究機構及經衛生主管機關准予登記爲兼售藥物者推銷其受僱藥商所製售或經銷之藥物爲限，並不得有沿途推銷、設攤出售或擅將藥物拆封、改裝或非法廣告之行爲。

第三章　藥局之管理及藥品之調劑

第 34 條（藥局執照登記及兼營業務之規定）

I 藥局應請領藥局執照，並於明顯處標示經營者之身分姓名。其設立、變更登記，準用第二十七條第一項之規定。

II 藥局兼營第十九條第二項之業務，應適用關於藥商之規定。但無須另行請領藥商許可執照。

第 35 條（藥師得執行中藥業務）

修習中藥課程達適當標準之藥師，親自主持之藥局，得兼營中藥之調劑、供應或零售業務。

第 36 條（藥師得執行藥品鑑定業務）

藥師親自主持之藥局，具有鑑定設備者，得執行藥品之鑑定業務。

第 37 條（藥品之調劑）

I 藥品之調劑，非依一定作業程序，不得爲之；其作業準則，由中央衛生主管機關定之。

II 前項調劑應由藥師爲之。但不含麻醉藥品者，得由藥劑生爲之。

III 醫院中之藥品之調劑，應由藥師爲之。但本法八十二年二月五日修正施行前已在醫院中服務之藥劑生，適用前項規定，並得繼續或轉院任職。

IV 中藥之調劑，除法律另有規定外，應由中醫師監督為之。

第 38 條（藥劑生調劑藥品之規定）

藥師法第十二條、第十六條至第二十條之規定，於藥劑生調劑藥品時準用之。

第四章　藥物之查驗登記

第 39 條（製造與輸入藥品之標示與核可）

I 製造、輸入藥品，應將其成分、原料藥來源、規格、性能、製法之要旨，檢驗規格與方法及有關資料或證件，連同原文和中文標籤、原文和中文仿單及樣品，並繳納費用，申請中央衛生主管機關查驗登記，經核准發給藥品許可證後，始得製造或輸入。

II 向中央衛生主管機關申請藥品試製經核准輸入原料藥者，不適用前項規定；其申請條件及應繳費用，由中央衛生主管機關定之。

III 第一項輸入藥品，應由藥品許可證所有人及其授權者輸入。

IV 申請第一項藥品查驗登記、依第四十六條規定辦理藥品許可證變更、移轉登記及依第四十七條規定辦理藥品許可證展延登記、換發及補發，其申請條件、審查程序、核准基準及其他應遵行之事項，由中央衛生主管機關以藥品查驗登記審查準則定之。

第 40 條（製造與輸入醫療器材）

I 製造、輸入醫療器材，應向中央衛生主管機關申請查驗登記並繳納費用，經核准發給醫療器材許可證後，始得製造或輸入。

II 前項輸入醫療器材，應由醫療器材許可證所有人或其授權者輸入。

III 申請醫療器材查驗登記、許可證變更、移轉、展延登記、換發及補發，其申請條件、審查程序、核准基準及其他應遵行之事項，由中央衛生主管機關定之。

第 40 條之 1（公開事項之範圍及方式）

I 中央衛生主管機關爲維護公益之目的，於必要時，得公開所持有及保管藥商申請製造或輸入藥物所檢附之藥物成分、仿單等相關資料。但對於藥商申請新藥查驗登記屬於營業秘密之資料，應保密之。

II 前項公開事項之範圍及方式，其辦法由中央衛生主管機關定之。

第 40 條之 2（新藥許可證之核發）

I 中央衛生主管機關於核發新藥許可證時，應公開申請人檢附之已揭露專利字號或案號。

II 新成分新藥許可證自核發之日起三年內，其他藥商非經許可證所有人同意，不得引據其申請資料申請查驗登記。

III 前項期間屆滿次日起，其他藥商得依本法及相關法規申請查驗登記，符合規定者，中央衛生主管機關於前項新成分新藥許可證核發屆滿五年之次日起，始得發給藥品許可證。

IV 新成分新藥在外國取得上市許可後三年內，向中央衛生主管機關申請查驗登記，始得適用第二項之規定。

第 40 條之 3（藥品經新增或變更適應症之資料專屬保護）

I 藥品經中央衛生主管機關核准新增或變更適應症，自核准新增或變更適應症之日起二年內，其他藥商非經該藥品許可證所有人同意，不得引據其申請資料就相同適應症申請查驗登記。

II 前項期間屆滿次日起，其他藥商得依本法及相關法規申請查驗登記，符合規定者，中央衛生主管機關於前項核准新增或變更適應症屆滿三年之次日起，始得發給藥品許可證。但前項獲准新增或變更適應症之藥品許可證所有人，就該新增或變更之適應症於國內執行臨床試驗者，中央衛生主管機關於核准新增或變更適應症屆滿五年之次日起，始得發給其他藥商藥品許可證。

III 新增或變更適應症藥品在外國取得上市許可後二年內，向中央衛生主管機關申請查驗登記，始得適用第一項之規定。

第 41 條（藥物科技研究發展之獎勵）

I 為提昇藥物製造工業水準與臨床試驗品質，對於藥物科技之研究發展，中央衛生主管機關每年應委託專業醫療團體辦理教育訓練，培育臨床試驗人才。

II 新興藥物科技之研究發展，得由中央衛生主管機關會同中央工業主管機關獎勵之。

III 前項獎勵之資格條件、審議程序及其他應遵行事項之辦法，由中央衛生主管機關會同中央工業主管機關定之。

第 42 條（作業準則）

I 中央衛生主管機關對於製造、輸入之藥物，應訂定作業準則，作為核發、變更及展延藥物許可證之基準。

II 前項作業準則，由中央衛生主管機關定之。

第 43 條（輸出入藥物文書格式之決定）

製造、輸入藥物之查驗登記申請書及輸出藥物之申請書，其格式、樣品份數、有關資料或證書費、查驗費之金額，由中央衛生主管機關定之。

第 44 條（試驗用藥物供教學醫院臨床試驗）

試驗用藥物，應經中央衛生主管機關核准始得供經核可之教學醫院臨床試驗，以確認其安全與醫療效能。

第 45 條（監視藥物安全性）

I 經核准製造或輸入之藥物，中央衛生主管機關得指定期間，監視其安全性。

II 藥商於前項安全監視期間應遵行事項，由中央衛生主管機關定之。

第 45 條之 1（因藥物引起嚴重不良反應之通報）

醫療機構、藥局及藥商對於因藥物所引起之嚴重不良反應，應行通報；其方式、內容及其他應遵行事項之辦法，由中央衛生主管機關定之。

第 46 條（製造輸入藥物不得變更登記）

I 經核准製造、輸入之藥物，非經中央衛生主管機關之核准，不得變更原登記事項。

II 經核准製造、輸入之藥物許可證，如有移轉時，應辦理移轉登記。

第 47 條（藥物製造輸入許可證之有效期間與展延）

I 藥物製造、輸入許可證有效期間為五年，期滿仍須繼續製造、輸入者，應事先申請中央衛生主管機關核准展延之。但每次展延，不得超過五年。屆期未申請或不准展延者，註銷其許可證。

II 前項許可證如有污損或遺失，應敘明理由，申請原核發機關換發或補發，並應將原許可證同時繳銷，或由核發機關公告註銷。

第 48 條（藥物製造輸入許可證之廢止）

藥物於其製造、輸入許可證有效期間內，經中央衛生主管機關重新評估確定有安全或醫療效能疑慮者，得限期令藥商改善，屆期未改善者，廢止其許可證。但安全疑慮重大者，得逕予廢止之。

第 48 條之 1（中文標籤）

第三十九條第一項製造、輸入藥品，應標示中文標籤、仿單或包裝，始得買賣、批發、零售。但經中央衛生主管機關認定有窒礙難行者，不在此限。

第 48 條之 2（特定藥物製造或輸入之核准）

I 有下列情形之一者，中央衛生主管機關得專案核准特定藥物之製造或輸入，不受第三十九條及第四十條之限制：

一 為預防、診治危及生命或嚴重失能之疾病，且國內尚無適當藥物或合適替代療法。

二 因應緊急公共衛生情事之需要。

II 有下列情形之一者，中央衛生主管機關得廢止前項核准，並令申請者限期處理未使用之藥物，並得公告回收：

一 已有完成查驗登記之藥物或合適替代療法可提供前項第一款情事之需要。

二 緊急公共衛生情事已終結。

三 藥物經中央衛生主管機關評估確有安全或醫療效能疑慮。

III 第一項專案核准之申請條件、審查程序、核准基準及其他應遵行事項之辦法，由中央衛生主管機關定之。

第四章之一　西藥之專利連結

第 48 條之 3（新藥藥品專利權專利資訊之提報）

I 新藥藥品許可證所有人認有提報藥品專利權專利資訊之必要者，應自藥品許可證領取之次日起四十五日內，檢附相關文件及資料，向中央衛生主管機關為之；逾期提報者，不適用本章規定。

II 前項藥品專利權，以下列發明為限：

一 物質。

二 組合物或配方。

三 醫藥用途。

第 48 條之 4（專利資訊）

I 前條所定專利資訊如下：

一 發明專利權之專利證書號數；發明專利權為醫藥用途者，應一併敘明請求項項號。

二 專利權期滿之日。

三 專利權人之姓名或名稱、國籍、住所、居所或營業所；有代表人者，其姓名。該專利權有專屬授權，且依專利法辦理登記者，為其專屬被授權人之上述資料。

四 前款之專利權人或專屬被授權人於中華民國無住所、居所或營業所者，應指定代理

人，並提報代理人之姓名、住所、居所或營業所。

II 新藥藥品許可證所有人與專利權人不同者，於提報專利資訊時，應取得專利權人之同意；該專利權有專屬授權，且依專利法辦理登記者，僅需取得專屬被授權人之同意。

第 48 條之 5（提報專利資訊之程序）

新藥藥品許可證所有人於中央衛生主管機關核准新藥藥品許可證後，始取得專利專責機關審定公告之發明專利權，其屬第四十八條之三第二項之藥品專利權範圍者，應自審定公告之次日起四十五日內，依前條規定提報專利資訊；逾期提報者，不適用本章規定。

第 48 條之 6（辦理變更或刪除已登載專利資訊之情形）

I 新藥藥品許可證所有人應自下列各款情事之一發生之次日起四十五日內，就已登載之專利資訊辦理變更或刪除：

一　專利權期間之延長，經專利專責機關核准公告。

二　請求項之更正，經專利專責機關核准公告。

三　專利權經撤銷確定。

四　專利權當然消滅。

五　第四十八條之四第一項第三款、第四款之專利資訊異動。

II 新藥藥品許可證所有人與專利權人或專屬被授權人不同者，於辦理前項事項前，準用第四十八條之四第二項規定。

第 48 條之 7（不符已登載專利資訊，得以書面敘明理由及附具證據通知主管機關）

I 有下列情事之一者，任何人均得以書面敘明理由及附具證據，通知中央衛生主管機關：

一　已登載專利資訊之發明，與所核准之藥品無關。

二　已登載專利資訊之發明，不符第四十八條之三第二項規定。

三　已登載之專利資訊錯誤。

四　有前條所定情事而未辦理變更或刪除。

II 中央衛生主管機關應於接獲前項通知之次日起二十日內，將其轉送新藥藥品許可證所有人。

III 新藥藥品許可證所有人自收受通知之次日起四十五日內，應以書面敘明理由回覆中央衛生主管機關，並得視情形辦理專利資訊之變更或刪除。

第 48 條之 8（建立西藥專利連結登載系統）

I 中央衛生主管機關應建立西藥專利連結登載系統，登載並公開新藥藥品許可證所有人提報之專利資訊；專利資訊之變更或刪除，亦同。

II 登載之專利資訊有前條所定情事者，中央衛生

主管機關應公開前條通知人之主張及新藥藥品許可證所有人之書面回覆。

第 48 條之 9（學名藥藥品許可證申請人應就核准新藥所登載專利權之聲明）

學名藥藥品許可證申請人，應於申請藥品許可證時，就新藥藥品許可證所有人已核准新藥所登載之專利權，向中央衛生主管機關為下列各款情事之一之聲明：

一　該新藥未有任何專利資訊之登載。

二　該新藥對應之專利權已消滅。

三　該新藥對應之專利權消滅後，始由中央衛生主管機關核發藥品許可證。

四　該新藥對應之專利權應撤銷，或申請藥品許可證之學名藥未侵害該新藥對應之專利權。

第 48 條之 10（核發藥品許可證）

學名藥藥品許可證申請案僅涉及前條第一款或第二款之聲明，經審查查合本法規定者，由中央衛生主管機關核發藥品許可證。

第 48 條之 11（核發藥品許可證）

學名藥藥品許可證申請案涉及第四十八條之九第三款之聲明，經審查查合本法規定者，於該新藥已登載所有專利權消滅後，由中央衛生主管機關核發藥品許可證。

第 48 條之 12（核發藥品許可證）

I 學名藥藥品許可證申請案涉及第四十八條之九第四款之聲明者，申請人應自中央衛生主管機關就藥品許可證申請資料齊備通知送達之次日起二十日內，以書面通知新藥藥品許可證所有人及中央衛生主管機關；新藥藥品許可證所有人與所登載之專利權人、專屬被授權人不同者，應一併通知之。

II 申請人應於前項通知，就其所主張之專利權應撤銷或未侵害權利情事，敘明理由及附具證據。

III 申請人未依前二項規定通知者，中央衛生主管機關應駁回該學名藥藥品許可證申請案。

第 48 條之 13（專利權人或專屬授權人提起侵權訴訟之程序及效力）

I 專利權人或專屬被授權人接獲前條第一項通知後，擬就其已登載之專利權提起侵權訴訟者，應自接獲通知之次日起四十五日內提起之，並通知中央衛生主管機關。

II 中央衛生主管機關應自新藥藥品許可證所有人接獲前條第一項通知之次日起十二個月內，暫停核發藥品許可證。但有下列情事之一，經審查查合本法規定者，得核發藥品許可證：

一　專利權人或專屬被授權人接獲前條第一項通知後，未於四十五日內提起侵權訴訟。

二　專利權人或專屬被授權人未依學名藥藥品許可證申請日前已登載之專利權提起侵權訴訟。

三　專利權人或專屬被授權人依第一項規定提起之侵權訴訟，經法院依民事訴訟法第二百四十九條第一項或第二項規定，裁判原告之訴駁回。

四　經法院認定所有繫屬於侵權訴訟中之專利權有應撤銷之原因，或學名藥藥品許可證申請人取得未侵權之判決。

五　學名藥藥品許可證申請人依第四十八條之九第四款聲明之所有專利權，由專利專責機關作成舉發成立審定書。

六　當事人合意成立和解或調解。

七　學名藥藥品許可證申請人依第四十八條之九第四款聲明之所有專利權，其權利當然消滅。

III前項第一款期間之起算，以專利權人或專屬被授權人最晚接獲通知者為準。

IV專利權人或專屬被授權人於第二項所定十二個月內，就已登載之專利權取得侵權成立之確定判決者，中央衛生主管機關應於該專利權消滅後，始得核發學名藥藥品許可證。

V專利權人或專屬被授權人依第一項規定提起之侵權訴訟，因自始不當行使專利權，致使學名藥藥品許可證申請人，因暫停核發藥品許可證受有損害者，應負賠償責任。

第 48 條之 14（學名藥藥品申請核發許可證之次數）

學名藥藥品許可證申請案，其申請人為同一且該藥品為同一者，中央衛生主管機關依前條第二項暫停核發藥品許可證之次數，以一次為限。

第 48 條之 15（申請藥品收載及支付價格核價）

I於第四十八條之十三第二項暫停核發藥品許可證期間，中央衛生主管機關完成學名藥藥品許可證申請案之審查程序者，應通知學名藥藥品許可證申請人。

II學名藥藥品許可證申請人接獲前項通知者，得向衛生福利部中央健康保險署申請藥品收載及支付價格核價。但於中央衛生主管機關核發學名藥藥品許可證前，不得製造或輸入。

第 48 條之 16（學名藥藥品許可證申請資料齊備日最早者，取得銷售專屬期）

I依第四十八條之九第四款聲明之學名藥藥品許可證申請案，其申請資料齊備日最早者，取得十二個月之銷售專屬期間；中央衛生主管機關於前述期間屆滿前，不得核發其他學名藥之藥品許可證。

II前項申請資料齊備之學名藥藥品許可證申請案，其有下列情事之一者，由申請資料齊備日在後者依序遞補之：

一　於藥品許可證審查期間變更所有涉及第四十八條之九第四款之聲明。

二　自申請資料齊備日之次日起十二個月內未取得前條第一項藥品許可證審查完成之通知。

三　有第四十八條之十三第四項之情事。

III同日有二以上學名藥藥品許可證申請案符合第一項規定申請資料齊備日最早者，共同取得十二個月之銷售專屬期間。

第 48 條之 17（學名藥藥品許可證所有人銷售專屬期間及起迄日期）

I學名藥藥品許可證所有人，應自領取藥品許可證之次日起六個月內銷售，並自最早銷售日之次日起二十日內檢附實際銷售日之證明，報由中央衛生主管機關核定其取得銷售專屬期間及起迄日期。

II前項銷售專屬期間，以藥品之實際銷售日為起算日。

III二以上學名藥藥品許可證申請案共同取得之銷售專屬期間，以任一學名藥之最早實際銷售日為起算日。

第 48 條之 18（主管機關得核發學名藥藥品許可證予其他申請人之事由）

取得銷售專屬期間之學名藥藥品許可證申請人，有下列情事之一者，中央衛生主管機關得核發學名藥藥品許可證予其他申請人，不受第四十八條之十六第一項規定之限制：

一　未於中央衛生主管機關通知領取藥品許可證之期間內領取。

二　未依前條第一項規定辦理。

三　依第四十八條之九第四款聲明之所有專利權，其權利當然消滅。

第 48 條之 19（協議涉及藥品之製造、販賣及銷售專屬期間規定者，應通報主管機關）

I新藥藥品許可證申請人、新藥藥品許可證所有人、學名藥藥品許可證申請人、學名藥藥品許可證所有人、藥品專利權人或專屬被授權人間，所簽訂之和解協議或其他協議，涉及本章關於藥品之製造、販賣及銷售專屬期間規定者，雙方當事人應自事實發生之次日起二十日內除通報中央衛生主管機關外，如涉及逆向給付利益協議者，應另行通報公平交易委員會。

II前項通報之方式、內容及其他應遵行事項之辦法，由中央衛生主管機關會同公平交易委員會定之。

III中央衛生主管機關認第一項通報之協議有違反公平交易法之虞者，得通報公平交易委員會。

第 48 條之 20（新成分新藥以外新藥準用學名藥藥品許可證申請之相關規定）

I新成分新藥以外之新藥，準用第四十八條之九至第四十八條之十五關於學名藥藥品許可證申

請之相關規定。

II 第四十八條之十二之學名藥藥品許可證申請案，符合下列各款要件者，不適用第四十八條之十三至第四十八條之十八關於暫停核發藥品許可證與銷售專屬期間之相關規定：

一　已核准新藥所登載之專利權且尚屬存續中者，屬於第四十八條之三第二項第三款之醫藥用途專利權。

二　學名藥藥品許可證申請人排除前款醫藥用途專利權所對應之適應症，並聲明該學名藥未侵害前款之專利權。

III 前項適應症之排除、聲明及其他應遵行事項之辦法，由中央衛生主管機關定之。

第 48 條之 21（本次條文修正施行前，符合新藥藥品許可證所有人提報專利資訊之期限）

本法中華民國一百零六年十二月二十九日修正之條文施行前，符合第四十八條之三第二項規定之藥品專利權，且其權利未消滅者，新藥藥品許可證所有人得於修正條文施行後三個月內，依第四十八條之四規定提報專利資訊。

第 48 條之 22（本次修正條文相關子法之授權規定）

第四十八條之四至第四十八條之八藥品專利資訊之提報方式與內容、變更或刪除、專利資訊之登載與公開、第四十八條之九學名藥藥品許可證申請人之聲明、第四十八條之十二學名藥藥品許可證申請人之書面通知方式與內容、第四十八條之十五中央衛生主管機關完成學名藥藥品許可證申請案審查程序之通知方式與內容、第四十八條之十六至第四十八條之十八銷售專屬期間起算與終止之事項及其他應遵行事項之辦法，由中央衛生主管機關定之。

第五章　藥物之販賣及製造

第 49 條（不得買賣物品）

藥商不得買賣來源不明或無藥商許可執照者之藥品或醫療器材。

第 50 條（須經醫師處方藥品之售賣）

I 須由醫師處方之藥品，非經醫師處方，不得調劑供應。但左列各款情形不在此限：

一　同業藥商之批發、販賣。

二　醫院、診所及機關、團體、學校之醫療機構或檢驗及學術研究機構之購買。

三　依中華藥典、國民處方選輯處方之調劑。

II 前項須經醫師處方之藥品，由中央衛生主管機關就中、西藥品分別定之。

第 51 條（西藥中藥不得兼售原則）

西藥販賣業者，不得兼售中藥；中藥販賣業者，不得兼售西藥。但成藥不在此限。

第 52 條（藥品販賣業不得兼售之藥品）

藥品販賣業者不得兼售農藥、動物用藥品或其他毒性化學物質。

第 53 條（輸入藥品分裝規定）

I 藥品販賣業者輸入之藥品得分裝後出售，其分裝應依下列規定辦理：

一　製劑：申請中央衛生主管機關核准後，由符合藥品優良製造規範之藥品製造業者分裝。

二　原料藥：由符合藥品優良製造規範之藥品製造業者分裝；分裝後，應報請中央衛生主管機關備查。

II 前項申請分裝之條件、程序、報請備查之期限、程序及其他分裝出售所應遵循之事項，由中央衛生主管機關定之。

第 53 條之 1（西藥運銷許可之取得）

I 經營西藥批發、輸入及輸出之業者，其與採購、儲存、供應產品有關之品質管理、組織與人事、作業場所與設備、文件、作業程序、客戶申訴、退回與回收、委外作業、自我查核、運輸及其他西藥運銷作業，應符合西藥優良運銷準則，並經中央衛生主管機關檢查合格，取得西藥運銷許可後，始得為之。

II 前項規定，得分階段實施，其分階段實施之藥品與藥商種類、事項、方式及時程，由中央衛生主管機關公告之。

III 符合第一項規定，取得西藥運銷許可之藥商，得繳納費用，向中央衛生主管機關申領證明文件。

IV 第一項西藥優良運銷準則、西藥運銷許可及前項證明文件之申請條件、審查程序與基準、核發、效期、廢止、返還、註銷及其他應遵行事項之辦法，由中央衛生主管機關定之。

第 54 條（已核發藥物許可證後之管制）

藥品或醫療器材經核准發給藥物輸入許可證後，為維護國家權益，中央衛生主管機關得加以管制。但在管制前已核准結匯簽證者，不在此限。

第 55 條（核准製造輸入藥物樣品贈品之管理）

I 經核准製造或輸入之藥物樣品或贈品，不得出售。

II 前項樣品贈品管理辦法，由中央衛生主管機關定之。

第 56 條（輸出證明書及限制輸出）

I 經核准製造之藥物，如輸出國外銷售時，其應輸入國家要求證明文字者，應於輸出前，由製造廠商申請中央衛生主管機關發給輸出證明書。

II 前項藥物，中央衛生主管機關認有不敷國內需要之虞時，得限制其輸出。

第 57 條（藥物優良製造準則與設廠標準）

I 製造藥物，應由藥物製造工廠為之；藥物製造

工廠，應依藥物製造工廠設廠標準設立，並依工廠管理輔導法規定，辦理工廠登記。但依工廠管理輔導法規定免辦理工廠登記，或經中央衛生主管機關核准為研發而製造者，不在此限。

II 藥物製造，其廠房設施、設備、組織與人事、生產、品質管制、儲存、運銷、客戶申訴及其他應遵行事項，應符合藥物優良製造準則之規定，並經中央衛生主管機關檢查合格，取得藥物製造許可後，始得製造。但經中央衛生主管機關公告無需符合藥物優良製造準則之醫療器材製造業者，不在此限。

III 符合前項規定，取得藥物製造許可之藥商，得繳納費用，向中央衛生主管機關申領證明文件。

IV 輸入藥物之國外製造廠，準用前二項規定，並由中央衛生主管機關定期或依實際需要赴國外製造廠檢查之。

V 第一項藥物製造工廠設廠標準，由中央衛生主管機關會同中央工業主管機關定之；第二項藥物優良製造準則，由中央衛生主管機關定之。

VI 第二項藥物製造許可與第三項證明文件之申請條件、審查程序與基準、核發、效期、廢止、返還、註銷及其他應遵行事項之辦法，由中央衛生主管機關定之。

第 57 條之 1（製造研發用藥物之工廠或場所）

I 從事藥物研發之機構或公司，其研發用藥物，應於符合中央衛生主管機關規定之工廠或場所製造。

II 前項工廠或場所非經中央衛生主管機關核准，不得兼製其他產品；其所製造之研發用藥物，非經中央衛生主管機關核准，不得使用於人體。

第 58 條（不得委託他廠或接受委託製造藥物）
藥物工廠，非經中央衛生主管機關核准，不得委託他廠製造或接受委託製造藥物。

第六章　管制藥品及毒劇藥品之管理

第 59 條（管制藥品及毒劇藥品之列冊備查與儲藏標明）

I 西藥販賣業者及西藥製造業者，購存或售賣管制藥品及毒劇藥品，應將藥品名稱、數量，詳列簿冊，以備檢查。管制藥品並應專設櫥櫃加鎖儲藏。

II 管制藥品及毒劇藥品之標籤，應載明警語及足以警惕之圖案或顏色。

第 60 條（管制藥品及毒劇藥品之供應）

I 管制藥品及毒劇藥品，須有醫師之處方，始得調劑、供應。

II 前項管制藥品應憑領受人之身分證明並將其姓名、地址、統一編號及所領受品量，詳錄簿冊，連同處方箋保存之，以備檢查。

III 管制藥品之處方及調劑，中央衛生主管機關得限制之。

第 61 條（刪除）

第 62 條（處方箋、簿冊之保存）
第五十九條及第六十條所規定之處方箋、簿冊，均應保存五年。

第 63 條（刪除）

第 64 條（中藥販賣業及製造業售賣管制藥品與毒劇藥品之限制）

I 中藥販賣業者及中藥製造業者，非經中央衛生主管機關核准，不得售賣或使用管制藥品。

II 中藥販賣業者及中藥製造業者售賣毒劇性之中藥，非有中醫師簽名、蓋章之處方箋，不得出售；其購存或出售毒劇性中藥，準用第五十九條之規定。

第七章　藥物廣告之管理

第 65 條（非藥商不得為藥物廣告）
非藥商不得為藥物廣告。

第 66 條（刊播藥物廣告之核准）

I 藥商刊播藥物廣告時，應於刊播前將所有文字、圖畫或言詞，申請中央或直轄市衛生主管機關核准，並向傳播業者送驗核准文件。原核准機關發現已核准之藥物廣告內容或刊播方式危害民眾健康或有重大危害之虞時，應令藥商立即停止刊播並限期改善，屆期未改善者，廢止之。

II 藥物廣告在核准登載、刊播期間不得變更原核准事項。

III 傳播業者不得刊播未經中央或直轄市衛生主管機關核准、與核准事項不符、已廢止或經令立即停止刊播並限期改善而尚未改善之藥物廣告。

IV 接受委託刊播之傳播業者，應自廣告之日起六個月，保存委託刊播廣告者之姓名（法人或團體名稱）、身分證或事業登記證字號、住居所（事務所或營業所）及電話等資料，且於主管機關要求提供時，不得規避、妨礙或拒絕。

第 66 條之 1（藥物廣告核准之有效期間與展延）

I 藥物廣告，經中央或直轄市衛生主管機關核准者，其有效期間為一年，自核發證明文件之日起算。期滿仍需繼續廣告者，得申請原核准之衛生主管機關核定展延之；每次展延之期間，不得超過一年。

II 前項有效期間，應記明於核准該廣告之證明文件。

第 67 條（刊登藥物廣告之限制）
須由醫師處方或經中央衛生主管機關公告指定之藥物，其廣告以登載於學術性醫療刊物為限。

第 68 條（藥物廣告之禁止）
藥物廣告不得以列方式為之：
一　假借他人名義為宣傳者。

二 利用書刊資料保證其效能或性能。

三 藉採訪或報導為宣傳。

四 以其他不正當方式為宣傳。

第69條（非藥物不得為醫療效能之標示或宣傳）

非本法所稱之藥物，不得為醫療效能之標示或宣傳。

第70條（暗示醫療效能之藥物廣告）

採訪、報導或宣傳，其內容暗示或影射醫療效能者，視為藥物廣告。

第八章　稽查及取締

第71條（主管機關得檢查藥物製造業與販賣業）

Ⅰ 衛生主管機關，得派員檢查藥物製造業者、販賣業者之處所設施及有關業務，並得出具單據抽驗其藥物，業者不得無故拒絕。但抽驗數量以足供檢驗之用者為限。

Ⅱ 藥物製造業者之檢查，必要時得會同工業主管機關為之。

Ⅲ 本條所列實施檢查辦法，由中央衛生主管機關會同中央工業主管機關定之。

第71條之1（輸入藥物邊境管理制度之訂定）

Ⅰ 為加強輸入藥物之邊境管理，中央衛生主管機關得公告其輸入時應抽查、檢驗合格後，始得輸入。

Ⅱ 前項輸入藥物之抽查及檢驗方式、方法、項目、範圍、收費及其他應遵行事項之辦法，由中央衛生主管機關定之。

第72條（主管機關得檢查醫療機構或藥局）

衛生主管機關得派員檢查醫療機構或藥局之有關業務，並得出具單據抽驗其藥物，受檢者不得無故拒絕。但抽驗數量以足供檢驗之用者為限。

第73條（藥商藥局普查）

Ⅰ 直轄市、縣（市）衛生主管機關應每年定期辦理藥商及藥局普查。

Ⅱ 藥商或藥局對於前項普查，不得拒絕、規避或妨礙。

第74條（特種藥品之抽樣、檢驗、加貼查訖封條）

Ⅰ 依據微生物學、免疫學學理製造之血清、抗毒素、疫苗、類毒素及菌液等，非經中央衛生主管機關於每批產品輸入或製造後，派員抽取樣品，經檢驗合格，並加貼查訖封緘，不得銷售。檢驗封緘作業辦法，由中央衛生主管機關定之。

Ⅱ 前項生物藥品之原液，其輸入以生物藥品製造業者為限。

第75條（藥物之標籤仿單包裝應載事項）

Ⅰ 藥物之標籤、仿單或包裝，應依核准刊載左列事項：

一 廠商名稱及地址。

二 品名及許可證字號。

三 批號。

四 製造日期及有效期間或保存期限。

五 主要成分含量、用量及用法。

六 主治效能、性能或適應症。

七 副作用、禁忌及其他注意事項。

八 其他依規定應刊載事項。

Ⅱ 前項第四款經中央衛生主管機關明令公告免予刊載者，不在此限。

Ⅲ 經中央衛生主管機關公告之藥物，其標籤、仿單或包裝，除依第一項規定刊載外，應提供點字或其他足以提供資訊易讀性之輔助措施；其刊載事項、刊載方式及其他應遵行事項，由中央衛生主管機關定之。

第76條（經發現有重大危害藥品之禁止）

經許可製造、輸入之藥物，經發現有重大危害時，中央衛生主管機關除應隨時公告禁止其製造、輸入外，並廢止其藥物許可證；其已製造或輸入者，應限期禁止其輸出、調劑、販賣、供應、運送、寄藏、牙保、轉讓或意圖販賣而陳列，必要時並得沒入銷燬之。

第77條（涉嫌偽藥劣藥禁藥及不良醫療器材之封存銷燬）

Ⅰ 轄市或縣（市）衛生主管機關，對於涉嫌之偽藥、劣藥、禁藥或不良醫療器材，就偽藥、禁藥部分，應先行就地封存，並抽取樣品予以檢驗後，再行處理；就劣藥、不良醫療器材部分，得先行就地封存，並抽取樣品予以檢驗後，再行處理。其對衛生有重大危害者，應於報請中央衛生主管機關核准後，沒入銷燬之。

Ⅱ 前項規定於未經核准而製造、輸入之醫療器材，準用之。

第78條（偽藥、劣藥、禁藥及不良醫療器材之處分）

Ⅰ 經稽查或檢驗為偽藥、劣藥、禁藥及不良醫療器材，除依本法有關規定處理外，並應為下列處分：

一 製造或輸入偽藥、禁藥及頂替使用許可證者，應由原核准機關，廢止其全部藥物許可證、藥商許可執照、藥物製造許可及公司、商業、工廠之全部或部分登記事項。

二 販賣或意圖販賣而陳列偽藥、禁藥者，由直轄市或縣（市）衛生主管機關，公告其公司或商號之名稱、地址、負責人姓名、藥品名稱及違反情節；再次違反者，得停止其營業。

三 製造、輸入、販賣或意圖販賣而陳列劣藥、不良醫療器材者，由直轄市或縣（市）衛生主管機關，公告其公司或商號之名稱、

地址、負責人姓名、藥物名稱及違反情節；其情節重大或再次違反者，得廢止其各該藥物許可證、藥物製造許可或停止其營業。

II 前項規定，於未經核准而製造、輸入之醫療器材，準用之。

第 79 條（查獲之偽藥、禁藥、劣藥或不良醫療器材之處置）

I 查獲之偽藥或禁藥，沒入銷燬之。

II 查獲之劣藥或不良醫療器材，如係本國製造，經檢驗後仍可改製使用者，應由直轄市或縣（市）衛生主管機關，派員監督原製造廠商限期改製；其不能改製或屆期未改製者，沒入銷燬之；如係核准輸入者，應即封存，並由直轄市或縣（市）衛生主管機關責令原進口商限期退運出口，屆期未能退貨者，沒入銷燬之。

III 前項規定於經依法認定為未經核准而製造、輸入之醫療器材，準用之。

第 80 條（限期回收市售品與庫存品之處理規定）

I 藥物有下列情形之一，其製造或輸入之業者，應即通知醫療機構、藥局及藥商，並依規定期限收回市售品，連同庫存品一併依本法有關規定處理：

一 原領有許可證，經公告禁止製造或輸入。

二 經依法認定為偽藥、劣藥或禁藥。

三 經依法認定為不良醫療器材或未經核准而製造、輸入之醫療器材。

四 藥物製造工廠，經檢查發現其藥物確有損害使用者生命、身體或健康之事實，或有損害之虞。

五 製造、輸入藥物許可證未申請展延或不准展延。

六 包裝、標籤、仿單經核准變更登記。

七 其他經中央衛生主管機關公告應回收。

II 製造、輸入業者回收前項各款藥物時，醫療機構、藥局及藥商應予配合。

III 第一項應回收之藥物，其分級、處置方法、回收作業實施方式及其他應遵循事項之辦法，由中央衛生福利主管機關定之。

第 81 條（舉發或緝獲之獎勵）

舉發或緝獲偽藥、劣藥、禁藥及不良醫療器材，應予獎勵。

第九章 罰 則

第 82 條（製造或輸入偽藥或禁藥罪）

I 製造或輸入偽藥或禁藥者，處十年以下有期徒刑，得併科新臺幣一億元以下罰金。

II 犯前項之罪，因而致人於死者，處無期徒刑或十年以上有期徒刑，得併科新臺幣二億元以下罰金；致重傷者，處七年以上有期徒刑，得併

科新臺幣一億五千萬元以下罰金。

III 因過失犯第一項之罪者，處三年以下有期徒刑、拘役或科新臺幣一千萬元以下罰金。

IV 第一項之未遂犯罰之。

第 83 條（販賣供應偽藥或禁藥罪）

I 明知為偽藥或禁藥，而販賣、供應、調劑、運送、寄藏、牙保、轉讓或意圖販賣而陳列者，處七年以下有期徒刑，得併科新臺幣五千萬元以下罰金。

II 犯前項之罪，因而致人於死者，處七年以上有期徒刑，得併科新臺幣一億元以下罰金；致重傷者，處三年以上十二年以下有期徒刑，得併科新臺幣七千五百萬元以下罰金。

III 因過失犯第一項之罪者，處二年以下有期徒刑、拘役或科新臺幣五百萬元以下罰金。

IV 第一項之未遂犯罰之。

第 84 條（擅自製造或輸入醫療器材罪）

I 未經核准擅自製造或輸入醫療器材者，處三年以下有期徒刑，得併科新臺幣一千萬元以下罰金。

II 明知為前項之醫療器材而販賣、供應、運送、寄藏、牙保、轉讓或意圖販賣而陳列者，依前項規定處罰之。

III 因過失犯前項之罪者，處六月以下有期徒刑、拘役或科新臺幣五百萬元以下罰金。

第 85 條（罰則）

I 製造或輸入第二十一條第一款之劣藥或第二十三條第一款、第二款之不良醫療器材者，處五年以下有期徒刑或拘役，得併科新臺幣五千萬元以下罰金。

II 因過失犯前項之罪或明知為前項之劣藥或不良醫療器材，而販賣、供應、調劑、運送、寄藏、牙保、轉讓或意圖販賣而陳列者，處三年以下有期徒刑或拘役，得併科新臺幣一千萬元以下罰金。

III 因過失而販賣、供應、調劑、運送、寄藏、牙保、轉讓或意圖販賣而陳列第一項之劣藥或不良醫療器材者，處拘役或科新臺幣一百萬元以下罰金。

第 86 條（擅用或冒用他人藥物之名稱仿單或標籤罪）

I 擅用或冒用他人藥物之名稱、仿單或標籤者，處五年以下有期徒刑、拘役或科或併科新臺幣二千萬元以下罰金。

II 明知為前項之藥物而輸入、販賣、供應、調劑、運送、寄藏、牙保、轉讓或意圖販賣而陳列者，處二年以下有期徒刑、拘役或科或併科新臺幣一千萬元以下罰金。

第 87 條（對法人或自然人之科罰金刑）

法人之代表人，法人或自然人之代理人、受僱人，

或其他從業人員，因執行業務，犯第八十二條至第八十六條之罪者，除依各該條規定處罰其行為人外，對該法人或自然人亦科以各該條十倍以下之罰金。

第88條（沒收）

Ⅰ 依本法查獲供製造、調劑偽藥、禁藥之器材，不問屬於犯罪行為人與否，沒收之。

Ⅱ 犯本法之罪，其犯罪所得與追徵之範圍及價額，認定顯有困難時，得以估算認定之；其估算辦法，由中央衛生主管機關定之。

第89條（公務員加重其刑）

公務員假借職務上之權力、機會或方法，犯本章各條之罪或包庇他人犯本章各條之罪者，依各該條之規定，加重其刑至二分之一。

　（以下略）

刑法

食品安全衛生管理法

1. 中華民國 64 年 1 月 28 日總統令制定公布全文 32 條
2. 中華民國 72 年 11 月 11 日總統令修正公布全文 38 條
3. 中華民國 86 年 5 月 7 日總統令修正公布第 17、38 條條文
4. 中華民國 89 年 2 月 9 日總統令修正公布全文 40 條；並自公布日起施行
5. 中華民國 91 年 1 月 30 日總統令修正公布第 14、27、29～33、35、36 條條文；並增訂第 29-1 條條文
6. 中華民國 97 年 6 月 11 日總統令修正公布第 2、11、12、17、19、20、24、29、31～33、36 條條文；並增訂第 14-1、17-1 條條文
7. 中華民國 99 年 1 月 27 日總統令修正公布第 11 條條文
8. 中華民國 100 年 6 月 22 日總統令修正公布第 31、34 條條文
9. 中華民國 101 年 8 月 8 日總統令修正公布第 11、17-1、31 條條文
10. 中華民國 102 年 6 月 19 日總統令修正公布全文 60 條；除第 30 條申報制度與第 33 保證金收取規定及第 22 條第 1 項第 5 款、第 26、27 條，自公布後一年施行外，自公布日施行
    中華民國 102 年 7 月 19 日行政院公告第 6 條第 1 項所列屬「食品藥物管理局」、「疾病管制局」權責事項，自 102 年 7 月 23 日起分別改由「衛生福利部食品藥物管理署」、「衛生福利部疾病管制署」管轄
11. 中華民國 103 年 2 月 5 日總統令修正公布名稱及第 3、4、6～8、16、21～24、28、25、30、32、37、38、43～45、47、48、49、50、52、56、60 條條文；並增訂第 48-1、49-1、55-1、56-1 條條文；除第 30 條申報制度與第 22 條第 1 項第 4、5 款自 103 年 6 月 19 日施行及第 21 條第 3 項自公布後一年施行外，自公布日施行（原名稱：食品衛生管理法）
12. 中華民國 103 年 12 月 10 日總統令修正公布第 5、7、9、10、22、24、32、35、43、44、47、48、49、49-1、56、56-1、60 條條文；並增訂第 2-1、42-1、49-2 條條文；除第 22 條第 1 項第 5 款應標示可追溯之來源或生產系統規定，自公布後六個月施行；第 7 條第 3 項食品業者應設置實驗室規定、第 22 條第 4 項、第 24 條第 1 項食品添加物之原料應標示事項規定、第 24 條第 3 項及第 35 條第 4 項規定，自公布後一年施行外，自公布日施行
13. 中華民國 104 年 2 月 4 日總統令修正公布第 8、25、48 條條文
14. 中華民國 104 年 12 月 16 日總統令修正公布第 41、48 條條文；並增訂第 15-1 條條文
15. 中華民國 106 年 11 月 15 日總統令修正公布第 9、21、47、48、49-1、56-1 條條文
16. 中華民國 107 年 1 月 24 日總統令修正公布第 28 條條文
17. 中華民國 108 年 4 月 3 日總統令修正公布第 4 條條文
18. 中華民國 108 年 4 月 17 日總統令修正公布第 3、47、51 條條文；並增訂第 18-1 條條文
19. 中華民國 108 年 6 月 12 日總統令增訂公布第 46-1 條條文

第一章　總　則

第 1 條（立法目的）

為管理食品衛生安全及品質，維護國民健康，特制定本法。

第 2 條（主管機關）

本法所稱主管機關：在中央為衛生福利主管機關；在直轄市為直轄市政府；在縣（市）為縣（市）政府。

第 2 條之 1（食品安全會報之設立）

Ⅰ 為加強全國食品安全事務之協調、監督、推動及查緝，行政院應設食品安全會報，由行政院院長擔任召集人，召集相關部會首長、專家學者及民間團體代表共同組成，職司跨部會協調食品安全風險評估及管理措施，建立食品安全衛生之預警及稽核制度，至少每三個月開會一次，必要時得召開臨時會議。召集人應指定一名政務委員或部會首長擔任食品安全會報執行長，並由中央主管機關負責幕僚事務。

Ⅱ 各直轄市、縣（市）政府應設食品安全會報，由各該直轄市、縣（市）政府首長擔任召集人，職司跨局處協調食品安全衛生管理措施，至少每三個月舉行會議一次。

Ⅲ 第一項食品安全會報決議之事項，各相關部會應落實執行，行政院應每季追蹤管考對外公告，並納入每年向立法院提出之施政方針及施政報告。

Ⅳ 第一項之食品安全會報之組成、任務、議事程序及其他應遵行事項，由行政院定之。

第 3 條（用詞定義）

本法用詞，定義如下：

一　食品：指供人飲食或咀嚼之產品及其原料。

二　特殊營養食品：指嬰兒與較大嬰兒配方食品、特定疾病配方食品及其他經中央主管機關許可得供特殊營養需求者使用之配方食品。

三　食品添加物：指為食品著色、調味、防腐、漂白、乳化、增加香味、安定品質、促進發酵、增加稠度、強化營養、防止氧化或其他必要目的，加入、接觸於食品之單方或複方物質。複方食品添加物使用之添加物僅限由中央主管機關准用之食品添加物組成，前述准用之單方食品添加物皆應有中央主管機關之准用許可字號。

四　食品器具：指與食品或食品添加物直接接觸之器械、工具或器皿。

五　食品容器或包裝：指與食品或食品添加物直接接觸之容器或包裹物。

六　食品用洗潔劑：指用於消毒或洗滌食品、食品器具、食品容器或包裝之物質。

七　食品業者：指從事食品或食品添加物之製造、加工、調配、包裝、運送、貯存、販賣、輸入、輸出或從事食品器具、食品容器或包裝、食品用洗潔劑之製造、加工、輸入、輸出或販賣之業者。

八　標示：指於食品、食品添加物、食品用洗潔劑、食品器具、食品容器或包裝上，記載品名或為說明之文字、圖畫、記號或附加之說明書。

九　營養標示：指於食品容器或包裝上，記載食品之營養成分、含量及營養宣稱。

十　查驗：指查核及檢驗。

十一　基因改造：指使用基因工程或分子生物技術，將遺傳物質轉移或轉殖入活細胞或生物體，產生基因重組現象，使表現具外源基因特性或使自身特定基因無法表現之相關技術。但不包括傳統育種、同科物種之細胞及原生質體融合、雜交、誘變、體外受精、體細胞變異及染色體倍增等技術。

十二　加工助劑：指在食品或食品原料之製造加工過程中，為達特定加工目的而使用，非作為食品原料或食品容器具之物質。該物質於最終產品中不產生功能，食品以其成品形式包裝之前應從食品中除去，其可能存在非有意，且無法避免之殘留。

第二章　食品安全風險管理

第4條（食品安全衛生管理措施、風險評估及諮議體系之建構）

I 主管機關採行之食品安全衛生管理措施應以風險評估為基礎，符合滿足國民享有之健康、安全食品以及知的權利、科學證據原則、事先預防原則、資訊透明原則，建構風險評估以及諮議體系。

II 前項風險評估，中央主管機關應召集食品安全、毒理與風險評估等專家學者及民間團體組成食品風險評估諮議會為之。其成員單一性別不得少於三分之一。

III 第一項諮議體系應就食品衛生安全與營養、基因改造食品、食品廣告標示、食品檢驗方法等成立諮議會，召集食品安全、營養學、醫學、毒理、風險管理、農業、法律、人文社會領域相關具有專精學者組成。其成員單一性別不得少於三分之一。

IV 諮議會委員議事之迴避，準用行政程序法第三十二條之規定；諮議會之組成、議事、程序與範圍及其他應遵行事項之辦法，由中央主管機關定之。

V 中央主管機關對重大或突發性食品衛生安全事件，必要時得依預警原則、風險評估或流行病學調查結果，公告對特定產品或特定地區之產品採取下列管理措施：

一　限制或停止輸入查驗、製造及加工之方式或條件。

二　下架、封存、限期回收、限期改製、沒入銷毀。

第5條（主管機關實施必要管制措施應包含事項）

I 各級主管機關依科學實證，建立食品衛生安全監測體系，於監測發現有危害食品衛生安全之虞之事件發生時，應主動查驗，並發布預警或採行必要管制措施。

II 前項主動查驗、發布預警或採行必要管制措施，包含主管機關應抽樣檢驗、追查原料來源、產品流向、公布檢驗結果及揭露資訊，並令食品業者自主檢驗。

第6條（各級主管機關通報系統之設立及醫療機構之通報義務）

I 各級主管機關應設立通報系統，劃分食品引起或感染症中毒，由衛生福利部食品藥物管理署或衛生福利部疾病管制署主管之，蒐集並受理疑似食品中毒事件之通報。

II 醫療機構診治病人時發現有疑似食品中毒之情形，應於二十四小時內向當地主管機關報告。

第三章　食品業者衛生管理

第7條（食品業者之自主管理、自主檢驗及通報與送檢義務）

I 食品業者應實施自主管理，訂定食品安全監測計畫，確保食品衛生安全。

II 食品業者應將其產品原材料、半成品或成品，自行或送交其他檢驗機關（構）、法人或團體檢驗。

III 上市、上櫃及其他經中央主管機關公告類別及規模之食品業者，應設置實驗室，從事前項自主檢驗。

IV 第一項應訂定食品安全監測計畫之食品業者類別與規模，與第二項應辦理檢驗之食品業者類別與規模、最低檢驗週期，及其他相關事項，由中央主管機關公告。

V 食品業者於發現產品有危害衛生安全之虞時，應即主動停止製造、加工、販賣及辦理回收，並通報直轄市、縣（市）主管機關。

第8條（食品衛生管理相關準則之適用及衛生安全管理之驗證）

I 食品業者之從業人員、作業場所、設施衛生管理及其品保制度，均應符合食品之良好衛生規

範準則。

II經中央主管機關公告類別及規模之食品業，應符合食品安全管制系統準則之規定。

III經中央主管機關公告類別及規模之食品業者，應向中央或直轄市、縣（市）主管機關申請登錄，始得營業。

IV第一項食品之良好衛生規範準則、第二項食品安全管制系統準則，及前項食品業者申請登錄之條件、程序、應登錄之事項與申請變更、登錄之廢止、撤銷及其他應遵行事項之辦法，由中央主管機關定之。

V經中央主管機關公告類別及規模之食品業者，應取得衛生安全管理系統之驗證。

VI前項驗證，應由中央主管機關認證之驗證機構辦理；有關申請、撤銷與廢止認證之條件或事由，執行驗證之收費、程序、方式及其他相關事項之管理辦法，由中央主管機關定之。

第9條（產品原材料來源及流向追溯或追蹤系統之建立，並以電子方式申報追溯資料）

I食品業者應保存產品原材料、半成品及成品之來源相關文件。

II經中央主管機關公告類別與規模之食品業者，應依其產業模式，建立產品原材料、半成品與成品供應來源及流向之追溯或追蹤系統。

III中央主管機關為管理食品安全衛生及品質，確保食品追溯或追蹤系統資料之正確性，應就前項之業者，依溯源之必要性，分階段公告使用電子發票。

IV中央主管機關應建立第二項之追溯或追蹤系統，食品業者應以電子方式申報追溯或追蹤系統之資料，其電子申報方式及規格由中央主管機關定之。

V第一項保存文件種類與期間及第二項追溯或追蹤系統之建立、應記錄之事項、查核及其他應遵行事項之辦法，由中央主管機關定之。

第10條（食品業者、食品或食品添加物工廠之設廠規定）

I食品業者之設廠登記，應由工業主管機關會同主管機關辦理。

II食品工廠之建築及設備，應符合設廠標準；其標準，由中央主管機關會同中央工業主管機關定之。

III食品或食品添加物之工廠應單獨設立，不得於同一廠址及廠房同時從事非食品之製造、加工及調配。但經中央主管機關查核符合藥物優良製造準則之藥品製造業兼製食品者，不在此限。

IV本法中華民國一百零三年十一月十八日修正條文施行前，前項之工廠未單獨設立者，由中央主管機關於修正條文施行後六個月內公告，並

應於公告後一年內完成辦理。

第11條（食品業者衛生管理人員之設置）

I經中央主管機關公告類別及規模之食品業者，應置衛生管理人員。

II前項衛生管理人員之資格、訓練、職責及其他應遵行事項之辦法，由中央主管機關定之。

第12條（食品業相關專門職業或技術證照人員之設置）

I經中央主管機關公告類別及規模之食品業者，應置一定比率，並領有專門職業或技術證照之食品、營養、餐飲等專業人員，辦理食品衛生安全管理事項。

II前項應聘用專門職業或技術證照人員之設置、職責、業務之執行及管理辦法，由中央主管機關定之。

第13條（產品責任保險相關規定）

I經中央主管機關公告類別及規模之食品業者，應投保產品責任保險。

II前項產品責任保險之保險金額及契約內容，由中央主管機關定之。

第14條（公共飲食場所衛生管理辦法之訂定）

公共飲食場所衛生之管理辦法，由直轄市、縣（市）主管機關依中央主管機關訂定之各類衛生標準或法令定之。

第四章　食品衛生管理

第15條（食品或食品添加物不得製造、加工、調配、包裝、運送、貯存、販賣、輸入、輸出、作為贈品或公開陳列之情形）

I食品或食品添加物有下列情形之一者，不得製造、加工、調配、包裝、運送、貯存、販賣、輸入、輸出、作為贈品或公開陳列：

一　變質或腐敗。

二　未成熟而有害人體健康。

三　有毒或含有害人體健康之物質或異物。

四　染有病原性生物，或經流行病學調查認定屬造成食品中毒之病因。

五　殘留農藥或動物用藥含量超過安全容許量。

六　受原子塵或放射能污染，其含量超過安全容許量。

七　攙偽或假冒。

八　逾有效日期。

九　從未於國內供作飲食且未經證明為無害人體健康。

十　添加未經中央主管機關許可之添加物。

II前項第五款、第六款殘留農藥或動物用藥安全容許量及食品中原子塵或放射能污染安全容許量之標準，由中央主管機關會商相關機關定之。

III第一項第三款有害人體健康之物質，包括雖非

疫區而近十年內有發生牛海綿狀腦病或新型庫賈氏症病例之國家或地區牛隻之頭骨、腦、眼睛、脊髓、絞肉、內臟及其他相關產製品。

Ⅳ國內外之肉品及其他相關產製品，除依中央主管機關根據國人膳食習慣為風險評估所訂定安全容許標準者外，不得檢出乙型受體素。

Ⅴ國內外如發生因食用安全容許殘留乙型受體素肉品導致中毒案例時，應立即停止含乙型受體素之肉品進口；國內經確認有因食用致中毒之個案，政府應負賠償責任，並協助向廠商請求損害賠償。

□ 實務見解

▶105 年度第 18 次刑事庭會議決議（105.11.22）

院長提議：食品安全衛生管理法第四十九條第一項所定「攙偽或假冒」或「添加未經中央主管機關許可之添加物」罪，其成立與否之判斷，是否祇須行為人之作為，符合該項規定之構成要件，即已該當？抑或仍須以行為本身之一般情況或一般的社會生活經驗為根據，判斷該行為應存在危害國民健康之抽象危險，始克當之？

決議：採甲說：有「攙偽或假冒」或「添加未經中央主管機關許可之添加物」之行為即成立犯罪，毋庸實質判斷行為有無存在抽象危險。

一、本條訂於民國一○二年六月十九日修正公布，刪除舊法「致危害人體健康」之犯罪構成要件後，已非結果犯、實害犯。依立法院該次修法說明：「業者有本法第十五條第一項第七款、第十款之行為時，係惡性重大之行為，為免難以識別『致危害人體健康』，而難以刑責相繩，參酌日本食品衛生法之規定，不待有危害人體健康，逕對行為人課以刑事責任，以收嚇阻之效」。解釋上，祇要行為人有同法第十五條第一項第七款所定「攙偽或假冒」行為或第十款之「添加未經中央主管機關許可之添加物」行為，即成立本罪，不論其行為是否確有致生危害人體健康之危險存在。

二、綜合立法院一○二年五月間，審查食品衛生管理法（嗣於一○三年二月五日修正公布名稱為食品安全衛生管理法）修正草案委員會就本條文之修正動議說明：「……因為食品案件之舉證相當困難，因此，本條難有適用之餘地；……爰提案修正食品衛生管理法第四十九條，增設危險犯之形態，俾規範完整。」及一○三年二月五日修正公布提高本罪刑度之立法理由：「一、近期發現不肖廠商於製造食品時，為降低成本牟取暴利，乃以劣質品混充優質品或以人工原料混充天然食材，對民眾食品衛生安全及消費者權益影響甚鉅，應予遏止。二、對於

此類不法行為，……應加重處罰，以維國人健康及消費權益。……」、一○三年十二月十日修正公布提高同條第一項至第四項刑度，並於該條第一項後段增訂情節輕微者，處以較低刑度之規定，該次立法理由：「三、違規食品態樣繁多，食品業者規模大小亦有不同，若一律處以第一項重刑，似不符比例原則，故對違規情節輕微者，以維持現行刑度為宜，以符合罪刑相當原則。四、……原條文第一項為抽象危險犯，第二項為實害犯……」，足認本罪之修正係為維護國民健康、消費者權益等法益，**祇要在食品中攙偽或假冒或添加未經中央主管機關許可之添加物，即有立法者擬制之危險，法院毋庸為實質判斷。**

第 15 條之 1（原料品項之限制事項）

Ⅰ中央主管機關對於可供食品使用之原料，得限制其製造、加工、調配之方式或條件、食用部位、使用量、可製成之產品型態或其他事項。

Ⅱ前項應限制之原料品項及其限制事項，由中央主管機關公告之。

第 16 條（食品器具、食品容器或包裝、食品用洗潔劑不得製造、販賣、輸入、輸出或使用之情形）

食品器具、食品容器或包裝、食品用洗潔劑有下列情形之一，不得製造、販賣、輸入、輸出或使用：

一　有毒者。

二　易生不良化學作用者。

三　足以危害健康者。

四　其他經風險評估有危害健康之虞者。

第 17 條（食品衛生安全標準之訂定）

販賣之食品、食品用洗潔劑及其器具、容器或包裝，應符合衛生安全及品質之標準；其標準由中央主管機關定之。

第 18 條（食品添加物相關標準之訂定）

Ⅰ食品添加物之品名、規格及其使用範圍、限量標準，由中央主管機關定之。

Ⅱ前項標準之訂定，必須以可以達到預期效果之最小量為限制，且依據國人膳食習慣為風險評估，同時必須遵守規格標準之規定。

第 19 條（暫行標準之訂定）

第十五條第二項及前二條規定之標準未訂定前，中央主管機關因突發事件緊急應變之需，於無法取得充分之實驗資料時，得訂定其暫行標準。

第 20 條（屠宰場之衛生查核及衛生管理）

Ⅰ屠宰場內畜禽屠宰及分切之衛生查核，由農業主管機關依相關法規之規定辦理。

Ⅱ運送過程之屠體、內臟及其分切物於交付食品業者後之衛生查核，由衛生主管機關為之。

Ⅲ食品業者所持有之屠體、內臟及其分切物之製造、加工、調配、包裝、運送、貯存、販賣、

輸入或輸出之衛生管理，由各級主管機關依本法之規定辦理。

Ⅳ第二項衛生查核之規範，由中央主管機關會同中央農業主管機關定之。

第 21 條（需經中央主管機關查驗登記並發給許可文件之情形及相關規定）

Ⅰ經中央主管機關公告之食品、食品添加物、食品器具、食品容器或包裝及食品用洗潔劑，其製造、加工、調配、改裝、輸入或輸出，非經中央主管機關查驗登記並發給許可文件，不得為之；其登記事項有變更者，應事先向中央主管機關申請審查核准。

Ⅱ食品所含之基因改造食品原料非經中央主管機關健康風險評估審查，並查驗登記發給許可文件，不得供作食品原料。

Ⅲ經中央主管機關查驗登記並發給許可文件之基因改造食品原料，其輸入業者應依第九條第五項所定辦法，建立基因改造食品原料供應來源及流向之追溯或追蹤系統。

Ⅳ第一項及第二項許可文件，其有效期間為一年至五年，由中央主管機關核定之；期滿仍需繼續製造、加工、調配、改裝、輸入或輸出者，應於期滿前三個月內，申請中央主管機關核准展延。但每次展延，不得超過五年。

Ⅴ第一項及第二項許可之廢止、許可文件之發給、換發、補發、展延、移轉、註銷及登記事項變更等管理事項之辦法，由中央主管機關定之。

Ⅵ第一項及第二項之查驗登記，得委託其他機構辦理；其委託辦法，由中央主管機關定之。

Ⅶ本法中華民國一百零三年一月二十八日修正前，第二項未辦理查驗登記之基因改造食品原料，應於公布後二年內完成辦理。

第五章　食品標示及廣告管理

第 22 條（食品及食品原料之容器或外包裝應明顯標示之事項）

Ⅰ食品及食品原料之容器或外包裝，應以中文及通用符號，明顯標示下列事項：

一　品名。

二　內容物名稱；其為二種以上混合物時，應依其含量多寡由高至低分別標示之。

三　淨重、容量或數量。

四　食品添加物名稱；混合二種以上食品添加物，以功能性命名者，應分別標明添加物名稱。

五　製造廠商或國內負責廠商名稱、電話號碼及地址。國內通過農產品生產驗證者，應標示可追溯之來源；有中央農業主管機關公告之生產系統者，應標示生產系統。

六　原產地（國）。

七　有效日期。

八　營養標示。

九　含基因改造食品原料。

十　其他經中央主管機關公告之事項。

Ⅱ前項第二款內容物之主成分應標明所佔百分比，其應標示之產品、主成分項目、標示內容、方式及各該產品實施日期，由中央主管機關另定之。

Ⅲ第一項第八款及第九款標示之應遵行事項，由中央主管機關公告之。

Ⅳ第一項第五款僅標示國內負責廠商名稱者，應將製造廠商、受託製造廠商或輸入廠商之名稱、電話號碼及地址通報轄區主管機關；主管機關應開放其他主管機關共同查閱。

第 23 條（食品之容器或外包裝免一部之標示或為其他方式標示之規定）

食品因容器或外包裝面積、材質或其他之特殊因素，依前條規定標示顯有困難者，中央主管機關得公告免一部之標示，或以其他方式標示。

第 24 條（食品添加物及其原料之容器或外包裝應明顯標示之事項）

Ⅰ食品添加物及其原料之容器或外包裝，應以中文及通用符號，明顯標示下列事項：

一　品名。

二　「食品添加物」或「食品添加物原料」字樣。

三　食品添加物名稱；其為二種以上混合物時，應分別標明。其標示應以第十八條第一項所定之品名或依中央主管機關公告之通用名稱為之。

四　淨重、容量或數量。

五　製造廠商或國內負責廠商名稱、電話號碼及地址。

六　有效日期。

七　使用範圍、用量標準及使用限制。

八　原產地（國）。

九　含基因改造食品添加物之原料。

十　其他經中央主管機關公告之事項。

Ⅱ食品添加物之原料，不受前項第三款、第七款及第九款之限制。前項第三款食品添加物之香料成分及第九款標示之應遵行事項，由中央主管機關公告之。

Ⅲ第一項第五款僅標示國內負責廠商名稱者，應將製造廠商、受託製造廠商或輸入廠商之名稱、電話號碼及地址通報轄區主管機關；主管機關應開放其他主管機關共同查閱。

第 25 條（特定食品或特定散裝食品之應標示事項及限制方式）

Ⅰ中央主管機關得對直接供應飲食之場所，就其供應之特定食品，要求以中文標示原產地及其他應標示事項；對特定散裝食品販賣者，得就

其販賣之地點、方式予以限制，或要求以中文標示品名、原產地（國）、含基因改造食品原料、製造日期或有效日期及其他應標示事項。國內通過農產品生產驗證者，應標示可追溯之來源；有中央農業主管機關公告之生產系統者，應標示生產系統。

II前項特定食品品項、應標示事項、方法及範圍；與特定散裝食品品項、限制方式及應標示事項，由中央主管機關公告之。

III第一項應標示可追溯之來源或生產系統規定，自中華民國一百零四年一月二十日修正公布後六個月施行。

第26條（經中央主管機關公告之食品器具、食品容器或包裝應明顯標示之事項）

經中央主管機關公告之食品器具、食品容器或包裝，應以中文及通用符號，明顯標示下列事項：

一　品名。

二　材質名稱及耐熱溫度；其為二種以上材質組成者，應分別標明。

三　淨重、容量或數量。

四　國內負責廠商之名稱、電話號碼及地址。

五　原產地（國）。

六　製造日期；其有時效性者，並應加註有效日期或有效期間。

七　使用注意事項或微波等其他警語。

八　其他經中央主管機關公告之事項。

第27條（食品用洗潔劑之容器或外包裝應明顯標示之事項）

食品用洗潔劑之容器或外包裝，應以中文及通用符號，明顯標示下列事項：

一　品名。

二　主要成分之化學名稱；其為二種以上成分組成者，應分別標明。

三　淨重或容量。

四　國內負責廠商名稱、電話號碼及地址。

五　原產地（國）。

六　製造日期；其有時效性者，並應加註有效日期或有效期間。

七　適用對象或用途。

八　使用方法及使用注意事項或警語。

九　其他經中央主管機關公告之事項。

第28條（食品包裝等標示、宣傳或廣告之限制及食品醫療效能之禁止）

I食品、食品添加物、食品用洗潔劑及經中央主管機關公告之食品器具、食品容器或包裝，其標示、宣傳或廣告，不得有不實、誇張或易生誤解之情形。

II食品不得為醫療效能之標示、宣傳或廣告。

III中央主管機關對於特殊營養食品、易導致慢性病或不適合兒童及特殊需求者長期食用之食品，

得限制其促銷或廣告；其食品之項目、促銷或廣告之限制與停止刊播及其他應遵行事項之辦法，由中央主管機關定之。

IV第一項不實、誇張或易生誤解與第二項醫療效能之認定基準、宣傳或廣告之內容、方式及其他應遵行事項之準則，由中央主管機關定之。

第29條（傳播業者相關資訊之保存義務）

接受委託刊播之傳播業者，應自廣告之日起六個月，保存委託刊播廣告者之姓名或名稱、國民身分證統一編號、公司、商號、法人或團體之設立登記文件號碼、住居所或事務所、營業所及電話等資料，且於主管機關要求提供時，不得規避、妨礙或拒絕。

第六章　食品輸入管理

第30條（輸入產品應事先申請查驗）

I輸入經中央主管機關公告之食品、基因改造食品原料、食品添加物、食品器具、食品容器或包裝及食品用洗潔劑時，應依海關專屬貨品分類號列，向中央主管機關申請查驗並申報其產品有關資訊。

II執行前項規定，查驗績效優良之業者，中央主管機關得採取優惠之措施。

III輸入第一項產品非供販賣，且其金額、數量符合中央主管機關公告或經中央主管機關專案核准者，得免申請查驗。

第31條（查驗機關之委任、委託）

前條產品輸入之查驗及申報，中央主管機關得委任、委託相關機關（構）、法人或團體辦理。

第32條（食品業者、非食品業者或其代理人應提供輸入產品相關紀錄資料及其保存年限）

I主管機關為追查或預防食品衛生安全事件，必要時得要求食品業者、非食品業者或其代理人提供輸入產品之相關紀錄、文件及電子檔案或資料庫，食品業者、非食品業者或其代理人不得規避、妨礙或拒絕。

II食品業者應就前項輸入產品、基因改造食品原料之相關紀錄、文件及電子檔案或資料庫保存五年。

III前項應保存之資料、方式及範圍，由中央主管機關公告之。

第33條（得核給具結保管之輸入產品範疇，申請獲准者將收取保證金）

I輸入產品因性質或其查驗時間等條件特殊者，食品業者得向查驗機關申請具結先行放行，並於特定地點存放。查驗機關審查後認定應繳納保證金者，得命其繳納保證金後，准予具結先行放行。

II前項具結先行放行之產品，其存放地點得由食

品業者或其代理人指定；產品未取得輸入許可前，不得移動、啟用或販賣。

Ⅲ第三十條、第三十一條及本條第一項有關產品輸入之查驗、申報或查驗、申報之委託、優良廠商輸入查驗與申報之優惠措施、輸入產品具結先行放行之條件、應繳納保證金之審查基準、保證金之收取標準及其他應遵行事項之辦法，由中央主管機關定之。

第34條（得停止查驗之情形）

中央主管機關遇有重大食品衛生安全事件發生，或輸入產品經查驗不合格之情況嚴重時，得就相關業者、產地或產品，停止其查驗申請。

第35條（對於安全風險程度較高之食品加強控管；複方食品添加物應檢附之資料）

Ⅰ中央主管機關對於管控安全風險程度較高之食品，得於其輸入前，實施系統性查核。

Ⅱ前項實施系統性查核之產品範圍、程序及其他相關事項之辦法，由中央主管機關定之。

Ⅲ中央主管機關基於源頭管理需要或因個別食品衛生安全事件，得派員至境外，查核該輸入食品之衛生安全管理等事項。

Ⅳ食品業者輸入食品添加物，其屬複方者，應檢附原產國之製造廠商或負責廠商出具之產品成分報告及輸出國之官方衛生證明，供各級主管機關查核。但屬香料者，不在此限。

第36條（入境產品之申報義務及禁止規定）

Ⅰ境外食品、食品添加物、食品器具、食品容器或包裝及食品用洗潔劑對民眾之身體或健康有造成危害之虞，經中央主管機關公告者，旅客攜帶入境時，應檢附產國衛生主管機關開具之衛生證明文件申報之；對民眾之身體或健康有嚴重危害者，中央主管機關並得公告禁止旅客攜帶入境。

Ⅱ違反前項規定之產品，不問屬於何人所有，沒入銷毀之。

第七章　食品檢驗

第37條（檢驗及認證機關）

Ⅰ食品、食品添加物、食品器具、食品容器或包裝及食品用洗潔劑之檢驗，由各級主管機關或委任、委託經認可之相關機關（構）、法人或團體辦理。

Ⅱ中央主管機關得就前項受委任、委託之相關機關（構）、法人或團體，辦理認證；必要時，其認證工作，得委任、委託相關機關（構）、法人或團體辦理。

Ⅲ前二項有關檢驗之委託、檢驗機關（構）、法人或團體認證之條件與程序、委託辦理認證工作之程序及其他相關事項之管理辦法，由中央主管機關定之。

第38條（檢驗方法之訂定）

各級主管機關執行食品、食品添加物、食品器具、食品容器或包裝及食品用洗潔劑之檢驗，其檢驗方法，經食品檢驗方法諮議會諮議，由中央主管機關定之；未定檢驗方法者，得依國際間認可之方法為之。

第39條（檢驗結果之異議處理）

食品業者對於檢驗結果有異議時，得自收受通知之日起十五日內，向原抽驗之機關（構）申請複驗；受理機關（構）應於三日內進行複驗。但檢體無適當方法可資保存者，得不受理之。

第40條（檢驗資訊之發布）

發布食品衛生檢驗資訊時，應同時公布檢驗方法、檢驗單位及結果判讀依據。

第八章　食品查核及管制

第41條（主管機關為確保食品符合規定得執行之措施）

Ⅰ直轄市、縣（市）主管機關為確保食品、食品添加物、食品器具、食品容器或包裝及食品用洗潔劑符合本法規定，得執行下列措施，業者應配合，不得規避、妨礙或拒絕：

一　進入製造、加工、調配、包裝、運送、貯存、販賣場所執行現場查核及抽樣檢驗。

二　為前款查核或抽樣檢驗時，得要求前款場所之食品業者提供原料或產品之來源及數量、作業、品保、販賣對象、金額、其他佐證資料、證明或紀錄，並得查閱、扣留或複製之。

三　查核或檢驗結果證實為不符合本法規定之食品、食品添加物、食品器具、食品容器或包裝及食品用洗潔劑，應予封存。

四　對於有違反第八條第一項、第十五條第一項、第四項、第十六條、中央主管機關依第十七條、第十八條或第十九條所定標準之虞者，得命食品業者暫停作業及停止販賣，並封存該產品。

五　接獲通報疑似食品中毒案件時，對於各該食品業者，得命其限期改善或派送相關食品從業人員至各級主管機關認可之機關（構），接受至少四小時之食品中毒防治衛生講習；調查期間，並得命其暫停作業、停止販賣及進行消毒，並封存該產品。

Ⅱ中央主管機關於必要時，亦得為前項規定之措施。

第42條（查核、檢驗與管制措施辦法之訂定）

前條查核、檢驗與管制措施及其他應遵行事項之辦法，由中央主管機關定之。

第42條之1（警察機關之協助義務）

為維護食品安全衛生，有效遏止廠商之違法行為，

警察機關應派員協助主管機關。

第43條（檢舉查獲之處理、公務員洩密究責及
　　　　獎勵辦法之訂定）

I 主管機關對於檢舉查獲違反本法規定之食品、
食品添加物、食品器具、食品容器或包裝、食
品用洗潔劑、標示、宣傳、廣告或食品業者，
除應對檢舉人身分資料嚴守秘密外，並得酌予
獎勵。公務員如有洩密情事，應依法追究刑事
及行政責任。

II 前項主管機關受理檢舉案件之管轄、處理期間、
保密、檢舉人獎勵及其他應遵行事項之辦法，
由中央主管機關定之。

III 第一項檢舉人身分資料之保密，於訴訟程序，
亦同。

第九章　罰　則

第44條（罰則）

I 有下列行為之一者，處新臺幣六萬元以上二億
元以下罰鍰；情節重大者，並得命其歇業、停
業一定期間、廢止其公司、商業、工廠之全部
或部分登記事項，或食品業者之登錄；經廢止
登錄者，一年內不得再申請重新登錄：

一　違反第八條第一項或第二項規定，經命其
限期改正，屆期不改正。

二　違反第十五條第一項、第四項或第十六條
規定。

三　經主管機關依第五十二條第二項規定，命
其回收、銷毀而不遵行。

四　違反中央主管機關依第五十四條第一項所
為禁止其製造、販賣、輸入或輸出之公告。

II 前項罰鍰之裁罰標準，由中央主管機關定之。

第45條（罰則）

I 違反第二十八條第一項或中央主管機關依第
二十八條第三項所定辦法者，處新臺幣四萬元
以上四百萬元以下罰鍰；違反同條第二項規定
者，處新臺幣六十萬元以上五百萬元以下罰鍰；
再次違反者，並得命其歇業、停業一定期間、
廢止其公司、商業、工廠之全部或部分登記事
項，或食品業者之登錄；經廢止登錄者，一年
內不得再申請重新登錄。

II 違反前項廣告規定之食品業者，應按次處罰至
其停止刊播為止。

III 違反第二十八條有關廣告規定之一，情節重大
者，除依前二項規定處分外，主管機關並應命
其不得販賣、供應或陳列；且應自裁處書送達
之日起三十日內，於原刊播之同一篇幅、時段，
刊播一定次數之更正廣告，其內容應載明表達
歉意及排除錯誤之訊息。

IV 違反前項規定，繼續販賣、供應、陳列或未刊
播更正廣告者，處新臺幣十二萬元以上六十萬

元以下罰鍰。

第46條（罰則）

I 傳播業者違反第二十九條規定者，處新臺幣六
萬元以上三十萬元以下罰鍰，並得按次處罰。

II 直轄市、縣（市）主管機關為前條第一項處罰
時，應通知傳播業者及其直轄市、縣（市）主
管機關或目的事業主管機關。傳播業者自收到
該通知之次日起，應即停止刊播。

III 傳播業者未依前項規定停止刊播違反第二十八
條第一項或第二項規定，或違反中央主管機關
依第二十八條第三項所為廣告之限制或所定辦
法中有關停止廣告之規定者，處新臺幣十二萬
元以上六十萬元以下罰鍰，並應按次處罰至其
停止刊播為止。

IV 傳播業者經依第二項規定通知後，仍未停止刊
播者，直轄市、縣（市）主管機關除依前項規
定處罰外，並通知傳播業者之直轄市、縣（市）
主管機關或其目的事業主管機關依相關法規規
定處理。

第46條之1（罰則）

散播有關食品安全之謠言或不實訊息，足生損害於
公眾或他人者，處三年以下有期徒刑、拘役或新臺
幣一百萬元以下罰金。

第47條（罰則）

有下列行為之一者，處新臺幣三萬元以上三百萬元
以下罰鍰；情節重大者，並得命其歇業、停業一定
期間、廢止其公司、商業、工廠之全部或部分登記
事項，或食品業者之登錄；經廢止登錄者，一年內
不得再申請重新登錄：

一　違反中央主管機關依第四條所為公告。

二　違反第七條第五項規定。

三　食品業者依第八條第三項、第九條第二項或第
四項規定所登錄、建立或申報之資料不實，或
依第九條第三項開立之電子發票不實致影響食
品溯源或追蹤之查核。

四　違反第十一條第一項或第十二條第一項規定。

五　違反中央主管機關依第十三條所為投保產品責
任保險之規定。

六　違反直轄市或縣（市）主管機關依第十四條所
定管理辦法中有關公共飲食場所安全衛生之規
定。

七　違反中央主管機關依第十八條之一第一項所定
標準之規定，經命其限期改正，屆期不改正。

八　違反第二十一條第一項及第二項、第二十二條
第一項或依第二項及第三項公告之事項、第
二十四條第一項或依第二項公告之事項、第
二十六條或第二十七條規定。

九　除第四十八條第九款規定外，違反中央主管
機關依第十八條所定標準中有關食品添加物規
格及其使用範圍、限量之規定。

十　違反中央主管機關依第二十五條第二項所為之公告。

十一　規避、妨礙或拒絕本法所規定之查核、檢驗、查扣或封存。

十二　對依本法規定應提供之資料，拒不提供或提供資料不實。

十三　經依本法規定命暫停作業或停止販賣而不遵行。

十四　違反第三十條第一項規定，未辦理輸入產品資訊申報，或申報之資訊不實。

十五　違反第五十三條規定。

第 48 條（罰則）

有下列行為之一者，經命限期改正，屆期不改正者，處新臺幣三萬元以上三百萬元以下罰鍰；情節重大者，並得命其歇業、停業一定期間、廢止其公司、商業、工廠之全部或部分登記事項，或食品業者之登錄；經廢止登錄者，一年內不得再申請重新登錄：

一　違反第七條第一項規定未訂定食品安全監測計畫、第二項或第三項規定未設置實驗室。

二　違反第八條第三項規定，未辦理登錄，或違反第八條第五項規定，未取得驗證。

三　違反第九條第一項規定，未保存文件或保存未達規定期限。

四　違反第九條第二項規定，未建立追溯或追蹤系統。

五　違反第九條第三項規定，未開立電子發票致無法為食品之追溯或追蹤。

六　違反第九條第四項規定，未以電子方式申報或未依中央主管機關所定之方式及規格申報。

七　違反第十條第三項規定。

八　違反中央主管機關依第十七條或第十九條所定標準之規定。

九　食品業者販賣之產品違反中央主管機關依第十八條所定食品添加物規格及其使用範圍、限量之規定。

十　違反第二十二條第四項或第二十四條第三項規定，未通報轄區主管機關。

十一　違反第三十五條第四項規定，未出具產品成分報告及輸出國之官方衛生證明。

十二　違反中央主管機關依第十五條之一第二項公告之限制事項。

第 48 條之 1（罰則）

有下列情形之一者，由中央主管機關處新臺幣三萬元以上三百萬元以下罰鍰；情節重大者，並得暫停、終止或廢止其委託或認證；經終止委託或廢止認證者，一年內不得再接受委託或重新申請認證：

一　依本法受託辦理食品業者衛生安全管理驗證，違反依第八條第六項所定之管理規定。

二　依本法認證之檢驗機構、法人或團體，違反依第三十七條第三項所定之認證管理規定。

三　依本法受託辦理檢驗機關（構）、法人或團體認證，違反依第三十七條第三項所定之委託認證管理規定。

第 49 條（罰則）

I 有第十五條第一項第三款、第七款、第十款或第十六條第一款行為者，處七年以下有期徒刑，得併科新臺幣八千萬元以下罰金。情節輕微者，處五年以下有期徒刑、拘役或科或併科新臺幣八百萬元以下罰金。

II 有第四十四條至前條行為，情節重大足以危害人體健康之虞者，處七年以下有期徒刑，得併科新臺幣八千萬元以下罰金；致危害人體健康者，處一年以上七年以下有期徒刑，得併科新臺幣一億元以下罰金。

III 犯前項之罪，因而致人於死者，處無期徒刑或七年以上有期徒刑，得併科新臺幣二億元以下罰金；致重傷者，處三年以上十年以下有期徒刑，得併科新臺幣一億五千萬元以下罰金。

IV 因過失犯第一項、第二項之罪者，處二年以下有期徒刑、拘役或科新臺幣六百萬元以下罰金。

V 法人之代表人、法人或自然人之代理人、受僱人或其他從業人員，因執行業務犯第一項至第三項之罪者，除處罰其行為人外，對該法人或自然人科以各該項十倍以下之罰金。

VI 科罰金時，應審酌刑法第五十八條規定。

第 49 條之 1（犯罪所得與追徵之範圍及價格，認定困難時得以估算認定）

犯本法之罪，其犯罪所得與追徵之範圍及價額，認定顯有困難時，得以估算認定之；其估算辦法，由行政院定之。

第 49 條之 2（經公告類別及規模之食品業者違反相關規定致危害健康者，沒入或追繳其所得財產）

I 經中央主管機關公告類別及規模之食品業者，違反第十五條第一項、第四項或第十六條之規定；或有第四十四條至第四十八條之一之行為致危害人體健康者，其所得之財產或其他利益，應沒入或追繳之。

II 主管機關有相當理由認為受處分人為避免前項處分而移轉其財物或財產上利益於第三人者，得沒入或追繳該第三人受移轉之財物或財產上利益。如全部或一部不能沒入者，應追徵其價額或以其財產抵償之。

III 為保全前二項財物或財產上利益之沒入或追繳，其價額之追徵或財產之抵償，主管機關得依法扣留或向行政法院聲請假扣押或假處分，並免提供擔保。

IV 主管機關依本條沒入或追繳違法所得財物、財產上利益、追徵價額或抵償財產之推估計價辦

法，由行政院定之。

第 50 條（禁止雇主對檢舉勞工爲不利處分）

I 雇主不得因勞工向主管機關或司法機關揭露違反本法之行爲、擔任訴訟程序之證人或拒絕參與違反本法之行爲而予解僱、調職或其他不利之處分。

II 雇主或代表雇主行使管理權之人，爲前項規定所爲之解僱、降調或減薪者，無效。

III 雇主以外之人曾參與違反本法之規定且應負刑事責任之行爲，而向主管機關或司法機關揭露，因而破獲雇主違反本法之行爲者，減輕或免除其刑。

第 51 條（主管機關得爲處分之情形）

有下列情形之一者，主管機關得爲處分如下：

一 有第四十七條第十四款規定情形者，得暫停受理食品業者或其代理人依第三十條第一項規定所爲之查驗申請；產品已放行者，得視違規之情形，命食品業者回收、銷毀或辦理退運。

二 違反第三十條第三項規定，將免予輸入查驗之產品供販賣者，得停止其免查驗之申請一年。

三 違反第三十三條第二項規定，取得產品輸入許可前，擅自移動、啓用或販賣者，或具結保管之存放地點與實際不符者，沒收所收取之保證金，並於一年內暫停受理該食品業者具結保管之申請；擅自販賣者，並得處販賣價格一倍至二十倍之罰鍰。

第 52 條（主管機關應爲處分之情形）

I 食品、食品添加物、食品器具、食品容器或包裝及食品用洗潔劑，經依第四十一條規定查核或檢驗者，由當地直轄市、縣（市）主管機關依查核或檢驗結果，爲下列之處分：

一 有第十五條第一項、第四項或第十六條所列各款情形之一者，應予沒入銷毀。

二 不符合中央主管機關依第十七條、第十八條所定標準，或違反第二十一條第一項及第二項規定者，其產品及以其爲原料之產品，應予沒入銷毀。但實施消毒或採行適當安全措施後，仍可供食用、使用或不影響國人健康者，應通知限期消毒、改製或採行適當安全措施；屆期未遵行者，沒入銷毀之。

三 標示違反第二十二條第一項或依第二項及第三項公告之事項、第二十四條第一項或依第二項公告之事項、第二十六條、第二十七條或第二十八條第一項規定者，應通知限期回收改正，改正前不得繼續販賣；屆期未遵行或違反第二十八條第二項規定者，沒入銷毀之。

四 依第四十一條第一項規定命暫停作業及停止販賣並封存之產品，如經查無前三款之情形者，應撤銷原處分，並予啓封。

II 前項第一款至第三款應予沒入之產品，應先命製造、販賣或輸入者立即公告停止使用或食用，並予回收、銷毀。必要時，當地直轄市、縣（市）主管機關得代爲回收、銷毀，並收取必要之費用。

III 前項應回收、銷毀之產品，其回收、銷毀處理辦法，由中央主管機關定之。

IV 製造、加工、調配、包裝、運送、販賣、輸入、輸出第一項第一款或第二款產品之食品業者，由當地直轄市、縣（市）主管機關公布其商號、地址、負責人姓名、商品名稱及違法情節。

V 輸入第一項產品經通關查驗不符合規定者，中央主管機關應管制其輸入，並得爲第一項各款、第二項及前項之處分。

第 53 條（食品業者限期回報義務）

直轄市、縣（市）主管機關經依前條第一項規定，命限期回收銷毀產品或爲其他必要之處置後，食品業者應依所定期限將處理過程、結果及改善情形等資料，報直轄市、縣（市）主管機關備查。

第 54 條（得公告禁止製造、販賣、輸入或輸出之情形）

I 食品、食品添加物、食品器具、食品容器或包裝及食品用洗潔劑，有第五十二條第一項第一款或第二款情事，除依第五十二條規定處理外，中央主管機關得公告禁止其製造、販賣、輸入或輸出。

II 前項公告禁止之產品爲中央主管機關查驗登記並發給許可文件者，得一併廢止其許可。

第 55 條（處罰執行機關）

本法所定之處罰，除另有規定外，由直轄市、縣（市）主管機關爲之，必要時得由中央主管機關爲之。但有關公司、商業或工廠之全部或部分登記事項之廢止，由直轄市、縣（市）主管機關於勒令歇業處分確定後，移由工、商業主管機關或其目的事業主管機關爲之。

第 55 條之 1（行政罰認定標準由主管機關定之）

依本法所爲之行政罰，其行爲數認定標準，由中央主管機關定之。

第 56 條（消費者之損害賠償請求權及訴訟準用規定）

I 食品業者違反第十五條第一項第三款、第七款、第十款或第十六條第一款規定，致生損害於消費者時，應負賠償責任。但食品業者證明損害非由於其製造、加工、調配、包裝、運送、貯存、販賣、輸入、輸出所致，或於防止損害之發生已盡相當之注意者，不在此限。

II 消費者雖非財產上之損害，亦得請求賠償相當之金額，並得準用消費者保護法第四十七條至第五十五條之規定提出消費訴訟。

Ⅲ如消費者不易或不能證明其實際損害額時，得請求法院依侵害情節，以每人每一事件新臺幣五百元以上三十萬元以下計算。

Ⅳ直轄市、縣（市）政府受理同一原因事件，致二十人以上消費者受有損害之申訴時，應協助消費者依消費者保護法第五十條之規定辦理。

Ⅴ受消費者保護團體委任代理消費者保護法第四十九條第一項訴訟之律師，就該訴訟得請求報酬，不適用消費者保護法第四十九條第二項後段規定。

第 56 條之 1（食品安全保護基金之設立、來源及其用途）

Ⅰ中央主管機關為保障食品安全事件消費者之權益，得設立食品安全保護基金，並得委託其他機關（構）、法人或團體辦理。

Ⅱ前項基金之來源如下：

一　違反本法罰鍰之部分提撥。

二　依本法科處之繳納之罰金，及因違反本法規定沒收或追徵之現金或變賣所得。

三　依本法或行政罰法規定沒入、追繳、追徵或抵償之不當利得部分提撥。

四　基金孳息收入。

五　捐贈收入。

六　循環算程序之撥款。

七　其他有關收入。

Ⅲ前項第一款及第三款來源，以其處分生效日在中華民國一百零二年六月二十一日以後者適用。

Ⅳ第一項基金之用途如下：

一　補助消費者保護團體因食品衛生安全事件依消費者保護法之規定，提起消費訴訟之律師報酬及訴訟相關費用。

二　補助經公告之特定食品衛生安全事件，有關人體健康風險評估費用。

三　補助勞工因檢舉雇主違反本法之行為，遭雇主解僱、調職或其他不利處分所提之回復原狀、給付工資及損害賠償訴訟之律師報酬及訴訟相關費用。

四　補助依第四十三條第二項所定辦法之獎金。

五　補助其他有關促進食品安全之相關費用。

Ⅴ中央主管機關應設置基金運用管理監督小組，由學者專家、消保團體、社會公正人士組成，監督補助業務。

Ⅵ第四項基金之補助對象、申請資格、審查程序、補助基準、補助之廢止、前項基金運用管理監督小組之組成、運作及其他應遵行事項之辦法，由中央主管機關定之。

第十章　附　則

第 57 條（準用規定）

本法關於食品器具或容器之規定，於兒童常直接放入口內之玩具，準用之。

第 58 條（相關規費之規定）

中央主管機關依本法受理食品業者申請審查、檢驗及核發許可證，應收取審查費、檢驗費及證書費；其費額，由中央主管機關定之。

第 59 條（施行細則）

本法施行細則，由中央主管機關定之。

第 60 條（施行日）

Ⅰ本法除第三十條申報制度與第三十三條保證金收取規定及第二十二條第一項第五款、第二十六條、第二十七條，自公布後一年施行外，自公布日施行。

Ⅱ第二十二條第一項第四款自中華民國一百零三年六月十九日施行。

Ⅲ本法一百零三年一月二十八日修正條文第二十一條第三項，自公布後一年施行。

Ⅳ本法一百零三年十一月十八日修正條文，除第二十二條第一項第五款應標示之追溯之來源或生產系統規定，自公布後六個月施行；第七條第三項食品業者應設置實驗室規定、第二十一條第四項、第二十四條第一項食品添加物之原料應標示事項規定、第二十四條第三項及第三十五條第四項規定，自公布後一年施行外，自公布日施行。

行刑累進處遇條例

1. 中華民國 35 年 3 月 6 日國民政府制定公布全文 77 條；並自 36 年 6 月 10 日施行
2. 中華民國 46 年 1 月 7 日總統令修正公布第 1、10、11、14、16、29、31、35、38、39、41、45、56、65、66、68 及 74 條條文
3. 中華民國 64 年 5 月 10 日總統令修正公布第 9、11、16、17、19、20、27、28、49、56、66、69、75～77 條條文及第七章章名；並增訂第 28-1 及 76-1 條條文
4. 中華民國 69 年 12 月 1 日總統令修正公布第 11、28、28-1、64、76-1 條條文
5. 中華民國 83 年 6 月 6 日總統令修正公布第 19 條條文
6. 中華民國 86 年 5 月 14 日總統令修正公布第 28 條條文
7. 中華民國 86 年 11 月 26 日總統令修正公布第 19 條條文；並增訂第 19-1 條條文
8. 中華民國 95 年 6 月 14 日總統令修正公布第 19、19-1、77 條條文；增訂第 19-2 條條文；並自 95 年 7 月 1 日施行

第一章　總　則

第 1 條（人之範圍）
依監獄行刑法第二十條受累進處遇者，適用本條例之規定。

第 2 條（監獄行刑法之適用）
關於累進處遇之事項，本條例未規定者，仍依監獄行刑法之規定。

第二章　受刑人之調查及分類

第 3 條（受刑人之調查）
I 對於新入監者，應就其個性，心身狀況、境遇、經歷、教育程度及其他本身關係事項，加以調查。
II 前項調查期間，不得逾二月。

第 4 條（調查之依據）
調查受刑人之個性及心身狀況，應依據醫學、心理學、教育學及社會學等判斷之。

第 5 條（調查資料之取得）
為調查之必要，得向法院調閱訴訟卷宗，並得請自治團體、警察機關、學校或與有親屬、雇傭或保護關係者為報告。

第 6 條（調查表之記載）
調查事項，應記載於調查表。

第 7 條（調查期間內受刑人之管理）
調查期間內之受刑人，除防止其脫逃、自殺、暴行或其他違反紀律之行為外，應於不妨礙發見個性之範圍內施以管理。

第 8 條（分類調查之協力）
調查期間內，對於與受刑人接近之人，均應注意其語言、動作，如發見有影響受刑人個性或心身狀況之情形，應即報告主管人員。

第 9 條（作業之強制）
調查期間內之受刑人，應按其情形使從事作業，並考察其體力，忍耐、勤勉、技巧、效率，以定其適當之工作。

第 10 條（累進處遇適應之決定）
調查完竣後，關於受刑人應否適用累進處遇，由典獄長予以決定。其適用累進處遇者，應將旨趣告知本人；不適宜於累進處遇者，應報告監務委員會議。

第 11 條（適用累進處遇受刑人之分類）
I 適用累進處遇之受刑人，應分別初犯、再犯、累犯，並依其年齡、罪質、刑期、及其他調查所得之結果為適當之分類，分別處遇。
II 受刑人調查分類辦法，由法務部定之。

第 12 條（不為分類之規定）
對於第一級、第二級之受刑人，得不為前條之分類。

第三章　累進處遇

第 13 條（處遇之階級）
累進處遇分左列四級，自第四級依次漸進：
第四級。
第三級。
第二級。
第一級。

第 14 條（適當階級之進列）
受刑人如富有責任觀念，且有適於共同生活之情狀時，經監務委員會議之議決，得不拘前條規定，進列適當之階級。

第 15 條（標籤佩帶）
各級受刑人應佩標識。

第 16 條（移入與階級）
受刑人由他監移入者，應照原級編列。

第 17 條（脫逃後再入監之階級）
因撤銷假釋或在執行中脫逃後又入監者，以新入監論。

第 18 條（移轉及文件之送交）
受刑人遇有移轉他監時，應將關於累進審查之一切文件，一併移轉。

第 19 條（責任分數）
I 累進處遇依受刑人之刑期及級別，定其責任分數如下：（見附表一）

Ⅱ前項表列責任分數，於少年受刑人減少三分之一計算。

Ⅲ累犯受刑人之責任分數，按第一項表列標準，逐級增加其責任分數三分之一。

Ⅳ撤銷假釋受刑人之責任分數，按第一項表列標準，逐級增加其責任分數二分之一。

第 19 條之 1（假釋之撤銷規定）

Ⅰ於中華民國八十六年十一月二十八日刑法第七十七條修正生效前犯罪者，其累進處遇責任分數，適用八十三年六月八日修正生效之本條例第十九條規定。但其行為終了或犯罪結果之發生在八十六年十一月二十八日後者，其累進處遇責任分數，適用八十六年十一月二十八日修正生效之本條例第十九條規定。

Ⅱ因撤銷假釋執行殘餘刑期，其撤銷之原因事實發生在八十六年十一月二十八日刑法第七十九條之一修正生效前者，其累進處遇責任分數，適用八十三年六月八日修正生效之本條例第十九條規定。但其原因事實行為終了或犯罪結果之發生在八十六年十一月二十八日後者，其累進處遇責任分數，適用八十六年十一月二十八日修正生效之本條例第十九條規定。

第 19 條之 2（假釋之撤銷規定）

Ⅰ於中華民國八十六年十一月二十八日刑法第七十七條修正生效後，九十五年七月一日刑法第七十七條修正生效前犯罪者，其累進處遇責任分數，適用八十六年十一月二十八日修正生效之本條例第十九條規定。但其行為終了或犯罪結果之發生在九十五年七月一日後者，其累進處遇責任分數，適用九十五年七月一日修正生效之本條例第十九條規定。

Ⅱ因撤銷假釋執行殘餘刑期，其撤銷之原因事實發生在八十六年十一月二十八日刑法第七十九條之一修正生效後，九十五年七月一日刑法第七十九條之一修正生效前者，其累進處遇責任分數，適用八十六年十一月二十八日修正生效之本條例第十九條規定。但其原因事實行為終了或犯罪結果之發生在九十五年七月一日後者，其累進處遇責任分數，適用九十五年七月一日修正生效之本條例第十九條規定。

第 20 條（責任分數之分別記載）

各級受刑人每月之成績分數，按左列標準分別記載：

一　一般受刑人：

　㈠教化結果最高分數四分。

　㈡作業最高分數四分。

　㈢操行最高分數四分。

二　少年受刑人：

　㈠教化結果最高分數五分。

　㈡操行最高分數四分。

　㈢作業最高分數三分。

第 21 條（進級）

Ⅰ各級受刑人之責任分數，以其所得成績分數抵銷之，抵銷淨盡者，令其進級。

Ⅱ本級責任分數抵銷淨盡後，如成績分數有餘，併入所進之級計算。

第 22 條（進級決定之期日）

Ⅰ進級之決定，至遲不得逾應進級之月之末日。

Ⅱ前項決定，應即通知本人。

第 23 條（進級處遇之告知）

對於進級者，應告以所進之級之處遇，並令其對於應負之責任具結遵行。

第 24 條（假進級）

責任分數雖未抵銷淨盡，而其差數在十分之一以內，操作曾得最高分數者，典獄長如認為必要時，得令其假進級，進級之月成績佳者，即為確定，否則令復原級。

第 25 條（記分表之給與）

對於受刑人應給以定式之記分表，使本人記載其每月所得之分數。

第四章　監禁及戒護

第 26 條（三、四級者之獨居）

第四級及第三級之受刑人，應獨居監禁。但處遇上有必要時，不在此限。

第 27 條（二級以上者之夜間獨居）

第二級以上之受刑人，晝間應雜居監禁，夜間得獨居監禁。

第 28 條（一級者之收容場所及其處遇）

Ⅰ一級受刑人，應收容於特定處所，並得為左列之處遇：

一　住室不加鎖。

二　不加監視。

三　准與配偶及直系血親在指定處所及期間內同住。

Ⅱ前項第三款實施辦法，由法務部定之。

第 28 條之 1（刑期之縮短）

Ⅰ累進處遇進至第三級以上之有期徒刑受刑人，每月成績總分在十分以上者，得依左列規定，分別縮短其應執行之刑期：

一　第三級受刑人，每執行一個月縮短刑期二日。

二　第二級受刑人，每執行一個月縮短刑期四日。

三　第一級受刑人，每執行一個月縮短刑期六日。

Ⅱ前項縮短刑期，應經監務委員會決議後告知其本人，並報法務部核備。

Ⅲ 經縮短應執行之刑期者，其累進處遇及假釋，應依其縮短後之刑期計算。

Ⅳ 受刑人經縮短刑期執行期滿釋放時，由典獄長將受刑人實際服刑執行完畢日期，函知指揮執行之檢察官。

第 29 條（一級少年受刑人離監之原因及許可）

Ⅰ 第一級之少年受刑人，遇有直系血親尊親屬病危或其他事故時，得經監務委員會議決議，限定期間，許其離監。

Ⅱ 前項許其離監之少年受刑人，在指定期間內未回監者，其在外日數不算入執行刑期。

第 30 條（工場整理者之選舉）

典獄長得使各工場之受刑人，於第二級受刑人中選舉有信望者若干人，由典獄長圈定，使其整理工場或從事其他必要任務。但每一工場不得超過二人。

第 31 條（二級受刑人之共同灑掃）

第二級受刑人至少每月一次從事於監內之灑掃、整理事務，不給勞作金。

第 32 條（一級受刑人身體住室搜檢之免除）

對於第一級受刑人，非有特別事由，不得為身體及住室之搜檢。

第 33 條（一級受刑人散步之許可）

第一級受刑人於不違反監獄紀律範圍內許其交談，並在休息時間得自由散步於監獄內指定之處所。

第 34 條（一級受刑人代表制）

Ⅰ 第一級受刑人為維持全體之紀律及陳述其希望，得互選代表。

Ⅱ 前項代表人數，至多不得逾三人，經受刑人加倍互選後，由典獄長圈定之。

第 35 條（一級受刑人之責任及優待停止）

Ⅰ 第一級受刑人關於其本級全體受刑人住室之整理及秩序之維持，對典獄長連帶負責。

Ⅱ 前項受刑人有不履行責任者，得經監務委員會議之決議，於一定期間，對於其全體或一部，停止本章所定優待之一種或數種。

第五章 作 業

第 36 條（作業之強制）

受刑人於調查完竣後，應即使其作業。

第 37 條（四級、三級轉業之禁止）

第四級及第三級之受刑人不許轉業。但因處遇上或其他有轉業之必要時，不在此限。

第 38 條（四級、三級勞作金自用數額）

第四級受刑人，得准其於每月所得作業勞作金五分之一範圍內，第三級受刑人於四分之一範圍內，自由使用。

第 39 條（二級受刑人自備作業用具之使用）

第二級受刑人，得使用自備之作業用具，並得以其所得之作業勞作金購用之。

第 40 條（二級受刑人之作業指導輔助）

Ⅰ 第二級受刑人中，如有技能而作業成績優良者，得使其為作業指導之輔助。

Ⅱ 前項受刑人，得於作業時間外，為自己之勞作。但其勞作時間，每日二小時為限。

第 41 條（二級受刑人勞作金自用數額）

第二級受刑人，得准其於每月所得作業勞作金三分之一範圍內，自由使用。

第 42 條（二級受刑人轉業之許可）

第二級受刑人作業熟練者，得許其轉業。

第 43 條（一級受刑人之無監視作業）

第一級受刑人作業時，得不加監視。

第 44 條（一級受刑人作業之指導輔助）

第一級受刑人中，如有技能而作業成績優良者，得使為作業之指導或監督之輔助。

第 45 條（一級受刑人勞作金自用數額）

第一級受刑人，得准其於每月所得作業勞作金二分之一範圍內，自由使用。

第 46 條（一級受刑人使用自備作業用具規定之準用）

第三十九條、第四十條第二項及第四十二條之規定，於第一級受刑人準用之。

第六章 教 化

第 47 條（個別教誨）

對於第一級及第四級之受刑人，應施以個別教誨。

第 48 條（三級受刑人收聽收音機留聲機之許可）

第三級以上之受刑人，得聽收音機及留聲機。

第 49 條（二級受刑人以上之集會）

Ⅰ 第二級以上之受刑人得為集會。但第二級每月以一次，第一級每月以二次為限。

Ⅱ 少年受刑人得不受前項限制。

Ⅲ 集會時，典獄長及教化科職員均應到場。

第 50 條（一級受刑人之圖書閱讀）

Ⅰ 第一級之受刑人，許其在圖書室閱覽圖書。

Ⅱ 圖書室得備置適當之報紙及雜誌。

第 51 條（二級以上受刑人閱讀自備書籍之許可）

第二級以上之受刑人，於不違反監獄紀律範圍內，許其閱讀自備之書籍；對於第三級以下之受刑人，於教化上有必要時亦同。

第 52 條（二級受刑人以上之競技等）

Ⅰ 第二級以上之受刑人，得使其競技、遊戲或開運動會。但第二級每月以一次，第一級每月以二次為限。

Ⅱ 少年受刑人，得不受前項之限制。

第 53 條（二級受刑人以上照片之配置）

第二級以上受刑人之獨居房內，得許其置家屬照片；如教化上認為有必要時，得許其置家屬以外之

照片。

第七章　接見及寄發書信

第 54 條（四級受刑人之接見、通信之範圍）
第四級受刑人，得准其與親屬接見及發受書信。

第 55 條（三級以上受刑人之接見及通信範圍）
第三級以上之受刑人，於不妨害教化之範圍內，得准其與非親屬接見，並發受書信。

第 56 條（接見、通信之次數）
各級受刑人接見及發寄書信次數如左：
一　第四級受刑人每星期一次。
二　第三級受刑人每星期一次或二次。
三　第二級受刑人每三日一次。
四　第一級受刑人不予限制。

第 57 條（接見之場所）
Ⅰ 第二級以下之受刑人，於接見所接見。
Ⅱ 第一級受刑人，得准其於適當場所接見。

第 58 條（二級以上受刑人之無監視接見）
第二級以上之受刑人，於接見時，得不加監視。

第 59 條（接見及寄發書信之特准）
典獄長於教化上或其他事由，認為必要時，得准受刑人不受本章之限制。

第八章　給　養

第 60 條（基本食物）
受刑人之飲食及其他保持健康所必需之物品，不因級別而有差異。

第 61 條（一級受刑人普通衣服之著用）
第一級受刑人，得准其著用所定之普通衣服。

第 62 條（花卉書畫之備置）
第一級受刑人，得准其在住室內備置花草或書畫；對於第二級以下之少年受刑人亦同。

第 63 條（共同食器之供用）
對於第一級受刑人，得供用共同食器或其他器具；第二級以下之少年受刑人亦同。

第 64 條（自用物品之範圍）
Ⅰ 依本條例所得自由使用之物品，以經法務部核定者為限。
Ⅱ 前項物品之種類及數量，由典獄長依其級別定之。

第九章　累進處遇之審查

第 65 條（累進處遇審查會之設置及審查事項）
Ⅰ 監獄設累進處遇審查會，審查關於交付監務委員會會議之累進處遇事項。
Ⅱ 累進處遇審查會審查受刑人之個性、心身狀況、境遇、經歷、教育程度、人格成績及其分類編級與進級、降級等事項，並得直接向受刑人考詢。

第 66 條（累進處遇審查會之組織）
累進處遇審查會以教化科、調查分類科、作業科、衛生科、戒護科及女監之主管人員組織之，由教化科科長擔任主席，並指定紀錄。

第 67 條（二級以上受刑人獨居之報請）
累進處遇審查會認為第二級以上之受刑人有獨居之必要時，應聲敘理由，報請典獄長核准。但獨居期間不得逾一月。

第 68 條（開會及表決）
Ⅰ 累進處遇審查會每月至少開會一次，其審查意見取決於多數。
Ⅱ 前項審查意見，應速報告典獄長，提交監務委員會議。

第十章　留級及降級

第 69 條（停止進級及降級）
Ⅰ 受刑人違反紀律時，得斟酌情形，於二個月內停止進級，並不計算分數；其再違反紀律者，得令降級。
Ⅱ 前項停止進級期間，不得縮短刑期；受降級處分者，自當月起，六個月內不予縮短刑期。

第 70 條（停止進級之猶豫及宣告）
應停止進級之受刑人，典獄長認為情有可恕，得於一定期間內，不為停止進級之宣告。但在指定期間內再違反紀律者，仍應宣告之。

第 71 條（停止進級處分之撤銷）
Ⅰ 被停止進級之受刑人，於停止期間有悛悔實據時，得撤銷停止進級之處分。
Ⅱ 被降級之受刑人，有悛悔實據時，得不按分數，令復原級，並重新計算分數。

第 72 條（降級）
留級之受刑人有紊亂秩序之情事者，得予降級。

第 73 條（累進處遇之例外）
在最低之受刑人有紊亂秩序情事，認為不適宜於累進處遇者，得不為累進處遇。

第 74 條（處分之決定）
關於本章之處分，由監務委員會會議議決之。

第十一章　假　釋

第 75 條（一級受刑人之假釋）
第一級受刑人合於法定假釋之規定者，應速報請假釋。

第 76 條（二級受刑人之假釋）
第二級受刑人已適於社會生活，而合於法定假釋之規定者，得報請假釋。

第 76 條之 1（施行細則）
本條例施行細則，由法務部定之。

第十二章　附　則

第 77 條（施行日）

Ⅰ 本條例自公布日施行。

Ⅱ 本條例中華民國九十五年五月十九日修正之第十九條、第十九條之一及第十九條之二，自中華民國九十五年七月一日施行。

刑

法

附表一

類別	刑　名　及　刑　期	第一級	第二級	第三級	第四級
一	有期徒刑六月以上一年六月未滿	三六分	三〇分	二四分	一八分
二	有期徒刑一年六月以上三年未滿	六〇分	四八分	三六分	二四分
三	有期徒刑三年以上六年未滿	一四四分	一〇八分	七二分	三六分
四	有期徒刑六年以上九年未滿	一八〇分	一四四分	一〇八分	七二分
五	有期徒刑九年以上十二年未滿	二一六分	一八〇分	一四四分	一〇八分
六	有期徒刑十二年以上十五年未滿	二五二分	二六二分	一八〇分	一四四分
七	有期徒刑十五年以上十八年未滿	二八八分	二五二分	二一六分	一八〇分
八	有期徒刑十八年以上二十一年未滿	三二四分	二八八分	二五二分	二一六分
九	有期徒刑二十一年以上二十四年未滿	三六〇分	三二四分	二八八分	二五二分
十	有期徒刑二十四年以上二十七年未滿	三九六分	三六〇分	三二四分	二八八分
十一	有期徒刑二十七年以上三十年未滿	四三二分	三九六分	三六〇分	三二四分
十二	有期徒刑三十年以上三十三年未滿	四六八分	四三二分	三九六分	三六〇分
十三	有期徒刑三十三年以上三十六年未滿	五〇四分	四六八分	四三二分	三九六分
十四	有期徒刑三十六年以上三十九年未滿	五四〇分	五〇四分	四六八分	四三二分
十五	有期徒刑三十九年以上	五七六分	五四〇分	五〇四分	四六八分
十六	無期徒刑	六一二分	五七六分	五四〇分	五〇四分

刑

法

貳、法律倫理
相關法規

法官法

1. 中華民國 100 年 7 月 6 日總統令制定公布全文 103 條；除第五章法官評鑑自公布後半年施行、第 78 條自公布後三年六個月施行外，自公布後一年施行
2. 中華民國 108 年 7 月 17 日總統令修正公布第 2、4、5、7、9、30、33〜37、39〜41、43、47、48、49、50、51、52、55、56、58、59、61〜63、69、76、79、89、103 條條文；增訂第 41-1、41-2、48-1〜48-3、50-1、59-1〜59-6、63-1、68-1、101-1〜101-3 條條文；並刪除第 31 條條文；除第 2、5、9、31、43、76、79、101-3 條自公布日施行者外，餘自公布後一年施行
3. 中華民國 109 年 6 月 10 日總統令修正公布第 2、4、5、20、23、47、48、48-2、59-5、63-1、72、78、80、89 條條文；並自公布後一年施行

第一章 總則

第 1 條（立法目的、法官之任用關係及法律適用順序）

Ⅰ 為維護法官依法獨立審判，保障法官之身分，並建立法官評鑑機制，以確保人民接受公正審判之權利，特制定本法。

Ⅱ 法官與國家之關係為法官特別任用關係。

Ⅲ 本法未規定者，適用其他法律之規定。

第 2 條（法官之定義範圍）

Ⅰ 本法所稱法官，指下列各款之人員：

　一　司法院大法官。

　二　懲戒法院法官。

　三　各法院法官。

Ⅱ 前項第三款所稱之法官，除有特別規定外，包括試署法官、候補法官。

Ⅲ 本法所稱之法院及院長，除有特別規定外，包括懲戒法院及其院長。

Ⅳ 本法所稱司法行政人員，指於司法院及法官學院辦理行政事項之人員。

第 3 條（司法院大法官適用本法之範圍）

本法之規定，與司法院大法官依據憲法及法律所定不相容者，不適用於司法院大法官。

第 4 條（司法院人事審議委員會）

Ⅰ 司法院設人事審議委員會，依法審議法官之任免、轉任、解職、遷調、考核、獎懲、專業法官資格之認定或授與、第十一條所規定之延任事項及其他法律規定應由司法院人事審議委員會審議之事項。

Ⅱ 前項委員會，以司法院院長為當然委員並任主席，除第一款委員外，其他委員任期一年，得連任一次，名額及產生之方式如下：

　一　司法院院長指定十一人。

　二　法官代表十二人：最高法院法官代表一人、最高行政法院法官及懲戒法院法官代表一人、高等法院法官代表二人、高等行政法院及智慧財產及商業法院法官代表一人、地方法院及少年及家事法院法官代表七人，由各級法院法官互選之。

　三　學者專家三人：由法務部、全國律師聯合會各推舉檢察官、律師以外之人三人，送司法院院長遴聘。

Ⅲ 學者專家對法官之初任、再任、轉任、解職、免職、獎懲、候補、試署法官予以試署、實授之審查及第十一條所規定之延任事項，有表決權；對其餘事項僅得列席表示意見，無表決權。

Ⅳ 曾受懲戒者，不得擔任第二項之法官代表。

Ⅴ 司法院為向司法院人事審議委員會提出人事議案所設置之各種委員會，其委員會成員應有法官、學者專家、律師或檢察官代表之參與。

Ⅵ 司法院人事審議委員會委員之資格條件、產生方式等有關事項之辦法，及其審議規則，由司法院定之。但審議規則涉及法官任免、考績、級俸、遷調及褒獎之事項者，由司法院會同考試院定之。

第二章 法官之任用

第 5 條（法官之積極資格）

Ⅰ 高等法院以下各法院之法官，應就具有下列資格之一者任用之：

　一　經法官、檢察官考試及格，或曾實際執行律師業務三年以上且具擬任職務任用資格。但以任用於地方法院法官為限。

　二　曾任實任法官。

　三　曾任實任檢察官。

　四　曾任公設辯護人六年以上。

　五　曾實際執行律師業務六年以上，具擬任職務任用資格。

　六　公立或經立案之私立大學、獨立學院法律學系或其研究所畢業，曾任教育部審定合格之大學或獨立學院專任教授、副教授或助理教授合計六年以上，講授主要法律科目二年以上，有法律專門著作，具擬任職務任用資格。

　七　公立或經立案之私立大學、獨立學院法律學系或其研究所畢業，曾任中央研究院研究員、副研究員或助研究員合計六年以上，有主要法律科目之專門著作，具擬任職務任用資格。

II 高等行政法院之法官，應就具有下列資格之一者任用之：

一 曾任實任法官。

二 曾任實任檢察官。

三 曾任法官、檢察官職務並任公務人員合計八年以上。

四 曾實際執行行政訴訟律師業務八年以上，具擬任職務任用資格。

五 公立或經立案之私立大學、獨立學院法律、政治、行政學系或其研究所畢業，曾任教育部審定合格之大學或獨立學院專任教授、副教授或助理教授合計八年以上，講授憲法、行政法、商標法、專利法、租稅法、土地法、公平交易法、政府採購法或其他行政法課程五年以上，有上述相關之專門著作，具擬任職務任用資格。

六 公立或經立案之私立大學、獨立學院法律、政治、行政學系或其研究所畢業，曾任中央研究院研究員、副研究員或助研究員合計八年以上，有憲法、行政法之專門著作，具擬任職務任用資格。

七 公立或經立案之私立大學、獨立學院法律、政治、行政學系或其研究所畢業，曾任簡任公務人員，辦理機關之訴願或法制業務十年以上，有憲法、行政法之專門著作，具擬任職務任用資格。

III 最高法院、最高行政法院之法官及懲戒法院之法官，除法律另有規定外，應就具有下列資格之一者任用之：

一 曾任司法院大法官，具擬任職務任用資格。

二 曾任懲戒法院法官。

三 曾任實任法官十二年以上。

四 曾任實任檢察官十二年以上。

五 曾實際執行律師業務十八年以上，具擬任職務任用資格。

六 公立或經立案之私立大學、獨立學院法律學系或其研究所畢業，曾任教育部審定合格之大學或獨立學院專任教授十年以上，講授主要法律科目五年以上，有法律專門著作，具擬任職務任用資格。

七 公立或經立案之私立大學、獨立學院法律學系或其研究所畢業，曾任中央研究院研究員十年以上，有主要法律科目之專門著作，具擬任職務任用資格。

IV 第一項第六款、第七款及第三項第六款、第七款所稱主要法律科目，指憲法、民法、刑法、國際私法、商事法、行政法、民事訴訟法、刑事訴訟法、行政訴訟法、強制執行法、破產法及其他經考試院指定為主要法律科目者而言。

V 第一項第六款、第七款、第二項第五款、第六款及第三項第六款、第七款之任職年資，分別

依各項之規定合併計算。

VI 其他專業法院之法官任用資格另以法律定之。

VII 未具擬任職務任用資格之大法官、律師、教授、副教授、助理教授及中央研究院研究員、副研究員、助研究員，其擬任職務任用資格取得之考試，得採筆試、口試及審查著作發明、審查知能有關學歷、經歷證明之考試方式行之，其考試辦法由考試院定之。

VIII 經依前項通過擬任職務任用資格考試及格者，僅取得參加由考試院委託司法院依第七條辦理之法官遴選之資格。

IX 司法院為辦理前項法官遴選，其遴選標準、遴選程序、被遴選人員年齡限制及其他應遵行事項之辦法，由司法院會同考試院定之。

第 6 條（法官之消極資格）

具有下列情事之一者，不得任法官：

一 依公務人員任用法之規定，不得任用為公務人員。

二 因故意犯罪，受有期徒刑以上刑之宣告確定，有損法官職位之尊嚴。

三 曾任公務員，依公務員懲戒法或相關法規之規定，受撤職以上處分確定。

四 曾任公務員，依公務人員考績法或相關法規之規定，受免職處分確定。但因監護宣告受免職處分，經撤銷監護宣告者，不在此限。

五 受破產宣告，尚未復權。

六 曾任民選公職人員離職後未滿三年。但法令另有規定者，不在此限。

第 7 條（法官之遴選）

I 初任法官者除因法官、檢察官考試及格直接分發任用外，應經遴選合格。曾任法官因故離職後申請再任者，亦同。

II 司法院設法官遴選委員會，掌理前項法官之遴選及其他法律規定辦理之事務。

III 前項遴選委員會，以司法院院長為當然委員，其他委員任期二年，得連任一次，名額及產生之方式如下：

一 考試院代表一人：由考試院推派。

二 法官代表七人：由司法院院長提名應選名額三倍人選，送請司法院人事審議委員會從中審定應選名額二倍人選，交法官票選。

三 檢察官代表一人：由法務部推舉應選名額三倍人選，送請司法院院長從中提名應選名額二倍人選，辦理檢察官票選。

四 律師代表三人：由律師公會全國聯合會、各地律師公會各別推舉應選名額三倍人選，送請司法院院長從中提名應選名額二倍人選，辦理全國性律師票選。

五 學者及社會公正人士共六人：學者應包括法律、社會及心理學專業者，由司法院

長遴聘。

IV第二項委員會由司法院院長召集並擔任主席；
　其因故不能召集或主持會議時，由其指定之委
　員代理。委員會之決議，應以委員總人數三
　分之二以上出席，出席委員過半數之同意行之。

V前項總人數，應扣除任期中解職、死亡致出缺
　之人數，但不得低於十二人。

VI遴選委員會之審查規則，由司法院定之。

VII法官遴選委員會委員任一性別不得少於三分之一。

VIII遴選委員之資格條件、票選程序及委員出缺之
　遞補等相關事項之辦法，由司法院、行政院、
　律師公會全國聯合會分別定之，並各自辦理票
　選。

第8條（法官遴選委員會）

I司法院法官遴選委員會遴選法官，應審酌其操
　守、能力、身心狀態、敬業精神、專長及志願。

II已具擬任職務任用資格之法官之遴選，其程序、
　法官年齡限制等有關事項之辦法，由司法院定之。

III經遴選為法官者，應經研習；其研習期間、期
　間縮短或免除、實施方式、津貼、費用、請假、
　考核、獎懲、研習資格之保留或廢止等有關事
　項之辦法，由司法院定之。

第9條（候補、試署法官之實授程序）

I具第五條第一項第一款資格經遴選者，為候補
　法官，候補期間五年，候補期滿審查及格者，
　予以試署，試署期間一年。因法官、檢察官考
　試及格直接分發任用為法官者，亦同。

II具第五條第一項第四款至第七款、第二項第三
　款至第七款資格經遴選者，為試署法官，試署
　期間二年；曾任法官、檢察官並任公務人員合
　計十年以上或執行律師業務十年以上者，試署
　期間一年。

III第一項候補法官於候補期間，輪辦下列事務。
　但司法院得視實際情形酌予調整之：

一　調至上級審法院辦理法院組織法第三十四
　　條第三項、行政法院組織法第十條第五項
　　之事項，期間為一年。

二　充任地方法院合議案件之陪席法官及受命
　　法官，期間為二年。

三　獨任辦理地方法院少年案件以外之民刑事
　　有關裁定案件、民刑事簡易程序案件、民
　　事小額訴訟程序事件或刑事簡式審判程序
　　案件，期間為二年。

IV候補法官於候補第三年起，除得獨任辦理前項
　第三款事務外，並得獨任辦理刑事訴訟法第
　三百七十六條第一款、第二款所列之罪之案件。

V候補法官應依第三項各款之次序輪辦事務，但
　第一款與第二款之輪辦次序及其名額分配，司
　法院為應業務需要，得調整之；第二款、第三

款之輪辦次序，各法院為應業務需要得調整之。

VI對於候補法官、試署法官，應考核其服務成績；
　候補、試署期滿時，應陳報司法院送請司法院
　人事審議委員會審查。審查及格者，予以試署、
　實授；不及格者，應於二年內再予考核，報請
　審查，仍不及格時，停止其候補、試署並予以
　解職。

VII前項服務成績項目包括學識能力、敬業精神、
　裁判品質、品德操守及身心健康情形。

VIII司法院人事審議委員會為服務成績之審查時，
　應徵詢法官遴選委員會意見；為不及格之決定
　前，應通知受審查之候補、試署法官陳述意見。

IX司法院為審查候補、試署法官裁判或相關書類，
　應組成審查委員會，其任期、審查標準等由司
　法院另定之。

X候補、試署法官，於候補、試署期間辦理之事
　務、服務成績考核及再予考核等有關事項之辦
　法，由司法院定之。

第10條（法官之遷調及庭長之遴選）

I法官之遷調改任，應本於法官自治之精神辦理；
　其資格、程序、在職研習及調派辦事等有關事
　項之辦法，由司法院會同考試院定之。

II各法院庭長之遴任，其資格、程序等有關事項
　之辦法，由司法院定之。

第11條（高等法院以下各級法院院長、庭長之任期）

I高等法院以下各法院及高等行政法院、其他專
　業法院院長、庭長之任期為三年，得連任一次。
　但司法院認為確有必要者，得再延任之，其期
　間以三年為限。

II前項院長不同審級之任期，應合併計算。司法
　院每年應對前項院長之品德、操守、執行職務
　之能力及參與審判工作之努力等事項，徵詢該
　院法官意見，並得參酌徵詢結果，對任期尚未
　屆滿者免兼院長職務。

III第一項庭長同審級之任期，應合併計算。其任
　期屆滿連任前，司法院應徵詢該庭長曾任職法
　院法官之意見。

IV司法院於庭長任期中，如發現有具體事證，足
　認其有不適任庭長之情事者，得對其免兼庭長
　職務。

V院長及庭長之調任、連任、延任、免兼等有關
　事項之辦法，由司法院定之。

第12條（法官之任命、法官先派代理之停止及任用之撤銷）

I法官之任用，準用公務人員相關規定先派代理，
　並應送請銓敘部銓敘審定，經銓敘審定合格者，
　呈請總統任命。銓敘審定不合格者，應即停止
　其代理。

II法官於任用前有第六條所列各款情事之一，或

不合各該審級法官任用資格者，撤銷其任用或該審級法官之任用資格。

Ⅲ第一項代理之停止及前項任用之撤銷，不影響其在任時職務行為之效力；業已依規定支付之給與，不予追還。

第三章　法官之司法倫理與監督

第13條（法官職務執行之基本原則）

Ⅰ法官應依據憲法及法律，本於良心，超然、獨立、公正審判，不受任何干涉。

Ⅱ法官應遵守法官倫理規範，其內容由司法院徵詢全國法官代表意見定之。

❖ 法學概念

法官參與政治活動之限制

　　法官亦具有國民身分，自得公開表示政治見解、公開參與社團，並在法律許可界限內參與公共公開表示意見的活動，但為確保公眾對於司法獨立、中立及公正的信賴與法官從事司法任務的信心，當法官所參與活動形成可能影響公眾對於上述信賴或信心的危險時—尤其在政治議論極為紛歧時期或在選戰熱烈進行階段，或所參與活動有違法疑慮時，基於法官自制的倫理要求，法官應有所節制而不得從事政治活動或對特定問題表示意見。

　　例如：**法官不得參與違法或法律上有疑義的靜坐或封鎖活動，或法官不得穿著法袍在公開政治活動中亮相。**此外，基於法官法第13條第2項規定的授權，司法院已訂定法官倫理規範，就法官參與政治活動問題，明確規定相關準則（參見法官倫理規範第21條第1項第3款）。

【許政賢，《法官參與政治活動》，台北律師公會主編《法律倫理》，五南，二版，2012.05，98頁以下。】

第14條（法官之宣誓及誓詞）

法官於就職時應依法宣誓，其誓詞如下：「余誓以至誠，接受國家任命，恪遵憲法及法律之規定，秉持超然獨立之精神，公正廉明，勤奮謹慎，執行法官職務，如違誓言，願受最嚴厲之制裁。謹誓。」

第15條（參政之禁止）

Ⅰ法官於任職期間不得參加政黨、政治團體及其活動，任職前已參加政黨、政治團體者，應退出之。

Ⅱ法官參與各項公職人員選舉，應於各該公職人員任期屆滿一年以前，或參與重行選舉、補選及總統解散立法院後辦理之立法委員選舉，應於辦理登記前，辭去其職務或依法退休、資遣。

Ⅲ法官違反前項規定者，不得登記為公職人員選舉之候選人。

第16條（兼職之禁止）

法官不得兼任下列職務或業務：

一　中央或地方各級民意代表。

二　公務員服務法規所規定公務員不得兼任之職務。

三　司法機關以外其他機關之法規、訴願審議委員會委員或公務人員保障暨培訓委員會委員。

四　各級私立學校董事、監察人或其他負責人。

五　其他足以影響法官獨立審判或與其職業倫理、職位尊嚴不相容之職務或業務。

第17條（兼職之禁止）

法官兼任前條以外其他職務者，應經其任職機關同意；司法院大法官、各級法院院長及機關首長應經司法院同意。

第18條（維護法官尊嚴及嚴守職務秘密之義務）

Ⅰ法官不得為有損其職位尊嚴或職務信任之行為，並應嚴守職務上之秘密。

Ⅱ前項守密之義務，於離職後仍應遵守。

第19條（獨立審判權）

Ⅰ法官於其獨立審判不受影響之限度內，受職務監督。職務監督包括制止法官違法行使職權、糾正法官不當言行及督促法官依法迅速執行職務。

Ⅱ法官認職務監督危及其審判獨立時，得請求職務法庭撤銷之。

第20條（法官職務監督之規定）

法官之職務監督，依下列規定：

一　司法院院長監督各法院法官及懲戒法院法官。

二　最高法院院長監督該法院法官。

三　最高行政法院院長監督該法院法官。

四　懲戒法院院長監督該法院法官。

五　高等法院院長監督該法院及其分院與所屬地方法院及其分院法官。

六　高等法院分院院長監督該分院與轄區內地方法院及其分院法官。

七　高等行政法院院長監督該法院及其分院法官。

八　高等行政法院分院院長監督該分院法官。

九　專業法院院長監督該法院法官。

十　地方法院院長監督該法院及其分院法官。

十一　地方法院分院院長監督該分院法官。

第21條（職務監督權人之處分權限）

Ⅰ前條所定職務監督權人，對於被監督之法官得為下列處分：

一　關於職務上之事項，得發命令促其注意。

二　違反職務上之義務、怠於執行職務或言行不檢者，加以警告。

Ⅱ基於保障人民之訴訟權及服公職權益，各法院或分院院長，得對該法院法官遲延未結之案件，提經法官會議決議改分同院其他法官辦理，或為其他適當之處理。

第22條（職務監督之處分權）

Ⅰ被監督之法官有前條第一項第二款之情事，情節重大者，第二十條所定職務監督權得以所

屬機關名義，請求法官評鑑委員會評鑑，或移由司法院依第五十一條第二項、第三項規定辦理。

II 被監督之法官有前條第一項第二款之情事，經警告後一年內再犯，或經警告累計達三次者，視同情節重大。

第 23 條（大法官、各級法院法官自律實施辦法之訂定）

I 司法院大法官為強化自律功能，應就自律事項、審議程序、決議之作成及處分種類等有關事項，訂定司法院大法官自律實施辦法。

II 前項辦法經司法院大法官現有總額三分之二以上之出席及出席人數三分之二以上之決議訂定之；修正時亦同。

III 司法院應就懲戒法院法官及各法院法官之自律事項、審議程序、決議之作成及處分種類等有關事項，訂定各級法院法官自律實施辦法。

第四章　法官會議

第 24 條（法官會議之議決事項）

I 各法院及其分院設法官會議，議決下列事項：

一　依法律及司法院所定事務分配辦法，預定次年度司法事務分配、代理次序及合議審判時法官之配置事項。

二　辦理法官考核之建議事項。

三　第二十一條所定對法官為監督處分之建議事項。

四　其他與法官權利義務有重大影響之建議事項。

II 前項第一款之議決對象，不包括調至他機關辦事之法官。

III 法官年度司法事務分配後，因案件增減或他項事由，有變更之必要時，得由院長徵詢有關庭長、法官之意見後定之。但遇有法官分發調動，而有大幅變更法官司法事務分配之必要時，應以法官會議議決。

IV 院長認為法官會議關於第一項第一款或第三項但書決事項所為決議有違背法令之情事，應於決議後五日內以書面附具理由，交法官會議復議。復議如經三分之二以上法官之出席及出席人數四分之三以上之同意維持原決議時，院長得於復議決議後五日內聲請職務法庭宣告其決議違背法令。

V 法官會議關於第一項第一款或第三項但書議決事項所為決議經職務法庭宣告為違背法令者，其決議無效。法官會議自發交復議日起十五日內未議決，或未作成前項維持原決議之議決者，其原決議失其效力。

VI 前項情形，院長得提出事務分配方案取代原決議。

VII 職務法庭審理第四項之聲請案件，得不經言詞辯論，並應於受理後三十日內為裁定。

VIII 院長認為法官會議就第一項第二款至第四款所列建議事項之決議違背法令或窒礙難行時，應拒絕之，並於一個月內，以書面或其他適當方式說明之。

第 25 條（法官會議之召開）

I 法官會議由全體實際辦案之法官組成，以院長為主席，每半年召開一次，無議案時，得不召開。必要時，亦得由院長或五分之一以上之法官提議，加開臨時會。

II 法官會議之決議，除前條第四項之復議外，應以過半數法官之出席及出席人數過半數以上之同意行之，可否同數時，取決於主席；法官因故不能出席時，得出具委託書委託其他法官代理出席，但每一法官受託代理一人為限。

III 委託代理出席人數，不得逾前項出席人數三分之一。

第 26 條（法官司法事務分配小組）

I 法官會議得組成法官司法事務分配小組或其他小組，研擬第二十四條第一項各款所列事項之意見，並提出法官會議議決。

II 前項事務分配小組遇有第二十四條第三項但書情形時，亦得預擬事務分配方案，提出法官會議議決。

III 前二項事務分配方案，應顧及審判業務之需要、承辦法官之專業、職務之穩定及負擔之公平。

IV 第一項小組以法官代表組成，任期一年；其人數及得否連任由法官會議議決。

V 前項法官代表，除院長為當然代表外，其餘三分之一由院長指定，另三分之二依法官會議議決之方式產生。

第 27 條（法官之遞補方式）

前條法官代表，因調職或其他事由無法執行職務時，依其產生之方式，分別遞補，任期接續原代表任期計算。

第 28 條（法官司法事務分配小組會議之主席及決議方式）

法官司法事務分配小組會議，由院長或其指定之人擔任主席，其決議以法官代表三分之二以上出席，出席人數二分之一以上同意行之。可否同數時，取決於主席。

第 29 條（法官會議之議事規則）

法官會議之議事規則、決議及建議之執行、司法事務分配小組或其他小組之組成及運作等有關事項之辦法，由司法院定之。

第五章　法官評鑑

第 30 條（法官個案評鑑之機制）

I 司法院設法官評鑑委員會，掌理法官之評鑑。

Ⅱ法官有下列各款情事之一者，應付個案評鑑：

一　裁判確定後或自第一審繫屬日起已逾六年未能裁判確定之案件，有事實足認因故意或重大過失，致審判案件有明顯違誤，而嚴重侵害人民權益。

二　有第二十一條第一項第二款情事，情節重大。

三　違反第十五條第二項、第三項規定。

四　違反第十五條第一項、第十六條或第十八條規定，情節重大。

五　違反辦案程序規定或職務規定，情節重大。

六　無正當理由遲延案件之進行，致影響當事人權益，情節重大。

七　違反法官倫理規範，情節重大。

Ⅲ適用法律之見解，不得據為法官個案評鑑之事由。

第 31 條（刪除）

第 32 條（各級法院團體績效之評比）

Ⅰ司法院應每三年一次進行各級法院之團體績效評比，其結果應公開，並作為各級法院首長職務評定之參考。

Ⅱ前項評比之標準、項目及方式，由司法院定之。

第 33 條（法官評鑑委員之組織及迴避）

Ⅰ法官評鑑委員會由法官三人、檢察官一人、律師三人、學者及社會公正人士六人組成；評鑑委員任期為二年，得連任一次。

Ⅱ評鑑委員有下列各款情形之一者，應自行迴避，不得執行職務：

一　評鑑委員或其配偶、前配偶或未婚配偶，為評鑑事件所涉個案之當事人。

二　評鑑委員為受評鑑法官、請求人八親等內之血親或五親等內之姻親，或曾有此親屬關係。

三　評鑑委員或其配偶、前配偶或未婚配偶，就評鑑事件所涉個案，與當事人有共同權利人、共同義務人或償還義務人之關係。

四　評鑑委員於評鑑事件所涉個案，現為或曾為當事人之代理人、辯護人、輔佐人或家長、家屬。

五　評鑑委員於評鑑事件所涉個案，曾為證人或鑑定人。

六　評鑑委員曾參與評鑑事件之法官自律程序。

七　評鑑委員現受任或三年內曾受任辦理受評鑑法官所承辦之各類案件。

Ⅲ遇有下列各款情形，請求人或受評鑑法官得聲請評鑑委員迴避：

一　評鑑委員有前項所定之情形而不自行迴避者。

二　評鑑委員有前項所定以外之情形，足認其執行職務有偏頗之虞者。

Ⅳ法官評鑑委員會如認評鑑委員有應自行迴避之原因，或受前項之聲請，應為迴避與否之決議。

但被聲請迴避之評鑑委員，不得參與該決議。

Ⅴ前項決議，不得聲明不服。

第 34 條（法官評鑑委員之遴聘）

Ⅰ評鑑委員產生之方式如下：

一　法官代表由全體法官票選之。

二　檢察官代表由全體檢察官票選之。

三　律師代表，由各地律師公會各別推舉一人至三人，由律師公會全國聯合會辦理全國性律師票選。

四　學者及社會公正人士，由法務部、律師公會全國聯合會各推舉法官、檢察官、律師以外之人六人，送司法院院長遴聘。

Ⅱ有下列情形之一者，不得擔任前項委員：

一　各級法院及其分院之現任院長。

二　各級檢察署及其檢察分署之現任檢察長。

三　全國性及各地方律師公會之現任理事長。

四　前項第一款及第二款以外之公務人員。但公立各級學校及學術研究機構之教學、研究人員不在此限。

五　政黨黨務工作人員。

Ⅲ司法院院長遴聘第一項第四款之委員時，任一性別不得少於三分之一。

Ⅳ評鑑委員之資格條件、票選程序及委員出缺之遞補等有關事項之辦法，由司法院、行政院、律師公會全國聯合會分別定之。

第 35 條（評鑑事件之來源及審查）

Ⅰ法官有第三十條第二項各款情事之一者，下列人員或機關、團體認為有個案評鑑之必要時，得請求法官評鑑委員會進行個案評鑑：

一　受評鑑法官所屬機關法官三人以上。

二　受評鑑法官所屬機關、上級機關或所屬法院對應設置之檢察署。

三　受評鑑法官所屬法院管轄區域之律師公會或全國性律師公會。

四　受評鑑法官所承辦已終結案件檢察官以外之當事人或犯罪被害人。

Ⅱ就第三十條第二項各款情事，法官認有澄清之必要時，得陳請所屬機關請求法官評鑑委員會個案評鑑之。

Ⅲ前二項請求，應提出書狀及繕本，記載下列各款事項，並檢附相關資料：

一　請求人之姓名及住所或居所、所屬機關名稱；請求人為機關、團體者，其名稱、代表人姓名及機關、團體所在地。

二　受評鑑法官之姓名及所屬或評鑑事實發生機關名稱。

三　與第三十條第二項各款所列情事有關之具體事實。

四　請求評鑑之日期。

Ⅳ個案評鑑事件之請求有下列情形之一者，法官

評鑑委員會應決定不予受理：
一 無具體之內容或未具真實姓名或住址。
二 同一事由，經法官評鑑委員會決議不付評鑑後仍一再請求。
V個案評鑑事件之請求，應先依前項及第三十七條規定審查有無應不予受理或不付評鑑之情事，不得逕行調查或通知受評鑑法官陳述意見。
VI法官評鑑委員會審議個案評鑑事件，為確定違失行為模式之必要，或已知受評鑑法官有其他應受評鑑之情事時，得就未經請求之違失情事，併予調查及審議。

第 36 條（評鑑事件之請求期限）
I法官個案評鑑之請求，應於下列期間內為之：
一 無涉受評鑑法官承辦個案者，自受評鑑事實終了之日起算三年。
二 牽涉受評鑑法官承辦個案，非以裁判終結者，自該案件辦理終結之日起算三年。
三 牽涉受評鑑法官承辦個案，並以裁判終結者，自裁判確定之日起算三年。但自案件辦理終結日起算逾六年者，不得請求。
四 第三十條第二項第一款情形，自裁判確定或案件繫屬滿六年時起算三年。
II受評鑑事實因逾前項請求期間而不付評鑑者，不影響職務監督權或移付懲戒程序之行使。

第 37 條（不付評鑑決議之情形）
個案評鑑事件之請求，有下列情形之一者，法官評鑑委員會應為不付評鑑之決議：
一 個案評鑑事件之請求，不合第三十五條第一項至第三項之規定。
二 個案評鑑事件之請求，已逾前條第一項所定期間。
三 對不屬法官個案評鑑之事項，請求評鑑。
四 就法律見解請求評鑑。
五 已為職務法庭判決、監察院彈劾、或經法官評鑑委員會決議之事件，重行請求評鑑。
六 受評鑑法官死亡。
七 請求顯無理由。

第 38 條（請求不成立決議之情形）
法官評鑑委員會認法官無第三十條第二項各款所列情事者，應為請求不成立之決議。必要時，並得移請職務監督權人依第二十一條規定為適當之處分。

第 39 條（區別評鑑請求決議之懲處）
I法官評鑑委員會認法官有第三十條第二項各款所列情事之一，得為下列決議：
一 有懲戒之必要者，報由司法院移送職務法庭審理，並得建議懲戒之種類。
二 無懲戒之必要者，報由司法院交付司法院人事審議委員會審議，並得建議處分之種類。
II前項第一款情形，司法院應將決議結果告知監察院。
III第一項評鑑決議作成前，應予受評鑑法官陳述意見之機會。

第 40 條（評鑑請求決議之移送及處置）
司法院應依法官評鑑委員會所為之前條決議，檢具受個案評鑑法官相關資料，分別移送職務法庭審理或交付司法院人事審議委員會審議。

第 41 條（評鑑委員會之決議方式）
I法官評鑑委員會會議之決議，除本法另有規定外，以委員總人數二分之一以上之出席，出席委員過半數之同意行之。
II法官評鑑委員會為第三十五條第四項之決定及第三十七條之決議，得以三名委員之審查及該三名委員一致之同意行之。該三名委員之組成由委員會決定之。
III法官評鑑委員會為第三十八條、第三十九條之決議，應以委員總人數三分之二以上之出席，出席委員過半數之同意行之。
IV第一項、第三項委員總人數，應扣除未依規定推派、票選或任中解職、死亡或迴避致出缺之人數，但不得低於八人。

第 41 條之 1（評鑑委員會之調查程序）
I法官評鑑委員會得依受評鑑法官及請求人之聲請或依職權為必要之調查，並得通知關係人到會說明；調查所得資料，除法令另有規定外，不得提供其他機關、團體、個人，或供人閱覽、抄錄。
II受評鑑法官及請求人聲請到會陳述意見，除顯無必要者外，不得拒絕；其到會陳述如有不當言行，並得制止之。
III請求人得聲請交付受評鑑法官提出之意見書，如無正當理由，法官評鑑委員會不得限制或拒絕之；如同意交付，並應給予表示意見之合理期間。
IV受評鑑法官及請求人得聲請閱覽、抄錄、複印或攝錄第一項調查所得資料。但有下列情形之一者，法官評鑑委員會得予限制或拒絕之：
一 個案評鑑事件決議前擬辦之文稿。
二 個案評鑑事件決議之準備或審議文件。
三 為第三人之正當權益有保障之必要。
四 其他依法律或基於公益，有保密之必要。
V前項經聲請而取得之資料，應予保密。
VI評鑑程序關於調查事實及證據、期日與期間及送達，除本法另有規定外，準用行政程序法之規定。

第 41 條之 2（評鑑委員會其他相關規定）
I個案評鑑事件牽涉法官承辦個案尚未終結者，於該法官辦理終結其案件前，停止進行評鑑程序。
II司法院應依法聘用專責人員，協助辦理評鑑請

求之審查、評鑑事件之調查，及其他與評鑑有關之事務。

III法官評鑑委員會行使職權，應兼顧評鑑功能之發揮及受評鑑法官程序上應有之保障，且不得影響審判獨立。

IV前項職權之行使，非經受評鑑法官之同意或法官評鑑委員會之決議，不得公開。

V法官評鑑委員會之決議書，應於法官評鑑委員會網站公開。但其他法律另有規定者，依其規定。

VI法官評鑑委員會組織規程、評鑑實施辦法及評鑑委員倫理規範，由司法院定之。

第六章　法官之保障

第 42 條（法官免職之限制）

I實任法官非有下列情事之一，不得免職：

一　因犯內亂、外患、故意瀆職罪，受判刑確定者。

二　故意犯前款以外之罪，受有期徒刑以上刑之宣告確定，有損法官尊嚴者。但宣告緩刑者，不在此限。

三　受監護之宣告者。

II實任法官受監護或輔助之宣告者，自宣告之日起，得依相關規定辦理退休或資遣。

III司法院大法官於任職中，有第一項各款情事之一時，經司法院大法官現有總額三分之二以上之出席，出席人數三分之二以上之同意，由司法院呈請總統免職。

IV候補、試署法官除本法另有規定外，準用第一項、第二項規定。

第 43 條（法官停職之限制）

I實任法官，除法律別有規定者外，非有下列各款情事之一，不得停止其職務：

一　依公務人員任用法之規定，不得任用為公務人員者。

二　有第六條第五款之情事者。

三　依刑事訴訟程序被通緝或羈押者。

四　依刑事確定判決，受徒刑或拘役之宣告，未依規定易科罰金，或受罰金之宣告，依規定易服勞役，在執行中者。

五　所涉刑事、懲戒情節重大者。

六　有客觀事實足認其不能執行職務，經司法院邀請相關專科醫師及學者專家組成小組認定者。

II經依法停職之實任法官於停職事由消滅後三個月內，得申請復職，並依公務人員保障法及公務員懲戒復職之規定辦理。

III實任法官因第一項第一款至第五款事由停止其職務者，其停止職務期間及復職後之給俸，準用公務人員俸給法之規定；因第一項第六款事由停止其職務者，支給第七十一條第一項所定本俸及加給各三分之一。但期限最長不得逾三年。

IV司法院大法官有第一項各款情事之一者，經司法院大法官現有總額三分之二以上之出席及出席人數過半數之同意，由司法院呈請總統停止其職務；因第一項第六款情事停止其職務者，於停止職務期間，支給第七十二條所定月俸及加給各三分之一。

V實任法官或司法院大法官有貪污行為，經有罪判決確定或經職務法庭裁判確定而受第五十條第一項第一款至第三款之懲戒處分者，應繳回其停職期間所領之本俸。

第 44 條（法官轉任之限制）

實任法官除法律規定或經本人同意外，不得將其轉任法官以外職務。

第 45 條（法官地區調動之限制）

I實任法官除經本人同意外，非有下列原因之一，不得為地區調動：

一　因法院設立、裁併或員額增減者。

二　因審判事務量之需要，急需人員補充者。

三　依法停止職務之原因消滅而復職者。

四　有相當原因足資釋明不適合繼續在原地區任職者。

五　因法院業務需要，無適當人員志願前往，調派同級法院法官至該法院任職或辦理審判事務者，其期間不得逾二年，期滿回任原法院。

II前項第五款之法官調派辦法，由司法院定之；其調派期間之津貼補助辦法，由司法院會同行政院定之。

第 46 條（法官審級調動之限制）

實任法官除經本人同意外，非有下列原因之一，不得為審級調動：

一　因法院設立、裁併或編制員額增減而調派至直接下級審法院。

二　於高等法院繼續服務二年以上，為堅實事實審功能，調派至直接下級審法院。

三　依法停止職務之原因消滅而復職，顯然不適合在原審級法院任職者。

四　有相當原因足資釋明不適合繼續在原審級法院任職者。

第七章　職務法庭

第 47 條（職務法庭之設置）

I懲戒法院設職務法庭，審理下列之事項：

一　法官懲戒之事項。

二　法官不服撤銷任用資格、免職、停止職務、解職、轉任法官以外職務或調動之事項。

三　職務監督影響法官審判獨立之事項。

　四　其他依法律應由職務法庭管轄之事項。

II對職務法庭之裁判，不得提起行政訴訟。

第 48 條（職務法庭第一審及法官懲戒案件之合議庭組成）

I職務法庭第一審案件之審理及裁判，以懲戒法院法官一人爲審判長，與法官二人爲陪席法官組成合議庭行之。但審理法官懲戒案件時，應增加參審員二人爲合議庭成員。

II前項合議庭之法官應至少一人與當事人法官爲同審判系統；於審理司法院大法官懲戒案件時，陪席法官應全部以最高法院、最高行政法院法官充之。

III第一項之陪席法官，須具備實任法官十年以上之資歷，由司法院法官遴選委員會遴定普通法院、行政法院法官各三人，提請司法院院長任命，任期三年，得連任。其人數並得視業務需要增加之。

IV各法院院長不得爲職務法庭之陪席法官。

V第一項但書之參審員，由司法院法官遴選委員會遴定學者及社會公正人士六人，提請司法院院長任命，任期三年，不得連任。其人數並得視業務需要增加之。

VI有下列情形之一者，不得擔任參審員：
　一　全國性及各地方律師公會之現任理事長。
　二　公務人員。但公立各級學校及學術研究機構之教學、研究人員不在此限。
　三　政黨黨務工作人員。

第 48 條之 1（參審員依法獨立審判及公正執行職務）

I前條第一項但書之參審員，職權與法官同，應依據法律獨立行使職權，不受任何干涉。

II參審員應依法公平誠實執行職務，不得爲有害司法公正信譽之行爲，並不得洩漏評議秘密及其他職務上知悉之秘密。

III參審員有第四十二條第一項、第四十三條第一項各款情形之一，或有具體事證足認其執行職務有難期公正之虞者，司法院院長得經法官遴選委員會同意後解任之。

IV參審員應按出庭日數支給日費、旅費及相關必要費用。

V前項費用之支給辦法及參審員之倫理規範，由司法院定之。

第 48 條之 2（職務法庭第二審案件之合議庭組成）

I職務法庭第二審案件之審理及裁判，以懲戒法院院長爲審判長，與最高法院法官二人、最高行政法院法官一人及懲戒法院法官一人爲陪席法官組成合議庭行之。

II前項最高法院、最高行政法院陪席法官由司法院法官遴選委員會遴定，提請司法院院長任命，任期爲三年，得連任。其人數並得視業務需要增加之。

第 48 條之 3（職務法庭成員之兼任義務及遞補）

I法官經任命爲職務法庭成員者，有兼任義務。

II法官遴選委員會依本第四十八條第三項、第五項、第四十八條之二第二項規定遴定職務法庭成員時，應同時遴定遞補人選，於成員出缺時遞補之，任期至出缺者任滿時爲止。

III職務法庭之事務分配及代理次序，由全體職務法庭成員決定之。

IV職務法庭成員之遴選及遞補規則由司法院定之。

第 49 條（法官之懲戒）

I法官有第三十條第二項各款所列情事之一，有懲戒之必要者，應受懲戒。

II第三十條第二項法官應付個案評鑑之規定及第五十條懲戒之規定，對轉任司法行政人員、退休或其他原因離職之法官，於轉任、退休或離職前之行爲亦適用之。

III適用法律之見解，不得據爲法官懲戒之事由。

IV法官應受懲戒之同一行爲，不受二次懲戒。同一行爲已經職務法庭爲懲戒、不受懲戒或免議之判決確定者，其原懲戒失其效力。

V法官應受懲戒之同一行爲已受刑罰或行政罰之處罰者，仍得予以懲戒。其同一行爲不受刑罰或行政罰之處罰者，亦同。但情節輕微，如予懲戒顯失公平者，無須再予懲戒。

VI懲戒案件有下列情形之一者，應爲免議之判決：
　一　同一行爲，已受懲戒判決確定。
　二　受褫奪公權之宣告確定，認已無受懲戒之必要。
　三　已逾第五十二條規定之懲戒權行使期間。
　四　有前項但書之情形。

第 50 條（法官懲戒之種類）

I法官之懲戒處分如下：
　一　免除法官職務，並不得再任用爲公務員。
　二　撤職：除撤其現職外，並於一定期間停止任用，其期間爲一年以上五年以下。
　三　免除法官職務，轉任法官以外之其他職務。
　四　剝奪退休金及退養金，或剝奪退養金。
　五　減少退休金及退養金百分之十至百分之二十。
　六　罰款：其數額爲現職月俸給總額或任職時最後月俸給總額一個月以上一年以下。
　七　申誡。

II依應受懲戒之具體情事足認已不適任法官者，應予前項第一款至第三款之處分。

III受第一項第一款、第二款之懲戒處分者，不得充任律師，其已充任律師者，停止其執行職務；其中受第一項第二款、第三款之懲戒處分者，並不得回任法官職務。

IV 受第一項第二款之懲戒處分者，於停止任用期間屆滿，再任公務員，自再任之日起，二年內不得晉敘、陞任或遷調主管職務。

V 職務法庭爲第一項第三款之懲戒處分，關於轉任之職務應徵詢司法院之意見後定之。

VI 第一項第四款、第五款之懲戒處分，以退休或其他原因離職之法官爲限。已給付之給與，均應予追回，並得以受懲戒法官尚未領取之退休金或退養金爲抵銷、扣押或強制執行。

VII 第一項第四款、第五款之退休金，指受懲戒法官離職前所有任職年資所計給之退休或其他離職給與。但公教人員保險養老給付、受懲戒法官自行繳付之退撫基金費用本息，不在此限。

VIII 第一項第六款得與第四款、第五款以外之其餘各款併爲處分。

IX 第一項第七款之懲戒處分，以書面爲之。

第 50 條之 1（法官退休金、退養金之剝奪、減少或追繳）

I 法官退休或其他原因離職後始受前條第一項第一款至第三款之處分確定者，應依下列規定剝奪或減少其退休金、退養金；其已支領者，照應剝奪或減少之全部或一部追繳之：

一 受前條第一項第一款處分者，應自始剝奪其退休金及退養金。

二 受前條第一項第二款處分者，應自始減少其退休金及退養金百分之六十。

三 受前條第一項第三款處分者，應自始剝奪其退養金。

II 前項所指之退休金，適用前條第七項之規定。

III 第一項人員因同一案件，於其他法律有較重之剝奪或減少退休金處分者，從重處罰。

第 51 條（法官懲戒之程序）

I 法官之懲戒，除第四十條之情形外，應由監察院彈劾後移送職務法庭審理。

II 司法院認法官有應受懲戒之情事時，除依法官評鑑之規定辦理外，得逕行移送監察院審查。

III 司法院依前項規定逕行移送監察院審查前，應予被付懲戒法官陳述意見之機會，並經司法院人事審議委員會決議之。

第 52 條（法官懲戒行使期）

I 法官應受懲戒行爲，自行爲終了之日起，至案件繫屬職務法庭之日止，已逾五年者，不得爲減少退休金及退養金、罰款或申誡之懲戒。但第三十條第二項第一款情形，自依本法得付個案評鑑之日起算。

II 前項行爲終了之日，係指法官應受懲戒行爲終結之日。但應受懲戒行爲係不作爲者，自法官所屬機關知悉之日起算。

第 53 條（自立救濟）

I 法官不服司法院所爲撤銷任用資格、免職、停止職務、解職、轉任法官以外職務或調動等職務處分，應於收受人事令翌日起三十日內，以書面附具理由向司法院提出異議。

II 法官認職務監督影響審判獨立時，應於監督行爲完成翌日起三十日內，以書面附具理由向職務監督權人所屬之機關提出異議。

第 54 條（機關受理異議之決議期限）

I 前條所列機關應於受理異議之日起三十日內，作成決定。

II 對於前條第一項之異議所作之決定，應依原決定程序爲決議。

III 法官不服前條所列機關對異議所作之決定，應於決定書送達翌日起三十日內，向職務法庭起訴。

IV 前條所列機關未於第一項期間內作成決定時，法官得逕向職務法庭起訴。

第 55 條（申請退休或資遣之禁止）

I 法官經司法院或監察院移送懲戒，或經司法院送請監察院審查者，在判決確定生效或審查結束前，不得申請退休或資遣。但移送懲戒後經職務法庭同意者，不在此限。

II 經移送懲戒之法官於判決確定生效時已逾七十歲，且未受撤職以上之處分，並於判決確定生效後六個月內申請退休者，計算其任職年資至滿七十歲之前一日，準用第七十八條第一項第一款至第三款規定給與退養金。

III 職務法庭於受理第一項之移送後，應將移送書繕本送交被移送法官所屬法院及銓敘機關。

第 56 條（得爲職務法庭案件當事人之規定）

I 監察院、司法院、各法院或分院、法官，得爲第四十七條各款案件之當事人。

II 職務法庭審理法官評鑑委員會報由司法院移送之案件，應通知法官評鑑委員會派員到庭陳述意見。

第 57 條（秘密審理）

職務法庭審理案件均不公開。但職務法庭認有公開之必要，或經被移送或提起訴訟之法官請求公開時，不在此限。

第 58 條（第一審行言詞辯論及調查證據之範圍）

I 職務法庭第一審案件之審理，除法律另有規定者外，應行言詞辯論。

II 職務法庭第一審審判長於必要時，得命法官一人爲受命法官，先行準備程序，闡明起訴之事由。

III 受命法官經審判長指定調查證據，以下列情形爲限：

一 有在證據所在地調查之必要者。

二 依法應在法院以外之場所調查者。

三 於言詞辯論期日調查，有致證據毀損、滅

　　　失或礙難使用之虞，或顯有其他困難者。
　四　調取或命提出證物。
　五　就必要之事項，請求該管機關報告。

第 59 條（停止被付懲戒法官之職務）

Ⅰ 職務法庭審理法官懲戒案件，認爲情節重大，有先行停止職務之必要者，得依職權或依聲請裁定先行停止被付懲戒法官之職務，並通知所屬法院院長。

Ⅱ 職務法庭爲前項裁定前，應予被付懲戒法官陳述意見之機會。

Ⅲ 職務法庭第一審判決爲第五十條第一項第一款至第三款之懲戒處分者，除受懲戒法官已遭停職者外，應依職權裁定停止受懲戒法官之職務，並通知所屬法院院長。

Ⅳ 前項裁定，不得抗告。

Ⅴ 第一項及第三項裁定於送達受懲戒法官所屬法院院長之翌日起發生效力。

Ⅵ 第一項之裁定如經駁回，或第三項之判決如經廢棄，被停職法官得向司法院請求復職，其停止職務期間及復職後之給俸，準用公務人員俸給法之規定。

第 59 條之 1（第一審判決之上訴期限）

當事人對於職務法庭第一審之終局判決不服者，得自判決送達後二十日之不變期間內，上訴於職務法庭第二審。但判決宣示或公告後送達前之上訴，亦有效力。

第 59 條之 2（第一審判決之上訴理由）

對於職務法庭第一審判決提起上訴，非以其違背法令爲理由，不得爲之。

第 59 條之 3（判決違背法令之情形）

Ⅰ 判決不適用法規或適用不當者，爲違背法令。

Ⅱ 有下列各款情形之一者，其判決當然違背法令：
　一　判決職務法庭之組織不合法。
　二　依法律或裁判應迴避之法官或參審員參與審判。
　三　職務法庭對於權限之有無辨別不當。
　四　當事人於訴訟未經合法代理、代表或辯護。
　五　判決不備理由或理由矛盾，足以影響判決之結果。

第 59 條之 4（上訴狀之內容要件）

Ⅰ 提起上訴，應以上訴狀表明下列各款事項，提出於原職務法庭爲之：
　一　當事人。
　二　第一審判決，及對於該判決上訴之陳述。
　三　對於第一審判決不服之程度，及應如何廢棄或變更之聲明。
　四　上訴理由。

Ⅱ 前項上訴理由應表明下列各款事項：
　一　原判決所違背之法令及其具體內容。
　二　依訴訟資料合於該違背法令之具體事實。

Ⅲ 第一項上訴狀內應添具關於上訴理由之必要證據。

第 59 條之 5（第二審案件審結期限及行言詞辯論）

Ⅰ 職務法庭第二審案件應於六個月內審結。

Ⅱ 職務法庭第二審之判決，應經言詞辯論爲之。但職務法庭認爲不必要者，不在此限。

Ⅲ 前項言詞辯論實施之辦法，由懲戒法院定之。

第 59 條之 6（第一審案件之裁定得爲抗告）

對於職務法庭第一審案件之裁定，得提起抗告。但別有不許抗告之規定者，不在此限。

第 60 條（法官懲戒案件審理規則）

Ⅰ 職務法庭審理第四十七條第一項第一款法官懲戒案件審理規則，由司法院定之。

Ⅱ 職務法庭審理第四十七條第一項第二款、第三款及第四款法官職務案件之程序及裁判，除本法另有規定外，準用行政訴訟法之規定。

第 61 條（職務案件再審之訴）

Ⅰ 有下列各款情形之一者，當事人得提起再審之訴，對於確定終局判決聲明不服。但當事人已依上訴主張其事由或知其事由而不爲主張者，不在此限：
　一　適用法規顯有錯誤。
　二　判決職務法庭之組織不合法。
　三　依法律或裁定應迴避之法官、參審員參與審判。
　四　參與裁判之法官或參審員關於該訴訟違背職務，犯刑事上之罪已經證明，或關於該訴訟違背職務受懲戒處分，足以影響原判決。
　五　原判決所憑之證言、鑑定、通譯或證物，已證明係虛僞或僞造、變造。
　六　原判決就足以影響於判決之重要證物漏未斟酌。
　七　發現確實之新證據，足認應變更原判決。
　八　同一行爲其後經不起訴處分確定，或爲判決基礎之民事或刑事判決及其他裁判或行政處分，依其後之確定裁判或行政處分已變更。
　九　確定終局判決所適用之法律或命令，經司法院大法官依當事人之聲請，解釋爲牴觸憲法。

Ⅱ 前項第四款及第五款情形之證明，以經判決確定，或其刑事訴訟不能開始或續行非因證據不足者爲限，得提起再審之訴。

Ⅲ 判決確定後受判決人已死亡者，其配偶、直系血親、三親等內之旁系血親、二親等內之姻親或家長、家屬，得爲受判決人之利益，提起再審之訴。

Ⅳ 再審之訴，於原判決執行完畢後，亦得提起之。

第 62 條（再審之訴為原判決法院管轄）

I 再審之訴，專屬為判決之原職務法庭管轄之。

II 對於職務法庭就同一事件所為之第一審、第二審判決提起再審之訴者，由第二審合併管轄之。

III 對於職務法庭之第二審判決，本於前條第一項第五款至第八款事由聲明不服者，雖有前二項之情形，仍專屬職務法庭第一審管轄。

第 63 條（再審之訴期限）

I 提起再審之訴，應於下列期間為之：

一 以第六十一條第一項第一款至第三款、第六款為原因者，自原判決確定之翌日起三十日內。但判決於送達前確定者，自送達之翌日起算。

二 以第六十一條第一項第四款、第五款、第八款為原因者，自相關之裁判或處分確定之翌日起三十日內。但再審之理由知悉在後者，自知悉時起算。

三 以第六十一條第一項第七款為原因者，自發現新證據之翌日起三十日內。

四 以第六十一條第一項第九款為原因者，自解釋公布之翌日起三十日內。

II 為受懲戒法官之不利益提起再審之訴，於判決後經過一年者不得為之。

第 63 條之 1（第二審再審之訴無庸迴避）

職務法庭法官或懲戒法院法官曾參與職務法庭之第二審確定判決者，於就該確定判決提起之再審訴訟，無庸迴避。

第 64 條（再審程序之裁判執行限制）

提起再審之訴，無停止裁判執行之效力。

第 65 條（不合再審之訴之駁回）

職務法庭認為再審之訴不合法者，應以裁定駁回之。

第 66 條（無再審理由之駁回）

I 職務法庭認為再審之訴顯無再審理由者，得不經言詞辯論，以判決駁回之。

II 再審之訴雖有理由，職務法庭如認原判決為正當者，應以判決駁回之。

第 67 條（再審之訴之辯論及裁判範圍）

再審之訴之辯論及裁判，以聲明不服之部分為限。

第 68 條（不得提起再審之訴規定）

I 再審之訴，於職務法庭裁判前得撤回之。

II 再審之訴，經撤回或裁判者，不得更以同一原因提起再審之訴。

第 68 條之 1（裁定之聲請再審）

裁定已經確定，且有第六十一條第一項之情形者，得準用第六十一條至前條之規定，聲請再審。

第 69 條（懲戒處分效力及執行）

I 職務法庭懲戒處分之第二審判決，於送達受懲戒法官所屬法院院長之翌日起發生懲戒處分效力。

II 受懲戒法官因懲戒處分之判決而應為金錢之給付，經所屬法院定相當期間催告，逾期未履行者，該院得以判決書為執行名義，囑託民事執行處或法務部行政執行署所屬各分署代為執行。

III 前項執行程序，應視執行機關為民事執行處或法務部行政執行署所屬各分署而分別準用強制執行法或行政執行法之規定。

IV 受懲戒法官所屬法院院長收受剝奪或減少退休金及退養金處分之判決後，應即通知退休金及退養金之支給機關，由支給或發放機關依第二項規定催告履行及囑託執行。

V 第二項及第四項情形，於退休或其他原因離職法官，並得對其退休金、退養金或其他原因離職之給與執行。受懲戒法官死亡者，就其遺產強制執行。

VI 法官懲戒判決執行辦法，由司法院會同行政院、考試院定之。

第 70 條（大法官之懲戒）

I 司法院大法官之懲戒，得經司法院大法官現有總額三分之二以上之出席及出席人數三分之二以上之決議，由司法院移送監察院審查。

II 監察院審查後認應彈劾者，移送職務法庭審理。

第八章　法官之給與

第 71 條（法官之俸給）

I 法官不列官等、職等。其俸給，分本俸、專業加給、職務加給及地域加給，均以月計之。

II 前項本俸之級數及點數，依法官俸表之規定。

III 本俸按法官俸表俸點依公務人員俸表相同俸點折算俸額標準折算俸額。

IV 法官之俸級區分如下：

一 實任法官本俸分二十級，從第一級至第二十級，並自第二十級起敘。

二 試署法官本俸分九級，從第十四級至第二十二級，並自第二十二級起敘。依本法第五條第二項第七款轉任法官者，準用現職法官改任換敘辦法敘薪。

三 候補法官本俸分六級，從第十九級至第二十四級，並自第二十四級起敘。

V 律師、教授、副教授、助理教授及中央研究院研究員、副研究員、助研究員轉任法官者，依其執業、任教或服務年資六年、八年、十年、十四年及十八年以上者，分別自第二十二級、二十一級、二十級、十七級及第十五級起敘。

VI 法官各種加給之給與條件、適用對象及支給數額，依行政院所定各種加給表規定辦理。但全國公務人員各種加給年度通案調整時，以具法官身分者為限，其各種加給應按各該加給通案調幅調整之。

VII 法官生活津貼及年終工作獎金等其他給與，準

用公務人員相關法令規定。

Ⅷ法官曾任公務年資，如與現任職務等級相當、性質相近且服務成績優良者，得按年核計加級至所任職務最高俸級為止。

Ⅸ前項所稱等級相當、性質相近、服務成績優良年資提敘俸級之認定，其辦法由考試院會同司法院、行政院定之。

第 72 條（司法院長、副院長、大法官、特任庭長之俸給支給）

Ⅰ司法院院長、副院長、大法官、最高法院院長、最高行政法院院長及懲戒法院院長之俸給，按下列標準支給之：

一　司法院院長準用政務人員院長級標準支給。

二　司法院副院長準用政務人員副院長級標準支給。

三　司法院大法官、最高法院院長、最高行政法院院長及懲戒法院院長準用政務人員部長級標準支給。

Ⅱ前項人員並給與前條第一項規定之專業加給。

Ⅲ司法院秘書長由法官、檢察官轉任者，其俸給依第一項第三款及第二項標準支給。

第 73 條（法官之職務評定）

Ⅰ法官現辦事務所在之法院院長或機關首長應於每年年終，辦理法官之職務評定，報送司法院核定。法院院長評定時，應先徵詢該法院相關庭長、法官之意見。

Ⅱ法官職務評定項目包括學識能力、品德操守、敬業精神及裁判品質；其評定及救濟程序等有關事項之辦法，由司法院定之。

第 74 條（法官考核之獎勵）

Ⅰ法官任職至年終滿一年，經職務評定為良好，且未受有刑事處罰、懲戒處分者，晉一級，並給與一個月俸給總額之獎金；已達所敘職務最高俸級者，給與二個月俸給總額之獎金。但任職不滿一年已達六個月，未受有刑事處罰、懲戒處分者，獎金折半發給。

Ⅱ法官連續四年職務評定為良好，且未受有刑事處罰、懲戒處分者，除給與前項之獎金外，晉二級。

Ⅲ法官及司法行政人員於年度中相互轉（回）任時，其轉（回）任當年之年資，得合併計算參加年終考績或職務評定。

Ⅳ第一項及第二項有關晉級之規定於候補、試署服務成績審查不及格者不適用之。

第 75 條（法官改任及轉任之規定）

Ⅰ現職法官之改任換敘及行政、教育、研究人員與法官之轉任提敘辦法，由考試院會同司法院、行政院定之。

Ⅱ依法官俸表所支俸給如較原支俸給為低者，補足其差額，並隨同待遇調整而併銷。

Ⅲ前項所稱待遇調整，指全國軍公教員工待遇之調整、職務調動（升）、職務評定晉級所致之待遇調整。

第 76 條（實任法官轉任司法行政職務之保障與限制）

Ⅰ實任法官轉任司法行政人員者，視同法官，其年資及待遇，依相當職務之法官規定列計，並得不受公務人員任用法，有關晉升簡任官等訓練合格之限制；轉任期間三年，得延長一次；其達司法行政人員屆齡退休年齡三個月前，應予回任法官。

Ⅱ前項任期於該實任法官有兼任各法院院長情事者，二者任期合計以六年為限。但司法院認確有必要者，得延任之，延任期間不得逾三年。

Ⅲ第十一條第一項及前二項所定任期，於免兼或回任法官本職逾二年時，重行起算。

Ⅳ曾任實任法官之第七十二條人員回任法官者，不受公務人員任用法第二十七條之限制。

Ⅴ第一項轉任、回任、換敘辦法，由考試院會同司法院、行政院定之。

第 77 條（法官之優遇）

Ⅰ實任法官任職十五年以上年滿七十歲者，應停止辦理審判案件，得從事研究、調解或其他司法行政工作；滿六十五歲者，得申請調任地方法院辦理簡易案件。

Ⅱ實任法官任職十五年以上年滿六十五歲，經中央衛生主管機關評鑑合格之醫院證明身體衰弱，難以勝任職務者，得申請停止辦理審判案件。

Ⅲ前二項停止辦理審判案件法官，仍為現職法官，但不計入該機關所定員額之內，支領俸給總額之三分之二，並得依公務人員退休法及公務人員撫卹法辦理自願退休及撫卹。

Ⅳ第一項、第二項停止辦理審判案件之申請程序、從事研究之方法項目、業務種類等有關事項之辦法，由司法院定之。

第 78 條（法官之自願退休）

Ⅰ法官自願退休時，除依公務人員退休法規定給與一次退休金總額或月退休金外，其為實任法官者，另按下列標準給與一次退養金或月退養金：

一　任職法官年資十年以上十五年未滿者，給與百分之二十，十五年以上者，給與百分之三十。

二　五十五歲以上未滿六十歲者，任職法官年資十五年以上二十年未滿者，給與百分之四十，二十年以上者，給與百分之五十。

三　六十歲以上未滿七十歲，且任職法官年資滿二十年者，給與百分之六十，其每逾一年之年資，加發百分之八，最高給與百分之一百四十。

滿二十年以上之年資，尾數不滿六個月者，給與百分之四，滿六個月以上者，以一年計。但本法施行前，年滿六十五歲者，於年滿七十歲前辦理自願退休時，給與百分之一百四十。

四　七十歲以上者，給與百分之五。

II依前項給與標準支領之月退養金與依法支領之月退休金、公保養老給付之每月優惠存款利息合計，超過同俸級現職法官每月俸給之百分之九十八者，減少其月退養金給與數額，使每月所得，不超過同俸級現職法官每月俸給之百分之九十八。

III第二項退養金給與辦法由司法院會同考試院、行政院定之。

IV司法院大法官、最高法院院長、最高行政法院院長及懲戒法院院長退職時，除準用政務人員退職撫卹條例規定給與離職儲金外，並依前三項規定給與退養金。但非由實任法官、檢察官轉任者，不適用退養金之規定。

V司法院秘書長由法官、檢察官轉任者，準用前項規定。

第 79 條（法官之資遣）

I法官經中央衛生主管機關評鑑合格之醫院證明身體衰弱，不堪工作者，得準用公務人員有關資遣之規定申請資遣。

II法官經中央衛生主管機關評鑑合格之醫院證明身心障礙難以回復或依第四十三條第一項第六款之規定停止職務超過三年者，得準用公務人員有關資遣之規定資遣之。

III前二項資遣人員除依法給與資遣費外，並比照前條規定，發給一次退養金。

第 80 條（法官之撫卹）

I法官之撫卹，適用公務人員撫卹法之規定。

II司法院大法官、最高法院院長、最高行政法院院長及懲戒法院院長，其在職死亡之撫卹，準用政務人員退職撫卹條例之規定。

III司法院秘書長由法官、檢察官轉任者，準用前項規定。

第九章　法官之考察、進修及請假

第 81 條（法官之在職進修）

I法官每年度應從事在職進修。

II司法院應逐年編列預算，遴選各級法院法官，分派國內外從事司法考察或進修。

第 82 條（法官進修之申請規則）

I實任法官每連續服務滿七年者，得提出具體研究計畫，向司法院申請自行進修一年，進修期間支領全額薪給，期滿六個月內應提出研究報告送請司法院審核。

II前項自行進修之人數，以不超過當年度各該機

關法官人數百分之七為限。但人數不足一人時，以一人計。

第 83 條（法官留職停薪進修及年限）

I實任法官於任職期間，得向司法院提出入學許可證明文件，經同意後，聲請留職薪。

II前項留職停薪之期間，除經司法院准許外，以三年為限。

第 84 條（法官考察及進修規則之訂定）

I前三條之考察及進修，其期間、資格條件、遴選程序、進修人員比例及研究報告之著作財產權歸屬等有關事項之辦法，由司法院定之。

第 85 條（法官之請假規則）

I法官之請假，適用公務人員有關請假之規定。

II除本法另有規定外，法官之留職停薪，準用公務人員有關留職停薪之規定。

第十章　檢察官

第 86 條（檢察官之定義）

I檢察官代表國家依法追訴處罰犯罪，為維護社會秩序之公益代表人。檢察官須超出黨派以外，維護憲法及法律保護之公共利益，公正超然、勤慎執行檢察職務。

II本法所稱檢察官，指下列各款人員：

一　最高法院檢察署檢察總長、主任檢察官、檢察官。

二　高等法院以下各級法院及其分院檢察署檢察長、主任檢察官、檢察官。

III前項第二款所稱之檢察官，除有特別規定外，包括試署檢察官、候補檢察官。

IV本法所稱實任檢察官，係指試署服務成績審查及格，予以實授者。

第 87 條（檢察官之任用資格）

I地方法院或其分院檢察署檢察官，應就具有下列資格之一者任用之：

一　經法官、檢察官考試及格。

二　曾任法官。

三　曾任檢察官。

四　曾任公設辯護人六年以上。

五　曾實際執行律師職務六年以上，成績優良，具擬任職務任用資格。

六　公立或經立案之私立大學、獨立學院法律學系或其研究所畢業，曾任教育部審定合格之大學或獨立學院專任教授、副教授或助理教授合計六年以上，講授主要法律科目二年以上，有法律專門著作，具擬任職務任用資格。

II高等法院或其分院檢察署檢察官，應就具有下列資格之一者任用之：

一　曾任地方法院或其分院實任法官、地方法院或其分院檢察署實任檢察官二年以上，

成績優良。

二　曾實際執行律師職務十四年以上，成績優良，具擬任職務任用資格。

III最高法院檢察署檢察官，應就具有下列資格之一者任用之：

一　曾任高等法院或其分院實任法官、高等法院或其分院檢察署實任檢察官四年以上，成績優良。

二　曾任高等法院或其分院實任法官、高等法院或其分院檢察署實任檢察官，並任地方法院或其分院兼任院長之法官、地方法院或其分院檢察署檢察長合計四年以上，成績優良。

三　公立或經立案之私立大學、獨立學院法律學系或其研究所畢業，曾任教育部審定合格之大學或獨立學院專任教授，講授主要法律科目，有法律專門著作，並曾任高等法院或其分院法官、高等法院或其分院檢察署檢察官。

IV第一項第六款、前項第三款所稱主要法律科目，指憲法、民法、刑法、國際私法、商事法、行政法、民事訴訟法、刑事訴訟法、行政訴訟法、強制執行法、破產法及其他經考試院指定為主要法律科目者。

V未具擬任職務任用資格之律師、教授、副教授及助理教授，其擬任職務任用資格取得之考試，得採筆試、口試及審查著作發明、審查知能有關學歷、經歷證明之考試方式行之，其考試辦法由考試院定之。

VI經依前項通過擬任職務任用資格考試及格者，僅取得參加由考試院委託法務部依第八十八條辦理之檢察官遴選之資格。

VII法務部為辦理前項檢察官遴選，其遴選標準、遴選程序、被遴選人員年齡之限制及其他應遵行事項之辦法，由行政院會同考試院定之。

第88條（初任檢察官至取得實任檢察官之年限及審核程序）

I依前條第一項第一款之規定，任用為檢察官者，為候補檢察官，候補期間五年，候補期滿審查及格者，予以試署，試署期間一年。

II具前條第一項第四款至第六款資格經遴選者，為試署檢察官，試署期間二年。

III具前條第二項第二款資格經遴選者，為試署檢察官，試署期間一年。

IV曾任候補、試署、實任法官或檢察官經遴選者，為候補、試署、實任檢察官。

V對於候補檢察官、試署檢察官，應考核其服務成績；候補、試署期滿時，應陳報法務部送請檢察官人事審議委員會審查。審查及格者，予以試署、實授；不及格者，應於二年內再予考核，

報請審查，仍不及格時，停止其候補、試署並予以解職。

VI前項服務成績項目包括學識能力、敬業精神、辦案品質、品德操守及身心健康情形。

VII檢察官人事審議委員會為服務成績之審查時，除法官、檢察官考試及格任用者外，應徵詢檢察官遴選委員會意見；為不及格之決定前，應通知受審查之候補、試署檢察官陳述意見。

VIII法務部設檢察官遴選委員會，掌理檢察官之遴選；已具擬任職務任用資格之檢察官之遴選，其程序、檢察官年齡限制等有關事項之辦法，由法務部定之。

IX經遴選為檢察官者，應經研習；其研習期間、期間縮短或免除、實施方式、津貼、費用、請假、考核、獎懲、研習資格之保留或廢止等有關事項之辦法，由法務部定之。

X候補、試署檢察官，於候補、試署期間辦理之事務、服務成績考核及再予考核等有關事項之辦法，由法務部定之。

第89條（檢察官準用本法之部分規定）

I本法第一條第二項、第三項、第六條、第十二條、第十三條第二項、第十五條、第十六條第一款、第二款、第四款、第五款、第十七條、第十八條、第四十二條第一項、第二項、第四項、第四十三條第一項至第三項、第五項、第四十四條至第四十六條、第四十九條、第五十條、第五十條之一、第七十一條、第七十三條至第七十五條、第七十六條第一項、第四項、第五項、第七十七條、第七十八條第一項至第三項、第七十九條、第八十條第一項、第一百零一條之二、第五章、第九章有關法官之規定，於檢察官準用之；其有關司法院、法官學院及審判機關之規定，於法務部、法務部司法官學院及檢察機關準用之。

II高等檢察署以下各級檢察署及其檢察分署檢察長、主任檢察官之職期調任辦法，由法務部定之。

III檢察官評鑑委員會由檢察官三人、法官一人、律師三人、學者及社會公正人士六人組成；評鑑委員任期為二年，得連任一次。

IV檢察官有下列各情事之一者，應付個案評鑑：

一　裁判確定後或自第一審繫屬日起已逾六年未能裁判確定之案件、不起訴處分或緩起訴處分確定之案件，有事實足認因故意或重大過失，致有明顯違誤，而嚴重侵害人民權益者。

二　有第九十五條第二款情事，情節重大。

三　違反第十五條第二項、第三項規定。

四　違反第十五條第一項、第十六條或第十八條規定，情節重大。

五 違反偵查不公開等辦案程序規定或職務規定，情節重大。

六 無正當理由遲延案件之進行，致影響當事人權益，情節重大。

七 違反檢察官倫理規範，情節重大。

V適用法律之見解，不得據爲檢察官個案評鑑之事由。

VI第四項第七款檢察官倫理規範，由法務部定之。

VII檢察官有第四項各款所列情事之一，有懲戒之必要者，應受懲戒。

VIII檢察官之懲戒，由懲戒法院職務法庭審理之。其移送及審理程序準用法官之懲戒程序。

IX法務部部長由法官、檢察官轉任者及最高檢察署檢察總長，其俸給準用第七十二條第一項第三款及第二項標準支給。法務部政務次長由法官、檢察官轉任者，其俸給準用政務人員次長級標準支給，並給與第七十一條第一項規定之專業加給。

X法務部部長、政務次長由法官、檢察官轉任者退職時，準用第七十八條第四項規定辦理。最高檢察署檢察總長退職時，亦同。

XI最高檢察署檢察總長在職死亡之撫卹，準用第八十條第二項之規定。

第90條（檢察官人事審議委員會之設置及執掌）

I法務部設檢察官人事審議委員會，審議高等法院以下各級法院及其分院檢察署主任檢察官、檢察官之任免，轉任、停止職務、解職、陞遷、考核及獎懲事項。

II前項審議之決議，應報請法務部部長核定後公告之。

III第一項委員會之設置及審議規則，由法務部定之。

IV法務部部長遴任檢察長前，檢察官人事審議委員會應提出職缺二倍人選，由法務部部長圈選之。檢察長之遷調應送檢察官人事審議委員會徵詢意見。

V檢察官人事審議委員會置委員十七人，由法務部部長指派代表四人、檢察總長及其指派之代表三人與全體檢察官所選出之代表九人組成之，由法務部部長指派具法官、檢察官身分之次長爲主任委員。

VI前項選任委員之任期，均爲一年，連選得連任一次。

VII全體檢察官代表，以全國爲單一選區，以秘密、無記名及單記直接選舉產生，每一檢察署以一名代表爲限。

VIII檢察官人事審議委員會之組成方式、審議對象、程序、決議方式及相關事項之審議規則，由法務部徵詢檢察官人事審議委員會後定之。但審議規則涉及檢察官任免、考績、級俸、陞遷及褒獎之事項者，由行政院會同考試院定之。

第91條（檢察官會議之設置職權）

I各級法院及其分院檢察署設檢察官會議，由該署全體實際辦案之檢察官組成。

II檢察官會議之職權如下：

一 年度檢察事務分配、代理順序及分案辦法之建議事項。

二 檢察官考核、監督之建議事項。

三 第九十五條所定對檢察官爲監督處分之建議事項。

四 統一法令適用及起訴標準之建議事項。

五 其他與檢察事務有關之事項之建議事項。

III檢察總長、檢察長對於檢察官會議之決議有意見時，得交檢察官會議復議或以書面載明理由附於檢察官會議紀錄後，變更之。

IV檢察官會議實施辦法，由法務部定之。

第92條（書面指揮制度之建立）

I檢察官對法院組織法第六十三條第一項、第二項指揮監督長官之命令，除有違法之情事外，應服從之。

II前項指揮監督命令涉及強制處分權之行使、犯罪事實之認定或法律之適用者，其命令應以書面附理由爲之。檢察官不同意該書面命令時，得以書面敘明理由，請求檢察總長或檢察長行使法院組織法第六十四條之權限，檢察總長或檢察長如未變更原命令者，應即依第九十三條規定處理。

第93條（明定檢察首長行使職務承繼權及職務轉移權之規定）

I檢察總長、檢察長於有下列各款情形之一者，得依法院組織法第六十四條親自處其所指揮監督之檢察官之事務，並得將該事務移轉於其所指揮監督之其他檢察官處理：

一 爲求法律適用之妥適或統一追訴標準，認有必要時。

二 有事實足認檢察官執行職務違背法令、顯有不當或有偏頗之虞時。

三 檢察官不同意前條第二項之書面命令，經以書面陳述意見後，指揮監督長官維持原命令，其仍不遵從。

四 特殊複雜或專業之案件，原檢察官無法勝任，認有移轉予其他檢察官處理之必要時。

II前項情形，檢察總長、檢察長之命令應以書面附理由爲之。

III前二項指揮監督長官之命令，檢察官應服從之，但得以書面陳述不同意見。

第94條（各級法院及其分院檢察署行政監督權之行使範圍）

I各級法院及其分院檢察署行政之監督，依下列

規定：
一 法務部部長監督各級法院及分院檢察署。
二 最高法院檢察署檢察總長監督該檢察署。
三 高等法院檢察署檢察長監督該檢察署及其
分院檢察署與所屬地方法院及其分院檢察
署。
四 高等法院檢察署智慧財產分署檢察長監督
該分署。
五 高等法院分院檢察署檢察長監督該檢察署
與轄區內地方法院及其分院檢察署。
六 地方法院檢察署檢察長監督該檢察署及其
分院檢察署。
七 地方法院分院檢察署檢察長監督該檢察署。

II 前項行政監督權人為行使監督權，得就一般檢
察行政事務頒布行政規則，督促全體檢察官注
意辦理。但法務部部長不得就個別檢察案件對
檢察總長、檢察長、主任檢察官、檢察官為具
體之指揮、命令。

第 95 條（職務監督權人之處分權限及行使方
式）
前條所定監督權人，對於被監督之檢察官得為下列
處分：
一 關於職務上之事項，得發命令促其注意。
二 有廢弛職務、侵越權限或行為不檢者，加以警
告。

第 96 條（懲戒權與職務監督處分權行使之範
疇）
I 被監督之檢察官有前條第二款之情事，情節重
大者，第九十四條所定監督權人得以所屬機關
名義，請求檢察官評鑑委員會評鑑，或移由法
務部準用第五十一條第二項、第三項規定辦理。
II 被監督之檢察官有前條第二款之情事，經警告
後一年內再犯，或經警告累計達三次者，視同
情節重大。

第十一章 附 則

第 97 條（實任法官、檢察官申請免試取得律師
考試及格資格之時間與應繳驗之文
件）
I 實任法官、檢察官於自願退休或自願離職生效
日前六個月起，得向考選部申請全部科目免試
以取得律師考試及格資格。
II 前項申請應繳驗司法院或法務部派令、銓敘部
銓敘審定函及服務機關出具之服務紀錄良好證
明等文件；服務紀錄良好證明之內容、標準及
其他應遵循事項之辦法，由司法院、法務部分
別定之。

第 98 條（本法施行前已取得法官、檢察官任用
資格之規定）
I 現職法官於本法施行前已任命為實任法官者，

毋須經法官遴選程序，當然取得法官之任用資
格，且其年資之計算不受影響，本法施行前已
任命為實任檢察官者，亦同。
II 法官、檢察官之年資相互併計。

第 99 條（本法施行前未取得法官、檢察官任用
資格之規定）
於本法施行前尚未取得實任法官、檢察官資格者，
仍依施行前之相關法令取得其資格，但有關候補法
官於候補期間僅得擔任陪席法官或受命法官之限
制，仍依本法規定。

第 100 條（本法施行前已優遇之法官、檢察官
權益適用規定）
本法施行前已依司法人員人事條例第四十條第一項
或第二項停止辦理案件之實任法官、檢察官，支領
現職法官、檢察官之俸給，不適用第七十七條第三
項之規定。

第 101 條（與本法牴觸之不適用情形）
自本法施行後，現行法律中有關法官、檢察官之相
關規定，與本法牴觸者，不適用之。

第 101 條之 1（本法修正施行後程序從新，實
體從舊從輕原則）
本法中華民國一百零八年六月二十八日修正之條文
施行前，已繫屬於職務法庭之案件尚未終結者，於
本法修正施行後，依下列規定辦理：
一 由職務法庭依修正後之程序規定繼續審理。但
修正施行前已依法進行之程序，其效力不受影
響。
二 其懲戒種類及其他實體規定，依修正施行前之
規定。但修正施行後之規定有利於被付懲戒法
官、檢察官者，依最有利於被付懲戒法官、檢
察官之規定。

第 101 條之 2（第五十條之一修正施行後之適
用對象）
第五十條之一修正施行前，有該條第一項規定之情
形者，不適用修正施行後之規定。

第 101 條之 3（已任遴選、評鑑委員會委員及
職務法庭法官者之任期提前終
止）
本法中華民國一百零八年六月二十八日修正之第七
條、第三十四條及第四十八條施行前，已任法官遴
選委員會委員、法官評鑑委員會委員及職務法庭法
官者，任期至上開條文施行日前一日止，不受修正
前任期之限制。

第 102 條（施行細則）
I 本法施行細則由司法院會同行政院、考試院定
之。
II 律師公會全國聯合會依本法授權訂定之辦法，
其訂定、修正及廢止應經主管機關備查，並即
送立法院。

第 103 條（施行日）

Ⅰ 本法除第五章法官評鑑自公布後半年施行、第七十八條自公布後三年六個月施行者外，自公布後一年施行。

Ⅱ 本法中華民國一百零八年六月二十八日修正之條文，除第二條、第五條、第九條、第三十一條、第四十三條、第七十六條、第七十九條及第一百零一條之三，自公布日施行者外，其餘條文自公布後一年施行。

法律倫理

法官倫理規範

中華民國 101 年 1 月 5 日司法院令訂定發布全文 28 條；
並自 101 年 1 月 6 日施行

第 1 條
本規範依法官法第十三條第二項規定訂定之。

第 2 條
法官為捍衛自由民主之基本秩序，維護法治，保障人權及自由，應本於良心，依據憲法及法律，超然、獨立從事審判及其他司法職務，不受任何干涉，不因家庭、社會、政治、經濟或其他利害關係，或可能遭公眾批評議論而受影響。

第 3 條
法官執行職務時，應保持公正、客觀、中立，不得有損及人民對於司法信賴之行為。

第 4 條
法官執行職務時，不得因性別、種族、地域、宗教、國籍、年齡、身體、性傾向、婚姻狀態、社會經濟地位、政治關係、文化背景或其他因素，而有偏見、歧視、差別待遇或其他不當行為。

第 5 條
法官應保有高尚品格，謹言慎行，廉潔自持，避免有不當或易被認為損及司法形象之行為。

第 6 條
法官不得利用其職務或名銜，為自己或他人謀取不當財物、利益或要求特殊待遇。

第 7 條
法官對於他人承辦之案件，不得關說或請託。

第 8 條
I 法官不得收受與其職務上有利害關係者之任何餽贈或其他利益。
II 法官收受與其職務上無利害關係者合乎正常社交禮俗標準之餽贈或其他利益，不得有損司法或法官之獨立、公正、中立、廉潔、正直形象。
III 法官應要求其家庭成員或受其指揮、服從其監督之法院人員遵守前二項規定。

第 9 條
法官應隨時注意保持並充實執行職務所需之智識及能力。

第 10 條
法官應善用在職進修、國內外考察或進修之機會，增進其智識及能力。

第 11 條
法官應謹慎、勤勉、妥速執行職務，不得無故延滯或增加當事人、關係人不合理之負擔。

第 12 條
I 法官開庭前應充分準備；開庭時應客觀、公正、中立、耐心、有禮聽審，維護當事人、關係人訴訟上權利或辯護權。
II 法官應維持法庭莊嚴及秩序，不得對在庭之人辱罵、無理之責備或有其他損其尊嚴之行為。
III 法官得鼓勵、促成當事人進行調解、和解或以其他適當方式解決爭議，但不得以不當之方式為之。

第 13 條
法官就審判職務上受其指揮或服從其監督之法院人員，應要求其切實依法執行職務。

第 14 條
法官知悉於承受案件時，當事人之代理人或辯護人與自己之家庭成員於同一事務所執行律師業務者，應將其事由告知當事人並陳報院長知悉。

第 15 條
I 法官就承辦之案件，除有下列情形之一者外，不得僅與一方當事人或其關係人溝通、會面：
一　有急迫情形，無法通知他方當事人到場。
二　經他方當事人同意。
三　就期日之指定、程序之進行或其他無涉實體事項之正當情形。
四　法令另有規定或依其事件之性質確有必要。
II 有前項各款情形之一者，法官應儘速將單方溝通、會面內容告知他方當事人。但法令另有規定者，不在此限。

第 16 條
法官不得揭露或利用因職務所知悉之非公開訊息。

第 17 條
I 法官對於繫屬中或即將繫屬之案件，不得公開發表可能影響裁判或程序公正之言論。但依合理之預期，不足以影響裁判或程序公正，或本於職務上所必要之公開解說者，不在此限。
II 法官應要求受其指揮或服從其監督之法院人員遵守前項規定。

第 18 條
法官參與職務外之團體、組織或活動，不得與司法職責產生衝突，或有損於司法或法官之獨立、公正、中立、廉潔、正直形象。

第 19 條
法官不得為任何團體、組織募款或召募成員。但為機關內部成員所組成或無損於司法或法官之獨立、公正、中立、廉潔、正直形象之團體、組織募款或召募成員，不在此限。

第 20 條

I 法官參與司法職務外之活動，而收受非政府機關支給之報酬或補助逾一定金額者，應申報之。

II 前項所稱一定金額及申報程序，由司法院定之。

第 21 條

I 法官於任職期間不得從事下列政治活動：

一 為政黨、政治團體、組織或其內部候選人、公職候選人公開發言或發表演說。

二 公開支持、反對或評論任一政黨、政治團體、組織或其內部候選人、公職候選人。

三 為政黨、政治團體、組織或其內部候選人、公職候選人募款或為其他協助。

四 參與政黨、政治團體、組織之內部候選人、公職候選人之政治性集會或活動。

II 法官不得指示受其指揮或服從其監督之法院人員或利用他人代為從事前項活動；並應採取合理措施，避免親友利用法官名義從事前項活動。

第 22 條

法官應避免為與司法或法官獨立、公正、中立、廉潔、正直形象不相容之飲宴應酬、社交活動或財物往來。

第 23 條

法官不得經營商業或其他營利事業，亦不得為有減損法官廉潔、正直形象之其他經濟活動。

第 24 條

I 法官不得執行律師職務，並避免為輔佐人。但無償為其家庭成員、親屬提供法律諮詢或草擬法律文書者，不在此限。

II 前項但書情形，除家庭成員外，法官應告知該親屬宜尋求其他正式專業諮詢或法律服務。

第 25 條

本規範所稱家庭成員，指配偶、直系親屬或家長、家屬。

第 26 條

法官執行職務時，知悉其他法官、檢察官或律師確有違反其倫理規範之行為時，應通知該法官、檢察官所屬職務監督權人或律師公會。

第 27 條

司法院得設諮詢委員會，負責本規範適用疑義之諮詢及研議。

第 28 條

本規範自中華民國一百零一年一月六日施行。

各級法院法官自律實施辦法

1. 中華民國101年6月11日司法院令訂定發布全文19條；並自101年7月6日施行
2. 中華民國108年7月24日司法院令修正發布第2、6、19條條文；增訂第2-1條條文；並自發布日施行

第1條

本辦法依法官法（以下簡稱本法）第二十三條第三項規定訂之。

本辦法之授權依據。

第2條

I 各級法院及其分院應設法官自律委員會（以下簡稱自律會），辦理本院法官之自律事件，以維護法官優良之品德操守及敬業精神，提升司法形象。但法官人數三人以下之法院，不在此限。

II 前項所稱本院法官，包括調入辦理審判事務之法官及調至司法院、法官學院或法務部司法官學院辦事之法官。

III 法官人數不滿十人之法院，得與其他同審級法院合併設立自律會。

IV 法官於自律事實之行為終了後轉任司法行政人員、遷調、退休或其他原因離職者，其自律事件應由行為終了時任職之法院自律會審議後，由該法院院長為適當之處置，必要時應將處置結果通知法官現任職法院院長。

V 本辦法對轉任司法行政人員、退休或其他原因離職之法官，於轉任、退休或離職前之行為適用之。

VI 本辦法所稱法院及院長，包括公務員懲戒委員會及其委員長。

第2條之1

I 各級法院院長發現法官有違反法官倫理規範或其他應受職務監督情事者，應主動依本法第二十一條或第二十二條規定處置；必要時，始得先送交自律會審議。

II 自律會之決議，不影響各級法院院長職務監督權之行使。

第3條

I 自律會由法官代表組成，院長為當然委員。

II 法院法官人數在十人以下者，以法官代表三人（包括院長）為自律會委員；人數逾十人者，每逾十人，增加委員一人，零數未滿十人者，以十人計。委員至多不得逾九人。

III 院長以外之委員，三分之二由全體法官以無記名秘密投票方式推選產生，三分之一由院長指定；其非整數時，以四捨五入方式計算。

IV 最近五年曾受懲戒處分者，不得為前項票選或指定之委員。

V 第三項所稱全體法官，不包括受停止職務處分或留職停薪、帶職帶薪全時進修之法官。

VI 依前條第三項規定合併設立自律會者，除各合併之法院院長為當然委員外，其餘委員，由合併之各法院全體法官推選產生。

VII 院長以外之委員任期一年，自每年七月一日至次年六月三十日止，期滿得連任。但本法施行後當年之自律會委員任期，自就職日起至次年六月三十日止。

VIII 委員辭職，應經院長核可後始生效力。

IX 自律會委員名單，應層報司法院，司法院並得將全部委員名單公開於司法院院內網站。

第4條

I 自律會委員須親自出席，不得委託他人代理。

II 委員之迴避，準用行政訴訟法有關法官迴避之規定。

第5條

I 自律會委員出缺時，依該委員產生之方式，由院長指定或以原選次多數之被選人依序遞補之。

II 委員因故長期不能行使職務或有事實足認其不適宜繼續擔任自律會委員時，依該委員產生之方式，由院長重新指定或經院長提交自律會決議解職並以原選次多數之被選人依序遞補之。

III 依前二項遞補及重新指定之委員，其任期接續原委員任期計算。

第6條

I 各級法院院長或法官三人以上，於本院法官有下列情形之一者，得檢具相關資料，送交自律會審議：

一　違反職務上義務、怠於執行職務或言行不檢。

二　違反本法第十五條規定。

三　兼任本法第十六條各款所列職務或業務。

四　洩漏職務上之秘密。

五　嚴重違反辦案程序規定或職務規定。

六　無正當理由遲延案件之進行、宣示裁判或交付裁判原本顯有不當之稽延，經通知於相當期限內改善，而不改善。

七　接受他人關說案件。

八　辦理合議案件，未依法評議。

九　確定裁判經非常上訴判決認審判違背法令，其疏失情節嚴重。

十　其他違反法官倫理規範而有自律之必要。

II 前項第九款情形，其自律事實之送交，應自確定裁判生效之日起二年內為之；其餘各款情形，應自行為終了之日起二年內為之。但自律事實所涉及之案件尚未終結者，自律會得中止程序，並應於中止原因消滅後續行自律程序。

第 7 條
法官依法有應受獎勵之事由者，得依前條第一項之程序送交自律會審議。

第 8 條
I 自律會會議由院長召集並任主席；依第二條第三項規定合設自律會，致有二位以上院長為委員者，由資深之院長召集並任主席。

II 院長因故不能召集或出席會議時，由院長指定之委員一人為之。

III 自律會每三個月開會一次，無議案時得不召開，必要時得加開臨時會；委員二人以上亦得以書面請求院長召集。

IV 自律會會議之決議，應有委員總額過半數之出席，出席委員過半數之同意行之；可否同數時，取決於主席。

V 審議時，各委員陳述之意見，應列入紀錄。

第 9 條
自律會得成立任務編組，定期或不定期抽查該法院法官有無第六條第一項第六款所列情形，並提出自律會審議之。

第 10 條
自律會為了解法官有無第六條第一項各款所列情形，必要時得調閱有關卷證。

第 11 條
自律會開會時，應通知被付審議之法官列席或提出書面說明，並得通知被付審議之法官所屬庭長或其他相關人員列席或提出書面說明。

第 12 條
I 自律會經審議認為法官有第六條第一項各款所列情形者，得下列決議：

一　建議職務監督權人依本法第二十一條第一項第一款發命命促其注意。

二　建議職務監督權人依本法第二十一條第一項第二款加以警告。

三　建議院長以所屬法院名義請求法官評鑑委員會評鑑。

四　建議司法院依本法第五十一條第二項規定逕行移送監察院審查。

五　建議限期改善或其他適當之處置。

II 自律會經審議認為法官有依法應受獎勵之事由者，應作成建議司法院獎勵之決議。

III 前二項之決議，不得聲明不服。

第 13 條
I 自律會經審議認為法官不符第六條第一項之情形或其自律事實逾送交自律期間者，應決議不付處置。

II 自律事實因逾送交自律期間而不付處置時，不影響職務監督權之行使。

第 14 條
I 自律會會議，應作成會議紀錄，並即層報司法院核備。

II 司法院認為自律會之決議不當時，得發交該法院重行審議或為其他適當之處置。

第 15 條
自律會之決議，應以書面通知被付審議之法官。

第 16 條
自律會出、列席人員，就會議中有關個人能力、操守及其他依法應保守秘密之事項，應嚴守秘密。

第 17 條
自律會之幕僚作業，由各級法院之文書科辦理。

第 18 條
I 司法院派員視導所屬法院時，得調閱自律會議之相關卷證。

II 各級法院自律之實施情形，得作為司法院辦理各級法院團體績效評比之參考。

第 19 條
I 本辦法自中華民國一百零一年七月六日施行。

II 本辦法修正條文，自發布日施行。

法官社交及理財自律事項

中華民國 89 年 1 月 25 日司法院函訂定發布全文 6 點

一

法官不得與案件繫屬中之當事人、關係人及其代理人、辯護人酬酢往來。但合於一般禮俗、學術、司法、公益等活動者，不在此限。

❖ **實務見解**

▶ 100 鑑 11936（議決）

法官，為依法令有審判職務之人員，於獲知友人企圖影響其對個案審判之後，仍接受邀宴，並談及審理中之案情，嚴重損及法官形象及司法公信等一切情狀，有違公務員服務法第五條公務員應誠實清廉，謹慎勤勉，不得有足以損失名譽之行為之規定，應依公務員懲戒法第二條各款規定，公務員有違法、廢弛職務或其他失職行為時，應受懲戒。

二

法官應避免經常與特定律師在社交場所出現。但有前條但書之情形者，不在此限。

三

法官應避免與律師、案件之當事人有財務往來。但該當事人為金融機構且其交易係正當者，不在此限。

❖ **實務見解**

▶ 98 鑑 11428（議決）

被付懲戒人係臺灣高等法院臺南分院法官，沈湎於麻將賭博，每利用下班時間或假日，至友人住處以麻將牌賭博財物，每次輸贏約在新台幣二萬元左右，一年搓打麻將賭博多達一百餘次。且於九十年五、六月間，承審臺南縣議會前副議長乙○○等瀆職刑事案件時，竟與該案被告乙○○之妻多次以麻將賭博，於該案判決後一、二月，案件上訴最高法院期間，復與該案被告乙○○以麻將賭博財物二次。又被付懲戒人身為法官，依法應每年定期向所屬機關之政風單位據實申報財產一次，詎其自八十七年至九十四年間，每年為財產申報時，均漏報應申報之財產，核被付懲戒人所為，係違反公務員服務法第五條所定，公務員應誠實、謹慎，且不得有賭博足以損失名譽之行為之旨。

四

法官不得以投機、違反公平方式、利用法官身分或職務，獲取不當利益或財物。

❖ **實務見解**

▶ 99 鑑 11751（議決）

被付懲戒人身為資深法官，竟未能嚴守分際，長期向前承辦案件之告訴人母女借用車輛代步；並與審理中之被告在私人別墅會面；又與前承辦案件之被告有不正常男女關係，不但私德有虧，更嚴重損及法官形象及司法公信，有違該條所定，公務員應謹慎，不得有放蕩，足以損失名譽之行為之旨，故酌懲戒。

五

法官應避免讓律師經常進出其辦公室。但因公務或有其他正當理由者，不在此限。

六

法官應避免其他有損法官形象之應酬或交往。

❖ **實務見解**

▶ 100 鑑 11874（議決）

公務員應誠實清廉，謹慎勤勉，不得有驕恣貪惰，奢侈放蕩，及冶遊賭博，吸食菸毒等，足以損失名譽之行為。公務員不得經營商業或投機事業。本件被付懲戒人於任職法院法官期間，多年來有召妓行為，甚至於上班時間召妓，均查無請假紀錄等情；於任職法院法官期間，承租店面，長期經營古董交易，以累積財富，且與友人打麻將，每次以五百元至三千元為底，輸贏在一萬元左右等情。上開行為違法事證已臻明確，有違前揭規定，依法酌情議處，撤職並停止任用壹年。

檢察官倫理規範

中華民國101年1月4日法務部令訂定發布全文30條；並自101年1月6日施行

第一章　通　則

第1條
本規範依法官法第八十九條第六項規定訂定之。

第2條
檢察官為法治國之守護人及公益代表人，應恪遵憲法、依據法律，本於良知，公正、客觀、超然、獨立、勤慎執行職務。

第3條
檢察官應以保障人權、維護社會秩序、實現公平正義、增進公共利益、健全司法制度發展為使命。

第4條
檢察總長、檢察長應依法指揮監督所屬檢察官，共同維護檢察職權之獨立行使，不受政治力或其他不當外力之介入；檢察官應於指揮監督長官之合法指揮監督下，妥速執行職務。

第5條
檢察官應廉潔自持，謹言慎行，致力於維護其職位榮譽及尊嚴，不得利用其職務或名銜，為自己或第三人謀取不當財物、利益。

第6條
I 檢察官執行職務時，應不受任何個人、團體、公眾或媒體壓力之影響。
II 檢察官應本於法律之前人人平等之價值理念，不得因性別、種族、地域、宗教、國籍、年齡、性傾向、婚姻狀態、社會經濟地位、政治關係、文化背景、身心狀況或其他事項，而有偏見、歧視或不當之差別待遇。

第7條
檢察官應精研法令，隨時保持其專業知能，積極進修充實職務上所需知識技能，並體察社會、經濟、文化發展與國際潮流，以充分發揮其職能。

第二章　執行職務行為之規範

第8條
檢察官辦理刑事案件時，應致力於真實發現，兼顧被告、被害人及其他訴訟關係人參與刑事訴訟之權益，並維護公共利益與個人權益之平衡，以實現正義。

❖ **實務見解**
▶ 98 鑑 11570（議決）
被付懲戒人甲○○前於八十七、八十八年間，任職臺灣臺南地方法院檢察署檢察官期間，因偵辦乙○○、丙○○被訴強盜等案件，未經詳實查明即以乙○○無一定住居所為由逕行拘提，又對於案內重要證據未盡調查證據能事，率爾起訴。核其所為，除違反刑事訴訟法第二條第七項及法務部八十七年十月二十二日修正發布之「檢察機關辦理刑事訴訟案件應行注意事項」第五十五點規定外，並有違公務員服務法第五條及第七條所定，公務員應謹慎，執行職務應力求切實之旨，應依法議處。

第9條
檢察官辦理刑事案件，應嚴守罪刑法定及無罪推定原則，非以使被告定罪為唯一之目的。對被告有利及不利之事證，均應詳加蒐集、調查及斟酌。

第10條
檢察官行使職權應遵守法定程序及比例原則，妥適運用強制處分權。

第11條
檢察官應不為亦不受任何可能損及其職務公正、超然、獨立、廉潔之請託或關說。

❖ **實務見解**
▶ 98 鑑 11580（議決）
被付懲戒人係臺灣士林地方法院檢察署檢察官，身為檢察官，深知刑事案之偵查程式，於獲知其他檢察機關偵辦案件將有偵辦行動時，不知避嫌，反而提供建議使犯罪嫌疑人採取主動到案說明之對策，以避免被搜索，干擾案件偵辦之佈局，又私下請求參與偵辦行動之檢察官，臨時為犯罪嫌疑人製作筆錄，背乎案件偵查之正常程式，行為顯有不當，有違公務員服務法第五條所定，公務員應謹慎之旨。

第12條
I 檢察官執行職務，除應依刑事訴訟法之規定迴避外，並應注意避免執行職務之公正受懷疑。
II 檢察官知有前項情形，應即陳報其所屬指揮監督長官為妥適之處理。

第13條
I 檢察官執行職務，應本於合宜之專業態度。
II 檢察官訊問時，應出以懇切之態度，不得強暴、脅迫、利誘、詐欺、疲勞訊問或其他不正方法，亦不得有笑謔、怒罵或歧視之情形。

第14條
I 檢察官對於承辦案件之意見與指揮監督長官不一致時，應向指揮監督長官說明其對案件事實

及法律之確信。

II 指揮監督長官應聽取檢察官所為前項說明，於完全掌握案件情況前，不宜貿然行使職務移轉或職務承繼權。

第 15 條
檢察總長、檢察長為確保受其行政監督之檢察官妥速執行職務，得視人力資源及預算經費情況，採取合理之必要措施。

第 16 條
檢察官偵辦案件應本於團隊精神，於檢察總長、檢察長之指揮監督下分工合作、協同辦案。

第 17 條
檢察官偵查犯罪應依法令規定，嚴守偵查不公開原則。但經機關首長授權而對偵查中案件為必要說明者，不在此限。

第 18 條
檢察官不得洩漏或違法使用職務上所知悉之秘密。

第 19 條
檢察官應督促受其指揮之檢察事務官、司法警察（官）本於人權保障及正當法律程序之精神，公正、客觀依法執行職務，以實現司法正義。

第 20 條
檢察官為促其職務之有效執行，得與各政府機關及民間團體互相合作。但應注意不得違反法令規定。

第 21 條
檢察官得進行國際交流與司法互助，以利犯罪之追訴及裁判之執行。但應注意不得違反法令規定。

第 22 條
檢察官為維護公共利益及保障合法權益，得進行法令宣導、法治教育。

第 23 條
檢察官執行職務時，應與法院及律師協同致力於人權保障及司法正義迅速實現。

第 24 條
檢察官應審慎監督裁判之合法與妥當。經詳閱卷證及裁判後，有相當理由認裁判有違法或不當者，應以書狀詳述不服之理由並請求救濟。

第三章　執行職務以外行為之規範

第 25 條
I 檢察官應避免從事與檢察公正、廉潔形象不相容或足以影響司法尊嚴之社交活動。

II 檢察官若懷疑其所受邀之應酬活動有影響其職務公正性或涉及利益輸送等不當情形時，不得參與；如於活動中發現有前開情形者，應立即離去或採取必要之適當措施。

第 26 條
I 檢察官於任職期間不得從事下列政治活動：
　一　為政黨、政治團體、組織、其內部候選人

或公職候選人公開發言或發表演說。
　二　公開支持、反對或評論任一政黨、政治團體、組織、其內部候選人或公職候選人。
　三　為政黨、政治團體、組織、其內部候選人或公職候選人募款或利用行政資源為其他協助。

II 檢察官不得發起、召集或加入歧視性別、種族、地域、宗教、國籍、年齡、性傾向、婚姻狀態、社會經濟地位、政治關係、文化背景及其他與檢察公正、客觀之形象不相容之團體或組織。

第 27 條
I 檢察官不得經營商業或其他營利事業。但法令另有規定者，不在此限。

II 檢察官不得與執行職務所接觸之律師、當事人或其他利害關係人有財務往來或商業交易。

第 28 條
I 檢察官不得收受與其職務上有利害關係者之任何餽贈或其他利益。但正常公務禮儀不在此限。

II 檢察官收受與其職務上無利害關係者合乎正常社交禮俗標準之餽贈或其他利益，不得有損檢察公正、廉潔形象。

III 檢察官應要求其家庭成員遵守前二項規定。

IV 前項所稱之家庭成員，指配偶、直系親屬或家長、家屬。

第四章　附　則

第 29 條
法務部得設諮詢委員會，負責本規範適用疑義之諮詢及研議。

第 30 條
本規範自中華民國一百零一年一月六日施行。

檢察官評鑑實施辦法

1. 中華民國 100 年 12 月 28 日法務部令訂定發布全文 14 條；並自 101 年 1 月 6 日施行
2. 中華民國 105 年 7 月 22 日法務部令修正發布第 6、8、11、14 條條文；並自發布日施行

第 1 條

本辦法依法官法（以下簡稱本法）第八十九條第一項準用第四十一條第十項規定訂定之。

第 2 條

I 請求個案評鑑者，應提出檢察官個案評鑑請求書及其繕本，敘明下列事項，並檢附相關之證明資料：

一 請求評鑑者之姓名、所屬機關；如係機關、團體，應記載其名稱、代表人姓名及機關、團體之所在地。

二 受評鑑人之職稱、姓名、性別、現職機關及評鑑事實發生機關。

三 依本法第八十九條第四項請求評鑑之事項。

四 請求評鑑之具體事實、理由及證據。

五 請求評鑑之日期。

II 財團法人或以公益為目的之社團法人請求個案評鑑時，應提出其經目的事業主管機關許可請求個案評鑑之許可書。

III 法務部因全面評核結果發現檢察官有應付個案評鑑事由，而移付檢察官評鑑委員會進行個案評鑑時，應提出書狀及其繕本敘明下列事項，並檢附相關之證明資料：

一 第一項第二款至第五款事項。

二 與應付個案評鑑事由相關之全面評核結果。

IV 第一項書狀之格式，由法務部另定之。

第 3 條

I 當事人、犯罪被害人依本法第八十九條第一項準用第三十五條第三項陳請同條第一項機關、團體請求檢察官評鑑委員會進行個案評鑑時，應檢附陳請檢察官評鑑轉介單，敘明以下事項，並檢附相關資料行之：

一 陳請人之姓名、電話、住居所；如係機關、團體，應記載其名稱、代表人姓名及機關、團體之所在地。

二 受評鑑人之職稱、姓名、性別、現職機關及評鑑事實發生機關。

三 陳請評鑑之事項及其具體事實。

四 陳請轉介之機關或團體類別及其名稱。

五 陳請評鑑之日期。

II 當事人、犯罪被害人依前項規定向受評鑑人所屬機關、上級機關或評鑑事實發生機關提出陳請時，受理機關應依處理人民陳情相關規定處理。受理機關就陳請事項進行調查後，如認有請求個案評鑑之必要，得依前條第一項所定方式辦理。

III 前項以外其他機關、團體受理當事人、犯罪被害人陳請個案評鑑事件後，如認有請求個案評鑑之必要，得依前條第一項所定方式為之。

IV 當事人、犯罪被害人逕向檢察官評鑑委員會提出個案評鑑之請求或陳請時，應將其提出之書狀及資料，移由法務部依處理人民陳情之相關規定處理。

V 第一項書狀之格式，由法務部另定之。

第 4 條

I 檢察官評鑑委員會受理請求或移付個案評鑑事件後，幕僚人員應分別依文到先後收案編號，輪分審查小組進行初步審查。各審查小組輪分案件順序，以抽籤方式決定之。

II 檢察官評鑑委員會收受同一受評鑑人之數件評鑑事件，尚未終結者，得決議合併審議。

第 5 條

I 前條第一項審查小組之組成方式如下：

一 以委員三人為一組，其中一人為主辦委員。共分十一組。

二 由法務部以每位委員分配組數及主辦次數相同，且每組同一類別代表委員不重複或重複最少之原則排定各組主、協辦委員之配組。各類委員參與配組順序以抽籤方式決定之。

II 審查小組委員有認評鑑事件不備第二條第一項、第二項、第三項要件或有其他程式上欠缺，其情形可補正者，應即提出書面意見交由幕僚人員通知請求或移付評鑑者於指定期限前補正。

III 審查小組應以書面方式審查評鑑事件。必要時，得請受評鑑人所屬機關或評鑑事實發生機關提出書面說明或提供相關資料。

IV 審查小組三名委員應於審查完成後，分別將其審查結果作成審查意見書。

V 主辦委員應彙整同小組其餘二名委員之意見，如審查小組三名委員無法達成應不付評鑑之一致同意者，主辦委員應製作意見彙整表。

VI 審查意見書及意見彙整表均應由作成者親自簽名，於審查小組收案後一個月內送交檢察官評鑑委員會。

VII 審查小組三名委員如無法達成應不付評鑑之一

致同意時，應由幕僚人員將審查意見書及意見彙整表提請檢察官評鑑委員會審議。

Ⅷ審查小組委員於審查開始後出缺者，應由其餘審查委員分別將其審查結果作成審查意見書，交由幕僚人員彙整後，提請檢察官評鑑委員會審議。

Ⅸ審查小組委員於審查開始後自行迴避或經檢察官評鑑委員會決議為應迴避者，應即將該評鑑事件輪分其他審查小組繼續辦理。

第6條

Ⅰ檢察官評鑑委員會因審議評鑑事件之需要，得決議以下列方式調查評鑑事件：

一 囑託受評鑑人之上級機關、服務機關、或評鑑事實發生機關於指定期限內完成調查。受託機關應將調查情形以書面答覆，並應附具相關資料或調查筆錄。

二 請有關機關於指定期限內提供與評鑑事實相關之卷宗，並為必要之說明。

三 推派主辦委員或原審查小組委員共同赴評鑑事實發生地或其他與評鑑事件相關處所實地調查。

四 通知有關機關人員或其他與評鑑事實相關之證人、鑑定人或關係人列席陳述。

五 其他必要之調查。

Ⅱ請求人請求陳述意見而有正當理由者，應予到會陳述意見之機會。

Ⅲ檢察官評鑑委員會依請求人之請求，認有必要時，得於其到會陳述意見時 提示與請求評鑑有關之資料。

第7條

Ⅰ檢察官評鑑委員會受理評鑑事件後，除經為不付評鑑之決議者外，應將檢察官個案評鑑請求書繕本送達受評鑑人。

Ⅱ受評鑑人應於收受檢察官個案評鑑請求書繕本後二十日內提出意見書，無正當理由不遵期提出者，於評鑑程序之進行，不生影響。

Ⅲ受評鑑人所提意見書應附於評鑑事件案卷內。

Ⅳ檢察官評鑑委員會認有必要時，得通知受評鑑人於檢察官評鑑委員會開會時到會陳述意見。受評鑑人不於指定期日到會者，得不待其陳述，依調查之結果逕為議決。

Ⅴ前項到會陳述意見，於受評鑑人陳述後，評鑑委員得發問，陳述與發問內容之要旨，均應載明於會議紀錄。

Ⅵ受評鑑人及其他相關人員於指定期日到會陳述意見者，應於陳述後先行退席，不得參與委員意見陳述與議決。

第8條

Ⅰ檢察官評鑑委員會開會時，主席與其他出席委員均應各自發言。無意見者，亦同。

Ⅱ檢察官評鑑委員會開會時，評鑑委員於發言後，應繕寫發言單載明其意見或提問內容，提交幕僚人員附於該次會議紀錄。

Ⅲ檢察官評鑑委員會開會時，除幕僚人員外，評鑑委員及其他與會人員均不得錄音、錄影。

Ⅳ檢察官評鑑委員會應於受理評鑑事件後三個月內作成決議，必要時，得延長至六個月。但依本法第八十九條第一項準用第四十一條第六項停止進行評鑑程序之期間、補正及函查之期間，應予扣除。

Ⅴ前項期間，自檢察官評鑑委員會受理評鑑事件之日起算。

Ⅵ依第四條第二項合併審議之數評鑑事件，其終結期間應自最後受理之評鑑事件受理之日起算。

第9條

Ⅰ檢察官評鑑委員會之決議，應由主席及全體出席委員採無記名投票表決。

Ⅱ出席委員人數與實際參與議案表決委員人數不一致時，以實際參與議案表決之委員人數作為計算之基準。

Ⅲ檢察官評鑑委員會審議結果所為之決議，應由主辦委員於決議後十四日內製作評鑑決議書，記載下列各款事項：

一 請求或移付評鑑者。

二 受評鑑人之姓名、職稱、性別、現職機關或評鑑事實發生機關。

三 評鑑主文、事實、理由及案號。但不付評鑑、請求不成立之決議，得不記載事實。

四 處理建議。

五 決議日期。但審查小組三名委員達成應不付評鑑之一致同意者，應記載主辦委員作成評鑑決議書之日期。

六 參與決議之委員姓名。

Ⅳ主辦委員作成評鑑決議書原本後，應交幕僚人員陳送參與評鑑決議之委員簽名；委員因故不能簽名者，由主席附記其事由，主席因故不能簽名者，由主辦委員或其餘委員附記之。但審查小組三名委員達成應不付評鑑之一致同意者，應由主辦委員作成評鑑決議書原本於其上簽名，並交予審查小組另二名委員簽名後，提交檢察官評鑑委員會備查。

Ⅴ檢察官評鑑委員會應於決議書原本作成之日或決議書備查之日起十四日內作成正本送達請求或移付評鑑者及其代表人、受評鑑人及其服務之現職機關、評鑑事實發生機關、上級機關。並將評鑑決議書主文通知依本法第八十九條第一項準用第三十五條第一項第四款許可請求個案評鑑之目的事業主管機關。

Ⅵ檢察官評鑑委員會作成本法第八十九條準用第三十九條第一項各款決議時，應於前項所定期

限內通知法務部或本法第九十四條所定行政監督權人依決議事項處理。

VII對於檢察官評鑑委員會所為之決議，不得聲明不服。

第 10 條

檢察官評鑑委員會評鑑委員、幕僚人員、其他與會人員及因職務上之機會知悉會議內容之人，對於會議討論事項、會議內容及過程、評鑑決議書之內容及其他依法應保守秘密之事項，於決議書發送前、後，均應嚴守秘密，並不得對外發表言論。因審議評鑑事件所取得之相關資料，不得作審議評鑑事件目的外之利用。相關資料於檢察官評鑑委員會之會議結束後均予收回。審查小組委員因審查評鑑事件而取得之書面資料，應於提出審查意見書時一併送回之。但檢察官評鑑委員會於決議書發送後，得經受評鑑人之同意或檢察官評鑑委員會之決議，適度公開評鑑之結果及其內容。

第 11 條

評鑑程序關於調查事實及證據、期日與期間、費用及送達，除本辦法另有規定外，準用行政程序法之規定。

第 12 條

受評鑑人得向檢察官評鑑委員會請求閱覽、抄錄、影印或攝錄卷內文書資料。但有下列情形之一者，檢察官評鑑委員會得限制或拒絕之：

一　評鑑事件決議前擬辦之文稿。

二　評鑑事件決議之準備或審議文件。

三　為第三人之正當權益有保密之必要者。

四　其他依法律或基於公益，有保密之必要者。

第 13 條

檢察官評鑑委員會審議評鑑事件時發現受評鑑人有其他違失情事未經請求評鑑者，應移請法務部處理。

第 14 條

I 本辦法自中華民國一百零一年一月六日施行。

II 本辦法修正條文自發布日施行。

檢察官參與飲宴應酬及從事商業投資應行注意事項

中華民國 88 年 12 月 24 日法務部函訂定發布全文 10 點

一

為樹立檢察官公正廉明之清新形象，特訂定本注意事項。

二

檢察官應本正人先正己之精神，嚴以律己，謹言慎行，不得與不當人士往來應酬（飲宴或其他社交活動），或涉足不當場所飲宴作樂。

❖ **實務見解**

▶ 98 鑑 11521（議決）

檢察官受邀之應酬活動，事先可疑有特定目的或涉及利益輸送等不當情形者，不得參與；如於活動中發現有前開情形者，應立即離去或採取必要之適當措施。另審判其於九十一年十二月間於高雄地院庭長趙○○、法官陳○○、李○○等司法官涉嫌接受電玩業者招待乙案中，請託因案停職中之高雄市警察局員警出面說項，指導其湮滅事證，經本院彈劾，移送公務員懲戒委員會議決降一級改敘在案。綜上各節，可知該陳○○明目張膽，執法而犯法，進而由犯法而弄法；尤有甚者，不顧司法官之職位，幾淪為走私集團之一份子。其品性之惡劣，行為之墮落，豈斲傷司法形象，全國公務人員亦同蒙其羞。若以其離職而去，姑予寬貸，實無以正官箴而勵廉隅。

▶ 93 鑑 10304（議決）

按檢察官應廉潔自持，重視榮譽，言行舉止應端莊謹慎，不得為有損其職位尊嚴或職務信任之行為，以維司法形象，且交友應慎重，並應避免不必要之應酬。被付懲戒人乙○○、甲○○原均係臺灣板橋地方法院檢察署檢察官，且均已結婚生子，前任職板橋地檢署期間，曾深夜與友人及身分不明之女子，在 PUB 飲酒唱歌，飲用昂貴之威士忌酒達四瓶，至翌日凌晨一時三十分許始行離去；離開 PUB 時，被付懲戒人乙○○、甲○○復分別與身分不明之女子有攙扶、摟腰、勾臂、牽手、相倚等親暱動作，並分別有牽手共乘計程車或步行送該等女子返家之舉。被付懲戒人行為放蕩，足以損失檢察官之名譽，有欠謹慎，均違反公務員服務法第五條所定公務員應謹慎，不得有放蕩，足以損失名譽之行為之旨。

三

檢察官不得與律師為不當之往來應酬；如為正當之往來應酬時，應極力避免使人誤解其無法公正客觀執行職務。

四

檢察官不得接受與其職務有利害關係者邀請或參加與其身分、職務顯不宜之應酬活動。

五

檢察官受邀之應酬活動，事先可疑有特定目的或涉及利益輸送等不當情形者，不得參與。

六

檢察官參加正當之應酬活動時，如發現有事實顯示係為特定目的或涉及利益輸送等不當情形者，應藉機離席或採取必要之適當措施，並於三日內報告所屬檢察長或其指定之人。

七

檢察官不得從事與其身分、經濟能力或信用狀況顯不相當之商業投資行為。

八

檢察官從事正當之商業投資行為時，不得籍其身分獲取不當利益。

九

檢察官不得與律師、所承辦案件之當事人或利害關係人有借貸、合夥或其他金錢往來關係。

十

檢察官違反本注意事項者，應依公務員服務法及相關規定嚴予議處。檢察長對所屬檢察官品德操守應深入瞭解，發現生活違常者，應予以規勸，作適切之防範，如有怠忽，應負監督不週之責。

律師法

第一章　律師之使命

第 1 條（律師之使命）
I 律師以保障人權、實現社會正義及促進民主法治為使命。
II 律師應基於前項使命，本於自律自治之精神，誠正信實執行職務，維護社會公義及改善法律制度。

第 2 條（律師之職責）
律師應砥礪品德、維護信譽、遵守律師倫理規範、精研法令及法律事務。

第二章　律師之資格及養成

第 3 條（請領律師證書之積極資格）
I 經律師考試及格並完成律師職前訓練者，得請領律師證書。但有第五條第一項各款情形之一者，不得請領。
II 前項職前訓練，得以下列經歷代之：
一　曾任實任、試署、候補達二年之法官或檢察官。
二　曾任公設辯護人、軍事審判官或軍事檢察官合計達六年。
III 非領有律師證書，不得使用律師名銜。

第 4 條（全國律師聯合會辦理律師職前訓練）
I 前條第一項律師職前訓練，由全國律師聯合會辦理。
II 前項訓練之實施期間、時間、方式及其他相關事項，由全國律師聯合會訂定，並報法務部備查。但退訓、停訓、重訓及收費事項，由全國律師聯合會擬訂，報請法務部核定。

第 5 條（請領律師證書之消極資格）
I 申請人有下列情形之一者，不得發給律師證書：
一　受一年有期徒刑以上刑之裁判確定，依其罪名及情節足認有害於律師之信譽。但受緩刑之宣告，緩刑期滿而未經撤銷，或因過失犯罪者，不在此限。
二　曾受本法所定除名處分。
三　曾任法官、檢察官而依法官法受免除法官、檢察官職務，並不得再任用為公務員。
四　曾任法官、檢察官而依法官法受撤職處分。
五　曾任公務人員而受撤職處分，其停止任用期間尚未屆滿，或現任公務人員而受休職、停職處分，其休職、停職期間尚未屆滿。
六　受破產之宣告，尚未復權。
七　受監護或輔助宣告，尚未撤銷。
八　違法執行律師業務、有損司法廉潔性或律師職務獨立性之行為，情節重大。
II 前項第一款及第八款之情形，法務部應徵詢全國律師聯合會之意見。

第 6 條（請領律師證書之程序）
請領律師證書者，應檢具申請書及相關證明文件，報請法務部審查通過後核准發給。

第 7 條（請領律師證書停止審查之情形）
請領律師證書者，因涉嫌犯最重本刑五年以上之貪污、行賄、侵占、詐欺、背信或最輕本刑一年以上

有期徒刑之罪，經檢察官提起公訴，法務部得停止審查其申請。但所涉案件經宣判、改判無罪或非屬本條所列罪者，不在此限。

第8條（受理律師證書請領之處理期間及程序）

I 法務部受理律師證書之請領，除有前條情形外，應自受理申請之日起三個月內爲准駁之決定；必要時，得延長一次，延長期間不得逾三個月。

II 前項延長，應通知申請人。

第9條（律師證書撤銷或廢止及律師停止職務之情形）

I 法務部核准發給律師證書後，發現申請人於核准前有第五條第一項各款情形之一者，撤銷其律師證書。但該條項第五款至第七款之原因，於撤銷前已消滅者，不在此限。

II 法務部核准發給律師證書後，律師有第五條第一項第二款至第四款情形之一者，法務部應廢止其律師證書。

III 法務部核准發給律師證書後，律師有下列要件之一者，法務部應命其停止執行職務：

一 第五條第一項第五款至第七款情形之一。

二 客觀事實足認其身心狀況不能執行業務，並經法務部邀請相關專科醫師組成小組認定。

IV 前項受停止執行職務處分之律師於原因消滅後，得向法務部申請准其回復執行職務。

V 律師於本法中華民國一百零八年十二月十三日修正之條文施行前有第五條第一項第一款情形者，法務部應於修正施行後二年內廢止其證書。但修正施行前經律師懲戒委員會審議爲除名以外之其他處分，或刑之執行完畢已逾七年者，不予廢止。

第10條（律師資格審查會之設立）

I 法務部應設律師資格審查會，審議律師證書之核發、撤銷、廢止及律師執行職務之停止、回復等事項。

II 律師資格審查會由法務部次長、檢察司司長及高等行政法院法官、高等法院法官、高等檢察署檢察官各一人、律師四人、學者專家二人組成之；召集人由法務部次長任之。

III 前項委員之任期、產生方式、審查程序及其他相關事項之規則，由法務部定之。

第三章　律師入退公會

第11條（地方律師公會及全國律師聯合會之加入）

I 擬執行律師職務者，應依本法規定，僅得擇一地方律師公會爲其所屬地方律師公會，申請同時加入該地方律師公會及全國律師聯合會，爲該地方律師公會之一般會員及全國律師聯合會之個人會員。

II 擇定前項所屬地方律師公會外，律師亦得申請加入其他地方律師公會爲其特別會員。特別會員之權利義務除本法或地方律師公會章程另有規定者外，同於該地方律師公會之一般會員。

III 地方律師公會受理前項申請後，應逕予同意並自申請時生效，另應通知申請人、其所屬地方律師公會及全國律師聯合會，不適用第十二條至第十六條規定。

IV 特別會員行使表決權、選舉權、罷免權或算入出席人數之累計總數，超過按一般會員及特別會員人數計算各該權利數或出席人數之四分之一者，該累計總數仍以四分之一權重計算。但地方律師公會章程就該累計總數比例另有規定者，從其規定。

V 前項情形，章程應就特別會員個人行使各該權利數或算入出席人數之權重計算方式併予規定。

VI 第四項但書及前項所定章程就累計總數比例、行使各該權利數或算入出席人數之權重計算方式之調整，應由一般會員決議爲之。

第12條（地方律師公會就入會之申請具實質審查權及拒絕入會之事由）

I 地方律師公會對入會之申請，除申請人有下列情形之一者外，應予同意：

一 第五條第一項各款情形之一。

二 因涉嫌犯最重本刑五年以上之貪污、行賄、侵占、詐欺、背信或最輕本刑一年以上有期徒刑之罪，經檢察官提起公訴。

三 除前二款情形外，違反律師倫理規範，情節重大，自事實終了時起未逾五年。

四 除第一款及第二款情形外，於擔任公務員期間違反公務員服務法或倫理規範，情節重大，自事實終了時起未逾五年。

五 擔任中央或地方機關特定臨時職務以外之公務員。但其他法律有特別規定者，不在此限。

六 已爲其他地方律師公會之一般會員。

II 地方律師公會受理入會申請後，應於三十日內審核是否同意，並通知申請人。逾期未爲決定者，視爲作成同意入會之決定。

III 申請人之申請文件有欠缺而可以補正者，地方律師公會應定期間命其補正，補正期間不計入前項審核期間。

IV 地方律師公會因天災或其他不可避之事故不能進行審核者，第二項審核期間，於地方律師公會重新進行審核前當然停止。

第13條（同意入會申請之效果及審核入會結果後應行之程序）

I 律師經地方律師公會審核同意入會者，即成爲該地方律師公會及全國律師聯合會之會員。

II 地方律師公會審核入會申請後，應將結果及其

他相關資料轉送全國律師聯合會。如審核不同意者，並應檢附其理由，送請全國律師聯合會複審。

第 14 條　（全國律師聯合會複審之處理方式及申請人權益之保障）

Ⅰ 全國律師聯合會認地方律師公會不同意入會無理由者，應逕爲同意申請人入會之決定，申請人即成爲該地方律師公會及全國律師聯合會之會員。

Ⅱ 全國律師聯合會認地方律師公會不同意入會有理由者，應爲維持之決定。

Ⅲ 全國律師聯合會對於地方律師公會不同意入會之複審，應於收件後三十日內作成決定，並通知送件之地方律師公會及申請人。逾期未決定者，視爲作成同意入會之決定。

Ⅳ 申請人之申請文件有欠缺而可以補正者，全國律師聯合會應於期間命其補正，補正期間不計入前項審核期間。

Ⅴ 全國律師聯合會因天災或其他不可避之事故不能進行審核者，第三項審核期間，於全國律師聯合會重新進行審核前當然停止。

第 15 條　（同意入會決定違法之廢止）

Ⅰ 全國律師聯合會或地方律師公會認原同意入會之決定違法者，得廢止之。

Ⅱ 前項情形，由地方律師公會廢止者，準用第十三條第二項及前條之規定。

第 16 條　（拒絕及廢止入會之救濟程序）

申請人對全國律師聯合會不同意入會或廢止入會之決定不服者，得提起請求入會之民事訴訟。

第 17 條　（所屬會籍之變更）

Ⅰ 律師爲變更所屬地方律師公會，得向其他地方律師公會申請入會。

Ⅱ 前項申請，應提出入會申請書及相關文件，並附具已向原所屬地方律師公會申請退會之證明。

Ⅲ 地方律師公會受理第一項申請後，應逕予同意，並通知申請人、原所屬地方律師公會及全國律師聯合會，不適用第十二條規定。

Ⅳ 前項同意，自申請時生效。但退出原所屬地方律師公會之效力發生在後者，自退出時生效。

第 18 條　（主動退會或除去會員資格之事由）

Ⅰ 律師有下列情形之一者，應於事實發生之日起一個月內，向律師公會申請退會。未主動申請退會者，律師公會應除去其會員資格：

一　經法務部撤銷、廢止律師證書、停止執行職務或除名。

二　受停止執行職務之懲戒處分，其停止執行職務期間尚未屆滿。

三　擔任中央或地方機關特定臨時職務以外之公務員。但其他法律有特別規定者，不在此限。

Ⅱ 律師死亡者，應由律師公會主動除去其會員資格。

第四章　律師職務之執行

第 19 條　（律師於全國執業之要件）

領有律師證書並加入地方律師公會及全國律師聯合會者，得依本法規定於全國執行律師職務。

第 20 條　（律師繳納全國或跨區執業費用之適用範圍及未繳費之法律效果）

Ⅰ 律師於所加入地方律師公會區域外，受委任處理繫屬於法院、檢察署及司法警察機關之法律事務者，應依本法或章程規定，繳納全國或跨區執業費用。

Ⅱ 律師於全國或跨區執業之相關程序、應收費用項目、數額、收取方式、公益案件優遇條件及其他相關事項，由全國律師聯合會以章程定之。

Ⅲ 律師未依第一項規定繳納全國或跨區執業費用，全國律師聯合會或地方律師公會得依下列方式處理：

一　經催告後，仍未於催告期限內繳納者，律師公會得視違反情節，課予該律師未繳納費用十倍以下之滯納金。

二　其他依全國律師聯合會章程或律師倫理規範所定之處置方式。

Ⅳ 各級法院及檢察署就律師公會稽核第一項應繳納全國或跨區執業費用而未繳納者，應予以協助，其方式由法務部會商司法院、律師公會及相關機關後定之。

第 21 條　（律師得辦理之事務）

Ⅰ 律師得受當事人之委任，辦理法律事務。

Ⅱ 律師得辦理商標、專利、工商登記、土地登記、移民、就業服務及其他依法得代理之事務。

Ⅲ 律師辦理前項事務，應遵守有關法令規定。

第 22 條　（律師之在職進修）

Ⅰ 律師執行職務期間，應依規定參加在職進修。

Ⅱ 前項進修，由全國律師聯合會或地方律師公會辦理；其實施方式、最低進修時數、科目、收費、補修、違反規定之效果、處理程序及其他相關事項，由全國律師聯合會訂定，並報法務部備查。

Ⅲ 律師違反前項關於最低時數或科目之規定，且情節重大者，全國律師聯合會得報請法務部命其停止執行職務；受命停止執行職務者，於完成補修後，得洽請全國律師聯合會報請法務部准其回復執行職務。

Ⅳ 律師進修專業領域課程者，得向全國律師聯合會申請核發專業領域進修證明。

Ⅴ 前項專業領域之科目、請領之要件、程序、效期、收費及其他相關事項，由全國律師聯合會訂定，並報法務部備查。

第23條（機構律師及其入會之規定）

I 律師因僱傭關係或委任關係專任於社團法人或財團法人，執行律師業務者，為機構律師。

II 機構律師應加入任職所在地之地方律師公會；任職所在地無地方律師公會者，應擇一鄰近地方律師公會入會。

第24條（律師事務所之設立及入會）

I 除機構律師外，律師應設一主事務所，並加入主事務所所在地之地方律師公會，為其一般會員；主事務所所在地無地方律師公會者，應擇一鄰近地方律師公會入會。

II 前項情形，本法中華民國一百零八年十二月十三日修正之條文施行後，依第五十一條第一項規定始納入特定地方律師公會之區域者，於本法一百零八年十二月十三日修正之條文施行前，已於該區域內設有主事務所之律師，得就該特定地方律師公會或其主事務所所在地鄰近之地方律師公會擇一入會，為其一般會員。

III 律師得於主事務所所在地之地方律師公會區域外設分事務所。

IV 律師於每一地方律師公會區域以設一事務所為限，並不得以其他名目另設事務所。

V 律師於設立律師事務所及分事務所十日內，應經各該地方律師公會向全國律師聯合會辦理登記；變更時，亦同。

VI 前項律師事務所及分事務所應登記及變更登記事項，由全國律師聯合會訂定，並報法務部備查。

VII 第五項之資料，全國律師聯合會應陳報法務部。

第25條（分事務所常駐律師及其入會之規定）

I 前條分事務所應有一名以上常駐律師加入分事務所所在地地方律師公會，為其一般會員；分事務所所在地無地方律師公會者，應擇一鄰近地方律師公會入會。

II 前項常駐律師，不得再設其他事務所或為其他分事務所之常駐律師。

III 受僱律師除第一項情形外，應以僱用律師之事務所為其事務所。

第26條（對律師為送達之處所）

對律師應為之送達，除律師另陳明收受送達之處所外，應向主事務所行之。

第27條（個人與團體會員名簿之備置及應載事項）

I 全國律師聯合會及各地方律師公會，應置個人會員名簿，載明下列事項：

一 姓名、性別、出生年月日、身分證明文件編號及戶籍地址。

二 律師證書字號。

三 學歷及經歷。

四 主事務所或機構律師任職法人之名稱、地址、電子郵件信箱及電話。

五 加入律師公會年月日。

六 曾否受過懲戒。

II 前項會員名簿，除律師之出生月日、身分證明文件編號、戶籍地址外，全國律師聯合會及各地方律師公會應利用電信網路或其他方式提供公眾閱覽。

III 全國律師聯合會應置團體會員名簿，載明下列事項：

一 名稱及會址。

二 代表人。

第28條（司法人員離職後之迴避）

司法人員自離職之日起三年內，不得在其離職前三年內曾任職務之法院或檢察署執行律師職務。但其因停職、休職或調職等原因離開上開法院或檢察署已滿三年者，不在此限。

第29條（律師之迴避）

I 律師與法院院長有配偶、五親等內血親或三親等內姻親之關係者，不得在該法院辦理訴訟事件。

II 律師與檢察署檢察長有前項之親屬關係者，不得在該檢察署及對應配置之法院辦理刑事訴訟案件及以檢察署或檢察官為當事人或參加人之民事事件。

III 律師與辦理案件之法官、檢察官、司法事務官、檢察事務官、司法警察官或司法警察有第一項之親屬關係且受委任在後者，應行迴避。

第五章 律師之權利及義務

第30條（執行法院或檢察官指定職務之義務）

律師非經釋明有正當理由，不得辭任法院或檢察官依法指定之職務。

第31條（探案蒐證之義務）

律師為他人辦理法律事務，應探究案情，蒐集證據。

第32條（終止委任契約之限制及權益保障）

律師接受委任後，非有正當理由，不得片面終止契約；終止契約時，應於相當期間前通知委任人，並採取必要措施防止當事人權益受損，及應返還不相當部分之報酬。

第33條（怠忽致受損害之賠償責任）

律師如因懈怠或疏忽，以致其委任人或當事人受損害者，應負賠償之責。

第34條（不得執行職務之事件）

I 律師對於下列事件，不得執行其職務：

一 本人或同一律師事務所之律師曾受委任人之相對人之委任，或曾與商議而予以贊助者。

二 任法官、檢察官、其他公務員或受託行使公權力時曾經處理之事件。

三 依仲裁程序以仲裁人身分曾經處理之事件。
四 依法以調解人身分曾經處理之事件。
五 依法以家事事件程序監理人身分曾經處理之事件。
II 前項第一款事件，律師經利益受影響之當事人全體書面同意，仍得受任之。
III 當事人之請求如係違法或其他職務上所不應爲之行爲，律師應拒絕之。

❖ **法學概念**

同一或有實質關連之事件

關於「同一事件」，法務部曾發函針對律師法第 26 條第 1 項之解釋，認爲該款規定限於「同一案件」或「同一事件」。學說上有認爲所謂「同一事件」是指當事人相同而立場正反相對之情形，非指民事訴訟法上的同一事件。但也有學者採取廣義的解釋，認爲新受任事件與前受任事件存有低度關連性，即可認爲具有同一性。

至於何謂「實質關連」事件，尚未發展出一致性之判斷標準，但我國懲戒實務曾有認爲，於非同一事件之情形，倘「律師於前後兩事件所主張之攻擊防禦方法或立論有矛盾，以致有不實不盡之情弊」時，仍可能違反律師法第 26 條第 1 項第 1 款之利益衝突情形。

【顏華歆，〈律師禁止利益衝突義務〉，台北律師公會主編《法律倫理》，五南，二版，2012.05，288 頁。】

□ **實務見解**

▶ **98 台覆 5（決議書）**

被付懲戒人係執業律師，其任高雄高等行政法院法官職務時，曾審理經濟部水利署南區水資源局（下稱南區水資源局）與台南縣稅捐稽徵處之營業稅事件，於民國九十一年十月二十八日判決原告之訴駁回（該院九十一年度訴字第五八九號判決）。嗣該案經南區水資源局提起上訴，經最高行政法院以九十四年度判字第五三五號判決原判決廢棄，發回高雄高等行政法院，復經高雄高等行政法院九十四年度訴更字第十六號判決原告之訴駁回，南區水資源局又提起上訴，被付懲戒人於九十三年八月轉任律師後，竟於九十四年八月九日受南區水資源局之委任爲訴訟代理人，對其曾審理過之該事件，爲南區水資源局對高雄高等行政法院九十四年度訴更字第十六號判決提起上訴，再經最高行政法院於九十六年三月八日以九十六年度判字第三四二號判決上訴駁回確定。

第 35 條（於法庭或偵查中執業應受尊重及遵守秩序）

I 律師在法庭或偵查中依法執行職務，應受尊重。
II 律師在法庭或偵查中執行職務時，應遵守法庭或偵查庭之秩序。

第 36 條（保密之權利及義務）

律師有保守其職務上所知悉秘密之權利及義務。但法律另有規定者，不在此限。

第 37 條（參與社會公益活動之義務）

I 律師應參與法律扶助、平民法律服務或其他社會公益活動。
II 前項律師參與社會公益活動之種類、最低時數、方式、違反規定之處理程序及其他相關事項，由全國律師聯合會徵詢法務部及各地方律師公會意見後訂定之，並報法務部備查。

第 38 條（矇欺行爲之禁止）

律師對於委任人、法院、檢察機關或司法警察機關，不得有矇蔽或欺誘之行爲。

❖ **法學概念**

律師真實義務

民事訴訟法第 195 條第 1 項規定：「當事人就其提出之事實，應爲眞實及完全之陳述。」此乃當事人眞實義務之具體規定，當事人之眞實義務制度，並不限於經言詞辯論之程序始有其適用，除言詞辯論之訴訟程序外，書面陳述及書面程序均爲適用之範圍且包括督促程序、訴訟救助、抗告程序、保全程序及強制執行程序等。此在律師眞實義務制度似亦應作相同之解釋，並無限縮適用之必要。

就律師眞實義務之義務人而言，受委任之律師應受眞實義務之拘束，固屬當然，即僅係複代理人者亦然。有疑義者因在我國訴訟代理人並不限於律師，則若複代理人未具律師資格者或訴訟代理人不具律師資格者，學者認爲，雖然我國未採律師強制代理制度，但原則上爲避免律師藉此而脫免眞實義務之規範，及爲促成訴訟發現眞實之障礙之降低，應擴大解釋認爲非律師之訴訟代理人亦均受眞實義務制度之規範效力所及。

【姜世明，《法律倫理學》，元照，二版，2011.09，388 頁以下。】

第 39 條（保持名譽信用之義務）

律師不得有足以損害律師名譽或信用之行爲。

第 40 條（推展業務之限制）

I 律師不得挑唆訴訟，或以誇大不實、不正當之方法推展業務。
II 前項推展業務之限制，於律師倫理規範中定之。

第 41 條（兼任公務員之禁止及例外）

律師不得兼任公務員。但擔任中央或地方機關特定之臨時職務或其他法律有特別規定者，不在此限。

第 42 條（擔任各級民意代表者執業之禁止）

律師擔任中央或地方各級民意代表者，不得執行律師職務。

第 43 條（從事行業之限制及善盡職責）

I 律師不得從事有辱律師尊嚴或名譽之行業。
II 律師對於受委任、指定或囑託之事件，不得有不正當之行爲或違反其職務上應盡之義務。

第44條（與司法人員及司法警察不當應酬之禁止）

律師不得與司法人員及司法警察官、司法警察爲不正當之往還酬應。

第45條（受讓當事人間系爭權利或標的之禁止）

律師不得利用職務上之機會，直接或間接受讓當事人間系爭之權利或標的。

第46條（代顯無理由訴訟之禁止）

律師不得爲當事人爲顯無理由之起訴、上訴、抗告或其他濫行訴訟之行爲。

第47條（明示收取酬金之計算方法及數額）

律師應向委任人明示其收取酬金之計算方法及數額。

第六章　律師事務所

第48條（律師事務所之型態分類）

I 律師事務所之型態分下列四種：

一　獨資律師或法律事務所。

二　合署律師或法律事務所。

三　合夥律師或法律事務所。

四　法人律師或法律事務所。

II 前項第一款稱獨資律師或法律事務所，指單一律師設立之律師事務所。

III 第一項第二款稱合署律師或法律事務所，指二人以上律師合用辦公處所及事務所名稱，個別承接業務，且個別承擔責任之事務所。

IV 第一項第三款稱合夥律師或法律事務所，指二人以上律師，依民法合夥之規定，就業務之執行負連帶責任之事務所。

V 第一項第四款之法人律師或法律事務所，另以法律定之。

第49條（獨資及合署律師事務所應負民法合夥連帶責任之情形）

獨資及合署之律師或法律事務所使用之名稱或標示，足以使他人誤認爲合夥律師或法律事務所者，事務所全體律師應依民法合夥之規定，就業務之執行負連帶責任。

第50條（合夥律師事務所向全國律師聯合會申報之義務）

I 合夥律師或法律事務所應向全國律師聯合會申報合夥人姓名；合夥人有變更時，亦同。

II 全國律師聯合會應就前項申報事項爲適當之揭露。

第七章　公　會

第一節　地方律師公會

第51條（地方律師公會之設立）

I 每一地方法院轄區設有事務所執業之律師三十人以上者，得成立一地方律師公會，並以成立時該法院轄區爲其區域。但於本法中華民國一百零八年十二月十三日修正之條文施行前，地方律師公會原組織區域內，已因法院轄區異動而成立其他地方律師公會者，以異動後之法院轄區爲其區域。

II 無地方律師公會之數地方法院轄區內，得共同成立一地方律師公會。

III 數地方律師公會得合併之。

第52條（地方律師公會之法人地位、主管機關及成立目的）

I 地方律師公會爲社團法人。其主管機關爲所在地社會行政主管機關；目的事業主管機關爲所在地地方檢察署。

II 地方律師公會應以提升律師之品格、能力、改善律師執業環境、督促律師參與公益活動爲目的。

第53條（地方律師公會理、監事之名額及選舉方式）

地方律師公會應置理事三人至二十一人、監事三人至七人，由會員或會員代表中選舉之。

第54條（地方律師公會會員或會員代表大會之掌理事項）

地方律師公會之會員大會或會員代表大會掌理下列事項：

一　預算之決議及決算之承認。

二　章程之訂定及修正。

三　會員大會或會員代表大會議事規則之訂定及修正。

四　重大財產處分之議決。

五　公會解散之議決。

六　章程所定其他事項。

第55條（地方律師公會之代表人及代理順序）

I 地方律師公會以理事長爲代表人。

II 理事長因故無法執行職務時，由副理事長代理；無副理事長或副理事長無法執行職務時，置有常務理事者，應由理事長指定常務理事一人代理，無常務理事者，應由理事長指定理事一人代理；理事長未指定或不能指定時，由常務理事或理事互推一人代理。

第56條（會員或會員代表大會之召開、出席及決議方式）

I 地方律師公會應每年召開會員大會或會員代表大會一次，由理事長召集之；經會員或會員代表五分之一以上或監事會請求時，理事長應召開臨時會。

II 會員大會或會員代表大會，應有會員或會員代表二分之一以上出席，始得開會。但章程另有規定者，從其規定。

III 前項會員代表應親自出席。

IV 第二項會員不能出席時，得以書面委任其他會員代理。但委任出席人數，不得超過該次會議親自出席人數之三分之一，且每一會員以受一人委任爲限。

V 章程所定開會之應出席人數低於會員二分之一者，會員應親自出席。

VI 會員大會或會員代表大會之決議，應以較多數之同意行之。但下列事項應有出席人數三分之二以上同意行之：

一　章程之訂定及修正。

二　會員或會員代表資格之除名。

三　理事長、副理事長、常務理事、理事、常務監事、監事及監事會召集人之罷免。

四　重大財產之處分。

五　公會之解散。

六　其他與會員權利義務有關之重大事項。

第 57 條（地方律師公會章程之訂定）

地方律師公會應訂定章程，報請所在地地方檢察署、所在地社會行政主管機關及全國律師聯合會備查；章程有變更時，亦同。

第 58 條（地方律師公會章程之應載事項）

I 地方律師公會章程應記載下列事項：

一　名稱、所在地及其組織區域。

二　宗旨、任務及組織。

三　理事長、理事、監事、候補理事、候補監事之名額、任期、職務、權限及選任、解任方式。

四　置有副理事長、常務理事、監事會召集人、常務監事者，其名額、任期、職務、權限及選任、解任方式。

五　理事會及監事會之職掌。

六　理事長爲專職者，其報酬事項。

七　會員大會或會員代表大會及理事、監事會議規則。

八　一般會員及特別會員之入會、退會。

九　一般會員及特別會員應繳之會費。

十　一般會員及特別會員之權利與義務。

十一　關於會員共同利益之維護、增進及會員個人資料編製發送事項。

十二　置有會員代表者，其名額及產生標準。

十三　律師倫理之遵行事項及方法。

十四　開會或會議事項之通知方法。

十五　法律扶助、平民法律服務及其他社會公益活動之實施事項。

十六　律師在職進修之事項。

十七　律師之保險及福利有關事項。

十八　經費及會計。

十九　收支決算、現金出納、資產負債及財產目錄之公開方式。

二十　重大財產處分之程序。

二一　章程修改之程序。

II 前項章程內容牴觸依法應由全國律師聯合會章程訂定且需全國一致適用者，無效。

第 59 條（地方律師公會舉行會議之陳報）

地方律師公會舉行會員大會、會員代表大會及理事、監事會議時，應陳報所在地社會行政主管機關及地方檢察署。

第 60 條（地方律師公會違反法令章程或妨害公益情事之處分）

I 地方律師公會有違反法令、章程或妨害公益情事者，所在地社會行政主管機關得予警告、撤銷其決議、命其停止業務之一部或全部，並限期改善；屆期未改善或情節重大者，得爲下列之處分：

一　撤免其職員。

二　限期整理。

三　解散。

II 前項警告及撤銷決議之處分，所在地方檢察署經法務部核准後，亦得爲之。

第 61 條（地方律師公會資料之陳報）

I 地方律師公會應將下列資料，陳報所在地之社會行政主管機關及所在地之地方檢察署：

一　會員名簿或會員代表名冊及會員入會、退會資料。

二　會員大會或會員代表大會及理事、監事會議紀錄。

三　章程、選任職員簡歷冊。

II 前項第一款資料應陳報全國律師聯合會。

第二節　全國律師聯合會

第 62 條（全國律師聯合會之法人地位、主管機關及成立目的）

I 全國律師聯合會爲社團法人。其主管機關爲中央社會行政主管機關；目的事業主管機關爲法務部。

II 全國律師聯合會應以促進法治社會發展、改善律師執業環境、落實律師自律自治、培育律師人才、提升律師服務品質及保障人權爲目的。

第 63 條（全國律師聯合會之會員種類）

I 全國律師聯合會之會員分爲下列二種：

一　個人會員：各地方律師公會之一般會員。

二　團體會員：各地方律師公會。

II 各地方律師公會爲全國律師聯合會之當然會員。

第 64 條（全國律師聯合會理、監事會與常務理、監事之名額及選舉方式）

I 全國律師聯合會應設理事會、監事會，除依第一百四十二條規定選出之當屆外，其名額及組成如下：

一　理事：理事三十七人至四十五人，其中一人爲理事長、二人爲副理事長。除由各

地方律師公會理事長兼任當然理事外，理事長、副理事長及其餘理事由個人會員以通訊或電子投票方式直接選舉之。

二 監事會：監事十一人至十五人。由個人會員以通訊或電子投票方式直接選舉之。

II前項理事、監事任期最長不得逾三年，連選得連任一次。

III地方律師公會理事長如為該地方律師公會之特別會員，該地方律師公會理、監事聯席會議應另推派具一般會員身分之理事兼任第一項第一款之當然理事。

IV全國律師聯合會得置常務理事。常務理事之名額不超過理事名額三分之一，除理事長、副理事長為當然常務理事外，其餘名額由第一項理事互選之。

V全國律師聯合會得置常務監事。常務監事之名額不超過監事名額三分之一，由第一項監事互選之；常務監事三人以上時，應互選一人為監事會召集人。

VI理事長、副理事長、常務理事、理事、監事會召集人、常務監事、監事之名額、選任及解任方式，除依第一百四十二條規定選出之當屆外，由全國律師聯合會以章程定之。

第65條（全國律師聯合會會員代表大會之掌理事項）

全國律師聯合會會員代表大會掌理下列事項：

一 預算之決議及決算之承認。

二 章程之訂定及修正。

三 律師倫理規範之訂定及修正。

四 會員代表大會議事規則之訂定及修正。

五 重大財產處分之決議。

六 公會解散之議決。

七 章程所定其他事項。

第66條（全國律師聯合會之代表人及代理順序）

I全國律師聯合會以理事長為代表人。

II理事長因故無法執行職務時，由副理事長代理；副理事長無法執行職務時，置有常務理事者，應由理事長指定常務理事一人代理，無常務理事者，應由理事長指定理事一人代理；理事長未指定或不能指定時，由常務理事或理事互推一人代理。

第67條（會員代表大會之召開、出席及決議方式）

I全國律師聯合會應每年召開會員代表大會一次，由理事長召集之；經會員代表五分之一以上或監事會請求時，理事長應召開臨時會。

II會員代表大會應出席者如下：

一 當然會員代表：由全體理事、監事兼任。

二 個人會員代表：由全體個人會員以通訊或電子投票方式直接選舉之，其任期最長為三年，連選得連任；其名額、任期、選任及解任方式，除依第一百四十二條規定選出之當屆外，由全國律師聯合會以章程定之。

三 團體會員代表：由各地方律師公會理事、監事聯席會議推派其一般會員擔任，並得隨時改派之；其名額由全國律師聯合會以章程定之。

III會員代表大會應出席之人數及決議事項，準用第五十六條第二項、第三項及第六項規定。

第68條（全國律師聯合會章程及律師倫理規範之訂定）

I全國律師聯合會應將其章程，報請法務部及中央社會行政主管機關備查；章程變更時，亦同。

II全國律師聯合會應訂定律師倫理規範，經會員代表大會通過後，報法務部備查。

第69條（全國律師聯合會章程之應載事項）

I全國律師聯合會章程應記載下列事項：

一 名稱及所在地。

二 宗旨、任務及組織。

三 理事長、副理事長、理事、監事、候補理事、候補監事之名額、任期、職務、權限及選任、解任方式。

四 置有常務理事、監事會召集人、常務監事者，其名額、任期、職務、權限及選任、解任方式。

五 團體會員代表之名額。

六 理事會及監事會之職掌。

七 理事長為專職者，其報酬事項。

八 會員代表大會及理事、監事會議規則。

九 個人會員之入會、退會。

十 會員應繳之會費。

十一 會員之權利與義務。

十二 關於會員共同利益之維護、增進及會員個人資料編製發送事項。

十三 律師於全國或跨區執業之相關程序、應收費用項目、數額、收取方式、公益案件優遇條件等相關事項。

十四 對於各地方律師公會之會務協助及經費挹助之方式。

十五 律師倫理之遵行事項及方法。

十六 開會及會議事項之通知方法。

十七 法律扶助、平民法律服務及其他社會公益活動之實施事項。

十八 律師在職進修之事項。

十九 律師之保險及福利有關事項。

二十 經費及會計。

二一 收支決算、現金出納、資產負債及財產目錄之公開方式。

二二　重大財產處分之程序。

二三　章程修改之程序。

II前項第十四款所記載經費挹助方式，應考量各地方律師公會之財務狀況，及其一般會員、特別會員及跨區執業律師之人數，使其得以維持有效運作。

第 70 條（全國律師聯合會舉行會議之陳報）

全國律師聯合會舉行會員代表大會及理事、監事會議時，應陳報中央社會行政主管機關及法務部。

第 71 條（全國律師聯合會違反法令章程或妨害公益情事之處分）

I 全國律師聯合會有違反法令、章程或妨害公益情事者，中央社會行政主管機關得予警告、撤銷其決議、命其停止業務之一部或全部，並限期令其改善；屆期未改善或情節重大者，得為下列之處分：

一　撤免其職員。

二　限期整理。

三　解散。

II前項警告及撤銷決議之處分，法務部亦得為之。

第 72 條（全國律師聯合會資料之陳報）

全國律師聯合會應將下列資料，陳報中央社會行政主管機關及法務部：

一　會員名簿及會員之入會、退會資料。

二　會員代表大會及理事、監事會議紀錄。

三　章程、選任職員簡歷冊。

第八章　律師之懲戒

第一節　總　則

第 73 條（律師懲戒之事由）

律師有下列情事之一者，應付懲戒：

一　違反第二十四條第四項、第二十五條第一項、第二項、第二十八條、第二十九條、第三十二條、第三十四條、第三十八條、第四十條第一項、第四十一條、第四十二條、第四十四條至第四十七條規定。

二　犯罪行為經判刑確定。但因過失犯罪，不在此限。

三　違反第二十一條第三項、第二十四條第五項、第三十條、第三十一條、第三十五條第二項、第三十六條、第三十九條、第四十三條或違背律師倫理規範，情節重大。

第 74 條（律師懲戒委員會命令停止執行職務之情形）

I 律師有第七條所定情形者，律師懲戒委員會得命其停止執行職務，並應將停止執行職務決定書送司法院、法務部、受懲戒律師所屬地方律師公會及全國律師聯合會。

II 律師有前項停止執行職務情形，所涉案件經宣

判、改判無罪或非屬第七條所定之罪者，得向律師懲戒委員會聲請准其回復執行職務。

III律師未依前項規定回復執行職務者，自所涉案件判決確定時起，停止執行職務之決定失其效力；其屬有罪判決確定者，應依前條第二款規定處理。

第 75 條（申覆救濟及律師倫理風紀委員會之設立）

I 律師涉及違反律師倫理規範案件，經所屬地方律師公會審議後，為移付懲戒以外處置，或不予處置者，受處置之律師或請求處置人得於處理結果送達二十日內，向全國律師聯合會申覆之。

II 全國律師聯合會為處理前項申覆案件，應設律師倫理風紀委員會，置主任委員一人，其中三分之一以上委員應由現非屬執業律師之社會公正人士擔任。

III前項律師倫理風紀委員會就申覆案件，依其調查結果得為移付懲戒、維持原處置、另為處置或不予處置之決議。

IV第二項委員會之委員人數、資格、遴選方式、任期、主任委員之產生、組織運作、申覆程序、決議及其他相關事項，由全國律師聯合會訂定，並報法務部備查。

第 76 條（具移付律師懲戒權之機關團體）

I 律師應付懲戒或有第七條所定情形者，除法律另有規定外，由下列機關、團體移付律師懲戒委員會處理：

一　高等檢察署以下各級檢察署及其檢察分署對在其轄區執行職務之律師為之。

二　地方律師公會就所屬會員依會員大會、會員代表大會或理事監事聯席會議決議為之。

三　全國律師聯合會就所屬個人會員依律師倫理風紀委員會決議為之。

II 律師因辦理第二十一條第二項事務應付懲戒者，中央主管機關就其主管業務範圍，於必要時，得逕行移付律師懲戒委員會處理。

第 77 條（移送理由書之提出及應載事項）

I 移送懲戒之機關、團體應提出移送理由書及其繕本。

II 前項移送理由書，應記載被付懲戒律師之姓名、性別、出生年月日、身分證明文件編號、住居所、應付懲戒之事實及理由。

III移送懲戒之機關、團體為提出第一項移送理由書，得依職權調查證據，並得函詢法院、檢察署或其他機關。有詢問被申訴律師之必要時，得通知其到場，並作成筆錄。

第 78 條（律師懲戒委員會之組織）

律師懲戒委員會，由高等法院法官三人、高等檢察署檢察官三人、律師七人及學者或社會公正人士二

人擔任委員；委員長由委員互選之。

第 79 條（懲戒覆審之請求）

被付懲戒律師或原移送懲戒機關、團體，對於律師懲戒委員會之決議不服者，得向律師懲戒覆審委員會請求覆審。

第 80 條（律師懲戒覆審委員會之組織）

律師懲戒覆審委員會，由最高法院法官三人、最高檢察署檢察官三人、律師七人及學者或社會公正人士二人擔任委員；委員長由委員互選之。

第 81 條（懲戒委員之自行迴避）

律師懲戒委員會及律師懲戒覆審委員會之委員，有下列情形之一者，應自行迴避，不得執行職務：

一　為被付懲戒律師應付懲戒行為之被害人。

二　現為或曾為被付懲戒律師或其被害人之配偶、八親等內之血親、五親等內之姻親或家長、家屬。

三　與被付懲戒律師或其被害人訂有婚約。

四　現為或曾為被付懲戒律師或其被害人之法定代理人。

五　曾於訴願、訴願先行程序或訴訟程序中，為被付懲戒律師之代理人、辯護人或輔佐人。

六　曾參與該懲戒事件相牽涉之裁判、移送懲戒相關程序。

七　其他有事實足認其執行職務有偏頗之虞。

第 82 條（懲戒委員之聲請或職權迴避）

I 律師懲戒委員會及律師懲戒覆審委員會之委員有前條情形而不自行迴避者，被付懲戒律師或原移送懲戒機關、團體得聲請迴避。

II 律師懲戒委員會及律師懲戒覆審委員會，如認委員有應自行迴避之原因者，應依職權為迴避之決定。

第 83 條（聲請迴避之決定）

I 委員迴避之聲請，由律師懲戒委員會或律師懲戒覆審委員會決定之。被聲請迴避之委員，不得參與決定。

II 被聲請迴避之委員，認該聲請有理由者，不待決定，應即迴避。

第 84 條（律師懲戒委員會及律師懲戒覆審委員會組織及審議細則之訂定）

律師懲戒委員會及律師懲戒覆審委員會之組織及審議細則，由法務部徵詢全國律師聯合會意見後擬訂，報請行政院會同司法院核定之。

第二節　審議程序

第 85 條（移送理由書繕本之送達及申辯書之提出；閱覽抄錄卷證之聲請）

I 律師懲戒委員會受理懲戒事件，應將移送理由書繕本送達被付懲戒律師。被付懲戒律師應於收受後二十日內提出申辯書，其不遵限提出者，於懲戒程序之進行不生影響。

II 移送機關、團體、被付懲戒律師及其代理人，得聲請閱覽及抄錄卷證。但有依法保密之必要或涉及第三人隱私、業務秘密者，律師懲戒委員會得拒絕或限制之。

第 86 條（相關刑案偵審中得否停止懲戒程序）

同一事件，在刑事偵查或審判中，不停止懲戒程序。但懲戒處分應以犯罪是否成立為斷，懲戒委員會認有必要時，得於刑事判決確定前，停止懲戒程序。

第 87 條（律師懲戒委員會調查證據之方式）

I 律師懲戒委員會應依職權調查證據，並得囑託地方法院或其他機關調查之。有詢問被付懲戒律師之必要時，得通知其到會，並作成筆錄。

II 前項職權調查證據，委員長得指派委員一人至三人為之。

III 第一項規定之受託法院或機關應將調查情形以書面答復，並應附具調查筆錄及相關資料。

第 88 條（詢問調查之不公開）

I 律師懲戒委員會所為詢問及調查，均不公開。但被付懲戒律師聲請公開並經許可者，不在此限。

II 前項規定，於前條囑託地方法院或其他機關調查證據時，適用之。

第 89 條（律師懲戒委員會審議之期間及程序）

I 律師懲戒委員會應於受理懲戒事件後三個月內完成審議，必要時得延長至六個月。

II 律師懲戒委員會開會審議時，應通知被付懲戒律師到場陳述意見。被付懲戒律師無正當理由不到場者，得不待其陳述逕行審議。

III 前項到場陳述意見，被付懲戒律師得委任律師為之。

第 90 條（應為懲戒處分或不受懲戒決議之情形）

被付懲戒律師有第七十三條情事之一者，應為懲戒處分之決議；其證據不足或無第七十三條情事者，應為不受懲戒之決議。

第 91 條（應為免議決議之情形）

懲戒案件有下列情形之一者，應為免議之決議：

一　同一行為，已受律師懲戒委員會之懲戒處分確定。

二　已逾第一百零二條規定之懲戒權行使期間。

第 92 條（應為不受理決議之情形）

懲戒案件有下列情形之一者，應為不受理之決議：

一　移付懲戒之程序違背規定不能補正或經通知補正逾期不補正。

二　被付懲戒律師死亡。

第 93 條（審議會議之出席人數、決議方式及是否公開）

I 律師懲戒委員會之審議會議，應有委員三分之二以上之出席，始得開會。但委員有第八十一

條應迴避之事由者，不計入應出席人數。

II 審議應以過半數之意見決之。

III 審議之意見，分三說以上，均未達過半數時，以最不利於被付懲戒人之意見順次算入次不利於被付懲戒人之意見，至達過半數之意見為決議。

IV 審議不公開，其意見應記入審議簿，並應嚴守秘密。

第 94 條（懲戒決議書之應載事項）

I 律師懲戒委員會之審議，應作成決議書，記載下列事項：

一 被付懲戒律師之姓名、性別、年齡及所屬地方律師公會。

二 懲戒之事由。

三 決議主文。

四 事實證據及決議之理由。

五 決議之年、月、日。

六 自決議書送達之日起二十日內，得提起覆審之教示。

II 出席審議之委員長、委員應於決議書簽名。

第 95 條（懲戒決議書之送達）

律師懲戒委員會應將決議書正本，送達移送懲戒之機關、團體及被付懲戒律師。

第 96 條（審議程序之準用規定）

律師懲戒審議程序，除本章另有規定外，關於送達、期日、期間、通譯及筆錄製作，準用行政訴訟法之規定。

第三節　覆審程序

第 97 條（請求覆審之方式）

I 被付懲戒律師或移送懲戒機關、團體，不服律師懲戒委員會之決議請求覆審者，應於決議書送達之日起二十日內為之。

II 請求覆審應提出理由書及繕本於律師懲戒委員會。

第 98 條（覆議理由書繕本之送達、意見書或申辯書之提出及全卷之送交）

I 律師懲戒委員會應將請求覆審理由書繕本送達原移送懲戒機關、團體或被付懲戒律師。

II 前項受送達人得於十日內提出意見書或申辯書。

III 律師懲戒委員會應於前項期限屆滿後，速將全卷連同前項意見書、申辯書送交律師懲戒覆審委員會。

第 99 條（應為駁回決議、無理由或更為決議之情形）

I 律師懲戒覆審委員會認請求覆審不合法或無理由者，應為駁回之決議。

II 原決議依其理由雖屬不當，而依其他理由認為正當者，應以請求覆審為無理由。

III 律師懲戒覆審委員會認請求覆審有理由者，應

撤銷原決議更為決議。

第 100 條（覆審程序之準用規定）

律師懲戒覆審委員會之覆審程序，除本節另有規定外，準用第二節之規定。

第四節　懲戒處分

第 101 條（懲戒處分）

I 懲戒處分如下：

一 命於一定期間內自費接受額外之律師倫理規範六小時至十二小時之研習。

二 警告。

三 申誡。

四 停止執行職務二月以上二年以下。

五 除名。

II 前項第二款至第四款之處分，應併為第一款之處分。

第 102 條（懲戒權之行使期間）

I 律師有第七十三條應付懲戒情事者，自行為終了之日起至案件繫屬律師懲戒委員會之日止，逾十年者，不得予懲戒處分；逾五年者，不得再予除名以外之懲戒處分。

II 依第七十三條第二款規定移付懲戒者，前項期間自裁判確定之日起算。

第 103 條（懲戒決議之主文公告及確定時點）

I 律師懲戒委員會及律師懲戒覆審委員會決議之主文，應由司法院公告之。

II 律師懲戒委員會之決議，無人請求覆審或撤回請求者，於請求覆審期間屆滿時確定。

III 律師懲戒覆審委員會之決議，於公告主文時確定。

第 104 條（懲戒決議書之通知及對外公開方式）

I 律師懲戒委員會或律師懲戒覆審委員會應將決議書送司法院、法務部、受懲戒律師所屬地方律師公會及全國律師聯合會，並應於懲戒處分決議確定後十日內將全卷函送法務部。

II 法務部應將前項決議書，對外公開並將其置於第一百三十六條之律師及律師懲戒決議書查詢系統。

III 前項公開內容，除受懲戒處分人之姓名、性別、年籍、事務所名稱及其地址外，得不含自然人之身分證明文件編號及其他足資識別該個人之資料。

第 105 條（懲戒處分之執行方式）

懲戒處分之決議於確定後生效，其執行方式如下：

一 命於一定期間內自費接受額外之律師倫理規範之研習、警告或申誡之處分者，法務部於收受懲戒處分之決議書後，應即通知全國律師聯合會，督促其所屬地方律師公會執行。

二 受除名處分或一定期間停止執行職務處分者，法務部應將停止執行職務處分之起訖日期或除

名處分生效日通知司法院、經濟部、全國律師聯合會及移送懲戒機關、團體。

第五節　再審議程序

第 106 條（聲請再審議之事由）

律師懲戒委員會或律師懲戒覆審委員會之決議確定後，有下列各款情形之一者，原移送懲戒機關、團體或受懲戒處分人，得聲請再審議：

一　適用法規顯有錯誤。
二　律師懲戒委員會或律師懲戒覆審委員會之組織不合法。
三　依法律應迴避之委員參與決議。
四　參與決議之委員關於該決議違背職務，犯刑事上之罪已經證明，或關於該決議違背職務受懲戒處分，足以影響原決議。
五　原決議所憑之證言、鑑定、通譯或證物經確定判決，證明其為虛偽或偽造、變造。
六　同一行為其後經不起訴處分確定，或決議基礎之刑事判決，依其後之確定裁判已變更。
七　發現確實之新證據，足認應變更原決議。
八　就足以影響原決議之重要證據，漏未斟酌。
九　確定決議所適用之法律或命令，經司法院大法官解釋為牴觸憲法。

第 107 條（聲請再審議之期間）

Ⅰ聲請再審議，應於下列期間內為之：
一　依前條第一款至第三款、第八款為理由者，自原決議書送達之日起三十日內。
二　依前條第四款至第六款為理由者，自相關之刑事確定裁判送達受判決人之日起三十日內。但再審議之理由知悉在後者，自知悉時起算。
三　依前條第七款為理由者，自發現新證據之日起三十日內。
四　依前條第九款為理由者，自解釋公布之翌日起三十日內。

Ⅱ再審議自決議確定時起，已逾五年者，不得聲請。但以前條第四款至第九款情形為聲請再審議之理由者，不在此限。

第 108 條（受理再審議之機關及聲請之程序）

Ⅰ再審議事件之原確定決議，為律師懲戒委員會作成者，由律師懲戒再審議委員會審議；為律師懲戒覆審委員會作成者，由律師懲戒覆審再審議委員會審議。

Ⅱ聲請再審議，應以書面敘述理由，附具繕本，連同原決議書影本及證據，向律師懲戒再審議委員會或律師懲戒覆審再審議委員會提出。

第 109 條（再審議之審議程序）

Ⅰ律師懲戒再審議委員會或律師懲戒覆審再審議委員會受理再審議之聲請，應將聲請書繕本及附件，函送作成原決議之律師懲戒委員會或律師懲戒覆審委員會、原移送懲戒機關、團體或受懲戒處分相對人，並告知得於指定期間內提出意見書或申辯書。但認其聲請不合法者，不在此限。

Ⅱ作成原決議之律師懲戒委員會或律師懲戒覆審委員會、原移送懲戒機關、團體或受懲戒處分人無正當理由，屆期未提出意見書或申辯書者，律師懲戒再審議委員會或律師懲戒覆審再審議委員會得逕為決議。

第 110 條（聲請再審議之效力）

聲請再審議，無停止懲戒處分執行之效力。

第 111 條（再審議聲請不合法或有無理由之議方式）

Ⅰ律師懲戒再審議委員會或律師懲戒覆審再審議委員會認為再審議之聲請不合法或無理由者，應為駁回之決議。

Ⅱ律師懲戒再審議委員會或律師懲戒覆審再審議委員會認為再審議之聲請有理由者，應撤銷原決議更為決議。

Ⅲ前項情形，原懲戒處分應停止執行，依新決議執行，並回復未受執行前之狀況。但不能回復者，不在此限。

第 112 條（再審議聲請之撤回及禁止再聲請再審議之情形）

Ⅰ再審議之聲請，於律師懲戒再審議委員會或律師懲戒覆審再審議委員會決議前得撤回之。

Ⅱ再審議之聲請，經撤回或決議者，不得更以同一事由聲請再審議。

第 113 條（再審議委員會之準用規定與組織及審議細則之訂定）

Ⅰ律師懲戒再審議委員會及律師懲戒覆審再審議委員會之組織、迴避及審議相關事項，準用第一節之規定；再審議程序，除本節另有規定外，準用第二節、第三節之規定。

Ⅱ律師懲戒再審議委員會及律師懲戒覆審再審議委員會之組織及審議細則，由法務部徵詢全國律師聯合會意見後擬訂，報請行政院會同司法院核定之。

第九章　外國律師及外國法事務律師

第 114 條（外國律師、外國法事務律師及原資格國之定義）

Ⅰ本法稱外國律師，指在中華民國以外之國家或地區，取得律師資格之律師。

Ⅱ本法稱外國法事務律師，指經法務部許可執行職務及經律師公會同意入會之外國律師。

Ⅲ本法稱原資格國，指外國律師取得外國律師資格之國家或地區。

第 115 條（外國律師得執行職務之情形）

Ⅰ外國律師非經法務部許可，並於許可後六個月

內加入律師公會，不得執行職務。但有下列情形之一者，不在此限：

一　受任處理繫屬於外國法院、檢察機關、行政機關、仲裁庭及調解機構等外國機關（機構）之法律事務。

二　我國與該外國另有條約、協定或協議。

II 依前項但書第一款規定進入中華民國境內之外國律師，其執業期間每次不得逾三十日，一年累計不得逾九十日。

第 116 條（外國律師申請許可執行職務之資格）

外國律師向法務部申請許可執行職務，應符合下列資格之一：

一　在原資格國執業五年以上。但受中華民國律師聘僱於中華民國從事其原資格國法律事務助理或顧問性質之工作，或於其他國家、地區執行其原資格國法律業務之經歷，以二年為限，得計入該執業期間。

二　於中華民國九十一年一月一日前依律師聘僱外國人許可及管理辦法受僱擔任助理或顧問，申請時，受僱滿二年者。

第 117 條（外國律師禁止許可執業之情形）

外國律師有下列情形之一者，不得許可其執業：

一　有第五條第一項各款情事之一。

二　曾受大陸地區、香港、澳門或外國法院有期徒刑一年以上刑之裁判確定。

三　受原資格國撤銷或廢止律師資格、除名處分或停止執業期間尚未屆滿。

第 118 條（外國律師申請許可應提出之文件）

I 外國律師申請許可，應提出下列文件：

一　申請書：載明外國律師姓名、出生年月日、國籍、住所、取得外國律師資格年月日、原資格國名、事務所。

二　符合第一百十六條規定之證明文件。

II 法務部受理前項申請得收取費用，其金額另定之。

第 119 條（外國律師入退公會程序之準用規定）

外國律師申請加入律師公會及退會之程序準用第十一條至第十八條規定。

第 120 條（外國法事務律師得執行之法律事務）

I 外國法事務律師僅得執行其原資格國之法律或國際法事務。

II 外國法事務律師依前項規定，辦理當事人一造為中華民國國民或相關不動產在中華民國境內之婚姻、親子或繼承事件，應與中華民國律師合作或取得其書面意見。

第 121 條（外國法事務律師遵守我國法令規章之義務）

外國法事務律師應遵守中華民國法令、律師倫理規範及律師公會章程。

第 122 條（外國法事務律師執行職務應表明身分、告知原資格國國名及設立事務所）

I 外國法事務律師執行職務時，應表明其為外國法事務律師並告知其原資格國之國名。

II 外國法事務律師執行職務，除受僱用外，應設事務所。

第 123 條（外國法事務律師僱用或合夥我國律師之禁止及例外）

I 外國法事務律師不得僱用中華民國律師，或與中華民國律師合夥經營法律事務所。但為履行國際條約、協定或協議義務，經法務部許可者，不在此限。

II 前項但書之許可條件、程序及其他應遵行事項之辦法，由法務部徵詢全國律師聯合會意見後定之。

第 124 條（外國法事務律師執業許可撤銷或廢止之情形）

外國法事務律師有下列情形之一者，其執業之許可應予撤銷或廢止：

一　喪失外國律師資格。

二　申請許可所附文件虛偽不實。

三　受許可者死亡、有第一百十七條各款情事之一或自行申請廢止。

四　業務或財產狀況顯著惡化，有致委任人損害之虞。

五　未於受許可後六個月內向事務所所在地之律師公會申請入會。

六　違反前條第一項規定。

第 125 條（外國法事務律師懲戒之事由）

外國法事務律師有下列情事之一者，應付懲戒：

一　違反第一百二十條第二項、第一百二十一條或第一百二十二條規定。

二　犯罪行為經判刑確定。但因過失犯罪，不在此限。

第 126 條（外國法事務律師移付懲戒程序之準用規定）

外國法事務律師應付懲戒者，其移付懲戒、懲戒處分、審議程序、覆審程序及再審議程序準用第八章之規定。

第十章　罰　則

第 127 條（罰則）

I 無律師證書，意圖營利而辦理訴訟事件者，除依法令執行業務者外，處一年以下有期徒刑，得併科新臺幣三萬元以上十五萬元以下罰金。

II 外國律師違反第一百十五條，外國法事務律師違反第一百二十條第一項規定者，亦同。

第 128 條（律師出借資格之處罰）

I 律師非親自執行職務，而將事務所、章證或標識提供與無律師證書之人使用者，處一年以下有期徒刑，得併科新臺幣三萬元以上十五萬元以下罰金。

II 外國法事務律師非親自執行職務，而將事務所、章證或標識提供他人使用者，亦同。

第 129 條（罰則）

I 無律師證書，意圖營利，設立事務所而僱用律師或與律師合夥經營事務所執行業務者，處一年以下有期徒刑，得併科新臺幣三萬元以上十五萬元以下罰金。

II 外國人或未經許可之外國律師，意圖營利，僱用中華民國律師或與中華民國律師合夥經營律師事務所執行中華民國法律事務者，亦同。

第 130 條（外國法事務律師洩漏業務上知悉秘密之處罰）

外國法事務律師無故洩漏因業務知悉或持有之他人秘密者，處一年以下有期徒刑、拘役或科新臺幣二十萬元以下罰金。

第 131 條（領有律師證書未加入公會逕行執業之處罰）

領有律師證書，未加入律師公會，意圖營利而自行或與律師合作辦理下列各款法律事務者，由法務部處新臺幣十萬元以上五十萬元以下罰鍰，並限期命其停止行為；屆期不停止者，處新臺幣二十萬元以上一百萬元以下罰鍰，並廢止其律師證書：

一 訴訟事件、非訟事件、訴願事件、訴願先行程序等對行政機關聲明不服事件。

二 以經營法律諮詢或撰寫法律文件為業。

第十一章 附 則

第 132 條（外國人助理或顧問之聘僱）

律師或外國法事務律師得聘僱外國人從事助理或顧問性質之工作；其許可之條件、期限、廢止許可及管理等事項之辦法，由法務部會同勞動部定之。

第 133 條（外國人得依法應律師考試）

外國人得依中華民國法律應律師考試。

第 134 條（外國人執行律師職務遵守我國法令規章之義務）

外國人在中華民國執行律師職務者，應遵守中華民國關於律師之一切法令、律師倫理規範及律師公會章程。

第 135 條（外國人於政府機關執行律師職務應用我國語文）

外國人在中華民國執行律師職務者，於我國政府機關執行職務時，應使用我國語言及文字。

第 136 條（律師及律師懲戒決議書查詢系統之建置及得對外公開之資料）

I 法務部應於網站上建置律師及律師懲戒決議書查詢系統，供民眾查詢。

II 前項查詢系統公開之律師懲戒決議書，應註明該懲戒決定是否已確定。

III 第一項查詢系統得對外公開之個人資料如下：

一 姓名。

二 性別。

三 出生年。

四 律師證書之字號及相片。

五 事務所名稱、電子郵件、地址及電話。

六 所屬地方律師公會。

七 除名、停止執行職務及五年內之其他懲戒處分。

第 137 條（律師職前訓練之適用及除外規定）

I 本法中華民國八十一年十一月十六日修正施行前，已取得律師資格者，不適用第三條規定。

II 本法中華民國八十一年十一月十六日修正施行之日起，經律師考試及格領得律師證書，尚未完成律師職前訓練者，除依八十六年四月二十三日修正施行之第七條第二項但書規定免予職前訓練者外，應依一百零八年十二月十三日修正之第三條第一項規定完成律師職前訓練，始得申請加入律師公會。

第 138 條（地方律師公會會籍單一化過渡期間之轉銜處理機制）

I 律師於本法中華民國一百零八年十二月十三日修正之條文施行前，已加入二以上地方律師公會者，應於修正施行後二個月內，依第二十四條第一項或第二項規定擇定一地方律師公會為其所屬地方律師公會；該地方律師公會並應將擇定情形陳報中華民國律師公會全國聯合會，由其轉知有關地方律師公會。

II 律師未依前項規定擇定所屬地方律師公會者，中華民國律師公會全國聯合會應代為擇定，並於擇定後二個月內通知該律師及有關地方律師公會。

III 依前二項規定擇定所屬地方律師公會後，律師與其他地方律師公會之關係，除該律師自行申請退出該公會者外，轉為特別會員，其會員年資應接續計算。

IV 各地方律師公會於本法中華民國一百零八年十二月十三日修正之條文施行後一個月內，應通知其會員依本法規定擇定所屬地方律師公會、擇定之效果及未擇定時依前二項規定辦理之處理程序。

V 各地方律師公會未依前四項規定確認其所屬會員為一般會員或特別會員前，應暫停修正章程；其理事、監事或會員代表任期屆滿者，應暫停改選，原有理事、監事或會員代表之任期延長至改選完成後為止。

VI 本法中華民國一百零八年十二月十三日修正之

條文施行前，各地方律師公會已當選會員代表之律師，已轉爲該公會之特別會員者，其行使表決權、選舉權、罷免權或算入出席人數，不受第十一條第四項之限制。

第 139 條（律師全國或跨區執業相關事項規定生效前之過渡條款）

I 律師於全國律師聯合會之章程就律師於全國或跨區執業之相關事項規定生效以前，於所加入之地方律師公會及無地方律師公會之區域外，受委任處理繫屬於法院、檢察署及司法警察機關之法律事務者，應向該區域之地方律師公會申請跨區執業。但專任於公益法人之機構律師，無償受委任處理公益案件者，不在此限。

II 律師於全國律師聯合會之章程就律師於全國或跨區執業之相關事項規定生效以前，依前項規定申請跨區執業者，應依下列規定之服務費數額，按月繳納予該地方律師公會。但該地方律師公會之章程關於服務費數額有較低之規定者，從其規定。

一　地方律師公會所屬一般會員達一百五十人者，新臺幣三百元。

二　地方律師公會所屬一般會員未達一百五十人者，新臺幣四百元。

III 律師於全國律師聯合會之章程就律師於全國或跨區執業之相關事項規定生效以前，未依前項規定繳納跨區執業服務費者，其執業區域之地方律師公會對該律師經催告後，仍未於催告期限內繳納應繳納服務費，該公會得視違反情節，課予該律師未繳納服務費十倍以下之滯納金。

第 140 條（已入地方律師公會者於本法修正施行後當然爲中華民國律師公會全國聯合會之個人會員）

I 本法中華民國一百零八年十二月十三日修正之條文施行前，已加入地方律師公會者，於修正施行後，當然爲中華民國律師公會全國聯合會之個人會員。

II 中華民國律師公會全國聯合會之個人會員，應按月繳納會費新臺幣三百元，至全國律師聯合會之章程就其會員應繳之會費規定生效爲止。

第 141 條（中華民國律師公會全國聯合會造具個人會員名冊之相關程序及效果）

I 各地方律師公會應於本法中華民國一百零八年十二月十三日修正之條文施行後四個月內，將該地方律師公會一般會員之會員名冊提報中華民國律師公會全國聯合會；律師未擇定其爲所屬地方律師公會或屬其特別會員者，並應註記及提報之。

II 中華民國律師公會全國聯合會應於本法中華民國一百零八年十二月十三日修正之條文施行後六個月內，確定並造具個人會員名冊，陳報中

央社會行政主管機關及法務部，並公告之。

III 前項個人會員，有全國律師聯合會理事、監事及個人會員代表之選舉權、被選舉權及罷免權。

第 142 條（第一屆全國律師聯合會選舉之辦理規定）

I 中華民國律師公會全國聯合會應於依前條第二項規定公告個人會員名冊後一個月內，辦理全國律師聯合會理事長、副理事長、理事、監事及個人會員代表之選舉，由前條第二項確定之全體個人會員以通訊或電子投票方式直接選出之。

II 參選前項理事長、副理事長、理事、監事及個人會員代表之個人會員，爲二種以上候選人之登記時，其登記均無效。

III 第一項選舉之應選名額及選舉辦法如下：

一　理事四十五人，其中一人爲理事長、二人爲副理事長，採聯名登記候選方式，由個人會員以無記名單記投票行之。其餘理事除由各地方律師公會理事長兼任爲當然理事外，採登記候選方式，由個人會員以無記名限制連記行之，其連記人數爲九人。

二　監事十一人，採登記候選方式，由個人會員以無記名限制連記行之，其連記人數爲四人。

三　個人會員代表七十八人，採登記候選方式，由個人會員以無記名限制連記行之，其連記人數爲二十六人。

IV 前項理事長、副理事長、理事、監事及個人會員代表之任期自中華民國一百十年一月一日起，爲期二年。

V 地方律師公會理事長如爲該地方律師公會之特別會員，該地方律師公會理事、監事聯席會議應另推派具一般會員身分之理事兼任第三項第一款之當然理事。

VI 中華民國律師公會全國聯合會爲辦理第一項之選舉，應經由理事、監事聯席會議之決議，訂定選舉辦法，並報請中央社會行政主管機關備查。

第 143 條（中華民國律師公會全國聯合會組織改制之相關規定）

I 依前條第一項規定當選之理事長、副理事長、理事、監事及前條第三項第一款之當然理事應於當選後組成組織改造委員會，依本法規定完成中華民國律師公會全國聯合會之組織改制宜。

II 依前條第一項規定當選之理事長應於其就任後三個月內，將組織改造委員會決議通過之章程修正案，送請會員代表大會決議通過，並辦理相關登記。

Ⅲ前項會員代表大會應出席者如下：
　　一　當然會員代表：由全體理事、監事兼任。
　　二　個人會員代表。
　　三　團體會員代表：由各地方律師公會理事、
　　　　監事聯席會推派一般會員一人擔任。
Ⅳ第二項會員代表大會之決議，應有過半數會員
　　代表之出席，出席人數三分之二以上之同意行
　　之。
Ⅴ中華民國律師公會全國聯合會於第一項之組織
　　改造委員會成立後，關於內部規章之訂定、修
　　正與廢止，應先徵詢其意見。

第 144 條（中華民國律師公會全國聯合會改制
　　　　　　爲全國律師聯合會之轉銜規定）

Ⅰ本法稱全國律師聯合會者，於中華民國一百零
　　九年十二月三十一日以前，指中華民國律師公
　　會全國聯合會。
Ⅱ中華民國律師公會全國聯合會已公布施行之章
　　程與本法牴觸者，自本法中華民國一百零八年
　　十二月十三日修正之條文施行之日起，失其效
　　力。
Ⅲ中華民國律師公會全國聯合會第十一屆理事、
　　監事及會員代表之任期，至中華民國一百零九
　　年十二月三十一日爲止。
Ⅳ中華民國律師公會全國聯合會自中華民國
　　一百十年一月一日起，更名爲全國律師聯合會。

第 145 條（施行細則）

本法施行細則，由法務部於徵詢全國律師聯合會意
見後，會商內政部定之。

第 146 條（施行日）

本法自公布日施行。但第四條、第十條第一項、第
七十八條、第八十條、第一百零六條至第一百十三
條第一項及第一百三十六條之施行日期，由行政院
以命令定之；第二十條、第二十二條、第三十七
條、第六十三條第二項、第六十四條、第六十七
條、第六十八條第二項、第七十五條、第七十六條
第一項第三款及第一百二十三條第二項，自中華民
國一百十年一月一日施行。

律師倫理規範

1. 中華民國 72 年 12 月 18 日中華民國律師公會全國聯合會會員代表大會通過修正全文 33 條
2. 中華民國 84 年 7 月 29 日中華民國律師公會全國聯合會第三屆第三次會員代表大會通過修正
3. 中華民國 85 年 8 月 11 日中華民國律師公會全國聯合會第四屆第一次會員代表大會通過第 18 條條文暫停適用
4. 中華民國 87 年 7 月 18 日中華民國律師公會全國聯合會第四屆第三次會員代表大會通過修正第 30 條第 5 款；第 18 條恢復適用
5. 中華民國 92 年 9 月 7 日中華民國律師公會全國聯合會第六屆第二次會員代表大會通過修正第 49 條第 2 款
6. 中華民國 95 年 9 月 23 日中華民國律師公會全國聯合會第七屆第二次會員代表大會通過修正第 5 條條文
7. 中華民國 98 年 9 月 19 日中華民國律師公會全國聯合會第八屆第二次會員代表大會通過修正第 5、6、9、10、12、14～16、22～26、28～36、41～43、46、48～50 條條文及第五章章名；增訂第 30-1、30-2、38、47-1 條條文；並刪除第 38 條條文

前　言

律師以保障人權、實現社會正義及促進民主法治為使命，並應基於倫理自覺，實踐律師自治，維護律師職業尊嚴與榮譽，爰訂定律師倫理規範，切盼全國律師一體遵行。

第一章　總　則

第 1 條
本規範依律師法第十五條第二項規定訂定之。
第 2 條
律師執行職務，應遵守法律、本規範及律師公會章程。
第 3 條
律師應共同維護律師職業尊嚴及榮譽。
第 4 條
律師應重視職務之自由與獨立。
第 5 條
律師應精研法令，充實法律專業知識，吸收時代新知，提昇法律服務品質，並依中華民國律師公會全國聯合會所訂在職進修辦法，每年完成在職進修課程。
第 6 條
律師應謹言慎行，以符合律師職業之品位與尊嚴。
第 7 條
律師應體認律師職務為公共職務，於執行職務時，應兼顧當事人合法權益及公共利益。

第 8 條
律師執行職務，應基於誠信、公平、理性及良知。
第 9 條
律師應參與法律扶助、平民法律服務，或從事其他社會公益活動，以普及法律服務。但依法免除者，不在此限。
第 10 條
律師對於所屬律師公會就倫理風紀事項之查詢應據實答復。
第 11 條
律師不應拘泥於訴訟勝敗而忽略真實之發現。

第二章　紀　律

第 12 條
律師不得以下列方式推展業務：
一　作誇大不實或引人錯誤之宣傳。
二　支付介紹人報酬。
三　利用司法人員或聘僱業務人員為之。
四　其他不正當之方法。

❖ 法學概念

律師得否以廣告行為推展業務？

　　有論者參照美國法上的分類，將律師招攬業務的行為可分為「廣告」（advertising）及「招攬」（soliciting）二個樣態。所謂「廣告」的行為，依照美國律師專業行為準則第 7 條之 2，是指律師藉助各種媒介，例如電話簿、法律名錄、報紙或其他期刊、戶外看板、收音機、電視、書面或錄音通訊之方法，對社會大眾或不特定的多數人介紹其本身或事務所所提供法律服務的一般資訊。對於廣告的行為，除非是有違反美國律師專業行為準則第 7 條之 1 而有虛偽或誤導之宣傳或者違反該準則第 7 條之 3 的規定，否則廣告行為原則上是准許的。

　　至於「招攬」的行為則是指律師或其所屬人員為了拓展事務所的業務，而主動以書面或親自電話聯繫之方式拓展業務。基本上招攬的行為比廣告的行為受到更嚴格的限制，廣告行為可以對不特定的人為之，但是招攬的行為則只可以對有親屬關係或者之前有業務關係的人為之。雖然可以向有親屬關係或之前有業務關係的人招攬業務，但是如果律師已經知道對方並不希望被招攬，或者招攬的內容有涉及到脅迫、強制或恐嚇的情形時，律師還是不可以從事招攬活動。

【王惠光，〈律師之拓展業務與收受報酬〉，收錄於東吳大學法學院主編《法律倫理學》，新學林，初版，2009.06，338 頁以下。】

惟另有學者認為，「廣告」及「招攬」行為，並無嚴格區分之必要，即便在德國亦未明確區分此二者，蓋對於律師業務之招攬行為，其乃廣義性之廣告行為之一種，律師利用業務員或其他介紹人（例如汽車修理廠員工）而對其人身資格、服務項目等為介紹或推薦，無論是否支給報酬，若未有誇大不實、威脅、利誘或涉及不正競爭等不正當手段，似無禁止之理。

有疑問者，係對於律師聘僱業務人員或與某單位或人員合作尤其介紹業務，並給予報酬，固應受前開規範之限制。但若係第三人主動所為廣告行為，律師是否對之亦應負責。就此，應認為對於媒體而言，律師應注意的是，假如媒體之文章已涉及誇大或吹噓或其他不正當行為（如標明該律師係某領域最好之律師等類文字），律師不應給予任何助力（例如接受專訪或給予事務所之資訊）。甚至，若事前知悉該報導內容，氏認為該律師亦應以發存證信函等類方式要求停止該廣告行為。但實際上，律師多難能知悉該等報導內容，因而若律師不知悉該報導之不法性，即難苛責之。此時，若涉及不正競爭，則應由該雜誌或報社等媒體自行負責。
【姜世明，《法律倫理學》，元照，二版，2011.09，380頁以下。】

第 13 條
律師不得以違反公共秩序善良風俗或有損律師尊嚴與信譽之方法受理業務。

第 14 條
Ⅰ律師不得向司法人員或仲裁人關說案件，或向當事人明示或暗示其有不當影響司法或仲裁人之關係或能力，或從事其他損害司法或仲裁公正之行為。
Ⅱ律師不得與司法人員出入有害司法形象之不正當場所，或從事其他有害司法形象之活動，亦不得教唆、幫助司法人員從事違法或違反司法倫理風紀之行為。

第 15 條
Ⅰ律師事務所聘僱人員，應遴選品行端正者擔任之。
Ⅱ律師事務所中負有監督或管理權限之律師，應負責督導所聘僱之人員不得有違法或不當之行為。

第 16 條
Ⅰ律師接受事件之委託後，應忠實蒐求證據、探究案情，並得在訴訟程序外與案情或證明力有關之事項詢問證人，但不得騷擾證人，或將詢問所得作不正當之使用。
Ⅱ律師不得以威脅、利誘、欺騙或其他不當方法取得證據。
Ⅲ律師不得自行或教唆、幫助他人使證人於受傳喚時不出庭作證，或使證人出庭作證時不為真

實完整之陳述。但有拒絕證言事由時，律師得向證人說明拒絕證言之相關法律規定。

第 17 條
Ⅰ律師不得以合夥或其他任何方式協助無中華民國律師資格者執行律師業務。但法律另有規定者，不在此限。
Ⅱ律師不得將律師證書、律師事務所、會員章證或標識以任何方式提供他人使用。

第 18 條
司法人員自離職之日起三年內，不得在其離職前三年內曾任職務之法院或檢察署執行律師職務。

第 19 條
律師不得以受當事人指示為由，為違反本規範之行為。

第三章　律師與司法機關

第 20 條
律師應協助法院維持司法尊嚴及實現司法正義，並與司法機關共負法治責任。

第 21 條
律師應積極參與律師公會或其他機關團體所辦理之法官及檢察官評鑑。

第 22 條
律師對於依法指定其辯護、代理或輔佐之案件，非經釋明有正當理由，不得拒絕或延宕，亦不得自當事人或其他關係人收取報酬或費用。

第 23 條
Ⅰ律師於執行職務時，不得有故為矇蔽欺罔之行為，亦不得偽造變造證據、教唆偽證或為其他刻意阻礙真實發現之行為。
Ⅱ律師於案件進行中，經合理判斷為不實之證據，得拒絕提出。但刑事被告之陳述，不在此限。

第 24 條
Ⅰ律師不得惡意詆毀司法人員或司法機關；對於司法人員貪污有據者，應予舉發。
Ⅱ律師不得公開或透過傳播媒體發表有關特定司法人員品格、操守，足以損害司法尊嚴或公正形象之輕率言論。但有合理之懷疑者，不在此限。
Ⅲ律師就受任之訴訟案件於判決確定前，不得就該案件公開或透過傳播媒體發表足以損害司法公正之言論。但為保護當事人免於輿論媒體之報導或評論所致之不當偏見，得在必要範圍內，發表平衡言論。

❖ 法學概念
律師言論自由之限制
　　針對本條第2項但書所稱「存在合理懷疑」或第3項中但書所稱「但為保護當事人免於輿論媒體之報導或評論所致之不當偏見」，依學者之意見，在解釋上不應從寬，第2項中應強調「具體根

據之審查」，不能淪為捕風捉影。第3項反制正當性，應盡量建立在檢警或相對人之對於被告之醜化行為（特別係在違反偵查不公開之情形），不宜寬認而任由律師與媒體共舞，恣意揮灑，而將嚴肅之法庭門爭，導演為輿論審判戲碼。

【姜世明，《法律倫理學》，元照，二版，2011.09，440頁。】

第 25 條

律師對於司法機關詢問、囑託、指定之案件，應予以協助。但有正當理由者，不在此限。

第四章　律師與委任人

第 26 條

Ⅰ 律師為當事人承辦法律事務，應努力充實承辦該案所必要之法令知識，並作適當之準備。

Ⅱ 律師應依據法令及正當程序，盡力維護當事人之合法權益，對於受任事件之處理，不得無故延宕，並應及時告知事件進行之重要情事。

❖ 實務見解

▶101 台覆 2（決議書）

按律師法第二十六條第一項規定：「律師對於左列事件，不得執行其職務：一、本人或同一律師事務所之律師曾受委託人之相對人之委任，或曾與商議而予以贊助者。」其立法意旨係於同一訟爭性事件程序中，律師如同時代理對立之兩造或利害關係相衝突之一造當事人數人，將有損司法判斷或法定救濟程序之正確性及公信力。另律師倫理規範第三十條第一項亦明文規定：「律師不得受任下列事件：三以現在受任事件之委任人為對造之其他事件。」本件被付懲戒人柏○○、藍○○於法律事務所向擔任海揚公司常年法律顧問之期間內，於海揚公司告訴楊○○妨害自由之臺灣士林地方法院檢察署九十九年度偵字第四六八八號案件中，柏○○為竟擔任楊○○之選任辯護人。另於海揚公司告訴楊○○、徐○○及連○○等人涉嫌偽造文書、偽造有價證券及業務侵占之臺灣士林地方法院檢察署九十九年度他字第一六七三號、第一七八八號案件中，柏○○及藍○○亦擔任楊○○、徐○○及連○○等人之選任辯護人。此外，柏○○、藍○○復受徐○○、杜○○、趙○○之委任，擔任其等之訴訟代理人，對於海揚公司提起撤銷股東會決議之訴，案經臺灣士林地方法院以九十八年度訴字第一四四四號撤銷股東會決議之訴事件受理，並判決原告徐○○等敗訴在案。原決議審酌上列情事後，認：務實法律事務所係受海揚公司之委任，擔任海揚公司之常年法律顧問，並非受楊○○個人委任，擔任楊○○個人之法律顧問，而楊○○僅係海揚公司之副總經理，與海揚公司間僅有委任或僱傭之關係，於海揚公司與楊○○發生爭議時，海揚公司之常年法律顧問，自應立於海揚公司之立場，為海揚公司爭取法律上之權利，豈可立於楊○○之立場，

與海揚公司為訴訟上之對抗。倘宥於與楊○○之情誼，不便立於海揚公司之立場與楊○○訴訟，基於利益衝突，亦應迴避，俾免爭議。況依卷附務實法律事務所與海揚公司所簽訂之法律顧問契約書第六條明定：「甲方（即海揚公司）若有員工因職務關係涉訟或涉入其他法律爭議程序，而透過甲方之介紹委任乙方（即務實法律事務所）辦理者，乙方應比照臺北律師公會章程所定之酬金計算標準，酌情減收百分之十酬金，以保障甲方員工之權益。但甲方員工與甲方本身具體案件有利益衝突之情形者，乙方不得接受甲方員工之委任。」是被付懲戒人柏○○上揭所辯，尚難認屬正當理由，委無可採。又查被付懲戒人藍○○為務實法律事務所之合夥律師，為務實法律事務所之經營者之一，對於海揚公司為該事務所之常年法律顧問客戶，實難諉為不知。是其所辯，有違常情，不足採信。

第 27 條

律師對於受任事件，應將法律意見坦誠告知委任人，不得故意曲解法令或為欺罔之告知，致誤導委任人為不正確之期待或判斷。

第 28 條

律師就受任事件，不得擔保將獲有利之結果。

第 29 條

律師於執行職務時，如發現和解、息訟或認罪，符合當事人之利益及法律正義時，宜協力促成之。

第 30 條

Ⅰ 律師不得受任下列事件：

一　依信賴關係或法律顧問關係接受諮詢，與該諮詢事件利害相衝突之同一或有實質關連之事件。

二　與受任之事件利害相衝突之同一或有實質關連之事件。關於現在受任事件，其與原委任人終止委任者，亦同。

三　以現在受任事件之委任人為對造之其他事件。

四　由現在受任事件之對造所委任之其他事件。

五　曾任公務員或仲裁人，其職務上所處理之同一或有實質關連之事件。

六　與律師之財產、業務或個人利益有關，可能影響其獨立專業判斷之事件。

七　相對人所委任之律師，與其有配偶或二親等內之血親或姻親關係之同一或有實質關連之事件。

八　委任人有數人，而其間利害關係相衝突之事件。

九　其他與律師對其他委任人、前委任人或第三人之現存義務有衝突之事件。

Ⅱ 前項除第五款情形外，律師於告知受影響之委任人與前委任人並得其書面同意後，仍得受任之。

Ⅲ律師於同一具訟爭性事件中，不得同時受兩造或利害關係相衝突之一造當事人數人委任，亦不適用前項之規定。

Ⅳ律師於特定事件已充任為見證人者，不得擔任該訟爭性事件之代理人或辯護人，但經兩造當事人同意者，不在此限。

Ⅴ委任人如為行政機關，適用利益衝突規定時，以該行政機關為委任人，不及於其所屬公法人之其他機關。相對人如為行政機關，亦同。

❖ 法學概念
律師與當事人間委任關係建立的時點

原則上，當事人和律師之間委任關係的建立，在於當事人以尋求法律專業意思向律師請求協助或服務，而且律師也是以提供法律專業協助的立場和當事人商談或提供服務，此際律師和當事人之間的委任關係就已經成立，不一定要有書面的訂立，也不論有無報酬給付。這樣的認定標準，不只從律師倫理規範第 30 條第 1 項第 1 款的條文內容可以推知，而且在實務上也持相同的看法。

但如果是一般性的聚會聊天而沒有提供專業協助或服務的成分或意思，即使談話內容牽涉到法律問題，也不當然成立委任關係。必須依當時的情況，可以認為是尋求法律專業協助或服務，而且律師也是以提供法律專業協助或服務的態度來回答問題的時候，才會產生委任關係。

【工惠光，〈律師與當事人間關係的建立〉，《月旦法學教室》，第 112 期，2012.02，42 頁以下。】

❖ 法學概念
利益衝突之迴避

此一概念是指律師與委任人存在相反的利益取向，若繼續代理會影響到委任人的利益。當律師的利益與客戶的利益相反或不一致時，就產生了利益衝突。律師在接受委任之前，律師及其所屬律師事務所應進行利益衝突查證，只有在律師與委任人之間沒有利益衝突的情況下才可以締結委任契約。律師在接受委任後發現有利益衝突，應及時將這種關係告訴委任人，一旦委任人提出異議，律師即應予以迴避。其理論基礎包括為了保證律師對委任人的忠誠、為了保守委任人的秘密、為了保證司法制度的有效運作及為防止律師侵犯委任人的利益、為了保證代理的有效性等諸方面。

與外國立法例相較，我國之律師法及律師倫理規範中之利益衝突機制，似乎尚有未盡之處。在有各種利益衝突時，如美國法之相關規定均有例外情形，仍可代理當事人；我國則限於現在受任事件之委任人為對造之其他事件、由現在受任事件之對造所委任之其他事件，經原委任人之同意，始得代理，其他有利益衝突之事件，則一律不得代理。此外，律師代理之當事人與其他律師代理之當事人有

利益衝突，而兩造律師是親屬或配偶關係，美國法上原則上禁止代理；我國雖無明文，但解釋上亦宜避免之。

【古嘉諄，〈律師與對造當事人及對造律師之關係〉，收錄於東吳大學法學院主編《法律倫理學》，新學林，初版，2009.06，193 頁以下。】

第 30 條之 1
律師因受任事件而取得有關委任人之事證或資訊，非經委任人之書面同意，不得為不利於委任人之使用。但依法律或本規範之使用，或該事證、資訊已公開者，不在此限。

第 30 條之 2
律師不得接受第三人代付委任人之律師費。但經告知委任人並得其同意，且不影響律師獨立專業判斷者，不在此限。

第 31 條
Ⅰ有下列情形之一者，律師不得接受當事人之委任；已委任者，應終止之：

一　律師明知當事人採取法律行動、提出防禦、或在訴訟中為主張之目的僅在恐嚇或惡意損害他人。

二　律師明知其受任或繼續受任將違反本規範。

三　律師之身心狀況使其難以有效執行職務。

Ⅱ律師終止與當事人間之委任關係時，應採取合理步驟，以防止當事人之權益遭受損害，並應返還不相當部分之報酬。

第 32 條
Ⅰ律師依第三十條第一項、第三項、第三十條之一、第三十條之二受利益衝突之限制者，與其同事務所之其他律師，亦均受相同之限制。但第三十條第一項第六款、第七款、第九款之事件，如受限制之律師未參與該事件，亦未自該事件直接或間接獲取任何報酬者，同事務所之其他律師即不受相同之限制。

Ⅱ律師適用前項但書而受委任時，該律師及受限制之律師，應即時以書面通知受影響之委任人或前委任人有關遵守前項但書規定之情事。

❖ 法學概念
律師離職後利益衝突的約束

關於律師的利益衝突約束，如果是案件之受任律師本身，所受到的約束來自於律師倫理規範第 30 條及第 30 條之 1 與第 30 條之 2 的規定。至於同一律師事務所之其他律師所受到的牽連約束，則來自於律師倫理規範第 32 條之規定。一個是本身的限制，一個是衍生而產生的牽連限制，所以受約束的條件不同。尤其在律師離開原事務所而加入新事務所時，對該約束的延續與免除，二者有很大的差別。

因此，若一位律師受到利益衝突的約束而使得整個事務所的其他律師也受到限制，則其他律師是

法律倫理

因為和這一位有利益衝突的律師「同事務所」才受限。但如果該受限制的律師離職之後，則事務所之其他律師就不會再受到限制，因為已經沒有和該位受限制的律師「同事務所」。而另一種情況，如果是事務所中其他本身未受限制的律師離職，因為在離職之後已不再和那位受限制的律師同事務所，所以無論該離職律師或所加入的新事務所都不會受到限制。

不過，如果離職的律師之前曾接觸或經理那位受限制律師所處理的案件，則離職之後，仍然會受到限制，而且也會使新加入的事務所之其他律師受到相同的限制。

【王惠光，〈律師離職時利益衝突的約束延續與約束免除〉，《月旦法學教室》，第110期，2011.12，42頁以下。】

第 33 條

律師對於受任事件內容應嚴守秘密，非經告知委任人並得其同意，不得洩漏。但有下列情形之一，且在必要範圍內者，得為揭露：

一 避免任何人之生命、身體或健康之危害。

二 避免或減輕因委任人之犯罪意圖及計畫或已完成之犯罪行為之延續可能造成他人財產上之重大損害。

三 律師與委任人間就委任關係所生之爭議而需主張或抗辯時，或律師因處理受任事務而成為民刑事訴訟之被告，或因而被移送懲戒時。

四 依法律或本規範應揭露者。

❖ 法學概念

律師緘默義務

本條之制度目的乃律師緘默義務，其與律師職業本質中之高度信賴關係間呈現密切之理論關聯。亦即，律師係專門職業或自由業之一種，而自由業本質之一乃其與當事人間有高度信賴關係，此種信賴關係乃其與當事人間訂立律師契約之基礎，且係能成就其給付之根本。

據此，律師緘默或保密義務之客體如涉及委任人未來之犯罪意圖及計畫或已完成之犯罪行為之延續，可能造成第三人生命或身體健康之危險者，律師即不受保密義務之拘束，若係國家機關要求其作證，其亦因此無拒絕之特權。但此規定，對於重大犯罪之舉發或重大金融、證券及恐怖犯罪之資訊開示，可能有規範不足之問題。

論者有謂，德國法制上的規定，值得我國借鏡。第一，對於明顯事實，亦即公眾周知之事實，並不須納入律師保密義務之客體。第二，此律師委託人免除律師保密義務之規定，律師亦可由此一義務之要求中解放，然其前提乃該委託人具有了解及判斷能力，必須對於其所欲免除律師保密義務之秘密內容範圍有能力辨別及了解即可。除此之外，若基於法律規定或律師有自我權利防禦必要者，亦不受律師緘默義務之拘束。

【姜世明，《律師倫理法》，新學林，初版，2008.10，171頁以下。】

至於律師真實義務與律師緘默義務相衝突時，以何為優先，不無疑問。學者認為，除非有律師倫理規範第33條但書情形，原則上律師不可任意將其當事人之犯罪行為加以揭露，以平衡當事人與律師間信賴關係之建立與維護。但針對此情形，律師似應選擇終止其與委託人之契約關係為宜。至於在民事訴訟法亦可能有此等情形，固可比照辦理，惟若非涉及犯罪行為，而僅涉及私權關係之不利事實者，律師似仍應負有真實義務，但其可對委託人據實以告，而使委託人有選擇是否終止該律師契約關係之機會。

【姜世明，《法律倫理學》，元照，二版，2011.09，394頁以下。】

第 34 條

Ⅰ 律師對於受任事件代領、代收之財物，應即時交付委任人。但法令另有規定或契約另有約定者，不在此限。

Ⅱ 律師對於保管與事件有關之物品，應於事件完畢後或於當事人指示時立即返還，不得無故拖延或拒絕返還。

第 35 條

Ⅰ 律師應對於委任人明示其酬金數額或計算方法。

Ⅱ 律師不得就家事、刑事案件或少年事件之結果約定後酬。

第 36 條

Ⅰ 律師不得就其所經辦案件之標的獲取財產利益，但依法就受任之報酬及費用行使留置權，或依本規範收取後酬者，不在此限。

Ⅱ 律師不得就向未終結之訴訟案件直接或間接受讓系爭標的物。

❖ 法學概念

律師之忠實義務

本條第1項規定，乃是由於律師須履行其對當事人的忠實義務，應該盡心盡力求取當事人最大的利益，若是律師本身的私人利益也牽涉其中，難免會因為存有私心，或者在利益衝突的情況下，勢必導致律師為了本身的利益而無法完全以當事人的最大利益作為考量。

本條第2項規定須注意如果律師和當事人的約定是在訴訟結束之後，受讓系爭標的物，就沒有違反本條之規定。因為訴訟終結之後，當事人已經獲得他應該有的權利，這時候律師再受讓系爭標的物，並不會產生弊端。反之，若是在訴訟當中，律師就要受讓系爭標的物的話，則律師難免為了自己利益的衡量，無法全心全力為當事人謀取最大的利益。

【王惠光，《法律倫理學講義》，自版，初版，2007.03，77頁。】

法律倫理

❖ 實務見解

▶ 100 台覆 10（決議書）

按「律師不得就其所經辦案件之標的中獲取金錢利益」，被付懲戒人行為時所適用之修正前（下同）律師倫理規範第三十六條定有明文。經查，原懲戒決議在彭○○檢舉案中，認定被付懲戒人利用為彭○○辦理土地所有權移轉登記事件之機會，以其子溫世君之名義，貸與金錢予彭○○，收取法定最高利息牟利，違反前揭律師倫理規範第三十六條之規定，亦損及律師之名聲及信譽。被付懲戒人對於借款部分之事實，並不否認，僅抗辯其係「轉介」彭○○向溫○○借款，並非貸與金錢之行為主體。惟，溫○○為被付懲戒人之兒子，其與彭○○原不認識，此為被付懲戒人所自承。綜觀本檢舉案之相關原因事實及借款關係之發生脈絡，原懲戒處分認定被付懲戒人係藉由其子溫○○之名義，貸與金錢予當事人彭○○以賺取利息，尚非無據。至於被付懲戒人抗辯彭○○對其所為刑事告訴，已經處分不起訴確定乙事，由於系爭刑事告訴之事由，係以被付懲戒人是否因未告知彭○○法院就其案件所排定之調解期日而構成背信嫌疑，與本件懲戒處分之行為客體並不相同，無法作為有利於被付懲戒人之論據。被付懲戒人所提之抗辯，並無可採。

次按，「律師應對於委任人明示其酬金及計算方法」，律師倫理規範第三十五條第一項定有明文。經查，原懲戒決議在謝○○、謝○○檢舉案中，認定被付懲戒人於受任時未事先告知當事人律師費用金額，違反律師倫理規範第三十五條第一項之規定，就此被付懲戒人不僅仍未提出任何有利於之證據，亦未於請求覆審理由中提出抗辯，足堪認定，核先敘明。至於原懲戒決議認定被付懲戒人亦有違反律師倫理規範第三十六條規定之部分，被付懲戒人以貸與金錢之行為主體為鄭○○且實行抵押權屬於鄭○○之合法權利行使等理由為抗辯。惟，原懲戒決議認定被付懲戒人此部分應受懲戒之行為，並非僅單純係其配偶鄭○○貸與金錢予其當事人以賺取最高法定利息之行為，而係進一步包括：⑴被付懲戒人事後將其律師費納入系爭二百萬元借款之一部分，並按年息百分之二十計息；⑵鄭○○所聲請拍賣之系爭房地，即係原由謝○○、謝○○委任被付懲戒人所處理案件之標的；⑶就系爭房地之拍賣，被付懲戒人以其子女代理人之名義投標購得等行為。被付懲戒人上開之行為，已直接或透過其家人間接就其所經辦案件之標的中獲取金錢利益，不僅構成律師倫理規範第三十六條之違反，更損及律師職業應有之社會形象與名譽信用。

第 37 條

律師未得主管機關之許可，不得為羈押之嫌疑人、被告或受刑人傳遞或交付任何物品，但與承辦案件有關之書狀，不在此限。

第 38 條

Ⅰ 律師應就受任事件設置檔案，並於委任關係結束後二年內保存卷證。

Ⅱ 律師應依委任人之要求，提供檔案影本，不得無故拖延或拒絕；其所需費用，由委任人負擔。但依法律規定不得提供予委任人之文件、資料，不在此限。

第五章　律師與事件之相對人及第三人

第 39 條

律師就受任事件維護當事人之合法權益時不得故為詆譭、中傷或其他有損相對人之不當行為。

第 40 條

律師就受任事件於未獲委任人之授權或同意前，不得無故逕與相對人洽議，亦不得收受相對人之報酬或餽贈。

第 41 條

律師於處理受任事件時，知悉相對人或關係人已委任律師者，不應未經該受任律師之同意而直接與他人討論案情。

第六章　律師相互間

第 42 條

律師間應彼此尊重，顧及同業之正當利益，對於同業之詢問應予答復或告以不能答復之理由。

第 43 條

律師不應詆譭、中傷其他律師，亦不得教唆當事人為之。

第 44 條

律師知悉其他律師有違反本規範之具體事證，除負有保密義務者外，宜報告該律師所屬之律師公會。

第 45 條

律師不得以不正當之方法妨礙其他律師受任事件，或使委任人終止對其他律師之委任。

第 46 條

Ⅰ 律師基於自己之原因對於同業進行民事或刑事訴訟程序之前，宜先通知所屬律師公會。

Ⅱ 前項程序，若為民事爭議或刑事告訴乃論事件，宜先經所屬律師公會試行調解。

第 47 條

律師相互間因受任事件所生之爭議，應向所屬律師公會請求調處。

第 47 條之 1

數律師共同受同一當事人委任處理同一事件時，關於該事件之處理，應盡力互相協調合作。

第 48 條

受僱於法律事務所之律師離職時，不應促使該事務

所之當事人轉委任自己爲受任人；另行受僱於其他法律事務所者，亦同。

第七章 附 則

第 49 條

律師違反本規範，由所屬律師公會審議，按下列方法處置之：

一 勸告。

二 告誡。

三 情節重大者，送請相關機關處理。

第 50 條

本規範經中華民國律師公會全國聯合會會員代表大會通過後施行，並報請法務部備查；修正時，亦同。

律師懲戒規則

1. 中華民國 30 年 9 月 13 日司法院令訂定發布全文 27 條
2. 中華民國 62 年 4 月 30 日司法院、行政院令會同修正發布第 2、24、26 條條文
3. 中華民國 71 年 11 月 3 日司法院、行政院令同修正發布全文 29 條
4. 中華民國 82 年 5 月 12 日司法院、行政院令會銜修正發布全文 28 條
5. 中華民國 93 年 12 月 20 日行政院、司法院令會銜修正發布第 25、26 條條文
6. 中華民國 95 年 6 月 29 日行政院、司法院令會同修正發布全文 27 條；並自發布日施行
7. 中華民國 108 年 1 月 29 日行政院、司法院令同修正發布第 2、24 條條文

第一章 通 則

第 1 條
本規則依律師法第五十二條第二項訂定之。

第 2 條
I 律師懲戒委員會，由高等法院院長指定法官三人，並由該院函請高等檢察署指定檢察官一人、中華民國律師公會全國聯合會推薦律師五人組織之；委員長由委員互選之。

II 律師懲戒覆審委員會，由最高法院院長指定法官四人，並由該院函請最高檢察署指定檢察官二人、中華民國律師公會全國聯合會推薦律師五人、學者二人組織之；委員長由委員互選之。

III 前二項委員均為無給職，任期一年。

IV 第一項、第二項委員長及委員名冊，應函報司法院，並送法務部。

第 3 條
委員長因故不能執行職務時，由委員互選一人代理之。

第 4 條
律師懲戒委員會及律師懲戒覆審委員會之行政事務，由高等法院及最高法院分別指派人員辦理。但委員長得遴派法院編制以外適當人員協助之。

第 5 條
懲戒程序關於迴避及文書之送達，除本規則另有規定外，準用刑事訴訟法之規定。

第二章 懲戒程序

第 6 條
I 檢察署、主管機關或律師公會移送懲戒時，應提出移送理由書及其繕本。

II 前項移送理由書，應記載被付懲戒人之姓名、性別、出生年月日、國民身分證統一編號或其他身分證明文件字號、住居所、應付懲戒之事實及理由。

第 7 條
I 律師懲戒委員會受理懲戒事件，應將移送理由書繕本送達被付懲戒人。被付懲戒人應於收受後二十日內提出申辯書，其不遵限提出者，於懲戒程序之進行，不生影響。

II 前項被付懲戒人得聲請閱覽及抄錄卷證。但依法有保密之必要或涉及第三人隱私、業務秘密者，律師懲戒委員會得拒絕或限制之。

第 8 條
律師懲戒委員會受理懲戒事件，應輪流分配於各委員審查之。

第 9 條
同一事件，在刑事偵查或審判中，不停止懲戒程序。但懲戒處分應以犯罪成立為斷，且律師懲戒委員會認有必要時，得於刑事判決確定前，停止懲戒審查程序。

第 10 條
I 律師懲戒委員會得依職權調查證據，亦得囑託法院調查之。有詢問被付懲戒人之必要時，得通知其到會。

II 前項職權調查，委員長得指派委員一人至三人為之。

III 第一項規定之詢問，應作成筆錄。

第 11 條
I 審查委員應於懲戒事件輪分後二個月內將審查經過情形，作成審查意見送交委員長；委員長應於收受審查意見後一個月內召開評議會。

II 前項評議會召開時，應通知被付懲戒人到會陳述意見。但被付懲戒人無正當理由不到者，得不待其陳述逕行評議。

III 前項被付懲戒人到會陳述意見後，應即離會，不得參與評議會委員之意見陳述及議決。

IV 第二項規定之陳述意見，應作成筆錄。

第 12 條
I 評議會應有委員三分之二以上之出席，始得開會。但委員有第五條迴避之事由者，不計入應出席之人數。

II 委員長或委員因故不能出席，致評議會不足法定出席人數時，應由委員長或代理委員長於二十日內再行召開；再行召開之評議會，仍有前述情形時，由委員長或代理委員長商請原指定或推薦機關、團體，指定或推薦與缺席委員同等

資格之人代理出席。

第 13 條

評議時，委員長、委員應各自陳述意見。

第 14 條

I 評議以過半數之意見決之。

II 評議之意見，分三說以上，各不達過半數時，以最不利於被付懲戒人之意見順次算入次不利於被付懲戒人之意見，至達過半數為止。

第 15 條

評議不公開，其意見應記入評議簿，並應嚴守秘密。

第 16 條

評議會決議後，原審查委員應於七日內作成決議書。

第 17 條

決議書應記載下列事項：

一　被付懲戒人之姓名、性別、年齡及所屬律師公會。

二　懲戒之事由。

三　決議主文。

四　事實證據及決議之理由。

五　決議之年、月、日。

六　出席評議委員長、委員簽名。

第 18 條

律師懲戒委員會應將前條規定之決議書正本，於決議書作成後七日內送達移送懲戒之機關、團體及被付懲戒人。

第三章　懲戒覆審程序

第 19 條

I 被付懲戒人、移送懲戒之機關或團體，對於律師懲戒委員會之決議請求覆審者，應於決議書正本送達後二十日內為之。

II 請求覆審應提出理由書及繕本於律師懲戒委員會。

第 20 條

I 律師懲戒委員會應將請求覆審理由書繕本分別送達於原移送懲戒之機關、團體或被付懲戒人。

II 前項受送達人得於七日內提出意見書或申辯書。

第 21 條

律師懲戒委員會於接受意見書或申辯書或於前條第二項規定提出之期限屆滿後，應速將全卷送交律師懲戒覆審委員會。

第 22 條

律師懲戒覆審委員會之覆審程序，除本章有特別規定外，準用第二章之規定。

第四章　執行程序

第 23 條

處分決議確定後，律師懲戒委員會或律師懲戒覆審委員會應於五日內將全卷函送法務部，並檢具決議書正本函報司法院。

第 24 條

I 懲戒處分於決議確定時生效。

II 法務部對於前項決議確定之處分，應即通知中華民國律師公會全國聯合會、全國各地方律師公會及移送懲戒機關。

III 受停止執行職務處分或除名處分者，法務部應將停止執行職務之起訖日期或除名處分生效日通知高等法院轉知所屬分院及地方法院註銷登錄及通知國防部最高軍事法院。

IV 受除名處分者，法務部應命高等檢察署轉令地方檢察署追繳律師證書；執行追繳律師證書無效果者，地方檢察署應層報法務部於證書存根登記註銷作廢並刊登行政院公報。

第 25 條

前條情形，法務部應將確定之決議書正本，送登行政院公報。

第 26 條

律師懲戒委員會及律師懲戒覆審委員會辦理事務所需經費，分別由高等法院及最高法院編列預算支應。

第五章　附　則

第 27 條

本規則自發布日施行。

參、刑法最新
修正草案

行政院　第 3701 次會議

民國 109 年 5 月 7 日　　　　　　附件如附

討論事項（二）

法務部擬具「中華民國刑法」部分條文修正草案及「中華民國刑法施行法」第 7 條之 3 修正草案，經羅政務委員秉成等審查整理竣事，擬由院函請司法院會銜送請立法院審議，請核議案。

說明：

一、法務部函以，為配合司法改革國是會議決議修正應撤銷假釋之事由，並增訂裁量撤銷假釋之規定；以及考量妨害公務案件數量逐年攀升，導致公務員執行職務之風險及人身安全之威脅大幅增加，有檢討修正妨害公務罪相關規定之必要；另為因應科技發展所致參與賭博方式之變革，本部爰擬具「中華民國刑法」部分條文修正草案，以及因應上述刑法有關撤銷假釋規定之修正，擬具「中華民國刑法施行法」第 7 條之 3 修正草案，擬由院函請司法院會銜送請立法院審議。

二、案經羅政務委員秉成邀集司法院、法務部及內政部等相關機關代表會同審查整理竣事。

三、上述兩案修正要點如次：

(一)有關「中華民國刑法」部分條文修正草案部分：

1. 依司法改革國是會議決議，修正應撤銷假釋之事由，並增訂裁量撤銷假釋之規定。（刑法修正條文第 78 條）

2. 配合刑法第 78 條第 2 項之增訂，酌為文字修正。（刑法修正條文第 79 條）

3. 增訂加重妨害公務罪，並修正公然聚眾之要件，另提高罰金刑數額。（刑法修正條文第 135 條及第 136 條）

4. 增訂以電信設備、電子通訊、網際網路或其他相類之方式賭博財物之刑事責任及修正應沒收之物，並酌作刑度修正，以維護刑法所保護之公共秩序及善良風俗。（刑法修正條文第 266 條）

(二)「中華民國刑法施行法」第 7 條之 3 修正草案部分：刑法第 78 條關於撤銷假釋規定之修正，對於修正施行前經准許假釋，於修正施行後，仍在假釋期間內者，是否有修正施行後之刑法第 78 條規定之適用，易生疑義，爰定明其適用修正施行後之規定。

四、茲將該兩修正草案（整理本）附後，擬請討論通過後，由院函請司法院會銜送請立法院審議。提請核議

中華民國刑法部分條文修正草案總說明

中華民國刑法（下稱本法）於二十四年一月一日經國民政府制定公布，並自二十四年七月一日施行，其間歷經多次修正，最近一次係於一百零九年一月十五日修正公布。於現行假釋中故意更犯罪，不論罪名及宣告之有期徒刑為何，均撤銷其假釋，使已逐漸回歸社會之受假釋人，因觸犯輕微罪名而撤銷假釋，有違反比例原則之虞而不利更生。另考量妨害公務案件數量逐年攀升，犯罪手段及結果益趨嚴重，導致公務員執行職務之風險及人身安全之威脅大幅增加，有檢討修正妨害公務罪相關規定之必要。此外，因科技發展日新月異，隨著電信及網路科技之發展，傳統賭博朝電信化、電子化順勢推進，賭博方式演變成不受地域及時間限制。在國內電信設備、電子通訊及網路高度普及下，任何人只要擁有電信裝置、電腦及連網設備，均可輕易接觸賭博，帶來諸多社會及家庭問題，對社會治安及風氣形成負面影響，而與在公共場所或公眾得出入之場所賭博財物之可罰性無異，則刑法對賭博行為之非難程度，自不宜僅因科技發展所致參與賭博方式變革而異。惟司法實務見解就本法現行第二百六十六條之「公共場所」或「公眾得出入之場所」構成要件是否得以涵攝包括網路賭博之態樣互有齟齬，為符合罪刑法定原則及構成要件明確性之要求，實有修正之必要，爰擬具本法部分條文修正草案，其修正要點如下：

一、依司法改革國是會議決議，修正應撤銷假釋之事由，並增訂裁量撤銷假釋之規定。（修正條文第七十八條及第七十九條）

二、增訂加重妨害公務罪，並修正公然聚眾之要件，另提高罰金刑數額。（修正條文第一百三十五條及第一百三十六條）

三、增訂以電信設備、電子通訊、網際網路或其他相類之方式賭博財物之刑事責任及修正應沒收之物，並酌作刑度修正，以維護刑法所保護之公共秩序及善良風俗。（修正條文第二百六十六條）

中華民國刑法部分條文修正草案條文對照表

修正條文	現行條文	說明
第七十八條　假釋中因故意更犯罪，受逾六月有期徒刑之宣告確定者，撤銷其假釋。 假釋中因故意更犯罪，受六月以下有期徒刑之宣告確定，足認難以維持法秩序者，得撤銷其假釋。 前二項之撤銷，於判決確定後六月以內為之。但假釋期滿逾三年者，不在此限。 假釋撤銷後，其出獄日數不算入刑期內。	第七十八條　假釋中因故意更犯罪，受有期徒刑以上刑之宣告者，於判決確定後六月以內，撤銷其假釋。但假釋期滿逾三年者，不在此限。 假釋撤銷後，其出獄日數不算入刑期內。	一、假釋制度乃為促使受刑人悔改而設，假釋期間雖故意犯罪，惟受六月以下有期徒刑之宣告者，因屬可聲請易科罰金或易服社會勞動之案件，其犯罪情節較輕，現行規定均列為應撤銷假釋之事由，似嫌過苛，故參酌現行第七十五條撤銷緩刑之立法意旨，以宣告逾六月有期徒刑者，為應撤銷假釋事由，以符衡平。另依司法實務見解，均須在該有期徒刑宣告之裁判已確定，始撤銷其假釋，爰修正第一項關於撤銷假釋要件之規定，列為修正條文第一項。至於假釋期間再犯罪者，無論再犯之裁判宣告及確定時點，係於假釋期間或假釋期滿後，均包括在內，併予敘明。 二、鑑於現行假釋中故意更犯罪，不論罪名及所受有期徒刑宣告之刑度輕重，均撤銷其假釋，使已逐漸回歸社會之受假釋人，因觸犯輕微罪名，致撤銷原重刑之假釋，實有輕重失衡之虞，而不利更生。況受六月以下有期徒刑，多屬犯罪情節較輕，應視該罪之再犯次數、有無情堪憫恕情狀等情形，依具體個案，考量犯罪特性、情節及受刑人個人特殊事由等事項，綜合評價、權衡後，審酌是否具有「足認難以維持法秩序」之事由，作為裁量撤銷之審認標準，除可避免因觸犯輕罪致撤銷原假釋重罪外，亦強化假釋人配合觀護處遇，例如戒癮治療、更生輔導等，以降低再犯，故參酌德國刑法第五十七條第五項、第五十七條 a 第三項準用第五十六條 f、日本刑法第二十九條及本法現行第七十五

		條之一規定，增訂第二項裁量撤銷假釋之規定，以資彈性適用。 三、為督促主管機關注意即時撤銷假釋，俾使撤銷假釋之法律關係早日確定，裁量撤銷與應撤銷假釋之案件皆受撤銷假釋期限之限制，以期公允，爰修正第一項關於撤銷假釋期限之規定，並移列第三項。 四、現行第二項配合移列至第四項，內容未修正。
第七十九條　在無期徒刑假釋後滿二十年或在有期徒刑所餘刑期內未經撤銷假釋者，其未執行之刑，以已執行論。但依第七十八條第三項撤銷其假釋者，不在此限。 假釋中另受刑之執行、羈押或其他依法拘束人身自由之期間，不算入假釋期內。但不起訴處分或無罪判決確定前曾受之羈押或其他依法拘束人身自由之期間，不在此限。	第七十九條　在無期徒刑假釋後滿二十年或在有期徒刑所餘刑期內未經撤銷假釋者，其未執行之刑，以已執行論。但依第七十八條第不在此限。 假釋中另受刑之執行、羈押或其他依法拘束人身自由之期間，不算入假釋期內。但不起訴處分或無罪判決確定前曾受之羈押或其他依法拘束人身自由之期間，不在此限。	一、配合第七十八條之修正，第一項但書引述該條之項次酌作修正。 二、第二項未修正。一項撤銷其假釋者，
第一百三十五條　對於公務員依法執行職務時，施強暴脅迫者，處三年以下有期徒刑、拘役或三十萬元以下罰金。 意圖使公務員執行一定之職務或妨害其依法執行一定之職務或使公務員辭職，而施強暴脅迫者，亦同。 犯前二項之罪而有下列情形之一者，處六月以上五年以下有期徒刑： 一、以駕駛動力交通工具犯之。 二、意圖供行使之用而攜帶兇器或其他危險物品犯之。 犯前三項之罪，因而致公務員於死者，處無期徒刑或七年以上有期徒刑；致重傷者，處三年以上十年以下有期徒刑。	第一百三十五條　對於公務員依法執行職務時，施強暴脅迫者，處三年以下有期徒刑、拘役或九千元以下罰金。 意圖使公務員執行一定之職務或妨害其依法執行一定之職務或使公務員辭職，而施強暴脅迫者，亦同。 犯前二項之罪，因而致公務員於死者，處無期徒刑或七年以上有期徒刑；致重傷者，處三年以上十年以下有期徒刑。	一、鑑於妨害公務案件數量逐年攀升，犯罪手段及結果益趨嚴重，導致公務員。執行職務之風險及人身安全之威脅大幅增加，爰修正提高第一項罰金數額，並符罰金刑級距之配置。 二、參考德國刑法第一百一十三條第二項之妨害公務加重條款、本法第三百二十一條加重竊盜罪及第三百二十六條加重搶奪罪等相關規定，並參酌我國常見妨害公務之危險行為態樣，如駕駛動力交通工具為衝撞，或意圖供行使之用而攜帶兇器或其他危險物品（例如易燃性、腐蝕性液體）犯之，該等行為態樣對公務員之生命、身體、健康構成嚴重危害，有加重處罰之必要，爰增訂第三項之加重事由，並提高刑度，以保障公務員執行職務之安全。 三、現行第二項未修正；第三項移列第四項，並配合第三之增訂，修正適用範圍。
第一百三十六條　在公共場所或公眾得出入之場所，聚集三人以上犯前條之罪者，在場助勢之人，處一年以下有期徒刑、拘役或十萬元以下罰金；首謀及下手實施強暴、脅	第一百三十六條　公然聚眾犯前條之罪者，在場助勢之人，處一年以下有期徒刑、拘役或九千元以下罰金；首謀及下手實施強暴、脅迫者，處一年以上七年以下有期徒刑。	一、第一項「公然聚眾」之要件，配合現行第一百四十九條、第一百五十條規定修正，並提高罰金刑數額，以符罰金刑級距之配置。

迫者，處一年以上七年以下有期徒刑。 因而致公務員於死或重傷者，首謀及下手實施強暴脅迫之人，依前條第四項之規定處斷。	因而致公務員於死或重傷者，首謀及下手實施強暴脅迫之人，依前條第三項之規定處斷。	二、配合修正條文第一百三十五條項次調整，修正第二項所引該條之項次。
第二百六十六條　在公共場所或公眾得出入之場所賭博財物者，處五萬元以下罰金。 以電信設備、電子通訊、網際網路或其他相類之方法賭博財物者，亦同。 前二項以供人暫時娛樂之物為賭者，不在此限。 犯第一項之罪，當場賭博之器具、彩券與在賭檯或兌換籌碼處之財物，不問屬於犯罪行為人與否，沒收之。	第二百六十六條　在公共場所或公眾得出入之場所賭博財物者，處三萬元以下罰金。但以供人暫時娛樂之物為賭者，不在此限。 當場賭博之器具與在賭檯或兌換籌碼處之財物，不問屬於犯人與否，沒收之。	一、隨著電信及網路資訊科技進步，在國內電信設備、電子通訊及網際網路高度普及下，傳統賭博演變成不受地域及時間限制，任何人只要擁有電話、傳真、電腦或通訊裝置及連網設備，均可輕易接觸賭博，因而帶來諸多家庭及社會問題，對社會治安及風氣形成負面影響。其衍生之問題，除查緝困難外，亦潛藏其他諸如洗錢、詐欺、暴力討債及組織犯罪等犯罪活動，更使選舉賭博情事頻傳，影響選民投票意向，破壞選舉公正。是以電信設備、電子通訊網際網路或其他相類之方法賭博財物之新興賭博方式，其危害社會經濟秩序程度更甚於傳統賭博財物行為。 二、現行第一項所定之「公共場所或公眾得出入之場所」，司法實務認為個人於電腦網路賭博經由私下設定特定之密碼、帳號，其賭博活動及內容具有一定封閉性，僅為對向參與賭博之人私下聯繫，其他民眾無從知悉其等對賭之事，故利用上開方式向他人下注，因該簽注內容或活動並非他人可得知悉，尚不具公開性，即難認係在「公共場所」或「公眾得出入之場所」賭博（最高法院一百零七年度台非字第一七四號判決參照）。惟在特定人或不特定人可得參與之賭博場所，賭博網站、社群或群組內等網路空間，以電信設備、電子通訊、網際網路或其他相類之方法，與該賭博場所、賭博網站或社群經營者對賭，或與其他參與者進行賭博財物之行為，易使此類新興賭博方式迅速蔓延至整個網路社會，其與在公共場所或公眾得出入之場所賭博財物之可罰性無異，而有處罰之必要，爰增訂第二項，明文規定以電信設備、電子通訊、網際網路或其他相類

		之方法賭博財物之刑事責任。另修正提高現行第一項本文之罰金刑，以符合罰金刑級距之配置。 三、修正條文第一項及第二項之賭博財物行為，不論係在公共場所或公眾得出入之場所為之，或以電信設備、電子通訊、網際網路或其他相類之方式為之，如係以供人暫時娛樂之物為賭者，均不予處罰，爰將現行第一項但書移列第三項，並酌作文字修正。至於所謂「以供人暫時娛樂之物為賭者」，係指行為人雖以財物為賭博標的，但其輸贏之數目或經濟價值極為微小，社會觀念不予重視，客觀上可認定此等微不足道之輸贏係娛樂性質，而非以博取財物為主要目的之賭博行為者，例如家人、朋友間以電話、視訊通話或通訊軟體打賭而輸贏飲食、電影票券等財物，對社會經濟秩序尚屬無害，乃不予處罰。又是否為以供人暫時娛樂之物為賭，應由法院依一般社會上客觀之標準，視具體情況認定之，併予敘明。 四、現行第二項移列至第四項，並明定為犯第一項之罪之義務沒收規定，以臻明確。又因彩券非屬賭博器具，亦非屬財物，故增列彩券亦應予沒收。另參考現行第三十八條之條文用語，酌作文字修正，以求一致。

中華民國刑法施行法第七條之三修正草案總說明

中華民國刑法（以下簡稱刑法）第七十八條關於撤銷假釋規定之修正，對於修正施行前經准許假釋，於修正施行後，仍在假釋期間內者，是否有修正施行後之刑法第七十八條規定之適用，易生疑義，爰擬具「中華民國刑法施行法」第七條之三修正草案，定明其適用修正施行後之規定。

中華民國刑法施行法第七條之三修正草案條文對照表

修正條文	現行條文	說明
第七條之三　於中華民國○年○月○日修正之刑法施行前，經准許假釋，於修正施行後，仍在假釋期間內者，適用修正施行後之刑法第七十八條規定。		一、本條新增。 二、本次修正之刑法施行前經准許假釋，於修正施行後，仍在假釋期間內者，是否有修正施行後之刑法第七十八條規定之適用，易生疑義，爰予增訂，以資明確。

中華民國刑法部分條文修正草案總說明

中華民國刑法（以下簡稱本法）於二十四年一月一日經國民政府制定公布，並自二十四年七月一日施行，期間歷經多次修正，最近一次係於一百零九年一月十五日修正公布。本法第十七章妨害婚姻與家庭罪章之規範在於保護婚姻與家庭，其保護對象之年齡因成年之定義隨時代演進而有檢討之必要，以與時俱進。又配偶間應基於平等地位，以自由之意思組成家庭，並無互相隸屬之關係，爲保護配偶組成家庭之自我意識，本章和誘配偶脫離家庭罪，亦應一併檢討，予以刪除。另爲使規範一致，同時調整刑度及增設減免規定，以符罪刑相當原則。

中華民國刑法部分條文修正草案條文對照表

修正條文	現行條文	說明
第二百四十條　和誘未成年人，脫離家庭或其他有監督權之人者，處三年以下有期徒刑。 意圖營利，或意圖使被誘人為猥褻之行為或性交，而犯前項之罪者，處六月以上五年以下有期徒刑，得併科五十萬元以下罰金。 前二項之未遂犯罰之。	第二百四十條　和誘未滿二十歲之男女，脫離家庭或其他有監督權之人者，處三年以下有期徒刑。 和誘有配偶之人脫離家庭者，亦同。 意圖營利，或意圖使被誘人為猥褻之行為或性交，而犯前二項之罪者，處六月以上五年以下有期徒刑，得併科三萬元以下罰金。 前三項之未遂犯罰之。	一、本條保護客體原為未滿二十歲之男女，係以未滿二十歲之人尚未成年而有保護之必要，惟成年之定義亦隨時代演進而有檢討之必要，爰參考日本刑法第二百二十四條及第二百八十三條規定，修正為「未成年」，俾與民法規範一致。另本條保護之對象為人，應無區分男女之必要，一併予以修正，以杜爭議。 二、本章之規範在於保護婚姻與家庭，而配偶間應基於平等地位，以自由之意思組成家庭，並無互相隸屬之關係。若配偶之一方離開家庭係基於自己之意思，縱此意思係因他人之行為所誘發，尚難認有侵害另一配偶之權利，為保護配偶組成家庭之自我意識，爰刪除本條第二項，以與時俱進。 三、另提高本條之罰金刑，以符合罰金刑級距之配置。
第二百四十一條　略誘未成年人，脫離家庭或其他有監督權之人者，處六月以上五年以下有期徒刑。 意圖營利，或意圖使被誘人為猥褻之行為或性交，而犯前項之罪者，處一年以上七年以下有期徒刑，得併科一百萬元以下罰金。 和誘未滿十六歲之人，以略誘論。 前三項之未遂犯罰之。	第二百四十一條　略誘未滿二十歲之男女，脫離家庭或其他有監督權之人者，處一年以上七年以下有期徒刑。 意圖營利，或意圖使被誘人為猥褻之行為或性交，而犯前項之罪者，處三年以上十年以下有期徒刑，得併科三萬元以下罰金。 和誘未滿十六歲之男女，以略誘論。 前三項之未遂犯罰之。	一、修正「未滿二十歲」及「男女」為「未成年人」，理由同第二百四十條。 二、第二百四十二條刑度應予修正如該條說明，本條行為侵害法益之程度較之為輕，故第一項及第三項刑度一併配合修正，以維衡平。
第二百四十二條　移送前二條之被誘人出中華民國領域外者，處三年以上十年以下有期徒刑。 前項之未遂犯罰之。	第二百四十二條　移送前二條之被誘人出中華民國領域外者，處無期徒刑或七年以上有期徒刑。 前項之未遂犯罰之。	現今社會交通發達，資訊聯繫方便，國民入出境頻繁，與以往國際隔閡之情形已有不同，移送出境非必音訊杳然或回國困難，為免情輕法重，爰修正本條刑度，以符實際。

第二百四十三條　意圖營利、或意圖使第二百四十條或第二百四十一條之被誘人爲猥褻之行爲或性交，而收受、藏匿被誘人或使之隱避者，處六月以上五年以下有期徒刑，得併科五十萬元以下罰金。 前項之未遂犯罰之。	第二百四十三條　意圖營利、或意圖使第二百四十條或第二百四十一條之被誘人爲猥褻之行爲或性交，而收受、藏匿被誘人或使之隱避者，處六月以上五年以下有期徒刑，得併科一萬五千元以下罰金。 前項之未遂犯罰之。	爰提高本條之罰金刑，以符合罰金刑級距之配置。
第二百四十四條　犯第二百四十條至第二百四十三條之罪，於裁判宣告前送回被誘人或指明所在地因而尋獲者，得減輕其刑。 爲被誘人之利益，而犯第二百四十條第一項、第三項、第二百四十一條第一項、第三項、第四項、第二百四十二條之罪，其情節輕微者，得減輕或免除其刑。	第二百四十四條　犯第二百四十條至第二百四十三條之罪，於裁判宣告前送回被誘人或指明所在地因而尋獲者，得減輕其刑。	因對於未成年人之保護，已採「未成年人最佳利益思想」作爲立法指導原則，如行爲人犯第二百四十條第一項、第三項、第二百四十一條第一項、第三項、第四項、第二百四十二條之罪，客觀上係爲被誘人之利益且情節輕微者，另設得減免其刑之規定，以保護被誘人並維衡平，爰新增第二項規定。
第二百四十五條　第二百三十八條之罪，須告訴乃論。	第二百四十五條　第二百三十八條、第二百三十九條之罪及第二百四十條第二項之罪，須告訴乃論。 第二百三十九條之罪配偶縱容或宥恕者，不得告訴。	一、司法院一百零九年五月二十九日釋字第七九一號解釋，宣示本法第二百三十九條規定自該解釋公布之日起失其效力，爰配合修正第一項，並刪除第二項規定。 二、現行第二百四十條第二項已予刪除，爰配合修正第一項規定。

肆、索　引

刑法及相關法規實務見解索引
—司法院解釋、大法官會議解釋

（❖ 表示該則實務見解有學者評釋）

字　　號	條　　次
院字第 534 號 (20.08.07)	第 309 條
院字第 634 號 (20.12.03)	第 333 條
院字第 678 號 (21.02.20)	第 253 條
院字第 1435 號 (25.02.22)	第 304 條
院字第 1479 號 (25.04.18)	第 268 條
院字第 1491 號 (25.04.30)	第 266 條
院字第 1605 號 (25.12.25)	第 245 條
院字第 1637 號 (26.02.24)	第 266 條
院字第 1863 號 (28.03.17)	第 309 條
院字第 2067 號 (29.09.27)	第 155 條
院字第 2095 號 (29.11.25)	第 130 條
院字第 2179 號 (30.05.05)	第 309 條、第 310 條
院字第 3859 號 (37.02.20)	第 240 條
院解字第 3406 號 (36.03.14)	第 273 條
釋字第 5 號 (41.08.18)	第 10 條
釋字第 7 號 (41.09.29)	第 10 條
釋字第 8 號 (41.10.27)	第 10 條
釋字第 36 號 (43.06.23)	第 211 條、第 216 條、第 220 條
釋字第 45 號 (44.03.21)	第 40 條、第 74 條
釋字第 56 號 (44.11.21)	第 36 條、第 74 條
釋字第 68 號 (45.11.26)	第 2 條
釋字第 73 號 (46.03.13)	第 10 條
釋字第 82 號 (48.06.17)	第 212 條、第 218 條
釋字第 84 號 (48.12.02)	第 36 條、第 74 條
釋字第 96 號 (51.06.27)	第 122 條
釋字第 98 號 (51.10.17)	第 50 條
釋字第 99 號 (51.12.19)	第 195 條
釋字第 103 號 (52.10.23)	第 2 條
釋字第 109 號 (54.11.03)	第 28 條
釋字第 121 號 (56.05.10)	第 41 條
釋字第 123 號 (57.07.10)	第 83 條、第 84 條
釋字第 129 號 (59.10.30)	第 18 條
釋字第 138 號 (63.05.10)	第 80 條、第 83 條
釋字第 143 號 (64.06.20)	第 339 條
釋字第 144 號 (64.12.05)	第 41 條
釋字第 145 號 (65.04.30)	第 234 條

字　號	條　次
釋字第 176 號 (71.08.13)	第 5 條
釋字第 202 號 (75.02.14)	第 51 條
釋字第 245 號 (78.07.28)	第 41 條
釋字第 263 號 (79.07.19)	第 59 條、第 347 條
釋字第 366 號 (83.09.30)	第 41 條
釋字第 407 號 (85.07.05)	第 235 條
釋字第 471 號 (87.12.18)	第 2 條
釋字第 509 號 (89.07.07)	第 310 條
釋字第 528 號 (90.06.29)	第 90 條
釋字第 554 號 (91.12.27)	第 239 條
釋字第 617 號 (95.10.26)❖	第 235 條
釋字第 630 號 (96.07.13)❖	第 329 條
釋字第 662 號 (98.06.19)	第 41 條
釋字第 677 號 (99.05.14)	第 91 條之 1
釋字第 679 號 (99.07.16)	第 41 條
釋字第 680 號 (99.07.30)	第 1 條
釋字第 775 號 (108.02.22)	第 47 條
釋字第 777 號 (108.05.31)❖	第 185 條之 4
釋字第 791 號 (109.05.29)	第 239 條
釋字第 792 號 (109.06.19)	第 1 條、毒品第 4 條

刑法及相關法規實務見解索引
—大法庭裁定

（❖ 表示該則實務見解有學者評釋）

字　號	條　次
108 台上大 2306	第 55 條、組犯第 3 條
108 台上大 3563	第 62 條

刑法及相關法規實務見解索引
—決議

（❖ 表示該則實務見解有學者評釋）

字　號	條　次
17 年度決議㈠(17.10.13)	第 224 條
17 年度決議㈠(17.10.17)	第 293 條
24 年度總會決議㈣(24.07)	第 157 條
25 年度決議 (25.02.22)	第 10 條
25 年度決議㈠(25.04.21)	第 164 條
26 年度決議㈠(26.01.05)	第 272 條
30 年度刑庭庭長決議 (30.03.18)	第 298 條
30 年度刑庭庭長決議㈡(30.06.10)	第 356 條
58 年度第 1 次民刑庭總會議決議㈡(58.08.25)	第 3 條
62 年度第 1 次刑庭庭長會議決議㈣(62.02.20)	第 57 條
62 年度第 1 次刑庭庭推總會議決議㈢(62.07.24)	第 210 條
63 年度第 4 次刑庭庭推總會議決議㈦(63.11.05)	第 227 條
66 年度第 6 次刑庭庭推總會議決議㈡(66.08.09)	第 352 條
67 年度第 3 次刑庭庭推總會議決定㈡(67.03.13)	第 302 條
67 年度第 10 次刑庭庭推總會議決議㈠(67.09.19)	第 28 條、第 237 條
68 年度第 2 次刑事庭庭推總會議決議 (68.02.20)	第 332 條
73 年度第 5 次刑事庭會議決定㈠(73.05.15)	第 27 條
73 年度第 5 次刑事庭會議決定㈢(73.05.15)	第 272 條
73 年度第 12 次刑事庭會議決定㈠(73.12.11)	第 227 條
73 年度第 12 次刑事庭會議決定㈡(73.12.11)	第 240 條
74 年度第 5 次刑事庭會議決議 (74.05.14)	第 50 條
76 年度第 7 次刑事庭會議決定 (76.04.07)	第 28 條
80 年度第 4 次刑事庭會議決議 (80.08.06)	第 346 條
82 年度第 1 次刑事庭會議決議㈢(82.03.16)	第 231 條
82 年度第 2 次刑事庭會議決議㈡(82.04.13)	第 321 條
85 年度第 2 次刑事庭會議決議 (85.01.23)	第 332 條
85 年度第 4 次刑事庭會議決議 (85.03.12)	第 257 條
87 年度第 6 次刑事庭會議決議 (87.06.16)	第 55 條
89 年度第 5 次刑事庭會議決議 (89.05.09)	第 2 條
90 年度第 6 次刑事庭會議決議 (90.07.03)	第 143 條
90 年度第 8 次刑事庭會議決議 (90.10.09)	第 55 條
91 年度第 17 次刑事庭會議決議 (91.11.26)	第 214 條
92 年度第 1 次刑事庭會議決議 (92.01.07)	第 57 條
92 年度第 18 次刑事庭會議決議 (92.11.25)	第 74 條
93 年度第 2 次刑事庭會議決議 (93.04.13)	第 210 條

索引

刑法及相關法規實務見解索引
―判例

（❖ 表示該則實務見解有學者評釋）

字　號	條　次
20 非 94	第 13 條、第 23 條
20 上 1183	第 320 條
22 上 674	第 277 條
23 非 71	第 293 條
24 上 1295	第 249 條
24 上 2246	第 279 條
24 上 2868	第 328 條
24 上 3283	第 349 條
25 上 312	第 138 條
25 上 492	第 306 條
25 上 2257	第 142 條
25 上 4445	第 29 條
25 上 7119	第 228 條
25 上 7249	第 253 條
25 上 7340	第 330 條
25 上 7374	第 320 條
25 非 101	第 47 條
26 渝非 15	第 305 條
26 渝上 237	第 19 條
26 渝上 341	第 308 條
26 渝上 893	第 169 條
26 上 2919	第 295 條
27 上 429	第 196 條
27 上 1554	第 134 條
27 上 1722	第 328 條
27 上 1765	第 294 條
27 上 1887	第 321 條
27 上 2826	第 247 條
28 上 621	第 283 條
28 上 733	第 2 條
28 上 896	第 195 條
28 上 1008	第 13 條
28 上 1093	第 162 條
28 上 1984	第 329 條
28 上 2240	第 274 條
28 上 2382	第 303 條

字　號	條　次
30 上 3023	第 328 條
30 上 3608	第 169 條
30 非 57	第 349 條
31 上 288	第 132 條
31 上 1038	第 320 條
31 上 1156	第 273 條
31 上 1372	第 321 條
31 上 1664	第 296 條
31 上 2204	第 126 條
31 上 2550	第 163 條
32 上 2051	第 125 條
32 上 2180	第 27 條
33 上 99	第 279 條
33 上 483	第 216 條
33 上 1134	第 320 條
33 上 1666	第 272 條
33 上 1732	第 273 條
33 非 17	第 24 條
37 上 2192	第 272 條
37 上 2318	第 271 條、第 284 條
37 上 2454	第 321 條
39 台上 315	第 25 條
40 台非 22	第 218 條
41 台非 19	第 161 條
41 台非 21	第 253 條
41 台非 36	第 349 條
41 台非 38	第 321 條
42 台上 124	第 162 條
43 台上 337	第 211 條
43 台上 487	第 228 條
43 台上 675	第 335 條
43 台非 28	第 139 條
43 台非 157	第 217 條
44 台上 147	第 195 條
44 台上 400	第 161 條
44 台上 892	第 169 條
45 台上 922	第 131 條
45 台上 1296	第 187 條、第 305 條
45 台上 1450	第 346 條
45 台上 1489	第 241 條
46 台上 366	第 321 條
46 台上 377	第 213 條

字　　號	條　　次
46 台上 947	第 199 條
47 台上 28	第 186 條
47 台上 270	第 133 條
47 台上 515	第 215 條
47 台上 919	第 169 條
47 台上 920	第 17 條
47 台上 1027	第 47 條
47 台上 1249	第 57 條
47 台非 34	第 354 條
48 台上 33	第 271 條
48 台上 166	第 330 條
48 台上 715	第 281 條
48 台上 860	第 17 條
48 台上 910	第 225 條、第 306 條
48 台上 1072	第 354 條
48 台上 1348	第 26 條
49 台上 517	第 135 條、第 161 條
49 台上 678	第 220 條
49 台上 1052	第 18 條、第 63 條
49 台上 1473	第 220 條
49 台上 1530	第 342 條
50 台上 49	第 243 條
50 台上 1268	第 210 條
50 台上 1690	第 13 條
50 台上 2031	第 337 條
51 台上 58	第 342 條
51 台上 87	第 349 條
51 台上 159	第 2 條
51 台上 588	第 221 條
51 台上 600	第 278 條
51 台上 750	第 131 條
51 台上 899	第 59 條
51 台上 1111	第 211 條
51 台上 1291	第 271 條
51 台上 1718	第 233 條
51 台上 2128	第 241 條
51 台上 2272	第 241 條
51 台非 76	第 2 條
52 台上 232	第 201 條
52 台上 751	第 305 條
52 台上 1418	第 335 條
52 台上 1436	第 25 條

字　號	條　次
86 台上 3295	第 217 條
87 台上 1568	第 243 條
87 台上 2395	第 294 條
88 台上 6831	第 188 條
90 台非 165	第 91 條之 1
91 台上 50❖	第 17 條
91 台上 64	第 2 條
92 台上 893	第 144 條
92 台上 3677	第 215 條
93 台非 94	第 14 條
96 台上 1436	第 136 條

刑法及相關法規實務見解索引
—裁判

（○表示具有參考價值之判決
　△表示具有參考價值之裁定
　❖表示該則實務見解有學者評釋）

字　號	條　次
85 台非 305	第 349 條
91 台上 5363	第 185 條之 4
92 台上 759	第 142 條
92 台上 1597❖	第 214 條
92 台上 4507❖	第 13 條
92 台上 4552	第 294 條
92 台上 6308	第 164 條
92 台非 346	第 141 條
93 台上 442	第 241 條
93 台上 4181	第 210 條
93 台非 184	第 323 條
94 台上 1059❖	第 144 條
94 台上 1403❖	第 276 條
94 台上 1582	第 210 條
94 台上 3515❖	第 28 條
94 台上 3897	第 129 條
94 台上 4023	第 339 條之 2
94 台上 6074	第 9 條
94 台非 253	第 284 條
95 台上 920	第 216 條
95 台上 1544	第 26 條
95 台上 1599	第 335 條
95 台上 1692❖	第 271 條
95 台上 3251❖	第 28 條
95 台上 7250	第 293 條
95 台非 115	第 290 條
95 上訴 3830	第 359 條、第 360 條
95 毒抗 349	第 8 條
96 台上 1388	第 30 條
96 台上 1436	第 136 條
96 台上 1793	第 349 條
96 台上 2827	第 222 條
96 台上 3862	第 210 條
96 台上 3974	第 173 條

字　號	條　次
96 台上 5015	第 185 條之 4
96 台上 5670	第 335 條
96 台上 5992❖	第 14 條
96 台上 6846	第 185 條之 4
96 台非 273	第 266 條
96 上易 2122	第 47 條
96 矚上重更 ㈠1	第 191 條之 1
97 台上 179	第 273 條
97 台上 351	第 26 條
97 台上 1160	第 47 條
97 台上 2207❖	第 13 條
97 台上 2966	第 196 條
97 台上 4813❖	第 10 條
97 台上 5562	第 336 條
97 台上 6856	第 146 條
97 台非 214	第 360 條
98 台上 302❖	第 348 條
98 台上 561	第 210 條
98 台上 877❖	第 28 條
98 台上 1042	第 165 條
98 台上 2391❖	第 27 條
98 台上 2884	第 138 條
98 台上 3093❖	第 144 條
98 台上 4230❖	第 28 條
98 台上 5012	第 216 條
98 台上 5053	第 315 條之 2
98 台上 5310❖	第 17 條
98 台上 6028	第 185 條之 3
98 台上 6270	第 175 條
98 台上 6731	第 358 條
98 台上 6806	第 21 條
98 台上 7112	第 332 條
98 台上 7316	第 342 條
98 台非 15❖	第 185 條之 3
98 上訴 3246	第 358 條
99 台上 585❖	第 14 條
99 台上 702❖	第 50 條
99 台上 716	第 321 條
99 台上 984	第 336 條
99 台上 1589	第 168 條
99 台上 2311	第 19 條

字　號	條　次
99 台上 2445	第 348 條
99 台上 2463	第 348 條
99 台上 3048	第 294 條
99 台上 3120	第 130 條
99 台上 3357	第 185 條
99 台上 3430❖	第 28 條
99 台上 3599	第 168 條
99 台上 4014	第 228 條
99 台上 4045	第 185 條、第 185 條之 4、第 294 條
99 台上 4191	第 121 條
99 台上 4210	第 344 條
99 台上 4441	第 305 條
99 台上 4534	第 222 條
99 台上 4698	第 213 條
99 台上 4934	第 27 條
99 台上 5021	第 146 條
99 台上 5043	第 19 條
99 台上 5254	第 330 條
99 台上 5266	第 187 條
99 台上 5377	第 339 條之 3
99 台上 5545	第 139 條
99 台上 5641	第 18 條
99 台上 5941	第 227 條
99 台上 5990	第 10 條
99 台上 6035	第 19 條
99 台上 6198	第 210 條
99 台上 6219	第 10 條
99 台上 6229	第 100 條
99 台上 6306	第 361 條
99 台上 6327	第 210 條
99 台上 6428	第 13 條
99 台上 6435	第 80 條
99 台上 6520	第 325 條
99 台上 6546	第 346 條
99 台上 6558	第 304 條
99 台上 6594	第 185 條之 4
99 台上 6695	第 51 條
99 台上 6867❖	第 26 條
99 台上 6977	第 215 條
99 台上 7078❖	第 122 條
99 台上 7085	第 240 條

字　號	條　次
99 台上 7106	第 271 條
99 台上 7195	第 28 條
99 台上 7464	第 185 條
99 台上 7530	第 135 條
99 台上 7588	第 288 條
99 台上 7612	第 321 條
99 台上 7625	第 28 條、第 302 條
99 台上 7755	第 304 條
99 台上 7846	第 10 條
99 台上 8259	第 218 條
99 台抗 605	第 77 條
99 易 2926❖	第 315 條之 1
99 上易 743❖	第 315 條之 1
99 訴 422❖	第 222 條
99 交上易 246❖	第 185 條之 3
99 矚上易 2❖	第 121 條
100 台上 156	第 16 條
100 台上 389	第 31 條
100 台上 459❖	第 10 條
100 台上 488	第 122 條
100 台上 540	第 342 條
100 台上 642	第 185 條
100 台上 703	第 3 條
100 台上 746	第 214 條
100 台上 831	第 13 條
100 台上 838	第 57 條
100 台上 898	第 310 條
100 台上 903	第 227 條
100 台上 1022	第 2 條
100 台上 1098	第 227 條
100 台上 1295	第 325 條
100 台上 1461	第 57 條
100 台上 1612	第 200 條
100 台上 1709	第 30 條
100 台上 1719	第 335 條
100 台上 2002	第 90 條
100 台上 2442	第 231 條
100 台上 2494	第 225 條
100 台上 2643	第 15 條
100 台上 2653❖	第 146 條
100 台上 2663	第 227 條
100 台上 2674	第 210 條

字　號	條　次
100 台上 2802	第 201 條
100 台上 2880	第 25 條
100 台上 2902	第 3 條
100 台上 2920	第 221 條
100 台上 2951	第 271 條
100 台上 3232	第 320 條
100 台上 3267	第 222 條
100 台上 3369	第 169 條
100 台上 3375✤	第 359 條
100 台上 3617	第 122 條
100 台上 3644	第 157 條
100 台上 3890	第 13 條
100 台上 3924	第 121 條、貪污第 4 條、第 5 條
100 台上 4492	第 310 條
100 台上 4495	第 277 條
100 台上 4511	第 62 條
100 台上 4538	第 16 條
100 台上 4543	第 91 條之 1
100 台上 4615	第 27 條
100 台上 4643	第 27 條
100 台上 4869	第 185 條
100 台上 4911	第 348 條
100 台上 4914	第 29 條
100 台上 5128	第 144 條
100 台上 5132	第 217 條
100 台上 5427	第 146 條
100 台上 5435	第 231 條
100 台上 5596	第 294 條
100 台上 5625	第 129 條
100 台上 5664	第 28 條
100 台上 5773	第 28 條
100 台上 5827	第 62 條
100 台上 5890	第 302 條
100 台上 5892	第 216 條
100 台上 5908	第 173 條
100 台上 5918	第 218 條
100 台上 5996	第 222 條
100 台上 6096	第 28 條
100 台上 6233	第 328 條
100 台上 6345	第 315 條之 1
100 台上 6422	第 132 條
100 台上 6444	第 342 條

字　號	條　次
100 台上 6468	第 359 條
100 台上 6521	第 144 條
100 台上 6535	第 25 條、第 27 條
100 台上 6621	第 50 條、第 121 條
100 台上 6839	第 196 條
100 台上 6875	第 2 條
100 台上 6876	第 328 條
100 台上 6904	第 29 條
100 台上 6922	第 50 條
100 台上 6976	第 2 條
100 台上 6985	第 212 條
100 台上 6991	第 196 條
100 台上 7125	第 321 條
100 台上 7132	第 55 條
100 台上 7148	第 278 條
100 台上 7162	第 31 條
100 台上 7207	第 220 條
100 台上 7208	第 25 條
100 台上 7228	第 336 條
100 台上 7269	第 302 條
100 台上 7309	第 221 條
100 台上 7319	第 30 條
100 台上 7335	第 210 條
100 台抗 381	第 41 條
100 台抗 811	第 77 條
100 台抗 921	第 51 條
100 台非 35	第 30 條
100 台非 373❖	第 185 條之 3
100 上訴 1481	第 10 條
100 上訴 2089	第 28 條
100 上易 2136	第 358 條
100 訴 2200	第 18 條
100 簡 1944	第 6 條
101 台上 108	第 29 條
101 台上 122	第 17 條
101 台上 158	第 38 條
101 台上 244	第 14 條
101 台上 289	第 13 條、第 17 條、第 28 條
101 台上 313	第 329 條
101 台上 417	第 57 條
101 台上 423	第 19 條

字　號	條　次
108 台上 954 ○	第 38 條之 1
108 台上 1292 ○	第 19 條
108 台上 1409 ○	毒品第 17 條
108 台上 1467 ○	第 55 條
108 台上 1800 ○	第 224 條
108 台上 2191 ○	第 57 條
108 台上 2421 ○	第 38 條之 2
108 台上 2686 ○	第 57 條
108 台上 2719 ○	第 248 條
108 台上 2875 ○	貪污第 8 條
108 台上 3098 ○	第 38 條之 1
108 台上 3460 ○	第 90 條
108 台上 3728 ○	第 57 條
108 台上 4127 ○	第 339 條
108 台抗 458 △	第 38 條之 1
108 台抗 536 △	第 41 條
108 台抗 1089 △	第 40 條
108 台非 20 ○	第 51 條
108 台非 148 ○	第 266 條
108 台聲 108 △	第 38 條之 1
109 台上 1041 ○	第 25 條
109 台上 1665 ○	第 185 條之 4
109 台上 2649 ○	第 27 條
109 台抗 58 △	第 42 條、第 51 條
109 台抗 91 △	第 19 條

刑法及相關法規實務見解索引
—法律座談會

刑法及相關法規法學概念索引

■刑法

■貪污治罪條例

■法官法

■律師法

■律師倫理規範

刑法及相關法規爭議問題索引

■刑法

國家圖書館出版品預行編目資料

解說式：刑事實體法典 / 林朝雲 編著.
-- 八版. -- 臺北市：五南，2020.08
面；公分
ISBN 978-986-522-190-4（平裝）

1. 刑法　2. 刑事法

585　　　　　　　　　　　　　109011817

1QB3

解說式─刑事實體法典

監　修	張麗卿
編　者	林朝雲

出版者	五南圖書出版股份有限公司
發行人	楊榮川

地　　址：台北市大安區 106
　　　　　和平東路二段 339 號 4 樓
電　　話：(02)27055066（代表號）
傳　　真：(02)27066100
劃　　撥：0106895-3
網　　址：http://www.wunan.com.tw
電子郵件：wunan@wunan.com.tw

顧　問	林勝安律師事務所　林勝安律師

版　刷	2013 年 3 月初版一刷
	2020 年 8 月八版一刷

定　價	400 元整

經典永恆・名著常在

五十週年的獻禮——經典名著文庫

五南，五十年了，半個世紀，人生旅程的一大半，走過來了。

思索著，邁向百年的未來歷程，能為知識界、文化學術界作些什麼？

在速食文化的生態下，有什麼值得讓人雋永品味的？

歷代經典・當今名著，經過時間的洗禮，千錘百鍊，流傳至今，光芒耀人；

不僅使我們能領悟前人的智慧，同時也增深加廣我們思考的深度與視野。

我們決心投入巨資，有計畫的系統梳選，成立「經典名著文庫」，

希望收入古今中外思想性的、充滿睿智與獨見的經典、名著。

這是一項理想性的、永續性的巨大出版工程。

不在意讀者的眾寡，只考慮它的學術價值，力求完整展現先哲思想的軌跡；

為知識界開啟一片智慧之窗，營造一座百花綻放的世界文明公園，

任君遨遊、取菁吸蜜、嘉惠學子！